| 형사소송법 |

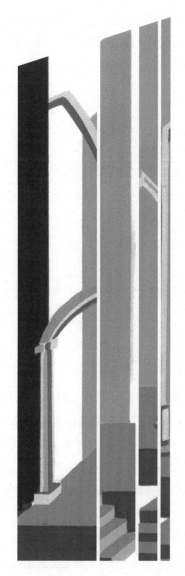

백광훈 진도별 모의고사

백지모

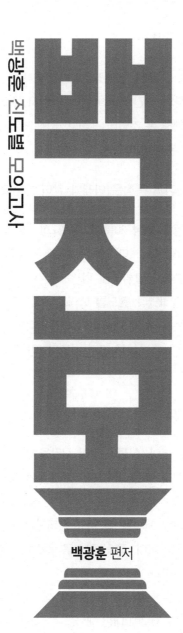

백광훈 편저

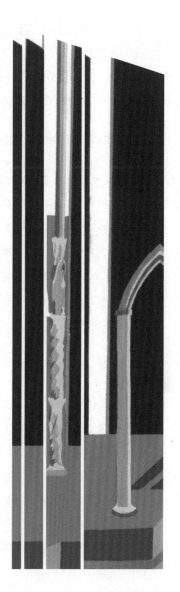

메가 공무원 ✕ 경단기

박영사

PREFACE
머리말

백광훈 진도별 모의고사 형사소송법 제1판

이 책은 2025년 국가직 9급과 7급, 경찰승진, 군무원, 법원직, 소방간부, 변호사 시험의 형사소송법 과목에 대비해서 만든 「진도별 모의고사」 교재이다. 원래 필자의 연간 커리큘럼에 있어서 '진도별 모의고사 풀이'는 기출문제 총정리 후 진행되는 과정으로, 20년 이상 인쇄물로 진행해 온 것인데, "「진모」를 책으로 내어 달라"는 독자들의 강력하고 지속적인 요청을 수용하여 이번부터 교재로 출간하게 된 것이다.

약칭 「백진모」(백광훈 진도별 모의고사)의 특징과 목적은 아래와 같이 요약할 수 있다.

첫째, 모의고사는 처음부터 끝까지 각 진도별로 회당 20문항, 총 21회, 420문항으로 구성하였다.

둘째, 난이도는 실전보다 다소 상향되도록 설정하였다. 보다 가혹한 환경에서 연습하고 단련하는 것이 중압감 등의 마이너스 요인이 발생하는 시험장에서 자신의 실력을 발휘하게 할 수 있기 때문이다.

셋째, 최근까지의 개정법령과 최신판례들을 반영하였다. 진도별 모의고사 풀이는 시험보다 3개월에서 4개월 전부터 진행되는 과정으로, 최신정보의 정리를 행하는 마지막 대비이기 때문이다.

넷째, '틀린 문제는 다시 안 틀리게 한다'는 목표를 실현하고자 하였다. 이를 위해 각 문항·지문별로 정확하고 충분한 해설을 수록하였다.

또한 '인터넷강의를 듣는 독자들을 위한 백진모 활용법'을 아래와 같이 알려 드리고자 한다.

첫째, 모의고사 각 회에 대하여 스스로 시험을 본다. 실전과 같이 시간을 재서 풀어야 하는데, 20개 문항이 한 회이므로, 총 20분 안에 풀고 답안지 마킹까지 마친다. 숙련되면 15분 안에 푸는 것을 목표로 한다. 한 문항당 최소 30초에서 최대 1분까지로 정한다.

둘째, 각 회당 몇 점이 나왔는지 점수를 매긴다. 해설을 잘 읽고 강의를 들으면서 자신이 어떤 문항이나 어떤 지문에 대하여 틀렸는지, 확실하지 못했는지 확인한다. 특히 강의를 들으면서 다른 경쟁자들이 어떤 문항이나 지문에 대하여 점수가 어떻게 나왔는지를 확인한다.

셋째, 각 진도별로 자신이 틀렸거나 확실하지 못한 부분을 특정하여 각 부분별 자신의 취약점을 확인한다. 특정 지문에 해당하는 부분에서만 약점이 나왔다면 해당 지문에 대한 해설을 잘 읽어도 충분하나, 어떤 장이나 절 목차에 해당하는 부분이 전반적으로 점수가 잘 안 나왔다면 다시 기출, 요약, 오엑스, 기본 심화이론 교재나 강의를 복습해야 한다.

아무쪼록 본서가 독자 여러분들의 합격에 작은 도움이라도 되기를 바라는 마음뿐이다. 끝으로 본서의 편집과 교정, 제작을 맡아 준 도서출판 박영사의 임직원님들에게 깊은 감사의 말씀을 드린다.

2024년 12월

백광훈

CONTENTS
차례

01 진도별 모의고사

	모의고사	정답 및 해설
제0회	006	216
제1회	015	226
제2회	024	233
제3회	032	244
제4회	042	254
제5회	051	266
제6회	061	277
제7회	071	290
제8회	080	299
제9회	089	307
제10회	102	323
제11회	113	334
제12회	124	346
제13회	135	357
제14회	144	366
제15회	153	375
제16회	164	388
제17회	176	400
제18회	186	409
제19회	195	418
제20회	204	429

판례색인 442

01
진도별 모의고사

제0회 예비고사

제1회 모의고사	제2회 모의고사	제3회 모의고사	제4회 모의고사	제5회 모의고사
제6회 모의고사	제7회 모의고사	제8회 모의고사	제9회 모의고사	제10회 모의고사
제11회 모의고사	제12회 모의고사	제13회 모의고사	제14회 모의고사	제15회 모의고사
제16회 모의고사	제17회 모의고사	제18회 모의고사	제19회 모의고사	제20회 모의고사

▶ 전 범위

회차	시행일			목표점수			획득점수		
제0회	1차	2차	3차	1차	2차	3차	1차	2차	3차

01

무죄추정의 원칙에 관한 다음 설명 중 가장 적절한 것은? (다툼이 있는 경우 판례에 의함)

① 지방자치단체의 장이 공소제기된 후 구금상태에 있는 경우 부단체장이 그 권한을 대행하도록 규정한 지방자치법의 조항은 무죄추정의 원칙에 위배된다.

② 1심 결정에 의한 소년원 수용기간을 항고심 결정에 의한 보호기간에 산입하지 않은 것은 무죄추정원칙에 위배되지 않는다.

③ 수형자에 대한 접견을 일반적 접견권의 본질적 내용을 침해하지 아니하는 범위 내에서 어느 정도까지 제한할 것인지는 교도소장 등 관계 행정청의 재량에 의할 수 없고 법원이 결정하여야 한다.

④ 유죄의 확정판결이 있을 때까지 국가의 수사권은 물론 공소권, 재판권, 행형권 등의 행사에 있어서 피의자 또는 피고인은 무죄로 추정되고 그 신체의 자유를 해하지 아니하여야 함은 우리 헌법과 형사소송법이 명문으로 규정하고 있다.

02

검사의 권한 내지 지위에 대한 설명으로 옳은 것은? (다툼이 있는 경우 판례에 의함)

① 검사동일체원칙의 내용인 직무승계권과 직무이전권은 법무부장관, 검찰총장, 검사장 및 지청장만 가지며, 지방검찰청 검사장이 경찰서장이 아닌 경정 이하의 사법경찰관리의 직무집행에 관한 부당한 행위를 이유로 임용권자에게 그 사법경찰관리의 교체를 요구하면 임용권자는 정당한 사유가 없는 한 이에 응하여야 한다.

② 공소제기 전에 피고인을 피의자로 조사하였던 검사의 법정증언이 피고인의 진술을 그 내용으로 하는 것인 때에는 그 진술이 특히 신빙할 수 있는 상태하에서 행하여졌음이 증명된 때에 한하여 이를 증거로 할 수 있다.

③ 검사가 수사를 개시할 수 있는 범죄는 부패범죄, 경제범죄 등 대통령령으로 정하는 중요 범죄, 경찰공무원 및 고위공직자범죄수사처 소속 공무원이 범한 범죄, 위 범죄들 및 사법경찰관이 송치한 범죄와 관련하여 인지한 각 해당 범죄에 한하고, 이와 직접 관련성 있는 범죄에 대해서는 검사 스스로 수사를 개시할 수 없다.

④ 공판개정 후 공소유지를 담당하는 검사가 교체된 때에는 공판절차를 갱신하여야 한다.

03

관할에 관한 설명 중 옳지 않은 것은? (다툼이 있는 경우 판례에 의함)

① 제1심 형사사건에 관하여 지방법원 본원과 지방법원 지원은 소송법상 별개의 법원이자 각각 일정한 토지관할 구역을 나누어 가지는 대등한 관계에 있으므로, 지방법원 본원에 제1심 토지관할이 인정된다고 볼 특별한 사정이 없는 한 지방법원 지원에 제1심 토지관할이 인정된다는 사정만으로 당연히 지방법원 본원에도 제1심 토지관할이 인정된다고 볼수는 없다.

② 단독판사 관할 피고사건의 항소사건이 지방법원 지원 합의부에 계속 중일 때 그 변론종결 시까지 청구된 치료감호사건의 관할법원은 고등법원이고, 피고사건의 관할법원도 치료감호사건의 관할을 따라 고등법원이 되며, 위와 같은 치료감호사건이 지방법원 지원에 청구되어 피고사건 항소심을 담당하는 합의부에 배당된 경우 그 합의부는 치료감호사건과 피고사건을 모두 고등법원에 이송하여야 한다.

③ 합의부의 관할사건이 공소장변경에 의하여 단독판사 관할사건으로 변경된 경우, 합의부는 그 사건의 실체에 들어가 심판하여야 하고 사건을 단독판사에게 재배당할 수는 없다.

④ 같은 사건이 사물관할이 같은 여러 개의 법원에 계속된 때에는 먼저 공소를 받은 법원이 심판하는 것이 원칙이고, 이 경우 관할의 경합으로 인해 심판을 하지 않게 된 법원은 판결로써 공소기각의 선고를 하여야 한다.

04

진술거부권에 관한 다음 설명 중 가장 적절하지 않은 것은? (다툼이 있는 경우 판례에 의함)

① 재판장은 피고인에 대한 인정신문 이전에 피고인에게 진술거부권이 있음을 고지해야 하므로 피고인은 재판장의 인정신문에 대하여도 진술거부권을 행사할 수 있다.

② 검사 또는 사법경찰관은 피의자를 신문하기 전에, 재판장은 인정신문을 하기 전에 진술거부권이 있음을 고지하여야 한다.

③ 선거관리위원회의 조사절차에도 형법에서 인정하는 진술거부권이 그대로 인정된다.

④ 진술거부권은 피고인 또는 피의자의 인권을 보장하고 무기평등의 원칙을 실질적으로 실현하기 위해 인정된 것이다.

05

변호인에 관한 다음 설명 중 옳지 않은 것은? (다툼이 있는 경우 판례에 의함)

① 피의자, 사건관계인 또는 그 변호인은 검사 또는 사법경찰관이 수사 중인 사건에 관한 본인의 진술이 기재된 부분 및 본인이 제출한 서류의 전부 또는 일부에 대해 열람·복사를 신청할 수 있다.

② 변호인은 심급마다 선임하여야 하는데, 여기서 심급이란 소송계속이 발생한 시점부터 상소에 의하여 이심의 효력이 발생한 시점까지를 말하고, 구체적으로 종국판결선고 시가 아니라 상소장과 소송기록이 원심법원으로부터 상소법원에 송부된 때까지를 뜻한다.

③ 수인의 변호인이 있는 때에는 재판장은 직권 또는 신청에 의하여 대표변호인을 지정할 수 있고 그 지정을 철회·변경할 수 있으며, 피고인의 대표변호인에 대한 규정은 검사가 피의자의 대표변호인을 지정하는 경우에 이를 준용한다.

④ 위 ③의 경우 재판장에 대한 대표변호인의 지정을 신청할 수 있는 자는 검사, 피고인 또는 변호인이다.

06

소송행위에 대한 설명으로 옳은 것은? (다툼이 있는 경우 판례에 의함)

① 기피신청을 받은 경우에는 기피신청에 대한 재판이 있을 때까지 소송절차를 정지해야 하므로, 피고인이 변론종결 뒤 재판부에 대한 기피신청을 하였으나 법원이 소송진행을 정지하지 아니하고 판결을 선고한 것은 위법하다.

② 제1심법원이 국민참여재판 대상이 되는 사건임을 간과하여 피고인의 의사를 확인하지 아니한 채 통상의 공판절차로 재판을 진행하였다면, 피고인이 항소심에서 국민참여재판을 원하지 아니한다고 하면서 제1심의 절차적 위법을 문제 삼지 아니할 의사를 명백히 표시하더라도 하자는 치유되지 못한다.

③ 필요적 변호사건에서 제1심 법원이 변호인 없이 소송행위를 하여 피고인에게 유죄판결을 선고하고 이에 대하여 피고인이 항소한 경우 항소심법원은 위법한 제1심판결을 파기하고 원심법원에 환송하여야 한다.

④ 증거로 함에 대한 동의의 주체는 소송주체인 당사자이지만, 변호인은 피고인이 증거로 함에 동의하지 아니한다고 명시적인 의사표시를 한 경우 이외에는 서류나 물건에 대하여 증거로 함에 동의할 수 있다.

07

고소에 관한 다음 설명 중 가장 적절하지 않은 것은? (다툼이 있는 경우 판례에 의함)

① 법원은 고소권자가 고소한 내용을 심판하는 것이므로, 고소권자가 비친고죄로 고소한 사건이더라도 검사가 사건을 친고죄로 구성하여 공소를 제기하였다 하더라도, 법원으로서는 친고죄에서 소송조건이 되는 고소가 유효하게 존재하는지를 별도로 조사하여야 할 필요는 없다.

② 범죄피해자의 고소권은 형사절차상의 법적인 권리에 불과하므로 원칙적으로 입법자가 그 나라의 고유한 사법문화와 윤리관, 문화전통을 고려하여 합목적적으로 결정할 수 있는 넓은 입법형성권을 갖는다.

③ 구성요건이 신설된 상습강제추행죄가 시행되기 이전의 범행은 상습강제추행죄로는 처벌할 수 없고 행위시법에 기초하여 강제추행죄(구형법상 친고죄임을 전제함)로 처벌할 수 있을 뿐이며, 이 경우 그 소추요건도 상습강제추행죄에 관한 것이 아니라 강제추행죄에 관한 것이 구비되어야 한다

④ 형사소송법 제230조 제1항 본문은 '친고죄에 대하여는 범인을 알게 된 날로부터 6월을 경과하면 고소하지 못한다'고 규정하고 있는바, 여기서 범인을 알게 된다 함은 통상인의 입장에서 보아 고소권자가 고소를 할 수 있을 정도로 범죄사실과 범인을 아는 것을 의미하나, 범죄사실을 안다는 것이 고소권자가 친고죄에 해당하는 범죄의 피해가 있었다는 사실관계에 관하여 확정적인 인식이 있음을 말한다.

08

피의자신문 시 변호인 참여에 대한 설명으로 가장 적절하지 않은 것은? (다툼이 있는 경우 판례에 의함)

① 검사 또는 사법경찰관은 피의자 또는 그 변호인·법정대리인·배우자·직계친족·형제자매의 신청에 따라 변호인을 피의자와 접견하게 하거나 정당한 사유가 없는 한 피의자에 대한 신문에 참여하게 하여야 한다.

② 검사 또는 사법경찰관은 피의자신문에 참여한 변호인이 피의자의 옆자리 등 실질적인 조력을 할 수 있는 위치에 앉도록 해야 하고, 정당한 사유가 없으면 피의자에 대한 법적인 조언·상담을 보장해야 하며, 법적인 조언·상담을 위한 변호인의 메모를 허용해야 한다.

③ 신문에 참여한 변호인은 신문 중 의견을 진술할 수 있고, 이 경우 검사 또는 사법경찰관의 승인을 얻을 필요는 없다.

④ 피의자신문에 참여한 변호인은 검사 또는 사법경찰관의 신문 후 조서를 열람하고 별도의 서면으로 의견을 제출할 수 있으며, 검사 또는 사법경찰관은 해당 서면을 사건기록에 편철한다.

09

형사소송법 제197조의2(보완수사요구)에 대한 설명으로 가장 적절하지 않은 것은?

① 검사는 '송치사건의 공소제기 여부 결정 또는 공소의 유지에 관하여 필요한 경우' 또는 '사법경찰관이 신청한 영장의 청구 여부 결정에 관하여 필요한 경우'에 사법경찰관에게 보완수사를 요구할 수 있다.

② 사법경찰관은 형사소송법 제197조의2 제1항에 따른 검사의 보완수사의 요구가 있는 때에는 정당한 이유가 없는 한 지체 없이 이를 이행하고, 그 결과를 검사에게 통보하여야 한다.

③ 형사소송법 제197조의2 제1항에 따른 보완수사의 요구를 받은 사법경찰관과 검사 사이에 형사소송법 제197조의2 제2항의 '정당한 이유의 유무'에 대하여 이견의 조정이 필요한 경우에 사법경찰관은 검사에 대하여 협의를 요청할 수 있다.

④ 형사소송법 제197조의2 제2항에 따른 '정당한 이유의 유무'에 대하여 이견이 있어 협의를 요청받은 검사는 이에 응하지 않을 수 있으며, 이 경우에는 해당 검사가 소속된 검찰청의 장과 해당 사법경찰관이 소속된 경찰관서의 장의 협의에 따른다.

10

강제수사에 관한 다음의 기술 중 판례의 입장과 어긋나는 것은?

① 범행 중 또는 범행 직후의 범죄 장소에서 영장 없이 압수·수색 또는 검증을 할 수 있도록 규정한 형사소송법 제216조 제3항의 요건 중 어느 하나라도 갖추지 못한 경우, 이에 대하여 사후에 법원으로부터 영장을 발부받음으로써 위법성이 치유되지 않는다.

② 검사는 증거에 사용할 압수물에 대하여 가환부의 청구가 있는 경우, 원칙적으로 가환부 청구에 응하여야 한다.

③ 수사기관이 범죄 증거를 수집할 목적으로 피의자의 동의 없이 피의자의 소변을 채취하는 것은 법원으로부터 감정허가장을 받아 '감정에 필요한 처분'으로 할 수 있지만 '압수·수색'의 방법으로도 할 수 있다.

④ 압수·수색의 방법으로 소변을 채취하는 경우 압수 대상물인 피의자의 소변을 확보하기 위한 수사기관의 노력에도 불구하고, 피의자가 인근 병원 응급실 등 소변 채취에 적합한 장소로 이동하는 것에 동의하지 않거나 저항하는 등 임의동행을 기대할 수 없는 사정이 있는 경우라면, 수사기관으로서는 소변 채취에 적합한 장소로 피의자를 데려가기 위해서 수갑과 포승을 사용하는 등 필요 최소한의 유형력을 행사하는 것도 허용되지 아니한다.

11

강제처분과 강제수사에 관한 다음 기술 중 틀린 것은? (다툼이 있는 경우 판례에 의함)

① 검사 또는 사법경찰관은 영장에 의한 체포, 긴급체포, 구속, 현행범인체포에 의하여 피의자를 체포 또는 구속하는 경우에 필요한 때에는 영장 없이 타인의 주거나 타인이 간수하는 가옥, 건조물, 항공기, 선차 내에서의 피의자 수색을 할 수 있다. 다만, 영장에 의한 체포나 구속을 위한 피의자 수색은 미리 수색영장을 발부받기 어려운 긴급한 사정이 있는 때에 한정하며, 이는 긴급체포나 현행범체포의 경우에도 마찬가지이다.

② 위법한 체포상태에서 이루어진 마약 투약 혐의를 확인하기 위한 채뇨 요구는 위법하다.

③ 전자정보에 대한 압수·수색 영장의 집행의 방식은 정보저장매체에 해당하는 임의제출물의 압수에도 동일하게 적용된다.

④ 저장매체에 대한 압수·수색 과정에서 범위를 정하여 출력·복제하는 방법이 불가능하거나 압수의 목적을 달성하기에 현저히 곤란한 예외적인 사정이 인정되어 전자정보가 담긴 저장매체, 하드카피나 이미징(imaging) 등 형태를 수사기관 사무실 등으로 옮겨 복제·탐색·출력하는 경우에도, 피압수자나 변호인에게 참여 기회를 보장하고 혐의사실과 무관한 전자정보의 임의적인 복제 등을 막기 위한 적절한 조치를 취하여야 하나, 피압수자 측이 위와 같은 절차나 과정에 참여하지 않는다는 의사를 명시적으로 표시하였거나 절차 위반행위가 이루어진 과정의 성질과 내용 등에 비추어 피압수자에게 절차 참여를 보장한 취지가 실질적으로 침해되었다고 볼 수 없는 경우에는 압수·수색의 적법성을 부정할 수 없다.

12

다음 중 위법수집증거능력배제법칙에 대한 설명으로 옳은 것은?

① 수사기관이 압수수색영장을 제시하고 압수수색을 실시하여 일단 그 집행을 종료하였더라도 그 영장의 유효기간이 남아 있는 한, 유효기간 내에 이를 제시하고 다시 압수수색을 하는 것은 위법하다고 할 수 없다.

② 증인신문절차의 공개금지사유가 '국가의 안녕질서를 방해할 우려가 있는 때'에 해당하지 아니하고 달리 공개금지사유를 찾을 수 없다면 그 절차에 의하여 이루어진 증인의 증언은 증거능력이 없다.

③ 마약류관리에관한법률위반죄 피고사건에서 수사기관의 임의동행이 위법한 체포에 해당하면 이후의 제1차 채뇨에 의한 증거수집은 위법하게 된다. 피고인이 이후 법관이 발부한 구속영장에 의하여 적법하게 구금되었고 법관이 발부한 압수영장에 의하여 2차 채뇨 및 채모 절차가 적법하게 이루어진 경우에도 이러한 2차적 증거수집은 위법한 체포·구금 절차에 의하여 형성된 상태를 직접 이용하여 행하여진 것으로 평가되어야 한다.

④ 피고인이 주장하는 불법연행 등 각 위법사유가 사실인 경우, 그 위법한 절차에 의하여 수집된 증거를 배제할 뿐만 아니라 공소제기의 절차 자체도 위반하여 무효인 경우에 해당한다.

13

공판에 관한 설명 중 옳은 것을 모두 고른 것은? (다툼이 있는 경우 판례에 의함)

> ㉠ 피고인은 항소심 제1회 공판기일에는 불출석, 제2회 공판기일에는 출석하였으나 제3회 공판기일에 다시 불출석하자 법원이 피고인의 변호인과 검사만 출석한 상태에서 공판절차를 진행하여 변론을 종결한 다음 제4회 공판기일에 피고인의 항소를 기각하는 판결을 선고하였다면, 이는 「형사소송법」 제365조에 따른 조치로서 적법하다.
>
> ㉡ 제1심 공판절차에서 피고인에 대한 송달불능보고서가 접수된 때부터 6개월이 지나도록 피고인의 소재를 확인할 수 없는 경우에는 대법원규칙으로 정하는 바에 따라 피고인의 진술 없이 재판할 수 있으나, 사형, 무기 또는 장기 10년이 넘는 징역이나 금고에 해당하는 사건의 경우에는 피고인의 진술 없이 재판할 수 없다.
>
> ㉢ 최종의견 진술의 기회는 피고인이나 변호인에게 주어지면 되는바, 재판장이 변호인의 최후변론이 끝나자마자 곧바로 선고기일을 지정·고지함으로써 피고인에게 최종의견 진술의 기회를 주지 아니한 채 변론을 종결하고 판결을 선고하였다 하더라도 이는 재판장의 소송지휘권의 범위 내에 속하는 재량행위로서 소송절차의 법령위반에 해당한다고 볼 수는 없다.
>
> ㉣ 종결한 변론을 재개할지 여부는 원칙적으로 법원의 재량에 속하는 사항이나, 항소심이 변론종결한 후 선임된 변호인의 변론재개신청을 들어주지 않았다면 이는 심리미진의 위법이 있는 경우에 해당한다.
>
> ㉤ 증거신청의 채택 여부는 법원의 재량으로서 법원의 증거결정에 대하여는 보통항고, 즉시항고 모두 할 수 없고, 다만 증거결정에 법령위반이 있는 경우에 한해 이의신청을 할 수 있을 뿐이며, 또한 그로 말미암아 사실을 오인하여 판결에 영향을 미치기에 이른 경우에만 이를 상소의 이유로 삼을 수 있다.

① ㉢㉣

② ㉡㉤

③ ㉠㉡㉤

④ ㉡㉣㉤

14

전문서류의 증거능력에 관한 설명 중 옳지 않은 것은? (다툼이 있는 경우 판례에 의함)

① 증인이 자신에 대한 관련 형사판결이 확정되었음에도 정당한 이유 없이 법정증언을 거부하여 피고인이 반대신문을 하지 못하였다면, 설령 피고인이 증인의 증언거부 상황을 초래하였다고 하더라도 「형사소송법」 제314조의 '그 밖에 이에 준하는 사유로 인하여 진술할 수 없는 때'에 해당하지 않아 수사기관에서 그 증인의 진술을 기재한 서류는 증거능력이 없다.

② 「형사소송법」 제312조 제1항의 '검사가 작성한 피의자신문조서'란 당해 피고인에 대한 피의자신문조서만이 아니라 당해 피고인과 공범관계에 있는 다른 피고인이나 피의자에 대하여 검사가 작성한 피의자신문조서도 포함하는 개념으로서, 이때의 '공범'에는 대향범도 포함된다.

③ 조세범칙조사를 담당하는 세무공무원이 피고인이 된 혐의자 또는 참고인에 대하여 심문한 내용을 기재한 조서는 피고인 또는 피고인이 아닌 자가 작성한 진술서나 그 진술을 기재한 서류에 해당하므로 「형사소송법」 제313조에 따라 증거능력의 존부를 판단하여야 한다.

④ 전문진술이 기재된 조서는 「형사소송법」 제312조 또는 제314조의 규정의 요건과 「형사소송법」 제316조의 규정의 요건을 갖추는 경우 증거능력이 인정된다.

15

증거동의에 관한 다음 설명 중 가장 옳지 않은 것은? (다툼이 있는 경우 판례에 의함)

① 유죄의 자료가 되는 것으로 제출된 증거의 반대증거 서류에 대하여는 그것이 유죄사실을 인정하는 증거가 되는 것이 아닌 이상 반드시 그 진정성립이 증명되지 아니하거나 이를 증거로 함에 있어서의 상대방의 동의가 없다고 하더라도 증거판단의 자료로 할 수 있다.

② 진술에 임의성이 인정되지 않아 증거능력이 없는 증거라도 피고인이 증거로 함에 동의한다면 증거로 삼을 수 있다.

③ 피고인이 재판장의 허가 없이 퇴정하고 변호인도 이에 동조하여 퇴정해 버린 상태에서 증거조사를 할 수밖에 없는 경우에는 피고인의 진의와는 관계없이 증거에 대하여 피고인의 동의가 있는 것으로 간주된다.

④ 증거동의의 의사표시는 증거조사가 완료되기 전까지 취소 또는 철회할 수 있으나, 일단 증거조사가 완료된 뒤에는 취소 또는 철회가 인정되지 아니하므로 취소 또는 철회 이전에 이미 취득한 증거능력은 상실되지 아니한다.

16

甲은 평소 주벽과 의처증이 심한 남편 A와의 불화로 인해 이혼소송을 준비하던 중 A의 운전기사 乙에게 A를 살해하도록 부탁하였다. 乙은 甲의 부탁대로 술에 취하여 자고 있던 A의 목을 졸라 살해하였다. 검사는 乙을 살인죄로, 甲을 살인교사죄로 기소하였고 법원은 甲과 乙을 병합심리하고 있다. 이에 관한 설명 중 옳지 않은 것을 모두 고른 것은? (다툼이 있는 경우 판례에 의함)

| 보기 |

㉠ 甲이 사법경찰관의 피의자신문에서는 교사사실을 인정하였으나 법정에서는 이를 부인하는 경우, 甲이 내용을 부인한 甲에 대한 사법경찰관 작성 피의자신문조서는 임의성이 인정되는 한 甲의 법정진술을 탄핵하기 위한 반대증거로 사용될 수 있다.

㉡ 乙의 친구 W가 법정에 출석하여 乙로부터 '자신이 A를 살해하였다'는 이야기를 들은 적이 있다고 진술한 경우, 원진술자인 乙이 법정에 출석하여 있는 한 W의 진술은 乙에 대한 유죄의 증거로 사용될 수 없다.

㉢ 甲과 乙이 모두 공소사실을 자백하고 있으나 달리 자백을 뒷받침할 다른 증거가 없는 경우, 甲과 乙에게 무죄를 선고하여야 한다.

㉣ 甲이 법정에서 A에 대한 살인교사 혐의를 자백한 경우, 甲의 진술은 乙에 대한 유죄의 증거로 사용될 수 있다.

㉤ 제1심법원이 甲에게 형의 선고를 하면서 乙이 A의 목을 졸라 살해한 사실을 적시하지 않았더라도, 甲의 방어권이나 甲의 변호인의 변호권이 본질적으로 침해되지 않았다고 볼 만한 특별한 사정이 있다면, 판결에 영향을 미친 법령의 위반은 아니다.

① ㉠㉡㉣
② ㉡㉢㉣
③ ㉡㉢㉤
④ ㉢㉣㉤

17

「형사소송법」제326조에 따라 면소판결이 선고되어야 할 사건(○)과 그렇지 않은 사건(×)을 올바르게 조합한 것은? (다툼이 있는 경우 판례에 의함)

㉠ 甲이 간통죄로 기소된 이후에 간통죄는 헌법재판소의 위헌결정으로 인하여 소급하여 그 효력을 상실하였다.

㉡ 乙은 절도범행으로 소년법에 따라 보호처분을 받은 이후에 동일한 절도범행으로 다시 공소가 제기되었다.

㉢ 丙은 절도죄로 징역 1년의 판결을 선고받아 그 판결이 확정된 이후에 그 선고 전에 저지른 절도범행이 발견되어 상습절도죄로 기소되었다.

㉣ 丁은 신호위반으로 인한 교통사고를 일으켜 A의 자동차를 손괴하였다는 취지의 도로교통법위반죄로 벌금 50만 원의 약식명령을 받아 그 약식명령이 확정되었다. 그 이후에 丁은 위 교통사고로 A에게 상해를 입게 하였다는 취지의 교통사고처리특례법위반(치상)죄로 공소가 제기되었다.

㉤ 戊에 대하여 2019.1.1.부터 2019.6.30.까지 신고 없이 분식점을 운영하였다는 취지의 식품위생법위반죄로 벌금 100만 원의 약식명령이 2019.8.16. 발령되고 2019.10.1. 확정되었다. 戊는 2019.9.1. 부터 2019.9.30.까지 같은 장소에서 신고 없이 동일한 분식점을 운영하였다는 취지의 식품위생법위반죄로 공소가 제기되었다.

---

① ㉠(○), ㉡(○), ㉢(○), ㉣(○), ㉤(○)
② ㉠(×), ㉡(○), ㉢(○), ㉣(○), ㉤(×)
③ ㉠(○), ㉡(○), ㉢(×), ㉣(×), ㉤(×)
④ ㉠(×), ㉡(×), ㉢(×), ㉣(○), ㉤(×)

18

상소에 관한 설명 중 옳지 않은 것은? (다툼이 있는 경우 판례에 의함)

① 항소심에서 변호인이 피고인을 신문하겠다는 의사를 표시하였음에도 변호인에게 일체의 피고인신문을 허용하지 않은 재판장의 조치는 소송절차의 법령위반으로서 상고이유에 해당한다.

② 피고인만이 상소한 사건에서 상소심이 원심법원이 인정한 범죄사실의 일부를 무죄로 인정하면서도 피고인에 대하여 원심법원과 동일한 형을 선고하였더라도 불이익변경금지원칙을 위반한 것은 아니다.

③ 피고인이 유죄가 인정된 제1심판결에 대하여 항소하지 않거나 양형부당만을 이유로 항소하고 검사는 양형부당만을 이유로 항소하였는데 항소심이 검사의 항소를 받아들여 제1심판결을 파기하고 그보다 높은 형을 선고한 경우, 피고인은 상고심에서 사실오인이나 법령위반 등 새로운 사유를 상고이유로 내세울 수 없다.

④ 제1심판결에 대하여 피고인은 비약적 상고를, 검사는 항소를 각각 제기하여 이들이 경합한 경우, 피고인의 비약적 상고는 효력을 잃게 되므로, 피고인의 비약적 상고가 항소기간 준수 등 항소로서의 적법요건을 모두 갖추었을 뿐만 아니라 피고인이 항소심에서 제1심판결을 다툴 의사가 있었더라도 피고인의 비약적 상고에 항소로서의 효력을 부여할 수 없다.

19

항소에 대한 다음 [보기]의 설명 중 옳지 않은 것을 모두 고른 것은? (다툼이 있는 경우 판례에 의함)

| 보기 |

㉠ 항소이유서 제출기간 도과 전 피고인의 청구에 따라 선정된 국선변호인에게 항소법원이 소송기록 접수통지를 하지 아니한 채 항소이유서 미제출을 이유로 피고인의 항소를 기각하는 결정을 하고 검사의 항소이유만을 판단하여 판결을 선고하여도 위법한 것은 아니다.

㉡ 피고인에게 징역형의 집행유예를 선고한 제1심 판결에 대하여 검사만이 그 양형이 너무 가벼워 부당하다는 취지로 항소한 경우, 직권으로 위 양형이 너무 무거워 부당하다고 인정한 다음 제1심 판결을 파기하고 벌금형을 선고할 수 있다.

㉢ 피고인이 상소를 제기하였다가 그 상소를 취하한 경우, '상소제기 후 상소취하한 때까지의 구금일수 전부'를 본형에 산입할 필요는 없다.

㉣ 포괄일죄의 일부만이 유죄로 인정된 경우 그 유죄 부분에 대하여 피고인만이 항소하였을 뿐 공소기각으로 판단된 부분에 대하여 검사가 항소를 하지 않았다면, 유죄 이외에 공소기각으로 판단된 부분에 대하여는 항소심이 심판할 수 없다.

㉤ 검사 및 피고인 양쪽이 상소를 제기한 경우, 어느 일방의 상소는 이유 없으나 다른 일방의 상소가 이유 있어 원판결을 파기하고 다시 판결하는 때에 이유 없는 상소에 대하여 주문에서 상소를 기각하는 표시를 하여야 하는 것은 아니다.

① ㉠㉡㉤
② ㉠㉢
③ ㉡㉣
④ ㉢㉣㉤

20

재심에 관한 다음 [보기]의 설명 중 옳은 것을 모두 고른 것은? (다툼이 있는 경우 판례에 의함)

| 보기 |

㉠ 경합범 관계에 있는 수개의 범죄사실을 유죄로 인정하여 1개의 형을 선고한 불가분의 확정판결에서 그중 일부의 범죄사실에 대하여만 재심청구의 이유가 있는 것으로 인정되었으나 형식적으로는 1개의 형이 선고된 판결에 대한 것이어서 판결 전부에 대하여 재심개시의 결정을 한 경우, 재심법원은 재심사유가 없는 범죄에 대하여는 새로이 양형을 하여야 하는 것이므로 이를 헌법상 이중처벌금지의 원칙을 위반한 것이라고 할 수 없다.

㉡ 형사소송법 제438조 제1항은 "재심개시의 결정이 확정한 사건에 대하여는 제436조의 경우 외에는 법원은 그 심급에 따라 다시 심판을 하여야 한다."고 규정하고 있다. 여기서 '다시' 심판한다는 것은 피고 사건 자체를 처음부터 새로 심판하는 것이 아니라 재심대상판결의 당부를 다시 심사하는 것을 의미한다.

㉢ 특별사면으로 형 선고의 효력이 상실된 유죄의 확정판결에 대하여 재심개시결정이 이루어져 다시 심판한 결과 유죄로 인정되는 경우, 재심심판법원으로서는 '피고인에 대하여 형을 선고하지 아니한다'는 주문을 선고할 수밖에 없다.

㉣ 경합범 관계에 있는 수개의 범죄사실 중 일부 범죄사실에 대하여 재심청구의 이유가 있어 재심개시결정이 있는 경우, 재심법원이 나머지 범죄사실에 대하여도 재심사유가 있다고 보아 심리 후 무죄판결을 선고할 수 없다.

㉤ 피고인이 제1심에서 도로교통법위반(음주운전)죄 등으로 유죄를 선고받고 항소하여 항소기각판결을 선고받아 판결이 확정되었는데, 도로교통법위반(음주운전)죄 부분에 관하여 피고인에게 적용된 형벌 조항이 헌법재판소에서 위헌으로 결정되었다면, 유죄의 선고를 받은 자(피고인이었던 자)는 위 항소기각판결에 대하여 헌법재판소법 제47조 제4항에서 정한 재심사유로 하는 재심을 청구할 수 있다.

① ㉠㉡㉢㉣
② ㉠㉢㉣
③ ㉡㉢㉤
④ ㉡㉢㉣㉤

▶ 제1편 서론 — 제2편 소송주체와 소송행위: 제1장 소송의 주체 [법원]

회차	시행일			목표점수			획득점수		
제1회	1차	2차	3차	1차	2차	3차	1차	2차	3차

01

형사소송법의 법원(法源)에 대한 다음 [보기]의 설명 중 옳은 것을 모두 고른 것은? (다툼이 있는 경우 판례에 의하고, 판례가 없으면 다수학설에 의함)

| 보기 |

㉠ 헌법은 피고인과 피의자의 기본적 인권의 보장을 위하여 형사절차에 관한 규정을 두고 있으며, 이러한 헌법의 규정은 형사소송법의 법원이 된다.

㉡ 실질적 의미의 형사소송법이란 그 실질적 내용이 형사절차를 규정한 법률을 말하며, 「법원조직법」, 「소송촉진 등에 관한 특례법」을 예로 들 수 있다.

㉢ 헌법 제108조에 의하여 대법원은 소송에 관한 절차, 법원의 내부규율과 사무처리에 관한 규칙을 제정할 수 있으며, 형사절차의 기본적 구조나 피고인을 비롯한 소송관계자의 이해에 관한 사항을 제한없이 규칙으로 제정할 수 있다.

㉣ 「검찰사건사무규칙」 제149조의 재기수사의 명령 관련 규정은 검찰청 내부의 사무처리지침에 불과한 것일 뿐 법규적 효력을 가진 것은 아니다.

㉤ 「소년법」, 「정부조직법」, 「경찰관직무집행법」은 모두 형사소송법의 법원에 해당한다.

① ㉠㉡㉢㉣
② ㉡㉢㉣㉤
③ ㉠㉡㉣
④ ㉡㉣㉤

02

다음 중 헌법에서 형사절차와 관련하여 명시적으로 규정한 것은?

㉠ 공소장일본주의
㉡ 구속적부심사청구권
㉢ 형사보상청구권
㉣ 현행범체포와 긴급체포
㉤ 무죄추정의 원칙
㉥ 집중심리원칙
㉦ 구두변론주의
㉧ 위법수집증거배제법칙

① ㉠㉢㉣㉦
② ㉡㉢㉣㉦
③ ㉡㉢㉣㉤
④ ㉡㉣㉤㉧

03

형사소송의 이념과 구조에 대한 다음 [보기]의 설명 중 옳지 않은 것을 모두 고른 것은? (다툼이 있는 경우 판례에 의함)

| 보기 |

㉠ 어느 재판에 대하여 어떠한 불복방법을 허용할 것인지의 여부는 원칙적으로 입법자의 형성의 자유에 속하는 사항이지만, 심급제도가 헌법이 규정하는 국민의 재판청구권을 보장하기 위한 하나의 수단임을 고려할 때 어느 재판에 대하여 심급제도를 통한 불복을 허용할 것인지의 여부는 입법정책에 달린 문제로 볼 수 없다.

㉡ 형사소송구조상 경찰공무원은 당사자가 아닌 제3자의 지위에 있고, 경찰공무원의 증언에 대하여 피고인 또는 변호인은 반대신문권을 보장받고 있으므로 수사담당 경찰공무원의 증인적격을 인정하더라도 적법절차의 원칙에 반하지 않는다.

㉢ 검사와 피고인 쌍방이 항소한 경우에 1심선고형기 경과 후 2심공판이 개정되었다면 이를 위법이라 할 수 있고 신속한 재판을 받을 권리를 박탈한 것이라고 할 수 있다.

㉣ 신속한 판결선고를 위해 1심에서는 공소가 제기된 날로부터 4개월 이내에, 항소심 및 상고심에서는 기록을 송부받은 날로부터 각 6개월 이내에 판결을 선고하도록 규정하고 있는 것은 소송촉진 등에 관한 특례법이지 형사소송법이 아니다.

㉤ 「형사소송법」은 신속한 재판을 받을 권리와 관련하여 공판심리의 현저한 지연을 공소기각의 결정사유로 명시하고 있다.

① ㉠㉡㉢㉣㉤
② ㉠㉢㉣㉤
③ ㉡㉢㉣㉤
④ ㉠㉡㉢㉤

04

적법절차의 원칙에 대한 설명으로 옳은 것은? (다툼이 있는 경우 판례에 의함)

① 법관이 아닌 사회보호위원회가 치료감호의 종료 여부를 결정하도록 한 법률조항은 적법절자원칙에 위반된다.

② 증인신문사항의 서면제출을 명하고 이를 이행하지 않을 경우 증거결정을 취소할 수 있다는 규정은 무죄추정의 원칙과 공정한 재판을 받을 권리를 침해한다.

③ 법원은 직권 또는 검사·피고인·변호인의 신청에 의하여 공무소 또는 공사단체에 조회하여 필요한 사항의 보고 또는 그 보관서류의 송부를 요구한 경우 송부요구를 받은 공무소 등이 피고인 또는 변호인의 열람·지정을 거절하였다 하여 피고인의 공정한 재판을 받을 권리를 침해한 것은 아니다.

④ 직접주의와 전문법칙의 예외를 규정한 형사소송법 제314조는 그 내용에 있어서 합리성과 정당성을 갖춘 적정한 것이어서 적법절차에 합치하는 법률규정이다.

05

다음 [보기]는 형사소송의 이념과 구조에 대한 설명이다. 틀린 것을 모두 고른 것은? (다툼이 있는 경우 판례에 의함)

| 보기 |

㉠ 헌법 제12조 제1항 후문이 규정하고 있는 적법절차란 법률이 정한 절차 및 그 실체적 내용이 모두 적정하여야 함을 말하고, 적정하다고 함은 공정하고 합리적이며 상당성이 있어 정의관념에 합치되는 것을 뜻한다.

㉡ 검사가 법원에 의하여 증인으로 채택된 수감자를 그 증언에 이르기까지 거의 매일 검사실로 하루 종일 소환하여 피고인 측 변호인이 접근하는 것을 차단하고, 검찰에서의 진술을 번복하는 증언을 하지 않도록 회유·압박하는 한편, 때로는 검사실에서 그에게 편의를 제공하기도 한 행위만으로는 피고인의 공정한 재판을 받을 권리를 침해하였다고 할 수 없다.

㉢ 신속한 재판을 받을 권리는 주로 피고인의 이익을 보호하기 위하여 인정된 기본권이지만 동시에 실체적 진실발견, 소송경제, 재판에 대한 국민의 신뢰와 형벌목적의 달성과 같은 공공의 이익에도 근거가 있기 때문에 어느 면에서는 이중적인 성격을 갖고 있다.

㉣ 신속한 재판을 받을 권리와 관련하여 공판심리의 현저한 지연은 현행법상 명문으로 면소사유뿐만 아니라 공소기각사유로도 규정하고 있다.

㉤ 형사소송법상 인정되는 공소장변경제도는 실체적 진실발견이라는 형사소송이념을 실현하기 위한 당사자주의적 요소로서 형사소송법이 절차법으로서 가지는 소송절차의 발전적·동적 성격과 소송경제의 이념 등을 반영하고 있다.

① ㉠㉡㉣㉤

② ㉡㉢㉣

③ ㉡㉣㉤

④ ㉢㉣㉤

06

형사소송의 이념과 구조에 대한 다음 [보기]의 설명 중 틀린 것을 모두 고른 것은? (다툼이 있는 경우 판례에 의함)

| 보기 |

㉠ 국민참여재판을 받을 권리는 헌법상 기본권으로서 보호받아야 하므로, 「국민의 형사재판 참여에 관한 법률」에서 정하는 대상 사건에 해당하는 한 피고인은 원칙적으로 국민참여재판으로 재판을 받을 권리를 가진다고 할 것이고, 이러한 형사소송절차상의 권리를 배제함에 있어서는 헌법에서 정한 적법절차의 원칙을 따라야 한다.

㉡ 헌법 제109조, 「법원조직법」 제57조 제1항에서 정한 공개금지사유가 없음에도 불구하고 재판의 심리에 관한 공개를 금지하기로 결정한 경우, 그러한 공개금지결정은 공개재판을 받을 권리를 침해한 것이지만, 변호인의 반대신문권이 보장되었다면 그 절차에 의하여 이루어진 증인의 증언은 증거능력이 인정된다.

㉢ 규문주의하에서는 재판기관이 소추기관의 소추 없이 직권으로 재판절차를 개시하여 심리·판단할 수 없다.

㉣ 직권주의하에서는 법원이 소송에서 주도적으로 활동하여 심리의 능률과 신속을 도모할 수 있고, 당사자주의하에서는 당사자가 소송에서 주도적으로 활동하여 많은 증거의 수집과 제출이 이루어질 경우 실체적 진실발견에 도움이 될 수 있다.

㉤ 증인에 대한 교호신문절차는 당사자주의 요소이고, 직권에 의한 증거조사, 피고인신문, 증거동의제도는 직권주의 요소이다.

① ㉠㉡㉢㉣㉤

② ㉡㉢㉣㉤

③ ㉡㉢㉤

④ ㉠㉡㉢㉤

07

법원의 관할에 대한 설명으로 옳은 것은? (다툼이 있는 경우 판례에 의함)

① 토지관할의 기준으로서 '현재지'는 공소제기 당시 피고인이 현재한 장소로서 임의에 의한 현재지뿐만 아니라 적법·위법한 강제에 의한 현재지도 포함한다.

② 보증금몰수사건의 관할법원은 당해 형사본안 사건의 기록이 존재하는 법원 또는 그 기록을 보관하는 검찰청에 대응하는 법원이 아니라 소송절차 계속 중에 보석허가결정 또는 그 취소결정 등을 한 본안 관할법원이다.

③ 사실발견을 위하여 필요하거나 긴급을 요하는 경우 법원은 관할구역 외에서 직무를 행하거나 사실조사에 필요한 처분을 할 수 있다.

④ 사물관할은 동일하지만 토지관할을 달리하는 수개의 제1심 법원들에 관련 사건이 계속된 경우 그 소속 고등법원이 다른 때에는 대법원이 직근상급법원으로서 이를 병합하여 직접 심리한다.

08

법원의 관할에 관한 다음 설명 중 가장 옳은 것은?

① 동일사건이 사물관할을 같이하는 수개의 법원에 계속된 때에는 먼저 공소를 받은 법원이 심판한다. 단, 각 법원에 공통되는 직근 상급법원은 검사 또는 피고인의 신청에 의하여 결정으로 뒤에 공소를 받은 법원으로 하여금 심판하게 할 수 있다.

② 소말리아 해적인 피고인들 등이 공해상에서 대한민국 해운회사가 운항 중인 선박을 납치하여 대한민국 국민인 선원 등에게 해상강도 등 범행을 저질렀다는 내용으로 국군 청해부대에 의해 체포·이송되어 국내 수사기관에 인도된 후 구속·기소된 경우에는 국내법원에 토지관할이 없다.

③ 법원은 피고인이 그 관할구역 내에 현재하지 아니하는 경우에 특별한 사정이 있으면 결정으로 사건을 피고인의 현재지를 관할하는 동급 법원에 이송하여야 한다.

④ 관할위반을 선고한 재판이 확정된 사건에 관하여 다른 관할법원이 없는 때에는 피고인은 관계있는 제1심법원에 공통되는 직근 상급법원에 관할지정을 신청하여야 한다.

09

법원의 관련사건의 관할에 관한 설명 중 옳지 않은 것은?

① 관련사건이 병합관할된 경우 고유사건 심리가 먼저 종결되어도 관련사건 관할은 여전히 유지된다.

② 관련사건은 심리의 편의를 위해 심리를 병합·분리할 수 있는바, 이 경우 반드시 서로 동일심급에 있어야만 하는 것은 아니다.

③ 토지관할을 달리하는 수개의 사건이 관련된 때에는 1개의 사건에 대하여 관할권 있는 법원이 다른 사건까지 관할할 수 있는바, 이때 반드시 병합기소되거나 병합심리될 것을 전제로 하지 않는다.

④ 토지관할을 달리하는 수개의 제1심 법원들에 관련사건이 계속된 경우에 그 소속 고등법원이 같은 경우에는 그 고등법원이 위 제1심 법원들의 공통되는 직근 상급법원으로서 위 조항에 의한 토지관할 병합심리 신청사건의 관할법원이 된다.

10

[보기]는 법원의 관할에 관한 설명이다. 옳지 않은 것을 모두 고른 것은?

| 보기 |

㉠ 간접정범, 공동정범, 협의의 공범, 필요적 공범은 관련사건이나 동시범은 관련사건이 아니다.

㉡ 같은 사건이 사물관할을 같이하는 여러 개의 법원에 계속된 경우에 각 법원에 공통되는 바로 위의 상급법원은 검사나 피고인의 신청에 의하여 결정으로 뒤에 공소를 받은 법원으로 하여금 심판하게 할 수 있다.

㉢ 사물관할을 달리하는 수개의 사건이 관련된 때에는 법원 합의부가 병합관할하고, 사물관할을 달리하는 수개의 관련사건이 각각 지방법원 합의부와 단독판사에 계속된 때에는 합의부가 단독판사에 속한 사건을 병합심리할 수 있으므로, 사물관할을 달리하는 수개의 관련 항소사건이 각각 고등법원과 지방법원 합의부에 계속된 때에는 고등법원이 지방법원 합의부에 계속된 사건을 병합심리할 수 있다.

㉣ 토지관할을 달리하는 2개의 관련사건이 각각 다른 법원에 계속된 때에는 공통되는 바로 위의 상급법원은 검사나 피고인의 신청에 의하여 결정으로 한 개 법원으로 하여금 병합심리하게 할 수 있다.

㉤ 합의부는 2개의 관련사건이 사물관할을 달리하는 경우에 결정으로 단독판사에게 속한 사건을 병합하여 심리할 수 있지만, 2개의 관련사건이 사물관할과 토지관할을 모두 달리하는 경우에는 병합하여 심리할 수 없다.

① ㉠㉢㉤

② ㉠㉤

③ ㉡㉣

④ ㉡㉣㉤

11

형사소송절차에서의 법원의 관할에 관한 다음 설명 중 가장 옳은 것은? (다툼이 있는 경우 판례에 의함)

① 법원은 그 계속 중인 사건에 관하여 토지관할의 병합심리신청이 제기된 경우에는 급속을 요하는 경우를 제외하고는 그 신청에 대한 결정이 있기까지 소송절차를 정지하여야 한다.

② 국민참여재판 대상이었던 합의부 관할사건이 공소사실의 변경 등으로 인하여 대상사건에 해당하지 아니하게 된 경우에는, 법원은 그 사건을 단독재판부로 이송하여야 한다.

③ 지방법원 단독판사의 사물관할에 속하는 사건을 합의부에서 심판할 수 없다.

④ 동일사건이 사물관할을 같이하는 수개의 법원에 계속된 때에는 뒤에 공소를 받은 법원으로 하여금 심판하게 할 수는 없다.

12

법원의 관할에 대한 다음 [보기]의 설명 중 옳지 않은 것을 모두 고른 것은? (다툼이 있는 경우 판례에 의함)

| 보기 |

㉠ 합의부 관할사건에 관하여 단독판사 관할사건으로 죄명과 적용법조를 변경하는 공소장변경허가신청서가 제출되면 합의부는 착오배당을 이유로 사건을 단독판사에게 이송하여야 한다.

㉡ 관련사건이 항소심인 A지방법원 항소부와 B고등법원에 각각 계속되자 피고인이 병합심리를 신청하는 경우 공통되는 직근 상급법원은 병합하여 심리하게 될 법원을 결정한다.

㉢ 피고인의 현재지라 하더라도 범죄지가 아니거나 주소지가 아니라면 토지관할이 인정되지 아니한다.

㉣ 단독판사 관할 피고사건의 항소사건이 지방법원 합의부에 계속 중일 때 치료감호가 청구된 경우, 치료감호사건과 피고사건의 관할법원은 고등법원이다.

㉤ 합의부 관할사건에 대해 지방법원 지원 단독판사가 제1심으로 심판하고 그 항소사건을 그 지방법원 합의부가 심판한 경우, 상고법원은 원심판결과 제1심판결을 모두 파기하고 사건을 관할권 있는 그 지방법원 지원 합의부에 이송하는 판결을 해야 한다.

① ㉠㉡㉢㉣㉤
② ㉠㉡㉢㉣
③ ㉠㉡㉢㉤
④ ㉠㉡㉢

13

관할에 관한 다음 설명 중 판례의 입장과 일치하는 것은?

① 형사사건의 관할은 심리의 편의와 사건의 능률적 처리라는 절차적 요구뿐만 아니라 피고인의 출석과 방어권 행사의 편의라는 방어상의 이익도 충분히 고려하여 결정하여야 하고, 특히 자의적 사건처리를 방지하기 위하여 법률에 규정된 추상적 기준에 따라 획일적으로 결정하여서는 아니 된다.

② 지방법원 본원과 지방법원 지원 사이의 관할의 분배는 지방법원 내부의 사법행정사무로서 행해진 지방법원 본원과 지원 사이의 단순한 사무분배에 그치는 것이고 소송법상 토지관할의 분배에 해당하지 아니한다.

③ 형사소송법 제4조에 의하여 지방법원 본원에 제1심 토지관할이 인정된다고 볼 특별한 사정이 없는 한, 지방법원 지원에 제1심 토지관할이 인정된다는 사정만으로 당연히 지방법원 본원에도 제1심 토지관할이 인정된다고 볼 수는 없다.

④ 제1심에서 합의부 관할사건에 관하여 단독판사 관할사건으로 죄명, 적용법조를 변경하는 공소장변경 허가신청서가 제출된 경우 사건을 배당받은 합의부는 사건의 실체에 들어가 심판하여서는 아니 된다.

14

다음 [보기]의 경우 중에서 제척사유에 해당하지 않는 것을 모두 고른 것은? (다툼이 있는 경우 판례에 의함)

| 보기 |

㉠ 재심청구의 대상인 확정판결에 관여한 법관이 재심청구에 관여한 경우

㉡ 약식명령을 발부한 법관이 정식재판절차의 제1심 판결에 관여한 경우

㉢ 제1심 판결에서 피고인에 대한 유죄의 증거로 사용된 증거를 조사한 판사가 항소심 재판에 관여한 경우

㉣ 수사단계에서 피고인에 대하여 구속영장을 발부한 법관이 제1심에 관여한 경우

㉤ 법관이 사건에 관하여 피고인의 변호인이거나 피고인·피해자의 대리인인 법무법인, 법무법인(유한), 법무조합, 법률사무소, 「외국법자문사법」 제2조 제9호에 따른 합작법무법인에서 퇴직한 날부터 3년이 지나지 아니한 경우

㉥ 고발사실 중 검사가 불기소한 부분에 관한 재정신청을 기각한 법관이 위 고발사실 중 나머지 공소제기된 부분에 대한 사건에 관여한 경우

① ㉠㉡㉢㉣㉤㉥
② ㉠㉡㉣㉤㉥
③ ㉠㉢㉣㉤㉥
④ ㉠㉡㉢㉤㉥

15

형사소송법상 제척·기피·회피에 관한 다음 [보기]의 설명 중 옳지 않은 것을 모두 고른 것은? (다툼이 있으면 판례에 의함)

| 보기 |

㉠ 법관이 해당 사건의 직접피해자인 경우뿐만 아니라 간접피해자인 경우에도 제척사유에 해당되어 그 사건을 심판하는 법관이 될 수 없다.

㉡ 법관이 이미 당해 구체적 사건의 직무집행으로부터 배제되어 있다면 그 사유 여하를 불문하고 그 법관에 대한 피고인의 기피신청은 부적법하다.

㉢ 원심 합의부원인 법관이 원심 재판장에 대한 기피신청 사건의 심리와 기각결정에 관여한 경우 법관의 제척사유에 해당한다.

㉣ 재판부가 당사자의 증거신청을 채택하지 아니하거나 이미 한 증거결정을 취소하였다면 재판의 공평을 기대하기 어려운 객관적인 사정이 있다고 볼 수 있다.

㉤ 법원사무관 등과 통역인에 대한 기피신청도 가능하고, 그에 대한 기피재판은 그 소속법원 합의부의 결정으로 하여야 한다.

① ㉠㉡㉢㉣㉤
② ㉠㉡㉢㉣
③ ㉠㉢㉣㉤
④ ㉠㉢㉣

16

법관의 제척에 관한 설명 중 옳은 것은? (다툼이 있는 경우 판례에 의함)

① 형사소송법 제17조 제7호에서 말하는 기초되는 조사심리에 관여한 경우란 증거조사를 하였으나 그 결과가 채택되지 않은 경우도 포함된다.

② 제1심판결에서 피고인에 대한 유죄의 증거로 사용된 증거를 조사한 판사의 경우 제1심판결이 다른 판사에 의하여 선고되었다 하더라도 항소심 재판에 관여하는 경우 제척사유에 해당한다.

③ 법관이 사건에 관하여 피고인의 변호인이거나 피고인·피해자의 대리인인 법무법인 등에서 퇴직한 날부터 3년이 지나지 아니한 때에는 당해 직무집행에서 제척된다.

④ 법관이 수사단계에서 피고인에 대하여 구속영장을 발부한 경우는 형사소송법 제17조 제7호 소정의 "법관이 사건에 관하여 전심재판 또는 그 기초되는 조사, 심리에 관여한 때"에 해당한다.

17

소송행위에 대한 설명으로 옳은 것은? (다툼이 있는 경우 판례에 의함)

① 기피신청을 받은 경우에는 기피신청에 대한 재판이 있을 때까지 소송절차를 정지해야 하므로, 피고인이 변론종결 뒤 재판부에 대한 기피신청을 하였으나 법원이 소송진행을 정지하지 아니하고 판결을 선고한 것은 위법하다.

② 제1심법원이 국민참여재판 대상이 되는 사건임을 간과하여 피고인의 의사를 확인하지 아니한 채 통상의 공판절차로 재판을 진행하였다면, 피고인이 항소심에서 국민참여재판을 원하지 아니한다고 하면서 제1심의 절차적 위법을 문제 삼지 아니할 의사를 명백히 표시하더라도 하자는 치유되지 못한다.

③ 필요적 변호사건에서 제1심법원이 변호인 없이 소송행위를 하여 피고인에게 유죄판결을 선고하고 이에 대하여 피고인이 항소한 경우 항소심법원은 위법한 제1심판결을 파기하고 원심법원에 환송하여야 한다.

④ 증거로 함에 대한 동의의 주체는 소송주체인 당사자이지만, 변호인은 피고인이 증거로 함에 동의하지 아니한다고 명시적인 의사표시를 한 경우 이외에는 서류나 물건에 대하여 증거로 함에 동의할 수 있다.

18

법관의 기피신청과 관련한 다음 설명 중 형사소송법이나 판례의 입장에 의할 때 옳지 않은 것은?

① 기피사유는 신청한 날로부터 3일 이내에 서면으로 소명하여야 한다.

② 합의법원의 법관에 대한 기피는 당해 법관에게 신청하고 수명법관, 수탁판사 또는 단독판사에 대한 기피는 그 법관의 소속법원에 신청하여야 한다.

③ 기피신청을 기각한 결정에 대해서는 즉시항고를 할 수 있으나, 기피신청을 인용한 결정에 대해서는 즉시항고를 할 수 없다.

④ 기피신청이 있더라도 급속을 요하는 경우에는 예외적으로 소송 진행을 정지하지 않을 수 있는데 판례는 구속기간의 만료가 임박하였다는 사정도 그러한 소송 진행 정지의 예외 사유가 될 수 있다고 본다.

19

다음 설명 중 옳은 것은? (다툼이 있는 경우 판례에 의함)

① 피고인이 변론종결 후 재판부의 편파성을 이유로 기피신청을 했으나, 법원이 소송진행을 정지하지 않고 판결을 선고하는 것은 판결에 영향을 미친 절차위반으로 상소이유가 된다.

② 공소제기 전에 검사의 증거보전청구에 의하여 증인신문을 한 판사는 제척사유인 전심재판 또는 그 기초되는 조사심리에 관여한 법관에 해당한다.

③ 기피신청이 소송의 지연을 목적으로 함이 명백하거나 형사소송법 제19조의 규정에 위배된 때에는 신청을 받은 법원 또는 법관은 결정으로 이를 기각하는데, 이 경우 기피당한 법관은 지체 없이 기피신청에 대한 의견서를 제출하여야 한다.

④ 기피당한 법관은 기피신청에 대한 재판에 관여하지 못한다. 이는 기피당한 판사의 소속법원이 합의부를 구성하지 못하는 때에도 같다.

20

법관의 기피·회피에 대한 다음 기술 중 옳은 것은?

① 기피신청이 소송의 지연을 목적으로 함이 명백한 때에는 신청을 받은 법원 또는 법관은 결정으로 이를 기각한다. 위 기각결정에 대한 즉시항고는 재판의 집행을 정지하는 효력이 있다.

② 법원사무관 등과 통역인에 대한 기피재판은, 소송지연의 목적이 명백하거나 관할위반의 경우를 제외하고, 그 소속법원 합의부가 결정으로 하여야 한다.

③ 법관이 기피사유가 있다고 사료하는 때에는 회피하여야 하는데, 회피는 소속법원에 서면 또는 구술에 의하여 신청하여야 한다.

④ 기피사유는 신청한 날로부터 3일 이내에 서면으로 소명하여야 하고, 기피신청을 함에 있어서는 기피의 원인되는 사실을 구체적으로 명시하여야 한다.

▶ **제2편 소송주체와 소송행위: 제1장 소송의 주체** [검사] — [피고인 1]

회차	시행일			목표점수			획득점수		
제2회	1차	2차	3차	1차	2차	3차	1차	2차	3차

01

검사의 권한 내지 지위에 대한 설명으로 옳은 것은? (다툼이 있는 경우 판례에 의함)

① 검사동일체원칙의 내용인 직무승계권과 직무이전권은 법무부장관, 검찰총장, 검사장 및 지청장만 가지며, 지방검찰청 검사장이 경찰서장이 아닌 경정 이하의 사법경찰관리의 직무집행에 관한 부당한 행위를 이유로 임용권자에게 그 사법경찰관리의 교체를 요구하면 임용권자는 정당한 사유가 없는 한 이에 응하여야 한다.

② 공소제기 전에 피고인을 피의자로 조사하였던 검사의 법정증언이 피고인의 진술을 그 내용으로 하는 것인 때에는 그 진술이 특히 신빙할 수 있는 상태하에서 행하여졌음이 증명된 때에 한하여 이를 증거로 할 수 있다.

③ 경찰공무원이 범한 범죄에 대해서는 검사가 수사를 개시할 수 있으나 이와 공범 등으로 관련된 사건에 대해서는 수사를 개시할 수 없다.

④ 공판개정 후 공소유지를 담당하는 검사가 교체된 때에는 공판절차를 갱신하여야 한다.

02

검사제도에 대한 설명으로 옳은 것은? (다툼이 있는 경우 판례에 의함)

① 검사가 직무상 과실로 공소권을 남용한 경우에는 공소제기의 효력을 부인할 수 있다.

② 압수·수색영장의 집행에 참여한 검사가 다시 수사에 관여하였다면 그 수사는 위법하다.

③ 검사에게는 영장청구권, 증인신문청구권이 인정되나, 증거보전청구권은 인정되지 않는다.

④ 법무부장관은 구체적 사건에 관하여 검찰총장만을 지휘·감독할 수 있을 뿐 개별검사에 대한 지휘·감독권이 없다.

03

검사의 소송법상 지위에 대한 설명으로 옳지 않은 것은? (다툼이 있는 경우 판례에 의함)

① 검사는 사건을 수사하던 중에 사법경찰관리의 수사과정에서 법령위반, 인권침해 또는 현저한 수사권 남용이 있었음을 인지한 때에는 검사 스스로 권한 있는 사람에게 해당 사법경찰관리의 징계를 요구할 수 있다.

② 공소제기 여부에 대하여 검사에게는 재량권이 주어지고, 1심판결 선고 전까지 공소를 취소할 수 있다.

③ 검사는 피고인과 대립하는 당사자의 지위에 있으나 객관의무가 존재하므로 피고인에게 유리한 증거를 수집한 경우 이를 제출할 의무가 있다.

④ 재판의 집행은 그 재판을 한 법원에 대응한 검찰청 검사가 지휘한다. 단, 재판의 성질상 법원, 법관이 지휘할 경우에는 예외로 한다.

04

다음 [보기]는 검사와 사법경찰관의 수사권에 관한 내용이다. 틀린 것을 모두 고른 것은?

| 보기 |

㉠ 검사는 사법경찰관리의 수사과정에서 법령위반, 인권침해 또는 현저한 수사권 남용이 의심되는 사실의 신고가 있거나 그러한 사실을 인식하게 된 경우에는 사법경찰관에게 사건기록 등본의 송부를 요구할 수 있고, 송부를 받은 검사는 필요한 경우 사법경찰관에게 시정조치를 요구할 수 있으며, 검사는 시정조치 요구가 정당한 이유 없이 이행되지 않은 경우에 사법경찰관에게 사건을 송치할 것을 요구할 수 있도록 한다.

㉡ 검사는 사법경찰관과 동일한 범죄사실을 수사하게 된 때에는 사법경찰관에게 사건을 송치할 것을 요구할 수 있고, 요구를 받은 사법경찰관은 지체 없이 검사에게 사건을 송치하도록 하되, 검사가 영장을 청구한 후라 하더라도 동일한 범죄사실에 관하여 사법경찰관이 영장을 신청한 경우에는 해당 영장에 기재된 범죄사실을 계속 수사할 수 있도록 한다.

㉢ 검사가 사법경찰관이 신청한 영장을 정당한 이유 없이 판사에게 청구하지 아니한 경우 사법경찰관은 관할 지방검찰청에 영장 청구 여부에 대한 심의를 신청할 수 있고, 이를 심의하기 위하여 각 지방검찰청에 외부 위원으로 구성된 영장심의위원회를 둔다.

㉣ 사법경찰관은 범죄를 수사한 때에는 범죄의 혐의가 인정되면 검사에게 사건을 송치하고, 그 밖의 경우에는 그 이유를 명시한 서면과 함께 관계 서류와 증거물을 검사에게 송부하도록 한다.

㉤ 검사는 사법경찰관이 사건을 송치하지 아니한 것이 위법 또는 부당한 때에는 서면 또는 구술에 의하여 사법경찰관에게 재수사를 요청할 수 있도록 하고, 사법경찰관은 요청이 있으면 사건을 재수사하도록 한다.

① ㉠㉢㉣
② ㉡㉢㉤
③ ㉢㉤
④ ㉢㉣

05

검사와 사법경찰관의 수사권에 관한 다음 [보기]의 기술 중 옳지 않은 것을 모두 고른 것은?

| 보기 |

㉠ 검사는 송치사건의 공소제기 여부 결정 또는 공소의 유지에 관하여 필요한 경우나 사법경찰관이 신청한 영장의 청구 여부 결정에 관하여 필요한 경우에 사법경찰관에게 보완수사를 요구할 수 있는데, 이러한 검사의 보완수사 요구를 받은 사법경찰관은 검사의 요구의 정당한 이유 유무를 따짐이 없이 지체 없이 이를 이행하여야 하고, 이를 이행하지 않는 경우 보완수사 요구를 행한 검사는 해당 사법경찰관의 직무배제 또는 징계를 직접 요구할 수 있다.

㉡ 검사의 사법경찰관에 대한 보완수사요구에 대한 이견이 있어 검사와 사법경찰관이 상대방에 대하여 이에 관한 협의를 요청한 경우 상대방의 협의 요청에 응할 수 있다.

㉢ 검사는 사법경찰관리의 수사과정에서 법령위반, 인권침해 또는 현저한 수사권 남용이 의심되는 사실의 신고가 있거나 그러한 사실을 인식하게 된 경우에는 사법경찰관에게 사건기록 등본의 송부를 요구할 수 있는데, 위 송부 요구를 받은 사법경찰관은 지체 없이 검사에게 사건기록 등본을 송부하여야 한다.

㉣ 위 ㉢의 송부를 받은 검사는 필요하다고 인정되는 경우에는 사법경찰관에게 시정조치를 요구할 수 있는데, 사법경찰관은 위 시정조치 요구가 있는 때에는 정당한 이유의 유무를 묻지 않고 지체 없이 이를 이행하여야 하고, 그 결과를 검사에게 통보하여야 한다.

㉤ 검사는 사법경찰관리의 수사과정에서 법령위반, 인권침해 또는 현저한 수사권 남용이 의심되는 경우 서면으로 사건기록 등본의 송부를 요구하도록 하고, 사법경찰관은 요구를 받은 날부터 7일 이내에 사건기록 등본을 송부하며, 검사는 사건기록 등본을 송부받은 날부터 30일 이내에 시정조치를 요구하도록 한다. 이 경우 검사의 시정조치 요구기간은 1차에 한하여 30일간 연장할 수 있다.

① ㉠㉡㉢㉣㉤
② ㉠㉡㉢㉣
③ ㉡㉢㉣㉤
④ ㉠㉡㉣㉤

06

다음 [보기] 중 틀린 것을 모두 고른 것은?

| 보기 |

㉠ 검사는 사법경찰관리의 수사과정에서 법령위반이 의심되는 사실의 신고가 있거나 그러한 사실을 인식하게 된 경우에 한하여 사법경찰관에게 사건기록 등본의 송부를 요구할 수 있는데, 위 송부 요구를 받은 사법경찰관은 지체 없이 검사에게 사건기록 등본을 송부하여야 한다.

㉡ 검사의 위 ㉠의 사건기록 등본 송부요구를 받은 사법경찰관이 사건기록 등본을 송부하면, 검사는 사건기록 등본을 송부받은 날부터 원칙적으로 90일 이내에 시정조치 요구 여부를 결정하여 서면으로 사법경찰관에게 통보해야 한다.

㉢ 사법경찰관은 범죄를 수사한 때에는 범죄의 혐의가 인정되면 검사에게 사건을 송치하고, 그 밖의 경우에는 그 이유를 명시한 서면과 함께 관계 서류와 증거물을 검사에게 송부하도록 하고, 사건을 검사에게 송치하지 아니한 경우에는 별도의 통지 없이 수사를 종결할 수 있다.

㉣ 사법경찰관이 1차적 수사종결처분으로서 사건을 송치하지 아니한 것이 위법 또는 부당한 때에는 검사는 그 이유를 문서로 명시하여 사법경찰관에게 재수사를 요청할 수 있도록 하고, 사법경찰관은 요청이 있으면 사건을 재수사하도록 한다.

㉤ 검사가 피고인이 된 피의자의 진술을 기재한 피의자신문조서는 적법한 절차와 방식에 따라 작성된 것으로서 피고인이 진술한 내용과 동일하게 기재되어 있음이 공판준비 또는 공판기일에서의 피고인의 진술이나 영상녹화물 등 객관적 방법에 의하여 인정되고, 그 조서에 기재된 진술이 특히 신빙할 수 있는 상태하에서 행하여졌음이 증명된 때에 한하여 증거로 할 수 있다.

① ㉠㉡㉢㉣㉤
② ㉡㉢㉣㉤
③ ㉠㉡㉢㉤
④ ㉠㉢㉣㉤

07

사법경찰관의 1차적 수사종결권에 관한 다음 [보기]의 기술 중 옳지 않은 것을 모두 고른 것은?

| 보기 |

㉠ 사법경찰관은 고소·고발 사건을 포함하여 범죄를 수사한 때에는 범죄의 혐의가 있다고 인정되는 경우에는 지체 없이 검사에게 사건을 송치하고, 관계 서류와 증거물을 검사에게 송부하여야 하고, 그 밖의 경우에는 그 이유를 명시한 서면과 함께 관계 서류와 증거물을 지체 없이 검사에게 송부하여야 하는데, 이 경우 검사는 송부받은 날부터 30일 이내에 사법경찰관에게 반환하여야 한다.

㉡ 사법경찰관이 범죄의 혐의가 없다고 인정하여 검사에게 사건을 송치하지 않은 경우에 검사는 사법경찰관이 사건을 송치하지 아니한 것이 위법한 때에 한하여 그 이유를 문서로 명시하여 사법경찰관에게 재수사를 요청할 수 있다.

㉢ 위 ㉡에 따라 사법경찰관이 재수사를 하였음에도 기존의 불송치 결정을 유지하는 경우에는 사법경찰관은 재수사 결과서에 그 내용과 이유를 구체적으로 적어 검사에게 통보하는데, 이렇게 재수사 결과를 통보한 사건에 대해서는 원칙적으로 검사가 다시 재수사를 요청을 하거나 송치 요구를 할 수 없다.

㉣ 검사의 재수사 요청에 따라 사법경찰관이 재수사를 하였음에도 기존의 불송치 결정을 유지하는 경우, 검사는 사법경찰관이 사건을 송치하지 않은 위법 또는 부당이 시정되지 않아 사건을 송치받아 수사할 필요가 있는 경우에는 예외적으로 사건송치를 요구할 수 있으나, 여기에는 사법경찰관이 검사의 재수사 요청에 관하여 그 이행이 이루어지지 않은 경우는 포함되지 아니한다.

㉤ 사법경찰관은 사건불송치 결정을 한 경우에는 그 송부한 날부터 7일 이내에 서면으로 고소인·고발인·피해자 또는 그 법정대리인(피해자가 사망한 경우에는 그 배우자·직계친족·형제자매를 포함한다)에게 사건을 검사에게 송치하지 아니하는 취지와 그 이유를 통지하여야 하는데, 위 통지를 받은 사람(고발인은 제외)은 검사에게 이의를 신청할 수 있다.

① ㉠㉡㉢㉣ ② ㉡㉢㉣㉤
③ ㉠㉡㉣㉤ ④ ㉠㉢㉣㉤

08

검사와 사법경찰관의 수사권에 관한 다음 [보기]의 기술 중 옳지 않은 것을 모두 고른 것은?

| 보기 |

㉠ 검사 및 사법경찰관은 검사의 보완수사 요구나 사법경찰관의 재수사 결과 등에 대해 이견이 있는 경우에는 상대방의 협의 요청에 응해야 하고, 협의를 통해 이견이 해소되지 않는 경우에는 해당 검사와 해당 사법경찰관의 합의에 의한다.

㉡ 사법경찰관의 사건불송치 결정이 위법하거나 부당한 때에는 검사는 관계 서류와 증거물을 송부받은 날부터 90일 이내에 재수사를 요청할 수 있다. 90일이 지난 후에는 어떠한 경우에도 재수사 요청을 할 수 없다.

㉢ 위 ㉡의 재수사 요청을 받은 사법경찰관은 재량에 의하여 사건을 재수사할 수 있다.

㉣ 사법경찰관의 기존 불송치 결정을 유지하는 재수사 결과를 통보한 사건에 대해서 검사는 어떠한 경우에도 다시 재수사를 요청하거나 사건 송치를 요구할 수 없다.

① ㉠㉡㉢㉣
② ㉠㉡㉢
③ ㉠㉢㉣
④ ㉡㉢㉣

09

다음 [보기]는 성명모용과 피고인의 특정에 관한 설명이다. (ㄱ), (ㄴ)에 들어갈 용어로 올바르게 짝지어진 것은? (다툼이 있는 경우 판례에 의함)

| 보기 |

(가) A가 B의 성명을 모용하여 A가 아닌 B의 이름으로 공소가 제기된 경우 공소제기의 효력은 명의를 모용한 A에게만 미치기 때문에 A만이 피고인이 된다. 피모용자 B에게는 공소제기의 효력이 미치지 않는다. 이러한 사실을 알게 된 경우 검사는 (㉠)절차에 의하여 피고인의 표시를 바로 잡아야 한다.

(나) A가 B의 성명을 모용하여 피모용자 B가 약식 명령서를 송달받게 되었다. 이 경우 B가 정식재판을 청구하여 직접 공판절차에 참여하면 사실상 소송계속이 발생하게 되고 형식상 또는 외관상 피고인의 지위를 갖게 된다. 이 과정에서 성명모용사실이 밝혀지면 법원은 피모용자 B에 대하여 (㉡)을 선고해야 한다.

	㉠	㉡
①	공소장정정	공소기각결정
②	공소장정정	공소기각판결
③	공소장변경	공소기각결정
④	공소장변경	공소기각판결

10

다음 [보기] 중 현행 형사소송법상 인정하고 있는 피고인의 권리를 모두 고른 것은?

| 보기 |

㉠ 증인신문권
㉡ 증거보전의 청구권
㉢ 구속적부심사청구권
㉣ 재정신청권
㉤ 압수·수색영장 집행참여권

① ㉠㉢㉣
② ㉠㉡㉤
③ ㉡㉣㉤
④ ㉢㉣㉤

11

다음 중 「형사소송법」상 피고인에 대한 설명으로 옳은 것은?

① 검사는 관할 이전 신청을 할 수 있으나 피고인은 관할 이전 신청을 할 수 없다.
② 검사와 변호인은 압수·수색영장의 집행에 참여할 수 있으나 피고인은 참여하지 못한다.
③ 피고인은 개개의 질문에 대하여 진술을 거부할 수 있으나 계속 진술을 거부할 수는 없다.
④ 피고인에게 형사소송법상 공소장 변경 요구권은 존재하지 않는다.

12

무죄추정의 원칙에 대한 설명으로 옳지 않은 것은? (다툼이 있는 경우 판례에 의함)

① 피고인은 유죄 판결 확정 시까지 무죄로 추정되나, 형사재판의 유죄 확정 전에 징계혐의 사실이 인정되어 징계처분을 하는 것은 무죄추정의 원칙에 반하지 않는다.
② 공정거래법에서 부당내부거래에 대하여 형사처벌과 아울러 과징금의 병과를 예정하고 이 과징금 부과처분에 대하여 공정력과 집행력을 인정하는 규정을 둔 것은 무죄추정원칙에 위반되지 아니한다.
③ 검사조사실에 소환되어 피의자신문을 받을 때 계호교도관이 포승으로 청구인의 팔과 상반신을 묶고 양손에 수갑을 채운 상태에서 피의자조사를 받도록 한 계구사용행위는 무죄추정의 원칙에 반한다.
④ 공소장의 공소사실 첫머리에 피고인 특정을 위해 피고인이 전에 받은 소년부송치처분을 기재한 것이나 상소제기 후의 미결구금일수 산입 규정에 상소제기 후 상소취하 시까지의 구금일수 통산에 관하여 규정하지 아니함으로써 이를 본형 산입의 대상에서 제외한 것은 모두 무죄추정의 원칙 등에 반하므로 헌법에 위반되는 것이다.

13

헌법재판소 또는 대법원 판례의 입장에 관한 다음 설명 중 적절한 것은?

① 범죄의 피의자로 입건된 사람들로 하여금 경찰공무원이나 검사의 신문을 받으면서 자신의 신원을 밝히지 않고 지문채취에 불응하는 경우 벌금, 과료, 구류의 형사처벌을 받도록 하고 있는 구 경범죄처벌법 조항은 적법절차의 원칙에 위배되지 않는다.
② 경찰청장이 주민등록발급신청서에 날인되어 있는 지문정보를 보관·전산화하고 이를 범죄수사목적에 이용하는 행위는 무죄추정의 원칙에 위반된다.
③ 형사재판 절차에서 유죄의 확정판결을 받기 전이라면 징계혐의 사실은 인정될 수 없으며, 징계혐의 사실을 인정하는 것은 무죄추정원칙에 위반된다.
④ 파기환송사건에 있어서 구속기간 갱신 및 구속으로 인하여 신체의 자유가 제한되는 것은 무죄추정의 원칙에 위배된다.

14

무죄추정의 원칙에 관한 다음 설명 중 가장 적절한 것은? (다툼이 있는 경우 판례에 의함)

① 관세법상 몰수할 것으로 인정되는 물품을 압수한 경우에 있어서 범인이 당해 관서에 출두하지 아니하거나 또는 범인이 도주하여 그 물품을 압수한 날로부터 4월을 경과한 때에는 당해 물품은 별도의 재판이나 처분 없이 국고에 귀속한다고 규정하고 있는 구 관세법 조항은 무죄추정의 원칙에 위배되지 아니한다.
② 지방자치단체의 장이 금고 이상의 형을 선고받고 그 형이 확정되지 아니한 경우 부단체장이 그 권한을 대행하도록 규정한 지방자치법의 조항은 무죄추정의 원칙에 위반된다.
③ 형사사건으로 기소된 국가공무원을 직위해제할 수 있도록 규정한 국가공무원법의 조항은 무죄추정의 원칙에 위반된다.
④ 변호사가 공소제기되어 그 재판의 결과 등록취소에 이르게 될 가능성이 매우 크고 그대로 두면 장차 의뢰인이나 공공의 이익을 해칠 구체적인 위험성이 있는 경우 법무부변호사징계위원회의 결정을 거쳐 법무부장관이 업무정지를 명할 수 있도록 한 변호사법 조항은 무죄추정의 원칙에 위반된다.

15

진술거부권에 관한 다음 설명 중 가장 옳은 것은? (판례에 의함)

① 피의자 지위에 있지 아니한 자에 대하여 진술거부권이 고지되지 않은 경우 진술의 증거능력은 부정된다.

② 헌법 제12조 제2항은 진술거부권을 보장하고 있으므로 주취운전의 혐의자에게 호흡측정기에 의한 주취 여부의 측정에 응할 것을 요구하고 이에 불응할 경우 처벌하는 것은 형사상 불리한 진술을 강요하는 것에 해당한다.

③ 범죄사실을 단순히 부인하고 있는 것이 죄를 반성하거나 후회하고 있지 않다는 인격적 비난요소로 보아 가중적 양형의 조건으로 삼는 것은 결과적으로 피고인에게 자백을 강요하는 것이 되어 허용될 수 없다.

④ 공판절차를 갱신한 경우 통상의 공판절차와 달리 재판장은 인정신문을 한 후 피고인에게 진술거부권 등을 고지하여야 한다.

16

진술거부권에 대한 설명 중 가장 옳은 것은? (다툼이 있는 경우 판례에 의함)

① 진술거부권은 형사절차에서만 보장된다.

② 구속영장 발부에 의하여 적법하게 구금된 피의자가 피의자신문을 위한 출석요구에 응하지 아니하면서 수사기관 조사실에 출석을 거부할 경우, 수사기관이 구속영장의 효력에 의하여 피의자를 조사실로 구인할 수 있으며, 이때 피의자를 신문하기 전에 진술거부권을 고지하여야 할 필요는 없다.

③ 피해자를 치상하고 도주한 차량운전자의 가중처벌을 규정한 특정범죄가중처벌등에관한법률 제5조의3 제1항 제2호는 진술거부권을 침해하지 않는다.

④ 진술거부권을 고지하지 않은 상태에서 임의로 행해진 피고인의 자백을 기초로 한 2차적 증거 중 피고인 및 피해자의 법정진술은 공개된 법정에서 임의로 이루어진 것이라고 하더라도 유죄 인정의 증거로 사용할 수 없다.

17

진술거부권에 관한 설명 중 가장 옳은 것은?

① 검사 또는 사법경찰관은 피의자를 체포하거나 구속할 때에는 피의자에게 피의사실의 요지, 체포·구속의 이유와 변호인을 선임할 수 있음을 말하고, 변명할 기회를 주어야 하며, 진술거부권을 알려 주어야 하는데, 이는 모두 형사소송법에 규정된 피의자의 권리이다.

② 헌법은 진술거부권을 모든 국민의 기본적 인권으로 보장하고, 형사소송법은 피고인뿐만 아니라 피의자의 진술거부권을 명문으로 규정하고 있다.

③ 도로교통법상 사고운전자의 신고의무는 형사책임 관련 사항에 적용되지 않는 한 헌법에 위반되지 않으나, 행정상 단속목적으로 달성하기 위한 법률상 기록·보고의무는 진술거부권을 침해한다.

④ 피의자의 진술을 녹취 내지 기재한 서류 또는 문서가 수사기관에서의 조사과정에서 작성된 것이라 하더라도 그것이 '진술조서, 진술서, 자술서'라는 형식을 취하였다면 작성자 또는 진술자의 진술에 의하여 그 성립의 진정이 인정되면 증거로 할 수 있다.

18

진술거부권에 대한 다음 [보기]의 설명 중 옳은 것을 모두 고른 것은? (다툼이 있는 경우 판례에 의함)

| 보기 |

㉠ 변호사인 변호인이 신체구속을 당한 사람에게 단순히 헌법상 진술거부권이 있음을 알려 주는 정도에 그치지 않고, 그 행사를 권고하는 것은 변호사로서의 진실의무에 위배된다.

㉡ 진술거부권 행사도 진실발견을 적극적으로 숨기거나 법원을 오도하려는 시도에 기인한 경우 등 일정한 경우에는 양형의 가중조건으로 참작할 수 있다.

㉢ 진술거부권이 보장되는 절차에서 진술거부권을 고지받을 권리는 진술거부권을 보장한 헌법규정에 의하여 바로 도출되는 것이 아니므로 이를 인정하기 위해서는 별도의 입법적 뒷받침이 필요하다.

㉣ 주취운전 혐의자에게 호흡측정기에 의한 주취 여부의 측정에 응할 것을 요구하는 것은 헌법상 진술거부권 조항에 위배되지 않는다.

㉤ 간이공판절차는 진술거부권 고지 이후에 그 개시결정이 이루어지게 되는 것이므로, 간이공판절차의 취소를 이유로 공판절차를 갱신하는 경우 피고인에게 다시 진술거부권을 고지할 필요가 없다.

① ㉠㉡㉢㉣
② ㉡㉢㉣
③ ㉡㉢㉣㉤
④ ㉢㉣㉤

19

진술거부권에 관한 다음 설명 중 가장 적절하지 않은 것은? (다툼이 있는 경우 판례에 의함)

① 피의자신문조서가 아닌 일반적인 진술조서의 형식으로 조서를 작성한 경우, 진술조서의 내용이 피의자신문조서와 실질적으로 같고, 진술의 임의성이 인정되는 경우라도 미리 피의자에게 진술거부권을 고지하지 않았다면 위법수집증거에 해당한다.

② 수사기관이 피고인들의 필로폰 수입에 관한 범의를 명백히 하기 위하여 피고인들에게 필로폰이 들어 있는 곡물포대를 전달한 자를 참고인으로 불러 진술거부권을 고지하지 아니한 채 조사한 경우에, 조사받을 당시 또는 그 후라도 참고인에 대한 범죄혐의를 인정하고 수사를 개시할 피의자 지위에 있었다고 할 수 없었다면, 진술거부권 불고지로 인하여 참고인에 대한 진술조서의 증거능력을 부정할 수는 없다.

③ 헌법에서는 불리한 진술에 대한 진술거부권만 규정하고 있으므로, 유리한 진술에 대하여는 진술거부권이 인정되지 않는다.

④ 사법경찰관이 피의자에게 진술거부권을 행사할 수 있음을 알려 주고 그 행사 여부를 질문하였다 하더라도, 형사소송법 제244조의3 제2항에 규정한 방식에 위반하여 진술거부권 행사 여부에 대한 피의자의 답변이 자필로 기재되어 있지 아니하거나 그 답변 부분에 피의자의 기명날인 또는 서명이 되어 있지 아니한 사법경찰관 작성의 피의자신문조서는 특별한 사정이 없는 한 증거능력이 없다.

20

당사자능력과 소송능력에 대한 다음 [보기]의 설명 중 옳은 것을 모두 고른 것은? (다툼이 있는 경우 판례에 의함)

| 보기 |

㉠ 자동차 운전자인 피고인이 업무상 과실로 성년인 피해자에게 상해를 가하였다고 하여 교통사고처리특례법위반죄로 기소된 사안에서, 의식불명 상태에 있는 피해자의 아버지가 피고인에 대한 처벌을 희망하지 아니한다는 의사를 표시하였더라도 그 의사표시는 피해자의 의사표시로서의 소송법상 효력이 없다.

㉡ 반의사불벌죄에 있어서 피해자의 피고인 또는 피의자에 대한 처벌을 희망하지 않는다는 의사표시 또는 처벌을 희망하는 의사표시의 철회는 형사소송절차에 있어서의 소송능력에 관한 일반원칙에 따라 의사능력이 있는 미성년자인 피해자가 단독으로 할 수 있고, 거기에 법정대리인의 동의가 있어야 하는 것은 아니다.

㉢ 음주운전과 관련한 도로교통법위반죄의 범죄수사를 위하여 미성년자인 피의자의 혈액채취가 필요한 경우에도 피의자에게 의사능력이 있다면 피의자 본인만이 혈액채취에 관한 유효한 동의를 할 수 있고, 피의자에게 의사능력이 없는 경우에도 명문의 규정이 없는 이상 법정대리인이 피의자를 대리하여 동의할 수는 없다.

㉣ 법인의 해산 또는 청산종결 등기 이전에 업무나 재산에 관한 위반행위가 있는 경우, 청산종결 등기가 된 이후 위반행위에 대한 수사가 개시되거나 공소가 제기되었다면 그에 따른 수사나 재판을 받는 일이 법인의 청산사무에 포함된다고 볼 수 없고, 따라서 청산종결 등기가 완료된 법인의 「형사소송법」상 당사자능력은 인정되지 아니한다.

㉤ 법인은 스스로 범죄를 범할 수 없으므로 법인에 대한 형사처벌이 양벌규정을 통하여 인정되는 경우에도 법인의 당사자능력은 인정되지 않는다.

① ㉠㉡㉢㉣㉤
② ㉠㉡㉢㉣
③ ㉠㉡㉢㉤
④ ㉠㉡㉢

▶ 제2편 **소송주체와 소송행위: 제1장 소송의 주체** [피고인 2] — **제2장 소송행위** [소송행위의 일반적 요소 1]

회차	시행일			목표점수			획득점수		
제3회	1차	2차	3차	1차	2차	3차	1차	2차	3차

01

진술거부권에 대한 다음 [보기]의 설명 중 옳지 않은 것을 모두 고른 것은? (다툼이 있는 경우 판례에 의함)

| 보기 |

㉠ 진술거부권을 고지받지 않은 상태에서 임의로 자백을 한 경우라면, 이후 피고인이 변호인으로부터 충분한 조력을 받고 상당한 기간이 흘러 자발적으로 계속하여 동일한 내용의 자백을 하더라도 자백은 형사소송법 제308조의2에 따라 증거능력이 부정된다.

㉡ 피고인이 증거서류의 진정성립을 묻는 검사의 질문에 대하여 진술거부권을 행사하여 진술을 거부한 경우는 형사소송법 제314조의 '그 밖에 이에 준하는 사유로 인하여 진술할 수 없는 때'에 해당한다.

㉢ 진술거부권 고지에 관한 형사소송법 규정내용 및 진술거부권 고지가 갖는 실질적인 의미를 고려한다면 피의자 지위에 있지 아니한 자에 대하여 진술거부권이 고지되지 아니하였더라도 진술의 증거능력은 부정해야 하므로, 수사기관이 피의자가 아닌 참고인으로 조사를 하면서 진술거부권을 고지하지 아니하고 작성한 진술조서는 위법수집증거에 해당한다.

㉣ 피의자에게 진술거부권을 고지하였더라도 진술거부권 행사 여부에 대한 피의자의 답변이 자필로 기재되지 않거나 답변부분에 피의자의 기명날인 또는 서명이 되어 있지 않다면, 당해 피의자신문조서의 증거능력을 인정할 수 없다.

㉤ 형사소송법 제283조의2는 피고인은 진술하지 아니하거나 개개의 질문에 대하여 진술을 거부할 수 있다고 규정하고 있을 뿐이며, 진술의 내용을 불이익한 진술에 제한하지 않고 있다.

① ㉠㉡㉢㉣㉤
② ㉠㉡㉢㉣
③ ㉠㉡㉢㉤
④ ㉠㉡㉢

02

진술거부권에 관한 다음 기술 중 가장 적절하지 않은 것은? (다툼이 있는 경우 판례에 의함)

① 진술거부권의 주체에는 제한이 있으므로, 피고인·피의자, 피고인인 법인의 대표자, 의사무능력자의 대리인, 외국인에게도 인정되나, 참고인과 같이 피의자 지위에 있지 아니한 자에 대하여는 인정되지 아니한다.

② 헌법은 형사책임에 관하여 자기에게 불이익한 진술을 강요당하지 아니할 것을 국민의 기본권으로 보장하고 있으며, 진술거부권은 고문 등 폭행에 의한 강요는 물론 법률로서도 진술을 강제할 수 없음을 의미한다.

③ 구 새마을금고법은 "새마을금고나 새마을금고중앙회의 임직원 또는 청산인이 감독기관의 검사원의 질문에 거짓으로 진술한 경우 3년 이하의 징역이나 500만 원 이하의 벌금에 처한다."고 규정하고 있고, 위와 같은 질문을 하기 전에 진술거부권을 고지하여야 한다는 규정은 따로 두고 있지 않다고 하더라도, 새마을금고의 임직원이 장차 특정경제범죄법에 규정된 죄로 처벌받을 수도 있는 사항에 관한 질문을 받고 거짓으로 진술한 경우에는 위 처벌규정은 적용되지 아니한다.

④ 진술거부권은 현재 피의자나 피고인으로서 수사 또는 공판절차에 계속 중인 자뿐만 아니라 장차 피의자나 피고인이 될 가능성이 있는 자에게도 보장되며, 형사절차에서만 보장되는 것은 아니고 행정절차이거나 국회에서의 질문 등에서도 보장된다.

03

당사자능력과 소송능력에 관한 다음 [보기]의 설명 중 틀린 것을 모두 고른 것은? (다툼이 있는 경우 판례에 의함)

| 보기 |

㉠ 피고인이 사망한 경우 당사자능력이 소멸하여 공소기각결정을 한다. 이는 재심심판절차에서 피고인이 사망한 경우라도 마찬가지이다.

㉡ 피고인인 법인이 존속하지 아니하게 되었을 때 당사자능력이 소멸하므로 판결로써 공소를 기각한다.

㉢ 법인이 공소제기 후 청산절차를 거쳐 해산하는 경우에는 판결확정 전이라 하더라도 소송법상 당사자능력도 소멸한다.

㉣ 당사자능력은 소송조건이므로 법원은 직권으로 피고인의 당사자능력의 유무를 조사하여야 한다.

㉤ 의사무능력자나 법인인 피고인을 대리 또는 대표할 자가 없는 때에는 법원은 직권 또는 검사의 청구에 의하여 특별대리인을 선임하여야 하며 피의자를 대리 또는 대표할 자가 없는 때에는 법원은 직권이나 검사 또는 이해관계인의 청구에 의하여 특별대리인을 선임하여야 한다.

① ㉠㉡㉢
② ㉠㉡㉢㉤
③ ㉠㉢㉤
④ ㉡㉢㉣㉤

04

아래의 [사례]에 관한 [설명] 중에서 판례의 입장과 어긋나는 것을 모두 고른 것은?

| 사례 |

미성년자인 甲은 2011.2.24. 02:30경 오토바이를 운전하여 가다가 교통사고를 일으키고 의식을 잃은 채 병원 응급실로 후송되었고, 병원 응급실로 출동한 경찰관 A는 사고 시각으로부터 약 1시간 20분 후인 2011.2.24. 03:50경 법원으로부터 압수·수색 또는 검증 영장이나 감정처분허가장을 발부받지 아니한 채 甲의 아버지 B의 동의만 받고서 응급실에 의식을 잃고 누워 있는 甲으로부터 채혈을 하였으나 위 채혈에 관하여 사후적으로라도 영장을 발부받지 아니하였다. 甲이 도로교통법위반(음주운전)

으로 공소제기된 후 ㉠ 甲의 혈중 알코올농도에 대한 국립과학수사연구소의 감정의뢰회보(혈중 알코올농도 0.191%)와 이에 기초한 주취운전자 적발보고서가 법정에 제출되었고, ㉡ 甲은 수사기관 및 공판정에서 음주운전을 하였다고 자백하였다(㉠, ㉡ 외에 다른 증거는 없음).

| 설명 |

㉠ 수사기관이 법원으로부터 영장 또는 감정처분허가장을 발부받지 아니한 채 피의자의 동의 없이 피의자의 신체로부터 혈액을 채취하고 사후에도 지체 없이 영장을 발부받지 아니한 채 그 혈액 중 알코올농도에 관한 감정을 의뢰하였다면, 이러한 과정을 거쳐 얻은 감정의뢰회보와 이에 기초한 다른 증거는 형사소송법상 영장주의원칙을 위반하여 수집하거나 그에 기초하여 획득한 증거로서 피고인이나 변호인의 동의가 있더라도 유죄의 증거로 사용할 수 없다.

㉡ 음주운전과 관련한 도로교통법위반죄의 범죄수사를 위하여 미성년자인 피의자의 혈액채취가 필요한 경우 피의자에게 의사능력이 있다면 피의자 본인만이 혈액채취에 관한 유효한 동의를 할 수 있고, 피의자에게 의사능력이 없다면 법정대리인이 피의자를 대리하여 동의할 수 있다.

㉢ 甲의 혈중 알코올농도에 대한 국립과학수사연구소의 감정의뢰회보와 이에 기초한 주취운전자 적발보고서는 위법수집증거로서 피고인 甲이나 변호인의 동의가 있더라도 증거능력이 인정되지 않는다.

㉣ 법원은 甲의 도로교통법위반(음주운전)의 공소사실에 대하여 유죄판결을 선고할 수 있다.

① ㉠㉡㉣
② ㉡㉢㉣
③ ㉡㉣
④ ㉠㉢

05

소송주체에 관한 다음 [보기]의 기술 중 옳지 않은 것을 모두 고른 것은? (다툼이 있는 경우 판례에 의함)

| 보기 |

㉠ 상습특수상해죄에 대한 제1심 관할법원은 지방법원과 그 지원의 단독판사이다.

㉡ 국선변호인 선정청구가 있었고 빈곤으로 변호인을 선임할 수 없는 경우에 해당한다면 국선변호인 선정 결정 없이 공판심리를 진행한 법원의 조치에는 법령위반의 잘못이 없다.

㉢ 법원은 형사소송법 제33조 제1항 각 호에 해당하는 경우가 아닌 한 권리보호를 위하여 필요하다고 인정하지 않으면 국선변호인을 선정하지 않아도 되고, 국선변호인을 선정하지 않고 공판심리를 하더라도 피고인의 방어권이 침해되어 판결에 영향을 미쳤다고 인정되지 않는 경우에는 형사소송법 제33조 제3항을 위반한 위법이 있다고 볼 수 없다.

㉣ 변호인선임신고서를 제출하지 않은 변호인이 변호인 명의로 재항고장을 제출한 경우라 하더라도 재항고장에는 적법·유효한 재항고로서의 효력은 인정된다.

㉤ 형사소송법 제33조 제1항 제1호의 필요적 국선변호인 선정사유인 '피고인이 구속된 때'는 '해당 형사사건에서 구속되어 재판을 받는 경우'로 한정된다.

① ㉠㉡㉢㉣㉤
③ ㉠㉡㉢㉣
③ ㉠㉡㉣㉤
④ ㉡㉢㉣㉤

06

변호인에 관한 다음 [보기]의 설명 중 옳은 것을 모두 고른 것은? (다툼이 있는 경우 판례에 의함)

| 보기 |

㉠ 피의자, 사건관계인 또는 그 변호인은 검사 또는 사법경찰관이 수사 중인 사건에 관한 본인의 진술이 기재된 부분 및 본인이 제출한 서류의 전부 또는 일부에 대해 열람·복사를 신청할 수 있다.

㉡ 변호인은 심급마다 선임하여야 하는데, 여기서 심급이란 소송계속이 발생한 시점부터 상소에 의하여 이심의 효력이 발생한 시점까지를 말하고, 구체적으로 종국판결선고 시가 아니라 상소장과 소송기록이 원심법원으로부터 상소법원에 송부된 때까지를 뜻한다.

㉢ 수인의 변호인이 있는 때에는 재판장은 직권 또는 신청에 의하여 대표변호인을 지정할 수 있고 그 지정을 철회·변경할 수 있으며, 피고인의 대표변호인에 대한 규정은 검사가 피의자의 대표변호인을 지정하는 경우에 이를 준용한다.

㉣ 위 ㉢의 경우 재판장에 대한 대표변호인의 지정을 신청할 수 있는 자는 검사, 피고인 또는 변호인이다.

㉤ 필요적 국선변호인 선정사유인 형사소송법 제33조 제1항 제1호의 '피고인이 구속된 때'에는 피고인이 별건으로 구속영장이 발부되어 집행되거나 다른 형사사건에서 유죄판결이 확정되어 그 판결의 집행으로 구금 상태에 있는 경우도 포함된다.

① ㉠㉡㉢㉣㉤
② ㉠㉡㉢㉣
③ ㉡㉢㉤
④ ㉠㉡㉢㉤

07

국선변호인에 관한 다음 [보기]의 설명 중 옳지 않은 것을 모두 고른 것은? (다툼이 있는 경우 판례에 의함)

| 보기 |

㉠ 피고인이 구속된 때, 미성년자인 때, 70세 이상인 때, 듣거나 말하는 데 모두 장애가 있는 사람인 때, 심신장애가 있는 것으로 의심되는 때, 사형·무기 또는 단기 1년 이상의 징역이나 금고에 해당하는 사건으로 기소된 때에 피고인에게 변호인이 없으면 법원은 직권으로 변호인을 선정하여야 한다.

㉡ 피고인이 필요적 변호사건인 A죄(폭처법위반)로 기소된 후 B죄(사기죄)의 약식명령에 대해 정식재판을 청구하여 제1심에서 모두 유죄판결을 받고 항소하였는데, 항소심이 국선변호인을 선정하지 아니한 채 두 사건을 병합·심리하여 항소기각 판결을 선고한 경우, 변호인의 관여 없이 공판절차를 진행한 위법은 필요적 변호사건이 아닌 사기죄 부분에는 그 영향이 미치지 아니한다.

㉢ 국선변호인은 피고인이나 피의자마다 한 명을 선정할 수 있고, 사건이 특수하다는 등의 사정을 이유로 한 피고인이나 피의자의 요구가 있다고 하더라도 사선변호인과 달리 2인 이상을 선정할 수 없다.

㉣ 구속영장을 청구받은 지방법원판사가 피의자를 심문하는 경우 피의자에게 변호인이 없는 때에는 지방법원판사는 직권으로 변호인을 선정하여야 하는데, 이 경우 변호인의 선정은 피의자에 대한 구속영장 청구가 기각되어 효력이 소멸한 경우를 제외하고는 제1심까지 효력이 있다.

㉤ 피고인이 빈곤을 이유로 국선변호인 선정청구서를 제출하였다면 그 청구이유를 뒷받침할 소명자료를 제시하지 않았다 하더라도 법원이 청구 기각결정을 하고 이를 고지한 후 변론을 진행한 것은 소송절차에 관한 법령의 위반에 해당한다.

① ㉠㉡㉢㉣㉤
② ㉠㉡㉢㉣
③ ㉠㉡㉢㉤
④ ㉠㉡㉢

08

국선변호인에 대한 다음 [보기]의 설명 중 옳은 것을 모두 고른 것은? (다툼이 있는 경우 판례에 의함)

| 보기 |

㉠ 국선변호인이 공판기일 또는 피의자 심문기일에 출석할 수 없는 사유가 발생한 때에는 지체 없이 법원 또는 지방법원 판사에게 그 사유를 소명하여 통지하여야 한다.

㉡ 피고인이 법인인 경우, 대표자가 제3자에게 변호인 선임을 위임하여 제3자로 하여금 변호인을 선임하도록 할 수 없다.

㉢ 국선변호인이 법정기간 내에 항소이유서를 제출하지 아니한 때에는 그에 대한 피고인의 귀책사유의 유무를 불문하고 피고인 본인이 적법한 항소이유서를 제출하지 아니한 이상 항소기각의 결정을 하여야 한다.

㉣ 피고인의 의식상태나 사물에 대한 변별능력, 행위통제능력이 결여되거나 저하된 상태로 의심되어 피고인이 공판심리단계에서 효과적으로 방어권을 행사하지 못할 우려가 있다고 인정되는 경우는 법원이 국선변호인을 반드시 선정해야 하는 사유로 형사소송법 제33조 제1항 제5호에서 정한 '피고인이 심신장애의 의심이 있는 때'에 해당한다.

㉤ 구속상태에서 메스암페타민 투약 혐의로 공소가 제기된 피고인이 사선변호인을 선임하지 않았고 그 약물중독 등으로 인한 심신미약 정도나 수사단계에서 중요한 수사협조를 한 점이 특별감경 양형요소로 반영될 개연성이 높은 경우, 법원은 형사소송법 제33조 제3항에 의하여 피고인의 명시적 의사에 반하지 아니하는 범위에서 국선변호인을 선정하여야 한다.

① ㉠㉡㉢㉣㉤
② ㉠㉡㉢㉣
③ ㉠㉡㉣㉤
④ ㉡㉢㉣㉤

09

국선변호인에 대한 설명으로 옳은 것을 모두 고른 것은? (다툼이 있는 경우 판례에 의함)

⊙ 「형사소송법」 제33조 제1항의 국선변호인 선정 사유 중 제1호에서 정한 '피고인이 구속된 때'라고 함은, 피고인이 당해 형사사건에서 구속되어 재판을 받고 있는 경우를 의미하고, 피고인이 별건으로 구속되어 있는 경우는 이에 해당하지 않는다.

ⓛ 피고인에게 국선변호인의 조력을 받을 권리를 보장해야 할 국가의 의무에는 피고인이 국선변호인의 실질적 조력을 받을 수 있도록 할 의무가 포함된다.

ⓒ 국선변호인 선정의 효력은 선정 이후 병합된 다른 사건에는 미치지 않으므로, 항소심에서 법원이 국선변호인을 선정한 이후 변호인이 없는 다른 사건이 병합된 경우에는 항소법원은 국선변호인에게 병합된 사건에 관한 소송기록 접수통지를 하지 않아도 된다.

ⓔ 피고인이 시각장애인인 경우, 법원은 장애의 정도를 비롯하여 연령·지능·교육 정도 등을 확인한 다음, 권리보호를 위하여 필요하다고 인정하는 때에는, 피고인의 명시적 의사에 반하지 않는 범위 내에서 국선변호인을 선정하여야 한다.

ⓜ 피고인에 대하여 제1심법원이 집행유예를 선고하였으나 검사만이 양형부당을 이유로 항소한 경우 판결 선고 전 공판심리 단계에서부터 형사소송법 제33조 제3항에 따라 피고인의 명시적 의사에 반하지 아니하는 범위 안에서 국선변호인을 선정해 주는 것이 바람직하다.

① ⓛⓔⓜ
② ⓛⓒⓔⓜ
③ ⊙ⓒⓔⓜ
④ ⊙ⓛⓒⓔ

10

국선변호인에 관한 다음 설명 중 판례의 입장과 일치하는 것을 모두 고른 것은?

⊙ 공범관계에 있지 않은 공동피고인들 사이에서도 공소사실의 기재 자체로 보아 어느 피고인에 대한 유리한 변론이 다른 피고인에 대하여는 불리한 결과를 초래하는 사건에서는 공동피고인들 사이에 이해가 상반된다고 할 것이어서, 그 공동피고인들에 대하여 선정된 동일한 국선변호인이 공동피고인들을 함께 변론한 경우에는 형사소송규칙 제15조 제2항에 위반된다.

ⓛ 이해가 상반된 피고인들 중 어느 피고인이 법무법인을 변호인으로 선임하고, 법무법인이 담당변호사를 지정하였는데 법원이 담당변호사 중 1인 또는 수인을 다른 피고인을 위한 국선변호인으로 선정한 경우, 법원의 국선변호인의 선정은 국선변호인의 조력을 받을 피고인의 권리를 침해하는 것이다.

ⓒ 집행유예 취소청구 사건의 심리절차에서도 국선변호인을 선정할 수 있다.

ⓔ 형사소송법 제33조 제3항의 규정에 의하여 선정된 국선변호인의 경우에도 국선변호인의 항소이유서 제출기간 만료 시까지 항소이유서를 제출하거나 수정·추가 등을 할 수 있는 권리는 보호되어야 한다.

ⓜ 필요적 국선사건이 아님에도 제1심이 국선변호인을 선정하여 준 후 피고인에게 징역 1년의 형을 선고하면서 법정구속을 하지 않았는데, 피고인이 항소장만을 제출한 다음 국선변호인 선정청구를 하지 않은 채 법정기간 내에 항소이유서를 제출하지 아니하자 항소심법원이 피고인의 항소를 기각하였다면, 항소심법원의 판단과 조치 및 절차는 위법하다.

① ⊙ⓛⓒⓔ   ② ⊙ⓛⓔ
③ ⊙ⓒⓔⓜ   ④ ⓛⓔⓜ

11

변호인에 대한 다음 [보기]의 설명 중 옳지 않은 것을 모두 고른 것은? (다툼이 있는 경우 판례에 의함)

| 보기 |

㉠ 피고인의 법정대리인, 배우자, 직계친족, 형제자매, 동거인 또는 고용주는 독립하여 변호인을 선임할 수 있다.

㉡ 구속 전 피의자심문에 참여할 변호인과 체포·구속적부심사를 청구한 피의자의 변호인은 지방법원판사에게 제출된 구속영장청구서 및 그에 첨부된 고소·고발장, 피의자의 진술을 기재한 서류와 피의자가 제출한 서류를 열람·등사할 수 있다.

㉢ 법원은 피고인이 사형, 무기 또는 장기 3년 이상의 징역이나 금고에 해당하는 사건으로 기소된 때 직권으로 국선변호인을 선정하여야 한다.

㉣ 즉결심판을 받은 피고인이 정식재판청구를 함으로써 공판절차가 개시된 경우에는 통상의 공판절차와 마찬가지로 국선변호인의 선정에 관한 형사소송법 제283조의 규정이 적용된다.

㉤ 변호사는 그 업무상 위탁을 받아 소지 또는 보관하는 물건으로 타인의 비밀에 관한 것은 압수를 거부할 수 있으나 그 타인의 승낙이 있거나 중대한 공익상 필요가 있는 때에는 예외로 한다.

㉥ 변호사는 그 업무상 위탁을 받은 관계로 알게 된 사실로서 타인의 비밀에 관한 것은 증언을 거부할 수 있으나 중대한 공익상 필요 있는 때에는 증언을 거부할 수 없다. 다만, 본인의 승낙이 있어도 변호사는 증언을 거부할 수 있다.

① ㉠㉡㉢㉣㉥
② ㉡㉢㉤㉥
③ ㉠㉡㉢㉥
④ ㉡㉢㉣㉤㉥

12

변호인에 관한 다음 [보기]의 설명 중 옳지 않은 것을 모두 고른 것은? (다툼이 있는 경우 판례에 의함)

| 보기 |

㉠ 피고인 또는 피의자는 변호인을 선임할 수 있고, 피고인 또는 피의자의 법정대리인, 배우자, 직계친족과 형제자매는 명시한 의사에 반하지 않는 범위 내에서 독립하여 변호인을 선임할 수 있다.

㉡ 변호인의 선임은 심급마다 변호인과 연명날인한 서면으로 제출하거나 변호인과 함께 출석하여 구술로 하여야 한다.

㉢ 필요적 변호사건의 공판절차가 사선변호인과 국선변호인이 모두 불출석한 채 개정되어 국선변호인 선정 취소결정이 고지된 후 변호인 없이 피해자에 대한 증인신문 등 심리가 이루어진 경우, 그와 같은 위법한 공판절차에서 이루어진 피해자에 대한 증인신문 등 일체의 소송행위는 모두 무효이다.

㉣ 필요적 변호사건에서 변호인이 없거나 출석하지 아니한 채 공판절차가 진행되었다면 그 절차에서의 소송행위 외에 다른 절차에서 적법하게 이루어진 소송행위까지 모두 무효로 된다.

㉤ 변호인은 수사 중인 사건의 서류에 대해서는 「공공기관의 정보공개에 관한 법률」에 따라 수사기관을 상대로 정보공개를 청구할 수 없다.

① ㉠㉡㉢㉣㉤
② ㉠㉡㉢㉣
③ ㉠㉡㉣㉤
④ ㉡㉢㉣㉤

13

변호인에 관한 다음 [보기]의 설명 중 옳지 않은 것을 모두 고른 것은? (다툼이 있는 경우 판례에 의함)

| 보기 |

ⓐ 변호인은 상소권이 있으므로 상소장은 제출할 수 있으나, 그 후의 소송행위에 관하여는 새로운 선임을 필요로 한다.

ⓑ 하나의 사건에 관하여 한 변호인 선임은 동일 법원의 동일 피고인에 대하여 병합된 다른 사건에 관하여도 그 효력이 미친다. 이는 피고인이나 변호인이 이와 다른 의사표시를 한 때에도 그러하다.

ⓒ 성폭력범죄의 처벌 등에 관한 특례법에 따라 성폭력범죄 피해자의 변호사는 피해자를 대리하여 피고인에 대한 처벌을 희망하는 의사표시를 할 수 있으나, 이러한 처벌희망 의사표시를 철회하거나 처벌을 희망하지 않는 의사표시를 할 수는 없다.

ⓓ 변호인은 피고인으로 하여금 허위진술을 하도록 할 수는 없으나 피고인을 위한 적극적 변론으로 허위의 진술을 할 수는 있다.

ⓔ 변호인은 독립하여 구속취소청구를 할 수도 있고, 피고인의 명시한 의사에 반하여 보석을 청구할 수도 있다.

① ⓐⓑⓒⓔ
② ⓑⓒⓓⓔ
③ ⓑⓒⓓ
④ ⓒⓓⓔ

14

소송주체와 소송행위에 관한 다음 [보기]의 설명 중 틀린 것을 모두 고른 것은? (다툼이 있는 경우 판례에 의함)

| 보기 |

㉠ 형사소송법은 구속·불구속 피의자에 대한 변호인 또는 변호인 되려는 자의 접견교통권을 인정하고 있으며, 피의자신문 시에도 변호인 또는 변호인 되려는 자의 참여권을 인정하고 있다.

㉡ 피의자신문에 참여하고자 하는 변호인이 2인 이상인 경우 검사는 피의자의 의견을 물어 신문에 참여할 변호인을 지정하여야 한다.

㉢ 피고인의 법정대리인, 특별대리인, 보조인은 피고인의 위임장이나 신분관계증명문서 중 하나를 제출하면 소송계속 중의 관계서류 또는 증거물을 열람·등사할 수 있다.

㉣ 판례에 따르면 피고인의 공판조서 열람·등사의 청구에 법원이 응하지 아니한 것이 피고인의 방어권이나 변호인의 변호권을 본질적으로 침해한 정도에 이르지는 않은 경우 그 공판조서는 증거로 사용할 수 있다.

㉤ 제1심법원이 필요적 국선사건이 아님에도 피고인의 청구에 따라 또는 직권으로 국선변호인을 선정하여 공판을 진행하여 징역 1년의 형을 선고하고 법정구속을 하지 않았는데 피고인이 항소장만을 제출한 다음 국선변호인 선정청구를 하지 않은 채 법정기간 내 항소이유서를 제출하지 아니하자 항소법원이 피고인의 항소를 기각한 것은 정당하다.

㉥ 「형사소송법」 제33조 제1항이 정하는 필요적 변호사건이 아닌 경우에도 제1심법원이 피고인의 청구에 따라 또는 직권으로 국선변호인을 선정하여 공판을 진행하였다면, 항소법원이 특별한 사정변경 없이 국선변호인을 선정하지 않고 심리를 진행하는 것은 위법하다.

① ㉠㉡㉢㉣㉤㉥
② ㉠㉡㉢㉤㉥
③ ㉠㉡㉢㉤
④ ㉠㉡㉢㉥

15

다음 설명 중 옳은 것은? (다툼이 있는 경우 판례에 의함)

① 공판절차에서 피고인과 변호인 중 1인에게 최종의견 진술의 기회를 주고 변론을 종결하고 판결을 선고하는 것은 소송절차의 법령위반에 해당하지 아니한다.

② 공소장변경신청서 부본은 제1회 공판기일 전 5일까지 피고인과 변호인 모두에게 송달하여야 한다.

③ 재항고인이 제1심에서만 변호인 선임신고서를 제출하였고, 항고심과 재항고심에서는 법정기간 내에 별도의 변호인 선임신고서를 제출하지 않은 상태에서 변호인이 변호인 명의로 재항고장을 제출한 경우, 그 재항고장은 재항고로서의 효력이 없다.

④ 변호인의 상소취하에 대한 피고인의 동의는 공판정에서 구술로써 할 수 있으며, 이때의 구술 동의는 묵시적으로도 가능하다.

16

다음 [보기]는 소송행위의 대리에 관한 설명이다. 옳은 것을 모두 고른 것은?

| 보기 |

㉠ 피고인이 법인인 때에는 그 대표자가 소송행위를 대표하는데, 수인이 공동하여 법인을 대표하는 경우에는 소송행위에 관하여도 공동으로 대표한다.

㉡ 형법 제9조 내지 제11조의 규정을 받지 아니하는 범죄사건에 관하여 피고인 또는 피의자가 의사능력이 없는 때에는 그 법정대리인이 소송행위를 대리한다.

㉢ 피고인인 법인을 대표할 자가 없는 때에는 법원은 직권 또는 검사의 청구에 의하여 특별대리인을 선임하고, 피의자인 법인을 대표할 자가 없는 때에는 법원은 검사 또는 이해관계인의 청구에 의하여 특별대리인을 선임하여야 한다.

㉣ 보조인이 될 수 있는 자가 없거나 장애 등의 사유로 보조인으로서 역할을 할 수 없는 경우에는 피고인 또는 피의자와 신뢰관계 있는 자가 보조인이 될 수 있다.

㉤ 변호인 선임, 증언, 재정신청, 고소, 고소취소, 법인의 소송행위, 상소 중에 대리가 가능하지 않은 것은 1개이다.

① ㉠㉡㉢㉣㉤

② ㉡㉢㉣㉤

③ ㉠㉡㉢㉢

④ ㉠㉢㉣㉤

17

다음 [보기] 중 서면으로 하지 않아도 되는 소송행위를 모두 고른 것은?

| 보기 |

㉠ 구속의 통지
㉡ 공소제기
㉢ 공소취소
㉣ 상소의 제기
㉤ 상소의 포기
㉥ 공소장변경신청

① ㉡㉢㉣
② ㉡㉢㉥
③ ㉢㉣㉤
④ ㉢㉤㉥

18

소송행위에 대한 다음 [보기]의 설명 중 옳지 않은 것을 모두 고른 것은? (다툼이 있는 경우 판례에 의함)

| 보기 |

㉠ 형사소송법에 대리에 관한 명문규정이 없더라도 소송행위의 대리는 허용된다.
㉡ 교도소에 구속된 자에 대한 소송서류의 송달은 교도소장에게 송달하여 구속된 자에게 전달되어야 효력이 발생한다.
㉢ 소송행위의 방식에서 고소와 고발, 변호인의 선임, 상소의 포기는 구두주의와 서면주의가 모두 적용된다.
㉣ 절차형성적 소송행위가 착오로 인하여 행하여진 경우, 그 행위가 무효로 되기 위하여는 착오가 행위자 또는 대리인이 책임질 수 없는 사유로 발생하였을 것이 요구된다.
㉤ 상소의 제기, 상소의 취하, 공소의 제기, 약식명령청구 중에서 반드시 서면으로 하여야 하는 것은 3개이다.

① ㉠㉡㉢㉣㉤
② ㉠㉡㉢㉣
③ ㉠㉡㉢㉤
④ ㉠㉡㉢

19

소송서류 등에 관한 다음 [보기]의 설명 중 틀린 것을 모두 고른 것은? (다툼이 있는 경우 판례에 의함)

| 보기 |

㉠ 공판조서의 기재가 명백한 오기인 경우를 포함하여 공판기일의 소송절차로서 공판조서에 기재된 것은 조서만으로써 증명하여야 하나, 그 증명력은 공판조서 이외의 자료에 의한 반증이 허용되지 않는 절대적인 것이다.
㉡ 공판조서는 각 공판기일 후 신속히 정리하여야 하고, 다음 회의 공판기일에 있어서는 전회의 공판심리에 관한 주요사항의 요지를 조서에 의하여 고지하여야 하나, 다음 회의 공판기일까지 전회의 공판조서가 정리되지 아니한 때에는 조서에 의하지 아니하고 고지할 수 있다.
㉢ 검사, 피고인 또는 변호인은 공판조서의 기재에 대하여 변경을 청구하거나 이의를 제기할 수 있고, 이 경우 그 취지와 이에 대한 재판장의 의견을 기재한 조서를 당해 공판조서에 첨부하여야 할 필요는 없다.
㉣ 소송에 관한 서류는 공판의 개정 전에는 공익상의 필요 기타 상당한 이유가 있더라도 공개하지 못한다.
㉤ 공판기일 외의 증인신문조서를 작성한 때에는 진술자의 청구가 없더라도 이를 진술자에게 열람하게 하여 기재내용이 정확한지를 물어야 하고, 진술자가 조서에 대하여 추가, 삭제 또는 변경의 청구를 한 때에는 그 진술내용을 조서에 기재하여야 한다.

① ㉠㉡㉢㉣
② ㉠㉢㉣㉤
③ ㉠㉡㉢㉤
④ ㉠㉡㉢㉣㉤

20

공판정에서의 속기·녹음 및 영상녹화에 관한 다음 기술 중 옳은 것은?

① 법원은 검사, 피고인 또는 변호인의 신청이 있는 때에는 특별한 사정이 없는 한 공판정에서의 심리의 전부 또는 일부를 속기사로 하여금 속기하게 하거나 녹음장치 또는 영상녹화장치를 사용하여 녹음 또는 영상녹화하여야 하며, 필요하다고 인정하는 때에는 직권으로 이를 명할 수 있다.

② 속기, 녹음 또는 영상녹화의 신청은 공판기일의 1주일 전까지 하여야 한다. 다만, 재판의 진행과정에서 정당한 이유가 있는 경우 재판장은 신청기간을 연장할 수 있다.

③ 법원은 속기록·녹음물 또는 영상녹화물을 공판조서와 함께 보관하여야 한다.

④ 검사, 피고인 또는 변호인은 속기록·녹음물 또는 영상녹화물의 사본을 청구할 수 있다. 이때 비용은 국가가 부담하는 것이 원칙이다.

▶ **제2편 소송주체와 소송행위: 제2장 소송행위** [소송행위의 일반적 요소 2] ─ **제3편 수사와 공소: 제1장 수사**
[수사의 의의와 구조 1]

회차	시행일			목표점수			획득점수		
제4회	1차	2차	3차	1차	2차	3차	1차	2차	3차

01

재판확정기록의 열람·등사에 관한 다음 설명 중 틀린 것은? (다툼이 있는 경우 판례에 의함)

① 형사소송법 제59조의2의 '재판이 확정된 사건의 소송기록'이란 특정 형사사건에 관하여 법원이 작성하거나 검사, 피고인 등 소송관계인이 작성하여 법원에 제출한 서류들로서 재판확정 후 담당 기관이 소정의 방식에 따라 보관하고 있는 서면의 총체를 말한다.

② 재판확정 후 담당 기관이 소정의 방식에 따라 보관하고 있는 서류라 하더라도, 해당 형사사건에서 증거로 채택되지 아니하였거나 그 범죄사실과 직접 관련되지 아니한 서류에 해당하는 경우에는 형사소송법 제59조의2에 의한 열람·등사의 대상이 되는 재판확정기록에 포함되지 아니한다.

③ 형사재판확정기록의 공개에 관하여는 정보공개법에 의한 공개청구가 허용되지 않는다.

④ 형사재판확정기록의 열람·등사신청의 거부나 제한 등에 대한 불복은 준항고에 의하며, 불기소처분으로 종결된 기록에 관해서는 정보공개법에 따른 정보공개청구가 허용되고 그 거부나 제한 등에 대한 불복은 항고소송절차에 의한다.

02

재판확정기록의 열람·등사에 관한 설명 중 가장 적절한 것은?

① 소송관계인 이외의 자를 제외하고는 누구든지 권리구제·학술연구 또는 공익적 목적으로 재판이 확정된 사건의 소송기록을 보관하고 있는 검찰청에 그 소송기록의 열람 또는 등사를 신청할 수 있다.

② 소송기록의 열람 또는 등사를 신청한 자는 열람 또는 등사에 관한 검사의 처분에 불복하는 경우에는 당해 기록을 보관하고 있는 검찰청의 상급 검찰청에 그 처분의 취소 또는 변경을 신청할 수 있다.

③ 검사는 소송기록의 열람 또는 등사를 제한하는 경우에는 신청인에게 그 사유를 명시하여 통지하여야 한다.

④ 검사는 소송기록의 보존을 위하여 필요하다고 인정하는 경우에는 그 소송기록의 등본을 열람 또는 등사하게 할 수 있다. 이는 원본의 열람 또는 등사가 필요한 경우에도 마찬가지이다.

03

형사소송법 제59조의2(재판확정기록의 열람·등사), 제59조의3(확정 판결서등의 열람·복사)에 관한 다음 설명 중 가장 옳지 않은 것은? (다툼이 있는 경우 판례에 의함)

① 법원사무관등이나 그 밖의 법원공무원은 확정 판결서등의 열람 및 복사에 앞서 판결서등에 기재된 성명 등 개인정보가 공개되지 아니하도록 대법원규칙으로 정하는 보호조치를 하여야 하며, 이때 개인정보 보호조치를 한 법원사무관등이나 그 밖의 법원공무원은 고의 또는 중대한 과실로 인한 것이 아니면 위 열람 및 복사와 관련하여 민사상·형사상 책임을 지지 아니한다.

② 검사는 소송기록의 보존을 위하여 필요하다고 인정하는 경우에는 그 소송기록의 등본을 열람 또는 등사하게 할 수 있다. 다만, 원본의 열람 또는 등사가 필요한 경우에는 그러하지 아니하다.

③ 누구든지 판결이 확정된 사건의 판결서 또는 그 등본, 증거목록 또는 그 등본, 그 밖에 검사나 피고인 또는 변호인이 법원에 제출한 서류·물건의 명칭·목록 또는 이에 해당하는 정보를 보관하는 법원에서 해당 판결서등을 열람 및 복사할 수 있다.

④ 검사는 소송기록의 공개로 인하여 공범관계에 있는 자 등의 증거인멸 또는 도주를 용이하게 하거나 관련 사건의 재판에 중대한 영향을 초래할 우려가 있는 경우에는 소송기록의 전부 또는 일부의 열람 또는 등사를 제한할 수 있다. 이는 소송관계인이나 이해관계 있는 제3자가 열람 또는 등사에 관하여 정당한 사유가 있다고 인정되는 경우에도 마찬가지이다.

04

송달에 관한 다음 [보기]의 설명 중 옳은 것을 모두 고른 것은? (다툼이 있는 경우 판례에 의함)

| 보기 |

㉠ 검사에 대한 송달은 서류를 소속검찰청에 송부하여야 한다.

㉡ 교도소·구치소 또는 국가경찰관서의 유치장에 체포·구속 또는 유치된 사람에게 할 송달은 그 교도소·구치소 또는 국가경찰관서의 장에게 한다.

㉢ 교도소 재감자에 대한 재심기각결정을 교도소장에게 송달하지 아니하고 교도소 직원을 통하여 재감자인 피고인에게 전달한 경우에는 송달의 효력이 발생하지 아니하므로, 피고인이 받은 날로부터 즉시 항고기간이 진행되지 아니한다.

㉣ 공시송달 방법에 의한 피고인 소환이 부적법하여 피고인이 공판기일에 출석하지 않은 가운데 진행된 제1심의 절차가 위법한 경우에도, 제1심에서 증거조사가 이루진 이상 그 증거에 대하여 그 항소심이 새로이 증거조사를 거칠 필요는 없다.

㉤ 민사소송법 제196조에서는 공시송달의 효력발생시기에 관하여, 첫 공시송달은 실시한 날부터 2주가 지나야 효력이 생기나 외국에서 할 송달에 대한 공시송달의 경우에는 2월로 한다고 규정하고 있으나, 형사소송절차에서는 위와 같은 외국에서 하는 공시송달의 효력발생시기에 관한 민사소송법의 규정이 준용되지 않는다.

① ㉠㉡㉢㉣㉤
② ㉠㉡㉢㉣
③ ㉠㉡㉢㉤
④ ㉠㉡㉢

05

송달에 대한 설명으로 옳은 것은? (다툼이 있는 경우 판례에 의함)

① 법원의 구내에 있는 피고인에 대하여 공판기일을 통지하거나 구금된 피고인에 대하여 구치소·교도소·국가경찰관서의 장에게 통지한 때에는 소환장 송달의 효력이 있다.

② 피고인, 대리인, 대표자, 변호인 또는 보조인이 법원 소재지에 서류의 송달을 받을 수 있는 주거 또는 사무소를 두지 아니한 때에는 법원 소재지에 주거 또는 사무소가 있는 자를 송달영수인으로 선임하여 연명한 서면으로 신고하여야 한다.

③ 제1심 공판절차에서, 법정형이 3년 이하의 징역인 A죄로 공소제기된 피고인에 대한 송달불능보고서가 접수된 때로부터 5개월이 지나도록 검사에게 주소보정을 요구하거나 기타 필요한 조치를 취하였음에도 피고인의 소재를 확인할 수 없는 경우, 피고인에 대한 송달은 공시송달의 방법에 의한다.

④ 약식명령은 그 재판서를 피고인에게 송달함으로써 피고인에 대한 고지의 효력이 발생하나, 변호인이 있는 경우에는 변호인에게도 약식명령 등본을 송달해야 피고인에 대한 고지의 효력이 발생한다.

06

소송행위에 대한 설명으로 옳은 것은? (다툼이 있는 경우 판례에 의함)

① 검사가 공소장을 제출하지 아니하고서 행한 공소제기는 무효이지만 추완이 허용된다.

② 반의사불벌죄 사건에서 피해자인 청소년의 처벌희망 의사표시의 철회는 법정대리인의 동의가 있거나 법정대리인의 대리에 의하여야 효력이 있다.

③ 기피신청을 받은 법관이 본안의 소송절차를 정지해야 함에도 그대로 소송을 진행해서 이루어진 소송행위는 그 후 기피신청에 대한 기각결정이 확정되었더라도 무효이다.

④ 법원에서 피고인이 국민참여재판을 원하는지에 관한 의사의 확인절차를 거치지 아니한 채 통상의 공판절차로 재판을 진행한 경우 그 공판절차에서 이루어진 소송행위는 유효하다.

07

소송행위에 대한 다음 [보기]의 설명 중 옳은 것을 모두 고른 것은? (다툼이 있는 경우 판례에 의함)

| 보기 |

㉠ 소송행위의 무효는 소송행위가 성립된 것을 전제로 하며, 무효인 소송행위라도 본래적 효력은 발생하지 않으나 아무런 법적 효과가 발생하지 않는다는 것은 아니다.

㉡ 피해자의 고소가 없음에도 친고죄로 기소되었다가 그 후 비친고죄로 공소장변경이 허용된 경우에는 공소제기의 하자는 치유된다.

㉢ 형사소송법은 상소권회복과 약식명령에 대한 정식재판청구의 회복에 관해서는 명문의 규정에 의하여 단순추완을 인정하고 있다.

㉣ 법원이 경찰서장의 즉결심판 청구를 기각하여 경찰서장이 사건을 관할 지방검찰청으로 송치하였고 이에 검사가 그 사건기록을 법원에 송부한 경우 공소제기가 성립되었다고 볼 수 있다.

㉤ 약식명령에 대한 정식재판청구서에 청구인의 기명날인 또는 서명이 없다면 형사소송법 제59조(비공무원의 서류)를 위반한 것으로서 그 청구를 결정으로 기각하여야 한다. 그러나 정식재판의 청구를 접수하는 법원공무원이 청구인의 기명날인이나 서명이 없음에도 불구하고 이에 대한 보정을 구하지 아니하고 적법한 청구가 있는 것으로 오인하여 청구서를 접수한 경우에는 청구인의 귀책사유로 볼 수 없으므로 그 청구를 결정으로 기각할 수 없다.

① ㉠㉡㉢㉣㉤
② ㉠㉡㉢㉣
③ ㉠㉡㉢㉤
④ ㉠㉡㉢

08

다음 설명 중 옳은 것은? (다툼이 있는 경우 판례에 의함)

① 비친고죄로 기소되었다가 친고죄로 공소장이 변경된 후에 피해자가 고소장을 제출하여도 고소의 추완은 인정되지 않으므로 공소기각판결을 내릴 수밖에 없다.

② 무죄의 제1심판결에 대하여 검사만 항소하였다면 항소심법원의 판단으로 공소기각의 판결사유가 있다고 인정되어도 직권으로 제1심판결을 파기하고 공소기각판결을 선고할 수는 없다.

③ 동일사건이 사물관할을 달리하는 수개의 법원에 계속(係屬)된 때에는 검사 또는 피고인의 신청이 있으면 법원합의부가 심판하며, 동일사건이 법원합의부에 계속되고 있는 것이 발견되면 단독판사는 공소기각의 결정으로 소송을 종결하여야 한다.

④ 피고인이 상소권을 포기하면 상소권은 소멸하지만, 원심의 변호인은 상소권은 고유권이므로 피고인을 위하여 상소를 제기할 수 있다.

08

소송행위에 대한 설명으로 옳지 않은 것은? (다툼이 있는 경우 판례에 의함)

① 원래 검사의 공소장 제출이 없어 공소제기가 없었다면, 피고인의 소환이 이루어지는 등 사실상의 소송계속이 발생한 상태에서 검사가 약식명령을 청구하는 공소장을 제1심법원에 제출하였다 하더라도 제1심법원으로서는 이에 기하여 유·무죄의 실체판단을 할 수 없다.

② 필요적 변호사건의 제1심 공판절차에서 변호인이 없는 피고인에 대하여 법원이 국선변호인을 선정하지 않은 채 개정함으로써 이루어진 증거조사와 피고인신문 등의 소송행위는 무효이다.

③ 피고인이 스스로 선임한 사선변호인에게 「변호사법」상 수임제한 규정을 위반한 위법이 있다고 하더라도 다른 특별한 사정이 없는 한, 그 소송절차가 무효로 된다고 볼 수 없다.

④ 공소장 기재의 방식에 관하여 피고인이 이의를 제기하지 않았고, 법원도 실체를 파악하는 데 지장이 없다고 판단하여 공판절차를 진행하고 증거조사절차가 마무리되어 법관의 심증형성이 이루어진 단계에서는 공소장일본주의 위배를 주장하여 이미 진행된 소송절차의 효력을 다툴 수 없다.

10

소송행위에 대한 설명으로 옳은 것은? (다툼이 있는 경우 판례에 의함)

① 피고인이 즉결심판에 대하여 제출한 정식재판청구서에 피고인의 자필로 보이는 이름이 기재되어 있고 그 옆에 서명이 되어 있는데, 피고인의 인장이나 지장이 찍혀 있지 않았다면 이러한 정식재판청구는 적법하지 않다.

② 제1심법원이 국민참여재판 대상이 되는 사건임을 간과하여 피고인의 의사를 확인하지 아니한 채 통상의 공판절차로 재판을 진행하였다면, 피고인이 항소심에서 국민참여재판을 원하지 아니한다고 하면서 제1심의 절차적 위법을 문제삼지 아니할 의사를 명백히 표시하더라도 하자는 치유되지 아니한다.

③ 필요적 변호사건에서 제1심법원이 변호인 없이 소송행위를 하여 피고인에게 유죄판결을 선고하고 이에 대하여 피고인이 항소한 경우, 항소심법원은 변호인이 있는 상태에서 소송행위를 새로이 한 후 위법한 제1심판결을 파기하고 항소심에서의 심리 결과에 기하여 다시 판결하여야 한다.

④ 증거로 함에 대한 동의의 주체는 소송주체인 당사자이므로, 변호인은 피고인이 증거로 함에 동의하지 아니한다고 명시적인 의사표시를 하지 않은 경우에도 서류나 물건에 대하여 증거로 함에 동의할 수 없다.

11

소송행위에 대한 설명으로 옳지 않은 것은? (다툼이 있는 경우 판례에 의함)

① 성명모용으로 인하여 피고인의 특정이 잘못되었거나 범행의 일시·장소 등의 기재에 사소한 오기가 발생한 경우에는 공소장변경이 필요 없고 피고인의 방어권을 해하지 않는 범위 내에서 공소장의 정정 내지 보정에 의하면 된다.

② 법원이 피고인에 대한 공소장 부본이 송달되지 않아서 공시송달의 방법으로 피고인을 소환하였고 피고인이 출석하지 않은 상태에서 피고인의 진술 없이 공판절차를 진행하고 판결을 선고한 경우, 판결을 선고하기까지 공소장 부본을 송달하지 않았다면 이는 소송절차에 관한 법령위반으로 무효이다.

③ 검사가 제1심결정에 대해 항고하면서 상세한 항고이유서를 첨부하여 제출하였는데, 검사가 「형사소송법」 제412조(검사는 항고사건에 대하여 의견을 진술할 수 있다)에 따라 별도로 의견을 진술하지 아니한 상태에서 항고심이 소송기록접수통지서를 송달한 다음 날 항고를 기각한 것은 위법이다.

④ 검사가 공소장을 변경하고자 하는 때에는 그 취지를 기재한 공소장변경허가신청서를 법원에 제출하여야 하지만, 피고인이 재정하는 공판정에서 피고인에게 이익이 되거나 피고인이 동의하는 예외적인 경우에는 법원은 구술에 의한 공소장변경을 허가할 수 있다.

12

소송행위에 관한 다음 [보기]의 기술 중 옳지 않은 것을 모두 고른 것은? (다툼이 있는 경우 판례에 의함)

| 보기 |

㉠ 검사가 기명날인 또는 서명이 없는 상태로 공소장을 관할법원에 제출하는 것은 특별한 사정이 없는 한 공소제기의 절차가 법률의 규정을 위반하여 무효인 때에 해당하지 아니한다.

㉡ 만약 위 ㉠의 공소장 제출이 무효라 하더라도, 공소를 제기한 검사가 공소장에 기명날인 또는 서명을 추후 보완하는 등의 방법으로 공소제기가 유효하게 될 수 있다.

㉢ 공소장에 공소를 제기한 검사의 기명만 있을 뿐 서명 또는 날인이 없는 경우 이러한 하자는 추완의 여지가 있으므로 이에 대한 추후 보완 요구는 법원의 의무에 해당한다.

㉣ 공소장에 검사의 간인이 없다면 그 공소장의 형식과 내용이 연속된 것으로 일체성이 인정되고 동일한 검사가 작성하였다고 인정된다고 하더라도 그 공소장은 법률의 규정을 위반하여 효력이 없는 서류라 해야 한다.

① ㉠㉡㉢㉣
② ㉠㉡㉢
③ ㉠㉢㉣
④ ㉡㉢㉣

13

소송행위에 있어서 절차에 하자가 있으나 사후적으로 하자의 치유가 인정되지 않는 것은? (다툼이 있는 경우 판례에 의함)

① 변호인이 없는 피고인을 일시 퇴정하게 하고 증인신문을 한 후 피고인에게 실질적인 반대신문의 기회를 부여하지 아니한 채, 그 다음 공판기일에서 재판장이 피고인에게 증인신문 결과 등을 공판조서에 의하여 고지하였는데 피고인이 '변경할 점과 이의할 점이 없다'고 진술한 경우

② 항소심이 피고인에게 검사의 항소이유서 부본을 송달하지 아니하였는데, 검사의 항소이유서의 요지는 제1심의 피고인에 대한 형량은 너무 가벼워 부당하다는 것이고, 피고인 역시 항소이유로서 사실오인과 양형과중의 사유를 들고 있는 경우, 항소심이 쌍방의 항소를 변론 없이 기록에 나타난 양형의 조건이 되는 제반사항을 참작하여 한 제1심의 형의 양정이 적절하고 무겁거나 가볍다고 볼 수 없다고 하여 쌍방의 항소를 기각한 경우

③ 증인신문 과정에서 검사가 주신문을 하면서 유도신문을 하였으나 그 다음 공판기일에서 재판장이 피고인에게 증인신문 결과 등을 공판조서에 의하여 고지하였는데 피고인과 변호인이 '변경할 점과 이의할 점이 없다'고 진술한 경우

④ 검사가 새로운 범죄사실을 추가하기 위하여 공소장변경신청을 하였으나 법원이 이를 받아들이지 않자 공소장부본 송달 등의 절차 없이 공판기일에서 당해 공소장변경신청서로 공소장을 갈음한다는 구두진술을 하였고, 피고인의 성명 기타 피고인을 특정할 수 있는 사항, 적용법조 등을 당해 공소장변경신청서에 기재하지 않는 등 공소의 제기에 현저한 방식 위반이 있었지만, 이에 대하여 피고인과 변호인이 이의를 제기하지 아니하고 변론에 응한 경우

14

소송조건에 관한 다음 설명 중 가장 적절한 것은? (다툼이 있는 경우 판례에 의함)

① 친고죄에 있어서의 고소의 존부는 소송법적 사실로서 엄격한 증명을 요한다.

② 공소제기 시에 공소사실이 친고죄임을 알면서도 고소 없이 공소를 제기한 경우에는 고소의 추완을 인정할 수 없지만, 비친고죄로 공소제기된 사건이 심리결과 친고죄로 판명된 때에는 검사의 공소제기에 비난할 점이 없어 고소의 추완을 인정할 수 있다.

③ 공소장이 변경된 경우에는 변경된 공소사실을 기준으로 소송조건의 존부를 판단하여야 하며, 다만 변경된 공소사실의 공소시효 완성 여부는 공소장변경 시가 아니라 당초의 공소제기가 있었던 시점을 기준으로 판단해야 한다.

④ 소송조건의 존부는 토지관할의 경우를 포함하여 법원이 직권으로 조사하여야 한다.

15

소송주체 및 소송행위에 대한 설명으로 옳은 것은? (다툼이 있는 경우 판례에 의함)

① 항소심에서 공소장변경에 의하여 단독판사의 관할 사건이 합의부 관할사건으로 변경된 경우에는 단독판사가 소속된 지방법원 본원 합의부가 관할한다.

② 피고인에 대하여 제1심법원이 집행유예를 선고하였으나 검사만이 양형부당을 이유로 항소한 사안에서, 항소심이 검사의 항소를 받아들여 변호인이 선임되어 있지 않은 피고인에게 징역형을 선고하는 경우 피고인의 권리보호를 위해 판결 선고 전 공판심리 단계에서부터 「형사소송법」 제33조 제3항에 따라 국선변호인을 선정해 주는 것이 바람직하다.

③ 「가정폭력범죄의 처벌 등에 관한 특례법」에 따른 보호처분의 결정이 확정된 경우 당해 보호처분은 확정판결과 동일하고 기판력도 있으므로, 보호처분을 받은 사건과 동일한 사건에 대하여 다시 공소제기가 되었다면 이는 면소사유에 해당하며 공소제기의 절차가 법률의 규정에 위배하여 무효인 때에 해당하지 않는다.

④ 법관이 당사자의 증거신청을 채택하지 아니하거나 이미 한 증거결정을 취소한 사정만으로도 법관이 불공평한 재판을 할 염려가 있는 때에 해당한다.

16

함정수사 등에 관한 다음 [보기]의 설명 중 옳지 않은 것을 모두 고른 것은? (다툼이 있는 경우 판례에 의함)

| 보기 |

㉠ 경찰관이 함정수사 과정에서 이미 이루어지고 있던 피고인의 다른 범행을 적발한 경우 이에 관한 공소제기는 법률의 규정에 위반하여 무효인 때에 해당하지 아니한다.

㉡ 피유인자의 범의가 유발된 것이 유인자가 수사기관과 직접적인 관련을 맺지 않은 상태에서 피유인자를 상대로 수차례 반복적으로 범행을 부탁한 것에 기인하였다면 이는 위법한 함정수사에 해당한다.

㉢ 경찰관이 손님을 가장하고 들어가 도우미를 불러줄 것을 요구하여 노래방 업주가 도우미를 불러 낸 경우, 도우미 알선 영업에 대한 제보나 첩보가 없고 경찰관이 단속실적을 올리기 위한 것이라면 위법한 함정수사에 해당하지만, 만일 경찰관이 게임 결과물의 환전을 거절하는 피고인에게 적극적으로 환전을 요구하는 방식의 수사의 경우라면 그러하지 아니하다.

㉣ A가 수사기관에 체포된 동거남의 석방을 위한 공적을 쌓기 위하여 B에게 필로폰 밀수입에 관한 정보제공을 부탁하면서 대가의 지급을 약속하고, B가 C에게, C는 D에게 순차 필로폰 밀수입을 권유하여 이를 승낙하고 필로폰을 받으러 나온 D를 체포한 경우에는 위법한 함정수사에 해당한다.

㉤ 아동·청소년의 성보호에 관한 법률은 아동·청소년성착취물의 제작·배포 등 디지털성범죄에 대한 신분비공개수사와 신분위장수사를 허용하는 수사특례규정을 마련하고 있고, 이 경우에는 본래 범의(犯意)를 가지지 않은 자에게 범의를 유발하는 행위를 수반하는 수사방법이 허용된다.

㉥ 현행법상 성인을 대상으로 하는 디지털성범죄에 대해서도 수사기관은 일정한 경우 신분비공개수사 및 신분위장수사를 할 수 있는 법적 근거가 있다.

① ㉠㉡㉢㉣㉤
② ㉡㉢㉣㉤㉥
③ ㉠㉡㉢㉣㉥
④ ㉠㉢㉣㉤

17

수사기관에 대한 다음 [보기]의 설명 중 옳지 않은 것을 모두 고른 것은? (다툼이 있는 경우 판례에 의함)

| 보기 |

㉠ 일반 경찰공무원인 사법경찰관리는 검사의 수사지휘를 받지 않으며 1차적 수사종결권이 있는 반면, 사법경찰관의 직무를 행하는 검찰청 검찰청 직원은 검사의 지휘를 받아 수사를 한다.

㉡ 「공직선거법」상 각급선거관리위원회의 위원·직원은 선거범죄에 관하여 사법경찰관리의 직무를 행하는 특별사법경찰관리로서 선거범죄에 관하여 관계인에 대하여 질문·조사를 하거나 자료제출을 요구할 수 있다.

㉢ 경찰청 소속 사법경찰관이 고소·고발 사건을 포함하여 범죄를 수사한 때에 범죄혐의가 인정되지 않을 경우에는 그 이유를 명시한 서면만을 검사에게 송부하면 된다.

㉣ 검사가 경찰청 소속 사법경찰관이 신청한 영장을 정당한 이유 없이 판사에게 청구하지 아니한 경우 경찰청 소속 사법경찰관은 그 검사 소속의 지방검찰청 소재지를 관할하는 고등검찰청에 영장 청구 여부에 대한 심의를 신청할 수 있다.

㉤ 검사는 사법경찰관으로부터 송치받은 사건에 대해 보완수사가 필요하다고 인정하는 경우에는 특별히 직접 보완수사를 할 필요가 있다고 인정되는 경우를 제외하고는 사법경찰관에게 보완수사를 요구하는 것을 원칙으로 한다.

① ㉠㉡㉢㉣㉤
② ㉡㉢㉣㉤
③ ㉡㉢㉤
④ ㉢㉣㉤

18

수사에 대한 다음 [보기]의 설명 중 옳은 것을 모두 고른 것은? (다툼이 있는 경우 판례에 의함)

| 보기 |

㉠ 임의동행은 「경찰관 직무집행법」 제3조 제2항에 따른 행정경찰 목적의 경찰활동으로 행하여지는 것 외에도 「형사소송법」 제199조 제1항에 따라 범죄 수사를 위하여 오로지 피의자의 자발적인 의사에 의하여 이루어진 경우에도 가능하다.

㉡ 범의를 가진 자에 대하여 단순히 범행의 기회를 제공하거나 범행을 용이하게 하는 것에 불과한 수사방법이 경우에 따라 허용될 수 있음은 별론으로 하고, 본래 범의를 가지지 아니한 자에 대하여 수사기관이 사술이나 계략 등을 써서 범의를 유발케 하여 범죄인을 검거하는 함정수사는 위법하므로 이러한 함정수사에 기한 공소제기에 대해 법원은 공소기각판결을 선고해야 한다.

㉢ 범죄의 인지는 실질적인 개념이므로 인지절차를 거치기 전에 범죄의 혐의가 있다고 보아 수사를 개시하는 행위를 한 때에 범죄를 인지한 것으로 보아야 하며, 그 뒤 범죄인지서를 작성하여 사건수리 절차를 밟은 때에 비로소 범죄를 인지하였다고 볼 것은 아니다.

㉣ 검사 또는 사법경찰관이 조사실에서 피의자를 신문할 때 도주, 자해 등의 위험이 없다면 교도관에게 피의자의 수갑 해제를 요청할 의무가 있으므로, 검사가 이러한 해제를 요청하지 않는 경우에는 피의자 또는 변호인은 법원에 항고할 수 있다.

㉤ 사법경찰관이 송치한 범죄를 제외하고 검사는 자신이 수사개시한 범죄에 대하여는 공소를 제기할 수 없다.

㉥ 체포·구속장소의 감찰결과 피의자가 적법한 절차에 의하지 아니하고 체포 또는 구속된 것이라고 의심할 만한 상당한 이유가 있는 경우에 검사는 즉시 체포 또는 구속된 자를 석방하거나 사건을 검찰에 송치할 것을 명하여야 하는데, 이 송치요구에 따라 사법경찰관으로부터 송치받은 사건에 관하여 검사는 동일성을 해치지 아니하는 범위 내에서만 수사할 수 있는 것은 아니다.

① ㉠㉡㉢㉥
② ㉡㉢㉣㉤㉥
③ ㉠㉡㉢㉤
④ ㉠㉡㉢㉤㉥

19

검사와 사법경찰관리의 관계에 관한 [보기]의 설명으로 옳지 않은 것만을 있는 대로 고른 것은?

| 보기 |

㉠ 검사는 사법경찰관리의 수사과정에서 법령위반, 인권침해 또는 현저한 수사권 남용이 의심되는 사실의 신고가 있거나 그러한 사실을 인식하게 된 경우에는 사법경찰관에게 사건기록 등본의 송부를 요구하여야 한다.

㉡ 사법경찰관리의 수사과정에서 법령위반을 이유로 검사의 송부요구를 받은 사법경찰관은 지체 없이 검사에게 사건기록 등본을 송부하여야 한다. 송부를 받은 검사는 필요하다고 인정되는 경우에는 사법경찰관에게 시정조치를 요구할 수 있다.

㉢ 검사는 사법경찰관과 동일한 범죄사실을 수사하게 된 때에는 사법경찰관에게 사건을 송치할 것을 요구할 수 있고, 이 경우 사법경찰관은 지체 없이 검사에게 사건을 송치하여야 한다. 다만, 검사가 영장을 청구하기 전에 동일한 범죄사실에 관하여 사법경찰관이 영장을 신청한 경우에는 사법경찰관만 해당 영장에 기재된 범죄사실을 계속 수사할 수 있다.

㉣ 사법경찰관이 범죄를 수사한 후 범죄의 혐의가 인정되지 않아 불송치결정을 하는 경우 사법경찰관은 그 이유를 명시한 서면과 함께 관계 서류와 증거물을 지체 없이 검사에게 송부해야 하며, 검사는 송부받은 날부터 90일 이내에 사법경찰관에게 그 서류 등을 반환하여야 한다.

㉤ 검사는 고소·고발된 범죄 사건을 사법경찰관이 수사한 후 사건을 송치하지 아니한 것이 위법 또는 부당한 때에는 그 이유를 문서 또는 구두로 명시하여 사법경찰관에게 재수사를 요청해야 하고, 사법경찰관은 필요한 경우 사건을 재수사할 수 있다.

① ㉠㉡㉢㉣㉤
② ㉠㉡㉢㉣
③ ㉠㉢㉣㉤
④ ㉠㉢㉤

20

전문수사자문위원제도에 관한 설명으로 옳은 것은? (다툼이 있는 경우 판례에 의함)

① 전문수사자문위원을 수사절차에 참여시키는 경우 검사는 각 사건마다 2인 이상의 전문수사자문위원을 지정한다.

② 검사는 상당하다고 인정하는 때라 하더라도 피의자 또는 변호인의 신청에 의하지 아니하고는 전문수사자문위원의 지정을 취소할 수 없다.

③ 검사는 전문수사자문위원이 제출한 서면이나 전문수사자문위원의 설명 또는 의견의 진술에 관하여 피의자 또는 변호인에게 구술 또는 서면에 의한 의견진술의 기회를 주어야 하며, 의견진술권 부여의 시기에 대한 제한은 없다.

④ 검사는 공소제기 여부와 관련된 사실관계를 분명하게 하기 위하여 피의자 또는 변호인의 신청이 있는 경우에 한하여 전문수사자문위원을 지정하여 수사절차에 참여하게 하고 자문을 들을 수 있다.

▶ **제3편 수사와 공소: 제1장 수사** [수사의 의의와 구조 2] ― [임의수사 1]

회차	시행일			목표점수			획득점수		
제5회	1차	2차	3차	1차	2차	3차	1차	2차	3차

01

형사소송법의 내용으로 다음 [보기]의 내용 중 틀린 것을 모두 고른 것은?

| 보기 |

㉠ 검사는 사법경찰관리의 수사과정에서 법령위반, 인권침해 또는 현저한 수사권 남용이 의심되는 사실의 신고가 있거나 그러한 사실을 인식하게 된 경우에는 사법경찰관에게 사건기록 등본의 송부를 요구할 수 있고, 송부를 받은 검사는 필요한 경우 사법경찰관에게 시정조치를 요구할 수 있으며, 검사는 시정조치 요구가 정당한 이유 없이 이행되지 않은 경우에 사법경찰관에게 사건을 송치할 것을 요구할 수 있도록 한다.

㉡ 검사는 사법경찰관과 동일한 범죄사실을 수사하게 된 때에는 사법경찰관에게 사건을 송치할 것을 요구할 수 있고, 요구를 받은 사법경찰관은 지체 없이 검사에게 사건을 송치하도록 하되, 검사가 영장을 청구한 후라 하더라도 동일한 범죄사실에 관하여 사법경찰관이 영장을 신청한 경우에는 해당 영장에 기재된 범죄사실을 계속 수사할 수 있도록 한다.

㉢ 검사가 사법경찰관이 신청한 영장을 정당한 이유 없이 판사에게 청구하지 아니한 경우 사법경찰관은 관할 지방검찰청에 영장 청구 여부에 대한 심의를 신청할 수 있고, 이를 심의하기 위하여 각 지방검찰청에 외부 위원으로 구성된 영장심의위원회를 둔다.

㉣ 사법경찰관은 범죄를 수사한 때에는 범죄의 혐의가 인정되면 검사에게 사건을 송치하고, 그 밖의 경우에는 그 이유를 명시한 서면과 함께 관계 서류와 증거물을 검사에게 송부하도록 한다.

㉤ 검사는 사법경찰관이 사건을 송치하지 아니한

것이 위법 또는 부당한 때에는 서면 또는 구술에 의하여 사법경찰관에게 재수사를 요청할 수 있도록 하고, 사법경찰관은 요청이 있으면 사건을 재수사하도록 한다.

① ㉠㉢㉣

② ㉡㉢㉤

③ ㉢㉤

④ ㉢㉣

02

전문수사자문위원제도에 관한 설명으로 옳은 것은? (다툼이 있는 경우 판례에 의함)

① 전문수사자문위원을 수사절차에 참여시키는 경우 검사는 각 사건마다 2인 이상의 전문수사자문위원을 지정한다.

② 검사는 상당하다고 인정하는 때라 하더라도 피의자 또는 변호인의 신청에 의하지 아니하고는 전문수사자문위원의 지정을 취소할 수 없다.

③ 검사는 전문수사자문위원이 제출한 서면이나 전문수사자문위원의 설명 또는 의견의 진술에 관하여 피의자 또는 변호인에게 구술 또는 서면에 의한 의견진술의 기회를 주어야 하며, 의견진술권 부여의 시기에 대한 제한은 없다.

④ 검사는 공소제기 여부와 관련된 사실관계를 분명하게 하기 위하여 피의자 또는 변호인의 신청이 있는 경우에 한하여 전문수사자문위원을 지정하여 수사절차에 참여하게 하고 자문을 들을 수 있다.

03

수사에 대한 설명으로 옳은 것은? (다툼이 있는 경우 판례에 의함)

① 검사 또는 사법경찰관은 임의동행을 요구하는 경우 상대방에게 동행을 거부할 수 있다는 것과 동행하는 경우에도 언제든지 자유롭게 동행 과정에서 이탈하거나 동행 장소에서 퇴거할 수 있다는 것을 알려야 하지만, 이를 명시한 법률이나 명령상의 규정은 없다.

② 검사 또는 사법경찰관은 피의자에게 출석요구를 하려는 경우 피의자와 조사의 일시·장소에 관하여 협의해야 한다. 다만, 피의자에게 변호인이 있는 경우라 하더라도 변호인과는 협의할 필요는 없다.

③ 위법한 함정수사에 기한 공소제기는 그 절차가 법률의 규정에 위반하여 무효인 때에 해당한다.

④ 형사소송법 제244조의5에 의해서 피의자와 신뢰관계에 있는 자가 피의자신문에 동석하여 피의자신문조서가 작성된 경우에, 동석한 자가 피의자를 대신하여 진술한 부분은 피의자신문조서의 증거능력의 요건을 충족하여야 증거능력이 인정된다.

04

불심검문에 대한 다음 [보기]의 설명 중 옳은 것을 모두 고른 것은? (다툼이 있는 경우 판례에 의함)

| 보기 |

㉠ 경찰관이 불심검문 대상자 해당 여부를 판단할 때에는 불심검문 당시의 구체적 상황은 물론 사전에 얻은 정보나 전문적 지식 등에 기초하여 객관적·합리적인 기준에 따라 판단하여야 하나, 불심검문 대상자에게 「형사소송법」상 체포나 구속에 이를 정도의 혐의가 있을 것은 요하지 않는다.

㉡ 경찰관은 불심검문 시 질문에 수반하여 흉기의 소지 여부도 조사할 수 있다.

㉢ 경찰관이 불심검문을 위하여 질문을 하거나 동행을 요구할 경우 자신의 신분을 표시하는 증표를 제시하여야 한다.

㉣ 검문하는 사람이 경찰관이고 검문하는 이유가 범죄행위에 관한 것임을 피고인이 알고 있었던 경우라도 경찰관이 신분증을 제시하지 않고 불심검문을 하였다면, 그 불심검문은 위법하다.

① ㉠㉡㉢   ② ㉡㉢㉣
③ ㉠㉢㉣   ④ ㉠㉡㉣

05

다음 [보기]는 중 고소와 고발에 관한 설명이다. 옳은 것을 모두 고른 것은? (다툼이 있는 경우 판례에 의함)

| 보기 |

㉠ 피고인은 피해자(부재자)의 언니로서(피해자와는 비동거친족 간의 관계이므로 형법 제328조 제2항에 의하여 친고죄에 해당함) 법원에서 부재자 재산관리인으로 선임되어 피해자 앞으로 공탁된 수용보상금을 출급하였고, 이후 법원은 피고인을 재산관리인에서 해임하고 변호사 A를 재산관리인으로 개임하였는데, 피고인이 변호사 A에게 수용보상금의 존재를 알리지 않았고 그 인계도 거부하자, 변호사 A가 법원의 권한초과행위 허가를 받아 수사기관에 피고인을 배임(친고죄) 등으로 고소한 경우, 변호사 A는 형사소송법 제225조 제1항에서 정한 법정대리인으로서 적법한 고소권자에 해당한다.

㉡ 범행기간을 특정하고 있는 고소에 있어서는 그 기간 중의 어느 특정범죄에 대하여 범인의 처벌을 원치 않는 고소인의 의사가 있다고 볼 만한 특단의 사정이 없는 이상 그 고소는 특정된 기간 중에 저지른 모든 범죄에 대하여 범인의 처벌을 구하는 의사표시라고 봄이 상당하다.

㉢ 반의사불벌죄에 있어서는 공범자 사이에 불가분의 원칙이 적용되지 않는다.

㉣ 자기 또는 배우자의 직계존속이나 직계비속을 고소하지 못한다.

㉤ 강간치상죄로 공소가 제기된 사건에 있어서 공소제기 전에 고소의 취소가 있었다고 하더라도 치상의 점에 관하여 증명이 없는 경우에는 공소기각의 판결을 선고하여야 하는 것은 아니다.

㉥ 국세청장이 허위세금계산서 교부의 중개행위로 고발하였는데('피고인은 A가 재화나 용역을 공급하지 아니하고 허위세금계산서를 발급하는 행위를 중개하였다'는 내용의 범칙사실, 특가법 제8조의2 제1항 제1호, 조세범 처벌법 제10조 제4항), 검사가 허위세금계산서 교부의 공동정범으로 공소를 제기('피고인은 A와 공모하여 재화나 용역을 공급하지 아니하고 허위세금계산서를 교부하였다'는 내용의 공소사실, 특가법 제8조의2 제1항 제1호, 조세범 처벌법 제10조 제3항 제1호, 형법 제30조)한 것은 적법하지 않다.

① ㉠㉡㉢㉤㉥
② ㉠㉢㉣㉤㉥
③ ㉠㉡㉢㉤
④ ㉠㉢㉣㉥

06

고소 등에 관한 다음 [보기]의 설명 중 옳은 것을 모두 고른 것은? (다툼이 있는 경우 판례에 의함)

| 보기 |

㉠ 고소는 범죄사실을 신고하는 것이므로 고소의 대상인 범죄사실은 특정되어야 한다. 다만, 범행의 일시·장소·방법까지 구체적으로 특정할 필요는 없다.

㉡ 고소 또는 처벌을 희망하는 의사표시는 제1심 판결선고 전까지 취소 또는 철회할 수 있으나, 항소심에 이르러 비로소 반의사불벌죄가 아닌 상해죄에서 반의사불벌죄인 폭행죄로 공소장이 변경된 경우에는 예외적으로 항소심에서도 처벌을 희망하는 의사표시를 철회할 수 있다.

㉢ 친고죄의 공범 중 그 1인 또는 수인에 대한 고소뿐만 아니라, 그 취소도 다른 공범자에 대하여 효력이 있다.

㉣ 친고죄의 공범 중 그 일부에 대하여 제1심 판결이 선고된 후에는 제1심 판결을 선고하기 이전의 다른 공범자에 대하여 고소를 취소할 수 없고 취소가 있더라도 그 효력이 발생하지 않는다.

㉤ 고소는 수사의 단서에 불과하다는 점에서 어떤 범죄사실 등이 구체적으로 특정되어야 한다거나 범인의 동일성을 식별할 수 있을 정도로 특정될 필요가 없으므로, 범인의 성명이 불명 또는 오기가 있었다거나 범행일시·장소·방법 등이 명확하지 않거나 틀리는 것이 있다고 하더라도 고소의 효력에는 영향이 없다.

① ㉠㉡㉢㉣
② ㉠㉢㉣
③ ㉡㉢㉣㉤
④ ㉠㉢㉣㉤

07

고소에 관한 설명 중 가장 옳은 것은? (다툼이 있는 경우 판례에 의함)

① 친고죄에서 피해자의 고소가 없거나 고소가 취소되었음에도 친고죄로 기소되었다가, 그 후 당초에 기소된 공소사실과 동일성이 인정되는 비친고죄로 공소장변경이 허용된 경우 고소의 추완은 인정되지 않으므로 그 공소제기의 흠은 치유되지 않는다.

② 피해자가 제1심 법정에서 피고인들에 대한 처벌희망 의사표시를 철회할 당시 의사능력 있는 상태이긴 하였지만 나이가 14세 10개월이었다면, 이에 대해 법정대리인의 동의가 없는 경우 위 철회의 의사표시는 유효하지 아니하다.

③ 친고죄에서 고소는, 고소권 있는 자가 수사기관에 대하여 범죄사실을 신고하고 범인의 처벌을 구하는 의사표시로서 서면뿐만 아니라 구술로도 할 수 있고, 다만 구술에 의한 고소를 받은 검사 또는 사법경찰관은 조서를 작성하여야 하지만 그 조서는 독립된 조서이어야 하므로, 수사기관이 고소권자를 증인 또는 피해자로서 신문한 경우에 그 진술에 범인의 처벌을 요구하는 의사표시가 포함되어 있는 것으로는 고소는 적법하게 되지 아니한다.

④ 상소심에서 제1심 공소기각판결의 법률위반을 이유로 이를 파기하고 사건을 제1심법원에 환송함에 따라 다시 제1심절차가 진행된 경우, 종전의 제1심판결은 이미 파기되어 효력을 상실하였으므로 환송 후의 제1심판결 선고 전에는 고소취소의 제한사유가 되는 제1심판결 선고가 없는 경우에 해당한다.

08

고소에 관한 다음 [보기]의 기술 중 옳은 것을 모두 고른 것은? (다툼이 있는 경우에는 판례에 의함)

| 보기 |

㉠ 모자관계는 호적에 입적되어 있는 여부와는 관계없이 자의 출생으로 법률상 당연히 생기는 것이므로 고소 당시 이혼한 생모라도 피해자인 그의 자의 친권자로서 독립하여 고소할 수 있다.

㉡ 무효심결 확정 전의 고소라 하더라도 그러한 특허권에 기한 고소는 무효심결이 확정되면 고소권자에 의한 적법한 고소로 볼 수 없다.

㉢ 항소심에서 비로소 공소사실이 친고죄로 변경된 경우에 항소심에 이르러 고소인이 고소를 취소하였다면 이는 친고죄에 대한 고소취소로서의 효력이 있다.

㉣ 형사소송법 제230조 제1항 본문은 "친고죄에 대하여는 범인을 알게 된 날로부터 6월을 경과하면 고소하지 못한다."고 규정하고 있는바, 여기서 범인을 알게 된다 함은 통상인의 입장에서 보아 고소권자가 고소를 할 수 있을 정도로 범죄사실과 범인을 아는 것을 의미한다.

㉤ 관련 민사사건에서 제1심판결 선고 전에 '이 사건과 관련하여 서로 상대방에 대하여 제기한 형사 고소 사건의 일체를 모두 취하한다'는 내용이 포함된 조정이 성립되었다면, 조정 성립 후 고소인이 제1심 법정에서 여전히 피고인의 처벌을 원한다는 취지로 진술하더라도 고소를 취소한 것으로 볼 수 있다.

① ㉠㉡㉢㉣
② ㉡㉣㉤
③ ㉠㉡㉣
④ ㉠㉡㉣㉤

09

친고죄와 반의사불벌죄에 관한 다음 [보기]의 설명 중 옳지 않은 것을 모두 고른 것은? (다툼이 있는 경우 판례에 의함)

| 보기 |

㉠ 친고죄에서 고소권자의 고소가 유효함에도 고소의 효력이 없다는 이유로 공소를 기각한 제1심 판결에 대하여 항소심 절차가 진행되던 중 고소인이 고소를 취소하였는데 항소심이 제1심의 공소기각 부분이 위법하다는 이유로 사건을 파기환송한 경우, 환송 후의 제1심 법원은 고소취소를 이유로 공소기각판결을 선고할 수 없다.

㉡ 피해자가 반의사불벌죄의 공범 중 그 1인에 대하여 처벌을 희망하는 의사를 철회한 경우, 다른 공범자에 대하여도 처벌희망의사가 철회된 것으로 볼 수 없다.

㉢ 친고죄로 고소를 제기하였다가 공소제기 전 고소를 취소한 후 고소기간 내에 다시 동일한 친고죄로 고소하여 공소제기된 경우, 수소법원은 「형사소송법」 제327조 제2호의 '공소제기의 절차가 법률의 규정에 위반하여 무효인 때'에 해당한다고 볼 수 없으므로 실체재판을 하여야 한다.

㉣ 반의사불벌죄의 공범 중 일부에 대하여 제1심 판결이 선고된 후에는 제1심 판결선고 전의 다른 공범자에 대하여 고소를 취소할 수 없고, 고소의 취소가 있다 하더라도 그 효력이 발생하지 않는다.

㉤ 성년후견인은 의사무능력인 피해자를 보호하기 위하여 그를 대리하여 반의사불벌죄의 처벌불원의사를 결정하거나 처벌희망의사를 철회할 수 있다.

㉥ 반의사불벌죄에서 성년후견인의 법정대리권 범위에 통상적인 소송행위가 포함되어 있거나 성년후견개시심판에서 정하는 바에 따라 성년후견인이 가정법원의 허가를 얻은 경우에는 성년후견인은 의사무능력자인 피해자를 대리하여 반의사불벌죄의 처벌불원의사를 결정하거나 처벌희망의사를 철회할 수 있다.

① ㉠㉡㉢㉣

② ㉠㉢㉣㉤㉥

③ ㉡㉢㉣㉤

④ ㉠㉡㉢㉣㉤㉥

10

고소에 관한 다음 설명 중 가장 옳지 않은 것은? (다툼이 있는 경우 판례에 의함)

① 자기의 피용자인 부녀를 간음하면서 불응하는 경우 해고할 것을 위협하였다 하더라도 이는 업무상 위력에 의한 간음죄의 구성요건일 뿐 그 경우 해고될 것이 두려워 고소를 하지 않은 것이 고소할 수 없는 불가항력적 사유에 해당한다고 할 수 없다(업무상 위력에 의한 간음죄가 친고죄임을 전제함).

② 저작권법 제103조의 양벌규정은 직접 위법행위를 한 자 이외에 아무런 조건이나 면책조항 없이 그 업무의 주체 등을 당연하게 처벌하도록 되어 있는 규정으로서 당해 위법행위와 별개의 범죄를 규정한 것이라고는 할 수 없으므로, 친고죄의 경우에 있어서도 행위자의 범죄에 대한 고소가 있으면 족하고, 나아가 양벌규정에 의하여 처벌받는 자에 대하여 별도의 고소를 요한다고 할 수는 없다.

③ 고발에 있어서는 이른바 고소·고발 불가분의 원칙이 적용되지 아니하므로, 고발의 구비 여부는 양벌규정에 의하여 처벌받는 자연인인 행위자와 법인에 대하여 개별적으로 논하여야 한다.

④ 출판물에 의한 명예훼손죄의 공범 중 1인에 대한 고소의 효력은 다른 공범에 대해서도 미친다.

11

고소에 관한 다음 설명 중 가장 적절한 것은? (다툼이 있는 경우 판례에 의함)

① 법원은 고소권자가 고소한 내용을 심판하는 것이므로, 고소권자가 비친고죄로 고소한 사건이더라도 검사가 사건을 친고죄로 구성하여 공소를 제기하였다 하더라도, 법원으로서는 친고죄에서 소송조건이 되는 고소가 유효하게 존재하는지를 별도로 조사하여야 할 필요는 없다.

② 범죄피해자의 고소권은 형사절차상의 법적인 권리이므로 입법자가 넓은 입법형성권을 가질 수는 없다.

③ 구성요건이 신설된 상습강제추행죄가 시행되기 이전의 범행은 상습강제추행죄로는 처벌할 수 없고 행위시법에 기초하여 강제추행죄(구법상 친고죄 규정이 적용됨을 전제함)로 처벌할 수 있을 뿐이며, 이 경우 그 소추요건도 상습강제추행죄에 관한 것이 아니라 강제추행죄에 관한 것이 구비되어야 한다

④ 형사소송법 제230조 제1항 본문은 '친고죄에 대하여는 범인을 알게 된 날로부터 6월을 경과하면 고소하지 못한다'고 규정하고 있는바, 여기서 범인을 알게 된다 함은 통상인의 입장에서 보아 고소권자가 고소를 할 수 있을 정도로 범죄사실과 범인을 아는 것을 의미하나, 범죄사실을 안다는 것은 고소권자가 친고죄에 해당하는 범죄의 피해가 있었다는 사실관계에 관하여 미필적 인식이 있으면 충분하다.

12

고소와 고발에 관한 다음 설명 중 가장 적절하지 않은 것은? (다툼이 있는 경우 판례에 의함)

① 고소는 서면뿐만 아니라 구술에 의해서도 가능하고, 다만 구술에 의한 고소를 받은 검사 또는 사법경찰관은 조서를 작성하여야 하지만 그 조서가 독립된 조서일 필요는 없다.

② 고발인이 농지전용행위를 한 사람을 甲으로 잘못 알고 甲을 피고발인으로 하여 고발하였다고 하더라도 乙이 농지전용행위를 한 이상 乙에 대하여도 고발의 효력이 미친다.

③ 수개의 범칙사실 중 일부만을 범칙사건으로 하는 고발이 있는 경우 고발장에 기재된 범칙사실과 동일성이 인정되지 않는 다른 범칙사실에 대해서까지 고발의 효력이 미칠 수는 없다.

④ 강간피해자 명의의 "당사자 간에 원만히 합의되어 민·형사상 문제를 일체 거론하지 않기로 화해되었으므로 합의서를 1심 재판장 앞으로 제출한다"는 취지의 합의서 및 피고인들에게 중형을 내리기보다는 법의 온정을 베풀어 사회에 봉사할 수 있도록 관대한 처분을 바란다는 취지의 탄원서가 제1심 법원에 제출되었더라도 고소 취소로 볼 수 없다.

13

고소에 관한 다음 설명 중 가장 적절하지 않은 것은? (다툼이 있는 경우 판례에 의함)

① 친고죄에 대하여 고소할 자가 없는 경우에 이해관계인의 신청이 있으면 검사는 10일 이내에 고소할 수 있는 자를 지정하여야 한다.

② 공범관계에 있는 甲, 乙이 사자명예훼손을 한 경우에 피해자의 친족이 甲에 대해서만 고소한 경우 乙에 대해서는 고소의 효력이 미치지 않는다.

③ 고소는 서면뿐만 아니라 구술에 의해서도 가능하고, 다만 구술에 의한 고소를 받은 검사 또는 사법경찰관은 조서를 작성하여야 하지만 그 조서가 독립된 조서일 필요는 없다.

④ A가 甲의 명예를 훼손하고 甲을 모욕하였다는 내용으로 공소제기된 후 A에 대한 다른 사건의 검찰 수사과정에서 A에 이전의 모든 고소 등을 취소한다는 취지가 기재된 합의서가 작성되었으나 그것이 제1심판결 선고 전에 법원에 제출되지 않았고 甲은 제1심법정에서 증언하면서 위 합의건은 기소된 사건과 별개이고 A의 처벌을 원한다고 진술하였다면, 고소취소 및 처벌의사의 철회가 있었다고 할 수 없다.

14

수사 및 공소에 관한 다음 기술 중 판례의 입장과 어긋나는 것은?

① 교통사고처리특례법 제4조 제1항 본문은 차의 교통으로 업무상과실치상죄 등을 범하였을 때 교통사고를 일으킨 차가 위 특례법 제4조 제1항에서 정한 보험 또는 공제에 가입된 경우에는 그 차의 운전자에 대하여 공소를 제기할 수 없다고 규정하고 있는데, 이는 차의 운전자에 대한 공소제기의 조건을 정한 것이다.

② 제1심 법원이 반의사불벌죄로 기소된 피고인에 대하여 소송촉진 등에 관한 특례법 제23조에 따라 피고인의 진술 없이 유죄를 선고하여 판결이 확정된 경우, 만일 피고인이 책임을 질 수 없는 사유로 공판절차에 출석할 수 없었음을 이유로 제1심 법원에 위법 제23조의2에 따른 재심을 청구하는 대신 항소권회복청구를 함으로써 항소심 재판을 받게 되었다 하더라도 당해 항소심 절차에서 처벌을 희망하는 의사표시를 철회할 수 있다.

③ 운전자 甲은 음주측정을 위해 경찰서에 동행할 것을 요구받고 자발적인 의사로 경찰차에 탑승하였고 경찰서로 이동 중 하차를 요구하였으나 그 직후 수사과정에 관한 설명을 듣고 경찰서로 빨리 가자고 요구하였다면, 그 후 경찰서에서 이루어진 음주측정 결과는 증거능력이 있다.

④ 乙이 필로폰을 투약한다는 제보를 받은 경찰관 甲은, 제보의 정확성을 사전에 확인한 후에 제보자를 불러 조사하기 위하여 乙의 주거지를 방문하였다가 乙을 발견하고 乙의 전화번호로 전화를 하여 나오라고 하였으나 응하지 않자 乙의 집 문을 강제로 열고 들어가 乙을 긴급체포하였다. 甲의 긴급체포는 위법하다.

15

고소 등에 대한 설명으로 옳은 것은? (다툼이 있는 경우 판례에 의함)

① 반의사불벌죄에 있어서 성인인 피해자가 교통사고로 인해 의식을 회복하지 못하여 처벌희망 여부에 관한 의사표시를 할 수 있는 소송능력이 있다고 할 수 없는 경우, 피해자의 부모가 피해자를 대리하여 처벌을 희망하지 아니한다는 의사를 표시하면 처벌할 수 없다.

② 반의사불벌죄에 있어서 미성년자인 피해자는 의사능력이 있더라도 단독으로는 처벌을 희망하는 의사표시를 할 수 없고 법정대리인의 동의가 있어야 한다.

③ 고소권자가 범죄행위가 계속되는 도중에 범인을 알았다 하여도 그날부터 곧바로 위 조항에서 정한 친고죄의 고소기간이 진행된다고는 볼 수 없다.

④ 고소인이 사건 당일 범죄사실을 신고하면서 현장에 출동한 경찰관에게 고소장을 교부하였다면, 그 후 경찰서에 도착하여 최종적으로 고소장을 접수시키지 아니하기로 결심하고 고소장을 반환받았더라도 고소의 효력이 발생된다.

16

수사에 관한 다음 기술 중 가장 옳은 것은? (다툼이 있는 경우 판례에 의함)

① 우편물 통관검사절차에서 이루어지는 우편물의 개봉, 시료채취, 성분분석 등의 검사를 하는 경우 압수·수색영장 없이 진행되었다면 특별한 사정이 없는 한 위법하다고 보아야 한다.

② 교통안전과 위험방지를 위한 필요가 없음에도 주취운전을 하였다고 인정할 만한 상당한 이유가 있다는 이유만으로 이루어지는 음주측정은 수사절차로서의 의미를 가지는 것은 아니다.

③ 교도소에서 영장 없이 마약류사범에게 마약류반응검사를 위하여 월 1회씩 정기적으로 소변을 채취하여 제출하도록 한 것은 영장주의에 위반되지 않는다.

④ 거짓말탐지기의 검사는 그 기구의 성능, 조작기술에 있어 신뢰도가 극히 높다고 인정되고 그 검사자가 적격자이며, 검사를 받는 사람이 검사를 받음에 동의하였으며 검사자 자신이 실시한 검사의 방법, 경과 및 그 결과를 충실하게 기재하였다는 여러 가지 점이 증거에 의하여 확인되었을 경우에도 형사소송법 제313조 제3항의 감정서 조항에 의하여 이를 증거로 할 수 없다.

17

수사에 관한 다음 기술 중 가장 옳지 않은 것은? (다툼이 있는 경우 판례에 의함)

① 음주운전에 대한 수사 과정에서 음주운전 혐의가 있는 운전자에 대해 도로교통법에 따른 호흡측정이 이루어졌으나 호흡측정 결과에 오류가 있다고 인정할 만한 객관적이고 합리적인 사정이 있는 경우, 혈액채취에 의한 측정 방법으로 다시 음주측정을 하는 것이 허용될 수 있다.

② 호흡측정 방식에 따라 혈중알코올농도를 측정한 경찰공무원에게 특별한 사정이 없는 한 혈액채취의 방법을 통하여 혈중알코올농도를 다시 측정할 수 있다는 취지를 운전자에게 고지하여야 할 의무가 있다고 볼 수 없다.

③ 경찰공무원은 위드마크 공식의 존재 및 나아가 호흡측정에 의한 혈중알코올농도가 음주운전 처벌기준 수치에 미달하였더라도 위드마크 공식에 의한 역추산 방식에 의하여 운전 당시의 혈중알코올농도를 산출할 경우 그 결과가 음주운전 처벌기준 수치 이상이 될 가능성이 있다는 취지를 운전자에게 미리 고지하여야 할 의무가 있다.

④ 경찰관이 피고인의 정신 상태, 신체에 있는 주사바늘 자국, 알콜솜 휴대, 전과 등을 근거로 피고인의 마약류 투약 혐의가 상당하다고 판단하여 경찰서로 임의동행을 요구하였고, 동행장소인 경찰서에서 피고인에게 마약류 투약 혐의를 밝힐 수 있는 소변과 모발의 임의제출을 요구하였다면, 이는 경찰관직무집행법 제3조 제2항에 따른 임의동행이 아니라 형사소송법 제199조 제1항에 따른 임의동행에 해당한다.

18

영장주의에 관한 다음 [보기]의 설명 중 틀린 것을 모두 고른 것은? (다툼이 있는 경우 판례에 의함)

| 보기 |

㉠ 형집행장은 사형 또는 자유형을 집행하기 위하여 검사가 발부하는 것이며, 수형자를 대상으로 하는 것으로서 구속영장과 동일한 효력이 있으므로 영장에 해당한다.

㉡ 교도관이 미결수용자의 변호인 아닌 자와의 접견 내용을 녹음하는 경우 청구인에 대하여 직접적으로 어떠한 물리적 강제력을 행사하는 강제처분을 수반하는 것이 아니므로 영장주의의 적용대상이 아니다.

㉢ 전투경찰순경에 대한 영창처분은 행정기관에 의한 구속에 해당하고, 그 본질상 급박성을 요건으로 하지 않음에도 불구하고 법관의 판단을 거쳐 발부된 영장에 의하지 않고 이루어지므로 영장주의에 위배되어 청구인의 신체의 자유를 침해한다.

㉣ 긴급체포는 영장주의원칙에 대한 예외인 만큼 요건을 갖추지 못한 긴급체포는 법적 근거에 의하지 아니한 영장 없는 체포로서 위법한 체포에 해당하는 것이고, 여기서 긴급체포의 요건을 갖추었는지 여부는 사후에 밝혀진 사정을 기초로 판단하는바, 이에 관한 검사나 사법경찰관 등 수사주체의 판단에는 상당한 재량의 여지가 있다.

㉤ 구치소장이 변호인접견실에 CCTV를 설치하여 미결수용자와 변호인 간의 접견을 관찰한 행위는 변호인의 조력을 받을 권리를 침해하지 않고, 교도관이 미결수용자와 변호인 간에 주고받는 서류를 확인하고, 소송관계서류처리부에 그 제목을 기재하여 등재한 행위도 변호인의 조력을 받을 권리를 침해하지 않는다.

① ㉠㉡㉢㉣
② ㉠㉢㉣
③ ㉠㉢㉣㉤
④ ㉡㉣㉤

19

「통신비밀보호법」에 관한 다음 [보기]의 설명 중 판례의 입장과 일치하는 것을 모두 고른 것은?

| 보기 |

㉠ 통신비밀보호법상의 '감청'에는 전기통신의 송수신과 동시에 이루어지는 경우뿐만 아니라 이미 수신이 완료된 전기통신의 내용을 지득하는

행위도 포함된다.

㉡ 수사기관으로부터 통신제한조치의 집행을 위탁받은 통신기관 등이 집행에 필요한 설비가 없을 때에는 수사기관에 설비의 제공을 요청하여야 하고, 그러한 요청 없이 통신제한조치허가서에 기재된 사항을 준수하지 아니한 채 통신제한조치를 집행하여서는 아니 된다. 다만, 그러한 집행으로 취득한 전기통신의 내용 등은 위법수집증거에 해당하는 것은 아니다.

㉢ 3인 간의 대화에서 그중 한 사람이 그 대화를 녹음 또는 청취하는 경우에 다른 두 사람의 발언은 그 녹음자 또는 청취자에 대한 관계에서 통신비밀보호법 제3조 제1항에서 정한 '타인 간의 대화'라고 할 수 없으므로, 이러한 녹음 또는 청취하는 행위 및 그 내용을 공개하거나 누설하는 행위가 통신비밀보호법 제16조 제1항에 해당한다고 볼 수 없다.

㉣ 대화에 원래부터 참여하지 않는 제3자가 일반 공중이 알 수 있도록 공개되지 아니한 타인 간의 발언을 녹음하거나 전자장치 또는 기계적 수단을 이용하여 청취하는 행위는 구 통신비밀보호법(2014.1.14. 법률 제12229호로 개정되기 전의 것) 제3조 제1항에 위반된다.

㉤ 비밀번호를 설정하여 인터넷개인방송을 진행하던 乙은 甲이 불상의 방법으로 방송에 접속하거나 시청하고 있다는 사정을 알면서도 방송을 중단하거나 甲을 배제하는 조치를 취하지 아니하고 오히려 甲의 시청사실을 전제로 甲을 상대로 한 발언을 하기도 하는 등 계속 방송을 진행하였다. 그런데 甲은 위 방송을 시청하면서 음향·영상 등을 청취하거나 녹음하였다. 甲의 행위는 통신비밀보호법에 위반되는 감청행위에 해당하지 않는다.

㉥ 통신비밀보호법 제3조 제1항에 의하면 누구든지 이 법과 형사소송법 또는 군사법원법의 규정에 의하지 아니하고는 공개되지 아니한 타인 간의 대화를 청취하지 못하므로, 타인 간의 종료된 대화의 녹음물을 재생하여 듣는 것은 위 통신비밀보호법상 '청취'에 해당한다.

① ㉠㉡㉣㉥
② ㉡㉣㉤㉥
③ ㉠㉢㉣㉤
④ ㉢㉣㉤

20

수사에 관한 다음 [보기]의 기술 중 틀린 것을 모두 고른 것은? (다툼이 있는 경우 판례에 의함)

| 보기 |

㉠ 통신비밀보호법에 따라, 긴급통신제한조치가 단시간 내에 종료되어 법원의 허가를 받을 필요가 없는 경우에는 그 종료 후 7일 이내에 관할 지방검찰청검사장은 이에 대응하는 법원장에게 긴급통신제한조치를 한 검사, 사법경찰관 또는 정보수사기관의 장이 작성한 긴급통신제한조치통보서를 송부하여야 한다.

㉡ 수사기관이 인터넷 회선을 통하여 송신·수신하는 전기통신에 대한 통신제한조치로 취득한 자료에 대해서는 집행 종료 후 범죄수사나 소추 등에 사용하거나 사용을 위하여 보관하고자 하는 때에는 보관 등이 필요한 전기통신을 선별하여 법원으로부터 보관 등의 승인을 받도록 하고, 승인 청구를 하지 아니한 전기통신 등은 폐기하여야 하며, 검사가 사법경찰관의 보관승인 신청을 기각한 경우에는 그날부터 7일 내에 폐기하여야 한다.

㉢ 수사기관이 범죄 증거를 수집할 목적으로 피의자의 동의 없이 피의자의 소변을 채취하는 것은 법원으로부터 감정허가장을 받아 '감정에 필요한 처분'으로 할 수 있지만 '압수·수색'의 방법으로는 할 수 없다.

㉣ 압수·수색의 방법으로 소변을 채취하는 경우 압수대상물인 피의자의 소변을 확보하기 위한 수사기관의 노력에도 불구하고, 피의자가 인근 병원 응급실 등 소변 채취에 적합한 장소로 이동하는 것에 동의하지 않거나 저항하는 등 임의동행을 기대할 수 없는 사정이 있는 경우라 하더라도, 수사기관으로서 소변 채취에 적합한 장소로 피의자를 데려가기 위해서 수갑과 포승을 사용하는 등 유형력을 행사하는 것은 허용되지 아니한다.

㉤ 검사 또는 사법경찰관이 긴급한 사유가 있어 법원의 허가 없이 소위 긴급통신제한조치의 집행에 착수한 경우 지체 없이 법원에 허가청구를 하여야 하고, 긴급통신제한조치 집행 착수 시로부터 36시간 이내에 법원의 허가를 받지 못한 경우에는 해당 조치를 즉시 중지하고 취득한 자료를 폐기하여야 한다.

㉥ 피의자가 돈을 받고 영업으로 성매매를 알선하였다는 「성매매알선 등 행위의 처벌에 관한 법률」위반(성매매알선등)으로 기소된 사안에서, 경찰관이 피의자가 운영하는 성매매업소에 손님으로 가장하고 출입하여 피의자 등과의 대화 내용을 영장 없이 녹음한 것은 적법하지 않다.

① ㉠㉡㉢㉣
② ㉠㉢㉣㉥
③ ㉡㉢㉣㉤
④ ㉢㉣㉤㉥

▶ 제3편 **수사와 공소: 제1장 수사** [임의수사 2]

회차	시행일			목표점수			획득점수		
제6회	1차	2차	3차	1차	2차	3차	1차	2차	3차

01

수사에 관한 다음의 기술 중 판례의 입장과 일치하는 것은?

① 범행 중 또는 범행 직후의 범죄 장소에서 영장 없이 압수·수색 또는 검증을 할 수 있도록 규정한 형사소송법 제216조 제3항의 요건 중 어느 하나라도 갖추지 못한 경우에도 사후에 법원으로부터 영장을 발부받으면 그 위법성이 치유된다.

② 수사기관이 인터넷 회선을 통하여 송신·수신하는 전기통신에 대한 통신제한조치로 취득한 자료에 대해서는 집행 종료 후 범죄 수사나 소추 등에 사용하거나 사용을 위하여 보관하고자 하는 때에는 보관 등이 필요한 전기통신을 선별하여 법원으로부터 보관 등의 승인을 받도록 하고, 승인 청구를 하지 아니한 전기통신 등은 폐기하여야 한다.

③ 수사기관이 범죄 증거를 수집할 목적으로 피의자의 동의 없이 피의자의 소변을 채취하는 것은 법원으로부터 감정허가장을 받아 '감정에 필요한 처분'으로 할 수 있지만 '압수·수색'의 방법으로는 할 수 없다.

④ 압수·수색의 방법으로 소변을 채취하는 경우 압수 대상물인 피의자의 소변을 확보하기 위한 수사기관의 노력에도 불구하고, 피의자가 인근 병원 응급실 등 소변 채취에 적합한 장소로 이동하는 것에 동의하지 않거나 저항하는 등 임의동행을 기대할 수 없는 사정이 있는 경우라 하더라도, 수사기관으로서 소변 채취에 적합한 장소로 피의자를 데려가기 위해서 수갑과 포승을 사용하는 등 유형력을 행사하는 것은 허용되지 아니한다.

02

「통신비밀보호법」상 전기통신의 감청에 대한 다음 [보기]의 설명 중 틀린 것을 모두 고른 것은? (다툼이 있는 경우 판례에 의함)

| 보기 |

㉠ 방송자가 인터넷을 도관 삼아 인터넷서비스제공업체 또는 온라인서비스제공자인 인터넷개인방송 플랫폼업체의 서버를 이용하여 실시간 또는 녹화된 형태로 음성, 영상물을 방송함으로써 불특정 혹은 다수인이 이를 수신·시청할 수 있게 하는 인터넷개인방송은 통신비밀보호법에 규정된 전기통신에 해당한다.

㉡ 검사는 인터넷 회선을 통하여 송신·수신하는 전기통신을 대상으로 통신제한조치를 집행한 경우 그 전기통신을 사용하거나 사용을 위하여 보관하고자 하는 때에는 집행종료일부터 7일 이내에 보관 등이 필요한 전기통신을 선별하여 통신제한조치를 허가한 법원에 보관 등의 승인을 청구하여야 한다.

㉢ 사법경찰관은 인터넷 회선을 통하여 송신·수신하는 전기통신을 대상으로 통신제한조치를 집행한 경우 그 전기통신을 사용하거나 사용을 위하여 보관하고자 하는 때에는 집행종료일부터 14일 이내에 보관 등이 필요한 전기통신을 선별하여 검사에게 보관 등의 승인을 신청하고, 검사는 신청일부터 7일 이내에 통신제한조치를 허가한 법원에 그 승인을 청구할 수 있다.

㉣ 수사기관이 피고인의 마약류관리에관한법률위반(향정)죄의 추가적인 증거를 확보할 목적으로 필로폰 투약혐의로 구속수감 중인 공소외인에게 그의 압수된 휴대전화를 제공하여 그로 하여금 피고인과 통화하고 피고인의 이 사건 공소사

실 범행에 관한 통화 내용을 녹음하게 한 경우 그 녹음파일은 '타인 간의 대화'라고 할 수 없으므로 증거능력이 있다.

ⓜ 이미 허가된 통신제한조치 기간을 연장하는 경우에도 총연장기간은 2년 이내로 하여야 하고, 내란죄·외환죄 등 국가안보와 관련된 범죄 등에 대해서는 통신제한조치의 총연장기간은 3년으로 한다.

① ㄱㄷㄹ
② ㄴㄹㅁ
③ ㄷㄹㅁ
④ ㄱㄴㄹㅁ

03

통신비밀보호법에 의하면 누구든지 법률의 규정에 의하지 아니하고는 공개되지 아니한 타인 간의 대화를 녹음 또는 청취하지 못하고(동법 제3조 제1항), 공개되지 아니한 타인 간의 대화를 녹음하거나 전자장치 또는 기계적 수단을 이용하여 청취할 수도 없으므로(동법 제14조 제1항), 이에 위반하여 불법감청에 의하여 지득 또는 채록된 전기통신의 내용은 재판에서 증거로 사용할 수 없다(동법 제4조). 그런데 공소외인 A는 피해자 乙과 통화를 마친 후 전화가 끊기지 않은 상태에서 휴대전화를 통하여 들은 '악'하는 소리와 '우당탕' 소리를 듣게 되었다. 이러한 통신비밀보호법과 위 경우에 대한 다음 [보기]의 기술 중 옳지 않은 것을 모두 고른 것은?

| 보기 |

ⓐ 수사기관이 대화의 일방당사자의 동의를 얻어 통화내용을 녹음하였다면 그 상대방의 동의가 없더라도, 그 녹음은 통신비밀보호법이 금지하는 감청에 해당하지 않는다.

ⓑ 불법감청에 의하여 녹음된 전화통화의 내용은 통신비밀보호법에 의하여 증거능력이 없으나, 피고인이나 변호인이 이를 증거로 함에 동의한 때에는 예외적으로 증거능력이 인정된다.

ⓒ 무전기와 같은 무선전화기를 이용한 통화는 통신비밀보호법상 '전기통신'에 해당하고 '타인 간의 대화'에 포함되지 않는다.

ⓓ 통신비밀보호법에서 보호하는 타인 간의 '대화'는 원칙적으로 현장에 있는 당사자들이 육성으로 말을 주고받는 의사소통행위를 가리키므로, 사물에서 발생하는 음향은 포함되지 아니한다.

ⓔ 상대방에게 의사를 전달하는 말이 아닌 비명소리나 탄식 등은 사물에서 발생하는 음향이 아니라 사람의 목소리에 해당하므로 통신비밀보호법에서 보호하는 타인 간의 '대화'에 원칙적으로 해당한다.

ⓕ 타인 간의 '대화'에 해당하지 않는 사람의 목소리를 녹음하거나 청취하여 형사절차에서 증거로 사용할 수 있는가와 관련하여, 진실발견이라는 공익이 개인의 인격적 이익 등 보호이익보다 우월하다 하더라도 위와 같은 목소리를 들었다는 진술은 형사절차에서 증거로 사용할 수 없다.

① ㄱㄴㄷㅁㅂ   ② ㄱㄴㄹㅂ
③ ㄱㄷㄹㅁ   ④ ㄱㄴㅁㅂ

04

수사에 대한 다음 [보기]의 설명 중 옳은 것을 모두 고른 것은? (다툼이 있는 경우 판례에 의함)

| 보기 |

㉠ 임의동행은 「경찰관 직무집행법」 제3조 제2항에 따른 행정경찰 목적의 경찰활동으로 행하여지는 것 외에도 「형사소송법」 제199조 제1항에 따라 범죄 수사를 위하여 오로지 피의자의 자발적인 의사에 의하여 이루어진 경우에도 가능하다.

㉡ 범의를 가진 자에 대하여 단순히 범행의 기회를 제공하거나 범행을 용이하게 하는 것에 불과한 수사방법이 경우에 따라 허용될 수 있음은 별론으로 하고, 본래 범의를 가지지 아니한 자에 대하여 수사기관이 사술이나 계략 등을 써서 범의를 유발케 하여 범죄인을 검거하는 함정수사는 위법하므로 이러한 함정수사에 기한 공소제기에 대해 법원은 공소기각판결을 선고해야 한다.

㉢ 범죄의 인지는 실질적인 개념이므로 인지절차를 거치기 전에 범죄의 혐의가 있다고 보아 수사를 개시하는 행위를 한 때에 범죄를 인지한 것으로 보아야 하며, 그 뒤 범죄인지서를 작성하여 사건수리 절차를 밟은 때에 비로소 범죄를 인지하였다고 볼 것은 아니다.

㉣ 검사 또는 사법경찰관이 조사실에서 피의자를 신문할 때 도주, 자해 등의 위험이 없다면 교도관에게 피의자의 수갑 해제를 요청할 의무가 있으므로, 검사가 이러한 해제를 요청하지 않는 경우에는 피의자 또는 변호인은 상급법원에 항고할 수 있다.

㉤ 이혼소송의 피고가 전기통신사업자에게, 원고의 휴대전화번호에 대한 1년간의 통화내역을 제출하도록 명할 것을 내용으로 하는 문서제출명령을 신청하였고, 법원이 이를 받아들여 문서제출명령을 한 경우, 전기통신사업자는 통신비밀보호법에서 정한 통신사실확인자료의 제출을 명하는 법원의 문서제출명령에 대하여 통신비밀보호법의 규정을 근거로 자료의 제출을 거부할 수 없다.

㉥ 피해아동 乙의 담임교사 甲은 乙에게 수업시간 중 교실에서 "학교 안 다니다 온 애 같아."라고 말하는 등 정서적 학대행위를 하였다는 이유로 기소되었는데, 乙의 부모 A 등은 乙의 가방에 녹음기를 넣어 수업시간 중 교실에서 甲이 한 발언을 몰래 녹음하였다. 이렇게 하여 만든 녹음파일, 녹취록의 증거능력은 인정되지 않는다.

① ㉠㉡㉢㉣㉥
② ㉡㉢㉣㉤
③ ㉠㉢㉣㉥
④ ㉠㉡㉢㉤㉥

05

임의수사 및 강제수사와 관련한 다음 [보기]의 설명 중 틀린 것을 모두 고른 것은? (다툼이 있는 경우 판례에 의함)

| 보기 |

㉠ 보호실유치의 경우 피유치자의 승낙이 있다면 영장주의원칙이 침해되지 않으므로 위법하지 않다.

㉡ 범죄피해자의 동의가 있는 경우라면 영장에 의하지 않은 검증도 허용될 수 있다.

㉢ 현재 범행이 행하여지고 있거나 행하여진 직후, 증거보전의 필요성 내지 긴급성이 있으며, 일반적으로 허용되는 상당한 방법에 의하는 경우라 하더라도 피촬영자의 의사에 반한 사진촬영은 허용되지 아니한다.

㉣ 금융기관 종사자는 법원의 제출명령이나 영장이 발부된 경우 등이 아니라 하더라도 수사기관의 요구가 있다면 임의제출에 의하여 금융정보를 제공할 수 있다.

㉤ P 등 경찰관들은 나이트클럽에 손님으로 가장하고 출입하여 풍속영업규제법위반 혐의로 나이트클럽 무대 위의 음란 공연을 촬영하면서도 사전 또는 사후에 영장을 발부받지 않았다면 이러한 촬영물은 위법수집증거에 해당한다.

㉥ 특별사법경찰관이 범죄혐의가 포착된 상태에서 증거를 보전하기 위한 필요에 의하여 공개된 장소인 영업소에 통상적인 방법으로 출입하여 영업소 내에 있는 사람이라면 누구나 볼 수 있었던 손님들이 춤추는 모습을 촬영한 것이라 하여도 이러한 촬영이 영장 없이 이루어졌다면 위법하다고 볼 수 있다.

① ㉠㉡㉢㉣
② ㉠㉢㉣㉤㉥
③ ㉡㉢㉣㉤㉥
④ ㉠㉡㉢㉣㉥

06

수사에 관한 다음 [보기]의 설명 중 옳지 않은 것을 모두 고른 것은? (다툼이 있는 경우 판례에 의함)

| 보기 |

㉠ 임의수사는 헌법상 적정절차원칙의 적용을 받지만 수사비례원칙의 적용을 받는 것은 아니다.

㉡ 무인장비에 의하여 제한속도 위반차량의 차량번호 등을 촬영한 사진의 증거능력은 인정될 수 없다.

㉢ 검사 또는 사법경찰관의 구금, 검증, 감정, 압수 또는 압수물의 환부에 관한 처분과 피의자신문에 대한 변호인의 참여 등에 관한 처분에 대하여 불복이 있으면 그 직무집행지의 관할법원 또는 검사의 소속검찰청에 대응한 법원에 그 처분의 취소 또는 변경을 청구할 수 있다.

㉣ 사법경찰관은 정당한 사유가 있다면 변호인의 피의자신문참여를 제한할 수 있다.

㉤ 피의자의 법정대리인, 배우자, 직계친족, 형제자매, 동거인은 피의자의 명시한 의사에 반하여 독립적으로 변호인을 선임할 수 있다.

① ㉠㉡㉢㉣
② ㉡㉢㉤
③ ㉠㉡㉣
④ ㉠㉡㉢㉤

07

피의자신문에 관한 다음 설명 중 가장 적절한 것은? (다툼이 있는 경우 판례에 의함)

① 피의자신문이란 필요한 경우 검사나 수탁판사가 피의자의 출석을 요구하여 피의자를 신문하고 그 진술을 듣는 절차를 말하는데, 검사가 피의자를 신문함에는 검찰청 수사관 또는 서기관이나 서기를 참여하게 하여야 한다.

② 피의자신문에 참여하고자 하는 변호인이 2인 이상인 때에는 피의자가 신문에 참여할 변호인 1인을 지정하고, 지정이 없는 경우에는 검사 또는 사법경찰관이 이를 지정하여야 한다.

③ 피의자신문에 참여한 변호인은 신문 후 의견을 진술할 수 있다. 다만, 신문 중이라도 부당한 신문방법에 대하여 이의를 제기할 수 있고, 검사 또는 사법경찰관의 승인을 얻어 의견을 진술할 수 있다.

④ 검사가 국가보안법 위반죄로 구속영장을 발부받아 피의자신문을 한 다음, 구속 기소한 후 다시 피의자를 소환하여 공범들과의 조직구성 등에 관한 신문을 하면서 피의자신문조서가 아닌 일반적인 진술조서의 형식으로 조서를 작성하였다면 진술거부권을 고지하지 않았더라도 위법이 아니다.

08

「검사와 사법경찰관의 상호협력과 일반적 수사준칙에 관한 규정」에 대한 다음 [보기]의 설명 중 적절하지 않은 것을 모두 고른 것은?

| 보기 |

㉠ 검사 또는 사법경찰관은 조사, 신문, 면담 등 그 명칭을 불문하고 피의자나 사건관계인을 조사하는 경우에는 원칙적으로 대기시간, 휴식시간, 식사시간 등 모든 시간을 합산한 조사시간이 12시간을 초과하지 않도록 해야 하므로, 특별한 사정이 없으면 총조사시간 중 식사시간, 휴식시간 및 조서의 열람시간 등을 제외한 실제 조사시간이 12시간을 초과하지 않도록 해야 한다.

㉡ 검사 또는 사법경찰관은 조사에 상당한 시간이 소요되는 경우에는 특별한 사정이 없으면 피의자 또는 사건관계인에게 조사 도중에 최소한 2시간마다 10분 이상의 휴식시간을 주어야 한다.

㉢ 검사 또는 사법경찰관은 피의자나 사건관계인에 대해 원칙적으로 오후 9시부터 오전 6시까지 사이에 심야조사를 해서는 안 되지만, 이미 작성된 조서의 열람을 위한 절차는 예외적으로 오후 9시부터 오전 6시까지 사이에 진행할 수 있다.

㉣ 검사 또는 사법경찰관은 피의자를 체포한 후 48시간 이내에 구속영장의 청구 또는 신청 여부를 판단하기 위해 불가피한 경우 오후 9시부터 오전 6시까지 사이에 심야조사를 할 수 있다.

㉤ 검사 또는 사법경찰관은 사건의 성질 등을 고려할 때 심야조사가 불가피하다고 판단되는 경우 등 법무부장관, 경찰청장 또는 해양경찰청장이 정하는 경우로서 검사 또는 사법경찰관의 소속 기관의 장이 지정하는 인권보호책임자의 허가 등을 받은 때에는 자정 이전까지에 한하여 조사할 수 있다.

① ㉠㉡㉢㉣㉤
② ㉠㉡㉢㉤
③ ㉠㉢㉣㉤
④ ㉠㉢㉤

09

수사에 대한 설명으로 옳은 것은? (다툼이 있는 경우 판례에 의함)

① 검사 또는 사법경찰관은 임의동행을 요구하는 경우 상대방에게 동행을 거부할 수 있다는 것과 동행하는 경우에도 언제든지 자유롭게 동행 과정에서 이탈하거나 동행 장소에서 퇴거할 수 있다는 것을 알려야 하지만, 이를 명시한 현행법령상 규정은 없다.

② 검사 또는 사법경찰관은 피의자에게 출석요구를 하려는 경우 피의자와 조사의 일시·장소에 관하여 협의해야 한다. 다만, 피의자에게 변호인이 있는 경우라 하더라도 변호인과는 협의할 필요는 없다.

③ 위법한 함정수사에 기한 공소제기는 그 절차가 법률의 규정에 위반하여 무효인 때에 해당하므로 결정으로 공소를 기각한다.

④ 형사소송법 제244조의5에 의해서 피의자와 신뢰관계에 있는 자가 피의자신문에 동석하여 피의자신문조서가 작성된 경우에, 동석한 자가 피의자를 대신하여 진술한 부분은 피의자신문조서가 아니라 진술조서로서의 증거능력의 요건을 충족하여야 증거능력이 인정된다.

10

수사에 관한 다음 [보기]의 설명 중 옳지 않은 것을 모두 고른 것은? (다툼이 있는 경우 판례에 의함)

| 보기 |

㉠ 피해자가 경찰청 인터넷 홈페이지에 '가해자를 철저히 조사해 달라'는 취지의 민원을 접수하는 형태로만 가해자에 대한 조사를 촉구하는 의사표시를 한 것은 형사소송법에 따른 적법한 고소로 보기 어렵다.

㉡ 형사소송법상 고소권자는 범죄로 인한 피해자에 한정되며, 여기서의 피해자는 법익의 직접적 귀속주체여야 한다.

㉢ 친고죄에 대하여 고소할 자가 없는 경우에는 이해관계인의 신청이나 직권에 의하여 검사는 10일 이내에 고소할 수 있는 자를 지정하여야 한다.

㉣ 사법경찰관이 피의자를 수사관서까지 동행한 것이 사법경찰관의 동행요구를 거절할 수 없는 심리적 압박 아래 행하여진 사실상의 불법체포에 해당하고, 그로부터 6시간 상당이 경과한 이후에 피의자에 대한 긴급체포의 절차를 밟은 경우 체포절차가 위법하므로 그 피의자는 형법상 도주죄의 주체가 되지 않는다.

㉤ 사법경찰관은 피의자신문 중 필요한 때에는 수사과정에서 법령위반, 인권침해 또는 현저한 수사권 남용이 있는 경우 검사에게 구제를 신청할 수 있음을 피의자에게 알려 줄 수 있다.

① ㉠㉡㉢
② ㉡㉢㉣
③ ㉡㉢㉤
④ ㉠㉢㉣

11

변호인의 피의자신문 참여에 대한 다음 [보기]의 설명 중 옳지 않은 것을 모두 고른 것은? (다툼이 있는 경우 판례에 의함)

| 보기 |

㉠ 수사기관이 피의자신문을 하면서 위와 같은 정당한 사유가 없는데도 변호인에 대하여 피의자로부터 떨어진 곳으로 옮겨 앉으라고 지시를 한 다음 이러한 지시에 따르지 않았음을 이유로 변호인의 피의자신문 참여권을 제한하는 것은 허용될 수 없다.

㉡ 피의자신문에 참여한 변호인은 부당한 신문방법에 대하여 신문 중이든 신문 후이든 얼마든지 이의제기를 할 수 있다.

㉢ 검사 또는 사법경찰관은 피의자신문에 참여한 변호인이 피의자의 옆자리 등 실질적인 조력을 할 수 있는 위치에 앉도록 해야 하나, 피의자신문 중 피의자에 대한 법적인 조언·상담이나 이를 위한 변호인의 메모는 원칙적으로 허용되지 아니한다.

㉣ 피의자신문에 참여한 변호인은 신문 중 의견을 진술하고자 할 때에는 검사 또는 사법경찰관의 승인을 받을 필요가 없다.

㉤ 검사 또는 사법경찰관의 변호인의 피의자신문 참여에 관한 처분에 대하여 불복이 있으면 피의자 또는 변호인은 해당 검사 또는 사법경찰관의 소속기관에 대한 상급기관의 장에게 그 처분의 취소 또는 변경을 청구할 수 있다.

① ㉡㉢㉣
② ㉡㉢㉣㉤
③ ㉢㉣㉤
④ ㉠㉢㉣㉤

12

아래의 [사례]에 대한 [설명] 중에서 옳지 않은 것을 모두 고른 것은? (다툼이 있는 경우 판례에 의함)

| 사례 |

A가 강도 혐의로 구속되자 배우자 C는 A의 반대에도 불구하고 B를 변호인으로 선임하였다. B는 사법경찰관 D에게 A에 대한 피의자신문에 참여시켜 줄 것을 요구하였지만, D는 단순히 수사에 방해된다는 이유로 B의 피의자신문 참여를 인정하지 않은 상태에서 신문조서를 작성하였다.

| 설명 |

㉠ B는 A의 의사에 반하여 변호인으로 선임된 자이므로 A에게 선임의 효과가 발생하지 않는다.

㉡ B는 피의자신문 참여거부 처분의 취소를 서면으로 검사의 소속검찰청에 청구할 수 있다.

㉢ C가 구속적부심사를 청구한다면 그 절차에서 B는 A에 대한 구속영장청구서나 피의자신문조서를 열람·복사할 수 있다.

㉣ A에 대한 피의자신문조서는 형사소송법 제308조의2에서 정한 '적법한 절차에 따르지 아니하고 수집한 증거'에 해당하므로 증거능력이 없다.

① ㉠㉡㉢
② ㉡㉢㉣
③ ㉠㉡㉣
④ ㉠㉡㉢㉣

13

다음 [보기]는 수사기관의 피의자신문 시 변호인의 참여에 관한 설명이다. 옳은 것을 모두 고른 것은? (다툼이 있는 경우 판례에 의함)

| 보기 |

㉠ 검사 또는 사법경찰관은 피의자 또는 그 변호인·법정대리인·배우자·직계친족·형제자매의 신청에 따라 변호인을 피의자와 접견하게 하거나 정당한 사유가 없는 한 피의자에 대한 신문에 참여하게 하여야 한다.

㉡ 신문에 참여한 변호인은 신문 후 의견을 진술할 수 있다. 다만, 신문 중이라도 부당한 신문방법에 대하여 이의를 제기할 수 있다.

㉢ 변호인이 피의자신문에 자유롭게 참여할 수 있는 권리는 피의자가 가지는 변호인의 조력을 받을 권리를 실현하는 수단이기는 하나 헌법상 기본권은 아니고 형사소송법상 권리에 불과하다.

㉣ 변호인의 의견이 기재된 피의자신문조서는 변호인에게 열람하게 한 후 변호인으로 하여금 그 조서에 기명날인 또는 서명하게 하여야 한다. 검사 또는 사법경찰관은 변호인의 신문참여 및 그 제한에 관한 사항을 피의자신문조서에 기재하여야 한다.

㉤ 피의자신문에 참여한 변호인이 신문 중 의견을 진술하려고 검사 또는 사법경찰관의 승인을 얻고자 할 때 검사 또는 사법경찰관은 정당한 사유가 없는 한 이를 승인해 주어야 한다.

① ㉠㉡㉢㉣㉤
② ㉠㉡㉢㉤
③ ㉠㉡㉣㉤
④ ㉠㉢㉤

14

피의자신문 시 변호인 참여에 대한 다음 [보기]의 설명 중 적절한 것을 모두 고른 것은? (다툼이 있는 경우 판례에 의함)

| 보기 |

㉠ 검사 또는 사법경찰관은 피의자 또는 그 변호인·법정대리인·배우자·직계친족·형제자매의 신청에 따라 변호인을 피의자와 접견하게 하거나 정당한 사유가 없는 한 피의자에 대한 신문에 참여하게 하여야 한다.

㉡ 검사 또는 사법경찰관은 피의자신문에 참여한 변호인이 피의자의 옆자리 등 실질적인 조력을 할 수 있는 위치에 앉도록 해야 하고, 정당한 사유가 없으면 피의자에 대한 법적인 조언·상담을 보장해야 하며, 법적인 조언·상담을 위한 변호인의 메모를 허용해야 한다.

㉢ 변호인이 피의자신문을 방해하거나 수사기밀을 누설할 염려가 있음이 객관적으로 명백한 경우가 아니더라도, 수사기관이 피의자신문을 하면서 변호인에 대하여 피의자로부터 떨어진 곳으로 옮겨 앉으라고 지시를 한 다음 이러한 지시에 따르지 않았음을 이유로 퇴실을 명하였다면, 이는 변호인의 피의자신문 참여권에 대한 정당한 제한이라 할 수 있다.

㉣ 피의자신문에 참여한 변호인은 검사 또는 사법경찰관의 신문 후 조서를 열람하고 의견을 진술할 수 있고, 신문 중이라도 검사 또는 사법경찰관의 승인을 받아 의견을 진술할 수 있으며, 부당한 신문방법에 대해서는 검사 또는 사법경찰관의 승인 없이 이의를 제기할 수 있는데, 검사 또는 사법경찰관은 이러한 변호인의 의견진술 또는 이의제기가 있는 경우 해당 내용을 조서에 적어야 한다.

㉤ 피의자신문에 참여한 변호인은 검사 또는 사법경찰관의 신문 후 조서를 열람하고 별도의 서면으로 의견을 제출할 수 있으며, 검사 또는 사법경찰관은 해당 서면을 사건기록에 편철한다.

① ㉠㉡㉢㉣㉤
② ㉡㉢㉣㉤
③ ㉠㉡㉣㉤
④ ㉠㉣㉤

15

피의자 진술의 영상녹화제도에 관한 다음 설명 중 옳은 것은?

① 조사의 개시부터 피의자의 진술이 종료될 때까지의 과정 및 객관적 정황을 영상녹화하여야 한다.

② 영상녹화가 완료된 때에는 피의자 및 변호인 앞에서 지체 없이 그 원본을 봉인하고 피의자로 하여금 기명날인 또는 서명하게 하여야 한다.

③ 영상녹화가 완료된 이후 피의자가 영상녹화물의 내용에 대하여 이의를 진술하는 때에는 그 취지를 기재한 서면을 첨부할 수 있다.

④ 검사가 작성한 피고인이 된 피의자에 대한 피의자신문조서에 관해서 영상녹화물에 의하여 그 증거능력을 인정할 수 있는 방법은 없다.

16

다음 [보기]는 변호인과 변호사에 관한 설명이다. 옳지 않은 것을 모두 고른 것은? (다툼이 있는 경우 판례에 의함)

| 보기 |

㉠ 형사소송법은 구속·불구속 피의자에 대한 변호인 또는 변호인 되려는 자의 접견교통권을 인정하고 있으며, 피의자신문 시에도 변호인 또는 변호인 되려는 자의 참여권을 인정하고 있다.

㉡ 구속영장을 청구받은 지방법원판사가 피의자를 심문하는 경우 피의자에게 변호인이 없는 때에는 지방법원판사는 직권으로 변호인을 선정하여야 하는데, 이 경우 변호인의 선정은 피의자에 대한 구속영장 청구가 기각되어 효력이 소멸한 경우를 제외하고는 제1심까지 효력이 있다.

㉢ 성폭력범죄의 처벌 등에 관한 특례법에 따라 성폭력범죄 피해자의 변호사는 피해자를 대리하여 피고인에 대한 처벌을 희망하는 의사표시를 할 수 있으나, 이러한 처벌희망 의사표시를 철회하거나 처벌을 희망하지 않는 의사표시를 할 수는 없다.

㉣ 증거로 함에 대한 동의의 주체는 소송주체인 당사자이므로, 변호인은 피고인이 증거로 함에 동의하지 아니한다고 명시적인 의사표시를 하지 않은 경우에도 서류나 물건에 대하여 증거로 함에 동의할 수 없다.

① ㉠㉡㉢㉣   ② ㉠㉡㉢
③ ㉠㉡㉣   ④ ㉠㉢㉣

17

수사단계의 진술에 관한 다음 [보기]의 설명 중 옳은 것을 모두 고른 것은? (다툼이 있는 경우 판례에 의함)

| 보기 |

㉠ 피의자 또는 그 변호인은 검사 또는 사법경찰관이 수사 중인 사건에 관한 본인의 진술이 기재된 부분 및 본인이 제출한 서류의 전부 또는 일부에 대해 열람·복사를 신청할 수 있으나, 사건관계인은 열람만 신청할 수 있다.

㉡ 수사기관에 의한 진술거부권 고지의 대상이 되는 피의자의 지위는 수사기관이 범죄인지서를 작성하는 등의 형식적인 사건수리 절차를 거치기 전이라도 조사대상자에 대하여 범죄의 혐의가 있다고 보아 실질적으로 수사를 개시하는 행위를 한 때에 인정된다.

㉢ 조사대상자의 진술 내용이 단순히 제3자의 범죄에 관한 경우가 아니라 자신과 제3자에게 공동으로 관련된 범죄에 관한 것이거나 제3자의 피의사실뿐만 아니라 자신의 피의사실에 관한 것이기도 하여 실질이 피의자신문조서의 성격을 가지는 경우에 수사기관은 진술을 듣기 전에 미리 진술거부권을 고지하여야 한다.

㉣ 구 새마을금고법은 "새마을금고나 새마을금고 중앙회의 임직원 또는 청산인이 감독기관의 검사원의 질문에 거짓으로 진술한 경우 3년 이하의 징역이나 500만 원 이하의 벌금에 처한다."고 규정하고 있고, 위와 같은 질문을 하기 전에 진술거부권을 고지하여야 한다는 규정은 따로 두고 있지 않다고 하더라도, 새마을금고의 임직원이 장차 특정경제범죄법에 규정된 죄로 처벌받을 수도 있는 사항에 관한 질문을 받고 거짓으로 진술한 경우에는 위 처벌규정은 적용되지 아니한다.

㉤ 검사 또는 사법경찰관은 피의자 또는 그 변호인·법정대리인·배우자·직계친족·형제자매의 신청에 따라 변호인을 피의자와 접견하게 하거나 정당한 사유가 있으면 피의자에 대한 신문에 참여하게 하여야 한다.

① ㉠㉡㉢㉣

② ㉡㉢㉣㉤

③ ㉢㉣㉤

④ ㉡㉢㉣

18

수사와 증거에 있어서 진술거부권에 대한 설명으로 옳은 것은? (다툼이 있는 경우 판례에 의함)

① 진술거부권을 고지받지 않은 상태에서 임의로 자백을 한 경우라면, 이후 피고인이 변호인으로부터 충분한 조력을 받고 상당한 기간이 흘러 자발적으로 계속하여 동일한 내용의 자백을 하더라도 자백은 형사소송법 제308조의2에 따라 증거능력이 부정된다.

② 피고인이 증거서류의 진정성립을 묻는 검사의 질문에 대하여 진술거부권을 행사하여 진술을 거부한 경우는 형사소송법 제314조의 '그 밖에 이에 준하는 사유로 인하여 진술할 수 없는 때'에 해당한다.

③ 진술거부권 고지에 관한 형사소송법 규정내용 및 진술거부권 고지가 갖는 실질적인 의미를 고려한다면 피의자 지위에 있지 아니한 자에 대하여 진술거부권이 고지되지 아니하였더라도 진술의 증거능력은 부정해야 하므로, 수사기관이 피의자가 아닌 참고인으로 조사를 하면서 진술거부권을 고지하지 아니하고 작성한 진술조서는 위법수집증거에 해당한다.

④ 피의자에게 진술거부권을 고지하였더라도 진술거부권 행사 여부에 대한 피의자의 답변이 자필로 기재되지 않거나 답변부분에 피의자의 기명날인 또는 서명이 되어 있지 않다면, 당해 피의자신문조서의 증거능력을 인정할 수 없다.

19

피의자신문에 관한 다음 [보기]의 설명 중 옳은 것을 모두 고른 것은? (다툼이 있는 경우 판례에 의함)

| 보기 |

㉠ 검사 또는 사법경찰관이 구금된 피의자를 신문할 때 피의자 또는 변호인으로부터 보호장비를 해제해 달라는 요구를 받고도 거부한 조치는 형사소송법 제417조에서 정한 '구금에 관한 처분'에 해당한다.

㉡ 피의자가 변호인의 참여를 원한다는 의사를 명백하게 표시하였음에도 수사기관이 정당한 사유 없이 변호인을 참여하게 하지 아니한 채 피의자를 신문하여 작성한 피의자신문조서라도 증거능력 자체가 부정되는 것은 아니나, 증명력이 낮게 평가될 수밖에 없다.

㉢ 피의자와 동석한 신뢰관계에 있는 사람이 피의자를 대신하여 진술한 부분이 조서에 기재되어 있다면 그 부분은 피의자의 진술을 기재한 것이 아니라 동석한 사람의 진술을 기재한 조서에 해당하므로, 그 사람에 대한 진술조서로서의 증거능력을 취득하기 위한 요건을 충족하지 못하는 한 이를 유죄의 증거로 사용할 수 없다.

㉣ 검사 또는 사법경찰관이 단지 변호인이 피의자신문 중에 부당한 신문방법에 대한 이의제기를 하였다는 이유만으로 변호인을 조사실에서 퇴거시키는 조치는 정당한 사유 없이 변호인의 피의자신문 참여권을 제한하는 것이다.

㉤ 검사 또는 사법경찰관은 수사에 필요한 때에는 피의자가 아닌 자의 출석을 요구하여 진술을 들을 수 있다. 이 경우 그의 동의를 받아 영상녹화할 수 있다.

㉥ 검사 또는 사법경찰관은 피의자 또는 그 변호인·법정대리인·배우자·직계친족·형제자매·동거인·고용주의 신청에 따라 변호인을 피의자와 접견하게 하거나 정당한 사유가 없는 한 피의자에 대한 신문에 참여하게 하여야 한다.

① ㉠㉡㉢㉣㉤

② ㉡㉢㉣㉤㉥

③ ㉠㉢㉣㉤

④ ㉡㉢㉤㉥

20

수사에 관한 다음 기술 중 판례의 입장에 어긋나는 것은?

① 반의사불벌죄의 피해자는 피의자나 피고인 및 그들의 변호인에게 자신을 대리하여 수사기관이나 법원에 자신의 처벌불원의사를 표시할 수 있는 권한을 수여할 수 있다.

② 국회증언감정법에 의하여 선서한 증인이 허위의 진술을 한 때에는 동법 제15조 제1항에 따라 본회의 또는 위원회가 고발하여야 검사가 공소를 제기할 수 있는데, 이러한 고발은 위원회가 존속하는 동안에 이루어져야 한다.

③ 변호인이 피의자신문에 자유롭게 참여할 수 있는 권리는 피의자가 가지는 변호인의 조력을 받을 권리를 실현하는 수단이므로 헌법상 기본권인 변호인의 변호권으로서 보호되어야 한다.

④ 경찰관들이 체포를 위한 실력행사에 나아가기 전에 체포영장을 제시하고 미란다 원칙을 고지할 여유가 있었음에도 애초부터 미란다 원칙을 체포 후에 고지할 생각으로 먼저 체포행위에 나선 행위는 적법한 공무집행에 해당한다.

▶ **제3편 수사와 공소: 제2장 강제처분과 강제수사** [체포와 구속 1]

회차	시행일			목표점수			획득점수		
제7회	1차	2차	3차	1차	2차	3차	1차	2차	3차

01

체포에 관한 다음 [보기]의 설명 중 옳지 않은 것을 모두 고른 것은? (다툼이 있는 경우 판례에 의함)

| 보기 |

㉠ 피고인이 필로폰을 투약한다는 제보를 받은 경찰관이 제보의 정확성을 사전에 확인한 후에 제보자를 불러 조사하기 위하여 피고인의 주거지를 방문하였다가, 그곳에서 피고인을 발견하고 피고인의 전화번호로 전화를 하여 나오라고 하였으나 응하지 않자 피고인의 집 문을 강제로 열고 들어가 피고인을 긴급체포한 경우 긴급체포는 적법하다

㉡ 피고인이 수사 당시 긴급체포되었다가 수사기관의 조치로 석방된 후 법원이 발부한 구속영장에 의하여 구속이 이루어진 경우에는 위법한 구속에 해당한다.

㉢ 긴급체포에 대한 검사나 사법경찰관의 판단이 경험칙에 비추어 현저히 합리성을 잃은 경우에는 그 체포는 위법하다 할 것이나, 위법한 긴급체포에 의한 유치 중에 작성된 피의자신문조서는 유죄의 증거로 사용할 수 있다.

㉣ 검사 또는 사법경찰관은 피의자를 체포 또는 구속할 때에는 피의자에게 피의사실의 요지, 체포·구속의 이유와 변호인을 선임할 수 있음을 말하고, 변명할 기회를 주어야 하고, 대통령령에 의하면 진술거부권도 알려 주어야 한다.

㉤ 체포영장의 청구서에는 체포사유로서 도망이나 증거인멸의 우려가 있는 사유를 기재하여야 한다.

① ㉠㉡㉢㉣㉤
② ㉠㉡㉢㉣
③ ㉡㉢㉤
④ ㉠㉡㉢㉤

02

긴급체포에 관한 다음 [보기]의 설명 중 옳지 않은 것을 모두 고른 것은? (다툼이 있는 경우 판례에 의함)

| 보기 |

㉠ 긴급체포 후 구속영장을 받지 못하여 석방된 자를 동일한 범죄사실로 다시 체포할 수 없다.

㉡ 영장에 의하여 체포된 피의자만이 체포적부심사를 청구할 수 있다.

㉢ 사법경찰관이 피의자를 긴급체포한 경우에는 즉시 긴급체포서를 작성하여야 함은 형사소송법의 규정에 의하나, 이 경우 즉시 검사의 승인을 얻어야 한다는 것은 형사소송법이 아니라 '검사와 사법경찰관의 상호협력과 일반적 수사준칙에 대한 규정'(대통령령)에 의한다.

㉣ 사법경찰관의 긴급체포에 대한 검사의 즉시승인을 얻기 위하여 사법경찰관이 긴급체포 후 12시간 내에 검사에게 긴급체포의 승인을 요청해야 한다는 규정은 2021.1.1. 시행되는 대통령령에도 존치되었다.

㉤ 검사는 긴급체포된 피의자에 대하여 구속영장을 청구하지 않고 석방한 경우에는 30일 내에 석방의 일시·장소·사유 등을 기재한 서면으로 법원에 통지하여야 한다. 이 경우 긴급체포서의 사본을 첨부할 필요는 없다.

① ㉠㉡㉢㉣㉤
② ㉠㉡㉢㉣㉤
③ ㉡㉢㉤
④ ㉠㉡㉢㉤

03

긴급체포에 대한 다음 [보기]의 설명 중 옳지 않은 것을 모두 고른 것은? (다툼이 있는 경우 판례에 의함)

| 보기 |

㉠ 긴급체포된 피의자에 대하여 구속영장이 발부된 경우에 구속기간은 피의자를 구속한 날부터 기산한다.

㉡ 피의자가 임의출석의 형식에 의하여 수사기관에 자진출석한 후 조사를 받았고 그 과정에서 피의자가 장기 3년 이상의 범죄를 범하였다고 볼 상당한 이유가 드러나고, 도주하거나 증거를 인멸할 우려가 생긴다고 객관적으로 판단되는 경우에는 자진출석한 피의자에 대해서도 긴급체포가 가능하다.

㉢ 참고인조사를 받는 줄 알고 검찰청에 자진출석한 참고인에 대하여 피의자신문을 행하려는 수사기관의 기도를 참고인이 거부하고 바로 퇴거하려고 시도하자 수사기관이 긴급체포한 행위는 위법하며, 이에 참고인의 저항행위는 정당하다.

㉣ 사법경찰관은 피의자를 체포·구속하는 경우에 필요한 때에는 영장 없이 타인의 주거나 타인이 간수하는 가옥, 건조물, 항공기, 선차 내에서의 피의자수사를 할 수 있다는 형사소송법의 규정은 영장주의에 위반되지 아니한다.

㉤ 긴급체포 후 석방된 자 또는 그 변호인·법정대리인·배우자·직계친족·형제자매는 석방통지서 및 관련 서류를 열람할 수 있으나 등사할 수는 없다.

① ㉠㉡㉢㉣㉤
② ㉠㉡㉣㉤
③ ㉡㉢㉣
④ ㉠㉣㉤

04

아래 [사례]에 대한 [설명] 중에서 옳은 것은 모두 몇 개인가? (다툼이 있는 경우 판례에 의함)

| 사례 |

교통사고차량을 현장에서부터 추적한 것이 아니라 경찰서로부터 무전연락을 받고 출동한 경찰관이 시간상으로 10분 정도 지난 시점에 사고발생지점과 약 1km 떨어진 곳에서 용의차량을 수색하다가, 범퍼와 팬더부분이 파손된 차량에서 용의자로 보이는 사람이 내리는 것을 발견하고 영장 없이 그를 체포하였다.

| 설명 |

㉠ 체포의 시간이나 장소로 보아 용의자를 범죄실행의 즉후인 자라고 볼 증거가 명백히 존재하지 않으므로 현행범으로 볼 수는 없다.

㉡ 용의자는 '장물이나 범죄에 사용되었다고 인정함에 충분한 흉기 기타의 물건을 소지하고 있는 때'에 해당한다고 볼 수 있으므로 준현행범인으로 영장 없이 체포할 수 있다.

㉢ 피의자를 체포할 때는 범죄사실의 요지, 체포의 이유와 변호인을 선임할 수 있음을 말하고 변명할 기회를 주어야 한다.

㉣ 고지는 체포를 위한 실력행사를 하기 전에 해야 하는 것이 원칙이나, 달아나는 용의자를 붙들거나 폭력으로 대항하는 용의자를 제압하는 경우에는 붙들거나 제압하는 과정에 또는 붙들었거나 제압한 후에 지체 없이 해야 한다.

① 1개
② 2개
③ 3개
④ 4개

05

현행범인 체포에 관한 다음 [보기]의 설명 중 옳지 않은 것을 모두 고른 것은? (다툼이 있는 경우 판례에 의함)

| 보기 |

㉠ 현행범인은 누구든지 영장 없이 체포할 수 있는데, 현행범인으로 체포하기 위하여 행위의 가벌성, 범죄의 현행성·시간적 접착성, 범인·범죄의 명백성 이외에 체포의 필요성, 즉 도망 또는 증거인멸의 염려는 필요로 하지 않는다는 것이 판례의 입장이다.

㉡ 긴급을 요하여 체포영장을 제시하지 않은 채 체포영장에 기한 체포 절차에 착수하였으나, 이에 피고인이 저항하면서 경찰관을 폭행하는 등 행위를 하여 특수공무집행방해의 현행범으로 체포한 후 체포영장을 별도로 제시하지 않은 것은 적법하지 않다.

㉢ 검사 또는 사법경찰관리 아닌 이에 의하여 현행범인이 체포된 후 불필요한 지체 없이 검사 등에게 인도된 경우, 구속영장 청구기간인 48시간의 기산점은 검사 등이 현행범인을 인도받은 때이다.

㉣ 검찰수사관이 제보받은 바지선 내부를 수색하여 숨어 있던 피고인을 필로폰 밀수입으로 인한 마약류 관리에 관한 법률 위반(향정)죄의 현행범으로 체포한 후 체포 현장을 수색하여 찾아낸 필로폰을 임의로 제출받아 압수한 경우 체포 당시 필로폰 밀수 범행의 증거인 필로폰이 아직 발견되지 않았고, 필로폰을 밀수한다는 첩보만으로는 현행범 체포 요건 중 범죄의 명백성을 인정하기 부족하다.

㉤ 경찰관 P는 운전자 甲이 차선을 위반하여 진행하는 것을 적발하고 검문하던 중에 음주운전한 사실까지 추가로 발견하고, 음주측정을 위하여 파출소까지 가자고 요구하였으나 甲이 음주운전한 사실이 없다고 하면서 이를 거절하자 甲의 혁대를 잡고 파출소까지 끌고 가려고 하는데, 甲이 이에 대항하면서 P의 목을 잡고 미는 등 폭행하여 1주간의 치료를 요하는 외측경부타박상을 입히자 甲을 현행범으로 체포하였다면 이는 적법한 체포에 해당하지 않는다.

① ㉡㉣㉤
② ㉠㉡㉣
③ ㉠㉢㉣
④ ㉡㉢㉣㉤

06

현행범인 체포에 관한 다음 설명 중 판례의 입장과 일치하지 않는 것은?

① 현행범인 체포의 요건을 갖추었는지는 체포 당시의 상황을 기초로 판단하여야 하고 이에 관한 수사주체의 판단에는 상당한 재량의 여지가 있다.

② 사법경찰리가 현행범인으로 체포하는 경우에는 반드시 범죄사실의 요지, 구속의 이유와 변호인을 선임할 수 있음을 말하고 변명할 기회를 주어야 하며, 이와 같은 고지는 반드시 체포를 위한 실력행사에 들어가기 전에 미리 행하여야 한다.

③ 검사 또는 사법경찰관은 피의자를 현행범 체포하는 경우에 필요한 때에는 체포 현장에서 영장 없이 압수·수색·검증을 할 수 있으나, 이와 같이 압수한 물건을 계속 압수할 필요가 있는 경우에는 체포한 때부터 48시간 이내에 지체 없이 압수영장을 청구하여야 한다.

④ 현행범 체포 현장이나 범죄 장소에서도 소지자 등이 임의로 제출하는 물건은 영장 없이 압수할 수 있고, 이 경우에는 검사나 사법경찰관이 사후에 영장을 받을 필요가 없다.

07

체포에 관한 다음 [보기]의 설명 중 옳은 것을 모두 고른 것은? (다툼이 있는 경우 판례에 의함)

| 보기 |

㉠ 순찰 중이던 경찰관이, 교통사고를 낸 차량이 도주하였다는 무전연락을 받고 주변을 수색하다가 범퍼 등의 파손상태로 보아 사고차량으로 인정되는 차량에서 내리는 사람을 발견한 경우, 준현행범인으로 영장 없이 체포할 수 있다.

㉡ 현행범인으로 규정된 '범죄의 실행의 즉후인 자'라고 함은 범죄의 실행행위를 종료한 직후의 범인이라는 것이 체포를 당하는 자의 입장에서 볼 때 명백한 경우를 일컫는 것이다.

㉢ 검사 또는 사법경찰관리 아닌 자가 현행범인을 체포한 때에는 즉시 검사 등에게 인도하여야 하는데, 여기서 '즉시'라고 함은 반드시 체포시점과 시간적으로 밀착된 시점이어야 하는 것은 아니고, '정당한 이유 없이 인도를 지연하거나 체포를 계속하는 등으로 불필요한 지체를 함이 없이'라는 뜻이다.

㉣ 甲과 乙이 주차문제로 다투던 중 乙이 112신고를 하였고, 甲이 출동한 경찰관에게 폭행을 가하여 공무집행방해죄의 현행범으로 체포된 경우, 112에 신고를 한 것은 乙이었고, 甲이 현행범으로 체포되어 파출소에 도착한 이후에도 경찰관의 신분증 제시 요구에 20여 분 동안 응하지 아니하면서 인적 사항을 밝히지 아니한 것은 사후적 사정에 불과하므로 甲에게 현행범 체포 당시에 도망 또는 증거인멸의 염려가 있었다고 할 수는 없다.

㉤ 검사가 긴급체포한 피의자를 구속하기 위하여 관할 지방법원판사에게 구속영장을 청구하였으나 구속영장을 발부받지 못한 때에는 피의자를 즉시 석방하여야 한다.

① ㉠㉢㉤ ② ㉠㉣㉤

③ ㉡㉢㉣ ④ ㉡㉢㉤

08

체포·구속제도에 관한 다음 [보기]의 설명 중 옳은 것을 모두 고른 것은? (다툼이 있는 경우 판례에 의함)

| 보기 |

㉠ 검사 또는 사법경찰관은 피의자를 체포하거나 구속하였을 때에는 변호인이 있으면 변호인에게, 변호인이 없으면 변호인 선임권자 중 피의자가 지정한 사람에게 지체 없이 서면으로 피의·피고 사건명, 체포·구속의 일시·장소, 범죄사실의 요지, 체포·구속의 이유와 변호인을 선임할 수 있음을 통지해야 한다. 이때 '지체 없이'의 시간적 의미는 24시간이다.

㉡ 일반 사인이라도 현행범 체포 규정에 의하여 피의자를 현행범으로 체포하는 경우에 영장 없이 타인의 주거에 들어갈 수 있다.

㉢ 구속영장에는 청구인을 구금할 수 있는 장소로 특정 경찰서 유치장으로 기재되어 있었는데, 경찰서 유치장에 인도된 바 없이 계속하여 국가안전기획부 청사에 사실상 구금되어 있다면, 청구인에 대한 이러한 사실상의 구금장소의 임의적 변경은 청구인의 방어권이나 접견교통권의 행사에 중대한 장애를 초래하는 것이므로 위법하다

㉣ 피고인이 경찰관의 불심검문을 받아 운전면허증을 교부한 후 경찰관에게 큰 소리로 욕설을 한 경우, 피고인이 경찰관의 불심검문에 응하여 이미 운전면허증을 교부한 상태이고, 경찰관뿐 아니라 인근 주민도 욕설을 직접 들었다면, 경찰관이 피고인을 모욕죄의 현행범으로 체포하는 행위는 적법한 공무집행이라고 볼 수 없다.

㉤ 현행범인으로 체포하기 위하여 '체포의 필요성'이 별도로 필요한 것은 아니다.

① ㉠㉡㉢㉣

② ㉠㉢㉣

③ ㉡㉢㉤

④ ㉠㉢㉣㉤

09

아래 [사례]에 관한 다음 기술 중 틀린 것은? (다툼이 있는 경우 판례에 의함)

| 사례 |

2009년 6월 경기지방경찰청 전투경찰대 중대장이던 류○○는 쌍용자동차 평택공장에서 점거농성을 하고 있던 노조 조합원 6명을 체포했다. 이 과정에서 변호사 권○○는 불법체포라고 항의하며 체포 이유를 알려 달라고 요구했지만, 경찰이 설명을 하지 않은 채 또 다른 조합원 김○○를 체포하려고 하자 "내가 김○○의 변호인이 되려고 하니 접견할 수 있도록 해 달라"고 요구하며 김○○를 호송하던 경찰 승합차량을 막아서자, 위 류○○는 변호사 권○○를 공무집행방해 혐의의 현행범으로 체포하였다.

① 변호인뿐만 아니라 변호인 되려는 자도 접견교통권을 가진다.

② 변호인이 되려는 의사를 표시한 자가 객관적으로 변호인이 될 가능성이 있는 경우, 신체구속을 당한 피고인 또는 피의자와 접견하지 못하도록 제한할 수 없다.

③ 변호인 또는 변호인 되려는 자가 구체적인 시간적·장소적 상황에 비추어 현실적으로 보장할 수 있는 한계를 벗어나 피고인 또는 피의자를 접견하려고 하는 것은 허용될 수 있다.

④ 인신구속에 관한 직무를 집행하는 사법경찰관이 체포 당시 상황을 고려하여 경험칙에 비추어 현저하게 합리성을 잃지 않은 채 판단하면 체포 요건이 충족되지 아니함을 알 수 있었는데도, 자신의 재량 범위를 벗어난다는 사실을 인식하고 그와 같은 결과를 용인한 채 사람을 체포하여 권리행사를 방해한 경우의 죄책은 직권남용체포죄와 직권남용권리행사방해죄이다.

10

체포절차에 관한 다음 [보기]의 설명 중 옳지 않은 것을 모두 고른 것은?

| 보기 |

㉠ 체포영장의 청구서에 10일을 넘는 유효기간을 필요로 하는 때에는 그 취지 및 사유를 기재하여야 한다.

㉡ 체포영장을 집행하는 경우 피의자에게 반드시 체포영장을 제시하고 그 사본을 교부하여야 하며 신속히 지정된 법원 기타 장소에 인치하여야 한다.

㉢ 사법경찰관이 구속영장을 청구하거나 신청하지 않고 체포하거나 긴급체포한 피의자를 석방하려는 때에는 피의자 석방 건의서를 작성·제출하여 미리 검사의 지휘를 받아야 한다는 규정은 현재 없다.

㉣ 체포된 피의자에 대하여 구속영장을 청구받은 판사는 24시간 이내에 피의자를 심문하여야 한다.

㉤ 구인한 피고인을 법원에 인치한 경우에 구금할 필요가 없다고 인정한 때에는 그 인치한 때로부터 12시간 내에 석방하여야 한다.

① ㉠㉡㉣㉤

② ㉠㉣㉤

③ ㉠㉢㉣㉤

④ ㉡㉢㉣

11

다음 [사례]에서 사법경찰관이 피의자를 구속할 수 있는 기간은?

> | 사례 |
>
> - 2022.2.23.(토)
>   23:50 사법경찰관 피의자 긴급체포
> - 2022.2.24.(일)
>   12:30 검사에게 구속영장청구 신청
>   13:00 법원 구속영장청구서 등 접수
> - 2022.2.25.(월)
>   10:00 판사 구속 전 피의자 심문
>   12:00 판사 구속영장 발부
>   18:00 검찰청에 구속영장·수사기록 반환
> - 2022.2.26.(화)
>   02:00 검사지휘 아래 사법경찰관 구속영장 집행
> ※ 2022년 2월은 28일까지임

① 2022.3.4.까지
② 2022.3.5.까지
③ 2022.3.6.까지
④ 2022.3.7.까지

12

피의자에 대하여 구속영장이 청구된 경우의 피의자심문 등에 관하여 옳은 것은?

① 미체포 피의자에 대하여 구속영장을 청구받은 판사는 피의자가 죄를 범하였다고 의심할 만한 이유가 있는 경우에 별도의 영장 발부 없이 피의자를 구인한 후 심문하여야 한다.

② 판사는 피의자에게 구속영장청구서에 기재된 범죄사실의 요지를 고지하고, 피의자에게 일체의 진술을 하지 아니하거나 개개의 질문에 대하여 진술을 거부할 수 있음을 알려야 하나, 이익이 되는 사실을 진술할 수 있음을 알려 줄 필요는 없다.

③ 영장실질심사에서 구속영장이 발부된 경우, 피의자에 대한 구속영장의 제시와 집행이 그 발부시로부터 정당한 사유 없이 지체되어 이루어졌다면 구속영장의 집행이 구속영장의 유효기간 내에 이루어졌다 하더라도 구속영장을 지체 없이 집행하지 않은 기간 동안의 체포 내지 구금 상태를 위법하다고 해야 한다.

④ 심문할 피의자에게 변호인이 없는 때에는 지방법원 판사는 직권으로 변호인을 선정하여야 하고, 이 경우 변호인의 선정은 피의자에 대한 구속영장 청구가 기각되어 효력이 소멸한 경우에도 제1심까지 효력이 있다.

13

현행법상 영장실질심사제도에 대한 다음 [보기]의 설명 중 옳지 않은 것을 모두 고른 것은? (다툼이 있는 경우 판례에 의함)

> | 보기 |
>
> ㉠ 적법하게 체포된 피의자에 대하여 구속영장을 청구받은 판사는 필요하다고 인정되는 때에는 지체 없이 영장실질심사를 위하여 피의자를 심문할 수 있으며, 심문할 피의자에게 변호인이 없는 때에는 판사는 직권으로 변호인을 선정하여야 한다.
>
> ㉡ 피의자에 대한 심문절차는 공개하지 아니하지만, 판사는 상당하다고 인정하는 경우에는 일반인의 방청을 허가할 수 있다.
>
> ㉢ 체포된 피의자 외의 피의자에 대한 심문기일은 관계인에 대한 심문기일의 통지 및 그 출석에 소요되는 시간 등을 고려하여 법원은 피의자가 법원에 인치된 때부터 24시간 내로 지정하여야 한다.
>
> ㉣ 검사와 변호인은 판사의 심문이 끝난 후에 의견을 진술할 수 있지만, 필요한 경우에는 심문 도중에도 판사의 허가를 얻어 의견을 진술할 수 있으며, 부당한 심문방법에 대해서는 심문 도중에도 이의를 제기할 수 있다.
>
> ㉤ 검사의 구속영장 청구에 대한 지방법원판사의 재판은 항고나 준항고의 대상이 되는 법원의 결정·재판에 해당하지 아니한다.

① ㉠㉡㉢㉣㉤
② ㉡㉢㉣㉤
③ ㉠㉢㉣㉤
④ ㉠㉡㉢㉣

14

구속에 관한 다음 [보기]의 설명 중 옳은 것을 모두 고른 것은? (다툼이 있는 경우 판례에 의함)

| 보기 |

㉠ 법원의 피고인에 대한 구속기간(원칙적으로 2개월)에는 공소제기 전의 체포기간은 포함되지 않는다.

㉡ 법원이 예외적으로 구속을 계속할 필요가 있는 경우에는 심급마다 2개월 단위로 3차에 한하여 결정으로 갱신할 수 있다

㉢ 무죄, 면소, 형의 면제, 형의 선고유예, 형의 집행유예, 공소기각 또는 벌금이나 과료를 과하는 판결이 선고된 때에는 구속영장은 효력을 잃는다.

㉣ 체포되지 않은 피의자에 대하여 구속영장을 청구받은 판사는 피의자가 죄를 범하였다고 의심할 만한 이유가 있는 경우에 구인을 위한 구속영장을 발부하여 피의자를 구인한 후 심문하여야 한다. 다만, 피의자가 도망하는 등의 사유로 심문할 수 없는 경우에는 그러하지 아니하다.

㉤ 수사기관의 청구에 의하여 발부하는 구속영장은 명령장으로서의 성질을 가지며, 법원이 직권으로 발부하는 영장은 허가장으로서의 성질을 가진다.

① ㉠㉡㉢㉣
② ㉠㉢㉣
③ ㉠㉢㉣㉤
④ ㉡㉢㉣㉤

15

법원의 피고인의 구속에 관한 다음 설명 중 판례의 입장과 일치하지 않는 것은?

① 형사소송법 제72조의 '피고인에 대하여 범죄사실의 요지, 구속의 이유와 변호인을 선임할 수 있음을 말하고 변명할 기회를 준 후가 아니면 구속할 수 없다'는 규정은 피고인을 구속함에 있어서 법관에 의한 사전 청문절차를 규정한 것이다.

② 법원이 사전에 형사소송법 제72조에 따른 절차를 거치지 아니한 채 피고인에 대하여 구속영장을 발부하였다면 그 발부결정은 위법하다.

③ 이미 변호인을 선정하여 공판절차에서 변명과 증거의 제출을 다하고 그의 변호 아래 판결을 선고받은 경우 등과 같이 위 규정에서 정한 절차적 권리가 실질적으로 보장되었다고 볼 수 있는 경우에는 형사소송법 제72조에 해당하는 절차의 전부 또는 일부를 거치지 아니한 채 구속영장을 발부하였다 하더라도 이러한 점만으로 그 발부결정을 위법하다고 볼 것은 아니다.

④ 법원이 구속영장을 발부하기 전에 형사소송법 제72조에 따른 절차를 따로 거치지 아니하였는데, 그 전 공판기일에서 검사가 모두진술에 의하여 공소사실 등을 낭독하고 피고인과 변호인이 모두진술에 의하여 공소사실의 인정 여부 및 이익이 되는 사실 등을 진술한 점이 인정된다면 피고인에게 형사소송법 제72조에 따른 절차적 권리가 실질적으로 보장되었다고 볼 수 있으므로 위 구속영장 발부결정은 적법하다.

16

법원의 피고인 구속에 관한 다음 설명 중 가장 옳지 않은 것은?

① 피고인을 구속한 때에는 변호인이 있는 경우에는 변호인에게, 변호인이 없는 경우에는 법정대리인, 배우자, 직계친족과 형제자매 중 피고인이 지정한 자에게 피고사건명, 구속일시·장소, 범죄사실의 요지, 구속의 이유와 변호인을 선임할 수 있는 취지를 알려야 한다.

② 구속기간의 초일은 시간을 계산하지 않고 1일로 산정한다.

③ 기피신청으로 소송진행이 정지된 기간은 구속기간에 산입한다.

④ 체포영장 또는 구속영장의 발부를 받은 후 피의자를 체포 또는 구속하지 아니하거나 체포 또는 구속한 피의자를 석방한 때에는 지체 없이 검사는 영장을 발부한 법원에 그 사유를 서면으로 통지하여야 한다.

17

구속에 관한 다음 기술 중 옳은 것은?

① 법원은 인치받은 피고인을 유치할 필요가 있는 때에는 교도소·구치소 또는 경찰서 유치장에 유치할 수 있다. 이 경우 유치기간은 인치한 날의 다음 날까지로 한다.

② 피고인이 기일에 출석한다는 서면을 제출하거나 출석한 피고인에 대하여 차회 기일을 정하여 출석을 명한 때에도 피고인에 대한 소환장은 송달하여야 한다.

③ 검사의 구속기간의 연장의 필요를 인정할 수 있는 자료를 제출하여 구속기간의 연장을 신청할 수 있고, 이때 지방법원판사는 수사를 계속함에 상당한 이유가 있다고 인정한 때에는 7일을 초과하지 아니하는 한도에서 구속기간의 연장을 1차에 한하여 허가할 수 있다.

④ 상소심은 피고인 또는 변호인이 신청한 증거의 조사 등으로 추가 심리가 필요한 부득이한 경우에는 3차에 한하여 구속기간을 갱신할 수 있다.

18

구속에 관한 다음 설명 중 가장 옳지 않은 것은? (다툼이 있는 경우 판례에 의함)

① 구속기간의 말일이 공휴일 또는 토요일이면 구속기간에 산입한다.

② 법원이 피고인을 구속함에 있어서 사전청문을 거치지 않은 것은 원칙적으로 위법한 데 비하여, 사후청문을 거치지 않은 것은 구속영장의 효력에 영향을 주지 아니한다.

③ 2014.3.1.에 구속되어 2014.3.20. 공소제기된 피고인에 대하여 제1심 법원에서 구속을 계속할 수 있는 최장기한의 말일은 2014.9.20.이다.

④ 대법원의 파기환송 판결에 의하여 사건을 환송받은 법원은 형사소송법 제92조 제1항에 따라 2월의 구속기간이 만료되면 특히 구속을 계속할 필요가 있는 경우에는 2차에 한하여 결정으로 구속기간을 갱신할 수 있다.

19

아래의 [사례]에 관한 [설명] 중에서 옳은 것을 모두 고른 것은? (다툼이 있는 경우 판례에 의함)

| 사례 |

외국 국적자인 甲은 주간에 A가 운영하는 휴대폰 판매 가게에서 A가 잠시 자리를 비운 틈을 타 중고 휴대폰 여러 대를 훔친 후 자신의 집에 숨겨두었다. 며칠 뒤 사법경찰관이 노래방에서 나오는 甲을 긴급체포하였다. 검사는 검찰수사관과 통역인을 참여시킨 상태에서 甲을 신문하여 피의자신문조서를 작성하였고 영상녹화는 하지 않았다.

| 설명 |

㉠ 사법경찰관은 甲이 보관하고 있는 중고 휴대폰을 긴급히 압수할 필요가 있는 경우에 甲을 체포한 때부터 24시간 이내에 한하여 영장 없이 압수·수색할 수 있고, 압수한 중고 휴대폰을 계속 압수할 필요가 있는 경우에는 압수한 때부터 48시간 이내에 압수·수색영장을 청구하여야 한다.

㉡ 甲에 대한 공소제기 전 체포 및 구속기간은 제1심 법원의 구속기간에 산입하지 아니하고, 공판과정에서 구속을 계속할 필요가 있는 때에는 제1심 법원은 결정으로 2개월 단위로 2차에 한하여 구속기간을 갱신할 수 있다.

㉢ 검사가 甲에 대하여 구속영장을 청구한 경우 구속영장을 청구받은 판사는 甲을 심문하여야 하고, 심문할 甲에게 변호인이 없는 경우에는 필요적 변호사건이 아니기 때문에 지방법원판사는 甲의 청구가 있는 경우에 한하여 변호인을 선정할 수 있다.

㉣ 甲이 공판과정에서 검사가 작성한 공범자 乙에 대한 피의자신문조서를 증거로 함에 부동의하는 경우, 피의자신문에 참여하였던 통역인 丙이 공판정에 증인으로 출석하여 甲이 진술한 대로 기재되어 있다고 증언한 것만으로는 위 피의자신문조서의 실질적 진정성립을 인정할 수 없다.

㉤ 만일 검사가 피의자신문 시 甲의 진술을 영상녹화하려면 영상녹화에 대한 甲의 동의를 얻어야 한다.

① ㉠㉢
② ㉠㉣
③ ㉡㉣
④ ㉡㉤

20

구속에 대한 다음 [보기]의 설명 중 옳은 것만을 모두 고르면? (다툼이 있는 경우 판례에 의함)

| 보기 |

㉠ 미체포된 피의자에 대하여 구속영장을 청구받은 판사는 피의자가 죄를 범하였다고 의심할 만한 이유가 있는 경우에 피의자가 도망하는 등의 사유로 심문할 수 없는 경우 외에는 피의자를 구인한 후 심문하여야 한다.

㉡ 영장실질심사와 적부심에 있어서 피의자에 대한 심문절차는 공개하지 아니하므로 판사는 일반인의 방청을 허가할 수 없다.

㉢ 법원은 피고인에 대한 구속영장을 발부함에 있어서 피고인에게 범죄사실의 요지, 구속의 이유와 변호인을 선임할 수 있음을 말하고 변명할 기회를 주는 것을 합의부원으로 하여금 이행하게 할 수 있다.

㉣ "검사 또는 사법경찰관에 의하여 구속되었다가 석방된 자는 다른 중요한 증거를 발견한 경우를 제외하고는 동일한 범죄사실에 관하여 재차 구속하지 못한다."라는 「형사소송법」 규정은 법원이 피고인을 구속하는 경우에는 적용되지 않는다.

① ㉠㉣
② ㉠㉡㉢
③ ㉡㉢㉣
④ ㉠㉡㉢㉣

▶ 제3편 **수사와 공소**: 제2장 강제처분과 강제수사 [체포와 구속 2] ― [압수 · 수색 · 검증 · 감정 1]

회차	시행일			목표점수			획득점수		
제8회	1차	2차	3차	1차	2차	3차	1차	2차	3차

01

수사단계의 변호인에 관한 다음 설명 중 가장 적절하지 않은 것은? (다툼이 있는 경우 판례에 의함)

① 국가정보원 사법경찰관이 경찰서 유치장에 구금되어 있던 피의자에 대하여 의사의 진료를 받게 할 것을 신청한 변호인에게 국가정보원이 추천하는 의사의 참여를 요구한 것은 행형법 시행령 제176조의 규정에 근거한 것으로서 적법하고, 이를 가리켜 변호인의 수진권을 침해하는 위법한 처분이라고 할 수 없다.

② 변호인과의 자유로운 접견은 어떠한 명분으로도 제한될 수 있는 성질의 것이 아니므로, 미결수용자의 변호인 접견권 자체는 국가안전 보장, 질서유지 또는 공공복리를 위해 필요한 경우라도 법률로써 제한될 수 없다.

③ 임의동행의 형식으로 수사기관에 연행된 피의자에게도 변호인 또는 변호인이 되려는 자와의 접견교통권은 당연히 인정되고, 이는 임의동행 형식으로 연행된 피내사자도 마찬가지이다.

④ 신체구속을 당한 피고인이 범한 것으로 의심받고 있는 범죄행위에 해당 변호인이 공범으로 관련되어 있다 하더라도 그 변호인의 접견교통을 금지할 수 없다.

02

다음은 접견교통권에 대한 설명이다. 가장 적절한 것은? (다툼이 있는 경우 판례에 의함)

① 구치소장의 접견불허 처분에 대하여서는 형사소송법 제417조에 의한 준항고로 다툴 수 있다.

② 변호인의 접견에는 비밀이 보장되어야 하므로 교도관 등이 참여하거나 그 내용을 청취 또는 녹취해서는 아니 되고 보이는 거리에서 관찰하는 것도 불가능하다.

③ 변호인의 구속피의자에 대한 접견이 접견신청일부터 상당한 기간이 경과하도록 허용되지 않고 있는 것만으로는 접견불허 처분이 있는 것과 동일하다고 할 수 없다.

④ 변호인과의 접견교통권은 수사기관의 처분이나 법원의 결정으로 제한할 수 없다.

03

구속에 대한 다음 [보기]의 설명 중 옳은 것만을 모두 고르면? (다툼이 있는 경우 판례에 의함)

| 보기 |

㉠ 미체포된 피의자에 대하여 구속영장을 청구받은 판사는 피의자가 죄를 범하였다고 의심할 만한 이유가 있는 경우에 피의자가 도망하는 등의 사유로 심문할 수 없는 경우 외에는 피의자를 구인한 후 심문하여야 한다.

㉡ 영장실질심사와 적부심에 있어서 피의자에 대한 심문절차는 공개하지 아니하므로 판사는 일반인의 방청을 허가할 수 없다.

㉢ 법원은 피고인에 대한 구속영장을 발부함에 있어서 피고인에게 범죄사실의 요지, 구속의 이유와 변호인을 선임할 수 있음을 말하고 변명할 기회를 주는 것을 합의부원으로 하여금 이행하게 할 수 있다.

㉣ "검사 또는 사법경찰관에 의하여 구속되었다가 석방된 자는 다른 중요한 증거를 발견한 경우를 제외하고는 동일한 범죄사실에 관하여 재차 구속하지 못한다."라는 「형사소송법」 규정은 법원이 피고인을 구속하는 경우에는 적용되지 않는다.

㉤ 피고인의 신병확보를 위한 구속 등 소송절차가 법령에 위반된 경우에는 그것 자체만으로 판결에 영향을 미친 위법이라고 할 수 있다.

① ㉠㉡㉢㉣㉤
② ㉠㉡㉢㉤
③ ㉡㉢㉣㉤
④ ㉠㉡㉢㉣

04

구속과 접견에 대한 다음 [보기]의 설명 중 옳은 것을 모두 고른 것은? (다툼이 있는 경우 판례에 의함)

| 보기 |

㉠ 교도관이 미결수용자와 변호인 간에 주고받는 서류를 확인하고, 소송관계서류처리부에 그 제목을 기재하여 등재한 행위는 미결수용자의 변호인 접견교통권을 침해하지 아니한다.

㉡ 구속기간이 만료될 무렵 종전 구속영장에 기재된 범죄사실과 다른 범죄사실로 피고인을 구속한 경우에는 위법한 구속에 해당한다.

㉢ 법정 구속기간이 초과되면 구속을 해제하고 불구속상태에서 재판을 계속할 수 있음은 당연하다.

㉣ 법원은 직권 또는 검사의 청구에 의하여 구속된 피고인과 변호인(변호인이 되려는 자 포함) 이외의 타인과의 접견을 금할 수 없다.

㉤ 변호인 되려는 자의 피의자와의 접견교통권은 헌법상 기본권이 아니라 법률상 권리이다.

㉥ 변호인이 되려는 의사를 표시한 자가 객관적으로 변호인이 될 가능성이 있는 경우 신체구속을 당한 피고인 또는 피의자와 접견하지 못하도록 제한할 수 없으므로, 변호인 또는 변호인 되려는 자가 구체적인 시간적·장소적 상황에 비추어 현실적으로 보장할 수 있는 한계를 벗어나 피고인 또는 피의자를 접견하려고 하는 것도 허용될 수 있다.

① ㉠
② ㉠㉢
③ ㉡㉢
④ ㉢㉣

05

접견교통권의 침해에 대한 구제방법에 대한 다음 [보기]의 설명 중 옳은 것을 모두 고른 것은? (다툼이 있는 경우 판례에 의함)

| 보기 |

㉠ 접견교통권을 제한하는 법원의 결정은 구금에 대한 결정에 해당하므로 이에 대해서는 보통항고가 허용된다.

㉡ 접견교통권을 제한하는 수사기관의 처분은 구금에 대한 처분에 해당하므로 이에 대해서는 준항고를 할 수 있다.

㉢ 검사의 비변호인과의 접견금지결정이 있는 중에 작성된 피의자신문조서라면 임의성이 부정되어 증거능력이 없다.

㉣ 피고인·피의자의 변호인과의 접견교통권이 침해된 경우 원칙적으로 헌법소원이 허용되지 않는다.

㉤ 피청구인의 접견거부처분에 대해 준항고절차까지 밟아 이를 취소하는 결정이 있었음에도 피청구인이 결정대로 이행하지 않고 무시한 채 재차 접견거부처분에 이른 경우에는 헌법소원청구가 허용된다.

① ㉠㉡㉢㉣㉤
② ㉠㉡㉢㉣
③ ㉠㉡㉣㉤
④ ㉡㉢㉣㉤

06

체포·구속적부심에 관한 다음 [보기]의 기술 중 옳지 않은 것을 모두 고른 것은? (다툼이 있는 경우 판례에 의함)

| 보기 |

㉠ 구속적부심문조서는 특별한 사정이 없는 한, 피고인의 증거로 함에 부동의하더라도 형사소송법 제311조에 의하여 당연히 그 증거능력이 인정된다.

㉡ 강도사건 피의자 甲은 2014.4.12. 09:00 체포영장이 발부되어 2014.4.13. 10:00 체포되었다. 이에 甲의 변호인은 체포 당일 체포적부심을 청구하였고, 2014.4.14. 11:00 수사 관계 서류와 증거물이 법원에 접수되어 청구기각결정 후 2014.4.15. 13:00 검찰청에 반환되었다. 이때 검사가 甲에 대한 구속영장을 법원에 청구할 수 있는 일시는 2014.4.16. 11:00까지이고, 사법경찰관이 구속영장에 의해 甲을 구속한 후 사법경찰관이 구속할 수 있는 일시는 2014.4.24. 24:00까지이다.

㉢ 체포·구속적부심사청구에 대한 법원의 기각결정과는 달리 석방결정에 대해서는 항고하지 못한다.

㉣ 구속적부심사청구를 받은 법원은 청구서가 접수된 때로부터 24시간 이내에 구속피의자를 심문하여야 하고, 심문이 종료된 때로부터 48시간 이내에 결정을 하여야 한다.

① ㉠㉡㉢㉣
② ㉠㉡㉢
② ㉠㉢㉣
③ ㉡㉢㉣

07

다음은 체포·구속의 적부심사에 관한 설명이다. 가장 옳지 않은 것은? (다툼이 있는 경우 판례에 의함)

① 피의자는 구속적부심에서의 자백의 의미나 자백이 수사절차나 공판절차에서 가지는 중요성을 제대로 헤아리지 못한 나머지 허위자백을 하고라도 자유를 얻으려는 유혹을 받을 수가 있으므로, 법관은 구속적부심문조서의 자백의 기재에 관한 증명력을 평가함에 있어 이러한 점에 각별히 유의를 하여야 한다.

② 체포영장 또는 구속영장을 발부한 법관은 체포·구속적부심사청구된 피의자의 석방 여부를 결정하기 위한 심문·조사·결정에 관여하지 못하지만, 체포영장 또는 구속영장을 발부한 법관 외에는 심문·조사·결정을 할 판사가 없는 경우에는 그러하지 아니하다.

③ 체포·구속적부심사를 청구한 피의자의 변호인은 지방법원판사에게 제출된 구속영장청구서 및 그에 첨부된 고소·고발장, 피의자의 진술의 기재한 서류와 피의자가 제출한 서류를 열람할 수 있는데, 이에 관하여 형사소송규칙에 의하면 열람권만 규정되어 있고 등사권은 규정되어 있지 않다.

④ 구속적부심사건 피의자의 변호인에게는 수사기록 중 고소장과 피의자신문조서의 내용을 알 권리 및 그 서류들을 열람할 권리는 인정되나 이를 등사할 권리는 인정되지 아니한다.

08

체포와 구속의 적부심사에 대한 다음 [보기]의 설명 중 옳지 않은 것을 모두 고른 것은?

| 보기 |

㉠ 보증금납입조건부 피의자석방제도는 구속적부심사의 청구가 있을 때에만 허용되며, 법원의 직권 또는 피의자의 청구에 의하여 석방을 명하는 제도이다.

㉡ 동일한 체포영장 또는 구속영장의 발부에 대하여 재청구한 때에는 심문을 거쳐 결정으로 청구를 기각하는 것이 아니라 심문 없이 결정으로 청구를 기각할 수 있다.

㉢ 법원은 구속된 피의자에 대하여 보증금의 납입을 조건으로 석방을 명할 수 있고, 이 경우 구속적부심사 청구인 이외의 자에게 보증금의 납입을 허가할 수는 없다.

㉣ 검사는 증거인멸 또는 피의자가 공범 관계에 있는 자가 도망할 염려가 있는 등 수사에 방해가 될 염려가 있는 때에는 지방법원판사에게 구속영장청구서와 고소·고발장을 제외한 서류의 열람 제한에 관한 의견을 제출할 수 있고, 지방법원판사는 검사의 의견이 상당하다고 인정하는 때에는 그 전부 또는 일부의 열람을 제한할 수 있다.

㉤ 구속적부심에서 법원의 보증금납입조건부 석방 결정에 따라 석방된 피의자는, 도망한 때, 도망하거나 범죄의 증거를 인멸할 염려가 있다고 믿을 만한 충분한 이유가 있는 때, 출석요구를 받고 정당한 이유 없이 출석하지 아니한 때, 다른 중요한 증거를 발견한 때, 주거의 제한이나 그 밖에 법원이 정한 조건을 위반한 때를 제외하고는 동일한 범죄사실에 대하여 재차 구속하지 못한다.

① ㉠㉡㉢㉣
② ㉡㉢㉣㉤
③ ㉠㉢㉣㉤
④ ㉠㉡㉢㉤

09

다음 [보기]는 체포·구속적부심사제도에 대한 설명이다. 적절하지 않은 것을 모두 고른 것은? (다툼이 있는 경우 판례에 의함)

| 보기 |

ㄱ 긴급체포나 현행범인체포와 같이 체포영장에 의하지 아니하고 체포된 피의자의 경우에도 체포·구속적부심사를 청구할 권리를 가진다.

ㄴ 법원이 수사관계서류와 증거물을 접수한 때부터 결정 후 검찰청에 반환된 때까지의 기간은 수사기관의 체포·구속 기간에 산입하지 아니한다.

ㄷ 법원은 체포 및 구속적부심사청구가 있는 경우 피의자의 출석을 보증할 만한 보증금의 납입을 조건으로 석방을 명할 수 있다.

ㄹ 법원은 체포 또는 구속된 피의자에 대한 심문이 종료된 때로부터 48시간 이내에 체포·구속적부심사청구에 대한 결정을 하여야 한다.

ㅁ 구속된 피의자로부터 구속적부심사의 청구를 받은 법원이 보증금납입조건부 피의자석방결정을 내린 경우 보증금이 납입된 후에야 피의자를 석방할 수 있다.

① ㄱㄷㅁ

② ㄴㅁ

③ ㄷㄹㅁ

④ ㄷㄹ

10

체포와 구속의 적부심사에 관한 다음 [보기]의 설명 중 옳은 것(○)과 옳지 않은 것(×)을 올바르게 조합한 것은?

| 보기 |

ㄱ 공범 또는 공동피의자의 구속적부심사 순차청구가 수사방해의 목적임이 명백하다고 하더라도 법원은 피의자에 대한 심문 없이 그 청구를 기각할 수는 없다.

ㄴ 구속적부심사청구 후 검사가 피의자를 기소한 경우, 법원은 심문 없이 결정으로 청구를 기각하여야 하며 피고인은 수소법원에 보석을 청구할 수 있다.

ㄷ 구속적부심사를 청구한 피의자에게 변호인이 없는 때에는 「형사소송법」 제33조의 규정에 따라 법원은 직권으로 변호인을 선정하여야 한다.

ㄹ 체포적부심사결정에 의하여 석방된 피의자가 도망하거나 죄증을 인멸하는 경우, 동일한 범죄사실에 관하여 재차 체포할 수 있다.

ㅁ 법원은 피의자보석에 따라 석방된 자가 동일한 범죄사실에 관하여 그 판결이 확정된 후 집행하기 위한 소환을 받고 정당한 이유 없이 출석하지 아니하거나 도망한 때에는 직권 또는 검사의 청구에 의하여 결정으로 보증금의 전부 또는 일부를 몰수할 수 있다.

① ㄱ(×), ㄴ(×), ㄷ(○), ㄹ(×), ㅁ(×)

② ㄱ(○), ㄴ(×), ㄷ(○), ㄹ(×), ㅁ(○)

③ ㄱ(×), ㄴ(○), ㄷ(○), ㄹ(○), ㅁ(×)

④ ㄱ(×), ㄴ(×), ㄷ(○), ㄹ(○), ㅁ(×)

11

보석에 관한 설명으로 옳은 것은?

① 중대범죄를 범하여 구속된 피고인은 임의적 보석의 대상에서 제외된다.

② 구속을 취소하는 결정에 대하여 검사는 즉시항고를 할 수 없다.

③ 법원은 직권 또는 검사의 신청에 따라 결정으로 피고인의 보석조건을 변경하거나 일정 기간 동안 당해 조건의 이행을 유예할 수 있다.

④ 법원은 보석조건을 정함에 있어서 범죄의 성질 및 죄상, 증거의 증명력, 피고인의 전과 등, 피해자에 대한 배상 등 범행 후의 정황에 관련된 사항을 고려하여야 한다.

12

보석에 대한 설명으로 옳지 않은 것은? (다툼이 있는 경우 판례에 의함)

① 피고인, 피고인의 변호인·법정대리인·배우자·직계친족·형제자매·가족·동거인 또는 고용주는 법원에 구속된 피고인의 보석을 청구할 수 있다.

② 구속영장의 효력이 소멸한 때에는 모든 보석조건은 즉시 그 효력을 상실한다.

③ 검사의 의견청취의 절차는 보석에 관한 결정의 본질적 부분이 되는 것은 아니므로, 법원이 검사의 의견을 듣지 아니한 채 보석에 관한 결정을 하였다고 하더라도 그 결정이 적정한 이상, 절차상의 하자만을 들어 그 결정을 취소할 수는 없다.

④ 보석청구기각결정에 대한 피고인의 보통항고는 허용되나, 검사가 보통항고의 방법으로 보석허가결정에 대하여 불복하는 것은 허용되지 아니한다.

13

다음은 보석에 대한 설명이다. 옳은 것은? (다툼이 있는 경우 판례에 의함)

① 보석취소의 결정이 있는 때에는 구속영장을 발부할 필요가 없고 그 취소결정의 등본에 의하여 피고인을 재구금하여야 한다.

② 구속 또는 보석을 취소하거나 구속영장의 효력이 소멸된 때에는 몰취하지 아니한 보증금 또는 담보를 청구한 날로부터 10일 이내에 환부하여야 한다.

③ 보석조건은 무죄나 면소의 재판이 확정된 때에는 효력을 상실하지만 자유형이 확정된 경우에는 효력이 상실되지 않는다.

④ 법원은 피고인 이외의 자가 작성한 출석보증서를 제출할 것을 조건으로 한 보석허가결정에 따라 석방된 피고인이 정당한 사유 없이 기일에 불출석하는 경우에는 결정으로 그 출석보증인에 대하여 과태료를 부과하고 감치에 처할 수 있다.

14

보석에 대한 설명으로 옳지 않은 것은? (다툼이 있는 경우 판례에 의함)

① 보석이 취소된 경우 모든 보석조건은 그 효력을 상실한다.

② 법원은 직권 또는 보석청구권자의 청구에 의하여 결정으로 보석을 허가할 수 있다.

③ 법원이 보석을 취소하는 때에는 직권 또는 검사의 청구에 따라 결정으로 보증금 또는 담보의 전부 또는 일부를 몰취할 수 있다.

④ 상소기간 중 또는 상소 중의 사건에 관한 피고인 보석의 결정은 소송기록이 상소법원에 도달하기까지는 원심법원이 하여야 한다.

15

보석에 대한 설명으로 옳은 것은? (다툼이 있는 경우 판례에 의함)

① 재판장은 보석에 관한 결정을 하기 전에 검사의 의견을 물어야 하나, 급속을 요하는 경우에는 그러하지 아니하다.

② 보석의 청구를 받은 법원은 24시간 이내에 심문기일을 정하여 구속된 피고인을 심문하여야 하고, 특별한 사정이 없는 한 보석의 청구를 받은 날부터 7일 이내에 그에 관한 결정을 하여야 한다.

③ 법원은 보석허가결정을 집행한 후에 서약서, 보증금 약정서, 출석보증서, 피해액 공탁, 보증금 납입과 같은 보석조건을 이행하도록 정할 수 있다.

④ 보석으로 석방된 피고인이 재판 중 법원의 소환에 불응한 경우 법원은 직권 또는 검사의 청구에 따라 결정으로 보증금의 전부 또는 일부를 몰수할 수 있다.

16

보석제도에 대한 다음 [보기]의 설명 중 옳지 않은 것만을 모두 고른 것은? (다툼이 있는 경우 판례에 의함)

| 보기 |

㉠ 법원은 특별한 사정이 없는 한 보석청구를 받은 날부터 7일 이내에 그에 관한 결정을 하여야 한다.

㉡ 법원이 피고인에 대한 보석허가결정을 내리는 경우에는 보증금 납입의 조건을 필수적으로 부과하되 나머지 다른 조건들을 부가할 수 있다.

㉢ 피고인이 보석조건을 위반한 경우 1,000만 원 이하의 과태료 또는 20일 이내의 감치의 제재결정을 내릴 수 있으며, 이 제재결정에 대해서는 즉시항고를 할 수 있다.

㉣ 범죄사실과 관련하여 피고인에 대한 새로운 중요한 증거가 발견된 경우 법원은 보석을 취소할 수 있다.

㉤ 보석취소결정은 구속의 실효사유에 해당하므로 재구금을 위해서는 새로운 구속영장 발부절차를 밟아야 한다.

① ㉠㉡㉣
② ㉡㉣㉤
③ ㉠㉡㉣㉤
④ ㉡㉢㉣

17

구속과 석방 제도에 관한 다음 [보기]의 기술 중 옳지 않은 것을 모두 고른 것은? (다툼이 있는 경우 판례에 의함)

| 보기 |

㉠ 중대범죄를 범하여 구속된 피고인은 임의적 보석의 대상에서 제외되고, 보석이 허가된 경우에도 법원은 직권 또는 검사의 신청에 따라 결정으로 피고인의 보석조건을 변경하거나 일정 기간 동안 당해 조건의 이행을 유예할 수 있다.

㉡ 법원은 보석조건을 정함에 있어서 범죄의 성질 및 죄상, 증거의 증명력, 피고인의 전과 등을 고려하여야 하나, 피해자에 대한 배상 등 범행 후의 정황에 관련된 사항은 고려해서는 안 된다.

㉢ 법원의 구속집행정지결정에 대해서는 불복할 수 없다.

㉣ 긴급을 요하여 체포영장을 제시하지 않은 채 체포영장에 기한 체포 절차에 착수하였으나, 이에 피고인이 저항하면서 경찰관을 폭행하는 등 행위를 하여 특수공무집행방해의 현행범으로 체포한 후 체포영장을 별도로 제시하지 않은 것은 적법하지 않다.

㉤ 피고인에 대한 구속집행정지의 조건으로 전자장치의 부착을 부가할 수는 없다.

① ㉠㉢㉣㉤
② ㉠㉡㉢㉣
③ ㉡㉢㉣㉤
④ ㉠㉡㉢㉣㉤

18

수사에 대한 설명으로 옳지 않은 것은? (다툼이 있는 경우 판례에 의함)

① 헌법 제16조 후문은 "주거에 대한 압수나 수색을 할 때에는 검사의 신청에 의하여 법관이 발부한 영장을 제시하여야 한다."라고 규정하고 있을 뿐 영장주의에 대한 예외를 마련하고 있지 않지만, 주거에 대한 압수나 수색에 있어 영장주의가 예외 없이 반드시 관철되어야 하는 것은 아니다.

② 피의자가 구속 당시에 헌법 및 「형사소송법」에 규정된 사항(구속의 이유 및 변호인의 조력을 받을 권리)을 고지받지 못하였고, 구금기간 중 면회거부 등의 처분을 받은 경우, 이는 「형사소송법」 제93조의 구속취소사유에 해당한다.

③ 검사는 증거에 사용할 압수물에 대하여 소유자 등에 의한 가환부의 청구가 있는 경우, 가환부를 거부할 수 있는 특별한 사정이 없는 한 가환부에 응하여야 한다.

④ 구속의 사유가 없거나 소멸된 때에는 피고인, 피고인의 변호인·법정대리인·배우자·직계친족·형제자매는 법원에 구속된 피고인의 구속취소를 청구할 수 있으나, 가족·동거인·고용주는 청구할 수 없다.

19

강제수사에 대한 다음 [보기]의 설명 중 옳은 것만을 모두 고르면? (다툼이 있는 경우 판례에 의함)

| 보기 |

㉠ 사인에 의하여 현행범인으로 체포된 후 불필요한 지체 없이 사법경찰관리에게 인도된 경우, 구속영장 청구기간인 48시간의 기산점은 사법경찰관리가 현행범인을 인도받은 때이다.

㉡ 사법경찰관이 피의자에 대하여 압수·수색영장을 집행할 경우, 피의자에게 영장의 원본을 제시하면 족하고 영장의 사본을 교부할 필요는 없다.

㉢ 검사의 체포영장 또는 구속영장 청구에 대한 지방법원판사의 재판은 준항고의 대상이 된다.

㉣ 피압수자가 수사기관에 압수·수색영장의 집행에 참여하지 않는다는 의사를 명시하였다고 하더라도, 특별한 사정이 없는 한 그 변호인에게는 「형사소송법」 제219조, 제122조에 따라 미리 집행의 일시와 장소를 통지하는 등으로 압수·수색영장의 집행에 참여할 기회를 별도로 보장하여야 한다.

㉤ 현역 군인 甲은 방산업체 관계자의 부탁을 받고 군사기밀 사항을 메모지에 옮겨 적은 후 이를 전달하여 누설하였는데, 위 메모지가 누설 상대방의 다른 군사기밀 탐지·수집 혐의에 관하여 발부된 압수·수색영장으로 압수되었다면, 위 메모지의 증거능력은 인정되지 아니한다.

① ㉠㉡㉣
② ㉠㉣㉤
③ ㉡㉢㉤
④ ㉠㉡㉣

20

강제처분에 대한 다음 [보기]의 설명 중 옳은 것을 모두 고른 것은? (다툼이 있는 경우 판례에 의함)

| 보기 |

㉠ 수사기관이 압수·수색에 착수하면서 그 장소의 관리책임자에게 영장을 제시하였더라도, 물건을 소지하고 있는 다른 사람으로부터 이를 압수하고자 하는 때에는 그 사람에게도 따로 영장을 제시하여야 한다.

㉡ 우편물 통관검사절차에서 이루어지는 우편물의 개봉, 시료채취, 성분분석 등의 검사는 수출입물품에 대한 적정한 통관 등을 목적으로 한 행정조사의 성격을 가지는 것으로서 수사기관의 강제처분이라고 할 수 없으므로, 압수·수색영장 없이 우편물의 개봉, 시료채취, 성분분석 등 검사가 진행되었다 하더라도 특별한 사정이 없는 한 위법하다고 볼 수 없다.

㉢ 피처분자가 현장에 없거나 현장에서 그를 발견할 수 없는 경우 등 영장 제시가 현실적으로 불가능한 경우에는 영장을 제시하지 아니한 채 압수·수색을 하더라도 위법하다고 볼 수 없다.

㉣ 여자의 신체에 대하여 수색할 때에는 의사와 성년 여자를 참여하게 하여야 한다.

㉤ 압수영장에 기재된 메트암페타민 투약 혐의사실은 피고인이 2018.5.23. 시간불상경 부산 이하 불상지에서 필로폰 불상량을 불상의 방법으로 투약하였다는 것이고, 공소사실 중 필로폰 투약의 점은 피고인이 2018.6.21.경부터 같은 달 25일경까지 사이에 부산 이하 불상지에서 필로폰 불상량을 불상의 방법으로 투약하였다는 것이라면, 압수영장 기재 혐의사실과 공소사실에 기재된 동종 범죄는 객관적 관련성이 인정되지 아니한다.

① ㉠㉡㉢㉣㉤
② ㉠㉡㉢
③ ㉡㉢㉤
④ ㉠㉡㉢㉤

▶ **제3편 수사와 공소: 제2장 강제처분과 강제수사** [압수·수색·검증·감정 2]

회차	시행일			목표점수			획득점수		
제9회	1차	2차	3차	1차	2차	3차	1차	2차	3차

01

압수·수색에 관한 다음 [보기]의 기술 중 옳은 것을 모두 고른 것은? (다툼이 있는 경우 판례에 의함)

| 보기 |

㉠ 전자정보에 대한 압수·수색 과정에서 이루어진 현장에서의 저장매체 압수·이미징·탐색·복제 및 출력행위 등 수사기관의 처분은 하나의 영장에 의한 압수·수색 과정에서 이루어지는 것이고, 그러한 일련의 행위가 모두 진행되어 압수·수색이 종료된 이후에는 특정단계의 처분만을 취소하더라도 그 이후의 압수·수색을 저지한다는 것을 상정할 수 없고 수사기관으로 하여금 압수·수색의 결과물을 보유하도록 할 것인지가 문제될 뿐이다.

㉡ 압수·수색영장을 집행함에는 급속을 요하는 경우라도 미리 집행의 일시와 장소를 검사, 피고인 또는 변호인에게 통지하여야 한다.

㉢ 출판 직전에 그 내용을 문제 삼아 출판물을 압수하는 것은 실질적으로 출판의 사전검열과 같은 효과를 가져올 수도 있는 것이므로 범죄혐의와 강제수사의 요건을 엄격히 해석하여야 한다.

㉣ 음란물 유포의 범죄혐의를 이유로 압수·수색영장을 발부받은 사법경찰관이 피고인의 주거지를 수색하는 과정에서 대마를 발견하자, 피고인을 마약류관리에관한법률위반죄의 현행범으로 체포하면서 대마를 압수하였으나, 그 다음 날 피고인을 석방하고도 사후 압수·수색영장을 발부받지 않았다면 위 압수물과 압수조서는 형사소송법상 영장주의를 위반하여 수집한 증거로서 증거능력이 부정된다.

㉤ 필로폰 교부의 혐의사실로 발부된 압수·수색영장에 따라 피의자의 소변, 모발을 압수하였고

그에 대한 감정 결과 필로폰 투약 사실이 밝혀져 필로폰 투약에 대한 공소가 제기된 경우, 압수·수색영장에 의하여 압수한 피고인의 소변 및 모발과 그에 대한 감정 결과 등은 증거로 사용할 수 있다.

① ㉠㉡㉢㉣㉤
② ㉠㉡㉣㉤
③ ㉠㉢㉣㉤
④ ㉡㉢㉣㉤

02

강제수사에 관한 다음 [보기]의 기술 중 옳은 것은? (다툼이 있는 경우 판례에 의함)

| 보기 |

㉠ 수출입물품을 검사하는 과정에서 마약류가 감추어져 있다고 밝혀지거나 그러한 의심이 드는 경우, 마약류 불법거래 방지에 관한 특례법 제4조 제1항에 따라 검사의 요청으로 세관장이 행하는 조치에 영장주의원칙이 적용될 수 있다.

㉡ 마약류 불법거래 방지에 관한 특례법 제4조 제1항에 따른 조치의 일환으로 특정한 수출입물품을 개봉하여 검사하고 그 내용물의 점유를 취득한 행위는 압수 또는 수색에 해당하지 않으므로 법관이 발부한 영장을 받아야 하는 것은 아니다.

㉢ 수사기관으로부터 통신제한조치의 집행을 위탁받은 통신기관 등이 집행에 필요한 설비가 없을 때에는 수사기관에 설비의 제공을 요청하여야 하고, 그러한 요청 없이 통신제한조치허가서에 기재된 사항을 준수하지 아니한 채 통신제한조치를 집행하였다면, 그러한 집행으로 취득한 전기통신의 내용 등은 유죄 인정의 증거로 할 수 없다.

㉣ 통신사실확인자료 제공요청에 의하여 취득한 통화내역 등 통신사실확인자료를 범죄의 수사·소추를 위하여 사용하는 경우 그 대상범죄는 통신사실확인자료 제공요청의 목적이 된 범죄 및 이와 관련된 범죄에 한정되어야 한다.

㉤ 필로폰 투약의 혐의사실로 발부된 압수·수색영장에 따라 피고인의 소변, 모발을 압수하였고, 그에 대한 감정 결과 혐의사실과 수개월의 기간이 경과한 후의 다른 필로폰 투약 사실이 밝혀져 압수물에 의하여 밝혀진 필로폰 투약 사실로 공소가 제기된 경우, 압수·수색영장에 의하여 압수된 피고인의 소변 및 모발과 그에 대한 감정 결과 등은 증거로 사용할 수 없다.

① ㉠㉢㉣
② ㉡㉢㉤
③ ㉠㉣㉤
④ ㉡㉣㉤

03

압수·수색 및 증거사용과 관련된 다음 [보기]의 설명 중 옳은 것을 모두 고른 것은? (다툼이 있는 경우 판례에 의함)

| 보기 |

㉠ 영장 발부의 사유로 된 범죄 혐의사실과 무관한 별개의 증거를 압수하였을 경우 이는 원칙적으로 유죄 인정의 증거로 사용할 수 없다. 다만, 수사기관이 별개의 증거를 피압수자 등에게 환부하고 후에 임의제출받아 다시 압수하였다면 임의성이 증명된 경우 증거능력이 인정된다.

㉡ 세관이 시계행상이 소지한 외국산 시계를 관세장물 혐의로 압수했으나 검사가 관세포탈품인지를 확인할 수 없어 그 사건에 대해 기소중지한 경우에는 압수를 계속할 필요가 없다.

㉢ 압수·수색영장 집행 당시 피처분자가 현장에 없거나 현장에서 그를 발견할 수 없는 경우 등 영장제시가 현실적으로 불가능한 경우에는 영장을 제시하지 아니한 채 압수·수색을 하더라도 위법하다고 볼 수 없다.

㉣ 압수된 디지털 정보 저장매체에 기억된 문자정보 등에 대한 증거조사에 관하여, 컴퓨터디스크 등에 기억된 문자정보를 증거로 하는 경우에 증거조사를 신청한 당사자는 법원이 명하는 때에 한하여 컴퓨터디스크 등에 입력한 사람과 입력한 일시, 출력한 사람과 출력한 일시를 밝혀야 한다.

㉤ 압수·수색영장을 소지하지 아니한 경우에 급속을 요하는 때라 하더라도 피고인에 대하여 공소사실의 요지와 영장이 발부되었음을 고지하고 집행할 수 없다.

㉥ 형사소송법 제123조(영장의 집행과 책임자의 참여)는 제1항에서 공무소, 군사용 항공기 또는 선박·차량 안에서 압수·수색영장을 집행하려면 그 책임자에게 참여할 것을 통지하여야 한다고 규정하고, 제2항에서는 "제1항에 규정한 장소 외에 타인의 주거, 간수자 있는 가옥, 건조물(建造物), 항공기 또는 선박·차량 안에서 압수·수색영장을 집행할 때에는 주거주(住居主), 간수자 또는 이에 준하는 사람을 참여하게 하여야 한다."고 규정하고 있으며, 제3항에서는 "제2항의 사람을 참여하게 하지 못할 때에는 이웃 사

람 또는 지방공공단체의 직원을 참여하게 하여야 한다.”고 규정하고 있다. 형사소송법 제123조 제2항, 제3항, 제219조에 따라 압수·수색영장의 집행에 참여하는 주거주(住居主) 등 또는 이웃 등이 최소한 압수·수색절차의 의미를 이해할 수 있는 정도의 능력을 갖추어야 한다.

① ㄱㄴㄷㄹㅂ   ② ㄱㄴㄷㄹ

③ ㄴㄷㄹㅁ   ④ ㄱㄴㄷㅁㅂ

04

압수·수색에 관한 다음 [보기]의 설명 중 옳지 않은 것을 모두 고른 것은? (다툼이 있는 경우 판례에 의함)

| 보기 |

ㄱ 수사기관이 피의자 甲의 「공직선거법」 위반 혐의로 발부받은 압수·수색영장의 집행과정에서 甲의 혐의사실과 무관한 乙과 丙 사이의 대화가 녹음된 파일을 압수한 경우, 수사기관이 별도의 압수·수색영장을 발부받지 않고 압수한 위 녹음파일은 위법수집증거이므로 乙과 丙의 「공직선거법」 위반 혐의사실을 입증하는 증거로 사용할 수 없다.

ㄴ 선행 사건의 전자정보 압수·수색 과정에서 생성한 이미징 사본을 선행 사건의 판결 확정 이후 그 공범에 대한 범죄혐의 수사를 위해 새로 탐색·출력한 것은 위법하지 않다.

ㄷ 전자정보 압수·수색 과정에서 생성한 이미징 사본 등의 복제본에 혐의사실과 관련 없는 전자정보가 남아 있는 경우, 새로운 범죄혐의의 수사를 위해서 필요한 경우라면 이를 탐색·복제 또는 출력할 수 있다.

ㄹ 사법경찰관이 영장 없이 물건을 압수하였더라도 그 직후 피의자로부터 그 압수물에 대한 임의제출동의서를 받았다면 독수과실의 예외에 해당하여 해당 압수는 위법하지 않게 된다.

ㅁ 경찰은 피의자에 대하여 「기부금품의 모집 및 사용에 관한 법률」 위반 혐의로 수사하던 중 법원으로부터 ‘압수할 물건’을 ‘정보처리장치(컴퓨터, 노트북, 태블릿 등) 및 정보저장매체(USB, 외장하드 등)에 저장되어 있는 전자정보’로 기재한 압수·수색영장을 발부받은 뒤, 그 압수·

수색영장에 의하여 피의자 소유의 이 사건 휴대전화를 압수하였다. 이렇게 압수·수색영장에 기재된 ‘압수할 물건’에 휴대전화에 저장된 전자정보가 포함되어 있지 않은 경우 그 영장으로 휴대전화에 저장된 전자정보를 압수할 수 없다.

① ㄱㄴㄷㄹ   ② ㄴㄹㅁ

③ ㄷㄹㅁ   ④ ㄴㄷㄹ

05

압수·수색에 관한 다음 [보기]의 설명 중 옳은 것을 모두 고른 것은? (다툼이 있는 경우 판례에 의함)

| 보기 |

ㄱ 수사기관이 압수·수색영장을 제시하고 집행에 착수하여 압수·수색을 실시하고 그 집행을 종료하였다면 이미 그 영장은 목적을 달성하여 효력이 상실되는 것이므로, 동일한 장소 또는 목적물에 대하여 다시 압수·수색할 필요가 있는 경우라도 그 영장을 제시하고 다시 압수·수색을 할 수 없다.

ㄴ 압수·수색할 전자정보가 영장에 기재된 수색장소에 있는 컴퓨터에 있지 않고 그 컴퓨터와 정보통신망으로 연결되어 제3자가 관리하는 원격지의 서버에 저장되어 있는 경우, 영장에 기재된 수색장소의 컴퓨터를 이용하여 원격지의 저장매체에 접속하는 것은 피의자가 접근하는 통상적인 방법에 따라 한 것이라도 허용된 집행의 장소적 범위를 벗어난 것으로 위법하다.

ㄷ 압수·수색영장에 기재된 혐의사실과의 객관적 관련성은 압수·수색영장에 기재된 혐의사실 자체 또는 그와 기본적 사실관계가 동일한 범행과 직접 관련되어 있는 경우는 물론 범행 동기와 경위 등을 증명하기 위한 간접증거나 정황증거 등으로 사용될 수 있는 경우에도 인정될 수 있다.

ㄹ 압수·수색영장은 처분을 받는 자에게 반드시 제시하여야 하지만, 피처분자가 현장에 없거나 현장에서 그를 발견할 수 없는 경우 등 영장제시가 현실적으로 불가능한 경우에는 영장을 제시하지 아니한 채 압수·수색을 하더라도 위법하다고 볼 수 없다.

⑩ 형사소송법 제215조는 검사가 압수·수색영장
을 청구할 수 있는 시기를 공소제기 전으로 한
정하고 있으므로, 일단 공소가 제기된 후에는
피고사건에 관하여 검사로서는 형사소송법 제
215조에 의하여 압수·수색을 할 수 없다.

① ㉠ㄴㄷㄹ
② ㉠ㄷㄹ
③ ㉠ㄷㄹㅁ
④ ㄴㄷㅁ

06

전자정보의 압수·수색에 대한 다음 [보기]의 설명 중 옳은 것을 모두 고른 것은? (다툼이 있는 경우 판례에 의함)

| 보기 |

㉠ 수사기관의 전자정보에 대한 압수·수색은 원칙
적으로 영장 발부의 사유로 된 범죄 혐의사실과
관련된 부분만을 문서 출력물로 수집하거나 수
사기관이 휴대한 저장매체에 해당 파일을 복제
하는 방식으로 이루어져야 한다.

㉡ 임의제출된 정보저장매체에서 압수의 대상이 되
는 전자정보의 범위를 넘어서는 전자정보에 대
해 수사기관이 영장 없이 압수·수색하여 취득한
증거는 사후에 피고인이 이를 증거로 함에 동의
하였다고 하여 그 위법성이 치유되지 않는다.

㉢ 피의자가 휴대전화를 임의제출하면서 원격지에
저장되어 있는 전자정보를 수사기관에 제출한
다는 의사로 클라우드에 접속하기 위한 아이디
와 비밀번호를 임의로 제공하였더라도, 그 클라
우드에 저장된 전자정보를 임의제출하는 것으
로 볼 수는 없다.

㉣ 수사기관이 甲을 피의자로 하여 발부받은 압수·
수색영장에 기하여 인터넷서비스업체인 A주식
회사를 상대로 A주식회사의 본사 서버에 저장
되어 있는 甲의 전자정보인 SNS 대화내용 등에
대하여 압수·수색을 실시한 경우, 수사기관은
압수·수색 과정에서 甲에게 참여권을 보장하여
야 한다.

⑩ 사법경찰관 P는 ⓐ 2019.3.5. 피의자가 甲으로,
혐의사실이 대마 광고 및 대마 매매로, 압수할
물건이 '피의자가 소지, 소유, 보관하고 있는 휴
대전화에 저장된 마약류 취급 관련자료 등'으로,
유효기간이 '2019.3.31.'로 된 압수·수색·검증
영장을 발부받아, 2019.3.7. 그에 기해 甲으로부
터 휴대전화 3대 등을 압수하였는데, 이후 ⓑ P
는 2019.4.8. 甲의 휴대전화 메신저에서 대마 구
입 희망의사를 밝히는 피고인 A의 메시지를 확
인한 후, 甲 행세를 하면서 위 메신저로 메시지
를 주고받는 방법으로 위장수사를 진행하여, ⓒ
2019.4.10. A를 현행범으로 체포하고 그 휴대전
화를 비롯한 소지품 등을 영장 없이 압수한 다
음 2019.4.12. 사후 압수·수색·검증영장을 발부
받았다. 여기에서 ⓑ 부분의 사법경찰관 P의 메
시지 확인에 의한 수사는 위법하다.

ⓗ 위 ⑩의 ⓒ 부분의 2019.4.10. 사법경찰관 P가 A
를 현행범으로 체포하면서 영장 없이 압수한 휴
대전화 등은 2019.4.12. 사후영장을 발부받았으
므로 위법수집증거에 해당하지 아니한다.

① ㉠ㄴㄷㄹㅁㅂ
② ㉠ㄴㄹㅁㅂ
③ ㉠ㄴㄹㅁ
④ ㉠ㄴㄷㄹㅁ

07

수사에 관한 다음 [보기]의 설명 중 판례의 입장과 일치하지 않는 것을 모두 고른 것은?

| 보기 |

㉠ 수사기관은 피해자 남자 청소년 A에 대한 강제추행과 카메라 이용 촬영을 범죄사실로 하여 피고인의 휴대전화 등에 대한 압수수색영장을 발부받았고, 그 집행과정에서 피해자 A에 대한 범죄사실 외에도 다른 남자 청소년 피해자들을 상대로 성적 학대행위, 촬영행위, 아동·청소년이용음란물 소지에 대한 범죄사실과 관련한 전자정보를 압수하였다면, 이는 위법한 압수수색영장의 집행에 해당한다.

㉡ 음주운전에 대한 수사 과정에서 음주운전 혐의가 있는 운전자에 대하여 구 도로교통법 제44조 제2항에 따른 호흡측정이 이루어진 경우에는 그에 따라 과학적이고 중립적인 호흡측정 수치가 도출된 이상 다시 음주측정을 할 필요성은 사라졌으므로 운전자의 불복이 없는 한 다시 음주측정을 하는 것은 원칙적으로 허용되지 아니한다.

㉢ 음주운전에 대한 수사 과정에서 음주운전 혐의가 있는 운전자에 대해 구 도로교통법(2014.12.30. 법률 제12917호로 개정되기 전의 것) 제44조 제2항에 따른 호흡측정이 이루어졌으나 호흡측정 결과에 오류가 있다고 인정할 만한 객관적이고 합리적인 사정이 있는 경우라면, 경찰관이 운전자의 동의 없이 혈액 채취에 의한 측정 방법으로 다시 음주측정을 하는 것을 위법하다고 할 수 없다.

㉣ 압수·수색영장은 처분을 받는 자에게 반드시 제시하여야 하나 현장에서 압수·수색을 당하는 사람이 여러 명일 경우에는 그 장소의 관리책임자에게 영장을 제시하면 족하고, 물건을 소지하고 있는 다른 사람으로부터 이를 압수하고자 하는 때에도 그 사람에게 따로 영장을 제시할 필요가 없다.

㉤ 수사기관의 압수물의 환부에 관한 처분의 취소를 구하는 준항고는, 소송 계속 중 그것으로써 달성하고자 하는 목적이 이미 이루어졌거나 시일의 경과 또는 그 밖의 사정으로 인하여 그 이익이 상실된 경우에는 부적법하게 된다.

㉥ 검찰수사관 甲은 수사를 지연시켜 달라는 내용의 부정청탁을 받고 그에 따라 직무를 수행하고 수사기관 내부의 비밀을 누설하였다는 혐의로 수사를 받게 되었다. 수사기관은 별건 압수·수색 과정에서 압수한 휴대전화에 저장된 전자정보를 탐색하던 중 우연히 이 사건 범죄사실 혐의와 관련된 전자정보를 발견하였는데도, 이후 약 3개월 동안 대검찰청 통합디지털증거관리시스템(D-NET)에 그대로 저장된 채로 계속 보관하면서 영장 없이 이를 탐색·복제·출력하여 증거를 수집하였다. 이후 수사기관은 위 수집된 증거에 대해서 압수·수색영장을 발부받았고, 검사는 공판절차에서 위 증거를 제출하였으며 이에 대해서 피고인이나 변호인의 증거동의가 있었다. 위 증거의 증거능력은 인정된다.

① ㉠㉡㉢㉣
② ㉡㉢㉣㉤
③ ㉡㉢㉤㉥
④ ㉠㉢㉣㉥

08

압수·수색에 관한 다음 [보기]의 설명 중 옳은 것을 모두 고른 것은? (다툼이 있는 경우 판례에 의함)

| 보기 |

㉠ 압수·수색영장은 피압수자로 하여금 법관이 발부한 영장에 의한 압수·수색이라는 사실을 확인함과 동시에 압수·수색영장에 필요적으로 기재하도록 정한 사항이나 그와 일체를 이루는 사항을 충분히 알 수 있도록 제시하여야 한다.

㉡ 정보통신서비스 회사에서 보관 중인 이메일에 대하여 압수·수색영장을 집행하면서 팩스로 영장 사본을 송신하였다면, 집행 시에 그 영장의 원본을 제시하지 않더라도 위법하지 않다.

㉢ 피의자의 이메일 계정에 대한 접근권한에 갈음하여 발부받은 압수·수색영장의 집행에 필요한 처분은 원격지 서버에 있는 피의자의 이메일 등 관련 전자정보를 수색장소의 정보처리장치로 내려받거나 그 화면에 현출시키는 행위와 같이 집행의 목적을 달성하기 위한 필요 최소한도의 범위 내에서 그 수단과 목적에 비추어 사회통념상 상당하다고 인정되는 행위이어야 한다.

㉣ 전자정보에 대한 압수·수색영장에 기하여 저장매체 자체를 반출한 후 유관정보를 탐색하는 과정에서 당해 영장의 범죄혐의와는 다른 별도의 범죄혐의와 관련된 증거를 발견하게 되어 이를 압수하려는 경우에는 더 이상의 집행을 중단하고 법원으로부터 별도의 범죄혐의에 대한 압수·수색영장을 발부받아야 한다.

㉤ 수사기관이 2022.9.12. 甲을 성폭력범죄의처벌 등에관한특례법위반(카메라등이용촬영)의 현행 범으로 체포하면서 휴대전화를 임의제출받은 후 피의자신문과정에서 甲과 함께 휴대전화를 탐색하던 중 2022.6.경의 동일한 범행에 관한 영상을 발견한 경우, 수사기관이 그 영상을 甲에게 제시하고 甲이 해당 영상을 언제, 어디에서 촬영한 것인지 쉽게 알아보고 그에 관해 구체적으로 진술하였다 하더라도 이후 甲에게 전자정보의 파일 명세가 특정된 압수목록이 작성·교부되지 않았다면, 甲의 절차상 권리는 실질적으로 침해되었다고 볼 수 있다.

① ㉠㉡㉢㉣
② ㉠㉢㉣
③ ㉡㉢㉣㉤
④ ㉠㉢㉣㉤

09

강제수사에 관한 다음 [보기]의 기술 중 판례의 입장과 일치하는 것을 모두 고른 것은?

| 보기 |

㉠ 범행 중 또는 범행 직후의 범죄 장소에서 영장 없이 압수·수색 또는 검증을 할 수 있도록 규정한 형사소송법 제216조 제3항의 요건 중 어느 하나라도 갖추지 못한 경우, 이에 대하여 사후에 법원으로부터 영장을 발부받음으로써 위법성이 치유되지 않는다.

㉡ 검사는 증거에 사용할 압수물에 대하여 가환부의 청구가 있는 경우, 원칙적으로 가환부 청구에 응하여야 한다.

㉢ 수사기관이 범죄 증거를 수집할 목적으로 피의자의 동의 없이 피의자의 소변을 채취하는 것은 법원으로부터 감정허가장을 받아 '감정에 필요한 처분'으로 할 수 있지만 '압수·수색'의 방법으로도 할 수 있다.

㉣ 압수·수색의 방법으로 소변을 채취하는 경우 압수대상물인 피의자의 소변을 확보하기 위한 수사기관의 노력에도 불구하고, 피의자가 인근 병원 응급실 등 소변 채취에 적합한 장소로 이동하는 것에 동의하지 않거나 저항하는 등 임의 동행을 기대할 수 없는 사정이 있는 경우라면, 수사기관으로서는 소변 채취에 적합한 장소로 피의자를 데려가기 위해서 수갑과 포승을 사용하는 등 필요 최소한의 유형력을 행사하는 것도 허용되지 아니한다.

㉤ 피해자 C는 음란합성사진 제작을 당했다는 이유로 피고인 甲을 경찰에 고소하면서 자신이 습득한 甲 소유의 휴대전화를 사법경찰관 P에게 증거물로 임의제출하였고 P는 甲에게 참여의 기회를 보장하거나 압수한 전자정보 목록을 교부함이 없이 디지털포렌식 과정을 거쳐 위 휴대전화에서 삭제된 전자정보 일체를 복원하여 탐색하는 과정에서 피해자 C뿐만 아니라 다른 피해자 A, B에 대한 음란합성사진을 탐색·출력하였고 이 과정에서 다른 피해자인 여고생들인 D 등에 대한 불법촬영사진도 탐색하였는데, 이후 사법경찰관은 위 D 등에 대한 불법촬영사진에 관한 별도의 압수·수색영장을 발부받지 않은 채 甲에 대하여 두 차례 피의자신문을 실시하는

등 수사를 진행하였다. 위 불법촬영사진의 압수·
수색절차는 적법하지 않다.

ⓗ (위 ⓜ에서 계속하여) 이후 甲이 군에 입대하자
군 검사는 甲을 피의자로 하여 성폭력처벌법 위
반(카메라등이용촬영) 혐의사실로 위 휴대전화
내 전자정보 등에 관한 사전 압수·수색영장을
발부받은 후 위 휴대전화를 제출인인 피해자 C
에게 환부하고 C의 모친은 위 휴대전화를 甲 소
속 군부대로 발송하자 이후 군검사는 위 영장에
의하여 위 휴대전화를 압수한 다음 甲 및 그 변
호인의 참여권 포기 의사를 확인하고 재차 디지
털포렌식 절차를 진행하여 D 등 여고생들에 대
한 불법촬영사진을 탐색·복원·출력하였다. 군
검사 수사과정에서 수집된 D 등 여고생들에 대
한 불법촬영사진 출력물과 시디(CD)는 그 증거
능력이 인정된다.

① ㉠㉡㉢㉣㉤ⓗ
② ㉠㉡㉢㉣㉤
③ ㉠㉡㉢㉤
④ ㉠㉡㉢ⓗ

10

**다음 [보기]의 설명 중 옳은 것(○)과 옳지 않은 것(×)을
올바르게 조합한 것은?**

| 보기 |

㉠ 긴급체포되었다가 구속영장을 청구하지 아니하
거나 발부받지 못하여 석방된 자는 영장 없이는
동일한 범죄사실에 관하여 체포하지 못한다.

㉡ 검사 또는 사법경찰관에 의하여 구속되었다가
석방된 피의자는 다른 중요한 증거를 발견한 경
우를 제외하고는 동일한 범죄사실에 관하여 재
차 구속하지 못한다.

㉢ 체포·구속적부심사결정에 의하여 석방된 피의
자가 도망하거나 죄증을 인멸하는 경우를 제외
하고는 동일한 범죄사실에 관하여 재차 체포 또
는 구속하지 못한다.

㉣ 공소취소에 의한 공소기각의 결정이 확정된 때
에는 공소취소 후 그 범죄사실에 대한 다른 중
요한 증거를 발견한 경우에 한하여 다시 공소를
제기할 수 있다.

㉤ 재정신청을 기각한 법원의 결정이 확정된 사건
에 대하여는 다른 중요한 증거를 발견한 경우를
제외하고는 소추할 수 없다.

① ㉠(○), ㉡(○), ㉢(○), ㉣(○), ㉤(○)
② ㉠(×), ㉡(○), ㉢(○), ㉣(○), ㉤(×)
③ ㉠(○), ㉡(○), ㉢(×), ㉣(×), ㉤(○)
④ ㉠(○), ㉡(×), ㉢(○), ㉣(×), ㉤(○)

11

다음 [보기]의 상황 중에서 「형사소송법」이 명문으로 '다른 중요한 증거를 발견한 경우'를 요구하는 상황만을 모두 고르면?

| 보기 |

㉠ 사기죄로 긴급체포되었다가 구속영장이 발부되지 않아 석방된 자를 사법경찰관이 동일한 사기죄의 범죄사실로 다시 체포하는 경우

㉡ 사기죄로 구속되었다가 석방된 자를 사법경찰관이 동일한 사기죄의 범죄사실로 재차 구속하는 경우

㉢ 사기죄에 대하여 공소취소에 의한 공소기각의 결정이 확정된 후, 검사가 다시 동일한 사기죄의 범죄사실로 공소를 제기하는 경우

㉣ 사기죄의 불기소처분에 대한 재정신청이 법률상 방식에 위배된다는 이유로 그 신청을 기각하는 결정이 확정된 후, 검사가 다시 동일한 사기죄의 범죄사실로 공소를 제기하는 경우

① ㉠㉡㉢
② ㉠㉡㉣
③ ㉠㉡㉣
④ ㉡㉢㉣

12

전자정보의 압수·수색에 관한 다음 [보기]의 설명 중 판례의 입장과 일치하는 것을 모두 고른 것은?

| 보기 |

㉠ 수사기관의 전자정보에 대한 압수·수색은 원칙적으로 영장 발부의 사유로 된 범죄 혐의사실과 관련된 부분만을 문서 출력물로 수집하거나 수사기관이 휴대한 저장매체에 해당 파일을 복제하는 방식으로 이루어져야 한다.

㉡ 수사기관 사무실 등으로 반출된 저장매체 또는 복제본에서 혐의사실 관련성에 대한 구분 없이 임의로 저장된 전자정보를 문서로 출력하거나 파일로 복제하는 행위는 원칙적으로 영장주의 원칙에 반하는 위법한 압수가 된다.

㉢ 전자정보가 담긴 저장매체 또는 복제본을 수사기관 사무실 등으로 옮겨 복제·탐색·출력하는 경우에는 피압수·수색 당사자나 변호인에게 참여의 기회를 보장하지 않더라도 그 압수·수색은 적법하다.

㉣ 전자정보에 대한 압수·수색이 종료되기 전에 혐의사실과 관련된 전자정보를 적법하게 탐색하는 과정에서 별도의 범죄혐의와 관련된 전자정보를 우연히 발견한 경우라면 별도의 범죄혐의에 대한 압수·수색영장을 발부받지 않고 이 전자정보를 적법하게 압수·수색할 수 있다.

㉤ 전자정보에 대한 압수·수색 과정에서 이루어진 현장에서의 저장매체 압수·이미징·탐색·복제 및 출력행위 등 일련의 행위가 모두 진행되어 압수·수색이 종료된 후, 전체 압수·수색 과정을 단계적·개별적으로 구분하여 각 단계의 개별 처분의 취소를 구하는 준항고가 있는 경우에도 준항고법원은 당해 압수·수색 과정 전체를 하나의 절차로 파악하여 전체적으로 압수·수색 처분을 취소할 것인지를 가려야 한다.

① ㉠㉡㉢㉤
② ㉠㉡㉤
③ ㉡㉢㉣㉤
④ ㉡㉣㉤

13

압수된 디지털 저장매체로부터 출력한 문건에 대한 설명으로 옳지 않은 것은? (다툼이 있는 경우 판례에 의함)

① 그 문건을 증거로 사용하기 위해서는 디지털 저장매체 원본에 저장된 내용과 출력한 문건의 동일성이 인정되어야 한다.

② 그 문건을 진술증거로 사용하는 경우 그것에 기재된 내용의 진실성에 관해서는 전문법칙이 적용된다.

③ 그 문건을 간접사실에 대한 정황증거로 사용하는 경우 전문증거에 해당하므로 공판준비기일 또는 공판기일에 그 작성자의 진술에 의해 성립의 진정이 증명되어야 한다.

④ 디지털 저장매체 원본을 대신하여 저장매체에 저장된 자료를 '하드카피' 또는 '이미징'한 매체로부터 출력한 문건의 경우에는 디지털 저장매체 원본과 '하드카피' 또는 '이미징'한 매체 사이에 자료의 동일성도 인정되어야 한다.

14

압수·수색에 관한 다음 [보기]의 기술 중 옳지 않은 것을 모두 고른 것은? (다툼이 있는 경우 판례에 의함)

| 보기 |

㉠ 압수·수색의 목적이 된 범죄나 이와 관련된 범죄의 경우에는 그 압수·수색의 결과를 유죄의 증거로 사용할 수 있다. 압수·수색영장의 범죄 혐의사실과 관계있는 범죄라는 것은 압수·수색영장에 기재한 혐의사실과 객관적 관련성이 있거나 압수·수색영장 대상자와 피의자 사이에 인적 관련성이 있는 범죄를 의미한다.

㉡ 법원이 압수·수색영장을 발부하면서 범죄 혐의사실과 관련 있는 전자정보의 탐색·복제·출력이 완료된 때 지체 없이 영장 기재 범죄 혐의사실과 관련이 없는 나머지 전자정보에 대해 삭제·폐기 또는 피압수자 등에게 반환할 것까지 결정할 수는 없으므로, 수사기관이 나머지 전자정보를 보유한 압수는 위법하지 않다.

㉢ 수사기관이 정보저장매체에 기억된 정보 중에서 범죄 혐의사실과 관련 있는 정보를 선별한 다음 이미지 파일을 제출받아 압수한 경우, 수사기관 사무실에서 위와 같이 압수된 이미지 파일을 탐색·복제·출력하는 과정에서도 피의자 등에게 참여의 기회를 보장하여야 하는 것은 아니다.

㉣ 압수물 목록의 교부와 관련하여, 압수된 정보의 상세목록에 정보의 파일 명세가 특정되어 있어야 하는 것은 아니다.

㉤ 'A의 특정 혐의사실과 관련성 있는 정보만을 압수·수색하고, 관련성 없는 정보는 삭제 등을 할 것' 등으로 압수수색의 대상과 방법을 제한한 압수수색영장(제1영장)에 기하여, 수사기관이 甲의 휴대전화를 압수·수색하면서 휴대전화에 저장된 정보를 하나의 압축파일로 수사기관의 저장매체에 보관하여 두고 그 압축파일명을 그대로 기재한 상세목록을 작성하여 甲에게 교부하였는데, 이후 A의 특정 혐의사실과는 관련이 없는 甲의 별개 혐의사실에 대한 수사가 개시되자 수사기관이 위 저장매체에 보관하여 둔 압축파일(甲의 휴대전화 전자정보)에 대해 다시 압수수색영장(제2영장, 제3영장)을 발부받아 이를 집행한 것은 전체적으로 적법한 압수에 해당한다.

① ㉠㉡㉢㉣㉤   ② ㉠㉡㉢㉣
③ ㉠㉡㉣㉤   ④ ㉡㉢㉣㉤

15

압수·수색에 대한 다음 [보기]의 설명 중 옳은 것을 모두 고른 것은? (다툼이 있는 경우 판례에 의함)

| 보기 |

㉠ 경찰관이 간호사로부터 진료 목적으로 채혈된 甲의 혈액 중 일부를 주취운전 여부에 대한 감정을 목적으로 제출받아 압수한 경우 특별한 사정이 없는 한 그 압수절차가 甲 또는 그의 가족의 동의 및 영장 없이 행하여졌더라도 적법절차의 위반이 아니다.

㉡ 수사기관이 피의자 甲의 공직선거법 위반 혐의로 발부받은 압수·수색영장의 집행과정에서 甲의 혐의사실과 무관한 乙과 丙 사이의 대화가 녹음된 파일을 압수한 경우 위 녹음파일은 위법수집증거이므로 乙과 丙의 공직선거법 위반 혐의사실을 입증하는 증거로 사용할 수 없다.

㉢ 긴급체포된 자가 소유·소지 또는 보관하는 물건에 대한 긴급 압수·수색 또는 검증을 규정한 형사소송법 제217조 제1항에 따른 압수·수색 또는 검증은 영장주의원칙에 따라 체포현장이 아닌 장소에서는 할 수 없다.

㉣ 경찰관이 음주운전자를 단속하면서 주취운전이라는 범죄행위로 체포·구속하지 아니한 경우에도 필요하다면 그 음주운전자의 차량열쇠는 영장 없이 압수할 수 있다.

㉤ 압수·수색영장에 적힌 '압수할 물건'에 컴퓨터 등 정보처리장치 저장 전자정보만 기재되어 있고 별도로 원격지 서버 저장의 전자정보가 특정되어 있지 않았다 하더라도, 영장에 기재된 해당 컴퓨터 등 정보처리장치를 이용하여 로그인되어 있는 상태의 원격지 서버 저장 전자정보를 압수한 경우는 영장주의원칙에 반하지 않는다.

① ㉠㉡㉢㉣
② ㉡㉢㉤
③ ㉠㉡㉣
④ ㉡㉣㉤

16

형사소송절차에 관한 다음 기술 중 틀린 것은? (다툼이 있는 경우 판례에 의함)

① 검사 또는 사법경찰관은 영장에 의한 체포, 긴급체포, 구속, 현행범인체포에 의하여 피의자를 체포 또는 구속하는 경우에 필요한 때에는 영장 없이 타인의 주거나 타인이 간수하는 가옥, 건조물, 항공기, 선차 내에서의 피의자 수색을 할 수 있다. 다만, 이 경우의 피의자 수색은 미리 수색영장을 발부받기 어려운 긴급한 사정이 있는 때에 한정한다.

② 압수의 대상이 되는 전자정보와 그렇지 않은 전자정보가 혼재된 정보저장매체나 복제본을 임의제출받은 수사기관이 정보저장매체 등을 수사기관 사무실 등으로 옮겨 탐색·복제·출력하는 일련의 과정에서, 범죄 혐의사실과 무관한 전자정보의 임의적인 복제 등을 막기 위한 적절한 조치를 취하지 않은 경우, 압수·수색은 원칙적으로 적법하다고 평가할 수 없다.

③ 헌법재판소가 구 형사소송법 제216조 제1항 제1호(피의자 체포·구속을 위한 영장 없는 피의자 수색) 중 제200조의2(영장에 의한 체포)에 관한 부분에 대해 헌법불합치결정을 하면서 계속 적용을 명한 부분의 효력은 '수색영장 없이 타인의 주거 등을 수색하여 피의자를 체포할 긴급한 필요가 없는 경우'까지 미치지 않는다.

④ 저장매체에 대한 압수·수색 과정에서 범위를 정하여 출력·복제하는 방법이 불가능하거나 압수의 목적을 달성하기에 현저히 곤란한 예외적인 사정이 인정되어 전자정보가 담긴 저장매체, 하드카피나 이미징(imaging) 등 형태를 수사기관 사무실 등으로 옮겨 복제·탐색·출력하는 경우에도, 피압수자나 변호인에게 참여 기회를 보장하고 혐의사실과 무관한 전자정보의 임의적인 복제 등을 막기 위한 적절한 조치를 취하여야 하나, 피압수자 측이 위와 같은 절차나 과정에 참여하지 않는다는 의사를 명시적으로 표시하였거나 절차 위반행위가 이루어진 과정의 성질과 내용 등에 비추어 피압수자에게 절차 참여를 보장한 취지가 실질적으로 침해되었다고 볼 수 없는 경우에는 압수·수색의 적법성을 부정할 수 없다.

17

강제처분에 관한 설명 중 옳지 않은 것은? (다툼이 있는 경우 판례에 의함)

① 「형사소송법」 제217조 제1항은 수사기관이 피의자를 긴급체포한 상황에서 피의자가 체포되었다는 사실이 공범이나 관련자들에게 알려짐으로써 관련자들이 증거를 파괴하거나 은닉하는 것을 방지하고, 범죄사실과 관련된 증거물을 신속히 확보할 수 있도록 하기 위한 것이므로, 긴급체포된 자가 체포현장이 아닌 장소에서 소유·소지 또는 보관하는 물건을 압수할 수 있다.

② 체포영장이 발부된 피의자를 체포하기 위하여 건조물을 수색하기에 앞서 수색영장을 발부받기 어려운 긴급한 사정이 있었다고 볼 수 없음에도 수색영장 없이 경찰이 건조물을 수색한 행위는 적법한 공무집행에 해당하지 아니한다.

③ 현행범 체포현장이나 범죄장소에서 소지자 등이 임의로 제출하는 물건은 영장 없이 압수할 수 있고, 이 경우에는 검사나 사법경찰관이 사후에 영장을 받을 필요가 없다.

④ 검사 또는 사법경찰관은 영장에 의한 체포, 긴급체포, 구속, 현행범인체포 규정에 의하여 피의자를 체포 또는 구속하는 경우에 필요한 때에는 영장 없이 타인의 주거나 타인이 간수하는 가옥, 건조물, 항공기, 선차 내에서 피의자를 수색할 수 있지만, 이러한 모든 경우에는 미리 수색영장을 발부받기 어려운 긴급한 사정이 있는 때에 한정한다는 긴급성이 갖추어져야 한다.

18

압수·수색에 대한 다음 [보기]의 설명 중 옳지 않은 것을 모두 고른 것은? (다툼이 있는 경우 판례에 의함)

| 보기 |

㉠ 압수·수색영장은 처분을 받는 자에게 반드시 제시하여야 하고, 처분을 받는 자가 피고인인 경우에는 영장을 제시할 뿐 아니라 그 사본을 교부하여야 하며, 이는 처분을 받는 피고인이 영장의 제시나 사본의 교부를 거부한 때에도 예외가 아니다.

㉡ 범인으로부터 압수한 물품에 대하여 몰수의 선고가 없어 그 압수가 해제된 것으로 간주되면, 공범자에 대한 범죄수사를 위하여 여전히 그 물품의 압수가 필요하다거나 공범자에 대한 재판에서 그 물품이 몰수될 가능성이 있는 경우라도 검사는 그 물품을 다시 압수할 수는 없다.

㉢ 압수·수색영장에 야간집행을 할 수 있다는 기재가 없다면, 수사기관은 도박에 상용된다고 인정되는 장소라도 일몰 후에 그 영장을 집행하기 위하여 들어갈 수 없다.

㉣ 압수의 대상이 되는 전자정보와 그렇지 않은 전자정보가 혼재된 정보저장매체나 그 복제본을 압수·수색한 수사기관이 정보저장매체 등을 수사기관 사무실 등으로 옮겨 이를 탐색·복제·출력하는 경우, 압수된 전자정보의 파일 명세가 특정된 압수목록을 작성·교부하여야 하고, 범죄혐의사실과 무관한 전자정보의 임의적인 복제 등을 막기 위한 적절한 조치를 취하여야 한다.

㉤ 수사기관이 압수·수색영장에 적힌 '수색할 장소'에 있는 컴퓨터 등 정보처리장치에 저장된 전자정보 외에 원격지 서버에 저장된 전자정보를 압수·수색하기 위하여는 그 영장에 적힌 '압수할 물건'에 별도로 원격지 서버 저장 전자정보가 특정되어 있을 것을 요하지 않으므로, 그 영장에 적힌 '압수할 물건'에 컴퓨터 등 정보처리장치 저장 전자정보만 기재되어 있는 경우에도 컴퓨터 등 정보처리장치를 이용하여 원격지 서버 저장 전자정보를 압수할 수 있다.

㉥ 수사기관이 전자정보에 대한 압수·수색이 종료되기 전에 혐의사실과 관련된 전자정보를 적법하게 탐색하는 과정에서 별도의 범죄혐의와 관련된 전자정보를 우연히 발견하여 추가탐색을 중단하고 별도의 범죄혐의에 대한 압수·수색영장을 발부받은 경우, 전자정보에 대한 피압수·수색 당사자는 최초의 압수·수색 이전부터 해당 전자정보를 관리하고 있던 자이다.

① ㉠㉡㉢㉤㉥

② ㉠㉡㉢㉤

③ ㉡㉢㉤㉥

④ ㉡㉣㉤㉥

19

압수·수색에 대한 다음 [보기]의 설명 중 옳지 않은 것을 모두 고른 것은? (다툼이 있는 경우 판례에 의함)

| 보기 |

㉠ 피고인 A가 2014.12.11. 피해자 甲을 상대로 저지른 성폭력범죄의 처벌 등에 관한 특례법 위반(카메라등이용촬영) 범행('2014년 범행')에 대하여 甲이 즉시 피해 사실을 경찰에 신고하면서 A의 집에서 가지고 나온 A 소유의 휴대전화 2대에 A가 촬영한 동영상과 사진이 저장되어 있다는 취지로 말하고 이를 범행의 증거물로 임의제출하였는데, 경찰이 이를 압수한 다음 그 안에 저장된 전자정보를 탐색하다가 甲을 촬영한 휴대전화가 아닌 다른 휴대전화에서 A가 2013.12.경 피해자 乙, 丙을 상대로 저지른 같은 법 위반(카메라등이용촬영) 범행('2013년 범행')을 발견하고 그에 관한 동영상·사진 등을 영장 없이 복제한 CD를 증거로 제출하였다. 위 CD는 피고인 A의 2013년 범행을 입증하는 증거로서의 증거능력이 인정된다.

㉡ 압수·수색영장의 범죄혐의사실과 관계있는 범죄라는 것은 압수·수색영장에 기재한 혐의사실과 객관적 관련성이 있고 압수·수색영장 대상자와 피의자 사이에 인적 관련성이 있는 범죄를 의미하는데, 이러한 객관적 관련성은 압수·수색영장에 기재된 혐의사실과 단순히 동종 또는 유사 범행이라는 사유만으로 인정된다.

㉢ 피고인이 2018.5. 피해자 甲(여, 10세)에 대하여 저지른 간음유인미수 및 성폭력처벌법 위반(통신매체이용음란) 범행과 관련하여 수사기관이 피고인 소유의 휴대전화를 적법하게 압수하였는데, 위 휴대전화에 대한 수사기관의 디지털정보분석 결과 피고인이 2017.12.경부터 2018.4.경까지 사이에 저지른 피해자 乙(여, 12세), 丙(여, 10세), 丁(여, 9세)에 대한 간음유인 및 간음유인미수, 미성년자의제강간, 성폭력처벌법 위반(13세미만미성년자강간), 성폭력처벌법 위반(통신매체이용음란) 등 범행에 관한 추가 자료들이 수사기관에 의하여 획득된 경우, 이러한 추가자료들은 위법수집증거에 해당한다.

㉣ 압수의 대상이 되는 전자정보와 그렇지 않은 전자정보가 혼재된 정보저장매체나 복제본을 임의제출받은 수사기관이 정보저장매체 등을 수사기관 사무실 등으로 옮겨 탐색·복제·출력하는 일련의 과정에서, 피압수자나 그 변호인의 참여의 기회를 보장하는 등 범죄혐의사실과 무관한 전자정보의 임의적인 복제 등을 막기 위한 적절한 조치를 취하지 않은 경우 압수·수색은 원칙적으로 적법하지 않고, 이때 수사기관이 정보저장매체 또는 복제본에서 범죄혐의사실과 관련된 전자정보만을 복제·출력하였다 하더라도 달리 볼 것은 아니다.

㉤ 증거은닉범 B가 본범 A로부터 은닉을 교사받고 소지·보관 중이던 A 등의 정보저장매체를 임의제출하는 경우, 증거은닉범행의 피의자이면서 임의제출자인 B에게만 참여의 기회를 부여하고 A 등에게 참여의 기회를 부여하지 않은 것은 적법하지 않다.

㉥ 수사기관은 2020.7.1. 발부된 압수·수색영장에 따라 2020.7.3. 압수·수색을 실시하면서 준항고인 소유의 물품 박스 약 9,000개를 압수한 다음 2020.9.7. 상세 압수목록을 교부하였다. 수사기관의 조치는 적법하지 않다.

① ㉠㉡㉢㉣㉤
② ㉠㉡㉢㉣㉥
③ ㉠㉡㉢㉤
④ ㉡㉢㉤㉥

20

임의제출된 정보저장매체의 압수·수색에 관한 다음 [보기]의 기술 중 옳지 않은 것을 모두 고른 것은?

| 보기 |

㉠ 임의제출된 정보저장매체에서 압수의 대상이 되는 전자정보의 범위를 넘어서는 전자정보에 대해 수사기관이 영장 없이 압수·수색하여 취득한 증거는 위법수집증거에 해당하나, 이에 대해 사후에 법원으로부터 영장이 발부되었다면 1차적 증거와의 인과관계가 단절되므로 증거능력이 부여된다.

㉡ 전자정보에 대한 압수·수색영장의 집행의 방식은 정보저장매체에 해당하는 임의제출물의 압수에는 동일하게 적용될 수 없다.

㉢ 수사기관이 제출자의 의사를 쉽게 확인할 수 있음에도 이를 확인하지 않은 채 특정 범죄혐의사실과 관련된 전자정보와 그렇지 않은 전자정보가 혼재된 정보저장매체를 임의제출받은 경우, 그 정보저장매체에 저장된 전자정보 전부가 임의제출되어 압수된 것으로 취급할 수는 없다.

㉣ 전자정보를 압수하고자 하는 수사기관이 정보저장매체와 거기에 저장된 전자정보를 임의제출의 방식으로 압수할 때, 제출자의 구체적인 제출 범위에 관한 의사를 제대로 확인하지 않는 등의 사유로 인해 임의제출자의 의사에 따른 전자정보 압수의 대상과 범위가 명확하지 않거나 이를 알 수 없는 경우에는 임의제출에 따른 압수의 동기가 된 범죄혐의사실과 관련되고 이를 증명할 수 있는 최소한의 가치가 있는 전자정보에 한하여 압수의 대상이 된다.

㉤ 범죄혐의사실과 관련된 전자정보인지를 판단할 때는 범죄혐의사실의 내용과 성격, 임의제출의 과정 등을 토대로 구체적·개별적 연관관계를 살펴볼 필요가 있는데, 휴대전화인 스마트폰을 이용한 불법촬영 범죄의 경우라 하더라도 그 안에 저장되어 있는 같은 유형의 전자정보에서 발견되는 간접증거나 정황증거는 범죄혐의사실과 구체적·개별적 연관관계가 인정될 수 없다.

㉥ 피의자가 소유·관리하는 정보저장매체를 피의자 아닌 피해자 등 제3자가 임의제출하는 경우에는, 그 임의제출 및 그에 따른 수사기관의 압수가 적법하므로 임의제출의 동기가 된 범죄혐의사실과 구체적·개별적 연관관계가 있는 전자정보에 한하여 압수의 대상이 되는 것으로 더욱 제한적으로 해석하여야 할 필요는 없다.

① ㉠㉡㉢㉤㉥
② ㉡㉣㉤㉥
③ ㉠㉡㉤㉥
④ ㉡㉢㉣㉤

▶ **제3편 수사와 공소: 제2장 강제처분과 강제수사** [압수·수색·검증·감정 3] — **제3장 수사의 종결** [사법경찰관과 검사의 수사종결 1]

회차	시행일			목표점수			획득점수		
제10회	1차	2차	3차	1차	2차	3차	1차	2차	3차

01

다음 [보기]의 설명 중 옳은 것만을 모두 고르면? (다툼이 있는 경우 판례에 의함)

| 보기 |

㉠ (아동·청소년 이용 음란물 제작, 배포, 소지 등으로 기소된) 피의자의 동생이 피의자로 기재된 압수·수색영장으로 피의자 소유의 정보저장매체를 압수한 영장 집행은 위법하다.

㉡ 수사기관이 범죄 증거를 수집할 목적으로 피의자의 동의 없이 피의자의 소변을 채취하는 경우, 법원으로부터 감정허가장 또는 감정유치장을 받아야 하고, 압수·수색의 방법으로는 할 수 없다.

㉢ 「통신비밀보호법」상 '전기통신의 감청'은 전기통신이 이루어지고 있는 상황에서 실시간으로 전기통신의 내용을 지득·채록하는 경우, 통신의 송·수신을 직접적으로 방해하는 경우, 이미 수신이 완료된 전기통신에 관하여 남아 있는 기록이나 내용을 열어보는 경우 등을 의미한다.

㉣ 피고인이 아닌 자가 수사과정에서 진술서를 작성하였지만 수사기관이 그에 대한 조사과정을 기록하지 아니하여 「형사소송법」 제244조의4 제3항 및 제1항에서 정한 절차를 위반한 경우, 특별한 사정이 없는 한 '적법한 절차와 방식'에 따라 수사과정에서 진술서가 작성되었다 할 수 없으므로 증거능력을 인정할 수 없다.

㉤ 경찰이 지하철 내에서 여성을 촬영한 혐의(제1범죄)로 임의제출받은 휴대전화를 복원하여 주택에서 몰래 당시 교제 중이던 여성의 나체와 음부를 촬영(제2범죄)한 동영상을 발견하고 이것이 함께 기소된 경우 제2범죄에 대하여 위 동영상은 증거능력이 없다.

① ㉠㉡㉣
② ㉠㉣㉤
③ ㉡㉢㉣
④ ㉢㉣㉤

02

다음 [사례]에서 P가 할 수 있는 조치에 대한 설명으로 옳은 것은? (다툼이 있는 경우 판례에 의함)

| 사례 |

미성년자 甲은 음주운전을 하다가 교통사고를 내고 구급차에 실려 병원으로 이송되었다. 사법경찰관 P는 응급실에 누워 있는 甲에게서 술냄새가 강하게 나는 것을 인지하고 甲을 도로교통법위반(음주운전)죄로 입건하기 위해 증거 수집의 목적으로 甲의 혈액을 취득·보관하려고 한다.

① P가 甲의 동의 없이 혈액을 강제로 취득하는 것은 「형사소송법」이 정한 압수의 방법으로 하여야 하고, 감정에 필요한 처분으로는 이를 할 수 없다.

② 甲이 응급실에서 의식을 잃지 않고 의사능력이 있는 경우라도 甲은 미성년자이므로 P는 甲의 법정대리인의 동의를 얻어야 그의 혈액을 압수할 수 있다.

③ 위 응급실은 「형사소송법」 제216조 제3항의 범죄 장소에 준한다고 볼 수 없으므로, P는 긴급체포 시 압수의 방법으로 영장 없이 甲의 혈액을 취득할 수 있다.

④ P는 당시 간호사가 위 혈액의 소지자 겸 보관자인 의료기관 또는 담당의사를 대리하여 혈액을 경찰관에게 임의로 제출할 수 있는 권한이 없었다고 볼 특별한 사정이 없는 이상, 간호사로부터 진료 목적으로 채혈해 놓은 甲의 혈액을 임의로 제출받아 영장 없이 압수할 수 있다.

03

전자정보의 압수에 대한 다음 [보기]의 설명 중 옳지 않은 것을 모두 고른 것은? (다툼이 있는 경우 판례에 의함)

⊙ 피의자 소유 정보저장매체를 제3자가 보관하고 있던 중 이를 수사기관에 임의제출하면서 그곳에 저장된 모든 전자정보를 일괄하여 임의제출한다는 의사를 밝힌 경우에도 특별한 사정이 없는 한 수사기관은 범죄혐의사실과 관련된 전자정보에 한정하여 영장 없이 적법하게 압수할 수 있다.

ⓛ 임의제출된 전자정보매체에서 압수의 대상이 되는 전자정보의 범위를 넘어서는 전자정보에 대해 수사기관이 영장 없이 압수·수색하여 취득한 증거는 위법수집증거에 해당하지만, 사후에 법원으로부터 영장이 발부되었거나 피고인 또는 변호인이 이를 증거로 함에 동의하였다면 그 위법성은 치유된다.

ⓒ 정보저장매체를 임의제출받아 이를 탐색·복제·출력하는 경우, 압수·수색 당시 또는 이와 시간적으로 근접한 시기까지 해당 정보저장매체를 현실적으로 지배·관리하지는 아니하였더라도 그곳에 저장되어 있는 개별 전자정보의 생성·이용 등에 관여한 자에 대하여서는 압수·수색 절차에 대한 참여권을 보장해 주어야 한다.

ⓔ 수사기관이 임의제출된 정보저장매체에서 범죄혐의사실이 아닌 별도의 범죄혐의와 관련된 전자정보를 우연히 발견한 경우, 당해 정보저장매체에 대한 임의제출에 기한 압수·수색이 종료되기 전이라면 별도의 영장을 발부받지 않고 이를 적법하게 압수·수색할 수 있으나 임의제출에 의한 압수·수색이 종료되었던 경우에는 별도의 범죄혐의에 대한 압수·수색영장을 발부받아야 이를 적법하게 압수할 수 있다.

ⓜ 정보저장매체를 임의제출한 피압수자에 더하여 임의제출자 아닌 피의자에게도 참여권이 보장되어야 하는 '피의자의 소유·관리에 속하는 정보저장매체'에 해당하는지 여부는 전자정보에 의해 식별되는 정보주체의 정보자기결정권을 고려할 때 압수·수색 당시 외형적·객관적으로 인식 가능한 사실상의 상태가 아니라 민사법상 권리의 귀속에 따른 법률적·사후적 판단을 기준으로 판단하여야 한다.

① ㉠ⓛⓒⓔ   ② ⓛⓒⓔⓜ

③ ㉠ⓛⓔⓜ   ④ ㉠ⓛⓒⓔⓜ

04

전자정보의 압수·수색에 관한 다음 [보기]의 기술 중 옳은 것을 모두 고른 것은? (다툼이 있는 경우 판례에 의함)

| 보기 |

⊙ 경찰이 성폭력범죄의 처벌 등에 관한 특례법 위반(카메라등이용촬영) 혐의로 임의제출받은 휴대전화를 피고인과 함께 탐색하다가 다른 범행에 관한 동영상을 발견하고 이것이 함께 기소된 경우, 위 동영상은 그 다른 범행에 관하여 증거능력이 인정된다.

ⓛ 경찰이 피해자로부터 피고인이 모텔 방실에 침입한 혐의로 임의제출받은 위장형 카메라의 메모리카드를 탐색하다가 다른 3개 호실에 설치된 위장형 카메라의 메모리카드에서 성폭력범죄의 처벌 등에 관한 특례법 위반(카메라등이용촬영) 범행에 관한 영상을 발견하고 이것이 함께 기소된 경우, 위 영상은 증거능력이 있다.

ⓒ 정보저장매체를 임의제출한 피압수자에 더하여 임의제출자 아닌 피의자에게도 참여권이 보장되어야 하는 '피의자의 소유·관리에 속하는 정보저장매체'라 함은, 피의자를 그 정보저장매체에 저장된 전자정보에 대하여 실질적인 압수·수색 당사자로 평가할 수 있는 경우를 말하므로 피의자가 과거 그 정보저장매체의 이용 내지 개별 전자정보의 생성·이용 등에 관여한 사실이 있다거나 그 과정에서 생성된 전자정보에 의해 식별되는 정보주체에 해당한다면 실질적으로 압수·수색을 받는 당사자로 취급하여야 한다.

ⓔ 수사기관이 금융기관에 「금융실명거래 및 비밀보장에 관한 법률」(이하 '금융실명법') 제4조 제2항에 따라서 금융거래정보에 대하여 '영장 사본'을 첨부하여 그 제공을 요구한 결과 금융기관으로부터 자발적으로 금융거래자료를 회신받은 후, 그 자료 중 범죄혐의사실과 관련된 금융거래를 선별하는 절차를 거친 후 최종적으로 영장 원본을 제시하고 위와 같이 선별된 금융거래자료에 대한 압수절차가 집행된 경우, 예외적으로 영장의 적법한 집행 방법에 해당할 수 있다.

ⓜ 수사기관이 임의제출받은 정보저장매체가 대부분 임의제출에 따른 적법한 압수의 대상이 되는 전자정보만이 저장되어 있어서 그렇지 않은 전자정보와 혼재될 여지가 거의 없는 경우라 하더

라도, 전자정보인 이상 소지·보관자의 임의제출에 따른 통상의 압수절차 외에 피압수자에게 참여의 기회를 보장하지 않았고 전자정보 압수목록을 작성·교부하지 않았다면 곧바로 증거능력을 인정할 수 없다.

① ㉠㉡㉢㉣
② ㉡㉢㉣㉤
③ ㉠㉡㉣
④ ㉡㉣㉤

05

다음 [사례]에 대한 아래의 [설명] 중 옳은 것을 모두 고른 것은?

| 사례 |

순찰 중인 사법경찰관 P가 교통사고를 낸 차량이 도주하였다는 무전연락을 받고 주변을 수색하다가 사고시점으로부터 약 10분 후 사고지점과 약 1km 떨어진 도로변에서 범퍼 등의 파손상태로 보아 사고차량으로 인정되는 차량에서 내리는 甲을 발견하고 체포하였다.

| 설명 |

㉠ 사안의 경우 범죄에 사용되었다고 인정함에 충분한 물건을 소지하고 있는 때에 해당하므로, P는 甲을 준현행범인으로서 영장 없이 체포할 수 있다.

㉡ 甲이 자신을 체포하려는 P에게 저항하며 도주하여 P가 甲을 실력으로 제압하는 경우, P는 그 과정에서 피의사실의 요지, 체포의 이유와 변호인을 선임할 수 있음을 말하고 변명할 기회를 주어야 하고, 여의치 않다면 甲을 실력으로 제압한 후에 지체 없이 하여야 한다.

㉢ P가 甲을 영장 없이 체포하기 위해서는 형사소송법의 명문의 규정에 의하여 甲에게 도망 또는 증거인멸의 염려가 있어야 할 것이 요구되므로, 만약 체포 당시 상황을 기초로 판단하였을 때에 이러한 요건을 갖추지 못하였다면 그러한 체포는 위법한 체포에 해당한다.

㉣ P가 甲을 체포해서 조사 중 위 교통사고와 무관한 별건 범죄를 발견하고 그 수사를 위하여 甲의 주거지에 있는 甲 소유의 휴대전화를 긴급히 압수할 필요가 있는 경우 체포한 때부터 24시간 이내라면 영장 없이 압수할 수 있다.

㉤ P는 甲을 체포하면서 영장 없이 사고차량에 설치된 블랙박스를 甲의 의사에 반하여서도 압수할 수 있고, 이를 계속 압수할 필요가 있는 경우에는 검사를 통하여 지체 없이 압수·수색영장을 청구하여야 한다.

① ㉠㉡㉣㉤
② ㉡㉢㉣㉤
③ ㉠㉢㉣
④ ㉠㉡㉤

06

압수에 관한 다음 [보기]의 설명 중 옳은 것을 모두 고른 것은? (다툼이 있는 경우 판례에 의함)

| 보기 |

㉠ 검사 또는 사법경찰관이 임의제출된 증거물을 압수한 경우 압수경위 등을 구체적으로 기재한 압수조서를 작성하여야 한다.

㉡ 구 (경찰청) 범죄수사규칙 제119조 제3항에 따라 피의자신문조서 등에 압수의 취지를 기재하여 압수조서를 갈음할 수 있도록 하고 있는데 이는 형사소송법 등 관련 규정의 취지에 반하는 것이다.

㉢ 카메라의 기능과 정보저장매체의 기능을 함께 갖춘 휴대전화기를 이용한 불법촬영 범죄의 경우, 그 안에 저장되어 있는 같은 유형의 전자정보에서 발견되는 간접증거나 정황증거는 범죄 혐의사실과 구체적·개별적 연관관계가 인정될 수 있다.

㉣ 사법경찰관이 피의자신문 시 해당 사건 동영상을 재생하여 피의자에게 제시하였고 피의자는 위 동영상의 촬영 일시, 피해 여성들의 인적사항, 몰래 촬영하였는지 여부, 촬영 동기 등을 구체적으로 진술하였으며 별다른 이의를 제기하지 않은 경우, 피의자에게 압수된 전자정보가 특정된 목록이 교부되지 않았다 하더라도 피의자의 절차상 권리는 실질적으로 침해되었다고 볼 수 없다.

㉤ 증거은닉범 B가 본범 A로부터 은닉을 교사받고 소지·보관 중이던 A 등의 정보저장매체를 임의제출하는 경우 증거은닉범행의 피의자이면서 임의제출자인 B에게만 참여의 기회를 부여하고 A 등에게 참여의 기회를 부여하지 않은 것은 위법하다.

㉥ 유류물의 압수에 있어서도 수사기관의 압수 당시 참여권 행사의 주체가 되는 피압수자가 존재한다고 평가할 수 있다.

① ㉠㉢㉣㉤
② ㉠㉢㉣
③ ㉡㉢㉤㉥
④ ㉡㉢㉣㉥

07

다음 [사례]는 압수조서의 방식, 특별사법경찰관의 관할구역 외 수사 시의 보고의무, 압수·수색에 있어서의 참여권 보장에 관한 것이다. 이에 대한 다음 [보기]의 설명 중 옳은 것을 모두 고른 것은? (다툼이 있는 경우 판례에 의함)

| 사례 |

인천세관 소속 인천항휴대품검사관들은 2018.6.29. 중국 석도항에서 인천항 제1국제여객터미널로 입국한 무역상 공소외인이 반입한 화물 중 위조품으로 추정되는 이 사건 메모리카드를 적발하여 유치하였고, 2018.7.9. 이 사건 메모리카드가 모두 위조품이라는 취지의 감정서를 회신받았다. 이에 인천세관 소속 특별사법경찰관은 2018.7.11. 공소외인이 제출한 화물 송장(인보이스) 등에 수하인으로 기재된 ○○상사를 방문하여 대표자인 피고인을 조사하였는데, 피고인은 "자신이 화물의 화주도 아니고, 이 사건 메모리카드와는 아무런 관련이 없다"는 취지로 진술하였다.

인천지방법원 판사는 2018.8.22. 피고인을 피의자로 하여 이 사건 상표법 위반을 혐의사실로 이 사건 메모리카드 및 이 사건 휴대전화 등에 대한 사전 압수·수색영장을 발부하였다. 특별사법경찰관은 2018.8.23. 인천세관 유치품보관창고에서 유치창고 담당자를 피압수자로 하여 영장에 의해 이 사건 메모리카드를 압수하였고, 위 메모리카드 압수에 관한 압수조서를 작성하였으며, 유치창고 담당자에게 압수목록을 교부하였다.

특별사법경찰관은 2018.8.27. 영장에 의하여 ○○상사에 대한 압수수색을 실시하여 이 사건 휴대전화를 압수한 다음 디지털포렌식 절차를 진행하여 피고인의 카카오톡 및 문자메시지를 탐색·복원·출력하였다. 이 과정에서 이 사건 휴대전화 압수에 관한 압수조서가 작성되지 않았고, 피고인에 대하여 전자정보 파일명세가 특정된 압수목록이 교부되지 않았다. 다만, 특별사법경찰관은 압수수색 당시 이 사건 휴대전화를 제출받은 일시, 장소 및 압수경위 등을 '조사보고(압수수색검증영장 집행결과 보고)'로 작성하여 기록에 편철하였다. 한편, 특별사법경찰관은 위와 같은 압수수색절차에 나아가기에 앞서 ○○상사의 소재지인 파주시를 관할하는 의정부지방검찰청 검사장이나 의정부지방검찰청 고양지청장에 대하여 별도의 보고절차를 밟지 않았다.

㉠ 특별사법경찰관은 휴대전화의 압수 과정에서 압수조서 및 전자정보 상세목록을 작성·교부하지는 않았고, 그에 갈음하여 압수의 취지가 상세히 기재된 수사보고의 일종인 조사보고를 작성하였는바 이러한 압수는 위법하다.

㉡ 구 특별사법경찰관리 집무규칙 제4조에 의하면 특별사법경찰관이 관할구역 밖에서 수사할 경우 관할 검사장에 대한 보고의무를 규정하고 있는데, 특별사법경찰관이 휴대전화 압수 과정에서 별도의 보고절차를 밟지 않은 것은 적법절차의 실질적 내용을 침해한 경우에 해당한다.

㉢ 메모리카드 압수·수색영장 집행 과정에서는 메모리카드를 소지하지 않은 피의자라 하더라도 압수 집행에 있어서 절차 참여를 보장받아야 하는 사람에 해당한다.

㉣ 위 ㉠㉡에서 압수된 휴대전화에서 출력한 카카오톡 및 문자메시지는 증거능력이 인정되나, 위 ㉢에서 압수한 메모리카드의 증거능력은 인정되지 아니한다.

① 없음
② ㉠㉡
③ ㉢
④ ㉢㉣

08

압수와 수색에 관한 다음 [보기]의 설명 중 옳은 것을 모두 고른 것은?

㉠ 도박 기타 풍속을 해하는 행위에 상용된다고 인정하는 장소에서 압수·수색영장을 집행함에는 압수·수색영장 야간집행의 제한을 받지 아니한다. 여관, 음식점 기타 야간에 공중이 출입할 수 있는 장소에서의 압수·수색영장 집행의 경우도 마찬가지이나 이때는 공개한 시간 내에 한한다.

㉡ 수소법원이 종국재판의 선고 시에 가환부한 장물에 대하여 별단의 선고를 하지 아니한 때에는 환부의 선고가 있는 것으로 간주된다.

㉢ 수색한 경우에 증거물 또는 몰수할 물건이 없는 때에는 그 취지의 증명서를 교부하여야 한다. 압수한 경우에는 목록을 작성하여 소유자, 소지자, 보관자 기타 이에 준할 자에게 교부하여야 한다. 운반 또는 보관에 불편한 압수물에 관하여는 간수자를 두거나 소유자 또는 적당한 자의 승낙을 얻어 보관하게 할 수 있다. 위험발생의 염려가 있는 압수물은 폐기할 수 있다.

㉣ 수사기관과 법원은 압수할 물건을 지정하여 소유자 등에게 제출을 명할 수 있다.

㉤ 형사소송법 제417조에서 규정한 준항고와 관련하여, 피압수자는 준항고를 제기함에 있어서 불복의 대상이 되는 압수 등에 관한 처분을 특정하여야 한다.

① ㉠㉡㉢㉣㉤
② ㉡㉢㉣㉤
③ ㉠㉡㉣㉤
④ ㉠㉡㉢㉤

09

압수에 관한 다음 [보기]의 설명 중 옳은 것을 모두 고른 것은? (다툼이 있는 경우 판례에 의함)

| 보기 |

㉠ 압수를 계속할 필요가 없다고 인정되는 압수물이라도 피고사건 종결 전이라면 반드시 환부하여야 하는 것은 아니다.

㉡ 증거에만 공할 목적으로 압수한 물건으로서 그 소유자 또는 소지자가 계속 사용하여야 할 물건은 사진촬영 기타 원형보존의 조치를 취하고 신속히 가환부하여야 한다.

㉢ 수사기관에 대하여 형사소송법상의 환부청구권을 포기한다는 의사표시를 하더라도 그 효력이 없어 그에 의하여 수사기관의 필요적 환부의무가 면제된다고 볼 수 없다.

㉣ 피고인에게 의견을 진술할 기회를 주지 아니한 채 한 가환부결정은 「형사소송법」 제135조(압수물처분과 당사자에의 통지)에 위배하여 위법하고 위 위법은 재판의 결과에 영향을 미쳤다 할 것이다.

㉤ 형사소송법 제417조에 따른 준항고와 관련하여, 준항고인이 불복의 대상이 되는 압수 등에 관한 처분을 한 수사기관을 제대로 특정하지 못하거나 준항고인이 특정한 수사기관이 해당 처분을 한 사실을 인정하기 어렵다면 이러한 이유만으로도 준항고를 배척할 수 있다.

① ㉠㉡㉢㉣
② ㉡㉢㉣
③ ㉡㉢㉣㉤
④ ㉠㉡㉢㉣㉤

10

수사상의 검증과 관련한 다음 설명 중 옳지 않은 것은? (다툼이 있는 경우 판례에 의한다)

① 사고장소에서 긴급을 요하여 영장 없이 행해진 실황조사는 형사소송법 제216조 제3항에 의한 검증에 해당한다.

② 검증을 함에는 신체의 검사, 사체의 해부, 분묘의 발굴, 물건의 파괴 기타 필요한 처분을 할 수 있다.

③ 신체검사는 신체의 자유를 침해할 소지가 높아 피의자에게만 인정되며, 이 경우 그 사람의 건강과 명예를 해하지 아니하도록 주의하여야 한다.

④ 음주운전 중 교통사고를 야기한 후 피의자가 의식불명 상태에 빠져 있는 등으로 호흡조사에 의한 음주측정이 불가능하고 혈액 채취에 대한 동의를 받을 수도 없는 경우 후에 압수·수색영장 또는 감정처분허가장을 받아야 한다.

11

수사상 증거보전에 대한 다음 [보기]의 설명 중 옳지 않은 것을 모두 고른 것은? (다툼이 있는 경우 판례에 의함)

| 보기 |

㉠ 증거보전은 미리 증거를 보전하지 않으면 그 증거를 사용하기 곤란한 사정이 있는 때 인정되는 바 여기에는 증명력의 변화가 예상되는 경우는 포함되지 않는다.

㉡ 증거보전의 방법으로 피의자, 피고인, 공동피고인에 대한 신문을 청구할 수 없다.

㉢ 검사, 피고인, 피의자 또는 변호인은 미리 증거를 보전하지 아니하면 그 증거를 사용하기 곤란한 사정이 있는 때에는 판사에게 압수·수색·검증은 물론 증인신문 또는 감정을 청구할 수 있다. 다만 공소제기 후에는 증인신문을 청구하지 못한다.

㉣ 검사가 증거보전을 청구할 때에는 서면 또는 구술에 의하여 그 사유를 소명하여야 한다.

㉤ 증거보전 절차에서 작성된 증인신문조서 중 증인에 대한 반대신문과정에서 피의자가 진술한 내용을 기재한 부분의 증거능력은 인정되지 아니한다.

㉥ 증거보전절차에서 피의자와 변호인에게 일시와 장소를 미리 통지하지 아니하여 참여기회를 주지 않은 때에는 증인신문조서의 증거능력이 인정되지 않고 이는 당해 증인이 이후 법정에서 그 조서의 진정성립을 인정한다고 하여도 마찬가지이며, 적법한 증거보전이 행하여진 경우 검사는 판사의 허가를 얻어 증거보전의 처분에 관한 서류와 증거물을 열람 또는 등사할 수 있다.

① ㉠㉡㉢㉣㉤㉥
② ㉠㉡㉢㉣㉤
③ ㉠㉡㉢㉣
④ ㉡㉢㉣

12

형사소송법상 증거보전(제184조)과 증인신문(제221조의2)에 관한 다음 [보기]의 설명 중 옳은 것을 모두 고른 것은? (다툼이 있는 경우 판례에 의함)

| 보기 |

㉠ 수사상 증인신문절차는 실질적으로는 검사의 신청에 의한 증거보전의 일종으로서 수임판사의 힘을 빌려 행하는 수사활동이다.

㉡ 범죄의 수사에 없어서는 아니 될 사실을 안다고 명백히 인정되는 자가 전조의 규정에 의한 출석 또는 진술을 거부한 경우에는, 검사는 제1회 공판기일 전에 한하여 판사에게 그에 대한 증인신문을 청구할 수 있다.

㉢ 판사가 형사소송법 제184조에 의한 증거보전절차로 증인신문을 하는 경우에 동법 제163조의 참여의 기회를 주지 아니한 경우라도 피고인과 변호인이 증인신문조서를 증거로 할 수 있음에 동의하여 별다른 이의 없이 적법하게 증거조사를 거친 경우에는 위 증인신문조서는 증인신문절차가 위법하였는지의 여부에 관계없이 증거능력이 부여된다.

㉣ 형사소송법 제221조의2 제2항에 의한 검사의 증인신문청구는 증인의 진술로서 증명할 대상인 피의사실이 존재하여야 하며, 피의사실은 수사기관이 어떤 자에 대하여 내심으로 혐의를 품고 있는 정도의 상태만으로 존재한다고 인정할 수 있다.

㉤ 피고인뿐만 아니라 피의자도 제1회 공판기일 전에 한하여 판사에게 증거보전을 청구할 수 있고, 청구기각의 결정에 대하여는 3일 이내에 항고할 수 있다.

① ㉠㉡㉢㉣
② ㉠㉡㉢㉣
③ ㉡㉢㉣㉤
④ ㉠㉡㉢㉤

13

공무원인 甲과 민간사업자인 乙은 뇌물을 주고받았다는 범죄사실로 수사를 받고 있고, A는 범죄의 수사에 없어서는 아니 될 사실을 안다고 명백히 인정되는데도 검사의 출석요구를 거부하고 있다. 한편 甲에 대한 무혐의를 입증해 줄 수 있는 B는 외국지사로 발령이 나 외국으로 출국하려고 한다. 이에 관한 설명 중 옳은 것은? (다툼이 있는 경우 판례에 의함)

① 검사는 공소제기 전이라도 「형사소송법」 제221조의 2에 의하여 판사에게 A에 대한 증인신문을 청구할 수 있으며, 청구를 기각한 결정에 대하여는 즉시항고를 할 수 있다.

② 위 ①의 청구에 따라 판사가 증인신문기일을 정한 때에도 특별히 수사에 지장이 있다고 인정되는 경우, 판사는 甲 또는 변호인에게 그 기일과 장소 및 증인신문에 참여할 수 있다는 취지를 통지하지 않고 증인신문을 할 수 있다.

③ 甲과 乙은 필요적 공범관계에 있기 때문에 수사단계에서 甲에 대한 증거를 미리 보전하기 위하여 필요한 경우라도 검사는 「형사소송법」 제184조에 따라 판사에게 乙을 증인으로 신문할 것을 청구할 수 없다.

④ 검사가 甲을 수뢰죄로 기소한 경우, 甲이 미리 증거를 보전하지 아니하면 그 증거를 사용하기 곤란한 사정이 있는 때에는 제1회 공판기일 전이라도 「형사소송법」 제184조에 의하여 판사에게 B에 대한 증인신문을 청구할 수 있으며, 청구를 기각하는 결정에 대하여는 3일 이내에 항고할 수 있다.

14

수사절차에 대한 설명으로 가장 적절하지 않은 것은?

① 사법경찰관이 검찰송치 결정을 한 경우에는 그 내용을 고소인·고발인·피해자 또는 그 법정대리인(피해자가 사망한 경우에는 그 배우자·직계친족·형제자매를 포함한다)과 피의자에게 통지해야 한다.

② 사법경찰관이 범죄를 수사한 후 범죄의 혐의가 있다고 인정되는 경우에는 지체 없이 검사에게 사건을 송치하고, 검사는 사법경찰관으로부터 송치받은 사건에 대해 보완수사가 필요하다고 인정하는 경우에는 직접 보완수사를 하거나 사법경찰관에게 보완수사를 요구할 수 있다.

③ 사법경찰관리의 수사과정에서 현저한 수사권 남용이 의심되는 사실에 대하여, 「형사소송법」 제197조의3의 절차에 따라 사법경찰관으로부터 사건기록 등본을 송부받은 검사는 필요하다고 인정되는 경우 사법경찰관에게 시정조치를 요구할 수 있고, 그 이행 결과를 통보받은 후 시정조치 요구가 정당한 이유 없이 이행되지 않았다고 인정되는 경우에는 사법경찰관에게 사건을 송치할 것을 요구할 수 있다.

④ 사법경찰관이 범죄를 수사한 후 범죄의 혐의가 인정되지 않아 불송치 결정을 하는 경우, 사법경찰관은 그 이유를 명시한 서면과 함께 관계 서류와 증거물을 지체 없이 검사에게 송부해야 하며, 검사는 송부받은 날로부터 60일 이내에 사법경찰관에게 그 서류 등을 반환하여야 한다.

15

개정 형사소송법 및 그 관련 법령의 내용으로 다음 [보기]의 설명 중 틀린 것을 모두 고른 것은?

| 보기 |

㉠ 검사는 사법경찰관리의 수사과정에서 법령위반, 인권침해 또는 현저한 수사권 남용이 의심되는 사실의 신고가 있거나 그러한 사실을 인식하게 된 경우에는 사법경찰관에게 사건기록 등본의 송부를 요구할 수 있는데, 위 송부 요구를 받은 사법경찰관은 지체 없이 검사에게 사건기록 등본을 송부하여야 한다.

㉡ 검사의 위 ㉠의 사건기록등본 송부 요구를 받은 사법경찰관이 사건기록등본을 송부하면, 검사는 사건기록 등본을 송부받은 날부터 90일(사안의 경중 등을 고려하여 10일의 범위에서 한 차례 연장할 수 있음) 이내에 시정조치 요구 여부를 결정하여 서면으로 사법경찰관에게 통보해야 한다.

㉢ 사법경찰관은 범죄를 수사한 때에는 범죄의 혐의가 인정되면 검사에게 사건을 송치하고, 그 밖의 경우에는 그 이유를 명시한 서면과 함께 관계 서류와 증거물을 검사에게 송부하도록 하고, 사건을 검사에게 송치하지 아니한 경우에는 별도의 통지 없이 수사를 종결할 수 있다.

㉣ 검사는 사법경찰관이 사건을 송치하지 아니한 것이 위법 또는 부당한 때에는 그 이유를 문서로 명시하여 사법경찰관에게 재수사를 요청할 수 있도록 하고, 사법경찰관은 요청이 있으면 사건을 재수사하도록 한다.

㉤ 검사가 피고인이 된 피의자의 진술을 기재한 조서는 적법한 절차와 방식에 따라 작성된 것으로서 피고인이 진술한 내용과 동일하게 기재되어 있음이 공판준비 또는 공판기일에서의 피고인의 진술이나 영상녹화물 등 객관적 방법에 의하여 인정되고, 그 조서에 기재된 진술이 특히 신빙할 수 있는 상태하에서 행하여졌음이 증명된 때에 한하여 증거로 할 수 있다.

① ㉠㉢㉣
② ㉡㉣㉤
③ ㉡㉢㉤
④ ㉢㉣㉤

16

형사소송법 제197조의2(보완수사요구)에 대한 설명으로 가장 적절하지 않은 것은?

① 검사는 '송치사건의 공소제기 여부 결정 또는 공소의 유지에 관하여 필요한 경우' 또는 '사법경찰관이 신청한 영장의 청구 여부 결정에 관하여 필요한 경우'에 사법경찰관에게 보완수사를 요구할 수 있다.

② 사법경찰관은 형사소송법 제197조의2 제1항에 따른 검사의 보완수사의 요구가 있는 때에는 정당한 이유가 없는 한 지체 없이 이를 이행하고, 그 결과를 검사에게 통보하여야 한다.

③ 형사소송법 제197조의2 제1항에 따른 보완수사의 요구를 받은 사법경찰관과 검사 사이에 형사소송법 제197조의2 제2항의 '정당한 이유의 유무'에 대하여 이견의 조정이 필요한 경우에 사법경찰관은 검사에 대하여 협의를 요청할 수 있다.

④ 형사소송법 제197조의2 제2항에 따른 '정당한 이유의 유무'에 대하여 이견이 있어 협의를 요청받은 검사는 원칙적으로 이에 응하지 않을 수 있으며, 이 경우에는 해당 검사가 소속된 검찰청의 장과 해당 사법경찰관이 소속된 경찰관서의 장의 협의에 따른다.

17

불기소처분에 관한 설명으로 가장 적절한 것은?

① 피의사실이 범죄구성요건에 해당하나 책임조각사유가 있는 경우는 '공소권 없음'에 해당한다.

② 피의사실이 범죄구성요건에 해당하나 위법성조각사유가 있는 경우는 '혐의 없음'에 해당한다.

③ 피의자가 사망한 경우는 '죄가 안 됨'에 해당한다.

④ 피의사실을 인정할 만한 증거가 없는 경우는 '혐의 없음'에 해당한다.

18

현행법상 검사의 불기소처분에 대한 다음 설명 중 가장 옳은 것은? (다툼이 있는 경우 판례에 의함)

① 세무공무원 등의 고발에 따른 조세범처벌법 위반죄 혐의에 대하여 검사가 불기소처분을 하였다가 나중에 공소를 제기하는 경우, 세무공무원 등의 새로운 고발이 있어야 한다.

② 고등법원에 재정신청을 하기 위해서는 검찰항고전치주의에 따라 먼저 검찰청법 제10조에 의한 검찰항고를 거쳐야 하는 것이 원칙이지만, 검사가 공소시효 만료일 10일 전까지 공소를 제기하지 않은 경우에는 검찰항고 없이 곧바로 재정신청을 할 수 있다.

③ 불기소처분이 위법·부당할지라도 불기소처분 당시에 공소시효가 완성되어 공소권이 없는 경우에는 위 불기소처분에 대한 재정신청은 허용되지 않는다.

④ 고등법원의 공소제기결정이나 재정신청에 대한 기각결정에 대하여 검사와 재정신청인은 불복할 수 없다.

19

수사의 종결에 관한 다음 [보기]의 설명 중 옳지 않은 것을 모두 고른 것은? (다툼이 있는 경우 판례에 의함)

| 보기 |

㉠ 고소인과 고발인은 사법경찰관으로부터 사건불송치 통지를 받은 경우에 해당 사법경찰관의 소속 관서의 장에게 이의를 신청할 수 있다.

㉡ 사법경찰관은 범죄혐의가 인정되지 않는다고 판단하는 경우 검사에게 사건을 송치할 필요는 없으나, 불송치결정서와 함께 압수물 총목록, 기록목록 등 관계서류와 증거물을 검사에게 송부하여야 한다.

㉢ 검사의 불기소처분에 의해 기본권을 침해받은 자는 헌법소원을 제기할 수 있으므로 고소하지 않은 피해자 및 기소유예 처분을 받은 피의자는 헌법소원을 제기할 수 있으나 고발인은 특별한 사정이 없는 한 자기관련성이 없으므로 헌법소원심판을 청구할 수 없다.

㉣ 검사의 불기소처분에 대한 헌법소원에 있어서 그 대상이 된 범죄에 대하여 공소시효가 완성되었더라도 헌법소원을 제기할 수 있다.

㉤ 검사는 사법경찰관으로부터 송치받은 사건에 대해 보완수사가 필요하다고 인정하는 경우에는 원칙적으로 직접 보완수사를 하고, 예외적인 경우에 한하여 사법경찰관에게 보완수사를 요구할 수 있다.

① ㉠㉡㉢㉣
② ㉡㉢㉣㉤
③ ㉠㉣㉤
④ ㉢㉣㉤

20

공소제기 후의 수사에 대한 설명으로 옳지 않은 것은? (다툼이 있는 경우 판례에 의함)

① 공소제기 후 피고인의 구속은 수소법원의 독자적 판단에 의하며, 검사는 수소법원에 불구속 피고인에 대한 구속영장을 청구할 권한이 없다.

② 검사 또는 사법경찰관이 피고인에 대한 구속영장을 집행하는 경우, 구속현장에서 영장 없이 압수·수색·검증을 할 수 있다.

③ 검사가 공소제기 후에 피고인을 피의자로 신문하여 작성한 진술조서는 그 증거능력이 없다.

④ 수사기관이 공판준비기일에 피고인에게 유리한 증언을 한 증인을 다시 참고인으로 조사하여 작성한 참고인진술조서는 그 증거능력이 없다.

▶ **제3편 수사와 공소: 제3장 수사의 종결** [사법경찰관과 검사의 수사종결 2] ─ **제4장 공소의 제기** [공소시효]

회차	시행일			목표점수			획득점수		
제11회	1차	2차	3차	1차	2차	3차	1차	2차	3차

01

공소와 관련된 다음 [보기]의 설명 중 판례의 입장과 일치하지 않는 것을 모두 고른 것은?

| 보기 |

㉠ 기소편의주의에 따라 검사는 기소유예, 공소취소 등의 권한을 가지므로 검사의 소추재량에는 내재적 한계가 없다.

㉡ 서면인 공소장의 제출 없이 공소를 제기한 경우에도 공소제기에 요구되는 소송법상의 정형을 갖추었다고 할 수는 없으므로 법원은 석명권을 행사하여 공소제기의 흠을 바로 잡아야 한다.

㉢ 검사가 공소사실의 일부가 되는 범죄일람표를 컴퓨터 프로그램을 통하여 열어보거나 출력할 수 있는 전자적 형태의 문서로 작성한 후, 종이문서로 출력하여 제출하지 아니하고 전자적 형태의 문서가 저장된 저장매체 자체를 서면인 공소장에 첨부하여 제출한 경우에는, 서면인 공소장에 기재된 부분에 한하여 공소가 제기된 것으로 볼 수 있을 뿐이고, 저장매체에 저장된 전자적 형태의 문서 부분까지 공소가 제기된 것이라고 할 수는 없으며, 이는 검사가 공소장변경허가신청서에 의한 공소장변경허가를 구하면서 변경하려는 공소사실을 전자적 형태의 문서로 작성하여 그 문서가 저장된 저장매체를 첨부한 경우에도 마찬가지로 적용된다.

㉣ 검사가 ㉢과 같은 방식으로 공소를 제기하거나 공소장변경허가신청서를 제출한 경우, 법원은 저장매체에 저장된 전자적 형태의 문서 부분을 서면인 공소장이나 공소장변경신청서에 기재된 부분과 함께 고려하여 공소사실 특정 여부를 판단하여야 하고, 만약 특정되지 아니한 부분이 있다면 법원은 검사에게 특정을 요구하여야 한다.

㉤ 검사가 종전에 기소유예처분을 한 피의사실에 대하여 이를 번복할 만한 사정변경이 없었음에도 4년여가 지난 시점에 다시 기소하였다면 공소권 남용으로 볼 수 있다.

① ㉠㉡㉢㉣㉤
② ㉠㉡㉣㉤
③ ㉠㉡㉣
④ ㉡㉢㉣

02

수사의 종결에 관한 다음 기술 중 틀린 것은? (다툼이 있는 경우 판례에 의함)

① 검사의 불기소처분에는 확정재판에 있어서의 확정력과 같은 효력이 없어 일단 불기소처분을 한 후에도 공소시효가 완성되기 전이면 언제라도 공소를 제기할 수 있다.

② 세무공무원 등의 고발이 있어야 공소를 제기할 수 있는 조세범처벌법 위반죄에 관하여 일단 불기소처분이 있었다면 세무공무원 등이 종전에 한 고발은 효력을 상실하므로, 검사가 나중에 공소를 제기함에 있어서는 세무공무원 등의 새로운 고발이 있어야 한다.

③ 검사가 수사과정에서 증거수집을 위한 압수·수색영장의 청구 등 강제처분을 위한 조치를 취하지 아니하고 그로 인하여 증거를 확보하지 못하고 불기소처분에 이르렀다면, 검사가 압수·수색영장의 청구 등 강제처분을 위한 조치를 취하지 아니한 것 그 자체를 형사소송법 제417조 소정의 '압수에 관한 처분'으로 보아 이에 대해 법원에 준항고를 제기할 수 없다.

④ 공소의 기초가 된 수사에 관여한 사법경찰관이 불법감금죄 등으로 고소되었으나 검사에 의하여 무혐의 불기소결정이 되어 그 당부에 관한 재정신청이 있자, 재정신청을 받은 고등법원이 29시간 동안의 불법감금 사실은 인정하면서 여러 사정을 참작하여 검사로서는 기소유예의 불기소처분을 할 수 있었다는 이유로 재정신청기각결정을 하여 그대로 확정된 경우에는 형사소송법 제422조에서 정한 "확정판결로써 범죄가 증명됨을 재심청구의 이유로 할 경우에 그 확정판결을 얻을 수 없는 때로서 그 사실을 증명한 경우"에 해당한다.

03

공소취소에 대한 다음 [보기]의 설명 중 옳은 것만을 모두 고르면? (다툼이 있는 경우 판례에 의함)

| 보기 |

㉠ 공소는 사실심의 마지막 단계인 제2심 판결 선고 전까지 취소할 수 있다.

㉡ 재정신청에서 법원의 공소제기 결정에 따라 공소가 제기된 경우, 검사는 공소취소를 할 수 없다.

㉢ 공소사실의 동일성이 인정되는 공소사실의 일부를 심판대상에서 제외시키는 것은 공소취소에 해당하지 않는다.

㉣ 제1심 판결이 선고되어 확정되었더라도 제1심의 확정판결에 대한 재심소송절차가 진행 중인 경우에는 공소취소가 허용된다.

㉤ 형사소송법 제329조(공소취소와 재기소)에서는 "공소취소에 의한 공소기각의 결정이 확정된 때에는 공소취소 후 그 범죄사실에 대한 다른 중요한 증거를 발견한 경우에 한하여 다시 공소를 제기할 수 있다."고 규정하고 있다. 위 형사소송법 제329조에서 정한 '공소취소 후 발견한 다른 중요한 증거'에는 '공소취소 전에 수집 또는 조사하여 제출할 수 있었던 증거'가 포함되지 아니한다.

① ㉠㉡㉢㉣
② ㉠㉡㉢㉤
③ ㉡㉢㉤
④ ㉡㉢

04

재정신청에 대한 설명으로 옳은 것은?

① 심리기간은 3개월 이내이며, 심리에 필요한 때에는 증거조사를 할 수 있고, 법원이 재정신청인에게 신청절차에 의하여 생긴 비용의 전부 또는 일부를 부담하게 하는 결정을 내린 경우, 재정신청인은 이에 불복할 수 없다.

② 검찰항고전치주의를 채택하였으나, 항고신청 후 항고에 대한 처분이 행하여지지 않고 3개월이 경과한 경우 등에는 고등검찰청 검사장의 검찰항고 기각결정을 기다리지 않고도 재정신청을 할 수 있다.

③ 재정신청은 대리인에 의해 할 수 있으나, 공동신청권자 중 1인의 재정신청은 그 신청인에게만 효력이 있고, 공동신청권자 중 1인의 취소는 다른 공동신청권자들을 위하여 효력을 발생시킨다.

④ 항고전치주의가 적용되는 경우, 재정신청서를 제출받은 지방검찰청검사장 또는 지청장은 재정신청서를 제출받은 날부터 10일 이내에 재정신청서·의견서·수사 관계 서류 및 증거물을 관할 고등검찰청을 경유하여 관할 고등법원에 송부하여야 한다.

05

재정신청에 대한 설명으로 옳지 않은 것은? (다툼이 있는 경우 판례에 의함)

① 재정신청 기각결정에 대한 재항고나 그 재항고 기각결정에 대한 즉시항고로서의 재항고에 대한 법정기간 준수 여부는 도달주의원칙에 따라 판단하여야 한다.

② 공소제기결정에 따른 재정결정서를 송부받은 관할 지방검찰청 검사장 또는 지청장은 지체 없이 담당 검사를 지정하고 지정받은 검사는 공소를 제기하여야 하고, 이에 의하여 열린 공판절차에서의 공소장 변경은 불가능하다.

③ 1개의 고소로서 수인을 무고하여 피해자의 수만큼 무고죄가 성립한다 할지라도 피해자 중의 한사람이 한 고소에 대하여 검사의 혐의 없다는 불기소처분이 있었고 이에 대한 고소인의 재정신청이 이유 없다 하여 기각된 이상 그 기각된 사건 내용과 동일한 사실로서는 소추할 수 없다.

④ 법원이 재정신청서에 재정신청을 이유 있게 하는 사유가 기재되어 있지 않음에도 이를 간과한 채 형사소송법 제262조 제2항 제2호 소정의 공소제기결정을 한 관계로 그에 따른 공소가 제기되어 본안사건의 절차가 개시된 후에는, 다른 특별한 사정이 없는 한 이제 그 본안사건에서 위와 같은 잘못을 다툴 수 없다.

06

재정신청에 관한 다음 [보기]의 설명 중 옳은 것을 모두 고른 것은? (다툼이 있는 경우 판례에 의함)

| 보기 |

㉠ 재정신청에 대한 법원의 결정에 대하여는 불복할 수 없다.

㉡ 재정신청 기각결정이 확정된 사건에 대하여 다른 중요한 증거를 발견한 경우를 제외하고는 소추할 수 없다.

㉢ 재정신청 기각결정의 대상이 되지 않은 사건은 고소인의 고소내용에 포함되어 있었다 하더라도 형사소송법 제262조 제4항 후문에서 말하는 '재정신청 기각결정이 확정된 사건'이라고 할 수 없다.

㉣ 형사소송법 제262조 제4항 후문은 재정신청 기각결정이 확정된 사건에 대하여는 다른 중요한 증거를 발견한 경우를 제외하고는 소추할 수 없다고 규정하고 있는데, 관련 민사판결에서의 사실인정 및 판단은 그 자체가 새로 발견된 증거라고 할 수 있다.

㉤ 구금 중인 고소인이 재정신청서를 법정기간 안에 교도소장 또는 그 직무를 대리하는 사람에게 제출하였다면 설령 재정신청서가 그 기간 안에 불기소처분을 한 검사가 소속한 지방검찰청의 검사장 또는 지청장에게 도달하지 않았더라도 적법한 재정신청서의 제출로 보아야 한다.

① ㉠㉡㉤
② ㉢㉣㉤
③ ㉡㉢㉤
④ ㉡㉢

07

재정신청에 대한 다음 기술 중 옳지 않은 것은? (다툼이 있는 경우 판례에 의함)

① 법원은 재정신청서를 송부받은 때에는 10일 내에 피의자뿐만 아니라 재정신청인에게도 그 사유를 통지하여야 한다.

② 법원은 직권 또는 피의자의 신청에 따라 재정신청인에게 피의자가 재정신청절차에서 부담하였거나 부담할 변호인선임료 등 비용의 전부 또는 일부의 지급을 명할 수 있다.

③ 형사소송법 제262조 제4항 후문에서 말하는 '제2항 제1호의 결정이 확정된 사건'은 재정신청사건을 담당하는 법원에서 공소제기의 가능성과 필요성 등에 관한 심리와 판단이 현실적으로 이루어져 재정신청 기각결정의 대상이 된 사건만을 의미한다.

④ 구 형사소송법 제262조 제1항에 20일(현행법으로는 3개월) 이내에 재정결정을 하도록 규정하였으므로 원심법원이 그 기간이 지난 후에 재정결정을 하였다면 재정결정 자체가 위법하고, 재정신청인이 재정신청을 취소하였다 하더라도 다른 중요한 증거가 발견된 경우라면 다시 재정신청을 할 수 있다.

08

검사의 불기소처분에 관한 다음 [보기]의 설명 중 옳은 것을 모두 고른 것은? (다툼이 있는 경우 판례에 의함)

| 보기 |

㉠ 검사는 피의사실이 범죄구성요건에는 해당하지만 위법성조각사유나 책임조각사유 등 법률상 범죄의 성립을 조각하는 사유가 있는 경우에는 혐의없음 처분을 한다.

㉡ 검사는 피의사실이 인정되는 경우에 반드시 공소를 제기하여야 하는 것이 아니라 피의자의 연령, 피해자에 대한 관계, 범행의 동기 및 수단과 결과 등을 참작하여 소추를 필요로 하지 아니하는 경우에는 기소유예 처분을 할 수 있다.

㉢ 고소권자인 고소인이 검사의 불기소처분에 불복하여 재정신청을 하려면 「검찰청법」 제10조에 따른 항고를 반드시 거친 후, 그 검사 소속의 지방검찰청 소재지를 관할하는 고등법원에 재정신청서를 제출하여야 한다.

㉣ 고등법원의 재정신청 기각결정이 확정된 사건에 대하여는 다른 중요한 증거를 발견한 경우를 제외하고는 소추할 수 없는데, 이 경우 재정신청 기각결정이 확정된 사건이라 함은 재정신청 사건을 담당하는 법원에서 공소제기의 가능성과 필요성 등에 관한 심리와 판단이 현실적으로 이루어져 재정신청 기각결정의 대상이 된 사건만을 의미한다.

㉤ 고등법원이 재정신청에 대하여 공소제기의 결정을 한 경우, 관련절차에 따라 담당검사로 지정된 검사는 공소를 제기하여야 하고, 공소를 취소할 수도 없다.

① ㉠㉢㉤
② ㉡㉣㉤
③ ㉠㉢㉣
④ ㉠㉣㉤

09

다음 [보기] 중 소송행위에 있어서 절차에 하자가 있으나 사후적으로 하자의 치유가 인정되는 것을 모두 고른 것은? (다툼이 있는 경우 판례에 의함)

| 보기 |

㉠ 변호인이 없는 피고인을 일시 퇴정하게 하고 증인신문을 한 후 피고인에게 실질적인 반대신문의 기회를 부여하지 아니한 채, 그 다음 공판기일에서 재판장이 피고인에게 증인신문 결과 등을 공판조서에 의하여 고지하였는데 피고인이 '변경할 점과 이의할 점이 없다'고 진술한 경우

㉡ 항소심이 피고인에게 검사의 항소이유서 부본을 송달하지 아니하였는데, 검사의 항소이유서의 요지는 제1심의 피고인에 대한 형량은 너무 가벼워 부당하다는 것이고, 피고인 역시 항소이유로서 사실오인과 양형과중의 사유를 들고 있는 경우, 항소심이 쌍방의 항소를 변론 없이 기록에 나타난 양형의 조건이 되는 제반사항을 참작하여 한 제1심의 형의 양정이 적절하고 무겁거나 가볍다고 볼 수 없다고 하여 쌍방의 항소를 기각한 경우

㉢ 증인신문 과정에서 검사가 주신문을 하면서 유도신문을 하였으나 그 다음 공판기일에서 재판장이 피고인에게 증인신문 결과 등을 공판조서에 의하여 고지하였는데 피고인과 변호인이 '변경할 점과 이의할 점이 없다'고 진술한 경우

㉣ 검사가 새로운 범죄사실을 추가하기 위하여 공소장변경신청을 하였으나 법원이 이를 받아들이지 않자 공소장부본 송달 등의 절차 없이 공판기일에서 당해 공소장변경신청서로 공소장을 갈음한다는 구두진술을 하였고, 피고인의 성명 기타 피고인을 특정할 수 있는 사항, 적용법조 등을 당해 공소장변경신청서에 기재하지 않는 등 공소의 제기에 현저한 방식 위반이 있었지만, 이에 대하여 피고인과 변호인이 이의를 제기하지 아니하고 변론에 응한 경우

㉤ 검사가 피고인을 특정하지 않은 공소제기를 하였는데 피고인과 변호인이 이의를 제기하지 않고 변론에 응한 경우

① ㉠㉡㉢㉣
② ㉡㉢㉣㉤
③ ㉢㉣㉤
④ ㉠㉡㉢

10

다음 [보기]의 경우 중 공소사실이 특정되었다고 할 수 있는 것을 모두 묶은 것은? (다툼이 있는 경우 판례에 의함)

| 보기 |

㉠ 마약류 취급자가 아닌 자에 대한 공소제기 시에 "2008년 1월경부터 같은 해 2월 일자불상 15:00경까지 사이에 메스암페타민 약 0.7g을 매수한 외에, 그때부터 2009년 2월 내지 3월 일자불상 07:00경까지 총 21회에 걸쳐 매수·투약하였다."고 기재하였다.

㉡ 메스암페타민의 양성반응이 나온 소변감정결과에 의하여 그 투약일시를 '2009.8.10.부터 2009.8.19.까지 사이'로, 투약장소를 '서울 또는 부산 이하 불상'으로 기재하였다.

㉢ 공소장에 유가증권 위조의 범행일시를 '2000년 초경부터 2003년 3월경 사이에'로 기재하였다.

㉣ 뇌물수수의 공소사실 중 수뢰금액을 '2억 원 상당'으로 기재하였다.

㉤ 양벌규정을 적용하여 법인 또는 개인에 대하여 공소를 제기하면서, 공소사실에 법인 또는 개인의 업무에 관하여 종업원의 법률위반행위를 방지하지 못한 귀책사유가 있는지를 판단할 수 있는 내용을 구체적으로 특정하여 기재하지 않았다.

① ㉠㉡㉢㉣
② ㉠㉡㉢㉤
③ ㉡㉢㉣㉤
④ ㉡㉣㉤

11

공소사실의 특정에 대한 다음 [보기]의 설명 중 옳지 않은 것은 모두 몇 개인가? (다툼이 있는 경우 판례에 의함)

| 보기 |

㉠ 제3자뇌물수수죄는 공무원 또는 중재인이 직무에 관하여 부정한 청탁을 받고 제3자에게 뇌물을 공여하게 하는 행위를 구성요건으로 하고 있는데, 그중 부정한 청탁의 내용은 구체적으로 기재되어 있지 않더라도 공무원 또는 중재인의 직무와 제3자에게 제공되는 이익 사이의 대가관계를 인정할 수 있을 정도로 특정되면 충분하다.

㉡ 공소사실의 기재가 오해를 불러일으키거나 명료하지 못한 경우에는 법원은 검사에 대하여 석명권을 행사할 필요 없이 공소를 기각하여야 한다.

㉢ 저작재산권 침해행위에 관한 공소사실의 특정과 관련하여, 각 저작물의 저작재산권자가 누구인지 특정되어 있지 않은 경우에는 공소사실이 특정된 것이라 볼 수 없다.

㉣ 피고인이 마약류취급자가 아니면서 2010년 1월에서 3월 사이 일자불상 03:00경 서산시 소재 상호불상의 모텔에서, 甲과 공모하여 여자 청소년 乙에게 메스암페타민(일명 필로폰)을 투약하였다고 하여 구 마약류 관리에 관한 법률 위반(향정)으로 기소된 사안에서, 위 공소사실이 투약대상인 乙의 진술에 기초한 것이라고 하더라도 공소사실이 특정되었다고 볼 수 없다.

㉤ "피고인이 2017.10.10.부터 2017.10.12.까지 자신이 운영하던 성매매업소에서 성매매 광고를 보고 방문한 손님들에게 대금 10만 원을 받고 종업원인 태국 국적 여성 6명과의 성매매를 알선하였다."는 검사의 공소사실은 특정된 것으로서 성매매알선 등 행위의 처벌에 관한 법률 제19조 제1항의 성매매알선죄에 대한 공소제기의 적법요건을 갖춘 것이다.

㉥ 「조세범 처벌법」 제11조의2 제4항의 무거래 세금계산서 교부죄는 각 세금계산서마다 하나의 죄가 성립하므로, 세금계산서마다 그 공급가액이 공소장에 기재되어야 개개의 범죄사실이 구체적으로 특정되었다고 볼 수 있고, 세금계산서의 총매수와 그 공급가액의 합계액이 기재되어 있다고 하여 공소사실이 특정되었다고 볼 수 없다.

① 2개
② 3개
③ 4개
④ 5개

12

다음 [보기]의 경우 중에서 검사가 공소장에 기재한 공소사실의 특정이 인정되지 않는 것을 모두 고른 것은? (다툼이 있는 경우 판례에 의함)

| 보기 |

㉠ 마약류 관리에 관한 법률 위반사건에서 범행일시를 모발감정결과에 기초하여 투약가능기간을 역으로 추정한 '2010.11.경'으로, 투약장소를 시(市)와 구(區)까지 기재한 때

㉡ 변호사법 위반사건에서 '2006.12.14.경부터 2007. 2.15.경까지 2회에 걸쳐 합계 5,000만 원을 받았다'라고 기재한 때

㉢ 각 세금계산서마다 하나의 죄가 성립하는 구 조세범처벌법상 무거래 세금계산서 교부죄에 있어서 세금계산서의 총매수와 그 공급가액의 합계액만을 기재한 때

㉣ 수인의 피해자에 대하여 각 피해자별로 기망행위를 하여 각각 재물을 편취한 사기죄에 있어서 '일정한 기간 사이에 성명불상의 고객들에게 1일 평균 매상액 상당을 판매하여 그 대금 상당액을 편취하였다'라고 기재한 때

㉤ 전자금융거래법상 접근매체양도죄에 있어서 '피고인이 2018.11.4.경부터 11.15.경까지 사이에 불상의 장소에서 피고인 명의의 새마을금고 계좌(계좌번호를 기재함)에 연결된 체크카드 1장 및 비밀번호를 불상의 자에게 불상의 방법으로 건네주어 접근매체를 양도하였다'라고 기재한 때

㉥ [피고인은 "2021.6.10. 19:00경부터 같은 날 20:00경 사이에 경북(주소 생략)에서 일회용 주사기에 향정신성의약품인 메스암페타민 약 0.05g을 넣고 생수로 희석해 자신의 오른팔에 주사하는 방법으로 이를 투약하였다."라는 등의 범죄사실로 2021.10.19. 징역 2년을 선고받아 2022.4.7. 그 판결이 확정되었음] 이후 검사가 공소사실로 '피고인이 2021.3.경부터 같은 해 6.경 사이에 경북(주소 생략)에서 일회용 주사기에 향정신성의약품인 메스암페타민 약 0.05g을 넣고 생수로 희석하여 자신의 오른팔에 주사하는 방법으로 총 2회에 걸쳐 이를 투약하였다.'라고 기재한 때

① ㉠㉡㉣㉤㉥
② ㉠㉢㉣㉤㉥
③ ㉡㉢㉣㉤
④ ㉠㉡㉢㉣

13

공소제기의 방식에 대한 다음 [보기]의 설명 중 옳지 않은 것을 모두 고른 것은? (다툼이 있는 경우 판례에 의함)

| 보기 |

㉠ 사기죄에 있어서 여러 사람의 피해자에 대하여 따로 기망행위를 하여 각각 재물을 편취한 경우, 범의가 단일하고 범행 방법이 동일하다면 그 전체가 포괄일죄가 되므로 공소사실의 기재에 각 피해자와 피해자별 피해액을 특정하여야 하는 것은 아니다.

㉡ "피고인이 원심공동피고인 甲과 공모하여 1987. 9.20. 14:00경 경남 창녕읍 교동 280 경일교통사 사무실에서 같은 날 09:00경 발생된 교통사고 피의사건과 아무런 관련이 없는 경남 1바1229호 택시를 이용하여 그것이 범죄사실과 관계가 있는 것처럼 꾸며 증거를 위조하였다"는 공소사실의 기재는 구체적인 범죄사실이 특정되었다고 볼 수 있다.

㉢ "피고인은 2000.11.2.경부터 2001.7.2.경까지 사이에 인천 이하 불상지에서 향정신성의약품인 메스암페타민 불상량을 불상의 방법으로 수회 투약하였다."는 공소사실의 경우 그 공소사실이 특정되었다고 할 수 있다.

㉣ 검사가 길이 4~7cm인 피고인의 모발을 대상으로 메스암페타민 양성반응이 나왔다는 국립과학수사연구소의 감정 결과에 기초하여 위 정도 길이의 모발에서 메스암페타민이 검출된 경우 그 사용가능한 기간을 체포 시로부터 역으로 추산한 다음 그 전 기간을 범행일시로 하고, 피고인의 주거지인 E시(市)를 범행장소로 하여 향정신성의약품관리법위반의 점에 대한 공소를 제기한 것은 그 공소사실이 특정된 것이라 할 수 없다.

㉤ 공소장의 공소사실에 범죄의 '일시'가 공소시효 완성 여부를 판별할 수 없을 정도로 개괄적으로 기재된 경우 공소사실은 특정된 것이 아니다.

㉥ 전자금융거래법에서는 '범죄에 이용할 목적으로 또는 범죄에 이용될 것을 알면서 접근매체를 대여받거나 대여하는 행위 또는 보관·전달·유통하는 행위'를 금지행위로 처벌하고 있는데, 여기서 '범죄에 이용될 것을 알면서'의 '범죄'는 공소사실에 특정되어야 하나 구체적 특정을 요하는 것은 아니다.

① ㉠㉢㉣㉤㉥
② ㉠㉡㉢㉣
③ ㉡㉢㉤㉥
④ ㉠㉡㉢

14

다음 [보기]의 경우 중 공소사실의 특정이 인정되는 경우를 모두 고른 것은? (다툼이 있는 경우 판례에 의함)

| 보기 |

㉠ 일정 기간 계속된 보건범죄단속에관한특별조치법위반의 각 의료행위를 공소를 제기하면서 전체 범행의 시기와 종기, 범행방법, 환자 A 외 성명 불상 다수의 환자들을 상대한 범행내용 등을 적시하면서 범행대상이 되는 다수의 환자들을 구체적으로 특정하지 않은 경우

㉡ 외국 유명대학교의 박사학위기를 위조·행사하였다는 공소사실에 관하여 위조되었다고 하는 박사학위기 사본만 현출된 경우

㉢ 피해자는 13세 미만의 아동으로 피해를 당한 정확한 일자를 표현·진술하지 못하고 있고, 미술학원 원장인 피고인은 범행을 부인하고 있어, 검사는 피해자의 일부 진술과 다른 증거들을 기초로 범행의 일자는 1996년 초경부터 피해사실이 드러난 1996.7.15. 사이의 날에 수십 회에 걸쳐 피고인이 피해자를 추행하여 상해에 이른 것으로 기재한 경우

㉣ (A는 甲 주식회사의 실제 대표이사로서 위 회사를 운영하면서 121회에 걸쳐 관세 합계 1억 4천여 만 원을 포탈하고 4회에 걸쳐 합계 11만 달러 상당의 물품을 4만 달러에 수입하는 것으로 허위로 신고하였는데) B는 A의 부인이고 甲 주식회사의 경리 담당 직원인데 A와 '공모하여' 공소사실 기재와 같이 관세법위반의 범행을 저질렀다고 기재한 경우(B의 공모공동정범의 공소사실 기재에 관한 부분)

① ㉠㉡㉢㉣
② ㉠㉡㉢
③ ㉠㉡
④ ㉠

15

형사소송법 제254조 제5항에 의하면 검사는 공소장에 수개의 범죄사실과 적용법조를 심판의 순서를 정하거나 또는 정하지 않고 기재할 수 있다. 이러한 공소장의 예비적·택일적 기재에 대한 설명으로 옳지 않은 것은? (다툼이 있는 경우 판례에 의함)

① 예비적·택일적 기재의 경우 법원이 공소사실 모두에 대해 무죄를 선고하는 때에는 판결이유에서 모두 판단해야 한다.

② 항소심은 택일적 기재의 경우 하나의 사실을 유죄로 인정한 원심판결을 파기하고 다른 사실을 유죄로 할 수 있다.

③ 공소제기 후에는 공소사실의 동일성이 인정되더라도 공소장의 공소사실과 적용법조를 예비적·택일적으로 변경할 수 없다.

④ 우리 형사소송법은 공소장에 기재할 공소사실과 적용법조에 관하여는 수개의 범죄사실과 적용법조를 예비적 또는 택일적으로 기재할 수 있도록 허용하고 있지만, 유죄판결의 이유에 명시하여야 할 범죄될 사실과 법령의 적용에 관하여는 택일적으로 기재하는 것을 허용하고 있지 아니하다.

16

공소의 제기에 관한 다음 설명 중 가장 옳은 것은? (다툼이 있는 경우 판례에 의함)

① 공소장일본주의는 검사가 공소를 제기할 때에는 원칙적으로 공소장 하나만을 제출하여야 하고 그밖에 사건에 관하여 법원에 예단을 생기게 할 수 있는 서류 기타 물건을 첨부하거나 그 내용을 인용하여서는 아니 된다는 원칙으로서 형사소송규칙에 규정되어 있지만, 공소장에 법령이 요구하는 사항 외의 사실로서 법원에 예단이 생기게 할 수 있는 사유를 나열하는 것이 허용되지 않는다는 것도 이른바 '기타 사실의 기재 금지'로서 공소장일본주의의 내용에 포함된다.

② 공소장일본주의의 위배 여부는 공소사실로 기재된 범죄의 유형과 내용 등에 비추어 볼 때에 공소장에 첨부 또는 인용된 서류 기타 물건의 내용 그리고 법령이 요구하는 사항 외에 공소장에 기재된 사실이 법관 또는 배심원에게 예단을 생기게 하여 법관 또는 배심원이 범죄사실의 실체를 파악하는 데 장애가 될 수 있는지 여부를 기준으로 판단해서는 아니 된다.

③ 공소장 기재의 방식에 관하여 피고인 측으로부터 이의가 유효하게 제기되었더라도 법원 역시 범죄사실의 실체를 파악하는 데 지장이 없다고 판단하여 그대로 공판절차를 진행한 결과 증거조사절차가 마무리되어 법관의 심증형성이 이루어진 단계에 이른 경우에는 소송절차의 동적 안정성 및 소송경제의 이념 등에 비추어 볼 때 더 이상 공소장일본주의 위배를 주장하여 이미 진행된 소송절차의 효력을 다툴 수 없다고 보아야 한다.

④ 피고인이 대한민국에서 범행 후 중국으로 출국한 경우, 피고인의 출국 경위에 비추어 피고인이 중국에 체류하는 것이 국내에서의 형사처분을 면하기 위한 방편이었던 것으로 보이지만, 중국이 피고인의 본국이고 피고인의 중국 체류 목적 중에 딸을 돌보기 위함이 있었다고 한다면 공소시효 정지의 요건인 '형사처분을 면할 목적'을 인정할 수 없다.

17

공소의 제기에 관한 다음 [보기]의 기술 중 옳은 것을 모두 고른 것은? (다툼이 있는 경우 판례에 의함)

| 보기 |

㉠ 공소제기의 취지가 오해를 불러일으키거나 명료하지 못한 경우, 법원은 검사에 대하여 석명권을 행사하여 취지를 명확하게 하여야 한다.

㉡ 모발감정결과만을 토대로 마약류 투약기간을 추정하고 유죄로 판단하는 것은 신중하여야 한다.

㉢ 저작재산권 침해행위에 관한 각 저작물의 저작재산권자가 누구인지 특정되어 있지 않은 경우는 공소사실이 특정되지 않은 것이다.

㉣ 형법 제130조의 제3자뇌물수수죄에 있어서 부정한 청탁의 내용은 구체적으로 기재되어 있지 않더라도 공무원 또는 중재인의 직무와 제3자에게 제공되는 이익 사이의 대가관계를 인정할 수 있을 정도로 특정되면 충분하다.

㉤ 횡령으로 인한 특정범죄가중처벌등에관한법률위반(국고등손실)죄는 「형법」상 횡령죄 내지 업무상횡령죄에 대한 가중규정으로서 신분관계로 인한 형의 가중이 있는 것이고, 회계관계직원 내지 업무상 보관자라는 신분 없는 피고인이 위 죄의 범행에 방조범으로 가담하였다면 공소시효기간의 기준이 되는 법정형은 「특정범죄가중처벌등에관한법률」상 국고등손실방조죄의 법정형에 의하여야 한다.

① ㉠㉡㉢㉣
② ㉡㉢㉣㉤
③ ㉠㉡㉣
④ ㉡㉣㉤

18

공소에 관한 다음 [보기]의 설명 중 옳지 않은 것을 모두 고른 것은? (다툼이 있는 경우 판례에 의함)

| 보기 |

㉠ 상습범으로 유죄의 확정판결('선행범죄')을 받은 사람이 그 후 동일한 습벽에 의해 범행을 저질렀는데('후행범죄') 유죄의 확정판결에 대하여 재심이 개시된 경우, 동일한 습벽에 의한 후행범죄가 재심대상판결에 대한 재심판결 선고 전에 저질러진 범죄라면 재심판결의 기판력은 후행범죄에 미친다.

㉡ 검사가 일단 상습사기죄(A)로 공소를 제기한 후 판결선고 전에 그 공소의 효력이 미치는 사기행위 일부를 별개의 독립된 상습사기죄(B)로 공소를 제기한 경우, B의 범행이 A의 범행 이후에 이루어진 것이라면 이는 동일사건에 대한 이중기소에 해당되지 아니한다.

㉢ 형사소송법 제327조 제3호가 규정하는 "공소가 제기된 사건에 대하여 다시 공소가 제기되었을 때"라 함은 이미 공소가 제기된 사건에 대하여 다시 별개의 공소장에 의하여 이중으로 공소가 제기된 경우를 뜻하는 것이지 하나의 공소장에 범죄사실이 이중으로 기재되어 있는 경우까지 포함하는 것이라고는 해석되지 않는다.

㉣ 검사가 수개의 협박 범행을 먼저 기소하고 다시 별개의 협박 범행을 추가로 기소하여 이를 병합심리하는 과정에서 전후에 기소된 각각의 범행이 포괄일죄로 밝혀진 경우 법원은 추가기소에 대하여 판결로써 공소를 기각하여야 한다.

㉤ 변호사법에서는 '변호사는 공무원으로서 직무상 취급하거나 취급하게 된 사건에 관하여는 그 직무를 수행할 수 없다.'고 규정하고 이를 위반하여 사건을 '수임'한 변호사를 처벌하고 있는데, 이러한 범죄에 대한 공소시효는 그 범죄행위인 '수임'행위가 종료한 때로부터 진행된다고 봄이 타당하고, 수임에 따른 '수임사무의 수행'이 종료될 때까지 공소시효가 진행되지 않는다고 해석할 수는 없다.

① ㉠㉡㉢
② ㉠㉡㉣
③ ㉠㉡㉣㉤
④ ㉡㉢㉣㉤

19

공소시효에 대한 다음 [보기]의 설명 중 옳은 것을 모두 고른 것은? (다툼이 있는 경우 판례에 의함)

| 보기 |

㉠ 공익법인이 주무관청의 승인을 받지 않은 채 수익사업을 하는 행위가 계속범에 해당하는 경우, 승인을 받지 않은 수익사업이 계속되고 있는 동안에는 공소시효가 진행되지 않는다.

㉡ 공소시효기간을 계산할 때에는 초일은 시간을 계산함이 없이 1일로 산정하며, 공소시효기간의 말일이 공휴일 또는 토요일에 해당하는 날인 경우에도 기간에 산입한다.

㉢ 공무원이 취급하는 사건에 관하여 청탁 또는 알선의 의사와 능력이 없음에도 청탁 또는 알선을 한다고 기망하여 금품을 교부받은 행위가 사기죄와 변호사법위반죄의 상상적 경합이 되는 경우, 변호사법위반죄의 공소시효가 완성되면 사기죄의 공소시효도 완성된다.

㉣ 공무원이 동일한 사안에 관한 일련의 직무집행 과정에서 단일하고 계속된 범의로 일정 기간 계속하여 저지른 직권남용행위에 대하여는 그 상대방이 여러 명이더라도 포괄일죄가 성립하므로, 직권남용행위의 상대방별로 별개의 죄가 성립함을 전제로 일부 상대방에 대한 범행에 대하여 별도로 공소시효가 완성되었다고 판단하여서는 아니 된다.

㉤ 2007.12. 개정 전 구 형사소송법 제249조 제2항은 "공소가 제기된 범죄는 판결의 확정이 없이 공소를 제기한 때로부터 15년을 경과하면 공소시효가 완성한 것으로 간주한다."라고 규정하였지만, 2007.12. 개정 형사소송법에서는 위 시효의 기간이 '15년'에서 '25년'으로 연장되었다면, 개정 형사소송법 시행 전에 범한 죄에 대해서도 개정 형사소송법 제249조 제2항이 적용되어 판결의 확정 없이 공소를 제기한 때로부터 25년이 경과하면 공소시효가 완성한 것으로 간주된다.

① ㉡㉢㉣㉤
② ㉡㉢㉣
③ ㉠㉡㉣
④ ㉠㉣㉤

20

형사소송법 제253조 제2항은 "공범의 1인에 대한 공소시효의 정지는 다른 공범자에 대하여 효력이 미치고 당해 사건의 재판이 확정된 때로부터 진행한다."고 규정하고 있고, 제3항은 "범인이 형사처분을 면할 목적으로 국외에 있는 경우 그 기간 동안 공소시효는 정지된다."고 규정하고 있다. 이에 관하여 다음 [보기]의 설명 중 옳지 않은 것을 모두 고른 것은? (다툼이 있는 경우 판례에 의함)

| 보기 |

㉠ 형사소송법 제253조 제2항에서 말하는 '공범'에는 뇌물공여죄와 뇌물수수죄 사이와 같은 대향범 관계에 있는 자도 포함된다.

㉡ 형사소송법 제253조 제2항은 공소제기 효력의 인적 범위를 확장하는 예외를 마련하여 놓은 것이므로 원칙적으로 엄격하게 해석하여야 하고 피고인에게 불리한 방향으로 확장하여 해석해서는 아니 된다.

㉢ 형사소송법 제253조 제3항의 '범인이 형사처분을 면할 목적으로 국외에 있는 경우'는 범인이 국내에서 범죄를 저지르고 형사처분을 면할 목적으로 국외로 도피한 경우에 한정되고, 범인이 국외에서 범죄를 저지르고 형사처분을 면할 목적으로 국외에서 체류를 계속하는 경우는 포함되지 않는다.

㉣ 피고인이 당해 사건으로 처벌받을 가능성이 있음을 인지하였다고 보기 어려운 경우라면 피고인이 다른 고소사건과 관련하여 형사처분을 면할 목적으로 국외에 있는 경우라고 하더라도 당해 사건의 형사처분을 면할 목적으로 국외에 있었다고 볼 수 없다.

㉤ 공소시효를 정지·연장·배제하는 내용의 특례조항을 신설하면서 소급적용에 관한 명시적인 경과규정을 두지 아니한 경우에 그 조항을 소급하여 적용할 수 있다고 볼 것인지에 관하여는 이를 해결할 보편타당한 일반원칙이 존재한다.

㉥ 공소제기 후 피고인이 처벌을 면할 목적으로 국외에 있는 경우, 그 기간 동안 형사소송법 제249조 제2항에서 정한 기간(의제공소시효)의 진행도 정지된다.

① ㉠㉡㉢㉤㉥

② ㉠㉢㉤

③ ㉠㉢㉣㉤㉥

④ ㉠㉢㉥

▶ **제4편 공판: 제1장 공판절차** [공판절차의 기본원칙] ─ [공판기일의 절차 1]

회차	시행일			목표점수			획득점수		
제12회	1차	2차	3차	1차	2차	3차	1차	2차	3차

01

공판절차의 기본원칙 중 공개주의에 대한 설명으로 옳은 것은? (다툼이 있는 경우 판례에 의함)

① 공개주의는 검사의 공소제기절차에는 적용되지 않으므로 공소제기 전까지 피고인이 공소제기의 여부나 그 내용을 알 수 없었다고 하더라도 공개주의에 위반되지 않는다.

② 공개주의란 모든 국민이 참관하는 것을 의미하므로 재판장은 방청인의 수를 제한할 수는 있지만 특정인에 대하여 퇴정을 명할 수는 없다.

③ 공개금지사유가 없음에도 불구하고 재판의 심리에 관한 공개를 금지하기로 결정하였다면 그러한 공개금지결정은 피고인의 공개재판을 받을 권리를 침해한 것으로서 그 절차에 의하여 이루어진 증인의 증언은 증거능력이 없으나, 변호인의 반대신문권이 보장되었다면 달리 볼 수 있다.

④ 재판장은 공공의 이익을 위하여 상당한 이유가 있는 경우라도 피고인의 동의가 있는 경우에 한하여 법정 안에서 녹화, 촬영, 중계방송 등의 행위를 허가할 수 있다.

02

공소장변경에 관한 다음 [보기]의 설명 중 옳은 것을 모두 고른 것은? (다툼이 있는 경우 판례에 의함)

| 보기 |

㉠ 공소사실이 적법하게 변경된 경우, 변경된 공소사실뿐만 아니라 당초의 공소사실에 대하여도 형식적 또는 실체적 판단을 해야 한다.

㉡ 피고인의 방어권 행사에 실질적인 불이익을 초래할 염려가 없는 경우에는 법원이 범죄사실을 인정함에 있어서 공소장변경의 절차를 거치지 아니하고 공소사실과 다르게 사실을 인정할 수 있다.

㉢ 공소사실이나 범죄사실의 동일성 여부는 사실의 동일성이 갖는 법률적 기능을 염두에 두고 피고인의 행위와 그 사회적인 사실관계를 기본으로 하되 그 규범적 요소도 고려에 넣어 판단하여야 한다.

㉣ 공소장에 택일적으로 공소사실이 기재된 경우, 항소심은 제1심에서 유죄로 인정한 공소사실을 파기하고 다른 공소사실을 유죄로 인정할 수 있다.

㉤ 공소사실 또는 적용법조의 추가·철회 또는 변경의 허가에 관한 결정의 위법이 판결에 영향을 미친 경우 불복 방법은 공소장변경허가에 관한 결정에 대한 항고가 아니라 판결에 대한 상소이다.

① ㉡㉢㉣㉤

② ㉡㉣㉤

③ ㉠㉡㉢㉣

④ ㉠㉡㉢㉣㉤

03

다음 [보기]의 경우 중 甲에 대한 공소사실에 관하여 공소장변경이 허용될 수 없는 것을 모두 고른 것은? (다툼이 있는 경우 판례에 의함)

| 보기 |

㉠ '甲이 2017.8.11. 토지거래허가구역 내 토지를 A에게 미등기 전매한 후 B에게 근저당권을 설정해주어 3억 5천만 원의 이득을 취하였다'라는 배임죄의 공소사실로 기소하였다가 '甲이 2017. 8.11. 근저당권을 말소하여 소유권이전등기를 넘겨 줄 의사나 능력이 없음에도 A를 기망하여 2억 7,000만 원의 매매대금을 편취하였다'라는 사기죄의 공소사실을 예비적으로 추가한 경우

㉡ '공무원인 甲이 여행업자 乙과 공모하여 탐방행사의 여행경비를 부풀려 과다 청구하는 방법으로 학부모들을 기망하여 2017.5.1.부터 2018.9. 23.까지 총 11회에 걸쳐 6,500만 원을 편취하였다'라는 공소사실로 기소하였다가, '공무원인 甲이 자신에게 탐방행사를 맡겨 준 사례금 명목으로 2018.8.1.부터 2018.12.1.까지 총 5회에 걸쳐 乙로부터 1,300만 원의 뇌물을 수수하였다'라는 공소사실을 예비적으로 추가한 경우

㉢ '의사인 甲이 2016.10.17.경부터 2018.9.30.경까지 A병원의 실제 운영자인 乙에게 월 300만 원을 받고 의사면허증을 대여하였다'라는 공소사실을 '의사가 아닌 자는 병원을 개설할 수 없음에도 의사인 甲은 의사면허가 없는 乙과 공모하여 병원을 甲명의로 개설하기로 하였다. 이에 따라 乙은 2016.10.17.경 甲명의로 A병원을 개설하였다'라는 내용으로 변경한 경우

㉣ '甲이 2017.10. 하순경 甲의 승용차 안에서 乙에게 필로폰 약 0.3g을 교부하였다'라는 「마약류 관리에 관한 법률」 위반(향정)의 공소사실로 기소하였다가 '甲이 2017.10. 중순경 장소불상지에서 전화로 乙에게 필로폰 10g을 구해 주겠다고 속여 2017.10. 하순경 ○○역 근처에서 乙로부터 필로폰 대금 370만 원을 교부받아 편취하였다'라는 사기 범죄사실을 예비적으로 추가한 경우

㉤ '甲이 2020.11.3.부터 2021.2.10.까지 상습으로 아동·청소년성착취물(총 19개)을 제작하였다'라는 「아동·청소년의 성보호에 관한 법률」 위반(상습성착취물제작·배포등) 부분에 대해 공소를 제기하였다가 '甲이 2015.2.28.부터 2021.1.21.까지 상습으로 아동·청소년성착취물(총 1,910개)을 제작하였다'라고 추가한 경우(「아동·청소년의 성보호에 관한 법률」은 2020.6.2. 개정·시행되면서 상습으로 아동·청소년성착취물을 제작하는 행위를 처벌하는 조항을 신설한 것임)

① ㉠㉡㉢㉣㉤
② ㉡㉢㉣㉤
③ ㉠㉡㉣㉤
④ ㉠㉡㉣

04

공소장변경에 관한 다음 [보기]의 설명 중 옳지 않은 것을 모두 고르면? (다툼이 있는 경우 판례에 의함)

| 보기 |

㉠ 공소장변경허가결정에 대해서는 항고의 방법으로 불복할 수 없다.

㉡ 검사가 포괄일죄로 기소하였음에도 법원이 공소장변경을 통한 적용법조의 변경 없이 경합범으로 처단한 것은 불고불리의 원칙에 위배된다.

㉢ 피고인의 상고에 의하여 상고심이 원심판결을 파기하고 사건을 항소심에 환송한 경우에도 공소사실의 동일성이 인정되면 공소장변경이 허용된다.

㉣ 피고인이 이적표현물을 제작·반포한 사실은 부인하면서 이를 취득·소지한 것에 대하여는 자백하는 경우에 법원이 검사에게 그 표현물을 취득·소지한 것으로 공소장변경을 요구하지 않는 것은 위법하다.

㉤ 상해(형법 제257조 제1항에 규정된 법정형은 7년 이하의 징역)혐의로 징역 1년을 선고받은 피고인만이 항소한 사건을 지방법원 합의부가 심리하던 중 검사가 상해치사(형법 제259조 제1항에 규정된 법정형은 3년 이상의 징역)로 공소장변경신청을 하여 법원이 이를 허가하였다면, 법원은 이를 계속 심판할 수 있다.

㉥ 법원이 공소장변경허가신청에 대한 결정을 공판정에서 고지한 경우, 그 사실은 공판조서의 필요적 기재사항에 해당하지 아니한다.

① ㉠㉡㉣㉤
② ㉡㉢㉣㉤
③ ㉡㉣㉤㉥
④ ㉢㉣㉤㉥

05

공소장변경에 관한 다음 [보기]의 설명 중 틀린 것을 모두 고른 것은? (다툼이 있는 경우 판례에 의함)

| 보기 |

㉠ 검사가 고소 취소된 사건을 협박죄로 기소하였다가 공갈미수로 공소장변경을 신청하여 허가된 경우라도 공소제기의 하자가 치유될 수 없다.

㉡ 강간치상죄로 공소제기된 사건에서 치상의 점에 관하여 증명이 없는 경우 공소장변경 없이 강간의 점에 관하여 심리판단할 수 없다.

㉢ 단독범으로 기소된 것을 다른 사람과 공모하여 동일한 내용의 범행을 한 것으로 인정하는 경우에는 이 때문에 피고인에게 불의의 타격을 주어 그 방어권의 행사에 실질적 불이익을 줄 우려가 있지 아니하는 경우에도 반드시 공소장변경을 필요로 한다.

㉣ 세관직원에게 부탁하여 사위의 방법으로 밀수입하려고 외국에서 구입한 손목시계 등 물품을 가지고 왔다가 통관시켜 줄 세관직원을 찾지 못하여 이를 보세창고에 예치시킨 행위에 대하여 관세포탈미수로 인한 특정범죄가중처벌등에관한법률위반죄로 공소제기된 경우에는 위 행위가 관세포탈예비로 인한 특정범죄가중처벌등에관한법률위반죄를 구성한다고 하더라도 검사가 공소장변경을 하지 아니한 이상 법원은 이에 관하여 심판할 수 없다

㉤ "피고인이 2013.5.12.경 동네 후배 A로부터 그 명의의 새마을금고 통장과 현금카드를 양수하였다."라는 공소사실과 "피고인과 성명불상자가 공동하여 통장을 만들어 주지 아니하면 위해를 가할 것처럼 행동하며 위협적인 말투로 통장을 만들어 달라고 겁을 주어 2013.5.12.경 새마을금고에서 피해자 A로 하여금 자신들이 원하는 비밀번호를 설정하고 A 명의의 새마을금고 통장을 개설하게 하여 위 통장 및 접근매체를 갈취하였다."는 공소사실은 서로 동일성이 인정된다.

① ㉠㉡㉢㉣㉤
② ㉠㉡㉢㉣
③ ㉠㉡㉢㉤
④ ㉠㉡㉢

06

공소장변경에 관한 다음 [보기]의 설명 중 판례의 입장과 일치하는 것을 모두 고른 것은?

| 보기 |

㉠ 단독범으로 기소된 것을 다른 사람과 공모하여 동일한 내용의 범행을 한 것으로 인정하는 경우에는 반드시 공소장변경을 거쳐야 한다.

㉡ '흉기 기타 위험한 물건을 휴대하여' 타인의 재물을 갈취하였다는 공소사실에 대하여 법원은 공소장변경절차 없이도 '단체나 다중의 위력으로써 또는 단체나 집단을 가장하여 위력을 보임으로써' 타인의 재물을 갈취하였다는 것으로 인정할 수 있다.

㉢ 공소장에 기재된 적용법조의 기재에 오기·누락이 있거나 또는 적용법조에 해당하는 구성요건이 충족되지 않을 때에는 공소사실의 동일성이 인정되는 범위 내로서 피고인의 방어에 실질적인 불이익을 주지 않는 한도에서 법원이 공소장변경의 절차를 거침이 없이 직권으로 공소장 기재와 다른 법조를 적용할 수 있다.

㉣ 일죄의 관계에 있는 여러 범죄사실 중 일부 범죄사실에 대하여 공소가 제기된 뒤 항소심에서 나머지 부분을 추가한 경우, 법원은 공소장변경 신청을 허가하여야 한다.

㉤ 검사가 사기 범행을 기소하였다가 항소심에서 범죄단체 조직·가입·활동죄를 추가하는 내용의 공소장변경허가신청을 한 것에 대하여 항소심이 이를 허가하였다면, 항소심의 이러한 허가는 적법하지 아니하다.

㉥ 변제할 의사와 능력 없이 피해자로부터 금원을 편취하였다고 기소된 사실을 공소장변경절차 없이 피해자에게 제3자를 소개케 하여 동액의 금원을 차용하고 피해자에게 그에 대한 보증채무를 부담케 하여 재산상의 이익을 취득하였다는 사실로 인정하였다 할지라도 거기에 어떠한 위법이 있다 할 수 없다.

① ㉢㉣㉤㉥
② ㉢㉣㉥
③ ㉠㉡㉤
④ ㉠㉢㉣㉥

07

공소장변경에 관한 다음 [보기]의 설명 중 옳은 것을 모두 고른 것은? (다툼이 있는 경우 판례에 의함)

| 보기 |

㉠ 강간치상죄로 공소가 제기된 경우 준강제추행죄는 강간치상죄의 공소사실과 동일성이 인정되고 공소제기된 범죄사실에 포함되어 충분히 심리되었으므로 별도의 공소장변경절차 없이 준강제추행죄를 인정할 수 있다.

㉡ 확정된 판결의 공소사실과 공소제기된 공소사실 간에 그 일시만 달리하는 사안에서 사안의 성질상 두 개의 공소사실이 양립할 수 있다고 볼 사정이 있는 경우에는 기본적 사실은 동일하다고 할 수 없다.

㉢ 甲이 乙의 기념전시회에 참석한 손님들에게 乙이 공사대금을 주지 않는다는 취지로 소리를 치며 소란을 피워 업무방해죄로 유죄판결을 받아 판결이 확정된 후 다시 명예훼손죄로 기소된 경우, 양 죄는 죄질 및 피해법익을 달리하므로 전자의 확정판결의 기판력은 후자의 공소사실에 대하여 영향력을 미치지 아니한다.

㉣ 법원이 적법하게 공판의 심리를 종결하고 판결선고 기일까지 고지한 후에 이르러서 한 검사의 공소장변경에 대하여는 그것이 변론재개신청과 함께 된 것이라고 하더라도 법원이 종결한 공판의 심리를 재개하여 공소장변경을 허가할 의무는 없다.

㉤ 피고인은 저녁 시간에 회사에서 퇴근하면서 무면허인 상태로 차량을 운전하여 인근 식당까지 이동하고(제1 무면허운전 혐의), 약 3시간이 경과한 후 식당 인근에서 시동이 켜진 위 차량에서 술에 취해 잠이 든 상태로 발견되어 경찰에 의해 음주측정을 받은 다음(제2 무면허운전 및 음주운전 혐의), 검사가 피고인에 대하여 위 발견 직전 제2 무면허운전 및 음주운전을 하였다는 혐의로 기소하였다가 제2 무면허운전을 제1 무면허운전으로 공소장변경허가신청을 하였다면 법원은 공소장변경을 허가하여야 한다.

① ㉠㉡㉣
② ㉠㉢㉣㉤
③ ㉠㉡㉣㉤
④ ㉠㉡㉢㉣㉤

08

공소장변경에 대한 다음 [보기]의 설명 중 옳지 않은 것을 모두 고른 것은? (다툼이 있는 경우 판례에 의함)

| 보기 |

㉠ 강간치상죄를 강간죄로, 폭행치사죄를 폭행죄로, 수뢰후부정처사죄를 뇌물수수죄로 변경하는 경우에는 공소장변경을 할 필요가 없다.

㉡ 히로뽕 제조의 공동정범의 공소사실에 대하여 피고인이 이를 부인하고 자신은 방조범에 해당한다고 이미 진술하고 있고 심리 도중에 방조사실에 대하여 수차례 언급을 하였더라도 공동정범을 방조범으로 인정하기 위해서는 공소장변경을 하여야 한다.

㉢ 과실로 교통사고를 발생시켰다는 교통사고처리특례법 위반죄의 공소사실과 고의로 교통사고를 낸 뒤 보험금을 청구하여 수령하거나 미수에 그쳤다는 사기 및 사기미수의 공소사실 간에는 공소사실의 동일성이 인정되지 아니한다.

㉣ 참고인에 대하여 허위진술을 하여 달라고 요구하면서 이에 불응하면 어떠한 위해를 가할 듯한 태세를 보여 외포케 하여 참고인을 협박하였다는 공소사실과 위와 같이 협박하여 겁을 먹은 참고인으로 하여금 허위로 진술케 함으로써 수사기관에 검거되어 신병이 확보된 채 조사를 받고 있던 자를 증거 불충분으로 풀려나게 하여 도피케 하였다는 공소사실 간에는 공소사실의 동일성이 인정되지 아니한다.

㉤ 공동강요 등을 목적으로 하는 폭력행위처벌법상 범죄집단의 조직원 중 수괴라고 보아 폭력행위처벌법 위반(단체 등의 구성·활동) 등 혐의로 공소가 제기된 경우라면 범죄집단 활동 과정에서 발생된 개별적 범행인 폭력행위처벌법 위반(단체 등의 공동강요) 범행을 추가하는 검사의 공소장변경신청은 허용되어야 한다.

① ㉠㉢㉣
② ㉡㉣㉤
③ ㉠㉡㉣㉤
④ ㉡㉢㉣㉤

09

공판심리의 범위에 관한 다음 [보기]의 설명 중 판례의 입장과 일치하지 않는 것을 모두 고른 것은?

| 보기 |

㉠ 검사가 제1심판결에 대하여 양형부당을 이유로 항소한 다음 항소심의 제1회 공판기일이 열리기 전에 먼저 기소된 업무상횡령 공소사실과 상상적 경합관계에 있는 업무상횡령 공소사실을 추가하는 취지임을 밝히며 공소장변경허가신청서를 제출한 경우, 항소심 법원이 공소장변경허가신청에 대한 결정을 함이 없이 제1회 공판기일을 진행하여 변론을 종결하고 검사의 항소를 기각하여 제1심판결을 그대로 유지한 것은 위법하다고 해야 한다.

㉡ 정신장애로 항거불능 상태에 있는 피해자를 간음 또는 추행하였다는 공소사실을 같은 피해자인 심신미약자에 대하여 위력으로 간음 또는 추행하는 행위로 인정하려면 공소장변경절차를 거쳐야 한다.

㉢ 강제추행의 공소사실을 '위력에 의한' 추행으로 인정하려면 공소장변경절차를 거쳐야 한다.

㉣ 특정경제범죄 가중처벌 등에 관한 법률위반(사기)죄로 기소된 공소사실에 대하여 법원이 심리한 결과 피고인이 편취의 의사로 기망행위를 한 사실이 인정되는데도 특정경제범죄 가중처벌 등에 관한 법률위반(사기) 미수죄를 인정하지 아니한 것은 현저히 정의와 형평에 반하여 위법하다.

㉤ 군인이 군 관련 납품업자에게 토지를 고가에 매도하여 실거래금액으로 신고한 5억 4천만 원과의 차액인 1억 5천만 원을 뇌물로 수수하였다고 공소제기되었는데, 법원이 '농지취득자격증명을 필요로 하여 본등기를 경료할 수 없는 토지를 처분하여 현금화하는 재산상 이익을 취득하여 뇌물로 수수하였다'라는 범죄사실을 유죄로 인정하기 위해서 공소장변경절차를 밟을 필요는 없다.

① ㉠㉡㉤
② ㉢㉣㉤
③ ㉠㉢㉣
④ ㉡㉣㉤

10

공소장변경에 관한 다음 [보기]의 기술 중 옳지 않은 것을 모두 고른 것은? (다툼이 있는 경우 판례에 의함)

| 보기 |

㉠ 포괄일죄인 영업범에서 공소제기된 범죄사실과 공판심리 중에 추가로 발견된 범죄사실 사이에 그 범죄사실들과 동일성이 인정되는 또 다른 범죄사실에 대한 유죄의 확정판결이 있는 경우, 추가로 발견된 확정판결 후의 범죄사실은 공소제기된 범죄사실과 분단되지 않는다.

㉡ (위 ㉠의 경우) 검사는 공소장변경절차에 의하여 확정판결 후의 범죄사실을 공소사실로 추가할 수는 있다.

㉢ 법원은 특수협박죄로 공소가 제기된 범죄사실을 공소장변경 없이 상습특수협박죄로 처벌할 수 있다.

㉣ 기소된 공소사실의 재산상 피해자와 공소장에 기재된 피해자가 다른 것이 판명된 경우에는 공소사실의 동일성을 해하지 않고 피고인의 방어권 행사에 실질적 불이익을 주지 않는 경우, 법원은 공소장변경절차 없이 직권으로 공소장 기재의 피해자와 다른 실제의 피해자를 적시하여 이를 유죄로 인정하여야 한다.

㉤ 공소가 제기된 범죄사실과 대비하여 볼 때 실제로 인정되는 범죄사실의 사안이 가볍지 아니하여 공소장이 변경되지 않았다는 이유로 이를 처벌하지 않는다면 적정절차에 의한 신속한 실체적 진실의 발견이라는 형사소송의 목적에 비추어 현저히 정의와 형평에 반하는 것으로 인정되는 경우에는 법원은 직권으로 그 범죄사실을 인정하여야 한다.

㉥ 준강간죄의 장애미수로 공소가 제기된 경우 공소장변경 없이 법원이 직권으로 준강간죄의 불능미수를 인정하더라도 피고인의 방어권 행사에 실질적인 불이익을 초래할 염려가 있다고 볼 수 없고 나아가 법원은 직권으로 준강간죄의 불능미수를 유죄로 인정하여야 한다.

① ㉠㉡㉢㉤㉥
② ㉠㉡㉣㉤
③ ㉡㉢㉣㉥
④ ㉠㉡㉢

11

공소장변경에 관한 다음 [보기]의 설명 중 옳은 것을 모두 고른 것은? (다툼이 있는 경우 판례에 의함)

| 보기 |

㉠ 공소장변경이 피고인의 불이익을 증가시킬 염려가 있다고 인정한 때에는 법원은 직권 또는 검사의 청구에 의하여 결정으로 필요한 기간 공판절차를 정지할 수 있다.

㉡ 일반적으로 범죄의 일시는 공소사실의 특정을 위한 것이지 범죄사실의 기본적 요소는 아니지만, 그 간격이 길고 범죄의 인정 여부에 중대한 관계가 있는 경우에는 공소장변경절차를 밟아야 한다.

㉢ 검사가 피고인을 도로교통법 위반(음주운전)으로 기소하면서 공소사실을 '술에 취한 상태에서의 운전금지의무를 2회 이상 위반한 사람으로서 다시 혈중알코올농도 0.132%의 술에 취한 상태로 자동차를 운전하였다'고 기재하고, 적용법조를 '도로교통법 제148조의2 제2항 제2호, 제44조 제1항'으로 기재하였는데, 법원이 직권으로 그보다 형이 무거운 '도로교통법 제148조의2 제1항 제1호, 제44조 제1항'을 적용하여 처벌하려면 공소장변경절차를 밟아야 한다.

㉣ 검사가 제출한 공소장변경허가신청서의 부본을 즉시 피고인에게 송달하지 않은 채 공판절차를 진행한 경우, 그 절차상 법령위반만으로 판결에 영향을 미친 위법에 해당하지 아니한다.

㉤ 검사가 공소장변경허가신청서를 제출하지 않고 공소사실에 대한 검사의 의견을 기재한 서면을 제출한 경우에는 공소장변경허가신청서를 제출한 것으로 볼 수 있다.

① ㉠㉡㉢㉣
② ㉡㉢㉣
③ ㉡㉢㉣㉤
④ ㉢㉣㉤

12

공판준비에 대한 설명 중 옳지 않은 것은?

① 피고인 또는 변호인은 공소장 부본을 송달받은 날부터 7일 이내에 공소사실에 대한 인정 여부, 공판준비절차에 관한 의견 등을 기재한 의견서를 법원에 제출하여야 한다. 다만, 피고인이 진술을 거부하는 경우에는 그 취지를 기재한 의견서를 제출할 수 있다.

② 피고인은 법원의 소환이 없는 때에는 공판준비기일에 출석할 수 없으나, 법원은 필요하다고 인정하는 때에는 피고인을 소환할 수 있으며 재판장은 출석한 피고인에게 진술을 거부할 수 있음을 알려 주어야 한다.

③ 법원은 검사, 피고인 또는 변호인의 신청에 의하여 공판준비에 필요하다고 인정한 때에는 공판기일 전이라도 피고인 또는 증인을 신문할 수 있고 검증, 감정 또는 번역을 명할 수 있다.

④ 검사와 변호인은 공판준비를 위하여 법률상·사실상 주장의 요지 및 입증취지 등이 기재된 서면을 법원에 제출할 수 있고, 피고인도 이를 제출할 수 있다.

13

공판준비절차에 대한 설명으로 옳은 것은? (다툼이 있는 경우 판례에 의함)

① 법원은 ㉠ 쟁점 및 증거의 정리가 완료되거나, ㉡ 사건을 공판준비절차에 부친 뒤 3개월이 지나거나, ㉢ 검사·변호인 또는 소환받은 피고인이 출석하지 아니한 때에는 공판준비절차를 종결하는 것이 원칙이나, 위 ㉡과 ㉢의 경우 공판의 준비를 계속하여야 할 상당한 이유가 있는 때에는 그러하지 아니하다.

② 법원은 직권 또는 검사, 피고인의 신청에 의하여 공무소 또는 공사단체 또는 이해관계인에 대하여 조회하여 필요한 사항의 보고 또는 그 보관서류의 송부를 요구할 수 있다.

③ 법원으로부터 송부요구신청을 받은 공무소 등의 경우 정당한 이유 없이 거절하지 못하는데, 특히 서류가 관련 형사재판확정기록이나 불기소처분기록 등으로서 피고인·변호인이 행한 법률상·사실상 주장과 관련된 것인 때 위 정당한 이유는 국가안보, 증인보호의 필요성, 증거인멸의 염려, 관련사건의 수사에 장애를 가져올 것으로 예상되는 구체적인 사유에 준하는 것으로 제한할 필요는 없다.

④ 법원은 쟁점 및 증거의 정리를 위하여 필요한 경우라 하더라도 제1회 공판기일 후에는 사건을 공판준비절차에 부칠 수 없다.

14

공판준비절차에 대한 설명으로 옳지 않은 것은? (다툼이 있는 경우 판례에 의함)

① 공판준비절차는 통상의 재판에서는 임의적 절차이고 서면제출과 기일의 2가지 방식에 의하지만, 국민참여재판에서는 필수적인 절차이고 기일을 열어 진행한다.

② 검사, 피고인, 변호인은 법원에 대하여 공판준비기일의 지정을 신청할 수 있으며, 이 신청에 관한 법원의 결정에 대하여는 불복할 수 없다.

③ 공판준비기일에 당사자가 신청하지 못한 증거에 대해서는 소송이 현저히 지연되지 않는 경우에 한하여 법원이 공판기일에 직권으로 증거조사를 할 수 있다.

④ 공판준비기일에 법원은 필요하다고 인정하는 경우 피고인을 소환할 수 있으며, 피고인은 법원의 소환이 없는 때에도 출석할 수 있다.

15

형사소송법상 증거개시제도에 대한 설명으로 옳은 것은? (다툼이 있는 경우 판례에 의함)

① 피고인 또는 변호인이 공소제기 전·후 검사가 보관하고 있는 서류 등에 대하여 검사에게 그 열람·등사 또는 서면의 교부를 신청하였으나, 검사가 증인보호의 필요성 등의 이유를 들어 그 범위를 제한한 경우에도, 피고인 또는 변호인은 법원에 그 서류 등의 열람·등사 또는 서면의 교부를 허용하도록 할 것을 신청할 수 있다.

② 형사소송법은 검사가 수사서류의 열람·등사에 관한 법원의 허용 결정을 지체 없이 이행하지 아니하는 때에는 해당 증인 및 서류 등에 대한 증거신청을 할 수 없도록 규정하고 있으며, 이는 검사가 그와 같은 불이익을 감수하고 법원의 열람·등사결정을 따르지 않을 수도 있다는 것을 의미하지 아니한다.

③ 검사는 열람·등사 또는 서면의 교부를 거부하거나 그 범위를 제한하는 때에는 지체 없이 그 이유를 서면으로 통지하여야 하고, 피고인 또는 변호인은 검사가 열람·등사·서면교부 신청을 받은 때부터 48시간 이내에 통지를 하지 아니하는 때에는 법원에 그 서류등의 열람·등사 또는 서면의 교부를 허용하도록 할 것을 신청할 수 있으며, 검사가 열람·등사 또는 서면의 교부에 관한 법원의 결정을 24시간 이내 이행하지 아니하는 때에는 해당 증인 및 서류 등에 대한 증거신청을 할 수 없다.

④ 피고인 또는 변호인은 검사에게 공소제기된 사건에 관한 서류 또는 물건의 목록과 공소사실의 인정 또는 양형에 영향을 미칠 수 있는 서류 등의 열람·등사 또는 서면의 교부를 신청할 수 있지만, 피고인에게 변호인이 있는 경우에는 피고인은 열람·등사만을 신청할 수 있다.

16

증거개시제도에 대한 다음 [보기]의 설명 중 옳지 않은 것만을 모두 고르면? (다툼이 있는 경우 판례에 의함)

> | 보기 |
>
> ㉠ 검사는 공소사실의 인정 또는 양형에 영향을 미칠 수 있는 서류 등의 열람·등사 또는 서면의 교부를 거부하는 때에도 공소제기된 사건에 관한 서류 등의 목록에 대하여는 열람 또는 등사를 거부할 수 없다.
>
> ㉡ 검사는 공소사실의 인정 또는 양형에 영향을 미칠 수 있는 서류 등의 열람·등사 또는 서면의 교부를 거부하거나 그 범위를 제한하는 때에는 지체 없이 피고인 또는 변호인에게 그 이유를 서면 또는 구두의 방법으로 통지하여야 한다.
>
> ㉢ 검사는 피고인 또는 변호인이 공판기일 또는 공판준비 절차에서 현장부재·심신상실 또는 심신미약 등 법률상·사실상의 주장을 한 때에는 피고인 또는 변호인에게 피고인 또는 변호인이 증거로 신청할 서류 등의 열람·등사 또는 서면의 교부를 요구할 수 있다.
>
> ㉣ 법원이 서류 등의 열람·등사 또는 서면의 교부를 허용할 것을 명한 결정에 대하여는 검사, 피고인 또는 변호인이 즉시항고를 할 수 있다.
>
> ㉤ 증거개시제도는 공판절차의 효율적 진행을 위하여 마련된 제도로서 증거개시 신청은 공판준비절차에서만 허용된다.
>
> ㉥ 변호인이 없는 피고인은 공소제기 후 검사가 보관하고 있는 서류 등의 열람·등사, 서면교부를 신청할 수 있으나, 증거보전처분에 관한 서류 등의 열람·등사는 기소 전의 피의자와 그 변호인만 신청할 수 있다.

① ㉠㉡㉣㉤

② ㉡㉣㉤㉥

③ ㉡㉢㉣㉤

④ ㉠㉢㉤㉥

17

증거개시에 관한 다음 [보기]의 설명 중 틀린 것을 모두 고른 것은? (다툼이 있는 경우 판례에 의함)

> | 보기 |
>
> ㉠ 소송계속 중인 사건의 피해자도 소송기록의 열람 또는 등사를 신청할 수 있으며, 이러한 신청이 있으면 재판장은 정당한 사유가 없는 한 열람·등사 신청에 응하여야 한다.
>
> ㉡ 피고인이 원하는 시기에 공판조서를 열람·등사하지 못하였다 하더라도 그 변론종결 이전에 이를 열람·등사한 경우에는 그 열람·등사가 늦어짐으로 인하여 피고인의 방어권 행사에 지장이 있었다는 등의 특별한 사정이 없는 한 그 공판조서를 유죄의 증거로 할 수 있다.
>
> ㉢ 검사가 수사과정에서 작성되거나 취득한 서류 또는 물건에 관한 목록을 빠짐없이 작성할 의무를 진다는 규정은 현행법상 존재하지 않는다.
>
> ㉣ 검사가 열람·등사 또는 서면의 교부에 관한 법원의 결정을 지체 없이 이행하지 아니하는 때에는 해당 증인 및 서류 등에 대한 증거신청을 할 수 없으나, 피고인·변호인의 공판기일 또는 공판준비절차에서 행한 현장부재, 심신상실, 심신미약 등 법률상·사실상의 주장에 대한 검사의 증거개시 요구를 피고인·변호인이 거부함에 따라 검사가 법원에 그 허용 신청을 하여 내려진 법원의 허용 결정을 피고인·변호인이 이행하지 아니한 경우에는 피고인 측의 방어권을 보장하기 위하여 피고인·변호인은 당해 증인·서류에 대한 증거신청을 할 수 있도록 한다.
>
> ㉤ 피고인이 공판기일이 아니라 공판준비절차에서 현장부재의 주장을 한 경우, 검사는 피고인에게 증거로 신청할 서류와 그 서류의 증명력에 관련된 서류의 교부를 요구할 수 없다.

① ㉠㉡㉣㉤

② ㉠㉢㉣㉤

③ ㉠㉢㉣

④ ㉠㉢㉤

18

공판절차에 대한 설명으로 옳지 않은 것은?

① 장기 3년 이하의 징역 또는 금고, 다액 500만 원을 초과하는 벌금 또는 구류에 해당하는 사건에서 피고인의 불출석허가신청이 있고 법원이 피고인의 불출석이 그의 권리를 보호함에 지장이 없다고 인정하여 이를 허가한 사건에서는 판결을 선고하는 공판기일을 제외하고는 피고인의 출석 없이 공판절차를 진행할 수 있다.

② 피고인이 출석하지 아니하면 개정하지 못하는 경우, 구속된 피고인이 정당한 사유 없이 출석을 거부하고, 교도관리에 의한 인치가 불가능하거나 현저히 곤란하다고 인정되는 때, 재판장은 출석한 검사 및 변호인의 의견을 들어 피고인의 출석 없이 공판절차를 진행할 수 있다.

③ 공판기일에는 피고인을 소환하여야 하는데, 법원의 구내에 있는 피고인에 대하여 공판기일을 통지한 때에는 소환장 송달의 효력이 있다.

④ 피고인이 법인인 경우에는 법인의 대표자 또는 특별대리인이 출석하여야 하고 그의 출석 없이는 개정할 수 없음이 원칙이나, 실무자 등 대리인을 출석시켜 개정할 수도 있다.

19

공판정의 심리에 대한 다음 [보기]의 설명 중 옳은 것을 모두 고른 것은? (다툼이 있는 경우 판례에 의함)

| 보기 |

㉠ 피고인은 제1심에서 사기죄로 징역 2년을 선고받았으나, 법정구속되지 않은 상태에서 항소하였고, 선고를 위한 항소심 제2회 공판기일 전날에 피해자와 합의를 위하여 기일연기신청을 하였으나 받아들여지지 않았다. 피고인은 제2회 공판기일인 2020.5.19. 코로나바이러스감염증－19 검사를 받을 예정으로 출석하지 못한다는 취지의 불출석 사유서를 제출한 채 출석하지 아니하였고, 5주 후 진행된 제3회 공판기일에 코로나바이러스감염증－19 검사결과 및 후속조치에 관한 자료를 제출하지 않았고 출석하지 아니하였다. 이에 항소심이 제3회 기일에 피고인의 출석 없이 판결을 선고한 것에는 위법이 있다.

㉡ 피고인의 출석 없이 개정하지 못하는 경우라도 구속된 피고인이 정당한 사유 없이 출석을 거부하고, 교도관에 의한 인치가 불가능하거나 현저히 곤란하다고 인정되는 때에는 피고인의 출석 없이 공판절차를 진행할 수 있다.

㉢ 변호인이 피고인을 신문하겠다는 의사를 표시하였음에도 변호인에게 일체의 피고인신문을 허용하지 않는 것은 변호인의 피고인신문권에 관한 본질적 권리를 해하는 것으로서 소송절차의 법령위반에 해당한다.

㉣ 피고인이 제1심에서 도로교통법 위반(음주운전)죄로 유죄판결을 받고 항소한 후 항소심 제1회, 제2회 공판기일에 출석하였고, 제3회 공판기일에 변호인만이 출석하고 피고인은 건강상 이유를 들어 출석하지 않았으나, 제4회 공판기일에 변호인과 함께 출석하자 항소심은 변론을 종결하고 제5회 공판기일인 선고기일을 지정하여 고지하였는데, 피고인과 변호인이 모두 제5회 공판기일에 출석하지 아니하자 항소심법원이 피고인의 출석 없이 공판기일을 개정하여 피고인의 항소를 기각하는 판결을 선고한 것에는 위법이 있다.

㉤ 항소심에서 피고인이 적법한 공시송달 결정 후 '공판기일 변경명령'에 따라 제2회 공판기일을 통지받았고 '소환장'에 따라 제3회 공판기일을 통지받았음에도 모두 불출석한 경우 위 제3회 공판기일의 진행은 가능하다.

① ㉡㉢㉣㉤
② ㉡㉢㉣
③ ㉠㉡㉢㉣
④ ㉠㉡㉣㉤

20

다음 [보기] 중에서 피고인의 출석 없이 개정할 수 있는 경우로 묶은 것은? (다툼이 있는 경우 판례에 의함)

> | 보기 |
>
> ㉠ 다액 500만 원 이하의 벌금 또는 과료에 해당하는 때
>
> ㉡ 약식명령에 대해 정식재판을 청구한 피고인이 정식재판절차의 공판기일에 2회 이상 출석하지 아니한 때
>
> ㉢ 항소심에서 피고인이 공판기일에 출석하지 아니하여 다시 정하여진 기일에도 정당한 사유 없이 출석하지 아니한 때
>
> ㉣ 정식재판절차의 공판기일에 정식재판을 청구한 피고인이 정당한 사유 없이 2회 계속 출석하지 아니한 때
>
> ㉤ 변호인이 출정하지 아니한 가운데 재심피고인이 재심의 판결 전에 회복할 수 없는 심신장애자로 된 때
>
> ㉥ 피고인은 피해자의 주택 현관 앞에 놓여 있던 장식용 조약돌을 가지고 가 절취하였다는 절도로 기소된 자인데(절도죄의 법정형은 형법 제329조에 의하여 6년 이하의 징역 또는 1천만 원 이하의 벌금), 항소심에서 피고인이 제1회 공판기일에 피고인소환장을 송달받고도 출석하지 아니한 때

① ㉠㉡㉢
② ㉠㉡㉢㉣
③ ㉠㉡㉢㉣㉤
④ ㉠㉡㉢㉣㉥

▶ **제4편 공판: 제1장 공판절차** [공판기일의 절차 2] ─ [증인신문·감정과 검증]

회차	시행일			목표점수			획득점수		
제13회	1차	2차	3차	1차	2차	3차	1차	2차	3차

01

소송지휘권에 대한 다음 [보기]의 설명 중 옳지 않은 것만을 모두 고른 것은? (다툼이 있는 경우 판례에 의함)

| 보기 |

㉠ 재판장은 소송관계인의 진술 또는 신문이 중복된 사항이거나 그 소송에 관계없는 사항인 때에는 소송관계인의 본질적인 권리를 해하지 않는 범위 안에서 이를 제한할 수 있으므로, 공직선거법이 준용하는 「특정범죄신고자 등 보호법」상 범죄신고자가 수사기관에서 진술을 한 후 보복을 당할 우려가 있다는 이유로 제1심 법정에 증인출석을 하지 않을 경우라면 소재탐지 촉탁 또는 구인장 발부 없이 범죄신고자에 대한 증인채택 결정을 취소한 후 범죄신고자가 수사기관에서 한 진술 등에 대하여 증거능력을 부정한 법원의 절차진행은 위법하다 할 수 없다.

㉡ 재판장은 검사, 피고인 또는 변호인에게 사실상의 사항에 관한 입증을 촉구할 수는 있으나, 법률상의 사항에 관한 석명을 구할 수는 없다.

㉢ 재판장은 증인이 피고인의 면전에서 충분한 진술을 할 수 없다고 인정한 때에는 피고인을 퇴정하게 할 수 있으나, 피고인이 재정인의 앞에서 충분한 진술을 할 수 없다고 인정한 때에는 그 재정인을 퇴정하게 할 수 없다.

㉣ 재판장은 직권 또는 검사, 피고인이나 변호인의 신청에 의하여 공판기일을 변경할 수 있다.

㉤ 무죄판결이나 형면제판결을 하는 경우에는 피고인의 출석을 요하지 아니한다.

① ㉠㉡㉢㉣

② ㉠㉡㉢㉤

③ ㉡㉢㉣㉤

④ ㉠㉢㉣㉤

02

증거조사에 대한 다음 [보기]의 설명 중 옳은 것을 모두 고른 것은? (다툼이 있는 경우 판례에 의함)

| 보기 |

㉠ 국민참여재판에서는 법원의 직권에 의한 증거조사가 허용되지 않는다.

㉡ 법원의 증거신청에 관한 결정에 대한 이의신청은 법령의 위반이 있음을 이유로 하여서만 이를 할 수 있다.

㉢ 증거조사에 대한 이의신청은 개개의 행위, 처분 또는 결정 시마다 즉시 하여야 한다.

㉣ 이의신청에 대한 결정에 의하여 판단이 된 사항에 대해서는 다시 이의신청을 할 수는 없으나, 항고는 허용된다.

㉤ 범죄로 인해 사망한 피해자의 직계친족이 피해자 진술을 신청하는 경우 법원이 법률이 정한 예외사유에 해당하지 않는 한 그를 증인으로 신문하여야 하지만, 처벌에 관한 의견을 진술하게 할 수는 없다.

① ㉠㉡

② ㉡㉢

③ ㉢㉤

④ ㉣㉤

03

증거신청 및 증거조사에 관한 설명 중 옳은 것은?

① 검사·피고인 또는 변호인은 특별한 사정이 없는 한 필요한 증거를 일괄하여 신청하여야 한다. 또한 서류나 물건의 일부에 대한 증거신청을 함에 있어서는 증거로 할 부분을 특정하여 명시해야 한다.

② 당사자의 신청에 의해 증거서류를 조사하는 때에는 소지인 또는 재판장이 이를 낭독해야 하나, 법원이 직권으로 조사하는 때에는 재판장이 낭독하여야 한다.

③ 당사자의 신청에 의한 증인신문은 재판장이 정한 방식에 의하고, 피해자의 신청에 의하여 행하여지는 증인신문은 주신문, 반대신문, 재 주신문의 순서에 의한다.

④ 형사소송법 제312조(검사 또는 사법경찰관의 조서 등) 및 제313조(진술서 등)에 따라 증거로 할 수 있는 피고인 또는 피고인 아닌 자의 진술을 기재한 조서 또는 서류가 피고인의 자백진술을 내용으로 하는 경우에는 범죄사실에 관한 다른 증거보다 먼저 이를 조사하여야 한다.

04

증거신청 및 증거조사에 관한 설명 중 옳지 않은 것은?

① 법원은 검사나 피고인·변호인이 고의로 증거를 뒤늦게 신청함으로써 공판의 완결을 지연하는 것으로 인정할 때에는 직권으로 증거신청을 각하할 수 있다.

② 법원은 검사가 신청한 증거나 피고인 또는 변호인이 신청한 증거에 앞서 직권으로 채택한 증거에 대하여 먼저 증거조사를 할 수 있다.

③ 당사자의 증거신청에 대한 법원의 증거결정에 대하여는 보통항고할 수 있으며, 당사자의 증거신청에 대한 법원의 증거결정에 채증법칙 오인으로 말미암아 사실을 오인하여 판결에 영향을 미친 부분이 있으면 판결에 대하여 상소할 수 있다.

④ 법원은 증거신청을 기각하는 경우 증거신청인으로부터 당해 증거서류 또는 증거물을 제출받아서는 아니 된다.

05

증거조사에 대한 설명으로 옳은 것은? (다툼이 있는 경우 판례에 의함)

① 법원은 피고인이나 변호인이 신청한 증거에 대하여 불필요하다고 인정한 경우라 하더라도 이를 조사하지 않을 수는 없다.

② 증거조사에 대한 이의신청은 법령의 위반이 있거나 상당하지 아니함을 이유로 하여 이를 할 수 있다.

③ 법원이 직권으로 피해자를 공판기일에 출석하게 하여 증인신문에 의하지 아니하고 의견을 진술하게 한 경우 그 의견진술은 범죄사실의 인정을 위한 증거로 할 수 있다.

④ 법원은 범죄의 구성요건이나 법률상 규정된 형의 가중·감면의 사유가 되는 경우를 포함하여, 법률이 규정한 증거로서의 자격이나 증거조사방식에 구애됨이 없이 상당한 방법으로 조사하여 양형의 조건이 되는 사항을 인정할 수 있다.

06

공판기일의 절차에 대한 다음 [보기]의 설명 중 옳은 것을 모두 고른 것은? (다툼이 있는 경우 판례에 의함)

| 보기 |

㉠ 법원이 적법하게 공판의 심리를 종결한 뒤에 피고인이 증인신청을 하였다 하여 반드시 공판의 심리를 재개하여 증인신문을 하여야 하는 것은 아니다.

㉡ 피고인이나 변호인이 무죄에 관한 자료로 제출한 서증 가운데 도리어 유죄임을 뒷받침하는 내용이 있는 경우, 해당 증거에 대한 상대방의 동의가 있거나 진정성립 여부 등 법원의 적법한 증거조사가 있었더라도 그 서증을 유죄인정의 증거로 쓸 수 없다.

㉢ 피고인의 자백을 보강하는 증거나 정상에 관한 증거는 보강증거 또는 정상에 관한 증거라는 취지를 특히 명시하여 그 조사를 신청하여야 한다.

㉣ 증거조사와 피고인신문을 종료한 후 검사에게 의견진술의 기회를 주었음에도 검사가 양형에 관한 의견진술을 하지 않은 경우, 이는 판결에 영향을 미친 법률위반이 있는 경우에 해당한다고 할 수 없다.

㉤ 법원이 변론종결 시 고지되었던 선고기일을 피고인과 변호인에게 사전에 통지하는 절차를 거치지 않은 채 변경하여 피고인에게 불리한 판결을 선고한 것은 피고인의 방어권과 이에 관한 변호인의 변호권을 침해하여 판결에 영향을 미친 잘못이 있다.

① ㉠㉡㉢㉣
② ㉠㉢㉣㉤
③ ㉡㉢㉣㉤
④ ㉠㉢㉣

07

증인신문에 대한 다음 [보기]의 설명 중 옳은 것을 모두 고르면? (다툼이 있는 경우 판례에 의함)

| 보기 |

㉠ 甲이 공판기일에 증인으로 출석하여 진술한 다음, 당해 사건의 같은 기일에 통역인으로서 증인 乙의 진술을 통역한 경우 甲이 통역한 乙에 대한 증인신문조서는 증거로 할 수 없다.

㉡ 특별한 지식에 의하여 알게 된 과거 사실을 신문받는 감정증인에게는 증인에 관한 규정이 적용된다.

㉢ 공동피고인과 피고인이 뇌물을 주고받은 사이로 필요적 공범관계에 있다면 수사상 증거보전의 필요성이 인정되어도 공동피고인을 증인으로 신문할 수는 없다.

㉣ 서로 폭행을 했다는 이유로 기소되어 병합심리 중인 공동피고인이 선서 없이 한 법정진술은 피고인이 증거로 함에 동의한 바 없더라도 피고인에 대한 유죄의 증거로 사용할 수 있다.

㉤ 사고 당시 10세 남짓한 초등학교 5학년생으로서 선서무능력자라고 해도 그 증언의 전후사정으로 보아 의사판단능력이 있다고 인정된다면 증언능력이 있다.

① ㉠㉡㉢
② ㉠㉡㉤
③ ㉡㉢㉣
④ ㉢㉣㉤

08

증인신문에 대한 설명으로 옳지 않은 것은? (다툼이 있는 경우 판례에 의함)

① 증언의 증명력을 다투기 위하여 필요한 사항에 관한 신문은 반대신문에서는 허용되나, 주신문에서는 금지된다.

② 재 주신문의 기회에 반대신문에 나타나지 아니한 새로운 사항에 관하여 신문하고자 할 때에는 재판장의 허가를 받아야 한다.

③ 재판장이 신문 전에 증인에게 증언거부권을 고지하지 않은 경우에도 증인이 침묵하지 아니하고 진술한 것이 자신의 진정한 의사에 의한 것인지 여부를 기준으로 위증죄의 성립 여부를 판단하여야 한다.

④ 증인이 주신문을 하는 자에 대하여 적의 또는 반감을 보인 경우에는 주신문에서도 유도신문이 가능하다.

09

뇌물 수수자 甲과 뇌물 공여자 乙에 대한 뇌물 사건을 수사하던 검사는 乙의 동창생 丙을 참고인으로 불러 "乙이 '甲에게 뇌물을 주었다'고 내게 말했다."라는 취지의 진술을 확보하고 甲과 乙을 공동피고인으로 기소하였다. 그러나 공판정에 증인으로 출석한 丙은 일체의 증언을 거부하였고, 오히려 그 동안 일관되게 범행을 부인하던 乙이 심경의 변화를 일으켜 뇌물 공여 혐의를 모두 시인하였다. 이에 관한 설명 중 옳은 것은? (다툼이 있는 경우 판례에 의함)

① 丙이 정당하게 증언거부권을 행사한 경우라면 丙에 대한 진술조서는 증거능력이 인정되지 않지만, 정당하지 않게 증언거부권을 행사한 경우라면 진술조서의 증거능력은 인정된다.

② 乙이 공판정에서 한 자백은 丙에 대한 진술조서로 보강할 수 있다.

③ 乙이 공판정에서 한 자백은 甲의 혐의에 대해서는 유죄 인정의 증거가 될 수 없다.

④ 소송절차가 분리되면 乙은 甲에 대한 공소사실에 관하여 증인이 될 수 있다.

10

증인신문에 대한 설명으로 옳지 않은 것은? (다툼이 있는 경우 판례에 의함)

① 범죄로 인한 피해자를 증인으로 신문하는 경우 당해 피해자, 법정대리인 또는 검사의 신청에 따라 피해자의 사생활의 비밀이나 신변보호를 위하여 필요하다고 인정하는 때에는 결정으로 심리를 공개하지 아니할 수 있다. 이 경우 결정은 이유를 붙여 고지해야 한다.

② 공개금지사유가 없었음에도 공개금지결정에 따라 비공개로 진행된 증인신문절차에서의 증인의 증언도 변호인의 반대신문권이 보장되었다면 증거능력이 인정된다.

③ 검사가 증인에게 주신문을 하면서 유도신문을 하였으나 그 다음 공판기일에서 재판장이 증인신문 결과 등을 각 공판조서(증인신문조서)에 의하여 고지하였음에도 피고인과 변호인이 이의제기를 하지 않았다면 주신문의 하자는 치유된다.

④ 甲이 이미 유죄판결을 받아 확정된 후 별건으로 기소된 공범 乙에 대한 피고사건의 증인으로 출석하여 증언한 경우 甲에게는 증언거부권이 없으므로 사전에 증언거부권을 고지받지 못하였더라도 증인신문절차는 위법이 아니다.

11

다음 설명 중 옳은 것은? (다툼이 있는 경우 판례에 의함)

① 공소장일본주의 위반에 관하여 피고인 측으로부터 아무런 이의제기가 없었고, 법원도 실체파악에 지장이 없다고 보고 그대로 공판절차를 진행한 결과 증거조사절차가 마무리되어 심증형성이 이루어졌다면, 피고인 측은 공소장일본주의 위반을 주장하며 이미 진행된 소송절차의 효력을 다툴 수는 없다.

② 변호인 없는 피고인을 일시 퇴정시키고 증인신문을 한 후 실질적인 반대신문의 기회를 부여하지 않은 하자가 있었다면 다음 공판기일에 재판장이 증인신문결과 등을 공판조서에 의하여 고지하고 피고인도 "변경할 점과 이의할 점이 없다."고 진술했다 하더라도 그 하자는 치유되지 않는다.

③ 항소심에서 피고인이 법원에 거주지변경신고를 하지 않아 송달이 되지 않자, 법원이 소송기록에 나타난 피고인의 휴대전화번호로 연락하여 송달받을 장소를 확인해 보는 등의 조치 없이 곧바로 공시송달을 명하고 피고인의 진술 없이 판결하는 것은 위법하지 않다.

④ 반의사불벌죄에서 처벌불원의 의사표시의 부존재를 당사자가 항소이유로 주장하지 않았다면 항소심법원이 이를 조사·판단하여야 하는 것은 아니다.

12

증인의 불출석에 대한 제재에 관한 다음 [보기]의 설명 중에서 옳은 것을 모두 고른 것은? (다툼이 있는 경우 판례에 의함)

| 보기 |

㉠ 법원은 소환장을 송달받은 증인이 정당한 사유 없이 출석하지 아니한 때에는 결정으로 당해 불출석으로 인한 소송비용을 증인이 부담하도록 명하고, 500만 원 이하의 벌금을 부과할 수 있다.

㉡ 법원은 증인이 과태료 재판을 받고도 정당한 사유 없이 다시 출석하지 아니한 때에는 결정으로 증인을 7일 이내의 감치에 처한다.

㉢ 감치는 그 재판을 한 법원의 재판장 명령에 따라 사법경찰관리·교도관·법원경위 또는 법원사무관 등이 교도소·구치소 또는 경찰서유치장에 유치하여 집행한다.

㉣ 법원은 감치의 재판을 받은 증인이 감치의 집행 중에 증언을 한 때에는 즉시 감치결정을 취소하고 그 증인을 석방하도록 명하여야 한다.

㉤ 경험한 과거의 사실을 진술할 지위에 있지 않은 감정인에 대하여 증인 또는 감정증인으로 소환한 경우, 소환장을 송달받고 불출석한 감정인에 대하여 불출석에 대한 제재로 과태료를 부과할 수 있다.

① ㉠㉡㉢㉣
② ㉡㉢㉣
③ ㉢㉣㉤
④ ㉡㉢㉣㉤

13

증인신문에 관한 설명으로 옳은 것은?

① 범죄로 인한 피해자를 증인으로 신문하는 경우 당해 피해자, 법정대리인 또는 검사의 신청에 따라 피해자의 사생활의 비밀이나 신변보호를 위하여 필요하다고 인정하는 때에는 결정으로 심리를 공개하지 아니할 수 있다. 다만, 이 경우 결정은 이유를 붙여 고지할 필요는 없다.

② 비디오 등 중계장치에 의한 중계시설 또는 차폐시설을 통하여 증인을 신문하는 경우에도 증인의 보호를 위하여 필요하다고 인정되면 증인신문을 공개하지 않을 수 있다.

③ 공무원이 직무상 알게 된 비밀과 변호사가 업무상 알게 된 비밀에 대해서는 당해 공무원과 변호사에게 증언거부권이 있으므로 증인으로서 출석을 거부할 수 있다.

④ 증인이 자기나 친족 또는 이러한 관계에 있었던 사람, 증인의 후견인 또는 증인의 후견을 받는 사람 등 어느 한 사람과 현저한 이해관계가 있는 사항에 관하여 신문을 받을 때에는 선서를 거부할 수 있다.

14

증인신문에 관한 설명으로 옳은 것은?

① 의사는 그 업무상 위탁을 받은 관계로 알게 된 사실로서 타인의 비밀에 관한 것은 본인의 승낙을 받은 경우에도 증언을 거부할 수 있다.

② 제1심에서 피고인에 대하여 무죄판결이 선고되어 검사가 항소한 후, 수사기관이 항소심 공판기일에 증인으로 신청하여 신문할 수 있는 사람을 특별한 사정 없이 미리 수사기관에 소환하여 작성한 진술조서의 증거능력은 원칙적으로 인정되지 않는데, 이는 참고인이 나중에 법정에 증인으로 출석하여 위 진술조서의 성립의 진정을 인정하고 피고인 측에 반대신문의 기회가 부여되더라도 마찬가지이다.

③ 공무원 또는 공무원이었던 자가 그 직무에 관하여 알게 된 사실에 관하여 본인 또는 당해 공무소가 직무상 비밀에 속한 사항임을 신고한 때에는 그 소속 공무소 또는 감독관공서의 승낙이 있더라도 증인으로 신문하지 못한다.

④ 증인에 대하여 서류 또는 물건의 성립, 동일성 기타 이에 준하는 사항에 관한 신문을 하거나 증인의 기억이 명백치 아니한 사항에 관하여 기억을 환기시켜야 할 필요가 있을 때에는 재판장의 허가를 얻어 서류 또는 물건을 제시하면서 신문할 수 있다. 이 경우 제시하는 서류의 내용이 증인의 진술에 부당한 영향을 미치지 아니하도록 하여야 한다.

15

증인신문에 관한 설명으로 옳지 않은 것은?

① 증인이 16세 미만의 자이거나 선서의 취지를 이해하지 못하는 자에 해당한 때에는 선서하게 하지 아니하고 신문하여야 한다.

② 사고 당시 10세 남짓한 초등학교 5학년생으로서 선서무능력자라고 한다면 그 증언 내지 진술의 전후사정으로 보아 의사판단능력이 있다고 인정된다 하더라도 증언능력은 인정되지 아니한다.

③ 법원은 범죄로 인한 피해자를 증인으로 신문하는 경우 증인의 연령, 심신의 상태, 그 밖의 사정을 고려하여 증인이 현저하게 불안 또는 긴장을 느낄 우려가 있다고 인정하는 때에는 직권 또는 피해자·법정대리인·검사의 신청에 따라 피해자와 신뢰관계에 있는 자를 동석하게 할 수 있다.

④ 증인 선서는 재판장이 증인으로 하여금 선서서를 낭독하고 기명날인 또는 서명하게 한다. 만약 증인이 낭독을 할 수 없거나 서명을 하지 못하는 때에는 법원사무관등이 그 낭독 또는 서명을 대행한다.

16

증인신문에 관한 설명으로 옳은 것만을 [보기]에서 있는 대로 고른 것은? (다툼이 있는 경우 판례에 의함)

| 보기 |

㉠ 선서무능력자가 한 선서는 효력이 없으나 증언능력이 있는 한 증언 자체의 효력은 변함이 없다.

㉡ 자신에 대한 유죄판결이 확정된 증인이 공범에 대한 피고사건에서 증언할 당시 앞으로 재심을 청구할 예정이라면 이를 이유로 증인에게는 「형사소송법」제148조에 의한 증언거부권이 인정된다.

㉢ 검사가 증인에게 주신문을 하면서 허용되지 않는 유도신문을 하였다면 그다음 공판기일에 피고인과 변호인이 '변경할 점과 이의할 점이 없다'고 진술하였더라도 유도신문에 의한 주신문의 하자는 치유되지 않는다.

㉣ 법원이 공판기일에 증인을 채택하여 다음 공판기일에 증인신문을 하기로 피고인에게 고지하였으나 피고인이 정당한 사유 없이 출석하지 아니한 경우, 이미 출석하여 있는 증인에 대하여 공판기일 외의 신문으로서 증인신문을 하고 다음 공판기일에 그 증인신문조서에 대한 서증조사를 하는 것은 증거조사절차로서 적법하다.

① ㉠㉡
② ㉠㉣
③ ㉡㉢
④ ㉠㉢㉣

17

증인신문에 관한 설명으로 옳지 않은 것은?

① 증인신문은 각 증인에 대하여 신문하여야 하고, 신문하지 아니한 증인이 재정한 때에는 퇴정을 명하여야 한다.

② 법원은 범죄로 인한 피해자를 증인으로 신문하는 경우 증인의 연령, 심신의 상태, 그 밖의 사정을 고려하여 증인이 현저하게 불안 또는 긴장을 느낄 우려가 있다고 인정하는 때에는 직권 또는 피해자·법정대리인·검사의 신청에 따라 피해자와 신뢰관계에 있는 자를 동석하게 할 수 있다.

③ 범죄피해자 증인신문의 경우 피해자와 동석할 수 있는 신뢰관계에 있는 사람은 피해자의 배우자, 직계친족, 형제자매, 가족, 동거인, 고용주, 그 밖에 피해자의 심리적 안정과 원활한 의사소통에 도움을 줄 수 있는 사람을 말하나, 변호사는 포함되지 아니한다.

④ 증인 선서는 재판장이 증인으로 하여금 선서서를 낭독하고 기명날인 또는 서명하게 한다. 만약 증인이 낭독을 할 수 없거나 서명을 하지 못하는 때에는 법원사무관등이 그 낭독 또는 서명을 대행한다.

18

현행법상 수사 및 공판단계에서의 범죄피해자에 대한 다음 [보기]의 설명 중에서 옳지 않은 것을 모두 고른 것은? (다툼이 있는 경우 판례에 의함)

| 보기 |

㉠ 법원은 범죄로 인한 피해자 또는 그 법정대리인의 신청이 있는 때에는 당해 사건의 공소제기 여부, 공판의 일시·장소, 재판결과, 피의자·피고인의 구속·석방 등 구금에 관한 사실 등을 신속하게 통지하여야 한다.

㉡ 법원은 소송지휘권을 행사함에 있어서도 소송관계인의 본질적 권리를 해하지 않아야 하므로, 피해자를 증인으로 신문하는 경우 동일한 범죄사실에서 신청인의 수가 다수인 때에도 증인으로 신문할 자의 수를 제한할 수 없다.

㉢ 범죄피해자가 사망한 경우에는 그 배우자·직계친족·형제자매의 신청이 있는 경우에는 법원은 그를 증인으로 신문하여야 한다.

㉣ 범죄피해자를 증인으로 신문하는 경우 피고인의 처벌에 관한 의견을 진술할 기회까지 주어야 하는 것은 아니다.

㉤ 피고인이 피해자의 권리회복에 필요한 금전을 공탁한 경우에는 판결을 선고하기 전에 피해자 또는 그 법정대리인 등의 의견을 들어야 하는 제도는 현행법상 없다.

① ㉠㉡㉢㉣

② ㉡㉢㉣㉤

③ ㉠㉡㉣㉤

④ ㉠㉡㉢㉣㉤

19

범죄피해자에 대한 다음 [보기]의 설명 중에서 옳은 것을 모두 고른 것은? (다툼이 있는 경우 판례에 의함)

| 보기 |

㉠ 법원은 범죄로 인한 피해자 또는 그 법정대리인 (피해자가 사망한 경우에는 배우자·직계친족· 형제자매를 포함)의 신청이 있는 때에는 원칙적으로 그 피해자등을 증인으로 신문하여야 하고, 이 경우 피해의 정도 및 결과, 피고인의 처벌에 관한 의견, 그 밖에 당해 사건에 관한 의견을 진술할 기회를 부여할 수 있다.

㉡ 피해자로서 자신에 대한 증인신문을 신청한 사람이 출석통지를 받고도 정당한 이유 없이 출석하지 아니한 때에는 그 신청을 철회한 것으로 본다.

㉢ 소송계속 중인 사건에 있어 피해자의 소송기록의 열람, 등사신청에 관한 재판장의 허가결정과 허가조건에 대해서는 불복할 수 없다.

㉣ 법원은 구속의 사유를 판단함에 있어서 피해자에 대한 위해가능성도 고려하여야 한다.

㉤ 법원이 피해자 등을 공판기일에 출석하게 하여 범죄사실의 인정에 해당하지 않는 사항에 관하여 증인신문에 의하지 아니하고 의견을 진술하거나 의견진술에 갈음하여 의견을 기재한 서면을 제출하게 한 경우 위 진술과 서면을 유죄의 증거로 할 수 없다.

① ㉠㉡㉢㉣㉤

② ㉠㉡㉢㉣

③ ㉠㉢㉣㉤

④ ㉡㉢㉣㉤

20

공판에 관한 다음 [보기]의 설명 중 옳은 것을 모두 고른 것은? (다툼이 있는 경우 판례에 의함)

| 보기 |

㉠ 피고인이 항소심 제1회 공판기일에는 불출석, 제2회 공판기일에는 출석하였으나 제3회 공판기일에 다시 불출석하자 법원이 피고인의 변호인과 검사만 출석한 상태에서 공판절차를 진행하여 변론을 종결한 다음 제4회 공판기일에 피고인의 항소를 기각하는 판결을 선고하였다면, 이는 「형사소송법」 제365조에 따른 조치로서 적법하다.

㉡ 제1심 공판절차에서 피고인에 대한 송달불능보고서가 접수된 때부터 6개월이 지나도록 피고인의 소재를 확인할 수 없는 경우에는 대법원규칙으로 정하는 바에 따라 피고인의 진술 없이 재판할 수 있으나, 사형, 무기 또는 장기 10년이 넘는 징역이나 금고에 해당하는 사건의 경우에는 피고인의 진술 없이 재판할 수 없다.

㉢ 최종의견 진술의 기회는 피고인이나 변호인에게 주어지면 되는바, 재판장이 변호인의 최후변론이 끝나자마자 곧바로 선고기일을 지정·고지함으로써 피고인에게 최종의견 진술의 기회를 주지 아니한 채 변론을 종결하고 판결을 선고하였다 하더라도 이는 재판장의 소송지휘권의 범위 내에 속하는 재량행위로서 소송절차의 법령위반에 해당한다고 볼 수는 없다.

㉣ 종결한 변론을 재개할지 여부는 원칙적으로 법원의 재량에 속하는 사항이나, 항소심이 변론종결한 후 선임된 변호인의 변론재개신청을 들어주지 않았다면 이는 심리미진의 위법이 있는 경우에 해당한다.

㉤ 증거신청의 채택 여부는 법원의 재량으로서 법원의 증거결정에 대하여는 보통항고, 즉시항고 모두 할 수 없고, 다만 증거결정에 법령위반이 있는 경우에 한해 이의신청을 할 수 있을 뿐이며, 또한 그로 말미암아 사실을 오인하여 판결에 영향을 미치기에 이른 경우에만 이를 상소의 이유로 삼을 수 있다.

① ㉡㉣

② ㉡㉤

③ ㉠㉡㉢

④ ㉠㉢㉤

▶ 제4편 공판: 제1장 공판절차 [공판절차의 특칙] ― 제2장 증거 [증명의 기본원칙 1]

회차	시행일			목표점수			획득점수		
제14회	1차	2차	3차	1차	2차	3차	1차	2차	3차

01

간이공판절차에 대한 다음 [보기]의 설명 중 옳은 것만을 모두 고르면? (다툼이 있는 경우 판례에 의함)

| 보기 |

㉠ 간이공판절차는 제1심 단독판사의 관할사건에 대하여만 인정되고, 제1심 합의부 관할사건, 항소심 또는 상고심에서는 인정되지 않는다.

㉡ 간이공판절차에서는 재판장의 쟁점정리 및 검사·변호인의 증거관계 등에 대한 진술 절차를 마치기 전에도 증거조사를 할 수 있다.

㉢ 검사가 공소사실에 대하여 신문을 할 때에는 피고인이 '모두 사실과 다름없다'라고 진술하였다면, 변호인이 신문을 할 때에 범의나 공소사실을 부인하더라도 그 공소사실은 간이공판절차에 의하여 심판할 대상에 해당한다.

㉣ 간이공판절차 결정의 요건인 '공소사실에 대한 자백'은 공소장 기재사실을 인정하고 위법성이나 책임의 조각사유가 되는 사실을 진술하지 아니하는 것으로 충분하고, 명시적으로 유죄를 자인하는 진술이 있어야 하는 것은 아니다.

① ㉠㉡
② ㉠㉢
③ ㉡㉣
④ ㉢㉣

02

간이공판절차에 대한 설명으로 옳은 것은?

① 법원이 간이공판절차에 의하여 심판할 것으로 결정한 사건이라 하더라도 상당하다고 인정하는 방법으로 증거조사를 할 수는 없다.

② 피고인이 공판정에서 공소사실에 대하여 자백한 때에는 법원은 그 공소사실에 한하여 간이공판절차에 의하여 심판할 것을 결정하여야 한다.

③ 피고인의 자백에 의하여 제1심법원이 간이공판절차에 의하여 상당하다고 인정하는 방법으로 증거조사를 한 이상, 항소심에 이르러 범행을 부인하였다고 하더라도 제1심법원에서 이미 증거능력이 있었던 증거는 항소심에서 다시 증거조사를 할 필요가 없다.

④ 간이공판절차에서의 증인신문은 교호신문의 방식에 의한다.

03

간이공판절차에 대한 설명으로 옳지 않은 것은?

① 제1심 관할사건인 때에는 사형·무기 또는 단기 1년 이상의 징역에 해당하는 사건에 대하여도 간이공판절차를 할 수 있으나, 간이공판절차가 개시되면 공소장변경은 인정되지 않는다.

② 간이공판절차에 있어서는 전문법칙이 배제되나 자백보강법칙은 배제되지 않는다.

③ 경합범에 속하는 여러 개의 공소사실 중 일부는 자백하고 나머지를 부인하는 경우에는 그 자백 부분에 한하여 간이공판절차로 심리하고 부인 부분은 통상의 절차로 할 수 있으나, 과형상 일죄나 포괄일죄 등은 자백 부분만 특정하여 간이공판절차로 심리할 수 없다.

④ 간이공판절차의 결정이 취소된 때에는 공판절차를 갱신하여야 한다. 다만 검사·피고인 또는 변호인이 이의가 없는 때에는 갱신을 필요로 하지 않는다. 이때 이의 없다는 의사표시는 적극적이며 명시적이어야 한다.

04

간이공판절차에 관한 설명으로 옳지 않은 것은? (다툼이 있는 경우 판례에 의함)

① 간이공판절차에서도 전문법칙이 적용된다.

② 제1심 법원이 피고인의 자백에 따라 사건을 간이공판절차에 의해 심판하게 되었다고 하더라도 피고인의 자백에 대한 보강증거가 없으면 피고인을 유죄로 인정할 수 없다.

③ 간이공판절차에서는 정식의 증거조사방식에 의하지 않고 법원이 상당하다고 인정하는 방법으로 증거조사를 할 수 있다.

④ 간이공판절차에서 증인신문은 교호신문의 방식에 의하지 아니할 수 있고, 증거조사 결과에 대한 피고인의 의견을 묻지 않을 수 있다.

05

공판절차의 정지에 관한 다음 설명 중 가장 옳지 않은 것은? (다툼이 있는 경우 판례에 의함)

① 피고인이 질병으로 인하여 출정할 수 없는 때에는 법원은 검사와 변호인의 의견을 들어서 결정으로 출정할 수 있을 때까지 공판절차를 정지하여야 한다. 이 경우 공판절차를 정지하기 전에 의사의 의견을 들어야 한다.

② 경합범으로 기소되었던 수개의 범죄사실을 상습범으로 변경하는 경우에는 피고인의 방어권 행사에 불이익을 증가할 염려가 있으므로 공판절차를 정지하여야 한다.

③ 피고인이 사물의 변별 또는 의사결정능력이 없는 상태인 때에는 법원은 검사와 변호인의 의견을 들어 결정으로 소송절차를 정지하여야 한다.

④ 공소장의 변경으로 공판절차가 정지된 기간은 구속기간에 산입하지 아니한다.

06

공판절차의 갱신에 관한 설명으로 옳지 않은 것은?

① 사건이 이송되어 담당재판부가 변경된 때에도 판사의 경질이 있는 경우에 준하여 공판절차를 갱신함이 타당하다.

② 공판절차가 갱신되면 검사로 하여금 공소장 또는 공소장변경허가신청서에 의하여 공소사실, 죄명 및 적용법조를 낭독하게 하거나 그 요지를 진술하게 하여야 한다.

③ 공판 개정 후에는 아직 실체심리에 들어가지 아니한 경우에도 판사의 경질이 있으면 공판절차를 갱신하여야 한다.

④ 판사가 경질되었음에도 공판절차를 갱신하지 않으면 절대적 항소이유가 된다.

07

변론의 병합·분리·재개에 대한 설명으로 옳지 않은 것은?

① 법원이 적법하게 공판의 심리를 종결한 뒤에 이르러 검사가 공소장변경신청을 하였다 하여 반드시 공판의 심리를 재개하여 공소장변경을 허가하여야 하는 것은 아니다.

② 변론병합의 신청이 있는 경우에 변론을 병합하느냐의 여부는 법원의 재량에 속한다.

③ 종결한 변론을 재개하느냐의 여부는 법원의 전권에 속한다.

④ 사건이 각각 창원지방법원 항소부와 부산고등법원에 계속된 경우 직근 상급법원은 검사 또는 피고인의 신청이 있는 경우 결정으로 1개의 법원으로 하여금 병합심리하게 할 수 있다.

08

국민참여재판에 대한 설명으로 옳은 것은?

① 금고 이상의 형의 집행유예를 선고받고 그 기간이 완료된 날부터 2년을 경과하지 아니한 사람은 배심원으로 선정될 수 없다.

② 검사와 변호인의 무이유부 기피신청이 있는 때에도 예외적으로 법원은 당해 배심원후보자를 배심원으로 선정할 수 있다.

③ 법원은 검사·피고인 또는 변호인에게 배심원 선정기일을 통지하여야 한다. 선정기일에는 검사·변호인이 출석하여야 한다. 피고인은 법원의 허가와 관계없이 출석할 수 없다.

④ 법원은 공소제기 후부터 공판준비기일이 종결된 날까지 국민참여재판 배제결정을 할 수 있다.

09

국민참여재판에 대한 설명으로 옳은 것은?

① 배심원은 만 19세 이상의 대한민국 국민 중에서 선정되나, 파산선고를 받고 복권되지 않은 사람은 배심원이 될 수 없다.

② 피고인은 공소장 부본을 송달받은 날로부터 7일 이내에 국민참여재판을 원하는지 여부에 관한 의사가 기재된 서면을 제출하여야 한다. 피고인이 위 서면을 제출하지 아니한 때에는 국민참여재판 대상사건에 관하여는 국민참여재판을 원하는 것으로 본다.

③ 법원은 일정한 경우 직권 또는 검사·피고인·변호인의 신청에 따라 배심원 또는 예비배심원을 해임하는 결정을 할 수 있다. 이 결정에 대하여는 즉시항고할 수 있다.

④ 법원은 과거 5년 이내에 배심원 후보자로서 선정기일에 출석한 사람에 대하여는 직권 또는 신청에 따라 배심원 직무의 수행을 면제할 수 있다.

10

다음 중 국민의 형사재판 참여에 관한 법률 제17조에서 규정하고 있는 배심원 자격의 결격사유에 해당하는 것을 모두 고른 것은?

> ㉠ 법원의 판결에 의하여 자격이 상실 또는 정지된 사람
> ㉡ 듣거나 말하는 데 모두 장애가 있는 사람
> ㉢ 금고 이상의 실형을 선고받고 그 집행이 종료(종료된 것으로 보는 경우를 포함한다)되거나 집행이 면제된 후 5년을 경과하지 아니한 사람
> ㉣ 피성년후견인 또는 피한정후견인
> ㉤ 만 70세 이상의 사람
> ㉥ 법령에 따라 체포 또는 구금되어 있는 사람

① ㉠㉡㉢
② ㉡㉣㉥
③ ㉡㉣㉤
④ ㉠㉢㉣

11

국민참여재판에 관한 설명 중 옳은 것은? (다툼이 있는 경우 판례에 의함)

① 피고인이 법원에 국민참여재판을 신청하였는데 법원이 이에 대한 배제결정도 하지 않은 채 통상의 공판절차로 재판을 진행하였다 하더라도, 제1심의 공판절차에서 이의를 제기함이 없이 충분한 변명의 기회를 가졌다면 이러한 공판절차에서 이루어진 소송행위는 유효하게 된다.

② 제1심 법원이 피고인의 의사에 따라 국민참여재판으로 진행함에 있어 별도의 국민참여재판 개시결정을 할 필요는 없으나 그에 관한 이의가 있어 국민참여재판으로 진행하기로 결정한 경우, 검사는 그 결정에 대하여 즉시항고를 할 수 있다.

③ 국민참여재판에서 배심원은 사실의 인정, 법령의 적용 및 형의 양정에 관한 의견을 제시할 권한은 있으나, 법원의 증거능력에 관한 심리에 관여할 수는 없다.

④ 제1심 법원이 국민참여재판 대상사건의 피고인에게 국민참여재판을 원하는지 확인하지 아니한 채 통상의 공판절차에 따라 재판을 진행하였더라도, 항소심 제1회 공판기일에 이에 대하여 이의가 없다는 피고인과 변호인의 진술만으로도 제1심의 공판절차상 하자가 치유되므로, 같은 날 변론을 종결한 후 다음 공판기일에 피고인의 항소를 기각하는 판결을 선고하더라도 이는 적법하다.

12

국민참여재판에 대한 설명으로 옳지 않은 것은?

① 성폭력범죄 피해자나 법정대리인이 국민참여재판을 원하지 아니한다는 이유만으로 곧바로 국민참여재판 배제결정을 하는 것은 바람직하다고 할 수 없다.

② 피고인은 제1회 공판기일이 열린 이후에도 국민참여재판을 희망하지 않는다는 종전의 의사를 바꿀 수 있으며, 공소장 부본을 송달받은 날부터 7일 이내에 의사확인서를 제출하지 아니한 피고인도 제1회 공판기일이 열리기 전까지는 국민참여재판 신청을 할 수 있고 법원은 그 의사를 확인하여 국민참여재판으로 진행할 수 있다.

③ 법원은 공소사실의 일부 철회 또는 변경으로 인하여 대상사건에 해당하지 아니하게 된 경우에도 이 법에 따른 재판을 계속 진행한다. 다만, 법원은 심리의 상황이나 그 밖의 사정을 고려하여 국민참여재판으로 진행하는 것이 적당하지 아니하다고 인정하는 때에는 결정으로 당해 사건을 지방법원 본원 합의부가 국민참여재판에 의하지 아니하고 심판하게 할 수 있다.

④ 법원은 공소제기 후부터 공판준비기일이 종결된 다음 날까지 국민참여재판으로 진행하는 것이 적절하지 아니하다고 인정되는 경우에는 국민참여재판을 하지 아니하기로 하는 결정을 할 수 있다. 이에 대해서는 즉시항고할 수 있다.

13

국민참여재판에 대한 다음 설명 중 옳은 것은? (다툼이 있는 경우 판례에 의함)

① 「국민의 형사재판 참여에 관한 법률」 제42조 제2항, 「국민의 형사재판 참여에 관한 규칙」 제35조 제1항에 따라 재판장이 배심원과 예비배심원에게 최초로 설명할 대상에 검사가 아직 공소장에 의하여 낭독하지 아니한 공소사실 등도 원칙적으로 포함된다.

② 재판장이 「국민의 형사재판 참여에 관한 법률」 제46조 제1항, 「국민의 형사재판 참여에 관한 규칙」 제37조 제1항에 따라 변론종결 후 설명의무가 있는 사항을 설명하지 않는 것은 원칙적으로 위법하지 않다.

③ 재판장이 최종 설명 때 공소사실에 관한 설명을 일부 빠뜨렸거나 미흡하게 한 잘못이 있다면 이는 곧바로 판결에 영향을 미친 위법에 해당하는 것이다.

④ 「성폭력범죄의 처벌 등에 관한 특례법」 제2조의 범죄로 인한 피해자 또는 법정대리인이 국민참여재판을 원하지 아니하는 경우 법원은 공소제기 후부터 공판준비기일이 종결된 다음 날까지 국민참여재판을 하지 아니하기로 하는 결정을 할 수 있다.

14

「국민의 형사재판 참여에 관한 법률」에 따른 국민참여재판에 대한 다음 [보기]의 설명 중 옳지 않은 것을 모두 고른 것은?

| 보기 |

㉠ 피고인은 공소장 부본을 송달받은 날부터 7일 이내에 국민참여재판을 원하는지 여부에 관한 의사가 기재된 서면을 법원에 제출해야 한다.

㉡ 법원에 의한 국민참여재판의 배제결정에 대하여는 즉시항고를 할 수 없다.

㉢ 재판장은 피고인이 국민참여재판을 원하는 의사를 표시한 경우에는 공판준비기일을 지정해야 하며, 배심원은 이 공판준비기일에 참여할 수 있다.

㉣ 국민참여재판은 간이공판절차에 의한 증거능력과 증거조사의 특칙을 적용하기에 부적합한 절차이기 때문에 형사소송법 제286조의2(간이공판절차의 규정)를 적용하지 아니한다.

㉤ 재판장은 배심원의 평결결과와 다른 판결을 선고하는 때에는 그 이유를 피고인에게 고지하면 충분하고, 판결서에 기재할 필요는 없다.

㉥ 국민참여재판에 관하여 변호인이 없는 때에는 「형사소송법」 제33조 제1항 각 호(구속, 미성년자, 70세 이상 등)의 어느 하나에 해당하는 경우가 아니더라도 법원은 직권으로 변호인을 선정하여야 한다.

① ㉠㉢㉤㉥
② ㉡㉢㉤
③ ㉡㉣㉤㉥
④ ㉢㉣㉤

15

증명에 관한 다음 [보기]의 설명 중 틀린 것을 모두 고른 것은? (다툼이 있는 경우 판례에 의함)

| 보기 |

㉠ 간접증거와 직접증거의 구분은 증거법정주의보다는 자유심증주의에서 더욱 의미를 갖는다.

㉡ 범죄사실에 대한 뚜렷한 확증 없이 정황증거 내지 간접증거들만으로 공소사실을 유죄로 인정한 것은 채증법칙 위반이라고 할 수 없다.

㉢ 유죄의 심증은 반드시 직접증거에 의하여 형성되어야만 하는 것은 아니고 경험칙과 논리법칙에 위반되지 아니하는 한 간접증거에 의하여 형성될 수 있다.

㉣ 간접증거가 개별적으로 완전한 증명력을 가지지 못한다면 종합적으로 고찰하여 증명력이 있는 것으로 판단되더라도 그에 의하여 범죄사실을 인정할 수 없다.

㉤ 유죄의 인정은 범행동기, 범행수단의 선택, 범행에 이르는 과정, 범행 전후 피고인의 태도 등 여러 간접사실로 보아 피고인이 범행한 것으로 보기에 충분할 만큼 압도적으로 우월한 증명이 있어야 한다.

① ㉠㉡㉣㉤
② ㉡㉢㉤
③ ㉠㉡㉣
④ ㉡㉢㉣㉤

16

엄격한 증명의 대상이 되는 것(○)과 그렇지 않은 것(×)을 바르게 연결한 것은? (다툼이 있는 경우 판례에 의함)

㉠ 범죄구성요건에 해당하는 사실을 증명하기 위한 근거가 되는 과학적인 연구결과

㉡ 외국인의 국외범(「형법」 제6조)에 해당되는 사실이 행위지 법률에 의하여 범죄를 구성하는지 여부

㉢ 참고인진술조서의 증거능력에 관하여 참고인의 진술이 '특히 신빙할 수 있는 상태'하에서 행하여졌다는 사실

㉣ 몰수의 대상이 되는지 여부나 추징액의 인정 등 몰수·추징의 사유

	㉠	㉡	㉢	㉣
①	○	○	×	○
②	○	○	×	×
③	×	○	○	×
④	○	×	○	○

17

다음 설명 중 판례의 입장과 일치하는 것을 모두 고른 것은?

⊙ 목적과 용도를 정하여 위탁한 금전을 수탁자가 임의로 소비하면 횡령죄를 구성할 수 있으나, 이 경우 피해자가 목적과 용도를 정하여 금전을 위탁한 사실 및 그 목적과 용도가 무엇인지는 자유로운 증명으로 족하다.

ⓛ 범죄 일시 등 공소장에 기재된 구체적 범죄사실 전부가 엄격한 증명의 대상이 된다.

ⓒ 「특정범죄 가중처벌 등에 관한 법률」 제5조의9 제1항 위반의 죄의 행위자에게 보복의 목적이 있었다는 점은 자유로운 증명으로 족하다.

ⓡ 선행차량에 이어 피고인 운전차량이 피해자를 연속하여 역과하는 과정에서 피해자가 사망한 경우에 피고인이 일으킨 후행 교통사고 당시에 피해자가 생존해 있었다는 증거가 없다면 설령 피고인에게 유죄의 의심이 있다고 하더라도 피고인의 이익으로 판단할 수밖에 없다.

ⓜ 출입국사범 사건에서 지방출입국·외국인관서의 장의 적법한 고발이 있었는지 여부가 문제되는 경우에 법원은 증거조사의 방법이나 증거능력의 제한을 받지 아니하고 제반사정을 종합하여 적당하다고 인정되는 방법에 의하여 자유로운 증명으로 그 고발 유무를 판단하면 된다.

---

① ㉠㉢㉤
② ㉡㉣㉤
③ ㉡㉢㉣
④ ㉠㉡㉣

18

「형사소송법」 제308조에 규정된 자유심증주의에 관한 다음 [보기]의 설명 중 옳지 않은 것을 모두 고른 것은? (다툼이 있는 경우 판례에 의함)

| 보기 |

⊙ 증거의 증거능력은 법관의 자유판단에 의하여 판단한다.

ⓛ 형사재판에 있어서 유죄로 인정하기 위한 심증형성의 정도는 합리적인 의심을 할 여지가 없을 정도이어야 하고, 여기서 합리적 의심이란 논리와 경험칙에 기하여 요증사실과 양립할 수 있는 사실의 개연성에 대한 합리성 있는 의문을 의미한다.

ⓒ 형사재판에 있어서 관련된 다른 형사사건의 확정판결에서 인정된 사실은 특별한 사정이 없는 한 유력한 증거자료가 되기 때문에 당해 형사재판에서 제출된 다른 증거 내용에 비추어 관련 형사사건 확정판결의 사실판단을 그대로 채택하기 어렵다고 인정될 경우라도 이를 배척할 수 없다.

ⓡ 사실심 법원은 주장과 증거에 대하여 신중하고 충실한 심리를 하여야 하고, 그에 이르지 못하여 필요한 심리를 다하지 아니하는 등으로 판결 결과에 영향을 미친 때에는 사실인정을 사실심 법원의 전권으로 인정한 전제가 충족되지 아니하므로 이는 당연히 상고심의 심판대상에 해당한다.

ⓜ 범행에 관한 간접증거만이 존재하고 그 증명력에 한계가 있고 범인으로 지목되고 있는 자에게 범행을 저지를 만한 동기가 발견되지 않는다고 하더라도, 자유심증주의에 따라 무엇인가 동기가 분명히 있는데도 이를 범인이 숨기고 있다고 판단할 수 있다.

ⓗ 피고인이 제출한 증거가 피고인의 주장 사실을 인정하기에 부족하다면 법원은 피고인에게 유죄를 선고할 수 있다.

---

① ㉠㉡㉢㉣㉤
② ㉠㉡㉢㉣ㅂ
③ ㉠㉡㉢㉤ㅂ
④ ㉠㉡㉢ㅂ

19

자유심증주의에 관한 다음 [보기]의 설명 중 판례의 입장과 일치하지 않는 것을 모두 고른 것은?

| 보기 |

㉠ 공소사실을 뒷받침하는 과학적 증거방법은 전제로 하는 사실이 모두 진실임이 입증되고 추론의 방법이 과학적으로 정당하여 오류의 가능성이 전혀 없거나 무시할 정도로 극소한 것으로 인정되는 경우라야 법관이 사실인정을 하는 데 상당한 정도로 구속력을 가진다.

㉡ 과학적 분석기법을 사용하여 제출된 것으로서 공소사실을 뒷받침하는 1차적 증거방법 자체에 오류가 발생할 가능성이 내포되어 있고, 그와 동일한 분석기법에 의하여 제출된 2차적 증거방법이 공소사실과 배치되는 소극적 사실을 뒷받침하고 있는 경우, 각 분석결과 사이의 차이점이 합리적인 의심 없이 해명될 수 있고 1차적 증거방법에 따른 결과의 오류가능성이 무시할 정도로 극소하다는 점이 검증된다 하더라도, 공소사실을 뒷받침하는 1차적 증거방법만을 취신하였다면 그것은 자유심증주의의 한계를 벗어났다고 보아야 한다.

㉢ 마약류 매매 여부가 쟁점이 된 사건에서 매도인으로 지목된 피고인이 수수사실을 부인하고 있고 이를 뒷받침할 금융자료 등 객관적 물증이 없는 경우, 마약류를 매수하였다는 사람의 진술만으로 유죄를 인정하기 위해서는 그 사람의 진술이 증거능력이 있어야 함은 물론 합리적인 의심을 배제할 만한 신빙성이 있어야 한다.

㉣ 금품 수수 여부가 쟁점이 된 사건에서 금품을 제공하였다는 사람의 진술에 대하여 제1심이 증인신문 절차 등을 거친 후에 합리적인 의심을 배제할 만한 신빙성이 없다고 보아 공소사실을 무죄로 판단하였는데, 항소심이 제1심 증인 등을 다시 신문하는 등의 추가 증거조사를 거쳐 신빙성을 심사하여 본 결과 제1심이 들고 있는 의심과 일부 어긋날 수 있는 사실의 개연성이 드러남으로써 제1심 판단에 의문이 생긴 이상 제1심 판단에 사실오인의 위법이 있으므로 공소사실을 유죄로 인정하여야 한다.

㉤ 범죄구성요건사실을 인정하기 위하여 과학공식 등의 경험칙을 이용하는 경우에 그 법칙 적용의 전제가 되는 개별적·구체적 사실에 대하여는 자유로운 증명에 의한다.

㉥ 위드마크 공식의 적용에 관해서 불확실한 점이 남아 있고 그것이 피고인에게 불이익하게 작용한다 하더라도 그 계산결과는 음주운전사실에 관한 증명력이 인정될 수 있다.

① ㉠㉢㉣㉤
② ㉡㉣㉤㉥
③ ㉠㉣㉤㉥
④ ㉡㉢㉣㉤

20

자유심증주의에 관한 다음 [보기]의 설명으로 옳은 것을 모두 고른 것은? (다툼이 있는 경우 판례에 의함)

| 보기 |

㉠ 부검의가 사체에 대한 부검을 실시한 후 어떤 것을 유력한 사망원인으로 지시한다고 하여 그 밖의 다른 사인이 존재할 가능성을 가볍게 배제하여서는 아니 되고, 특히 형사재판에서 부검의의 소견에 주로 의지하여 유죄의 인정을 하기 위해서는 다른 가능한 사망원인을 모두 배제하기 위한 치밀한 논증의 과정을 거치지 않으면 안 된다.

㉡ 일정 기간 동안에 발생한 피해자의 일련의 강간 피해 주장 중 그에 부합하는 진술의 신빙성을 대부분 부정할 경우, 일부 사실에 대하여만 피해자의 진술을 믿어 유죄를 인정하려면 그와 같이 피해자 진술의 신빙성을 달리 볼 수 있는 특별한 사정이 인정되어야 할 것이다.

㉢ 용의자의 인상착의 등에 의한 범인식별 절차에서 용의자 한 사람을 단독으로 목격자와 대질시키거나 용의자의 사진 한 장만을 목격자에게 제시하여 범인 여부를 확인하게 하는 것은 부가적인 사정이 없는 한 그 신빙성이 낮다.

㉣ 비가 오는 야간에 우연히 지나다가 20~30명이 몰려 있던 싸움현장을 목격하였음에 불과한 사람이 그로부터 1개월여가 지난 뒤에 단순한 당시의 기억만으로 피해자를 때리려고 한 사람이 바로 피고인이었다고 지목한 것이라도 경험칙상 그 신빙성이 의심스럽다고 할 수 없다.

㉤ 인접한 시기에 같은 피해자를 상대로 저질러진 동종 범죄에 대해서 판단할 때에는 사실심 법원이라 하더라도 각각의 범죄에 따라 피해자 진술의 신빙성이나 그 신빙성 유무를 기초로 한 범죄 성립 여부를 달리 판단하여서는 아니 된다.

㉥ 성폭력처벌법상 공중밀집장소추행죄가 성립하기 위한 추행의 고의의 증명에 관하여 피고인이 추행의 고의를 부인하는 경우에는 고의와 상당한 관련성이 있는 간접사실을 증명하는 방법에 따라서 피고인이 고의로 추행을 하였다고 볼 만한 징표와 어긋나는 사실의 의문점이 해소되어야 하는데, 이는 피고인이 자폐성 장애인이거나 지적장애인에 해당하는 경우에 마찬가지로 적용된다.

① ㉠㉡㉢㉣㉤
② ㉠㉡㉢㉣㉥
③ ㉠㉡㉢㉤
④ ㉠㉡㉢㉥

▶ **제4편 공판: 제2장 증거** [증명의 기본원칙 2] ─ [전문법칙 1]

회차	시행일			목표점수			획득점수		
제15회	1차	2차	3차	1차	2차	3차	1차	2차	3차

01

자유심증주의에 관한 다음 [보기]의 설명 중 옳은 것을 모두 고른 것은? (다툼이 있는 경우 판례에 의함)

| 보기 |

㉠ 제1심이 증인신문을 거쳐 신빙성을 인정한 성폭력범죄 피해자의 진술 등에 대하여 항소심이 추가 증거조사 없이 '피해자다움'이 나타나지 않는다는 등의 사정을 들어 신빙성을 배척하는 것은 타당하지 아니하다.

㉡ 비록 사실의 인정이 사실심의 전권이더라도 범죄사실이 인정되는지는 논리와 경험법칙에 따라야 하고, 충분한 증명력이 있는 증거를 합리적 이유 없이 배척하거나 반대로 객관적인 사실에 명백히 반하는 증거를 근거 없이 채택·사용하는 것은 자유심증주의의 한계를 벗어나는 것으로서 법률 위반에 해당한다.

㉢ 피해자가 피고인으로부터 강간을 당한 후 그 다음 날 스스로 피고인의 집에 찾아갔다면 이러한 피해자의 행위는 피해자 진술의 신빙성을 곧바로 배척할 사정에 해당하지 아니한다.

㉣ 피고인이 수사기관에서부터 공판기일에 이르기까지 일관되게 범행을 자백하다가 어느 공판기일부터 갑자기 자백을 번복한 경우라고 하여 자백 진술의 신빙성 유무를 살피는 외에 자백을 번복하게 된 동기나 이유 및 경위 등과 함께 수사기관 이래의 진술 경과와 진술의 내용 등에 비추어 번복 진술이 납득할 만한 것이고 이를 뒷받침할 증거가 있는지 등을 살펴보아야 하는 것은 아니다.

㉤ 형사처벌을 모면하기 위해 운전자가 의도적인 추가음주를 하는 경우에도 피고인에게 음주운전을 하지 않았다는 점에 대한 증명책임이 전가

되는 것이 아니므로 검사의 엄격한 증명책임은 유지된다.

㉥ 피고인이 수사과정에서 공소사실을 부인하였고 그 내용이 기재된 피의자신문조서 등에 관하여 증거동의를 한 경우, 법원은 그중 일부만 발췌하여 유죄의 증거로 사용할 수 없다.

① ㉠㉡㉢㉣㉤
② ㉡㉢㉣㉤㉥
③ ㉠㉢㉣㉤㉥
④ ㉠㉡㉢㉤㉥

02

자유심증주의에 관한 다음 [보기]의 설명 중 판례의 입장 (전원합의체 판결의 경우 다수의견에 의함)과 일치하지 않는 것을 모두 고른 것은?

| 보기 |

㉠ 검사가 공판기일에 증인으로 신청하여 신문할 사람을 특별한 사정 없이 미리 수사기관에 소환하여 면담하는 절차를 거친 후 증인이 법정에서 피고인에게 불리한 내용의 진술을 한 경우라 하더라도 증인에 대한 회유나 압박 등이 없었다는 사정을 검사가 별도로 증명할 필요는 없다.

㉡ 국회의원인 甲은 A 주식회사 대표이사 乙에게서 3차례에 걸쳐 약 9억 원의 불법정치자금을 수수하였다는 내용으로 기소되었는데, 乙이 검찰의 소환조사에서는 자금을 조성하여 피고인에게 정치자금으로 제공하였다고 진술하였다가, 제1심 법정에서는 이를 번복하여 자금조성 사실은 시인하면서도 피고인에게 정치자금으로 제공한 사실을 부인하고 자금의 사용처를 달리 진술한 경우, 乙의 법정진술을 믿을 수 없는 사정 아래에서 乙이 법정에서 검찰진술을 번복하였다는 이유만으로 조성자금을 피고인에게 정치자금으로 공여하였다는 검찰진술의 신빙성이 부정될 수는 없다.

㉢ 공판중심주의원칙과 전문법칙의 취지에 비추어 보면, 피고인 아닌 사람이 공판기일에 선서를 하고 증언하면서 수사기관에서 한 진술과 다른 진술을 하는 경우에, 공개된 법정에서 교호신문을 거치고 위증죄의 부담을 지면서 이루어진 자유로운 진술의 신빙성을 부정하고 수사기관에서 한 진술을 증거로 삼으려면 이를 뒷받침할 객관적인 자료가 있어야 한다.

㉣ 개별적, 구체적인 사건에서 성폭행 등의 피해자가 처하여 있는 특별한 사정을 충분히 고려하지 않은 채 피해자 진술의 증명력을 가볍게 배척하는 것은 정의와 형평의 이념에 입각하여 논리와 경험의 법칙에 따른 증거판단이라고 볼 수 있다.

㉤ 배심원이 참여하는 형사재판, 즉 국민참여재판을 거쳐 제1심 법원이 배심원의 만장일치 무죄평결을 받아들여 피고인에 대하여 무죄판결을 선고한 경우, 제1심 법원의 무죄판결에 대한 항소심에서의 추가적이거나 새로운 증거조사는 형사소송법과 형사소송규칙 등에서 정한 바에 따라 신중하게 이루어져야 한다.

① ㉠㉡㉢㉣ ② ㉠㉢㉣
③ ㉡㉣㉤ ④ ㉡㉢㉣㉤

03

「정치자금법」상 금품수수 혐의로 공소제기된 피고인 甲이 법정에서 금품수수 사실을 부인하였고, 제1심 법원에 증인으로 출석한 乙은 甲에게 금품을 제공하였다고 증언하였지만 제1심 법원은 乙의 증언에 신빙성이 없고 범죄의 증명이 부족하다는 이유로 무죄를 선고하였다. 이에 관한 설명 중 옳지 않은 것은? (다툼이 있는 경우 판례에 의함)

① 甲의 혐의를 뒷받침할 금융자료 등 객관적 물증이 없는 경우, 제1심 법원이 금품수수 사실을 부인하는 甲에 대해 乙의 진술만으로 유죄를 인정하기 위해서는 乙의 진술이 증거능력이 있어야 함은 물론 합리적인 의심을 배제할 만한 신빙성이 있어야 한다.

② 항소심 법원이 乙을 증인으로 다시 신문한 결과 제1심이 들고 있는 의심과 일부 어긋날 수 있는 사실의 개연성이 드러나 제1심의 판단에 의문이 생긴 경우, 제1심이 일으킨 합리적인 의심을 충분히 해소할 수 있을 정도에까지 이르지 아니하더라도 乙의 진술의 신빙성이 부족하다는 제1심의 판단에 사실오인의 위법이 있다고 인정하여 공소사실을 유죄로 인정할 수 있다.

③ 만일 乙이 검찰에서는 자금을 조성하여 甲에게 정치자금으로 제공하였다고 진술하였다가 제1심 법정에서는 정치자금으로 제공한 사실을 부인하면서 자금의 사용처를 달리 증언하였다고 하더라도, 제1심 법원은 乙의 검찰 진술의 신빙성을 인정하여 甲에게 유죄를 선고할 수 있다.

④ 乙이 증인신문에 앞서 법원에 甲뿐만 아니라 변호인에 대해서까지 차폐시설의 설치를 요구한다면, 그러한 방식으로 증인신문이 이루어지는 경우 반대신문권이 제한될 수 있으므로, 법원은 특별한 사정이 있는 경우에만 예외적으로 변호인에 대한 차폐시설의 설치를 허용할 수 있다.

04

자백에 대한 설명으로 옳은 것은? (다툼이 있는 경우 판례에 의함)

① 자백의 임의성은 조서의 형식과 내용, 진술자의 신분·학력·지능 등 여러 사정을 종합하여 자유로운 심증으로 판단해서는 안 되고 엄격한 증명의 방법에 의하여 판단하여야 한다.

② 피고인이 범행을 자인하는 것을 들었다는 피고인 아닌 자의 진술을 내용으로 하는 수사기관 작성의 진술조서는 피고인의 자백을 보강하는 증거가 될 수 있다.

③ 일정한 증거가 발견되면 피의자가 자백하겠다고 한 약속이 검사의 강요나 위계에 의하여 이루어졌다거나 불기소나 경한 죄의 소추 등의 이익과 교환조건으로 된 것으로 인정되지 않는다면 이와 같은 약속하에 된 자백이라 하여 곧 임의성 없는 자백이라고 단정할 수는 없다.

④ 피고인의 자백이 임의성이 없다고 의심할 만한 사유가 있다면, 비록 그 임의성을 의심하게 된 사유와 자백과의 사이에 인과관계가 없는 것이 명백하더라도 자백의 임의성은 부정된다.

05

자백배제법칙에 관한 설명으로 옳지 않은 것은? (다툼이 있는 경우 판례에 의함)

① 검사가 피고인들에게 공소사실 그대로의 사실 유무를 묻자, 피고인들이 동시에 "예, 그랬습니다."라고 답을 하였으나, 재판장의 물음에서는 다시 범행을 부인하였다면 피고인들이 공모하여 기망 내지 편취하였다는 내용까지 자백한 것이라고는 볼 수 없다.

② 상업장부나 항해일지, 진료일지 등이 설사 그 문서가 우연히 피고인이 작성하였고 그 문서의 내용 중 피고인의 범죄사실의 존재를 추론해 낼 수 있는 공소사실에 일부 부합되는 사실의 기재가 있다면 피고인이 범죄사실을 자백하는 문서라고 볼 수 있다.

③ 검찰에서 피의자신문을 받아 본건 방화사실을 자백하고 이어서 진술서를 작성·제출하고 그 다음 날부터 연 3일간 자기의 잘못을 반성하고 자백하는 내용의 양심서, 반성문, 사실확인서를 작성·제출하고 경찰의 검증조서에도 피고인이 자백하는 기재가 있는 경우의 자백은 그 신빙성이 희박하다.

④ 구속영장에 의함이 없이 경찰에 연행된 이래 강압적인 수사를 받아 15일간의 불법구금상태에서의 자백은 증거능력이 인정되지 않는다.

06

다음 중 자백배제법칙에 관한 다음 설명 중 판례의 입장과 일치하지 않는 것은?

① 임의성 없는 진술의 증거능력을 부정하는 취지는, 허위진술을 유발 또는 강요할 위험성이 있는 상태하에서 행하여진 진술은 그 자체가 실체적 진실에 부합하지 아니하여 오판을 일으킬 소지가 있을 뿐만 아니라 그 진위를 떠나서 진술자의 기본적 인권을 침해하는 위법·부당한 압박이 가하여지는 것을 사전에 막기 위한 것이다.

② 자백의 임의성에 다툼이 있을 때에는 그 임의성을 의심할 만한 합리적이고 구체적인 사실을 검사가 아니라 피고인이 입증하여야 한다.

③ 자백의 임의성에 다툼이 있는 경우 법원이 구체적인 사건에 따라 피고인의 학력, 경력, 직업, 사회적 지위, 지능 정도, 진술의 내용, 피의자신문조서의 경우 그 조서의 형식 등 제반 사정을 참작하여 자유로운 심증으로 위 진술이 임의로 된 것인지의 여부를 판단하면 된다.

④ 피고인이 경찰에서 가혹행위 등으로 인하여 임의성 없는 자백을 하고 그 후 검찰이나 법정에서도 임의성 없는 심리상태가 계속되어 동일한 내용의 자백을 하였다면 각 자백도 임의성 없는 자백이라고 보아야 한다.

07

위법수집증거능력배제법칙에 대한 다음 [보기]의 설명 중 옳은 것을 모두 고른 것은? (다툼이 있는 경우 판례에 의함)

| 보기 |

㉠ 위법한 긴급체포는 영장주의에 위배되는 중대한 것이니 그 체포에 의한 유치 중에 작성된 피의자신문조서는 위법하게 수집된 증거로서 특별한 사정이 없는 한 이를 유죄의 증거로 할 수 없다.

㉡ 강도 현행범으로 체포된 피고인에게 진술거부권 고지 없이 강도 범행에 대한 자백을 받은 후 40여 일이 지난 후에 피고인이 변호인의 충분한 조력을 받으면서 법정에서 임의로 자백한 경우, 법정에서의 자백은 위법수집증거라 할 수 없다.

㉢ 영장주의에 위반하여 수집한 증거물에 대하여는 비록 헌법과 형사소송법이 정한 절차에 따르지 아니한 위법성이 있더라도 물건 자체의 성질이나 형상에 변경을 가져오지 않으므로 그 증거능력이 인정된다.

㉣ 검찰관이 피고인을 뇌물수수 혐의로 기소한 후, 형사사법 공조절차를 거치지 아니한 채 외국에 현지출장하여 그곳에서 뇌물공여자를 상대로 참고인진술조서를 작성한 경우, 그 진술조서는 위법수집증거에 해당하지 않는다.

㉤ 수사기관이 피압수자 측에게 참여의 기회를 보장하거나 압수한 전자정보 목록을 교부하지 않은 경우에는 사후에 법원으로부터 영장을 발부받아야만 그 위법성이 치유된다.

㉥ 사법경찰관이 피의자를 유치장에 입감시킨 상태에서 이미 영장에 의하여 압수된 피의자의 휴대전화 내 전자정보를 탐색·복제·출력하고 이후 압수한 전자정보에 관한 사후영장을 발부받았다면 압수절차의 위법성은 치유된 것으로 볼 수 있다.

① ㉠㉡㉢㉥

② ㉠㉣㉤

③ ㉠㉡㉣

④ ㉡㉢㉤㉥

08

위법수집증거배제법칙에 대한 다음 [보기]의 설명 중 옳은 것을 모두 고른 것은? (다툼이 있는 경우 판례에 의함)

| 보기 |

㉠ 甲의 공직선거법 위반 범행을 영장사실로 하여 발부받은 압수·수색영장을 집행하는 과정에서 발견된 甲과 무관한 乙과 丙 사이의 공직선거법 위반 혐의사실이 담겨 있는 녹음파일은 임의로 제출받거나 별도의 압수·수색영장을 발부받지 않았다면 乙과 丙에 대한 유죄의 증거로 사용할 수 없다.

㉡ 참고인에 대한 검찰진술조서가 강압상태 또는 강압수사로 인한 정신적 강압상태가 계속된 상태에서 작성된 것으로 의심되어 그 임의성을 의심할 만한 사정이 있는데도 검사가 그 임의성의 의문점을 없애는 증명을 하지 못하였다면 유죄의 증거로 사용할 수 없다.

㉢ 수사기관이 압수영장 또는 감정처분허가장을 발부받지 아니한 채 피의자의 동의 없이 피의자의 신체로부터 혈액을 채취하고 사후에도 지체 없이 영장을 발부받지 않았다면, 그 혈액의 알코올농도에 관한 감정회보는 유죄의 증거로 사용할 수 없다.

㉣ 제3자가 공갈목적을 숨기고 피고인의 동의하에 찍은 나체사진은 피고인의 사생활의 비밀을 침해하므로 형사소추상 반드시 필요한 증거라고 하더라도 피고인에 대한 간통죄의 유죄의 증거로 사용할 수는 없다.

㉤ 수사기관이 甲의 A 범죄 혐의에 관하여 甲의 휴대전화를 적법하게 압수하여 분석하던 중, 甲의 배우자 乙이 甲 모르게 甲의 휴대전화에 자동녹음 애플리케이션을 실행해 두어 자동으로 녹음된 甲과 乙 사이의 A 범죄와 관련된 '전화통화 녹음파일'을 우연히 발견하여 압수한 경우, 위 전화통화 녹음파일은 증거로 사용할 수 없다.

㉥ 법관이 증인에 대하여 형사소송법이 정한 절차와 방식에 따른 증인신문을 거치지 아니하고 청취한 진술과 그 형식적 변형에 불과한 증거의 경우, 피고인이나 변호인이 그러한 절차 진행에 동의하였거나 사후에 그와 같은 증거조사 결과에 대하여 이의를 제기하지 아니하고 그 녹음파일 등을 증거로 함에 동의한 경우 증거능력이 인정된다.

① ㉠㉡㉢㉣㉥
② ㉡㉢㉣㉤
③ ㉡㉢㉣㉥
④ ㉠㉡㉢

09

위법수집증거에 대한 다음 [보기]의 설명 중 옳은 것을 모두 고른 것은? (다툼이 있는 경우 판례에 의함)

| 보기 |

㉠ 음주운전의 의심이 있는 자가 운전 중 교통사고를 내고 의식을 잃은 채 병원응급실로 호송되자 출동한 경찰관이 영장 없이 의사로 하여금 채혈 후 작성하게 한 혈중알코올농도에 관한 감정서는 증거능력이 없다.

㉡ 검사가 피의자를 소환하여 신문하면서 피의자신문조서가 아닌 일반적인 진술조서의 형식으로 조서를 작성한 경우, 그 진술조서의 내용이 피의자신문조서와 실질적으로 같고, 진술의 임의성이 인정된다면 미리 피의자에게 진술거부권을 고지하지 않았더라도 위법수집증거에 해당하지 아니한다.

㉢ 수사기관이 피의자 지위에 있지 아니한 조사대상자에게 진술거부권을 고지하지 않고 얻은 진술은 위법수집증거에 해당하여 증거능력이 부정된다.

㉣ 수사기관이 피고인 아닌 자를 상대로 수집한 증거가 위법수집증거에 해당하면 원칙적으로 이를 피고인에 대한 유죄 인정의 증거로 삼을 수 없다.

㉤ 제1심에서 피고인에 대하여 무죄판결이 선고되어 검사가 항소한 후, 수사기관이 항소심 공판기일에 증인으로 신청하여 신문할 수 있는 사람을 특별한 사정 없이 미리 수사기관에 소환하여 작성한 진술조서는 이미 증언을 마친 증인을 소환하여 작성한 진술조서와는 달리 그 증거능력이 있다.

㉥ 법원이 해외에 체류 중인 사람에 대하여 선서 없이 인터넷 화상장치로 진술을 청취한 경우 그 진술 녹음파일과 녹취서는 증거능력이 인정되지 않는다.

① ㉠㉣㉥
② ㉡㉣㉤
③ ㉠㉡㉢㉤
④ ㉡㉢㉤㉥

10

위법수집증거능력배제법칙에 대한 다음 [보기]의 설명 중 옳지 않은 것을 모두 고른 것은? (다툼이 있는 경우 판례에 의함)

| 보기 |

㉠ 사문서위조·위조사문서행사 및 소송사기로 이어지는 일련의 범행에 대하여 피고인을 형사소추하기 위해서는 이 사건 업무일지가 반드시 필요한 증거로 보이므로, 설령 그것이 제3자에 의하여 절취된 것으로서 위 소송사기 등의 피해자 측이 이를 수사기관에 증거자료로 제출하기 위하여 대가를 지급하였다 하더라도, 공익의 실현을 위해서는 이 사건 업무일지를 범죄의 증거로 제출하는 것이 허용되어야 하고, 이로 말미암아 피고인의 사생활 영역을 침해하는 결과가 초래된다 하더라도 이는 피고인이 수인하여야 할 기본권의 제한에 해당된다.

㉡ 음주운전 피의자에 대해 위법한 강제연행 상태에서 호흡측정방법에 의한 음주측정을 한 다음, 즉시 그 자리에서 피의자가 자신의 호흡측정 결과에 대한 탄핵을 하기 위하여 스스로 혈액채취 방법에 의한 측정을 할 것을 요구하여 혈액채취가 이루어진 경우, 호흡측정에 의한 측정결과와는 달리 혈액채취에 의한 측정결과는 증거능력이 있다.

㉢ 대통령비서실장이 정부 산하기관이 수행하는 각종 사업에서 이른바 좌파 등에 대한 지원배제를 지시하였다는 직권남용권리행사방해의 공소사실로 기소된 경우, 특별검사가 검찰을 통하여 또는 직접 청와대로부터 넘겨받아 법원에 제출한 '청와대 문건'은 위법수집증거에 해당한다.

㉣ 수사기관이 금융기관으로부터 금융거래자료를 수신하기에 앞서 금융계좌추적용 압수·수색영장 원본을 사전에 제시하지 않았다면, 전체적으로 하나의 영장에 기하여 적시에 원본을 제시하고 이를 토대로 영장의 당초 집행 대상과 범위 내에서 이를 압수·수색한 것으로 평가할 수 있는 경우라 하더라도 이에 의하여 수집된 증거는 위법수집증거에 해당한다.

㉤ 형사소송법 제216조 제3항에 의한 압수 후 청구한 압수영장이 기각되었는데 압수물이 아직 반환되지 않은 상태에서 다시 압수영장을 청구하

여 압수영장을 발부받은 다음 압수물을 피압수
자에게 반환함과 동시에 다시 압수하였다면 이
러한 압수물의 증거능력은 인정된다.

① ㄱㄴㄷㄹㅁ   ② ㄱㄴㄷㄹ
③ ㄴㄷㄹㅁ   ④ ㄴㄷㄹ

11

다음 사례의 비밀녹음 중 증거로 사용할 수 있는 것을 모두 고른 것은? (다툼이 있는 경우 판례에 의함)

> ㉠ 교사 A가 학생들과 사적인 대화를 나누면서 교사 B가 수업시간에 발언한 내용을 들었다는 학생들의 진술을 녹음한 경우
> ㉡ 3인 간의 대화에 있어서 그중 한 사람이 대화를 녹음한 경우
> ㉢ 범인이 범행 후 피해자에게 전화를 걸어오자 피해자가 그 전화내용을 녹음한 경우
> ㉣ 제3자인 사인(私人)이 간통죄 당사자들 사이의 전화통화를 녹음한 경우
> ㉤ 제3자가 전화통화 당사자 일방만의 동의를 받고 그 통화내용을 녹음한 경우

① ㉠㉡㉢

② ㉠㉢㉣

③ ㉡㉢㉣

④ ㉡㉣㉤

12

위법수집증거능력배제법칙에 대한 다음 [보기]의 설명 중 옳은 것을 모두 고른 것은? (다툼이 있는 경우 판례에 의함)

> | 보기 |
> ㉠ 공판준비 또는 공판기일에서 이미 증언을 마친 증인을 검사가 소환한 후 이를 일방적으로 번복시키는 방식으로 작성한 진술조서는 그 후 원진술자인 종전 증인이 다시 법정에 출석하여 증언을 하면서 그 진술조서의 성립의 진정함을 인정하더라도 증거능력이 없다.
> ㉡ 검사가 甲을 긴급체포하여 조사 중, 甲의 친구인 변호사 A가 甲의 변호인이 되기 위하여 검사에게 접견신청을 하였으나, 검사가 변호인선임신고서의 제출을 요구하면서 변호인 접견을 못하게 한 상태에서 검사가 작성한 甲에 대한 피의자신문조서는 甲에 대한 유죄의 증거로 사용할 수 있다.
> ㉢ 수사기관이 사전에 영장을 제시하지 않은 채 구속영장을 집행한 다음 공소제기 후에 이루어진 피고인의 법정진술은 이른바 2차적 증거로서 위법수집증거의 배제원칙에도 불구하고 그 증거능력이 인정될 수 있다.
> ㉣ 교사 A가 학생들과 사적인 대화를 나누면서 교사 B가 수업시간에 발언한 내용을 들었다는 학생들의 진술을 녹음하여 만든 녹음테이프는 위법수집증거는 아니다.
> ㉤ 수사기관이 범죄사실과 무관하게 압수한 USB를 피의자에게 환부하였다가 다시 임의제출받았으나 그 제출의 임의성이 인정되지 아니하는 경우 위 USB는 위법수집증거가 아니다.

① ㉠㉡㉤

② ㉠㉢㉣

③ ㉡㉢㉤

④ ㉠㉡㉢㉣

13

위법수집증거능력배제법칙에 대한 다음 [보기]의 설명 중 옳지 않은 것을 모두 고른 것은? (다툼이 있는 경우 판례에 의함)

| 보기 |

㉠ 정보저장매체를 임의제출한 피압수자에 더하여 임의제출자 아닌 피의자에게도 참여권이 보장되어야 하는 '피의자의 소유·관리에 속하는 정보저장매체'인가를 판단함에 있어서, 피의자가 과거 그 정보저장매체의 이용 내지 개별 전자정보의 생성·이용 등에 관여한 사실이 있다거나 그 과정에서 생성된 전자정보에 의해 식별되는 정보주체에 해당된다면 실질적으로 압수·수색을 받는 당사자로 취급하여야 한다.

㉡ 증인신문절차의 공개금지사유가 '국가의 안녕질서를 방해할 우려가 있는 때'에 해당하지 아니하고 달리 공개금지사유를 찾을 수 없다면 그 절차에 의하여 이루어진 증인의 증언은 증거능력이 없다.

㉢ 마약류관리에관한법률위반죄 피고사건에서 수사기관의 임의동행이 위법한 체포에 해당하면 이후의 제1차 채뇨에 의한 증거수집은 위법하게 된다. 피고인이 이후 법관이 발부한 구속영장에 의하여 적법하게 구금되었고 법관이 발부한 압수영장에 의하여 2차 채뇨 및 채모 절차가 적법하게 이루어진 경우에도 2차적 증거수집이 위법한 체포·구금절차에 의하여 형성된 상태를 직접 이용하여 행하여진 것으로 평가되어야 한다.

㉣ 검사 또는 사법경찰관은 압수·수색영장 발부의 사유로 된 범죄 혐의사실과 무관한 별개의 증거를 압수하였을 경우 이는 원칙적으로 유죄 인정의 증거로 사용할 수 없으므로, 수사기관이 별개의 증거를 피압수자 등에게 환부하고 후에 임의제출받아 다시 압수하였더라도 증거를 압수한 최초의 절차 위반행위와 최종적인 증거수집 사이의 인과관계가 단절되었다고 평가할 수는 없다.

㉤ 위법수집한 녹음파일을 제시받고 그 대화 내용을 전제로 하는 신문에 답변한 것을 내용으로 하는 피고인의 법정진술은 소위 독수의 과실 이론의 예외에 해당한다.

① ㉠㉢㉣
② ㉠㉢㉣㉤
③ ㉡㉢㉣㉤
④ ㉠㉡㉣

14

위법수집증거배제법칙에 대한 다음 [보기]의 설명 중 판례의 입장에 일치하는 것을 모두 고른 것은?

| 보기 |

㉠ 판사의 날인이 누락된 압수수색영장에 기초하여 수집한 증거는 위법수집증거에 해당하지 아니할 수 있다.

㉡ 수사기관이 정보저장매체에 기억된 정보 중에서 범죄 혐의사실과 관련 있는 정보를 선별한 다음 이미지 파일을 제출받아 압수한 경우, 수사기관 사무실에서 위와 같이 압수된 이미지 파일을 탐색·복제·출력하는 과정에서 피의자 등에게 참여의 기회를 보장하지 아니하였다면 이러한 절차에 의하여 수집한 증거는 위법수집증거에 해당한다.

㉢ 압수물인 컴퓨터용 디스크 등 정보저장매체 원본을 대신하여 저장매체에 저장된 자료를 '하드카피' 또는 '이미징'한 매체로부터 출력한 문건의 경우, 출력 문건과 정보저장매체에 저장된 자료가 동일하고 정보저장매체 원본이 문건 출력 시까지 변경되지 않았다는 점에 관하여, 피압수·수색 당사자가 그 동일성을 인정한 확인서면을 검사가 교부받아 법원에 제출하지 않고, 일련의 절차에 참여한 수사관이나 전문가 등의 증언에 의한 경우라 하더라도 위 출력 문건은 위법수집증거에 해당하지 아니한다.

㉣ 음주운전에 대한 수사과정에서 호흡측정이 이루어진 운전자에 대하여 다시 혈액 채취의 방법으로 측정할 수 있는 경우는 운전자가 호흡측정 결과에 불복한 경우에 한정되지 않으므로, 호흡측정 당시의 구체적 상황에 비추어 호흡측정기의 오작동 등으로 인하여 호흡측정 결과에 오류가 있다고 인정할 만한 객관적이고 합리적인 사정이 있는 경우 경찰관이 음주운전 혐의를 제대로 밝히기 위하여 운전자의 자발적인 동의를 얻어 혈액 채취에 의한 측정으로 얻어낸 음주운전 측정결과는 위법수집증거에 해당하지 아니한다.

㉤ 선행절차인 긴급체포는 적법하게 이루어졌으나 이후 법원에의 석방통지가 이루어지지 않은 경우 긴급체포에 의한 유치 중에 작성된 피의자신문조서는 그 증거능력이 인정되지 않는다.

① ㉠㉡㉢
② ㉠㉢㉣
③ ㉡㉢㉣㉤
④ ㉠㉢㉣㉤

15

위법수집증거배제법칙에 관한 다음 [보기]의 기술 중 옳은 것을 모두 고른 것은? (다툼이 있는 경우 판례에 의함)

| 보기 |

㉠ 수사기관이 외국인을 체포하거나 구속하면서 지체 없이 영사통보권 등이 있음을 고지하지 않았다면 체포나 구속 절차는 국내법과 같은 효력을 가지는 협약 제36조 제1항 (b)호를 위반한 것으로 위법하다.

㉡ 사법경찰관이 피고인(당시 피의자)이 인도네시아 국적의 외국인이라는 사실이 명백했는데도 현행범인으로 체포할 당시 피고인에게 영사통보권 등을 고지하지 않았지만, 피고인이 영사통보권 등을 고지받았더라도 영사의 조력을 구하였으리라고 보기 어려운 점, 수사기관이 피고인에게 영사통보권 등을 고지하지 않았더라도 그로 인해 피고인에게 실질적인 불이익이 초래되었다고 볼 수 없는 점이 인정된다면 체포나 구속 이후 수집된 증거와 이에 기초한 증거들은 유죄 인정의 증거로 사용할 수 있다.

㉢ 반대신문권의 기회는 제공되었으나 반대신문사항을 모두 신문하지 못한 경우에도 증인의 법정진술이나 그 진술이 기재된 증인신문조서의 증거능력을 인정할 수 있다.

㉣ 위 ㉢의 경우가 위법한 증거라 하더라도 명시적인 책문권 포기의 의사에 의하여 그 하자가 치유될 수 있다.

㉤ 여자의 신체를 검사함에 있어서 의사나 성년의 여자를 참여하게 하지 않았다면 그 신체검사의 결과는 증거로 할 수 없다.

㉥ 수사기관은 검찰수사서기관 甲이 수사 지연 등 부정한 청탁을 받고 이를 처리한 혐의와 내부의 비밀을 누설하였다는 혐의로 수사를 하면서, 별건 압수·수색 과정에서 압수한 휴대전화에 저장된 전자정보를 탐색하던 중 우연히 이 사건 범죄사실 혐의와 관련된 전자정보를 발견하여 이후 약 3개월 동안 대검찰청 통합디지털증거관리시스템(D-NET)에 그대로 저장된 채로 계속 보관하면서 영장 없이 이를 탐색·복제·출력하여 증거를 수집하였다. 이후 수사기관은 위 수집된 증거에 대해서 압수·수색영장을 발부받았고, 검사는 공판절차에서 위 증거를 제출하였으며 이에 대

해서 피고인이나 변호인의 증거동의가 있었다. 위 증거의 증거능력은 인정되지 않는다.

① ㉠㉡㉢㉣㉤
② ㉡㉣㉤㉥
③ ㉠㉡㉣㉤㉥
④ ㉠㉡㉣㉥

16

다음 [보기] 중 전문증거에 해당하는 것을 모두 고른 것은? (다툼이 있는 경우 판례에 의함)

| 보기 |

㉠ 건축허가를 둘러싼 A의 알선수재사건에서 "건축허가 담당공무원에게 내(B)가 사례비 2,000만 원을 주기로 A와 상의하였다."라는 B의 증언

㉡ 휴대전화기에 공포심이나 불안감을 유발하는 글을 반복적으로 상대방에게 도달하게 하는 행위를 하였다는 C에 대한 공소사실의 유죄증거로 C의 휴대전화기에 저장된 위와 같은 내용의 문자정보

㉢ 횡령죄로 기소된 D의 의뢰를 받은 변호사가 작성하여 D에게 이메일로 전송한 '법률의견서'를 출력한 사본

㉣ 반국가단체로부터 지령을 받고 국가기밀을 탐지·수집하였다는 공소사실로 기소된 E의 컴퓨터에 저장된 국가기밀문건

㉤ F가 한 진술의 내용인 사실이 요증사실인 경우, F의 진술을 내용으로 하는 G의 진술

① ㉠㉢
② ㉡㉣
③ ㉢㉤
④ ㉠㉡

17

전문증거에 대한 다음 [보기]의 설명 중 옳은 것을 모두 고른 것은?

| 보기 |

㉠ 정보통신망을 통하여 공포심이나 불안감을 유발하는 글을 반복적으로 상대방에게 도달하게 하는 행위를 하였다는 공소사실에 대하여 휴대전화기에 저장된 문자정보가 그 증거가 되는 경우에는 형사소송법 제310조의2에서 정한 전문법칙이 적용되지 않는다.

㉡ 甲의 알선수재의 공소사실에 대하여 법정에 증인으로 출석한 乙이 "甲으로부터 '공무원 A에게 뇌물을 주어야 한다'는 말을 들었다"고 증언한 경우 乙의 증언은 전문증거가 아니다.

㉢ "검거 당시 피고인이 범행사실을 순순히 자백하였다."라는 경찰관의 법정증언은 피고인이 공판정에서 범행을 부인하였다 하더라도 조사자증언으로서 그 증거능력이 인정된다.

㉣ 피고인 B의 정신상태를 나타내기 위해 A가 "평소 B는 자신이 신이라고 말하였다."고 증언한 경우, A의 증언은 전문증거가 아니다.

㉤ 수사기관이 작성한 압수조서의 압수경위란에 피의자였던 피고인의 자백 진술이 기재된 경우 피고인 또는 변호인이 쟁점 공소사실을 일관되게 부인한다면 위 압수조서에 기재된 피고인의 자백 진술의 증거능력은 인정되지 않는다.

① ㉠㉡㉢㉣㉤
② ㉡㉢㉣㉤
③ ㉠㉡㉣㉤
④ ㉠㉡㉢㉣

18

피의자신문조서의 증거능력에 대한 다음 [보기]의 설명 중 옳지 않은 것을 모두 고른 것은? (다툼이 있는 경우 판례에 의함)

| 보기 |

㉠ 피고인에 대한 검찰 피의자신문조서에는 피고인이 2021.3.경부터 같은 해 6.10. 19:00경 사이에 공소사실과 같은 방법으로 메스암페타민을 2회 투약하였다고 진술한 것으로 기재되어 있는데, 피고인이 공소사실을 부인하는 경우 검사 작성 피의자신문조서의 증거능력은 인정되지 아니한다.

㉡ 검사 작성의 피고인이 된 피의자신문조서가 초본의 형식으로 제출된 경우, 원본 제출이 곤란한 경우가 아니라도 원본과 상위 없다는 인증을 받았다면 원본과 동일하게 취급할 수 있다.

㉢ 형사소송법 제312조 제1항에서 정한 '검사가 작성한 피의자신문조서'란 당해 피고인에 대한 피의자신문조서만을 말하고, 당해 피고인과 공범관계에 있는 다른 피고인이나 피의자에 대하여 검사가 작성한 피의자신문조서는 이에 포함되지 아니한다.

㉣ 피고인이 자신과 공범관계에 있는 다른 피고인이나 피의자에 대하여 검사가 작성한 피의자신문조서의 내용을 부인하는 경우에는 형사소송법 제312조 제1항에 따라 유죄의 증거로 쓸 수 없다.

㉤ 공범자 아닌 공동피고인에 대한 사법경찰관 작성 피의자신문조서에 대하여 그 공동피고인의 증언에 의하여 성립의 진정이 인정된다 하더라도 당해 피고인이 내용을 부인한다면 증거로 할 수 없다.

① ㉠㉡㉢㉣
② ㉡㉢㉣㉤
③ ㉠㉡㉢㉤
④ ㉡㉢㉤

19

수사기관이 작성한 전문서류의 증거능력에 대한 다음 [보기]의 설명 중 틀린 것을 모두 고른 것은? (다툼이 있는 경우 판례에 의함)

| 보기 |

㉠ 검사 이외의 수사기관이 작성한 피의자신문조서도 검사가 이를 근거로 개괄적으로 질문한 사실이 있는 때에는 검사 작성의 피의자신문조서로 인정될 수 있다.

㉡ 피고인과 공범관계에 있는 공동피고인에 대하여 검사 이외의 수사기관이 작성한 피의자신문조서는 그 공동피고인의 법정진술에 의하여 성립의 진정이 인정되면 당해 피고인이 공판기일에서 그 조서의 내용을 부인하더라도 증거능력이 인정된다.

㉢ 참고인진술조서에 대하여 증거조사가 완료된 후 원진술자가 조서 성립의 진정 인정을 번복하더라도 이미 인정된 조서의 증거능력이 당연히 상실되는 것은 아니다.

㉣ 절도범과 그 장물범이 공동피고인으로 기소된 경우, 피고인이 증거로 함에 동의한 바 없는 공동피고인에 대한 사법경찰관 작성 피의자신문조서와 검사 작성 피의자신문조서가 증거능력을 인정받기 위해서는 그 공동피고인의 증언에 의하여 그 성립의 진정이 인정되어야 한다.

㉤ 피고인이 피의자였을 때 수사기관에 한 진술이 기재된 조서나 수사과정에서 작성된 진술서 등의 증거능력을 인정할 수 없는 경우라 하더라도 수사기관에 제출된 변호인의견서에 기재된 같은 취지의 피의자 진술 부분의 증거능력은 인정된다.

① ㉠㉡㉢㉤
② ㉠㉡㉣
③ ㉠㉢㉣
④ ㉠㉡㉤

20

피의자신문조서, 진술조서의 증거능력에 관한 다음 [보기]의 설명 중 판례의 입장과 일치하지 않는 것은?

| 보기 |

㉠ 피의자의 진술을 녹취 내지 기재한 서류 또는 문서가 수사기관에서의 조사 과정에서 작성된 것이라면, 그것이 '진술조서, 진술서, 자술서'라는 형식을 취하였다고 하더라도 피의자신문조서와 달리 볼 수 없다.

㉡ 검사가 작성한 진술조서는 그 작성절차와 방식의 적법성과 별도로 그 내용이 검사 앞에서 진술한 것과 동일하게 기재되어 있다는 점, 즉 실질적 진정성립이 인정되어야 증거로 사용할 수 있다. 여기서 기재 내용이 동일하다는 것은 적극적으로 진술한 내용이 그 진술대로 기재되어 있어야 한다는 것을 의미할 뿐, 진술하지 아니한 내용이 진술한 것처럼 기재되어 있지 아니할 것까지 포함하는 것은 아니다.

㉢ A는 B로부터 현금을 건네받은 후 B에게 필로폰을 교부하여 매도하였다는 「마약류관리에 관한 법률」 위반(향정)으로 기소되었다. A와 대향범으로서 공범관계에 있는 B에 대한 검사 또는 사법경찰관 작성 피의자신문조서에 대하여 A와 A의 변호인은 내용부인 취지에서 '증거로 사용함에 동의하지 않는다'는 의견을 밝혔다. B에 대한 각 피의자신문조서는 형사소송법 제312조 제1항, 제3항에 따라 A에 대한 유죄의 증거로 쓸 수 없다.

㉣ 원진술자가 진술조서 중 일부에 관하여만 실질적 진정성립을 인정하는 경우, 법원은 당해 조서 중 어느 부분이 그 진술대로 기재되어 있고 어느 부분이 달리 기재되어 있는지 여부를 구체적으로 심리함이 없이 전체 진술조서의 증거능력을 부정하여야 한다.

㉤ 진술조서의 실질적 진정성립을 증명하려면 봉인되어 원진술자가 기명날인 또는 서명한 영상녹화물을 조사하는 방법으로 하여야 하는데, 형사소송법이 정한 봉인절차를 지키지 않은 영상녹화물의 경우라 하더라도 예외적으로 영상녹화물을 법정 등에서 재생·시청하는 방법으로 조사하여 영상녹화물의 조작 여부를 확인함과 동시에 위 조서에 대한 실질적 진정성립의 인정 여부를 판단할 수 있다.

① ㉠㉢
② ㉡㉣
③ ㉠㉢㉤
④ ㉡㉣㉤

▶ 제4편 **공판:** 제2장 **증거** [전문법칙 2] ─ [당사자의 동의와 증거능력 1]

회차	시행일			목표점수			획득점수		
제16회	1차	2차	3차	1차	2차	3차	1차	2차	3차

01

영상녹화물에 관한 다음 [보기]의 설명 중 옳지 않은 것을 모두 고른 것은? (다툼이 있는 경우 판례에 의함)

| 보기 |

㉠ 수사기관이 참고인을 조사하는 과정에서 형사소송법 제221조 제1항에 따라 작성한 영상녹화물은, 다른 법률에서 달리 규정하고 있는 등의 특별한 사정이 없는 한, 공소사실을 직접 증명할 수 있는 독립적인 증거로 사용될 수는 없다.

㉡ 검사가 작성한 피의자신문조서는 적법한 절차와 방식에 따라 작성된 것으로서 공판준비, 공판기일에 그 피의자였던 피고인 또는 변호인이 그 내용을 인정할 때에 한정하여 증거로 할 수 있으며, 그 내용을 인정하지 아니할 때에는 영상녹화물 그 밖의 객관적 방법에 의하여 이를 증명할 수 있다.

㉢ 수사단계에서 조사 전 과정이 영상녹화되어야 함에도 불구하고, 수회의 조사가 이루어진 경우, 원칙적으로 최초의 조사부터 모든 조사 과정을 빠짐없이 영상녹화하여야 한다.

㉣ 피고인의 진술을 내용으로 하는 영상녹화물은 공판준비 또는 공판기일에서의 피고인진술의 증명력을 다투기 위하여 증거로 할 수 있다.

㉤ 19세 미만인 성폭력범죄 피해자의 진술 내용과 조사 과정을 비디오녹화기 등 영상물 녹화장치로 촬영·보존한 경우 촬영한 영상물에 수록된 피해자의 진술은 공판준비기일 또는 공판기일에 조사 과정에 동석하였던 신뢰관계에 있는 사람 또는 진술조력인의 진술에 의하여 그 성립의 진정함이 인정되어도 이를 증거로 할 수 없다.

① ㉠㉡㉢㉣
② ㉡㉢㉣
③ ㉠㉡㉢㉤
④ ㉡㉢㉣㉤

02

진술조서와 영상녹화물에 관한 다음 [보기]의 설명 중 옳지 않은 것을 모두 고른 것은? (다툼이 있는 경우 판례에 의함)

| 보기 |

㉠ 수사기관이 작성한 피고인 아닌 자의 진술을 기재한 조서에 대한 실질적 진정성립을 증명할 수 있는 수단으로서 형사소송법 제312조 제4항에 규정된 '영상녹화물'이라 함은 형사소송법 및 형사소송규칙에 규정된 방식과 절차에 따라 제작되어 조사·신청된 영상녹화물을 의미한다.

㉡ 사법경찰관 P는 피해자 A 등의 진술을 영상녹화하면서 사전에 영상녹화에 동의한다는 취지의 서면 동의서를 받지 않았고, A 등 피해자들이 조서를 열람하는 도중 영상녹화가 중단되어 조서·열람과정 일부와 조서에 기명날인 또는 서명을 마치는 과정이 영상녹화물에 녹화되지 않았다. 이 경우 위 영상녹화물에 의하여 피해자들에 대한 진술조서의 실질적 진정성립을 인정할 수 있다.

㉢ 아동·청소년대상 성범죄의 혐의로 기소된 피고인은 수사기관에서 촬영한 피해자 진술에 대한 영상물과 이를 그대로 녹취한 속기록이 모두 증거능력이 없다고 주장하면서 이를 증거로 함에 동의하지 않다가, 위헌결정을 받은 법률 조항(미성년성폭력피해자에 대한 피고인의 반대신문 없이 신뢰관계인·진술조력인의 진술에 의한 성립의 진정만으로 피해자 진술에 대한 영상물의 증거능력을 인정하는 성폭력처벌법 제30조 제6항)에 따라 신뢰관계인에 대한 증인신문에 의하여 위 영상물이 증거로 채택되어 증거조사가 이루어지게 되자 증거에 관한 의견을 변경하여 위 속기록을 증거로 함에는 동의한 경우, 영상물과 달리 위 속기록의 증거능력은 인정된다.

ㄹ 피고인 아닌 피의자가 피의자신문조서에 기재된 내용이 자신이 진술한 내용과 동일하게 기재되어 있음을 인정하지 아니하는 경우, 검사는 그 부분의 성립의 진정을 증명하기 위하여 영상녹화물의 조사를 신청할 수 있는데, 이 경우 피고인 아닌 피의자가 영상녹화에 동의하였다는 취지로 기재하고 기명날인 또는 서명한 서면을 첨부하여야 한다.

ㅁ 수사단계에서 '같은 날' 수회의 조사가 이루어진 경우라면 원칙적으로 조사 과정 전부를 영상녹화하여야 한다.

① ㄱㄴㄷㄹ
② ㄱㄴㄷㅁ
③ ㄴㄷㄹㅁ
④ ㄴㄷㄹ

03

전문증거에 관한 다음 [보기]의 설명 중 옳지 않은 것을 모두 고른 것은? (다툼이 있는 경우 판례에 의함)

| 보기 |

ㄱ 증인 A는 법정에서 "피해자 乙로부터 '피고인 甲이 나를 추행했다'는 취지의 말을 들었다."고 진술하였는데, 위 A의 진술이 피해자 乙의 진술에 부합한다고 보아 이를 피해자의 진술 내용의 진실성을 증명하는 간접사실로 사용하는 경우 이는 전문증거에 해당하지 아니한다.

ㄴ A가 진술 당시 술에 취하여 횡설수설하였다는 것을 확인하기 위하여 제출된 A의 진술이 녹음된 녹음테이프는 전문증거에 해당한다.

ㄷ 수사기관이 작성한 조서의 내용이 원진술자가 진술한 대로 기재된 것이라 함은 조서작성 당시 원진술자의 진술대로 기재되었는지의 여부만을 의미하는 것으로, 이와 같이 진술하게 된 연유나 그 진술의 신빙성 여부는 고려할 것이 아니다.

ㄹ 형사소송법 제312조 제5항의 적용대상인 '수사과정에서 작성한 진술서'란 수사가 시작된 이후에 수사기관의 관여 아래 작성된 것이거나, 개시된 수사와 관련하여 수사과정에 제출할 목적으로 작성한 것으로, 작성 시기와 경위 등 여러 사정에 비추어 그 실질이 이에 해당하는 이상 명칭이나 작성된 장소 여부를 불문한다.

ㅁ 사법경찰관은 작성자의 동의 없이 보관자로부터 임의로 제출받은 '입당원서'의 작성자의 주거지·근무지를 방문하여 그 작성 경위 등을 질문한 후 작성을 요구하여 '진술서'를 제출받았는데, 이때 사법경찰관은 조사과정의 진행경과를 확인하기 위하여 필요한 사항을 그 진술서에 기록하거나 별도의 서면에 기록한 후 수사기록에 편철하는 등 적절한 조치를 취하지 않았다 하더라도, 이는 형사소송법에 따라 그 증거능력이 인정된다.

ㅂ 피고인이 아닌 자의 진술을 기재한 서류가 수사기관이 아닌 자에 의하여 작성된 경우, 수사가 시작된 이후 수사기관의 관여나 영향 아래 작성된 경우로서 실질적으로 고찰할 때 그 서류가 수사과정 외에서 작성된 것이라고 보기 어려운 경우, 형사소송법 제313조 제1항의 '전 2조의 규정 이외에 피고인이 아닌 자의 진술을 기재한 서류'에 해당한다.

① ㄱㄴㄷㅁㅂ
② ㄱㄴㄷㄹ
③ ㄱㄴㄹㅁ
④ ㄱㄴㅁㅂ

04

다음 [보기]의 설명 중 옳은 것만을 모두 고른 것은? (다툼이 있는 경우 판례에 의함)

| 보기 |

㉠ 수사기관이, 정보저장매체에 기억된 정보 중에서 키워드 또는 확장자 검색 등을 통해 범죄 혐의사실과 관련 있는 정보를 선별한 다음, 정보저장매체와 동일하게 비트열 방식으로 복제하여 생성한 파일을 제출받아 압수한 경우, 수사기관이 수사기관 사무실에서 위와 같이 압수된 이미지 파일을 탐색·복제·출력하는 과정에서도 피의자 등에게 참여의 기회를 보장하여야 하는 것은 아니다.

㉡ 수사기관이 범죄 증거를 수집할 목적으로 피의자의 동의 없이 피의자의 소변을 채취하는 경우, 법원으로부터 감정허가장 또는 감정유치장을 받아야 하고, 압수·수색의 방법으로는 할 수 없다.

㉢ 「통신비밀보호법」상 '전기통신의 감청'은 전기통신이 이루어지고 있는 상황에서 실시간으로 전기통신의 내용을 지득·채록하는 경우, 통신의 송·수신을 직접적으로 방해하는 경우, 이미 수신이 완료된 전기통신에 관하여 남아 있는 기록이나 내용을 열어 보는 경우 등을 의미한다.

㉣ 정보저장매체에 기억된 문자정보의 내용의 진실성이 아닌 그와 같은 내용의 문자정보의 존재 자체가 직접 증거로 되는 경우에는 전문법칙이 적용되지 아니한다.

㉤ 성폭력처벌법에 따라 19세 미만 성폭력피해자의 진술을 수사기관이 영상녹화한 경우 그 영상녹화물에 대해서 공판준비기일 또는 공판기일에 피고인 또는 변호인이 영상녹화물의 내용에 대하여 19세 미만 피해자 등을 신문할 수 있고 영상녹화된 진술 및 영상녹화가 신빙할 수 있는 상태에서 이루어졌음이 증명된 경우에는 그 영상녹화물은 증거로 할 수 있다.

㉥ 대검찰청 소속 진술분석관이 피해자와의 면담 내용을 녹화한 영상녹화물은 형사소송법 제312조에 의하여 증거능력을 인정할 수 없다.

① ㉠㉡㉣㉥
② ㉠㉣㉥
③ ㉡㉢㉤
④ ㉠㉣㉤㉥

05

전문법칙에 대한 다음 [보기]의 설명 중 옳은 것을 모두 고른 것은? (다툼이 있는 경우 판례에 의함)

| 보기 |

㉠ 공범인 공동피고인은 소송절차가 분리되어 피고인의 지위에서 벗어나게 되면 다른 공동피고인에 대한 공소사실에 관하여 증인이 될 수 있다.

㉡ 대향범인 공동피고인은 소송절차가 분리되어 피고인의 지위에서 벗어나게 되면 다른 공동피고인에 대한 공소사실에 관하여 증인이 될 수 있다.

㉢ 피고인이 증거로 함에 동의한 바 없는 공범자 아닌 공동피고인에 대한 수사기관 작성의 피의자신문조서는 형사소송법 제312조 제4항이 적용된다.

㉣ 성폭력처벌법에 따라 19세 미만 성폭력피해자 등의 진술을 수사기관이 영상녹화한 경우 원진술자인 19세 미만 성폭력피해자등이 사망, 질병 등의 사유로 공판준비기일 또는 공판기일에 출석하여 진술할 수 없는 경우에는 영상녹화된 진술 및 영상녹화가 특별히 신빙할 수 있는 상태에서 이루어졌음이 증명되었다 하더라도 그 영상녹화물은 증거로 할 수 없다.

㉤ 형사소송법 제314조에서 '특히 신빙할 수 있는 상태하에서 행하여졌음에 대한 증명'의 정도는 그러할 개연성이 있다는 정도를 의미한다.

㉥ 수사기관이 작성한 수사보고서는 전문증거로서 형사소송법 제311조·제312조·제315조·제316조의 적용 대상이 아님이 분명하므로, 형사소송법 제313조의 서류에 해당하여야만 증거능력이 인정될 수 있는바, 형사소송법 제313조가 적용되기 위해서는 그 서류에 진술자의 서명 또는 날인이 있어야 한다.

① ㉠㉡㉢㉥
② ㉡㉢㉣㉤
③ ㉠㉢㉣㉤
④ ㉡㉢㉤㉥

06

진술조서 및 진술서의 증거능력에 관한 다음 [보기]의 설명 중 옳은 것을 모두 고른 것은? (다툼이 있는 경우 판례에 의함)

| 보기 |

㉠ 진술을 요하는 자가 외국에 거주하고 있어 공판정 출석을 거부하면서 공판정에 출석할 수 없는 사정을 밝히고 있다 하더라도 반대신문권이 결여된 전문서류에 관하여 증거능력을 인정하는 요건인 형사소송법 제314조의 '외국거주로 인하여 진술할 수 없는 때'에 해당하지 아니한다.

㉡ 피고인이 아닌 자가 수사과정에서 진술서를 작성하였지만 수사기관이 그에 대한 조사과정을 기록하지 아니한 경우에는, 특별한 사정이 없는 한 '적법한 절차와 방식'에 따라 수사과정에서 진술서가 작성되었다 할 수 없으므로 그 증거능력을 인정할 수 없다.

㉢ 수사기관이 진술자의 성명을 가명(假名)으로 기재하여 조서를 작성하였다면, 그 진술조서는 '적법한 절차와 방식'에 따라 작성되었다 할 수 없으므로 공판기일 등에 원진술자가 출석하여 자신의 진술을 기재한 조서임을 확인함과 아울러 그 조서의 실질적 진정성립을 인정하고 나아가 그에 대한 반대신문이 이루어지는 등 형사소송법 제312조 제4항에서 규정한 조서의 증거능력 인정에 관한 다른 요건이 모두 갖추어졌다고 하더라도 그 증거능력은 부정된다.

㉣ 형사소송법 제312조 제4항의 '특히 신빙할 수 있는 상태'는 증거능력의 요건에 해당하므로 검사가 그 존재에 대하여 구체적으로 주장·입증하여야 하는 것이지만, 이는 소송상의 사실에 관한 것이므로 엄격한 증명을 요하지 아니하고 자유로운 증명으로 족하다.

㉤ 피고인이 수사과정 외에서 작성된 피고인 자신의 진술을 기재한 서류를 증거로 할 수 있음에 동의하지 않은 경우, 그 서류에 기재된 피고인의 진술 내용을 증거로 사용하려면 공판준비 또는 공판기일에서 작성자의 진술에 의하여 그 서류에 기재된 피고인의 진술 내용이 피고인이 진술한 대로 기재된 것임이 증명되고, 진술이 특히 신빙할 수 있는 상태하에서 행하여진 것임이 인정되어야 하며, 나아가 피고인의 공판준비 또는 공판기일에서의 진술에 의하여 그 서류에 기재된 진술 내용이 피고인이 진술한 대로 기재된 것임이 인정되어야 한다.

① ㉠㉡㉢㉣㉤
② ㉠㉡㉢㉣
③ ㉠㉡㉣
④ ㉡㉣㉤

07

공동피고인의 진술에 관한 다음 [보기]의 설명 중 옳은 것을 모두 고른 것은? (다툼이 있는 경우 판례에 의함)

| 보기 |

㉠ 피고인과 별개의 범죄사실로 기소되어 병합심리 중인 공동피고인은 피고인의 범죄사실에 관하여는 증인의 지위에 있다 할 것이므로 선서 없이 한 공동피고인의 법정진술은 피고인의 범죄사실을 인정하는 증거로 할 수 없다.

㉡ 피고인 甲이 공판정에서 공범인 공동피고인 乙에 대한 사법경찰관 작성의 피의자신문조서의 내용을 부인하면 乙이 법정에서 그 조서의 내용을 인정하여도 그 조서를 甲의 범죄사실에 대한 증거로 사용할 수 없다.

㉢ 甲과 乙이 공모하여 타인의 재물을 편취한 범죄사실로 기소된 사건에서, 甲은 법정에서 범행을 부인하고 乙은 경찰 수사 단계에서 범행을 자백하는 자술서를 작성·제출한 이후 사망하였다면, 공판준비 또는 공판기일에 진술을 요하는 자가 사망하여 진술할 수 없는 때에 해당하므로 乙의 자술서는 그 작성이 특히 신빙할 수 있는 상태하에서 행하여졌음이 증명되었다면 甲에 대한 유죄 인정의 증거로 할 수 있다.

㉣ 공범인 공동피고인의 법정자백은 이에 대한 피고인의 반대신문권이 보장되어 있어 증인으로 신문한 경우와 다를 바 없으므로 독립한 증거능력이 있다.

㉤ 甲, 乙, 丙이 공모하여 타인의 재물을 편취한 범죄사실로 기소된 사건에서, 피고인 甲과 공동피고인 乙이 범죄사실을 자백하고 공동피고인 丙은 범죄사실을 부인하는 경우, 乙의 자백을 甲의 자백에 대한 보강증거로 사용할 수 없다.

① ㉠㉡㉢㉣
② ㉠㉡㉣
③ ㉠㉣㉤
④ ㉡㉢㉤

08

녹음테이프의 증거능력에 대한 설명으로 옳지 않은 것은? (다툼이 있는 경우 판례에 의함)

① 사인(私人)이 피고인 아닌 사람과의 대화내용을 녹음한 녹음테이프는 원본으로서 공판준비나 공판기일에서 원진술자의 진술에 의하여 녹음된 각자의 진술내용이 자신이 진술한 대로 녹음된 것이라는 점이 인정되더라도 피고인이 동의하지 않는다면 증거로 사용할 수 없다.

② 피고인이 자신의 아들 등에게 폭행을 당하여 입원한 피해자의 병실로 찾아가 그의 모(母) 甲과 대화하던 중 허위사실을 적시하여 피해자의 명예를 훼손하였다는 내용으로 기소되어, 검사가 甲이 甲의 이웃 乙과 나눈 대화내용을 녹음한 녹음테이프 등을 기초로 작성된 녹취록을 증거로 제출하였는데, 피고인은 녹취록을 증거로 함에 동의하지 않았고, 甲은 법정에서 "乙이 사건 당시 피고인의 말을 다 들었다. 그래서 지금 녹취도 해 왔다."고 진술한 경우 위 녹취록의 증거능력은 인정되지 아니한다.

③ 사인(私人)이 피고인 아닌 사람과의 대화내용을 녹음한 녹음테이프에 대해 법원이 그 진술 당시 진술자의 상태 등을 확인하기 위하여 작성한 검증조서는 법원의 검증 결과를 기재한 조서로서 형사소송법 제311조에 의하여 증거로 할 수 있다.

④ 피고인이 범행 후 피해자에게 전화를 걸어오자 피해자가 증거를 수집하려고 그 전화내용을 녹음한 경우 그 녹음테이프가 피고인 모르게 녹음된 것이라 하더라도 위법수집증거는 아니다.

09

형사소송법 제314조에 대한 다음 [보기]의 설명 중 옳은 것을 모두 고른 것은?

| 보기 |

㉠ 형사소송법 제312조 소정의 조서나 같은 법 제313조 소정의 서류를 반드시 우리나라의 권한 있는 수사기관 등이 작성한 조서 및 서류에만 한정하여 볼 것은 아니고, 외국의 권한 있는 수사기관 등이 작성한 조서나 서류도 같은 법 제314조 소정의 요건을 모두 갖춘 것이라면 이를 유죄의 증거로 삼을 수 있다.

㉡ '그밖에 이에 준하는 사유'는 사망 또는 질병에 준하여 증인으로 소환될 당시부터 기억력이나 분별력의 상실 상태에 있다거나 법정에 출석하여 증언거부권을 행사한다거나 증인소환장을 송달받고 출석하지 아니하여 구인을 명하였으나 끝내 구인의 집행이 되지 아니하는 등으로 진술을 요할 자가 공판준비 또는 공판기일에 진술할 수 없는 예외적인 사유가 있어야 한다.

㉢ '특히 신빙할 수 있는 상태'는 증거능력의 요건에 해당하므로 검사가 그 존재에 대하여 구체적으로 주장·증명하여야 하지만 이는 소송상의 사실에 관한 것이므로 엄격한 증명을 요하지 아니하고 자유로운 증명으로 족하다.

㉣ 진술을 요할 자가 외국에 있고 그를 공판정에 출석시켜 진술하게 할 가능하고 상당한 모든 수단을 다하더라도 출석하게 할 수 없는 경우는 동조의 '진술을 요할 자가 사망·질병·외국거주·소재불명, 그 밖에 이에 준하는 사유로 진술할 수 없는 때'에 해당된다.

㉤ 피고인들이 망인 甲과 합동하여 피해자 乙(여, 당시 14세)의 심신상실 또는 항거불능 상태를 이용하여 乙을 간음하였다는 성폭력처벌법위반(특수준강간)의 공소사실과 관련하여, 甲이 사건 발생 14년여 후 자살하기 직전 작성한 유서가 발견되어 증거로 제출되었다. 유서에는 甲이 자신의 범행을 참회하는 듯한 내용이 포함되어 있는데, 제반 사정을 종합할 때, 유서가 신빙할 수 있는 상태에서 작성되었을 개연성이 있다고 평가할 여지가 있으면 그 증거능력이 인정된다.

① ㉠㉡㉢㉣
② ㉠㉢㉣
③ ㉡㉢㉣㉤
④ ㉡㉣㉤

10

甲과 乙은 공모하여 A의 자전거를 편취한 사기죄의 공범으로, 丙은 甲·乙이 편취한 정을 알고도 위 자전거를 매수한 장물취득죄로 함께 기소된 공동피고인이다. 공판정에 출석한 피고인 甲은 공소사실을 부인하고 있는 반면, 피고인 乙과 丙은 공소사실을 자백하고 있다. 이에 관한 설명 중 옳지 않은 것은? (다툼이 있는 경우 판례에 의함)

① 乙의 법정진술은 이에 대한 甲의 반대신문권이 보장되어 있어 증인으로 신문한 경우와 다를 바 없으므로 甲에 대한 유죄의 증거로 사용할 수 있다.

② 甲을 조사하였던 사법경찰관 P가 법정에서 "甲이 수사과정에서 범행을 자백하였다."라고 진술하였을 경우, 甲의 진술이 특히 신빙할 수 있는 상태하에서 행하여졌음이 증명되면, P의 법정진술을 甲에 대한 유죄의 증거로 사용할 수 있다.

③ 만약 丙이 자신의 애인 B에게 "내가 甲, 乙과 함께 A의 자전거를 기망하여 편취했다."고 진술하여, B가 위 들은 내용을 공판정에 출석하여 진술하였다 하더라도 이는 피고인 甲과 乙에 대한 증거로 사용할 수 없다.

④ 만약 乙만 사기죄로 먼저 공소제기되어 재판을 받았고, 이후에 甲, 丙이 따로 공소제기되었다면, 乙에 대한 피고사건에서 작성된 공판조서는 「형사소송법」 제311조(법원 또는 법관의 조서)에 해당하므로 甲에 대한 유죄의 증거로 사용할 수 있다.

11

다음 [사례]와 그 [설명] 중 옳지 않은 것을 모두 고른 것은? (다툼이 있는 경우 판례에 의함)

| 사례 |

甲과 乙은 날치기 범행을 공모한 후 혼자 걸어가는 여성 A를 발견하고 乙은 A를 뒤쫓아 가고 甲은 차량을 운전하여 뒤따라가면서 망을 보았다. 乙은 A의 뒤쪽에서 접근한 후 A의 왼팔에 끼고 있던 손가방의 끈을 잡아당겼으나 A가 가방을 놓지 않으려고 버티다가 바닥에 넘어졌다. 넘어진 A가 손가방의 끈을 놓지 않은 채 버티자 乙은 계속하여 손가방 끈을 잡아당겨 A를 5미터가량 끌고 갔고 A는 힘이 빠져 손가방을 놓치게 되었다. 乙은 손가방을 빼앗은 후 甲이 운전하는 차량에 올라타 도망갔다. A는 약 3주간의 치료를 요하는 상해를 입었다.

ⓐ A는 경찰 수사과정에서 피해사실에 관한 진술서를 작성하였으나 사법경찰관은 특별한 사정이 없음에도 조사과정을 기록하지 아니하였다.

ⓑ 사법경찰관은 위 사건을 목격한 B에 대하여 진술조서를 작성하였고 사법경찰관은 그 조사과정을 기록하였다.

ⓒ 사법경찰관은 甲, 乙의 범행과정을 재연한 검증조서를 작성하면서 범행재연사진을 검증조서에 첨부하였다.

| 설명 |

㉠ ⓐ사실과 관련하여 검사가 증거로 신청한 A의 진술서를 甲, 乙이 부동의한 경우에도, A가 증인으로 출석하여 실질적 진정성립을 인정하고 특신상태가 인정되며 甲, 乙의 A에 대한 반대신문권이 보장된 경우에는 진술서의 증거능력이 인정된다.

㉡ ⓑ사실과 관련하여 검사가 증거로 신청한 B에 대한 진술조서를 甲, 乙이 부동의하여 검사가 B를 증인으로 신청하였으나 증인소환장이 송달되지 않은 경우, 추가적인 조치가 없더라도 위 진술조서는 「형사소송법」 제314조에 따라 증거능력이 인정된다.

㉢ ⓒ사실과 관련하여 甲, 乙이 검증조서에 첨부되어 있는 범행재연사진에 대하여 부동의하는 경우, 범행재연사진은 증거능력이 없다.

① ㉠㉡
② ㉡㉢
③ ㉠㉢
④ ㉠㉡㉢

12

수사기관의 검증조서와 감정서에 관한 설명 중 옳지 않은 것은? (다툼이 있는 경우 판례에 의함)

① 사법경찰관이 작성한 검증조서에 기재된 피고인의 진술기재 부분에 대하여는 피고인이 성립의 진정뿐만 아니라 내용을 인정할 때에만 증거능력을 인정할 수 있다.

② 실황조사서의 기재가 검사나 사법경찰관의 의견을 기재한 것에 불과하다면 그 실황조사서는 증거능력이 없다.

③ 수사보고서에 검증의 결과에 해당하는 기재가 있는 경우 그 기재 부분은 증거로 할 수 있다.

④ 실황조사는 강제수사에 대한 영장주의원칙에 따라 사후검증영장을 발부받아야 그 적법성이 확보될 수 있다.

13

전문법칙의 예외에 관한 다음 [보기]의 설명 중 판례의 입장과 일치하는 것을 모두 고른 것은?

| 보기 |

㉠ 상업장부나 항해일지, 진료일지 또는 이와 유사한 금전출납부 등과 같이 범죄사실의 인정 여부와는 관계없이 자기에게 맡겨진 사무를 처리한 내역을 그때그때 계속적, 기계적으로 기재한 문서는 사무처리 내역을 증명하기 위하여 존재하는 문서로서 형사소송법 제315조 제2호에 의하여 당연히 증거능력이 인정된다.

㉡ 형사소송법 제315조 제3호에서 규정한 '기타 특히 신용할 만한 정황에 의하여 작성된 문서'는 형사소송법 제315조 제1호와 제2호에서 열거된 공권적 증명문서 및 업무상 통상문서에 준하여 '굳이 반대신문의 기회부여 여부가 문제되지 않을 정도로 고도의 신용성의 정황적 보장이 있는 문서'를 의미한다.

㉢ 법원 또는 합의부원, 검사, 변호인, 청구인이 구속된 피의자를 심문하고 그에 대한 피의자의 진술 등을 기재한 구속적부심문조서는 형사소송법 제311조가 규정한 문서에 해당하여 당연히 증거능력이 인정된다.

㉣ 체포·구속인접견부는 특히 신용할 만한 정황에 의하여 작성된 문서로서 형사소송법 제315조 제2호, 제3호에 규정된 '당연히 증거능력이 있는 서류'에 해당된다.

① ㉠㉡㉣ 　　　　② ㉠㉡㉢

③ ㉡㉢㉣ 　　　　④ ㉠㉢㉣

14

다음 [보기] 중 형사소송법 제315조의 당연히 증거능력이 있는 서류들을 모두 모은 것은? (다툼이 있는 경우 판례에 의함)

| 보기 |

㉠ 성매매업소 업주가 성매매를 전후하여 영업상 참고하기 위해 고객정보를 입력한 메모리 카드에 기재된 내용

㉡ 국립과학수사연구소장 작성의 감정의뢰 회보서

㉢ 주민들의 진정서 사본

㉣ 일본 세관공무원이 작성한 필로폰에 대한 범칙 물건 감정서등본, 분석의뢰서, 분석회답서등본

㉤ 다른 피고사건의 공판조서

① ㉠㉡㉢㉣

② ㉠㉢㉣㉤

③ ㉡㉢㉣㉤

④ ㉠㉡㉣㉤

15

전문법칙에 관한 다음 [보기]의 설명 중 옳은 것을 모두 고른 것은? (다툼이 있는 경우 판례에 의함)

| 보기 |

㉠ 甲의 알선수재의 공소사실에 대하여 법정에 증인으로 출석한 乙이 "甲으로부터 '공무원 A에게 뇌물을 주어야 한다'는 말을 들었다"고 증언한 경우 乙의 증언은 전문증거가 아니다.

㉡ 전문의 진술을 증거로 함에 있어서는 전문진술자가 원진술자로부터 진술을 들을 당시 원진술자가 증언능력에 준하는 능력을 갖춘 상태에 있어야 할 것이다.

㉢ 피고인 A는 새마을금고 이사장 선거와 관련하여 대의원 甲에게 자신을 지지해 달라고 부탁하면서 돈 50만 원을 제공하였다고 하여 새마을금고법 위반으로 기소되어, 검사는 ⓐ 사법경찰관 작성의 공범 甲에 대한 피의자신문조서를 증거로 제출하고, ⓑ 검사가 신청한 증인 乙은 법정에 출석하여 '甲으로부터 A에게서 돈을 받았다는 취지의 말을 들었다'고 증언하였는데, A는 공판기일에서 조서의 내용을 모두 부인하였고, 甲은 일관되게 A로부터 50만 원을 받았다는 취지의 공소사실을 부인하였다면, ⓐ와 ⓑ는 모두 증거능력이 인정되지 아니한다.

㉣ 양벌규정의 종업원과 사업주(피고인) 중에서 망인(亡人)인 종업원에 대한 경찰 피의자신문조서에 대해서는 「형사소송법」 제314조에 기초하여 증거능력을 인정할 수 있다.

㉤ 경찰관 P는 피의자 A에 대하여 변호인이 동석하지 않은 상태에서 세 차례 피의자신문을 하였는데, 제1회 피의자신문을 받으면서 A는 필로폰 투약 범행을 부인하였으나 P가 A에게 소변의 임의제출을 종용하는 듯한 태도를 취하자 이를 번복하여 '2021.8.4. 18:00경 B공원 내 벤치에서 불상량의 필로폰을 커피에 타서 마시는 방법으로 투약하였다'는 취지로 진술하였다가, P가 A의 휴대전화의 발신 기지국 위치를 통하여 그 시각 A가 다른 곳에 있었고 같은 날 22:46경 B공원 부근에 있었음을 확인하여 A를 다시 소환하여 위 사실을 언급하면서 같은 날 22:46경에 필로폰을 투약한 것이 아닌지 묻자 A는 그 시각 투약하였던 것 같다고 진술하여 공소가 제기되었다. 이후 피고인이 된 A는 법정에서 P 작성 피의자신문조서의 내용을 부인하였으나, 경찰관 P는 제1심 법정에 출석하여 "A가 조사 당시 강요나 회유 없이 자발적으로 공소사실 기재 필로폰 투약 범행을 자백하였다."는 취지로 증언하였다면, P의 증언은 형사소송법 제316조 제1항에 의하여 그 증거능력이 인정된다.

① ㉠㉡㉢㉣
② ㉠㉡㉢㉤
③ ㉡㉢㉣
④ ㉠㉡㉢

16

전문법칙에 대한 다음 [보기]의 설명 중 적절한 것만을 모두 고른 것은? (다툼이 있는 경우 판례에 의함)

| 보기 |

㉠ 조세범칙조사를 담당하는 세무공무원이 피고인이 된 혐의자 또는 참고인에 대하여 심문한 내용을 기재한 조서의 증거능력을 판단할 때, 형사소송법 제312조와 제313조 중 제312조에 의하여야 한다.

㉡ 어떤 진술이 기재된 서류가 어떠한 내용의 진술을 하였다는 사실 자체에 대한 정황증거로 사용될 것이라는 이유로 서류의 증거능력을 인정한 다음 그 사실을 다시 진술 내용이나 그 진실성을 증명하는 간접사실로 사용하는 경우에 그 서류는 전문증거에 해당한다.

㉢ 甲이 乙로부터 들은 피고인 A의 진술내용을 수사기관이 진술조서에 기재하여 증거로 제출하였다면, 그 진술조서 중 피고인 A의 진술을 기재한 부분은 乙이 증거로 하는 데 동의하지 않는 한 「형사소송법」 제310조의2의 규정에 의하여 이를 증거로 할 수 없다.

㉣ 「형사소송법」 제312조부터 제316조까지의 규정에 따라 증거로 할 수 없는 서류나 진술이라도 공판준비 또는 공판기일에서의 피고인 또는 피고인 아닌 자의 진술의 증명력을 다투기 위하여 증거로 할 수 있다.

㉤ 진술조서에 대하여 증거조사가 완료된 후 원진술자가 조서성립의 진정인정을 번복하면 이미 인정된 조서의 증거능력은 상실된다.

① ㉠㉡㉣
② ㉡㉣㉤
③ ㉡㉣
④ ㉠㉤

17

甲은 A의 집에 들어가 금품을 절취하려다 A에게 발각되자 A를 강간한 후에 도주하였다. 甲은 양심에 가책을 느꼈지만 처벌이 두려워 자수하지 못하고 친구인 乙에게 자신의 범행을 이야기하였는데, 乙은 다시 이 사실을 여자친구 丙에게 이야기하였다. 이에 관한 설명 중 옳지 않은 것을 모두 고른 것은? (다툼이 있는 경우 판례에 의함)

㉠ 甲이 자필로 작성한 범행을 인정하는 내용의 메모지가 甲의 집에서 발견되어 증거로 제출된 경우, 甲이 공판기일에서 그 성립의 진정을 부인하면 필적감정에 의하여 성립의 진정함이 증명되더라도 증거로 사용할 수 없다.

㉡ 乙이 甲과의 대화를 녹음한 녹음테이프의 원본이 증거로 제출된 경우, 공판기일에서 甲이 녹음내용을 부인하여도 乙의 진술에 의하여 녹음테이프에 녹음된 甲의 진술내용이 甲이 진술한 대로 녹음된 것이 증명되고 그 진술이 특히 신빙할 수 있는 상태하에서 행하여진 것이 인정되는 때에는 증거로 사용할 수 있다.

㉢ 丙이 乙로부터 들은 甲의 진술내용을 사법경찰관에게 진술하였고 그러한 진술이 기재된 진술조서가 증거로 제출된 경우, 해당 진술조서 중 甲의 진술기재 부분은 「형사소송법」 제316조 제1항 및 제312조 제4항의 규정에 따른 요건을 갖춘 때에 한하여 증거로 사용할 수 있다.

㉣ 피해자 A는 피해내용을 아버지 B에게 문자메시지로 보냈고 B가 그 문자메시지를 촬영한 사진이 증거로 제출된 경우, A와 B가 법정에 출석하여 A는 사진 속 문자메시지의 내용이 자신이 작성해 보낸 것과 동일함을 확인하고, B는 A가 보낸 문자메시지를 촬영한 사진이 맞다고 확인한 때에는 증거로 사용할 수 있다.

① ㉠㉡
② ㉠㉢
③ ㉡㉣
④ ㉢㉣

18

뇌물 수수자 甲과 뇌물 공여자 乙에 대한 뇌물 사건을 수사하던 검사는 乙의 동창생 丙을 참고인으로 불러 "乙이 '甲에게 뇌물을 주었다'고 내게 말했다."라는 취지의 진술을 확보하고 甲과 乙을 공동피고인으로 기소하였다. 그러나 공판정에 증인으로 출석한 丙은 일체의 증언을 거부하였고, 오히려 그 동안 일관되게 범행을 부인하던 乙이 심경의 변화를 일으켜 뇌물 공여 혐의를 모두 시인하였다. 이에 관한 설명 중 옳은 것은? (다툼이 있는 경우 판례에 의함)

① 丙이 정당하게 증언거부권을 행사했다면, 丙에 대한 진술조서는 증거능력이 인정된다.

② 丙에 대한 진술조서 중 '甲에게 뇌물을 주었다'는 부분은 甲의 혐의에 대해서는 증거능력이 인정되지 않는다.

③ 乙이 공판정에서 한 자백은 丙에 대한 진술조서로 보강할 수 있다.

④ 乙이 공판정에서 한 자백은 甲의 혐의에 대해서는 유죄 인정의 증거가 될 수 없다.

19

증거동의에 관한 다음 [보기]의 설명 중 판례의 입장과 일치하는 것을 모두 고른 것은?

| 보기 |

㉠ 형사소송법 제318조 제1항은 "검사와 피고인이 증거로 할 수 있음을 동의한 서류 또는 물건은 진정한 것으로 인정한 때에는 증거로 할 수 있다."고 규정하고 있을 뿐 진정한 것으로 인정하는 방법을 제한하고 있지 아니하므로, 증거동의가 있는 서류 또는 물건은 법원이 제반 사정을 참작하여 진정한 것으로 인정하면 증거로 할 수 있다.

㉡ 증거동의의 의사표시는 증거조사가 완료되기 전까지 취소 또는 철회할 수 있으나, 일단 증거조사가 완료된 뒤에는 취소 또는 철회가 인정되지 아니하므로 취소 또는 철회 전에 이미 취득한 증거능력은 상실되지 아니한다.

㉢ 증거동의의 주체는 소송주체인 검사와 피고인이지만, 변호인은 피고인을 대리하여 증거동의에 관한 의견을 낼 수 있을 뿐만 아니라 피고인의 명시한 의사에 반하여 증거로 함에 동의할 수 있다.

㉣ 검사와 피고인 중 일방 당사자가 신청한 증거에 대해서는 타방 당사자의 동의가 있어야 하고, 법원이 직권으로 채택한 증거에 대해서는 피고인의 동의가 필요하다.

① ㉠㉡

② ㉡㉢

③ ㉠㉡㉣

④ ㉠㉢㉣

20

증거에 관한 다음 설명 중 판례의 입장과 일치하지 않는
것은?

① 타인의 진술을 내용으로 하는 진술이 전문증거인지
여부는 요증사실과의 관계에서 정하여지는 것이므
로, 원진술의 내용인 사실이 요증사실인 경우에는
전문증거이나, 원진술의 존재 자체가 요증사실인 경
우에는 본래증거이지 전문증거가 아니다.

② 피고인이나 변호인이 무죄에 관한 자료로 제출한 서
증 가운데 도리어 유죄임을 뒷받침하는 내용이 있는
경우, 법원은 상대방의 원용(동의)이 있더라도 그
서류의 진정성립 여부 등을 조사하고 아울러 그 서
류에 대한 피고인이나 변호인의 의견과 변명의 기회
를 준 다음이 아니면 그 서증을 유죄인정의 증거로
쓸 수 없다.

③ 제3자의 진술을 담고 있는 서류 등의 증거가 제3자
의 진술 내용의 진실성이 범죄사실에 대한 직접증거
로 사용될 때는 전문증거가 된다고 하더라도, 그와
같은 진술을 하였다는 것 자체로 사용되거나 그 진
술의 진실성과 관계없는 간접사실에 대한 정황증거
로 사용될 때에는 반드시 전문증거가 되는 것은 아
니다.

④ 피고인이 수표를 발행하였으나 예금부족 또는 거래
정지처분으로 지급되지 아니하게 하였다는 부정수
표단속법위반의 공소사실을 증명하기 위하여 제출
되는 수표의 증거능력은 증거물의 예에 의하여 판단
하여야 하고, 이에 대하여는 형사소송법 제310조의2
에서 정한 전문법칙이 적용될 여지가 없다.

▶ **제4편 공판: 제2장 증거** [당사자의 동의와 증거능력 2] ― **제3장 재판** [종국재판]

회차	시행일			목표점수			획득점수		
제17회	1차	2차	3차	1차	2차	3차	1차	2차	3차

01

증거동의에 대한 설명으로 옳은 것은?

① 유죄증거에 대하여 피고인 측에 의하여 반대증거로 제출된 서류는 그 진정성립이 증명되거나 상대방의 동의가 있어야 증거판단의 자료로 삼을 수 있다.

② 간이공판절차의 결정이 있는 사건의 증거에 관하여는 전문증거에 대해 증거동의가 있는 것으로 간주하는 것은 피고인이 공판정에서 공소사실을 자백한 이상 전문증거에 대한 반대신문권을 포기한 것으로 볼 수 있고 간이공판절차를 통한 재판의 신속을 도모할 필요 등에서 인정되는 것이므로, 설령 검사, 피고인 또는 변호인이 증거로 함에 이의를 표시하였다 하더라도 마찬가지로 증거동의가 의제된다.

③ 제1심법원에서 이미 증거능력이 있었던 증거는 항소심에서도 증거능력이 그대로 유지되어 심판의 기초가 될 수 있고, 다시 증거조사를 할 필요가 없다.

④ 피고인이 공시송달의 방법에 의한 공판기일의 소환을 2회 이상 받고도 출석하지 않아 소송촉진 등에 관한 특례법에 따라 피고인의 출정 없이 증거조사를 하는 경우에는, 증거동의를 간주할 수 없다.

02

탄핵증거에 관한 다음 [보기]의 설명 중 옳은 것을 모두 고른 것은? (다툼이 있는 경우 판례에 의함)

| 보기 |

㉠ 탄핵증거는 진술의 증명력을 감쇄하기 위하여 인정되는 것이므로 범죄사실 또는 그 간접사실을 인정하는 증거로서는 허용되지 않는다.

㉡ 탄핵증거는 범죄사실을 인정하는 증거가 아니므로 엄격한 증거조사를 거쳐야 할 필요가 없으나, 법정에서 이에 대한 탄핵증거로서의 증거조사는 필요하다.

㉢ 검사가 피고인이 아닌 자의 진술을 기재한 조서는 원진술자가 성립의 진정을 부인하더라도 그의 증언의 증명력을 다투기 위한 증거로 할 수 있다.

㉣ 사법경찰관 작성의 피고인에 대한 피의자신문조서는 피고인이 그 내용을 부인하는 경우, 그것이 임의로 작성된 것이 인정되더라도 피고인의 법정진술을 탄핵하기 위한 반대증거로 사용할 수 없다.

㉤ 형사소송법 제309조의 자백배제법칙에 의하여 임의성이 없어 증거능력이 없는 자백이라도 탄핵증거로는 사용할 수 있다.

① ㉠㉡㉢㉣㉤

② ㉠㉡㉢㉣

③ ㉠㉡㉢㉤

④ ㉠㉡㉢

03

증명력에 대한 설명으로 옳지 않은 것은? (다툼이 있는 경우 판례에 의함)

① 탄핵증거의 제출에 있어서 탄핵증거의 어느 부분에 의하여 진술의 어느 부분을 다투려고 한다는 것을 사전에 상대방에게 알려야 하는 것은 아니다.

② 피고인이 변호인과 함께 출석한 공판기일의 공판조서에 검사가 제출한 증거에 대하여 동의한다는 기재가 되어 있다면 이는 피고인이 증거동의를 한 것으로 보아야 하고, 그 기재는 절대적인 증명력을 가진다.

③ 자백의 임의성에 다툼이 있을 때에는 검사가 그 임의성의 의문점을 없애는 증명을 하여야 하고, 그 임의성의 의문점을 없애는 증명을 하지 못한 경우에는 그 진술증거는 증거능력이 부정된다.

④ 탄핵증거임이 증거목록에 기재되지 않았고 증거결정이 있지 아니하였다 하더라도 공판과정에서 그 입증취지가 구체적으로 명시되고 제시까지 된 이상 각 서증들에 대하여 탄핵증거로서의 증거조사는 이루어진 것이다.

04

탄핵증거에 대한 다음 [보기]의 설명 중 옳은 것을 모두 고른 것은? (다툼이 있는 경우 판례에 의함)

| 보기 |

㉠ 유죄증거에 대하여 반대증거로 제출된 진술기재서류는 유죄사실 인정의 증거가 되는 것이 아닌 이상 그 성립의 진정이 인정될 것을 요하지 않는다.

㉡ 탄핵증거는 적극적으로 범죄사실의 존부를 증명하기 위한 증거가 아니므로 엄격한 증명이 필요 없고, 전문법칙의 적용이 없다. 따라서 증거의 증명력을 감쇄하거나 간접사실 인정의 증거로만 사용될 뿐 범죄사실 인정의 증거로서 허용되지 않는다.

㉢ 검사가 탄핵증거로 신청한 체포·구속인접견부 사본은 피고인의 부인진술을 탄핵한다는 것이므로 결국 검사에게 입증책임이 있는 공소사실 자체를 입증하기 위한 것에 불과하기 때문에 탄핵증거로 볼 수 없다.

㉣ 사법경찰리의 수사과정에서 피고인이 작성한 자술서로서 피고인이 내용을 부인하는 경우, 그것이 임의로 작성된 것이 아니라고 의심할 만한 사정이 없는 한 피고인의 법정에서의 진술을 탄핵하기 위한 증거로 사용할 수 있다.

㉤ 피고인이 내용을 부인하여 증거능력이 없는 사법경찰리 작성의 피의자신문조서가 당초 증거제출 당시 탄핵증거라는 입증취지를 명시하지 아니하였다면 탄핵증거로서의 증거조사절차가 대부분 이루어졌더라도 위 피의자신문조서를 피고인의 법정진술에 대한 탄핵증거로 사용할 수 없다.

㉥ 피고인 또는 피고인 아닌 자의 진술을 내용으로 하는 영상녹화물이라면 공판준비 또는 공판기일에서의 그 피고인 또는 피고인 아닌 자의 진술의 증명력을 다투기 위하여 증거로 할 수 있다.

① ㉠㉡㉢㉣

② ㉠㉢㉤

③ ㉠㉢㉣

④ ㉡㉣㉤㉥

05

자백과 보강증거에 관한 설명 중 옳지 않은 것은? (다툼이 있는 경우 판례에 의함)

① 「국가보안법」상 회합죄를 피고인이 자백하는 경우, 회합 당시 상대방으로부터 받았다는 명함의 현존은 보강증거로 될 수 있다.

② 피고인 A는 지하철역 에스컬레이터에서 휴대전화기의 카메라를 이용하여 성명불상 여성 피해자의 치마 속을 몰래 촬영하다가 현행범으로 체포되어 성폭력범죄의 처벌 등에 관한 특례법 위반(카메라등이용촬영)으로 기소되었는데, 검사가 제출한 증거 중 체포 당시 임의제출 방식으로 압수된 A 소유 휴대전화기에 대한 압수조서의 '압수경위'란에 기재된 내용이 A가 범행을 저지르는 현장을 직접 목격한 사법경찰관 B의 진술이 담긴 것이고, 검사가 제출한 증거에 대하여 피고인이 모두 증거로 함에 동의하였다면, 이는 피고인 A의 자백을 보강하는 증거가 된다.

③ 약 3개월에 걸쳐 8회의 도박을 하였다는 혐의로 검사가 피고인에 대해 상습도박죄로 기소한 경우, 총 8회의 도박 중 3회의 도박사실에 대해서는 피고인의 자백 외에 보강증거가 없는 경우에도 법원은 소위 진실성담보설에 입각하여 8회의 도박행위 전부에 대하여 유죄판결을 할 수 있다.

④ 2017.2.18. 01:35경 자동차를 타고 온 甲으로부터 필로폰을 건네받은 후 甲이 위 차량을 운전해 갔다고 한 A의 진술과 2017.2.20. 甲으로부터 채취한 소변에서 나온 필로폰 양성 반응 결과는, 甲이 2017.2.18. 02:00경의 필로폰 투약으로 정상적으로 운전하지 못할 우려가 있는 상태에서 운전하였다는 자백을 보강하는 증거가 되기에 충분하다.

06

자백과 보강증거에 대한 다음 [보기]의 설명 중 옳지 않은 것을 모두 고른 것은? (다툼이 있는 경우 판례에 의함)

| 보기 |

㉠ 피고인이 범행을 자인하는 것을 들었다는 피고인 외의 제3자의 진술이 기재된 검찰 진술조서는 피고인의 자백에 대한 보강증거로 사용할 수 없다.

㉡ 자백에 대한 보강증거는 범죄사실의 전부 또는 중요부분을 인정할 수 있는 정도이어야 하고, 자백과 보강증거가 서로 어울려서 전체로서 범죄사실을 인정할 수 있어야 한다.

㉢ 일정한 증거가 발견되면 자백하겠다고 한 피의자의 약속이 검사의 강요나 위계에 의하여 이루어진 것이 아니라 경한 죄의 소추 등 이익과 교환조건으로 이루어진 경우, 그 약속에 의한 자백은 임의성 없는 자백이라 할 수 없다.

㉣ 피고인이 피해자의 재물을 절취하려다가 미수에 그쳤다는 내용의 공소사실을 자백한 경우, 피고인을 현행범인으로 체포한 피해자가 수사기관에서 한 진술 또는 현장사진이 첨부된 수사보고서는 피고인 자백의 진실성을 담보하기에 충분한 보강증거가 될 수 있다.

㉤ 카메라이용촬영죄의 현행범으로 체포된 피의자 甲은 지하철역에서 피해자의 신체를 의사에 반하여 촬영한 사실로 공소가 제기되어 공소사실을 자백한 경우, 수사단계에서 임의제출된 甲의 휴대전화에 저장된 전자정보 탐색·복제·출력 과정에서 참여권이 보장되지 않아 증거능력이 인정되지 않는다면 피고인이 증거로 함에 동의한 위 휴대전화에 대한 임의제출서, 압수조서, 압수품 사진 등도 피고인의 자백을 보강하는 증거가 될 수는 없다.

① ㉠㉡㉢㉤
② ㉡㉢㉤
③ ㉡㉢㉣
④ ㉡㉢㉣㉤

07

자백의 보강법칙에 관한 다음 [보기]의 기술 중 옳지 않은 것을 모두 고른 것은? (다툼이 있는 경우 판례에 의함)

| 보기 |

㉠ 피고인 甲이 위조신분증을 제시·행사하였다고 자백하는 때의 그 위조신분증과 피고인 乙이 주거침입의 범행을 자백하는 때의 주거침입행위의 동기에 관한 참고인의 전문진술은 모두 보강증거가 될 수 있다.

㉡ 전과에 관한 사실을 보강증거 없이 피고인의 자백만으로 이를 인정한 경우에는 법령위반에 해당하므로 상소이유가 된다.

㉢ 피고인이 7건의 절도행위를 한 것으로 기소된 경우, 그중 4건은 범행장소인 구체적 호수가 특정되지 않았을 때, 위 4건에 관한 피고인의 범행 관련 진술이 매우 사실적이고 구체적이며 진술의 신빙성을 의심할 만한 사유도 없어 자백의 진실성이 인정된다 하더라도, 피고인의 집에서 해당 피해품을 압수한 압수조서와 압수물 사진은 위 자백에 대한 보강증거가 될 수 없다.

㉣ 피고인 丙이 간통사실을 자백하는 때의 그 범행 시점에 가출과 외박이 잦아 의심을 하게 되었다는 남편의 진술조서와 피고인 丁이 반지를 편취하였다고 자백하는 때의 피고인으로부터 반지를 매입하였다는 참고인의 진술은 모두 보강증거가 될 수 있다.

㉤ 확정판결은 엄격한 의미의 범죄사실과는 구별되는 것이어서 피고인의 자백만으로서도 그 존부를 인정할 수 있다.

㉥ 소년법의 적용을 받는 소년보호사건에 있어서도 자백의 보강법칙은 적용되므로 자백만으로 사실을 인정하는 것은 엄연히 위법이다.

① ㉠㉡㉢㉤

② ㉠㉡㉢㉥

③ ㉡㉢㉣㉤

④ ㉡㉢㉣㉥

08

자백보강법칙에 대한 설명으로 옳은 것은? (다툼이 있는 경우 판례에 의함)

① 자백보강법칙은 「즉결심판에 관한 절차법」에 따른 즉결심판절차에 적용된다.

② 피고인의 습벽을 범죄구성요건으로 하는 포괄일죄로서의 상습범에 있어서는 이를 구성하는 각 행위에 관하여 개별적으로 보강증거를 필요로 하지 않는다.

③ 피고인이 범행을 인정하는 것을 들었다는 참고인의 검찰 진술조서의 진술기재는 피고인의 자백에 대한 보강증거가 될 수 있다.

④ 자동차등록증에 차량의 소유자가 피고인으로 등록·기재된 사실은 피고인이 그 차량을 운전하였다는 사실의 자백 부분에 대한 보강증거가 될 수 있고, 결과적으로 피고인의 무면허운전이라는 전체 범죄사실의 보강증거가 될 수 있다.

09

자백의 보강증거에 대한 다음 [보기]의 설명으로 옳은 것만을 모두 고른 것은? (다툼이 있는 경우 판례에 의함)

| 보기 |

㉠ 피고인 甲이 업무수행에 필요한 자금을 지출하면서, 스스로 그 지출한 자금내역을 자료로 남겨두기 위해 뇌물자금과 기타자금을 구별하지 아니하고 그 지출내역을 그때그때 계속적, 기계적으로 수첩에 직접 기재한 기재내용은 뇌물 공여사실에 대한 보강증거가 될 수 있다.

㉡ 형사소송법 제310조 소정의 '피고인의 자백'에 공범인 공동피고인의 진술은 포함되지 아니하므로 공범인 공동피고인의 진술은 다른 공동피고인에 대한 범죄사실을 인정하는 증거로 할 수 있을 뿐만 아니라 공범인 공동피고인들의 각 진술은 상호 간에 서로 보강증거가 될 수 있다.

㉢ 피고인 甲이 乙로부터 필로폰을 매수하면서 그 대금을 乙이 지정하는 은행계좌로 송금한 사실에 대한 압수·수색·검증영장 집행보고는 피고인 甲의 필로폰 매수행위와 실체적 경합범 관계에 있는 필로폰 투약행위에 대한 보강증거가 될 수 있다.

㉣ 자백에 대한 보강증거는 범죄사실 전부나 그 중요부분의 전부에 일일이 그 보강증거를 필요로 하는 것이며, 간접증거 내지 정황증거는 보강증거가 될 수 없다.

① ㉠㉡㉣
② ㉡㉢
③ ㉢㉣
④ ㉠㉡㉣

10

자백에 관한 다음 [보기]의 설명 중 옳은 것(○)과 옳지 않은 것(×)을 올바르게 조합한 것은? (다툼이 있는 경우 판례에 의함)

| 보기 |

㉠ 변론을 분리하지 아니한 채 이루어진 공범인 공동피고인의 공판정에서의 자백은 피고인에 대하여 불리한 증거로 사용할 수 없다.

㉡ 상업장부나 금전출납부 등과 같이 범죄사실의 인정 여부와는 관계없이 우연히 피고인이 자기에게 맡겨진 사무를 처리한 사무내역을 그때그때 계속적, 기계적으로 기재한 문서라도 공소사실에 일부 부합되는 사실의 기재가 있다면 이는 범죄사실을 자백하는 문서로 보아야 한다.

㉢ 피고인이 그 범죄혐의를 받기 전에 이와는 관계없이 자기의 업무수행에 필요한 자금을 지출하면서 스스로 그 지출한 자금내역을 자료로 남겨두기 위하여 뇌물자금과 기타자금을 구별하지 아니하고 그 내역을 기입한 수첩은 피고인의 검찰에서의 자백에 대한 보강증거가 될 수 없다.

㉣ 횡령죄의 피고인이 제출한 항소이유서에 "피고인은 돈이 급해 지어서는 안 될 죄를 지었습니다.", "진심으로 뉘우치고 있습니다."라고 기재되어 있더라도, 이어진 검사와 재판장 및 변호인의 각 신문에 대하여 범죄사실을 일관되게 부인한다면 범죄사실을 자백한 것이라고 볼 수 없다.

㉤ 자백에 대한 보강증거는 자백이 가공적인 것이 아닌 진실한 것임을 인정할 수 있는 정도로 충분하지만, 자백과 보강증거만으로도 유죄의 증거로 충분하다고 볼 수 있으므로, 간접증거나 정황증거는 보강증거가 될 수 없다.

① ㉠(○), ㉡(×), ㉢(×), ㉣(○), ㉤(×)
② ㉠(×), ㉡(×), ㉢(○), ㉣(×), ㉤(×)
③ ㉠(○), ㉡(×), ㉢(×), ㉣(×), ㉤(○)
④ ㉠(×), ㉡(×), ㉢(×), ㉣(○), ㉤(×)

11

공판조서의 배타적 증명력에 대한 다음 [보기]의 설명 중 옳은 것을 모두 고른 것은? (다툼이 있는 경우 판례에 의함)

| 보기 |

㉠ 동일한 사항에 관하여 두 개의 서로 다른 내용이 기재된 공판조서가 병존하는 경우에 그중 어느 쪽이 진실한 것으로 볼 것인지는 법관의 자유로운 심증에 따라서는 안 된다.

㉡ 피고인의 열람 또는 등사청구권이 침해된 경우에는 그 공판조서를 유죄의 증거로 할 수 없을 뿐만 아니라, 공판조서에 기재된 당해 피고인이나 증인의 진술도 증거로 할 수 없다.

㉢ 당해 공판기일에 열석하지 아니한 판사가 재판장으로서 서명날인한 공판조서는 소송법상 무효라 할 것이므로 당해 공판기일에 있어서의 소송절차를 증명할 수 없다.

㉣ 공판조서에 재판장이 판결서에 의하여 판결을 선고하였음이 기재되어 있다면 검찰서기의 판결서 없이 판결선고되었다는 내용의 보고서가 있더라도 공판조서의 기재내용이 허위라고 판정할 수 없다.

㉤ 공판조서에 기재되지 않은 소송절차라면 그 존재는 공판조서에 기재된 다른 내용이나 공판조서 이외의 자료로 증명될 수 없다.

① ㉡㉢㉣
② ㉢㉣㉤
③ ㉠㉡㉢㉣
④ ㉡㉢㉣㉤

12

재판에 관한 다음 [보기]의 설명 중 옳지 않은 것을 모두 고른 것은? (다툼이 있는 경우 판례에 의함)

| 보기 |

㉠ 판사가 재판서에 다른 판사의 인영을 날인한 것만으로는 파기사유에 해당하지 않는다.

㉡ 형사소송법 제328조 제1항 제4호에 규정된 '공소장에 기재된 사실이 진실하다 하더라도 범죄가 될 만한 사실이 포함되지 아니한 때'란 공소장 기재사실 자체에 대한 판단으로 그 사실 자체가 죄가 되지 아니함이 명백한 경우뿐만 아니라, 공소사실이 법률상 범죄를 구성하는지 여부에 대하여 의문이 있거나 법률해석 여하에 따라 범죄의 성부가 달라지는 경우도 포함된다.

㉢ 공정증서원본부실기재죄로 공소제기된 피고인이 당해 등기가 실체적 권리관계에 부합하는 유효한 등기라고 주장하는 경우, 그 주장이 받아들여지지 아니하는 경우에는 유죄의 선고를 하는 것으로 부족하고 그에 대한 판단을 판결이유 중에 명시하여야 한다.

㉣ 누범 해당 범죄가 일부임을 간과하고 전부에 대해 누범가중을 한 제1심판결에 대해 항소심이 이를 파기하지 않고 이유에서만 경정(更正)을 한 조치는 적법하지 않다.

㉤ 재판장이 주문을 낭독한 이후라도 선고가 종료되기 전까지는 일단 낭독한 주문의 내용을 정정하여 다시 선고할 수 있으므로, 판결 선고절차가 종료되기 전이라면 변경 선고는 재판장의 재량에 의하여 제한 없이 허용된다.

① ㉠㉡㉢㉣㉤
② ㉡㉢㉣㉤
③ ㉠㉢㉣㉤
④ ㉠㉡㉢㉤

13

유죄판결에 명시될 이유의 기재에 대한 설명으로 옳지 않은 것은? (다툼이 있는 경우 판례에 의함)

① 유죄판결을 선고하면서 판결이유에 범죄사실, 증거의 요지, 법령의 적용 중 어느 하나를 전부 누락한 경우 판결에 영향을 미친 법률위반에 해당한다.

② 증거의 요지를 명시할 때 어느 증거의 어느 부분에 의하여 범죄사실을 인정하였느냐 하는 이유까지 구체적으로 설명하여야 하고, 어떤 증거에 의하여 어떤 범죄사실을 인정하였는가를 알 수 있을 정도로 증거의 중요 부분을 표시하는 것은 불충분하다.

③ 사실인정에 배치되는 증거에 대한 판단을 반드시 판결이유에 기재하여야 하는 것은 아니므로 피고인의 알리바이를 내세우는 증인들의 증언에 관한 판단을 하지 아니하였더라도 위법이 아니다.

④ 항소심에서 제1심 형량이 적절하다고 판단하여 항소기각의 판결을 선고하는 경우 양형의 조건이 되는 사유는 판결에 일일이 명시하지 아니하여도 위법이 아니다.

14

유죄 또는 무죄판결에 관한 설명으로 옳은 것만을 [보기]에서 있는 대로 고른 것은? (다툼이 있는 경우 판례에 의함)

| 보기 |

㉠ 선고유예판결에서는 그 판결이유에서 선고형을 정해 놓아야 하고 그 형이 벌금형일 경우에는 벌금액뿐만 아니라 환형유치처분까지 해 두어야 한다.

㉡ 유죄판결의 판결이유에는 범죄사실, 증거의 요지와 법령의 적용을 명시하여야 하고 유죄판결을 선고하면서 판결이유에 그중 어느 하나를 전부 누락한 경우는 판결에 영향을 미친 법률위반에 해당한다.

㉢ 사실인정에 배치되는 증거에 대한 판단을 판결이유에 기재하여야 하므로 피고인이 알리바이를 내세우는 증인들의 증언에 관한 판단을 하지 아니하였다면 위법하다.

㉣ 피고인이 주장하는 「형사소송법」 제323조 제2항의 '형의 가중, 감면의 이유되는 사실'에는 형의 필요적 가중·감면의 이유되는 사실뿐만 아니라 형의 감면이 법원의 재량에 맡겨진 경우도 포함된다.

① ㉠㉢㉣
② ㉠㉡
③ ㉢㉣
④ ㉠㉡㉢

15

甲은 자신에게 이별을 통보한 여자친구 乙의 집에 들어가 乙의 소유로 추정되는 핸드백을 가지고 나왔으며, 이후 흉기휴대절도 혐의로 기소되었다. 甲에 대하여 관할법원은 징역 2년형을 선고하였다. 다음 중 甲에 대한 유죄판결의 이유에 명시하여야 할 사항인 것은? (다툼이 있는 경우 판례에 의함)

① 甲이 자수하여 자수감경을 주장하는 경우 그에 대한 판단

② 甲이 범행현장에서 손에 들고 있던 맥주병이 흉기에 해당하는지 여부에 대한 판단

③ 甲이 乙의 집에서 들고 나온 핸드백이 자신의 소유임을 주장하는 경우 그에 대한 판단

④ 범행추정시간에 甲이 범행장소가 아니라 단골술집에서 밤새 술을 마셨다는 내용의 술집 사장 丙의 증언에 대한 판단

16

甲은 평소 주벽과 의처증이 심한 남편 A와의 불화로 인해 이혼소송을 준비하던 중 A의 운전기사 乙에게 A를 살해하도록 부탁하였다. 乙은 甲의 부탁대로 술에 취하여 자고 있던 A의 목을 졸라 살해하였다. 검사는 乙을 살인죄로, 甲을 살인교사죄로 기소하였고 법원은 甲과 乙을 병합심리하고 있다. 이에 관한 다음 [보기]의 설명 중 옳지 않은 것을 모두 고른 것은? (다툼이 있는 경우 판례에 의함)

| 보기 |

㉠ 甲이 사법경찰관의 피의자신문에서는 교사사실을 인정하였으나 법정에서는 이를 부인하는 경우, 甲이 내용을 부인한 甲에 대한 사법경찰관 작성 피의자신문조서는 임의성이 인정되는 한 甲의 법정진술을 탄핵하기 위한 반대증거로 사용될 수 있다.

㉡ 乙의 친구 W가 법정에 출석하여 乙로부터 '자신이 A를 살해하였다'는 이야기를 들은 적이 있다고 진술한 경우, 원진술자인 乙이 법정에 출석하여 있는 한 W의 진술은 乙에 대한 유죄의 증거로 사용될 수 없다.

㉢ 甲과 乙이 모두 공소사실을 자백하고 있으나 달리 자백을 뒷받침할 다른 증거가 없는 경우, 甲과 乙에게 무죄를 선고하여야 한다.

㉣ 甲이 법정에서 A에 대한 살인교사 혐의를 자백한 경우, 甲의 진술은 乙에 대한 유죄의 증거로 사용될 수 있다.

㉤ 제1심법원이 甲에게 형의 선고를 하면서 乙이 A의 목을 졸라 살해한 사실을 적시하지 않았더라도, 甲의 방어권이나 甲의 변호인의 변호권이 본질적으로 침해되지 않았다고 볼 만한 특별한 사정이 있다면, 판결에 영향을 미친 법령의 위반은 아니다.

① ㉠㉡㉣

② ㉡㉢㉣

③ ㉡㉢㉤

④ ㉢㉣㉤

17

다음 [보기] 중에서 법원이 공소기각의 판결을 하여야 하는 경우를 모두 고른 것은? (다툼이 있는 경우 판례에 의함)

| 보기 |

㉠ 범의를 가지지 아니한 자에 대하여 수사기관이 사술이나 계략 등을 써서 범의를 유발케 하여 범죄인을 검거하는 함정수사에 기하여 공소를 제기한 때

㉡ 공소취소 후 그 범죄사실에 대한 다른 중요한 증거가 발견되지 않았음에도 다시 공소를 제기한 때

㉢ 부도수표 발행인이 부정수표단속법위반죄로 공소가 제기되었는데 제1심 판결선고 전에 공범에 의하여 부도수표가 회수된 경우

㉣ 甲이 업무방해죄로 공소제기되어 유죄판결이 확정된 후 그 업무방해행위와 상상적 경합의 관계에 있는 명예훼손행위에 대하여 공소가 제기된 경우

㉤ 甲은 무전취식을 하고 출동한 경찰관에게 친형 乙의 인적사항을 모용함에 따라 친형 乙의 이름으로 경범죄 처벌법상 경찰서장의 통고처분을 받았다가 모용사실이 적발되어 경찰관이 내부적으로 통고처분 오손처리 경위서를 작성하였고 이후 납부통고 등 후속절차는 중단된 상태에서 甲이 무전취식의 범칙행위와 동일성이 인정되는 사기의 공소사실로 재차 기소된 경우

① ㉠㉡㉢㉣㉤

② ㉡㉢㉣㉤

③ ㉠㉡㉢

④ ㉠㉡㉢㉤

18

무죄판결과 면소판결에 관한 설명 중 옳은 것은? (다툼이 있는 경우 판례에 의함)

① 공소제기된 사건에 적용된 법령이 헌법재판소의 위헌결정으로 효력이 소급하여 상실된 경우는 무죄판결이 아니라 면소판결을 선고하여야 한다.

② 해산명령불응죄에 있어서 해산명령사유의 근거규정에 해당하는 집회 및 시위에 관한 법률 제11조 제1호(국회의사당 100m 이내 집회 금지에 관한 부분)에 대해서만 헌법불합치결정이 이루어지고, 해산명령불응에 대한 처벌규정인 집회 및 시위에 관한 법률 제24조에 대한 별도의 헌법불합치결정은 없는 경우, 집회 및 시위에 관한 법률 제11조 제1호 위반을 이유로 발령된 해산명령에 대한 해산명령불응죄를 처벌할 수 있다.

③ 피고인은 간통죄로 유죄의 확정판결을 받았다. 이후 헌법재판소는 간통죄 규정에 대하여 합헌결정을 하였다. 그런데 이후 2015년 2월 26일 헌법재판소는 위헌결정을 내렸다. 이에 피고인은 재심을 청구하였다. 그렇다면 재심심판에서는 무죄판결이 아니라 면소판결을 선고하여야 한다.

④ 면소판결의 사유 중 '사면이 있는 때'란 일반사면이 있는 때로 국한되지 않고 특별사면이 있는 때도 포함되는 것이다.

19

면소판결에 관한 설명 중 옳지 않은 것은? (다툼이 있는 경우 판례에 의함)

① 공소제기된 사건에 적용된 법령이 헌법재판소의 위헌결정으로 효력이 소급하여 상실된 경우는 '범죄 후의 법령개폐로 형이 폐지되었을 때'에 해당하므로 법원은 면소판결을 선고하여야 한다.

② 피고인은 면소판결에 대하여 무죄의 실체판결을 구하는 상소를 할 수 없는 것이 원칙이다.

③ 면소의 재판을 할 것이 명백한 사건에 관하여는 공판기일에 피고인의 출석을 요하지 아니한다.

④ 면소판결의 사유 중 '사면이 있은 때'란 일반사면이 있은 때를 말한다.

20

「형사소송법」 제326조에 따라 면소판결이 선고되어야 할 사건(○)과 그렇지 않은 사건(×)을 올바르게 조합한 것은? (다툼이 있는 경우 판례에 의함)

| 보기 |

㉠ 甲이 간통죄로 기소된 이후에 간통죄는 헌법재판소의 위헌결정으로 인하여 소급하여 그 효력을 상실하였다.

㉡ 乙은 절도범행으로 소년법에 따라 보호처분을 받은 이후에 동일한 절도범행으로 다시 공소가 제기되었다.

㉢ 丙은 절도죄로 징역 1년의 판결을 선고받아 그 판결이 확정된 이후에 그 선고 전에 저지른 절도범행이 발견되어 상습절도죄로 기소되었다.

㉣ 丁은 신호위반으로 인한 교통사고를 일으켜 A의 자동차를 손괴하였다는 취지의 도로교통법위반죄로 벌금 50만 원의 약식명령을 받아 그 약식명령이 확정되었다. 그 이후에 丁은 위 교통사고로 A에게 상해를 입게 하였다는 취지의 교통사고처리특례법위반(치상)죄로 공소가 제기되었다.

㉤ 戊에 대하여 2019.1.1.부터 2019.6.30.까지 신고 없이 분식점을 운영하였다는 취지의 식품위생법위반죄로 벌금 100만 원의 약식명령이 2019.8.16. 발령되고 2019.10.1. 확정되었다. 戊는 2019.9.1.부터 2019.9.30.까지 같은 장소에서 신고 없이 동일한 분식점을 운영하였다는 취지의 식품위생법위반죄로 공소가 제기되었다.

① ㉠(○), ㉡(○), ㉢(○), ㉣(○), ㉤(○)
② ㉠(×), ㉡(○), ㉢(○), ㉣(○), ㉤(×)
③ ㉠(○), ㉡(○), ㉢(×), ㉣(×), ㉤(×)
④ ㉠(×), ㉡(×), ㉢(×), ㉣(○), ㉤(×)

▶ 제4편 공판: 제3장 재판 [재판의 확정과 효력] ── 제5편 상소·비상구제절차·특별절차: 제1장 상소 [상소 1]

회차	시행일			목표점수			획득점수		
제18회	1차	2차	3차	1차	2차	3차	1차	2차	3차

01

다음 중 기판력을 인정하여 면소판결을 선고해야 하는 경우가 아닌 것은? (다툼이 있는 경우 판례에 의함)

① 甲이 술에 취해 주점에 찾아와 그 곳 손님들에게 시비를 거는 등 영업을 방해하였다는 사실 때문에 「경범죄 처벌법」 위반으로 구류 5일의 즉결심판을 받아 확정되었는데, 같은 일시·장소에서 손님인 피해자 乙과 시비를 벌이다 그를 폭행하여 사망케 하였다는 사실로 다시 공소가 제기된 경우

② 甲이 1982.4.16. 무면허의료행위로 인한 「의료법」 위반으로 약식기소되어 1982.7.7. 약식명령을 고지받고 1982.7.29. 확정되었는데, 1982.1.30.부터 1982.6.17. 사이에 같은 장소에서 무면허의료행위를 하였다는 사실로 다시 공소가 제기된 경우

③ 甲이 1997.12.9. 「부정수표단속법」 위반죄로 징역 6월의 선고를 받은 후 1998.3.13. 특별사면을 받았는데, 사면 이전에 행한 동법 위반행위를 이유로 다시 공소가 제기된 경우

④ 甲이 업무방해죄로 공소제기되어 유죄판결이 확정된 후 그 업무방해행위와 상상적 경합의 관계에 있는 명예훼손행위에 대하여 공소가 제기된 경우

02

재판의 확정과 효력에 관한 다음 [보기]의 기술 중 옳지 않은 것을 모두 고른 것은? (다툼이 있는 경우 판례에 의함)

| 보기 |

㉠ 통고처분을 받아 범칙금을 납부한 「경범죄 처벌법」상 음주소란과 이와 근접한 일시·장소에서 칼을 들고 피해자를 쫓아가며 "죽여 버린다."고 협박하였다는 「폭력행위 등 처벌에 관한 법률」상 흉기휴대협박의 공소사실은 기본적 사실관계가 동일하므로, 범칙금 납부의 효력은 흉기휴대협박에 미친다.

㉡ 같은 일시·장소에서 도로교통법상 안전운전의무 위반의 범칙행위와 교통사고처리 특례법 위반의 범칙행위를 한 경우 안전운전의무 불이행을 이유로 통고처분을 받아 범칙금을 납부한 자를 교통사고처리 특례법 위반죄로 처벌하더라도 이중처벌에 해당하지 않는다.

㉢ 피고인이 공소사실의 내용이 된 사기범행과 관련하여 유사수신행위의 규제에 관한 법률에서 금지하고 있는 유사수신행위를 하였다는 범죄사실로 이미 유죄의 확정판결을 받았다면 다시 사기죄로 처벌할 수 없다.

㉣ 피고인이 보유하는 차량에 대하여 의무보험에 가입하지 아니한 점에 대하여 자동차손해배상보장법상 과태료 처분을 받아 이를 납부하였다 하더라도 피고인이 의무보험에 가입하지 아니한 위 차량을 운행한 점에 대하여 다시 자동차손해배상보장법상 벌금형에 처하는 것은 헌법상 이중처벌금지의 원칙에 위반되지 아니한다.

㉤ 헌법 제13조 제1항이 규정하고 있는 이중처벌금지의 원칙 내지 일사부재리의 원칙에서의 '처벌'에는 범죄에 대한 국가의 형벌권 실행으로서의 과벌 이외에도 국가가 행하는 일체의 제재나 불이익처분이 모두 포함된다.

① ㉠㉡㉢㉤
② ㉠㉢㉤
③ ㉡㉢㉣
④ ㉡㉢㉣㉤

03

재판의 효력에 대한 설명으로 옳은 것은? (다툼이 있는 경우 판례에 의함)

① 포괄일죄의 관계에 있는 범행 일부에 대하여 판결이 확정된 경우에는 판결확정 시를 기준으로 그 이전에 이루어진 범행에 대하여는 확정판결의 기판력이 미쳐 면소의 판결을 선고하여야 한다.

② 4회(2.1, 2.10, 4.15, 4.30.)에 걸친 상습도박행위 중 2.1.과 2.10.의 범행에 대해 상습도박죄로 4.1. 유죄판결이 선고되고 상소기간 경과로 그 판결이 확정된 경우, 그 확정판결의 효력은 4.15.과 4.30.의 범행에도 미친다.

③ 기판력의 범위를 정하는 기본적 사실관계의 동일성은 범행 장소와 시간, 수단, 방법 및 상대방이나 행위의 태양뿐만 아니라 피해법익과 죄질을 고려하여 판단하여야 한다.

④ 포괄일죄 관계에 있는 죄 중 일부에 대한 유죄판결이 확정된 다음에 확정판결의 사실심 선고 전에 저질러진 범행을 나중에 기소한 경우, 그 확정판결의 죄명이 상습범이었는지 여부와 무관하게 확정판결의 기판력이 새로 기소된 죄에 미친다.

04

기판력 또는 일사부재리의 효력에 대한 다음 [보기]의 설명 중 옳은 것을 모두 고른 것은? (다툼이 있는 경우 판례에 의함)

| 보기 |

㉠ 포괄일죄의 관계에 있는 범행 일부에 관하여 약식명령이 확정되었다면 그 약식명령의 발령 시를 기준으로 하여 그 전의 범행에 대하여는 면소판결을 하고, 그 이후의 범행에 대해서만 1개의 범죄로 처벌하여야 한다.

㉡ 항소이유서 미제출을 이유로 항소법원이 항소기각결정을 하여 피고인이 상고하였으나 대법원이 상고를 기각한 경우, 기판력의 기준시점은 항소기각결정 시이다.

㉢ 동일인 대출한도 초과대출 행위로 인하여 상호저축은행에 손해를 가함으로써 상호저축은행법 위반죄와 업무상 배임죄가 모두 성립한 경우, 양 죄는 상상적 경합관계에 있으므로 그중 1죄에 대한 확정판결의 기판력은 다른 죄에 대하여도 미친다.

㉣ 회사의 대표이사가 업무상 보관하던 회사자금을 빼돌려 횡령한 다음 그중 일부를 더 많은 납품계약을 체결할 수 있도록 도와 달라는 취지의 청탁과 함께 배임증재에 공여한 경우, 업무상 횡령에 대한 약식명령이 확정되었다면 그 기판력은 배임증재의 범죄사실에도 미친다.

㉤ 피고인은 무전취식을 하고 출동한 경찰관에게 자신의 친형의 인적사항을 모용함에 따라 친형의 이름으로 경범죄 처벌법상 경찰서장의 통고처분을 받았다가 모용사실이 적발되어 경찰관이 내부적으로 통고처분 오손처리 경위서를 작성하였고, 이후 납부통고 등 후속절차는 중단된 상태에서 피고인은 무전취식의 범칙행위와 동일성이 인정되는 사기의 공소사실로 재차 기소된 경우, 법원은 공소를 기각하여서는 안 되고 실체재판을 하여야 한다.

① ㉠㉡㉢㉣㉤
② ㉠㉡㉢㉣
③ ㉠㉡㉢㉤
④ ㉠㉡㉢

05

일사부재리의 효력 또는 기판력에 관한 다음 설명 중 옳지 않은 것은? (다툼이 있는 경우 판례에 의함)

① 과실로 교통사고를 발생시켰다는 각 '교통사고처리특례법 위반죄'와 고의로 교통사고를 낸 뒤 보험금을 청구하여 수령하거나 미수에 그쳤다는 '사기 및 사기미수죄'는 서로 행위 태양이 전혀 다르고, 그 기본적 사실관계가 동일하다고 볼 수 없으므로, 위 전자에 관한 확정판결의 기판력이 후자에 미친다고 할 수 없다.

② 경범죄 처벌법 위반죄로 범칙금 통고처분을 받아 범칙금을 납부한 범칙행위인 소란행위와 상해죄의 공소사실이 그 기본적 사실관계가 동일하다고 하더라도 경범죄 처벌법 위반죄에 대한 범칙금 납부로 인한 확정재판에 준하는 효력은 상해죄의 공소사실에는 효력이 미치지 아니한다.

③ 17개월 동안 피해자의 휴대전화로 거의 동일한 내용을 담은 문자 메시지를 발송함으로써 이루어진 정보통신망 이용촉진 및 정보보호 등에 관한 법률 위반 행위 중 일부 기간의 행위에 대하여 먼저 유죄판결이 확정된 후 판결확정 전의 다른 일부 기간의 행위가 다시 기소된 사안에서, 이는 판결이 확정된 후 위 법률위반죄와 포괄일죄의 관계이므로 확정판결의 기판력이 미친다.

④ 위험물인 유사석유제품을 제조한 석유사업법 위반 및 소방법 위반의 범행(제1범죄행위)으로 경찰에 단속된 후 기소중지되어 한 달 이상 범행을 중단하였다가 다시 위험물인 유사석유제품을 제조함으로써 석유 및 석유대체연료 사업법 위반 및 위험물안전관리법 위반의 범행(제2범죄행위)을 하고, 그 후 제1범죄행위에 대하여 약식명령이 확정된 사안에서, 확정된 약식명령의 기판력은 제2범죄행위에 미치지 않는다.

06

재판에 관한 다음 기술 중 판례의 입장에 어긋나는 것은?

① 소송비용부담의 재판에 대한 불복은 본안의 재판에 대한 상소의 전부 또는 일부가 이유 있는 경우에 한하여 받아들여질 수 있다.

② 가정폭력범죄의 처벌 등에 관한 특례법 제37조 제1항 제1호의 불처분결정이 확정된 후에 검사가 동일한 범죄사실에 대하여 다시 공소를 제기하였거나 법원이 이에 대하여 유죄판결을 선고한 경우, 이중처벌금지의 원칙 내지 일사부재리의 원칙에 위배된다.

③ 피고인이 공공의 안녕질서에 직접적인 위협을 끼칠 것이 명백하다는 등의 이유로 금지통고된 집회를 주최하였다는 집회 및 시위에 관한 법률 위반 공소사실로 기소되었는데, 선행 사건에서 위 집회와 그 이후 계속된 폭력적인 시위에 참가하였다는 이른바 질서위협 집회 및 시위 참가로 인한 같은 법 위반죄 등으로 유죄 확정판결을 받은 경우, 위 공소사실과 선행 확정판결의 공소사실은 기본적 사실관계가 동일한 것으로 평가할 수 있다.

④ 제1심판결에 대하여 검사의 항소에 의한 항소심판결이 선고된 후 피고인이 동일한 제1심판결에 대하여 항소권회복청구를 하는 경우 법원은 항소기각결정을 하여야 한다.

07

상소에 관한 다음 설명 중 판례의 입장과 일치하지 않는 것은?

① 잘못된 공시송달에 터 잡아 피고인의 진술 없이 공판이 진행되고 피고인이 출석하지 않은 기일에 판결이 선고되었다 하더라도, 피고인이 소송이 계속 중인 사실을 알면서도 법원에 거주지 변경 신고를 하지 않은 이상, 피고인은 자기 또는 대리인이 책임질 수 없는 사유로 상소제기기간 내에 상소를 하지 못한 것으로 볼 수 없다.

② 변호인은 피고인의 동의를 얻어 상소를 취하할 수 있으므로, 변호인의 상소취하에 피고인의 동의가 없다면 상소취하의 효력은 발생하지 아니한다.

③ 변호인의 상소취하에 대한 피고인의 동의는 공판정에서는 구술로써 할 수 있으나, 피고인의 구술 동의는 명시적으로 이루어져야만 한다.

④ 형법 제37조 전단 경합범 관계 공소사실 중 일부 유죄, 일부 무죄를 선고한 제1심판결에 대하여 검사만이 항소하면서 무죄 부분에 관하여만 항소이유를 기재하고 항소범위는 '전부'로 표시한 경우, 항소심이 무죄 부분을 유죄로 인정하는 때에는 제1심판결 전부를 파기하여야 한다.

08

상소권에 대한 다음 [보기]의 설명 중 옳은 것을 모두 고른 것은? (다툼이 있는 경우 판례에 의함)

| 보기 |

㉠ 형사소송법 제343조 제2항에서는, "상소의 제기기간은 재판을 선고 또는 고지한 날로부터 진행한다."고 규정하고 있으므로 판결이 선고된 날로부터 상소기간이 기산되며, 이는 피고인이 불출석한 상태에서 재판을 하는 경우에도 마찬가지이다.

㉡ 상소를 포기한 후 그 포기가 무효라고 주장하는 경우 상소제기기간이 경과하기 전에는 상소권회복청구를 할 수 없으나, 상소를 포기한 후 상소제기기간이 도과한 다음에 상소포기의 효력을 다투는 경우에는 상소를 제기함과 동시에 상소권회복청구를 할 수 있다.

㉢ 상소의 포기·취하가 없음에도 불구하고 있는 것으로 오인되거나 그 효력이 없음에도 그 효력이 있는 것으로 간과되어 사건이 종국된 경우에 그 포기·취하의 부존재나 무효를 주장하는 자는 상소권회복의 신청을 할 수 있다.

㉣ 공시송달의 방법으로 피고인이 불출석한 가운데 공판절차가 진행되고 판결이 선고되었으며, 피고인으로서는 공소장부본 등을 송달받지 못한 관계로 공소가 제기된 사실은 물론이고 판결선고 사실에 대하여 알지 못한 나머지 항소기간 내에 항소를 제기하지 못한 경우에는, 이와 같은 항소기간의 도과는 피고인의 책임질 수 없는 사유에 기인한 것으로 봄이 상당하다.

㉤ 피고인이 재판이 계속 중인 사실을 알면서도 새로운 주소지 등을 법원에 신고하는 등 조치를 하지 않아 소환장이 송달불능되었다면, 법원이 기록에 나타난 주민등록지 이외의 주소, 피고인의 집 전화번호 또는 휴대전화번호로 연락하여 송달받을 장소를 확인하여 보는 등의 시도를 하지 않고 곧바로 공시송달 방법으로 송달하는 방법은 허용되는 것이다.

① ㉠㉡㉢㉣㉤
② ㉠㉡㉢㉣
③ ㉠㉡㉣
④ ㉡㉣㉤

09

상소에 관한 다음 기술 중 판례의 입장과 어긋나는 것은?

① 상고심에서는 선고유예에 관하여 형법 제51조의 사항과 개전의 정상이 현저한지에 대한 원심판단의 당부를 심판할 수 없다.

② 법률의 해석·적용을 그르친 나머지 피고인을 유죄로 잘못 인정한 원심판결에 대하여 검사만이 상고를 제기한 경우에도 상고법원은 직권으로 심판하여 무죄의 취지로 원심판결을 파기할 수 있다.

③ 소송촉진 등에 관한 특례법 제23조에 따라 피고인이 불출석한 채로 진행된 제1심의 재판에 대하여 검사만 항소하고 항소심도 피고인 불출석 재판으로 진행한 후에 검사의 항소를 기각하여 제1심 유죄판결이 확정되었는데, 피고인이 귀책사유 없이 제1심과 항소심 공판절차에 출석할 수 없었고 상고권회복에 의한 상고를 제기한 경우, 형사소송법 제383조 제3호에서 상고이유로 정한 '재심청구의 사유가 있는 때'에 해당한다.

④ 변호인이 정식재판청구서를 제출할 것으로 믿고 피고인이 스스로 적법한 정식재판의 청구기간 내에 정식재판청구서를 제출하지 못한 것은 피고인 또는 대리인이 책임질 수 없는 사유로 인하여 정식재판의 청구기간 내에 정식재판을 청구하지 못한 때에 해당한다.

10

상소의 이익에 관한 설명으로 옳은 것은? (다툼이 있는 경우 판례에 의함)

① 양형부당을 이유로 상고할 수 없는 원심판결에 대하여 피고인은 누범가중을 하지 아니한 위법을 주장하여 상고할 수 있다.

② 제1심판결에 대하여 피고인은 상소권을 포기하였는데 검사만이 양형이 가볍다는 이유로 항소하였다가 이유 없다고 기각된 항소심판결에 대하여 피고인은 상소할 수 없다.

③ 판례는 면소판결에 대하여 피고인이 무죄를 주장하여 상소할 수 있는지에 대하여 기판력의 발생과 형사보상을 받을 수 있는 이익이 존재하므로 가능하다고 본다.

④ 검사는 피고인의 이익을 위하여든 불이익을 위하여든 상소할 수 있다고 하더라도, 판결이 검사의 구형과 동일한 내용대로 선고된 경우라면 피고인의 이익을 위하여도 검사는 상소할 수 없다.

11

피고인의 상소의 이익에 관한 다음 기술 중 옳지 않은 것은? (다툼이 있는 경우 판례에 의함)

① 제3자의 소유물에 대한 몰수재판의 경우 피고인이 제3자로부터 배상청구를 받을 위험이 있으므로 피고인에게 상소이익이 인정된다.

② 선고유예판결은 면소의 효과를 가져오므로 무죄를 주장하는 경우 상소이익이 없다.

③ 원판결이 적용처단한 경합법가중형보다 무거운 경합가중형으로 처단하여야 한다고 주장하는 경우 상소이익이 부정된다.

④ 수개의 범죄행위를 포괄일죄로 본 것을 이유로 항소하는 경우 항소이익이 없다.

12

상소의 포기·취하에 관한 설명으로 옳은 것은? (다툼이 있는 경우 판례에 의함)

① 상소의 포기·취하의 부존재나 무효를 주장하는 자는 절차속행의 신청을 할 수 있고, 상소를 취하하거나 포기하였더라도 상소제기기간 내에는 다시 상소를 제기할 수 있다.

② 피고인의 법정대리인은 피고인이 한 상소에 대하여 피고인의 동의가 없더라도 상소를 취하할 수 있다.

③ 상소의 포기는 원심법원에, 상소의 취하는 상소법원에 하여야 한다. 단, 소송기록이 상소법원에 송부되지 아니한 때에는 상소의 취하를 원심법원에 제출할 수 있다.

④ 법정대리인이 있는 피고인이 상소의 포기 또는 취하를 함에는 법정대리인의 동의를 얻어야 한다. 따라서 법정대리인의 사망 기타 사유로 인하여 그 동의를 얻을 수 없는 때에는 상소의 포기 또는 취하를 할 수 없다.

13

일부상소에 대한 다음 [보기]의 설명 중 옳지 않은 것을 모두 고른 것은? (다툼이 있는 경우 판례에 의함)

| 보기 |

㉠ 수개의 마약류 관리에 관한 법률 위반으로 기소된 사안에서 선고된 일부유죄, 일부무죄의 제1심법원 판결에 대하여 검사만 무죄부분에 대해서 항소한 경우, 항소심에서 이를 파기할 때에는 유죄로 확정된 부분까지 심리하여 위 무죄부분과 함께 형을 선고하여야 한다.

㉡ 형법 제37조 전단의 경합범(판결이 확정되지 아니한 수개의 죄)에 대하여 항소심이 일부유죄, 일부무죄의 판결을 하고, 그 판결에 대하여 피고인과 검사 모두 상고하였으나 무죄부분에 대한 검사의 상고만 이유 있는 경우, 대법원은 무죄부분만 파기하면 된다.

㉢ 수개의 공소사실이 금고 이상의 형에 처한 확정판결 전후의 것이어서 확정판결 전의 공소사실과 확정판결 후의 공소사실에 대하여 따로 유죄를 선고하여 두 개의 형을 정한 제1심판결에 대하여 피고인만이 확정판결 전의 유죄판결부분에 대하여 항소한 경우, 항소심이 심리·판단하여야 할 범위는 확정판결 전의 유죄판결부분에 한정된다.

㉣ 유죄판결과 동시에 배상명령이 선고된 경우, 피고인이 유죄판결에 대해서 상소를 제기하지 않고 배상명령에 대해서만 독립적으로 상소를 제기하는 것은 허용되지 않는다.

㉤ 일부유죄, 일부무죄가 선고된 제1심판결 전부에 대하여 검사가 항소하였다면, 검사가 유죄부분에 대하여는 아무런 항소이유도 주장하지 아니하였다 하더라도 항소심법원으로서 이를 판결 전부에 대하여 항소한 것으로 다루어야 한다.

① ㉠㉡㉢㉣㉤
② ㉠㉡㉢㉣
③ ㉠㉡㉣㉤
④ ㉡㉢㉣㉤

14

일부상소에 대한 다음 [보기]의 설명 중 옳은 것만을 모두 고른 것은? (다툼이 있는 경우 판례에 의함)

| 보기 |

㉠ 경합범 중 일부에 대하여 무죄, 일부에 대하여 유죄를 선고한 제1심판결에 대하여 검사만이 무죄 부분에 대하여 항소를 한 경우, 피고인과 검사가 항소하지 아니한 유죄판결 부분은 항소기간이 지남으로써 확정되므로, 항소심에서 이를 파기할 때에는 유죄 부분만을 파기하여야 한다.

㉡ 수개의 범죄사실에 대하여 항소심이 일부는 유죄, 일부는 무죄의 판결을 하고, 그 판결에 대하여 피고인 및 검사 쌍방이 상고를 제기하였으나, 유죄 부분에 대한 피고인의 상고는 이유 없고 무죄 부분에 대한 검사의 상고만 이유 있는 경우, 항소심이 유죄로 인정한 죄와 무죄로 인정한 죄가 형법 제37조 전단의 경합범 관계에 있다면 항소심판결의 유죄 부분도 무죄 부분과 함께 파기되어야 한다.

㉢ 제1심이 단순일죄의 관계에 있는 공소사실의 일부에 대하여만 유죄로 인정한 경우에 피고인만이 항소하여도 그 항소는 그 일죄의 전부에 미쳐서 항소심은 무죄 부분에 대하여도 심판할 수 있다.

㉣ 형법 제37조 전단의 경합범 관계에 있는 죄에 대하여 일부는 유죄, 일부는 무죄를 선고한 원심판결에 대하여 피고인은 상소하지 아니하고, 검사만이 무죄 부분에 한정하지 아니하고 전체에 대하여 상소한 경우에 무죄 부분에 대한 검사의 상소만 이유 있는 때에도 원심판결의 유죄 부분은 무죄 부분과 함께 파기되어야 하므로 상소심으로서는 원심판결 전부를 파기하여야 한다.

㉤ 실체적 경합범으로 기소되어 전부 무죄가 선고된 제1심판결에 대하여 검사가 항소한 경우 적법한 항소이유의 주장이 있었는지는 항소장의 기재를 해석하여 판단하여야 하고 항소이유서의 기재를 고려해서는 아니 된다.

① ㉠㉡㉢㉣
② ㉡㉢㉣
③ ㉢㉣㉤
④ ㉡㉢㉣㉤

15

일부상소에 대한 다음 [보기]의 설명 중 옳지 않은 것을 모두 고른 것은? (다툼이 있는 경우 판례에 의함)

| 보기 |

㉠ 형의 집행유예, 노역장 유치일수를 정한 환형유치처분 등의 부수적 주문에 대해서는 독립하여 상소를 할 수 있다.

㉡ 피고사건의 재판 가운데 몰수 또는 추징에 관한 부분만 불복대상으로 삼아 상소가 제기되었다면 이는 부적법한 상소제기로 다루어야 한다.

㉢ 경합범으로 공소제기된 사실에 대하여 일부무죄, 일부유죄의 판결이 선고되었는데 검사만이 무죄 부분에 대하여 항소를 한 경우, 피고인과 검사가 항소하지 아니한 유죄 부분은 항소기간이 지남으로써 확정되고, 무죄 부분만 항소심의 심판대상이 된다.

㉣ 동일한 사실관계에 대하여 서로 양립할 수 없는 법조를 적용하여 주위적·예비적으로 공소제기된 사건에서 예비적 공소사실만 유죄로 인정되고 그 부분에 대하여 피고인만 상소한 경우, 주위적 공소사실은 상소심의 심판대상에 포함되지 않는다.

㉤ 항소장에 경합범으로서 2개의 형이 선고된 죄 중 일죄에 대한 형만을 기재하고 나머지 일죄에 대한 형을 기재하지 아니하였다면 항소이유서에서 그 나머지 일죄에 대하여 항소이유를 개진하였더라도 판결 전부에 대한 항소로 볼 수는 없다.

① ㉠㉡㉣
② ㉡㉣㉤
③ ㉠㉡㉣㉤
④ ㉠㉢㉣㉤

16

상상적 경합범에 관한 설명 중 옳지 않은 것은? (다툼이 있는 경우에는 판례에 의함)

① 작위범인 허위공문서작성죄와 부작위범인 직무유기죄가 상상적 경합관계에 있는 경우, 작위범인 허위공문서작성죄로 기소하지 않고 부작위범인 직무유기죄로만 기소할 수 있다.

② 공소제기의 효력은 상상적 경합관계에 있는 죄의 전부에 미치고, 상상적 경합관계에 있는 죄들 중 일부의 죄에 대하여 형을 선고한 판결이 확정되면 기판력은 다른 죄에도 미친다.

③ 상상적 경합관계에 있는 죄들 중 일부에 대해 무죄가 선고되어 검사만 상고한 경우, 무죄부분의 유·무죄 여하에 따라 처단할 죄목과 양형이 다르므로 상고심은 유죄부분도 함께 심판대상으로 하여야 한다.

④ 상상적 경합관계에 있는 수죄에 대하여 모두 무죄가 선고되었고, 검사가 그 전부에 대하여 상고하였으나 그중 일부에 대하여는 상고이유로 삼지 않았다고 하더라도 상고심에 전부 이심되며 상고심으로서는 그 무죄부분까지 나아가 판단하여야 한다.

17

원심이 A, B 두 개의 공소사실을 경합범의 관계에 있다고 인정하여 A죄에 대하여 유죄, B죄에 대하여 무죄를 선고하였는데, 검사가 B죄 부분만 불복·상소하여 A죄는 확정되었으나 상소심의 심리결과 A죄와 B죄가 상상적 경합관계에 있는 것으로 판명되었다면, 상소심의 심판범위에 관한 설명으로 옳은 것은? (다툼이 있는 경우 판례에 의함)

① B죄만 상소심의 심판대상이 된다.

② A죄와 B죄 모두 상소심의 심판대상이 된다.

③ A죄가 확정되었으므로 상소심은 B죄에 대하여 면소판결을 선고해야 한다.

④ 이중기소로 보아 B죄에 대하여 공소기각판결을 선고해야 한다.

18

다음 설명 중 옳지 않은 것은? (피고인만이 상소한 것으로 전제하고, 다툼이 있는 경우 판례에 의함)

① 선고형이 중하게 변경되지 않는 한 원심이 인정한 죄보다 중한 죄를 인정하거나 원심보다 무거운 형을 선택하더라도 불이익변경금지원칙에 반하지 않는다.

② 징역 15년과 5년 동안의 위치추적 전자장치 부착명령을 선고한 제1심판결을 파기한 후 징역 9년, 5년 동안의 공개명령 및 6년 동안의 위치추적 전자장치 부착명령을 선고한 것은 불이익변경금지원칙에 반하지 않는다.

③ 판결을 선고한 법원에서 판결서의 경정을 통하여 당해 판결서의 명백한 오류를 시정하는 것은 피고인에게 유리 또는 불리한 결과를 발생시키거나 피고인의 상소권 행사에 영향을 미칠 수 있으므로, 여기에도 불이익변경금지원칙이 적용된다.

④ 피고인이 벌금형의 약식명령을 고지받아 정식재판을 청구한 사건과 공소가 제기된 다른 사건을 병합심리한 후 경합범으로 처단하면서 정식재판청구된 약식명령의 벌금형을 징역형으로 변경하여 선고하는 것은 불이익변경금지원칙에 반한다.

19

불이익변경금지원칙 및 형종상향금지원칙에 대한 다음 기술 중 옳은 것은? (다툼이 있는 경우 판례에 의함)

① 피고인이 절도죄 등으로 벌금형의 약식명령을 발령받은 후 정식재판을 청구하였는데, 제1심법원이 위 정식재판청구 사건을 통상절차에 의해 공소가 제기된 다른 점유이탈물횡령 등 사건들과 병합한 후 각 죄에 대해 모두 징역형을 선택한 다음 경합범으로 처단한 징역형을 선고한 것은, 다른 사건이 병합되어 처리된 것으로서 형사소송법 제457조의2 제1항의 형종상향금지원칙을 위반하지 아니한다.

② 형사소송법 제457조의2 제1항에서 규정한 정식재판청구 사건에서의 형종상향금지의 원칙은 피고인이 정식재판을 청구한 사건과 다른 사건이 병합·심리된 후 경합범으로 처단되는 경우에도 정식재판을 청구한 사건에 대하여 그대로 적용된다.

③ 제1심판결 시 소년에 해당하여 부정기형을 선고받은 피고인만이 항소한 항소심에서 피고인이 성년에 이르러 항소심이 제1심판결을 파기하고 정기형을 선고하여야 하는 경우, 항소심은 불이익변경금지원칙에 따라 제1심에서 선고한 부정기형보다 중한 정기형을 선고할 수 없는데, 이때 항소심이 선고할 수 있는 정기형의 상한은 부정기형의 단기형이다.

④ 2018년 12월 개정되어 2019년 6월 시행된 개정 장애인복지법의 시행 전에 아동·청소년 대상 성범죄를 범한 피고인에 대하여, 제1심이 개정법 시행일 이전에 유죄를 인정하여 징역 7년과 80시간의 성폭력 치료프로그램 이수명령, 아동·청소년 관련기관 등에 10년간의 취업제한명령을 선고하였는데 이에 의하면 개정법 부칙에 따라 피고인은 '5년간 장애인복지시설에 대한 취업이 제한'된다. 그런데 이에 대하여 피고인만이 양형부당으로 항소하였는데, 개정법 시행일 이후에 판결을 선고한 원심이 제1심판결을 직권으로 파기하고 유죄를 인정하면서 제1심보다 가벼운 징역 6년과 80시간의 성폭력 치료프로그램 이수명령, 아동·청소년 관련기관 등에 10년간의 취업제한명령과 함께 '장애인복지시설에 10년간의 취업제한명령'을 선고한 것은 불이익변경금지원칙을 위반한 것이다.

20

불이익변경금지의 원칙에 대한 설명으로 옳지 않은 것은? (다툼이 있는 경우 판례에 의함)

① 피고인과 검사 쌍방이 상소한 결과 검사의 상소가 받아들여져 원심판결 전부가 파기됨으로써 피고인의 형량 전체를 다시 정해야 하는 경우에는 이 원칙이 적용되지 않는다.

② 항소심이 유기징역형을 선택한 제1심보다 중하게 무기징역형을 선택하였다면 선고한 형이 중하게 변경되지 아니하였더라도 이 원칙에 반한다.

③ 제1심에서 별개의 사건으로 각각 형의 선고를 받고 항소한 피고인에 대하여 항소심이 사건을 병합심리한 후 경합범으로 처단하면서 제1심의 각 형량보다 중한 형을 선고하였더라도 이 원칙에 반하지 않는다.

④ 피고인이 상고한 상고심으로부터 파기환송받은 항소심이 공소장변경에 의해 새로운 범죄사실을 유죄로 인정하면서 파기된 항소심판결의 형보다 중한 형을 선고하였다면 이 원칙에 반한다.

▶ 제5편 상소 · 비상구제절차 · 특별절차: 제1장 상소 [상소 2] ─ [항고]

회차	시행일			목표점수			획득점수		
제19회	1차	2차	3차	1차	2차	3차	1차	2차	3차

01

불이익변경금지원칙에 대한 설명으로 옳지 않은 것은? (다툼이 있는 경우 판례에 의함)

① 같은 기간의 금고형을 징역형으로 변경하면서 집행유예를 선고하는 것도 불이익변경에 해당하지 아니한다.

② 피고인이 정식재판을 청구한 사건에 대하여는 약식명령의 형보다 중한 형을 선고하지 못한다.

③ 피고인만이 항소한 사건에서 징역형에 집행유예를 붙이면서 징역형의 형기를 늘리면 불이익변경금지원칙에 위반된다.

④ 피고인만이 항소한 사건에서 항소심이 제1심과 동일한 형을 선고하면서 제1심에서 정한 취업제한기간보다 더 긴 취업제한명령을 부가한 것은 불이익변경금지원칙에 반한다.

02

불이익변경금지원칙에 대한 설명으로 옳은 것은? (다툼이 있는 경우 판례에 의함)

① 상소심이 피고인의 상소를 이유 있다고 판단하여 원심판결을 파기하고 환송한 경우에 환송받은 법원은 종전의 원판결보다 무거운 형을 선고할 수 있다는 것이 대법원의 태도이다.

② 징역 10월에 2간의 집행유예판결을 1천만 원의 벌금형으로 변경하는 것이 불이익변경금지원칙에 위반된다는 것이 대법원의 판례이다.

③ 피고인이 항소심 계속 중 별건 확정판결의 집행에 의하여 수감 중이었으므로 항소심에서의 미결구금일수가 전혀 없음에도 불구하고 착오로 본형에 잘못 산입한 오류를 판결서의 경정을 통하여 시정하는 경우라 하더라도, 이는 피고인에게 불이익한 형의 변경으로 허용되지 아니한다.

④ 제1심에서 별개사건으로 징역 1년에 집행유예 2년과 징역 1년 6월의 형을 선고받은 두 사건을 항소심이 병합심리하여 경합범으로 처단하면서 징역 2년을 선고한 것은 이 원칙에 반하지 않는다.

03

불이익변경금지에 대한 설명 중 옳지 않은 것은? (다툼이 있는 경우 판례에 의함)

① 검사만이 양형부당을 이유로 항소한 경우에도 항소법원은 직권으로 심판하여 제1심의 양형보다 가벼운 형을 선고할 수 있다.

② 피고인만이 항소한 사건에서 법원이 항소심에서 처음 청구된 검사의 전자장치 부착명령 청구에 따라 부착명령을 선고하는 것은 불이익변경금지의 원칙에 위배되지 않는다.

③ 환송 후 원심이, 환송 전 원심판결에서 인정한 범죄사실 중 일부를 무죄로 판단하고 나머지 부분만 유죄로 판단하면서 이에 대하여 환송 전 원심판결과 동일한 형을 선고한 것은 불이익변경금지원칙에 위반된다.

④ 피고인만이 항소한 사건에서 항소심법원이 제1심판결을 파기하고 새로운 형을 선고함에 있어 피고인에 대한 주형에서 그 형기를 감축하고 제1심판결이 선고하지 아니한 압수장물을 피해자에게 환부하는 선고를 추가하였더라도 그것만으로는 피고인에 대한 형이 제1심판결보다 불이익하게 변경되었다고 할 수 없다.

04

불이익변경금지의 원칙에 대한 설명으로 옳은 것은? (다툼이 있는 경우 판례에 의함)

① 제1심판결에 대하여 피고인만이 항소한 사건에서 항소심이 검사의 공소장변경신청을 받아들여 그 변경된 적용법률에 따라 판결을 선고한 경우에는 그 선고된 항소심의 형이 제1심의 그것보다 무겁다고 하더라도 불이익변경금지의 원칙에 위배되지 아니한다.

② 원판결이 선고한 집행유예가 실효 또는 취소됨이 없이 그 유예기간이 지난 후에 새로운 형을 정한 재심판결이 선고되었다면 비록 그 재심판결의 형이 원판결의 형보다 중하지 않더라도 불이익변경금지원칙에 반한다.

③ 제1심의 징역형의 선고유예의 판결에 대하여 피고인만이 항소한 경우에 제2심이 벌금형을 선고한 것은 불이익변경금지의 원칙에 위배된다.

④ 재심사건은 상소사건이 아니므로 불이익변경금지의 원칙이 적용되지 아니한다.

05

제1심 판결에 대하여 피고인만 항소한 사건에서 항소심의 판결선고 내용이 불이익변경금지원칙에 위배되는지에 관한 설명 중 옳지 않은 것은? (다툼이 있는 경우 판례에 의함)

① 항소심이 제1심과 동일한 벌금형을 선고하면서 성폭력 치료프로그램 이수명령을 병과한 것은 피고인에게 불이익하게 변경된 것이어서 허용되지 아니한다.

② 제1심이 피고인에게 금고 5월의 실형을 선고하였는데, 항소심이 징역 5월, 집행유예 2년, 보호관찰 및 40시간의 수강명령을 선고하였다면 피고인에게 불이익하게 변경된 것이어서 허용되지 아니한다.

③ 제1심이 뇌물수수죄를 인정하여 피고인에게 징역 1년 6월 및 추징을 선고한 데 대해 피고인만이 항소하였는데, 항소심이 제1심이 누락한 필요적 벌금형 병과 규정을 적용하여 피고인에게 징역 1년 6월에 집행유예 3년, 추징 및 벌금 50,000,000원을 선고한 경우, 불이익변경금지의 원칙에 위배된다.

④ 피고인과 검사 쌍방이 피고사건 및 부착명령 청구사건 전부에 대하여 항소하였으나 검사가 부착명령 청구사건에 대한 항소이유서를 제출하지 아니한 경우, 부착명령 청구사건에 관하여는 실질적으로 피고인만이 항소한 경우와 같게 되므로 불이익변경금지의 원칙이 적용된다.

06

다음 설명 중 옳지 않은 것은? (다툼이 있는 경우 판례에 의함)

① 파기환송 전의 원심에 관여한 법관이 환송 후의 재판에 관여한 경우 법관이 사건에 관하여 전심재판에 관여한 때에 해당하지 않는다.

② 환송 후 원심에서 원래의 공소사실이 다른 죄명의 공소사실로 변경되었다면 환송 후 원심은 이에 대하여 새롭게 사실인정을 할 재량권을 가지게 되는 것이고 더 이상 파기환송판결이 한 사실판단에 기속될 필요는 없다.

③ 파기판결의 구속력은 파기의 직접적 이유가 된 원심판결에 대한 소극적인 부정판단에 한하여 생기는 것은 아니다.

④ 상고심으로부터 사건을 환송받은 법원은 그 사건을 재판함에 있어서 상고법원이 파기이유로 한 사실상 및 법률상의 판단에 대하여 환송 후의 심리과정에서 새로운 증거가 제시되어 기속적 판단의 기초가 된 증거관계에 변동이 생기지 않는 한 이에 기속된다.

07

상소에 관한 다음 [보기]의 기술 중 옳지 않은 것만을 모두 고른 것은? (다툼이 있는 경우 판례에 의함)

| 보기 |

㉠ 징역형의 실형이 선고되었으나 피고인이 형의 집행유예를 선고받은 것으로 잘못 전해 듣고 또한 판결주문을 제대로 알아들을 수가 없어서 항소제기기간 내에 항소하지 못한 경우, 형사소송법 제345조 소정의 '자기 또는 대리인이 책임질 수 없는 사유로 상소제기기간 내에 상소하지 못한 경우'에 해당된다.

㉡ 법정대리인이 있는 피고인이 상소의 포기 또는 취하를 함에는 법정대리인의 동의를 얻어야 하는데, 이때 법정대리인의 동의는 서면 또는 구술에 의하며, 구술은 명시적이어야 한다.

㉢ 항소이유를 철회하면 이를 다시 상고이유로 삼을 수 없게 되는 제한을 받을 수도 있으므로 항소이유의 철회는 명백히 이루어져야만 그 효력이 있다.

㉣ 상소권을 포기한 자가 상소제기기간이 도과한 후에 상소포기의 효력을 다투는 경우 상소제기와 함께 상소권회복청구를 할 수는 없다.

㉤ 처벌을 희망하지 않는 의사표시의 부존재는 당사자가 항소이유로 주장하지 않았다면 항소심법원에서는 이를 직권으로 조사·판단해서는 아니 된다.

① ㉠㉡㉢㉣㉤
② ㉡㉢㉣㉤
③ ㉠㉡㉣㉤
④ ㉠㉡㉢㉣

08

항소에 대한 다음 [보기]의 설명 중 옳지 않은 것을 모두 고른 것은? (다툼이 있는 경우 판례에 의함)

| 보기 |

㉠ 항소이유서 제출기간 도과 전 피고인의 청구에 따라 선정된 국선변호인에게 항소법원이 소송기록 접수통지를 하지 아니한 채 항소이유서 미제출을 이유로 피고인의 항소를 기각하는 결정을 하고 검사의 항소이유만을 판단하여 판결을 선고하여도 위법한 것은 아니다.

㉡ 피고인에게 징역형의 집행유예를 선고한 제1심판결에 대하여 검사만이 그 양형이 너무 가벼워 부당하다는 취지로 항소한 경우, 직권으로 위 양형이 너무 무거워 부당하다고 인정한 다음 제1심판결을 파기하고 벌금형을 선고할 수 있다.

㉢ 피고인이 상소를 제기하였다가 그 상소를 취하한 경우, '상소제기 후 상소취하한 때까지의 구금일수 전부'를 본형에 산입할 필요는 없다.

㉣ 포괄일죄의 일부만이 유죄로 인정된 경우 그 유죄 부분에 대하여 피고인만이 항소하였을 뿐 공소기각으로 판단된 부분에 대하여 검사가 항소를 하지 않았다면, 유죄 이외에 공소기각으로 판단된 부분에 대하여는 항소심이 심판할 수 없다.

㉤ 검사 및 피고인 양쪽이 상소를 제기한 경우, 어느 일방의 상소는 이유 없으나 다른 일방의 상소가 이유 있어 원판결을 파기하고 다시 판결하는 때에 이유 없는 상소에 대하여 주문에서 상소를 기각하는 표시를 하여야 하는 것은 아니다.

① ㉠㉡㉤
② ㉠㉢
③ ㉡㉣
④ ㉢㉣㉤

09

항소심에서의 절차 및 심판에 관한 다음 [보기]의 기술 중 판례의 입장과 일치하는 것을 모두 고른 것은?

| 보기 |

㉠ 양형은 법정형을 기초로 하여 형법 제51조에서 정한 양형의 조건이 되는 사항을 두루 참작하여 합리적이고 적정한 범위 내에서 이루어지는 재량판단으로서, 공판중심주의와 직접주의를 취하고 있는 우리 형사소송법에서는 양형판단에 관하여도 제1심의 고유한 영역이 존재한다.

㉡ 제1심의 양형심리 과정에서 나타난 양형의 조건이 되는 사항과 양형기준 등을 종합하여 볼 때에 제1심의 양형판단이 재량의 합리적인 한계를 벗어났다고 평가되거나, 항소심의 양형심리 과정에서 새로이 현출된 자료를 종합하면 제1심의 양형판단을 그대로 유지하는 것이 부당하다고 인정되는 등의 사정이 있는 경우에는, 항소심은 형의 양정이 부당한 제1심판결을 파기하여야 한다.

㉢ 항소심은 제1심에 대한 사후심적 성격이 가미된 속심으로서 제1심과 구분되는 고유의 양형재량을 가지고 있으므로, 항소심이 자신의 양형판단과 일치하지 아니한다고 하여 양형부당을 이유로 제1심판결을 파기하는 것이 바람직하지 아니한 점이 있다고 하더라도 이를 두고 양형심리 및 양형판단 방법이 위법하다고까지 할 수는 없다.

㉣ 제1심의 양형판단이 항소심에서 파기되는 경우, 항소심이 제1심의 양형판단을 뒤집을 만한 특별한 사정이 인정되는 객관적이고 합리적인 근거를 파기이유로 설시하지 않았다면 법령 위반으로 평가할 수 있다.

㉤ 관공서의 공휴일에 관한 규정 제2조 제11호에 따라 정부에서 수시로 지정하는 임시공휴일은 형사소송법 제66조 제3항에서 정한 공휴일에 해당하지 않으므로 항소이유서 제출기간의 말일이 임시공휴일이더라도 피고인이 그날까지 항소이유서를 제출하지 아니하였다면 항소이유서가 제출기간 내에 적법하게 제출되었다고 볼 수 없다.

① ㉠㉡㉢㉣㉤
② ㉠㉡㉢㉣
③ ㉠㉡㉢㉤
④ ㉠㉡㉢

10

상소에 관한 다음 [보기]의 기술 중 판례의 입장과 일치하는 것을 모두 고른 것은?

| 보기 |

㉠ 검사의 항소이유가 실질적으로 구두변론을 거쳐 심리되지 않았다고 평가될 경우, 항소심법원이 검사의 항소이유 주장을 받아들여 피고인에게 불리하게 제1심판결을 변경할 수 없다.

㉡ 검사가 일부 유죄, 일부 무죄가 선고된 제1심판결 전부에 대하여 항소하면서 유죄 부분에 대하여는 아무런 항소이유도 주장하지 않은 경우에는, 유죄 부분에 대하여 법정기간 내에 항소이유서를 제출하지 않은 것이 된다.

㉢ 검사가 항소장이나 법정기간 내에 제출된 항소이유서에서 유죄 부분에 대하여 양형부당 주장을 하였으나 실질적으로 구두변론을 거쳐 심리되지 아니한 경우라도, 제1심의 양형이 가벼워 부당하다면 항소심은 제1심판결의 형보다 중한 형을 선고할 수 있다.

㉣ 금품 수수 여부가 쟁점이 된 사건에서 금품을 제공하였다는 사람의 진술에 대하여 제1심이 증인신문 절차 등을 거친 후에 합리적인 의심을 배제할 만한 신빙성이 없다고 보아 공소사실을 무죄로 판단하였는데, 항소심이 제1심 증인 등을 다시 신문하는 등의 추가 증거조사를 거쳐 신빙성을 심사하여 본 결과 제1심이 들고 있는 의심과 일부 어긋날 수 있는 사실의 개연성이 드러남으로써 제1심 판단에 의문이 생긴 경우, 제1심 판단에 사실오인의 위법이 있는 것이므로 항소심은 공소사실을 유죄로 인정할 수 있다.

㉤ 사형·무기 또는 10년 이상의 징역·금고가 선고된 사건이 아닌 경우 사실심법원이 양형의 조건이 되는 정상에 관하여 심리를 제대로 하지 않았다는 주장은 적법한 상고이유가 아니지만, 피고인에 대하여 공소가 제기되지 않은 사실이 원심 판결서의 양형의 이유에 기재되어 있는 경우 단순한 양형판단의 부당성을 넘어 죄형균형원칙이나 책임주의원칙의 본질적 내용을 침해한 것이라 판단할 수 있다.

① ㉠㉡㉤　　　　② ㉠㉡㉣
③ ㉠㉢㉣㉤　　　④ ㉠㉡㉢㉣

11

항소심 절차에 관한 다음 [보기]의 기술 중 판례의 입장에 부합하지 않는 것을 모두 고른 것은?

| 보기 |

㉠ 필요적 변호사건에서 항소법원이 국선변호인을 선정하고 항소인인 피고인과 그 변호인에게 소송기록접수통지를 한 다음 피고인이 사선변호인을 선임함에 따라 항소법원이 국선변호인의 선정을 취소한 경우, 새로 선임된 사선변호인에게 다시 같은 통지를 하여야 하는 것은 아니다.

㉡ 피고인의 항소대리권자인 배우자가 피고인을 위하여 항소한 경우, 소송기록접수통지는 실제 항소한 항소대리권자인 배우자에게 하여야 한다.

㉢ 송달명의인이 체포 또는 구속된 날 소송기록접수통지서가 송달명의인의 종전 주·거소에 송달되었는데 선후관계가 명백하지 않다면 송달은 적법한 것으로 보아야 한다.

㉣ 국선변호인이 항소이유서를 제출하지 아니한 데 대하여 피고인에게 귀책사유가 없는 경우, 항소법원은 종전 국선변호인의 선정을 취소하고 새로운 국선변호인을 선정하여 다시 소송기록접수통지를 하여야 하는 법리는, 항소법원이 종전 국선변호인의 선정을 취소하고 새로운 국선변호인을 선정하여 소송기록접수통지를 하기 이전에 피고인 스스로 변호인을 선임한 경우 그 사선변호인에 대하여는 적용되지 아니한다.

㉤ 항소인이나 변호인이 항소이유서에 항소이유를 특정하여 구체적으로 명시하지 아니하였다고 하더라도 항소이유서가 법정기간 내에 적법하게 제출된 경우에는 결정으로 항소를 기각할 수 없다.

㉥ 피고인에 대한 적법한 소송기록접수통지가 이루어지지 않은 상태에서 선임된 사선변호인에게 항소심법원이 별도로 소송기록접수통지를 하여야 하는 것은 아니다.

① ㉠㉡㉢㉣
② ㉡㉢㉣㉥
③ ㉡㉢㉣㉤
④ ㉢㉣㉤㉥

12

항소심에 관한 다음 [보기]의 기술 중 판례의 입장과 일치하는 것을 모두 고른 것은?

| 보기 |

㉠ 항소심은 피고인 또는 변호인이 법정기간 내에 제출한 항소이유서에 의하여 심판하는 것이므로 항소이유서 제출기간의 경과를 기다리지 아니하고는 항소사건을 심판할 수 없다.

㉡ 항소이유서 제출기간 내에 변론이 종결되었는데 그 후 위 제출기간 내에 항소이유서가 제출되었다면, 특별한 사정이 없는 한 항소심법원으로서는 변론을 재개하여 항소이유의 주장에 대해서도 심리를 해 보아야 한다.

㉢ 항소심에서도 공판기일에 피고인의 출석 없이는 개정하지 못하나, 피고인이 2회 이상 불출석한 경우 피고인의 출석 없이 개정할 수 있으므로, 피고인이 제1회 공판기일에 불출석한 후 제2회 공판기일에는 출석하였으나 제3회 공판기일에 불출석하였다면 항소심은 피고인의 출석 없이 제3회 공판기일을 개정할 수 있다.

㉣ 항소심은 제1심의 공소기각 판결이 법률에 위배된다고 판단하여 파기하면서 사건을 제1심법원에 환송하지 아니하고 본안에 들어가 심리한 후 피고인에게 유죄판결을 선고할 수 있다.

㉤ 항소심 변론 종결 후 판결 선고 전 피해자가 사망한 사정을 추가 심리 없이 양형에 반영하여 판결을 선고한 것은 위법하다.

㉥ 제1심의 유죄판결에 대하여 피고인과 검사가 각 항소하고 항소심 법원은 국선변호인을 선정하여 국선변호인에게 소송기록접수통지서 등을 송달하고 제1심 변호인의 사무소로 피고인에 대한 소송기록접수통지서 등을 송달하였는데, 피고인이 새로운 변호인을 선임한다는 변호인 선임서를 법원에 제출하자 항소심 법원은 국선변호인 선정을 취소한 후 피고인에 대한 제1회 공판기일 소환장을 제1심 변호인의 사무소로 송달하고 항소심 변호인에게 소송기록접수통지를 하지 않은 채 공판기일을 진행하여 변론을 종결하였다. 이러한 항소심 법원의 소송절차는 적법하지 않다.

① ㉠㉡㉤㉥
② ㉠㉡㉢㉤
③ ㉠㉢㉣㉥
④ ㉠㉢㉣㉤

13

甲은 변호사 乙을 찾아가 아래 [보기]와 같이 법률상담을 하였다. 乙의 답변 중 옳은 것(○)과 옳지 않은 것(×)을 올바르게 조합한 것은?

| 보기 |

甲: 변호사님, 저는 2018.8.8. 수요일 ○○지방법원에서 특정경제범죄가중처벌등에관한법률위반(사기)죄로 징역 3년, 집행유예 5년을 선고받았습니다. 너무 억울해서 항소하여 무죄를 받고 싶습니다. 언제까지 항소장을 제출해야 하는가요?

乙: (㉠) 선고일로부터 7일 이내에 제출하면 되는데, 8월 15일은 공휴일이므로 공휴일이 아닌 8월 16일까지 원심법원에 제출하면 됩니다.

甲: 항소이유서는 언제까지 제출해야 하나요?

乙: (㉡) 소송기록이 항소심인 ○○고등법원에 송부된 날로부터 20일 이내에 항소법원에 제출해야 합니다.

甲: 항소이유서를 제때 제출하지 않으면 어떻게 되나요?

乙: (㉢) 원칙적으로 항소심 법원은 항소를 기각하지만, 직권조사사유가 있거나 항소장에 항소이유의 기재가 있는 때에는 예외입니다.

① ㉠(○), ㉡(○), ㉢(○)
② ㉠(○), ㉡(×), ㉢(○)
③ ㉠(○), ㉡(×), ㉢(×)
④ ㉠(×), ㉡(○), ㉢(○)

14

상고심에 대한 다음 [보기]의 설명 중 옳은 것을 모두 고른 것은? (다툼이 있는 경우 판례에 의함)

| 보기 |

㉠ 상고인 또는 변호인은 상고기록접수통지를 받은 날로부터 20일 이내에 상고이유서를 상고법원에 제출하여야 한다.

㉡ 항소심판결 선고 당시 미성년이었던 피고인이 상고 이후에 성년이 되었다 하더라도 항소심의 부정기형의 선고는 위법하게 되는 것이 아니다.

㉢ 상고심은 항소법원판결에 대한 사후심이므로 항소심에서 심판대상이 되지 않은 사항은 상고심의 심판범위에 들지 않는다.

㉣ 상고법원은 상고이유서에 포함된 사유에 관하여 심판하여야 하지만, 사형, 무기 또는 10년 이상의 징역이나 금고가 선고된 사건에 있어서 중대한 사실의 오인이 있어 판결에 영향을 미친 때에는 상고이유서에 포함되지 아니한 때에도 직권으로 심판할 수 있다.

㉤ 원심의 양형이 가볍다거나 원심이 양형의 전제사실을 인정하는 데 자유심증주의의 한계를 벗어난 잘못이 있다면 검사는 이를 상고이유로 주장할 수 있다.

① ㉠㉡㉢㉣㉤
② ㉠㉡㉢㉣
③ ㉠㉡㉢㉤
④ ㉠㉡㉢

15

상고에 관한 다음 [보기]의 설명 중 옳은 것을 모두 고른 것은? (다툼이 있는 경우 판례에 의함)

| 보기 |

㉠ 상고심에서 상고이유의 주장이 이유 없다고 판단되어 배척된 부분에 대해서는 피고인으로서는 더 이상 상고이유로 삼을 수 없다.

㉡ 주위적·예비적 공소사실 중 예비적 공소사실만 유죄로 인정되고 그 부분에 대하여 피고인만 상고하여 상고심이 예비적 공소사실에 대한 원심판결의 잘못을 지적하여 원심판결을 전부 파기환송하는 경우, 환송 후 원심의 심판대상에는 주위적 공소사실까지 포함된다.

㉢ 환송 전 원심판결 중 일부분에 대하여 상고하지 않은 경우 상고심에서 상고이유로 삼지 않은 부분에 대해서는 피고인으로서는 더 이상 상고이유로 삼을 수 없다.

㉣ 제1심판결에 대한 비약적 상고는 그 사건에 대한 상대방의 항소가 제기된 때에는 그 효력을 잃지만, 그 항소가 취하된 경우에는 그 효력을 유지한다. 단, 항소기각의 결정이 있는 때에는 예외로 한다.

㉤ 제1심판결에 대한 피고인의 비약적 상고와 검사의 항소가 경합하여 형사소송법 제373조에 따라 피고인의 비약적 상고에 상고의 효력이 상실되고 검사의 항소에 기한 항소심이 진행되는 경우라면 피고인의 비약적 상고에는 항소로서의 효력을 인정할 수 없는 것이다.

㉥ 군검사가 상고를 제기한 경우 소송기록접수통지의 상대방은 대검찰청 소속 검사이나, 군검사가 제출한 상고이유서도 유효하게 취급할 수 있다.

① ㉠㉡㉢㉣㉤
② ㉠㉡㉢㉣㉥
③ ㉠㉡㉢㉤
④ ㉠㉡㉢㉥

16

항고에 대한 설명으로 옳은 것은? (다툼이 있는 경우 판례에 의함)

① 피고인 아닌 자에 대한 소송비용부담의 결정과 보석허가결정에 대해서는 즉시항고 할 수 없다.

② 공소장변경허가결정과 국선변호인선임청구 기각결정에 대해서는 보통항고 할 수 있다.

③ 변호인과의 접견교통권의 침해와 구금장소의 임의변경에 대해서는 준항고가 허용된다.

④ 상소기각결정과 법원 또는 지방법원판사의 구속집행정지결정에 대해서는 즉시항고 할 수 있다.

18

다음 [보기]의 설명 중 옳은 것을 모두 고른 것은?

| 보기 |

㉠ 피의자에 대한 보석도 당사자의 청구에 의하는 것이라는 점에서 피고인에 대한 보석절차와 동일하다.

㉡ 재판장은 피고인 또는 변호인의 동의하에 공판정에서의 검사의 공소장 낭독 또는 공소요지 진술을 생략할 수 있다.

㉢ 유죄판결을 선고하는 경우에 재판장은 상소기간뿐만 아니라 상소할 법원을 피고인에게 고지해야 한다.

㉣ 즉시항고는 재판의 집행을 정지시키는 효력이 있지만, 기피신청에 대한 간이기각결정에 대하여 제기하는 즉시항고에는 그러한 효력이 없다.

① ㉠㉡

② ㉠㉢

③ ㉡㉣

④ ㉢㉣

17

항고에 대한 설명으로 옳지 않은 것은? (다툼이 있는 경우 판례에 의함)

① 관할이전의 신청을 기각한 결정에 대해서는 불복이 불가능하다.

② 형사피고사건에 대한 법원의 소년부송치결정은 판결 전의 소송절차에 관한 결정이므로, 이 결정에 대하여 불복이 있을 때에는 항고를 할 수 없다.

③ 검사가 압수·수색영장의 청구 등 강제처분을 위한 조치를 취하지 않은 것에 대해 고소인은 준항고로 불복할 수 없다.

④ 「형사소송법」 제33조의 국선변호인 선임청구를 기각한 결정은 판결 전의 소송절차에 관한 결정이므로, 그 결정에 대하여 즉시항고를 할 수 있는 근거가 없는 이상 항고도 할 수 없다.

19

항고에 관한 다음 설명 중 판례의 입장과 일치하지 않는 것은?

① 형사소송법 제411조에 의하면, 항고법원은 제1심법원으로부터 소송기록과 증거물을 받은 날부터 5일 이내에 당사자에게 그 사유를 통지하여야 함에도, 재항고인이 집행유예의 취소 청구를 인용한 제1심 결정에 대하여 즉시항고를 하고, 즉시항고장에 항고이유를 적지 않았는데, 원심이 제1심법원으로부터 소송기록을 송부받은 당일에 항고를 기각하는 결정을 하면서, 항고를 제기한 재항고인에게 소송기록과 증거물을 송부받았다는 통지를 하지 않은 것에는 위법이 있다.

② 고등법원의 결정에 대하여는 재판에 영향을 미친 헌법·법률·명령 또는 규칙의 위반이 있음을 이유로 하는 때에 한하여 대법원에 즉시항고를 할 수 있다.

③ 제1심 법원이 한 보석취소결정에 대하여 불복이 있으면 보통항고를 할 수 있고 보통항고에는 재판의 집행을 정지하는 효력이 없으나, 고등법원이 한 보석취소결정에 대한 재항고는 즉시항고의 방식에 의하므로 집행정지의 효력이 있다.

④ 검사가 제1심결정에 대해 항고하면서 항고이유서를 첨부하였는데 항고심인 원심법원이 검사에게 소송기록접수통지서를 송달한 다음 날 항고를 기각한 경우, 검사가 항고장에 상세한 항고이유서를 첨부하여 제출하였다면 형사소송법 제412조에 따라 별도로 검사가 의견을 진술하지 아니한 상태에서 항고심이 항고를 기각한 결정은 위법하지 않다.

20

다음 [보기]의 각 ( ) 안에 들어갈 숫자를 합산하면 얼마인가?

| 보기 |

㉠ 친고죄에 대하여는 범인을 알게 된 날로부터 ( )월을 경과하면 고소하지 못한다.

㉡ 무죄판결에 따른 비용보상의 청구는 무죄판결이 확정된 날부터 ( )년 이내에 하여야 한다.

㉢ 법원은 재정신청서를 송부받은 때에는 송부받은 날부터 ( )일 이내에 피의자에게 그 사실을 통지하여야 한다.

㉣ 법원은 재정신청서를 송부받은 날부터 ( )개월 이내에 항고의 절차에 준하여 신청이 이유 있는 때에는 공소제기를 결정한다.

㉤ 장기 10년 미만의 징역 또는 금고에 해당하는 범죄에 대한 공소시효 기간은 ( )년이다.

㉥ 구속 또는 보석을 취소하거나 구속영장의 효력이 소멸된 때에는 몰취하지 아니한 보증금 또는 담보를 청구한 날로부터 ( )일 이내에 환부하여야 한다.

① 35
② 38
③ 42
④ 46

▶ 제5편 상소 · 비상구제절차 · 특별절차: 제2장 비상구제절차 — 제4장 특별절차

회차	시행일			목표점수			확득점수		
제20회	1차	2차	3차	1차	2차	3차	1차	2차	3차

01

재심에 관한 다음 [보기]의 기술 중 판례의 입장과 일치하는 것을 모두 고른 것은?

ㄱ 조세의 부과처분을 취소하는 확정된 행정판결은 조세포탈에 대한 무죄 내지 원심판결이 인정한 죄보다 경한 죄를 인정할 명백한 증거에 해당하지 않는다.

ㄴ 「소송촉진 등에 관한 특례법」 제23조에 따라 진행된 제1심의 불출석 재판에 대하여 검사만 항소하고 항소심도 불출석 재판으로 진행한 후에 제1심판결을 파기하고 새로 또는 다시 유죄판결을 선고하여 유죄판결이 확정된 경우, 귀책사유 없이 제1심과 항소심의 공판절차에 출석할 수 없었던 피고인이라도 재심 규정을 유추 적용하여 항소심 법원에 유죄판결에 대한 재심을 청구할 수는 없다.

ㄷ (위 ㄴ의 경우에도) 피고인이 재심을 청구하지 않고 상고권회복에 의한 상고를 제기하여 위 사유를 상고이유로 주장한다면, 이는 형사소송법 제383조 제3호에서 상고이유로 정한 원심판결에 '재심청구의 사유가 있는 때'에 해당한다고 볼 수 있으므로 원심판결에 대한 파기사유가 될 수 있다.

ㄹ ㄷ의 사유로 파기되는 사건을 환송받아 다시 항소심 절차를 진행하는 원심으로서는 피고인의 귀책사유 없이 특례 규정에 의하여 제1심이 진행되었다는 파기환송판결 취지에 따라, 제1심판결에 형사소송법 제361조의5 제13호의 항소이유에 해당하는 재심 규정에 의한 재심청구의 사유가 있어 직권 파기 사유에 해당한다고 보고, 다시 공소장 부본 등을 송달하는 등 새로 소송절차를 진행한 다음 새로운 심리 결과에 따라 다시 판결을 하여야 한다.

ㅁ 면소판결을 대상으로 하는 재심청구도 적법하다.

① ㄱㄴㅁ ② ㄱㄴ
③ ㄷㄹ ④ ㄷㄹㅁ

02

재심에 관한 다음 [보기]의 설명 중 판례의 입장과 일치하는 것을 모두 고른 것은?

| 보기 |

ㄱ 재심심판절차는 물론 재심사유의 존부를 심사하여 다시 심판할 것인지를 결정하는 재심개시절차 역시 재판권 없이는 심리와 재판을 할 수 없는 것이므로, 재심청구를 받은 군사법원으로서는 먼저 재판권 유무를 심사하여 군사법원에 재판권이 없다고 판단되면 재심개시절차로 나아가지 말고 곧바로 사건을 군사법원법 제2조 제3항에 따라 같은 심급의 일반법원으로 이송하여야 한다.

ㄴ 재심청구를 받은 군사법원이 재판권이 없음에도 재심개시결정을 한 후에 비로소 사건을 일반법원으로 이송한 경우, 이는 위법한 재판권의 행사이므로 사건을 이송받은 일반법원으로서는 다시 처음부터 재심개시절차를 진행하여야 한다.

ㄷ 유죄의 확정판결 후 형 선고의 효력을 상실케 하는 특별사면이 있었다면 이미 재심청구의 대상이 존재하지 않아 그러한 판결을 대상으로 하는 재심청구는 부적법하다.

ㄹ 재심대상판결 확정 후에 형 선고의 효력을 상실케 하는 특별사면이 있었다고 하더라도, 재심개시결정이 확정되어 재심심판절차를 진행하는 법원은 그 심급에 따라 다시 심판하여 실체에 관한 유·무죄 등의 판단을 해야지, 특별사면이 있음을 들어 면소판결을 하여서는 아니 된다.

ㅁ 재심청구에 대한 재판에서 소송당사자에게는 사실조사신청권이 없다.

① ㄱㄴㅁ ② ㄱㄹㅁ
③ ㄱㄴㄷ ④ ㄱㄴㄷㄹ

03

재심에 관한 다음 [보기]의 설명 중 옳은 것을 모두 고른 것은? (다툼이 있는 경우 판례에 의함)

| 보기 |

㉠ 경합범 관계에 있는 수개의 범죄사실을 유죄로 인정하여 1개의 형을 선고한 불가분의 확정판결에서 그중 일부의 범죄사실에 대하여만 재심청구의 이유가 있는 것으로 인정되었으나 형식적으로는 1개의 형이 선고된 판결에 대한 것이어서 판결 전부에 대하여 재심개시의 결정을 한 경우, 재심법원은 재심사유가 없는 범죄에 대하여는 새로이 양형을 하여야 하는 것이므로 이를 헌법상 이중처벌금지의 원칙을 위반한 것이라고 할 수 없다.

㉡ 형사소송법 제438조 제1항은 "재심개시의 결정이 확정한 사건에 대하여는 제436조의 경우 외에는 법원은 그 심급에 따라 다시 심판을 하여야 한다."고 규정하고 있다. 여기서 '다시' 심판한다는 것은 피고 사건 자체를 처음부터 새로 심판하는 것이 아니라 재심대상판결의 당부를 다시 심사하는 것을 의미한다.

㉢ 특별사면으로 형 선고의 효력이 상실된 유죄의 확정판결에 대하여 재심개시결정이 이루어져 다시 심판한 결과 유죄로 인정되는 경우, 재심심판법원으로서는 '피고인에 대하여 형을 선고하지 아니한다'는 주문을 선고할 수밖에 없다.

㉣ 경합범 관계에 있는 수개의 범죄사실 중 일부 범죄사실에 대하여 재심청구의 이유가 있어 재심개시결정이 있는 경우, 재심법원이 나머지 범죄사실에 대하여도 재심사유가 있다고 보아 심리 후 무죄판결을 선고할 수 없다.

㉤ 피고인이 제1심에서 도로교통법위반(음주운전)죄 등으로 유죄를 선고받고 항소하여 항소기각판결을 선고받아 판결이 확정되었는데, 도로교통법위반(음주운전)죄 부분에 관하여 피고인에게 적용된 형벌 조항이 헌법재판소에서 위헌으로 결정되었다면, 유죄의 선고를 받은 자(피고인이었던 자)는 위 항소기각판결에 대하여 헌법재판소법 제47조 제4항에서 정한 재심사유로 하는 재심을 청구할 수 있다.

① ㉠㉡㉢㉣
② ㉠㉢㉣
③ ㉡㉢㉤
④ ㉡㉢㉣㉤

04

재심제도에 관한 다음 [보기]의 기술 중 판례의 입장과 일치하는 것을 모두 고른 것은?

| 보기 |

㉠ 원판결이 선고한 집행유예가 실효 또는 취소됨이 없이 유예기간이 지난 후에 새로운 형을 정한 재심판결이 선고되고, 재심판결의 확정에 따라 원판결이 효력을 잃게 되는 결과 집행유예의 법률적 효과까지 없어졌으나 재심판결의 형이 원판결의 형보다 중하지 않은 경우, 불이익변경금지원칙이나 이익재심원칙에 반한다.

㉡ 형사소송법 제420조 제7호의 재심사유는 "원판결, 전심판결 또는 그 판결의 기초 된 조사에 관여한 법관, 공소의 제기 또는 그 공소의 기초 된 수사에 관여한 검사나 사법경찰관이 그 직무에 관한 죄를 범한 것이 확정판결에 의하여 증명된 때"인데, 이 경우 원판결의 선고 전에 법관, 검사 또는 사법경찰관에 대하여 공소의 제기가 있는 경우에는 원판결의 법원이 그 사유를 알지 못한 때에 한하여 본호의 재심사유에 해당된다.

㉢ 형사소송법 제420조 제7호의 사유에 의한 재심의 청구는 유죄의 선고를 받은 자가 그 죄를 범하게 한 경우에는 검사가 아니면 하지 못한다.

㉣ 피고인은 폭력행위등처벌에관한법률위반(집단·흉기등재물손괴등)죄 등으로 징역형을 선고받아 판결이 확정되었는데, 그 집행을 종료한 후 3년 내에 상해죄 등을 범하였다는 이유로 제1심 및 원심에서 누범으로 가중처벌되었다. 그런데, 피고인은 누범전과인 확정판결에 대해 재심을 청구하여 재심대상판결 전부에 대하여 재심개시결정이 이루어졌고, 상해죄 등 범행 이후 진행된 재심심판절차에서 징역형을 선고한 재심판결이 확정되었다. 그렇다면, 상해죄 등 범행은 확정판결에 의한 형의 집행이 끝난 후 3년 내에 이루어진 것으로 볼 수 없다.

㉤ 4·3사건법 제14조 제3항에 따라 제주지방법원에 관할이 있는 사건은 특별재심사건에 한정되고, 위원회로부터 희생자 결정을 받지 않은 상태에서 형사소송법에 따른 일반재심을 청구하는 사건에는 형사소송법에 따라 원판결법원이 관할권을 가진다.

① ㉠㉡㉢㉣
② ㉡㉢㉣㉤
③ ㉠㉢㉣㉤
④ ㉠㉡㉣

05

재심에 대한 다음 [보기]의 설명 중 옳은 것을 모두 고른 것은? (다툼이 있는 경우 판례에 의함)

| 보기 |

㉠ 원판결의 이유에서 증거로 인용된 증언이 나중에 확정판결에 의하여 허위인 것이 증명된다면, 다른 증언에 의하여 '죄로 되는 사실'이 유죄로 인정된다 하더라도 재심사유에 해당한다.

㉡ 재심의 청구는 취하할 수 있고, 재심의 청구를 취하한 자는 동일한 이유로써 다시 재심을 청구할 수 없다.

㉢ 재심의 청구에 대하여 결정을 함에는 청구한 자와 상대방의 의견을 들어야 한다. 단, 유죄의 선고를 받은 자의 법정대리인이 청구한 경우에는 재심을 청구한 법정대리인의 의견을 들어야 한다.

㉣ 재심의 청구는 형의 집행을 정지하는 효력이 없다. 다만, 관할법원에 대응한 검찰청 검사는 재심청구에 대한 재판이 있을 때까지 형의 집행을 정지할 수 있다.

㉤ 제1심판결이 소송촉진등에관한특례법 제23조 본문의 특례 규정에 의하여 선고된 다음 피고인이 책임질 수 없는 사유로 공판절차에 출석할 수 없었다고 하여 같은 법 제23조의2의 규정에 의한 재심이 청구되고 재심개시의 결정이 내려진 경우 처벌불원의 의사의 표시는 그 재심의 제1심판결 선고 전까지 하면 된다.

① ㉠㉡㉢㉣㉤
② ㉠㉢㉣㉤
③ ㉠㉡㉣㉤
④ ㉡㉢㉣㉤

06

비상구제절차에 관한 다음 [보기]의 기술 중 옳은 것을 모두 고른 것은? (다툼이 있는 경우 판례에 의함)

| 보기 |

㉠ 상급심의 파기판결에 의해 효력을 상실한 재판도 형사소송법 제441조에 따른 비상상고의 대상이 될 수 있다.

㉡ 재심심판절차에서는 특별한 사정이 없는 한 검사가 재심대상사건과 별개의 공소사실을 추가하는 내용으로 공소장을 변경하는 것은 허용되지 않고, 재심대상사건에 일반 절차로 진행 중인 별개의 형사사건을 병합하여 심리하는 것도 허용되지 않는다.

㉢ 형사재판에서의 재심은 유죄의 확정판결에 중대한 하자가 있는 경우 피고인의 이익을 위하여 이를 바로잡기 위한 비상구제절차로서, 형사소송법 제420조 제7호는 이러한 재심사유의 하나로서 "원판결, 전심판결 또는 그 판결의 기초 된 조사에 관여한 법관, 공소의 제기 또는 그 공소의 기초 된 수사에 관여한 검사나 사법경찰관이 그 직무에 관한 죄를 범한 것이 확정판결에 의하여 증명된 때"를 들고 있다. 그렇다면, 수사기관이 영장주의를 배제하는 위헌적 법령에 따라 영장 없는 체포·구금을 한 경우에도 불법체포·감금의 직무범죄가 인정되는 경우에 준하는 것으로 보아 형사소송법 제420조 제7호의 재심사유가 있다고 보아야 한다.

㉣ 검사가 피고인에 대한 피의자신문 과정에서 자신의 의도대로 진술을 이끌어내기 위하여 피고인에게 검사의 생각을 주입하며 유도신문을 하는 등 진술의 임의성을 보장하지 못하고 사회통념상 현저히 합리성을 잃은 신문방법을 사용한 경우는 형사소송법 제420조 제7호의 "원판결, 전심판결 또는 그 판결의 기초가 된 조사에 관여한 법관, 공소의 제기 또는 그 공소의 기초가 된 수사에 관여한 검사나 사법경찰관이 그 직무에 관한 죄"를 지은 경우에 해당하지 아니한다.

㉤ 형사소송법 제441조의 비상상고의 요건인 '그 사건의 심판이 법령에 위반한 때'에는 단순히 법령적용의 전제사실을 오인함에 따라 법령위반의 결과를 초래한 것과 같은 경우가 해당되지 아니한다.

① ㉠㉡㉢㉤   ② ㉡㉢㉤
③ ㉡㉢㉣   ④ ㉡㉢㉣㉤

07

재판의 집행에 대한 설명으로 옳지 않은 것은? (다툼이 있는 경우 판례에 의함)

① 판결 전 미결구금일수는 그 전부가 법률상 당연히 본형에 산입하게 되었으므로 판결에서 별도로 미결구금일수 산입에 관한 사항을 판단할 필요가 없다.

② 사법경찰관리가 노역장 유치의 집행을 위하여 벌금 미납자를 구인하는 것은 사법경찰관의 직무범위 안에 속하므로, 그 상대방에게 형집행장을 제시할 필요가 없다.

③ 피고인의 차명재산이라는 이유만으로 제3자 명의로 등기되어 있는 부동산에 관하여 피고인에 대한 추징 판결을 곧바로 집행하는 것은 허용되지 아니한다.

④ 미결구금기간이 확정된 징역 또는 금고의 본형기간을 초과한 결과가 생겼다고 하여 위법하다고 할 수 없다.

08

형사보상에 관한 다음 [보기]의 설명 중 옳은 것을 모두 고른 것은? (다툼이 있는 경우 판례에 의함)

| 보기 |

㉠ 피고인의 보상청구는 무죄재판이 확정된 때부터 5년 이내에 하여야 한다.

㉡ 보상의 청구가 이유 있을 때에는 보상결정을 하여야 하고, 그 보상결정에 대하여는 1주일 이내에 즉시항고를 할 수 있다.

㉢ 지급청구권은 양도 또는 압류할 수 없다.

㉣ 형사보상은 재심에서 무죄재판을 받아 확정된 사건의 경우에 가능하나, 검사에 의하여 불기소처분된 사건에 대하여는 가능하지 않다.

㉤ 면소 또는 공소기각의 재판이 확정된 이후에 무죄재판을 받을 만한 현저한 사유가 생겼다고 볼 수 있는 경우에는 해당 사유가 발생한 사실을 안 날부터 3년, 해당 사유가 발생한 때부터 5년 이내에 보상청구를 할 수 있다.

① ㉠㉡㉢㉣㉤

② ㉡㉢㉣㉤

③ ㉠㉡㉢㉤

④ ㉠㉢㉣㉤

09

형사보상 및 형사비용보상에 관한 다음 [보기]의 설명 중 옳은 것을 모두 고른 것은? (다툼이 있는 경우 판례에 의함)

| 보기 |

㉠ 미결구금 일수의 전부 또는 일부가 유죄에 대한 본형에 산입되는 것으로 확정된 경우 그 산입된 미결구금 일수는 형사보상의 대상이 되지 아니한다.

㉡ 본인이 수사·심판을 그르칠 목적으로 거짓 자백을 하여 기소·미결구금·유죄재판을 받게 된 것으로 인정되는 경우에는 법원은 재량에 의하여 보상청구의 전부 또는 일부를 기각할 수 있는데, 이 경우 수사 또는 심판을 그르칠 목적은 형사보상청구권을 주장하는 자가 아니라 제한하고자 하는 측에서 입증하여야 한다.

㉢ 형사피의자 또는 형사피고인으로서 구금되었던 자가 법률이 정하는 불기소처분을 받거나 무죄 판결을 받은 때에는 법률이 정하는 바에 의하여 국가에 정당한 보상을 청구할 수 있다.

㉣ 판결 이유에서만 무죄로 판단된 경우에도 미결 구금 가운데 무죄로 판단된 부분의 수사와 심리에 필요하였다고 인정된 부분에 관하여 보상을 청구할 수 있으므로, 이때 미결구금 일수의 전부 또는 일부가 선고된 형에 산입되는 것으로 확정된 경우, 그 산입된 미결구금 일수는 형사보상의 대상이 된다.

㉤ 형사소송법 제194조의2 제2항 제1호에서 정한 무죄판결 확정 후 비용보상의 소극적 요건 중 '수사 또는 심판을 그르칠 목적'에 관한 증명책임은 형사보상청구권을 제한하고자 하는 자에게 있다.

① ㉠㉡㉢㉣

② ㉠㉡㉢㉤

③ ㉡㉢㉣㉤

④ ㉠㉡㉢

10

약식명령에 대한 다음 [보기]의 설명에 대하여 옳은 것(○)과 옳지 않은 것(×)을 바르게 표시한 것은? (다툼이 있는 경우 판례에 의함)

| 보기 |

㉠ 약식명령의 청구가 있는 경우에 그 사건이 약식명령으로 할 수 없거나 약식명령으로 하는 것이 적당하지 아니하다고 인정한 때에는 청구를 기각하여야 한다.

㉡ 검사는 약식명령의 청구와 동시에 약식명령을 하는 데 필요한 증거서류 및 증거물을 법원에 제출하여야 하고, 법원은 그 청구가 있은 날로부터 14일 이내에 약식명령을 하여야 한다.

㉢ 검사 또는 피고인은 약식명령의 고지를 받은 날로부터 7일 이내에 정식재판의 청구를 할 수 있으며, 피고인은 그 기간 내에 정식재판의 청구를 포기할 수 있다.

㉣ 약식명령에 대해 피고인만 정식재판을 청구한 경우, 법원은 약식명령의 형보다 중한 (종류의) 형을 선고하지 못하기 때문에 검사는 공소사실의 동일성이 인정된다고 하더라도 법정형에 유기징역형만 있는 죄의 공소사실을 예비적으로 추가하는 공소장변경을 할 수 없다.

	㉠	㉡	㉢	㉣
①	×	×	×	×
②	○	×	○	○
③	×	○	×	×
④	○	○	○	○

11

약식절차에 대한 다음 [보기]의 설명 중에서 옳은 것을 모두 고른 것은? (다툼이 있는 경우 판례에 의함)

| 보기 |

㉠ 약식명령의 청구는 공소의 제기와 동시에 서면으로 하여야 한다.

㉡ 약식명령에는 범죄사실, 적용법령, 주형, 증거의 요지 등과 함께 정식재판을 청구할 수 있음을 명시하여야 한다.

㉢ 약식명령은 정식재판의 청구기간이 경과하거나 그 청구의 취하 또는 청구기각의 결정이 확정한 때에는 확정판결과 동일한 효력이 있다.

㉣ 약식명령에 대한 정식재판의 청구가 법령상의 방식에 위반하거나 청구권의 소멸 후인 것이 명백한 때에는 결정으로 기각하여야 한다.

㉤ 약식명령에 대한 정식재판청구서에 청구인의 기명날인 또는 서명이 없다면 법령상의 방식을 위반한 것으로서 그 청구를 결정으로 기각하여야 하나, 정식재판의 청구를 접수하는 법원공무원이 청구인의 기명날인이나 서명이 없음에도 불구하고 이에 대한 보정을 구하지 아니하고 적법한 청구가 있는 것으로 오인하여 청구서를 접수한 경우에는 그러하지 아니하다.

① ㉠㉡㉢

② ㉠㉢㉣

③ ㉡㉢㉤

④ ㉠㉢㉣㉤

12

약식명령에 대한 설명으로 옳지 않은 것은?

① 약식명령의 고지는 검사와 피고인에 대한 재판서의 송달에 의하여 하고, 피고인은 물론 검사도 약식명령의 고지를 받은 날로부터 7일 이내에 정식재판의 청구를 할 수 있다.

② 정식재판청구권회복결정이 부당하더라도 이미 그 결정이 확정되었다면, 정식재판청구사건을 처리하는 법원으로서는 정식재판청구권회복청구가 적법한 기간 내에 제기되었는지 여부나 그 회복사유의 존부 등에 대하여는 살펴볼 필요 없이 통상의 공판절차를 진행하여 본안에 관하여 심판하여야 한다.

③ 법정대리인이 있는 피고인이 정식재판청구를 취하함에는 법정대리인의 동의를 얻어야 하는데, 법정대리인의 사망 기타 사유로 인하여 그 동의를 얻을 수 없는 때에는 예외로 한다.

④ 지방법원은 그 관할에 속한 사건에 관하여 공판절차가 진행 중이더라도 상당한 이유가 있는 경우에는 공판절차를 중단하고 약식명령으로 피고인을 벌금, 과료 또는 몰수에 처할 수 있다.

13

약식절차에 관한 다음 설명 중 판례의 입장과 일치하지 않는 것은?

① 검사가 약식명령에 대한 정식재판을 청구한 사건이 정식 기소된 사건과 병합·심리되어 제1심이 정식재판청구사건의 일부 범죄와 정식 기소된 사건의 범죄에 대하여 징역형을 선택한 것은 적법하다.

② 약식명령에 대한 정식재판청구사건에서 제1심은 「소송촉진 등에 관한 특례법」 제23조 및 그 시행규칙 제19조가 정하는 "피고인에 대한 송달불능보고서가 접수된 때로부터 6개월이 지나도록 피고인의 소재를 확인할 수 없는 경우"에까지 이르지 아니하더라도 공시송달의 방법에 의하여 피고인의 진술 없이 재판을 할 수 있다.

③ 정식재판에서 죄명이나 적용법조가 약식명령의 경우보다 불이익하게 변경되었다고 하더라도 선고한 형이 약식명령과 같거나 약식명령보다 가벼운 경우에는 불이익변경금지의 원칙에 위배된 조치라고 할 수 없다.

④ 피고인이 준강제추행 범행으로 벌금형의 약식명령을 발령받고 정식재판을 청구하였는데, 제1심이 약식명령에서 정한 벌금형과 동일한 벌금형을 선고하면서 성폭력 치료프로그램 24시간의 이수명령을 병과한 경우, 「성폭력범죄의 처벌 등에 관한 특례법」 제16조 제2항에 의한 이수명령은 형벌 그 자체가 아니라 보안처분의 성격을 가지는 것이므로 불이익변경금지의 원칙에 위배되지 않는다.

14

약식명령에 대한 설명으로 옳지 않은 것은? (다툼이 있는 경우 판례에 의함)

① 약식명령은 그 재판서를 피고인에게 송달함으로써 효력이 발생하고, 변호인이 있는 경우라도 반드시 변호인에게 약식명령 등본을 송달해야 하는 것은 아니다.

② 변호인이 정식재판청구서를 제출할 것으로 믿고 피고인이 스스로 적법한 정식재판의 청구기간 내에 정식재판청구서를 제출하지 못하였더라도, 그것이 피고인 또는 대리인이 책임질 수 없는 사유로 인하여 정식재판의 청구기간 내에 정식재판을 청구하지 못한 때에 해당하지 않는다.

③ 검사가 사기죄에 대하여 약식명령의 청구를 한 다음, 피고인이 약식명령의 고지를 받고 정식재판의 청구를 하여 그 사건이 제1심법원에 계속 중일 때, 사기죄의 수단의 일부로 범한 사문서위조 및 동행사죄에 대하여 추가로 공소를 제기하였다면, 일사부재리의 원칙에 위반되므로 공소제기의 절차가 법률의 규정에 위반하여 무효인 때에 해당한다.

④ 약식명령에 대한 정식재판청구가 제기되었음에도 법원이 증거서류 및 증거물을 검사에게 반환하지 않고 보관하고 있다고 하여 그 이전에 이미 적법하게 제기된 공소제기의 절차가 위법하게 되는 것은 아니다.

15

즉결심판절차에 관한 다음 [보기]의 설명 중 옳은 것을 모두 고른 것은? (다툼이 있는 경우 판례에 의함)

| 보기 |

㉠ 즉결심판청구를 받은 지방법원 또는 그 지원의 판사는 사건이 즉결심판을 할 수 없거나 즉결심판절차에 의하여 심판함이 적당하지 아니하다고 인정할 때에는 공판절차에 의하여 심판하여야 한다.

㉡ 경찰서장이 범칙행위에 대하여 통고처분을 하였는데 통고처분에서 정한 범칙금 납부기간이 경과하지 아니한 경우 원칙적으로 즉결심판을 청구할 수 없고 검사도 동일한 범칙행위에 대하여 공소를 제기할 수 없다.

㉢ 사법경찰관 작성의 피의자신문조서에 대하여 피고인 또는 변호인이 그 내용을 인정하지 않는다 하더라도 즉결심판절차에서는 증거능력이 부여된다.

㉣ 경찰서장의 청구에 의해 즉결심판을 받은 피고인으로부터 적법한 정식재판의 청구가 있는 경우 경찰서장의 즉결심판청구는 공소제기와 동일한 소송행위이므로 공판절차에 의하여 심판하여야 한다.

㉤ 피고인이 진로변경방법 위반의 범칙행위로 교통사고를 일으켜 도로교통법상 범칙금납부 통고처분에 따라 범칙금을 납부하였다가 면허벌점 부과가 부당하다는 이유로 이미 납부한 범칙금을 회수한 후 범칙금을 납부하지 아니한 결과 즉결심판절차법에 따라 후속절차가 진행되어 검사가 제기한 공소는 법률의 규정에 위반하여 무효인 경우에 해당한다.

① ㉠㉡㉢㉣

② ㉡㉢㉣

③ ㉡㉢㉣㉤

④ ㉡㉢㉤

16

즉결심판절차에 대한 설명으로 옳지 않은 것은? (다툼이 있는 경우 판례에 의함)

① 즉결심판절차에서는 형사소송법 제310조의 자백의 보강법칙이 적용되지 않는다.

② 즉결심판절차에 의한 심리와 재판의 선고는 공개된 법정에서 행하되, 그 법정은 경찰관서(해양경찰관서를 포함한다) 외의 장소에 설치되어야 한다.

③ 경범죄 처벌법상 통고처분이 이루어진 경우 검사가 동일한 범칙행위에 대하여 공소를 제기할 수 없다.

④ 경찰서장의 청구에 의해 즉결심판을 받은 피고인으로부터 적법한 정식재판의 청구가 있는 경우, 법원으로서는 별도의 공소제기가 있어야 공판절차에 의하여 심판할 수 있다.

17

소년에 대한 형사절차에 관한 다음 [보기]의 내용 중 옳은 것을 모두 고른 것은?

| 보기 |

㉠ 보호처분을 받은 소년에 대하여는 그 심리·결정된 사건은 다시 공소제기할 수 없으나, 다만 보호처분 계속 중 본인이 처분 당시에 19세 이상인 것이 판명된 경우에는 공소제기할 수 있다.

㉡ 보호처분 계속 중에 징역·금고 또는 구류의 선고를 받은 소년에 대하여는 먼저 그 형을 집행한다.

㉢ 징역 또는 금고의 선고를 받은 소년에 대하여는 무기형은 5년, 15년의 유기형은 3년, 부정기형에는 장기의 3분의 1의 기간을 경과하면 가석방을 허가할 수 있다.

㉣ 검사는 소년에 대한 피의사건을 수사한 결과 보호처분에 해당하는 사유가 있다고 인정한 경우에는 사건을 관할 소년부에 송치하여야 한다. 이에 따라서 소년부에 송치된 사건을 조사 또는 심리한 결과 그 동기와 죄질이 금고 이상의 형사처분을 할 필요가 있다고 인정할 때에는 결정으로써 해당 검찰청 검사에게 송치할 수 있다. 이때 송치된 사건은 다시 소년부에 송치할 수 없다.

㉤ 법원은 소년에 대한 피고사건을 심리한 결과 법관의 자유재량에 따라 보호처분에 해당할 사유가 있다고 인정하면 결정으로써 사건을 관할 소년부에 송치하여야 하는데 보호처분에 해당할 사유에 관한 판단은 소년 한 사람 한 사람에 대하여 개별적으로 이루어져야 한다.

① ㉠㉡㉢㉣㉤

② ㉡㉢㉣㉤

③ ㉠㉡㉣㉤

④ ㉠㉡㉣

18

배상명령절차에 대한 설명으로 옳은 것은?

① 배상명령은 제1심 또는 제2심의 형사사건으로 유죄판결을 선고하는 경우 및 면소판결을 선고하는 경우에 가능하다.

② 배상명령의 신청인은 공판절차를 현저히 지연시키지 아니하는 범위에서 재판장의 허가를 받아 소송기록을 열람할 수 있다. 이때 법원의 허가를 받지 못한 때에는 불복신청이 가능하다.

③ 배상명령은 긴급을 요하는 경우 유죄판결 선고 이전에도 할 수 있으며, 가집행할 수 있음을 선고할 수도 있다.

④ 검사는 배상명령 대상 사건으로 공소를 제기한 경우에는 지체 없이 피해자 또는 그 법정대리인에게 배상신청을 할 수 있음을 통지하여야 한다.

19

배상명령절차에 대한 다음 [보기]의 설명 중 옳은 것을 모두 고른 것은?

| 보기 |

㉠ 상소심에서 원심의 유죄판결을 파기하고 무죄, 면소 또는 공소기각의 재판을 할 때에는 원심의 배상명령을 취소해야 하나 이를 하지 않더라도 취소된 것으로 본다.

㉡ 배상명령의 피해 금액이 특정되지 아니한 때에는 법원이 직권으로 조사하여 피해 금액을 특정하여야 한다.

㉢ 배상명령을 하는 것이 타당하지 아니하다고 인정되면 법원은 배상신청을 각하하여야 하는데 이에 대해서는 불복을 신청하지 못하나, 피고인이 배상명령을 받았다면 이에 대해서는 7일 이내에 즉시항고를 할 수 있다.

㉣ 피고인이 사기 피해자와 합의하여 합의서가 제출된 후 실제 피해변제를 하지 않은 경우에도 배상명령을 내릴 수 있다.

㉤ 제1심에서 배상명령신청이 변론종결 후 제기되었다는 이유로 각하된 후 항소심에서 다시 동일한 배상명령신청이 제기되자, 항소심이 배상명령을 한 것은 적법하다.

① ㉠㉡㉢㉣ ② ㉠㉢㉣

③ ㉡㉣㉤ ④ ㉡㉢㉣㉤

20

범죄피해자구조제도에 대한 설명으로 옳지 않은 것은?

① 범죄피해자구조제도란 범죄행위로 인하여 생명·신체·정신적 피해를 입은 국민이 국가로부터 구조를 받을 수 있는 제도를 말한다.

② 범죄피해자구조는 해당 구조대상 범죄피해의 발생을 안 날부터 3년 또는 해당 구조대상 범죄피해가 발생한 날부터 10년 이내에 그 주소지, 거주지 또는 범죄 발생지를 관할하는 지구심의회에 신청하여야 한다.

③ 구조금은 유족구조금·장해구조금 및 중상해구조금으로 구분하며, 일시금으로 지급한다.

④ 「국가배상법」이나 그 밖의 법령에 따른 급여 등을 받을 수 있는 경우에는 대통령령으로 정하는 바에 따라 구조금을 지급하지 아니한다.

MEMO

02

정답 및 해설

제0회 예비고사
제1회 모의고사　　　제2회 모의고사　　　제3회 모의고사　　　제4회 모의고사　　　제5회 모의고사
제6회 모의고사　　　제7회 모의고사　　　제8회 모의고사　　　제9회 모의고사　　　제10회 모의고사
제11회 모의고사　　　제12회 모의고사　　　제13회 모의고사　　　제14회 모의고사　　　제15회 모의고사
제16회 모의고사　　　제17회 모의고사　　　제18회 모의고사　　　제19회 모의고사　　　제20회 모의고사

▶ 전 범위

01	②	02	②	03	④	04	③	05	④
06	④	07	①	08	③	09	④	10	④
11	①	12	②	13	②	14	①	15	②
16	③	17	④	18	④	19	②	20	②

01

정답 ②

② (○) 소년보호사건은 소년의 개선과 교화를 목적으로 하는 것으로서 통상의 형사사건과는 구별되어야 하고, 법원이 소년의 비행사실이 인정되고 보호의 필요성이 있다고 판단하여 소년원 송치처분을 함과 동시에 이를 집행하는 것은 무죄추정원칙과는 무관하다(헌법재판소 2015.12.23, 2014헌마768).

① (×) 지방자치단체의 장이 '공소제기된 후 구금상태에 있는 경우' 부단체장이 그 권한을 대행하도록 규정한 지방자치법의 조항은 무죄추정의 원칙에 위반되지 않는다(헌법재판소 2011.4.28, 2010헌마474).

> [비교] 지방자치단체의 장이 금고 이상의 형을 선고받고 그 형이 확정되지 아니한 경우 부단체장이 그 권한을 대행하도록 규정한 지방자치법의 조항은 무죄추정의 원칙에 위반된다(헌법재판소 2010.9.2, 2010헌마418).

③ (×) 수형자는 형이 확정되어 자유형의 집행을 받고 있다는 점에서 무죄추정을 받고 있는 미결수용자의 지위와는 구별되므로, 수형자에 대한 접견을 일반적 접견권의 본질적 내용을 침해하지 아니하는 범위 내에서 어느 정도까지 제한할 것인지는 원칙적으로 교도소장 등 관계 행정청의 재량에 속한다(헌법재판소 2015.11.26, 2012헌마858).

④ (×) 내용적인 부분은 맞다(헌법재판소 2009.6.25, 2007헌바25). 다만 헌법 제27조 제4항과 형사소송법 제275조의2에서 규정한 것은 피고인이고, 피의자에 대해서는 규정되어 있지 않다.
> [보충] 물론 통설과 판례(헌법재판소 1991.1.28, 91헌마111)는 피의자에게도 무죄추정의 원칙이 적용됨을 당연히 긍정한다.

02

정답 ②

② (○) 조사자증언 제도에 관한 지문이다. 형사소송법 제316조 제1항 전문진술 규정 참조.

① (×) 틀린 부분은 '법무부장관' 부분이다. 나머지는 맞다.

> **검찰청법 제7조의2(검사 직무의 위임 · 이전 및 승계)** ① 검찰총장, 각급 검찰청의 검사장(檢事長) 및 지청장은 소속 검사로 하여금 그 권한에 속하는 직무의 일부를 처리하게 할 수 있다.
> ② 검찰총장, 각급 검찰청의 검사장 및 지청장은 소속 검사의 직무를 자신이 처리하거나 다른 검사로 하여금 처리하게 할 수 있다.

> **검찰청법 제54조(교체임용의 요구)** ① 서장이 아닌 경정 이하의 사법경찰관리가 직무 집행과 관련하여 부당한 행위를 하는 경우 지방검찰청 검사장은 해당 사건의 수사 중지를 명하고, 임용권자에게 그 사법경찰관리의 교체임용을 요구할 수 있다.
> ② 제1항의 요구를 받은 임용권자는 정당한 사유가 없으면 교체임용을 하여야 한다.

③ (×) 나머지는 모두 맞는데, 마지막 부분에 위 범죄들 및 사법경찰관이 송치한 범죄와 관련하여 인지한 각 해당범죄뿐만 아니라 이와 직접 관련성이 있는 범죄도 수사를 개시할 수 있다. 검찰청법 제4조 제1항 제1호 다목 참조.
[보충] 예컨대 경찰공무원이 범한 범죄(동 나목)와 공범에 해당하는 사건(동 다목)도 검사가 수사를 개시할 수 있다.

> **검찰청법 제4조(검사의 직무)** ① 검사는 공익의 대표자로서 다음 각 호의 직무와 권한이 있다. <개정 2020.2.4, 2022.5.9.>
> 1. 범죄수사, 공소의 제기 및 그 유지에 필요한 사항. 다만, 검사가 수사를 개시할 수 있는 범죄의 범위는 다음 각 목과 같다.
>   가. 부패범죄, 경제범죄 등 대통령령으로 정하는 중요 범죄
>   나. 경찰공무원(다른 법률에 따라 사법경찰관리의 직무를 행하는 자를 포함한다) 및 고위공직자범죄수사처 소속 공무원(「고위공직자범죄수사처 설치 및 운영에 관한 법률」에 따른 파견공무원을 포함한다)이 범한 범죄
>   다. 가목·나목의 범죄 및 사법경찰관이 송치한 범죄와 관련하여 인지한 각 해당 범죄와 직접 관련성이 있는 범죄

[참고] 위 검찰청법 제4조 제1항 제1호 가목의 '부패범죄, 경제범죄 등 중요 범죄'는 대통령령(검사의 수사개시 범죄 범위에 관한 규정)이 정하고 있다.

> **검사의 수사개시 범죄 범위에 관한 규정[시행 2022.9.10.] [대통령령 제32902호, 2022.9.8, 일부개정]**
> **제2조(중요 범죄)** 「검찰청법」(이하 "법"이라 한다) 제4조 제1항 제1호 가목에서 "부패범죄, 경제범죄 등 대통령령으로 정하는 중요 범죄"란 다음 각 호의 범죄를 말한다.
> 1. 부패범죄: 다음 각 목의 어느 하나에 해당하는 범죄로서 별표 1에 규정된 죄
>   가. 사무의 공정을 해치는 불법 또는 부당한 방법으로 자기 또는 제3자의 이익이나 손해를 도모하는 범죄
>   나. 직무와 관련하여 그 지위 또는 권한을 남용하는 범죄

다. 범죄의 은폐나 그 수익의 은닉에 관련된 범죄
2. 경제범죄: 생산·분배·소비·고용·금융·부동산·유통·수출입 등 경제의 각 분야에서 경제질서를 해치는 불법 또는 부당한 방법으로 자기 또는 제3자의 경제적 이익이나 손해를 도모하는 범죄로서 별표 2에 규정된 죄
3. 다음 각 목의 어느 하나에 해당하는 죄
가. 무고·도주·범인은닉·증거인멸·위증·허위감정통역·보복범죄 및 배심원의 직무에 관한 죄 등 국가의 사법질서를 저해하는 범죄로서 별표 3에 규정된 죄
나. 개별 법률에서 국가기관으로 하여금 검사에게 고발하도록 하거나 수사를 의뢰하도록 규정된 범죄
[전문개정 2022.9.8.]

④ (×) 검사동일체원칙상 공판절차를 갱신할 필요가 없다. 반면, 판사가 변경된 경우에는 공판절차의 갱신이 필요하다(제301조).

03
정답 ④

④ (×) 같은 사건이 사물관할이 같은 여러 개의 법원에 계속된 때에는 먼저 공소를 받은 법원이 심판하는 것이 원칙이고, 이 경우 관할의 경합으로 인해 심판을 하지 않게 된 법원은 공소기각 결정을 하여야 한다(후단이 틀린 것임).

> **제13조(관할의 경합)** 같은 사건이 사물관할이 같은 여러 개의 법원에 계속된 때에는 먼저 공소를 받은 법원이 심판한다. 다만, 각 법원에 공통되는 바로 위의 상급법원은 검사나 피고인의 신청에 의하여 결정으로 뒤에 공소를 받은 법원으로 하여금 심판하게 할 수 있다.
> **제328조(공소기각의 결정)** ① 다음 경우에는 결정으로 공소를 기각하여야 한다.
> 3. 제12조 또는 제13조의 규정에 의하여 재판할 수 없는 때

① (○) 제1심 형사사건에 관하여 지방법원 본원과 지방법원 지원은 소송법상 별개의 법원이자 각각 일정한 토지관할 구역을 나누어 가지는 대등한 관계에 있으므로, 지방법원 본원과 지방법원 지원 사이의 관할의 분배도 지방법원 내부의 사법행정사무로서 행해진 지방법원 본원과 지원 사이의 단순한 사무분배에 그치는 것이 아니라 소송법상 토지관할의 분배에 해당한다. 그러므로 형사소송법 제4조에 의하여 지방법원 본원에 제1심 토지관할이 인정된다고 볼 특별한 사정이 없는 한, 지방법원 지원에 제1심 토지관할이 인정된다는 사정만으로 당연히 지방법원 본원에도 제1심 토지관할이 인정된다고 볼 수는 없다(대법원 2015.10.15, 2015도1803).

② (○) 치료감호법 제3조 제2항, 제4조 제5항, 제12조 제2항의 내용을 종합해 보면, 단독판사 관할 피고사건의 항소사건이 지방법원 합의부나 지방법원지원 합의부에 계속중일 때 그 변론종결 시까지 청구된 치료감호사건의 관할법원은 고등법원이고, 피고사건의 관할법원도 치료감호사건의 관할을 따라 고등법원이 된다. 따라서 위와 같은 치료감호사건이 지방법원이나 지방법원지원에 청구되어 피고사건 항소심을 담당하는 합의부에 배당된 경우 그 합의부는 치료감호사건과 피고사건을 모두 고등법원에 이송하여야 한다(대법원 2009.11.12, 2009도6946,2009감도24).

③ (○) 제1심에서 합의부 관할사건에 관하여 단독판사 관할사건으로 죄명, 적용법조를 변경하는 공소장변경허가신청서가 제출되자, 합의부가 공소장변경을 허가하는 결정을 하지 않은 채 착오배당을 이유로 사건을 단독판사에게 재배당한 사안에서, 형

사소송법은 제8조 제2항에서 단독판사의 관할사건이 공소장변경에 의하여 합의부 관할사건으로 변경된 경우 합의부로 이송하도록 규정하고 있을 뿐 그 반대의 경우에 관하여는 규정하고 있지 아니하며, '법관 등의 사무분담 및 사건배당에 관한 예규'에서도 이러한 경우를 재배당사유로 규정하고 있지 아니하므로, 사건을 배당받은 합의부는 공소장변경허가결정을 하였는지에 관계없이 사건의 실체에 들어가 심판하였어야 하고 사건을 단독판사에게 재배당할 수 없다(대법원 2013.4.25, 2013도1658).

04
정답 ③

③ (×) 구 공직선거법(2013.8.13. 법률 제12111호로 개정되기 전의 것, 이하 같다)은 제272조의2에서 선거범죄 조사와 관련하여 선거관리위원회 위원·직원이 관계자에게 질문·조사를 할 수 있다고 규정하면서도 진술거부권의 고지에 관하여는 별도의 규정을 두지 않았고, 수사기관의 피의자에 대한 진술거부권 고지를 규정한 형사소송법 제244조의3 제1항이 구 공직선거법상 선거관리위원회 위원·직원의 조사절차에 당연히 유추 적용된다고 볼 수도 없다. 한편 2013.8.13. 법률 제12111호로 개정된 공직선거법은 제272조의2 제7항을 신설하여 선거관리위원회의 조사절차에서 피조사자에게 진술거부권을 고지하도록 하는 규정을 마련하였으나, 그 부칙 제1조는 "이 법은 공포한 날부터 시행한다."고 규정하고 있어 그 시행 전에 이루어진 선거관리위원회의 조사절차에 대하여는 구 공직선거법이 적용된다. 결국 구 공직선거법 시행 당시 선거관리위원회 위원·직원이 선거범죄 조사와 관련하여 관계자에게 질문을 하면서 미리 진술거부권을 고지하지 않았다고 하여 단지 그러한 이유만으로 그 조사절차가 위법하다거나 그 과정에서 작성·수집된 선거관리위원회 문서들의 증거능력이 당연히 부정된다고 할 수는 없다(대법원 2014.1.16, 2013도5441).

① (○) 규칙 제127조 참조.

> **규칙 제127조(피고인에 대한 진술거부권 등의 고지)** 재판장은 법 제284조에 따른 인정신문을 하기 전에 피고인에게 진술을 하지 아니하거나 개개의 질문에 대하여 진술을 거부할 수 있고, 이익 되는 사실을 진술할 수 있음을 알려 주어야 한다.

② (○) 제244조의3 제1항, 제283조의2 제2항, 규칙 제127조 참조.

> **제244조의3(진술거부권 등의 고지)** ① 검사 또는 사법경찰관은 피의자를 신문하기 전에 다음 각 호의 사항을 알려주어야 한다.
> 1. 일체의 진술을 하지 아니하거나 개개의 질문에 대하여 진술을 하지 아니할 수 있다는 것
> 2. 진술을 하지 아니하더라도 불이익을 받지 아니한다는 것
> 3. 진술을 거부할 권리를 포기하고 행한 진술은 법정에서 유죄의 증거로 사용될 수 있다는 것
> 4. 신문을 받을 때에는 변호인을 참여하게 하는 등 변호인의 조력을 받을 수 있다는 것
> **제283조의2(피고인의 진술거부권)** ② 재판장은 피고인에게 제1항과 같이 진술을 거부할 수 있음을 고지하여야 한다.
> **규칙 제127조(피고인에 대한 진술거부권 등의 고지)** 재판장은 법 제284조에 따른 인정신문을 하기 전에 피고인에게 진술을 하지 아니하거나 개개의 질문에 대하여 진술을 거부할 수 있고, 이익 되는 사실을 진술할 수 있음을 알려 주어야 한다.

④ (O) 우리 헌법이 이와 같이 진술거부권을 국민의 기본적 권리로 보장하는 것은 첫째, 피고인 또는 피의자의 인권을 실체적 진실발견이나 사회정의의 실현이라는 국가이익보다 우선적으로 보호함으로써 인간의 존엄성과 가치를 보장하고, 나아가 비인간적인 자백의 강요와 고문을 근절하려는데 있고(헌법재판소 1990.8.27, 89헌가118 참조), 둘째, 피고인 또는 피의자와 검사 사이에 무기평등(武器平等)을 도모하여 공정한 재판의 이념을 실현하려는 데 있다(헌법재판소 1997.3.27, 96헌가11).

05 　　　　　　　　　　　　　　　　　　정답 ④

④ (×) 대표변호인 지정의 신청권자는 피고인 또는 변호인이고, 검사는 해당되지 않는다(제32조의2 제1항).

① (O) 2021.1.1. 시행 대통령령에 의하여 신설된 수사서류 등의 열람·복사규정의 내용이다. 수사준칙 제69조 제1항 참조.

> **수사준칙 제69조(수사서류 등의 열람·복사)** ① 피의자, 사건관계인 또는 그 변호인은 검사 또는 사법경찰관이 수사 중인 사건에 관한 본인의 진술이 기재된 부분 및 본인이 제출한 서류의 전부 또는 일부에 대해 열람·복사를 신청할 수 있다.
> ② 피의자, 사건관계인 또는 그 변호인은 검사가 불기소 결정을 하거나 사법경찰관이 불송치 결정을 한 사건에 관한 기록의 전부 또는 일부에 대해 열람·복사를 신청할 수 있다.
> ③ 피의자 또는 그 변호인은 필요한 사유를 소명하고 고소장, 고발장, 이의신청서, 항고장, 재항고장(이하 "고소장등"이라 한다)의 열람·복사를 신청할 수 있다. 이 경우 열람·복사의 범위는 피의자에 대한 혐의사실 부분으로 한정하고, 그 밖에 사건관계인에 관한 사실이나 개인정보, 증거방법 또는 고소장등에 첨부된 서류 등은 제외한다.
> ④ 체포·구속된 피의자 또는 그 변호인은 현행범인체포서, 긴급체포서, 체포영장, 구속영장의 열람·복사를 신청할 수 있다.
> ⑤ 피의자 또는 사건관계인의 법정대리인, 배우자, 직계친족, 형제자매로서 피의자 또는 사건관계인의 위임장 및 신분관계를 증명하는 문서를 제출한 사람도 제1항부터 제4항까지의 규정에 따라 열람·복사를 신청할 수 있다.
> ⑥ 검사 또는 사법경찰관은 제1항부터 제5항까지의 규정에 따른 신청을 받은 경우에는 해당 서류의 공개로 사건관계인의 개인정보나 영업비밀이 침해될 우려가 있거나 범인의 증거인멸·도주를 용이하게 할 우려가 있는 경우 등 정당한 사유가 있는 경우를 제외하고는 열람·복사를 허용해야 한다.

③ (O) 법 제32조의2 제1항·제2항·제5항

② (O) 법 제32조 제1항 참조. 참고로 관련 기출문제는 2000년 국가직 7급이다.

> **국민의 형사재판 참여에 관한 법률 제7조(필요적 국선변호)** 이 법에 따른 국민참여재판에 관하여 변호인이 없는 때에는 법원은 직권으로 변호인을 선정하여야 한다.

06 　　　　　　　　　　　　　　　　　　정답 ④

④ (O) 증거로 함에 대한 동의의 주체는 소송주체인 당사자라 할 것이지만 변호인은 피고인의 명시한 의사에 반하지 아니하는 한 피고인을 대리하여 증거로 함에 동의할 수 있으므로 피고인이 증거로 함에 동의하지 아니한다고 명시적인 의사표시를 한 경우 이외에는 변호인은 서류나 물건에 대하여 증거로 함에 동

의할 수 있고, 이 경우 변호인의 동의에 대하여 피고인이 즉시 이의하지 아니하는 경우에는 변호인의 동의로 증거능력이 인정되어 증거조사 완료 전까지 그 동의가 취소 또는 철회하지 아니한 이상 일단 부여된 증거능력은 그대로 존속한다(대법원 2005.4.28, 2004도4428).

① (×) 법관에 대한 기피신청이 있는 경우 형사소송법 제22조에 따라 정지되는 소송진행에 판결의 선고는 포함되지 아니하므로(대법원 1987.5.28, 87모10, 1995.1.9, 94모77 등 참조), 피고인이 변론 종결 뒤 재판부에 대한 기피신청을 하였지만, 원심이 소송진행을 정지하지 아니하고 판결을 선고한 것은 정당하다(대법원 2002.11.13, 2002도4893).

② (×) 국민참여재판은 피고인의 희망 의사의 번복에 관한 일정한 제한(법 제8조 제4항)이 있는 외에는 피고인의 의사에 반하여 할 수 없는 것이므로, 제1심법원이 국민참여재판의 대상이 되는 사건임을 간과하여 이에 관한 피고인의 의사를 확인하지 아니한 채 통상의 공판절차로 재판을 진행하였더라도, 피고인이 항소심에서 국민참여재판을 원하지 아니한다고 하면서 위와 같은 제1심의 절차적 위법을 문제 삼지 아니할 의사를 명백히 표시하는 경우에는 그 하자가 치유되어 제1심 공판절차는 전체로서 적법하게 된다고 봄이 상당하고, 다만 국민참여재판제도의 취지와 피고인의 국민참여재판을 받을 권리를 실질적으로 보장하고자 하는 관련 규정의 내용에 비추어 위 권리를 침해한 제1심 공판절차의 하자가 치유된다고 보기 위해서는 법 제8조 제1항, 위 규칙 제3조 제1항에 준하여 피고인에게 국민참여재판절차 등에 관한 충분한 안내가 이루어지고 그 희망 여부에 관하여 숙고할 수 있는 상당한 시간이 사전에 부여되어야 할 것이다(대법원 2013.1.31, 2012도13896).

③ (×) 형사소송법 제282조에 규정된 필요적 변호사건에 해당하는 사건에서 제1심의 공판절차가 변호인 없이 이루어진 경우, 그와 같은 위법한 공판절차에서 이루어진 소송행위는 무효이므로, 이러한 경우 항소심으로서는 변호인이 있는 상태에서 소송행위를 새로이 한 후 위법한 제1심판결을 파기하고, 항소심에서의 진술 및 증거조사 등 심리결과에 기하여 다시 판결하여야 한다(대법원 2008.6.12, 2008도2621).

07 　　　　　　　　　　　　　　　　　　정답 ①

① (×) 법원은 검사가 공소를 제기한 범죄사실을 심판하는 것이지 고소권자가 고소한 내용을 심판하는 것이 아니므로, 고소권자가 비친고죄로 고소한 사건이더라도 검사가 사건을 친고죄로 구성하여 공소를 제기하였다면 공소장 변경절차를 거쳐 공소사실이 비친고죄로 변경되지 아니하는 한, 법원으로서는 친고죄에서 소송조건이 되는 고소가 유효하게 존재하는지를 직권으로 조사·심리하여야 한다(대법원 2015.11.17, 2013도7987).

② (O) 헌법재판소 2011.2.24, 2008헌바56

③ (O) 포괄일죄에 관한 기존 처벌법규에 대하여 그 표현이나 형량과 관련한 개정을 하는 경우가 아니라 애초에 죄가 되지 아니하던 행위를 구성요건의 신설로 포괄일죄의 처벌대상으로 삼는 경우에는 신설된 포괄일죄 처벌법규가 시행되기 이전의 행위에 대하여는 신설된 법규를 적용하여 처벌할 수 없다(형법 제1조 제1항). 이는 신설된 처벌법규가 상습범을 처벌하는 구성요건인 경우에도 마찬가지라고 할 것이므로, 구성요건이 신설된 상습강제추행죄가 시행되기 이전의 범행은 상습강제추행죄로

는 처벌할 수 없고 행위시법에 기초하여 강제추행죄로 처벌할 수 있을 뿐이며, 이 경우 그 소추요건도 상습강제추행죄에 관한 것이 아니라 강제추행죄에 관한 것이 구비되어야 한다(대법원 2016.1.28, 2015도15669).

④ (○) 「형사소송법」 제230조 제1항 본문은 "친고죄에 대하여는 범인을 알게 된 날로부터 6월을 경과하면 고소하지 못한다"고 규정하고 있는바, 여기서 범인을 알게 된다 함은 통상인의 입장에서 보아 고소권자가 고소를 할 수 있을 정도로 범죄사실과 범인을 아는 것을 의미하고, 범죄사실을 안다는 것은 고소권자가 친고죄에 해당하는 범죄의 피해가 있었다는 사실관계에 관하여 확정적인 인식이 있음을 말한다(대법원 2010.7.15, 2010도4680).

08 　　　　　　　　　　　　　　　　　　　　　정답 ③

③ (×) 신문 중에는 부당한 신문방법에 대해서는 이의제기가 가능하나, 의견진술에는 검사 또는 사법경찰관의 승인이 필요하다.

① (○) 제243조의2 제1항

② (○) 수사준칙 제13조 제1항 참조.

> **수사준칙 제13조(변호인의 피의자신문 참여·조력)** ① 검사 또는 사법경찰관은 피의자신문에 참여한 변호인이 피의자의 옆자리 등 실질적인 조력을 할 수 있는 위치에 앉도록 해야 하고, 정당한 사유가 없으면 피의자에 대한 법적인 조언·상담을 보장해야 하며, 법적인 조언·상담을 위한 변호인의 메모를 허용해야 한다.
> ② 검사 또는 사법경찰관은 피의자에 대한 신문이 아닌 단순 면담 등이라는 이유로 변호인의 참여·조력을 제한해서는 안 된다.
> ③ 제1항 및 제2항은 검사 또는 사법경찰관의 사건관계인에 대한 조사·면담 등의 경우에도 적용한다.

④ (○) 수사준칙 제14조 제1항 참조.

> **수사준칙 제14조(변호인의 의견진술)** ① 피의자신문에 참여한 변호인은 검사 또는 사법경찰관의 신문 후 조서를 열람하고 의견을 진술할 수 있다. 이 경우 변호인은 별도의 서면으로 의견을 제출할 수 있으며, 검사 또는 사법경찰관은 해당 서면을 사건기록에 편철한다.
> ② 피의자신문에 참여한 변호인은 신문 중이라도 검사 또는 사법경찰관의 승인을 받아 의견을 진술할 수 있다. 이 경우 검사 또는 사법경찰관은 정당한 사유가 있는 경우를 제외하고는 변호인의 의견진술 요청을 승인해야 한다.
> ③ 피의자신문에 참여한 변호인은 제2항에도 불구하고 부당한 신문방법에 대해서는 검사 또는 사법경찰관의 승인 없이 이의를 제기할 수 있다.
> ④ 검사 또는 사법경찰관은 제1항부터 제3항까지의 규정에 따른 의견진술 또는 이의제기가 있는 경우 해당 내용을 조서에 적어야 한다.

09 　　　　　　　　　　　　　　　　　　　　　정답 ④

④ (×) 형사소송법 제197조의2 제1항에 따른 보완수사의 요구를 받은 사법경찰관과 검사 사이에 형사소송법 제197조의2 제2항의 '정당한 이유의 유무'에 대하여 이견의 조정이 필요한 경우에는 상대방의 협의요청에 응해야 하며(검사와 사법경찰관의 상호협력과 일반적 수사준칙에 관한 규정 제8조 제1항 제2문), 이때 해당 검사와 사법경찰관의 협의에도 불구하고 이견이 해

소되지 않는 경우에는 해당 검사가 소속된 검찰청의 장과 해당 사법경찰관이 소속된 경찰관서의 장의 협의에 따른다(검사와 사법경찰관의 상호협력과 일반적 수사준칙에 관한 규정 제8조 제2항).

> **수사준칙 제8조(검사와 사법경찰관의 협의)** ① 검사와 사법경찰관은 수사와 사건의 송치, 송부 등에 관한 이견의 조정이나 협력 등이 필요한 경우 서로 협의를 요청할 수 있다. 이 경우 특별한 사정이 없으면 상대방의 협의 요청에 응해야 한다. <개정 2023.10.17.>
> ② 제1항에 따른 협의에도 불구하고 이견이 해소되지 않는 경우로서 다음 각 호의 어느 하나에 해당하는 경우에는 해당 검사가 소속된 검찰청의 장과 해당 사법경찰관이 소속된 경찰관서(지방해양경찰관서를 포함한다. 이하 같다)의 장의 협의에 따른다. <개정 2023.10.17.>
> 1. 중요사건에 관하여 상호 의견을 제시·교환하는 것에 대해 이견이 있거나 제시·교환한 의견의 내용에 대해 이견이 있는 경우
> 2. 「형사소송법」(이하 "법"이라 한다) 제197조의2 제2항 및 제3항에 따른 정당한 이유의 유무에 대해 이견이 있는 경우
> 3. 법 제197조의4 제2항 단서에 따라 사법경찰관이 계속 수사할 수 있는지 여부나 사법경찰관이 계속 수사할 수 있는 경우 수사를 계속할 주체 또는 사건의 이송 여부 등에 대해 이견이 있는 경우
> 4. 법 제245조의8 제2항에 따른 재수사의 결과에 대해 이견이 있는 경우
> （→ 검/경이 협의 안 되면 소속 장이 만나라）

① (○), ② (○) 제197조의2 제1항·제2항 참조.

> **제197조의2(보완수사요구)** ① 검사는 다음 각 호의 어느 하나에 해당하는 경우에 사법경찰관에게 보완수사를 요구할 수 있다.
> 1. 송치사건의 공소제기 여부 결정 또는 공소의 유지에 관하여 필요한 경우
> 2. 사법경찰관이 신청한 영장의 청구 여부 결정에 관하여 필요한 경우
> （→ 기소/영장은 보완수사 ○）
> ② 사법경찰관은 제1항의 요구가 있는 때에는 정당한 이유가 없는 한 지체 없이 이를 이행하고, 그 결과를 검사에게 통보하여야 한다.
> ③ 검찰총장 또는 각급 검찰청 검사장은 사법경찰관이 정당한 이유 없이 제1항의 요구에 따르지 아니하는 때에는 권한 있는 사람에게 해당 사법경찰관의 직무배제 또는 징계를 요구할 수 있고, 그 징계 절차는 「공무원 징계령」 또는 「경찰공무원 징계령」에 따른다.

③ (○) 수사를 함에 있어서 검·경 간에 이견 조정이나 협력 등이 필요한 경우 상호 협의를 요청할 수 있다(수사준칙 제8조 제1항 본문).

[보충] 여기서 더 나아가 검사의 보완수사요구에 대한 사법경찰관의 보완수사 이행 여부에 관한 정당한 이유의 유무에 대한 이견이 있을 때(동항 단서 제2호)와 같은 경우 등에는 상대방의 협의 요청에 응해야 한다.

10 정답 ④

③ (○), ④ (×) 수사기관이 범죄 증거를 수집할 목적으로 피의자의 동의 없이 피의자의 소변을 채취하는 것은 법원으로부터 감정허가장을 받아 형사소송법 제221조의4 제1항, 제173조 제1항에서 정한 '감정에 필요한 처분'으로 할 수 있지만(피의자를 병원 등에 유치할 필요가 있는 경우에는 형사소송법 제221조의3에 따라 법원으로부터 감정유치장을 받아야 한다), 형사소송법 제219조, 제106조 제1항, 제109조에 따른 압수·수색의 방법으로도 할 수 있다. 이러한 압수·수색의 경우에도 수사기관은 원칙적으로 형사소송법 제215조에 따라 판사로부터 압수·수색영장을 적법하게 발부받아 집행해야 한다(이상 ③번의 해설). 압수·수색의 방법으로 소변을 채취하는 경우 압수대상물인 피의자의 소변을 확보하기 위한 수사기관의 노력에도 불구하고, 피의자가 인근 병원 응급실 등 소변 채취에 적합한 장소로 이동하는 것에 동의하지 않거나 저항하는 등 임의동행을 기대할 수 없는 사정이 있는 때에는 수사기관으로서는 소변 채취에 적합한 장소로 피의자를 데려가기 위해서 필요 최소한의 유형력을 행사하는 것이 허용된다. 이는 형사소송법 제219조, 제120조 제1항에서 정한 '압수·수색영장의 집행에 필요한 처분'에 해당한다고 보아야 한다(따라서 ④가 틀림). 그렇지 않으면 피의자의 신체와 건강을 해칠 위험이 적고 피의자의 굴욕감을 최소화하기 위하여 마련된 절차에 따른 강제 채뇨가 불가능하여 압수영장의 목적을 달성할 방법이 없기 때문이다(이상 ④번의 해설)(대법원 2018.7.12, 2018도6219).

① (○) 범행 중 또는 범행 직후의 범죄 장소에서 긴급을 요하여 법원 판사의 영장을 받을 수 없는 때에는 영장 없이 압수·수색 또는 검증을 할 수 있으나, 사후에 지체 없이 영장을 받아야 한다(형사소송법 제216조 제3항). 형사소송법 제216조 제3항의 요건 중 어느 하나라도 갖추지 못한 경우에 그러한 압수·수색 또는 검증은 위법하며, 이에 대하여 사후에 법원으로부터 영장을 발부받았다고 하여 그 위법성이 치유되지 아니한다(대법원 2012.2.9, 2009도14884; 2017.11.29, 2014도16080).
[보충] 형사소송법 제216조 제3항이 정한 '긴급을 요하여 법원 판사의 영장을 받을 수 없는 때'의 요건을 갖추지 못하였다면 적법한 직무집행으로 볼 수 없다고 사례이다.

② (○) 형사소송법 제218조의2 제1항은 '검사는 사본을 확보한 경우 등 압수를 계속할 필요가 없다고 인정되는 압수물 및 증거에 사용할 압수물에 대하여 공소제기 전이라도 소유자, 소지자, 보관자 또는 제출인의 청구가 있는 때에는 환부 또는 가환부하여야 한다'고 규정하고 있다. 따라서 검사는 증거에 사용할 압수물에 대하여 가환부의 청구가 있는 경우 가환부를 거부할 수 있는 특별한 사정이 없는 한 가환부에 응하여야 한다(대법원 2017.9.29, 2017모236).

11 정답 ①

① (×) 2019.12.31. 개정법에 의하여 피의자 수색에 적용되는 영장주의의 예외는 긴급성 요건이 구비된 경우에 한정되게 되었다. 구체적으로 "영장에 의한 체포와 구속을 하는 경우의 피의자 수색은 미리 수색영장을 발부받기 어려운 긴급한 사정이 있는 때에 한정한다." 위 지문에서는 "긴급체포와 현행범인체포"가 포함되어 있어 틀린 것이다. 긴급체포와 현행범인체포는 그 자체가 이미 긴급성 요건이 충족된 경우이어서 피의자 수색에 있

어 별도의 긴급성이 필요치 않은 것이다. 2019.12.31. 개정 제216조 제1항 제1호의 내용이다.

> 제216조(영장에 의하지 아니한 강제처분) ① 검사 또는 사법경찰관은 제200조의2·제200조의3·제201조 또는 제212조의 규정에 의하여 피의자를 체포 또는 구속하는 경우에 필요한 때에는 영장 없이 다음 처분을 할 수 있다.
> 1. 타인의 주거나 타인이 간수하는 가옥, 건조물, 항공기, 선차 내에서의 피의자 수색. 다만, 제200조의2 또는 제201조에 따라 피의자를 체포 또는 구속하는 경우의 피의자 수색은 미리 수색영장을 발부받기 어려운 긴급한 사정이 있는 때에 한정한다. <개정 2019.12.31.>

② (○) 피의자가 동행을 거부하는 의사를 표시하였음에도 불구하고 경찰관들이 영장에 의하지 아니하고 피의자를 강제로 연행한 행위는 수사상의 강제처분에 관한 형사소송법상의 절차를 무시한 채 이루어진 것으로 위법한 체포에 해당하고, 이와 같이 위법한 체포상태에서 마약 투약 혐의를 확인하기 위한 채뇨 요구가 이루어진 경우, 채뇨 요구를 위한 위법한 체포와 그에 이은 채뇨 요구는 마약 투약이라는 범죄행위에 대한 증거 수집을 위하여 연속하여 이루어진 것으로서 개별적으로 그 적법 여부를 평가하는 것은 적절하지 아니하므로 그 일련의 과정을 전체적으로 보아 위법한 채뇨 요구가 있었던 것으로 볼 수밖에 없다(대법원 2013.3.14, 2012도13611).

③ (○) 수사기관의 전자정보에 대한 압수·수색은 ㉠ 원칙적으로 영장 발부의 사유로 된 범죄혐의사실과 관련된 부분만을 문서 출력물로 수집하거나 수사기관이 휴대한 정보저장매체에 해당 파일을 복제하는 방식으로 이루어져야 하고, ㉡ 정보저장매체 자체를 직접 반출하거나 저장매체에 들어 있는 전자파일 전부를 하드카피나 이미징 등 형태(이하 '복제본'이라 한다)로 수사기관 사무실 등 외부로 반출하는 방식으로 압수·수색하는 것은 현장의 사정이나 전자정보의 대량성으로 인하여 관련 정보 획득에 긴 시간이 소요되거나 전문 인력에 의한 기술적 조치가 필요한 경우 등 범위를 정하여 출력 또는 복제하는 방법이 불가능하거나 압수의 목적을 달성하기에 현저히 곤란하다고 인정되는 때에 한하여 예외적으로 허용될 수 있을 뿐이다. 위와 같은 법리는 정보저장매체에 해당하는 임의제출물의 압수(형사소송법 제218조)에도 마찬가지로 적용된다. 임의제출물의 압수는 압수물에 대한 수사기관의 점유 취득이 제출자의 의사에 따라 이루어진다는 점에서 차이가 있을 뿐 범죄혐의를 전제로 한 수사 목적이나 압수의 효력은 영장에 의한 경우와 동일하기 때문이다. 따라서 수사기관은 특정 범죄혐의와 관련하여 전자정보가 수록된 정보저장매체를 임의제출받아 그 안에 저장된 전자정보를 압수하는 경우 그 동기가 된 범죄혐의사실과 관련된 전자정보의 출력물 등을 임의제출받아 압수하는 것이 원칙이다. 다만 현장의 사정이나 전자정보의 대량성과 탐색의 어려움 등의 이유로 범위를 정하여 출력 또는 복제하는 방법이 불가능하거나 압수의 목적을 달성하기에 현저히 곤란하다고 인정되는 때에 한하여 예외적으로 정보저장매체 자체나 복제본을 임의제출받아 압수할 수 있다(대법원 2021.11.18, 2016도348 전원합의체).

④ (○) 형사소송법 제219조, 제121조는 '수사기관이 압수·수색영장을 집행할 때에는 피압수자 또는 변호인은 그 집행에 참여할 수 있다.'고 정하고 있다. 저장매체에 대한 압수·수색 과정에서 범위를 정하여 출력·복제하는 방법이 불가능하거나 압수의 목적을 달성하기에 현저히 곤란한 예외적인 사정이 인정되어

전자정보가 담긴 저장매체, 하드카피나 이미징(imaging) 등 형태(이하 '복제본'이라 한다)를 수사기관 사무실 등으로 옮겨 복제·탐색·출력하는 경우에도, 피압수자나 변호인에게 참여 기회를 보장하고 혐의사실과 무관한 전자정보의 임의적인 복제 등을 막기 위한 적절한 조치를 취하는 등 영장주의 원칙과 적법절차를 준수하여야 한다. 만일 그러한 조치를 취하지 않았다면 압수·수색이 적법하다고 평가할 수 없다. 다만 피압수자 측이 위와 같은 절차나 과정에 참여하지 않는다는 의사를 명시적으로 표시하였거나 절차 위반행위가 이루어진 과정의 성질과 내용 등에 비추어 피압수자에게 절차 참여를 보장한 취지가 실질적으로 침해되었다고 볼 수 없는 경우에는 압수·수색의 적법성을 부정할 수 없다. 이는 수사기관이 저장매체 또는 복제본에서 혐의사실과 관련된 전자정보만을 복제·출력한 경우에도 마찬가지이다(대법원 2019.7.11, 2018도20504).

12 정답 ②

② (O) 원심이 증인신문절차의 공개금지사유로 삼은 사정이 '국가의 안녕질서를 방해할 우려가 있는 때'에 해당하지 아니하고, 달리 헌법 제109조, 법원조직법 제57조 제1항이 정한 공개금지사유를 찾아볼 수도 없어, 원심의 공개금지결정은 피고인의 공개재판을 받을 권리를 침해한 것으로서 그 절차에 의하여 이루어진 증인의 증언은 증거능력이 없다(대법원 2005.10.28, 2005도5854).

① (×) 형사소송법 제215조에 의한 압수·수색영장은 수사기관의 압수·수색에 대한 허가장으로서 거기에 기재되는 유효기간은 집행에 착수할 수 있는 종기를 의미하는 것일 뿐이므로, 수사기관이 압수·수색영장을 제시하고 집행에 착수하여 압수·수색을 실시하고 그 집행을 종료하였다면 이미 그 영장은 목적을 달성하여 효력이 상실되는 것이고, 동일한 장소 또는 목적물에 대하여 다시 압수·수색할 필요가 있는 경우라면 그 필요성을 소명하여 법원으로부터 새로운 압수·수색영장을 발부 받아야 하는 것이지, 앞서 발부 받은 압수·수색영장의 유효기간이 남아 있다고 하여 이를 제시하고 다시 압수·수색을 할 수는 없다(대법원 1999.12.1, 99모161).

③ (×) 마약 투약 혐의를 받고 있던 피고인이 임의동행을 거부하겠다는 의사를 표시하였는데도 경찰관들이 피고인을 영장 없이 강제로 연행한 상태에서 마약 투약 여부의 확인을 위한 1차 채뇨절차가 이루어졌는데, 그 후 피고인의 소변 등 채취에 관한 압수영장에 기하여 2차 채뇨절차가 이루어지고 그 결과를 분석한 소변 감정서 등이 증거로 제출된 경우, ㉠ 피고인을 강제로 연행한 조치는 위법한 체포에 해당하고, 위법한 체포상태에서 이루어진 채뇨 요구 또한 위법하므로 그에 의하여 수집된 '소변검사시인서'는 유죄 인정의 증거로 삼을 수 없으나, 한편 ㉡ 연행 당시 피고인이 마약을 투약한 것이거나 자살할지도 모른다는 취지의 구체적 제보가 있었던 데다가, 피고인이 경찰관 앞에서 바지와 팬티를 내리는 등 비상식적인 행동을 하였던 사정 등에 비추어 피고인에 대한 긴급한 구호의 필요성이 전혀 없었다고 볼 수 없는 점, 경찰관들은 임의동행시점으로부터 얼마 지나지 아니하여 체포의 이유와 변호인 선임권 등을 고지하면서 피고인에 대한 긴급체포의 절차를 밟는 등 절차의 잘못을 시정하려고 한 바 있어, 경찰관들의 위와 같은 임의동행조치는 단지 수사의 순서를 잘못 선택한 것이라고 할 수 있지만 관련 법규

정으로부터의 실질적 일탈 정도가 헌법에 규정된 영장주의 원칙을 현저히 침해할 정도에 이르렀다고 보기 어려운 점 등에 비추어 볼 때, 위와 같은 2차적 증거 수집이 위법한 체포·구금절차에 의하여 형성된 상태를 직접 이용하여 행하여진 것으로는 쉽사리 평가할 수 없으므로, 이와 같은 사정은 체포과정에서의 절차적 위법과 2차적 증거 수집 사이의 인과관계를 희석하게 할 만한 정황에 속하고, 메스암페타민 투약 범행의 중대성도 아울러 참작될 필요가 있는 점 등 제반 사정을 고려할 때 2차적 증거인 소변 감정서 등은 증거능력이 인정된다(대법원 2013.3.14, 2012도13611).

④ (×) 변호인이 주장하는 불법연행 등 각 위법사유가 사실이라고 하더라도 그 위법한 절차에 의하여 수집된 증거를 배제할 이유는 될지언정 공소제기의 절차자체가 위법하여 무효인 경우에 해당한다고 볼 수 없다(대법원 1990.9.25, 90도1586).

13 정답 ②

② ㉡㉢

㉠ (×) 피고인들이 제1회 공판기일에 불출석하였으나 제2회 공판기일에는 출석하였으므로 원심으로서는 피고인들이 제3회 공판기일에 불출석하였다고 하여 바로 개정할 수 없고 제4회 공판기일을 다시 정하여 제4회 공판기일에도 불출석한 때 비로소 피고인들의 출석 없이 개정할 수 있다고 할 것이다. 그럼에도 원심은 피고인들이 2회 이상 계속하여 불출석한 것으로 보고 피고인들의 출석 없이 제3회 공판기일을 개정하였으니, 거기에는 형사소송법 제365조 등 소송절차에 관한 법령을 위반하여 판결에 영향을 미친 위법이 있다(대법원 2016.4.29, 2016도2210).

> **제365조(피고인의 출정)** ① 피고인이 공판기일에 출정하지 아니한 때에는 다시 기일을 정하여야 한다.
> ② 피고인이 정당한 사유 없이 다시 정한 기일에 출정하지 아니한 때에는 피고인의 진술없이 판결을 할 수 있다.

㉡ (O) 소송촉진 등에 관한 특례법 제23조 참조.

> **소송촉진 등에 관한 특례법 제23조(제1심 공판의 특례)** 제1심 공판절차에서 피고인에 대한 송달불능보고서(送達不能報告書)가 접수된 때부터 6개월이 지나도록 피고인의 소재(所在)를 확인할 수 없는 경우에는 대법원규칙으로 정하는 바에 따라 피고인의 진술 없이 재판할 수 있다. 다만, 사형, 무기 또는 장기(長期) 10년이 넘는 징역이나 금고에 해당하는 사건의 경우에는 그러하지 아니하다.

㉢ (×) 형사소송법 제303조는 "재판장은 검사의 의견을 들은 후 피고인과 변호인에게 최종의 의견을 진술할 기회를 주어야 한다."라고 정하고 있으므로, 최종의견 진술의 기회는 피고인과 변호인 모두에게 주어져야 한다. 이러한 최종의견 진술의 기회는 피고인과 변호인의 소송법상 권리로서 피고인과 변호인이 사실관계의 다툼이나 유리한 양형사유를 주장할 수 있는 마지막 기회이므로, 피고인이나 변호인에게 최종의견 진술의 기회를 주지 아니한 채 변론을 종결하고 판결을 선고하는 것은 소송절차의 법령위반에 해당한다(대법원 2018.3.29, 2018도327).

㉣ (×) 종결한 변론을 재개하느냐의 여부는 법원의 재량에 속하는 사항으로서 원심이 변론종결 후 선임된 변호인의 변론재개신청을 들어주지 아니하였다 하여 심리미진의 위법이 있는 것은 아니다(대법원 1986.6.10, 86도769).

ⓜ (○) 당사자의 증거신청에 대한 법원의 채택 여부의 결정은 판결 전의 소송절차에 관한 결정으로서 이의신청(증거결정이 법령에 위반된 경우에 한하여 이의신청 허용, 규칙 제135조의2)을 하는 외에는 달리 증거결정에 관해서만 독립하여 불복할 수 있는 방법이 없고(제403조), 다만 채증법칙 오인으로 말미암아 사실을 오인하여 판결에 영향을 미치기에 이른 경우에만 이를 상소의 이유로 삼아 상급심 법원의 통제를 받을 수 있을 뿐이다(대법원 1990.6.8, 90도646). 즉, 법원의 증거결정에 대해서는 항고할 수 없다.

14 정답 ①

① (×) 수사기관에서 진술한 참고인이 법정에서 증언을 거부하여 피고인이 반대신문을 하지 못한 경우에는 정당하게 증언거부권을 행사한 것이 아니라도, 피고인이 증인의 증언거부 상황을 초래하였다는 등의 특별한 사정이 없는 한 형사소송법 제314조의 '그 밖에 이에 준하는 사유로 인하여 진술할 수 없는 때'에 해당하지 않는다고 보아야 한다. 따라서 증인이 정당하게 증언거부권을 행사하여 증언을 거부한 경우와 마찬가지로 수사기관에서 그 증인의 진술을 기재한 서류는 증거능력이 없다. 다만 피고인이 증인의 증언거부 상황을 초래하였다는 등의 특별한 사정이 있는 경우에는 형사소송법 제314조의 적용을 배제할 이유가 없다. 이러한 경우까지 형사소송법 제314조의 '그 밖에 이에 준하는 사유로 인하여 진술할 수 없는 때'에 해당하지 않는다고 보면 사건의 실체에 대한 심증 형성은 법관의 면전에서 본래증거에 대한 반대신문이 보장된 증거조사를 통하여 이루어져야 한다는 실질적 직접심리주의와 전문법칙에 대하여 예외를 정한 형사소송법 제314조의 취지에 반하고 정의의 관념에도 맞지 않기 때문이다(대법원 2019.11.21, 2018도13945 전원합의체).

② (○) 형사소송법 제312조 제1항에서 정한 '검사가 작성한 피의자신문조서'란 당해 피고인에 대한 피의자신문조서만이 아니라 당해 피고인과 공범관계에 있는 다른 피고인이나 피의자에 대하여 검사가 작성한 피의자신문조서도 포함되고, 여기서 말하는 '공범'에는 형법 총칙의 공범 이외에도 서로 대항된 행위의 존재를 필요로 할 뿐 각자의 구성요건을 실현하고 별도의 형벌 규정에 따라 처벌되는 강학상 필요적 공범 또는 대향범까지 포함한다. 따라서 피고인이 자신과 공범관계에 있는 다른 피고인이나 피의자에 대하여 검사가 작성한 피의자신문조서의 내용을 부인하는 경우에는 형사소송법 제312조 제1항에 따라 유죄의 증거로 쓸 수 없다(대법원 2023.6.1, 2023도3741).

③ (○) 조세범칙조사를 담당하는 세무공무원이 피고인이 된 혐의자 또는 참고인에 대하여 심문한 내용을 기재한 조서는 검사·사법경찰관 등 수사기관이 작성한 조서와 동일하게 볼 수 없으므로 형사소송법 제312조에 따라 증거능력의 존부를 판단할 수는 없고, 피고인 또는 피고인이 아닌 자가 작성한 진술서나 그 진술을 기재한 서류에 해당하므로 형사소송법 제313조에 따라 공판준비 또는 공판기일에서 작성자·진술자의 진술에 따라 성립의 진정함이 증명되고 나아가 그 진술이 특히 신빙할 수 있는 상태 아래에서 행하여진 때에 한하여 증거능력이 인정된다(대법원 2022.12.15, 2022도8824).

④ (○) 전문진술이 기재된 조서는 형사소송법 제312조 또는 제314조에 따라 증거능력이 인정될 수 있는 경우에 해당하여야 함은 물론 형사소송법 제316조 제2항에 따른 요건을 갖추어야 예

외적으로 증거능력이 있다(대법원 2017.7.18, 2015도12981, 2015전도218).

15 정답 ②

② (×) 진술증거의 임의성에 관하여 의심할 만한 사정이 나타나 있는 경우에는 법원은 직권으로 그 임의성 여부에 관하여 조사를 하여야 하고, 임의성이 인정되지 아니하여 증거능력이 없는 진술증거는 피고인이 증거로 함에 동의하더라도 증거로 삼을 수 없다(대법원 2006.11.23, 2004도7900).

① (○) 유죄의 자료가 되는 것으로 제출된 증거의 반대증거 서류에 대하여는 그것이 유죄사실을 인정하는 증거가 되는 것이 아닌 이상 반드시 그 진정성립이 증명되지 아니하거나 이를 증거로 함에 있어서의 상대방의 동의가 없다고 하더라도 증거판단의 자료로 할 수 있다(대법원 1981.12.22, 80도1547).

③ (○) 이 사건이 필요적 변론사건이라 하여도 피고인(관련 공동 피고인들 포함)이 재판거부의 의사를 표시하고 재판장의 허가 없이 퇴정하고 변호인 마저 이에 동조하여 퇴정해 버린 것은 모두 피고인측의 방어권의 남용 내지 변호권의 포기로 볼 수밖에 없는 것이어서 수소법원으로서는 형사소송법 제330조에 의하여 피고인이나 변호인의 재정 없이도 심리판결 할 수 있는 것이고, 또 공판심리는 사실심리와 증거조사가 행해지게 마련인데 이와 같이 피고인과 변호인들이 출석하지 않은 상태에서 증거조사를 할 수밖에 없는 경우에는 형사소송법 제318조 제2항의 규정상 피고인의 진의와는 관계없이 형사소송법 제318조 제1항의 동의가 있는 것으로 간주하게 되어 있는 것이다(대법원 1991.6.28, 91도865).

④ (○) 증거동의의 의사표시는 증거조사가 완료되기 전까지 취소 또는 철회할 수 있으나, 일단 증거조사가 완료된 뒤에는 취소 또는 철회가 인정되지 아니하므로 취소 또는 철회 전에 이미 취득한 증거능력은 상실되지 아니한다(대법원 2015.8.27, 2015도3467).

16 정답 ③

③ ⓛⓒⓜ

ⓐ (○) 사법경찰리 작성의 피고인에 대한 피의자신문조서와 피고인이 작성한 자술서들은 모두 검사가 유죄의 자료로 제출한 증거들로서 피고인이 각 그 내용을 부인하는 이상 증거능력이 없으나 그러한 증거라 하더라도 그것이 임의로 작성된 것이 아니라고 의심할 만한 사정이 없는 한 피고인의 법정에서의 진술을 탄핵하기 위한 반대증거로 사용할 수 있다(대법원 1998.2.27, 97도1770).

ⓑ (×) 피고인의 진술을 원진술로 하는 전문진술에 해당하여 형사소송법 제316조 제1항이 적용되므로, 전문진술자가 진술한 피고인의 원진술이 특히 신빙할 수 있는 상태하에서 행하여졌음이 증명된 때에는 그 증거능력을 인정할 수 있다.
  [보충] 위 지문은 형사소송법 제316조 제2항의 요건인 원진술자의 진술 불능을 표현한 것으로서 틀린 것이다.

ⓒ (×) 甲과 乙이 모두 공소사실을 자백하고 있다면 공범인 공동 피고인의 진술은 상호간에 보강증거로 인정되므로, 甲과 乙 모두에게 유죄를 선고할 수 있다.

형사소송법 제310조 소정의 "피고인의 자백"에 공범인 공동

피고인의 진술은 포함되지 아니하므로 공범인 공동피고인의 진술은 다른 공동피고인에 대한 범죄사실을 인정하는 증거로 할 수 있는 것일 뿐만 아니라 공범인 공동피고인들의 각 진술은 상호간에 서로 보강증거가 될 수 있다(대법원 1990.10.30, 90도1939).

ㄹ (O) 공범자인 공동피고인의 공판정에서의 자백은 증거능력이 있다. 또한 형사소송법 제310조의 피고인의 자백에는 공범인 공동피고인의 진술이 포함되지 아니하므로 공범인 공동피고인의 진술은 다른 공동피고인에 대한 범죄사실을 인정하는데 있어서 증거로 쓸 수 있다(대법원 1986.10.28, 86도1773).

ㅁ (X) 형사소송법 제323조 제1항에 의하면, 형의 선고를 하는 때에는 판결이유에 범죄될 사실, 증거의 요지와 법령의 적용을 명시하여야 한다. 교사범·종범은 정범의 범죄사실도 명시하여야 한다.

> 대저, 정범의 성립은 교사범, 방조범의 구성요건의 일부를 형성하고 교사범, 방조범이 성립함에는 먼저 정범의 범죄행위가 인정되는 것이 그 전제요건이 되는 것은 공범의 종속성에 연유하는 당연한 귀결이며, 따라서 교사범, 방조범의 사실 적시에 있어서도 정범의 범죄 구성요건이 되는 사실 전부를 적시하여야 하고, 이 기재가 없는 교사범, 방조범의 사실 적시는 죄가 되는 사실의 적시라고 할 수 없다(대법원 1981.11.24, 81도2422).

17
정답 ④

④ ㄱ(X), ㄴ(X), ㄷ(X), ㄹ(O), ㅁ(X)

ㄱ (X) 위헌결정으로 인하여 형벌에 관한 법률 또는 법률조항이 소급하여 그 효력을 상실한 경우에는 당해 조항을 적용하여 공소가 제기된 피고사건은 범죄로 되지 아니한 때에 해당한다고 할 것이어서 법원은 그 피고사건에 대하여 형사소송법 제325조 전단에 따라 무죄를 선고하여야 한다(대법원 2011.9.29, 2009도12515).

ㄴ (X) 소년법 제30조의 보호처분을 받은 사건과 동일한 사건에 대하여 다시 공소제기가 되었다면 동조의 보호처분은 확정판결이 아니고 따라서 기판력도 없으므로 이에 대하여 면소판결을 할 것이 아니라 공소제기절차가 동법 제47조의 규정에 위배하여 무효인 때에 해당한 경우이므로 공소기각의 판결을 하여야 한다(대법원 1985.5.28, 85도21).

ㄷ (X) 상습범으로서 포괄적 일죄의 관계에 있는 여러 개의 범죄사실 중 일부에 대하여 유죄판결이 확정된 경우에, 그 확정판결의 사실심판결 선고 전에 저질러진 나머지 범죄에 대하여 새로이 공소가 제기되었다면 그 새로운 공소는 확정판결이 있었던 사건과 동일한 사건에 대하여 다시 제기된 데 해당하므로 이에 대하여는 판결로써 면소의 선고를 하여야 하는 것인바(형사소송법 제326조 제1호), 다만 이러한 법리가 적용되기 위하여는 전의 확정판결에서 당해 피고인이 상습범으로 기소되어 처단되었을 것을 필요로 하는 것이고, 상습범 아닌 기본 구성요건의 범죄로 처단되는 데 그친 경우에는, 가사 뒤에 기소된 사건에서 비로소 드러났거나 새로 저질러진 범죄사실과 전의 판결에서 이미 유죄로 확정된 범죄사실 등을 종합하여 비로소 그 모두가 상습범으로서의 포괄적 일죄에 해당하는 것으로 판단된다 하더라도 뒤늦게 앞서의 확정판결을 상습범의 일부에 대한 확정판

결이라고 보아 그 기판력이 그 사실심판결 선고 전의 나머지 범죄에 미친다고 보아서는 아니 된다(대법원 2004.9.16, 2001도3206 전원합의체). 즉, 법원은 실체재판을 하여야 한다.

ㄹ (O) 약식명령이 확정된 피고인의 도로교통법 제74조 위반죄와 이 사건으로 공소제기된 죄는 모두 피고인의 동일한 업무상과실로 발생한 수개의 결과로서 형법 제40조 소정의 상상적 경합관계에 있다 할 것이고, 이미 확정된 약식명령의 효력은 이 사건 공소사실에 미친다 할 것이므로 원심이 같은 이유로 이 사건 공소사실은 확정판결이 있는 때에 해당한다고 판단하여 면소의 판결을 하였음은 정당하다(대법원 1986.2.11, 85도2658).

ㅁ (X) 포괄일죄의 관계에 있는 범행의 일부에 대하여 약식명령이 확정된 경우에는 그 약식명령의 발령 시를 기준으로 하여 그 이전에 이루어진 범행에 대하여는 면소의 판결을 선고하여야 한다(대법원 2013.6.13, 2013도4737). 즉, 법원은 실체재판을 하여야 한다.

18
정답 ④

④ (X) 제1심판결에 대하여 피고인은 비약적 상고를, 검사는 항소를 각각 제기하여 이들이 경합할 경우 피고인의 비약적 상고에 상고의 효력이 인정되지는 않더라도, 피고인의 비약적 상고가 항소기간 준수 등 항소로서의 적법요건을 모두 갖추었고, 피고인이 자신의 비약적 상고에 상고의 효력이 인정되지 않는 때에도 항소심에서는 제1심판결을 다툴 의사가 없었다고 볼 만한 특별한 사정이 없다면, 피고인의 비약적 상고에 항소로서의 효력이 인정된다고 보아야 한다(대법원 2022.5.19, 2021도17131, 2021전도170 전원합의체).

① (O) 항소심에서 변호인이 피고인을 신문하겠다는 의사를 표시하였음에도 변호인에게 일체의 피고인신문을 허용하지 않은 재판장의 조치는 소송절차의 법령위반으로서 상고이유에 해당한다(대법원 2020.12.24, 2020도10778).

② (O) 피고인만이 상소한 사건에서 상소심이 원심법원이 인정한 범죄사실의 일부를 무죄로 인정하면서도 피고인에 대하여 원심법원과 동일한 형을 선고하였다고 하여 그것이 불이익변경금지원칙을 위반하였다고 볼 수 없다(대법원 2021.5.6, 2021도1282).

③ (O) 피고인이 유죄가 인정된 제1심판결에 대하여 항소하지 않거나 양형부당만을 이유로 항소하고 검사는 양형부당만을 이유로 항소하였는데, 항소심이 검사의 항소를 받아들여 제1심판결을 파기하고 그보다 높은 형을 선고한 경우, 피고인이 항소심의 심판대상이 되지 않았던 법령위반 등 새로운 사항을 상고이유로 삼아 상고하는 것이 적법하지 않다(대법원 2019.3.21, 2017도16593-1 전원합의체).

19
정답 ②

② ㄱㄷ

ㄱ (X) [1] 법원은 피고인이 빈곤 그 밖의 사유로 변호인을 선임할 수 없는 경우에 피고인의 청구가 있는 때에는 변호인을 선정하여야 하고(형사소송법 제33조 제2항), 기록을 송부받은 항소법원은 항소이유서 제출기간이 도과하기 전에 이루어진 같은 법 제33조 제2항의 국선변호인 선정청구에 따라 변호인을 선정한 경우 그 변호인에게 소송기록 접수통지를 하여야 하며(형사소송규칙 제156조의2 제2항), 항소법원이 그와 같이 선정된 국선변호인에게 소송기록 접수통지를 하지 아니한 채 판결을 선고

하는 것은 위법하다.

[2] 피고인이 제1심판결에 대하여 검사와 함께 항소를 제기하면서 항소이유서를 제출하지 않은 채 항소이유서 제출기간 내에 항소법원에 가정형편을 이유로 형사소송법 제33조 제2항의 국선변호인 선정을 청구하였는데, 항소법원이 그로부터 3개월여가 지나서야 국선변호인을 선정하면서 그에게 따로 소송기록 접수통지를 하지 아니한 채 변론을 종결한 다음 곧바로 항소이유서 미제출을 이유로 피고인의 항소를 기각하는 결정을 하고, 선고기일에는 검사의 항소이유를 받아들여 제1심판결을 파기하고 새로운 형을 선고한 것은 위법하다고 한 사례(대법원 2011.2.10, 2008도4558).

ⓒ (O) [1] 항소법원은 항소이유에 포함된 사유에 관하여 심판하여야 하고, 다만 판결에 영향을 미친 사유에 관하여는 항소이유서에 포함되지 아니한 경우에도 직권으로 심판할 수 있다(형사소송법 제364조 제1항, 제2항). 한편 항소이유에는 '형의 양정이 부당하다고 인정할 사유가 있는 때'가 포함되고(같은 법 제361조의5 제15호), 위와 같이 판결에 영향을 미치는 사유는 항소이유서에 포함되지 아니한 것이라도 항소심의 심판의 대상이 될 뿐만 아니라, 검사만이 항소한 경우 항소심이 제1심의 양형보다 피고인에게 유리한 형량을 정할 수 없다는 제한이 있는 것도 아니다. 따라서 항소법원은 제1심의 형량이 너무 가벼워서 부당하다는 검사의 항소이유에 대한 판단에 앞서 직권으로 제1심판결에 양형이 부당하다고 인정할 사유가 있는지 여부를 심판할 수 있고, 그러한 사유가 있는 때에는 제1심판결을 파기하고 제1심의 양형보다 가벼운 형을 정하여 선고할 수 있다. [2] 피고인에게 징역형의 집행유예를 선고한 제1심판결에 대하여 검사만이 그 양형이 너무 가벼워 부당하다는 취지로 항소한 사안에서, 검사의 항소이유에 대한 판단을 생략한 채 직권으로 위 양형이 너무 무거워 부당하다고 인정한 다음 제1심판결을 파기하고 벌금형을 선고한 원심판결을 수긍한 사례(대법원 2010.12.9, 2008도1092).

ⓒ (×) 피고인이 상소를 제기하였다가 그 상소를 취하한 경우에는, 상소심의 판결 선고가 없었다는 점에서 형사소송법 제482조 제1항 또는 형법 제57조가 적용될 수 없고, 상소제기 전의 상소제기기간 중의 구금일수가 아니라는 점에서 형사소송법 제482조 제2항이 적용될 수 없으며, 달리 이를 직접 규율하는 규정은 없다. 그러나 '상소제기 후 상소취하한 때까지의 구금' 또한 피고인의 신체의 자유를 박탈하고 있다는 점에서 실질적으로 자유형의 집행과 다를 바 없으므로 '상소제기기간 중의 판결확정 전 구금'과 구별하여 취급할 아무런 이유가 없고, 따라서 '상소제기 후 상소취하한 때까지의 구금일수'에 관하여는 형사소송법 제482조 제2항을 유추 적용하여 그 '전부'를 본형에 산입하여야 한다고 봄이 상당하다(대법원 2010.4.16, 2010모179).

ⓒ (O) 포괄일죄의 일부만이 유죄로 인정된 경우 그 유죄 부분에 대하여 피고인만이 항소하였을 뿐 공소기각으로 판단된 부분에 대하여 검사가 항소를 하지 않았다면, 상소불가분의 원칙에 의하여 유죄 이외의 부분도 항소심에 이심되기는 하나 그 부분은 이미 당사자 간의 공격·방어의 대상으로부터 벗어나 사실상 심판대상에서부터도 이탈하게 되므로 항소심으로서도 그 부분에까지 나아가 판단할 수 없다고 할 것인바 위 부분은 원심에 이심되기는 하나 사실상 심판대상에서부터 이탈되어 원심으로서는 위 부분에까지 나아가 판단할 수는 없다고 할 것이다(대법원 2010.1.14, 2009도12934).

ⓜ (O) 검사와 피고인 양쪽이 상소를 제기한 경우, 어느 일방의 상소는 이유 없으나 다른 일방의 상소가 이유 있어 원판결을 파기하고 다시 판결하는 때에는 이유 없는 상소에 대해서는 판결이유 중에서 그 이유가 없다는 점을 적으면 충분하고 주문에서 그 상소를 기각해야 하는 것은 아니다(대법원 1959.7.31, 4292형상327; 2020.6.25, 2019도17995 참조).

[보충] 형사소송법 제364조 제6항에 따라 제1심 판결 중 피고인에 대한 부분을 파기하고 다시 판결을 하면서 주문에서 피고인의 항소를 기각한다는 표시를 하지 않았으나, 검사의 항소가 일부 이유 있다는 원심 판단 속에는 피고인의 항소를 받아들이지 않는다는 판단이 포함되어 있다고 봄이 타당하므로, 이러한 경우 판결 주문에서 피고인의 항소를 기각한다는 표시를 하지 않았다고 하더라도 형사소송법 제364조 제4항을 위반한 잘못이 없다(위 판례).

20
정답 ②

② ㉠㉡㉢

㉠ (O) 경합범 관계에 있는 수 개의 범죄사실을 유죄로 인정하여 1개의 형을 선고한 불가분의 확정판결에서 그중 일부의 범죄사실에 대하여만 재심청구의 이유가 있는 것으로 인정되었으나 형식적으로는 1개의 형이 선고된 판결에 대한 것이어서 판결 전부에 대하여 재심개시의 결정을 한 경우, 재심법원은 재심사유가 없는 범죄에 대하여는 새로이 양형을 하여야 하는 것이므로 이를 헌법상 이중처벌금지의 원칙을 위반한 것이라고 할 수 없고, 다만 재심사건에는 불이익변경의 금지 원칙이 적용되어 원판결의 형보다 중한 형을 선고하지 못하는 것이다(형사소송법 제439조)(대법원 2014.11.13, 2014도10193).

㉡ (×) 형사소송법 제438조 제1항은 "재심개시의 결정이 확정한 사건에 대하여는 제436조의 경우 외에는 법원은 그 심급에 따라 다시 심판을 하여야 한다."고 규정하고 있다. 여기서 '다시' 심판한다는 것은 재심대상판결의 당부를 심사하는 것이 아니라 피고 사건 자체를 처음부터 새로 심판하는 것을 의미하므로, 재심대상판결이 상소심을 거쳐 확정되었더라도 재심사건에서는 재심대상판결의 기초가 된 증거와 재심사건의 심리과정에서 제출된 증거를 모두 종합하여 공소사실이 인정되는지를 새로이 판단하여야 한다. 그리고 재심사건의 공소사실에 관한 증거취사와 이에 근거한 사실인정도 다른 사건과 마찬가지로 그것이 논리와 경험의 법칙을 위반하거나 자유심증주의의 한계를 벗어나지 아니하는 한 사실심으로서 재심사건을 심리하는 법원의 전권에 속한다(피고인이 甲 명의의 유서(遺書)를 대필하여 주는 방법으로 甲의 자살을 방조하였다는 공소사실로 유죄판결을 받아 확정되었는데, 그 후 재심이 개시된 사안에서, 국립과학수사연구소 감정인 乙이 유서와 피고인의 필적이 동일하다고 판단하는 근거로 내세우는 특징들 중 일부는 항상성 있는 특징으로 볼 수 없는 점 등 제반 사정을 종합하면 乙이 작성한 감정서 중 유서와 피고인의 필적이 동일하다는 부분은 그대로 믿기 어렵고, 나머지 증거만으로는 공소사실이 합리적 의심의 여지가 없을 정도로 충분히 증명되었다고 볼 수 없다는 이유로 무죄를 선고한 원심판단을 정당하다고 한 사례)(대법원 2015.5.14, 2014도2946).

㉢ (O) 형사소송법은 유죄의 확정판결과 항소 또는 상고의 기각판결에 대하여 각 선고를 받은 자의 이익을 위하여 재심을 청구할 수 있다고 규정함으로써 피고인에게 이익이 되는 이른바 이

익재심만을 허용하고 있으며(제420조, 제421조 제1항), 그러한 이익재심의 원칙을 반영하여 제439조에서 "재심에는 원판결의 형보다 중한 형을 선고하지 못한다."라고 규정하고 있는데, 이는 실체적 정의를 실현하기 위하여 재심을 허용하지만 피고인의 법적 안정성을 해치지 않는 범위 내에서 재심이 이루어져야 한다는 취지로서, 단순히 재심절차에서 전의 판결보다 무거운 형을 선고할 수 없다는 원칙만을 의미하고 있는 것이 아니라, 피고인이 원판결 이후에 형 선고의 효력을 상실하게 하는 특별사면을 받아 형사처벌의 위험에서 벗어나 있는 경우라면, 재심절차에서 형을 다시 선고함으로써 특별사면에 따라 발생한 피고인의 법적 지위를 상실하게 하여서는 안 된다는 의미도 포함되어 있다. 따라서 특별사면으로 형 선고의 효력이 상실된 유죄의 확정판결에 대하여 재심개시결정이 이루어져 재심심판법원이 심급에 따라 다시 심판한 결과 무죄로 인정되는 경우라면 무죄를 선고하여야 하겠지만, 그와 달리 유죄로 인정되는 경우에는, 피고인에 대하여 다시 형을 선고하거나 피고인의 항소를 기각하여 제1심판결을 유지시키는 것은 이미 형 선고의 효력을 상실하게 하는 특별사면을 받은 피고인의 법적 지위를 해치는 결과가 되어 이익재심과 불이익변경금지의 원칙에 반하게 되므로, 재심심판법원으로서는 '피고인에 대하여 형을 선고하지 아니한다'는 주문을 선고할 수밖에 없다(대법원 2015.10.29, 2012도2938).

ⓔ (○) 경합범 관계에 있는 수개의 범죄사실을 유죄로 인정하여 한 개의 형을 선고한 불가분의 확정판결에서 그중 일부의 범죄사실에 대하여만 재심청구의 이유가 있는 것으로 인정된 경우에는 형식적으로는 1개의 형이 선고된 판결에 대한 것이어서 그 판결 전부에 대하여 재심개시의 결정을 할 수밖에 없지만, 비상구제수단인 재심제도의 본질상 재심사유가 없는 범죄사실에 대하여는 재심개시결정의 효력이 그 부분을 형식적으로 심판의 대상에 포함시키는 데 그치므로 재심법원은 그 부분에 대하여는 이를 다시 심리하여 유죄인정을 파기할 수 없고, 다만 그 부분에 관하여 새로이 양형을 하여야 하므로 양형을 위하여 필요한 범위에 한하여만 심리를 할 수 있을 뿐이다(대법원 2021.7.8, 2021도2738).

ⓜ (×) 형벌조항에 대하여 헌법재판소의 위헌결정이 있는 경우 헌법재판소법 제47조에 의한 재심은 원칙적인 재심대상판결인 제1심 유죄판결 또는 파기자판한 상급심판결에 대하여 청구하여야 한다. 제1심이 유죄판결을 선고하고, 그에 대하여 불복하였으나, 항소 또는 상고기각판결이 있었던 경우에 헌법재판소법 제47조를 이유로 재심을 청구하려면 재심대상판결은 제1심판결이 되어야 하고, 항소 또는 상고기각판결을 재심대상으로 삼은 재심청구는 법률상의 방식을 위반한 것으로 부적법하다(대법원 2022.6.16, 2022모509).
[보충] 다만, 유죄의 선고를 받은 자는 이후 재심의 대상을 제1심판결로 보정할 수는 있다.

> **헌법재판소법 제47조(위헌결정의 효력)** ③ 제2항에도 불구하고 형벌에 관한 법률 또는 법률의 조항은 소급하여 그 효력을 상실한다. 다만, 해당 법률 또는 법률의 조항에 대하여 종전에 합헌으로 결정한 사건이 있는 경우에는 그 결정이 있는 날의 다음 날로 소급하여 효력을 상실한다.
> ④ 제3항의 경우에 위헌으로 결정된 법률 또는 법률의 조항에 근거한 유죄의 확정판결에 대하여는 재심을 청구할 수 있다.

▶ 제1편 서론 ─ 제2편 소송주체와 소송행위: 제1장 소송의 주체 [법원]

01	③	02	③	03	②	04	④	05	③
06	④	07	③	08	①	09	②	10	②
11	①	12	④	13	③	14	②	15	③
16	②	17	④	18	②	19	④	20	④

01
정답 ③

③ ㉠㉡㉣

㉠ (○) 형사소송에 관한 헌법의 규정들은 단순한 지침을 넘어서 그 자체로서 형사절차를 지배하는 최고의 재판규범이라는 성격을 가지고, 이를 헌법적 형사소송법이라 한다.

㉡ (○) 실질적 의의의 형사소송법은 광의의 형사소송법 개념으로서, 그 명칭 여하를 불문하고 그 내용(실질)이 형사절차를 규정하고 있는 법률을 총칭한다. 「법원조직법」, 「소년법」, 「소송촉진 등에 관한 특례법」 등을 그 예로 들 수 있다.

㉢ (×) 헌법 제108조에 의하여 대법원은 '법률에 저촉되지 아니하는 범위' 안에서 소송에 관한 절차, 법원의 내부규율과 사무처리에 관한 규칙을 제정할 수 있다. 여기서 법률에 저촉되지 않는 범위에 관해서는, ⓐ 형사소송의 기본구조에 반하지 않는 이상 대법원규칙으로 제정할 수 있다는 견해(차/최), 형사소송법의 형성적 규칙으로 보아 형사소송규칙의 규율범위를 넓게 파악하는 견해(배/이/정/이) 등의 입장과 ⓑ 형사절차법정주의의 원칙상 대법원규칙은 형사절차의 기본적 구조나 피의자·피고인을 비롯한 소송관계인의 이해에 영향을 미치지 않는 소송절차에 관한 순수한 기술적 사항만 규율할 수 있다는 입장(多: 신동운, 이/조, 정/백, 진계호 등)과 같은 학설이 대립한다. 후자의 입장이 다수 학설이므로 이에 따르면 위 지문은 틀린 것이다.

㉣ (○) 재기수사의 명령이 있는 사건에 관하여 지방검찰청 검사가 다시 불기소처분을 하고자 하는 경우에는 미리 그 명령청의 장의 승인을 얻도록 한 검찰사건사무규칙의 규정은 검찰청 내부의 사무처리지침에 불과한 것일 뿐 법규적 효력을 가진 것이 아니다(헌법재판소 1991.7.8, 91헌마42).

㉤ (×) 정부조직법은 형사소송법의 법원이 아니다.

> 형사소송법의 법원은 헌법, 법률(형식적 의의의 형사소송법, 실질적 의의의 형사소송법), 대법원 규칙 등이다.
> [참고] 실질적 의의의 형사소송법
> • 조직에 관한 법률: 법원조직법(정부조직법 ✕), 각급 법원의 설치와 관할구역에 관한 법률, 검찰청법, 변호사법, 사법경찰관리의 직무를 행할 자와 그 직무범위에 관한 법률, 경찰관직무집행법 등이 있다.
> • 특별절차에 관한 법률: 소년법, 즉결심판절차법, 치료감호법, 군사법원법, 조세범처벌절차법 등이 있다.
> • 기타의 법률: 형사소송비용 등에 관한 법률, 형사보상법, 형의 집행 및 수용자의 처우 등에 관한 법률, 사면법, 소송촉진 등에 관한 특례법, 국가보안법, 관세법, 범죄피해자보호

법 등이 있다.
> [보충] 폭력행위 등 처벌에 관한 법률, 특정범죄 가중처벌 등에 관한 법률, 군형법, 경범죄처벌법 등은 실질적 의의의 형사소송법이 아니라, 실질적 의의의 형법에 속한다.

02
정답 ③

③ 헌법에 명시적으로 규정되어 있는 것은 ㉡㉢㉣㉤이다.

㉠ 규칙 제118조 제2항
㉡ 헌법 제12조 제6항
㉢ 헌법 제28조
㉣ 헌법 제12조 제3항
㉤ 헌법 제27조 제4항
㉥ 제267조의2
㉦ 제275조의3
㉧ 제308조의2

03
정답 ②

② ㉠㉢㉣㉤

㉠ (×) 헌법과 법률이 정한 법관에 의하여 법률에 의한 신속한 재판을 받을 권리를 국민의 기본권의 하나로 보장하고 있는 헌법 제27조의 규정과 대법원을 최고법원으로 규정한 헌법 제101조 제2항, 명령·규칙 또는 처분에 대한 대법원의 최종심사권을 규정한 헌법 제107조 제2항의 규정 등에 비추어, 대법원 이외의 각급법원에서 잘못된 재판을 하였을 경우에는 상급심으로 하여금 이를 바로 잡게 하는 것이 국민의 재판청구권을 실질적으로 보장하는 방법이 된다는 의미에서 심급제도는 재판청구권을 보장하기 위한 하나의 수단이 되는 것이지만, 심급제도는 사법에 의한 권리보호에 관하여 한정된 법 발견자원의 합리적인 분배의 문제인 동시에 재판의 적정과 신속이라는 서로 상반되는 두 가지 요청을 어떻게 조화시키느냐의 문제에 귀착되므로 어느 재판에 대하여 심급제도를 통한 불복을 허용할 것인지의 여부 또는 어떤 불복방법을 허용할 것인지 등은 원칙적으로 입법자의 형성의 자유에 속하는 사항이고, 특히 형사사법절차에서 수사 또는 공소제기 및 유지를 담당하는 주체로서 피의자 또는 피고인과 대립적 지위에 있는 검사에게 어떤 재판에 대하여 어떤 절차를 통하여 어느 범위 내에서 불복방법을 허용할 것인가 하는 점은 더욱 더 입법정책에 달린 문제이다(대법원 2006.12.18, 2006모646).

ⓛ (○) 헌법재판소 2001.11.29, 2001헌바41
ⓒ (×) 형사소송법 제361조(14일 내 소송기록과 증거물의 송부)의 규정은 훈시적 규정이므로 동 규정의 기간을 준수하지 아니하였다고 하여 그 소송 절차가 무효라고 할 수 없다. … 검사와 피고인이 제1심 판결에 대하여 항소제기를 하고 있는 이 사건에 있어서 제1심판결 선고형이 그대로 유지된다고 단정할 수 없을 뿐만 아니라, 제1심이 통산한 미결구금일수가 그대로 통산된다고 단정할 수도 없으니 제1심 선고형기를 경과한 후에 제2심 공판이 개정되었다고 하여 반드시 이를 위법이라고 할 수 없고, 또 신속한 재판을 받을 권리를 박탈한 것이라고 단정할 수도 없다(대법원 1972.5.23, 72도840).
ⓔ (×) 1심은 6개월, 상소심은 각 4개월 이내이다(훈시규정, 소촉법 제21조).
ⓜ (×) 「형사소송법」은 재판의 지연을 구제하기 위하여 면소판결 사유나 공소기각재판 사유 등에서 별도의 명문의 규정을 두고 있지 않다. 즉, 형사소송법은 공판심리의 현저한 지연을 공소기각의 결정 사유로 명시하고 있지 않다.
[보충] 공소시효완성이 의제된 경우(제249조 제2항)를 제외하고는 소송지연을 이유로 형식재판으로 소송을 종결시킬 수 없다.

> **제328조(공소기각의 결정)** ① 다음 경우에는 결정으로 공소를 기각하여야 한다.
> 1. 공소가 취소 되었을 때
> 2. 피고인이 사망하거나 피고인인 법인이 존속하지 아니하게 되었을 때
> 3. 제12조 또는 제13조의 규정에 의하여 재판할 수 없는 때
> 4. 공소장에 기재된 사실이 진실하다 하더라도 범죄가 될 만한 사실이 포함되지 아니하는 때
> ② 전항의 결정에 대하여는 즉시항고를 할 수 있다.
> **제249조(공소시효의 기간)** ② 공소가 제기된 범죄는 판결의 확정이 없이 공소를 제기한 때로부터 25년을 경과하면 공소시효가 완성한 것으로 간주한다

04 정답 ④

④ (○) 직접주의와 전문법칙의 예외를 규정한 이 사건 법률조항은 그 내용에 있어 사망, 질병 또는 이에 준하는 부득이한 사유로 원진술자 또는 작성자가 진술을 할 수 없는 때에 한하여 그 필요성을 인정함으로써 직접주의 및 전문법칙의 예외를 인정할 사유로서 정당성을 가지고 있고, 그러한 필요성이 있는 경우에도 "특히 신빙할 수 있는 상태하에서 행하여진 때에 한"하여 적용하도록 규정하여 그 적용범위를 목적달성에 필요한 최소한도로 한정하였으므로, 그 내용에 있어서 합리성과 정당성을 갖춘 적정한 것이어서 적법절차에 합치하는 법률규정이고, 따라서 공정한 공개재판을 받을 권리나 무죄추정을 받을 권리를 본질적으로 침해하거나 형해화하였다고 할 수 없고 적법절차에도 합치되므로 헌법에 위반되지 아니한다(헌법재판소 2005.12.22, 2004헌바45).
① (×) 이 사건 법률조항(구 사회보호법 제9조 제2항, 현재는 치료감호법이 있고 사회보호위원회가 아니라 치료감호심의위원회가 같은 역할을 함)은 법관의 선고에 의하여 개시된 치료감호를 사회보호위원회가 그 종료 여부를 결정하도록 규정하고 있으나, 피치료감호자 등은 치료감호의 종료 여부를 심사·결정하여 줄 것을 사회보호위원회에 신청할 수 있고, 위원회가 신청을 기각하는 경우에 이들은 그 결정에 대하여 행정소송을 제기하여 법관에 의한 재판을 받을 수 있다고 해석되므로, 피치료감호자 등의 재판청구권이 침해된 것이 아니다. 또한 사회보호위원회는 독립성과 전문성을 갖춘 특별위원회로서 준사법적 성격을 겸유하는 점, 판사·검사 또는 변호사의 자격이 있는 자와 의사의 자격이 있는 자로 구성된 사회보호위원회로 하여금 재범의 위험성이 상존하는지 여부를 판단하도록 한 것은 정신의학적 평가와 법률적 평가의 불가결적 연계성에 기초한 합리적인 조치로서 그 정당성을 인정할 수 있는 점, 치료감호의 종료에 대한 피치료감호자 측의 신청권이 보장되어 있고 그 절차에의 참여권이 피치료감호자 측에게 어느 정도 보장되어 있으며, 피치료감호자 측이 신청한 치료감호의 종료청구가 기각될 경우 이에 대한 행정소송이 가능한 점 등을 고려할 때, 이 사건 법률조항이 사회보호위원회에 치료감호의 종료 여부를 결정할 권한을 부여한 것이 적법절차에 위배된다고 할 수 없다(헌법재판소 2005.2.3, 2003헌바1).
② (×) 증인신문사항의 서면제출을 명하고 이를 이행하지 않을 경우에 증거결정을 취소할 수 있는 권한의 근거가 되는 형사소송법 제279조(재판장의 소송지휘권) 및 제299조(불필요한 변론 등의 제한)가 헌법상 보장된 무죄추정의 원칙 내지 공정한 재판을 받을 권리를 침해하지 않는다(헌법재판소 1998.12.24, 94헌바46).
③ (×) 법원이 형사소송법 제272조 제1항에 의하여 송부요구한 서류가 피고인의 무죄를 뒷받침할 수 있거나 적어도 법관의 유·무죄에 대한 심증을 달리할 만한 상당한 가능성이 있는 중요증거에 해당하는데도 정당한 이유 없이 피고인 또는 변호인의 열람·지정 내지 법원의 송부요구를 거절하는 것은 피고인의 신속·공정한 재판을 받을 권리와 변호인의 조력을 받을 권리를 중대하게 침해하는 것이다. 따라서 이러한 경우 서류의 송부요구를 한 법원으로서도 해당 서류의 내용을 가능한 범위에서 밝혀보아 서류가 제출되면 유·무죄의 판단에 영향을 미칠 상당한 개연성이 있다고 인정될 경우에는 공소사실이 합리적 의심의 여지 없이 증명되었다고 보아서는 아니 된다(대법원 2012.5.24, 2012도1284).

05 정답 ③

③ ⓛⓔⓜ
㉠ (○) 대법원 1988.11.16, 88초60
㉡ (×) 법원에 의하여 채택된 증인은 검사와 피고인 쌍방이 공평한 기회를 가지고 법관의 면전에서 조사·진술되어야 하는 중요한 증거자료의 하나로서, 비록 검사의 신청에 의하여 채택된 증인이라 하더라도, 그는 검사만을 위하여 증언하는 것이 아니며, 오로지 그가 경험한 사실대로 증언하여야 할 의무가 있는 것이고, 따라서 검사이든 피고인이든 공평하게 증인에 접근할 수 있도록 기회가 보장되지 않으면 안 되며, 검사와 피고인 쌍방 중 어느 한편이 증인과의 접촉을 독점하거나 상대방의 접근을 차단하도록 허용한다면 이는 상대방의 공정한 재판을 받을 권리를 침해하는 것이 되고, 구속된 증인에 대한 편의제공 역시 그것이 일방당사자인 검사에게만 허용된다면 그 증인과 검사와의 부당한 인간관계의 형성이나 회유의 수단 등으로 오용될 우려가 있고, 또 거꾸로 그러한 편의의 박탈 가능성이 증인에게 심리적 압박수단으로 작용할 수도 있으므로 접근차단의 경우와 마찬가지로 공정한 재판을 해하는 역할을 할 수 있다(대법원

2002.10.8, 2001도3931).

ⓒ (○) 헌법재판소 1995.11.30, 92헌마44

ⓐ (×) 신속한 재판을 받을 권리와 관련하여 공판심리의 현저한 지연을 구제하는 현행법상 별도의 명문규정은 의제공소시효(면소판결사유)를 제외하고는 없다(특히 공소기각의 사유는 없음).

ⓜ (×) 통설은 공소장변경제도를 당사자주의적 요소로 보는데 비하여, 판례에서는 직권주의적 요소로 보는 판시를 한 바 있다.

> 형사소송법상 인정되는 공소장변경제도는 실체적 진실발견이라는 형사소송이념을 실현하기 위한 직권주의적 요소로서 형사소송법이 절차법으로서 가지는 소송절차의 발전적·동적 성격과 소송경제의 이념 등을 반영하고 있는 것이다(대법원 2009.10.22, 2009도7436 전원합의체).

06 [정답] ④

④ ㉠ⓛⓒⓜ

㉠ (×) 국민참여재판을 받을 권리는 헌법상 기본권으로서 보호될 수는 없지만, 재판참여법에서 정하는 대상 사건에 해당하는 한 피고인은 원칙적으로 국민참여재판으로 재판을 받을 법률상 권리를 가진다고 할 것이고, 이러한 형사소송절차상의 권리를 배제함에 있어서는 헌법에서 정한 적법절차원칙을 따라야 한다(헌법재판소 2014.1.28, 12헌바298).

ⓛ (×) 헌법 제27조 제3항 후문은 "형사피고인은 상당한 이유가 없는 한 지체 없이 공개재판을 받을 권리를 가진다."고 규정하여 형사피고인에게 공개재판을 받을 권리가 기본권으로 보장됨을 선언하고 있다. … 헌법 제109조, 법원조직법 제57조 제1항이 정한 공개금지사유가 없음에도 불구하고 재판의 심리에 관한 공개를 금지하기로 결정하였다면 그러한 공개금지결정은 피고인의 공개재판을 받을 권리를 침해한 것으로서 그 절차에 의하여 이루어진 증인의 증언은 증거능력이 없다고 할 것이고, 변호인의 반대신문권이 보장되었더라도 달리 볼 수 없으며, 이러한 법리는 공개금지결정의 선고가 없는 등으로 공개금지결정의 사유를 알 수 없는 경우에도 마찬가지라 할 것이다(대법원 2013.7.26, 2013도2511).

ⓒ (×) 규문주의에 따르면 재판기관 스스로 소추하고 스스로 재판하게 되므로, 피고인은 단지 조사의 대상일 뿐 방어권의 주체가 될 수 없게 된다.

ⓐ (○) 직권주의와 당사자주의에 대한 옳은 설명이다.

ⓜ (×) 증거동의는 검사와 피고인 즉, 당사자에게 증거동의의 권한을 주는 제도이므로 당사자주의적 요소이다. 나머지는 맞다.
[보충] 증인에 대한 교호신문은 신청한 당사자가 주신문을 반대당사자가 반대신문을 진행하는 것이므로 당사자주의적 제도이다. 이에 비해 법원의 직권에 의한 증거조사는 말 그대로 직권주의적 제도이고 당사자인 피고인이 검사·변호인뿐 아니라 법원으로부터 신문을 받는 피고인신문은 직권주의적 제도이다.

07 [정답] ③

③ (○) 제3조 제1항

① (×) 형사소송법 제4조 제1항은 "토지관할은 범죄지, 피고인의 주소, 거소 또는 현재지로 한다"라고 정하고, 여기서 '현재지'라고 함은 공소제기 당시 피고인이 현재한 장소로서 임의에 의한 현재지뿐만 아니라 적법한 강제에 의한 현재지도 이에 해당한

다(대법원 2011.12.22, 2011도12927). 다만, 위법한 강제에 의한 현재지는 포함될 수 없다.

② (×) 형사소송법 제103조는 "보석된 자가 형의 선고를 받고 그 판결이 확정된 후 집행하기 위한 소환을 받고 정당한 이유 없이 출석하지 아니하거나 도망한 때에는 직권 또는 검사의 청구에 의하여 결정으로 보증금의 전부 또는 일부를 몰수하여야 한다."고 규정하고 있는바, 이 규정에 의한 보증금몰수사건은 그 성질상 당해 형사본안 사건의 기록이 존재하는 법원 또는 그 기록을 보관하는 검찰청에 대응하는 법원의 토지관할에 속한다(대법원 2002.5.17, 2001모53). 즉, 소송절차 계속 중에 보석허가결정 또는 그 취소결정 등을 한 본안 관할법원이 아니다.

④ (×) 사물관할은 같지만 토지관할을 달리하는 수개의 제1심 법원(지원을 포함한다. 이하 같다)들에 관련 사건이 계속된 경우에 있어서, 형사소송법 제6조에서 말하는 '공통되는 직근상급법원'은 그 성질상 형사사건의 토지관할 구역을 정해 놓은 '각급 법원의 설치와 관할구역에 관한 법률' 제4조에 기한 [별표 3]의 관할구역 구분을 기준으로 정하여야 할 것인바, 형사사건의 제1심 법원은 각각 일정한 토지관할 구역을 나누어 가지는 대등한 관계에 있으므로 그 상급법원은 위 표에서 정한 제1심 법원들의 토지관할 구역을 포괄하여 관할하는 고등법원이 된다. 따라서 토지관할을 달리하는 수개의 제1심 법원들에 관련 사건이 계속된 경우에 그 소속 고등법원이 같은 경우에는 그 고등법원이, 그 소속 고등법원이 다른 경우에는 대법원이 위 제1심 법원들의 공통되는 직근상급법원으로서 위 조항에 의한 토지관할 병합심리 신청사건의 관할법원이 된다(대법원 2006.12.5, 2006초기335 전원합의체). 즉, 이 경우 대법원은 병합하여 심리하게 될 법원을 결정하는 재판을 하게 되는 것이지, 이를 병합하여 직접 심리하는 것이 아니다.

08 [정답] ①

① (○) 제13조

② (×) 소말리아 해적인 피고인들 등이 아라비아해 인근 공해상에서 대한민국 해운회사가 운항 중인 선박을 납치하여 대한민국 국민인 선원 등에게 해상강도 등 범행을 저질렀다는 내용으로 국군 청해부대에 의해 체포·이송되어 국내 수사기관에 인도된 후 구속·기소된 사안에서, 청해부대 소속 군인들이 피고인들을 현행범인으로 체포한 것은 검사 등이 아닌 이에 의한 현행범인 체포에 해당하고, 피고인들 체포 이후 국내로 이송하는 데에 약 9일이 소요된 것은 공간적·물리적 제약상 불가피한 것으로 정당한 이유 없이 인도를 지연하거나 체포를 계속한 경우로 볼 수 없으며, 경찰관들이 피고인들의 신병을 인수한 때로부터 48시간 이내에 청구하여 발부된 구속영장에 의하여 피고인들이 구속되었으므로, 피고인들은 적법한 체포, 즉시 인도 및 적법한 구속에 의하여 공소제기 당시 국내에 구금되어 있다 할 것이어서 현재지인 국내법원에 토지관할이 있다(대법원 2011.12.22, 2011도12927).

③ (×) 이송하여야 하는 것이 아니라 이송할 수 있는 것이다(제18조 제1항).

④ (×) 제14조 참조.

> **제14조(관할지정의 청구)** 검사는 다음 각 호의 경우 관계있는 제1심법원에 공통되는 바로 위의 상급법원에 관할지정을 신

청하여야 한다.
1. 법원의 관할이 명확하지 아니한 때
2. 관할위반을 선고한 재판이 확정된 사건에 관하여 다른 관할법원이 없는 때

09

② (×) 아무리 관련사건이라 하더라도 심급을 달리하고 있으면 병합심리는 불가하다.
① (○), ③ (○) 대법원 2008.6.12, 2006도8568
④ (○) 대법원 2006.12.5, 2006초기335 전원합의체

10

② ㉠㉢이 옳지 않다.
㉠ (×) 수인이 동시에 동일 장소에서 범한 죄인 동시범도 관련사건에 속한다(제11조 제3호).
㉡ (○) 제13조
㉢ (○) 제1문은 제9조, 제2문은 제10조, 제3문은 규칙 제4조의2 제1항의 내용이다.
㉣ (○) 제6조
㉤ (×) 사물관할을 달리하는 수개의 관련사건이 각각 법원합의부와 단독판사에 계속된 때에는 합의부는 결정으로 단독판사에 속한 사건을 병합하여 심리할 수 있고(제10조) 이는 법원합의부와 단독판사에 계속된 각 사건이 토지관할을 달리하는 경우에도 마찬가지이다(규칙 제4조 제1항).
[보충] 사물관할을 달리하는 수개의 관련항소사건이 각각 고등법원과 지방법원본원합의부에 계속된 때에는 고등법원은 결정으로 지방법원본원합의부에 계속한 사건을 병합하여 심리할 수 있다. 이 경우 수개의 관련항소사건이 토지관할을 달리하는 경우에도 같다(규칙 제4조의2 제1항).

11

① (○) 규칙 제7조

> **규칙 제7조(소송절차의 정지)** 법원은 그 계속 중인 사건에 관하여 토지관할의 병합심리신청, 관할지정신청 또는 관할이전신청이 제기된 경우에는 그 신청에 대한 결정이 있기까지 소송절차를 정지하여야 한다. 다만, 급속을 요하는 경우에는 그러하지 아니하다.

② (×) 원칙적으로 국민참여재판을 계속 진행한다.

> **국민의 형사재판 참여에 관한 법률 제6조(공소사실의 변경 등)** ① 법원은 공소사실의 일부 철회 또는 변경으로 인하여 대상사건에 해당하지 아니하게 된 경우에도 이 법에 따른 재판을 계속 진행한다. 다만, 법원은 심리의 상황이나 그 밖의 사정을 고려하여 국민참여재판으로 진행하는 것이 적당하지 아니하다고 인정하는 때에는 결정으로 당해 사건을 지방법원본원 합의부가 국민참여재판에 의하지 아니하고 심판하게 할 수 있다.

③ (×) 법원조직법 제32조 제1항 제1호에 의하면 지방법원 합의부는 합의부에서 심판할 것으로 합의부가 결정한 사건을 제1심으로 심판할 수 있도록 규정되어 있는바, 지방법원 합의부가 피고인이 범한 각 죄를 합의부에서 심판할 것으로 결정하였음을

인정할 수 있으므로 지방법원 합의부가 제1심으로 심판한 것은 적법하다(대법원 1994.2.8, 93도3335).
④ (×) 검사 또는 피고인의 신청에 의하여 공통직근상급법원의 결정으로 뒤에 공소를 받은 법원으로 하여금 심판하게 할 수 있다(제13조 단서).

> **제13조(관할의 경합)** 같은 사건이 사물관할이 같은 여러 개의 법원에 계속된 때에는 먼저 공소를 받은 법원이 심판한다. 다만, 각 법원에 공통되는 바로 위의 상급법원은 검사나 피고인의 신청에 의하여 결정으로 뒤에 공소를 받은 법원으로 하여금 심판하게 할 수 있다.

12

④ ㉠㉡㉢
㉠ (×) 제1심에서 합의부 관할사건에 관하여 단독판사 관할사건으로 죄명, 적용법조를 변경하는 공소장변경허가신청서가 제출되자, 합의부가 공소장변경을 허가하는 결정을 하지 않은 채 착오배당을 이유로 사건을 단독판사에게 재배당한 사안에서, 형사소송법은 제8조 제2항에서 단독판사의 관할사건이 공소장변경에 의하여 합의부 관할사건으로 변경된 경우 합의부로 이송하도록 규정하고 있을 뿐 그 반대의 경우에 관하여는 규정하고 있지 아니하며, '법관 등의 사무분담 및 사건배당에 관한 예규'에서도 이러한 경우를 재배당사유로 규정하고 있지 아니하므로, 사건을 배당받은 합의부는 공소장변경허가결정을 하였는지에 관계없이 사건의 실체에 들어가 심판하였어야 하고 사건을 단독판사에게 재배당할 수 없는데도, 사건을 재배당받은 제1심 및 원심이 사건에 관한 실체 심리를 거쳐 심판한 조치는 관할권이 없는데도 이를 간과하고 실체판결을 한 것으로서 소송절차에 관한 법령을 위반한 잘못이 있고, 이러한 잘못은 판결에 영향을 미쳤다는 이유로, 원심판결 및 제1심판결을 모두 파기하고 사건을 관할권이 있는 법원 제1심 합의부에 이송한 사례(대법원 2013.4.25, 2013도1658).
㉡ (×) 형사소송법 제6조는 토지관할을 달리하는 수개의 관련사건이 각각 다른 법원에 계속된 때에는 공통되는 직근 상급법원은 검사 또는 피고인의 신청에 의하여 결정으로 1개 법원으로 하여금 병합심리하게 할 수 있다고 규정하고 있는데 여기서 말하는 "각각 다른 법원"이란 사물관할은 같으나 토지관할을 달리하는 동종, 동등의 법원을 말하는 것이므로 사건이 각각 계속된 마산지방법원 항소부와 부산고등법원은 심급은 같을지언정 사물관할을 같이하지 아니하여 여기에 해당하지 아니한다(대법원 1990.5.23, 90초56). 따라서 이러한 신청은 기각해야 한다.
㉢ (×) 형사소송법 제4조 제1항은 토지관할을 범죄지, 피고인의 주소, 거소 또는 현재지로 하고 있으므로, 제1심 법원이 피고인의 현재지인 이상, 그 범죄지나 주소지가 아니더라도 그 판결에 토지관할 위반의 위법은 없다(대법원 1984.2.28, 83도3333).
㉣ (○) 치료감호법 제3조 제2항, 제4조 제5항, 제12조 제2항의 내용을 종합해 보면, 단독판사 관할 피고사건의 항소사건이 지방법원 합의부나 지방법원지원 합의부에 계속중일 때 그 변론종결시까지 청구된 치료감호사건의 관할법원은 고등법원이고, 피고사건의 관할법원도 치료감호사건의 관할을 따라 고등법원이 된다. 따라서 위와 같은 치료감호사건이 지방법원이나 지방법원지원에 청구되어 피고사건 항소심을 담당하는 합의부에 배당된 경우 그 합의부는 치료감호사건과 피고사건을 모두 고등법원에

이송하여야 한다(대법원 2009.11.12, 2009도6946).
ⓟ (O) 상고법원은 관할의 인정이 위법인 경우 파기하고 판결로써 관할권 있는 법원에 이송하여야 한다(제394조).

> 제394조(관할인정과 이송의 판결) 관할의 인정이 법률에 위반됨을 이유로 원심판결 또는 제1심판결을 파기하는 경우에는 판결로써 사건을 관할있는 법원에 이송하여야 한다.

> 지방법원과 그 지원의 합의부가 제1심으로 심판하여야 할 사건을 지방법원 지원 단독판사가 제1심으로 심판하고, 그 제1심 사건에 대한 항소심 사건을 지방법원 본원 합의부가 실체에 들어가 심판한 경우, 이는 관할권이 없음에도 이를 간과하고 실체판결을 한 것으로서, 소송절차의 법령을 위반한 잘못을 저지른 것이라 할 것이고, 관할제도의 입법 취지(관할획일의 원칙)와 그 위법의 중대성 등에 비추어 이는 판결에 영향을 미쳤음이 명백하다는 이유로 직권으로 원심판결 및 제1심판결을 파기하고, 사건을 관할권이 있는 지방법원 지원 합의부에 이송한다(대법원 1999.11.26, 99도4398).

13
정답 ③

② (×), ③ (O) 제1심 형사사건에 관하여 지방법원 본원과 지방법원 지원은 소송법상 별개의 법원이자 각각 일정한 토지관할 구역을 나누어 가지는 대등한 관계에 있으므로, 지방법원 본원과 지방법원 지원 사이의 관할의 분배도 지방법원 내부의 사법행정사무로서 행해진 지방법원 본원과 그 지원 사이의 단순한 사무분배에 그치는 것이 아니라 소송법상 토지관할의 분배에 해당한다고 할 것이다. 그러므로 형사소송법 제4조에 의하여 지방법원 본원에 제1심 토지관할이 인정된다고 볼 특별한 사정이 없는 한, 지방법원 지원에 제1심 토지관할이 인정된다는 사정만으로 당연히 지방법원 본원에도 제1심 토지관할이 인정된다고 볼 수는 없다(대법원 2015.10.15, 2015도1803).
① (×) 형사사건의 관할은 심리의 편의와 사건의 능률적 처리라는 절차적 요구뿐만 아니라 피고인의 출석과 방어권 행사의 편의라는 방어상의 이익도 충분히 고려하여 결정하여야 하고, 특히 자의적 사건처리를 방지하기 위하여 법률에 규정된 추상적 기준에 따라 획일적으로 결정하여야 한다. 이에 따라 각급 법원의 설치와 관할구역에 관한 법률 제4조 제1호 [별표 3]은 지방법원 본원과 지방법원 지원의 관할구역을 대등한 입장에서 서로 겹치지 않게 구분하여 규정하고 있다(대법원 2015.10.15, 2015도1803).
④ (×) 제1심에서 합의부 관할사건에 관하여 단독판사 관할사건으로 죄명, 적용법조를 변경하는 공소장변경허가신청서가 제출되자, 합의부가 공소장변경을 허가하는 결정을 하지 않은 채 착오배당을 이유로 사건을 단독판사에게 재배당한 사안에서, 형사소송법은 제8조 제2항에서 단독판사의 관할사건이 공소장변경에 의하여 합의부 관할사건으로 변경된 경우 합의부로 이송하도록 규정하고 있을 뿐 그 반대의 경우에 관하여는 규정하고 있지 아니하며, '법관 등의 사무분담 및 사건배당에 관한 예규'에서도 이러한 경우를 재배당사유로 규정하고 있지 아니하므로, 사건을 배당받은 합의부는 공소장변경허가결정을 하였는지에 관계없이 사건의 실체에 들어가 심판하였어야 하고 사건을 단독판사에게 재배당할 수 없다(대법원 2013.4.25, 2013도1658).
[보충] 이 경우, 사건을 재배당받은 제1심 및 원심이 사건에 관한 실체 심리를 거쳐 심판한 조치는 관할권이 없는데도 이를 간과하고 실체판결을 한 것으로서 소송절차에 관한 법령을 위

반한 잘못이 있고, 이러한 잘못은 판결에 영향을 미친 것이므로 원심판결 및 제1심판결을 모두 파기하고 사건을 관할권이 있는 법원 제1심 합의부에 이송하여야 한다(위 판례).

14
정답 ②

② ㉠ㄴㄹㅁㅂ
㉠ (×) 형사소송법 제18조 제1항 제1호 및 동법 제17조 제7호의 규정에 의하여 법관이 기피 또는 제척의 원인이 되는 '법관이 사건에 관하여 전심재판 또는 그 기초되는 조사심리에 관여한 때'의 사건에 관한 전심이라 함은 불복신청을 한 당해 사건의 전심을 말하는 것으로서 재심청구사건에 있어서 재심대상이 되는 사건은 이에 해당하지 않으므로 원심재판장 판사 甲이 재심대상판결의 제1심에 관여했다 하더라도 이 사건 재심청구사건에서 제척 또는 기피의 원인이 되는 것이 아니다(대법원 1982.11.15, 82모11).
ㄴ (×) 약식절차와 피고인 또는 검사의 정식재판청구에 의하여 개시된 제1심공판절차는 동일한 심급 내에서 서로 절차만 달리할 뿐이므로, 약식명령이 제1심공판절차의 전심재판에 해당하는 것은 아니고, 따라서 약식명령을 발부한 법관이 정식재판절차의 제1심판결에 관여하였다고 하여 형사소송법 제17조 제7호에 정한 '법관이 사건에 관하여 전심재판 또는 그 기초되는 조사, 심리에 관여한 때'에 해당하여 제척의 원인이 된다고 볼 수는 없다(대법원 2002.4.12, 2002도944).
ㄷ (O) 제1심판결에서 피고인에 대한 유죄의 증거로 사용된 증거를 조사한 판사는 형사소송법 제17조 제7호 소정의 전심재판의 기초가 되는 조사, 심리에 관여하였다 할 것이고, 그와 같이 전심재판의 기초가 되는 조사, 심리에 관여한 판사는 직무집행에서 제척되어 항소심 재판에 관여할 수 없다(대법원 1999.10.22, 99도3534).
ㄹ (×) 법관이 수사단계에서 피고인에 대하여 구속영장을 발부한 경우는 형사소송법 제17조 제7호 소정의 "법관이 사건에 관하여 전심재판 또는 그 기초되는 조사, 심리에 관여한 때"에 해당한다고 볼 수 없다(대법원 1989.9.12, 89도612).
ㅁ (×) 제척사유는 위 피고인의 변호인인 법무법인 등에서 퇴직한 날로부터 3년이 아니라 2년이 경과하지 아니한 때. 제17조 제8호 참조.

> 제17조(제척의 원인) 법관은 다음 경우에는 직무집행에서 제척된다.
> 8. 법관이 사건에 관하여 피고인의 변호인이거나 피고인·피해자의 대리인인 법무법인, 법무법인(유한), 법무조합, 법률사무소, 「외국법자문사법」 제2조 제9호에 따른 합작법무법인에서 퇴직한 날부터 2년이 지나지 아니한 때

ㅂ (×) 고발사실 중 검사가 불기소한 부분에 관한 재정신청을 기각한 법관이 위 고발사실 중 나머지 공소제기 된 부분에 대한 사건에 관여한 경우는 제척사유에 해당하지 않는다(대법원 2014.1.16, 2013도10316).

15
정답 ③

③ ㉠ㄷㄹㅁ
㉠ (×) 간접적 피해자는 범위가 불명확하여 법적 안정성 차원에서 제외된다.

제17조(제척의 원인) 법관은 다음 경우에는 직무집행에서 제척된다. <개정 2005.3.31.>
1. 법관이 피해자인 때

ⓛ (O) 형사소송절차에서 피고인에게 법관의 기피를 신청할 수 있도록 규정하고 있는 이유는 구체적 사건을 담당한 법관에게 제척의 원인이 될 사유가 있거나 불공평한 재판을 할 염려가 있는 경우에 그러한 사유가 있는 법관을 당해사건의 직무집행으로부터 배제시켜 피고인이 공정한 재판을 받을 수 있도록 보장하려는데 있는 것이므로 어떠한 사유에 의했건 기피의 대상으로 하고 있는 법관이 이미 당해 구체적 사건의 직무집행으로부터 배제되어 있다면 그 법관에 대한 피고인의 기피신청은 부적법하다(대법원 1986.9.24, 86모48).

ⓒ (×) 원심 합의부원인 법관이 원심 재판장에 대한 기피신청 사건의 심리와 기각결정에 관여한 경우는 제척사유에 해당하지 않는다(대법원 2010.12.9, 2007도10121).

ⓔ (×) 재판부가 당사자의 증거신청을 채택하지 아니하거나 이미 한 증거결정을 취소하였다 하더라도 그러한 사유만으로는 재판의 공평을 기대하기 어려운 객관적인 사정이 있다고 할 수 없고, 또 형사소송법 제299조 규정상 재판장이 피고인의 증인신문권의 본질적인 부분을 침해하였다고 볼 만한 아무런 소명자료가 없다면, 재판장이 피고인의 증인에 대한 신문을 제지한 사실이 있다는 것만으로는 법관과 사건과의 관계상 불공평한 재판을 할 것이라는 의혹을 갖는 것이 합리적이라고 인정할 만한 객관적인 사정이 있는 경우에 해당한다고 볼 수 없다(대법원 1995.4.3, 95모10).

ⓜ (×) 소속법원 합의부가 아니라 소속법원의 결정에 의한다(제25조 제2항 본문).

제25조(법원사무관등에 대한 제척·기피·회피) ① 본장의 규정은 제17조 제7호의 규정을 제한 외에는 법원서기관·법원사무관·법원주사 또는 법원주사보(이하 "법원사무관등"이라 한다)와 통역인에 준용한다.
② 전항의 법원사무관등과 통역인에 대한 기피재판은 그 소속법원이 결정으로 하여야 한다. 단, 제20조 제1항의 결정은 기피당한 자의 소속법관이 한다.

16 정답 ②

② (O) 제1심판결에서 피고인에 대한 유죄의 증거로 사용된 증거를 조사한 판사는 형사소송법 제17조 제7호 소정의 전심재판의 기초가 되는 조사, 심리에 관여하였다 할 것이고, 그와 같이 전심재판의 기초가 되는 조사, 심리에 관여한 판사는 직무집행에서 제척되어 항소심 재판에 관여할 수 없다(대법원 1999.10.22, 99도3534).

① (×) 공소제기 전후를 불문하고 재판의 내용형성에 영향을 미친 경우를 말한다. 따라서 증거조사를 하였으나 그 결과가 채택되지 않은 경우는 제외된다.

③ (×) 3년이 아니라 2년이다(소위 후관예우 방지 제척사유, 2020.12.8. 개정 제17조 제8호).

제17조(제척의 원인) 법관은 다음 경우에는 직무집행에서 제척된다. <개정 2005.3.31, 2020.12.8.>
8. 법관이 사건에 관하여 피고인의 변호인이거나 피고인·피해자의 대리인인 법무법인, 법무법인(유한), 법무조합, 법

률사무소, 「외국법자문사법」 제2조 제9호에 따른 합작법무법인에서 퇴직한 날부터 2년이 지나지 아니한 때
9. 법관이 피고인인 법인·기관·단체에서 임원 또는 직원으로 퇴직한 날부터 2년이 지나지 아니한 때

[보충] 법조일원화에 따라 로펌 등의 변호사 경력자가 법관으로 임용되면서 법관으로 임용되기 전에 소속되어 있던 로펌·기업과의 관계에서 공정한 재판을 할 수 있는지에 관한 '후관예우' 논란이 제기되고 있어 제척사유로서 추가된 내용이다.

④ (×) 대법원 1989.9.12, 89도612

17 정답 ④

④ (O) 증거로 함에 대한 동의의 주체는 소송주체인 당사자라 할 것이지만 변호인은 피고인의 명시한 의사에 반하지 아니하는 한 피고인을 대리하여 증거로 함에 동의할 수 있으므로 피고인이 증거로 함에 동의하지 아니한다고 명시적인 의사표시를 한 경우 이외에는 변호인은 서류나 물건에 대하여 증거로 함에 동의할 수 있고, 이 경우 변호인의 동의에 대하여 피고인이 즉시 이의하지 아니하는 경우에는 변호인의 동의로 증거능력이 인정되어 증거조사 완료 전까지 그 동의가 취소 또는 철회하지 아니한 이상 일단 부여된 증거능력은 그대로 존속한다(대법원 2005.4.28, 2004도4428).

① (×) 법관에 대한 기피신청이 있는 경우 형사소송법 제22조에 따라 정지되는 소송진행에 판결의 선고는 포함되지 아니하므로(대법원 1987.5.28, 87모10, 1995.1.9, 94모77 등 참조), 피고인이 변론 종결 뒤 재판부에 대한 기피신청을 하였지만, 원심이 소송진행을 정지하지 아니하고 판결을 선고한 것은 정당하다(대법원 2002.11.13, 2002도4893).

② (×) 국민참여재판은 피고인의 희망 의사의 번복에 관한 일정한 제한(법 제8조 제4항)이 있는 외에는 피고인의 의사에 반하여 할 수 없는 것이므로, 제1심법원이 국민참여재판의 대상이 되는 사건임을 간과하여 이에 관한 피고인의 의사를 확인하지 아니한 채 통상의 공판절차로 재판을 진행하였더라도, 피고인이 항소심에서 국민참여재판을 원하지 아니한다고 하면서 위와 같은 제1심의 절차적 위법을 문제 삼지 아니할 의사를 명백히 표시하는 경우에는 그 하자가 치유되어 제1심 공판절차는 전체로서 적법하게 된다고 봄이 상당하고, 다만 국민참여재판제도의 취지와 피고인의 국민참여재판을 받을 권리를 실질적으로 보장하고자 하는 관련 규정의 내용에 비추어 위 권리를 침해한 제1심 공판절차의 하자가 치유된다고 보기 위해서는 법 제8조 제1항, 위 규칙 제3조 제1항에 준하여 피고인에게 국민참여재판절차 등에 관한 충분한 안내가 이루어지고 그 희망 여부에 관하여 숙고할 수 있는 상당한 시간이 사전에 부여되어야 할 것이다(대법원 2013.1.31, 2012도13896).

③ (×) 형사소송법 제282조에 규정된 필요적 변호사건에 해당하는 사건에서 제1심의 공판절차가 변호인 없이 이루어진 경우, 그와 같은 위법한 공판절차에서 이루어진 소송행위는 무효이므로, 이러한 경우 항소심으로서는 변호인이 있는 상태에서 소송행위를 새로이 한 후 위법한 제1심판결을 파기하고, 항소심에서의 진술 및 증거조사 등 심리결과에 기하여 다시 판결하여야 한다(대법원 2008.6.12, 2008도2621).

18

① (○), ② (×) 제19조 참조.

> **제19조(기피신청의 관할)** ① 합의법원의 법관에 대한 기피는 그 법관의 소속법원에 신청하고 수명법관, 수탁판사 또는 단독판사에 대한 기피는 당해 법관에게 신청하여야 한다.
> ② 기피사유는 신청한 날로부터 3일 이내에 서면으로 소명하여야 한다.

③ (○) 제23조 제1항, 제403조 제1항 참조.

> **제23조(기피신청기각과 즉시항고)** ① 기피신청을 기각한 결정에 대하여는 즉시항고를 할 수 있다.
> **제403조(판결 전의 결정에 대한 항고)** ① 법원의 관할 또는 판결 전의 소송절차에 관한 결정에 대하여는 특히 즉시항고를 할 수 있는 경우 외에는 항고하지 못한다.

④ (○) 법관에 대한 기피신청때문에 소송의 진행이 정지되더라도 구속기간의 만료가 임박하였다는 사정도 소송진행 정지의 예외사유인 급속을 요하는 경우에 해당한다(대법원 1994.3.8, 94도142).

> **제22조(기피신청과 소송의 정지)** 기피신청이 있는 때에는 제20조 제1항의 경우를 제한 외에는 소송진행을 정지하여야 한다. 단, 급속을 요하는 경우에는 예외로 한다.

19

④ (○) 기피신청에 대한 재판은 소속법원 합의부에서 결정으로 하게 되는데, 기피당한 법관은 이 재판에 관여하지 못한다. 만일 소속법원이 합의부를 구성하지 못하는 때라면 직근 상급법원이 결정하는 것이어서, 역시 기피당한 법관은 관여할 수 없는 것이다. 제21조 참조.

> **제21조(기피신청에 대한 재판)** ① 기피신청에 대한 재판은 기피당한 법관의 소속법원합의부에서 결정으로 하여야 한다.
> ② 기피당한 법관은 전항의 결정에 관여하지 못한다.
> ③ 기피당한 판사의 소속법원이 합의부를 구성하지 못하는 때에는 직근 상급법원이 결정하여야 한다.

① (×) 법관에 대한 기피신청이 있는 경우에 형사소송법 제22조에 의하여 정지될 소송진행에는 판결 선고는 포함되지 아니하는 것이고, 그와 같이 이미 종국판결이 선고되어 버리면 그 담당 재판부를 사건 심리에서 배제하고자 하는 기피신청은 그 목적의 소멸로 재판을 할 이익이 상실되어 부적법하게 된다(대법원 1995.1.9, 94모77).

② (×) 대법원 1971.7.6, 71도974

③ (×) 기피신청에 대한 간이기각결정을 하는 경우에는 기피당한 법관은 의견서를 제출할 필요가 없다(제20조 제2항).

> **제20조(기피신청기각과 처리)** ① 기피신청이 소송의 지연을 목적으로 함이 명백하거나 제19조의 규정에 위배된 때에는 신청을 받은 법원 또는 법관은 결정으로 이를 기각한다.
> ② 기피당한 법관은 전항의 경우를 제한 외에는 지체 없이 기피신청에 대한 의견서를 제출하여야 한다.
> ③ 전항의 경우에 기피당한 법관이 기피의 신청을 이유 있다고 인정하는 때에는 그 결정이 있은 것으로 간주한다.

20

④ (○) 제19조 제1항, 제2항, 규칙 제9조 제1항

① (×) 기피신청 간이기각결정에 대한 즉시항고는 집행정지효가 없다(제23조 제2항).

② (×) 법원사무관 등과 통역인에 대한 기피재판은, 소송지연의 목적이 명백하거나 관할위반의 경우를 제외하고, 그 소속법원이 결정으로 하여야 한다(제25조 제2항 본문).
[보충] 이 경우 간이기각결정은 기피당한 자의 소속법원이 아니라 소속법관이 한다.

> **제25조(법원사무관등에 대한 제척·기피·회피)** ① 본장의 규정은 제17조 제7호의 규정을 제한 외에는 법원서기관·법원사무관·법원주사 또는 법원주사보(이하 "법원사무관등"이라 한다)와 통역인에 준용한다.
> ② 전항의 법원사무관등과 통역인에 대한 기피재판은 그 소속법원이 결정으로 하여야 한다. 단, 제20조 제1항의 결정은 기피당한 자의 소속법관이 한다. <개정 2007.6.1.>

③ (×) 회피는 소속법원에 서면으로 신청한다(제24조 제2항).

> **제24조(회피의 원인 등)** ① 법관이 제18조의 규정에 해당하는 사유가 있다고 사료한 때에는 회피하여야 한다.
> ② 회피는 소속법원에 서면으로 신청하여야 한다.

▶ **제2편 소송주체와 소송행위: 제1장 소송의 주체** [검사] ― [피고인 1]

01	②	02	④	03	①	04	②	05	④
06	③	07	③	08	①	09	②	10	②
11	④	12	④	13	①	14	②	15	③
16	③	17	②	18	②	19	③	20	④

01 정답 ②

② (○) 조사자증언 제도에 관한 지문이다. 제316조 제1항 전문진술 규정 참조.

① (×) 틀린 부분은 '법무부장관' 부분이다. 나머지는 맞다.

> **검찰청법 제7조의2(검사 직무의 위임·이전 및 승계)** ① 검찰총장, 각급 검찰청의 검사장(檢事長) 및 지청장은 소속 검사로 하여금 그 권한에 속하는 직무의 일부를 처리하게 할 수 있다.
> ② 검찰총장, 각급 검찰청의 검사장 및 지청장은 소속 검사의 직무를 자신이 처리하거나 다른 검사로 하여금 처리하게 할 수 있다
> **제54조(교체임용의 요구)** ① 서장이 아닌 경정 이하의 사법경찰관리가 직무 집행과 관련하여 부당한 행위를 하는 경우 지방검찰청 검사장은 해당 사건의 수사 중지를 명하고, 임용권자에게 그 사법경찰관리의 교체임용을 요구할 수 있다.
> ② 제1항의 요구를 받은 임용권자는 정당한 사유가 없으면 교체임용을 하여야 한다.

③ (×) 검사는 경찰공무원이 범한 범죄와 관련하여 인지한 각 해당 범죄와 직접 관련성이 있는 범죄도 수사를 개시할 수 있으므로(검찰청법 제4조 제1항 제1호 다목) 경찰공무원의 범죄와 공범으로 관련된 사건에 대해서도 수사를 개시할 수 있다.

> **검찰청법 제4조(검사의 직무)** ① 검사는 공익의 대표자로서 다음 각 호의 직무와 권한이 있다. <개정 2020.2.4, 2022.5.9.>
> 1. 범죄수사, 공소의 제기 및 그 유지에 필요한 사항. 다만, 검사가 수사를 개시할 수 있는 범죄의 범위는 다음 각 목과 같다.
>   가. 부패범죄, 경제범죄 등 대통령령으로 정하는 중요 범죄
>   나. 경찰공무원(다른 법률에 따라 사법경찰관리의 직무를 행하는 자를 포함한다) 및 고위공직자범죄수사처 소속 공무원(「고위공직자범죄수사처 설치 및 운영에 관한 법률」에 따른 파견공무원을 포함한다)이 범한 범죄
>   다. 가목·나목의 범죄 및 사법경찰관이 송치한 범죄와 관련하여 인지한 각 해당 범죄와 직접 관련성이 있는 범죄

[참고] 위 검찰청법 제4조 제1항 제1호 가목의 '부패범죄, 경제범죄 등 중요 범죄'는 대통령령(검사의 수사개시 범죄 범위에 관한 규정)이 정하고 있다.

> **검사의 수사개시 범죄 범위에 관한 규정**[시행 2022.9.10.] [대통령령 제32902호, 2022.9.8, 일부개정]

> **제2조(중요 범죄)** 「검찰청법」(이하 "법"이라 한다) 제4조 제1항 제1호 가목에서 "부패범죄, 경제범죄 등 대통령령으로 정하는 중요 범죄"란 다음 각 호의 범죄를 말한다.
> 1. 부패범죄: 다음 각 목의 어느 하나에 해당하는 범죄로서 별표 1에 규정된 죄
>   가. 사무의 공정을 해치는 불법 또는 부당한 방법으로 자기 또는 제3자의 이익이나 손해를 도모하는 범죄
>   나. 직무와 관련하여 그 지위 또는 권한을 남용하는 범죄
>   다. 범죄의 은폐나 그 수익의 은닉에 관련된 범죄
> 2. 경제범죄: 생산·분배·소비·고용·금융·부동산·유통·수출입 등 경제의 각 분야에서 경제질서를 해치는 불법 또는 부당한 방법으로 자기 또는 제3자의 경제적 이익이나 손해를 도모하는 범죄로서 별표 2에 규정된 죄
> 3. 다음 각 목의 어느 하나에 해당하는 죄
>   가. 무고·도주·범인은닉·증거인멸·위증·허위감정통역·보복범죄 및 배심원의 직무에 관한 죄 등 국가의 사법질서를 저해하는 범죄로서 별표 3에 규정된 죄
>   나. 개별 법률에서 국가기관으로 하여금 검사에게 고발하도록 하거나 수사를 의뢰하도록 규정된 범죄
> [전문개정 2022.9.8.]

④ (×) 검사동일체원칙상 공판절차를 갱신할 필요가 없다. 반면, 판사가 변경된 경우에는 공판절차의 갱신이 필요하다(제301조).

02 정답 ④

④ (○) 검찰청법 제8조

> **검찰청법 제8조(법무부장관의 지휘·감독)** 법무부장관은 검찰사무의 최고 감독자로서 일반적으로 검사를 지휘·감독하고, 구체적 사건에 대하여는 검찰총장만을 지휘·감독한다.

① (×) 형사소송법 제246조와 제247조에 의하여 검사는 범죄의 구성요건에 해당하여 형사적 제재를 함이 상당하다고 판단되는 경우에는 공소를 제기할 수 있고 또 형법 제51조의 사항을 참작하여 공소를 제기하지 아니할 수 있는 재량권이 부여되어 있으나, 검사가 자의적으로 공소권을 행사하여 피고인에게 실질적인 불이익을 줌으로써 소추재량권을 현저히 일탈하였다고 보이는 경우에 이를 공소권의 남용으로 보아 공소제기의 효력을 부인할 수 있는 것이고, 여기서 자의적인 공소권의 행사라 함은 단순히 직무상의 과실에 의한 것만으로는 부족하고 적어도 미필적이나마 어떤 의도가 있어야 한다(대법원 2001.9.7, 2001도3026).

② (×) 범죄의 피해자인 검사가 그 사건의 수사에 관여하거나, 압수·수색영장의 집행에 참여한 검사가 다시 수사에 관여하였다는 이유만으로 바로 그 수사가 위법하다거나 그에 따른 참고인이나 피의자의 진술에 임의성이 없다고 볼 수는 없다(대법원 2013.9.12, 2011도12918)

③ (×) 영장청구권(제200조의2), 증인신문청구권(제221조의2)뿐만 아니라 증거보전청구권(제184조)도 있다.

03
정답 ①

① (×) 검사가 아니라 검찰총장 또는 각급 검찰청 검사장이 위법·부당수사를 한 사법경찰관리의 징계를 요구할 수 있다. 제197조의3 제7항 참조.

> **제197조의3(시정조치요구 등)** ① 검사는 사법경찰관리의 수사과정에서 법령위반, 인권침해 또는 현저한 수사권 남용이 의심되는 사실의 신고가 있거나 그러한 사실을 인식하게 된 경우에는 사법경찰관에게 사건기록 등본의 송부를 요구할 수 있다.
> ② 제1항의 송부 요구를 받은 사법경찰관은 지체 없이 검사에게 사건기록 등본을 송부하여야 한다.
> ③ 제2항의 송부를 받은 검사는 필요하다고 인정되는 경우에는 사법경찰관에게 시정조치를 요구할 수 있다.
> ④ 사법경찰관은 제3항의 시정조치 요구가 있는 때에는 정당한 이유가 없으면 지체 없이 이를 이행하고, 그 결과를 검사에게 통보하여야 한다.
> ⑤ 제4항의 통보를 받은 검사는 제3항에 따른 시정조치 요구가 정당한 이유 없이 이행되지 않았다고 인정되는 경우에는 사법경찰관에게 사건을 송치할 것을 요구할 수 있다.
> ⑥ 제5항의 송치 요구를 받은 사법경찰관은 검사에게 사건을 송치하여야 한다.
> ⑦ 검찰총장 또는 각급 검찰청 검사장은 사법경찰관리의 수사과정에서 법령위반, 인권침해 또는 현저한 수사권 남용이 있었던 때에는 권한 있는 사람에게 해당 사법경찰관리의 징계를 요구할 수 있고, 그 징계 절차는 「공무원 징계령」 또는 「경찰공무원 징계령」에 따른다.
> ⑧ 사법경찰관은 피의자를 신문하기 전에 수사과정에서 법령위반, 인권침해 또는 현저한 수사권 남용이 있는 경우 검사에게 구제를 신청할 수 있음을 피의자에게 알려주어야 한다.

② (○) 제246조, 제247조, 제255조 참조.

> **제246조(국가소추주의)** 공소는 검사가 제기하여 수행한다.
> **제247조(기소편의주의)** 검사는 「형법」 제51조의 사항을 참작하여 공소를 제기하지 아니할 수 있다.
> **제255조(공소의 취소)** ① 공소는 제1심판결의 선고 전까지 취소할 수 있다.

③ (○) 강도강간의 피해자가 제출한 팬티에 대한 국립과학수사연구소의 유전자검사결과 그 팬티에서 범인으로 지목되어 기소된 원고나 피해자의 남편과 다른 남자의 유전자형이 검출되었다는 감정결과를 검사가 공판과정에서 입수한 경우 그 감정서는 원고의 무죄를 입증할 수 있는 결정적인 증거에 해당하는데도 검사가 그 감정서를 법원에 제출하지 아니하고 은폐하였다면 검사의 그와 같은 행위는 위법하므로 국가배상책임을 져야 한다(대법원 2002.2.22, 2001다23447).

④ (○) 제460조 제1항 참조.

> **제460조(집행지휘)** ① 재판의 집행은 그 재판을 한 법원에 대응한 검찰청검사가 지휘한다. 단, 재판의 성질상 법원 또는 법관이 지휘할 경우에는 예외로 한다.

04
정답 ②

② ㉡㉢㉣

㉠ (○) 2020.2.4. 신설 제197조의3 제1항~제5항 참조.

> **제197조의3(시정조치요구 등)** ① 검사는 사법경찰관리의 수사과정에서 법령위반, 인권침해 또는 현저한 수사권 남용이 의심되는 사실의 신고가 있거나 그러한 사실을 인식하게 된 경우에는 사법경찰관에게 사건기록 등본의 송부를 요구할 수 있다.
> ② 제1항의 송부 요구를 받은 사법경찰관은 지체 없이 검사에게 사건기록 등본을 송부하여야 한다.
> ③ 제2항의 송부를 받은 검사는 필요하다고 인정되는 경우에는 사법경찰관에게 시정조치를 요구할 수 있다.
> ④ 사법경찰관은 제3항의 시정조치 요구가 있는 때에는 정당한 이유가 없으면 지체 없이 이를 이행하고, 그 결과를 검사에게 통보하여야 한다.
> ⑤ 제4항의 통보를 받은 검사는 제3항에 따른 시정조치 요구가 정당한 이유 없이 이행되지 않았다고 인정되는 경우에는 사법경찰관에게 사건을 송치할 것을 요구할 수 있다.
> ⑥ 제5항의 송치 요구를 받은 사법경찰관은 검사에게 사건을 송치하여야 한다.
> ⑦ 검찰총장 또는 각급 검찰청 검사장은 사법경찰관리의 수사과정에서 법령위반, 인권침해 또는 현저한 수사권 남용이 있었던 때에는 권한 있는 사람에게 해당 사법경찰관리의 징계를 요구할 수 있고, 그 징계 절차는 「공무원 징계령」 또는 「경찰공무원 징계령」에 따른다.
> ⑧ 사법경찰관은 피의자를 신문하기 전에 수사과정에서 법령위반, 인권침해 또는 현저한 수사권 남용이 있는 경우 검사에게 구제를 신청할 수 있음을 피의자에게 알려주어야 한다.

㉡ (×) 검사가 영장을 청구하기 전에 사법경찰관이 영장을 신청한 경우에만 계속 수사가 가능하다(신설 제197조의4 제2항 단서 참조).

> **제197조의4(수사의 경합)** ① 검사는 사법경찰관과 동일한 범죄사실을 수사하게 된 때에는 사법경찰관에게 사건을 송치할 것을 요구할 수 있다.
> ② 제1항의 요구를 받은 사법경찰관은 지체 없이 검사에게 사건을 송치하여야 한다. 다만, '검사가 영장을 청구하기 전'에 동일한 범죄사실에 관하여 사법경찰관이 영장을 신청한 경우에는 해당 영장에 기재된 범죄사실을 계속 수사할 수 있다.

㉢ (×) 검사가 사법경찰관이 신청한 영장을 정당한 이유 없이 판사에게 청구하지 아니한 경우 사법경찰관은 '관할 고등검찰청'에 영장 청구 여부에 대한 심의를 신청할 수 있고, 이를 심의하기 위하여 각 '고등검찰청'에 외부 위원으로 구성된 영장심의위원회를 둔다(제221조의5 신설).

> **제221조의5(사법경찰관이 신청한 영장의 청구 여부에 대한 심의)** ① 검사가 사법경찰관이 신청한 영장을 정당한 이유 없이 판사에게 청구하지 아니한 경우 사법경찰관은 그 검사 소속의 지방검찰청 소재지를 관할하는 고등검찰청에 영장 청구 여부에 대한 심의를 신청할 수 있다.
> ② 제1항에 관한 사항을 심의하기 위하여 각 고등검찰청에

영장심의위원회(이하 이 조에서 "심의위원회"라 한다)를 둔다.

③ 심의위원회는 위원장 1명을 포함한 10명 이내의 외부 위원으로 구성하고, 위원은 각 고등검찰청 검사장이 위촉한다.

④ 사법경찰관은 심의위원회에 출석하여 의견을 개진할 수 있다.

⑤ 심의위원회의 구성 및 운영 등 그 밖에 필요한 사항은 법무부령으로 정한다.

ⓔ (○) 사법경찰관에게 신설된 1차적 수사종결권의 내용이다(제245조의5 신설).

> **제245조의5(사법경찰관의 사건송치 등)** 사법경찰관은 고소·고발 사건을 포함하여 범죄를 수사한 때에는 다음 각 호의 구분에 따른다.
> 1. 범죄의 혐의가 있다고 인정되는 경우에는 지체 없이 검사에게 사건을 송치하고, 관계 서류와 증거물을 검사에게 송부하여야 한다.
> 2. 그 밖의 경우에는 그 이유를 명시한 서면과 함께 관계 서류와 증거물을 지체 없이 검사에게 송부하여야 한다. 이 경우 검사는 송부받은 날부터 90일 이내에 사법경찰관에게 반환하여야 한다.

ⓜ (×) 재수사 요청은 그 이유를 문서로 명시하여야 한다(신설 제245조의8 제1항 참조).

> **제245조의8(재수사요청 등)** ① 검사는 제245조의5 제2호의 경우에 사법경찰관이 사건을 송치하지 아니한 것이 위법 또는 부당한 때에는 그 이유를 문서로 명시하여 사법경찰관에게 재수사를 요청할 수 있다.
> ② 사법경찰관은 제1항의 요청이 있는 때에는 사건을 재수사하여야 한다.

05

정답 ④

④ ⓖⓛⓔⓜ

ⓖ (×) 두 군데 틀렸다. 우선 검사의 보완수사요구를 받은 사법경찰관은 정당한 이유의 유무를 따짐이 없이 이를 지체 없이 이행하여야 하는 것은 아니고, '정당한 이유가 없는 한' 이를 이행하여야 한다. 또한 정당한 이유 없이 검사의 보완수사요구에 정당한 이유 없이 따르지 않은 사법경찰관에 대한 직무배제·징계 요구는 보완수사 요구를 행한 검사가 직접 할 수 있는 것이 아니라 '검찰총장 또는 각급 검찰청 검사장'이 할 수 있는 것이다. 제197조의2 참조.

> **제197조의2(보완수사요구)** ① 검사는 다음 각 호의 어느 하나에 해당하는 경우에 사법경찰관에게 보완수사를 요구할 수 있다.
> 1. 송치사건의 공소제기 여부 결정 또는 공소의 유지에 관하여 필요한 경우
> 2. 사법경찰관이 신청한 영장의 청구 여부 결정에 관하여 필요한 경우
> ② 사법경찰관은 제1항의 요구가 있는 때에는 정당한 이유가 없는 한 지체 없이 이를 이행하고, 그 결과를 검사에게 통보하여야 한다.
> ③ 검찰총장 또는 각급 검찰청 검사장은 사법경찰관이 정당한 이유 없이 제1항의 요구에 따르지 아니하는 때에는 권한 있는 사람에게 해당 사법경찰관의 직무배제 또는 징계를 요구할 수 있고, 그 징계 절차는 「공무원 징계령」 또는 「경찰공무원 징계령」에 따른다.

ⓛ (×) 검사와 사법경찰관은 수사와 사건의 송치, 송부 등에 관한 이견의 조정이나 협력 등이 필요한 경우 서로 협의를 요청할 수 있으며, 이 경우 특별한 사정이 없으면 상대방의 협의 요청에 응해야 한다(수사준칙 제8조 제1항). 이러한 협의에도 불구하고 검사의 보완수사요구에 대한 사법경찰관의 보완수사의 이행에 관한 정당한 이유의 유무에 대한 이견이 있는 경우에는 해당 검사가 소속된 검찰청의 장과 해당 사법경찰관이 소속된 경찰관서의 장의 협의에 따른다(동조 제3조 제2항 제2호).

> **수사준칙 제8조(검사와 사법경찰관의 협의)** ① 검사와 사법경찰관은 수사와 사건의 송치, 송부 등에 관한 이견의 조정이나 협력 등이 필요한 경우 서로 협의를 요청할 수 있다. 이 경우 특별한 사정이 없으면 상대방의 협의 요청에 응해야 한다. <개정 2023.10.17.>
> ② 제1항에 따른 협의에도 불구하고 이견이 해소되지 않는 경우로서 다음 각 호의 어느 하나에 해당하는 경우에는 해당 검사가 소속된 검찰청의 장과 해당 사법경찰관이 소속된 경찰관서(지방해양경찰관서를 포함한다. 이하 같다)의 장의 협의에 따른다. <개정 2023.10.17.>
> 1. 중요사건에 관하여 상호 의견을 제시·교환하는 것에 대해 이견이 있거나 제시·교환한 의견의 내용에 대해 이견이 있는 경우
> 2. 「형사소송법」(이하 "법"이라 한다) 제197조의2 제2항 및 제3항에 따른 정당한 이유의 유무에 대해 이견이 있는 경우
> 3. 법 제197조의4 제2항 단서에 따라 사법경찰관이 계속 수사할 수 있는지 여부나 사법경찰관이 계속 수사할 수 있는 경우 수사를 계속할 주체 또는 사건의 이송 여부 등에 대해 이견이 있는 경우
> 4. 법 제245조의8 제2항에 따른 재수사의 결과에 대해 이견이 있는 경우

ⓒ (○) 제197조의3 제2항

ⓔ (×) 검사의 시정조치요구에 대해서는 사법경찰관은 정당한 이유가 없는 한 지체 없이 이행하여야 한다(동조 제4항).

> **제197조의3(시정조치요구 등)** ① 검사는 사법경찰관리의 수사과정에서 법령위반, 인권침해 또는 현저한 수사권 남용이 의심되는 사실의 신고가 있거나 그러한 사실을 인식하게 된 경우에는 사법경찰관에게 사건기록 등본의 송부를 요구할 수 있다.
> ② 제1항의 송부 요구를 받은 사법경찰관은 지체 없이 검사에게 사건기록 등본을 송부하여야 한다.
> ③ 제2항의 송부를 받은 검사는 필요하다고 인정되는 경우에는 사법경찰관에게 시정조치를 요구할 수 있다.
> ④ 사법경찰관은 제3항의 시정조치 요구가 있는 때에는 정당한 이유가 없으면 지체 없이 이를 이행하고, 그 결과를 검사에게 통보하여야 한다.
> ⑤ 제4항의 통보를 받은 검사는 제3항에 따른 시정조치 요구가 정당한 이유 없이 이행되지 않았다고 인정되는 경우에는 사법경찰관에게 사건을 송치할 것을 요구할 수 있다.
> ⑥ 제5항의 송치 요구를 받은 사법경찰관은 검사에게 사건을 송치하여야 한다.
> ⑦ 검찰총장 또는 각급 검찰청 검사장은 사법경찰관리의 수사과정에서 법령위반, 인권침해 또는 현저한 수사권 남용이 있었던 때에는 권한 있는 사람에게 해당 사법경찰관리의 징계를 요구할 수 있고, 그 징계 절차는 「공무원 징계령」 또는

「경찰공무원 징계령」에 따른다.

⑧ 사법경찰관은 피의자를 신문하기 전에 수사과정에서 법령위반, 인권침해 또는 현저한 수사권 남용이 있는 경우 검사에게 구제를 신청할 수 있음을 피의자에게 알려주어야 한다.

ⓒ (×) 검사의 시정조치요구 기간은 사건기록 송부일로부터 30일이며, 연장은 1차에 한하여 연장하는 것은 맞지만 연장기간은 30일이 아니라 10일의 범위 이내로 한다(수사준칙 제45조 제2항·제3항).

> **수사준칙 제45조(시정조치 요구의 방법 및 절차 등)** ① 검사는 법 제197조의3 제1항에 따라 사법경찰관에게 사건기록 등본의 송부를 요구할 때에는 그 내용과 이유를 구체적으로 적은 서면으로 해야 한다.
> ② 사법경찰관은 제1항에 따른 요구를 받은 날부터 7일 이내에 사건기록 등본을 검사에게 송부해야 한다.
> ③ 검사는 제2항에 따라 사건기록 등본을 송부받은 날부터 30일(사안의 경중 등을 고려하여 10일의 범위에서 한 차례 연장할 수 있다) 이내에 법 제197조의3 제3항에 따른 시정조치 요구 여부를 결정하여 사법경찰관에게 통보해야 한다. 이 경우 시정조치 요구의 통보는 그 내용과 이유를 구체적으로 적은 서면으로 해야 한다.
> ④ 사법경찰관은 제3항에 따라 시정조치 요구를 통보받은 경우 정당한 이유가 있는 경우를 제외하고는 지체 없이 시정조치를 이행하고, 그 이행 결과를 서면에 구체적으로 적어 검사에게 통보해야 한다.
> ⑤ 검사는 법 제197조의3 제5항에 따라 사법경찰관에게 사건송치를 요구하는 경우에는 그 내용과 이유를 구체적으로 적은 서면으로 해야 한다.
> ⑥ 사법경찰관은 제5항에 따라 서면으로 사건송치를 요구받은 날부터 7일 이내에 사건을 검사에게 송치해야 한다. 이 경우 관계 서류와 증거물을 함께 송부해야 한다.
> ⑦ 제5항 및 제6항에도 불구하고 검사는 공소시효 만료일의 임박 등 특별한 사유가 있을 때에는 제5항에 따른 서면에 그 사유를 명시하고 별도의 송치기한을 정하여 사법경찰관에게 통지할 수 있다. 이 경우 사법경찰관은 정당한 이유가 있는 경우를 제외하고는 통지받은 송치기한까지 사건을 검사에게 송치해야 한다.

06
정답 ③

③ ㉠ⓒⓒ㉣

㉠ (×) 사법경찰관의 위법·부당 수사에 대한 검사의 통제장치인 시정조치요구권의 내용이다. 검사의 시정조치요구를 검토하기 위한 사법경찰관에 대한 사건기록등본 송부 요구의 요건은 법령위반에 한하지 않고 법령위반, 인권침해 또는 현저한 수사권 남용이 의심되는 사실의 신고가 있거나 그러한 사실은 검사가 인식하게 된 경우이다.

> **제197조의3(시정조치요구 등)** ① 검사는 사법경찰관리의 수사과정에서 법령위반, 인권침해 또는 현저한 수사권 남용이 의심되는 사실의 신고가 있거나 그러한 사실을 인식하게 된 경우에는 사법경찰관에게 사건기록 등본의 송부를 요구할 수 있다.
> ② 제1항의 송부 요구를 받은 사법경찰관은 지체 없이 검사에게 사건기록 등본을 송부하여야 한다.

③ 제2항의 송부를 받은 검사는 필요하다고 인정되는 경우에는 사법경찰관에게 시정조치를 요구할 수 있다.
④ 사법경찰관은 제3항의 시정조치 요구가 있는 때에는 정당한 이유가 없으면 지체 없이 이를 이행하고, 그 결과를 검사에게 통보하여야 한다.
⑤ 제4항의 통보를 받은 검사는 제3항에 따른 시정조치 요구가 정당한 이유 없이 이행되지 않았다고 인정되는 경우에는 사법경찰관에게 사건을 송치할 것을 요구할 수 있다.
⑥ 제5항의 송치 요구를 받은 사법경찰관은 검사에게 사건을 송치하여야 한다.
⑦ 검찰총장 또는 각급 검찰청 검사장은 사법경찰관리의 수사과정에서 법령위반, 인권침해 또는 현저한 수사권 남용이 있었던 때에는 권한 있는 사람에게 해당 사법경찰관리의 징계를 요구할 수 있고, 그 징계 절차는 「공무원 징계령」 또는 「경찰공무원 징계령」에 따른다.
⑧ 사법경찰관은 피의자를 신문하기 전에 수사과정에서 법령위반, 인권침해 또는 현저한 수사권 남용이 있는 경우 검사에게 구제를 신청할 수 있음을 피의자에게 알려주어야 한다.

ⓒ (×) 검사가 시정조치요구권을 행사할 수 있는 기간은 원칙적으로 '30일 이내'이다(수사준칙 제45조 제3항).
[보충] 검사의 재수사요청권 행사 기간인 90일(제245조의5 제2호 제2문)과 혼동하지 않도록 한다.

> **수사준칙 제45조(시정조치 요구의 방법 및 절차 등)** ① 검사는 법 제197조의3 제1항에 따라 사법경찰관에게 사건기록 등본의 송부를 요구할 때에는 그 내용과 이유를 구체적으로 적은 서면으로 해야 한다.
> ② 사법경찰관은 제1항에 따른 요구를 받은 날부터 7일 이내에 사건기록 등본을 검사에게 송부해야 한다.
> ③ 검사는 제2항에 따라 사건기록 등본을 송부받은 날부터 30일(사안의 경중 등을 고려하여 10일의 범위에서 한 차례 연장할 수 있다) 이내에 법 제197조의3 제3항에 따른 시정조치 요구 여부를 결정하여 사법경찰관에게 통보해야 한다. 이 경우 시정조치 요구의 통보는 그 내용과 이유를 구체적으로 적은 서면으로 해야 한다.
> ④ 사법경찰관은 제3항에 따라 시정조치 요구를 통보받은 경우 정당한 이유가 있는 경우를 제외하고는 지체 없이 시정조치를 이행하고, 그 이행 결과를 서면에 구체적으로 적어 검사에게 통보해야 한다.
> ⑤ 검사는 법 제197조의3 제5항에 따라 사법경찰관에게 사건송치를 요구하는 경우에는 그 내용과 이유를 구체적으로 적은 서면으로 해야 한다.
> ⑥ 사법경찰관은 제5항에 따라 서면으로 사건송치를 요구받은 날부터 7일 이내에 사건을 검사에게 송치해야 한다. 이 경우 관계 서류와 증거물을 함께 송부해야 한다.
> ⑦ 제5항 및 제6항에도 불구하고 검사는 공소시효 만료일의 임박 등 특별한 사유가 있을 때에는 제5항에 따른 서면에 그 사유를 명시하고 별도의 송치기한을 정하여 사법경찰관에게 통지할 수 있다. 이 경우 사법경찰관은 정당한 이유가 있는 경우를 제외하고는 통지받은 송치기한까지 사건을 검사에게 송치해야 한다.

[정리] 사건기록등본 송부는 지체 없이(7일) → 시정조치요구는 30일(＋10일) → 시정조치 이행은 (정당한 이유 없는 한) 지체 없이 → 사건송치는 7일
[보충] 검사의 재수사요청권 행사기간은 90일이다.

> 제245조의5(사법경찰관의 사건송치 등) 사법경찰관은 고소·고발 사건을 포함하여 범죄를 수사한 때에는 다음 각 호의 구분에 따른다.
> 1. 범죄의 혐의가 있다고 인정되는 경우에는 지체 없이 검사에게 사건을 송치하고, 관계 서류와 증거물을 검사에게 송부하여야 한다.
> 2. 그 밖의 경우에는 그 이유를 명시한 서면과 함께 관계 서류와 증거물을 지체 없이 검사에게 송부하여야 한다. 이 경우 검사는 송부받은 날부터 90일 이내에 사법경찰관에게 반환하여야 한다.
>
> 제245조의8(재수사요청 등) ① 검사는 제245조의5 제2호의 경우에 사법경찰관이 사건을 송치하지 아니한 것이 위법 또는 부당한 때에는 그 이유를 문서로 명시하여 사법경찰관에게 재수사를 요청할 수 있다.
> ② 사법경찰관은 제1항의 요청이 있는 때에는 사건을 재수사하여야 한다.

ⓒ (×) 사법경찰관은 범죄를 수사한 때에는 범죄의 혐의가 인정되면 검사에게 사건을 송치하고, 그 밖의 경우에는 그 이유를 명시한 서면과 함께 관계 서류와 증거물을 검사에게 송부하도록 하고(제245조의5 신설), 사건을 검사에게 송치하지 아니한 경우에는 서면으로 고소인·고발인·피해자 또는 그 법정대리인에게 사건을 검사에게 송치하지 아니하는 취지와 그 이유를 통지하도록 한다(제245조의6 신설). 이때 사법경찰관으로부터 사건을 검사에게 송치하지 아니하는 취지와 그 이유를 통지받은 사람(고발인 제외)은 해당 사법경찰관의 소속 관서의 장에게 이의를 신청할 수 있고, 사법경찰관은 이의신청이 있는 때에는 지체 없이 검사에게 사건을 송치하도록 한다(제245조의7 신설).

> 제245조의5(사법경찰관의 사건송치 등) 사법경찰관은 고소·고발 사건을 포함하여 범죄를 수사한 때에는 다음 각 호의 구분에 따른다.
> 1. 범죄의 혐의가 있다고 인정되는 경우에는 지체 없이 검사에게 사건을 송치하고, 관계 서류와 증거물을 검사에게 송부하여야 한다.
> 2. 그 밖의 경우에는 그 이유를 명시한 서면과 함께 관계 서류와 증거물을 지체 없이 검사에게 송부하여야 한다. 이 경우 검사는 송부받은 날부터 90일 이내에 사법경찰관에게 반환하여야 한다.
>
> 제245조의6(고소인 등에 대한 송부통지) 사법경찰관은 제245조의5 제2호의 경우에는 그 송부한 날부터 7일 이내에 서면으로 고소인·고발인·피해자 또는 그 법정대리인(피해자가 사망한 경우에는 그 배우자·직계친족·형제자매를 포함한다)에게 사건을 검사에게 송치하지 아니하는 취지와 그 이유를 통지하여야 한다.
>
> 제245조의7(고소인 등의 이의신청) ① 제245조의6의 통지를 받은 사람(고발인을 제외한다)은 해당 사법경찰관의 소속 관서의 장에게 이의를 신청할 수 있다. <개정 2022.5.9.>
> ② 사법경찰관은 제1항의 신청이 있는 때에는 지체 없이 검사에게 사건을 송치하고 관계 서류와 증거물을 송부하여야 하며, 처리결과와 그 이유를 제1항의 신청인에게 통지하여야 한다.

ⓔ (○) 사법경찰관의 사건불송치결정이 위법·부당한 경우 검사에게 부여된 재수사요청권의 내용이다.

> 제245조의8(재수사요청 등) ① 검사는 제245조의5 제2호의 경우에 사법경찰관이 사건을 송치하지 아니한 것이 위법 또는 부당한 때에는 그 이유를 문서로 명시하여 사법경찰관에게 재수사를 요청할 수 있다.
> ② 사법경찰관은 제1항의 요청이 있는 때에는 사건을 재수사하여야 한다.

ⓜ (×) 2021.1.1. 시행된 개정 제312조 제2항(영상녹화물이나 그밖의 객관적 방법에 의한 대체증명)이 삭제되어 검사 작성 피의자신문조서의 실질적 진정성립의 인정은 피고인의 진술만이 유일한 증명방법이 되었다.
[보충] 2022.1.1. 시행된 개정 제312조 제1항에 의하여 검사 작성 피의자신문조서의 증거능력 인정요건은 '내용의 인정'이다.

07

정답 ③

③ ㉠ⓛⓔⓜ

㉠ (×) 사법경찰관의 사건불송치처분의 경우 검사는 불송치이유서 및 관계서류와 증거물을 송부받은 날부터 30일이 아니라 90일 이내에 사법경찰관에게 반환하여야 한다(제245조의5 제2호).

> 제245조의5(사법경찰관의 사건송치 등) 사법경찰관은 고소·고발 사건을 포함하여 범죄를 수사한 때에는 다음 각 호의 구분에 따른다.
> 1. 범죄의 혐의가 있다고 인정되는 경우에는 지체 없이 검사에게 사건을 송치하고, 관계 서류와 증거물을 검사에게 송부하여야 한다.
> 2. 그 밖의 경우에는 그 이유를 명시한 서면과 함께 관계 서류와 증거물을 지체 없이 검사에게 송부하여야 한다. 이 경우 검사는 송부받은 날부터 90일 이내에 사법경찰관에게 반환하여야 한다.

ⓛ (×) 검사의 재수사요청은 사법경찰관의 사건불송치처분에 대하여 하는 것인데, 이는 사건불송치처분이 위법 또는 부당한 경우에 할 수 있다.

> 제245조의8(재수사요청 등) ① 검사는 제245조의5 제2호의 경우에 사법경찰관이 사건을 송치하지 아니한 것이 위법 또는 부당한 때에는 그 이유를 문서로 명시하여 사법경찰관에게 재수사를 요청할 수 있다.
> ② 사법경찰관은 제1항의 요청이 있는 때에는 사건을 재수사하여야 한다.

ⓒ (○) 검사는 사법경찰관이 불송치결정을 유지하는 재수사 결과를 통보한 사건에 대해서 다시 재수사를 요청을 하거나 송치요구를 할 수 없다(원칙, 수사준칙 제64조 제1항, 제2항 본문).

ⓔ (×) 검사의 재수사요청에 따라 사법경찰관이 재수사를 하였음에도 기존의 불송치 결정을 유지하는 경우, 검사는 사법경찰관이 사건을 송치하지 않은 위법 또는 부당이 시정되지 않아 사건을 송치받아 수사할 필요가 있는 경우에는 예외적으로 사건송치를 요구할 수 있고, 2023.11.1. 시행 개정 수사준칙에 의하여 여기에는 사법경찰관이 검사의 재수사 요청에 관하여 그 이행이 이루어지지 않은 경우도 포함되게 되었다(수사준칙 제64조 제2항 단서 및 동 제2호).

> 수사준칙 제64조(재수사 결과의 처리) ① 사법경찰관은 법 제245조의8 제2항에 따라 재수사를 한 경우 다음 각 호의 구분

에 따라 처리한다.

1. 범죄의 혐의가 있다고 인정되는 경우: 법 제245조의5 제1호에 따라 검사에게 사건을 송치하고 관계 서류와 증거물을 송부
2. 기존의 불송치 결정을 유지하는 경우: 재수사 결과서에 그 내용과 이유를 구체적으로 적어 검사에게 통보

② 검사는 사법경찰관이 제1항 제2호에 따라 재수사 결과를 통보한 사건에 대해서 다시 재수사를 요청하거나 송치 요구를 할 수 없다. 다만, 검사는 사법경찰관이 사건을 송치하지 않은 위법 또는 부당이 시정되지 않아 사건을 송치받아 수사할 필요가 있는 다음 각 호의 경우에는 법 제197조의3에 따라 사건송치를 요구할 수 있다. <개정 2023.10.17.>

1. 관련 법령 또는 법리에 위반된 경우
2. 범죄 혐의의 유무를 명확히 하기 위해 재수사를 요청한 사항에 관하여 그 이행이 이루어지지 않은 경우. 다만, 불송치 결정의 유지에 영향을 미치지 않음이 명백한 경우는 제외한다.
3. 송부받은 관계 서류 및 증거물과 재수사 결과만으로도 범죄의 혐의가 명백히 인정되는 경우
4. 공소시효 또는 형사소추의 요건을 판단하는 데 오류가 있는 경우

③ 검사는 제2항 각 호 외의 부분 단서에 따른 사건송치 요구 여부를 판단하기 위해 필요한 경우에는 사법경찰관에게 관계 서류와 증거물의 송부를 요청할 수 있다. 이 경우 요청을 받은 사법경찰관은 이에 협력해야 한다. <신설 2023.10.17.>

④ 검사는 재수사 결과를 통보받은 날(제3항에 따라 관계 서류와 증거물의 송부를 요청한 경우에는 관계 서류와 증거물을 송부받은 날을 말한다)부터 30일 이내에 제2항 각 호 외의 부분 단서에 따른 사건송치 요구를 해야 하고, 그 기간 내에 사건송치 요구를 하지 않을 경우에는 송부받은 관계 서류와 증거물을 사법경찰관에게 반환해야 한다. <신설 2023.10.17.>

ⓔ (×) 사건불송치결정은 고소인·고발인·피해자 또는 법정대리인(피해자 사망 시에는 배우자·직계친족·형제자매 포함)에게 7일 내에 서면으로 통지하며(제245조의6), 위 고소인 등이 이에 대한 이의를 신청하면 사건은 검사에게 송치되어야 한다(제245조의7 제2항). 이러한 의미에서 사법경찰관의 1차적 수사종결권은 어디까지나 제한적 수사종결권의 의미로 새길 수밖에 없다. 그런데, 고소인 등의 이의신청은 해당 사법경찰관의 수사관서의 장에게 하는 것이지, 검사에게 하는 것이 아니다(제245조의7 제1항).

> **제245조의6(고소인 등에 대한 송부통지)** 사법경찰관은 제245조의5 제2호의 경우에는 그 송부한 날부터 7일 이내에 서면으로 고소인·고발인·피해자 또는 그 법정대리인(피해자가 사망한 경우에는 그 배우자·직계친족·형제자매를 포함한다)에게 사건을 검사에게 송치하지 아니하는 취지와 그 이유를 통지하여야 한다.
> **제245조의7(고소인 등의 이의신청)** ① 제245조의6의 통지를 받은 사람(고발인을 제외한다)은 해당 사법경찰관의 소속 관서의 장에게 이의를 신청할 수 있다. <개정 2022.5.9.>
> ② 사법경찰관은 제1항의 신청이 있는 때에는 지체 없이 검사에게 사건을 송치하고 관계 서류와 증거물을 송부하여야 하며, 처리결과와 그 이유를 제1항의 신청인에게 통지하여야 한다.

정답 ①

① ㄱㄴㄷㄹ

ⓐ (×) 검사 및 사법경찰관은 검사의 보완수사·시정조치 요구나 사법경찰관의 재수사 결과 등에 대해 이견이 있는 경우에는 상대방의 협의 요청에 응해야 하고, 협의를 통해 이견이 해소되지 않는 경우에는 검사가 소속된 검찰청의 장과 사법경찰관이 소속된 경찰관서의 장의 협의에 따르도록 한다. 수사준칙 제8조 제2항 참조.

> **수사준칙 제8조(검사와 사법경찰관의 협의)** ① 검사와 사법경찰관은 수사와 사건의 송치, 송부 등에 관한 이견의 조정이나 협력 등이 필요한 경우 서로 협의를 요청할 수 있다. 이 경우 특별한 사정이 없으면 상대방의 협의 요청에 응해야 한다. <개정 2023.10.17.>
> ② 제1항에 따른 협의에도 불구하고 이견이 해소되지 않는 경우로서 다음 각 호의 어느 하나에 해당하는 경우에는 해당 검사가 소속된 검찰청의 장과 해당 사법경찰관이 소속된 경찰서(지방해양경찰관서를 포함한다. 이하 같다)의 장의 협의에 따른다. <개정 2023.10.17.>
> 1. 중요사건에 관하여 상호 의견을 제시·교환하는 것에 대해 이견이 있거나 제시·교환한 의견의 내용에 대해 이견이 있는 경우
> 2. 「형사소송법」(이하 "법"이라 한다) 제197조의2 제2항 및 제3항에 따른 정당한 이유의 유무에 대해 이견이 있는 경우
> 3. 법 제197조의4 제2항 단서에 따라 사법경찰관이 계속 수사할 수 있는지 여부나 사법경찰관이 계속 수사할 수 있는 경우 수사를 계속할 주체 또는 사건의 이송 여부 등에 대해 이견이 있는 경우
> 4. 법 제245조의8 제2항에 따른 재수사의 결과에 대해 이견이 있는 경우

ⓑ (×) 검사는 사법경찰관의 불송치 결정이 위법하거나 부당한 때에는 관계 서류와 증거물을 송부받은 날부터 90일 이내에 재수사를 요청할 수 있다. 다만, 검사는 사법경찰관의 불송치 결정에 영향을 줄 수 있는 명백히 새로운 증거 또는 사실이 발견되거나 증거 등의 허위, 위조 또는 변조를 인정할 만한 상당한 정황이 있는 경우에는 관계 서류와 증거물을 송부받은 날부터 90일이 지난 후에도 재수사를 요청할 수 있다. 제245조의8 제1항, 수사준칙 제65조 제1항 참조.

ⓒ (×) 검사의 재수사요청이 있을 때에는 사법경찰관은 사건을 재수사하여야 한다(제245조의8 제2항).

> **제245조의8(재수사요청 등)** ① 검사는 제245조의5 제2호(사건불송치)의 경우에 사법경찰관이 사건을 송치하지 아니한 것이 위법 또는 부당한 때에는 그 이유를 문서로 명시하여 사법경찰관에게 재수사를 요청할 수 있다.
> ② 사법경찰관은 제1항의 요청이 있는 때에는 사건을 재수사하여야 한다.
> **수사준칙 제63조(재수사요청의 절차 등)** ① 검사는 법 제245조의8에 따라 사법경찰관에게 재수사를 요청하려는 경우에는 법 제245조의5 제2호에 따라 관계 서류와 증거물을 송부받은 날부터 90일 이내에 해야 한다. 다만, 다음 각 호의 어느 하나에 해당하는 경우에는 관계 서류와 증거물을 송부받은 날부터 90일이 지난 후에도 재수사를 요청할 수 있다.
> 1. 불송치 결정에 영향을 줄 수 있는 명백히 새로운 증거 또는 사실이 발견된 경우

2. 증거 등의 허위, 위조 또는 변조를 인정할 만한 상당한 정황이 있는 경우

② (×) 2020.2.4. 개정법이 사법경찰관에 부여한 1차적 수사종결권은 전면적·무제한적 권한이 아니라, 제한적 수사종결권의 의미를 가진다. 즉, 불송치결정 유지 재수사결과를 통보한 사건에 대해서 검사는 원칙적으로 재수사요청·사건송치요구를 할 수 없으나, 예외적으로 사건불송치결정의 위법·부당이 시정되지 않은 경우에는 30일 내 사건송치요구권을 행사할 수 있다. 수사준칙 제64조 제2항 참조.

> **수사준칙 제64조(재수사 결과의 처리)** ① 사법경찰관은 법 제245조의8 제2항에 따라 재수사를 한 경우 다음 각 호의 구분에 따라 처리한다.
> 1. 범죄의 혐의가 있다고 인정되는 경우: 법 제245조의5 제1호에 따라 검사에게 사건을 송치하고 관계 서류와 증거물을 송부
> 2. 기존의 불송치 결정을 유지하는 경우: 재수사 결과서에 그 내용과 이유를 구체적으로 적어 검사에게 통보
> ② 검사는 사법경찰관이 제1항 제2호에 따라 재수사 결과를 통보한 사건에 대해서 다시 재수사를 요청하거나 송치 요구를 할 수 없다. 다만, 검사는 사법경찰관이 사건을 송치하지 않은 위법 또는 부당이 시정되지 않아 사건을 송치받아 수사할 필요가 있는 다음 각 호의 경우에는 법 제197조의3에 따라 사건송치를 요구할 수 있다. <개정 2023.10.17.>
> 1. 관련 법령 또는 법리에 위반된 경우
> 2. 범죄 혐의의 유무를 명확히 하기 위해 재수사를 요청한 사항에 관하여 그 이행이 이루어지지 않은 경우. 다만, 불송치 결정의 유지에 영향을 미치지 않음이 명백한 경우는 제외한다.
> 3. 송부받은 관계 서류 및 증거물과 재수사 결과만으로도 범죄의 혐의가 명백히 인정되는 경우
> 4. 공소시효 또는 형사소추의 요건을 판단하는 데 오류가 있는 경우
> ③ 검사는 제2항 각 호 외의 부분 단서에 따른 사건송치 요구 여부를 판단하기 위해 필요한 경우에는 사법경찰관에게 관계 서류와 증거물의 송부를 요청할 수 있다. 이 경우 요청을 받은 사법경찰관은 이에 협력해야 한다. <신설 2023.10.17.>
> ④ 검사는 재수사 결과를 통보받은 날(제3항에 따라 관계 서류와 증거물의 송부를 요청한 경우에는 관계 서류와 증거물을 송부 받은 날을 말한다)부터 30일 이내에 제2항 각 호 외의 부분 단서에 따른 사건송치 요구를 해야 하고, 그 기간 내에 사건송치 요구를 하지 않을 경우에는 송부받은 관계 서류와 증거물을 사법경찰관에게 반환해야 한다. <신설 2023.10.17.>

09

정답 ②

② ㉠ 공소장정정, ㉡ 공소기각판결

(가) A가 B의 성명을 모용하여 A가 아닌 B의 이름으로 공소가 제기된 경우 공소제기의 효력은 명의를 모용한 A에게만 미치기 때문에 A만이 피고인이 된다. 피모용자 B에게는 공소제기의 효력이 미치지 않는다. 이러한 사실을 알게 된 경우 검사는 공소장정정절차에 의하여 피고인의 표시를 바로 잡아야 한다.

(나) A가 B의 성명을 모용하여 피모용자 B가 약식명령서를 송달받게 되었다. 이 경우 B가 정식재판을 청구하여 직접 공판절차에 참여하면 사실상 소송계속이 발생하게 되고 형식상 또는

외관상 피고인의 지위를 갖게 된다. 이 과정에서 성명모용사실이 밝혀지면 법원은 피모용자 B에 대하여 공소기각판결을 선고해야 한다.

10

정답 ②

② ㉠㉡㉤

㉠ (○) 제161조의2 제1항 참조.

> **제161조의2(증인신문의 방식)** ① 증인은 신청한 검사, 변호인 또는 피고인이 먼저 이를 신문하고 다음에 다른 검사, 변호인 또는 피고인이 신문한다.

㉡ (○) 제184조 제1항 참조.

> **제184조(증거보전의 청구와 그 절차)** ① 검사, 피고인, 피의자 또는 변호인은 미리 증거를 보전하지 아니하면 그 증거를 사용하기 곤란한 사정이 있는 때에는 제1회 공판기일 전이라도 판사에게 압수, 수색, 검증, 증인신문 또는 감정을 청구할 수 있다.

㉢ (×) 제214조의2 제1항 참조.

> **제214조의2(체포와 구속의 적부심사)** ① 체포되거나 구속된 피의자 또는 그 변호인, 법정대리인, 배우자, 직계친족, 형제자매나 가족, 동거인 또는 고용주는 관할법원에 체포 또는 구속의 적부심사(適否審査)를 청구할 수 있다.

㉣ (×) 제260조 제1항 참조.

> **제260조(재정신청)** ① 고소권자로서 고소를 한 자(「형법」 제123조부터 제126조까지의 죄에 대하여는 고발을 한 자를 포함한다. 이하 이 조에서 같다)는 검사로부터 공소를 제기하지 아니한다는 통지를 받은 때에는 그 검사 소속의 지방검찰청 소재지를 관할하는 고등법원(이하 "관할 고등법원"이라 한다)에 그 당부에 관한 재정을 신청할 수 있다. 다만, 「형법」 제126조의 죄에 대하여는 피공표자의 명시한 의사에 반하여 재정을 신청할 수 없다.

㉤ (○) 제121조, 제122조 참조.

> **제121조(영장집행과 당사자의 참여)** 검사, 피고인 또는 변호인은 압수·수색영장의 집행에 참여할 수 있다.
> **제122조(영장집행과 참여권자에의 통지)** 압수·수색영장을 집행함에는 미리 집행의 일시와 장소를 전조에 규정한 자에게 통지하여야 한다. 단, 전조에 규정한 자가 참여하지 아니한다는 의사를 명시한 때 또는 급속을 요하는 때에는 예외로 한다.

11

정답 ④

④ (○) 공소장변경요구권의 주체는 법원이다.

> **제298조(공소장의 변경)** ② 법원은 심리의 경과에 비추어 상당하다고 인정할 때에는 공소사실 또는 적용법조의 추가 또는 변경을 요구하여야 한다.

① (×) 검사는 신청해야 하고, 피고인은 신청할 수 있다.

> **제15조(관할이전의 신청)** 검사는 다음 경우에는 직근 상급법원에 관할이전을 신청하여야 한다. 피고인도 이 신청을 할 수 있다.
> 1. 관할법원이 법률상의 이유 또는 특별한 사정으로 재판권

을 행할 수 없는 때

2. 범죄의 성질, 지방의 민심, 소송의 상황 기타 사정으로 재판의 공평을 유지하기 어려운 염려가 있는 때

② (×) 법원의 압수수색 집행에 피고인도 당연히 참여권이 있다.

> **제121조(영장집행과 당사자의 참여)** 검사, 피고인 또는 변호인은 압수·수색영장의 집행에 참여할 수 있다.

③ (×) 피고인은 진술하지 아니할 수 있다.

> **제283조의2(피고인의 진술거부권)** ① 피고인은 진술하지 아니하거나 개개의 질문에 대하여 진술을 거부할 수 있다.

12　　　　　　　　　　　　　　　　정답 ④

④ (×) 제1문이 틀린 것이다. "공소장의 공소사실 첫머리에 피고인이 전에 받은 소년부송치처분과 직업 없음을 기재하였다 하더라도 이는 형사소송법 제254조 제3항 제1호에서 말하는 피고인을 특정할 수 있는 사항에 속하는 것이어서 그와 같은 내용의 기재가 있다 하여 공소제기의 절차가 법률의 규정에 위반된 것이라고 할 수 없고 또 헌법상의 형사피고인에 대한 무죄추정조항이나 평등조항에 위배되는 것도 아니다(대법원 1990.10.16, 90도1813)." 제2문은 맞다. "상소제기 후 상소취하시까지의 구금 역시 미결구금에 해당하는 이상 그 구금일수도 형기에 전부 산입되어야 한다. 그런데 이 사건 법률조항들은 구속 피고인의 상소제기 후 상소취하시까지의 구금일수를 본형 형기 산입에서 제외함으로써 기본권 중에서도 가장 본질적 자유인 신체의 자유를 침해하고 있다(헌법재판소 2009.12.29, 2008헌가13)."

① (○) 제275조의2, 대법원 1986.6.10, 85누407

② (○) 부당내부거래에 대한 과징금은 그 취지와 기능, 부과의 주체와 절차 등을 종합할 때 부당내부거래 억지라는 행정목적을 실현하기 위하여 그 위반행위에 대하여 제재를 가하는 행정상의 제재금으로서의 기본적 성격에 부당이득환수적 요소도 부가되어 있는 것이라 할 것이고, 이를 두고 헌법 제13조 제1항에서 금지하는 국가형벌권 행사로서의 '처벌'에 해당한다고는 할 수 없으므로, 공정거래법에서 형사처벌과 아울러 과징금의 병과를 예정하고 있더라도 이중처벌금지원칙에 위반된다고 볼 수 없으며, 이 과징금 부과처분에 대하여 공정력과 집행력을 인정한다고 하여 이를 확정판결 전의 형벌집행과 같은 것으로 보아 무죄추정의 원칙에 위반된다고도 할 수 없다(헌법재판소 2003.7.24, 2001헌가25).

③ (○) 청구인은 도주·폭행·소요 또는 자해 등의 우려가 없었다고 판단되고, 수사검사도 이러한 사정 및 당시 검사조사실의 정황을 종합적으로 고려하여 청구인에 대한 계구의 해제를 요청하였던 것으로 보인다. 그럼에도 불구하고 피청구인 소속 계호교도관이 이를 거절하고 청구인으로 하여금 수갑 및 포승을 계속 사용한 채 피의자조사를 받도록 하였는바, 이로 말미암아 청구인은 신체의 자유를 과도하게 제한당하였고 이와 같은 계구의 사용은 무죄추정원칙 및 방어권행사 보장원칙의 근본취지에도 반한다고 할 것이다(헌법재판소 2005.5.26, 2001헌마728).

13　　　　　　　　　　　　　　　　정답 ①

① (○) 헌법재판소 2004.9.23, 2002헌가17

② (×) 무죄추정원칙 등에 위반되지 아니한다. 헌법재판소 2005.

5.26, 99헌마513 등

③ (×) 징계혐의 사실의 인정은 형사재판의 유죄확정 여부와는 무관한 것이므로 인정될 수 있고, 이는 무죄추정원칙에 위반되지 아니한다(대법원 1986.6.10, 85누407).

④ (×) 대법원의 파기환송 판결에 의하여 사건을 환송받은 법원은 형사소송법 제92조 제1항에 따라 2월의 구속기간이 만료되면 특히 계속할 필요가 있는 경우에는 2차(대법원이 형사소송규칙 제57조 제2항에 의하여 구속기간을 갱신한 경우에는 1차)에 한하여 결정으로 구속기간을 갱신할 수 있는 것이고, 한편 무죄추정을 받는 피고인이라고 하더라도 그에게 구속의 사유가 있어 구속영장이 발부, 집행된 이상 신체의 자유가 제한되는 것은 당연한 것이므로, 이러한 조치가 무죄추정의 원칙에 위배되는 것이라고 할 수는 없다(대법원 2001.11.30, 2001도5225).

14　　　　　　　　　　　　　　　　정답 ②

② (○) 헌법재판소 2010.9.2, 2010헌마418

① (×) 관세법상 몰수할 것으로 인정되는 물품을 압수한 경우에 있어서 범인이 당해관서에 출두하지 아니하거나 또는 범인이 도주하여 그 물품을 압수한 날로부터 4월을 경과한 때에는 당해 물품은 별도의 재판이나 처분없이 국고에 귀속한다고 규정하고 있는 이 사건 법률조항은 재판이나 청문의 절차도 밟지 아니하고 압수한 물건에 대한 피의자의 재산권을 박탈하여 국고귀속시킴으로써 그 실질은 몰수형을 집행한 것과 같은 효과를 발생하게 하는 것이므로 헌법상의 적법절차의 원칙과 무죄추정의 원칙에 위배된다(헌법재판소 1997.5.29, 96헌가17).

③ (×) 이 사건 법률조항은 직위해제처분을 받은 공무원에 대한 범죄사실 인정이나 유죄판결을 전제로 하여 불이익을 과하는 것이 아니므로 무죄추정의 원칙에 위배된다고 볼 수 없다(헌법재판소 2006.5.25, 2004헌바12).

④ (×) 법무부장관의 청구에 따라 법무부징계위원회라는 합의제 기관의 의결을 거쳐 업무정지명령을 발할 수 있도록 하는 한편, 해당 변호사에게 청문의 기회를 부여하고, 그 기간 또한 원칙적으로 6개월로 정하도록 함으로써, 그러한 불이익이 필요최소한에 그치도록 엄격한 요건 및 절차를 규정하고 있다. 따라서 이 사건 법률조항은 무죄추정의 원칙에 위반되지 아니한다(헌법재판소 2014.4.24, 2012헌바45).

[비교] 변호사법 제15조는 "법무부장관은 형사사건으로 공소가 제기된 변호사에 대하여 그 판결이 확정될 때까지 업무정지를 명할 수 있다. 다만, 약식명령이 청구된 경우에는 그러하지 아니하다."라고 규정하고 있다. … 형사사건으로 공소가 제기된 변호사에 대하여 법무부장관의 일방적 명령에 의하여 변호사 업무를 정지시키는 것은 당해 변호사가 자기에게 유리한 사실을 진술하거나 필요한 증거를 제출할 수 있는 청문의 기회가 보장되지 아니하여 적법절차를 존중하지 아니한 것이 된다(헌법재판소 1990.11.19, 90헌가48).

15　　　　　　　　　　　　　　　　정답 ③

③ (○) 대법원 2001.3.9, 2001도192

① (×) 피의자에 대한 진술거부권 고지는 피의자의 진술거부권을 실효적으로 보장하여 진술이 강요되는 것을 막기 위해 인정되는 것인데, 이러한 진술거부권 고지에 관한 형사소송법 규정내용 및 진술거부권 고지가 갖는 실질적인 의미를 고려하면 수사

기관에 의한 진술거부권 고지 대상이 되는 피의자 지위는 수사기관이 조사대상자에 대한 범죄혐의를 인정하여 수사를 개시하는 행위를 한 때 인정되는 것으로 보아야 한다. 따라서 이러한 피의자 지위에 있지 아니한 자에 대하여는 진술거부권이 고지되지 아니하였더라도 진술의 증거능력을 부정할 것은 아니다(대법원 2011.11.10, 2011도8125).

② (×) 헌법 제12조 제2항은 진술거부권을 보장하고 있으나, 여기서 "진술"이라 함은 생각이나 지식, 경험사실을 정신작용의 일환인 언어를 통하여 표출하는 것을 의미하는데 반해, 도로교통법 제41조 제2항에 규정된 음주측정은 호흡측정기에 입을 대고 호흡을 불어 넣음으로써 신체의 물리적, 사실적 상태를 그대로 드러내는 행위에 불과하므로 이를 두고 "진술"이라 할 수 없고, 따라서 주취운전의 혐의자에게 호흡측정기에 의한 주취여부의 측정에 응할 것을 요구하고 이에 불응할 경우 처벌한다고 하여도 이는 형사상 불리한 "진술"을 강요하는 것에 해당한다고 할 수 없으므로 헌법 제12조 제2항의 진술거부권조항에 위배되지 아니한다(헌법재판소 1997.3.27, 96헌가11).

④ (×) 공판절차를 갱신한 경우 재판장은 피고인에게 진술거부권 등을 고지한 후 인정신문을 하여야 한다.

> **규칙 제144조(공판절차의 갱신절차)** ① 법 제301조, 법 제301조의2 또는 제143조에 따른 공판절차의 갱신은 다음 각 호의 규정에 의한다.
> 1. 재판장은 제127조의 규정에 따라 피고인에게 진술거부권 등을 고지한 후 법 제284조에 따른 인정신문을 하여 피고인임에 틀림없음을 확인하여야 한다.

16 　　정답 ③

③ (○) 특정범죄가중처벌등에관한법률 제5조의3 제1항 제2호는 교통사고로 인한 피해자의 생명, 신체의 안전 등을 보호하기 위하여 사고피해자에 대한 구호의무위반을 그 필수적 구성요건으로 하고 있으므로 구호조치를 취하기만 하면 되고 도로교통법 제50조 제1항에 규정된 사고신고의무위반은 범죄의 구성요건이 아니다. 따라서 동 조항은 사고운전자에게 사고신고나 불리한 진술 등을 강요하는 규정이 아니므로 헌법 제12조 제2항의 진술거부권을 침해한다고 할 수 없다[헌법재판소 1997.7.16, 95헌바2,97헌바27(병합)].

① (×) 이러한 진술거부권은 형사절차에서만 보장되는 것은 아니고 행정절차이거나 국회에서의 질문 등 어디에서나 그 진술이 자기에게 형사상 불리한 경우에는 묵비권을 가지고 이를 강요받지 아니할 국민의 기본권으로 보장된다(헌법재판소 1990.8.27, 89헌가118).

② (×) 구속영장 발부에 의하여 적법하게 구금된 피의자가 피의자신문을 위한 출석요구에 응하지 아니하면서 수사기관 조사실에 출석을 거부한다면 수사기관은 그 구속영장의 효력에 의하여 피의자를 조사실로 구인할 수 있다고 보아야 한다. 다만 이러한 경우에도 그 피의자신문 절차는 어디까지나 법 제199조 제1항 본문, 제200조의 규정에 따른 임의수사의 한 방법으로 진행되어야 하므로, 피의자는 헌법 제12조 제2항과 법 제244조의3에 따라 일체의 진술을 하지 아니하거나 개개의 질문에 대하여 진술을 거부할 수 있고, 수사기관은 피의자를 신문하기 전에 그와 같은 권리를 알려주어야 한다(대법원 2013.7.1, 2013모160).

④ (×) 강도 현행범으로 체포된 피고인에게 진술거부권을 고지하

지 아니한 채 강도범행에 대한 자백을 받고, 이를 기초로 여죄에 대한 진술과 증거물을 확보한 후 진술거부권을 고지하여 피고인의 임의자백 및 피해자의 피해사실에 대한 진술을 수집한 사안에서, 제1심 법정에서의 피고인의 자백은 진술거부권을 고지받지 않은 상태에서 이루어진 최초 자백 이후 40여 일이 지난 후에 변호인의 충분한 조력을 받으면서 공개된 법정에서 임의로 이루어진 것이고, 피해자의 진술은 법원의 적법한 소환에 따라 자발적으로 출석하여 위증의 벌을 경고받고 선서한 후 공개된 법정에서 임의로 이루어진 것이어서, 예외적으로 유죄 인정의 증거로 사용할 수 있는 2차적 증거에 해당한다(대법원 2009.3.12, 2008도11437). → 독수과실의 예외이론이 적용된 판례이다.

17 　　정답 ②

② (○) 헌법 제12조 제2항, 형사소송법 제244조의3 제1항, 제283조의2 제1항 참조.

> **헌법 제12조** ② 모든 국민은 고문을 받지 아니하며, 형사상 자기에게 불리한 진술을 강요당하지 아니한다.
> **형사소송법 제244조의3(진술거부권 등의 고지)** ① 검사 또는 사법경찰관은 피의자를 신문하기 전에 다음 각 호의 사항을 알려주어야 한다.
> 1. 일체의 진술을 하지 아니하거나 개개의 질문에 대하여 진술을 하지 아니할 수 있다는 것
> 2. 진술을 하지 아니하더라도 불이익을 받지 아니한다는 것
> 3. 진술을 거부할 권리를 포기하고 행한 진술은 법정에서 유죄의 증거로 사용될 수 있다는 것
> 4. 신문을 받을 때에는 변호인을 참여하게 하는 등 변호인의 조력을 받을 수 있다는 것
> **제283조의2(피고인의 진술거부권)** ① 피고인은 진술하지 아니하거나 개개의 질문에 대하여 진술을 거부할 수 있다.
> ② 재판장은 피고인에게 제1항과 같이 진술을 거부할 수 있음을 고지하여야 한다.

① (×) 피의자 체포·구속 시 종래의 미란다고지는 형사소송법 제200의5조에 규정되어 있다. 또한 2021.1.1. 시행 수사준칙에 의하여, 체포·구속 시 미란다고지의 내용에 진술거부권도 포함되었다. 따라서 모두 형사소송법에 규정되어 있는 것은 아니다.

> **수사준칙 제32조(체포·구속영장 집행 시의 권리 고지)** ① 검사 또는 사법경찰관은 피의자를 체포하거나 구속할 때에는 법 제200조의5(법 제209조에서 준용하는 경우를 포함한다)에 따라 피의자에게 피의사실의 요지, 체포·구속의 이유와 변호인을 선임할 수 있음을 말하고, 변명할 기회를 주어야 하며, 진술거부권을 알려주어야 한다.
> ② 제1항에 따라 피의자에게 알려주어야 하는 진술거부권의 내용은 법 제244조의3 제1항 제1호부터 제3호까지의 사항으로 한다.
> ③ 검사와 사법경찰관이 제1항에 따라 피의자에게 그 권리를 알려준 경우에는 피의자로부터 권리 고지 확인서를 받아 사건기록에 편철한다.

③ (×) 전단은 헌법재판소의 한정합헌결정의 내용이다(헌법재판소 1990.8.27, 89헌가118). 다만 후단에서 행정상 단속목적으로 달성하기 위한 법률상 기록·보고의무도 형사상 진술이 아니므로 진술거부권과는 무관하다. 따라서 후단은 틀린 내용이다.

④ (×) 법 제312조 제5항에 의하여 동조 제1항, 제3항, 제4항이 적용되므로, 이는 피의자신문조서로 보아야 한다(대법원 2009.8.20, 2008도8213).

18 정답 ②

② ⓛⓒㄹ

㉠ (×) 변호사인 변호인에게는 변호사법이 정하는 바에 따라서 이른바 진실의무가 인정되는 것이지만, 변호인이 신체구속을 당한 사람에게 법률적 조언을 하는 것은 그 권리이자 의무이므로 변호인이 적극적으로 피고인 또는 피의자로 하여금 허위진술을 하도록 하는 것이 아니라 단순히 헌법상 권리인 진술거부권이 있음을 알려 주고 그 행사를 권고하는 것을 가리켜 변호사로서의 진실의무에 위배되는 것이라고는 할 수 없다(대법원 2007.1.31, 2006모656).

㉡ (○) 형사소송절차에서 피고인은 방어권에 기하여 범죄사실에 대하여 진술을 거부하거나 거짓 진술을 할 수 있고, 이 경우 범죄사실을 단순히 부인하고 있는 것이 죄를 반성하거나 후회하고 있지 않다는 인격적 비난요소로 보아 가중적 양형의 조건으로 삼는 것은 결과적으로 피고인에게 자백을 강요하는 것이 되어 허용될 수 없다고 할 것이나, 그러한 태도나 행위가 피고인에게 보장된 방어권 행사의 범위를 넘어 객관적이고 명백한 증거가 있음에도 진실의 발견을 적극적으로 숨기거나 법원을 오도하려는 시도에 기인한 경우에는 가중적 양형의 조건으로 참작될 수 있다(대법원 2001.3.9, 2001도192).

㉢ (○) 헌법 제12조는 제1항에서 적법절차의 원칙을 선언하고, 제2항에서 "모든 국민은 고문을 받지 아니하며, 형사상 자기에게 불리한 진술을 강요당하지 아니한다."고 규정하여 진술거부권을 국민의 기본적 권리로 보장하고 있다. 이는 형사책임과 관련하여 비인간적인 자백의 강요와 고문을 근절하고 인간의 존엄성과 가치를 보장하려는 데에 그 취지가 있다. 그러나 진술거부권이 보장되는 절차에서 진술거부권을 고지받을 권리가 헌법 제12조 제2항에 의하여 바로 도출된다고 할 수는 없고, 이를 인정하기 위해서는 입법적 뒷받침이 필요하다(대법원 2014.1.16, 2013도5441).

㉣ (○) 헌법 제12조 제2항은 진술거부권을 보장하고 있으나, 여기서 "진술"이라 함은 생각이나 지식, 경험사실을 정신작용의 일환인 언어를 통하여 표출하는 것을 의미하는 데 반해, 도로교통법 제41조 제2항에 규정된 음주측정은 호흡측정기에 입을 대고 호흡을 불어 넣음으로써 신체의 물리적, 사실적 상태를 그대로 드러내는 행위에 불과하므로 이를 두고 "진술"이라 할 수 없고, 따라서 주취운전의 혐의자에게 호흡측정기에 의한 주취여부의 측정에 응할 것을 요구하고 이에 불응할 경우 처벌한다고 하여도 이는 형사상 불리한 "진술"을 강요하는 것에 해당한다고 할 수 없으므로 헌법 제12조 제2항의 진술거부권조항에 위배되지 아니한다(헌법재판소 1997.3.27, 96헌가11).

㉤ (×) 공판절차의 갱신은 공판절차를 다시 진행하는 것이므로, 종래의 절차를 무효로 하고 진술거부권 고지절차부터 다시 시작하여야 한다.

19 정답 ③

③ (×) 형사소송법은 헌법과 달리 불이익한 진술에 한정하지 않고 일체의 진술을 거부할 수 있다고 규정하고 있다(제244조의3 제

1항 제1호, 제283조의2 제1항).

① (○) 검사가 국가보안법 위반죄로 구속영장을 발부받아 피의자신문을 한 다음, 구속 기소한 후 다시 피의자를 소환하여 공범들과의 조직구성 및 활동 등에 관한 신문을 하면서 피의자신문조서가 아닌 일반적인 진술조서의 형식으로 조서를 작성한 사안에서, 진술조서의 내용이 피의자신문조서와 실질적으로 같고, 진술의 임의성이 인정되는 경우라도 미리 피의자에게 진술거부권을 고지하지 않았다면 위법수집증거에 해당하므로, 유죄인정의 증거로 사용할 수 없다고 한 사례(대법원 2009.8.20, 2008도8213).

② (○) 피고인들이 중국에 있는 甲과 공모한 후 중국에서 입국하는 乙을 통하여 필로폰이 들어 있는 곡물포대를 배달받는 방법으로 필로폰을 수입하였다고 하여 주위적으로 기소되었는데 검사가 乙에게서 곡물포대를 건네받아 피고인들에게 전달하는 역할을 한 참고인 丙에 대한 검사 작성 진술조서를 증거로 신청한 경우, 피고인들과 공범관계에 있을 가능성만으로 丙이 참고인으로서 검찰 조사를 받을 당시 또는 그 후라도 검사가 丙에 대한 범죄혐의를 인정하고 수사를 개시하여 피의자 지위에 있게 되었다고 단정할 수 없고, 검사가 丙에 대한 수사를 개시할 수 있는 상태이었는데도 진술거부권 고지를 잠탈할 의도로 피의자 신문이 아닌 참고인 조사의 형식을 취한 것으로 볼 만한 사정도 기록상 찾을 수 없으며, 오히려 피고인들이 수사과정에서 필로폰이 중국으로부터 수입되는 것인지 몰랐다는 취지로 변소하였기 때문에 피고인들의 수입에 관한 범의를 명백하게 하기 위하여 丙을 참고인으로 조사한 것이라면, 丙은 수사기관에 의해 범죄혐의를 인정받아 수사가 개시된 피의자의 지위에 있었다고 할 수 없고 참고인으로서 조사를 받으면서 수사기관에게서 진술거부권을 고지받지 않았다는 이유만으로 그 진술조서가 위법수집증거로서 증거능력이 없다고 할 수 없다(대법원 2011.11.10, 2011도8125).

④ (○) 헌법 제12조 제2항, 형사소송법 제244조의3 제1항, 제2항, 제312조 제3항에 비추어 보면, 비록 사법경찰관이 피의자에게 진술거부권을 행사할 수 있음을 알려 주고 그 행사 여부를 질문하였다 하더라도, 형사소송법 제244조의3 제2항에 규정한 방식에 위반하여 진술거부권 행사 여부에 대한 피의자의 답변이 자필로 기재되어 있지 아니하거나 그 답변 부분에 피의자의 기명날인 또는 서명이 되어 있지 아니한 사법경찰관 작성의 피의자신문조서는 특별한 사정이 없는 한 형사소송법 제312조 제3항에서 정한 '적법한 절차와 방식'에 따라 작성된 조서라 할 수 없으므로 그 증거능력을 인정할 수 없다(대법원 2013.3.28, 2010도3359).

20 정답 ④

④ ㉠ⓛⓒ

㉠ (○) 대법원 2013.9.26, 2012도568

㉡ (○) 형사소송법상 소송능력이라 함은 소송당사자가 유효하게 소송행위를 할 수 있는 능력, 즉 피고인 또는 피의자가 자기의 소송상의 지위와 이해관계를 이해하고 이에 따라 방어행위를 할 수 있는 의사능력을 의미한다. 의사능력이 있으면 소송능력이 있다는 원칙은 피해자 등 제3자가 소송행위를 하는 경우에도 마찬가지라고 보아야 한다. 따라서 반의사불벌죄에 있어서 피해자의 피고인 또는 피의자에 대한 처벌을 희망하지 않는다

는 의사표시 또는 처벌을 희망하는 의사표시의 철회는, 위와 같은 형사소송절차에 있어서의 소송능력에 관한 일반원칙에 따라, 의사능력이 있는 피해자가 단독으로 이를 할 수 있고, 거기에 법정대리인의 동의가 있어야 한다거나 법정대리인에 의해 대리되어야만 한다고 볼 것은 아니다(대법원 2009.11.19, 2009도6058 전원합의체).

ⓒ (○) 음주운전과 관련한 도로교통법 위반죄의 범죄수사를 위하여 미성년자인 피의자의 혈액채취가 필요한 경우에도 피의자에게 의사능력이 있다면 피의자 본인만이 혈액채취에 관한 유효한 동의를 할 수 있고, 피의자에게 의사능력이 없는 경우에도 명문의 규정이 없는 이상 법정대리인이 피의자를 대리하여 동의할 수는 없다(대법원 2014.11.13, 2013도1228).

ⓔ (×) 법인에 대한 청산종결 등기가 되었더라도 청산사무가 종결되지 않는 한 그 범위 내에서는 청산법인으로 존속한다. 법인의 해산 또는 청산종결 등기 이전에 업무나 재산에 관한 위반행위가 있는 경우에는 청산종결 등기가 된 이후 위반행위에 대한 수사가 개시되거나 공소가 제기되더라도 그에 따른 수사나 재판을 받는 일은 법인의 청산사무에 포함되므로, 그 사건이 종결될 때까지 법인의 청산사무는 종료되지 않고 형사소송법상 당사자능력도 그대로 존속한다(대법원 2021.6.30, 2018도14261).

ⓜ (×) (형법상 법인의 범죄능력 인정 여부에 관하여 부정설이 다수설·판례이나) 양벌규정이 있는 경우 법인에게 형사소송법상 당사자능력이 있음은 당연하다.

[보충] 이러한 명문의 규정이 없는 경우에도 당사자능력을 인정할 수 있는가에 대해서는 학설이 대립한다. ⓐ 부정설에서는 공소기각결정을, ⓑ 긍정설(多)에서는 무죄판결을 해야 한다고 주장한다.

▶ 제2편 소송주체와 소송행위: 제1장 소송의 주체 [피고인 2] ― 제2장 소송행위 [소송행위의 일반적 요소 1]

01	④	02	①	03	②	04	③	05	③
06	④	07	③	08	③	09	①	10	②
11	③	12	③	13	③	14	④	15	③
16	②	17	④	18	④	19	②	20	①

01
정답 ④

④ ㉠㉡㉢

㉠ (×) 강도 현행범으로 체포된 피고인에게 진술거부권을 고지하지 아니한 채 강도범행에 대한 자백을 받고, 이를 기초로 여죄에 대한 진술과 증거물을 확보한 후 진술거부권을 고지하여 피고인의 임의자백 및 피해자의 피해사실에 대한 진술을 수집한 경우, 제1심 법정에서의 피고인의 자백은 진술거부권을 고지받지 않은 상태에서 이루어진 최초 자백 이후 40여 일이 지난 후에 변호인의 충분한 조력을 받으면서 공개된 법정에서 임의로 이루어진 것이고, 피해자의 진술은 법원의 적법한 소환에 따라 자발적으로 출석하여 위증의 벌을 경고받고 선서한 후 공개된 법정에서 임의로 이루어진 것이어서, 예외적으로 유죄 인정의 증거로 사용할 수 있는 2차적 증거에 해당한(대법원 2009.3.12, 2008도11437).

㉡ (×) 법정에 출석한 증인이 형사소송법 제148조, 제149조 등에서 정한 바에 따라 정당하게 증언거부권을 행사하여 증언을 거부한 경우는 형사소송법 제314조의 '그 밖에 이에 준하는 사유로 인하여 진술할 수 없는 때'에 해당하지 아니한다(대법원 2012.5.17, 2009도6788 전원합의체).

㉢ (×) 피의자에 대한 진술거부권 고지는 피의자의 진술거부권을 실효적으로 보장하여 진술이 강요되는 것을 막기 위해 인정되는 것인데, 이러한 진술거부권 고지에 관한 형사소송법 규정내용 및 진술거부권 고지가 갖는 실질적인 의미를 고려하면 수사기관에 의한 진술거부권 고지 대상이 되는 피의자 지위는 수사기관이 조사대상자에 대한 범죄혐의를 인정하여 수사를 개시하는 행위를 한 때 인정되는 것으로 보아야 한다. 따라서 이러한 피의자 지위에 있지 아니한 자에 대하여는 진술거부권이 고지되지 아니하였더라도 진술의 증거능력을 부정할 것은 아니다. 나아가 형사소송법상 진술거부권 고지의 대상은 피의자나 피고인이므로(제244조의3, 제283조의2), 참고인 등에게는 진술거부권의 고지의무가 없어 이러한 참고인에 대하여는 진술거부권이 고지되지 아니하였더라도 그 진술의 증거능력을 부정할 것은 아니다(대법원 2011.11.10, 2011도8125).

㉣ (○) 헌법 제12조 제2항, 형사소송법 제244조의3 제1항, 제2항, 제312조 제3항에 비추어 보면, 비록 사법경찰관이 피의자에게 진술거부권을 행사할 수 있음을 알려 주고 그 행사 여부를 질문하였다 하더라도, 형사소송법 제244조의3 제2항에 규정한 방식에 위반하여 진술거부권 행사 여부에 대한 피의자의 답변이 자필로 기재되어 있지 아니하거나 그 답변 부분에 피의자의 기명날인 또는 서명이 되어 있지 아니한 사법경찰관 작성의 피의자신문조서는 특별한 사정이 없는 한 형사소송법 제312조 제3항에서 정한 '적법한 절차와 방식'에 따라 작성된 조서라 할 수 없으므로 그 증거능력을 인정할 수 없다(대법원 2013.3.28, 2010도3359).

㉤ (○) 헌법은 형사상 자기에게 불리한 진술로 규정하나(헌법 제12조 제2항 후단), 형사소송법에서는 불리한 진술로 제한하지 않고 모두 진술거부의 대상으로 규정한다. 제283조의2 제1항·제2항 참조.

> **헌법 제12조** ② 모든 국민은 고문을 받지 아니하며, 형사상 자기에게 불리한 진술을 강요당하지 아니한다.
> **형사소송법 제244조의3(진술거부권 등의 고지)** ① 검사 또는 사법경찰관은 피의자를 신문하기 전에 다음 각 호의 사항을 알려주어야 한다.
> 1. 일체의 진술을 하지 아니하거나 개개의 질문에 대하여 진술을 하지 아니할 수 있다는 것
> 2. 진술을 하지 아니하더라도 불이익을 받지 아니한다는 것
> 3. 진술을 거부할 권리를 포기하고 행한 진술은 법정에서 유죄의 증거로 사용될 수 있다는 것
> 4. 신문을 받을 때에는 변호인을 참여하게 하는 등 변호인의 조력을 받을 수 있다는 것 (이하 생략)
> **제283조의2(피고인의 진술거부권)** ① 피고인은 진술하지 아니하거나 개개의 질문에 대하여 진술을 거부할 수 있다.
> ② 재판장은 피고인에게 제1항과 같이 진술을 거부할 수 있음을 고지하여야 한다.

02
정답 ①

① (×) 형사소송법상 진술거부권을 고지받을 권리는 피의자·피고인에게만 인정되나, 진술거부권의 주체에는 제한이 없으므로 모든 국민에게 인정되는 것이다(헌법 제12조 제2항).

② (○), ④ (○) 헌법재판소 2005.12.22, 2004헌바25

③ (○) 구 새마을금고법 제85조 제2항 제9호(이하 '처벌규정'이라 한다), 특정경제범죄 가중처벌 등에 관한 법률(이하 '특정경제범죄법'이라 한다) 제2조 제1호, 제12조 제2항, 제4항을 헌법상 보장된 진술거부권에 관한 법리에 비추어 살펴보면, 처벌규정은 적어도 새마을금고의 임직원이 장차 특정경제범죄법에 규정된 죄로 처벌받을 수도 있는 사항에 관한 질문을 받고 거짓 진술을 한 경우에는 특별한 사정이 없는 한 적용되지 않는다. 이러한 경우까지 항상 처벌규정으로 처벌될 수 있다고 본다면, 이

는 실질적으로 장차 형사피의자나 피고인이 될 가능성이 있는 자로 하여금 수사기관 앞에서 자신의 형사책임을 자인하도록 강요하는 것과 다르지 않기 때문이다(대법원 2015.5.28, 2015도 3136).

03

② ㄱㄴㄷㅁ

㉠ (×) 재심절차에서는 피고인이 사망하더라도 당사자능력이 소멸하지 않고 절차가 진행된다(제438조 제2항 제2호). 즉, 재심심판절차에서는 공소기각결정이 금지되는 것이다.

㉡ (×), ㉢ (×) 피고인인 법인이 존속하지 아니하게 되었을 때에는 당사자능력이 소멸하므로 공소기각결정사유에 해당하고(제328조 제1항 제2호), 법인은 그 청산결료의 등기가 경료되었다면 특단의 사정이 없는 한 법인격이 상실되어 법인의 당사자능력 및 권리능력이 상실되었다고 추정할 것이나 법인세체납 등으로 공소제기되어 그 피고사건의 공판계속 중에 그 법인의 청산결료의 등기가 경료되었다고 하더라도 동 사건이 종결되지 아니하는 동안 법인의 청산사무는 종료된 것이라 할 수 없고 형사소송법상 법인의 당사자능력도 그대로 존속한다(대법원 1986.10.28, 84도693).

㉣ (○) 소송조건은 직권으로 조사해야 하고(제1조), 당사자능력이 없는 경우 직권으로 공소기각결정을 한다(제328조 제1항 제2호).

㉤ (×) 전2조의 규정에 의하여 피고인을 대리 또는 대표할 자가 없는 때에는 법원은 직권 또는 검사의 청구에 의하여 특별대리인을 선임하여야 하며 피의자를 대리 또는 대표할 자가 없는 때에는 법원은 검사 또는 이해관계인의 청구에 의하여 특별대리인을 선임하여야 한다(제28조 제1항).

제26조(의사무능력자와 소송행위의 대리) 「형법」 제9조 내지 제11조의 규정의 적용을 받지 아니하는 범죄사건에 관하여 피고인 또는 피의자가 의사능력이 없는 때에는 그 법정대리인이 소송행위를 대리한다.

제27조(법인과 소송행위의 대표) ① 피고인 또는 피의자가 법인인 때에는 그 대표자가 소송행위를 대표한다.
② 수인이 공동하여 법인을 대표하는 경우에도 소송행위에 관하여는 각자가 대표한다.

제28조(소송행위의 특별대리인) ① 전2조의 규정에 의하여 피고인을 대리 또는 대표할 자가 없는 때에는 법원은 직권 또는 검사의 청구에 의하여 특별대리인을 선임하여야 하며 피의자를 대리 또는 대표할 자가 없는 때에는 법원은 검사 또는 이해관계인의 청구에 의하여 특별대리인을 선임하여야 한다.
② 특별대리인은 피고인 또는 피의자를 대리 또는 대표하여 소송행위를 할 자가 있을 때까지 그 임무를 행한다.

04

③ ㄴㄹ

㉠ (○) 수사기관의 강제처분에 관하여 상세한 절차조항을 규정하고 있는 형사소송법의 취지에 비추어 볼 때, 수사기관이 법원으로부터 영장 또는 감정처분허가장을 발부받지 아니한 채 피의자의 동의 없이 피의자의 신체로부터 혈액을 채취하고 사후에도 지체 없이 영장을 발부받지 아니한 채 그 혈액 중 알코올농도에 관한 감정을 의뢰하였다면, 이러한 과정을 거쳐 얻은 감정의뢰회보와 이에 기초한 다른 증거는 형사소송법상 영장주의

원칙을 위반하여 수집하거나 그에 기초하여 획득한 증거로서, 그 절차위반행위가 적법절차의 실질적인 내용을 침해하여 피고인이나 변호인의 동의가 있더라도 유죄의 증거로 사용할 수 없다(대법원 2014.11.13, 2013도1228; 2012.11.15, 2011도15258).

㉡ (×) 형사소송법상 소송능력이란 소송당사자가 유효하게 소송행위를 할 수 있는 능력, 즉 피고인 또는 피의자가 자기의 소송상의 지위와 이해관계를 이해하고 이에 따라 방어행위를 할 수 있는 의사능력을 의미하는데, 피의자에게 의사능력이 있으면 직접 소송행위를 하는 것이 원칙이고, 피의자에게 의사능력이 없는 경우에는 형법 제9조 내지 제11조의 규정의 적용을 받지 아니하는 범죄사건에 한하여 예외적으로 법정대리인이 소송행위를 대리할 수 있다(형사소송법 제26조). 따라서 음주운전과 관련한 도로교통법 위반죄의 범죄수사를 위하여 미성년자인 피의자의 혈액채취가 필요한 경우에도 피의자에게 의사능력이 있다면 피의자 본인만이 혈액채취에 관한 유효한 동의를 할 수 있고, 피의자에게 의사능력이 없는 경우에도 명문의 규정이 없는 이상 법정대리인이 피의자를 대리하여 동의할 수는 없다(대법원 2014.11.13, 2013도1228).

㉢ (○) 당시 피고인 甲은 의식불명상태여서 혈액채취에 대한 甲의 동의를 기대할 수는 없었던 상황으로 보이고, 이 사건 범죄는 형사소송법 제26조에 의하여 예외적으로 그 법정대리인이 소송행위를 대리할 수 있는 경우에도 해당하지 않으며, 달리 법정대리인에 의한 채혈동의를 허용하는 명문 규정이 없는 이상, 피고인이 아닌 甲의 아버지 B의 동의만으로는 혈액채취에 관한 유효한 동의가 있었다고 볼 수 없다. 결국 경찰관 A는 법원으로부터 영장 또는 감정처분허가장을 발부받지 아니한 채 피고인의 동의 없이 피고인으로부터 혈액을 채취하고 사후에도 영장을 발부받지 아니하였으므로, 甲의 혈중 알코올농도에 대한 국립과학수사연구소의 감정의뢰회보(혈중 알코올농도 0.191%)와 이에 기초한 주취운전자 적발보고서는 위법수집증거로서 증거능력이 없다(대법원 2014.11.13, 2013도1228).

㉣ (×) 피고인의 자백이 그 피고인에게 불이익한 유일의 증거인 때에는 이를 유죄의 증거로 하지 못한다(형사소송법 제310조). 보강증거는 자백 이외의 독립증거일 것을 요하므로 피고인의 공판정에서의 자백을 공판정 외의 자백, 즉 수사기관에서의 자백에 의하여 보강하는 것은 허용되지 않으며(대법원 1974.1.15, 73도1819), 자백은 아무리 반복되더라도 피고인의 자백만 있는 경우에 해당한다. 한편 보강증거도 증거능력 있는 증거일 것을 요하므로 위법수집증거는 보강증거가 될 수 없다. 결국 남는 증거는 피고인의 자백뿐인데 이를 보강할만한 증거가 없으므로 법원은 유죄판결을 선고할 수 없다(대법원 2014.11.13, 2013도1228).

05

③ ㄱㄴㄹㅁ

㉠ (×) 형법 제264조, 제258조의2 제1항에 의하면 상습특수상해죄는 법정형의 단기가 1년 이상의 유기징역에 해당하는 범죄이고, 법원조직법 제32조 제1항 제3호 본문에 의하면 단기 1년 이상의 징역에 해당하는 사건에 대한 제1심 관할법원은 지방법원과 그 지원의 합의부이다(대법원 2017.6.29, 2016도18194).
[보충] 형법은 제264조에서 상습으로 제258조의2의 죄를 범한 때에는 그 죄에 정한 형의 2분의 1까지 가중한다고 규정하고,

제258조의2 제1항에서 위험한 물건을 휴대하여 상해죄를 범한 때에는 1년 이상 10년 이하의 징역에 처한다고 규정하고 있다. 위와 같은 형법 각 규정의 문언, 형의 장기만을 가중하는 형법 규정에서 그 죄에 정한 형의 장기를 가중한다고 명시하고 있는 점, 형법 제264조에서 상습범을 가중처벌하는 입법 취지 등을 종합하면, 형법 제264조는 상습특수상해죄를 범한 때에 형법 제258조의2 제1항에서 정한 법정형의 단기와 장기를 모두 가중하여 1년 6개월 이상 15년 이하의 징역에 처한다는 의미로 새겨야 한다(위 판례).

ⓛ (×) 피고인이 국민기초생활수급자 증명서 등 소명자료를 첨부하여 서면으로 국선변호인 선정청구를 하였는데, 원심이 위 청구를 기각한 후 피고인만 출석한 상태에서 심리를 진행한 다음 판결을 선고한 경우, 피고인이 빈곤으로 인하여 변호인을 선임할 수 없는 경우에 해당한다고 인정할 여지가 충분한데도 국선변호인 선정결정 없이 공판심리를 진행한 원심의 조치에는 법령위반의 잘못이 있다(대법원 2016.12.29, 2016도16661).

ⓒ (○) 형사소송법 제33조는 제1항과 제3항에서 법원이 직권으로 변호인을 선정하여야 하는 경우를 규정하면서, 제1항 각 호에 해당하는 경우에 변호인이 없는 때에는 의무적으로 변호인을 선정하여야 한다고 규정한 반면, 제3항에서는 피고인의 연령·지능 및 교육 정도 등을 참작하여 권리보호를 위하여 필요하다고 인정하는 때에 한하여 재량으로 피고인의 명시적 의사에 반하지 아니하는 범위 안에서 변호인을 선정하여야 한다고 규정하고 있다. 따라서 법원은 형사소송법 제33조 제1항 각 호에 해당하는 경우가 아닌 한 권리보호를 위하여 필요하다고 인정하지 않으면 국선변호인을 선정하지 않아도 되고, 국선변호인을 선정하지 않고 공판심리를 하더라도 피고인의 방어권이 침해되어 판결에 영향을 미쳤다고 인정되지 않는 경우에는 형사소송법 제33조 제3항을 위반한 위법이 있다고 볼 수 없다(대법원 2016.8.30, 2016도7672).

ⓔ (×) 형사소송법 제32조 제1항에서 변호인의 선임은 심급마다 변호인과 연명날인한 서면으로 제출하여야 한다고 규정하고 있다. 그리고 변호인선임신고서를 제출하지 않은 변호인이 변호인 명의로 재항고장을 제출한 경우, 그 재항고장은 적법·유효한 재항고로서의 효력이 없다(대법원 2005.1.20, 2003모429; 2017.7.27, 2017모1377).

ⓜ (×) 형사소송법 제33조 제1항 제1호의 '피고인이 구속된 때'라고 함은 피고인이 해당 형사사건에서 구속되어 재판을 받고 있는 경우에 한정된다고 볼 수 없고, 피고인이 별건으로 구속영장이 발부되어 집행되거나 다른 형사사건에서 유죄판결이 확정되어 그 판결의 집행으로 구금 상태에 있는 경우 또한 포괄하고 있다고 보아야 한다(대법원 2024.5.23, 2021도6357 전원합의체).

06 　　정답 ④

④ ⓐⓑⓒ

ⓐ (○) 2021.1.1. 시행 대통령령에 의하여 신설된 수사서류 등의 열람·복사규정의 내용이다. 수사준칙 제69조 제1항 참조.

> **수사준칙 제69조(수사서류 등의 열람·복사)** ① 피의자, 사건관계인 또는 그 변호인은 검사 또는 사법경찰관이 수사 중인 사건에 관한 본인의 진술이 기재된 부분 및 본인이 제출한 서류의 전부 또는 일부에 대해 열람·복사를 신청할 수 있다.
> ② 피의자, 사건관계인 또는 그 변호인은 검사가 불기소 결정

을 하거나 사법경찰관이 불송치 결정을 한 사건에 관한 기록의 전부 또는 일부에 대해 열람·복사를 신청할 수 있다.
③ 피의자 또는 그 변호인은 필요한 사유를 소명하고 고소장, 고발장, 이의신청서, 항고장, 재항고장(이하 "고소장등"이라 한다)의 열람·복사를 신청할 수 있다. 이 경우 열람·복사의 범위는 피의자에 대한 혐의사실 부분으로 한정하고, 그 밖에 사건관계인에 관한 사실이나 개인정보, 증거방법 또는 고소장등에 첨부된 서류 등은 제외한다.
④ 체포·구속된 피의자 또는 그 변호인은 현행범인체포서, 긴급체포서, 체포영장, 구속영장의 열람·복사를 신청할 수 있다.
⑤ 피의자 또는 사건관계인의 법정대리인, 배우자, 직계친족, 형제자매로서 피의자 또는 사건관계인의 위임장 및 신분관계를 증명하는 문서를 제출한 사람도 제1항부터 제4항까지의 규정에 따라 열람·복사를 신청할 수 있다.
⑥ 검사 또는 사법경찰관은 제1항부터 제5항까지의 규정에 따른 신청을 받은 경우에는 해당 서류의 공개로 사건관계인의 개인정보나 영업비밀이 침해될 우려가 있거나 범인의 증거인멸·도주를 용이하게 할 우려가 있는 경우 등 정당한 사유가 있는 경우를 제외하고는 열람·복사를 허용해야 한다.

ⓑ (○) 제32조 제1항 참조. 참고로 관련 기출문제는 2000년 국가직 7급이다.

> **국민의 형사재판 참여에 관한 법률 제7조(필요적 국선변호)** 이 법에 따른 국민참여재판에 관하여 변호인이 없는 때에는 법원은 직권으로 변호인을 선정하여야 한다.

ⓒ (○) 제32조의2 제1항·제2항·제5항

ⓔ (×) 대표변호인 지정의 신청권자는 피고인 또는 변호인이고, 검사는 해당되지 않는다(제32조의2 제1항).

ⓜ (○) 형사소송법 제33조 제1항 제1호의 '피고인이 구속된 때'라고 함은 피고인이 해당 형사사건에서 구속되어 재판을 받고 있는 경우에 한정된다고 볼 수 없고, 피고인이 별건으로 구속영장이 발부되어 집행되거나 다른 형사사건에서 유죄판결이 확정되어 그 판결의 집행으로 구금 상태에 있는 경우 또한 포괄하고 있다고 보아야 한다(대법원 2024.5.23, 2021도6357 전원합의체).

07 　　정답 ③

③ ⓐⓑⓒⓜ

ⓐ (×) 단기 1년이 아니라 단기 3년이다.

> **제33조(국선변호인)** ① 다음 각 호의 어느 하나에 해당하는 경우에 변호인이 없는 때에는 법원은 직권으로 변호인을 선정하여야 한다. <개정 2020.12.8.>
> 1. 피고인이 구속된 때
> 2. 피고인이 미성년자인 때
> 3. 피고인이 70세 이상인 때
> 4. 피고인이 듣거나 말하는 데 모두 장애가 있는 사람인 때
> 5. 피고인이 심신장애가 있는 것으로 의심되는 때
> 6. 피고인이 사형, 무기 또는 단기 3년 이상의 징역이나 금고에 해당하는 사건으로 기소된 때
> ② 법원은 피고인이 빈곤이나 그 밖의 사유로 변호인을 선임할 수 없는 경우에 피고인이 청구하면 변호인을 선정하여야 한다. <개정 2020.12.8.>
> ③ 법원은 피고인의 나이·지능 및 교육 정도 등을 참작하여

권리보호를 위하여 필요하다고 인정하면 피고인의 명시적 의사에 반하지 아니하는 범위에서 변호인을 선정하여야 한다. <개정 2020.12.8.>

ⓛ (×) 흉기휴대 상해의 점은 그 적용법조인 폭력행위 등 처벌에 관한 법률 제3조 제1항, 제2조 제1항, 형법 제257조 제1항에 정한 법정형이 3년 이상의 유기징역이므로, 이 사건은 형사소송법 제282조에 규정된 **필요적 변호사건**에 해당하고, 따라서 항소심인 원심으로서도 그 준용규정인 형사소송법 제370조에 따라 변호인 없이 개정하거나 심리하지 못한다. 피고인은 흉기휴대 상해의 폭력행위 등 처벌에 관한 법률 위반죄로 공소제기된 후 사기죄의 약식명령에 대한 정식재판청구를 하였는데, 제1심은 위 두 사건의 변론을 병합하고 국선변호인을 선임하여 공판절차를 진행한 다음 이를 모두 유죄로 인정하여 위 흉기휴대 상해죄에 대하여는 징역형의 집행유예를, 사기죄에 대하여는 벌금형을 병과하는 판결을 선고하였으나, 원심은 피고인이 변호인을 선임한 바 없음에도 불구하고 국선변호인을 선정하지 아니한 채 개정하고 사건을 심리하여 항소기각 판결을 선고하였는바, 이와 같이 필요적 변호사건에 있어 변호인의 관여 없는 공판절차에서 이루어진 소송행위는 무효이고, 원심이 위 두 사건을 병합하여 심리를 진행하여 하나의 판결을 선고한 이상, 원심의 위와 같은 위법은 병합심리된 사기죄 부분에 대하여도 미친다고 할 것이며, 이는 필요적 변호사건이 아닌 사기죄 부분에 대하여 별개의 벌금형을 선택하여 선고하였다고 하더라도 마찬가지이다(대법원 2011.4.28, 2011도2279).

ⓒ (×) 국선변호인도 수인을 선정할 수 있다(규칙 제15조 제1항).

> **규칙 제15조(변호인의 수)** ① 국선변호인은 피고인 또는 피의자마다 1인을 선정한다. 다만, 사건의 특수성에 비추어 필요하다고 인정할 때에는 1인의 피고인 또는 피의자에게 수인의 국선변호인을 선정할 수 있다.

ⓔ (○) 제201조의2 제8항 참조.

> **제201조의2(구속영장 청구와 피의자 심문)** ⑧ 심문할 피의자에게 변호인이 없는 때에는 지방법원판사는 직권으로 변호인을 선정하여야 한다. 이 경우 변호인의 선정은 피의자에 대한 구속영장 청구가 기각되어 효력이 소멸한 경우를 제외하고는 제1심까지 효력이 있다.

ⓜ (×) 제33조 제2항에 의하여 국선변호인 선정을 청구하는 피고인은 소명자료를 제출하여야 한다(규칙 제17조의2). 이를 제출하지 않은 경우 법원이 청구기각결정을 하고 변론을 진행한 것은 위법이라 할 수 없다.

> **규칙 제17조의2(국선변호인 선정청구 사유의 소명)** 법 제33조 제2항에 의하여 국선변호인 선정을 청구하는 경우 피고인은 소명자료를 제출하여야 한다. 다만, 기록에 의하여 그 사유가 소명되었다고 인정될 때에는 그러하지 아니하다.

08 **정답 ③**

③ ㉠ⓛⓔ㉢

㉠ (○) 규칙 제19조 제3항

ⓛ (○) 형사소송에 있어서 변호인을 선임할 수 있는 자는 피고인 및 피의자와 형사소송법 제30조 제2항에 규정된 자에 한정되는 것이고, 피고인 및 피의자로부터 그 선임권을 위임받은 자가 피고인이나 피의자를 대리하여 변호인을 선임할 수는 없는 것이므로, 피고인이 법인인 경우에는 형사소송법 제27조 제1항 소정의 대표자가 피고인인 당해 법인을 대표하여 피고인을 위한 변호인을 선임하여야 하며, 대표자가 제3자에게 변호인 선임을 위임하여 제3자로 하여금 변호인을 선임하도록 할 수는 없다(대법원 1994.10.28, 94모25).

ⓒ (×) 피고인과 국선변호인이 모두 법정기간 내에 항소이유서를 제출하지 아니하였더라도, 국선변호인이 항소이유서를 제출하지 아니한 데 대하여 피고인에게 귀책사유가 있음이 특별히 밝혀지지 않는 한, 항소법원은 종전 국선변호인의 선정을 취소하고 새로운 국선변호인을 선정하여 다시 소송기록접수통지를 함으로써 새로운 국선변호인으로 하여금 그 통지를 받은 때로부터 형사소송법 제361조의3 제1항의 기간 내에 피고인을 위하여 항소이유서를 제출하도록 하여야 한다(대법원 2012.2.16, 2009모1044 전원합의체).

ⓔ (○) 법원이 국선변호인을 반드시 선정해야 하는 사유로 형사소송법 제33조 제1항 제5호에서 정한 '피고인이 심신장애의 의심이 있는 때'란 진단서나 정신감정 등 객관적인 자료에 의하여 피고인의 심신장애 상태를 확인할 수 있거나 그러한 상태로 추단할 수 있는 근거가 있는 경우는 물론, 범행의 경위, 범행의 내용과 방법, 범행 전후 과정에서 보인 행동 등과 아울러 피고인의 연령·지능·교육 정도 등 소송기록과 소명자료에 드러난 제반사정에 비추어 피고인의 의식상태나 사물에 대한 변별능력, 행위통제능력이 결여되거나 저하된 상태로 의심되어 피고인이 공판심리단계에서 효과적으로 방어권을 행사하지 못할 우려가 있다고 인정되는 경우를 포함한다(대법원 2019.9.26, 2019도8531).

ⓜ (○) 시각장애인 또는 청각장애인의 경우 피고인의 나이·지능·교육 정도를 비롯한 시각장애 또는 청각장애의 정도 등을 확인한 다음 권리보호를 위하여 필요하다고 인정하면 시각장애인인 피고인의 명시적 의사에 반하지 아니하는 범위에서 국선변호인을 선정하여 방어권을 보장해 줄 필요가 있다(대법원 2010.4.29, 2010도881; 2010.6.10, 2010도4629). 제1심에서 피고인의 청구 또는 직권으로 국선변호인이 선정되어 공판이 진행된 경우 항소법원은 특별한 사정변경이 없는 한 국선변호인을 선정하는 것이 바람직하다고 강조해 왔다(대법원 2013.7.11, 2013도351). 또한 제1심법원이 피고인에 대하여 벌금형을 선고하였으나 검사만이 양형부당으로 항소한 사안이나 제1심법원이 피고인에 대하여 집행유예를 선고하였으나 검사만이 양형부당을 이유로 항소한 사안에서 항소법원이 변호인이 선임되지 않은 피고인에 대하여 검사의 양형부당 항소를 받아들여 형을 선고하는 경우에는 공판심리단계에서부터 국선변호인의 선정을 적극적으로 고려하여야 한다(대법원 2016.11.10, 2016도7622; 2019.9.26, 2019도8531). … 공소제기된 범죄의 내용과 보호법익, 피고인의 직업이나 경제력, 범죄 전력, 예상되는 주형과 부수처분의 종류, 약물중독 등으로 인한 심신미약 정도, 마약 투약으로 수사 받던 피고인이 중요한 수사협조를 하여 특별감경 양형요소로 반영될 개연성이 높은 경우 등 피고인에게 유리한 양형요소를 주장할 필요성이 있다면 피고인의 권리보호를 위하여서는 피고인의 명시적 의사에 반하지 아니하는 범위에서 국선변호인을 선정하여 방어권을 보장해 줄 필요가 있다고 할 것이다. 그런데도 국선변호인의 선정 없이 공판심리가 이루어져 피고인의 방어권이 침해됨으로써 판결에 영향을 미쳤다고 인정되는 경우에는 형사소송법 제33조 제

3항을 위반한 위법이 있다고 보아야 한다(대법원 2024.7.11, 2024도4202).

09
정답 ①

① ⓛⓐⓜ

㉠ (×) 형사소송법 제33조 제1항 제1호의 '피고인이 구속된 때'라고 함은 피고인이 해당 형사사건에서 구속되어 재판을 받고 있는 경우에 한정된다고 볼 수 없고, 피고인이 별건으로 구속영장이 발부되어 집행되거나 다른 형사사건에서 유죄판결이 확정되어 그 판결의 집행으로 구금 상태에 있는 경우 또한 포괄하고 있다고 보아야 한다(대법원 2024.5.23, 2021도6357 전원합의체).

㉡ (○) 대법원 2012.2.16, 2009모1044 전원합의체

㉢ (×) 대법원 2010.5.27, 2010도3377

㉣ (○) 대법원 2010.4.29, 2010도88

㉤ (○) 피고인의 경우에도 구속사유에 관하여 변호인의 조력을 받을 필요가 있는 점 및 국선변호인 제도의 취지 등에 비추어 보면, 피고인에 대하여 제1심법원이 집행유예를 선고하였으나 검사만이 양형부당을 이유로 항소한 사안에서 항소심이 변호인이 선임되지 않은 피고인에 대하여 검사의 양형부당 항소를 받아들여 형을 선고하는 경우에는 판결 선고 후 피고인을 법정구속한 뒤에 비로소 국선변호인을 선정하는 것보다는, 피고인의 권리보호를 위해 판결 선고 전 공판심리 단계에서부터 형사소송법 제33조 제3항에 따라 피고인의 명시적 의사에 반하지 아니하는 범위 안에서 국선변호인을 선정해 주는 것이 바람직하다(대법원 2016.11.10, 2016도7622).

10
정답 ②

② ㉠ⓛⓐ

㉠ (○) 공범관계에 있지 않은 공동피고인들 사이에서도 공소사실의 기재 자체로 보아 어느 피고인에 대한 유리한 변론이 다른 피고인에 대하여는 불리한 결과를 초래하는 사건에서는 공동피고인들 사이에 이해가 상반된다고 할 것이어서, 그 공동피고인들에 대하여 선정된 동일한 국선변호인이 공동피고인들을 함께 변론한 경우에는 형사소송규칙 제15조 제2항에 위반된다. 그리고 그러한 공동피고인들 사이의 이해상반 여부의 판단은 모든 사정을 종합적으로 판단하여야 하는 것은 아니지만, 적어도 공동피고인들에 대하여 형을 정할 경우에 영향을 미친다고 보이는 구체적 사정을 종합하여 실질적으로 판단하여야 한다(대법원 2014.12.24, 2014도13797).

㉡ (○) [1] 헌법상 보장되는 '변호인의 조력을 받을 권리'는 변호인의 '충분한 조력'을 받을 권리를 의미하므로, 피고인에게 국선변호인의 조력을 받을 권리를 보장하여야 할 국가의 의무에는 피고인이 국선변호인의 실질적 조력을 받을 수 있도록 할 의무가 포함된다.
[2] 공소사실 기재 자체로 보아 어느 피고인에 대한 유리한 변론이 다른 피고인에게는 불리한 결과를 초래하는 경우 공동피고인들 사이에 이해가 상반된다. 이해가 상반된 피고인들 중 어느 피고인이 법무법인을 변호인으로 선임하고, 법무법인이 담당변호사를 지정하였을 때, 법원이 담당변호사 중 1인 또는 수인을 다른 피고인을 위한 국선변호인으로 선정한다면, 국선변호인으로 선정된 변호사는 이해가 상반된 피고인들 모두에게 유리한 변론을 하기 어렵다. 결국 이로 인하여 다른 피고인은

국선변호인의 실질적 조력을 받을 수 없게 되고, 따라서 국선변호인 선정은 국선변호인의 조력을 받을 피고인의 권리를 침해하는 것이다(대법원 2015.12.23, 2015도9951).

㉢ (×) 국선변호인 제도는 구속영장실질심사, 체포·구속 적부심사의 경우를 제외하고는 공판절차에서 피고인의 지위에 있는 자에게만 인정되고 이 사건과 같이 집행유예의 취소청구 사건의 심리절차에서는 인정되지 않는다(대법원 2013.2.13, 2013모281; 2019.1.4, 2018모3621).

㉣ (○) 법원이 형사소송법(이하 '법'이라 한다) 제33조 제3항에 의하여 국선변호인을 선정한 경우에는 그 변호인에게 소송기록접수통지를 함으로써, 변호인이 통지를 받은 날로부터 소정의 기간 내에 피고인을 위하여 항소이유서를 작성·제출할 수 있도록 하여 변호인의 조력을 받을 피고인의 권리를 보호하여야 하고, 또한 법 제361조의3, 제364조 등의 규정에 의하면 항소심의 구조는 피고인 또는 변호인이 법정기간 내에 제출한 항소이유서에 의하여 심판되는 것이므로 항소이유서가 제출되었더라도 항소이유서 제출기간의 경과를 기다리지 않고는 항소사건을 심판할 수 없고, 법 제33조 제3항의 규정에 의하여 선정된 국선변호인의 경우에도 국선변호인의 항소이유서 제출기간 만료 시까지 항소이유서를 제출하거나 수정·추가 등을 할 수 있는 권리는 마찬가지로 보호되어야 한다(대법원 2014.8.28, 2014도4496).

㉤ (×) [1] 형사소송법 제33조는 제1항 및 제3항에서 법원이 직권으로 변호인을 선정하여야 하는 경우를 규정하면서, 제1항 각 호에 해당하는 경우에 변호인이 없는 때에는 의무적으로 변호인을 선정하도록 규정한 반면, 제3항에서는 피고인의 연령·지능 및 교육 정도 등을 참작하여 권리보호를 위하여 필요하다고 인정하는 때에 한하여 재량으로 피고인의 명시적 의사에 반하지 아니하는 범위 안에서 변호인을 선정하도록 정하고 있으므로, 형사소송법 제33조 제1항 각 호에 해당하는 경우가 아닌 한 법원으로서는 권리보호를 위하여 필요하다고 인정하지 않으면 국선변호인을 선정하지 아니할 수 있을 뿐만 아니라, 국선변호인의 선정 없이 공판심리를 하더라도 피고인의 방어권이 침해되어 판결에 영향을 미쳤다고 인정되지 않는 경우에는 형사소송법 제33조 제3항을 위반한 위법이 있다고 볼 수 없다.
[2] 필요적 국선사건이 아님에도 제1심이 국선변호인을 선정하여 준 후 피고인에게 징역 1년의 형을 선고하면서 법정구속을 하지 않았는데, 피고인이 항소장만을 제출한 다음 국선변호인 선정청구를 하지 않은 채 법정기간 내에 항소이유서를 제출하지 아니하자 원심이 피고인의 항소를 기각한 사안에서, 피고인의 권리보호를 위하여 법원이 재량으로 국선변호인 선정을 해 줄 필요는 없다고 보아 국선변호인 선정 없이 공판심리를 진행한 원심의 판단과 조치 및 절차는 정당하고, 피고인이 피해자들과의 합의를 전제로 감형만을 구하였던 이상 원심이 국선변호인을 선정하여 주지 않은 것이 피고인의 방어권을 침해하여 판결에 영향을 미쳤다고 보기도 어렵다(대법원 2013.5.9, 2013도1886).

11
정답 ③

③ ㉠ⓛⓢⓗ

㉠ (×) 동거인 또는 고용주는 변호인선임권자가 아니다.

> **제30조(변호인선임권자)** ① 피고인 또는 피의자는 변호인을 선임할 수 있다.

② 피고인 또는 피의자의 법정대리인, 배우자, 직계친족과 형제자매는 독립하여 변호인을 선임할 수 있다.

ⓛ (×) 열람은 가능하나 등사는 불가하다. 규칙 제96조의21 제1항, 제104조의2 참조.

> **제96조의21(구속영장청구서 및 소명자료의 열람)** ① 피의자 심문에 참여할 변호인은 지방법원 판사에게 제출된 구속영장청구서 및 그에 첨부된 고소·고발장, 피의자의 진술을 기재한 서류와 피의자가 제출한 서류를 열람할 수 있다.
> **제104조의2(준용규정)** 제96조의21의 규정은 체포·구속의 적부심사를 청구한 피의자의 변호인에게 이를 준용한다.

ⓒ (×) 장기 3년 이상이 아니라 단기 3년 이상이다(제33조 제1항 제6호).

> **제33조(국선변호인)** ① 다음 각 호의 어느 하나에 해당하는 경우에 변호인이 없는 때에는 법원은 직권으로 변호인을 선정하여야 한다.
> 6. 피고인이 사형, 무기 또는 단기 3년 이상의 징역이나 금고에 해당하는 사건으로 기소된 때

ⓔ (○) 즉결심판에관한절차법 제14조 제4항은 형사소송법 제455조의 규정은 정식재판의 청구에 이를 준용한다고 규정하고 있고, 형사소송법 제455조 제3항은 "정식재판의 청구가 적법한 때에는 공판절차에 의하여 심판하여야 한다."고 규정하고 있는바, 위 각 규정 내용에 비추어 보면 즉결심판을 받은 피고인이 정식재판청구를 함으로써 공판절차가 개시된 경우에는 통상의 공판절차와 마찬가지로 국선변호인의 선정에 관한 형사소송법 제283조의 규정이 적용된다(대법원 1997.2.14, 96도3059).

ⓜ (○) 제112조 참조.

> **제112조(업무상비밀과 압수)** 변호사, 변리사, 공증인, 공인회계사, 세무사, 대서업자, 의사, 한의사, 치과의사, 약사, 약종상, 조산사, 간호사, 종교의 직에 있는 자 또는 이러한 직에 있던 자가 그 업무상 위탁을 받아 소지 또는 보관하는 물건으로 타인의 비밀에 관한 것은 압수를 거부할 수 있다. 단, 그 타인의 승낙이 있거나 중대한 공익상 필요가 있는 때에는 예외로 한다.

ⓗ (×) 본인의 승낙이 있을 때에도 중대한 공익상 필요가 있는 경우와 마찬가지로 변호사는 증언을 거부할 수 없다(제149조 단서).

> **제149조(업무상비밀과 증언거부)** 변호사, 변리사, 공증인, 공인회계사, 세무사, 대서업자, 의사, 한의사, 치과의사, 약사, 약종상, 조산사, 간호사, 종교의 직에 있는 자 또는 이러한 직에 있던 자가 그 업무상 위탁을 받은 관계로 알게 된 사실로서 타인의 비밀에 관한 것은 증언을 거부할 수 있다. 단, 본인의 승낙이 있거나 중대한 공익상 필요 있는 때에는 예외로 한다.

12 정답 ③

③ ⓐⓒⓔⓜ

ⓐ (×) 법정대리인, 배우자, 직계친족, 형제자매는 명시한 의사에 반하여 독립하여 변호인을 선임할 수 있다.

> **제30조(변호인선임권자)** ① 피고인 또는 피의자는 변호인을 선임할 수 있다.
> ② 피고인 또는 피의자의 법정대리인, 배우자, 직계친족과 형제자매는 독립하여 변호인을 선임할 수 있다.

ⓛ (×) 구술에 의한 변호인 선임은 인정될 수 없다.

> **제32조(변호인선임의 효력)** ① 변호인의 선임은 심급마다 변호인과 연명날인한 서면으로 제출하여야 한다.
> ② 공소제기 전의 변호인 선임은 제1심에도 그 효력이 있다.

ⓒ (○), ⓔ (×) 필요적 변호사건의 공판절차가 사선 변호인과 국선 변호인이 모두 불출석한 채 개정되어 국선 변호인 선정 취소 결정이 고지된 후 변호인 없이 피해자에 대한 증인신문 등 심리가 이루어진 경우, 그와 같은 위법한 공판절차에서 이루어진 피해자에 대한 증인신문 등 일체의 소송행위는 모두 무효라고 할 것이고, 다만 필요적 변호사건에서 변호인이 없거나 출석하지 아니한 채 공판절차가 진행되었기 때문에 그 공판절차가 위법한 것이라 하더라도 그 절차에서의 소송행위 외에 다른 절차에서 적법하게 이루어진 소송행위까지 모두 무효로 된다고 볼 수는 없다(대법원 1999.4.23, 99도915).

ⓜ (×) 수사서류에 대해서는 일부 예외를 제외하고는 열람·등사 제도가 도입되어 있지 않으므로, 변호인은 공공기관의 정보공개에 관한 법률－이하 정보공개법－에 의하여 수사기관에 대하여 정보공개를 청구할 수 있다(정보공개법 제4조 제1항, 제5조).
[보충] 이에 대해서 수사기관이 공개하지 아니할 수도 있는데(비공개 대상 정보, 제9조 제1항 제4호), 이 경우 변호인은 이의신청(제18조), 행정심판(제19조), 행정소송(제20조)을 제기할 수 있고 나아가 최후의 수단으로써 헌법소원을 제기할 수 있다.

> **정보공개법 제4조(적용 범위)** ① 정보의 공개에 관하여는 다른 법률에 특별한 규정이 있는 경우를 제외하고는 이 법에서 정하는 바에 따른다.
> **제5조(정보공개 청구권자)** ① 모든 국민은 정보의 공개를 청구할 권리를 가진다.
> **제9조(비공개 대상 정보)** ① 공공기관이 보유·관리하는 정보는 공개 대상이 된다. 다만, 다음 각 호의 어느 하나에 해당하는 정보는 공개하지 아니할 수 있다.
> 4. 진행 중인 재판에 관련된 정보와 범죄의 예방, 수사, 공소의 제기 및 유지, 형의 집행, 교정(矯正), 보안처분에 관한 사항으로서 공개될 경우 그 직무수행을 현저히 곤란하게 하거나 형사피고인의 공정한 재판을 받을 권리를 침해한다고 인정할 만한 상당한 이유가 있는 정보

> 2007.6.1. 신설되어 2008.1.1.부터 시행된 형사소송법 제59조의2의 내용과 취지 등을 고려하면, 형사소송법 제59조의2는 재판이 확정된 사건의 소송기록, 즉 형사재판확정기록의 공개 여부나 공개 범위, 불복절차 등에 관하여 「공공기관의 정보공개에 관한 법률」(이하 '정보공개법'이라 한다)과 달리 규정하고 있는 것으로 정보공개법 제4조 제1항에서 정한 '정보의 공개에 관하여 다른 법률에 특별한 규정이 있는 경우'에 해당한다. 따라서 형사재판확정기록의 공개에 관하여는 정보공개법에 의한 공개청구가 허용되지 않는다(대법원 2016.12.15, 2013두20882; 2017.3.15, 2014두7305 등). 따라서 형사재판확정기록에 관해서는 형사소송법 제59조의2에 따른 열람·등사신청이 허용되고 그 거부나 제한 등에 대한 불복은 준항고에 의하며, 형사재판확정기록이 아닌 불기소처분으로 종결된 기록(이하 '불기소기록'이라 한다)에 관해서는 정보공개법에 따른 정보공개청구가 허용되고 그 거부나 제한 등에 대한 불복은 항고소송절차에 의한다(대법원 2022.2.11, 2021모3175).

[보충] 공소제기 이후에는 제266조의3에 의한 증거개시도 허용될 수 있다.

13

③ ⓑⓒⓓ

ⓐ (○) 제341조 제1항, 제32조 제1항 참조.

> **제341조(동전)** ① 피고인의 배우자, 직계친족, 형제자매 또는 원심의 대리인이나 변호인은 피고인을 위하여 상소할 수 있다.
> **제32조(변호인선임의 효력)** ① 변호인의 선임은 심급마다 변호인과 연명날인한 서면으로 제출하여야 한다.

ⓑ (✕) 규칙 제13조 참조.

> **규칙 제13조(사건이 병합되었을 경우의 변호인 선임의 효력)** 하나의 사건에 관하여 한 변호인 선임은 동일법원의 동일피고인에 대하여 병합된 다른 사건에 관하여도 그 효력이 있다. 다만, 피고인 또는 변호인이 이와 다른 의사표시를 한 때에는 그러하지 아니하다.

ⓒ (✕) 반의사불벌죄에서 처벌을 희망하는 의사표시의 철회 또는 처벌을 희망하지 않는 의사표시는 제1심판결 선고 전까지 할 수 있다(형사소송법 제232조 제1항, 제3항). 처벌불원의 의사표시의 부존재는 소극적 소송조건으로서 직권조사사항에 해당하므로 당사자가 항소이유로 주장하지 않았더라도 원심은 이를 직권으로 조사·판단하여야 한다. 성폭력범죄의 처벌 등에 관한 특례법 제27조는 성폭력범죄 피해자에 대한 변호사 선임의 특례를 정하고 있다. 성폭력범죄의 피해자는 형사절차상 법률적 조력을 받기 위해 스스로 변호사를 선임할 수 있고(제1항), 검사는 피해자에게 변호사가 없는 경우 국선변호사를 선정하여 형사절차에서 피해자의 권익을 보호할 수 있으며(제6항), 피해자의 변호사는 형사절차에서 피해자 등의 대리가 허용될 수 있는 모든 소송행위에 대한 포괄적인 대리권을 가진다(제5항). 따라서 피해자의 변호사는 피해자를 대리하여 피고인에 대한 처벌을 희망하는 의사표시를 철회하거나 처벌을 희망하지 않는 의사표시를 할 수 있다(대법원 2019.12.13, 2019도10678).

ⓓ (✕) 변호사는 공공성을 지닌 법률 전문직으로서 독립하여 자유롭게 직무를 수행하여야 하고(변호사법 제2조), 직무를 수행하면서 진실을 은폐하거나 거짓 진술을 하여서는 아니 된다(같은 법 제24조 제2항). 따라서 형사변호인의 기본적인 임무가 피고인 또는 피의자를 보호하고 그의 이익을 대변하는 것이라고 하더라도, 그러한 이익은 법적으로 보호받을 가치가 있는 정당한 이익으로 제한되고, 변호인이 의뢰인의 요청에 따른 변론행위라는 명목으로 수사기관이나 법원에 대하여 적극적으로 허위의 진술을 하거나 피고인 또는 피의자로 하여금 허위진술을 하도록 하는 것은 허용되지 않는다(대법원 2012.8.30, 2012도6027).

ⓔ (○) 구속취소청구와 보석청구는 피고인의 명시한 의사에 반해서도 행사할 수 있는 변호인의 독립대리권이다.

> [참고] **변호인의 권한**
> Ⅰ. 대리권
> 　1. 독립대리권
> 　　(1) 의의: 본인의 의사에 반하여 행사할 수 있는 대리권을 말한다(제36조).
> 　　(2) 종류
> 　　　① 본인의 명시적 의사에 반해서도 행사할 수 있는 것: 구속취소의 청구(제93조), 보석의 청구(제94조), 증거보전의 청구(제184조 제1항), 공판기일변경신청(제270조 제1항), 증거조사에 대한 이의신청(제296조 제1항)
> 　　　② 본인의 (명시적 의사에 반할 수 없으나) 묵시적 의사에 반해서 행사할 수 있는 것: 기피신청(제18조 제2항), 증거동의(判, 제318조 제1항)(通: 종속대리권), 상소제기(제341조 제1항)(= 정식재판청구)
> 　2. 종속대리권
> 　　(1) 의의: 본인의 의사에 반해서는 행사할 수 없는 대리권을 말한다.
> 　　(2) 내용: 관할이전의 신청(제15조), 관할위반의 신청(제320조 제1항), 상소취하(제349조), 정식재판청구의 취하(제458조)
> Ⅱ. 고유권
> 　1. 변호인만이 가지는 권리(협의의 고유권): 접견교통권(제34조), 피고인신문권(제296조의2 제1항), 상고심에서의 변론권(제387조)
> 　2. 피고인 또는 피의자와 중복하여 가지고 있는 권리: 서류·증거 열람·등사권(제35조, 제266조의3~4), 압수·수색·검증영장의 집행에의 참여(제121조, 제145조), 감정에의 참여(제176조 제1항), 증인신문에의 참여(제163조 제1항), 증거제출권·증인신문신청권(제294조), 증인신문권(제161조의2 제1항), 최종의견진술권(제303조)

14

④ ㉠㉡㉢㉣

㉠ (✕) 피의자신문 시에는 변호인만 참여권이 있으며, 변호인 되려는 자에게는 참여권 규정이 없다.

㉡ (✕) 제243조의2 제2항 참조.

> **제243조의2(변호인의 참여 등)** ② 신문에 참여하고자 하는 변호인이 2인 이상인 때에는 피의자가 신문에 참여할 변호인 1인을 지정한다. 지정이 없는 경우에는 검사 또는 사법경찰관이 이를 지정할 수 있다.

㉢ (✕) 법 제35조 제2항 참조.

> **제35조(서류·증거물의 열람·등사)** ① 피고인과 변호인은 소송계속 중의 관계 서류 또는 증거물을 열람하거나 복사할 수 있다.
> ② 피고인의 법정대리인, 제28조에 따른 특별대리인, 제29조에 따른 보조인 또는 피고인의 배우자·직계친족·형제자매로서 피고인의 위임장 및 신분관계를 증명하는 문서를 제출한 자도 제1항과 같다.

㉣ (○) 비록 피고인이 차회 공판기일 전 등 원하는 시기에 공판조서를 열람·등사하지 못하였다 하더라도 그 변론종결 이전에 이를 열람·등사한 경우에는 그 열람·등사가 늦어짐으로 인하여 피고인의 방어권 행사에 지장이 있었다는 등의 특별한 사정이 없는 한 형사소송법 제55조 제1항 소정의 피고인의 공판조서의 열람·등사청구권이 침해되었다고 볼 수 없어, 그 공판조서를 유죄의 증거로 할 수 있다고 보아야 한다(대법원 2007.7.

26, 2007도3906).

ⓜ (○), ⓗ (×) 필요적 국선사건이 아님에도 제1심이 국선변호인을 선정하여 준 후 피고인에게 징역 1년의 형을 선고하면서 법정구속을 하지 않았는데, 피고인이 항소장만을 제출한 다음 국선변호인 선정청구를 하지 않은 채 법정기간 내에 항소이유서를 제출하지 아니하자 원심이 피고인의 항소를 기각한 경우, 피고인의 권리보호를 위하여 법원이 재량으로 국선변호인 선정을 해 줄 필요는 없다고 보아 국선변호인 선정 없이 공판심리를 진행한 원심의 판단과 조치 및 절차는 정당하고, 피고인이 피해자들과의 합의를 전제로 감형만을 구하였던 이상 원심이 국선변호인을 선정하여 주지 않은 것이 피고인의 방어권을 침해하여 판결에 영향을 미쳤다고 보기도 어렵다(대법원 2013.5.9, 2013도1886)(ⓗ은 2022년 국가직 7급 기출지문임).

15 정답 ③

③ (○) 형사소송법 제32조 제1항에서 변호인의 선임은 심급마다 변호인과 연명날인한 서면으로 제출하여야 한다고 규정하고 있다. 그리고 변호인선임신고서를 제출하지 않은 변호인이 변호인 명의로 재항고장을 제출한 경우, 그 재항고장은 적법·유효한 재항고로서의 효력이 없다(대법원 2005.1.20, 2003모429 등).

① (×) 형사소송법 제303조는 "재판장은 검사의 의견을 들은 후 피고인과 변호인에게 최종의 의견을 진술할 기회를 주어야 한다."라고 정하고 있으므로, 최종의견 진술의 기회는 피고인과 변호인 모두에게 주어져야 한다. 이러한 최종의견 진술의 기회는 피고인과 변호인의 소송법상 권리로서 피고인과 변호인이 사실관계의 다툼이나 유리한 양형사유를 주장할 수 있는 마지막 기회이므로, 피고인이나 변호인에게 최종의견 진술의 기회를 주지 아니한 채 변론을 종결하고 판결을 선고하는 것은 소송절차의 법령위반에 해당한다(대법원 2018.3.29, 2018도327).

② (×) 형사소송규칙 제142조 제3항은 공소장변경허가신청서가 제출된 경우에 법원은 그 부본을 피고인 또는 변호인에게 즉시 송달하여야 한다고 규정하고 있는데, 피고인과 변호인 모두에게 부본을 송달하여야 하는 취지가 아님은 문언상 명백하므로, 공소장변경신청서 부본을 피고인과 변호인 중 어느 한 쪽에 대해서만 송달하였다고 하여 절차상 잘못이 있다고 할 수 없다(대법원 2001.4.24, 2001도1052; 2013.7.12, 2013도5165 등).

④ (×) 변호인은 피고인의 동의를 얻어 상소를 취하할 수 있으므로(형사소송법 제351조, 제341조), 변호인의 상소취하에 피고인의 동의가 없다면 상소취하의 효력은 발생하지 아니한다. 한편 변호인이 상소취하를 할 때 원칙적으로 피고인은 이에 동의하는 취지의 서면을 제출하여야 하나(형사소송규칙 제153조 제2항), 피고인은 공판정에서 구술로써 상소취하를 할 수 있으므로(형사소송법 제352조 제1항 단서), 변호인의 상소취하에 대한 피고인의 동의도 공판정에서 구술로써 할 수 있다. 다만 상소를 취하하거나 상소의 취하에 동의한 자는 다시 상소를 하지 못하는 제한을 받게 되므로(형사소송법 제354조), 상소취하에 대한 피고인의 구술 동의는 명시적으로 이루어져야만 한다(대법원 2015.9.10, 2015도7821).

16 정답 ②

② ⓛⓒⓔⓜ

ⓖ (×) 각자가 대표한다. 제27조 제2항 참조.

제27조(법인과 소송행위의 대표) ① 피고인 또는 피의자가 법인인 때에는 그 대표자가 소송행위를 대표한다.
② 수인이 공동하여 법인을 대표하는 경우에도 소송행위에 관하여는 각자가 대표한다.

ⓛ (○) 제26조

ⓒ (○) 의사무능력자의 법정대리인이 없거나 법인의 대표자가 없는 경우의 특별대리인 선임절차에 관한 내용이다. 제28조 참조.

제28조(소송행위의 특별대리인) ① 전조의 규정에 의하여 피고인을 대리 또는 대표할 자가 없는 때에는 법원은 직권 또는 검사의 청구에 의하여 특별대리인을 선임하여야 하며 피의자를 대리 또는 대표할 자가 없는 때에는 법원은 검사 또는 이해관계인의 청구에 의하여 특별대리인을 선임하여야 한다.
② 특별대리인은 피고인 또는 피의자를 대리 또는 대표하여 소송행위를 할 자가 있을 때까지 그 임무를 행한다.

ⓔ (○) 신뢰관계 있는 자도 보조인이 될 수 있다(제29조 제2항).

제29조(보조인) ② 보조인이 될 수 있는 자가 없거나 장애 등의 사유로 보조인으로서 역할을 할 수 없는 경우에는 피고인 또는 피의자와 신뢰관계 있는 자가 보조인이 될 수 있다.

ⓜ (○) 변호인 선임의 대리, 재정신청, 고소 또는 고소취소의 대리, 대표자에 의한 법인의 소송행위의 대리, 상소의 대리는 형사소송법상 허용된다. 반면 증언은 증인 자신이 직접 해야 하므로 증언의 대리는 허용되지 않는다.

[정리]
* 포괄적 대리가 허용되는 경우: 의사무능력자의 법정대리인(제26조), 법인인 피의자·피고인의 대표자(제27조), 의사무능력자·법인의 특별대리인(제28조), 피의자·피고인의 보조인(제29조), 경미사건에서의 피고인의 대리인(제277조)
* 특정행위에 대해서만 허용되는 경우: 고소 또는 고소취소의 대리(제236조), 재정신청의 대리(제264조), 변호인선임의 대리(제30조), 상소의 대리(제341조)

17 정답 ④

④ ⓒⓜⓗ

ⓖ (서면) 제87조 참조.

제87조(구속의 통지) ① 피고인을 구속한 때에는 변호인이 있는 경우에는 변호인에게, 변호인이 없는 경우에는 제30조 제2항에 규정한 자 중 피고인이 지정한 자에게 피고사건명, 구속일시·장소, 범죄사실의 요지, 구속의 이유와 변호인을 선임할 수 있는 취지를 알려야 한다.
② 제1항의 통지는 지체 없이 서면으로 하여야 한다.

ⓛ (서면) 제254조 참조.

제254조(공소제기의 방식과 공소장) ① 공소를 제기함에는 공소장을 관할법원에 제출하여야 한다.

ⓒ (서면·구술) 제255조 제2항 참조.

제255조(공소의 취소) ① 공소는 제1심판결의 선고 전까지 취소할 수 있다.
② 공소취소는 이유를 기재한 서면으로 하여야 한다. 단, 공판정에서는 구술로써 할 수 있다.

ⓔ (서면) 제343조 제1항 참조.

> **제343조(상소 제기기간)** ① 상소의 제기는 그 기간 내에 서면으로 한다.

ⓜ (서면·구술) 제352조 제1항 참조.

> **제352조(상소포기 등의 방식)** ① 상소의 포기 또는 취하는 서면으로 하여야 한다. 단, 공판정에서는 구술로써 할 수 있다.

ⓑ (서면·구술) 규칙 제142조 제5항 참조.

> **제142조(공소장의 변경)** ⑤ 법원은 제1항의 규정에도 불구하고 피고인이 재정하는 공판정에서는 피고인에게 이익이 되거나 피고인이 동의하는 경우 구술에 의한 공소장변경을 허가할 수 있다.

18

정답 ④

④ ㄱㄴㄷ

ㄱ (×) 형사소송법에 특히 명문의 규정이 있는 것 외에는 소송행위의 대리를 허용하지 않는다(대법원 1956.4.27, 4288형재항10).

ㄴ (×) 교도소 또는 구치소에 구속된 자에 대한 송달은 그 소장에게 송달하면 구속된 자에게 전달된 여부와 관계없이 효력이 생기는 것이다(대법원 1995.1.12, 94도2687).

ㄷ (×) 변호인선임은 서면주의, 고소·고발과 상소의 포기는 서면주의와 구두주의가 모두 적용된다.

> **제32조(변호인선임의 효력)** ① 변호인의 선임은 심급마다 변호인과 연명날인한 서면으로 제출하여야 한다.
> **제237조(고소, 고발의 방식)** ① 고소 또는 고발은 서면 또는 구술로써 검사 또는 사법경찰관에게 하여야 한다.
> **제352조(상소포기 등의 방식)** ① 상소의 포기 또는 취하는 서면으로 하여야 한다. 단, 공판정에서는 구술로써 할 수 있다.

ㄹ (○) 항소포기와 같은 절차형성적 소송행위가 착오로 인하여 행하여진 경우 그 행위가 무효로 되기 위하여는 그 착오가 행위자 또는 대리인이 책임질 수 없는 사유로 발생하였을 것이 요구된다(대법원 1995.8.17, 95모49).

ㅁ (○) 상소의 제기, 공소의 제기, 약식명령청구의 3개이다.
※ 반드시 서면으로 해야 하는 소송행위: 상소의 제기(제343조 제1항), 공소의 제기(제254조), ㅁ 약식명령청구(제449조)

19

정답 ②

② ㄱㄷㄹㅁ

ㄱ (×) 공판조서의 기재가 명백한 오기인 경우를 제외하고는 공판기일의 소송절차로서 공판조서에 기재된 것은 조서만으로써 증명하여야 하고, 그 증명력은 공판조서 이외의 자료에 의한 반증이 허용되지 않는 절대적인 것이다(대법원 2002.7.12, 2002도2134).

ㄴ (○) 제54조 참조.

> **제54조(공판조서의 정리 등)** ① 공판조서는 각 공판기일 후 신속히 정리하여야 한다.
> ② 다음 회의 공판기일에 있어서는 전회의 공판심리에 관한 주요사항의 요지를 조서에 의하여 고지하여야 한다. 다만, 다음 회의 공판기일까지 전회의 공판조서가 정리되지 아니한 때에는 조서에 의하지 아니하고 고지할 수 있다.

ㄷ (×) 변경청구·이의제기 부분을 기재한 조서는 공판조서에 첨부하여야 한다.

> **제54조(공판조서의 정리 등)** ③ 검사, 피고인 또는 변호인은 공판조서의 기재에 대하여 변경을 청구하거나 이의를 제기할 수 있다.
> ④ 제3항에 따른 청구나 이의가 있는 때에는 그 취지와 이에 대한 재판장의 의견을 기재한 조서를 당해 공판조서에 첨부하여야 한다.

ㄹ (×) 공익상 필요 기타 상당한 이유가 없으면 공개하지 못한다. 따라서 공익상 필요 기타 상당한 이유가 있으면 공개할 수 있다.

> **제47조(소송서류의 비공개)** 소송에 관한 서류는 공판의 개정 전에는 공익상 필요 기타 상당한 이유가 없으면 공개하지 못한다.

ㅁ (×) 공판조서 및 공판기일외의 증인신문조서는 제48조 제3항 내지 제7항을 적용하지 않는다(제52조 본문). 따라서 공판조서 및 공판기일외의 증인신문조서는 이를 진술자에게 (읽어 주거나) 열람하게 하여 기재 내용이 정확한지를 물어야 할 필요가 없다. 위 지문에서 틀린 것은 전단 부분이다.
[보충] 다만 진술자의 청구가 있는 때에는 그 진술에 관한 부분을 읽어주고 증감변경의 청구가 있는 때에는 그 진술을 기재하여야 하므로(제52조 단서) 위 지문의 뒤 부분은 맞는 내용이다.
[tip] 참고로 위 지문은 2022년 국가직 7급 기출지문이다. 수험에서는 위 지문의 '청구가 없더라도' 부분이 공판조서 및 공판기일외의 증인신문조서에 나오면 틀린 것으로 정리하면 알기 쉽다.

> **제48조(조서의 작성 방법)** ③ 조서는 진술자에게 읽어 주거나 열람하게 하여 기재 내용이 정확한지를 물어야 한다.
> ④ 진술자가 조서에 대하여 추가, 삭제 또는 변경의 청구를 한 때에는 그 진술내용을 조서에 기재하여야 한다.
> **제52조(공판조서작성상의 특례)** 공판조서 및 공판기일외의 증인신문조서에는 제48조 제3항 내지 제7항의 규정에 의하지 아니한다. 단, 진술자의 청구가 있는 때에는 그 진술에 관한 부분을 읽어주고 증감변경의 청구가 있는 때에는 그 진술을 기재하여야 한다.

20

정답 ①

① (○) 제56조의2 제1항 참조.

> **제56조의2(공판정에서의 속기·녹음 및 영상녹화)** ① 법원은 검사, 피고인 또는 변호인의 신청이 있는 때에는 특별한 사정이 없는 한 공판정에서의 심리의 전부 또는 일부를 속기사로 하여금 속기하게 하거나 녹음장치 또는 영상녹화장치를 사용하여 녹음 또는 영상녹화(녹음이 포함된 것을 말한다. 이하 같다)하여야 하며, 필요하다고 인정하는 때에는 직권으로 이를 명할 수 있다.

② (×) 1주일 전이라 아니라 열기 전까지이다.

> **규칙 제30조의2(속기 등의 신청)** ① 속기, 녹음 또는 영상녹화(녹음이 포함된 것을 말한다. 다음부터 같다)의 신청은 공판기일·공판준비기일을 열기 전까지 하여야 한다.

③ (×) 함께 보관하는 것이 아니라 별도로 보관하여야 한다.

> **제56조의2(공판정에서의 속기·녹음 및 영상녹화)** ② 법원은 속기록·녹음물 또는 영상녹화물을 공판조서와 별도로 보관하여야 한다.

④ (×) 사본의 비용은 신청한 피고인·변호인이 부담한다.

> **제56조의2(공판정에서의 속기·녹음 및 영상녹화)** ③ 검사, 피고인 또는 변호인은 비용을 부담하고 제2항에 따른 속기록·녹음물 또는 영상녹화물의 사본을 청구할 수 있다.

▶ 제2편 **소송주체와 소송행위: 제2장 소송행위** [소송행위의 일반적 요소 2] ─ 제3편 **수사와 공소: 제1장 수사**
[수사의 의의와 구조 1]

01	②	02	③	03	④	04	④	05	②
06	③	07	④	08	①	09	①	10	③
11	③	12	③	13	④	14	③	15	②
16	②	17	③	18	③	19	④	20	③

01
정답 ②

① (○), ② (×) 형사소송법 제59조의2의 '재판이 확정된 사건의 소송기록'이란 특정 형사사건에 관하여 법원이 작성하거나 검사, 피고인 등 소송관계인이 작성하여 법원에 제출한 서류로서 재판확정 후 담당 기관이 소정의 방식에 따라 보관하고 있는 서면의 총체라 할 수 있고(여기까지 ①번 해설), 위와 같은 방식과 절차에 따라 보관되고 있는 이상 해당 형사사건에서 증거로 채택되지 아니하였거나 그 범죄사실과 직접 관련되지 아니한 서류라고 하여 재판확정기록에 포함되지 않는다고 볼 것은 아니다(대법원 2012.3.30, 2008모481; 2016.7.12, 2015모2747; 2022.2.11, 2021모3175).

[보충] 약식명령이 확정된 소송기록에 대한 열람등사 거부처분에 대한 취소를 구하는 사건에 있어서 형사소송법 제59조의2의 '재판이 확정된 사건의 소송기록'에 포함된다고 본 사례이다(위 판례).

③ (○) 형사소송법 제59조의2는 재판이 확정된 사건의 소송기록, 즉 형사재판확정기록의 공개 여부나 공개 범위, 불복절차 등에 관하여 「공공기관의 정보공개에 관한 법률」(이하 '정보공개법'이라 한다)과 달리 규정하고 있는 것으로 정보공개법 제4조 제1항에서 정한 '정보의 공개에 관하여 다른 법률에 특별한 규정이 있는 경우'에 해당한다. 따라서 형사재판확정기록의 공개에 관하여는 정보공개법에 의한 공개청구가 허용되지 않는다(대법원 2016.12.15, 2013두20882; 2017.3.15, 2014두7305 등).

④ (○) (따라서) 형사재판확정기록에 관해서는 형사소송법 제59조의 2에 따른 열람·등사신청이 허용되고 그 거부나 제한 등에 대한 불복은 준항고에 의하며, 형사재판확정기록이 아닌 불기소처분으로 종결된 기록('불기소기록')에 관해서는 정보공개법에 따른 정보공개청구가 허용되고 그 거부나 제한 등에 대한 불복은 항고소송절차에 의한다(대법원 2022.2.11, 2021모3175).

> **제59조의2(재판확정기록의 열람·등사)** ① 누구든지 권리구제·학술연구 또는 공익적 목적으로 재판이 확정된 사건의 소송기록을 보관하고 있는 검찰청에 그 소송기록의 열람 또는 등사를 신청할 수 있다.
> ② 검사는 다음 각 호의 어느 하나에 해당하는 경우에는 소송기록의 전부 또는 일부의 열람 또는 등사를 제한할 수 있다. 다만, 소송관계인이나 이해관계 있는 제3자가 열람 또는 등사에 관하여 정당한 사유가 있다고 인정되는 경우에는 그러하지 아니하다.
> 1. 심리가 비공개로 진행된 경우
> 2. 소송기록의 공개로 인하여 국가의 안전보장, 선량한 풍속, 공공의 질서유지 또는 공공복리를 현저히 해할 우려가 있는 경우
> 3. 소송기록의 공개로 인하여 사건관계인의 명예나 사생활의 비밀 또는 생명·신체의 안전이나 생활의 평온을 현저히 해할 우려가 있는 경우
> 4. 소송기록의 공개로 인하여 공범관계에 있는 자 등의 증거인멸 또는 도주를 용이하게 하거나 관련 사건의 재판에 중대한 영향을 초래할 우려가 있는 경우
> 5. 소송기록의 공개로 인하여 피고인의 개선이나 갱생에 현저한 지장을 초래할 우려가 있는 경우
> 6. 소송기록의 공개로 인하여 사건관계인의 영업비밀(「부정경쟁방지 및 영업비밀보호에 관한 법률」 제2조 제2호의 영업비밀을 말한다)이 현저하게 침해될 우려가 있는 경우
> 7. 소송기록의 공개에 대하여 당해 소송관계인이 동의하지 아니하는 경우
> ③ 검사는 제2항에 따라 소송기록의 열람 또는 등사를 제한하는 경우에는 신청인에게 그 사유를 명시하여 통지하여야 한다.
> ④ 검사는 소송기록의 보존을 위하여 필요하다고 인정하는 경우에는 그 소송기록의 등본을 열람 또는 등사하게 할 수 있다. 다만, 원본의 열람 또는 등사가 필요한 경우에는 그러하지 아니하다.
> ⑤ 소송기록을 열람 또는 등사한 자는 열람 또는 등사에 의하여 알게 된 사항을 이용하여 공공의 질서 또는 선량한 풍속을 해하거나 피고인의 개선 및 갱생을 방해하거나 사건관계인의 명예 또는 생활의 평온을 해하는 행위를 하여서는 아니 된다.
> ⑥ 제1항에 따라 소송기록의 열람 또는 등사를 신청한 자는 열람 또는 등사에 관한 검사의 처분에 불복하는 경우에는 당해 기록을 보관하고 있는 검찰청에 대응한 법원에 그 처분의 취소 또는 변경을 신청할 수 있다.
> ⑦ 제418조 및 제419조는 제6항의 불복신청에 관하여 준용한다.

02
정답 ③

③ (○) 제59조의2 제3항 참조.

> **제59조의2(재판확정기록의 열람·등사)** ③ 검사는 제2항에 따라 소송기록의 열람 또는 등사를 제한하는 경우에는 신청인에게 그 사유를 명시하여 통지하여야 한다.

① (×) 소송관계인에 한하는 것이 아니라, 누구든지 신청할 수 있다(제59조의2 제1항).

> **제59조의2(재판확정기록의 열람·등사)** ① 누구든지 권리구제·학술연구 또는 공익적 목적으로 재판이 확정된 사건의 소송기록을 보관하고 있는 검찰청에 그 소송기록의 열람 또는 등사를 신청할 수 있다.

② (×) 상급 검찰청이 아니라 법원에 신청한다.

> **제59조의2(재판확정기록의 열람·등사)** ⑥ 제1항에 따라 소송기록의 열람 또는 등사를 신청한 자는 열람 또는 등사에 관한 검사의 처분에 불복하는 경우에는 당해 기록을 보관하고 있는 검찰청에 대응한 법원에 그 처분의 취소 또는 변경을 신청할 수 있다.

④ (×) 원본의 열람·등사가 필요한 경우에는 등본 열람·등사가 아니라 원본 열람·등사를 하게 해야 한다.

> **제59조의2(재판확정기록의 열람·등사)** ④ 검사는 소송기록의 보존을 위하여 필요하다고 인정하는 경우에는 그 소송기록의 등본을 열람 또는 등사하게 할 수 있다. 다만, 원본의 열람 또는 등사가 필요한 경우에는 그러하지 아니하다.

03

정답 ④

④ (×) 검사는 일정한 사유가 있는 경우에는 소송기록(재판확정기록)의 전부 또는 일부의 열람 또는 등사를 제한할 수 있다. 다만, 소송관계인이나 이해관계 있는 제3자가 열람 또는 등사에 관하여 정당한 사유가 있다고 인정되는 경우에는 그러하지 아니하다(제59조의2 제2항 단서).

> **제59조의2(재판확정기록의 열람·등사)** ② 검사는 다음 각 호의 어느 하나에 해당하는 경우에는 소송기록의 전부 또는 일부의 열람 또는 등사를 제한할 수 있다. 다만, 소송관계인이나 이해관계 있는 제3자가 열람 또는 등사에 관하여 정당한 사유가 있다고 인정되는 경우에는 그러하지 아니하다.
> 4. 소송기록의 공개로 인하여 공범관계에 있는 자 등의 증거인멸 또는 도주를 용이하게 하거나 관련 사건의 재판에 중대한 영향을 초래할 우려가 있는 경우

① (○) 법원공무원에게 중대한 과실이 있는 경우에도 민사상·형사상 책임을 지게 할 수 있다. 제59조의3 제3항 참조.

> **제59조의3(확정 판결서등의 열람·복사)** ② 법원사무관등이나 그 밖의 법원공무원은 제1항에 따른 열람 및 복사에 앞서 판결서등에 기재된 성명 등 개인정보가 공개되지 아니하도록 대법원규칙으로 정하는 보호조치를 하여야 한다.
> ③ 제2항에 따른 개인정보 보호조치를 한 법원사무관등이나 그 밖의 법원공무원은 고의 또는 중대한 과실로 인한 것이 아니면 제1항에 따른 열람 및 복사와 관련하여 민사상·형사상 책임을 지지 아니한다.

② (○) 제59조의2 제4항 참조.

> **제59조의2(재판확정기록의 열람·등사)** ④ 검사는 소송기록의 보존을 위하여 필요하다고 인정하는 경우에는 그 소송기록의 등본을 열람 또는 등사하게 할 수 있다. 다만, 원본의 열람 또는 등사가 필요한 경우에는 그러하지 아니하다.

③ (○) 제59조의3 제1항 참조.

> **제59조의3(확정 판결서등의 열람·복사)** ① 누구든지 판결이 확정된 사건의 판결서 또는 그 등본, 증거목록 또는 그 등본, 그 밖에 검사나 피고인 또는 변호인이 법원에 제출한 서류·물건의 명칭·목록 또는 이에 해당하는 정보(이하 "판결서등"이라 한다)를 보관하는 법원에서 해당 판결서등을 열람 및 복사(인터넷, 그 밖의 전산정보처리시스템을 통한 전자적 방법을 포함한다. 이하 이 조에서 같다)할 수 있다. 다만, 다음 각 호의 어느 하나에 해당하는 경우에는 판결서등의 열람 및 복사를 제한할 수 있다.
> 1. 심리가 비공개로 진행된 경우
> 2. 「소년법」 제2조에 따른 소년에 관한 사건인 경우
> 3. 공범관계에 있는 자 등의 증거인멸 또는 도주를 용이하게 하거나 관련 사건의 재판에 중대한 영향을 초래할 우려가 있는 경우
> 4. 국가의 안전보장을 현저히 해할 우려가 명백하게 있는 경우
> 5. 제59조의2 제2항 제3호 또는 제6호의 사유가 있는 경우. 다만, 소송관계인의 신청이 있는 경우에 한정한다.

04

정답 ④

④ ㉠㉡㉢

㉠ (○) 제62조

㉡ (○) 형사소송법 제65조, 민사소송법 제182조 참조.

> **형사소송법 제65조(「민사소송법」의 준용)** 서류의 송달에 관하여 법률에 다른 규정이 없는 때에는 「민사소송법」을 준용한다.
> **민사소송법 제182조(구속된 사람 등에게 할 송달)** 교도소·구치소 또는 국가경찰관서의 유치장에 체포·구속 또는 유치(留置)된 사람에게 할 송달은 교도소·구치소 또는 국가경찰관서의 장에게 한다.

㉢ (○) 교도소·구치소 또는 국가경찰관서의 유치장에 체포·구속 또는 유치된 사람에게 할 송달은 교도소·구치소 또는 국가경찰관서의 장에게 하도록 되어 있다. 따라서 재감자에 대한 재심기각결정의 송달을 교도소 등의 장에게 하지 아니하였다면 부적법하여 무효이고, 즉시항고 제기기간의 기산일을 정하게 되는 송달 자체가 부적법한 이상 재감자인 피고인이 재심기각결정이 고지된 사실을 다른 방법으로 알았다고 하더라도 송달의 효력은 여전히 발생하지 않는다(대법원 2009.8.20, 2008모630).

㉣ (×) 공시송달의 방법에 의한 피고인의 소환이 부적법하여 피고인이 공판기일에 출석하지 않은 가운데 진행된 제1심의 절차가 위법하고 그에 따른 제1심판결이 파기되어야 한다면, 원심(필자주 항소심)으로서는 다시 적법한 절차에 의하여 소송행위를 새로이 한 후 원심(필자주 항소심)에서의 진술과 증거조사 등 심리 결과에 기초하여 다시 판결하여야 한다(대법원 2012.4.26, 2012도986; 2004.2.27, 2002도5800).

㉤ (×) 형사소송법 제370조, 제276조에 의하면 항소심에서도 피고인의 출석 없이는 개정하지 못하고, 다만 같은 법 제365조에 의하면 피고인이 항소심 공판기일에 출정하지 아니한 때에는 다시 기일을 정하고 피고인이 정당한 사유 없이 다시 정한 기일에도 출정하지 아니한 때에는 피고인의 진술 없이 판결을 할 수 있게 되어 있으나, 이와 같이 피고인의 진술 없이 판결할 수 있기 위해서는 피고인이 적법한 공판기일 소환장을 받고 정당한 이유 없이 출정하지 아니할 것을 필요로 한다(대법원 2006.

2.23, 2005도9291). 한편 형사소송법 제63조 제2항에 의하면 피고인이 재판권이 미치지 아니하는 장소에 있는 경우에 다른 방법으로 송달할 수 없는 때에 공시송달을 할 수 있고, 피고인이 재판권이 미치지 아니하는 외국에 거주하고 있는 경우에는 형사소송법 제65조에 의하여 준용되는 민사소송법 제196조 제2항에 따라 첫 공시송달은 실시한 날부터 2월이 지나야 효력이 생긴다고 볼 것이다(대법원 2023.10.26, 2023도3720).

> **형사소송법 제64조(공시송달의 방식)** ① 공시송달은 대법원규칙의 정하는 바에 의하여 법원이 명한 때에 한하여 할 수 있다.
> ② 공시송달은 법원사무관등이 송달할 서류를 보관하고 그 사유를 법원게시장에 공시하여야 한다.
> ③ 법원은 전항의 사유를 관보나 신문지상에 공고할 것을 명할 수 있다.
> ④ 최초의 공시송달은 제2항의 공시를 한 날로부터 2주일을 경과하면 그 효력이 생긴다. 단, 제2회 이후의 공시송달은 5일을 경과하면 그 효력이 생긴다.
> **제65조(「민사소송법」의 준용)** 서류의 송달에 관하여 법률에 다른 규정이 없는 때에는 「민사소송법」을 준용한다.
> **제276조(피고인의 출석권)** 피고인이 공판기일에 출석하지 아니한 때에는 특별한 규정이 없으면 개정하지 못한다. 단, 피고인이 법인인 경우에는 대리인을 출석하게 할 수 있다.
> **제365조(피고인의 출정)** ① 피고인이 공판기일에 출정하지 아니한 때에는 다시 기일을 정하여야 한다.
> ② 피고인이 정당한 사유없이 다시 정한 기일에 출정하지 아니한 때에는 피고인의 진술없이 판결을 할 수 있다.
> **제370조(준용규정)** 제2편 중 공판에 관한 규정은 본장에 특별한 규정이 없으면 항소의 심판에 준용한다.
> **민사소송법 제196조(공시송달의 효력발생)** ① 첫 공시송달은 제195조의 규정에 따라 실시한 날부터 2주가 지나야 효력이 생긴다. 다만, 같은 당사자에게 하는 그 뒤의 공시송달은 실시한 다음 날부터 효력이 생긴다.
> ② 외국에서 할 송달에 대한 공시송달의 경우에는 제1항 본문의 기간은 2월로 한다.
> ③ 제1항 및 제2항의 기간은 줄일 수 없다.

05

정답 ②

② (○) 제60조 제1항 참조.

[보충] 다만 구속피고인에게는 송달영수인 신고의무가 없다.

> **제60조(송달받기 위한 신고)** ① 피고인, 대리인, 대표자, 변호인 또는 보조인이 법원 소재지에 서류의 송달을 받을 수 있는 주거 또는 사무소를 두지 아니한 때에는 법원 소재지에 주거 또는 사무소 있는 자를 송달영수인으로 선임하여 연명한 서면으로 신고하여야 한다.

① (×) 법원의 구내에 있는 피고인에 대한 공판기일 통지는 소환장 송달로 의제된다(제268조). 그러나 구금된 피고인에 대한 소환장 송달의 의제는 교도관으로부터 당해 피고인에 대한 소환통지가 있어야 하는 것이지, 구치소장 등에 대한 통지에 의할 수는 없다(제76조 제4항, 제5항).

[보충] ㉠ 법원의 구내에서의 피고인에 대한 기일통지 이외에도 ㉡ 피고인의 출석 취지 서면 제출(제76조 제2항 전단), ㉢ 출석한 피고인에 대한 차회 기일의 출석명령(동항 후단), ㉣ 구금된 피고인에 대한 교도관으로부터의 소환통지(동조 제4항·제5항)의 경우가 소환장 송달이 의제되는 경우이다.

> **제268조(소환장송달의 의제)** 법원의 구내에 있는 피고인에 대하여 공판기일을 통지한 때에는 소환장송달의 효력이 있다.
> **제76조(소환장의 송달)** ① 소환장은 송달하여야 한다.
> ② 피고인이 기일에 출석한다는 서면을 제출하거나 출석한 피고인에 대하여 차회기일을 정하여 출석을 명한 때에는 소환장의 송달과 동일한 효력이 있다.
> ③ 전항의 출석을 명한 때에는 그 요지를 조서에 기재하여야 한다.
> ④ 구금된 피고인에 대하여는 교도관에게 통지하여 소환한다.
> ⑤ 피고인이 교도관으로부터 소환통지를 받은 때에는 소환장의 송달과 동일한 효력이 있다.

③ (×) 소촉법상 소재불명으로 인한 공시송달 및 불출석재판의 경우로서 5개월이 아니라 6개월이다. 소촉법 제23조, 소촉규 제18조, 제19조 참조.

> **소송촉진 등에 관한 특례법 제23조(제1심 공판의 특례)** 제1심 공판절차에서 피고인에 대한 송달불능보고서(送達不能報告書)가 접수된 때부터 6개월이 지나도록 피고인의 소재(所在)를 확인할 수 없는 경우에는 대법원규칙으로 정하는 바에 따라 피고인의 진술 없이 재판할 수 있다. 다만, 사형, 무기 또는 장기(長期) 10년이 넘는 징역이나 금고에 해당하는 사건의 경우에는 그러하지 아니하다.
> **소송촉진 등에 관한 특례규칙 제18조(주소의 보고와 보정)** ① 재판장은 피고인에 대한 인정신문을 마친 뒤 피고인에 대하여 그 주소의 변동이 있을 때에는 이를 법원에 보고할 것을 명하고, 피고인의 소재가 확인되지 않는 때에는 그 진술없이 재판할 경우가 있음을 경고하여야 한다.
> ② 피고인에 대한 송달이 불능인 경우에 재판장은 그 소재를 확인하기 위하여 소재조사촉탁, 구인장의 발부 기타 필요한 조치를 취하여야 한다.
> ③ 공소장에 기재된 피고인의 주소가 특정되어 있지 아니하거나 그 기재된 주소에 공소제기 당시 피고인이 거주하지 아니한 사실이 인정된 때에는 재판장은 검사에게 상당한 기간을 정하여 그 주소를 보정할 것을 요구하여야 한다.
> **제19조(불출석피고인에 대한 재판)** ① 피고인에 대한 송달불능보고서가 접수된 때로부터 6월이 경과하도록 제18조 제2항 및 제3항의 규정에 의한 조치에도 불구하고 피고인의 소재가 확인되지 아니한 때에는 그 후 피고인에 대한 송달은 공시송달의 방법에 의한다.
> ② 피고인이 제1항의 규정에 의한 공판기일의 소환을 2회이상 받고도 출석하지 아니한 때에는 법 제23조의 규정에 의하여 피고인의 진술없이 재판할 수 있다.

④ (×) 형사소송법 제452조에서 약식명령의 고지는 검사와 피고인에 대한 재판서의 송달에 의하도록 규정하고 있으므로, 약식명령은 그 재판서를 피고인에게 송달함으로써 효력이 발생하고, 변호인이 있는 경우라도 반드시 변호인에게 약식명령 등본을 송달해야 하는 것은 아니다(따라서 정식재판 청구기간은 피고인에 대한 약식명령 고지일을 기준으로 하여 기산하여야 함)(대법원 2016.12.2, 2016모2711).

06

정답 ③

③ (○) 기피신청을 받은 법관이 형사소송법 제22조에 위반하여 본안의 소송절차를 정지하지 않은 채 그대로 소송을 진행하여서 한 소송행위는 그 효력이 없고, 이는 그 후 그 기피신청에

대한 기각결정이 확정되었다고 하더라도 마찬가지이다(대법원 2012.10.11, 2012도8544).

① (×) 검사가 제출한 공소장이 아닌 경찰서장의 즉결심판청구서에 의하여 공소제기의 소송행위가 이루어졌으므로, 이 사건은 결국 공소제기의 절차가 법률의 규정에 위반하여 무효인 때에 해당한다고 판단하고, 검사가 사후에 공소장을 추송하였다 하더라도 그 하자가 치유된다고 볼 수도 없다(대법원 2003.11.14, 2003도2735).

② (×) 형사소송법상 소송능력이라 함은 소송당사자가 유효하게 소송행위를 할 수 있는 능력, 즉 피고인 또는 피의자가 자기의 소송상의 지위와 이해관계를 이해하고 이에 따라 방어행위를 할 수 있는 의사능력을 의미한다. 의사능력이 있으면 소송능력이 있다는 원칙은 피해자 등 제3자가 소송행위를 하는 경우에도 마찬가지라고 보아야 한다. 따라서 반의사불벌죄에 있어서 피해자의 피고인 또는 피의자에 대한 처벌을 희망하지 않는다는 의사표시 또는 처벌을 희망하는 의사표시의 철회는, 위와 같은 형사소송절차에 있어서의 소송능력에 관한 일반원칙에 따라, 의사능력이 있는 피해자가 단독으로 이를 할 수 있고, 거기에 법정대리인의 동의가 있어야 한다거나 법정대리인에 의해 대리되어야만 한다고 볼 것은 아니다. 나아가 청소년의 성보호에 관한 법률이 형사소송법과 다른 특별한 규정을 두고 있지 않는 한, 위와 같은 반의사불벌죄에 관한 해석론은 청소년의 성보호에 관한 법률의 경우에도 그대로 적용되어야 한다. 그러므로 청소년의 성보호에 관한 법률 제16조에 규정된 반의사불벌죄라고 하더라도, 피해자인 청소년에게 의사능력이 있는 이상, 단독으로 피고인 또는 피의자의 처벌을 희망하지 않는다는 의사표시 또는 처벌희망 의사표시의 철회를 할 수 있고, 거기에 법정대리인의 동의가 있어야 하는 것으로 볼 것은 아니다(대법원 2009.11.19, 2009도6058 전원합의체).

④ (×) 국민참여재판의 실시 여부는 일차적으로 피고인의 의사에 따라 결정되므로 국민참여재판 대상사건의 공소제기가 있으면 법원은 피고인에 대하여 국민참여재판을 원하는지 여부에 관한 의사를 서면 등의 방법으로 반드시 확인하여야 하고(제8조 제1항), 이를 위해 공소장 부본과 함께 피고인 또는 변호인에게 국민참여재판의 절차, 법 제8조 제2항에 따른 서면의 제출, 법 제8조 제4항에 따른 의사번복의 제한, 그 밖의 주의사항이 기재된 국민참여재판에 관한 안내서를 송달하여야 한다(국민의 형사재판 참여에 관한 규칙 제3조 제1항). 만일 이러한 규정에도 불구하고 법원에서 피고인이 국민참여재판을 원하는지에 관한 의사의 확인절차를 거치지 아니한 채 통상의 공판절차로 재판을 진행하였다면, 이는 피고인의 국민참여재판을 받을 권리에 대한 중대한 침해로서 그 절차는 위법하고 이러한 위법한 공판절차에서 이루어진 소송행위도 무효라고 보아야 한다(대법원 2013.1.31, 2012도13896).

07 　　　　　　　　　　　　　　　　　정답 ④

④ ㉠㉡㉢

㉠ (○) 따라서 공소제기가 무효라도 공소시효정지의 효력은 발생하고 따라서 법원은 공소제기에 대하여 공소기각의 판결을 해야 한다.

㉡ (○) 공소장변경에 의하여 공소사실의 추완이 일어나는 경우이다.

㉢ (○) 제345조, 제458조 제1항 참조.

㉣ (×) 법원이 경찰서장의 즉결심판 청구를 기각하여 경찰서장이 사건을 관할 지방검찰청으로 송치하였으나 검사가 이를 즉결심판에 대한 피고인의 정식재판청구가 있는 사건으로 오인하여 그 사건기록을 법원에 송부한 경우, 공소제기의 본질적 요소라고 할 수 있는 검사에 의한 공소장의 제출이 없는 이상 기록을 법원에 송부한 사실만으로 공소제기가 성립되었다고 볼 수 없다. 즉, 소송행위로서 요구되는 본질적인 개념요소가 결여되어 소송행위로 성립되지 아니한 경우에는 소송행위가 성립되었으나 무효인 경우와는 달리 하자의 치유문제는 발생하지 않으나, 추후 당해 소송행위가 적법하게 이루어진 경우에는 그 때부터 위 소송행위가 성립된 것으로 볼 수 있다(대법원 2003.11.14, 2003도2735).

> 제345조(상소권회복청구권자) 제338조부터 제341조까지의 규정에 따라 상소할 수 있는 자는 자기 또는 대리인이 책임질 수 없는 사유로 상소 제기기간 내에 상소를 하지 못한 경우에는 상소권회복의 청구를 할 수 있다.
>
> 제458조(준용규정) ① 제340조 내지 제342조, 제345조 내지 제352조, 제354조의 규정은 정식재판의 청구 또는 그 취하에 준용한다.

㉤ (×) 약식명령에 대한 정식재판의 청구는 서면으로 제출하여야 하고(형사소송법 제453조 제2항), 공무원 아닌 자가 작성하는 서류에는 연월일을 기재하고 기명날인(또는 서명)하여야 하는 것이므로(형사소송법 제59조), 정식재판청구서에 청구인의 기명날인(또는 서명)이 없는 경우에는 정식재판의 청구가 법령상의 방식을 위반한 것으로서 그 청구를 결정으로 기각하여야 하고, 이는 정식재판의 청구를 접수하는 법원공무원이 청구인의 기명날인이 없음에도 불구하고, 이에 대한 보정을 구하지 아니하고 적법한 청구가 있는 것으로 오인하여 청구서를 접수한 경우에도 마찬가지이다(대법원 2008.7.11, 2008모605).

08 　　　　　　　　　　　　　　　　　정답 ①

① (○) 강간죄는 친고죄로서 피해자의 고소가 있어야 죄를 논할 수 있고 기소 이후의 고소의 추완은 허용되지 아니한다 할 것이며 이는 비친고죄인 강간치사죄로 기소되었다가 친고죄인 강간죄로 공소장이 변경되는 경우에도 동일하다 할 것이니, 강간치사죄의 공소사실을 강간죄로 변경한 후에 이르러 비로소 피해자의 부가 고소장을 제출한 경우에는 강간죄의 공소 제기절차는 법률의 규정에 위반하여 무효인 때에 해당한다(대법원 1982.9.14, 82도1504). 2013년 6월 19일부터 강간죄에 대한 친고죄의 폐지로 인하여 해당 판례는 그 결론부분에서 그 의미가 없어졌으나, 고소의 추완이 인정되지 않는다는 면에서는 의미가 있다.

② (×) 대법원 1994.10.14, 94도1818

③ (×) 사물관할의 경합의 경우, 합의부가 심판하는 것이지 검사 또는 피고인의 신청에 의하는 것이 아니다. 제12조, 제328조 제1항 제3호 참조.

④ (×) 변호인의 상소권은 피고인의 상소권을 대리하여 행사하는 독립대리권에 불과하다(명시적 의사에 반하지 아니하는 범위 내에서 행사 가능). 대법원 1986.7.12, 86모24; 1992.4.14, 92도10 참조.

09 정답 ①

① (×) 소송행위로서 요구되는 본질적인 개념요소가 결여되어 소송행위로 성립되지 아니한 경우에는 소송행위가 성립되었으나 무효인 경우와는 달리 하자의 치유문제는 발생하지 않으나, 추후 당해 소송행위가 적법하게 이루어진 경우에는 그 때부터 위 소송행위가 성립된 것으로 볼 수 있다. (따라서) 공소장의 제출이 없어 공소제기가 성립하지 않았다고 볼 경우에 추후 공소장이 법원에 제출되었다면 그 제출시에 공소제기가 있다고 볼 수 있다. (그러므로) 원래 공소제기가 없었음에도 피고인의 소환이 이루어지는 등 사실상의 소송계속이 발생한 상태에서 검사가 약식명령을 청구하는 공소장을 제1심법원에 제출하고, 위 공소장에 기하여 공판절차를 진행한 경우 제1심법원으로서는 이에 기하여 유·무죄의 실체판단을 하여야 한다(대법원 2003.11.14, 2003도2735).

② (○) 대법원 1995.4.25, 94도2347; 2002.6.14, 2002도1639; 2002.9.24, 2002도2544 등

③ (○) 피고인들의 제1심 변호인에게 변호사법 제31조 제1호의 수임제한 규정(1. 당사자 한쪽으로부터 상의相議를 받아 그 수임을 승낙한 사건의 상대방이 위임하는 사건)을 위반한 위법이 있다 하여도, 피고인들 스스로 위 변호사를 변호인으로 선임한 이 사건에 있어서 다른 특별한 사정이 없는 한 위와 같은 위법으로 인하여 변호인의 조력을 받을 피고인들의 권리가 침해되었다거나 그 소송절차가 무효로 된다고 볼 수는 없다(대법원 2009.2.26, 2008도9812).

④ (○) 대법원 2009.10.22, 2009도7436 전원합의체

10 정답 ③

③ (○) 형사소송법 제282조에 규정된 필요적 변호사건에 해당하는 사건에서 제1심의 공판절차가 변호인 없이 이루어진 경우, 그와 같은 위법한 공판절차에서 이루어진 소송행위는 무효이므로, 이러한 경우 항소심으로서는 변호인이 있는 상태에서 소송행위를 새로이 한 후 위법한 제1심판결을 파기하고, 항소심에서의 진술 및 증거조사 등 심리결과에 기하여 다시 판결하여야 한다(대법원 2008.6.12, 2008도2621).

① (×) 즉결심판에 관한 절차법(이하 '즉결심판법') 제14조 제1항에 따르면, 즉결심판에 대하여 정식재판을 청구하고자 하는 피고인은 정식재판청구서를 경찰서장에게 제출하여야 한다. 즉결심판절차에서 즉결심판법에 특별한 규정이 없는 한 그 성질에 반하지 않는 것은 형사소송법의 규정을 준용한다(즉결심판법 제19조). 형사소송법 제57조는 "공무원이 작성하는 서류에는 법률에 다른 규정이 없는 때에는 작성 연월일과 소속공무소를 기재하고 기명날인 또는 서명하여야 한다."라고 정하여 공무원이 작성하는 서류에 대한 본인확인 방법으로 기명날인 외에 서명을 허용하고 있다. [이는 비공무원의 서류에서도 마찬가지이다. 제59조(비공무원의 서류) 공무원 아닌 자가 작성하는 서류에는 연월일을 기재하고 기명날인 또는 서명하여야 한다. 인장이 없으면 지장으로 한다. – 필자 쥐 … 피고인이 즉결심판에 대하여 제출한 정식재판청구서에 피고인의 자필로 보이는 이름이 기재되어 있고 그 옆에 서명이 되어 있어 위 서류가 작성자 본인인 피고인의 진정한 의사에 따라 작성되었다는 것을 명백하게 확인할 수 있으며 형사소송절차의 명확성과 안정성을 저해할 우려가 없으므로, 정식재판청구는 적법하다고 보아야 한

다. 피고인의 인장이나 지장이 찍혀 있지 않다고 해서 이와 달리 볼 것이 아니다(대법원 2019.11.29, 2017모3458).

② (×) 국민참여재판은 피고인의 희망 의사의 번복에 관한 일정한 제한(제8조 제4항)이 있는 외에는 피고인의 의사에 반하여 할 수 없는 것이므로, 제1심법원이 국민참여재판의 대상이 되는 사건임을 간과하여 이에 관한 피고인의 의사를 확인하지 아니한 채 통상의 공판절차로 재판을 진행하였더라도, 피고인이 항소심에서 국민참여재판을 원하지 아니한다고 하면서 위와 같은 제1심의 절차적 위법을 문제삼지 아니할 의사를 명백히 표시하는 경우에는 그 하자가 치유되어 제1심 공판절차는 전체로서 적법하게 된다고 봄이 상당하고, 다만 국민참여재판제도의 취지와 피고인의 국민참여재판을 받을 권리를 실질적으로 보장하고자 하는 관련 규정의 내용에 비추어 위 권리를 침해한 제1심 공판절차의 하자가 치유된다고 보기 위해서는 법 제8조 제1항, 위 규칙 제3조 제1항에 준하여 피고인에게 국민참여재판절차 등에 관한 충분한 안내가 이루어지고 그 희망 여부에 관하여 숙고할 수 있는 상당한 시간이 사전에 부여되어야 할 것이다(대법원 2013.1.31, 2012도13896).

④ (×) 증거로 함에 대한 동의의 주체는 소송주체인 당사자라 할 것이지만 변호인은 피고인의 명시한 의사에 반하지 아니하는 한 피고인을 대리하여 증거로 함에 동의할 수 있으므로 피고인이 증거로 함에 동의하지 아니한다고 명시적인 의사표시를 한 경우 이외에는 변호인은 서류나 물건에 대하여 증거로 함에 동의할 수 있고, 이 경우 변호인의 동의에 대하여 피고인이 즉시 이의하지 아니하는 경우에는 변호인의 동의로 증거능력이 인정되어 증거조사 완료 전까지 그 동의가 취소 또는 철회하지 아니한 이상 일단 부여된 증거능력은 그대로 존속한다(대법원 2005.4.28, 2004도4428).

11 정답 ③

③ (×) 검사가 제1심결정에 대해 항고하면서 항고이유서를 첨부하였는데 항고심인 원심법원이 검사에게 소송기록접수통지서를 송달한 다음날 항고를 기각한 경우, 검사가 항고장에 상세한 항고이유서를 첨부하여 제출함으로써 의견진술을 하였으므로 형사소송법 제412조에 따라 별도로 의견을 진술하지 아니한 상태에서 원심이 항고를 기각하였더라도 그 결정에 위법이 없다(대법원 2012.4.20, 2012모459).

> **제412조(검사의 의견진술)** 검사는 항고사건에 대하여 의견을 진술할 수 있다.

① (○) 대법원 1993.1.19, 92도2554

② (○) 형사소송법 제266조는 "법원은 공소의 제기가 있는 때에는 지체 없이 공소장의 부본을 피고인 또는 변호인에게 송달하여야 한다. 단, 제1회 공판기일 전 5일까지 송달하여야 한다."고 규정하고 있으므로, 제1심이 공소장 부본을 피고인 또는 변호인에게 송달하지 아니한 채 공판절차를 진행하였다면 이는 소송절차에 관한 법령을 위반한 경우에 해당한다(대법원 2014.4.24, 2013도9498).

④ (○) 규칙 제142조 제1항·제5항

12 정답 ③

③ ㉠㉢㉣

⊙ (×) 공소를 제기하려면 공소장을 관할법원에 제출하여야 한다(형사소송법 제254조 제1항). 공무원이 작성하는 서류에는 법률에 다른 규정이 없는 때에는 작성 연월일과 소속공무소를 기재하고 기명날인 또는 서명하여야 한다(형사소송법 제57조 제1항). 여기서 '공무원이 작성하는 서류'에는 검사가 작성하는 공소장이 포함되므로, 검사가 기명날인 또는 서명이 없는 상태로 공소장을 관할법원에 제출하는 것은 형사소송법 제57조 제1항에 위반된다. 이와 같이 법률이 정한 형식을 갖추지 못한 채 공소장을 제출한 경우에는 특별한 사정이 없는 한 공소제기의 절차가 법률의 규정을 위반하여 무효인 때(형사소송법 제327조 제2호)에 해당한다(대법원 2007.10.25, 2007도4961; 2012.9.27, 2010도17052; 2021.12.16, 2019도17150).

ⓛ (○) (위 ⊙의 해설에 이어서) 다만 이 경우 공소를 제기한 검사가 공소장에 기명날인 또는 서명을 추후 보완하는 등의 방법으로 공소제기가 유효하게 될 수 있다(대법원 2007.10.25, 2007도4961; 2012.9.27, 2010도17052; 2021.12.16, 2019도17150).

ⓒ (×) 이 부분 공소장에는 공소를 제기한 검사의 기명만 있을 뿐 서명 또는 날인이 없다. 이러한 하자에 대한 추후 보완 요구는 법원의 의무가 아니다. 이 부분 공소는 공소제기의 절차가 법률의 규정을 위반하여 무효인 때에 해당한다(대법원 2021.12.16, 2019도17150).

ⓔ (×) 공소를 제기하려면 공소장을 관할법원에 제출하여야 한다(형사소송법 제254조 제1항). 공무원이 작성하는 서류에는 간인하거나 이에 준하는 조치를 하여야 한다(형사소송법 제57조 제2항). 여기서 '공무원이 작성하는 서류'에는 검사가 작성하는 공소장이 포함된다(대법원 2007.10.25, 2007도4961; 2012.9.27, 2010도17052). '간인(間印)'은 서류작성자의 간인으로서 1개의 서류가 여러 장으로 되어 있는 경우 그 서류의 각 장 사이에 겹쳐서 날인하는 것이다. 이는 서류 작성 후 그 서류의 일부가 누락되거나 교체되지 않았다는 사실을 담보하기 위한 것이다. 따라서 공소장에 검사의 간인이 없더라도 그 공소장의 형식과 내용이 연속된 것으로 일체성이 인정되고 동일한 검사가 작성하였다고 인정되는 한 그 공소장을 형사소송법 제57조 제2항에 위반되어 효력이 없는 서류라고 할 수 없다. 이러한 공소장 제출에 의한 공소제기는 그 절차가 법률의 규정에 위반하여 무효인 때(형사소송법 제327조 제2호)에 해당한다고 할 수 없다(대법원 2021.12.30, 2019도16259).

13
정답 ④

④ (×) 형사소송법이 공소의 제기에 관하여 서면주의와 엄격한 요식행위를 채용한 것은 공소의 제기에 의해서 법원의 심판이 개시되므로 심판을 구하는 대상을 명확하게 하고 피고인의 방어권을 보장하기 위한 것이다. 따라서 위와 같은 엄격한 형식과 절차에 따른 공소장의 제출은 공소제기라는 소송행위가 성립하기 위한 본질적 요소라고 할 것이므로, 공소의 제기에 현저한 방식 위반이 있는 경우에는 공소제기의 절차가 법률의 규정에 위반하여 무효인 경우에 해당하고, 위와 같은 절차위배의 공소제기에 대하여 피고인과 변호인이 이의를 제기하지 아니하고 변론에 응하였다고 하여 그 하자가 치유되지는 않는다(대법원 2009.2.26, 2008도11813).

① (○) 형사소송법 제297조에 따라 변호인이 없는 피고인을 일시 퇴정하게 하고 증인신문을 한 다음 피고인에게 실질적인 반대신문의 기회를 부여하지 아니한 채 이루어진 증인의 법정진술은 위법한 증거로서 증거능력이 없다고 볼 여지가 있으나, 그 다음 공판기일에서 재판장이 증인신문 결과 등을 공판조서(증인신문조서)에 의하여 고지하였는데 피고인이 '변경할 점과 이의할 점이 없다'고 진술하여 책문권 포기 의사를 명시함으로써 실질적인 반대신문의 기회를 부여받지 못한 하자가 치유되었다고 하여야 한다(대법원 2010.1.14, 2009도9344).

② (○) 항소이유서 부본을 상대방에게 송달하지 아니하였어도 상대방으로부터 그 방어의 기회를 박탈했다고 볼 수 없는 특별사정이 있으면 그 하자는 치유되는바, 검사의 항소 이유서 부본(요지는 양형부당임)을 피고인에게 송달하지 아니하였으나 피고인도 사실오인과 양형과중을 이유로 항소하였고, 항소심은 변론없이 기록에 의하여 양형조건이 되는 제반사항을 참작하여 한 제1심의 형의 양정이 적절하다 하여 쌍방 항소를 기각하고 있으니, 검사의 항소에 대한 피고인의 방어권을 충분히 참작하였다고 보이고, 피고인에게 양형에 있어 불이익하게 변경된 바 없으므로 위 하자는 치유되었다 할 것이다(대법원 1981.9.8, 81도2040).

③ (○) 검사가 제1심 증인신문 과정에서 증인 갑 등에게 주신문을 하면서 형사소송규칙상 허용되지 않는 유도신문을 하였다고 볼 여지가 있었는데, 그 다음 공판기일에 재판장이 증인신문 결과 등을 각 공판조서(증인신문조서)에 의하여 고지하였음에도 피고인과 변호인이 '변경할 점과 이의할 점이 없다'고 진술한 경우, 피고인이 책문권 포기 의사를 명시함으로써 유도신문에 의하여 이루어진 주신문의 하자가 치유되었다고 하여야 한다(대법원 2012.7.26, 2012도2937).

14
정답 ③

③ (○) 공소장변경절차에 의하여 공소사실이 변경됨에 따라 그 법정형에 차이가 있는 경우에는 변경된 공소사실에 대한 법정형이 공소시효기간의 기준이 된다(대법원 2002.10.11, 2002도2939).

① (×) 친고죄에서의 고소 유무에 대한 사실은 자유로운 증명의 대상이 된다(대법원 2011.6.24, 2011도4451; 1999.2.9, 98도2074 등).

② (×) 강간죄는 친고죄로서 피해자의 고소가 있어야 죄를 논할 수 있고 기소 이후의 고소의 추완은 허용되지 아니한다 할 것이며 이는 비친고죄인 강간치사죄로 기소되었다가 친고죄인 강간죄로 공소장이 변경되는 경우에도 동일하다 할것이니, 강간치사죄의 공소사실을 강간죄로 변경한 후에 이르러 비로소 피해자의 부가 고소장을 제출한 경우에는 강간죄의 공소제기절차는 법률의 규정에 위반하여 무효인 때에 해당한다(대법원 1982.9.14, 82도1504). 결국 제327조 제2호의 공소기각의 판결을 하게 된다(강간죄가 친고죄이던 때의 판례이나, 강간죄가 아닌 다른 친고죄에 대해서도 동일한 법리가 적용됨).

④ (×) 토지관할을 제외하고 법원의 직권조사사항이다.

> **제1조(관할의 직권조사)** 법원은 직권으로 관할을 조사하여야 한다.
> **제320조(토지관할 위반)** ① 법원은 피고인의 신청이 없으면 토지관할에 관하여 관할 위반의 선고를 하지 못한다.

15

정답 ②

② (○) 헌법 제12조 제4항은 "누구든지 체포 또는 구속을 당한 때에는 즉시 변호인의 조력을 받을 권리를 가진다."라고 규정하고 있고, 형사소송법은 헌법에 의하여 보장된 변호인의 조력을 받을 권리를 보장하기 위해 구속 전 피의자심문 단계에서 "심문할 피의자에게 변호인이 없는 때에는 직권으로 변호인을 선정하여야 한다."라고 규정하고 있으며(제201조의2 제8항), '피고인이 구속된 때에 변호인이 없으면 법원이 직권으로 변호인을 선정하여야 한다.'고 규정하고 있다(제33조 제1항 제1호). 이와 같은 헌법상 변호인의 조력을 받을 권리와 형사소송법의 여러 규정, 특히 형사소송법 제70조 제1항, 제201조 제1항에 의하면 구속사유는 피고인의 구속과 피의자의 구속에 공통되고, 피고인의 경우에도 구속사유에 관하여 변호인의 조력을 받을 필요가 있는 점 및 국선변호인 제도의 취지 등에 비추어 보면, 이 사건과 같이 피고인에 대하여 제1심법원이 집행유예를 선고하였으나 검사만이 양형부당을 이유로 항소한 사안에서 항소심이 변호인이 선임되지 않은 피고인에 대하여 검사의 양형부당 항소를 받아들여 형을 선고하는 경우에는 판결 선고 후 피고인을 법정구속한 뒤에 비로소 국선변호인을 선정하는 것보다는, 피고인의 권리보호를 위해 판결 선고 전 공판심리 단계에서부터 형사소송법 제33조 제3항에 따라 피고인의 명시적 의사에 반하지 아니하는 범위 안에서 국선변호인을 선정해 주는 것이 바람직하다는 점을 지적하여 둔다(대법원 2016.11.10, 2016도7622).

① (×) 항소심에서 공소장변경에 의하여 단독판사의 관할사건이 합의부 관할사건으로 된 경우에도 법원은 사건을 관할권이 있는 법원에 이송하여야 하고, 항소심에서 변경된 위 합의부 관할사건에 대한 관할권이 있는 법원은 고등법원이라고 봄이 상당하다(대법원 1997.12.12, 97도2463).

③ (×) 가정폭력처벌법에 따른 보호처분의 결정이 확정된 경우에는 원칙적으로 그 가정폭력행위자에 대하여 같은 범죄사실로 다시 공소를 제기할 수 없으나(가정폭력처벌법 제16조), 그 보호처분은 확정판결이 아니고 따라서 기판력도 없으므로, 보호처분을 받은 사건과 동일한 사건에 대하여 다시 공소제기가 되었다면 이에 대해서는 면소판결을 할 것이 아니라 공소제기의 절차가 법률의 규정에 위배하여 무효인 때에 해당한 경우이므로 형사소송법 제327조 제2호의 규정에 의하여 공소기각의 판결을 하여야 한다(대법원 1985.5.28, 85도21; 2017.8.23, 2016도5423).

④ (×) 대법원 1995.4.3, 95모10

16

정답 ②

② ㉡㉢㉣㉤㉥

㉠ (○) 범의를 가진 자에 대하여 단순히 범행의 기회를 제공하거나 범행을 용이하게 하는 것에 불과한 수사방법이 경우에 따라 허용될 수 있음은 별론으로 하고, 본래 범의를 가지지 아니한 자에 대하여 수사기관이 사술이나 계략 등을 써서 범의를 유발케 하여 범죄인을 검거하는 함정수사는 위법함을 면할 수 없고, 이러한 함정수사에 기한 공소제기는 그 절차가 법률의 규정에 위반하여 무효인 때에 해당한다(대법원 2005.10.28, 2005도1247)(→ 제327조 제2호에 따라 공소기각의 판결). 그러나 수사기관이 사술이나 계략 등을 써서 피고인의 범의를 유발한 것이 아니라 이미 이루어지고 있던 범행을 적발한 것에 불과한 경우에는 이에 관한 공소제기가 함정수사에 기한 것으로 볼 수 없

다(대법원 2021.7.29, 2017도16810).

㉡ (×) 대법원 2008.3.13, 2007도10804

㉢ (×) 전단은 맞다. "이 사건의 경우 경찰관들이 단속 실적을 올리기 위하여 손님을 가장하고 들어가 도우미를 불러 줄 것을 요구하였던 점, 피고인 측은 평소 자신들이 손님들에게 도우미를 불러 준 적도 없으며, 더군다나 이 사건 당일 도우미를 불러 달라는 다른 손님들이 있었으나 응하지 않고 모두 돌려보낸 바 있다고 주장하는데, 위 노래방이 평소 손님들에게 도우미 알선 영업을 해 왔다는 아무런 자료도 없는 점, 위 경찰관들도 그와 같은 제보나 첩보를 가지고 이 사건 노래방에 대한 단속을 한 것이 아닌 점, 위 경찰관들이 피고인 측으로부터 한 차례 거절당하였으면서도 다시 위 노래방에 찾아가 도우미를 불러 줄 것을 요구하여 도우미가 오게 된 점 등 여러 사정들을 종합해 보면, 이 사건 단속은 수사기관이 사술이나 계략 등을 써서 피고인의 범의를 유발케 한 것으로서 위법하다(대법원 2008.10.23, 2008도7362)." 그러나 후단은 틀렸다. "본래 범의를 가지지 아니한 사람에 대하여 수사기관이 사술이나 계략 등을 써서 범의를 유발하게 하여 범죄인을 검거하는 함정수사는 위법하고, 이러한 함정수사에 기한 공소제기는 그 절차가 법률의 규정에 위반하여 무효인 때에 해당한다(대법원 2005.10.28, 2005도1247; 2021.7.29, 2017도16810)."

㉣ (×) 甲이 수사기관에 체포된 동거남의 석방을 위한 공적을 쌓기 위하여 乙에게 필로폰 밀수입에 관한 정보제공을 부탁하면서 대가의 지급을 약속하고, 이에 乙이 丙에게, 丙은 丁에게 순차 필로폰 밀수입을 권유하여, 이를 승낙하고 필로폰을 받으러 나온 丁을 체포한 사안에서, 乙, 丙 등이 각자의 사적인 동기에 기하여 수사기관과 직접적인 관련이 없이 독자적으로 丁을 유인한 것으로서 위법한 함정수사에 해당하지 않는다고 한 사례(대법원 2007.11.29, 2007도7680).

㉥ (×) 「아동·청소년의 성보호에 관한 법률」은 동법 소정의 디지털성범죄에 대한 신분비공개수사를 허용하는 수사 특례규정을 마련하고 있고, 다른 방법으로는 그 범죄의 실행을 저지하거나 범인의 체포 또는 증거의 수집이 어려운 경우에는 신분위장수사도 허용한다(아청법 제25조의2 이하). 다만 이 경우에도 수사 관계 법령을 준수하고, 본래 범의(犯意)를 가지지 않은 자에게 범의를 유발하는 행위를 하지 않는 등 적법한 절차와 방식에 따라 수사할 것 등의 사항을 준수하여야 한다(아청법 시행령 제5조의2).

아동·청소년의 성보호에 관한 법률 제25조의2(아동·청소년 대상 디지털 성범죄의 수사 특례) ① 사법경찰관리는 다음 각 호의 어느 하나에 해당하는 범죄(이하 "디지털 성범죄"라 한다)에 대하여 신분을 비공개하고 범죄현장(정보통신망을 포함한다) 또는 범인으로 추정되는 자들에게 접근하여 범죄행위의 증거 및 자료 등을 수집(이하 "신분비공개수사"라 한다)할 수 있다.

1. 제11조(아동·청소년성착취물의 제작·배포 등) 및 제15조의2(아동·청소년에 대한 성착취 목적 대화 등)의 죄

2. 아동·청소년에 대한 「성폭력범죄의 처벌 등에 관한 특례법」 제14조 제2항(촬영물반포 등) 및 제3항(영리목적 촬영물반포 등)의 죄

② 사법경찰관리는 디지털 성범죄를 계획 또는 실행하고 있거나 실행하였다고 의심할 만한 충분한 이유가 있고, 다른 방법으로는 그 범죄의 실행을 저지하거나 범인의 체포 또는 증

거의 수집이 어려운 경우에 한정하여 수사 목적을 달성하기 위하여 부득이한 때에는 다음 각 호의 행위(이하 "신분위장수사"라 한다)를 할 수 있다.

1. 신분을 위장하기 위한 문서, 도화 및 전자기록 등의 작성, 변경 또는 행사
2. 위장 신분을 사용한 계약·거래
3. 아동·청소년성착취물 또는 「성폭력범죄의 처벌 등에 관한 특례법」 제14조 제2항의 촬영물 또는 복제물(복제물의 복제물을 포함한다)의 소지, 판매 또는 광고

③ 제1항에 따른 수사의 방법 등에 필요한 사항은 대통령령으로 정한다.

제25조의3(아동·청소년대상 디지털 성범죄 수사 특례의 절차) ① 사법경찰관리가 신분비공개수사를 진행하고자 할 때에는 사전에 상급 경찰관서 수사부서의 장의 승인을 받아야 한다. 이 경우 그 수사기간은 3개월을 초과할 수 없다.

② 제1항에 따른 승인의 절차 및 방법 등에 필요한 사항은 대통령령으로 정한다.

③ 사법경찰관리는 신분위장수사를 하려는 경우에는 검사에게 신분위장수사에 대한 허가를 신청하고, 검사는 법원에 그 허가를 청구한다.

④ 제3항의 신청은 필요한 신분위장수사의 종류·목적·대상·범위·기간·장소·방법 및 해당 신분위장수사가 제25조의2 제2항의 요건을 충족하는 사유 등의 신청사유를 기재한 서면으로 하여야 하며, 신청사유에 대한 소명자료를 첨부하여야 한다.

⑤ 법원은 제3항의 신청이 이유 있다고 인정하는 경우에는 신분위장수사를 허가하고, 이를 증명하는 서류(이하 "허가서"라 한다)를 신청인에게 발부한다.

⑥ 허가서에는 신분위장수사의 종류·목적·대상·범위·기간·장소·방법 등을 특정하여 기재하여야 한다.

⑦ 신분위장수사의 기간은 3개월을 초과할 수 없으며, 그 수사기간 중 수사의 목적이 달성되었을 경우에는 즉시 종료하여야 한다.

⑧ 제7항에도 불구하고 제25조의2 제2항의 요건이 존속하여 그 수사기간을 연장할 필요가 있는 경우에는 사법경찰관리는 소명자료를 첨부하여 3개월의 범위에서 수사기간의 연장을 검사에게 신청하고, 검사는 법원에 그 연장을 청구한다. 이 경우 신분위장수사의 총 기간은 1년을 초과할 수 없다.

제25조의4(아동·청소년대상 디지털 성범죄에 대한 긴급 신분위장수사) ① 사법경찰관리는 제25조의2 제2항의 요건을 구비하고, 제25조의3 제3항부터 제8항까지에 따른 절차를 거칠 수 없는 긴급을 요하는 때에는 법원의 허가 없이 신분위장수사를 할 수 있다.

② 사법경찰관리는 제1항에 따른 신분위장수사 개시 후 지체 없이 검사에게 허가를 신청하여야 하고, 사법경찰관리는 48시간 이내에 법원의 허가를 받지 못한 때에는 즉시 신분위장수사를 중지하여야 한다.

③ 제1항 및 제2항에 따른 신분위장수사 기간에 대해서는 제25조의3 제7항 및 제8항을 준용한다.

제25조의5(아동·청소년대상 디지털 성범죄에 대한 신분비공개수사 또는 신분위장수사로 수집한 증거 및 자료 등의 사용제한) 사법경찰관리가 제25조의2부터 제25조의4까지에 따라 수집한 증거 및 자료 등은 다음 각 호의 어느 하나에 해당하는 경우 외에는 사용할 수 없다.

1. 신분비공개수사 또는 신분위장수사의 목적이 된 디지털 성범죄나 이와 관련되는 범죄를 수사·소추하거나 그 범죄

를 예방하기 위하여 사용하는 경우
2. 신분비공개수사 또는 신분위장수사의 목적이 된 디지털 성범죄나 이와 관련되는 범죄로 인한 징계절차에 사용하는 경우
3. 증거 및 자료 수집의 대상자가 제기하는 손해배상청구소송에서 사용하는 경우
4. 그 밖에 다른 법률의 규정에 의하여 사용하는 경우

[참고] 2025.4.17.부터 위 내용은 아래와 같이 개정됨

제25조의4(아동·청소년대상 디지털 성범죄에 대한 긴급 신분비공개수사) ① 사법경찰관리는 디지털 성범죄에 대하여 제25조의3 제1항 및 제2항에 따른 절차를 거칠 수 없는 긴급을 요하는 때에는 상급 경찰관서 수사부서의 장의 승인 없이 신분비공개수사를 할 수 있다.

② 사법경찰관리는 제1항에 따른 신분비공개수사 개시 후 지체 없이 상급 경찰관서 수사부서의 장에게 보고하여야 하고, 사법경찰관리는 48시간 이내에 상급 경찰관서 수사부서의 장의 승인을 받지 못한 때에는 즉시 신분비공개수사를 중지하여야 한다.

③ 제1항 및 제2항에 따른 신분비공개수사 기간에 대해서는 제25조의3 제1항 후단을 준용한다.

[시행일: 2025.4.17.]

제25조의5(아동·청소년대상 디지털 성범죄에 대한 긴급 신분위장수사) ① 사법경찰관리는 제25조의2 제2항의 요건을 구비하고, 제25조의3 제3항부터 제8항까지에 따른 절차를 거칠 수 없는 긴급을 요하는 때에는 법원의 허가 없이 신분위장수사를 할 수 있다.

② 사법경찰관리는 제1항에 따른 신분위장수사 개시 후 지체 없이 검사에게 허가를 신청하여야 하고, 사법경찰관리는 48시간 이내에 법원의 허가를 받지 못한 때에는 즉시 신분위장수사를 중지하여야 한다.

③ 제1항 및 제2항에 따른 신분위장수사 기간에 대해서는 제25조의3 제7항 및 제8항을 준용한다.

[시행일: 2025.4.17.]

제25조의6(아동·청소년대상 디지털 성범죄에 대한 신분비공개수사 또는 신분위장수사로 수집한 증거 및 자료 등의 사용제한) 사법경찰관리가 제25조의2부터 제25조의5까지에 따라 수집한 증거 및 자료 등은 다음 각 호의 어느 하나에 해당하는 경우 외에는 사용할 수 없다.

1. 신분비공개수사 또는 신분위장수사의 목적이 된 디지털 성범죄나 이와 관련되는 범죄를 수사·소추하거나 그 범죄를 예방하기 위하여 사용하는 경우
2. 신분비공개수사 또는 신분위장수사의 목적이 된 디지털 성범죄나 이와 관련되는 범죄로 인한 징계절차에 사용하는 경우
3. 증거 및 자료 수집의 대상자가 제기하는 손해배상청구소송에서 사용하는 경우
4. 그 밖에 다른 법률의 규정에 의하여 사용하는 경우

[시행일: 2025.4.17.]

아동·청소년의 성보호에 관한 법률 시행령 제5조의2(아동·청소년대상 디지털 성범죄의 수사 특례에 따른 사법경찰관리의 준수사항) 사법경찰관리는 법 제25조의2 제1항에 따른 신분비공개수사(이하 "신분비공개수사"라 한다) 또는 같은 조 제2항에 따른 신분위장수사(이하 "신분위장수사"라 한다)를 할 때 다음 각 호의 사항을 준수해야 한다.

1. 수사 관계 법령을 준수하고, 본래 범의(犯意)를 가지지 않은 자에게 범의를 유발하는 행위를 하지 않는 등 적법한 절차와 방식에 따라 수사할 것

2. 피해아동·청소년에게 추가 피해가 발생하지 않도록 주의할 것
3. 법 제25조의2 제2항 제3호에 따른 행위를 하는 경우에는 피해아동·청소년이나 「성폭력방지 및 피해자보호 등에 관한 법률」 제2조 제3호의 성폭력피해자에 관한 자료가 유포되지 않도록 할 것

제5조의3(신분비공개수사의 방법) ① 법 제25조의2 제1항에 따른 신분 비공개는 경찰관임을 밝히지 않거나 부인(제25조의2 제2항 제1호에 이르지 않는 행위로서 경찰관 외의 신분을 고지하는 방식을 포함한다)하는 방법으로 한다.
② 법 제25조의2 제1항에 따른 접근은 대화의 구성원으로서 관찰하는 등 대화에 참여하거나 아동·청소년성착취물, 「성폭력범죄의 처벌 등에 관한 특례법」 제14조 제2항의 촬영물 또는 복제물(복제물의 복제물을 포함한다)을 구입하거나 무상으로 제공받는 등의 방법으로 한다.

ⓗ (×) 현행법상으로는 성인 대상 디지털성범죄에 대한 신분비공개수사 및 신분위장수사를 할 수 있는 근거가 없다. 참고로 2025년 6월 4일 이후에는 가능하게 된다.

[참고] 아동·청소년 대상 디지털 성범죄에 대해서는 「아동·청소년의 성보호에 관한 법률」에 따라 신분비공개수사 및 신분위장수사의 특례가 허용되고 있으나, 성인 대상 디지털 성범죄에 대해서는 이러한 특례 근거규정이 없어 적극적인 수사에 한계가 있다는 지적이 있어 왔다. 이에 2024.12.3. 개정 성폭력범죄의 처벌 등에 관한 특례법(시행 2025.6.4.)에서는 제22조의2부터 제22조의11까지를 아래와 같이 신설하여 성인 대상 디지털 성범죄에 대해서도 신분비공개수사 및 신분위장수사의 특례 근거규정을 두어 수사 대응력을 강화하였다.

> **개정 성폭력처벌법 제22조의2(디지털 성범죄의 수사 특례)** ① 사법경찰관리는 제14조부터 제14조의3까지의 죄(이하 "디지털 성범죄"라 한다)에 대하여 신분을 비공개하고 범죄현장(정보통신망을 포함한다) 또는 범인으로 추정되는 자들에게 접근하여 범죄행위의 증거 및 자료 등을 수집(이하 "신분비공개수사"라 한다)할 수 있다.
> ② 사법경찰관리는 디지털 성범죄를 계획 또는 실행하고 있거나 실행하였다고 의심할 만한 충분한 이유가 있고, 다른 방법으로는 그 범죄의 실행을 저지하거나 범인의 체포 또는 증거의 수집이 어려운 경우에 한정하여 수사 목적을 달성하기 위하여 부득이한 때에는 다음 각 호의 행위(이하 "신분위장수사"라 한다)를 할 수 있다.
> 1. 신분을 위장하기 위한 문서, 도화 및 전자기록 등의 작성, 변경 또는 행사
> 2. 위장 신분을 사용한 계약·거래
> 3. 다음 각 목에 해당하는 촬영물 또는 복제물 등의 소지, 제공, 판매 또는 광고. 다만, 제공이나 판매는 피해자가 없거나 피해자가 성년이고 그 동의를 받은 경우로 한정한다.
>   가. 제14조에 따른 촬영물 또는 복제물(복제물의 복제물을 포함한다)
>   나. 제14조의2에 따른 편집물·합성물·가공물 또는 복제물(복제물의 복제물을 포함한다)
>   다. 「아동·청소년의 성보호에 관한 법률」 제2조 제5호에 따른 아동·청소년성착취물
>   라. 「정보통신망 이용촉진 및 정보보호 등에 관한 법률」 제44조의7 제1항 제1호에 따른 정보

③ 제1항에 따른 수사의 방법 등에 필요한 사항은 대통령령으로 정한다.

제22조의3(디지털 성범죄 수사 특례의 절차) ① 사법경찰관리가 신분비공개수사를 진행하고자 할 때에는 사전에 상급 경찰관서 수사부서의 장의 승인을 받아야 한다. 이 경우 그 수사기간은 3개월을 초과할 수 없다.
② 제1항에 따른 승인의 절차 및 방법 등에 필요한 사항은 대통령령으로 정한다.
③ 사법경찰관리는 신분위장수사를 하려는 경우에는 검사에게 신분위장수사에 대한 허가를 신청하고, 검사는 법원에 그 허가를 청구한다.
④ 제3항의 신청은 필요한 신분위장수사의 종류·목적·대상·범위·기간·장소·방법 및 해당 신분위장수사가 제22조의2 제2항의 요건을 충족하는 사유 등의 신청사유를 기재한 서면으로 하여야 하며, 신청사유에 대한 소명자료를 첨부하여야 한다.
⑤ 법원은 제3항의 신청이 이유 있다고 인정하는 경우에는 신분위장수사를 허가하고, 이를 증명하는 서류(이하 "허가서"라 한다)를 신청인에게 발부한다.
⑥ 허가서에는 신분위장수사의 종류·목적·대상·범위·기간·장소·방법 등을 특정하여 기재하여야 한다.
⑦ 신분위장수사의 기간은 3개월을 초과할 수 없으며, 그 수사기간 중 수사의 목적이 달성되었을 경우에는 즉시 종료하여야 한다.
⑧ 제7항에도 불구하고 제22조의2 제2항의 요건이 존속하여 그 수사기간을 연장할 필요가 있는 경우에는 사법경찰관리는 소명자료를 첨부하여 3개월의 범위에서 수사기간의 연장을 검사에게 신청하고, 검사는 법원에 그 연장을 청구한다. 이 경우 신분위장수사의 총 기간은 1년을 초과할 수 없다.

제22조의4(디지털 성범죄에 대한 긴급 신분비공개수사) ① 사법경찰관리는 디지털 성범죄에 대하여 제22조의3 제1항 및 제2항에 따른 절차를 거칠 수 없는 긴급을 요하는 때에는 상급 경찰관서 수사부서의 장의 승인 없이 신분비공개수사를 할 수 있다.
② 사법경찰관리는 제1항에 따른 신분비공개수사 개시 후 지체 없이 상급 경찰관서 수사부서의 장에게 보고하여야 하고, 사법경찰관리는 48시간 이내에 상급 경찰관서 수사부서의 장의 승인을 받지 못한 때에는 즉시 신분비공개수사를 중지하여야 한다.
③ 제1항 및 제2항에 따른 신분비공개수사 기간에 대해서는 제22조의3 제1항 후단을 준용한다.

제22조의5(디지털 성범죄에 대한 긴급 신분위장수사) ① 사법경찰관리는 제22조의2 제2항의 요건을 구비하고, 제22조의3 제3항부터 제8항까지에 따른 절차를 거칠 수 없는 긴급을 요하는 때에는 법원의 허가 없이 신분위장수사를 할 수 있다.
② 사법경찰관리는 제1항에 따른 신분위장수사 개시 후 지체 없이 검사에게 허가를 신청하여야 하고, 사법경찰관리는 48시간 이내에 법원의 허가를 받지 못한 때에는 즉시 신분위장수사를 중지하여야 한다.
③ 제1항 및 제2항에 따른 신분위장수사 기간에 대해서는 제22조의3 제7항 및 제8항을 준용한다.

제22조의6(디지털 성범죄에 대한 신분비공개수사 또는 신분위장수사로 수집한 증거 및 자료 등의 사용제한) 사법경찰관리가 제22조의2부터 제22조의5까지에 따라 수집한 증거 및 자료 등은 다음 각 호의 어느 하나에 해당하는 경우 외에는

사용할 수 없다.

1. 신분비공개수사 또는 신분위장수사의 목적이 된 디지털 성범죄나 이와 관련되는 범죄를 수사·소추하거나 그 범죄를 예방하기 위하여 사용하는 경우
2. 신분비공개수사 또는 신분위장수사의 목적이 된 디지털 성범죄나 이와 관련되는 범죄로 인한 징계절차에 사용하는 경우
3. 증거 및 자료 수집의 대상자가 제기하는 손해배상청구소송에서 사용하는 경우
4. 그 밖에 다른 법률의 규정에 의하여 사용하는 경우 (이하 생략)

17 정답 ③

③ ⓛⓒⓜ

㉠ (○) 일반 경찰공무원인 사법경찰관리는 검사의 수사지휘를 받지 않는다는 것은 제195조 제1항, 1차적 수사종결권이 있다는 것은 제245조의5 및 수사준칙 제51조, 검찰청 직원인 사법경찰관리는 검사에 대한 수사보조자로서의 지휘를 받는다는 것은 제245조의9 제2항·제3항 참조.

> **형사소송법 제195조(검사와 사법경찰관의 관계 등)** ① 검사와 사법경찰관은 수사, 공소제기 및 공소유지에 관하여 서로 협력하여야 한다.
> **제245조의5(사법경찰관의 사건송치 등)** 사법경찰관은 고소·고발 사건을 포함하여 범죄를 수사한 때에는 다음 각 호의 구분에 따른다.
> 1. 범죄의 혐의가 있다고 인정되는 경우에는 지체 없이 검사에게 사건을 송치하고, 관계 서류와 증거물을 검사에게 송부하여야 한다.
> 2. 그 밖의 경우에는 그 이유를 명시한 서면과 함께 관계 서류와 증거물을 지체 없이 검사에게 송부하여야 한다. 이 경우 검사는 송부받은 날부터 90일 이내에 사법경찰관에게 반환하여야 한다.
> **수사준칙 제51조(사법경찰관의 결정)** ① 사법경찰관은 사건을 수사한 경우에는 다음 각 호의 구분에 따라 결정해야 한다.
> 1. 법원송치
> 2. 검찰송치
> 3. 불송치 (이하 중략)
> **형사소송법 제245조의9(검찰청 직원)** ② 사법경찰관의 직무를 행하는 검찰청 직원은 검사의 지휘를 받아 수사하여야 한다.
> ③ 사법경찰리의 직무를 행하는 검찰청 직원은 검사 또는 사법경찰관의 직무를 행하는 검찰청 직원의 수사를 보조하여야 한다.

㉡ (×) 선거관리위원회의 본질적 기능은 선거의 공정한 관리 등 행정기능이고, 그 효과적인 기능 수행과 집행의 실효성을 확보하기 위한 수단으로서 선거범죄 조사권을 인정하고 있다. 심판대상조항에 의한 자료제출요구는 위와 같은 조사권의 일종으로서 행정조사에 해당하고, 선거범죄 혐의 유무를 명백히 하여 공소의 제기와 유지 여부를 결정하려는 목적으로 범인을 발견·확보하고 증거를 수집·보전하기 위한 수사기관의 활동인 수사와는 근본적으로 그 성격을 달리한다(헌법재판소 2019.9.26, 2016헌바381).

> **공직선거법 제272조의2(선거범죄의 조사등)** ① 각급선거관리위원회(읍·면·동선거관리위원회를 제외한다) 위원·직원은 선거범죄에 관하여 그 범죄의 혐의가 있다고 인정되거나, 후보자(경선후보자를 포함한다)·예비후보자·선거사무장·선거연락소장 또는 선거사무원이 제기한 그 범죄의 혐의가 있다는 소명이 이유 있다고 인정되는 경우 또는 현행범의 신고를 받은 경우에는 그 장소에 출입하여 관계인에 대하여 질문·조사를 하거나 관련서류 기타 조사에 필요한 자료의 제출을 요구할 수 있다.
> **형사소송법 제245조의10(특별사법경찰관리)** ① 삼림, 해사, 전매, 세무, 군수사기관, 그 밖에 특별한 사항에 관하여 사법경찰관리의 직무를 행할 특별사법경찰관리와 그 직무의 범위는 법률로 정한다.

㉢ (×) 이유를 명시한 서면과 함께 관계 서류와 증거물을 지체 없이 검사에게 송부하여야 한다. 이 경우 검사는 송부받은 날부터 90일 이내에 사법경찰관에게 반환하여야 한다(제245조의5 제2호).

㉣ (○) 제221조의5 제1항

㉤ (×) 구 수사준칙에 의하면 맞지만(구 수사준칙 제59조 제1항), 2023.11.1. 시행 개정 수사준칙에 의하면 검사가 직접 보완수사하거나 사법경찰관에게 보완수사를 요구할 수 있는 것을 원칙으로 한다.

> **2023.11.1. 시행 수사준칙 제59조(보완수사요구의 대상과 범위)** ① 검사는 사법경찰관으로부터 송치받은 사건에 대해 보완수사가 필요하다고 인정하는 경우 직접 보완수사하거나 법 제197조의2 제1항 제1호에 따라 사법경찰관에게 보완수사를 요구할 수 있다. 다만, 법 제197조의2 제1항 제1호 전단의 경우로서 다음 각 호의 어느 하나에 해당하는 때에는 특별히 사법경찰관에게 보완수사를 요구할 필요가 있다고 인정되는 경우를 제외하고는 검사가 직접 보완수사를 하는 것을 원칙으로 한다.
> 1. 사건을 수리한 날(이미 보완수사요구가 있었던 사건의 경우 보완수사 이행 결과를 통보받은 날)로부터 1개월이 경과한 경우
> 2. 사건이 송치된 이후 검사에 의하여 해당 피의자 및 피의사실에 대해 상당한 정도의 보완수사가 이루어진 경우
> 3. 법 제197조의3 제5항, 제197조의4 제1항, 제198조의2 제2항에 따라 사법경찰관으로부터 송치받은 경우
> 4. 제7조 또는 제8조에 따라 검사와 사법경찰관이 사건 송치 전에 수사할 사항, 증거수집의 대상, 법령의 적용 등에 관하여 협의를 마치고 송치한 경우

18 정답 ③

③ ㉠ⓛⓒⓜ

㉠ (○) 임의동행은 경찰관 직무집행법 제3조 제2항에 따른 행정경찰 목적의 경찰활동으로 행하여지는 것 외에도 형사소송법 제199조 제1항에 따라 범죄 수사를 위하여 수사관이 동행에 앞서 피의자에게 동행을 거부할 수 있음을 알려 주었거나 동행한 피의자가 언제든지 자유로이 동행과정에서 이탈 또는 동행장소로부터 퇴거할 수 있었음이 인정되는 등 오로지 피의자의 자발적인 의사에 의하여 이루어진 경우에도 가능하다(대법원 2020. 5.14, 2020도398).

㉡ (○) 공소기각결정이 아니라 공소기각판결을 내려야 한다는 것

이 판례이다(대법원 2008.10.23, 2008도7362).

ⓒ (○) 범죄의 인지는 실질적인 개념이므로 검사가 범죄의 혐의가 있다고 보아 수사를 개시하는 행위를 한 때에는 이때에 범죄를 인지한 것으로 보아야 하며, 그 뒤 범죄인지서를 작성하여 사건수리 절차를 밟은 때에 비로소 범죄를 인지하였다고 볼 것이 아니다. 따라서 이러한 인지절차를 밟기 전에 수사를 하였다고 하더라도, 그 수사가 장차 인지의 가능성이 전혀 없는 상태하에서 행해졌다는 등의 특별한 사정이 없는 한, 인지절차가 이루어지기 전에 수사를 하였다는 이유만으로 그 수사가 위법하다고 볼 수는 없고, 따라서 그 수사과정에서 작성된 피의자신문조서나 진술조서 등의 증거능력도 이를 부인할 수 없다(대법원 2001.10.26, 2000도2968).

ⓔ (×) 항고가 아니라 준항고의 대상이다. "형사소송법 제417조는 검사 또는 사법경찰관의 '구금에 관한 처분'에 불복이 있으면 법원에 그 처분의 취소 또는 변경을 청구할 수 있다고 규정하고 있다. 검사 또는 사법경찰관이 보호장비 사용을 정당화할 예외적 사정이 존재하지 않음에도 구금된 피의자에 대한 교도관의 보호장비 사용을 용인한 채 그 해제를 요청하지 않는 경우에, 검사 및 사법경찰관의 이러한 조치를 형사소송법 제417조에서 정한 '구금에 관한 처분'으로 보지 않는다면 구금된 피의자로서는 이에 대하여 불복하여 침해된 권리를 구제받을 방법이 없게 된다. 따라서 검사 또는 사법경찰관이 구금된 피의자를 신문할 때 피의자 또는 변호인으로부터 보호장비를 해제해 달라는 요구를 받고도 거부한 조치는 형사소송법 제417조에서 정한 '구금에 관한 처분'에 해당한다고 보아야 한다(대법원 2020.3.17, 2015모2357).

ⓜ (○) 검찰청법 제4조 제2항 참조.

> **검찰청법 제4조(검사의 직무)** ② 검사는 자신이 수사개시한 범죄에 대하여는 공소를 제기할 수 없다. 다만, 사법경찰관이 송치한 범죄에 대하여는 그러하지 아니하다.

ⓗ (×) 해당 사건과 동일성을 해치지 아니하는 범위 내에서 수사할 수 있다(제196조 제2항, 제198조의2 제1항·제2항).

> **제196조(검사의 수사)** ② 검사는 제197조의3 제6항, 제198조의2 제2항 및 제245조의7 제2항에 따라 사법경찰관으로부터 송치받은 사건에 관하여는 해당 사건과 동일성을 해치지 아니하는 범위 내에서 수사할 수 있다.
> **제198조의2(검사의 체포·구속장소감찰)** ① 지방검찰청 검사장 또는 지청장은 불법체포·구속의 유무를 조사하기 위하여 검사로 하여금 매월 1회 이상 관하수사관서의 피의자의 체포·구속장소를 감찰하게 하여야 한다. 감찰하는 검사는 체포 또는 구속된 자를 심문하고 관련서류를 조사하여야 한다.
> ② 검사는 적법한 절차에 의하지 아니하고 체포 또는 구속된 것이라고 의심할 만한 상당한 이유가 있는 경우에는 즉시 체포 또는 구속된 자를 석방하거나 사건을 검찰에 송치할 것을 명하여야 한다.

19

정답 ④

④ ㉠㉢㉣

㉠ (×) 검사는 요구하여야 하는 것이 아니라 요구할 수 있다. 제197조의3 제1항 참조.

> **제197조의3(시정조치요구 등)** ① 검사는 사법경찰관리의 수사과정에서 법령위반, 인권침해 또는 현저한 수사권 남용이

의심되는 사실의 신고가 있거나 그러한 사실을 인식하게 된 경우에는 사법경찰관에게 사건기록 등본의 송부를 요구할 수 있다.

㉡ (○) 제197조의3 제2항·제3항 참조.

> **제197조의3(시정조치요구 등)** ② 제1항의 송부 요구를 받은 사법경찰관은 지체 없이 검사에게 사건기록 등본을 송부하여야 한다.
> ③ 제2항의 송부를 받은 검사는 필요하다고 인정되는 경우에는 사법경찰관에게 시정조치를 요구할 수 있다.

㉢ (×) 검사가 영장을 청구하기 전 동일 범죄사실에 관하여 사법경찰관이 영장을 신청한 경우에는 사법경찰관은 해당 영장 기재 범죄사실을 계속 수사할 수 있는 것이지, 검사의 수사권이 배제되는 것은 아니다. 제197조의4 참조.

> **제197조의4(수사의 경합)** ① 검사는 사법경찰관과 동일한 범죄사실을 수사하게 된 때에는 사법경찰관에게 사건을 송치할 것을 요구할 수 있다.
> ② 제1항의 요구를 받은 사법경찰관은 지체 없이 검사에게 사건을 송치하여야 한다. 다만, 검사가 영장을 청구하기 전에 동일한 범죄사실에 관하여 사법경찰관이 영장을 신청한 경우에는 해당 영장에 기재된 범죄사실을 계속 수사할 수 있다.

㉣ (○) 제245조의5 참조.

> **제245조의5(사법경찰관의 사건송치 등)** 사법경찰관은 고소·고발 사건을 포함하여 범죄를 수사한 때에는 다음 각 호의 구분에 따른다.
> 1. 범죄의 혐의가 있다고 인정되는 경우에는 지체 없이 검사에게 사건을 송치하고, 관계 서류와 증거물을 검사에게 송부하여야 한다.
> 2. 그 밖의 경우에는 그 이유를 명시한 서면과 함께 관계 서류와 증거물을 지체 없이 검사에게 송부하여야 한다. 이 경우 검사는 송부받은 날부터 90일 이내에 사법경찰관에게 반환하여야 한다.

㉤ (×) 그 이유를 문서로 명시하여 사법경찰관에게 재수사를 요청할 수 있고, 사법경찰관은 필요한 경우 사건을 재수사하여야 한다. 제245조의8 제1항 참조.

> **제245조의8(재수사요청 등)** ① 검사는 제245조의5 제2호의 경우에 사법경찰관이 사건을 송치하지 아니한 것이 위법 또는 부당한 때에는 그 이유를 문서로 명시하여 사법경찰관에게 재수사를 요청할 수 있다.
> ② 사법경찰관은 제1항의 요청이 있는 때에는 사건을 재수사하여야 한다.

20

정답 ③

③ (○) 공소제기 전 또는 제1회 공판기일 전까지라는 제한이 없다.

> **제245조의2(전문수사자문위원의 참여)** ③ 검사는 제2항에 따라 전문수사자문위원이 제출한 서면이나 전문수사자문위원의 설명 또는 의견의 진술에 관하여 피의자 또는 변호인에게 구술 또는 서면에 의한 의견진술의 기회를 주어야 한다.

① (×) 각 사건마다 1인 이상이다.

> **제245조의3(전문수사자문위원 지정 등)** ① 제245조의2 제1항

에 따라 전문수사자문위원을 수사절차에 참여시키는 경우 검사는 각 사건마다 1인 이상의 전문수사자문위원을 지정한다.

② (×) 검사의 재량에 따라 <u>직권에 의한 지정 취소가 가능하며, 피의자 · 변호인의 신청을 요하지 아니한다.</u>

> **제245조의3(전문수사자문위원 지정 등)** ② 검사는 상당하다고 인정하는 때에는 전문수사자문위원의 지정을 취소할 수 있다.

④ (×) 전문수사자문위원의 지정은 검사의 직권 또는 피의자 · 변호인의 신청에 의한다.

> **제245조의2(전문수사자문위원의 참여)** ① 검사는 공소제기 여부와 관련된 사실관계를 분명하게 하기 위하여 필요한 경우에는 직권이나 피의자 또는 변호인의 신청에 의하여 전문수사자문위원을 지정하여 수사절차에 참여하게 하고 자문을 들을 수 있다.

제3편 수사와 공소: 제1장 수사 [수사의 의의와 구조 2] ― [임의수사 1]

01	②	02	③	03	③	04	①	05	③
06	②	07	④	08	③	09	②	10	④
11	③	12	④	13	②	14	②	15	③
16	③	17	③	18	②	19	④	20	②

01

정답 ②

② ㉡㉢㉤

㉠ (○) 2020.2.4. 신설 제197조의3 제1항 내지 제5항 참조.

> **제197조의3(시정조치요구 등)** ① 검사는 사법경찰관리의 수사과정에서 법령위반, 인권침해 또는 현저한 수사권 남용이 의심되는 사실의 신고가 있거나 그러한 사실을 인식하게 된 경우에는 사법경찰관에게 사건기록 등본의 송부를 요구할 수 있다.
> ② 제1항의 송부 요구를 받은 사법경찰관은 지체 없이 검사에게 사건기록 등본을 송부하여야 한다.
> ③ 제2항의 송부를 받은 검사는 필요하다고 인정되는 경우에는 사법경찰관에게 시정조치를 요구할 수 있다.
> ④ 사법경찰관은 제3항의 시정조치 요구가 있는 때에는 정당한 이유가 없으면 지체 없이 이를 이행하고, 그 결과를 검사에게 통보하여야 한다.
> ⑤ 제4항의 통보를 받은 검사는 제3항에 따른 시정조치 요구가 정당한 이유 없이 이행되지 않았다고 인정되는 경우에는 사법경찰관에게 사건을 송치할 것을 요구할 수 있다.
> ⑥ 제5항의 송치 요구를 받은 사법경찰관은 검사에게 사건을 송치하여야 한다.
> ⑦ 검찰총장 또는 각급 검찰청 검사장은 사법경찰관리의 수사과정에서 법령위반, 인권침해 또는 현저한 수사권 남용이 있었던 때에는 권한 있는 사람에게 해당 사법경찰관리의 징계를 요구할 수 있고, 그 징계 절차는 「공무원 징계령」 또는 「경찰공무원 징계령」에 따른다.
> ⑧ 사법경찰관은 피의자를 신문하기 전에 수사과정에서 법령위반, 인권침해 또는 현저한 수사권 남용이 있는 경우 검사에게 구제를 신청할 수 있음을 피의자에게 알려주어야 한다.

㉡ (×) 검사가 영장을 청구하기 전에 사법경찰관이 영장을 신청한 경우에만 계속 수사가 가능하다(신설 제197조의4 제2항 단서 참조).

> **제197조의4(수사의 경합)** ① 검사는 사법경찰관과 동일한 범죄사실을 수사하게 된 때에는 사법경찰관에게 사건을 송치할 것을 요구할 수 있다.
> ② 제1항의 요구를 받은 사법경찰관은 지체 없이 검사에게 사건을 송치하여야 한다. 다만, '검사가 영장을 청구하기 전'에 동일한 범죄사실에 관하여 사법경찰관이 영장을 신청한 경우에는 해당 영장에 기재된 범죄사실을 계속 수사할 수 있다.

㉢ (×) 검사가 사법경찰관이 신청한 영장을 정당한 이유 없이 판사에게 청구하지 아니한 경우 사법경찰관은 '관할 고등검찰청'에 영장 청구 여부에 대한 심의를 신청할 수 있고, 이를 심의하기 위하여 각 '고등검찰청'에 외부 위원으로 구성된 영장심의위원회를 둔다(제221조의5 신설).

> **제221조의5(사법경찰관이 신청한 영장의 청구 여부에 대한 심의)** ① 검사가 사법경찰관이 신청한 영장을 정당한 이유 없이 판사에게 청구하지 아니한 경우 사법경찰관은 그 검사 소속의 지방검찰청 소재지를 관할하는 고등검찰청에 영장 청구 여부에 대한 심의를 신청할 수 있다.
> ② 제1항에 관한 사항을 심의하기 위하여 각 고등검찰청에 영장심의위원회(이하 이 조에서 "심의위원회"라 한다)를 둔다.
> ③ 심의위원회는 위원장 1명을 포함한 10명 이내의 외부 위원으로 구성하고, 위원은 각 고등검찰청 검사장이 위촉한다.
> ④ 사법경찰관은 심의위원회에 출석하여 의견을 개진할 수 있다.
> ⑤ 심의위원회의 구성 및 운영 등 그 밖에 필요한 사항은 법무부령으로 정한다.

㉣ (○) 사법경찰관에게 신설된 1차적 수사종결권의 내용이다(제245조의5 신설).

> **제245조의5(사법경찰관의 사건송치 등)** 사법경찰관은 고소·고발 사건을 포함하여 범죄를 수사한 때에는 다음 각 호의 구분에 따른다.
> 1. 범죄의 혐의가 있다고 인정되는 경우에는 지체 없이 검사에게 사건을 송치하고, 관계 서류와 증거물을 검사에게 송부하여야 한다.
> 2. 그 밖의 경우에는 그 이유를 명시한 서면과 함께 관계 서류와 증거물을 지체 없이 검사에게 송부하여야 한다. 이 경우 검사는 송부받은 날부터 90일 이내에 사법경찰관에게 반환하여야 한다.

㉤ (×) 재수사 요청은 그 이유를 문서로 명시하여야 한다(신설 제245조의8 제1항 참조).

> **제245조의8(재수사요청 등)** ① 검사는 제245조의5 제2호의 경우에 사법경찰관이 사건을 송치하지 아니한 것이 위법 또는 부당한 때에는 그 이유를 문서로 명시하여 사법경찰관에게 재수사를 요청할 수 있다.
> ② 사법경찰관은 제1항의 요청이 있는 때에는 사건을 재수사하여야 한다.

02

정답 ③

③ (○) 공소제기 전 또는 제1회 공판기일 전까지라는 제한이 없다.

> **제245조의2(전문수사자문위원의 참여)** ③ 검사는 제2항에 따라 전문수사자문위원이 제출한 서면이나 전문수사자문위원의 설명 또는 의견의 진술에 관하여 피의자 또는 변호인에게 구술 또는 서면에 의한 의견진술의 기회를 주어야 한다.

① (×) 각 사건마다 1인 이상이다.

> **제245조의3(전문수사자문위원 지정 등)** ① 제245조의2 제1항에 따라 전문수사자문위원을 수사절차에 참여시키는 경우 검사는 각 사건마다 1인 이상의 전문수사자문위원을 지정한다.

② (×) 검사의 재량에 따라 직권에 의한 지정 취소가 가능하며, 피의자·변호인의 신청을 요하지 아니한다.

> **제245조의3(전문수사자문위원 지정 등)** ② 검사는 상당하다고 인정하는 때에는 전문수사자문위원의 지정을 취소할 수 있다.

④ (×) 전문수사자문위원의 지정은 검사의 직권 또는 피의자·변호인의 신청에 의한다.

> **제245조의2(전문수사자문위원의 참여)** ① 검사는 공소제기 여부와 관련된 사실관계를 분명하게 하기 위하여 필요한 경우에는 직권이나 피의자 또는 변호인의 신청에 의하여 전문수사자문위원을 지정하여 수사절차에 참여하게 하고 자문을 들을 수 있다.

03

정답 ③

③ (○) 대법원 2008.10.23, 2008도7362

① (×) 2021.1.1. 시행 수사준칙에 의하여 수사상 임의동행 시 고지의무 규정이 신설되었다. 수사준칙 제20조 참조.

> **수사준칙 제20조(수사상 임의동행 시의 고지)** 검사 또는 사법경찰관은 임의동행을 요구하는 경우 상대방에게 동행을 거부할 수 있다는 것과 동행하는 경우에도 언제든지 자유롭게 동행 과정에서 이탈하거나 동행 장소에서 퇴거할 수 있다는 것을 알려야 한다.

② (×) 2021.1.1. 시행 대통령령에 의하여 피의자에 대한 출석요구 시 조사 일시·장소 협의의무 규정이 신설되었다. 이는 변호인이 있는 피의자의 경우에는 변호인과도 협의해야 할 의무를 포함한다. 수사준칙 제19조 제2항 참조.

> **수사준칙 제19조(출석요구)** ① 검사 또는 사법경찰관은 피의자에게 출석요구를 할 때에는 다음 각 호의 사항을 유의해야 한다.
> 1. 출석요구를 하기 전에 우편·전자우편·전화를 통한 진술 등 출석을 대체할 수 있는 방법의 선택 가능성을 고려할 것
> 2. 출석요구의 방법, 출석의 일시·장소 등을 정할 때에는 피의자의 명예 또는 사생활의 비밀이 침해되지 않도록 주의할 것
> 3. 출석요구를 할 때에는 피의자의 생업에 지장을 주지 않도록 충분한 시간적 여유를 두도록 하고, 피의자가 출석 일시의 연기를 요청하는 경우 특별한 사정이 없으면 출석 일시를 조정할 것
> 4. 불필요하게 여러 차례 출석요구를 하지 않을 것
> ② 검사 또는 사법경찰관은 피의자에게 출석요구를 하려는 경우 피의자와 조사의 일시·장소에 관하여 협의해야 한다.

이 경우 변호인이 있는 경우에는 변호인과도 협의해야 한다.
> ③ 검사 또는 사법경찰관은 피의자에게 출석요구를 하려는 경우 피의사실의 요지 등 출석요구의 취지를 구체적으로 적은 출석요구서를 발송해야 한다. 다만, 신속한 출석요구가 필요한 경우 등 부득이한 사정이 있는 경우에는 전화, 문자메시지, 그 밖의 상당한 방법으로 출석요구를 할 수 있다.
> ④ 검사 또는 사법경찰관은 제3항 본문에 따른 방법으로 출석요구를 했을 때에는 출석요구서의 사본을, 같은 항 단서에 따른 방법으로 출석요구를 했을 때에는 그 취지를 적은 수사보고서를 각각 사건기록에 편철한다.
> ⑤ 검사 또는 사법경찰관은 피의자가 치료 등 수사관서에 출석하여 조사를 받는 것이 현저히 곤란한 사정이 있는 경우에는 수사관서 외의 장소에서 조사할 수 있다.
> ⑥ 제1항부터 제5항까지의 규정은 피의자 외의 사람에 대한 출석요구의 경우에도 적용한다.

④ (×) 만약 동석한 사람이 피의자를 대신하여 진술한 부분이 조서에 기재되어 있다면 그 부분은 피의자의 진술을 기재한 것이 아니라 동석한 사람의 진술을 기재한 조서에 해당하므로 그 사람에 대한 진술조서로서의 증거능력을 취득하기 위한 요건을 충족하지 못하는 한 이를 유죄 인정의 증거로 사용할 수 없는 것이다(대법원 2009.6.23, 2009도1322).

04

정답 ①

① ㉠ㄴㄷ

㉠ (○), ㄴ (○) 경찰관직무집행법(이하 '법'이라고 한다)의 목적, 법 제1조 제1항, 제2항, 제3조 제1항, 제2항, 제3항, 제7항의 내용 및 체계 등을 종합하면, 경찰관이 법 제3조 제1항에 규정된 대상자(이하 '불심검문 대상자'라 한다) 해당 여부를 판단할 때에는 불심검문 당시의 구체적 상황은 물론 사전에 얻은 정보나 전문적 지식 등에 기초하여 불심검문 대상자인지를 객관적·합리적인 기준에 따라 판단하여야 하나, 반드시 불심검문 대상자에게 형사소송법상 체포나 구속에 이를 정도의 혐의가 있을 것을 요한다고 할 수는 없다. 그리고 경찰관은 불심검문 대상자에게 질문을 하기 위하여 범행의 경중, 범행과의 관련성, 상황의 긴박성, 혐의의 정도, 질문의 필요성 등에 비추어 목적 달성에 필요한 최소한의 범위 내에서 사회통념상 용인될 수 있는 상당한 방법으로 대상자를 정지시킬 수 있고 질문에 수반하여 흉기의 소지 여부도 조사할 수 있다(대법원 2014.2.27, 2011도13999).

ㄷ (○), ㄹ (×) 경찰관직무집행법(이하 '법'이라 한다) 제3조 제4항은 경찰관이 불심검문을 하고자 할 때에는 자신의 신분을 표시하는 증표를 제시하여야 한다고 규정하고, 경찰관직무집행법 시행령 제5조는 위 법에서 규정한 신분을 표시하는 증표는 경찰관의 공무원증이라고 규정하고 있는데, 불심검문을 하게 된 경우, 불심검문 당시의 현장상황과 검문을 하는 경찰관들의 복장, 피고인이 공무원증 제시나 신분 확인을 요구하였는지 여부 등을 종합적으로 고려하여, 검문하는 사람이 경찰관이고 검문하는 이유가 범죄행위에 관한 것임을 피고인이 충분히 알고 있었다고 보이는 경우에는 신분증을 제시하지 않았다고 하여 그 불심검문이 위법한 공무집행이라고 할 수 없다(대법원 2014.12.11, 2014도7976).

05

③ ㉠㉡㉢㉣

㉠ (○) 법원이 선임한 부재자 재산관리인이 그 관리대상인 부재자의 재산에 대한 범죄행위에 관하여 법원으로부터 고소권 행사에 관한 허가를 얻은 경우 부재자 재산관리인은 형사소송법 제225조 제1항에서 정한 법정대리인으로서 적법한 고소권자에 해당한다고 보아야 한다. 그 이유는 다음과 같다. ⓐ 형사소송법은 "피해자의 법정대리인은 독립하여 고소할 수 있다."라고 정하고 있다(제225조 제1항). 법정대리인이 갖는 대리권의 범위는 법률과 선임 심판의 내용 등을 통해 정해지므로 독립하여 고소권을 가지는 법정대리인의 의미도 법률과 선임 심판의 내용 등을 통해 정해진다. 법원이 선임한 부재자 재산관리인은 법률에 규정된 사람의 청구에 따라 선임된 부재자의 법정대리인에 해당한다. 부재자 재산관리인의 권한은 원칙적으로 부재자의 재산에 대한 관리행위에 한정되나, 부재자 재산관리인은 재산관리를 위하여 필요한 경우 법원의 허가를 받아 관리행위의 범위를 넘는 행위를 하는 것도 가능하고, 여기에는 관리대상 재산에 관한 범죄행위에 대한 형사고소도 포함된다. 따라서 부재자 재산관리인은 관리대상이 아닌 사항에 관해서는 고소권이 없겠지만, 관리대상 재산에 관한 범죄행위에 대하여 법원으로부터 고소권 행사 허가를 받은 경우에는 독립하여 고소권을 가지는 법정대리인에 해당한다. ⓑ 고소권은 일신전속적인 권리로서 피해자가 이를 행사하는 것이 원칙이나, 형사소송법이 예외적으로 법정대리인으로 하여금 독립하여 고소권을 행사할 수 있도록 한 이유는 피해자가 고소권을 행사할 것을 기대하기 어려운 경우 피해자와 독립하여 고소권을 행사할 사람을 정하여 피해자를 보호하려는 데 있다. 부재자 재산관리제도의 취지는 부재자 재산관리인으로 하여금 부재자의 잔류재산을 본인의 이익과 더불어 사회경제적 이익을 기하고 나아가 잔존배우자와 상속인의 이익을 위하여 관리하게 하고 돌아올 부재자 본인 또는 그 상속인에게 관리해 온 재산 전부를 인계하도록 하는 데 있다(대법원 1976.12.21, 75마551). 부재자는 자신의 재산을 침해하는 범죄에 대하여 처벌을 구하는 의사표시를 하기 어려운 상태에 있다. 따라서 부재자 재산관리인에게 법정대리인으로서 관리대상 재산에 관한 범죄행위에 대하여 고소권을 행사할 수 있도록 하는 것이 형사소송법 제225조 제1항과 부재자 재산관리제도의 취지에 부합한다(대법원 2022.5.26, 2021도2488).

㉡ (○) 대법원 1985.7.23, 85도1213

㉢ (○) 형사소송법이 고소와 고소취소에 관한 규정을 하면서 제232조 제1항, 제2항에서 고소취소의 시한과 재고소의 금지를 규정하고 제3항에서는 반의사불벌죄에 제1항, 제2항의 규정을 준용하는 규정을 두면서도, 제233조에서 고소와 고소취소의 불가분에 관한 규정을 함에 있어서는 반의사불벌죄에 이를 준용하는 규정을 두지 아니한 것은 처벌을 희망하지 아니하는 의사표시나 처벌을 희망하는 의사표시의 철회에 관하여 친고죄와는 달리 공범자간에 불가분의 원칙을 적용하지 아니하고자 함에 있다고 볼 것이지, 입법의 불비로 볼 것은 아니다(대법원 1994.4.26, 93도1689).

㉣ (✕) 직계비속은 고소할 수 있다.

> **제224조(고소의 제한)** 자기 또는 배우자의 직계존속을 고소하지 못한다.

㉤ (○) 강간죄가 친고죄이었을 때에는 형사소송법 제327조 제2호에 의하여 공소기각의 판결을 선고하여야 할 것이지 범죄의 증명이 없다고 하여 무죄의 선고를 할 수는 없다는 것이 판례이었다(대법원 2002.7.12, 2001도6777). 그러나 현행법상 강간죄는 친고죄가 아니므로 이 경우에는 강간죄에 대하여 실체재판을 할 수 있다.

㉥ (✕) 조세범 처벌법에 의한 고발은 고발장에 범칙사실의 기재가 없거나 특정이 되지 아니할 때에는 부적법하나, 반드시 공소장 기재요건과 동일한 범죄의 일시·장소를 표시하여 사건의 동일성을 특정할 수 있을 정도로 표시하여야 하는 것은 아니고, 「조세범 처벌법」이 정하는 어떠한 태양의 범죄인지를 판명할 수 있을 정도의 사실을 일응 확정할 수 있을 정도로 표시하면 족하고, 고발사실의 특정은 고발장에 기재된 범칙사실과 세무공무원의 보충진술 기타 고발장과 함께 제출된 서류 등을 종합하여 판단하여야 한다. 그리고 고발은 범죄사실에 대한 소추를 요구하는 의사표시로서 그 효력은 고발장에 기재된 범죄사실과 동일성이 인정되는 사실 모두에 미친다(고발의 객관적 불가분의 원칙, 대법원 2011.11.24, 2009도7166). 이 사건 고발장에 기재된 범칙사실과 이 사건 공소장에 기재된 공소사실 사이에는 법률적 평가에 차이가 있을 뿐 양자 간에 기본적 사실관계의 동일성이 인정되어 이 사건 공소는 유효한 고발에 따라 적법하게 제기된 것이다(대법원 2022.6.30, 2018도10973).

[보충] 피고인이 A와 공모하여 피해자 기술보증기금 등의 담당직원을 기망하여 보증서를 발급받아 피해자 기술보증기금 등에 대한 신용보증금액 상당의 사기범행을 완료한 후 위 보증서 등을 이용하여 피해자 신한은행의 대출 담당직원을 기망하여 대출금을 지급받았다면, 피해자 신한은행에 대한 사기범행이 피해자 기술보증기금 등에 대한 사기범행에 흡수되거나, 그 사기범행의 불가벌적 사후행위에 해당한다고 볼 수 없어, 피해자 신한은행에 대하여 대출금액 상당의 별도의 사기죄가 성립한다(위 판례).

06

② ㉠㉢㉣

㉠ (○) 이는 공소제기에 있어서 일시·장소·방법·피고인이 특정되어야 하는 점과 다른 점이다.

㉡ (✕) 형사소송법 제232조 제1항, 제3항의 취지는 국가형벌권의 행사가 피해자의 의사에 의하여 좌우되는 현상을 장기간 방치할 것이 아니라 제1심판결선고 이전까지로 제한하자는데 그 목적이 있다 할 것이므로 비록 항소심에 이르러 비로소 반의사불벌죄가 아닌 죄에서 반의사불벌죄로 공소장변경이 있었다 하여 항소심인 제2심을 제1심으로 볼 수는 없다(대법원 1988.3.8, 85도2518 등).

㉢ (○) 친고죄의 공범 중 그 1인 또는 수인에 대한 고소뿐만 아니라, 그 취소도 다른 공범자에 대하여 효력이 있다.

> **제233조(고소의 불가분)** 친고죄의 공범 중 그 1인 또는 수인에 대한 고소 또는 그 취소는 다른 공범자에 대하여도 효력이 있다.

㉣ (○) 대법원 1985.11.12, 85도1940

㉤ (✕) 고소는 피해자 등이 수사기관에 대하여 범죄사실을 신고하여 그 범죄사실을 범한 범인의 처벌을 희망하는 의사표시이므로, 최소한 어떤 범죄사실인지는 구체적으로 특정되어야 하고

그 범죄사실을 범한 범인의 동일성을 식별할 수 있을 정도로는 특정되어야 한다. 따라서 전단이 틀린 내용이다. 다만, 후단은 맞는 내용이다.

> [판례 1] 고소는 범죄의 피해자등이 수사기관에 대하여 범죄사실을 신고하여 범인의 소추처벌을 구하는 의사표시이므로 그 범죄사실 등이 구체적으로 특정되어야 할 것이나, 그 특정의 정도는 고소인의 의사가 수사기관에 대하여 일정한 범죄사실을 지정·신고하여 범인의 소추처벌을 구하는 의사표시가 있었다고 볼 수 있을 정도면 그것으로 충분하고, 범인의 성명이 불명이거나 또는 오기가 있었다거나 범행의 일시·장소·방법 등이 명확하지 않거나 틀리는 것이 있다고 하더라도 그 효력에는 아무 영향이 없다(대법원 1984.10.23, 84도1704).
> [판례 2] 고소는 고소인이 일정한 범죄사실을 수사기관에 신고하여 범인의 처벌을 구하는 의사표시이므로 그 고소한 범죄사실이 특정되어야 할 것이나 그 특정의 정도는 고소인의 의사가 구체적으로 어떤 범죄사실을 지정하여 범인의 처벌을 구하고 있는 것인가를 확정할 수만 있으면 된다(대법원 2003. 10.23, 2002도446).

07

정답 ④

④ (○) 형사소송법 제232조 제1항은 고소를 제1심판결 선고 전까지 취소할 수 있도록 규정하여 친고죄에서 고소취소의 시한을 한정하고 있다. 그런데 상소심에서 형사소송법 제366조 또는 제393조 등에 의하여 법률 위반을 이유로 제1심 공소기각판결을 파기하고 사건을 제1심법원에 환송함에 따라 다시 제1심 절차가 진행된 경우, 종전의 제1심판결은 이미 파기되어 효력을 상실하였으므로 환송 후의 제1심판결 선고 전에는 고소취소의 제한사유가 되는 제1심판결 선고가 없는 경우에 해당한다(대법원 2011.8.25, 2009도9112).

① (×) 친고죄에서 피해자의 고소가 없거나 고소가 취소되었음에도 친고죄로 기소되었다가 그 후 당초에 기소된 공소사실과 동일성이 인정되는 비친고죄로 공소장변경이 허용된 경우 그 공소제기의 흠은 치유되고, 친고죄로 기소된 후에 피해자의 고소가 취소되더라도 제1심이나 항소심에서 당초에 기소된 공소사실과 동일성이 인정되는 범위 내에서 다른 공소사실로 공소장을 변경할 수 있으며 이러한 경우 변경된 공소사실에 대하여 심리·판단하여야 하는데 이는 반의사불벌죄에서 피해자의 '처벌을 희망하지 아니하는 의사표시' 또는 '처벌을 희망하는 의사표시의 철회'가 있는 경우에도 마찬가지로 보아야 한다(대법원 2011.5.13, 2011도2233; 1996.9.24, 96도2151 등).

② (×) 대법원 2009.11.19, 2009도6058 전원합의체

③ (×) 대법원 1966.1.31, 65도1089; 1985.3.12, 85도190; 2011.6. 24, 2011도4451 등

08

정답 ③

④ ㉠㉡㉢㉣㉤

㉠ (○) 모자관계는 호적에 입적되어 있는 여부와는 관계없이 자의 출생으로 법률상 당연히 생기는 것이므로 고소당시 이혼한 생모라도 피해자인 그의 자의 친권자로서 독립하여 고소할 수 있다(대법원 1987.9.22, 87도1707).

㉡ (○) 특허법 제225조 제1항 소정의 특허권침해죄는 피해자의 고소가 있어야 논할 수 있는 죄인바, 특허를 무효로 하는 심결

이 확정된 때에는 특허법 제133조 제1항 제4호의 경우에 해당되지 아니하는 한 그 특허권은 처음부터 없었던 것으로 보게 되므로(특허법 제133조 제3항 참조), 무효심결 확정 전의 고소라 하더라도 그러한 특허권에 기한 고소는 무효심결이 확정되면 고소권자에 의한 적법한 고소로 볼 수 없다 할 것이고, 이러한 고소를 기초로 한 공소는 형사소송법 제327조 제2호 소정의 공소제기의 절차가 법률의 규정에 위반되어 무효인 때에 해당한다고 할 수 있다(대법원 2008.4.10, 2007도6325).

㉢ (×) 항소심에서 비로소 공소사실이 친고죄로 변경된 경우에도 항소심을 제1심이라 할 수는 없는 것이므로, 항소심에 이르러 고소인이 고소를 취소하였다면 이는 친고죄에 대한 고소취소로서의 효력이 없다(대법원 2007.3.15, 2007도210).

㉣ (○) 형사소송법 제230조 제1항 본문은 "친고죄에 대하여는 범인을 알게 된 날로부터 6월을 경과하면 고소하지 못한다."고 규정하고 있는바, 여기서 범인을 알게 된다 함은 통상인의 입장에서 보아 고소권자가 고소를 할 수 있을 정도로 범죄사실과 범인을 아는 것을 의미하고, 범죄사실을 안다는 것은 고소권자가 친고죄에 해당하는 범죄의 피해가 있었다는 사실관계에 관하여 확정적인 인식이 있음을 말한다(대법원 2001.10.9, 2001도3106).

㉤ (×) 관련 민사사건에서 '이 사건과 관련하여 서로 상대방에 대하여 제기한 형사 고소 사건 일체를 모두 취하한다'는 내용이 포함된 조정이 성립된 것만으로는 고소 취소나 처벌불원의 의사표시를 한 것으로 보기 어렵다(대법원 2004.3.25, 2003도8136).

09

정답 ②

② ㉠㉡㉢㉣㉤

㉠ (×) 형사소송법 제232조 제1항은 고소를 제1심판결 선고 전까지 취소할 수 있도록 규정하여 친고죄에서 고소취소의 시한을 한정하고 있다. 그런데 상소심에서 형사소송법 제366조 또는 제393조 등에 의하여 법률 위반을 이유로 제1심 공소기각판결을 파기하고 사건을 제1심법원에 환송함에 따라 다시 제1심 절차가 진행된 경우, 종전의 제1심판결은 이미 파기되어 효력을 상실하였으므로 환송 후의 제1심판결 선고 전에는 고소취소의 제한사유가 되는 제1심판결 선고가 없는 경우에 해당한다(대법원 2011.8.25, 2009도9112).

㉡ (○) 제233조에서 고소와 고소취소의 불가분에 관한 규정을 함에 있어서는 반의사불벌죄에 이를 준용하는 규정을 두지 아니한 것은 처벌을 희망하지 아니하는 의사표시나 처벌을 희망하는 의사표시의 철회에 관하여 친고죄와는 달리 공범자 간에 불가분의 원칙을 적용하지 아니하고자 함에 있다고 볼 것이지, 입법의 불비로 볼 것은 아니다(대법원 1994.4.26, 93도1689).

㉢ (×) 고소를 취소한 자는 다시 고소하지 못하고, 다시 고소하여 공소제기 되었다면 공소기각의 판결을 한다(제327조 제2호).

> 제232조(고소의 취소) ① 고소는 제1심 판결선고 전까지 취소할 수 있다.
> ② 고소를 취소한 자는 다시 고소하지 못한다.

㉣ (×) 형사소송법 제233조의 주관적 불가분원칙이 적용되는 것은 친고죄이다. "친고죄의 공범 중 그 일부에 대하여 제1심판결이 선고된 후에는 제1심판결 선고 전의 다른 공범자에 대하여는 그 고소를 취소할 수 없고 그 고소의 취소가 있다 하더라도 그 효력을 발생할 수 없으며, 이러한 법리는 필요적 공범이나 임의적 공범을 구별함이 없이 모두 적용된다(대법원 1985.11.

12, 85도1940)." 따라서 반의사불벌죄에 대해서는 위와 같은 법리가 적용되지 않으므로, 고소를 취소할 수 있고 그 고소의 취소는 효력을 가지게 된다.

ⓜ (×), ⓗ (×) (반의사불벌죄의 처벌불원의사 내지 처벌희망 의사표시 철회의 대리의 가능 여부) ⓐ 형사소송절차에서 명문의 규정이 없으면 소송행위의 법정대리가 허용되지 않는다. 교통사고처리 특례법 제3조 제2항은 '피해자의 명시적인 의사'에 반하여 공소를 제기할 수 없다고 규정하므로 문언상 그 처벌 여부는 피해자의 명시적 의사에 달려있음이 명백하고, 제3자가 피해자를 대신하여 처벌불원의사를 형성하거나 결정할 수 있다고 해석하는 것은 법의 문언에 반한다. 교통사고처리 특례법이나 형법, 형사소송법에 처벌불원의사의 대리를 허용하는 규정을 두고 있지 않으므로 원칙적으로 그 대리는 허용되지 않는다고 보아야 한다. ⓑ 형사소송법은 친고죄의 고소·고소취소와 반의사불벌죄의 처벌불원의사를 달리 규정하고 있으므로 반의사불벌죄의 처벌불원의사를 친고죄의 고소·고소취소와 동일하게 취급할 수 없다. 형사소송법은 친고죄의 고소·고소취소에 관하여 다수의 조문을 두고 있고 특히 제236조에서 대리를 명시적으로 허용하고 있으나 이와 달리 반의사불벌죄의 처벌불원의사에 관하여는 대리에 관한 명시적 규정을 두지 않고 고소·고소취소의 대리규정을 준용하지도 않았다. 친고죄와 반의사불벌죄는 피해자의 의사가 소송조건이 된다는 점에서는 비슷하지만 이를 소송조건으로 하는 이유·방법·효과는 같다고 할 수 없다. 반의사불벌죄에서 처벌불원의사는 피해자 본인이 하여야 하고 그 대리는 허용되지 않는다는 것이 입법자의 결단으로 이해할 수 있다. ⓒ (결론) 반의사불벌죄에서 성년후견인은 명문의 규정이 없는 이상 의사무능력인 피해자를 대리하여 피고인 또는 피의자에 대한 처벌불원의사를 결정하거나 처벌희망 의사표시를 철회할 수 없다. 성년후견인의 법정대리권 범위에 통상적인 소송행위가 포함되어 있거나 성년후견개시심판에서 정하는 바에 따라 성년후견인이 가정법원의 허가를 얻었더라도 마찬가지이다(대법원 2023.7.17, 2021도11126 전원합의체).

> **제236조(대리고소)** 고소 또는 그 취소는 대리인으로 하여금 하게 할 수 있다.
> **제232조(고소의 취소)** ① 고소는 제1심 판결선고 전까지 취소할 수 있다.
> ② 고소를 취소한 자는 다시 고소할 수 없다.
> ③ 피해자의 명시한 의사에 반하여 공소를 제기할 수 없는 사건에서 처벌을 원하는 의사표시를 철회한 경우에도 제1항과 제2항을 준용한다.

10   정답 ④

④ (×) 형사소송법은 '친고죄의 공범 중 그 1인 또는 수인에 대한 고소 또는 그 취소는 다른 공범자에 대하여도 효력이 있다'고 하여(형사소송법 제233조) '친고죄'에 대한 주관적 불가분의 원칙에 대해서만 규정하고 있다. 따라서 반의사불벌죄의 경우에는 위 원칙이 적용되지 아니한다.
① (○) 대법원 1985.9.10, 85도1273
② (○) 대법원 1996.3.12, 94도2423
③ (○) 조세범처벌법 제6조는 조세에 관한 범칙행위에 대하여는 원칙적으로 국세청장 등의 고발을 기다려 논하도록 규정하고 있는바, 같은 법에 의하여 하는 고발에 있어서는 이른바 고소·고

발 불가분의 원칙이 적용되지 아니하므로, 고발의 구비 여부는 양벌규정에 의하여 처벌받는 자연인인 행위자와 법인에 대하여 개별적으로 논하여야 한다(대법원 2004.9.24, 2004도4066).

11   정답 ③

③ (○) 포괄일죄에 관한 기존 처벌법규에 대하여 그 표현이나 형량과 관련한 개정을 하는 경우가 아니라 애초에 죄가 되지 아니하던 행위를 구성요건의 신설로 포괄일죄의 처벌대상으로 삼는 경우에는 신설된 포괄일죄 처벌법규가 시행되기 이전의 행위에 대하여는 신설된 법규를 적용하여 처벌할 수 없다(형법 제1조 제1항). 이는 신설된 처벌법규가 상습범을 처벌하는 구성요건인 경우에도 마찬가지라고 할 것이므로, 구성요건이 신설된 상습강제추행죄가 시행되기 이전의 범행은 상습강제추행죄로는 처벌할 수 없고 행위시법에 기초하여 강제추행죄로 처벌할 수 있을 뿐이며, 이 경우 그 소추요건도 상습강제추행죄에 관한 것이 아니라 강제추행죄에 관한 것이 구비되어야 한다(대법원 2016.1.28, 2015도15669).
① (×) 법원은 검사가 공소를 제기한 범죄사실을 심판하는 것이지 고소권자가 고소한 내용을 심판하는 것이 아니므로, 고소권자가 비친고죄로 고소한 사건이더라도 검사가 사건을 친고죄로 구성하여 공소를 제기하였다면 공소장 변경절차를 거쳐 공소사실이 비친고죄로 변경되지 아니하는 한, 법원으로서는 친고죄에서 소송조건이 되는 고소가 유효하게 존재하는지를 직권으로 조사·심리하여야 한다(대법원 2015.11.17, 2013도7987).
② (×) 범죄피해자의 고소권은 그 자체로 헌법상 기본권의 성격을 갖는 것이 아니라 형사절차상의 법적인 권리에 불과하므로, 이에 관하여는 원칙적으로 입법자가 그 나라의 고유한 사법문화와 윤리관, 문화전통을 고려하여 합목적적으로 결정할 수 있는 넓은 입법형성권을 갖는다(헌법재판소 2011.2.24, 2008헌바56).
[보충] 자기 또는 배우자의 직계존속을 고소하지 못하도록 규정한 형사소송법 제224조가 비속을 차별 취급하여 평등권을 침해하는 것은 아니라는 헌재결정이다.
④ (×) 「형사소송법」 제230조 제1항 본문은 "친고죄에 대하여는 범인을 알게 된 날로부터 6월을 경과하면 고소하지 못한다"고 규정하고 있는바, 여기서 범인을 알게 된다 함은 통상인의 입장에서 보아 고소권자가 고소를 할 수 있을 정도로 범죄사실과 범인을 아는 것을 의미하고, 범죄사실을 안다는 것은 고소권자가 친고죄에 해당하는 범죄의 피해가 있었다는 사실관계에 관하여 확정적인 인식이 있음을 말한다(대법원 2010.7.15, 2010도4680).

12   정답 ④

④ (×) 강간피해자 명의의 "당사자 간에 원만히 합의되어 민·형사상 문제를 일체 거론하지 않기로 화해되었으므로 합의서를 1심 재판장 앞으로 제출한다"는 취지의 합의서 및 피고인들에게 중형을 내리기보다는 법의 온정을 베풀어 사회에 봉사할 수 있도록 관대한 처분을 바란다는 취지의 탄원서가 제1심 법원에 제출되었다면 이는 결국 고소취소가 있는 것으로 보아야 한다(대법원 1981.11.10, 81도1171).
① (○) 대법원 2011.6.24, 2011도4451; 1985.3.12, 85도190; 1966.1.31, 65도1089 등
② (○) 고발이란 범죄사실을 수사기관에 고하여 그 소추를 촉구하는 것으로서 범인을 지적할 필요가 없는 것이고 또한 고발에서

지정한 범인이 진범인이 아니더라도 고발의 효력에는 영향이 없는 것이므로, 고발인이 농지전용행위를 한 사람을 甲으로 잘못 알고 甲을 피고발인으로 하여 고발하였다고 하더라도 乙이 농지전용행위를 한 이상 乙에 대하여도 고발의 효력이 미친다(대법원 1994.5.13, 94도458).

③ (○) 고발은 범죄사실에 대한 소추를 요구하는 의사표시로서 그 효력은 고발장에 기재된 범죄사실과 동일성이 인정되는 사실 모두에 미치므로, 조세범 처벌절차법에 따라 범칙사건에 대한 고발이 있는 경우 고발의 효력은 범칙사건에 관련된 범칙사실의 전부에 미치고 한 개의 범칙사실의 일부에 대한 고발은 전부에 대하여 효력이 생긴다. 그러나 수개의 범칙사실 중 일부만을 범칙사건으로 하는 고발이 있는 경우 고발장에 기재된 범칙사실과 동일성이 인정되지 않는 다른 범칙사실에 대해서까지 고발의 효력이 미칠 수는 없다(대법원 2014.10.15, 2013도5650).

13 정답 ②

② (×) 사자명예훼손죄는 친고죄로 주관적 불가분의 원칙이 적용된다.

> 제233조(고소의 불가분) 친고죄의 공범 중 그 1인 또는 수인에 대한 고소 또는 그 취소는 다른 공범자에 대하여도 효력이 있다.

① (○) 제228조 참조.

> 제228조(고소권자의 지정) 친고죄에 대하여 고소할 자가 없는 경우에 이해관계인의 신청이 있으면 검사는 10일 이내에 고소할 수 있는 자를 지정하여야 한다.

③ (○) 친고죄에 있어서의 고소는 고소권 있는 자가 수사기관에 대하여 범죄사실을 신고하고 범인의 처벌을 구하는 의사표시로서 서면뿐만 아니라 구술로도 할 수 있는 것이고, 다만 구술에 의한 고소를 받은 검사 또는 사법경찰관은 조서를 작성하여야 하지만 그 조서가 독립된 조서일 필요는 없으며 수사기관이 고소권자를 증인 또는 피해자로서 신문한 경우에 그 진술에 범인의 처벌을 요구하는 의사표시가 포함되어 있고 그 의사표시가 조서에 기재되면 고소는 적법하게 이루어진 것이다(대법원 1985.3.12, 85도190).

④ (○) 형사소송법 제232조 제1항, 제3항에 의하면 친고죄에서 고소의 취소 및 반의사불벌죄에서 처벌을 희망하는 의사표시의 철회는 제1심판결 선고 전까지만 할 수 있고, 따라서 제1심판결 선고 후에 고소가 취소되거나 처벌을 희망하는 의사표시가 철회된 경우에는 효력이 없으므로 형사소송법 제327조 제5호 내지 제6호의 공소기각 재판을 할 수 없다. 그리고 고소의 취소나 처벌을 희망하는 의사표시의 철회는 수사기관 또는 법원에 대한 법률행위적 소송행위이므로 공소제기 전에는 고소사건을 담당하는 수사기관에, 공소제기 후에는 고소사건의 수소법원에 대하여 이루어져야 한다. 피고인이 甲의 명예를 훼손하고 甲을 모욕하였다는 내용으로 기소된 사안에서, 공소제기 후에 피고인에 대한 다른 사건의 검찰 수사과정에서 피고인에 대한 이전의 모든 고소 등을 취소한다는 취지가 기재된 합의서가 작성되었으나 그것이 제1심판결 선고 전에 법원에 제출되었다고 볼 자료가 없고, 오히려 甲이 제1심법정에서 증언하면서 위 합의건은 기소된 사건과 별개이고 피고인의 처벌을 원한다고 진술하였다면, 고소취소 및 처벌의사의 철회가 있었다고 할 수 없다(대법원 2012.2.23, 2011도17264).

14 정답 ②

② (×) 제1심 법원이 반의사불벌죄로 기소된 피고인에 대하여 소송촉진 등에 관한 특례법(이하 '소송촉진법'이라고 한다) 제23조에 따라 피고인의 진술 없이 유죄를 선고하여 판결이 확정된 경우, 만일 피고인이 책임을 질 수 없는 사유로 공판절차에 출석할 수 없었음을 이유로 소송촉진법 제23조의2에 따라 제1심 법원에 재심을 청구하여 재심개시결정이 내려졌다면 피해자는 재심의 제1심 판결 선고 전까지 처벌을 희망하는 의사표시를 철회할 수 있다. 그러나 피고인이 제1심 법원에 소송촉진법 제23조의2에 따른 재심을 청구하는 대신 항소권회복청구를 함으로써 항소심 재판을 받게 되었다면 항소심을 제1심이라고 할 수 없는 이상 항소심 절차에서는 처벌을 희망하는 의사표시를 철회할 수 없다(대법원 2016.11.25, 2016도9470).

① (○) 맞는 지문이다. 또한 위 특례법 제2조 제2호는 '교통사고'란 차의 교통으로 인하여 사람을 사상하거나 물건을 손괴하는 것을 말한다고 규정하고 있는데, 여기서 '차의 교통'은 차량을 운전하는 행위 및 그와 동일하게 평가할 수 있을 정도로 밀접하게 관련된 행위를 모두 포함한다(대법원 2017.5.31, 2016도21034).

③ (○) 피고인이 술에 취한 상태에서 굴삭기를 운전하여 화물차에 적재하였다고 하여 도로교통법 위반(음주운전)으로 기소된 경우, 피고인이 음주측정을 위해 경찰서에 동행할 것을 요구받고 자발적인 의사로 경찰차에 탑승하였고, 경찰서로 이동 중 하차를 요구하였으나 그 직후 수사 과정에 관한 설명을 듣고 빨리 가자고 요구하였으므로, 피고인에 대한 임의동행은 적법하고, 그 후 이루어진 음주측정 결과는 증거능력이 있다(대법원 2016.9.28, 2015도2798).

④ (○) 피고인이 필로폰을 투약한다는 제보를 받은 경찰관이 제보된 주거지에 피고인이 살고 있는지 등 제보의 정확성을 사전에 확인한 후에 제보자를 불러 조사하기 위하여 피고인의 주거지를 방문하였다가, 현관에서 담배를 피우고 있는 피고인을 발견하고 사진을 찍어 제보자에게 전송하여 사진에 있는 사람이 제보한 대상자가 맞다는 확인을 한 후, 가지고 있던 피고인의 전화번호로 전화를 하여 차량 접촉사고가 났으니 나오라고 하였으나 나오지 않고, 또한 경찰관임을 밝히고 만나자고 하는데도 현재 집에 있지 않다는 취지로 거짓말을 하자 피고인의 집 문을 강제로 열고 들어가 피고인을 긴급체포한 경우, 피고인이 마약에 관한 죄를 범하였다고 의심할 만한 상당한 이유가 있었더라도, 경찰관이 이미 피고인의 신원과 주거지 및 전화번호 등을 모두 파악하고 있었고, 당시 마약 투약의 범죄 증거가 급속하게 소멸될 상황도 아니었던 점 등의 사정을 감안하면, 긴급체포가 미리 체포영장을 받을 시간적 여유가 없었던 경우에 해당하지 않아 경찰관의 긴급체포를 위법하다고 본 원심판단은 정당하다(대법원 2016.10.13, 2016도5814).

15 정답 ③

③ (○) 형사소송법 제230조 제1항에서 말하는 '범인을 알게 된 날'이란 범죄행위가 종료된 후에 범인을 알게 된 날을 가리키는 것으로서, 고소권자가 범죄행위가 계속되는 도중에 범인을 알았다 하여도, 그 날부터 곧바로 위 조항에서 정한 친고죄의 고소기간이 진행된다고는 볼 수 없고, 이러한 경우 고소기간은 범죄행위가 종료된 때부터 계산하여야 하며, 동종행위의 반복이 당연히 예상되는 영업범 등 포괄일죄의 경우에는 최후의 범죄

행위가 종료한 때에 전체 범죄행위가 종료된 것으로 보아야 한다(대법원 2004.10.28, 2004도5014).

① (×) 피해자가 의식을 회복하지 못하고 있는 이상 피해자에게 반의사불벌죄에서 처벌희망 여부에 관한 의사표시를 할 수 있는 소송능력이 있다고 할 수 없고, 피해자의 아버지가 피해자를 대리하여 피고인에 대한 처벌을 희망하지 아니한다는 의사를 표시하는 것 역시 허용되지 아니할 뿐만 아니라 피해자가 성년인 이상 의사능력이 없다는 것만으로 피해자의 아버지가 당연히 법정대리인이 된다고 볼 수도 없으므로, 피해자의 아버지가 피고인에 대한 처벌을 희망하지 아니한다는 의사를 표시하였더라도 그것이 반의사불벌죄에서의 처벌희망 여부에 관한 피해자의 의사표시로서 소송법적으로 효력이 발생할 수는 없다(대법원 2013.9.26, 2012도568).

② (×) 청소년의 성보호에 관한 법률 제16조에 규정된 반의사불벌죄라고 하더라도, 피해자인 청소년에게 의사능력이 있는 이상, 단독으로 피고인 또는 피의자의 처벌을 희망하지 않는다는 의사표시 또는 처벌희망 의사표시의 철회를 할 수 있고, 거기에 법정대리인의 동의가 있어야 하는 것으로 볼 것은 아니다(대법원 2009.11.19, 2009도6058 전원합의체).

④ (×) 비록 고소인이 사건 당일 간통의 범죄사실을 신고하면서 현장에 출동한 경찰관에게 고소장을 교부하였다고 하더라도, 송파경찰서에 도착하여 최종적으로 고소장을 접수시키지 아니하기로 결심하고 고소장을 반환받은 것이라면, 고소장이 수사기관에 적법하게 수리되어 고소의 효력이 발생되었다고 할 수 없다. 나아가 고소인이 당시 피고인들에 대하여 처벌 불원의 의사를 표시하였다고 하더라도, 애초 적법한 고소가 없었던 이상, 그로부터 3개월이 지나 제기된 이 사건 고소가 재고소의 금지를 규정한 형사소송법 제232조 제2항에 위반된다고 볼 수도 없다(대법원 2008.11.27, 2007도4977).

16 정답 ③

③ (○) 이 사건 소변채취를 법관의 영장을 필요로 하는 강제처분이라고 할 수 없어 구치소 등 교정시설 내에서 위와 같은 방법에 의한 소변채취가 법관의 영장이 없이 실시되었다고 하여 헌법 제12조 제3항의 영장주의에 위배하였다고 할 수는 없다(헌법재판소 2006.7.27, 2005헌마277).

① (×) 관세법 제246조 제1항, 제2항, 제257조, '국제우편물 수입통관 사무처리'(2011.9.30. 관세청고시 제2011-40호) 제1-2조 제2항, 제1-3조, 제3-6조, 구 '수출입물품 등의 분석사무 처리에 관한 시행세칙'(2013.1.4. 관세청훈령 제1507호로 개정되기 전의 것) 등과 관세법이 관세의 부과·징수와 아울러 수출입물품의 통관을 적정하게 함을 목적으로 한다는 점(관세법 제1조)에 비추어 보면, 우편물 통관검사절차에서 이루어지는 우편물의 개봉, 시료채취, 성분분석 등의 검사는 수출입물품에 대한 적정한 통관 등을 목적으로 한 행정조사의 성격을 가지는 것으로서 수사기관의 강제처분이라고 할 수 없으므로, 압수·수색 영장 없이 우편물의 개봉, 시료채취, 성분분석 등 검사가 진행되었다 하더라도 특별한 사정이 없는 한 위법하다고 볼 수 없다(대법원 2013.9.26, 2013도7718).

② (×) 교통안전과 위험방지를 위한 필요 없음에도 주취운전을 하였다고 인정할 만한 상당한 이유가 있다는 이유만으로 이루어지는 음주측정은 이미 행하여진 주취운전이라는 범죄행위에

대한 증거 수집을 위한 수사절차로서의 의미를 가지는 것인데, 도로교통법의 규정들이 음주측정을 위한 강제처분의 근거가 될 수 없으므로 위와 같은 음주측정을 위하여 당해 운전자를 강제로 연행하기 위해서는 수사상의 강제처분에 관한 형사소송법상의 절차에 따라야 하고, 이러한 절차를 무시한 채 이루어진 강제연행은 위법한 체포에 해당한다. 이와 같은 위법한 체포 상태에서 음주측정요구가 이루어진 경우, 음주측정요구를 위한 위법한 체포와 그에 이은 음주측정요구는 주취운전이라는 범죄행위에 대한 증거 수집을 위하여 연속하여 이루어진 것으로서 개별적으로 그 적법 여부를 평가하는 것은 적절하지 않으므로 그 일련의 과정을 전체적으로 보아 위법한 음주측정요구가 있었던 것으로 볼 수밖에 없고, 운전자가 주취운전을 하였다고 인정할 만한 상당한 이유가 있다 하더라도 그 운전자에게 경찰공무원의 이와 같은 위법한 음주측정요구에 대해서까지 그에 응할 의무가 있다고 보아 이를 강제하는 것은 부당하므로 그에 불응하였다고 하여 음주측정거부에 관한 도로교통법 위반죄로 처벌할 수 없다(대법원 2006.11.9, 2004도8404; 2012.12.13, 2012도11162).

④ (×) 거짓말탐지기의 검사는 그 기구의 성능, 조작기술에 있어 신뢰도가 극히 높다고 인정되고 그 검사자가 적격자이며, 검사를 받는 사람이 검사를 받음에 동의하였으며 검사자 자신이 실시한 검사의 방법, 경과 및 그 결과를 충실하게 기재하였다는 여러가지 점이 증거에 의하여 확인되었을 경우에 형사소송법 제313조 제2항(현행 동 제3항)에 의하여 이를 증거로 할 수 있다(대법원 1984.2.14, 83도3146).

17 정답 ③

③ (×) 위드마크 공식은 운전자가 음주한 상태에서 운전한 사실이 있는지에 대한 경험법칙에 의한 증거수집 방법에 불과하다. 따라서 경찰공무원에게 위드마크 공식의 존재 및 나아가 호흡측정에 의한 혈중알코올농도가 음주운전 처벌기준 수치에 미달하였더라도 위드마크 공식에 의한 역추산 방식에 의하여 운전 당시의 혈중알코올농도를 산출할 경우 그 결과가 음주운전 처벌기준 수치 이상이 될 가능성이 있다는 취지를 운전자에게 미리 고지하여야 할 의무가 있다고 보기도 어렵다(대법원 2017.9.21, 2017도661).

① (○) 구 도로교통법 제44조 제2항, 제3항, 제148조의2 제1항 제2호의 입법연혁과 내용 등에 비추어 보면, 구 도로교통법 제44조 제2항, 제3항은 음주운전 혐의가 있는 운전자에게 수사를 위한 호흡측정에도 응할 것을 간접적으로 강제하는 한편 혈액채취 등의 방법에 의한 재측정을 통하여 호흡측정의 오류로 인한 불이익을 구제받을 수 있는 기회를 보장하는 데 취지가 있으므로, 이 규정들이 음주운전에 대한 수사방법으로서의 혈액채취에 의한 측정의 방법을 운전자가 호흡측정 결과에 불복하는 경우에만 한정하여 허용하려는 취지의 규정이라고 해석할 수는 없다. … 음주운전에 대한 수사 과정에서 음주운전 혐의가 있는 운전자에 대하여 구 도로교통법 제44조 제2항에 따른 호흡측정이 이루어진 경우에는 그에 따라 과학적이고 중립적인 호흡측정 수치가 도출된 이상 다시 음주측정을 할 필요성은 사라졌으므로 운전자의 불복이 없는 한 다시 음주측정을 하는 것은 원칙적으로 허용되지 아니한다. 그러나 운전자의 태도와 외관, 운전 행태 등에서 드러나는 주취 정도, 운전자가 마신 술의

종류와 양, 운전자가 사고를 야기하였다면 경위와 피해 정도, 목격자들의 진술 등 호흡측정 당시의 구체적 상황에 비추어 호흡측정기의 오작동 등으로 인하여 호흡측정 결과에 오류가 있다고 인정할 만한 객관적이고 합리적인 사정이 있는 경우라면 그러한 호흡측정 수치를 얻은 것만으로는 수사의 목적을 달성하였다고 할 수 없어 추가로 음주측정을 할 필요성이 있으므로, 경찰관이 음주운전 혐의를 제대로 밝히기 위하여 운전자의 자발적인 동의를 얻어 혈액 채취에 의한 측정의 방법으로 다시 음주측정을 하는 것을 위법하다고 볼 수는 없다. 이 경우 운전자가 일단 호흡측정에 응한 이상 재차 음주측정에 응할 의무까지 당연히 있다고 할 수는 없으므로, 운전자의 혈액 채취에 대한 동의의 임의성을 담보하기 위하여는 경찰관이 미리 운전자에게 혈액 채취를 거부할 수 있음을 알려주었거나 운전자가 언제든지 자유로이 혈액 채취에 응하지 아니할 수 있었음이 인정되는 등 운전자의 자발적인 의사에 의하여 혈액 채취가 이루어졌다는 것이 객관적인 사정에 의하여 명백한 경우에 한하여 혈액 채취에 의한 측정의 적법성이 인정된다(대법원 2015.7.9, 2014도16051).

② (O) 음주운전에 대한 수사과정에서 음주운전의 혐의가 있는 운전자에 대하여 도로교통법 제44조 제2항에 따른 호흡측정이 이루어진 경우에는 그에 따라 과학적이고 중립적인 호흡측정 수치가 도출된 이상 다시 음주측정을 할 필요가 사라졌으므로 운전자의 불복이 없는 한 다시 음주측정을 하는 것은 원칙적으로 허용되지 아니한다. 또한 도로교통법 제44조 제2항, 제3항의 내용 등에 비추어 보면, 호흡측정 방식에 따라 혈중알코올농도를 측정한 경찰공무원에게 특별한 사정이 없는 한 혈액채취의 방법을 통하여 혈중알코올농도를 다시 측정할 수 있다는 취지를 운전자에게 고지하여야 할 의무가 있다고 볼 수 없다(대법원 2017.9.21, 2017도661).

④ (O) 임의동행은 ⊙ 경찰관 직무집행법 제3조 제2항에 따른 행정경찰 목적의 경찰활동으로 행하여지는 것 외에도 ⓒ 형사소송법 제199조 제1항에 따라 범죄 수사를 위하여 수사관이 동행에 앞서 피의자에게 동행을 거부할 수 있음을 알려 주었거나 동행한 피의자가 언제든지 자유로이 동행과정에서 이탈 또는 동행장소로부터 퇴거할 수 있었음이 인정되는 등 오로지 피의자의 자발적인 의사에 의하여 이루어진 경우에도 가능하다(대법원 2006.7.6, 2005도6810 등). 기록에 의하면, 경찰관은 당시 피고인의 정신 상태, 신체에 있는 주사바늘 자국, 알콜솜 휴대, 전과 등을 근거로 피고인의 마약류 투약 혐의가 상당하다고 판단하여 경찰서로 임의동행을 요구하였고, 동행장소인 경찰서에서 피고인에게 마약류 투약 혐의를 밝힐 수 있는 소변과 모발의 임의제출을 요구하였음을 알 수 있다. 그렇다면 이 사건 임의동행은 마약류 투약 혐의에 대한 수사를 위한 것이어서 형사소송법 제199조 제1항에 따른 임의동행에 해당한다(대법원 2020. 5.14, 2020도398).
[보충] 다만 원심은 수사기관이 위 소변과 모발을 형사소송법 제218조에 따른 임의제출물로 압수함에 있어 그 제출의 임의성도 부정하였고, 관련 법리와 기록에 비추어 살펴보면, 검사가 위 임의성의 존재에 관하여 합리적 의심을 배제할 정도로 증명하는 데에 실패하였다고 볼 수 있어서 임의성을 부정한 판단 부분에 상고이유 주장과 같이 논리와 경험의 법칙을 위반하여 자유심증주의의 한계를 벗어나거나 임의제출물 압수의 임의성, 위법수집증거 배제법칙과 증거능력에 관한 법리를 오해한 잘못

이 없다. 결국 피고인의 소변과 모발은 증거능력을 인정할 수 없으므로, 앞서 본 원심의 임의동행에 관한 법리를 오해한 잘못은 판결에 영향이 없다(위 판례).

18 정답 ②

② ⊙ⓒⓔ

⊙ (×) 확정된 형을 집행하는 단계까지 법관의 영장에 의하게 하는 것은 절차의 번잡을 초래한다는 점을 고려하여 검사의 형집행장에 의한 구인이 인정된다(제473조 참조). 형집행장은 영장에 해당하지 않으나 구속영장과 동일한 효력이 있다(제474조 제2항 참조).

> **제473조(집행하기 위한 소환)** ① 사형, 징역, 금고 또는 구류의 선고를 받은 자가 구금되지 아니한 때에는 검사는 형을 집행하기 위하여 이를 소환하여야 한다.
> ② 소환에 응하지 아니한 때에는 검사는 형집행장을 발부하여 구인하여야 한다.
> ③ 제1항의 경우에 형의 선고를 받은 자가 도망하거나 도망할 염려가 있는 때 또는 현재지를 알 수 없는 때에는 소환함이 없이 형집행장을 발부하여 구인할 수 있다.
> **제474조(형집행장의 방식과 효력)** ① 전조의 형집행장에는 형의 선고를 받은 자의 성명, 주거, 연령, 형명, 형기 기타 필요한 사항을 기재하여야 한다.
> ② 형집행장은 구속영장과 동일한 효력이 있다.

ⓒ (O) 헌법재판소 2016.11.24, 2014헌바401

ⓒ (×) 헌법재판소 2016.3.31, 2013헌바190 참조. 최종결론은 합헌(영장주의 위배 ×, 위헌정족수 미달)이고, 지문은 재판관 이정미, 재판관 김이수, 재판관 이진성, 재판관 안창호, 재판관 강일원의 위헌의견이다.

ⓔ (×) 긴급체포는 영장주의원칙에 대한 예외인 만큼 형사소송법 제200조의3 제1항의 요건을 모두 갖춘 경우에 한하여 예외적으로 허용되어야 하고, 요건을 갖추지 못한 긴급체포는 법적 근거에 의하지 아니한 영장 없는 체포로서 위법한 체포에 해당하는 것이고, 여기서 긴급체포의 요건을 갖추었는지 여부는 사후에 밝혀진 사정을 기초로 판단하는 것이 아니라 체포 당시의 상황을 기초로 판단하여야 하고, 이에 관한 검사나 사법경찰관 등 수사주체의 판단에는 상당한 재량의 여지가 있다고 할 것이나, 긴급체포 당시의 상황으로 보아서도 그 요건의 충족 여부에 관한 검사나 사법경찰관의 판단이 경험칙에 비추어 현저히 합리성을 잃은 경우에는 그 체포는 위법한 체포라 할 것이고, 이러한 위법은 영장주의에 위배되는 중대한 것이니 그 체포에 의한 유치 중에 작성된 피의자신문조서는 위법하게 수집된 증거로서 특별한 사정이 없는 한 이를 유죄의 증거로 할 수 없다(대법원 2008.3.27, 2007도11400; 2002.6.11, 2000도5701 등).

ⓜ (O) 구치소장이 변호인접견실에 CCTV를 설치하여 미결수용자와 변호인 간의 접견을 관찰한 행위는 변호인의 조력을 받을 권리를 침해하지 않고, 교도관이 미결수용자와 변호인 간에 주고받는 서류를 확인하고, 소송관계서류처리부에 그 제목을 기재하여 등재한 행위도 변호인의 조력을 받을 권리를 침해하지 않는다(헌법재판소 2016.4.28, 2015헌마243).

19 정답 ④

④ ⓒⓔⓜ

㉠ (×) 통신비밀보호법에 규정된 '통신제한조치'는 '우편물의 검열 또는 전기통신의 감청'을 말하는 것으로(제3조 제2항), 여기서 '전기통신'은 전화·전자우편·모사전송 등과 같이 유선·무선·광선 및 기타의 전자적 방식에 의하여 모든 종류의 음향·문언·부호 또는 영상을 송신하거나 수신하는 것을 말하고(제2조 제3호), '감청'은 전기통신에 대하여 당사자의 동의 없이 전자장치·기계장치 등을 사용하여 통신의 음향·문언·부호·영상을 청취·공독하여 그 내용을 지득 또는 채록하거나 전기통신의 송·수신을 방해하는 것을 말한다고 규정되어 있다(제2조 제7호). 따라서 '전기통신의 감청'은 '감청'의 개념 규정에 비추어 전기통신이 이루어지고 있는 상황에서 실시간으로 전기통신의 내용을 지득·채록하는 경우와 통신의 송·수신을 직접적으로 방해하는 경우를 의미하는 것이지, 이미 수신이 완료된 전기통신에 관하여 남아 있는 기록이나 내용을 열어보는 등의 행위는 포함하지 않는다(대법원 2016.10.13, 2016도8137).

㉡ (×) 통신제한조치허가서에는 통신제한조치의 종류 ·목적·대상·범위·기간 및 집행장소와 방법을 특정하여 기재하여야 하고(통신비밀보호법 제6조 제6항), 수사기관은 허가서에 기재된 허가의 내용과 범위 및 집행방법 등을 준수하여 통신제한조치를 집행하여야 한다. 이때 수사기관은 통신기관 등에 통신제한조치허가서의 사본을 교부하고 집행을 위탁할 수 있으나(통신비밀보호법 제9조 제1항, 제2항), 그 경우에도 집행의 위탁을 받은 통신기관 등은 수사기관이 직접 집행할 경우와 마찬가지로 허가서에 기재된 집행방법 등을 준수하여야 함은 당연하다. 따라서 허가된 통신제한조치의 종류가 전기통신의 '감청'인 경우, 수사기관 또는 수사기관으로부터 통신제한조치의 집행을 위탁받은 통신기관 등은 통신비밀보호법이 정한 감청의 방식으로 집행하여야 하고 그와 다른 방식으로 집행하여서는 아니 된다. 한편 수사기관이 통신기관 등에 통신제한조치의 집행을 위탁하는 경우에는 집행에 필요한 설비를 제공하여야 한다(통신비밀보호법 시행령 제21조 제3항). 그러므로 수사기관으로부터 통신제한조치의 집행을 위탁받은 통신기관 등이 집행에 필요한 설비가 없을 때에는 수사기관에 설비의 제공을 요청하여야 하고, 그러한 요청 없이 통신제한조치허가서에 기재된 사항을 준수하지 아니한 채 통신제한조치를 집행하였다면, 그러한 집행으로 취득한 전기통신의 내용 등은 헌법과 통신비밀보호법이 국민의 기본권인 통신의 비밀을 보장하기 위해 마련한 적법한 절차를 따르지 아니하고 수집한 증거에 해당하므로(형사소송법 제308조의2), 이는 유죄 인정의 증거로 할 수 없다(대법원 2016. 10.13, 2016도8137).

㉢ (○) 통신비밀보호법 제3조 제1항은 법률이 정하는 경우를 제외하고는 공개되지 아니한 타인 간의 대화를 녹음 또는 청취하지 못하도록 정하고 있고, 제16조 제1항은 제3조의 규정에 위반하여 공개되지 아니한 타인 간의 대화를 녹음 또는 청취한 자(제1호)와 제1호에 의하여 지득한 대화의 내용을 공개하거나 누설한 자(제2호)를 처벌하고 있다. 이와 같이 공개되지 아니한 타인 간의 대화를 녹음 또는 청취하지 못하도록 한 것은, 대화에 원래부터 참여하지 않는 제3자가 그 대화를 하는 타인들 간의 발언을 녹음 또는 청취해서는 아니 된다는 취지이다. 따라서 3인 간의 대화에서 그중 한 사람이 그 대화를 녹음 또는 청취하는 경우에 다른 두 사람의 발언은 그 녹음자 또는 청취자에 대한 관계에서 통신비밀보호법 제3조 제1항에서 정한 '타인 간의 대화'라

고 할 수 없으므로, 이러한 녹음 또는 청취하는 행위 및 그 내용을 공개하거나 누설하는 행위가 통신비밀보호법 제16조 제1항에 해당한다고 볼 수 없다(대법원 2014.5.16, 2013도16404; 2006.10.12, 2006도4981).

㉣ (○) 통신비밀보호법 제3조 제1항이 공개되지 아니한 타인 간의 대화를 녹음 또는 청취하지 못하도록 한 것은, 대화에 원래부터 참여하지 않는 제3자가 그 대화를 하는 타인 간의 발언을 녹음 또는 청취해서는 아니 된다는 취지이다. 따라서 대화에 원래부터 참여하지 않는 제3자가 일반 공중이 알 수 있도록 공개되지 아니한 타인 간의 발언을 녹음하거나 전자장치 또는 기계적 수단을 이용하여 청취하는 것은 특별한 사정이 없는 한 같은 법 제3조 제1항에 위반된다(대법원 2016.5.12, 2013도15616).

㉤ (○) 방송자가 인터넷을 도관 삼아 인터넷서비스제공업체 또는 온라인서비스제공자인 인터넷개인방송 플랫폼업체의 서버를 이용하여 실시간 또는 녹화된 형태로 음성, 영상물을 방송함으로써 불특정 혹은 다수인이 이를 수신·시청할 수 있게 하는 인터넷개인 방송은 그 성격이나 통신비밀보호법의 위와 같은 규정에 비추어 전기통신에 해당함은 명백하다. ⓐ 인터넷개인방송의 방송자가 비밀번호를 설정하는 등 그 수신 범위를 한정하는 비공개 조치를 취하지 않고 방송을 송출하는 경우, 누구든지 시청하는 것을 포괄적으로 허용하는 의사라고 볼 수 있으므로, 그 시청자는 인터넷개인방송의 당사자인 수신인에 해당하고, 이러한 시청자가 방송 내용을 지득·채록하는 것은 통신비밀보호법에서 정한 감청에 해당하지 않는다. 그러나 ⓑ 인터넷개인방송의 방송자가 비밀번호를 설정하는 등으로 비공개 조치를 취한 후 방송을 송출하는 경우에는, 방송자로부터 허가를 받지 못한 사람은 당해 인터넷개인방송의 당사자가 아닌 '제3자'에 해당하고, 이러한 제3자가 비공개 조치가 된 인터넷개인방송을 비정상적인 방법으로 시청·녹화하는 것은 통신비밀보호법상의 감청에 해당할 수 있다. 다만, ⓒ 방송자가 이와 같은 제3자의 시청·녹화 사실을 알거나 알 수 있었음에도 방송을 중단하거나 그 제3자를 배제하지 않은 채 방송을 계속 진행하는 등 허가받지 아니한 제3자의 시청·녹화를 사실상 승낙·용인한 것으로 볼 수 있는 경우에는 불특정인 혹은 다수인을 직·간접적인 대상으로 하는 인터넷개인방송의 일반적 특성상 그 제3자 역시 인터넷개인방송의 당사자에 포함될 수 있으므로, 이러한 제3자가 방송 내용을 지득·채록하는 것은 통신비밀보호법에서 정한 감청에 해당하지 않는다(대법원 2022.10.27, 2022도9877).

㉥ (×) [피고인은 2020.2. 배우자와 함께 거주하는 아파트 거실에 녹음기능이 있는 영상정보 처리기기(이른바 '홈캠')를 설치하였고, 2020.5.1. 13:00경 위 거실에서 배우자와 그 부모 및 동생이 대화하는 내용이 위 기기에 자동 녹음되었다. 이에 대하여 피고인은 "공개되지 아니한 타인 간 대화를 청취하고 그 내용을 누설"하여 통신비밀보호법 제16조, 제3조를 위반한 것으로 기소되었다.] 통신비밀보호법 제3조 제1항은 누구든지 이 법과 형사소송법 또는 군사법원법의 규정에 의하지 아니하고는 우편물의 검열, 전기통신의 감청 또는 공개되지 않은 타인 간의 대화를 녹음 또는 청취하지 못한다고 규정하고 있고, 제16조 제1항은 이를 위반하는 행위를 처벌하도록 규정하고 있다. 여기서 '청취'는 타인 간의 대화가 이루어지고 있는 상황에서 실시간으로 그 대화의 내용을 엿듣는 행위를 의미하고, 대화가 이미 종료된 상태에서 그 대화의 녹음물을 재생하여 듣는 행위는 '청취'에 포함되지 않는다(대법원 2024.2.29, 2023도8603).

정답 ②

② ㉠㉢㉣㉤

㉠ (×) 2022.12.27. 통신비밀보호법이 개정되어 긴급통신제한조치 종료 후 법원에 대한 사후통보제도는 폐지되고(구법 제8조 제5항 삭제), 긴급통신제한조치 착수 시 법원의 사후허가 취득이 필수적 절차로 강제되게 되었다.

㉡ (○) 2020.3.24. 개정 통신비밀보호법 제12조의2 참조(끝 부분은 동조 제5항 첫 번째 괄호 참조). '인터넷회선을 통하여 송·수신하는 전기통신'에 관한 부분은 헌법에 합치되지 아니한다. 위 법률조항은 2020.3.31.을 시한으로 개정될 때까지 계속 적용한다는 헌법재판소의 헌법불합치결정(헌법재판소 2018.8.30, 2016헌마263)에 의하여, 2020.3.24. 통신비밀보호법이 개정되어 통신비밀보호법 제12조의2를 다음과 같이 신설하였다.

> **제12조의2(범죄수사를 위하여 인터넷 회선에 대한 통신제한조치로 취득한 자료의 관리)** ① 검사는 인터넷 회선을 통하여 송신·수신하는 전기통신을 대상으로 제6조 또는 제8조(제5조 제1항의 요건에 해당하는 사람에 대한 긴급통신제한조치에 한정한다)에 따른 통신제한조치를 집행한 경우 그 전기통신을 제12조 제1호에 따라 사용하거나 사용을 위하여 보관(이하 이 조에서 "보관등"이라 한다)하고자 하는 때에는 집행종료일부터 14일 이내에 보관등이 필요한 전기통신을 선별하여 통신제한조치를 허가한 법원에 보관등의 승인을 청구하여야 한다.
> ② 사법경찰관은 인터넷 회선을 통하여 송신·수신하는 전기통신을 대상으로 제6조 또는 제8조(제5조 제1항의 요건에 해당하는 사람에 대한 긴급통신제한조치에 한정한다)에 따른 통신제한조치를 집행한 경우 그 전기통신의 보관등을 하고자 하는 때에는 집행종료일부터 14일 이내에 보관등이 필요한 전기통신을 선별하여 검사에게 보관등의 승인을 신청하고, 검사는 신청일부터 7일 이내에 통신제한조치를 허가한 법원에 그 승인을 청구할 수 있다.
> ④ 법원은 청구가 이유 있다고 인정하는 경우에는 보관등을 승인하고 이를 증명하는 서류(이하 이 조에서 "승인서"라 한다)를 발부하며, 청구가 이유 없다고 인정하는 경우에는 청구를 기각하고 이를 청구인에게 통지한다.
> ⑤ 검사 또는 사법경찰관은 제1항에 따른 청구나 제2항에 따른 신청을 하지 아니하는 경우에는 집행종료일부터 14일(검사가 사법경찰관의 신청을 기각한 경우에는 그 날부터 7일) 이내에 통신제한조치로 취득한 전기통신을 폐기하여야 하고, 법원에 승인청구를 한 경우(취득한 전기통신의 일부에 대해서만 청구한 경우를 포함한다)에는 제4항에 따라 법원으로부터 승인서를 발부받거나 청구기각의 통지를 받은 날부터 7일 이내에 승인을 받지 못한 전기통신을 폐기하여야 한다.

㉢ (×), ㉣ (×) 수사기관이 범죄 증거를 수집할 목적으로 피의자의 동의 없이 피의자의 소변을 채취하는 것은 법원으로부터 감정허가장을 받아 형사소송법 제221조의4 제1항, 제173조 제1항에서 정한 '감정에 필요한 처분'으로 할 수 있지만(피의자를 병원 등에 유치할 필요가 있는 경우에는 형사소송법 제221조의3에 따라 법원으로부터 감정유치장을 받아야 한다), 형사소송법 제219조, 제106조 제1항, 제109조에 따른 압수·수색의 방법으로도 할 수 있다. 이러한 압수·수색의 경우에도 수사기관은 원칙적으로 형사소송법 제215조에 따라 판사로부터 압수·수색영장을 적법하게 발부받아 집행해야 한다(이상 ㉢의 해설). 압수·수색의 방법으로 소변을 채취하는 경우 압수대상물인 피의

자의 소변을 확보하기 위한 수사기관의 노력에도 불구하고, 피의자가 인근 병원 응급실 등 소변 채취에 적합한 장소로 이동하는 것에 동의하지 않거나 저항하는 등 임의동행을 기대할 수 없는 사정이 있는 때에는 수사기관으로서는 소변 채취에 적합한 장소로 피의자를 데려가기 위해서 필요 최소한의 유형력을 행사하는 것이 허용된다. 이는 형사소송법 제219조, 제120조 제1항에서 정한 '압수·수색영장의 집행에 필요한 처분'에 해당한다고 보아야 한다(이상 ㉣번의 해설). 그렇지 않으면 피의자의 신체와 건강을 해칠 위험이 적고 피의자의 굴욕감을 최소화하기 위하여 마련된 절차에 따른 강제 채뇨가 불가능하여 압수영장의 목적을 달성할 방법이 없기 때문이다(대법원 2018.7.12, 2018도6219).

㉤ (○) 2022.12.27. 개정 통신비밀보호법 제8조 제2항, 제5항 참조. 개정 통비법의 요점은, 긴급통신제한조치의 집행에 착수하면 지체 없이 법원에 허가청구를 하고 법원의 허가를 받지 못한 경우 긴급감청 즉시 중지 조항을 신설함으로써, 긴급통신제한조치가 단시간 내 종료된 경우라도 예외 없이 법원의 허가를 받아야 함을 분명히 하였다는 점이다. 이로써 구 통비법상 긴급통신제한조치 단시가 종료 시 법원의 허가를 받을 필요가 없는 경우 종료 후 7일 내 법원에 대한 사후통보제도(구 통비법 제8조 제5항)는 폐지된 것이다(위 ㉠의 내용).

> **통신비밀보호법 제8조(긴급통신제한조치)** ① 검사, 사법경찰관 또는 정보수사기관의 장은 국가안보를 위협하는 음모행위, 직접적인 사망이나 심각한 상해의 위험을 야기할 수 있는 범죄 또는 조직범죄등 중대한 범죄의 계획이나 실행 등 긴박한 상황에 있고 제5조 제1항 또는 제7조 제1항 제1호의 규정에 의한 요건을 구비한 자에 대하여 제6조 또는 제7조 제1항 및 제3항의 규정에 의한 절차를 거칠 수 없는 긴급한 사유가 있는 때에는 법원의 허가없이 통신제한조치를 할 수 있다.
> ② 검사, 사법경찰관 또는 정보수사기관의 장은 제1항에 따른 통신제한조치(이하 "긴급통신제한조치"라 한다)의 집행에 착수한 후 지체 없이 제6조(제7조 제3항에서 준용하는 경우를 포함한다)에 따라 법원에 허가청구를 하여야 한다. <개정 2022.12.27.>
> ③ 사법경찰관이 긴급통신제한조치를 할 경우에는 미리 검사의 지휘를 받아야 한다. 다만, 특히 급속을 요하여 미리 지휘를 받을 수 없는 사유가 있는 경우에는 긴급통신제한조치의 집행착수후 지체 없이 검사의 승인을 얻어야 한다.
> ④ 검사, 사법경찰관 또는 정보수사기관의 장이 긴급통신제한조치를 하고자 하는 경우에는 반드시 긴급검열서 또는 긴급감청서(이하 "긴급감청서등"이라 한다)에 의하여야 하며 소속기관에 긴급통신제한조치대장을 비치하여야 한다.
> ⑤ 검사, 사법경찰관 또는 정보수사기관의 장은 긴급통신제한조치의 집행에 착수한 때부터 36시간 이내에 법원의 허가를 받지 못한 경우에는 해당 조치를 즉시 중지하고 해당 조치로 취득한 자료를 폐기하여야 한다. <개정 2022.12.27.>
> ⑥ 검사, 사법경찰관 또는 정보수사기관의 장은 제5항에 따라 긴급통신제한조치로 취득한 자료를 폐기한 경우 폐기이유·폐기범위·폐기일시 등을 기재한 자료폐기결과보고서를 작성하여 폐기일부터 7일 이내에 제2항에 따라 허가청구를 한 법원에 송부하고, 그 부본(副本)을 피의자의 수사기록 또는 피내사자의 내사사건기록에 첨부하여야 한다. <개정 2022.12.27.>
> ⑦ 삭제 <2022.12.27.>
> ⑧ 정보수사기관의 장은 국가안보를 위협하는 음모행위, 직

접적인 사망이나 심각한 상해의 위험을 야기할 수 있는 범죄 또는 조직범죄등 중대한 범죄의 계획이나 실행 등 긴박한 상황에 있고 제7조 제1항 제2호에 해당하는 자에 대하여 대통령의 승인을 얻을 시간적 여유가 없거나 통신제한조치를 긴급히 실시하지 아니하면 국가안전보장에 대한 위해를 초래할 수 있다고 판단되는 때에는 소속 장관(국가정보원장을 포함한다)의 승인을 얻어 통신제한조치를 할 수 있다.

⑨ 정보수사기관의 장은 제8항에 따른 통신제한조치의 집행에 착수한 후 지체 없이 제7조에 따라 대통령의 승인을 얻어야 한다. <개정 2022.12.27.>

⑩ 정보수사기관의 장은 제8항에 따른 통신제한조치의 집행에 착수한 때부터 36시간 이내에 대통령의 승인을 얻지 못한 경우에는 해당 조치를 즉시 중지하고 해당 조치로 취득한 자료를 폐기하여야 한다. <신설 2022.12.27.>

ⓑ (×) 손님으로 가장한 경찰관이 대화당사자로서 성매매업소를 운영하는 피고인 등과의 대화 내용을 녹음한 것은 통신비밀보호법 제3조 제1항이 금지하는 공개되지 아니한 타인 간의 대화를 녹음한 경우에 해당하지 않고, 경찰관이 불특정 다수가 출입할 수 있는 성매매업소에 통상적인 방법으로 들어가 적법한 방법으로 수사를 하는 과정에서 성매매알선 범행이 행하여진 시점에 위 범행의 증거를 보전하기 위하여 범행 상황을 녹음한 것이므로 설령 대화상대방인 피고인 등이 인식하지 못한 사이에 영장 없이 녹음하였다고 하더라도 이를 위법하다고 볼 수 없다(대법원 2024.5.30, 2020도9370).

▶ **제3편 수사와 공소: 제1장 수사** [임의수사 2]

01	②	02	②	03	④	04	④	05	②
06	④	07	③	08	④	09	④	10	③
11	③	12	①	13	③	14	③	15	④
16	④	17	④	18	④	19	③	20	④

01

정답 ②

② (○) '인터넷회선을 통하여 송·수신하는 전기통신'에 관한 부분은 헌법에 합치되지 아니한다. 위 법률조항은 2020.3.31.을 시한으로 개정될 때까지 계속 적용한다는 헌법재판소의 헌법불합치결정(헌법재판소 2018.8.30, 2016헌마263)에 의하여, 2020.3.24. 통신비밀보호법이 개정되어 통신비밀보호법 제12조의2를 다음과 같이 신설하였다.

> **제12조의2(범죄수사를 위하여 인터넷 회선에 대한 통신제한조치로 취득한 자료의 관리)** ① 검사는 인터넷 회선을 통하여 송신·수신하는 전기통신을 대상으로 제6조 또는 제8조(제5조 제1항의 요건에 해당하는 사람에 대한 긴급통신제한조치에 한정한다)에 따른 통신제한조치를 집행한 경우 그 전기통신을 제12조 제1호에 따라 사용하거나 사용을 위하여 보관(이하 이 조에서 "보관등"이라 한다)하고자 하는 때에는 집행종료일부터 14일 이내에 보관등이 필요한 전기통신을 선별하여 통신제한조치를 허가한 법원에 보관등의 승인을 청구하여야 한다.
> ② 사법경찰관은 인터넷 회선을 통하여 송신·수신하는 전기통신을 대상으로 제6조 또는 제8조(제5조 제1항의 요건에 해당하는 사람에 대한 긴급통신제한조치에 한정한다)에 따른 통신제한조치를 집행한 경우 그 전기통신의 보관등을 하고자 하는 때에는 집행종료일부터 14일 이내에 보관등이 필요한 전기통신을 선별하여 검사에게 보관등의 승인을 신청하고, 검사는 신청일부터 7일 이내에 통신제한조치를 허가한 법원에 그 승인을 청구할 수 있다.
> ④ 법원은 청구가 이유 있다고 인정하는 경우에는 보관등을 승인하고 이를 증명하는 서류(이하 이 조에서 "승인서"라 한다)를 발부하며, 청구가 이유 없다고 인정하는 경우에는 청구를 기각하고 이를 청구인에게 통지한다.
> ⑤ 검사 또는 사법경찰관은 제1항에 따른 청구나 제2항에 따른 신청을 하지 아니하는 경우에는 집행종료일부터 14일(검사가 사법경찰관의 신청을 기각한 경우에는 그 날부터 7일) 이내에 통신제한조치로 취득한 전기통신을 폐기하여야 하고, 법원에 승인청구를 한 경우(취득한 전기통신의 일부에 대해서만 청구한 경우를 포함한다)에는 제4항에 따라 법원으로부터 승인서를 발부받거나 청구기각의 통지를 받은 날부터 7일 이내에 승인을 받지 못한 전기통신을 폐기하여야 한다.

① (○) 범행 중 또는 범행 직후의 범죄 장소에서 긴급을 요하여 법원 판사의 영장을 받을 수 없는 때에는 영장 없이 압수·수색 또는 검증을 할 수 있으나, 사후에 지체 없이 영장을 받아야 한다(형사소송법 제216조 제3항). 형사소송법 제216조 제3항의

요건 중 어느 하나라도 갖추지 못한 경우에 그러한 압수·수색 또는 검증은 위법하며, 이에 대하여 사후에 법원으로부터 영장을 발부받았다고 하여 그 위법성이 치유되지 아니한다(대법원 2012.2.9, 2009도14884; 2017.11.29, 2014도16080).
[보충] 형사소송법 제216조 제3항이 정한 '긴급을 요하여 법원 판사의 영장을 받을 수 없는 때'의 요건을 갖추지 못하였다면 적법한 직무집행으로 볼 수 없다고 사례이다(위 판례).

③ (×), ④ (×) 수사기관이 범죄 증거를 수집할 목적으로 피의자의 동의 없이 피의자의 소변을 채취하는 것은 법원으로부터 감정허가장을 받아 형사소송법 제221조의4 제1항, 제173조 제1항에서 정한 '감정에 필요한 처분'으로 할 수 있지만(피의자를 병원 등에 유치할 필요가 있는 경우에는 형사소송법 제221조의3에 따라 법원으로부터 감정유치장을 받아야 한다), 형사소송법 제219조, 제106조 제1항, 제109조에 따른 압수·수색의 방법으로도 할 수 있다. 이러한 압수·수색의 경우에도 수사기관은 원칙적으로 형사소송법 제215조에 따라 판사로부터 압수·수색영장을 적법하게 발부받아 집행해야 한다(이상 ③번의 해설). 압수·수색의 방법으로 소변을 채취하는 경우 압수대상물인 피의자의 소변을 확보하기 위한 수사기관의 노력에도 불구하고, 피의자가 인근 병원 응급실 등 소변 채취에 적합한 장소로 이동하는 것에 동의하지 않거나 저항하는 등 임의동행을 기대할 수 없는 사정이 있는 때에는 수사기관으로서는 소변 채취에 적합한 장소로 피의자를 데려가기 위해서 필요 최소한의 유형력을 행사하는 것이 허용된다. 이는 형사소송법 제219조, 제120조 제1항에서 정한 '압수·수색영장의 집행에 필요한 처분'에 해당한다고 보아야 한다(이상 ④번의 해설). 그렇지 않으면 피의자의 신체와 건강을 해칠 위험이 적고 피의자의 굴욕감을 최소화하기 위하여 마련된 절차에 따른 강제 채뇨가 불가능하여 압수영장의 목적을 달성할 방법이 없기 때문이다(대법원 2018.7.12, 2018도6219).

02

정답 ②

② ㉡㉣㉤

㉠ (○) 방송자가 인터넷을 도관 삼아 인터넷서비스제공업체 또는 온라인서비스제공자인 인터넷개인방송 플랫폼업체의 서버를 이용하여 실시간 또는 녹화된 형태로 음성, 영상물을 방송함으로써 불특정 혹은 다수인이 이를 수신·시청할 수 있게 하는 인터넷개인 방송은 그 성격이나 통신비밀보호법의 위와 같은 규정에 비추어 전기통신에 해당함은 명백하다. … (따라서) 인터

넷개인방송의 방송자가 비밀번호를 설정하는 등으로 비공개 조치를 취한 후 방송을 송출하는 경우에는, 방송자로부터 허가를 받지 못한 사람은 당해 인터넷개인방송의 당사자가 아닌 '제3자'에 해당하고, 이러한 제3자가 비공개 조치가 된 인터넷개인방송을 비정상적인 방법으로 시청·녹화하는 것은 통신비밀보호법상의 감청에 해당할 수 있다(대법원 2022.10.27, 2022도9877).

ⓛ (×) 7일이 아니라 14일이다.

ⓒ (○) 개정 통신비밀보호법 제12조의2 제2항 참조. 구법은 통신제한조치를 집행하여 취득한 전기통신에 대하여 통신제한조치에 관여한 공무원 등의 비밀준수의무와 통신제한조치로 취득한 자료의 사용 제한에 관하여 규정하고 있을 뿐, 수사기관이 통신제한조치로 취득한 자료의 처리나 보관절차에 대해서는 아무런 규정을 두고 있지 않고 있는데, 헌법재판소는 2018년 8월 30일에 이 법 제5조 제2항 중 '인터넷 회선을 통하여 송신·수신하는 전기통신'에 관한 부분은 인터넷 감청의 특성상 다른 통신제한조치에 비하여 수사기관이 취득하는 자료가 매우 방대함에도 불구하고 수사기관이 감청 집행으로 취득한 자료에 대한 처리 등을 객관적으로 통제할 수 있는 절차가 마련되어 있지 않다는 취지로 헌법불합치 결정을 내렸다(헌법재판소 2018.8.30, 2016헌마263). 이에 2020.3.24. 개정 통신비밀보호법에서는 수사기관이 인터넷 회선을 통하여 송신·수신하는 전기통신에 대한 통신제한조치로 취득한 자료에 대해서는 집행 종료 후 범죄수사나 소추 등에 사용하거나 사용을 위하여 보관하고자 하는 때에는 보관 등이 필요한 전기통신을 선별하여 법원으로부터 보관 등의 승인을 받도록 하고, 승인 청구를 하지 아니한 전기통신 등의 폐기 절차를 마련하였다. 이에 동법 제12조의2를 다음과 같이 신설하였다.

> **통신비밀보호법 제12조의2(범죄수사를 위하여 인터넷 회선에 대한 통신제한조치로 취득한 자료의 관리)** ① 검사는 인터넷 회선을 통하여 송신·수신하는 전기통신을 대상으로 제6조 또는 제8조(제5조 제1항의 요건에 해당하는 사람에 대한 긴급통신제한조치에 한정한다)에 따른 통신제한조치를 집행한 경우 그 전기통신을 제12조 제1호에 따라 사용하거나 사용을 위하여 보관(이하 이 조에서 "보관등"이라 한다)하고자 하는 때에는 집행종료일부터 14일 이내에 보관등이 필요한 전기통신을 선별하여 통신제한조치를 허가한 법원에 보관등의 승인을 청구하여야 한다.
> ② 사법경찰관은 인터넷 회선을 통하여 송신·수신하는 전기통신을 대상으로 제6조 또는 제8조(제5조 제1항의 요건에 해당하는 사람에 대한 긴급통신제한조치에 한정한다)에 따른 통신제한조치를 집행한 경우 그 전기통신의 보관등을 하고자 하는 때에는 집행종료일부터 14일 이내에 보관등이 필요한 전기통신을 선별하여 검사에게 보관등의 승인을 신청하고, 검사는 신청일부터 7일 이내에 통신제한조치를 허가한 법원에 그 승인을 청구할 수 있다.
> ③ 제1항 및 제2항에 따른 승인청구는 통신제한조치의 집행 경위, 취득한 결과의 요지, 보관등이 필요한 이유를 기재한 서면으로 하여야 하며, 다음 각 호의 서류를 첨부하여야 한다.
> 1. 청구이유에 대한 소명자료
> 2. 보관등이 필요한 전기통신의 목록
> 3. 보관등이 필요한 전기통신. 다만, 일정 용량의 파일 단위로 분할하는 등 적절한 방법으로 정보저장매체에 저장·봉인하여 제출하여야 한다.

> ④ 법원은 청구가 이유 있다고 인정하는 경우에는 보관등을 승인하고 이를 증명하는 서류(이하 이 조에서 "승인서"라 한다)를 발부하며, 청구가 이유 없다고 인정하는 경우에는 청구를 기각하고 이를 청구인에게 통지한다.
> ⑤ 검사 또는 사법경찰관은 제1항에 따른 청구나 제2항에 따른 신청을 하지 아니하는 경우에는 집행종료일부터 14일(검사가 사법경찰관의 신청을 기각한 경우에는 그 날부터 7일) 이내에 통신제한조치로 취득한 전기통신을 폐기하여야 하고, 법원에 승인청구를 한 경우(취득한 전기통신의 일부에 대해서만 청구한 경우를 포함한다)에는 제4항에 따라 법원으로부터 승인서를 발부받거나 청구기각의 통지를 받은 날부터 7일 이내에 승인을 받지 못한 전기통신을 폐기하여야 한다.
> ⑥ 검사 또는 사법경찰관은 제5항에 따라 통신제한조치로 취득한 전기통신을 폐기한 때에는 폐기의 이유와 범위 및 일시 등을 기재한 폐기결과보고서를 작성하여 피의자의 수사기록 또는 피내사자의 내사사건기록에 첨부하고, 폐기일부터 7일 이내에 통신제한조치를 허가한 법원에 송부하여야 한다.

ⓔ (×) 수사기관이 甲으로부터 피고인의 마약류관리에 관한 법률위반(향정) 범행에 대한 진술을 듣고 추가적인 증거를 확보할 목적으로, 구속수감되어 있던 甲에게 그의 압수된 휴대전화를 제공하여 피고인과 통화하고 위 범행에 관한 통화 내용을 녹음하게 한 행위는 불법감청에 해당하므로, 그 녹음 자체는 물론 이를 근거로 작성된 녹취록 첨부 수사보고는 피고인의 증거동의에 상관없이 그 증거능력이 없다.

> 제3자의 경우는 설령 전화통화 당사자 일방의 동의를 받고 그 통화 내용을 녹음하였다 하더라도 그 상대방의 동의가 없었던 이상, 이는 여기의 감청에 해당하여 법 제3조 제1항 위반이 되고, 이와 같이 법 제3조 제1항에 위반한 불법감청에 의하여 녹음된 전화통화의 내용은 법 제4조에 의하여 증거능력이 없다. 그리고 사생활 및 통신의 불가침을 국민의 기본권의 하나로 선언하고 있는 헌법규정과 통신비밀의 보호와 통신의 자유 신장을 목적으로 제정된 통신비밀보호법의 취지에 비추어 볼 때 피고인이나 변호인이 이를 증거로 함에 동의하였다고 하더라도 달리 볼 것은 아니다(대법원 2010.10.14, 2010도9016).

ⓜ (×) 헌법재판소는 전기통신에 관한 통신제한조치 기간의 연장과 관련하여 총 연장기간 등을 정하지 아니하고 제한 없이 기간을 연장할 수 있도록 한 규정 등에 대하여 헌법불합치 결정을 내린 바 있다(헌법재판소 2010.12.28, 2009헌가30), 이에 2019.12.31. 개정 통신비밀보호법에서는 통신제한조치 기간을 연장하는 경우 총 연장기간을 1년 이내로 하도록 하고, 예외적으로 내란죄·외환죄 등 국가안보와 관련된 범죄 등에 대해서는 통신제한조치의 총 연장기간을 3년 이내로 하였다(제6조 제8항 신설).

[개정내용] 제6조 제8항을 제9항으로 하고, 같은 조에 제8항을 다음과 같이 신설하며, 같은 조 제9항(종전의 제8항)을 다음과 같이 한다.

> **제6조(범죄수사를 위한 통신제한조치의 허가절차)** ⑧ 검사 또는 사법경찰관이 제7항 단서에 따라 통신제한조치의 연장을 청구하는 경우에 통신제한조치의 총 연장기간은 1년을 초과할 수 없다. 다만, 다음 각 호의 어느 하나에 해당하는 범죄의 경우에는 통신제한조치의 총 연장기간이 3년을 초과할 수 없다.

1. 「형법」 제2편 중 제1장 내란의 죄, 제2장 외환의 죄 중 제92조부터 제101조까지의 죄, 제4장 국교에 관한 죄 중 제107조, 제108조, 제111조부터 제113조까지의 죄, 제5장 공안을 해하는 죄 중 제114조, 제115조의 죄 및 제6장 폭발물에 관한 죄
2. 「군형법」 제2편 중 제1장 반란의 죄, 제2장 이적의 죄, 제11장 군용물에 관한 죄 및 제12장 위령의 죄 중 제78조·제80조·제81조의 죄
3. 「국가보안법」에 규정된 죄
4. 「군사기밀보호법」에 규정된 죄
5. 「군사기지 및 군사시설보호법」에 규정된 죄
⑨ 법원은 제1항·제2항 및 제7항 단서에 따른 청구가 이유없다고 인정하는 경우에는 청구를 기각하고 이를 청구인에게 통지한다.

03

정답 ④

④ ㉠ㄴㅁㅂ

㉠ (×), ㄴ (×) 전기통신의 감청은 제3자가 전기통신의 당사자인 송신인과 수신인의 동의를 받지 아니하고 전기통신 내용을 녹음하는 등의 행위를 하는 것만을 말한다고 풀이함이 상당하다고 할 것이므로, 전기통신에 해당하는 전화통화 당사자의 일방이 상대방 모르게 통화 내용을 녹음하는 것은 여기의 감청에 해당하지 아니하지만, 제3자의 경우는 설령 전화통화 당사자 일방의 동의를 받고 그 통화 내용을 녹음하였다 하더라도 그 상대방의 동의가 없었던 이상, 이는 여기의 감청에 해당하여 법 제3조 제1항 위반이 되고, 이와 같이 통신비밀보호법 제3조 제1항에 위반한 불법감청에 의하여 녹음된 전화통화의 내용은 위법 제4조에 의하여 증거능력이 없다. 그리고 사생활 및 통신의 불가침을 국민의 기본권의 하나로 선언하고 있는 헌법규정과 통신비밀의 보호와 통신의 자유 신장을 목적으로 제정된 통신비밀보호법의 취지에 비추어 볼 때 피고인이나 변호인이 이를 증거로 함에 동의하였다고 하더라도 달리 볼 것은 아니다(대법원 2010.10.14, 2010도9016).

㉢ (○) 통신비밀보호법에서는 그 규율의 대상을 통신과 대화로 분류하고 그중 통신을 다시 우편물과 전기통신으로 나눈 다음, 그 제2조 제3호로 "전기통신"이라 함은 유선·무선·광선 및 기타의 전자적 방식에 의하여 모든 종류의 음향·문언·부호 또는 영상을 송신하거나 수신하는 것을 말한다고 규정하고 있는바, 무전기와 같은 무선전화기를 이용한 통화가 위 법에서 규정하고 있는 전기통신에 해당함은 전화통화의 성질 및 위 규정 내용에 비추어 명백하므로 이를 같은 법 제3조 제1항 소정의 '타인 간의 대화'에 포함된다고 할 수 없다(대법원 2003.11.13, 2001도6213).

㉣ (○) 통신비밀보호법 제1조, 제3조 제1항 본문, 제4조, 제14조 제1항, 제2항의 문언, 내용, 체계와 입법 취지 등에 비추어 보면, 통신비밀보호법에서 보호하는 타인 간의 '대화'는 원칙적으로 현장에 있는 당사자들이 육성으로 말을 주고받는 의사소통 행위를 가리킨다. 따라서 사람의 육성이 아닌 사물에서 발생하는 음향은 다인 간의 '대화'에 해당하지 않는다(대법원 2017.3.15, 2016도19843).

㉤ (×) 사람의 목소리라고 하더라도 상대방에게 의사를 전달하는 말이 아닌 단순한 비명소리나 탄식 등은 타인과 의사소통을 하기 위한 것이 아니라면 특별한 사정이 없는 한 타인 간의 '대화'에 해당한다고 볼 수 없다(대법원 2017.3.15, 2016도19843).

㉥ (×) 국민의 인간으로서의 존엄과 가치를 보장하는 것은 국가기관의 기본적인 의무에 속하고 이는 형사절차에서도 구현되어야 한다. 위와 같은 소리가 비록 통신비밀보호법에서 말하는 타인 간의 '대화'에는 해당하지 않더라도, 형사절차에서 그러한 증거를 사용할 수 있는지는 개별적인 사안에서 효과적인 형사소추와 형사절차상 진실발견이라는 공익과 개인의 인격적 이익 등의 보호이익을 비교형량하여 결정하여야 한다(대법원 2013.11.28, 2010도12244 등). 대화에 속하지 않는 사람의 목소리를 녹음하거나 청취하는 행위가 개인의 사생활의 비밀과 자유 또는 인격권을 중대하게 침해하여 사회통념상 허용되는 한도를 벗어난 것이라면, 단지 형사소추에 필요한 증거라는 사정만을 들어 곧바로 형사소송에서 진실발견이라는 공익이 개인의 인격적 이익 등 보호이익보다 우월한 것으로 섣불리 단정해서는 안 된다. 그러나 그러한 한도를 벗어난 것이 아니라면 위와 같은 목소리를 들었다는 진술을 형사절차에서 증거로 사용할 수 있다(대법원 2017.3.15, 2016도19843).

[보충] 공소외인은 평소 친분이 있던 피해자와 휴대전화로 통화를 마친 후 전화가 끊기지 않은 상태에서 1~2분간 위와 같은 소리를 들었다고 진술하였음을 알 수 있고, 통화를 마칠 무렵 몸싸움을 연상시키는 소리가 들려 전화를 끊지 않았던 것으로 보인다. 공소외인이 들었다는 '우당탕' 소리는 사물에서 발생하는 음향일 뿐 사람의 목소리가 아니므로 통신비밀보호법에서 말하는 타인 간의 '대화'에 해당하지 않는다. '악' 소리도 사람의 목소리이기는 하나 단순한 비명소리에 지나지 않아 그것만으로 상대방에게 의사를 전달하는 말이라고 보기는 어려워 특별한 사정이 없는 한 타인 간의 '대화'에 해당한다고 볼 수 없다. … (따라서) 통신비밀보호법에서 보호하는 타인 간의 '대화'에 준하는 것으로 보아 증거능력을 부정할 만한 특별한 사정이 있다고 보기도 어렵다. 그리고 공소외인의 청취행위가 피해자 등의 사생활의 영역에 관계된 것이라 하더라도, 위와 같은 청취 내용과 시간, 경위 등에 비추어 개인의 인격적 이익 등을 형사절차상의 공익과 비교형량하여 보면, 공소외인의 위 진술을 상해 부분에 관한 증거로 사용하는 것이 피해자 등의 사생활의 비밀과 자유 또는 인격권을 위법하게 침해한다고 볼 수 없어 그 증거의 제출은 허용된다고 판단된다(… 피고인의 나머지 상고이유 주장은, 피고인이 피해자에게 상해를 입히거나 협박하지 않았는데도 원심이 잘못된 사실인정을 하여 이 사건 공소사실을 모두 유죄로 인정하였으니, 원심판결이 위법하다는 것이다. … 위 각 공소사실을 유죄로 인정한 원심의 판단에 상고이유 주장과 같이 논리와 경험의 법칙에 반하여 자유심증주의의 한계를 벗어나거나 상해, 협박에 관한 법리를 오해한 잘못이 없다)(위 판례).

04

정답 ④

④ ㉠ㄴㄷㅁㅂ

㉠ (○) 임의동행은 경찰관 직무집행법 제3조 제2항에 따른 행정경찰 목적의 경찰활동으로 행하여지는 것 외에도 형사소송법 제199조 제1항에 따라 범죄 수사를 위하여 수사관이 동행에 앞서 피의자에게 동행을 거부할 수 있음을 알려 주었거나 동행한 피의자가 언제든지 자유로이 동행과정에서 이탈 또는 동행장소

로부터 퇴거할 수 있었음이 인정되는 등 오로지 피의자의 자발적인 의사에 의하여 이루어진 경우에도 가능하다(대법원 2020. 5.14, 2020도398).

ⓛ (O) 공소기각결정이 아니라 공소기각판결을 내려야 한다는 것이 판례이다(대법원 2008.10.23, 2008도7362).

ⓒ (O) 범죄의 인지는 실질적인 개념이므로 검사가 범죄의 혐의가 있다고 보아 수사를 개시하는 행위를 한 때에는 이때에 범죄를 인지한 것으로 보아야 하며, 그 뒤 범죄인지서를 작성하여 사건 수리 절차를 밟은 때에 비로소 범죄를 인지하였다고 볼 것이 아니다. 따라서 이러한 인지절차를 밟기 전에 수사를 하였다고 하더라도, 그 수사가 장차 인지의 가능성이 전혀 없는 상태하에서 행해졌다는 등의 특별한 사정이 없는 한, 인지절차가 이루어지기 전에 수사를 하였다는 이유만으로 그 수사가 위법하다고 볼 수는 없고, 따라서 그 수사과정에서 작성된 피의자신문조서나 진술조서 등의 증거능력도 이를 부인할 수 없다(대법원 2001. 10.26, 2000도2968).

ⓔ (X) 항고가 아니라 준항고의 대상이다. "형사소송법 제417조는 검사 또는 사법경찰관의 '구금에 관한 처분'에 불복이 있으면 법원에 그 처분의 취소 또는 변경을 청구할 수 있다고 규정하고 있다. 검사 또는 사법경찰관이 보호장비 사용을 정당화할 예외적 사정이 존재하지 않음에도 구금된 피의자에 대한 교도관의 보호장비 사용을 용인한 채 그 해제를 요청하지 않는 경우에, 검사 및 사법경찰관의 이러한 조치를 형사소송법 제417조에서 정한 '구금에 관한 처분'으로 보지 않는다면 구금된 피의자로서는 이에 대하여 불복하여 침해된 권리를 구제받을 방법이 없게 된다. 따라서 검사 또는 사법경찰관이 구금된 피의자를 신문할 때 피의자 또는 변호인으로부터 보호장비를 해제해 달라는 요구를 받고도 거부한 조치는 형사소송법 제417조에서 정한 '구금에 관한 처분'에 해당한다고 보아야 한다(대법원 2020.3.17, 2015모 2357).

ⓜ (O) 법원은 민사소송법 제344조 이하의 규정을 근거로 통신사실확인자료에 대한 문서제출명령을 할 수 있고 전기통신사업자는 특별한 사정이 없는 한 이에 응할 의무가 있으며, 전기통신사업자가 통신비밀보호법 제3조 제1항 본문을 들어 문서제출명령의 대상이 된 통신사실확인자료의 제출을 거부하는 것에는 정당한 사유가 있다고 볼 수 없다(대법원 2023.7.17, 2018스34 전원합의체).
[보충] 통신비밀보호법과 민사소송법은 그 입법목적, 규정사항 및 적용범위 등을 고려할 때 각각의 영역에서 독자적인 입법취지를 가지는 법률이므로 각 규정의 취지에 비추어 그 적용범위를 정할 수 있고, 통신비밀보호법에서 민사소송법이 정한 문서제출명령에 의하여 통신사실확인자료를 제공할 수 있는지에 관한 명시적인 규정을 두고 있지 않더라도 민사소송법상 증거에 관한 규정이 원천적으로 적용되지 않는다고 볼 수 없다. … 통신비밀보호법의 입법취지는 법원이 신중하고 엄격한 심리를 거쳐 문서제출명령 제도를 운용함으로써 충분히 구현될 수 있다(위 판례).

ⓑ (O) 통신비밀보호법 제14조 제1항은 "누구든지 공개되지 아니한 타인 간의 대화를 녹음하거나 전자장치 또는 기계적 수단을 이용하여 청취할 수 없다."라고 규정하고, 제14조 제2항 및 제4조는 "제14조 제1항을 위반한 녹음에 의하여 취득한 대화의 내용은 재판 또는 징계절차에서 증거로 사용할 수 없다."라는 취지로 규정하고 있다. 통신비밀보호법 제14조 제1항이 공개되지 않은 타인 간의 대화를 녹음 또는 청취하지 못하도록 한 것은,

대화에 원래부터 참여하지 않는 제3자가 일반 공중이 알 수 있도록 공개되지 않은 타인 간의 발언을 녹음하거나 전자장치 또는 기계적 수단을 이용하여 청취해서는 안 된다는 취지이다. 여기서 '공개되지 않았다'는 것은 반드시 비밀과 동일한 의미는 아니고 일반 공중에게 공개되지 않았다는 의미이며, 구체적으로 공개된 것인지는 발언자의 의사와 기대, 대화의 내용과 목적, 상대방의 수, 장소의 성격과 규모, 출입의 통제 정도, 청중의 자격 제한 등 객관적인 상황을 종합적으로 고려하여 판단해야 한다(대법원 2022.8.31, 2020도1007 등). ⓐ 초등학교 교실은 출입이 통제되는 공간이고, 수업시간 중 불특정 다수가 드나들 수 있는 장소가 아니며, 수업시간 중인 초등학교 교실에 학생이 아닌 제3자가 별다른 절차 없이 참석하여 담임교사의 발언 내용을 청취하는 것은 상정하기 어려우므로, 초등학교 담임교사가 교실에서 수업시간 중 한 발언은 통상적으로 교실 내 학생들만을 대상으로 하는 것으로서 교실 내 학생들에게만 공개된 것일 뿐, 일반 공중이나 불특정 다수에게 공개된 것이 아닌 점, ⓑ 피고인의 발언은 특정된 30명의 학생들에게만 공개되었을 뿐, 일반 공중이나 불특정 다수에게 공개되지 않았으므로, 대화자 내지 청취자가 다수였다는 사정만으로 '공개된 대화'로 평가할 수는 없고, 대화 내용이 공적인 성격을 갖는지 여부나 발언자가 공적 인물인지 여부 등은 '공개되지 않은 대화'에 해당하는지 여부를 판단하는 데에 영향을 미치지 않는 점, ⓒ 피해아동의 부모는 피고인의 수업시간 중 발언의 상대방, 즉 대화에 원래부터 참여한 당사자에 해당하지 않는 점 등에 비추어 보면, 이 사건 녹음파일 등은 통신비밀보호법 제14조 제1항을 위반하여 '공개되지 아니한 타인 간의 대화'를 녹음한 것이므로 통신비밀보호법 제14조 제2항 및 제4조에 따라 증거능력이 부정된다고 보아야 한다(대법원 2024.1.11, 2020도1538).

05
정답 ②

② ㉠ⓒⓔⓜⓑ

㉠ (X) 경찰서에 설치되어 있는 보호실은 영장대기자나 즉결대기자 등의 도주방지와 경찰업무의 편의 등을 위한 수용시설로서 사실상 설치, 운영되고 있으나 현행법상 그 설치근거나 운영 및 규제에 관한 법령의 규정이 없고, 이러한 보호실은 그 시설 및 구조에 있어 통상 철창으로 된 방으로 되어 있어 그 안에 대기하고 있는 사람들이나 그 가족들이 출입이 제한되는 등 일단 그 장소에 유치되는 사람은 그 의사에 기하지 아니하고 일정장소에 구금되는 결과가 되므로, 경찰관직무집행법상 정신착란자, 주취자, 자살기도자 등 응급의 구호를 요하는 자를 24시간을 초과하지 아니하는 범위 내에서 경찰관서에 보호조치할 수 있는 시설로 제한적으로 운영되는 경우를 제외하고는 구속영장을 발부받음이 없이 피의자를 보호실에 유치함은 영장주의에 위배되는 위법한 구금으로서 적법한 공무수행이라고 볼 수 없다(대법원 1994.3.11, 93도958).

ⓛ (O) 승낙검증은 임의수사의 한 방법으로서 가능하다. "범행 현장에서 지문채취 대상물에 대한 지문채취가 먼저 이루어진 이상, 수사기관이 그 이후에 지문채취 대상물을 적법한 절차에 의하지 아니한 채 압수하였다고 하더라도(한편, 이 사건 지문채취 대상물인 맥주컵, 물컵, 맥주병 등은 피해자 공소외 1이 운영하는 주점 내에 있던 피해자 공소외 1의 소유로서 이를 수거한 행위가 피해자 공소외 1의 의사에 반한 것이라고 볼 수 없으므로,

이를 가리켜 위법한 압수라고 보기도 어렵다), 위와 같이 채취된 지문은 위법하게 압수한 지문채취 대상물로부터 획득한 2차적 증거에 해당하지 아니함이 분명하여, 이를 가리켜 위법수집증거라고 할 수 없으므로, 원심이 이를 증거로 채택한 것이 위법하다고 할 수 없다(대법원 2008.10.23, 2008도7471)."

ⓒ (×) 누구든지 자기의 얼굴 기타 모습을 함부로 촬영당하지 않을 자유를 가지나 이러한 자유도 국가권력의 행사로부터 무제한으로 보호되는 것은 아니고 국가의 안전보장·질서유지·공공복리를 위하여 필요한 경우에는 상당한 제한이 따르는 것이고, 수사기관이 범죄를 수사함에 있어 현재 범행이 행하여지고 있거나 행하여진 직후이고, 증거보전의 필요성 및 긴급성이 있으며, 일반적으로 허용되는 상당한 방법에 의하여 촬영을 한 경우라면 위 촬영이 영장 없이 이루어졌다 하여 이를 위법하다고 단정할 수 없다(대법원 1999.9.3, 99도2317).

ⓔ (×) 금융실명거래 및 비밀보장에 관한 법률 제4조 제1항 참조.

> **금융실명법 제4조(금융거래의 비밀보장)** ① 금융회사등에 종사하는 자는 명의인(신탁의 경우에는 위탁자 또는 수익자를 말한다)의 서면상의 요구나 동의를 받지 아니하고는 그 금융거래의 내용에 대한 정보 또는 자료(이하 "거래정보등"이라 한다)를 타인에게 제공하거나 누설하여서는 아니 되며, 누구든지 금융회사등에 종사하는 자에게 거래정보등의 제공을 요구하여서는 아니 된다. 다만, 다음 각 호의 어느 하나에 해당하는 경우로서 그 사용 목적에 필요한 최소한의 범위에서 거래정보등을 제공하거나 그 제공을 요구하는 경우에는 그러하지 아니하다.
> 1. 법원의 제출명령 또는 법관이 발부한 영장에 따른 거래정보등의 제공 (이하 생략)

ⓕ (×) 수사기관이 범죄를 수사하면서 현재 범행이 행하여지고 있거나 행하여진 직후이고, 증거보전의 필요성 및 긴급성이 있으며, 일반적으로 허용되는 상당한 방법으로 촬영한 경우라면 위 촬영이 영장 없이 이루어졌다 하여 이를 위법하다고 할 수 없다(대법원 1999.9.3, 99도2317). 다만 촬영으로 인하여 초상권, 사생활의 비밀과 자유, 주거의 자유 등이 침해될 수 있으므로 수사기관이 일반적으로 허용되는 상당한 방법으로 촬영하였는지 여부는 수사기관이 촬영장소에 통상적인 방법으로 출입하였는지 또 촬영장소와 대상이 사생활의 비밀과 자유 등에 대한 보호가 합리적으로 기대되는 영역에 속하는지 등을 종합적으로 고려하여 신중하게 판단하여야 한다. … 이 사건 촬영물은 경찰관들이 피고인들에 대한 범죄의 혐의가 포착된 상태에서 이 사건 나이트클럽 내에서의 음란행위 영업에 관한 증거를 보전하기 위한 필요에 의하여, 불특정 다수에게 공개된 장소인 이 사건 나이트클럽에 통상적인 방법으로 출입하여 손님들에게 공개된 모습을 촬영한 것이다. 따라서 영장 없이 촬영이 이루어졌다 하여 이를 위법하다고 할 수 없어 이 사건 촬영물과 그 촬영물을 캡처한 영상사진은 그 증거능력이 인정된다(대법원 2023.4.27, 2018도8161).

ⓗ (×) 식품위생법 제22조 제3항에 따라 '권한을 표시하는 증표 및 조사기간 등이 기재된 서류를 제시하여야 하는 경우'는 식품위생법 제22조 제1항 제2호에 따라 영업소에 출입하여 식품 등 또는 영업시설 등에 대하여 검사하거나, 식품 등의 무상 수거, 장부 또는 서류를 열람하는 등의 행정조사를 하려는 경우에 한정된다. 따라서 구 형사소송법(2020.2.4. 법률 제16924호로 개정되기 전의 것) 제197조, 구 사법경찰관리의 직무를 수행할 자

와 그 직무범위에 관한 법률(2019.12.10. 법률 제16768호로 개정되기 전의 것) 제5조 제8호에 근거하여 특별사법경찰관리로 지명된 공무원이 범죄수사를 위하여 음식점 등 영업소에 출입하여 증거수집 등 수사를 하는 경우에는 식품위생법 제22조 제3항이 정한 절차를 준수하지 않았다고 하여 위법하다고 할 수 없다. … 수사기관이 범죄를 수사하면서 현재 범행이 행하여지고 있거나 행하여진 직후이고, 증거보전의 필요성 및 긴급성이 있으며, 일반적으로 허용되는 상당한 방법으로 촬영한 경우라면 위 촬영이 영장 없이 이루어졌다 하여 이를 위법하다고 할 수 없다(대법원 1999.9.3, 99도2317). 특별사법경찰관이 범죄혐의가 포착된 상태에서 증거를 보전하기 위한 필요에 의하여 공개된 장소인 이 사건 영업소에 통상적인 방법으로 출입하여 이 사건 영업소 내에 있는 사람이라면 누구나 볼 수 있었던 손님들이 춤추는 모습을 촬영한 것은 영장 없이 이루어졌다고 하여 위법하다고 볼 수 없다(대법원 2023.7.13, 2021도10763).

> **[유사]** (일반음식점영업자인 피고인은 음향시설을 갖추고 손님이 춤을 추는 것을 허용하여 영업자가 지켜야 할 사항을 지키지 않았다는 이유로 식품위생법 위반으로 기소된 사건) 수사기관이 범죄를 수사하면서 불특정, 다수의 출입이 가능한 장소에 통상적인 방법으로 출입하여 아무런 물리력이나 강제력을 행사하지 않고 통상적인 방법으로 위법행위를 확인하는 것은 특별한 사정이 없는 한 임의수사의 한 방법으로서 허용되므로 영장 없이 이루어졌다고 하여 위법하다고 할 수 없다. 또한 수사기관이 범죄를 수사하면서 현재 범행이 행하여지고 있거나 행하여진 직후이고, 증거보전의 필요성 및 긴급성이 있으며, 일반적으로 허용되는 상당한 방법으로 촬영한 경우라면 위 촬영이 영장 없이 이루어졌다 하여 이를 위법하다고 할 수 없다(대법원 1999.9.3, 99도2317). 경찰관들이 범죄혐의가 포착된 상태에서 그에 관한 증거를 보전하기 위하여, 불특정, 다수가 출입할 수 있는 이 사건 음식점에 통상적인 방법으로 출입하여 음식점 내에 있는 사람이라면 누구나 볼 수 있었던 손님들의 춤추는 모습을 확인하고 이를 촬영한 것은 영장 없이 이루어졌다 하여 위법하다고 볼 수 없다(촬영물의 증거능력 인정, 대법원 2023.7.13, 2019도7891).

06
정답 ④

④ ㉠㉡㉢㉣

㉠ (×) 수사의 수단과 목적 사이에는 비례관계가 유지되어야 한다는 것이 수사비례의 원칙이며, 이는 특히 강제수사의 허용 여부와 범위를 판단하는 기준으로서 그 중요한 의미를 가진다(예 경미사건에 대한 체포·구속의 제한). 다만, 임의수사라 하더라도 무제한적으로 허용될 수는 없으므로 역시 수사비례의 원칙의 적용을 받아야 한다.

㉡ (×) 수사, 즉 범죄혐의의 유무를 명백히 하여 공소를 제기·유지할 것인가의 여부를 결정하기 위하여 범인을 발견·확보하고 증거를 수집·보전하는 수사기관의 활동은 수사 목적을 달성함에 필요한 경우에 한하여 사회통념상 상당하다고 인정되는 방법 등에 의하여 수행되어야 하는 것인바, 무인장비에 의한 제한속도 위반차량 단속은 이러한 수사활동의 일환으로서 도로에서의 위험을 방지하고 교통의 안전과 원활한 소통을 확보하기 위하여 도로교통법령에 따라 정해진 제한속도를 위반하여 차량을 주행하는 범죄가 현재 행하여지고 있고, 그 범죄의 성질·태양으로 보아 긴급하게 증거보전을 할 필요가 있는 상태에서 일반

적으로 허용되는 한도를 넘지 않는 상당한 방법에 의한 것이라고 판단되므로, 이를 통하여 운전 차량의 차량번호 등을 촬영한 사진을 두고 위법하게 수집된 증거로서 증거능력이 없다고 말할 수 없다(대법원 1999.12.7, 98도3329).

ⓒ (×) 검증이나 감정은 법 제417조의 준항고의 대상에 포함되지 않는다.

> **제417조(동전)** 검사 또는 사법경찰관의 **구금**, 압수 또는 압수물의 환부에 관한 처분과 제243조의2에 따른 변호인의 참여 등에 관한 처분에 대하여 불복이 있으면 그 직무집행지의 관할법원 또는 검사의 소속검찰청에 대응한 법원에 그 처분의 취소 또는 변경을 청구할 수 있다.

ⓔ (○) 제243조의2 제1항 참조. 다만 정당한 사유는 피의자신문 방해 또는 수사기밀 누설의 염려 있음이 객관적으로 명백한 경우 등을 말한다(대법원 2003.11.11, 2003모402; 2008.9.12, 2008모793).

> **제243조의2(변호인의 참여 등)** ① 검사 또는 사법경찰관은 피의자 또는 그 변호인·법정대리인·배우자·직계친족·형제자매의 신청에 따라 변호인을 피의자와 접견하게 하거나 정당한 사유가 없는 한 피의자에 대한 신문에 참여하게 하여야 한다.

ⓤ (×) 피의자의 명시한 의사에 반하여 독립하여 변호인을 선임할 수 있는 자는 법정대리인, 배우자, 직계친족과 형제자매이다. 가족, 동거인, 고용주는 포함되지 아니한다.

> **제30조(변호인선임권자)** ② 피고인 또는 피의자의 법정대리인, 배우자, 직계친족과 형제자매는 독립하여 변호인을 선임할 수 있다.

07 정답 ③

③ (○) 제243조의2 제3항 참조.

> **제243조의2(변호인의 참여 등)** ③ 신문에 참여한 변호인은 신문 후 의견을 진술할 수 있다. 다만, 신문 중이라도 부당한 신문방법에 대하여 이의를 제기할 수 있고, 검사 또는 사법경찰관의 승인을 얻어 의견을 진술할 수 있다.

① (×) 피의자신문은 검사 또는 사법경찰관의 임의수사의 방법으로 인정되는 것이다. 따라서 전단이 틀렸다. 후단은 맞았다. 후단은 제243조 참조.

> **제243조(피의자신문과 참여자)** 검사가 피의자를 신문함에는 검찰청수사관 또는 서기관이나 서기를 참여하게 하여야 하고 사법경찰관이 피의자를 신문함에는 사법경찰관리를 참여하게 하여야 한다.

② (×) 지정하여야 하는 것이 아니라 지정할 수 있다.

> **제243조의2(변호인의 참여 등)** ② 신문에 참여하고자 하는 변호인이 2인 이상인 때에는 피의자가 신문에 참여할 변호인 1인을 지정한다. 지정이 없는 경우에는 검사 또는 사법경찰관이 이를 지정할 수 있다.

④ (×) 진술조서의 내용이 피의자신문조서와 실질적으로 같고, 진술의 임의성이 인정되는 경우라도 미리 피의자에게 진술거부권을 고지하지 않았다면 위법수집증거에 해당하므로, 유죄인정의 증거로 사용할 수 없다(대법원 2009.8.20, 2008도8213).

08 정답 ④

④ ㉠ㄷㅁ

㉠ (×) 총 조사시간은 12시간, 실제 조사시간은 8시간 이내로 한다. 검사 또는 사법경찰관은 특별한 사정이 없으면 총 조사시간 중 식사시간, 휴식시간 및 조서의 열람시간 등을 제외한 실제 조사시간이 8시간을 초과하지 않도록 해야 한다(수사준칙 제22조 제2항).

> **수사준칙 제22조(장시간 조사 제한)** ① 검사 또는 사법경찰관은 조사, 신문, 면담 등 그 명칭을 불문하고 피의자나 사건관계인을 조사하는 경우에는 대기시간, 휴식시간, 식사시간 등 모든 시간을 합산한 조사시간(이하 "총조사시간"이라 한다)이 12시간을 초과하지 않도록 해야 한다. 다만, 다음 각 호의 어느 하나에 해당하는 경우에는 예외로 한다.
> 1. 피의자나 사건관계인의 서면 요청에 따라 조서를 열람하는 경우
> 2. 제21조 제2항 각 호의 어느 하나에 해당하는 경우
> ② 검사 또는 사법경찰관은 특별한 사정이 없으면 총조사시간 중 식사시간, 휴식시간 및 조서의 열람시간 등을 제외한 실제 조사시간이 8시간을 초과하지 않도록 해야 한다.
> ③ 검사 또는 사법경찰관은 피의자나 사건관계인에 대한 조사를 마친 때부터 8시간이 지나기 전에는 다시 조사할 수 없다. 다만, 제1항 제2호에 해당하는 경우에는 예외로 한다.

ㄴ (○) 수사준칙 제23조 제1항

ㄷ (×) 심야조사는 원칙적으로 금지되나, 이미 작성된 조서의 열람을 위한 절차는 '자정 이전까지' 진행할 수 있다(수사준칙 제21조 제1항 단서).

> **수사준칙 제21조(심야조사 제한)** ① 검사 또는 사법경찰관은 조사, 신문, 면담 등 그 명칭을 불문하고 피의자나 사건관계인에 대해 오후 9시부터 오전 6시까지 사이에 조사(이하 "심야조사"라 한다)를 해서는 안 된다. 다만, 이미 작성된 조서의 열람을 위한 절차는 '자정 이전'까지 진행할 수 있다.
> ② 제1항에도 불구하고 다음 각 호의 어느 하나에 해당하는 경우에는 심야조사를 할 수 있다. 이 경우 심야조사의 사유를 조서에 명확하게 적어야 한다.
> 1. 피의자를 체포한 후 48시간 이내에 구속영장의 청구 또는 신청 여부를 판단하기 위해 불가피한 경우
> 2. 공소시효가 임박한 경우
> 3. 피의자나 사건관계인이 출국, 입원, 원거리 거주, 직업상 사유 등 재출석이 곤란한 구체적인 사유를 들어 심야조사를 요청한 경우(변호인이 심야조사에 동의하지 않는다는 의사를 명시한 경우는 제외한다)로서 해당 요청에 상당한 이유가 있다고 인정되는 경우
> 4. 그 밖에 사건의 성질 등을 고려할 때 심야조사가 불가피하다고 판단되는 경우 등 법무부장관, 경찰청장 또는 해양경찰청장이 정하는 경우로서 검사 또는 사법경찰관의 소속 기관의 장이 지정하는 인권보호 책임자의 허가 등을 받은 경우
> (→ 영장/시효/요청/기타허가는 심야조사 돼, 영/시/청/기 허는 밤에 돼)

ㄹ (○) 체포 후 48시간 이내에 검사가 구속영장을 청구하지 않으면 석방해야 하는데(제200조의2 제5항), 이 경우 48시간 이내에 검사의 구속영장 청구 또는 사법경찰관의 구속영장 신청 여부를 판단하기 위해 불가피한 경우에는 예외적으로 심야조사가 가능하다(수사준칙 제21조 제2항 제1호).

ⓜ (×) 자정 이전까지로 제한되지 않고(오후 9시 이후 자정 이전까지는 이미 작성된 조서 열람 절차 진행 가능한 시간이다), 심야조사(오후 9시부터 오전 6시까지)가 가능한 경우이다. 심야조사가 가능한 예외적인 경우는 ⓐ 체포 후 48시간 이내에 구속영장의 청구 또는 신청 여부를 판단하기 위해 불가피한 경우, ⓑ 공소시효가 임박한 경우, ⓒ 피의자나 사건관계인이 재출석이 곤란한 구체적인 사유를 들어 심야조사를 요청한 경우(이때 변호인의 명시적 부동의가 있으면 심야조사 금지) 그리고 ⓓ 그밖에 사건의 성질 등을 고려할 때 심야조사가 불가피하다고 판단되는 경우 등 법무부장관, 경찰청장, 해양경찰청장이 정하는 경우로서 소속기관장 지정 인권보호책임자의 허가를 받은 경우의 네 가지 경우가 있다(영/시/청/기허 심야조사 돼). 마지막 ⓓ의 경우에는 검사 또는 사법경찰관의 소속기관의 장이 지정하는 인권보호책임자의 허가 등을 받아야 한다(수사준칙 제21조 제2항). [참고] 검사 또는 사법경찰관은 피의자나 사건관계인에 대한 조사를 마친 때부터 8시간 내에는 재조사가 금지되나, 역시 위 네 가지 경우에는 8시간 내 재조사가 가능하다(영/시/청/기허 8시간내 재조사 돼).

09 정답 ④

④ (○) 만약 동석한 사람이 피의자를 대신하여 진술한 부분이 조서에 기재되어 있다면 그 부분은 피의자의 진술을 기재한 것이 아니라 동석한 사람의 진술을 기재한 조서에 해당하므로 그 사람에 대한 진술조서로서의 증거능력을 취득하기 위한 요건을 충족하지 못하는 한 이를 유죄 인정의 증거로 사용할 수 없는 것이다(대법원 2009.6.23, 2009도1322).

① (×) 2021.1.1. 시행 대통령령에 의하여 수사상 임의동행 시 고지의무 규정이 신설되었다. 수사준칙 제20조 참조.

> **수사준칙 제20조(수사상 임의동행 시의 고지)** 검사 또는 사법경찰관은 임의동행을 요구하는 경우 상대방에게 동행을 거부할 수 있다는 것과 동행하는 경우에도 언제든지 자유롭게 동행 과정에서 이탈하거나 동행 장소에서 퇴거할 수 있다는 것을 알려야 한다.

② (×) 2021.1.1. 시행 대통령령에 의하여 피의자에 대한 출석요구 시 조사 일시·장소 협의의무 규정이 신설되었다. 이는 변호인이 있는 피의자의 경우에는 변호인과도 협의해야 할 의무를 포함한다. 수사준칙 제19조 제2항 참조.

> **수사준칙 제19조(출석요구)** ① 검사 또는 사법경찰관은 피의자에게 출석요구를 할 때에는 다음 각 호의 사항을 유의해야 한다.
> 1. 출석요구를 하기 전에 우편·전자우편·전화를 통한 진술 등 출석을 대체할 수 있는 방법의 선택 가능성을 고려할 것
> 2. 출석요구의 방법, 출석의 일시·장소 등을 정할 때에는 피의자의 명예 또는 사생활의 비밀이 침해되지 않도록 주의할 것
> 3. 출석요구를 할 때에는 피의자의 생업에 지장을 주지 않도록 충분한 시간적 여유를 두도록 하고, 피의자가 출석 일시의 연기를 요청하는 경우 특별한 사정이 없으면 출석 일시를 조정할 것
> 4. 불필요하게 여러 차례 출석요구를 하지 않을 것
> ② 검사 또는 사법경찰관은 피의자에게 출석요구를 하려는 경우 피의자와 조사의 일시·장소에 관하여 협의해야 한다. 이 경우 변호인이 있는 경우에는 변호인과도 협의해야 한다.
> ③ 검사 또는 사법경찰관은 피의자에게 출석요구를 하려는

경우 피의사실의 요지 등 출석요구의 취지를 구체적으로 적은 출석요구서를 발송해야 한다. 다만, 신속한 출석요구가 필요한 경우 등 부득이한 사정이 있는 경우에는 전화, 문자메시지, 그 밖의 상당한 방법으로 출석요구를 할 수 있다.
> ④ 검사 또는 사법경찰관은 제3항 본문에 따른 방법으로 출석요구를 했을 때에는 출석요구서의 사본을, 같은 항 단서에 따른 방법으로 출석요구를 했을 때에는 그 취지를 적은 수사보고서를 각각 사건기록에 편철한다.
> ⑤ 검사 또는 사법경찰관은 피의자가 치료 등 수사관서에 출석하여 조사를 받는 것이 현저히 곤란한 사정이 있는 경우에는 수사관서 외의 장소에서 조사할 수 있다.
> ⑥ 제1항부터 제5항까지의 규정은 피의자 외의 사람에 대한 출석요구의 경우에도 적용한다.

③ (○) 제327조 제2호에 의하여 판결로써 공소를 기각한다(대법원 2008.10.23, 2008도7362).

10 정답 ③

③ ㉡㉢㉣

㉠ (○) 피해자가 경찰청 인터넷 홈페이지에 '피고인을 철저히 조사해 달라'는 취지의 민원을 접수하는 형태로 피고인에 대한 조사를 촉구하는 의사표시를 한 것은 형사소송법에 따른 적법한 고소로 보기 어렵다(대법원 2012.2.23, 2010도9524).

㉡ (×) 고소권자로서의 피해자는 직접적 피해자를 말하고 간접적 피해자는 제외되나, 고소권자는 범죄로 인한 피해자에 한정되지 않는다.

[보충] 고소는 피해자뿐만 아니라 피해자의 법정대리인도 독립하여 고소할 수 있으며, 피해자가 사망한 때에는 그 배우자·직계친족·형제도 고소할 수 있다(제225조 참조). 이외 피해자의 친족(제226조), 사자명예훼손의 사자의 친족·자손(제227조), 지정고소권자(제228조)도 고소할 수 있다.

> **제223조(고소권자)** 범죄로 인한 피해자는 고소할 수 있다.
> **제225조(비피해자인 고소권자)** ① 피해자의 법정대리인은 독립하여 고소할 수 있다.
> ② 피해자가 사망한 때에는 그 배우자, 직계친족 또는 형제자매는 고소할 수 있다. 단, 피해자의 명시한 의사에 반하지 못한다.
> **제226조(동전)** 피해자의 법정대리인이 피의자이거나 법정대리인의 친족이 피의자인 때에는 피해자의 친족은 독립하여 고소할 수 있다.
> **제227조(동전)** 사자의 명예를 훼손한 범죄에 대하여는 그 친족 또는 자손은 고소할 수 있다.

㉢ (×) 지정고소권자의 지정은 이해관계인의 신청이 있어야 하며 검사가 직권으로 지정하는 것이 아니다.

> **제228조(고소권자의 지정)** 친고죄에 대하여 고소할 자가 없는 경우에 이해관계인의 신청이 있으면 검사는 10일 이내에 고소할 수 있는 자를 지정하여야 한다.

㉣ (○) 사법경찰관이 피고인을 수사관서까지 동행한 것이 사실상의 강제연행, 즉 불법 체포에 해당하고, 불법 체포로부터 6시간 상당이 경과한 후에 이루어진 긴급체포 또한 위법하므로 피고인이 불법체포된 자로서 형법 제145조 제1항에 정한 '법률에 의하여 체포 또는 구금된 자'가 아니어서 도주죄의 주체가 될 수 없다(대법원 2006.7.6, 2005도6810).

ⓜ (×) 위법·부당수사에 대한 검사에의 구제신청권의 고지는 피의자신문 전에 알려주어야 하는 사항이다(제197조의3 제8항).

> **제197조의3(시정조치요구 등)** ⑧ 사법경찰관은 피의자를 신문하기 전에 수사과정에서 법령위반, 인권침해 또는 현저한 수사권 남용이 있는 경우 검사에게 구제를 신청할 수 있음을 피의자에게 알려주어야 한다.

11
정답 ③

③ ㉢㉣㉤

㉠ (○) 변호인의 피의자신문 참여권을 규정한 형사소송법 제243조의2 제1항에서 '정당한 사유'란 변호인이 피의자신문을 방해하거나 수사기밀을 누설할 염려가 있음이 객관적으로 명백한 경우 등을 말하는 것이므로, 수사기관이 피의자신문을 하면서 위와 같은 정당한 사유가 없는데도 변호인에 대하여 피의자로부터 떨어진 곳으로 옮겨 앉으라고 지시를 한 다음 이러한 지시에 따르지 않았음을 이유로 변호인의 피의자신문 참여권을 제한하는 것은 허용될 수 없다(대법원 2008.9.12, 2008모793).

㉡ (○) 제243조의2 제3항 단서 전단 참조.

> **제243조의2(변호인의 참여 등)** ① 검사 또는 사법경찰관은 피의자 또는 그 변호인·법정대리인·배우자·직계친족·형제자매의 신청에 따라 변호인을 피의자와 접견하게 하거나 정당한 사유가 없는 한 피의자에 대한 신문에 참여하게 하여야 한다.
> ③ 신문에 참여한 변호인은 신문 후 의견을 진술할 수 있다. 다만, 신문 중이라도 부당한 신문방법에 대하여 이의를 제기할 수 있고, 검사 또는 사법경찰관의 승인을 얻어 의견을 진술할 수 있다.
> ⑤ 검사 또는 사법경찰관은 변호인의 신문참여 및 그 제한에 관한 사항을 피의자신문조서에 기재하여야 한다.

㉢ (×) 피의자신문에 참여한 변호인의 피의자에 대한 법적 조언·상담은 정당한 사유가 없는 한 보장해야 한다. 또한 법적인 조언·상담을 위한 변호인의 메모도 허용된다. 수사준칙 제13조 제1항 참조.

> **수사준칙 제13조(변호인의 피의자신문 참여·조력)** ① 검사 또는 사법경찰관은 피의자신문에 참여한 변호인이 피의자의 옆자리 등 실질적인 조력을 할 수 있는 위치에 앉도록 해야 하고, 정당한 사유가 없으면 피의자에 대한 법적인 조언·상담을 보장해야 하며, 법적인 조언·상담을 위한 변호인의 메모를 허용해야 한다.
> ② 검사 또는 사법경찰관은 피의자에 대한 신문이 아닌 단순 면담 등이라는 이유로 변호인의 참여·조력을 제한해서는 안 된다.
> ③ 제1항 및 제2항은 검사 또는 사법경찰관의 사건관계인에 대한 조사·면담 등의 경우에도 적용한다.

㉣ (×) 신문 중 의견진술 시에는 검사 또는 사법경찰관의 승인을 얻어야 한다(제243조의2 제2항 단서 후단).

㉤ (×) 직무집행지의 관할법원 또는 검사의 소속검찰청에 대응한 법원에 준항고를 할 수 있다.

> **제417조(동전)** 검사 또는 사법경찰관의 구금, 압수 또는 압수물의 환부에 관한 처분과 제243조의2에 따른 변호인의 참여

등에 관한 처분에 대하여 불복이 있으면 그 직무집행지의 관할법원 또는 검사의 소속검찰청에 대응한 법원에 그 처분의 취소 또는 변경을 청구할 수 있다.

12
정답 ①

① ㉠㉡㉢

㉠ (×) 선임대리권자의 변호인 선임권은 독립대리권의 성질을 가지므로, 본인의 명시 또는 묵시의 의사에 반하여 변호인을 선임할 수 있다.
[보충] 다만, 일단 선임한 이상 본인의 의사에 반하여 해임할 수 없으며, 고유의 선임권인 피의자·피고인은 선임대리권자가 선임한 변호인을 해임할 수 있다.
[비교] 피해자가 사망한 때 그 배우자·직계친족·형제자매는 고소할 수 있는데(제225조 제2항 본문), 피해자의 명시한 의사에 반하지는 못한다(동 단서).

> **제30조(변호인선임권자)** ② 피고인 또는 피의자의 법정대리인, 배우자, 직계친족과 형제자매는 독립하여 변호인을 선임할 수 있다.

㉡ (×) 검사의 소속검찰청이 아니라 검사 또는 사법경찰관의 직무집행지의 관할법원 또는 검사의 소속검찰청에 대응한 법원에 청구하는 것이다.

> **제417조(동전)** 검사 또는 사법경찰관의 구금, 압수 또는 압수물의 환부에 관한 처분과 제243조의2에 따른 변호인의 참여 등에 관한 처분에 대하여 불복이 있으면 그 직무집행지의 관할법원 또는 검사의 소속검찰청에 대응한 법원에 그 처분의 취소 또는 변경을 청구할 수 있다.

㉢ (×) 열람만 가능하고 복사는 할 수 없다.
[보충] 고소장과 피의자신문조서에 대해서는 열람·등사가 가능하다는 헌법재판소 결정은 있다.

> **규칙 제96조의21(구속영장청구서 및 소명자료의 열람)** ① 피의자 심문에 참여할 변호인은 지방법원 판사에게 제출된 구속영장청구서 및 그에 첨부된 고소·고발장, 피의자의 진술을 기재한 서류와 피의자가 제출한 서류를 열람할 수 있다.
> **제104조의2(준용규정)** 제96조의21의 규정은 체포·구속의 적부심사를 청구한 피의자의 변호인에게 이를 준용한다.

> 구속적부심사건 피의자의 변호인에게 수사기록 중 고소장과 피의자신문조서의 내용을 알 권리 및 그 서류들을 열람·등사할 권리가 인정된다. (따라서) 구속적부심사건 피의자의 변호인에게 고소장과 피의자신문조서에 대한 열람 및 등사를 거부한 경찰서장의 정보비공개결정은 변호인의 피구속자를 조력할 권리 및 알 권리를 침해하여 헌법에 위반된다(헌법재판소 2003.3.27, 2000헌마474).

㉣ (○) 피의자가 변호인의 참여를 원한다는 의사를 명백하게 표시하였음에도 수사기관이 정당한 사유 없이 변호인을 참여하게 하지 아니한 채 피의자를 신문하여 작성한 피의자신문조서는 형사소송법 제312조에 정한 '적법한 절차와 방식'에 위반된 증거일 뿐만 아니라, 형사소송법 제308조의2에서 정한 '적법한 절차에 따르지 아니하고 수집한 증거'에 해당하므로 이를 증거로 할 수 없다(대법원 2013.3.28, 2010도3359).

13　정답 ③

③ ㉠㉡㉢㉣

㉠ (○) 아래 제243조의2 제1항 참조.

㉡ (○) 아래 동조 제3항 참조.

㉢ (×) 변호인이 피의자신문에 자유롭게 참여할 수 있는 권리는 피의자가 가지는 변호인의 조력을 받을 권리를 실현하는 수단이므로 헌법상 기본권인 변호인의 변호권으로서 보호되어야 한다. 피의자신문에 참여한 변호인이 피의자 옆에 앉는다고 하여 피의자 뒤에 앉는 경우보다 수사를 방해할 가능성이 높아진다거나 수사기밀을 유출할 가능성이 높아진다고 볼 수 없으므로, 이 사건 후방착석요구행위의 목적의 정당성과 수단의 적절성을 인정할 수 없다. 이 사건 후방착석요구행위로 인하여 위축된 피의자가 변호인에게 적극적으로 조언과 상담을 요청할 것을 기대하기 어렵고, 변호인이 피의자의 뒤에 앉게 되면 피의자의 상태를 즉각적으로 파악하거나 수사기관이 피의자에게 제시한 서류 등의 내용을 정확하게 파악하기 어려우므로, 이 사건 후방착석요구행위는 변호인인 청구인의 피의자신문참여권을 과도하게 제한한다. 그런데 이 사건에서 변호인의 수사방해나 수사기밀의 유출에 대한 우려가 없고, 조사실의 장소적 제약 등과 같이 이 사건 후방착석요구행위를 정당화할 그 외의 특별한 사정도 없으므로, 이 사건 후방착석요구행위는 침해의 최소성 요건을 충족하지 못한다. 이 사건 후방착석요구행위로 얻어질 공익보다는 변호인의 피의자신문참여권 제한에 따른 불이익의 정도가 크므로, 법익의 균형성 요건도 충족하지 못한다. 따라서 이 사건 후방착석요구행위는 변호인인 청구인의 변호권을 침해한다(헌법재판소 2017.11.30, 2016헌마503).

㉣ (○) 아래 동조 제4항 및 제5항 참조.

> **제243조의2(변호인의 참여 등)** ① 검사 또는 사법경찰관은 피의자 또는 그 변호인·법정대리인·배우자·직계친족·형제자매의 신청에 따라 변호인을 피의자와 접견하게 하거나 정당한 사유가 없는 한 피의자에 대한 신문에 참여하게 하여야 한다.
> ② 신문에 참여하고자 하는 변호인이 2인 이상인 때에는 피의자가 신문에 참여할 변호인 1인을 지정한다. 지정이 없는 경우에는 검사 또는 사법경찰관이 이를 지정할 수 있다.
> ③ 신문에 참여한 변호인은 신문 후 의견을 진술할 수 있다. 다만, 신문 중이라도 부당한 신문방법에 대하여 이의를 제기할 수 있고, 검사 또는 사법경찰관의 승인을 얻어 의견을 진술할 수 있다.
> ④ 제3항에 따른 변호인의 의견이 기재된 피의자신문조서는 변호인에게 열람하게 한 후 변호인으로 하여금 그 조서에 기명날인 또는 서명하게 하여야 한다.
> ⑤ 검사 또는 사법경찰관은 변호인의 신문참여 및 그 제한에 관한 사항을 피의자신문조서에 기재하여야 한다.

㉤ (○) 2021.1.1. 시행 수사준칙에 의하여 검사 또는 사법경찰관은 정당한 사유가 있는 경우를 제외하고는 변호인의 의견진술 요청을 승인해야 한다는 의무조항이 제정되었다. 수사준칙 제14조 제2항 참조.

> **수사준칙 제14조(변호인의 의견진술)** ① 피의자신문에 참여한 변호인은 검사 또는 사법경찰관의 신문 후 조서를 열람하고 의견을 진술할 수 있다. 이 경우 변호인은 별도의 서면으로 의견을 제출할 수 있으며, 검사 또는 사법경찰관은 해당 서면을 사건기록에 편철한다.
> ② 피의자신문에 참여한 변호인은 신문 중이라도 검사 또는 사법경찰관의 승인을 받아 의견을 진술할 수 있다. 이 경우 검사 또는 사법경찰관은 정당한 사유가 있는 경우를 제외하고는 변호인의 의견진술 요청을 승인해야 한다.
> ③ 피의자신문에 참여한 변호인은 제2항에도 불구하고 부당한 신문방법에 대해서는 검사 또는 사법경찰관의 승인 없이 이의를 제기할 수 있다.
> ④ 검사 또는 사법경찰관은 제1항부터 제3항까지의 규정에 따른 의견진술 또는 이의제기가 있는 경우 해당 내용을 조서에 적어야 한다.

14　정답 ③

③ ㉠㉡㉣㉤

㉠ (○) 제243조의2 제1항

㉡ (○) 수사준칙 제13조 제1항 참조.

> **수사준칙 제13조(변호인의 피의자신문 참여·조력)** ① 검사 또는 사법경찰관은 피의자신문에 참여한 변호인이 피의자의 옆자리 등 실질적인 조력을 할 수 있는 위치에 앉도록 해야 하고, 정당한 사유가 없으면 피의자에 대한 법적인 조언·상담을 보장해야 하며, 법적인 조언·상담을 위한 변호인의 메모를 허용해야 한다.
> ② 검사 또는 사법경찰관은 피의자에 대한 신문이 아닌 단순 면담 등이라는 이유로 변호인의 참여·조력을 제한해서는 안 된다.
> ③ 제1항 및 제2항은 검사 또는 사법경찰관의 사건관계인에 대한 조사·면담 등의 경우에도 적용한다.

㉢ (×) 변호인의 피의자신문 참여권을 규정한 형사소송법 제243조의2 제1항에서 '정당한 사유'란 변호인이 피의자신문을 방해하거나 수사기밀을 누설할 염려가 있음이 객관적으로 명백한 경우 등을 말하는 것이므로, 수사기관이 피의자신문을 하면서 위와 같은 정당한 사유가 없는데도 변호인에 대하여 피의자로부터 떨어진 곳으로 옮겨 앉으라고 지시를 한 다음 이러한 지시에 따르지 않았음을 이유로 변호인의 피의자신문 참여권을 제한하는 것은 허용될 수 없다(대법원 2008.9.12, 2008모793).

㉣ (○) 수사준칙 제14조 제4항

㉤ (○) 수사준칙 제14조 제1항 제2문 참조.

> **수사준칙 제14조(변호인의 의견진술)** ① 피의자신문에 참여한 변호인은 검사 또는 사법경찰관의 신문 후 조서를 열람하고 의견을 진술할 수 있다. 이 경우 변호인은 별도의 서면으로 의견을 제출할 수 있으며, 검사 또는 사법경찰관은 해당 서면을 사건기록에 편철한다.
> ② 피의자신문에 참여한 변호인은 신문 중이라도 검사 또는 사법경찰관의 승인을 받아 의견을 진술할 수 있다. 이 경우 검사 또는 사법경찰관은 정당한 사유가 있는 경우를 제외하고는 변호인의 의견진술 요청을 승인해야 한다.
> ③ 피의자신문에 참여한 변호인은 제2항에도 불구하고 부당한 신문방법에 대해서는 검사 또는 사법경찰관의 승인 없이 이의를 제기할 수 있다.
> ④ 검사 또는 사법경찰관은 제1항부터 제3항까지의 규정에 따른 의견진술 또는 이의제기가 있는 경우 해당 내용을 조서에 적어야 한다.

15

④ (○) 2021.1.1. 시행 개정 형사소송법에 의하여 형사소송법 제312조 제2항이 삭제됨으로써 영상녹화물이나 그 밖의 객관적인 방법으로 검사 작성 피의자신문조서의 실질적 진정성립을 증명할 수 없게 되었다. 따라서 이제는 형사소송법 제312조 제1항에 따라 공판준비 또는 공판기일에서의 피고인의 진술에 의하여 인정될 수 있을 뿐이다.

① (×) 피의자의 진술이 종료될 때까지가 아니라 조사가 종료될 때까지의 전 과정을 영상녹화하여야 한다. 제244조의2 제1항 참조.

> **제244조의2(피의자진술의 영상녹화)** ① 피의자의 진술은 영상녹화할 수 있다. 이 경우 미리 영상녹화사실을 알려주어야 하며, 조사의 개시부터 종료까지의 전 과정 및 객관적 정황을 영상녹화하여야 한다.

② (×) 영상녹화 완료 시 지체 없이 원본을 봉인하는 것은 피의자 및 변호인 앞에서가 아니라 피의자 또는 변호인 앞에서이다. 제244조의2 제2항 참조.

> **제244조의2(피의자진술의 영상녹화)** ② 제1항에 따른 영상녹화가 완료된 때에는 피의자 또는 변호인 앞에서 지체 없이 그 원본을 봉인하고 피의자로 하여금 기명날인 또는 서명하게 하여야 한다.

③ (×) 영상녹화물 재생·시청 후 피의자 또는 변호인의 이의가 있으면 그 취지를 기재한 서면을 첨부할 수 있는 것이 아니라 첨부하여야 한다. 제244조의2 제3항 참조.

> **제244조의2(피의자진술의 영상녹화)** ③ 제2항의 경우에 피의자 또는 변호인의 요구가 있는 때에는 영상녹화물을 재생하여 시청하게 하여야 한다. 이 경우 그 내용에 대하여 이의를 진술하는 때에는 그 취지를 기재한 서면을 첨부하여야 한다.

16

④ ㉠㉢㉣

㉠ (×) 피의자신문 시에는 변호인만 참여권이 있으며, 변호인 되려는 자에게는 참여권 규정이 없다.

> **제243조의2(변호인의 참여 등)** ① 검사 또는 사법경찰관은 피의자 또는 그 변호인·법정대리인·배우자·직계친족·형제자매의 신청에 따라 변호인을 피의자와 접견하게 하거나 정당한 사유가 없는 한 피의자에 대한 신문에 참여하게 하여야 한다.

㉡ (○) 제201조의2 제8항의 내용이다.

> **제201조의2(구속영장 청구와 피의자 심문)** ⑧ 심문할 피의자에게 변호인이 없는 때에는 지방법원판사는 직권으로 변호인을 선정하여야 한다. 이 경우 변호인의 선정은 피의자에 대한 구속영장 청구가 기각되어 효력이 소멸한 경우를 제외하고는 제1심까지 효력이 있다.

㉢ (×) 반의사불벌죄에서 처벌을 희망하는 의사표시의 철회 또는 처벌을 희망하지 않는 의사표시는 제1심판결 선고 전까지 할 수 있다(형사소송법 제232조 제1항, 제3항). 처벌불원의 의사표시의 부존재는 소극적 소송조건으로서 직권조사사항에 해당하므로 당사자가 항소이유로 주장하지 않았더라도 원심은 이를 직권으로 조사·판단하여야 한다. 성폭력범죄의 처벌 등에 관한 특례법 제27조는 성폭력범죄 피해자에 대한 변호사 선임의 특례를 정하고 있다. 성폭력범죄의 피해자는 형사절차상 법률적 조력을 받기 위해 스스로 변호사를 선임할 수 있고(제1항), 검사는 피해자에게 변호사가 없는 경우 국선변호사를 선정하여 형사절차에서 피해자의 권익을 보호할 수 있으며(제6항), 피해자의 변호사는 형사절차에서 피해자 등의 대리가 허용될 수 있는 모든 소송행위에 대한 포괄적인 대리권을 가진다(제5항). 따라서 피해자의 변호사는 피해자를 대리하여 피고인에 대한 처벌을 희망하는 의사표시를 철회하거나 처벌을 희망하지 않는 의사표시를 할 수 있다(대법원 2019.12.13, 2019도10678).

㉣ (×) 증거로 함에 대한 동의의 주체는 소송주체인 당사자라 할 것이지만 변호인은 피고인의 명시한 의사에 반하지 아니하는 한 피고인을 대리하여 증거로 함에 동의할 수 있으므로 피고인이 증거로 함에 동의하지 아니한다고 명시적인 의사표시를 한 경우 이외에는 변호인은 서류나 물건에 대하여 증거로 함에 동의할 수 있고, 이 경우 변호인의 동의에 대하여 피고인이 즉시 이의하지 아니하는 경우에는 변호인의 동의로 증거능력이 인정되어 증거조사 완료 전까지 그 동의가 취소 또는 철회하지 아니한 이상 일단 부여된 증거능력은 그대로 존속한다(대법원 2005.4.28, 2004도4428).

17

④ ㉡㉢㉣

㉠ (×) 2021.1.1. 시행 대통령령 수사준칙에 의하여 신설된 수사서류 등의 열람·복사규정의 내용이다. 피의자, 사건관계인 또는 그 변호인은 검사 또는 사법경찰관이 수사 중인 사건에 관한 본인의 진술이 기재된 부분 및 본인이 제출한 서류의 전부 또는 일부에 대해 열람·복사를 신청할 수 있다. 수사준칙 제69조 제1항 참조.

> **수사준칙 제69조(수사서류 등의 열람·복사)** ① 피의자, 사건관계인 또는 그 변호인은 검사 또는 사법경찰관이 수사 중인 사건에 관한 본인의 진술이 기재된 부분 및 본인이 제출한 서류의 전부 또는 일부에 대해 열람·복사를 신청할 수 있다.
> ② 피의자, 사건관계인 또는 그 변호인은 검사가 불기소 결정을 하거나 사법경찰관이 불송치 결정을 한 사건에 관한 기록의 전부 또는 일부에 대해 열람·복사를 신청할 수 있다.
> ③ 피의자 또는 그 변호인은 필요한 사유를 소명하고 고소장, 고발장, 이의신청서, 항고장, 재항고장(이하 "고소장등"이라 한다)의 열람·복사를 신청할 수 있다. 이 경우 열람·복사의 범위는 피의자에 대한 혐의사실 부분으로 한정하고, 그 밖에 사건관계인에 관한 사실이나 개인정보, 증거방법 또는 고소장등에 첨부된 서류 등은 제외한다.
> ④ 체포·구속된 피의자 또는 그 변호인은 현행범인체포서, 긴급체포서, 체포영장, 구속영장의 열람·복사를 신청할 수 있다.
> ⑤ 피의자 또는 사건관계인의 법정대리인, 배우자, 직계친족, 형제자매로서 피의자 또는 사건관계인의 위임장 및 신분관계를 증명하는 문서를 제출한 사람도 제1항부터 제4항까지의 규정에 따라 열람·복사를 신청할 수 있다.
> ⑥ 검사 또는 사법경찰관은 제1항부터 제5항까지의 규정에 따른 신청을 받은 경우에는 해당 서류의 공개로 사건관계인의 개인정보나 영업비밀이 침해될 우려가 있거나 범인의 증거인멸·도주를 용이하게 할 우려가 있는 경우 등 정당한 사유가 있는 경우를 제외하고는 열람·복사를 허용해야 한다.

ⓒ (O), ⓓ (O) 피의자의 진술을 기재한 서류 또는 문서가 수사기관에서의 조사 과정에서 작성된 것이라면, 그것이 '진술조서, 진술서, 자술서'라는 형식을 취하였다고 하더라도 피의자신문조서와 달리 볼 수 없고, 수사기관에 의한 진술거부권 고지의 대상이 되는 피의자의 지위는 수사기관이 범죄인지서를 작성하는 등의 형식적인 사건수리 절차를 거치기 전이라도 조사대상자에 대하여 범죄의 혐의가 있다고 보아 실질적으로 수사를 개시하는 행위를 한 때에 인정된다. 특히 조사대상자의 진술 내용이 단순히 제3자의 범죄에 관한 경우가 아니라 자신과 제3자에게 공동으로 관련된 범죄에 관한 것이거나 제3자의 피의사실뿐만 아니라 자신의 피의사실에 관한 것이기도 하여 실질이 피의자신문조서의 성격을 가지는 경우에 수사기관은 진술을 듣기 전에 미리 진술거부권을 고지하여야 한다(대법원 2015.10.29, 2014도5939).

ⓔ (O) 구 새마을금고법 제85조 제2항 제9호(이하 '처벌규정'이라 한다), 특정경제범죄 가중처벌 등에 관한 법률(이하 '특정경제범죄법'이라 한다) 제3조 제1호, 제12조 제2항, 제4항을 헌법상 보장된 진술거부권에 관한 법리에 비추어 살펴보면, 처벌규정은 적어도 새마을금고의 임직원이 장차 특정경제범죄법에 규정된 죄로 처벌받을 수도 있는 사항에 관한 질문을 받고 거짓 진술을 한 경우에는 특별한 사정이 없는 한 적용되지 않는다. 이러한 경우까지 항상 처벌규정으로 처벌될 수 있다고 본다면, 이는 실질적으로 장차 형사피의자나 피고인이 될 가능성이 있는 자로 하여금 수사기관 앞에서 자신의 형사책임을 자인하도록 강요하는 것과 다르지 않기 때문이다(대법원 2015.5.28, 2015도3136).

ⓕ (×) 변호인의 피의자신문 참여의 신청이 있는 경우에는 검사 또는 사법경찰관은 정당한 사유가 없는 한 피의자신문에 참여하게 하여야 한다(원칙적 의무). 따라서 정당한 사유가 있으면 참여하게 하여야 한다는 것이 틀린 것이다(제243조의2 제1항).

> **제243조의2(변호인의 참여 등)** ① 검사 또는 사법경찰관은 피의자 또는 그 변호인·법정대리인·배우자·직계친족·형제자매의 신청에 따라 변호인을 피의자와 접견하게 하거나 정당한 사유가 없는 한 피의자에 대한 신문에 참여하게 하여야 한다.

18 정답 ④

④ (O) 헌법 제12조 제2항, 형사소송법 제244조의3 제1항, 제2항, 제312조 제3항에 비추어 보면, 비록 사법경찰관이 피의자에게 진술거부권을 행사할 수 있음을 알려 주고 그 행사 여부를 질문하였다 하더라도, 형사소송법 제244조의3 제2항에 규정한 방식에 위반하여 진술거부권 행사 여부에 대한 피의자의 답변이 자필로 기재되어 있지 아니하거나 그 답변 부분에 피의자의 기명날인 또는 서명이 되어 있지 아니한 사법경찰관 작성의 피의자신문조서는 특별한 사정이 없는 한 형사소송법 제312조 제3항에서 정한 '적법한 절차와 방식'에 따라 작성된 조서라 할 수 없으므로 그 증거능력을 인정할 수 없다(대법원 2013.3.28, 2010도3359).

① (×) 강도 현행범으로 체포된 피고인에게 진술거부권을 고지하지 아니한 채 강도범행에 대한 자백을 받고, 이를 기초로 여죄에 대한 진술과 증거물을 확보한 후 진술거부권을 고지하여 피고인의 임의자백 및 피해자의 피해사실에 대한 진술을 수집한 경우, 제1심 법정에서의 피고인의 자백은 진술거부권을 고지받지 않은 상태에서 이루어진 최초 자백 이후 40여 일이 지난 후

에 변호인의 충분한 조력을 받으면서 공개된 법정에서 임의로 이루어진 것이고, 피해자의 진술은 법원의 적법한 소환에 따라 자발적으로 출석하여 위증의 벌을 경고받고 선서한 후 공개된 법정에서 임의로 이루어진 것이어서, 예외적으로 유죄 인정의 증거로 사용할 수 있는 2차적 증거에 해당한(대법원 2009.3.12, 2008도11437).

② (×) 법정에 출석한 증인이 형사소송법 제148조, 제149조 등에서 정한 바에 따라 정당하게 증언거부권을 행사하여 증언을 거부한 경우는 형사소송법 제314조의 '그 밖에 이에 준하는 사유로 인하여 진술할 수 없는 때'에 해당하지 아니한다(대법원 2012.5.17, 2009도6788 전원합의체).

③ (×) 피의자에 대한 진술거부권 고지는 피의자의 진술거부권을 실효적으로 보장하여 진술이 강요되는 것을 막기 위해 인정되는 것인데, 이러한 진술거부권 고지에 관한 형사소송법 규정내용 및 진술거부권 고지가 갖는 실질적인 의미를 고려하면 수사기관에 의한 진술거부권 고지 대상이 되는 피의자 지위는 수사기관이 조사대상자에 대한 범죄혐의를 인정하여 수사를 개시하는 행위를 한 때 인정되는 것으로 보아야 한다. 따라서 이러한 피의자 지위에 있지 아니한 자에 대하여는 진술거부권이 고지되지 아니하였더라도 진술의 증거능력을 부정할 것은 아니다. 나아가 형사소송법상 진술거부권 고지의 대상은 피의자나 피고인이므로(제244조의3, 제283조의2), 참고인 등에게는 진술거부권의 고지의무가 없어 이러한 참고인에 대하여는 진술거부권이 고지되지 아니하였더라도 그 진술의 증거능력을 부정할 것은 아니다(대법원 2011.11.10, 2011도8125).

19 정답 ③

③ ⓐⓒⓔⓕ

ⓐ (O) 형사소송법 제417조는 검사 또는 사법경찰관의 '구금에 관한 처분'에 불복이 있으면 법원에 그 처분의 취소 또는 변경을 청구할 수 있다고 규정하고 있다. 검사 또는 사법경찰관이 보호장비 사용을 정당화할 예외적 사정이 존재하지 않음에도 구금된 피의자에 대한 교도관의 보호장비 사용을 용인한 채 그 해제를 요청하지 않는 경우에, 검사 및 사법경찰관의 이러한 조치를 형사소송법 제417조에서 정한 '구금에 관한 처분'으로 보지 않는다면 구금된 피의자로서는 이에 대하여 불복하여 침해된 권리를 구제받을 방법이 없게 된다. 따라서 검사 또는 사법경찰관이 구금된 피의자를 신문할 때 피의자 또는 변호인으로부터 보호장비를 해제해 달라는 요구를 받고도 거부한 조치는 형사소송법 제417조에서 정한 '구금에 관한 처분'에 해당한다고 보아야 한다(대법원 2020.3.17, 2015모2357).
[보충] 검사가 조사실에서 피의자를 신문할 때 도주, 자해, 다른 사람에 대한 위해 등 형의 집행 및 수용자의 처우에 관한 법률 제97조 제1항 각호에 규정된 위험이 분명하고 구체적으로 드러나는 경우에만 예외적으로 보호장비를 사용하여야 하고, 검사가 조사실에서 피의자를 신문할 때 피의자에게 위와 같은 특별한 사정이 없는 이상 교도관에게 보호장비의 해제를 요청할 의무가 있고, 교도관은 이에 응하여야 한다(위 판례).

ⓒ (×) 헌법 제12조 제1항, 제4항 본문, 형사소송법 제243조의2 제1항 및 그 입법 목적 등에 비추어 보면, 피의자가 변호인의 참여를 원한다는 의사를 명백하게 표시하였음에도 수사기관이 정당한 사유 없이 변호인을 참여하게 하지 아니한 채 피의자를 신문하여 작성한 피의자신문조서는 형사소송법 제312조에 정

한 '적법한 절차와 방식'에 위반된 증거일 뿐만 아니라, 형사소송법 제308조의2에서 정한 '적법한 절차에 따르지 아니하고 수집한 증거'에 해당하므로 이를 증거로 할 수 없다(대법원 2013. 3.28, 2010도3359). 증거능력이 없다는 판시이다.

ⓒ (O) 형사소송법 제244조의5는, 검사 또는 사법경찰관은 피의자를 신문하는 경우 피의자가 신체적 또는 정신적 장애로 사물을 변별하거나 의사를 결정·전달할 능력이 미약한 때나 피의자의 연령·성별·국적 등의 사정을 고려하여 그 심리적 안정의 도모와 원활한 의사소통을 위하여 필요한 경우에는 직권 또는 피의자·법정대리인의 신청에 따라 피의자와 신뢰관계에 있는 자를 동석하게 할 수 있도록 하고 있다. 구체적인 사안에서 위와 같은 동석을 허락할 것인지는 원칙적으로 검사 또는 사법경찰관이 피의자의 건강 상태 등 여러 사정을 고려하여 재량에 따라 판단하여야 할 것이나, 이를 허락하는 경우에도 동석한 사람으로 하여금 피의자를 대신하여 진술하도록 하여서는 아니 되는 것이고 만약 동석한 사람이 피의자를 대신하여 진술한 부분이 조서에 기재되어 있다면 그 부분은 피의자의 진술을 기재한 것이 아니라 동석한 사람의 진술을 기재한 조서에 해당하므로 그 사람에 대한 진술조서로서의 증거능력을 취득하기 위한 요건을 충족하지 못하는 한 이를 유죄 인정의 증거로 사용할 수 없는 것이다(대법원 2009.6.23, 2009도1322).

ⓔ (O) 형사소송법 제243조의2 제1항은 검사 또는 사법경찰관은 피의자 또는 변호인 등이 신청할 경우 정당한 사유가 없는 한 변호인을 피의자신문에 참여하게 하여야 한다고 규정하고 있다. 여기에서 '정당한 사유'란 변호인이 피의자신문을 방해하거나 수사기밀을 누설할 염려가 있음이 객관적으로 명백한 경우 등을 말한다. 형사소송법 제243조의2 제3항 단서는 피의자신문에 참여한 변호인은 신문 중이라도 부당한 신문방법에 대하여 이의를 제기할 수 있다고 규정하고 있으므로, 검사 또는 사법경찰관의 부당한 신문방법에 대한 이의제기는 고성, 폭언 등 그 방식이 부적절하거나 또는 합리적 근거 없이 반복적으로 이루어지는 등의 특별한 사정이 없는 한, 원칙적으로 변호인에게 인정된 권리의 행사에 해당하며, 신문을 방해하는 행위로는 볼 수 없다. 따라서 검사 또는 사법경찰관이 그러한 특별한 사정 없이, 단지 변호인이 피의자신문 중에 부당한 신문방법에 대한 이의제기를 하였다는 이유만으로 변호인을 조사실에서 퇴거시키는 조치는 정당한 사유 없이 변호인의 피의자신문 참여권을 제한하는 것으로서 허용될 수 없다(대법원 2020.3.17, 2015모2357).

ⓜ (O) 제221조 제1항 참조.

> 제221조(제3자의 출석요구 등) ① 검사 또는 사법경찰관은 수사에 필요한 때에는 피의자가 아닌 자의 출석을 요구하여 진술을 들을 수 있다. 이 경우 그의 동의를 받아 영상녹화할 수 있다.

ⓗ (×) 변호인의 피의자 접견 및 피의자신문참여권의 신청권자는 피의자, 변호인, 법정대리인, 배우자, 직계친족, 형제자매이다. 동거인·고용주는 포함되지 아니한다(제243조의 제1항).

> 제243조의2(변호인의 참여 등) ① 검사 또는 사법경찰관은 피의자 또는 그 변호인·법정대리인·배우자·직계친족·형제자매의 신청에 따라 변호인을 피의자와 접견하게 하거나 정당한 사유가 없는 한 피의자에 대한 신문에 참여하게 하여야 한다.

④ (×) 사법경찰관 등이 체포영장을 소지하고 피의자를 체포하기 위해서는 체포영장을 피의자에게 제시하고(형사소송법 제200조의6, 제85조 제1항), 피의사실의 요지, 체포의 이유와 변호인을 선임할 수 있음을 말하고 변명할 기회를 주어야 한다(형사소송법 제200조의5). 이와 같은 체포영장의 제시나 고지 등은 체포를 위한 실력행사에 들어가기 이전에 미리 하여야 하는 것이 원칙이다. 그러나 달아나는 피의자를 쫓아가 붙들거나 폭력으로 대항하는 피의자를 실력으로 제압하는 경우에는 붙들거나 제압하는 과정에서 하거나, 그것이 여의치 않은 경우에는 일단 붙들거나 제압한 후에 지체 없이 하여야 한다. … 피고인이 경찰관들과 마주하자마자 도망가려는 태도를 보이거나 먼저 폭력을 행사하며 대항한 바 없는 등 경찰관들이 체포를 위한 실력행사에 나아가기 전에 체포영장을 제시하고 미란다 원칙을 고지할 여유가 있었음에도 애초부터 미란다 원칙을 체포 후에 고지할 생각으로 먼저 체포행위에 나선 행위는 적법한 공무집행이라고 보기 어렵다(공소사실은 무죄)(대법원 2017.9.21, 2017도10866).

① (O) 대법원 2001.12.14, 2001도4283; 2008.2.29, 2007도11339; 2017.9.7, 2017도8989

② (O) 국회증언감정법 제15조 제1항 본문에 따른 고발은 증인을 조사한 본회의 또는 위원회의 의장 또는 위원장의 명의로 한다(동 제15조 제3항). 따라서 그 위원회가 고발에 관한 의결을 하여야 하므로 제15조 제1항 본문의 고발은 위원회가 존속하고 있을 것을 전제로 한다. 한편 국회증언감정법 제15조 제1항 단서는 위와 같은 본문에 이어서 "다만 청문회의 경우에는 재적위원 3분의 1 이상의 연서에 따라 그 위원의 이름으로 고발할 수 있다."라고 규정하고 있다. … 국회증언감정법 제15조 제1항 단서에 의한 고발도 위원회가 존속하는 동안에 이루어져야 한다고 해석하는 것이 타당하다. 특별위원회가 존속하지 않게 된 이후에도 과거 특별위원회가 존속할 당시 재적위원이었던 사람이 연서로 고발할 수 있다고 해석하는 것은 유추해석금지의 원칙에 위배된다. 국회증언감정법 제15조 제1항 단서의 문언 및 입법 취지, 다른 법률 규정과의 관계 등에 비추어 보면, 국회증언감정법 제15조 제1항 단서의 재적위원은 존속하고 있는 위원회에 적을 두고 있는 위원을 의미하고, 특별위원회가 존속하지 않게 된 경우 그 재적위원이었던 사람을 의미하는 것은 아니라고 해석하는 것이 타당하다(대법원 2018.5.17, 2017도14749 전원합의체).

③ (O) 변호인이 피의자신문에 자유롭게 참여할 수 있는 권리는 피의자가 가지는 변호인의 조력을 받을 권리를 실현하는 수단이므로 헌법상 기본권인 변호인의 변호권으로서 보호되어야 한다. 피의자신문에 참여한 변호인이 피의자 옆에 앉는다고 하여 피의자 뒤에 앉는 경우보다 수사를 방해할 가능성이 높아진다거나 수사기밀을 유출할 가능성이 높아진다고 볼 수 없으므로, 이 사건 후방착석요구행위의 목적의 정당성과 수단의 적절성을 인정할 수 없다. 이 사건 후방착석요구행위로 인하여 위축된 피의자가 변호인에게 적극적으로 조언과 상담을 요청할 것을 기대하기 어렵고, 변호인이 피의자의 뒤에 앉게 되면 피의자의 상태를 즉각적으로 파악하거나 수사기관이 피의자에게 제시한 서류 등의 내용을 정확하게 파악하기 어려우므로, 이 사건 후방착석요구행위는 변호인인 청구인의 피의자신문참여권을 과도하게 제한한다. 그런데 이 사건에서 변호인의 수사방해나 수사기

밀의 유출에 대한 우려가 없고, 조사실의 장소적 제약 등과 같이 이 사건 후방착석요구행위를 정당화할 그 외의 특별한 사정도 없으므로, 이 사건 후방착석요구행위는 침해의 최소성 요건을 충족하지 못한다. 이 사건 후방착석요구행위로 얻어질 공익보다는 변호인의 피의자신문참여권 제한에 따른 불이익의 정도가 크므로, 법익의 균형성 요건도 충족하지 못한다. 따라서 이 사건 후방착석요구행위는 변호인인 청구인의 변호권을 침해한다(헌법재판소 2017.11.30, 2016헌마503).

▶ **제3편 수사와 공소: 제2장 강제처분과 강제수사** [체포와 구속 1]

01	④	02	④	03	④	04	④	05	②
06	②	07	①	08	②	09	③	10	②
11	③	12	③	13	④	14	②	15	④
16	③	17	④	18	③	19	③	20	④

01
정답 ④

④ ㉠㉡㉢㉤

㉠ (×) 대법원 2016.10.13, 2016도5814

㉡ (×) 제208조 소정의 '구속되었다가 석방된 자'라 함은 구속영장에 의하여 구속되었다가 석방된 경우를 말하는 것이지, 긴급체포나 현행범으로 체포되었다가 사후 영장발부 전에 석방된 경우는 포함되지 않는다 할 것이므로, 피고인이 수사당시 긴급체포되었다가 수사기관의 조치로 석방된 후 법원이 발부한 구속영장에 의하여 구속이 이루어진 경우 앞서 본 법조에 위배되는 위법한 구속이라고 볼 수 없다(대법원 2001.9.28, 2001도4291). 제208조 제1항는 검사 또는 사법경찰관에 의하여 '구속되었다가 석방된 자'는 다른 중요한 증거를 발견한 경우를 제외하고는 동일한 범죄사실에 관하여 재차 구속하지 못한다고 규정하여 재구속을 제한하고 있다. 그러나 체포되었다가 석방된 후 발부된 구속영장에 의하여 구속하는 것은 이러한 제한에 해당하지 않아 위법한 구속이 아닌 것이다.

㉢ (×) 긴급체포의 요건을 갖추었는지 여부는 사후에 밝혀진 사정을 기초로 판단하는 것이 아니라 체포 당시의 상황을 기초로 판단하여야 하고, 이에 관한 검사나 사법경찰관 등 수사주체의 판단에는 상당한 재량의 여지가 있다고 할 것이나, 긴급체포 당시의 상황으로 보아서도 그 요건의 충족 여부에 관한 검사나 사법경찰관의 판단이 경험칙에 비추어 현저히 합리성을 잃은 경우에는 그 체포는 <u>위법한 체포</u>라 할 것이고, 이러한 위법은 영장주의에 위배되는 중대한 것이니 그 체포에 의한 유치 중에 작성된 <u>피의자신문조서는 위법하게 수집된 증거로서 특별한 사정이 없는 한 이를 유죄의 증거로 할 수 없다</u>(대법원 2002.6.11, 2000도5701).

㉤ (○) 2021.1.1. 시행 수사준칙에 의하여 체포·구속 시 진술거부권 고지의무 조항이 신설되었다. 수사준칙 제32조 제1항 참조.

> **수사준칙 제32조(체포·구속영장 집행 시의 권리 고지)** ① 검사 또는 사법경찰관은 피의자를 체포하거나 구속할 때에는 법 제200조의5(제209조에서 준용하는 경우를 포함한다)에 따라 피의자에게 피의사실의 요지, 체포·구속의 이유와 변호인을 선임할 수 있음을 말하고, 변명할 기회를 주어야 하며, 진술거부권을 알려주어야 한다.
> ② 제1항에 따라 피의자에게 알려주어야 하는 진술거부권의 내용은 법 제244조의3 제1항 제1호부터 제3호까지의 사항으로 한다.
> ③ 검사와 사법경찰관이 제1항에 따라 피의자에게 그 권리를 알려준 경우에는 피의자로부터 권리 고지 확인서를 받아 사건기록에 편철한다.

㉤ (×) 영장에 의한 체포의 사유는 출석요구에 불응하거나 불응할 우려이지, 체포의 필요성 즉, 도망이나 증거인멸의 우려가 아니다. 따라서 체포영장청구서의 기재사항에도 제200조의2 제1항에 규정한 체포의 사유(출석요구에 응하지 아니하거나 응하지 아니할 우려가 있는 때)는 포함되나(규칙 제95조 제7호), 도망이나 증거인멸의 우려가 있는 사유는 포함되지 아니한다. 규칙 제95조 참조.

> **규칙 제95조(체포영장청구서의 기재사항)** 체포영장의 청구서에는 다음 각 호의 사항을 기재하여야 한다.
> 1. 피의자의 성명(분명하지 아니한 때에는 인상, 체격, 그 밖에 피의자를 특정할 수 있는 사항), 주민등록번호 등, 직업, 주거
> 2. 피의자에게 변호인이 있는 때에는 그 성명
> 3. 죄명 및 범죄사실의 요지
> 4. 7일을 넘는 유효기간을 필요로 하는 때에는 그 취지 및 사유
> 5. 여러 통의 영장을 청구하는 때에는 그 취지 및 사유
> 6. 인치구금할 장소
> 7. 법 제200조의2 제1항에 규정한 체포의 사유
> 8. 동일한 범죄사실에 관하여 그 피의자에 대하여 전에 체포영장을 청구하였거나 발부받은 사실이 있는 때에는 다시 체포영장을 청구하는 취지 및 이유
> 9. 현재 수사 중인 다른 범죄사실에 관하여 그 피의자에 대하여 발부된 유효한 체포영장이 있는 경우에는 그 취지 및 그 범죄사실

02
정답 ④

④ ㉠㉡㉢㉤

㉠ (×) 긴급체포되었다가 석방된 자는 영장 없이는 동일한 범죄사실로 다시 체포하지 못한다(제200조의4 제3항). 따라서 영장에 의한 체포는 가능하다.

㉡ (×) 대법원 판례도 '긴급체포나 현행범으로 체포된 피의자 등 영장에 의하지 아니하고 체포된 피의자 등'에게도 적부심사청구권을 인정하고 있다(대법원 1997.8.27, 97모21). 형사소송법은 긴급체포나 현행범으로 체포된 피의자 등 영장에 의하지 아니하고 체포된 피의자 등에게도 명문규정으로 적부심사청구권을 인정하고 있다.

ⓒ (×) 모두 형사소송법에 명문의 규정을 두고 있다(제200조의3 제2항 및 제3항).

[참고] 다만, 이를 위해 사법경찰관이 긴급체포 후 12시간 내에 검사에게 긴급체포를 승인해달라는 요청을 하여야 한다는 것은 형사소송법에 규정이 없고 수사준칙에 의한다.

> **제200조의3(긴급체포)** ① 검사 또는 사법경찰관은 피의자가 사형·무기 또는 장기 3년 이상의 징역이나 금고에 해당하는 죄를 범하였다고 의심할 만한 상당한 이유가 있고, 다음 각 호의 어느 하나에 해당하는 사유가 있는 경우에 긴급을 요하여 지방법원판사의 체포영장을 받을 수 없는 때에는 그 사유를 알리고 영장 없이 피의자를 체포할 수 있다. 이 경우 긴급을 요한다 함은 피의자를 우연히 발견한 경우등과 같이 체포영장을 받을 시간적 여유가 없는 때를 말한다.
> 1. 피의자가 증거를 인멸할 염려가 있는 때
> 2. 피의자가 도망하거나 도망할 우려가 있는 때
> ② 사법경찰관이 제1항의 규정에 의하여 피의자를 체포한 경우에는 즉시 검사의 승인을 얻어야 한다.
> ③ 검사 또는 사법경찰관은 제1항의 규정에 의하여 피의자를 체포한 경우에는 즉시 긴급체포서를 작성하여야 한다.
> ④ 제3항의 규정에 의한 긴급체포서에는 범죄사실의 요지, 긴급체포의 사유등을 기재하여야 한다.

ⓔ (○) 수사준칙 제27조 제1항 참조.

> **수사준칙 제27조(긴급체포)** ① 사법경찰관은 법 제200조의3 제2항에 따라 긴급체포 후 12시간 내에 검사에게 긴급체포의 승인을 요청해야 한다. 다만, 다음 각 호의 어느 하나에 해당하는 경우에는 긴급체포 후 24시간 이내에 긴급체포의 승인을 요청해야 한다.
> 1. 제51조 제1항 제4호 가목에 따른 피의자중지 또는 제52조 제1항 제3호에 따른 기소중지 결정이 된 피의자를 소속 경찰서가 위치하는 특별시·광역시·특별자치시·도 또는 특별자치도 외의 지역에서 긴급체포한 경우
> 2. 「해양경비법」 제2조 제2호에 따른 경비수역에서 긴급체포한 경우
> ② 제1항에 따라 긴급체포의 승인을 요청할 때에는 범죄사실의 요지, 긴급체포의 일시·장소, 긴급체포의 사유, 체포를 계속해야 하는 사유 등을 적은 긴급체포 승인요청서로 요청해야 한다. 다만, 긴급한 경우에는 「형사사법절차 전자화 촉진법」 제2조 제4호에 따른 형사사법정보시스템(이하 "형사사법정보시스템"이라 한다) 또는 팩스를 이용하여 긴급체포의 승인을 요청할 수 있다.
> ③ 검사는 사법경찰관의 긴급체포 승인 요청이 이유 있다고 인정하는 경우에는 지체 없이 긴급체포 승인서를 사법경찰관에게 송부해야 한다.
> ④ 검사는 사법경찰관의 긴급체포 승인 요청이 이유 없다고 인정하는 경우에는 지체 없이 사법경찰관에게 불승인 통보를 해야 한다. 이 경우 사법경찰관은 긴급체포된 피의자를 즉시 석방하고 그 석방 일시와 사유 등을 검사에게 통보해야 한다.

ⓜ (×) 법원에 대한 석방통지 시 긴급체포서 사본을 첨부해야 한다(제200조의3 제4항 제2문).

> **제200조의3(긴급체포)** ④ 검사는 제1항에 따른 구속영장을 청구하지 아니하고 피의자를 석방한 경우에는 석방한 날부터 30일 이내에 서면으로 다음 각 호의 사항을 법원에 통지하여야 한다. 이 경우 긴급체포서의 사본을 첨부하여야 한다.
> 1. 긴급체포 후 석방된 자의 인적사항
> 2. 긴급체포의 일시·장소와 긴급체포하게 된 구체적 이유
> 3. 석방의 일시·장소 및 사유
> 4. 긴급체포 및 석방한 검사 또는 사법경찰관의 성명

03 [정답] ④

④ ㉠ⓔⓜ

㉠ (×) 구속한 날이 아니라 (긴급)체포한 날부터 기산한다.

> **제203조의2(구속기간에의 산입)** 피의자가 제200조의2·제200조의3·제201조의2 제2항 또는 제212조(＝현행범체포)의 규정에 의하여 체포 또는 구인된 경우에는 제202조 또는 제203조의 구속기간은 피의자를 체포 또는 구인한 날부터 기산한다.

ⓛ (○) 명시적인 판례는 없으나, 긴급체포의 요건을 충족하고 있으므로 적법하다.

ⓒ (○) 대법원 2006.9.8, 2006도148

ⓔ (×) 심판대상조항은 체포영장을 발부받아 피의자를 체포하는 경우에 필요한 때에는 영장 없이 타인의 주거 등 내에서 피의자 수사를 할 수 있다고 규정함으로써, 앞서 본 바와 같이 별도로 영장을 발부받기 어려운 긴급한 사정이 있는지 여부를 구별하지 아니하고 피의자가 소재할 개연성만 소명되면 영장 없이 타인의 주거 등을 수색할 수 있도록 허용하고 있다. 이는 체포영장이 발부된 피의자가 타인의 주거 등에 소재할 개연성은 소명되나, 수색에 앞서 영장을 발부받기 어려운 긴급한 사정이 인정되지 않는 경우에도 영장 없이 피의자 수색을 할 수 있다는 것이므로, 헌법 제16조의 영장주의 예외 요건을 벗어나는 것으로서 영장주의에 위반된다(형사소송법 제216조 제1항 제1호 위헌소원 등, 헌법재판소 2018.4.26, 2015헌바370,2016헌가7). 이에, 2019.12.31. 형사소송법 개정에 의하여 다음과 같은 내용으로 변경되었다.

> **제216조(영장에 의하지 아니한 강제처분)** ① 검사 또는 사법경찰관은 제200조의2·제200조의3·제201조 또는 제212조의 규정에 의하여 피의자를 체포 또는 구속하는 경우에 필요한 때에는 영장 없이 다음 처분을 할 수 있다.
> 1. 타인의 주거나 타인이 간수하는 가옥, 건조물, 항공기, 선차 내에서의 피의자 수색. 다만, 제200조의2 또는 제201조에 따라 피의자를 체포 또는 구속하는 경우의 피의자 수색은 미리 수색영장을 발부받기 어려운 긴급한 사정이 있는 때에 한정한다. <개정 2019.12.31.>

ⓜ (×) 긴급체포된 후 석방된 자 또는 변호인·법정대리인·배우자·직계친족·형제자매는 통지서 및 관련서류를 열람하거나 등사할 수 있다(제200조의4 제5항).

> **제200조의4(긴급체포와 영장청구기간)** ⑤ 긴급체포 후 석방된 자 또는 그 변호인·법정대리인·배우자·직계친족·형제자매는 통지서 및 관련 서류를 열람하거나 등사할 수 있다.

04 [정답] ④

④ 지문은 모두 대법원 2000.7.4, 99도4341의 내용이다.

㉠ (○) 이 사건 교통사고가 발생한 지점과 피고인이 체포된 지점

은 거리상으로 약 1km 떨어져 있고 시간상으로도 10분 정도의 차이가 있으며, 경찰관들이 피고인의 차량을 사고현장에서부터 추적하여 따라간 것도 아니고 순찰 중 경찰서로부터 무전연락을 받고 도주차량 용의자를 수색하다가 그 용의자로 보이는 피고인을 발견하고 검문을 하게 된 사정에 비추어 보면, 피고인을 현행범인으로 보기 어렵다고 판단하였다. ※ 대법원도 동일하게 판단하였다.

ⓛ (○) 사정이 이와 같다면, 피고인으로서는 형사소송법 제211조 제2항 제2호의 '장물이나 범죄에 사용되었다고 인정함에 충분한 흉기 기타의 물건을 소지하고 있는 때'에 해당한다고 볼 수 있으므로, 준현행범인으로서 영장 없이 체포할 수 있는 경우에는 해당한다고 봄이 상당하다.

ⓒ (○) 헌법 제12조 제5항 전문은 '누구든지 체포 또는 구속의 이유와 변호인의 조력을 받을 권리가 있음을 고지받지 아니하고는 체포 또는 구속을 당하지 아니한다.'는 원칙을 천명하고 있고, 형사소송법 제72조는 '피고인에 대하여 범죄사실의 요지, 구속의 이유와 변호인을 선임할 수 있음을 말하고 변명할 기회를 준 후가 아니면 구속할 수 없다.'고 규정하는 한편, 이 규정은 같은 법 제213조의2에 의하여 검사 또는 사법경찰관리가 현행범인을 체포하거나 일반인이 체포한 현행범인을 인도받는 경우에 준용되므로, 이 사건과 같이 사법경찰리가 피고인을 현행범인으로 체포하는 경우에 반드시 피고인에게 범죄사실의 요지, 구속의 이유와 변호인을 선임할 수 있음을 말하고 변명할 기회를 주어야 할 것임은 명백하다.

ⓔ (○) 이러한 법리는 비단 현행범인을 체포하는 경우뿐만 아니라 긴급체포의 경우에도 마찬가지로 적용되는 것이고, 이와 같은 고지는 체포를 위한 실력행사에 들어가기 이전에 미리 하여야 하는 것이 원칙이나, 달아나는 피의자를 쫓아가 붙들거나 폭력으로 대항하는 피의자를 실력으로 제압하는 경우에는 붙들거나 제압하는 과정에서 하거나, 그것이 여의치 않은 경우에라도 일단 붙들거나 제압한 후에는 지체 없이 행하여야 할 것이다.

05 정답 ②

② ㉠ⓛⓔ

㉠ (×) 현행범인은 누구든지 영장 없이 체포할 수 있는데(형사소송법 제212조), 현행범인으로 체포하기 위하여는 행위의 가벌성, 범죄의 현행성·시간적 접착성, 범인·범죄의 명백성 이외에 체포의 필요성 즉, 도망 또는 증거인멸의 염려가 있어야 하고, 이러한 요건을 갖추지 못한 현행범인 체포는 법적 근거에 의하지 아니한 영장 없는 체포로서 위법한 체포에 해당한다. 여기서 현행범인 체포의 요건을 갖추었는지는 체포 당시 상황을 기초로 판단하여야 하고, 이에 관한 검사나 사법경찰관 등 수사주체의 판단에는 상당한 재량 여지가 있으나, 체포 당시 상황으로 보아도 요건 충족 여부에 관한 검사나 사법경찰관 등의 판단이 경험칙에 비추어 현저히 합리성을 잃은 경우에는 그 체포는 위법하다고 보아야 한다(대법원 2011.5.26, 2011도3682; 2002. 12.10, 2002도4227; 2002.6.11, 2000도5701 등).

ⓛ (×) 경찰관들이 체포영장을 근거로 체포절차에 착수하였으나 피고인이 흥분하며 타고 있던 승용차를 출발시켜 경찰관들에게 상해를 입히는 범죄를 추가로 저지르자, 경찰관들이 위 승용차를 멈춘 후 저항하는 피고인을 별도 범죄인 특수공무집행방해치상의 현행범으로 체포하였는데, 이와 같이 경찰관이 체포영

장에 기재된 범죄사실이 아닌 새로운 피의사실인 특수공무집행방해치상을 이유로 피고인을 현행범으로 체포하였고, 현행범 체포에 관한 제반 절차도 준수하였던 이상 피고인에 대한 체포 및 그 이후 절차에 위법이 없다. 또한 이 사건 당시 체포영장에 의한 체포절차가 착수된 단계에 불과하였고, 피고인에 대한 체포가 체포영장과 관련 없는 새로운 피의사실인 특수공무집행방해치상을 이유로 별도의 현행범 체포 절차에 따라 진행된 이상, 집행 완료에 이르지 못한 체포영장을 사후에 피고인에게 제시할 필요는 없으므로 피고인에 대한 체포절차는 적법하다고 볼 수 있다(대법원 2021.6.24, 2021도4648).

ⓒ (○) 현행범인은 누구든지 영장 없이 체포할 수 있고(형사소송법 제212조), 검사 또는 사법경찰관리(이하 '검사 등'이라고 한다) 아닌 이가 현행범인을 체포한 때에는 즉시 검사 등에게 인도하여야 한다(형사소송법 제213조 제1항). 여기서 '즉시'라고 함은 반드시 체포시점과 시간적으로 밀착된 시점이어야 하는 것은 아니고, '정당한 이유 없이 인도를 지연하거나 체포를 계속하는 등으로 불필요한 지체를 함이 없이'라는 뜻으로 볼 것이다. 또한 검사 등이 현행범인을 체포하거나 현행범인을 인도받은 후 현행범인을 구속하고자 하는 경우 48시간 이내에 구속영장을 청구하여야 하고 그 기간 내에 구속영장을 청구하지 아니하는 때에는 즉시 석방하여야 한다(형사소송법 제213조의2, 제200조의2 제5항). … 따라서 검사 등이 아닌 이에 의하여 현행범인이 체포된 후 불필요한 지체 없이 검사 등에게 인도된 경우 위 48시간의 기산점은 체포 시가 아니라 검사 등이 현행범인을 인도받은 때라고 할 것이다(대법원 2011.12.22, 2011도12927).

ⓔ (×) 피고인이 바지선에 승선하여 밀입국하면서 필로폰을 밀수입하는 범행을 실행 중이거나 실행한 직후에 검찰수사관이 바지선 내 피고인을 발견한 장소 근처에서 필로폰이 발견되자 곧바로 피고인을 체포하였으므로 이는 현행범 체포로서 적법하다(대법원 2016.2.18, 2015도13726).

ⓜ (○) 의경이 피고인을 파출소로 끌고 가려고 한 것은 음주측정을 하기 위한 것일 뿐, 피고인을 음주운전이나 음주측정거부의 현행범으로 체포하려는 의사였는지도 의심스러울 뿐 아니라, 가사 현행범으로 체포하려 하였더라도 현행범을 체포함에 있어서는 체포 당시에 헌법 및 형사소송법에 규정된 바와 같이 피의자에 대하여 범죄사실의 요지, 체포 또는 구속의 이유와 변호인을 선임할 수 있음을 말하고 변명할 기회를 주는 등 적법절차를 준수하여야 함에도 현행범으로 체포한다는 사실조차 고지하지 아니한 채 실력으로 연행하려 하였다면 그 의경의 행위는 적법한 공무집행으로 볼 수 없다(적법한 공무집행이 아니므로 이에 대항한 甲의 행위는 폭행치상의 위법성이 조각되어 P의 현행범 체포는 위법, 대법원 1994.10.25, 94도2283).

06 정답 ②

② (×) 검사 또는 사법경찰관리는 현행범인을 체포하거나 일반인이 체포한 현행범인을 인도받는 경우 형사소송법 제213조의2에 의하여 준용되는 제200조의5에 따라 피의자에 대하여 피의사실의 요지, 체포의 이유와 변호인을 선임할 수 있음을 말하고 변명할 기회를 주어야 하고, 이와 같은 고지는 체포를 위한 실력행사에 들어가기 전에 미리 하여야 하는 것이 원칙이지만, 달아나는 피의자를 쫓아가 붙들거나 폭력으로 대항하는 피의자를 실력으로 제압하는 경우에는 붙들거나 제압하는 과정에서 하거

나 그것이 여의치 않은 경우에는 일단 붙들거나 제압한 후에 지체 없이 하면 된다(대법원 2012.2.9, 2011도7193).

① (○) 범죄를 실행 중이거나 실행 직후의 현행범인은 누구든지 영장 없이 체포할 수 있다(형사소송법 제212조). 현행범인으로 체포하기 위하여는 행위의 가벌성, 범죄의 현행성·시간적 접착성, 범인·범죄의 명백성 외에 체포의 필요성, 즉 도망 또는 증거인멸의 염려가 있어야 하는데, 이러한 현행범인 체포의 요건을 갖추었는지는 체포 당시의 상황을 기초로 판단하여야 하고, 이에 관한 수사주체의 판단에는 상당한 재량의 여지가 있다고 할 것이다. 따라서 체포 당시의 상황에서 보아 그 요건에 관한 수사주체의 판단이 경험칙에 비추어 현저히 합리성이 없다고 인정되지 않는 한 수사주체의 현행범인 체포를 위법하다고 단정할 것은 아니다(대법원 2016.2.18, 2015도13726).

③ (○), ④ (○) 검사 또는 사법경찰관은 형사소송법 제212조의 규정에 의하여 피의자를 현행범 체포하는 경우에 필요한 때에는 체포 현장에서 영장 없이 압수·수색·검증을 할 수 있으나, 이와 같이 압수한 물건을 계속 압수할 필요가 있는 경우에는 체포한 때부터 48시간 이내에 지체 없이 압수영장을 청구하여야 한다(제216조 제1항 제2호, 제217조 제2항). 그리고 검사 또는 사법경찰관이 범행 중 또는 범행 직후의 범죄 장소에서 긴급을 요하여 판사의 영장을 받을 수 없는 때에는 영장 없이 압수·수색 또는 검증을 할 수 있으나, 이 경우에는 사후에 지체 없이 영장을 받아야 한다(제216조 제3항). 다만 형사소송법 제218조에 의하면 검사 또는 사법경찰관은 피의자 등이 유류한 물건이나 소유자·소지자 또는 보관자가 임의로 제출한 물건은 영장 없이 압수할 수 있으므로, 현행범 체포현장이나 범죄 장소에서도 소지자 등이 임의로 제출하는 물건은 형사소송법 제218조에 의하여 영장 없이 압수할 수 있고, 이 경우에는 검사나 사법경찰관이 사후에 영장을 받을 필요가 없다(대법원 2016.2.18, 2015도13726).

07 정답 ①

① ㉠㉢㉤

㉠ (○) 대법원 2000.7.4, 99도4341

㉡ (×) 형사소송법 제211조가 현행범인으로 규정한 '범죄의 실행의 즉후인 자'라고 함은, 범죄의 실행행위를 종료한 직후의 범인이라는 것이 체포하는 자의 입장에서 볼 때 명백한 경우를 일컫는 것이다(대법원 2002.5.10, 2001도300).

㉢ (○) 대법원 2011.12.22, 2011도12927

㉣ (×) 제반 사정을 종합하면 피고인에게 체포될 당시 도망 또는 증거인멸의 염려가 없었다고 할 수 없어 체포의 필요성이 인정된다(대법원 2018.3.29, 2017도21537).

㉤ (○) 제200조의4 제2항

08 정답 ②

② ㉠㉡㉣

㉠ (○) 형사소송법 제87조, 수사준칙 제33조 참조.

> 제87조(구속의 통지) ① 피고인을 구속한 때에는 변호인이 있는 경우에는 변호인에게, 변호인이 없는 경우에는 제30조 제2항에 규정한 자 중 피고인이 지정한 자에게 피고사건명, 구속일시·장소, 범죄사실의 요지, 구속의 이유와 변호인을 선임

할 수 있는 취지를 알려야 한다.
② 제1항의 통지는 지체 없이 서면으로 하여야 한다.

> 제200조의6(준용규정) 제75조, 제81조 제1항 본문 및 제3항, 제82조, 제83조, 제85조 제1항·제3항 및 제4항, 제86조, 제87조, 제89조부터 제91조까지, 제93조, 제101조 제4항 및 제102조 제2항 단서의 규정은 검사 또는 사법경찰관이 피의자를 체포하는 경우에 이를 준용한다. 이 경우 "구속"은 이를 "체포"로, "구속영장"은 이를 "체포영장"으로 본다.
> 제209조(준용규정) 제70조 제2항, 제71조, 제75조, 제81조 제1항 본문·제3항, 제82조, 제83조, 제85조부터 제87조까지, 제89조부터 제91조까지, 제93조, 제101조 제1항, 제102조 제2항 본문(보석의 취소에 관한 부분은 제외한다) 및 제200조의5는 검사 또는 사법경찰관의 피의자 구속에 관하여 준용한다.
> 제213조의2(준용규정) 제87조, 제89조, 제90조, 제200조의2 제5항 및 제200조의5의 규정은 검사 또는 사법경찰관리가 현행범인을 체포하거나 현행범인을 인도받은 경우에 이를 준용한다.
> 수사준칙 제33조(체포·구속 등의 통지) ① 검사 또는 사법경찰관은 피의자를 체포하거나 구속하였을 때에는 법 제200조의6 또는 제209조에서 준용하는 법 제87조에 따라 변호인이 있으면 변호인에게, 변호인이 없으면 법 제30조 제2항에 따른 사람 중 피의자가 지정한 사람에게 24시간 이내에 서면으로 사건명, 체포·구속의 일시·장소, 범죄사실의 요지, 체포·구속의 이유와 변호인을 선임할 수 있음을 통지해야 한다.
> ② 검사 또는 사법경찰관은 제1항에 따른 통지를 하였을 때에는 그 통지서 사본을 사건기록에 편철한다. 다만, 변호인 및 법 제30조 제2항에 따른 사람이 없어서 체포·구속의 통지를 할 수 없을 때에는 그 취지를 수사보고서에 적어 사건기록에 편철한다.
> ③ 제1항 및 제2항은 법 제214조의2 제2항에 따라 검사 또는 사법경찰관이 같은 조 제1항에 따른 자 중에서 피의자가 지정한 자에게 체포 또는 구속의 적부심사를 청구할 수 있음을 통지하는 경우에도 준용한다.

㉡ (×) 사인의 현행범 체포는 형사소송법 제212조에 의해서 위법성이 조각될 수 있으나, 사인이 현행범 체포를 위해 타인의 주거에 들어가는 것까지 위법성이 조각되지는 않는다.

㉢ (○) 구속영장에는 청구인을 구금할 수 있는 장소로 특정 경찰서 유치장으로 기재되어 있었는데, 청구인에 대하여 위 구속영장에 의하여 1995.11.30. 07:50경 위 경찰서 유치장에 구속이 집행되었다가 같은 날 08:00에 그 신병이 조사차 국가안전기획부 직원에게 인도된 후 위 경찰서 유치장에 인도된 바 없이 계속하여 국가안전기획부 청사에 사실상 구금되어 있다면, 청구인에 대한 이러한 사실상의 구금장소의 임의적 변경은 청구인의 방어권이나 접견교통권의 행사에 중대한 장애를 초래하는 것이므로 위법하다(대법원 1996.5.15, 95모94).

㉣ (○) 대법원 2011.5.26, 2011도3682

㉤ (×) 판례는 현행범인 체포에 있어서 체포의 필요성을 그 요건으로 요구하는 입장이다.
[보충] 판례는 긍정설, 다수설은 부정설

> 현행범인은 누구든지 영장 없이 체포할 수 있다(형사소송법 제212조). 현행범인으로 체포하기 위하여는 행위의 가벌성, 범죄의 현행성과 시간적 접착성, 범인·범죄의 명백성 이외에 체포의 필요성, 즉 도망 또는 증거인멸의 염려가 있어야 한다.

이러한 요건을 갖추지 못한 현행범인 체포는 법적 근거에 의하지 아니한 영장 없는 체포로서 위법한 체포에 해당한다(대법원 1999.1.26, 98도3029; 2017.4.7, 2016도19907 등).

09 정답 ③

③ (×) 변호인 또는 변호인이 되려는 자의 접견교통권은 신체구속제도 본래의 목적을 침해하지 아니하는 범위 내에서 행사되어야 하므로, ㉠ 변호인 또는 변호인이 되려는 자가 구체적인 시간적·장소적 상황에 비추어 현실적으로 보장할 수 있는 한계를 벗어나 피고인 또는 피의자를 접견하려고 하는 것은 정당한 접견교통권의 행사에 해당하지 아니하여 허용될 수 없다. 다만 ㉡ 접견교통권이 그와 같은 한계를 일탈한 것이어서 허용될 수 없다고 판단함에 있어서는 신체구속을 당한 사람의 헌법상 기본적 권리인 변호인의 조력을 받을 권리의 본질적인 내용이 침해되는 일이 없도록 신중을 기하여야 한다(대법원 2017.3.9, 2013도16162).

① (○), ② (○) 형사소송법 제34조는 "변호인 또는 변호인이 되려는 자는 신체구속을 당한 피고인 또는 피의자와 접견하고 서류 또는 물건을 수수할 수 있으며 의사로 하여금 진료하게 할 수 있다."라고 규정하고 있으므로, 변호인이 되려는 의사를 표시한 자가 객관적으로 변호인이 될 가능성이 있다고 인정되는데도, 형사소송법 제34조에서 정한 '변호인 또는 변호인이 되려는 자'가 아니라고 보아 신체구속을 당한 피고인 또는 피의자와 접견하지 못하도록 제한하여서는 아니 된다(대법원 2017.3.9, 2013도16162).

④ (○) 현행범인 체포의 요건을 갖추었는지에 관한 검사나 사법경찰관 등의 판단에는 상당한 재량의 여지가 있으나, 체포 당시 상황으로 보아도 요건 충족 여부에 관한 검사나 사법경찰관 등의 판단이 경험칙에 비추어 현저히 합리성을 잃은 경우 그 체포는 위법하다. 그리고 범죄의 고의는 확정적 고의뿐만 아니라 결과 발생에 대한 인식이 있고 이를 용인하는 의사인 이른바 미필적 고의도 포함하므로, 피고인이 인신구속에 관한 직무를 집행하는 사법경찰관으로서 체포 당시 상황을 고려하여 경험칙에 비추어 현저하게 합리성을 잃지 않은 채 판단하면 체포 요건이 충족되지 아니함을 충분히 알 수 있었는데도, 자신의 재량 범위를 벗어난다는 사실을 인식하고 그와 같은 결과를 용인한 채 사람을 체포하여 권리행사를 방해하였다면, 직권남용체포죄와 직권남용권리행사방해죄가 성립한다(대법원 2017.3.9, 2013도16162).

[보충] 이 사건은 집회나 시위, 파업 현장에서 체포된 사람을 접견하게 해 달라고 요구하며 호송차량의 진행을 막은 변호사를 경찰이 공무집행방해죄의 현행범으로 체포한 것은 직권을 남용한 불법체포일뿐만 아니라 직권을 남용해 변호사의 접견교통권을 방해한 것이라는 대법원 판례이다. 대법원은 직권남용권리행사방해·직권남용체포 혐의로 공소가 제기된 경찰관 류 모(51)씨에게 징역 6월에 집행유예 2년, 자격정지 1년을 선고한 원심을 확정한 것이다. 이 판례는 ㉠ 접견교통권이 인정되는 변호인이 되려는 자의 범위, ㉡ 변호인 또는 변호인 되려는 자가 행사하는 접견교통권의 한계, ㉢ 피의자 접견을 요구하는 변호인 되려는 자를 체포하는 행위가 위법하게 되는 경우를 설시하였다는 점에서 의미가 있다.

10 정답 ②

② ㉠㉢㉤

㉠ (×) 10일이 아니라 7일이다.

> 규칙 제95조(체포영장청구서의 기재사항) 체포영장의 청구서에는 다음 각 호의 사항을 기재하여야 한다.
> 4. 7일을 넘는 유효기간을 필요로 하는 때에는 그 취지 및 사유

㉡ (○) 제200조의6, 제85조 제1항 참조.

> 제200조의6(준용규정) 제75조, 제81조 제1항 본문 및 제3항, 제82조, 제83조, 제85조 제1항·제3항 및 제4항, 제86조, 제87조, 제89조부터 제91조까지, 제93조, 제101조 제4항 및 제102조 제2항 단서의 규정은 검사 또는 사법경찰관이 피의자를 체포하는 경우에 이를 준용한다. 이 경우 "구속"은 이를 "체포"로, "구속영장"은 이를 "체포영장"으로 본다.
> 제85조(구속영장집행의 절차) ① 구속영장을 집행함에는 피고인에게 반드시 이를 제시하고 그 사본을 교부하여야 하며 신속히 지정된 법원 기타 장소에 인치하여야 한다.

㉢ (○) 구 대통령령 제36조 제1항에서는 사법경찰관의 석방에는 미리 검사의 지휘를 받아야 한다는 규정이 있었으나, 2021.1.1. 시행 수사준칙 제36조에 의하면 이 경우 사법경찰관은 석방 후 지체 없이 검사에게 통보 내지 보고하도록 하고 있다.

> 수사준칙 제36조(피의자의 석방) ① 검사 또는 사법경찰관은 법 제200조의2 제5항 또는 제200조의4 제2항에 따라 구속영장을 청구하거나 신청하지 않고(사법경찰관이 구속영장의 청구를 신청하였으나 검사가 그 신청을 기각한 경우를 포함한다) 체포 또는 긴급체포한 피의자를 석방하려는 때에는 다음 각 호의 구분에 따른 사항을 적은 피의자 석방서를 작성해야 한다. <개정 2023.10.17.>
> 1. 체포한 피의자를 석방하려는 때: 체포 일시·장소, 체포 사유, 석방 일시·장소, 석방 사유 등
> 2. 긴급체포한 피의자를 석방하려는 때: 법 제200조의4 제4항 각 호의 사항
> ② 사법경찰관은 제1항에 따라 피의자를 석방한 경우 다음 각 호의 구분에 따라 처리한다. <개정 2023.10.17.>
> 1. 체포한 피의자를 석방한 때: 지체 없이 검사에게 석방사실을 통보하고, 그 통보서 사본을 사건기록에 편철한다.
> 2. 긴급체포한 피의자를 석방한 때: 즉시 검사에게 석방 사실을 보고하고, 그 보고서 사본을 사건기록에 편철한다.

㉣ (×) 지체 없이 심문하여야 한다.

> 제201조의2(구속영장 청구와 피의자 심문) ① 제200조의2·제200조의3 또는 제212조에 따라 체포된 피의자에 대하여 구속영장을 청구받은 판사는 지체 없이 피의자를 심문하여야 한다. 이 경우 특별한 사정이 없는 한 구속영장이 청구된 날의 다음날까지 심문하여야 한다.

㉤ (×) 12시간이 아니라 24시간이다.

> 제71조(구인의 효력) 구인한 피고인을 법원에 인치한 경우에 구금할 필요가 없다고 인정한 때에는 그 인치한 때로부터 24시간 내에 석방하여야 한다.

11 정답 ③

③ 사법경찰관의 구속기간은 10일이고(제202조), 구속기간은 일로

써 계산한다(제66조 제1항). 초일불산입이 원칙이나(제66조 제1항 본문), 구속기간의 경우에는 초일도 산입하여야 한다고 예외를 정하고 있다(제66조 제1항 단서). 또한 사실상 신체구속의 효과가 있는 체포기간 역시 구속기간에 산입하여야 한다고 규정한다(제203조의2). 따라서 최초에 긴급체포를 한 2022.2.23.이 기산점이 되고 구속의 최종시점은 2022.3.4. 24:00이 되어야 하는 것이 원칙이다. 다만, 형사소송법은 영장실질심사 과정에서 피의자심문을 하는 경우에는 법원이 구속영장청구서·수사관계서류 및 증거물을 접수한 날부터 구속영장을 발부하여 검찰청에 반환한 날까지의 기간은 제202조 및 제203조의 적용에 있어서 그 구속기간에 이를 산입하지 아니한다고 규정한다(제201조의2 제7항). 따라서 설문의 경우 2022.2.24. 13:00부터 2022.2.25. 18:00까지의 기간은 구속기간에서 제외된다. 결국 사법경찰관이 피의자를 구속할 수 있는 기간은 2022.3.6. 24:00까지이다.

12　　정답 ③

③ (○) 법관이 검사의 청구에 의하여 체포된 피의자의 구금을 위한 구속영장을 발부하면 검사와 사법경찰관리는 지체 없이 신속하게 구속영장을 집행하여야 한다. 피의자에 대한 구속영장의 제시와 집행이 그 발부 시로부터 정당한 사유 없이 시간이 지체되어 이루어졌다면, 구속영장이 그 유효기간 내에 집행되었다고 하더라도 위 기간 동안의 체포 내지 구금 상태는 위법하다(대법원 2021.4.29, 2020도16438).
[보충] 사법경찰리가 현행범인 체포된 피의자에 대하여 구속영장 발부일로부터 만 3일이 경과하여 구속영장 원본 제시에 의한 구속영장을 집행한 사안에서, 사법경찰리의 피고인에 대한 구속영장 집행은 지체 없이 이루어졌다고 볼 수 없고, 구속영장이 주말인 토요일에 발부되어 담당경찰서의 송치담당자가 월요일 일과시간 중 이를 받아왔고 피고인에 대한 사건 담당자가 외근 수사 중이어서 화요일에 구속영장 원본 제시에 의한 집행을 한 사정은 구속영장 집행 지연에 대한 정당한 사유에 해당하지 않는다고 보아 구속영장의 집행이 정당한 사유 없이 지체된 기간 동안의 피고인에 대한 체포 내지 구금 상태는 위법하다고 판단한 사례이다(다만, 피고인에 대한 구속영장 집행이 위법하더라도 그로 인하여 피고인의 방어권, 변호권이 본질적으로 침해되어 원심판결의 정당성마저 인정하기 어렵다고 보이는 정도에 이르지 않았다고 보아 피고인의 상고를 기각한 사례이기도 하다).
① (✕) 미체포피의자에 대한 영장실질심사를 위해서 판사는 구인을 위한 구속영장을 발부하여야 한다.

> 제201조의2(구속영장 청구와 피의자 심문) ② 제1항 외의 피의자에 대하여 구속영장을 청구받은 판사는 피의자가 죄를 범하였다고 의심할 만한 이유가 있는 경우에 구인을 위한 구속영장을 발부하여 피의자를 구인한 후 심문하여야 한다. 다만, 피의자가 도망하는 등의 사유로 심문할 수 없는 경우에는 그러하지 아니하다.

② (✕) 진술거부권과 이익사실진술권을 모두 고지해야 한다.

> 규칙 제96조의16(심문기일의 절차) ① 판사는 피의자에게 구속영장청구서에 기재된 범죄사실의 요지를 고지하고, 피의자에게 일체의 진술을 하지 아니하거나 개개의 질문에 대하여 진술을 거부할 수 있으며, 이익 되는 사실을 진술할 수 있음을 알려주어야 한다.

④ (✕) 구속영장청구가 기각된 경우에는 국선변호인 선정도 효력을 잃는다.

> 제201조의2(구속영장 청구와 피의자 심문) ⑧ 심문할 피의자에게 변호인이 없는 때에는 지방법원판사는 직권으로 변호인을 선정하여야 한다. 이 경우 변호인의 선정은 피의자에 대한 구속영장 청구가 기각되어 효력이 소멸된 경우를 제외하고는 제1심까지 효력이 있다.

13　　정답 ④

④ ㉠㉡㉢㉣

㉠ (✕) 전단이 틀린 내용인데, 영장실질심사(구속전피의자심문)는 판사의 필요성 판단과 무관하게 필수적 절차이기 때문이다. 제201조의2 제1항 참조.

> 제201조의2(구속영장 청구와 피의자 심문) ① 제200조의2·제200조의3 또는 제212조에 따라 체포된 피의자에 대하여 구속영장을 청구받은 판사는 지체 없이 피의자를 심문하여야 한다. 이 경우 특별한 사정이 없는 한 구속영장이 청구된 날의 다음날까지 심문하여야 한다.
> ② 제1항 외의 피의자에 대하여 구속영장을 청구받은 판사는 피의자가 죄를 범하였다고 의심할 만한 이유가 있는 경우에 구인을 위한 구속영장을 발부하여 피의자를 구인한 후 심문하여야 한다. 다만, 피의자가 도망하는 등의 사유로 심문할 수 없는 경우에는 그러하지 아니하다.

㉡ (✕) 일반인의 방청은 허용되지 아니한다.

> 규칙 제96조의14(심문의 비공개) 피의자에 대한 심문절차는 공개하지 아니한다. 다만, 판사는 상당하다고 인정하는 경우에는 피의자의 친족, 피해자 등 이해관계인의 방청을 허가할 수 있다.

㉢ (✕) 미체포피의자는 법원에 인치된 때로부터 가능한 한 빠른 일시로 지정하는 것이지, 24시간 내라는 제한은 없다.

> 규칙 제96조의12(심문기일의 지정, 통지) ② 체포된 피의자 외의 피의자에 대한 심문기일은 관계인에 대한 심문기일의 통지 및 그 출석에 소요되는 시간 등을 고려하여 피의자가 법원에 인치된 때로부터 가능한 한 빠른 일시로 지정하여야 한다.

㉣ (✕) 부당한 신문에 대한 이의제기는 구속 전 피의자심문에는 존재하지 않는 제도이다. 이는 수사기관의 피의자신문에 있어서 변호인의 참여권 행사와는 다른 부분이다.

> 규칙 제96조의16(심문기일의 절차) ③ 검사와 변호인은 판사의 심문이 끝난 후에 의견을 진술할 수 있다. 다만, 필요한 경우에는 심문 도중에도 판사의 허가를 얻어 의견을 진술할 수 있다.

㉤ (○) 검사의 구속영장 청구에 대한 지방법원판사의 재판은 항고나 준항고의 대상이 되는 법원의 결정이나 재판에 해당하지 않는다(대법원 2006.12.8, 2006모646).

14　　정답 ②

② ㉠㉢㉣

㉠ (○) 제92조 제1항·제3항 참조.

제92조(구속기간과 갱신) ① 구속기간은 2개월로 한다.
② 제1항에도 불구하고 특히 구속을 계속할 필요가 있는 경우에는 심급마다 2개월 단위로 2차에 한하여 결정으로 갱신할 수 있다. 다만, 상소심은 피고인 또는 변호인이 신청한 증거의 조사, 상소이유를 보충하는 서면의 제출 등으로 추가 심리가 필요한 부득이한 경우에는 3차에 한하여 갱신할 수 있다.
③ 제22조, 제298조 제4항, 제306조 제1항 및 제2항의 규정에 의하여 공판절차가 정지된 기간 및 공소제기 전의 체포·구인·구금 기간은 제1항 및 제2항의 기간에 산입하지 아니한다.

ⓛ (×) 특히 예외적으로 구속을 계속할 필요가 있는 경우에는 심급마다 2개월 단위로 2차에 한하여 결정으로 갱신할 수 있다.

제92조(구속기간과 갱신) ② 제1항에도 불구하고 특히 구속을 계속할 필요가 있는 경우에는 심급마다 2개월 단위로 2차에 한하여 결정으로 갱신할 수 있다. 다만, 상소심은 피고인 또는 변호인이 신청한 증거의 조사, 상소이유를 보충하는 서면의 제출 등으로 추가 심리가 필요한 부득이한 경우에는 3차에 한하여 갱신할 수 있다.

ⓒ (○) 제331조 참조.

제331조(무죄등 선고와 구속영장의 효력) 무죄, 면소, 형의 면제, 형의 선고유예, 형의 집행유예, 공소기각 또는 벌금이나 과료를 과하는 판결이 선고된 때에는 구속영장은 효력을 잃는다.

ⓔ (○) 제201조의2 제2항 참조.

제201조의2(구속영장 청구와 피의자 심문) ② 제1항 외의 피의자에 대하여 구속영장을 청구받은 판사는 피의자가 죄를 범하였다고 의심할 만한 이유가 있는 경우에 구인을 위한 구속영장을 발부하여 피의자를 구인한 후 심문하여야 한다. 다만, 피의자가 도망하는 등의 사유로 심문할 수 없는 경우에는 그러하지 아니하다.

ⓜ (×) 피의자 구속영장은 허가장, 피고인 구속영장은 명령장의 성격을 가진다(헌법재판소 1997.3.27, 96헌바28).

15 　　정답 ④

④ (×) 사전 청문절차의 흠결에도 불구하고 구속영장 발부를 적법하다고 보는 이유는 공판절차에서 증거의 제출과 조사 및 변론 등을 거치면서 판결이 선고될 수 있을 정도로 범죄사실에 대한 충분한 소명과 공방이 이루어지고 그 과정에서 피고인에게 자신의 범죄사실 및 구속사유에 관하여 변명을 할 기회가 충분히 부여되기 때문이므로, 이와 동일시할 수 있을 정도의 사유가 아닌 이상 함부로 청문절차 흠결의 위법이 치유된다고 해석하여서는 아니 된다(대법원 2016.6.14, 2015모1032). 제1심법원은 제2차 구속영장을 발부하기 전에 형사소송법 제72조에 따른 절차를 따로 거치지 아니하였는데, 그 전 공판기일에서 검사가 모두진술에 의하여 공소사실 등을 낭독하고 피고인과 변호인이 모두진술에 의하여 공소사실의 인정 여부 및 이익이 되는 사실 등을 진술하였다는 점만으로는 위 규정에서 정한 절차적 권리가 실질적으로 보장되었다고 보기는 어렵다고 할 것이다. 그럼에도 원심이 판시와 같은 이유만으로 피고인에게 형사소송법 제72조에 따른 절차적 권리가 실질적으로 보장되었다고 보아 제2차 구속영장 발부결정이 적법하다고 판단한 것에는 형사소

송법 제72조에 관한 법리를 오해하여 재판에 영향을 미친 위법이 있다(대법원 2016.6.14, 2015모1032).

① (○), ② (○) 형사소송법 제72조의 '피고인에 대하여 범죄사실의 요지, 구속의 이유와 변호인을 선임할 수 있음을 말하고 변명할 기회를 준 후가 아니면 구속할 수 없다'는 규정은 피고인을 구속함에 있어서 법관에 의한 사전 청문절차를 규정한 것으로서, 법원이 사전에 위 규정에 따른 절차를 거치지 아니한 채 피고인에 대하여 구속영장을 발부하였다면 그 발부결정은 위법하다(대법원 2016.6.14, 2015모1032; 2000.11.10, 2000모134).

③ (○) 형사소송법 제72조는 피고인의 절차적 권리를 보장하기 위한 규정이므로 이미 변호인을 선정하여 공판절차에서 변명과 증거의 제출을 다하고 그의 변호 아래 판결을 선고받은 경우 등과 같이 위 규정에서 정한 절차적 권리가 실질적으로 보장되었다고 볼 수 있는 경우에는 이에 해당하는 절차의 전부 또는 일부를 거치지 아니한 채 구속영장을 발부하였다 하더라도 이러한 점만으로 그 발부결정을 위법하다고 볼 것은 아니다(대법원 2000.11.10, 2000모134 등 참조).

16 　　정답 ③

③ (×) 제92조 제3항, 제22조 참조.

제92조 (구속기간과 갱신) ③ 제22조, 제298조 제4항, 제306조 제1항 및 제2항의 규정에 의하여 공판절차가 정지된 기간 및 공소제기 전의 체포·구인·구금 기간은 제1항 및 제2항의 기간에 산입하지 아니한다.
제22조 (기피신청과 소송의 정지) 기피신청이 있는 때에는 제20조 제1항의 경우를 제한 외에는 소송진행을 정지하여야 한다. 단, 급속을 요하는 경우에는 예외로 한다.

① (○) 제87조 제1항 참조.

제87조 (구속의 통지) ① 피고인을 구속한 때에는 변호인이 있는 경우에는 변호인에게, 변호인이 없는 경우에는 제30조 제2항에 규정한 자 중 피고인이 지정한 자에게 피고사건명, 구속일시·장소, 범죄사실의 요지, 구속의 이유와 변호인을 선임할 수 있는 취지를 알려야 한다.

② (○) 제66조 제1항 참조.

제66조(기간의 계산) ① 기간의 계산에 관하여는 시(時)로 계산하는 것은 즉시(卽時)부터 기산하고 일(日), 월(月) 또는 연(年)으로 계산하는 것은 초일을 산입하지 아니한다. 다만, 시효(時效)와 구속기간의 초일은 시간을 계산하지 아니하고 1일로 산정한다.

④ (○) 제204조 참조.

제204조(영장발부와 법원에 대한 통지) 체포영장 또는 구속영장의 발부를 받은 후 피의자를 체포 또는 구속하지 아니하거나 체포 또는 구속한 피의자를 석방한 때에는 지체 없이 검사는 영장을 발부한 법원에 그 사유를 서면으로 통지하여야 한다.

17 　　정답 ④

④ (○) 제92조 제2항 단서 참조.

제92조(구속기간과 갱신) ① 구속기간은 2개월로 한다.
② 제1항에도 불구하고 특히 구속을 계속할 필요가 있는 경

우에는 심급마다 2개월 단위로 2차에 한하여 결정으로 갱신할 수 있다. 다만, 상소심은 '피고인 또는 변호인'이 신청한 증거의 조사, 상소이유를 보충하는 서면의 제출 등으로 추가 심리가 필요한 부득이한 경우에는 3차에 한하여 갱신할 수 있다.

① (×) 인치한 날의 다음날이 아니라 인치한 때로부터 24시간까지이다.

> **제71조의2(구인 후의 유치)** 법원은 인치받은 피고인을 유치할 필요가 있는 때에는 교도소·구치소 또는 경찰서 유치장에 유치할 수 있다. 이 경우 유치기간은 인치한 때부터 24시간을 초과할 수 없다.

② (×) 소환장은 송달하여야 하나, 피고인이 출석의사 확인서면 제출 시, 피고인에 대한 출석명령 시에는 소환장 송달이 의제되므로 소환장 송달을 요하지 아니한다(제76조 제2항), 이외에도 법원의 구내에서의 피고인에 대한 공판기일 통지(제268조)의 경우도 같다. 또한 구금된 피고인에 대해서는 교도관에게 통지하여 소환하여야 하는데, 이 경우 피고인이 교도관으로부터 소환통지를 받은 때 소환장 송달이 의제된다(제76조 제4항·제5항).

> **제76조(소환장의 송달)** ① 소환장은 송달하여야 한다.
> ② 피고인이 기일에 출석한다는 서면을 제출하거나 출석한 피고인에 대하여 차회기일을 정하여 출석을 명한 때에는 소환장의 송달과 동일한 효력이 있다.

③ (×) 7일이 아니라 10일이다.

> **제205조(구속기간의 연장)** ① 지방법원판사는 검사의 신청에 의하여 수사를 계속함에 상당한 이유가 있다고 인정한 때에는 10일을 초과하지 아니하는 한도에서 제203조의 구속기간의 연장을 1차에 한하여 허가할 수 있다.
> ② 전항의 신청에는 구속기간의 연장의 필요를 인정할 수 있는 자료를 제출하여야 한다.

18
정답 ③

③ (×) 법원의 구속기간의 초일은 공소제기일인 2014.3.20.이다. 따라서 그로부터 6개월은 2014.9.19.이 된다.

> **제92조(구속기간과 갱신)** ① 구속기간은 2개월로 한다.
> ② 제1항에도 불구하고 특히 구속을 계속할 필요가 있는 경우에는 심급마다 2개월 단위로 2차에 한하여 결정으로 갱신할 수 있다. 다만, 상소심은 피고인 또는 변호인이 신청한 증거의 조사, 상소이유를 보충하는 서면의 제출 등으로 추가 심리가 필요한 부득이한 경우에는 3차에 한하여 갱신할 수 있다.

① (○) 구속기간의 경우에는 기간의 말일이 공휴일 또는 토요일이라도 구속의 기간에 포함한다.

> **제66조(기간의 계산)** ③ 기간의 말일이 공휴일이거나 토요일이면 그날은 기간에 산입하지 아니한다. 다만, 시효와 구속기간에 관하여는 예외로 한다.

② (○) 형사소송법 제72조는 '피고인에 대하여 범죄사실의 요지, 구속의 이유와 변호인을 선임할 수 있음을 말하고 변명할 기회를 준 후가 아니면 구속할 수 없다.'고 규정하고 있는바, 이는 피고인을 구속함에 있어 법관에 의한 사전 청문절차를 규정한 것으로서, 구속영장을 집행함에 있어 집행기관이 취하여야 하

는 절차가 아니라 구속영장을 발부함에 있어 수소법원 등 법관이 취하여야 하는 절차라 할 것이므로, 법원이 피고인에 대하여 구속영장을 발부함에 있어 사전에 위 규정에 따른 절차를 거치지 아니한 채 구속영장을 발부하였다면 그 발부결정은 위법하고, 형사소송법 제88조는 '피고인을 구속한 때에는 즉시 공소사실의 요지와 변호인을 선임할 수 있음을 알려야 한다.'고 규정하고 있는바, 이는 사후 청문절차에 관한 규정으로서 이를 위반하였다 하여 구속영장의 효력에 어떠한 영향을 미치는 것은 아니다(대법원 2000.11.10, 2000모134).

④ (○) 대법원의 파기환송 판결에 의하여 사건을 환송받은 법원은 형사소송법 제92조 제1항에 따라 2월의 구속기간이 만료되면 특히 계속할 필요가 있는 경우에는 2차(대법원이 형사소송규칙 제57조 제2항에 의하여 구속기간을 갱신한 경우에는 1차)에 한하여 결정으로 구속기간을 갱신할 수 있는 것이고, 한편 무죄추정을 받는 피고인이라고 하더라도 그에게 구속의 사유가 있어 구속영장이 발부, 집행된 이상 신체의 자유가 제한되는 것은 당연한 것이므로, 이러한 조치가 무죄추정의 원칙에 위배되는 것이라고 할 수는 없다(대법원 2001.11.30, 2001도5225).

19
정답 ③

③ ㉡㉢

㉠ (×) 압수한 때부터가 아니라 체포한 때부터 48시간 이내이다.

> **제217조(영장에 의하지 아니하는 강제처분)** ① 검사 또는 사법경찰관은 제200조의3에 따라 체포된 자가 소유·소지 또는 보관하는 물건에 대하여 긴급히 압수할 필요가 있는 경우에는 체포한 때부터 24시간 이내에 한하여 영장 없이 압수·수색 또는 검증을 할 수 있다.
> ② 검사 또는 사법경찰관은 제1항 또는 제216조 제1항 제2호에 따라 압수한 물건을 계속 압수할 필요가 있는 경우에는 지체 없이 압수수색영장을 청구하여야 한다. 이 경우 압수수색영장의 청구는 체포한 때부터 48시간 이내에 하여야 한다.

㉡ (○) 제92조 참조.

> **제92조(구속기간과 갱신)** ① 구속기간은 2개월로 한다.
> ② 제1항에도 불구하고 특히 구속을 계속할 필요가 있는 경우에는 심급마다 2개월 단위로 2차에 한하여 결정으로 갱신할 수 있다. 다만, 상소심은 피고인 또는 변호인이 신청한 증거의 조사, 상소이유를 보충하는 서면의 제출 등으로 추가 심리가 필요한 부득이한 경우에는 3차에 한하여 갱신할 수 있다.
> ③ 제22조, 제298조 제4항, 제306조 제1항 및 제2항의 규정에 의하여 공판절차가 정지된 기간 및 공소제기전의 체포·구인·구금 기간은 제1항 및 제2항의 기간에 산입하지 아니한다.

㉢ (×) 구속 전 피의자심문은 필요적 변호사건에 해당한다.

> **제201조의2(구속영장 청구와 피의자 심문)** ① 제200조의2·제200조의3 또는 제212조에 따라 체포된 피의자에 대하여 구속영장을 청구받은 판사는 지체 없이 피의자를 심문하여야 한다. 이 경우 특별한 사정이 없는 한 구속영장이 청구된 날의 다음날까지 심문하여야 한다.
> ⑧ 심문할 피의자에게 변호인이 없는 때에는 지방법원판사는 직권으로 변호인을 선정하여야 한다. 이 경우 변호인의 선정은 피의자에 대한 구속영장 청구가 기각되어 효력이 소멸한 경우를 제외하고는 제1심까지 효력이 있다.

ⓔ (○) 검사 작성의 피고인 아닌 자에 대한 피의자신문조서에 적용되는 전문법칙의 예외규정은 (현재 시점에서) 법 제312조 제4항이다. 실질적 진정 성립을 증명할 수 있는 수단으로서 형사소송법 제312조 제4항에 규정된 '영상녹화물이나 그 밖의 객관적인 방법'이란 형사소송법 및 형사소송규칙에 규정된 방식과 절차에 따라 제작된 영상녹화물 또는 그러한 영상녹화물에 준할 정도로 피고인의 진술을 과학적 · 기계적 · 객관적으로 재현해낼 수 있는 방법만을 의미하고, 그 외에 조사관 또는 조사 과정에 참여한 통역인 등의 증언은 이에 해당한다고 볼 수 없다(구법 제312조 제1항 · 제2항에 대한 같은 취지의 판례로는 대법원 2016.2.18, 2015도16586).

ⓜ (×) 피의자에게 미리 영상녹화사실을 알려주어야 하고 동의는 요하지 않는다.

> **제244조의2(피의자진술의 영상녹화)** ① 피의자의 진술은 영상녹화할 수 있다. 이 경우 미리 영상녹화사실을 알려주어야 하며, 조사의 개시부터 종료까지의 전 과정 및 객관적 정황을 영상녹화하여야 한다.

20   정답 ④

④ ㉠㉡㉢㉣

㉠ (○) 제201조의2 제2항

㉡ (○) 수사단계이므로 일반인의 방청을 허용할 수는 없고, 예외적으로 이해관계인의 방청이 허가될 수 있을 뿐이다(규칙 제96조의14).

㉢ (○) 제72조 및 제72조의2 참조.

> **제72조(구속과 이유의 고지)** 피고인에 대하여 범죄사실의 요지, 구속의 이유와 변호인을 선임할 수 있음을 말하고 변명할 기회를 준 후가 아니면 구속할 수 없다. 다만, 피고인이 도망한 경우에는 그러하지 아니하다.
> **제72조의2(수명법관)** 법원은 합의부원으로 하여금 제72조의 절차를 이행하게 할 수 있다.

㉣ (○) 수소법원의 구속에 관하여는 검사 또는 사법경찰관이 피의자를 구속함을 규율하는 형사소송법 제208조의 규정은 적용되지 아니하므로, 구속기간의 만료로 피고인에 대한 구속의 효력이 상실된 후 원심법원이 피고인에 대한 판결을 선고하면서 피고인을 구속하였다 하여 위 법조에 위배되는 재구속 또는 이중구속이라 할 수는 없다(대법원 1985.7.23, 85모12).

▶ 제3편 수사와 공소: 제2장 강제처분과 강제수사 [체포와 구속 2] ― [압수 · 수색 · 검증 · 감정 1]

01	②	02	④	03	④	04	②	05	③
06	①	07	④	08	③	09	④	10	④
11	④	12	④	13	①	14	①	15	④
16	②	17	④	18	②	19	②	20	④

01

정답 ②

② (×) 미결수용자와 변호인과의 접견에 대해 어떠한 명분으로도 제한할 수 없다고 한 것은 구속된 자와 변호인 간의 접견이 실제로 이루어지는 경우에 있어서의 '자유로운 접견', 즉 '대화내용에 대하여 비밀이 완전히 보장되고 어떠한 제한, 영향, 압력 또는 부당한 간섭 없이 자유롭게 대화할 수 있는 접견'을 제한할 수 없다는 것이지, 변호인과의 접견 자체에 대해 아무런 제한도 가할 수 없다는 것을 의미하는 것이 아니므로 미결수용자의 변호인 접견권 역시 국가안전보장 · 질서유지 또는 공공복리를 위해 필요한 경우에는 법률로써 제한될 수 있음은 당연하다(헌법재판소 2011.5.26, 2009헌마341).

① (○) [1] 변호인의 구속된 피고인 또는 피의자와의 접견교통권은 피고인 또는 피의자 자신이 가지는 변호인과의 접견교통권과는 성질을 달리하는 것으로서 헌법상 보장된 권리라고는 할 수 없고, 형사소송법 제34조에 의하여 비로소 보장되는 권리이지만, 신체구속을 당한 피고인 또는 피의자의 인권보장과 방어준비를 위하여 필수불가결한 권리이므로, 수사기관의 처분 등에 의하여 이를 제한할 수 없고, 다만 법령에 의하여서만 제한이 가능하다.
[2] 경찰서 유치장은 미결수용실에 준하는 것이어서(행형법 제68조) 그 곳에 수용된 피의자에 대하여는 행형법 및 그 시행령이 적용되고, 행형법시행령 제176조는 '형사소송법 제34조, 제89조, 제209조의 규정에 의하여 피고인 또는 피의자가 의사의 진찰을 받는 경우에는 교도관 및 의무관이 참여하고 그 경과를 신분장부에 기재하여야 한다.'고 규정하고 있는바, 이는 피고인 또는 피의자의 신병을 보호, 관리해야 하는 수용기관의 입장에서 수진과정에서 발생할지도 모르는 돌발상황이나 피고인 또는 피의자의 신체에 대한 위급상황을 예방하거나 대처하기 위한 것으로서 합리성이 있으므로, 행형법 제176조의 규정은 변호인의 수진권 행사에 대한 법령상의 제한에 해당한다고 보아야 할 것이고, 그렇다면 국가정보원 사법경찰관이 경찰서 유치장에 구금되어 있던 피의자에 대하여 의사의 진료를 받게 할 것을 신청한 변호인에게 국가정보원이 추천하는 의사의 참여를 요구한 것은 행형법시행령 제176조의 규정에 근거한 것으로서 적법하고, 이를 가리켜 변호인의 수진권을 침해하는 위법한 처분이라고 할 수는 없다(대법원 2002.5.6, 2000모112).

③ (○) 임의동행의 형식으로 수시기관에 연행된 피의자에게도 변호인 또는 변호인이 되려는 자와의 접견교통권은 당연히 인정된다고 보아야 하고, 임의동행의 형식으로 연행된 피내사자의 경우에도 이는 마찬가지이다(대법원 1996.6.3, 96모18).

④ (○) 신체구속을 당한 피의자 또는 피고인이 범한 것으로 의심받고 있는 범죄행위에 해당 변호인이 관련되어 있다는 등의 사유에 기하여 그 변호인의 변호활동을 광범위하게 규제하는 변호인의 제척과 같은 제도를 두고 있지 아니한 우리 법제 아래에서는, 변호인의 접견교통의 상대방인 신체구속을 당한 사람이 그 변호인을 자신의 범죄행위에 공범으로 가담시키려고 하였다는 등의 사정만으로 그 변호인의 신체구속을 당한 사람과의 접견교통을 금지하는 것이 정당화될 수는 없다(대법원 2007.1.31, 2006모656).

02

정답 ④

④ (○) 변호인의 구속된 피고인 또는 피의자와의 접견교통권은 … 신체구속을 당한 피고인 또는 피의자의 인권보장과 방어준비를 위하여 필수불가결한 권리이므로, 수사기관의 처분 등에 의하여 이를 제한할 수 없고, 다만 법령에 의하여서만 제한이 가능하다(대법원 2002.5.6, 2000모112).

① (×) 형사소송법 제417조의 준항고는 검사 또는 사법경찰관의 처분에 대한 것이므로, 교도소 또는 구치소에 의하여 접견교통권이 침해된 경우에는 적용되지 않는다. 이 경우 판례는 행정소송(행정법상 취소소송)에 의하여 불복할 수 있다는 입장을 취하고 있다(대법원 1992.8.7, 92두30).

② (×) 보이는 거리에서 관할하는 것은 가능하다.

> **형의 집행 및 수용자의 처우에 관한 법률 제84조(변호인과의 접견 및 서신수수)** ① 제41조 제4항에도 불구하고 미결수용자와 변호인과의 접견에는 교도관이 참여하지 못하며 그 내용을 청취 또는 녹취하지 못한다. 다만, 보이는 거리에서 미결수용자를 관찰할 수 있다.

③ (×) 구치소에 구속되어 검사로부터 수사를 받고 있던 피의자들의 변호인으로 선임되었거나 선임되려는 변호사들이 피의자들을 접견하려고 1989.7.31. 구치소장에게 접견신청을 하였으나 같은 해 8.9.까지도 접견이 허용되지 아니하고 있었다면, 수사기관의 구금 등에 관한 처분에 대하여 불복이 있는 경우 행정소송절차와는 다른 특별절차로서 준항고 절차를 마련하고 있는 형사소송법의 취지에 비추어, 위와 같이 피의자들에 대한 접견이 접견신청일로부터 상당한 기간이 경과하도록 허용되지 않고 있는 것은 접견불허처분이 있는 것과 동일시된다고 봄이 상당하다(대법원 1990.2.13, 89모37).

03

④ ㉠ㄴㄷㄹ

㉠ (○) 제201조의2 제2항

㉡ (○) 수사단계이므로 일반인의 방청을 허용할 수는 없고, 예외적으로 이해관계인의 방청이 허가될 수 있을 뿐이다(규칙 제96조의14).

㉢ (○) 제72조 및 제72조의2 참조.

> **제72조(구속과 이유의 고지)** 피고인에 대하여 범죄사실의 요지, 구속의 이유와 변호인을 선임할 수 있음을 말하고 변명할 기회를 준 후가 아니면 구속할 수 없다. 다만, 피고인이 도망한 경우에는 그러하지 아니하다.
> **제72조의2(고지의 방법)** ① 법원은 합의부원으로 하여금 제72조의 절차를 이행하게 할 수 있다.

㉣ (○) 수소법원의 구속에 관하여는 검사 또는 사법경찰관이 피의자를 구속함을 규율하는 형사소송법 제208조의 규정은 적용되지 아니하므로, 구속기간의 만료로 피고인에 대한 구속의 효력이 상실된 후 원심법원이 피고인에 대한 판결을 선고하면서 피고인을 구속하였다 하여 위 법조에 위배되는 재구속 또는 이중구속이라 할 수는 없다(대법원 1985.7.23, 85모12).

㉤ (×) 판결내용 자체가 아니고 다만 피고인의 신병확보를 위한 구속 등 소송절차가 법령에 위반된 경우에는, 그로 인하여 피고인의 방어권이나 변호인의 조력을 받을 권리가 본질적으로 침해되고 판결의 정당성마저 인정하기 어렵다고 보이는 정도에 이르지 않는 한, 그것 자체만으로는 판결에 영향을 미친 위법이라고 할 수 없다(대법원 1985.7.23, 85도1003; 1994.11.4, 94도129; 2019.2.28, 2018도19034).

04

② ㉠ㄷ

㉠ (○) 이는 형집행법 제43조 제3항과 제8항에 근거를 두고 이루어진 것이므로 법률유보원칙에 위배되지 않고, 내용에 대한 검열이 이루어질 수 없어 변호인의 조력을 받을 권리를 침해한다고 할 수 없다(헌법재판소 2016.4.28, 2015헌마243).

㉡ (×) 구속의 효력은 원칙적으로 구속영장에 기재된 범죄사실에만 미친다는 점, 재항고인과 함께 병합심리되고 있는 공동피고인이 상당수에 이를 뿐만 아니라 재항고인과 공동피고인들에 대한 공소사실이 방대하고 복잡하여 그 심리에 상당한 시일이 요구될 것으로 예상된다는 점 등에 비추어 보면, 구속기간이 만료될 무렵에 종전 구속영장에 기재된 범죄사실과는 다른 범죄사실로 재항고인을 구속하였다는 사정만으로는 재항고인에 대한 구속이 위법하다고 단정할 수는 없다고 한 사례(대법원 1996.8.12, 96모46).

㉢ (○) 헌법재판소 2001.6.28, 99헌가14

㉣ (×) 도망하거나 범죄의 증거를 인멸할 염려가 있다고 인정할 만한 상당한 이유가 있는 때에는 접견을 금지할 수 있다(제91조).

㉤ (×) 구속된 피의자 등의 변호인 조력을 받을 권리를 헌법상 기본권으로 인정하는 이유 및 그 필요성(헌법재판소 1995.7.21, 92헌마144 참조)은 체포된 피의자 등의 경우에도 마찬가지이다. 헌법 제12조 제4항 본문은 체포 또는 구속을 당한 때에 "즉시" 변호인의 조력을 받을 권리를 가진다고 규정함으로써 변호인이 선임되기 이전에도 피의자 등에게 변호인의 조력을 받을 권리가 있음을 분명히 하고 있다. 이와 같이 아직 변호인을 선임하지 않은 피의자 등의 변호인 조력을 받을 권리는 변호인 선임을 통하여 구체화되는데, 피의자 등의 변호인선임권은 변호인의 조력을 받을 권리의 출발점이자 가장 기초적인 구성부분으로서 법률로써도 제한할 수 없는 권리이다(헌법재판소 2004.9.23. 2000헌마138 참조). 따라서 변호인 선임을 위하여 피의자 등이 가지는 '변호인이 되려는 자'와의 접견교통권 역시 헌법상 기본권으로 보호되어야 한다. … '변호인이 되려는 자'의 접견교통권은 피의자 등을 조력하기 위한 핵심적인 부분으로서, 피의자 등이 가지는 헌법상의 기본권인 '변호인이 되려는 자'와의 접견교통권과 표리의 관계에 있다고 할 것이다. 결론적으로, '변호인이 되려는 자'의 접견교통권은 피의자 등을 조력하기 위한 핵심적인 권리로서, 피의자 등이 가지는 '변호인이 되려는 자'의 조력을 받을 권리가 실질적으로 확보되기 위하여 이 역시 헌법상 기본권으로서 보장되어야 한다(헌법재판소 2019.2.28, 2015헌마1204).

[참고] (보충성원칙의 예외 인정 여부) 헌법소원은 다른 법률에 구제절차가 있는 경우에는 그 절차를 모두 거친 후에 심판청구를 하여야 하는데(헌법재판소법 제68조 제1항 단서), 다만 청구인이 그의 불이익으로 돌릴 수 없는 정당한 이유가 있는 착오로 전심절차를 밟지 않은 경우 또는 전심절차로 권리가 구제될 가능성이 거의 없거나 권리구제절차가 허용되는지 여부가 객관적으로 불확실하여 전심절차 이행의 기대가능성이 없는 경우에는 보충성의 예외로서 적법한 청구로 인정된다(헌법재판소 1989.9.4, 88헌마22; 2008.5.29, 2007헌마712 등 참조). … 대법원은 수사기관의 접견불허처분의 취소를 구하는 준항고에도 법률상 이익이 있어야 하고, 소송계속 중 준항고로써 달성하고자 하는 목적이 이미 이루어졌거나 시일의 경과 또는 그 밖의 사정으로 인하여 그 이익이 상실된 경우에는 준항고는 그 이익이 없어 부적법하게 된다고 보면서도(대법원 1999.6.14, 98모121; 2014.4.15, 2014모686 결정 참조), 그에 관한 구체적 기준을 제시하지 않고 있다. 따라서 사건 당일 종료된 이 사건 검사의 접견불허행위에 대하여 청구인이 그 취소를 구하는 준항고를 제기할 경우 법원이 법률상 이익이 결여되었다고 볼 것인지 아니면 실체 판단에 나아갈 것인지가 객관적으로 불확실하여 청구인으로 하여금 전심절차를 이행할 것을 기대하기 어려운 경우에 해당한다. 결론적으로, 이 부분 심판청구는 보충성의 예외로서 적법한 청구로 인정되어야 한다(헌법재판소 2019.2.28, 2015헌마1204).

㉥ (×) (전단은 맞고, 후단이 틀림) 형사소송법 제34조는 "변호인 또는 변호인이 되려는 자는 신체구속을 당한 피고인 또는 피의자와 접견하고 서류 또는 물건을 수수할 수 있으며 의사로 하여금 진료하게 할 수 있다."라고 규정하고 있으므로, 변호인이 되려는 의사를 표시한 자가 객관적으로 변호인이 될 가능성이 있다고 인정되는데도, 형사소송법 제34조에서 정한 '변호인 또는 변호인이 되려는 자'가 아니라고 보아 신체구속을 당한 피고인 또는 피의자와 접견하지 못하도록 제한하여서는 아니 된다(대법원 2017.3.9, 2013도16162). 따라서 전단은 맞는 내용이다. 그런데 변호인 또는 변호인이 되려는 자의 접견교통권은 신체구속제도 본래의 목적을 침해하지 아니하는 범위 내에서 행사되어야 하므로, 변호인 또는 변호인이 되려는 자가 구체적인 시간적·장소적 상황에 비추어 현실적으로 보장할 수 있는 한계를 벗어나 피고인 또는 피의자를 접견하려고 하는 것은 정당한 접견교통권의 행사에 해당하지 아니하여 허용될 수 없다(대법

원 2017.3.9, 2013도16162). 따라서 후단은 틀린 내용이다.
[보충] 다만 이 경우에도 접견교통권이 그와 같은 한계를 일탈한 것이어서 허용될 수 없다고 판단함에 있어서는 신체구속을 당한 사람의 헌법상 기본적 권리인 변호인의 조력을 받을 권리의 본질적인 내용이 침해되는 일이 없도록 신중을 기하여야 한다 (위 판례).

05

정답 ③

③ ㉠㉡㉢㉤

㉠ (○) 제403조 제2항 참조.

> **제403조(판결 전의 결정에 대한 항고)** ① 법원의 관할 또는 판결 전의 소송절차에 관한 결정에 대하여는 특히 즉시항고를 할 수 있는 경우 외에는 항고하지 못한다.
> ② 전항의 규정은 구금, 보석, 압수나 압수물의 환부에 관한 결정 또는 감정하기 위한 피고인의 유치에 관한 결정에 적용하지 아니한다.

㉡ (○) 제417조 참조.

> **제417조(준항고)** 검사 또는 사법경찰관의 구금, 압수 또는 압수물의 환부에 관한 처분과 제243조의2에 따른 변호인의 참여 등에 관한 처분에 대하여 불복이 있으면 그 직무집행지의 관할법원 또는 검사의 소속검찰청에 대응한 법원에 그 처분의 취소 또는 변경을 청구할 수 있다.

㉢ (×) 검사의 접견금지 결정으로 피고인들의 (변호인 아닌 자와의) 접견이 제한된 상황하에서 피의자신문조서가 작성되었다는 사실만으로 바로 그 조서가 임의성이 없는 것이라고는 볼 수 없다(대법원 1984.7.10, 84도846).

㉤ (○) 법원의 피고인의 접견교통권 침해에 대해서는 보통항고, 수사기관의 피의자의 접견교통권 침해에 대해서는 준항고, 교도소장·구치소장 등 행정기관의 접견교통권 침해에 대해서는 (형사소송법상 항고·준항고는 불가하나) 행정심판·행정소송과 같은 법원의 재판이 가능하고, 법원의 재판에 의한 구제수단이 존재하는 경우에는 헌법소원은 허용되지 않으므로(헌법재판소법 제68조 제1항), 접견교통권 침해에 대해서는 헌법소원이 원칙적으로 허용되지 않는다.

㉣ (○) 헌법재판소 1991.7.8, 89헌마181

06

정답 ①

① ㉠㉡㉢㉤

㉠ (×) 형사소송법 제311조가 아니라 제315조 제3호의 기타 특히 신용할 만한 정황에 의하여 작성된 문서에 해당한다(대법원 2004.1.16, 2003도5693).

㉡ (×) 구속영장청구시한 부분이 틀렸고, 사법경찰관의 구속기간은 맞았다. 체포적부심사에 있어 법원이 수사관계서류와 증거물을 접수한 때부터 결정 후 검찰청에 반환된 때까지의 기간은 구속영장 청구시한 또는 구속 기간에 산입하지 않는다(제214조의2 제13항). 甲이 체포된 2014.4.13일 10:00부터 기산하여(체포영장 발부 시인 09:00가 아니라 체포 시인 10:00부터 기산) 48시간인 2014.4.15일 10:00까지 일응 구속영장을 청구하여야 하지만(제200조의2 제5항), 서류가 접수된 후 반환된 때까지의 시간인 26시간은 산입하지 않으므로, 2014.4.16일 12:00까지 구속영장을 청구하여야 한다. 그리고 서류가 접수된 후 반환된 때까지의

2일은 산입하지 않으므로 2014.4.24일 24:00까지 구속할 수 있다.

㉢ (×) 체포·구속적부심사청구에 대한 법원의 석방결정뿐만 아니라 기각결정에 대해서도 항고하지 못한다(제214조의2 제8항).
[보충] 다만, 구속적부심의 보증금납입조건부 피의자석방결정에 대한 보통항고는 가능하다.

> **제214조의2(체포와 구속의 적부심사)** ③ 법원은 제1항에 따른 청구가 다음 각 호의 어느 하나에 해당하는 때에는 제4항에 따른 심문 없이 결정으로 청구를 기각할 수 있다.
> 1. 청구권자 아닌 사람이 청구하거나 동일한 체포영장 또는 구속영장의 발부에 대하여 재청구한 때
> 2. 공범이나 공동피의자의 순차청구(順次請求)가 수사 방해를 목적으로 하고 있음이 명백한 때
> ④ 제1항의 청구를 받은 법원은 청구서가 접수된 때부터 48시간 이내에 체포되거나 구속된 피의자를 심문하고 수사 관계 서류와 증거물을 조사하여 그 청구가 이유 없다고 인정한 경우에는 결정으로 기각하고, 이유 있다고 인정한 경우에는 결정으로 체포되거나 구속된 피의자의 석방을 명하여야 한다. 심사 청구 후 피의자에 대하여 공소제기가 있는 경우에도 또한 같다.
> ⑧ 제3항과 제4항의 결정에 대해서는 항고할 수 없다.

㉤ (×) 청구서가 접수된 때로부터 48시간 이내에 심문하고, 심문이 종료된 때로부터 24시간 이내에 결정한다.

> **제214조의2(체포와 구속의 적부심사)** ④ 제1항의 청구를 받은 법원은 청구서가 접수된 때부터 48시간 이내에 체포되거나 구속된 피의자를 심문하고 수사 관계 서류와 증거물을 조사하여 그 청구가 이유 없다고 인정한 경우에는 결정으로 기각하고, 이유 있다고 인정한 경우에는 결정으로 체포되거나 구속된 피의자의 석방을 명하여야 한다. 심사 청구 후 피의자에 대하여 공소제기가 있는 경우에도 또한 같다.
> **규칙 제106조(결정의 기한)** 체포 또는 구속의 적부심사청구에 대한 결정은 체포 또는 구속된 피의자에 대한 심문이 종료된 때로부터 24시간 이내에 이를 하여야 한다.

07

정답 ④

④ (×) 헌법재판소 결정에 의할 때, 열람·등사할 권리가 인정된다(헌법재판소 2003.3.27, 2000헌마474).

① (○) 구속적부심문조서의 증명력은 다른 증거와 마찬가지로 법관의 자유판단에 맡겨져 있으나, 피의자는 구속적부심에서의 자백의 의미나 자백이 수사절차나 공판절차에서 가지는 중요성을 제대로 헤아리지 못한 나머지 허위자백을 하고라도 자유를 얻으려는 유혹을 받을 수가 있으므로, 법관은 구속적부심문조서의 자백의 기재에 관한 증명력을 평가함에 있어 이러한 점에 각별히 유의를 하여야 한다(대법원 2004.1.16, 2003도5693).

② (○) 체포영장 또는 구속영장을 발부한 법관은 원칙적으로 심문·조사·결정에 관여하지 못하나, 예외적으로 관여할 수도 있다.

> **제214조의2(체포와 구속의 적부심사)** ⑫ 체포영장이나 구속영장을 발부한 법관은 제4항부터 제6항까지의 심문·조사·결정에 관여할 수 없다. 다만, 체포영장이나 구속영장을 발부한 법관 외에는 심문·조사·결정을 할 판사가 없는 경우에는 그러하지 아니하다.

③ (○) 학설의 대립은 있으나, 형사소송규칙의 법조문상으로 '열람권'만 인정되고 있다(규칙 제104조의2, 제96조의21 참조).

③ ㉠㉡㉢㉣

㉠ (×) 피의자에게 보석을 조건으로 석방결정을 청구할 권한은 인정되지 않으며 단지 법원이 직권으로 보증금 납입을 조건으로 피의자의 석방을 명할 수 있을 뿐이다.

㉡ (○) 간이기각결정의 경우이다.

> **제214조의2(체포와 구속의 적부심사)** ③ 법원은 제1항에 따른 청구가 다음 각 호의 어느 하나에 해당하는 때에는 제4항에 따른 심문 없이 결정으로 청구를 기각할 수 있다.
> 1. 청구권자 아닌 사람이 청구하거나 동일한 체포영장 또는 구속영장의 발부에 대하여 재청구한 때
> 2. 공범이나 공동피의자의 순차청구(順次請求)가 수사 방해를 목적으로 하고 있음이 명백한 때

㉢ (×) 제3자 납입도 허가할 수 있다.

> **제214조의2(체포와 구속의 적부심사)** ⑤ 법원은 구속된 피의자(심사청구 후 공소제기된 사람을 포함한다)에 대하여 피의자의 출석을 보증할 만한 보증금의 납입을 조건으로 하여 결정으로 제4항의 석방을 명할 수 있다. 다만, 다음 각 호에 해당하는 경우에는 그러하지 아니하다.
> 1. 범죄의 증거를 인멸할 염려가 있다고 믿을 만한 충분한 이유가 있는 때
> 2. 피해자, 당해 사건의 재판에 필요한 사실을 알고 있다고 인정되는 사람 또는 그 친족의 생명·신체나 재산에 해를 가하거나 가할 염려가 있다고 믿을 만한 충분한 이유가 있는 때
> ⑦ 제5항에 따라 보증금 납입을 조건으로 석방을 하는 경우에는 제99조와 제100조를 준용한다.
> **제100조(보석집행의 절차)** ② 법원은 보석청구자 이외의 자에게 보증금의 납입을 허가할 수 있다.

㉣ (×) 고소·고발장은 열람제한 대상서류에서 제외되지 않는다. 오로지 구속영장청구서만 제외될 뿐이다(규칙 제104조의2, 제96조의21).

㉤ (×) 구속적부심의 피의자보석으로 석방된 피의자의 재구속사유에는 다른 중요한 증거를 발견한 경우가 규정되어 있지 않다. 따라서 피의자보석으로 석방된 피의자에 대해서는 다른 중요한 증거를 발견하였다 하더라도 동일한 범죄사실에 대한 재구속은 불가하다.

> **제214조의3(재체포 및 재구속의 제한)** ① 제214조의2 제4항에 따른 체포 또는 구속 적부심사결정에 의하여 석방된 피의자가 도망하거나 범죄의 증거를 인멸하는 경우를 제외하고는 동일한 범죄사실로 재차 체포하거나 구속할 수 없다.
> ② 제214조의2 제5항에 따라 석방된 피의자에게 다음 각 호의 어느 하나에 해당하는 사유가 있는 경우를 제외하고는 동일한 범죄사실로 재차 체포하거나 구속할 수 없다.
> 1. 도망한 때
> 2. 도망하거나 범죄의 증거를 인멸할 염려가 있다고 믿을 만한 충분한 이유가 있는 때
> 3. 출석요구를 받고 정당한 이유없이 출석하지 아니한 때
> 4. 주거의 제한이나 그 밖에 법원이 정한 조건을 위반한 때

④ ㉢㉣

㉠ (○) 대법원은 이미 '긴급체포나 현행범으로 체포된 피의자 등 영장에 의하지 아니하고 체포된 피의자 등'에게도 적부심사청구권을 인정하고 있어 왔다(대법원 1997.8.27, 97모21). 형사소송법도 긴급체포나 현행범으로 체포된 피의자 등 영장에 의하지 아니하고 체포된 피의자 등에게도 명문규정으로 적부심사청구권을 인정하고 있다. 제214조의2 제1항 참조.

> **제214조의2(체포와 구속의 적부심사)** ① 체포되거나 구속된 피의자 또는 그 변호인, 법정대리인, 배우자, 직계친족, 형제자매나 가족, 동거인 또는 고용주는 관할법원에 체포 또는 구속의 적부심사(適否審査)를 청구할 수 있다.

㉡ (○) 제214조의2 제13항 참조.

> **제214조의2(체포와 구속의 적부심사)** ⑬ 법원이 수사 관계 서류와 증거물을 접수한 때부터 결정 후 검찰청에 반환된 때까지의 기간은 제200조의2 제5항(제213조의2에 따라 준용되는 경우를 포함한다) 및 제200조의4 제1항을 적용한 때에는 그 제한기간에 산입하지 아니하고, 제202조·제203조 및 제205조를 적용한 때에는 그 구속기간에 산입하지 아니한다.

㉢ (×) 형사소송법은 수사단계에서의 체포와 구속을 명백히 구별하고 있고 이에 따라 체포와 구속의 적부심사를 규정한 같은 법 제214조의2에서 체포와 구속을 서로 구별되는 개념으로 사용하고 있는바, 같은 조 제4항(현행법 동 제5항)에 기소 전 보증금 납입을 조건으로 한 석방의 대상자가 '구속된 피의자'라고 명시되어 있고, 같은 법 제214조의3 제2항의 취지를 체포된 피의자에 대하여도 보증금 납입을 조건으로 한 석방이 허용되어야 한다는 근거로 보기는 어렵다 할 것이어서 현행법상 체포된 피의자에 대하여는 보증금 납입을 조건으로 한 석방이 허용되지 않는다(대법원 1997.8.27, 97모21).

> **제214조의2(체포와 구속의 적부심사)** ⑤ 법원은 구속된 피의자(심사청구 후 공소제기된 사람을 포함한다)에 대하여 피의자의 출석을 보증할 만한 보증금의 납입을 조건으로 하여 결정으로 제4항의 석방을 명할 수 있다. 다만, 다음 각 호에 해당하는 경우에는 그러하지 아니하다.
> 1. 범죄의 증거를 인멸할 염려가 있다고 믿을 만한 충분한 이유가 있는 때
> 2. 피해자, 당해 사건의 재판에 필요한 사실을 알고 있다고 인정되는 사람 또는 그 친족의 생명·신체나 재산에 해를 가하거나 가할 염려가 있다고 믿을 만한 충분한 이유가 있는 때

㉣ (×) 48시간이 아니라 24시간이다. 규칙 제106조 참조.

> **규칙 제106조(결정의 기한)** 체포 또는 구속의 적부심사청구에 대한 결정은 체포 또는 구속된 피의자에 대한 심문이 종료된 때로부터 24시간 이내에 이를 하여야 한다.

㉤ (○) 보증금을 납입한 후가 아니면 피의자보석결정을 집행하지 못한다(제214조의2 제7항, 제100조 제1항 전단).
[보충] 다만 법원은 유가증권 또는 피의자 외의 자가 제출한 보증서로써 보증금에 갈음함을 허가할 수 있다(제214조의2 제7항, 제100조 제3항). 이 보증서에는 보증금액을 언제든지 납입할 것을 기재하여야 한다(제100조 제4항).

10

④ ㉠(×), ㉡(×), ㉢(○), ㉣(○), ㉤(×)

㉠ (×) 간이기각 할 수 있다.

> 제214조의2(체포와 구속의 적부심사) ③ 법원은 제1항에 따른 청구가 다음 각 호의 어느 하나에 해당하는 때에는 제4항에 따른 심문 없이 결정으로 청구를 기각할 수 있다.
> 1. 청구권자 아닌 사람이 청구하거나 동일한 체포영장 또는 구속영장의 발부에 대하여 재청구한 때
> 2. 공범이나 공동피의자의 순차청구(順次請求)가 수사 방해를 목적으로 하고 있음이 명백한 때

㉡ (×) 전격기소의 경우에도 법원은 적부심 절차를 진행한다.

> 제214조의2(체포와 구속의 적부심사) ④ 제1항의 청구를 받은 법원은 청구서가 접수된 때부터 48시간 이내에 체포되거나 구속된 피의자를 심문하고 수사 관계 서류와 증거물을 조사하여 그 청구가 이유 없다고 인정한 경우에는 결정으로 기각하고, 이유 있다고 인정한 경우에는 결정으로 체포되거나 구속된 피의자의 석방을 명하여야 한다. 심사 청구 후 피의자에 대하여 공소제기가 있는 경우에도 또한 같다.

㉢ (○) 적부심은 필요적 변호사건에 해당한다.

> 제214조의2(체포와 구속의 적부심사) ⑩ 체포되거나 구속된 피의자에게 변호인이 없는 때에는 제33조를 준용한다.

㉣ (○) 적부심에서 석방된 자에 대한 재체포·재구속 사유는 도망 또는 증거인멸의 경우이다.

> 제214조의3(재체포 및 재구속의 제한) ① 제214조의2 제4항에 따른 체포 또는 구속 적부심사결정에 의하여 석방된 피의자가 도망하거나 범죄의 증거를 인멸하는 경우를 제외하고는 동일한 범죄사실로 재차 체포하거나 구속할 수 없다. <개정 2020.12.8.>

㉤ (×) 임의적 몰수가 아니라 필요적 몰수의 경우이다.

> 제214조의4(보증금의 몰수) ① 법원은 다음 각 호의 1의 경우에 직권 또는 검사의 청구에 의하여 결정으로 제214조의2 제5항에 따라 납입된 보증금의 전부 또는 일부를 몰수할 수 있다.
> 1. 제214조의2 제5항에 따라 석방된 자를 제214조의3 제2항에 열거된 사유로 재차 구속할 때
> 2. 공소가 제기된 후 법원이 제214조의2 제5항에 따라 석방된 자를 동일한 범죄사실에 관하여 재차 구속할 때
> ② 법원은 제214조의2 제5항에 따라 석방된 자가 동일한 범죄사실에 관하여 형의 선고를 받고 그 판결이 확정된 후, 집행하기 위한 소환을 받고 정당한 이유없이 출석하지 아니하거나 도망한 때에는 직권 또는 검사의 청구에 의하여 결정으로 보증금의 전부 또는 일부를 몰수하여야 한다.

11

④ (○) 제99조 제1항 참조.

> 제99조(보석조건의 결정 시 고려사항) ① 법원은 제98조의 조건을 정할 때 다음 각 호의 사항을 고려하여야 한다.
> 1. 범죄의 성질 및 죄상(罪狀)
> 2. 증거의 증명력
> 3. 피고인의 전과(前科)·성격·환경 및 자산

> 4. 피해자에 대한 배상 등 범행 후의 정황에 관련된 사항
> ② 법원은 피고인의 자금능력 또는 자산 정도로는 이행할 수 없는 조건을 정할 수 없다.

① (×) 필요적 보석의 제외사유에 불과할 뿐, 임의적 보석의 대상에는 제한이 없다.

② (×) 구속취소결정에 대해서는 즉시항고가 남아있다(제97조 제4항).

> 제97조(보석, 구속의 취소와 검사의 의견) ④ 구속을 취소하는 결정에 대하여는 검사는 즉시항고를 할 수 있다.

③ (×) 검사는 신청권자가 아니다.

> 제102조(보석조건의 변경과 취소 등) ① 법원은 직권 또는 제94조에 규정된 자의 신청에 따라 결정으로 피고인의 보석조건을 변경하거나 일정기간 동안 당해 조건의 이행을 유예할 수 있다.

12

④ (×) 보석허가결정에 대한 즉시항고는 허용되지 아니하나 피고인과 검사의 보통항고는 얼마든지 허용된다.

> 제403조(판결 전의 결정에 대한 항고) ② 전항의 규정은 구금, 보석, 압수나 압수물의 환부에 관한 결정 또는 감정하기 위한 피고인의 유치에 관한 결정에 적용하지 아니한다.

① (○) 제94조 참조.

> 제94조(보석의 청구) 피고인, 피고인의 변호인·법정대리인·배우자·직계친족·형제자매·가족·동거인 또는 고용주는 법원에 구속된 피고인의 보석을 청구할 수 있다.

② (○) 제104조의2 참조.

> 제104조의2(보석조건의 효력상실 등) ① 구속영장의 효력이 소멸한 때에는 보석조건은 즉시 그 효력을 상실한다.

③ (○) 검사의 의견청취의 절차는 보석에 관한 결정의 본질적 부분이 되는 것은 아니므로, 설사 법원이 검사의 의견을 듣지 아니한 채 보석에 관한 결정을 하였다고 하더라도 그 결정이 적정한 이상, 절차상의 하자만을 들어 그 결정을 취소할 수는 없다(대법원 1997.11.27, 97모88).

13

① (○) 보석허가결정은 구속영장의 효력의 집행을 정지시키는 것에 불과하고 실효시키지 않는다. 따라서 보석취소결정이 있는 때에는 새로운 구속영장의 발부를 요하지 아니한다.

> 규칙 제56조(보석 등의 취소에 의한 재구금절차) ① 법 제102조 제2항에 따른 보석취소 또는 구속집행정지취소의 결정이 있는 때 또는 기간을 정한 구속집행정지결정의 기간이 만료된 때에는 검사는 그 취소결정의 등본 또는 기간을 정한 구속집행정지결정의 등본에 의하여 피고인을 재구금하여야 한다. 다만, 급속을 요하는 경우에는 재판장, 수명법관 또는 수탁판사가 재구금을 지휘할 수 있다.

② (×) 10일이 아니라 7일 이내이다.

> 제104조(보증금 등의 환부) 구속 또는 보석을 취소하거나 구속영장의 효력이 소멸된 때에는 몰취하지 아니한 보증금 또는 담보를 청구한 날로부터 7일 이내에 환부하여야 한다.

③ (×) 제104조의2는 구속영장의 효력이 소멸한 때에는 보석조건은 즉시 그 효력을 상실한다고 규정한다. 이는 피고인이 더 이상 보석조건을 준수할 필요성이 없어졌다는 점을 고려한 것이다. 따라서 무죄나 면소의 재판이 확정된 때 구속이 실효되는 것이 아니라 무죄나 면소의 재판이 '선고'된 때 구속이 실효되므로 보석조건도 그 효력을 상실하고, 자유형이 확정된 경우에도 구속영장의 효력은 소멸하는바, 그 보석도 효력이 상실된다.

④ (×) 과태료 부과는 가능하나, 감치에 처할 수는 없다.

> **제100조의2(출석보증인에 대한 과태료)** ① 법원은 제98조 제5호의 조건을 정한 보석허가결정에 따라 석방된 피고인이 정당한 사유 없이 기일에 불출석하는 경우에는 결정으로 그 출석보증인에 대하여 500만 원 이하의 과태료를 부과할 수 있다.

14 [정답 ①]

① (×) 구속영장이 실효되면 모든 보석조건도 실효되나(제104조의2 제1항), 보석이 취소된 경우에는 보증금납입·담보제공 조건을 제외한 나머지 조건이 실효된다(동 제2항). 이는 추후 몰취의 가능성이 남아있기 때문이다.

> **제104조의2(보석조건의 효력상실 등)** ① 구속영장의 효력이 소멸한 때에는 보석조건은 즉시 그 효력을 상실한다.
> ② 보석이 취소된 경우에도 제1항과 같다. 다만, 제98조 제8호의 조건은 예외로 한다.

② (○) 임의적 보석을 표현한 지문이다. 제96조 참조.

> **제96조(임의적 보석)** 법원은 제95조의 규정에 불구하고 상당한 이유가 있는 때에는 직권 또는 제94조에 규정한 자의 청구에 의하여 결정으로 보석을 허가할 수 있다.

③ (○) 보석취소결정이 있는 때에는 보증금에 대한 임의적 몰취가 가능하다.

> **제103조(보증금 등의 몰취)** ① 법원은 보석을 취소하는 때에는 직권 또는 검사의 청구에 따라 결정으로 보증금 또는 담보의 전부 또는 일부를 몰취할 수 있다.

④ (○) 구속, 보석 등에 관한 결정은 소송기록이 있는 법원이 한다.

> **제57조(상소 등과 구속에 관한 결정)** ① 상소기간 중 또는 상소 중의 사건에 관한 피고인의 구속, 구속기간갱신, 구속취소, 보석, 보석의 취소, 구속집행정지와 그 정지의 취소의 결정은 소송기록이 상소법원에 도달하기까지는 원심법원이 이를 하여야 한다.

15 [정답 ④]

④ (○) 보석을 받은 피고인이 소환을 받고 정당한 사유 없이 출석하지 않으면 보석취소사유에 해당하고(제102조 제2항 제3호), 이 경우 직권 또는 검사의 청구에 따라 결정으로 보증금 또는 담보의 전부 또는 일부를 몰취할 수 있다(제103조 제1항).

> **제102조(보석조건의 변경과 취소 등)** ② 법원은 피고인이 다음 각 호의 어느 하나에 해당하는 경우에는 직권 또는 검사의 청구에 따라 결정으로 보석 또는 구속의 집행정지를 취소할 수 있다. (중략)
> 3. 소환을 받고 정당한 사유 없이 출석하지 아니한 때

> **제103조(보증금 등의 몰취)** ① 법원은 보석을 취소하는 때에는 직권 또는 검사의 청구에 따라 결정으로 보증금 또는 담보의 전부 또는 일부를 몰취할 수 있다.

① (×) 보석에 관한 결정 시 검사의 의견청취절차를 생략할 수 있는 법조문상 예외는 없다(제97조 제1항, 제2항). 이는 구속집행정지, 구속취소 시의 검사의 의견청취와의 차이점이다.

② (×) 심문기일은 지체 없이 정하여 심문하여야 한다. 규칙 제54조의2 제1항 참조. 나머지는 맞다.

> **규칙 제54조의2(보석의 심리)** ① 보석의 청구를 받은 법원은 지체 없이 심문기일을 정하여 구속된 피고인을 심문하여야 한다. 다만, 다음 각 호의 어느 하나에 해당하는 때에는 그러하지 아니하다.
> 1. 법 제94조에 규정된 청구권자 이외의 사람이 보석을 청구한 때
> 2. 동일한 피고인에 대하여 중복하여 보석을 청구하거나 재청구한 때
> 3. 공판준비 또는 공판기일에 피고인에게 그 이익되는 사실을 진술할 기회를 준 때
> 4. 이미 제출한 자료만으로 보석을 허가하거나 불허가할 것이 명백한 때
> **제55조(보석 등의 결정기한)** 법원은 특별한 사정이 없는 한 보석 또는 구속취소의 청구를 받은 날부터 7일 이내에 그에 관한 결정을 하여야 한다.

③ (×) 후이행조건이 아니라 선이행조건이다(제100조 제1항 전단).

16 [정답 ②]

② ㉡㉢㉣

㉠ (○) 규칙 제55조 참조.

> **규칙 제55조(보석 등의 결정기한)** 법원은 특별한 사정이 없는 한 보석 또는 구속취소의 청구를 받은 날부터 7일 이내에 그에 관한 결정을 하여야 한다.

㉡ (×) 보석조건(제98조)에 대해서는 2007년 개정 전 구법하에서는 보증금 납입이 필수적 조건이었으나, 2007년 개정법에서는 보증금 납입이 필수적 조건이 되지 않게 하고 보석조건을 다양화함으로써 비금전적 보석조건을 대폭 가능하게 하여 무자력자에게도 석방 기회를 넓혀주게 된 것이다.

㉢ (○) 제102조 제3항·제4항 참조.

> **제102조(보석조건의 변경과 취소 등)** ③ 법원은 피고인이 정당한 사유 없이 보석조건을 위반한 경우에는 결정으로 피고인에 대하여 1천만 원 이하의 과태료를 부과하거나 20일 이내의 감치에 처할 수 있다.
> ④ 제3항의 결정에 대하여는 즉시항고를 할 수 있다.

㉣ (×) 제102조 제2항 참조. 피고인에 대한 새로운 중요한 증거가 발견된 경우는 보석 취소 사유가 아니다.

> **제102조(보석조건의 변경과 취소 등)** ② 법원은 피고인이 다음 각 호의 어느 하나에 해당하는 경우에는 직권 또는 검사의 청구에 따라 결정으로 보석 또는 구속의 집행정지를 취소할 수 있다. 다만, 제101조 제4항에 따른 구속영장의 집행정지는 그 회기 중 취소하지 못한다.
> 1. 도망한 때

2. 도망하거나 죄증을 인멸할 염려가 있다고 믿을 만한 충분한 이유가 있는 때

3. 소환을 받고 정당한 사유 없이 출석하지 아니한 때

4. 피해자, 당해 사건의 재판에 필요한 사실을 알고 있다고 인정되는 자 또는 그 친족의 생명·신체·재산에 해를 가하거나 가할 염려가 있다고 믿을 만한 충분한 이유가 있는 때

5. 법원이 정한 조건을 위반한 때

ⓜ (×) 보석취소결정이 있는 때에는 검사는 그 취소결정의 등본에 의하여 피고인을 재구금하여야 한다(규칙 제56조 제1항 본문, 급속을 요할 때에는 재판장 등이 재구금 지휘함, 동항 단서). 보석취소결정에 의한 피고인의 재구금은 이미 발부된 구속영장의 효력에 의하는 것이다. 따라서 보석취소결정을 피고인에게 송달할 필요가 없고, 별도의 구속영장을 발부할 필요도 없다.

> **규칙 제56조(보석 등의 취소에 의한 재구금절차)** ① 법 제102조 제2항에 따른 보석취소 또는 구속집행정지취소의 결정이 있는 때 또는 기간을 정한 구속집행정지결정의 기간이 만료된 때에는 검사는 그 취소결정의 등본 또는 기간을 정한 구속집행정지결정의 등본에 의하여 피고인을 재구금하여야 한다. 다만, 급속을 요하는 경우에는 재판장, 수명법관 또는 수탁판사가 재구금을 지휘할 수 있다.
> ② 제1항 단서의 경우에는 법원사무관등에게 그 집행을 명할 수 있다. 이 경우에 법원사무관등은 그 집행에 관하여 필요한 때에는 사법경찰관리 또는 교도관에게 보조를 요구할 수 있으며 관할구역외에서도 집행할 수 있다.

17 정답 ④

④ ㉠ㄴㄷㄹㅁ

㉠ (×) 중대범죄는 필요적 보석의 제외사유에 불과할 뿐, 임의적 보석의 대상에는 제한이 없다(따라서 전단 틀림). 보석조건의 변경에 대해서 검사는 신청권자가 아니다(따라서 후단 틀림).

> **제102조(보석조건의 변경과 취소 등)** ① 법원은 직권 또는 제94조에 규정된 자의 신청에 따라 결정으로 피고인의 보석조건을 변경하거나 일정기간 동안 당해 조건의 이행을 유예할 수 있다.

ㄴ (×) 제99조 제1항 참조.

> **제99조(보석조건의 결정 시 고려사항)** ① 법원은 제98조의 조건을 정할 때 다음 각 호의 사항을 고려하여야 한다.
> 1. 범죄의 성질 및 죄상(罪狀)
> 2. 증거의 증명력
> 3. 피고인의 전과(前科)·성격·환경 및 자산
> 4. 피해자에 대한 배상 등 범행 후의 정황에 관련된 사항
> ② 법원은 피고인의 자금능력 또는 자산 정도로는 이행할 수 없는 조건을 정할 수 없다.

ㄷ (×) 법원의 피고인 구속집행정지결정에 대해서는 즉시항고는 할 수 없으나(헌법재판소 2012.6.27, 2011헌가36, 2015년 개정에 의하여 제101조 제3항 삭제), 보통항고는 가능하다(제403조 제2항).

ㄹ (×) 원심은 ⓐ 피고인에 대해 성폭력처벌법 위반(비밀준수등) 범행으로 체포영장이 발부되어 있었던 사실, ⓑ '피고인의 차량이 30분 정도 따라온다'는 내용의 112신고를 받고 현장에 출동한 경찰관들이 승용차에 타고 있던 피고인의 주민등록번호를 조회하여 피고인에 대한 체포영장이 발부된 것을 확인한 사실, ⓒ 경찰관들이 피고인에게 '성폭력처벌법위반으로 수배가 되어 있는바, 변호인을 선임할 수 있고 묵비권을 행사할 수 있으며, 체포적부심을 청구할 수 있고 변명의 기회가 있다'고 고지하며 하차를 요구한 사실을 인정한 후, 이 사건 당시 경찰관들이 체포영장을 소지할 여유 없이 우연히 그 상대방을 만난 경우로서 체포영장의 제시 없이 체포영장을 집행할 수 있는 '급속을 요하는 때'에 해당하므로, 경찰관들이 체포영장의 제시 없이 피고인을 체포하려고 시도한 행위는 적법한 공무집행이라고 판단하였다. 나아가 원심은, 위와 같이 경찰관들이 체포영장을 근거로 체포절차에 착수하였으나 피고인이 흥분하며 타고 있던 승용차를 출발시켜 경찰관들에게 상해를 입히는 범죄를 추가로 저지르자, 경찰관들이 위 승용차를 멈춘 후 저항하는 피고인을 별도 범죄인 특수공무집행방해치상의 현행범으로 체포한 사실을 인정한 후, 이와 같이 경찰관이 체포영장에 기재된 범죄사실이 아닌 새로운 피의사실인 특수공무집행방해치상을 이유로 피고인을 현행범으로 체포하였고, 현행범 체포에 관한 제반 절차도 준수하였던 이상 피고인에 대한 체포 및 그 이후 절차에 위법이 없다고 판단한 후, 이 사건 공소사실을 유죄로 판단한 제1심판결을 그대로 유지하였다. 원심이 든 위 사정들과 함께 이 사건 당시 체포영장에 의한 체포절차가 착수된 단계에 불과하였고, 피고인에 대한 체포가 체포영장과 관련 없는 새로운 피의사실인 특수공무집행방해치상을 이유로 별도의 현행범 체포 절차에 따라 진행된 이상, 집행 완료에 이르지 못한 체포영장을 사후에 피고인에게 제시할 필요는 없는 점까지 더하여 보면, 피고인에 대한 체포절차가 적법하다는 원심의 판단이 타당하다(대법원 2021.6.24, 2021도4648).

ㅁ (×) 군사법원법 제141조 제2항은 피고인에 대한 구속집행정지에 관하여 '피고인이 영내거주자이면 그 소속 부대장에게 부탁하고, 영내거주자가 아니면 친족·보호단체 그 밖의 적당한 사람에게 부탁하거나 피고인의 주거를 제한'하도록 규정한다. 이때 구속집행정지 제도의 취지에 부합한다면 피고인의 도주 방지 및 출석을 확보하기 위하여 예컨대, 전자장치의 부착을 구속집행정지의 조건으로 부가할 수도 있다(대법원 2022.11.22, 2022모1799).

[보충] 피고인에 대한 구속집행정지는 상당한 이유가 있을 때 법원이 직권으로 제반 사정을 고려하여 피고인의 구속 상태를 잠정적으로 해제하는 것이다. 가장 중한 기본권 제한인 구속을 예외적으로 해제하면서 다시 구속될 것을 담보하기 위해 일정한 조건을 부가하는 것은 구속집행정지의 성질상 당연히 허용된다고 보아야 한다. 구속의 목적을 달성하는 데 지장이 없다면 일정한 조건을 부가하더라도 구속집행을 정지하는 것이 피고인에게 더 유리하기 때문이다. … 구속집행정지의 구체적인 조건은 보석의 조건이 성질에 반하지 않는 한 적용될 수 있다. 구속집행정지 제도는 불구속재판의 원칙과 무죄추정의 원칙을 구현하기 위한 보석 제도를 보충하는 기능을 하므로 본질적으로 보석과 같은 성격을 띠고 있기 때문이다(위 판례).

18 정답 ②

② (×) 체포, 구금 당시에 헌법 및 형사소송법에 규정된 사항(체포, 구금의 이유 및 변호인의 조력을 받을 권리) 등을 고지받지 못하였고, 그 후의 구금기간 중 면회거부 등의 처분을 받았다 하더라도 이와 같은 사유는 형사소송법 제93조 소정의 구속취

소사유에는 해당하지 아니한다(대법원 1991.12.30, 91모76).

① (O) 헌법 제16조에서 영장주의에 대한 예외를 마련하지 아니하였다고 하여, 주거에 대한 압수나 수색에 있어 영장주의가 예외 없이 반드시 관철되어야 함을 의미하는 것은 아니다(헌법재판소 2018.4.26, 2015헌바370).

③ (O) 형사소송법 제218조의2 제1항은 '검사는 사본을 확보한 경우 등 압수를 계속할 필요가 없다고 인정되는 압수물 및 증거에 사용할 압수물에 대하여 공소제기 전이라도 소유자, 소지자, 보관자 또는 제출인의 청구가 있는 때에는 환부 또는 가환부하여야 한다'고 규정하고 있다. 따라서 검사는 증거에 사용할 압수물에 대하여 가환부의 청구가 있는 경우 가환부를 거부할 수 있는 특별한 사정이 없는 한 가환부에 응하여야 한다(대법원 2017.9.29, 2017모236).

④ (O) 구속의 사유가 없거나 소멸된 때에는 법원은 직권 또는 검사, 피고인, 변호인과 제30조 제2항에 규정한 자(법정대리인, 배우자, 직계친족과 형제자매)의 청구에 의하여 결정으로 구속을 취소하여야 한다(제93조).

19
정답 ②

② ㉠㉢㉤

㉠ (O) 체포된 현행범인에 대하여 일정 시간 내에 구속영장 청구 여부를 결정하도록 하고 그 기간 내에 구속영장을 청구하지 아니하는 때에는 즉시 석방하도록 한 것은 영장에 의하지 아니한 체포 상태가 부당하게 장기화되어서는 안 된다는 인권보호의 요청과 함께 수사기관에서 구속영장 청구 여부를 결정하기 위한 합리적이고 충분한 시간을 보장해 주려는 데에도 그 입법취지가 있다고 할 것이다. 따라서 검사 등이 아닌 이에 의하여 현행범인이 체포된 후 불필요한 지체 없이 검사 등에게 인도된 경우 위 48시간의 기산점은 체포 시가 아니라 검사 등이 현행범인을 인도받은 때라고 할 것이다(대법원 2011.12.22, 2011도1292).

㉡ (X) 압수·수색을 받는 자가 피고인(피의자)인 경우에는 그 사본을 교부하여야 한다.

> **제118조(영장의 제시와 사본교부)** 압수·수색영장은 처분을 받는 자에게 반드시 제시하여야 하고, 처분을 받는 자가 피고인인 경우에는 그 사본을 교부하여야 한다. 다만, 처분을 받는 자가 현장에 없는 등 영장의 제시나 그 사본의 교부가 현실적으로 불가능한 경우 또는 처분을 받는 자가 영장의 제시나 사본의 교부를 거부한 때에는 예외로 한다.
> **제219조(준용규정)** 제106조, 제107조, 제109조 내지 제112조, 제114조, 제115조 제1항 본문, 제2항, 제118조부터 제132조까지, 제134조, 제135조, 제140조, 제141조, 제333조 제2항, 제486조의 규정은 검사 또는 사법경찰관의 본장의 규정에 의한 압수, 수색 또는 검증에 준용한다. 단, 사법경찰관이 제130조, 제132조 및 제134조에 따른 처분을 함에는 검사의 지휘를 받아야 한다.

㉢ (X) 검사의 체포영장 또는 구속영장 청구에 대한 지방법원판사의 재판은 형사소송법 제402조의 규정에 의하여 항고의 대상이 되는 '법원의 결정'에 해당하지 아니하고, 제416조 제1항의 규정에 의하여 준항고의 대상이 되는 '재판장 또는 수명법관의 구금 등에 관한 재판'에도 해당하지 아니한다(대법원 2006.12.18, 2006모646).

㉣ (O) 형사소송법 제219조, 제121조가 규정한 변호인의 참여권은 피압수자의 보호를 위하여 변호인에게 주어진 고유권이다.

따라서 설령 피압수자가 수사기관에 압수·수색영장의 집행에 참여하지 않는다는 의사를 명시하였다고 하더라도, 특별한 사정이 없는 한 그 변호인에게는 형사소송법 제219조, 제122조에 따라 미리 집행의 일시와 장소를 통지하는 등으로 압수·수색영장의 집행에 참여할 기회를 별도로 보장하여야 한다(대법원 2020.11.26, 2020도10729).

㉤ (O) 수사기관은 영장 발부의 사유로 된 범죄혐의사실과 관계가 없는 증거를 압수할 수 없고, 별도의 영장을 발부받지 아니하고서는 압수물 또는 압수한 정보를 그 압수의 근거가 된 압수·수색영장 혐의사실과 관계가 없는 범죄의 유죄 증거로 사용할 수 없다(대법원 2023.6.1, 2018도18866).

20
정답 ④

④ ㉠㉡㉢㉤

㉠ (O) 대법원 2009.3.12, 2008도763

㉡ (O) 대법원 2013.9.26, 2013도7718

㉢ (O) 대법원 2015.1.22, 2014도10978

> **제118조(영장의 제시와 사본교부)** 압수·수색영장은 처분을 받는 자에게 반드시 제시하여야 하고, 처분을 받는 자가 피고인인 경우에는 그 사본을 교부하여야 한다. 다만, 처분을 받는 자가 현장에 없는 등 영장의 제시나 그 사본의 교부가 현실적으로 불가능한 경우 또는 처분을 받는 자가 영장의 제시나 사본의 교부를 거부한 때에는 예외로 한다. <개정 2022.2.3.>

㉣ (X) 여자의 신체에 대하여 수색할 때에는 성년의 여자를 참여하게 하여야 한다(제124조).
[보충] 여자의 신체를 검사하는 경우에는 의사나 성년 여자를 참여하게 하여야 한다(제141조 제3항).

㉤ (O) 이 사건 압수영장에 기재된 메트암페타민(이하 '필로폰') 투약 혐의사실은 피고인이 2018.5.23. 시간불상경 부산 이하 불상지에서 필로폰 불상량을 불상의 방법으로 투약하였다는 것이다. 이 사건 공소사실 중 필로폰 투약의 점은 피고인이 2018.6.21.경부터 같은 달 25일경까지 사이에 부산 이하 불상지에서 필로폰 불상량을 불상의 방법으로 투약하였다는 것이다. 마약류 투약 범죄는 그 범행일자가 다를 경우 별개의 범죄로 보아야 하고, 이 사건 압수영장 기재 혐의사실과 이 부분 공소사실은 그 범행 장소, 투약방법, 투약량도 모두 구체적으로 특정되어 있지 않아 어떠한 객관적인 관련성이 있는지 알 수 없다. 이 사건 압수영장 기재 혐의사실과 이 부분 공소사실이 동종 범죄라는 사정만으로 객관적 관련성이 있다고 할 수 없다. 경찰은 제보자의 진술을 토대로 이 사건 압수영장 기재 혐의사실을 특정하였는데, 이 사건 압수영장이 발부된 후 약 1달이 지난 2018.6.25.에야 이 사건 압수영장을 집행하여 피고인의 소변을 압수하였으나 그 때는 필로폰 투약자의 소변에서 마약류 등이 검출될 수 있는 기간이 지난 뒤였고, 별도의 압수·수색영장으로 압수한 피고인의 모발에서 마약류 등이 검출되지 않자 결국 압수된 피고인의 소변에서 필로폰 양성반응이 나온 점을 근거로 이 부분 공소사실과 같이 기소하였다. 이 사건 압수영장 기재 혐의사실의 내용과 수사의 대상, 수사 경위 등을 종합하여 보면, 이 부분 공소사실과 같은 필로폰 투약의 점은 경찰이 이 사건 압수영장을 발부받을 당시 전혀 예견할 수 없었던 혐의사실이었던 것으로 보이므로, 이 사건 압수영장 기재 혐의사실과 이 부분 공소사실 사이에 연관성이 있다고 보기 어렵다(위법수집증거로 본 사건, 대법원 2019.10.17, 2019도6775).

▶ **제3편 수사와 공소: 제2장 강제처분과 강제수사** [압수 · 수색 · 검증 · 감정 2]

01	③	02	①	03	④	04	④	05	②
06	③	07	④	08	②	09	③	10	①
11	④	12	②	13	③	14	③	15	③
16	①	17	④	18	②	19	③	20	③

01   정답 ③

③ ㉠㉢㉣㉤

㉠ (○) 대법원 2015.10.15, 2013모1969

㉡ (×) 제122조 참조.

> **제122조(영장집행과 참여권자에의 통지)** 압수 · 수색영장을 집행함에는 미리 집행의 일시와 장소를 전조에 규정한 자에게 통지하여야 한다. 단, 전조에 규정한 자가 참여하지 아니한다는 의사를 명시한 때 또는 급속을 요하는 때에는 예외로 한다.

㉢ (○) 출판에 대한 사전검열이 헌법상 금지된 것으로서 어떤 이유로도 행정적인 규제방법으로 사전검열을 하는 것은 허용되지 않으나 출판내용에 형벌법규에 저촉되어 범죄를 구성하는 혐의가 있는 경우에 그 증거물 또는 몰수할 물건으로서 압수하는 것은 재판절차라는 사법적 규제와 관련된 것이어서 행정적인 규제로서의 사전검열과 같이 볼 수 없고, 다만 출판 직전에 그 내용을 문제삼아 출판물을 압수하는 것은 실질적으로 출판의 사전검열과 같은 효과를 가져올 수도 있는 것이므로 범죄혐의와 강제수사의 요건을 엄격히 해석하여야 할것이다(대법원 1991.2.26, 91모1).

㉣ (○) 대법원 2009.5.14, 2008도10914

㉤ (○) 형사소송법 제215조 제1항은 "검사는 범죄수사에 필요한 때에는 피의자가 죄를 범하였다고 의심할 만한 정황이 있고 해당 사건과 관계가 있다고 인정할 수 있는 것에 한정하여 지방법원판사에게 청구하여 발부받은 영장에 의하여 압수, 수색 또는 검증을 할 수 있다."라고 규정하고 있다. 따라서 영장 발부의 사유로 된 범죄 혐의사실과 무관한 별개의 증거를 압수하였을 경우 이는 원칙적으로 유죄 인정의 증거로 사용할 수 없다. 그러나 압수 · 수색의 목적이 된 범죄나 이와 관련된 범죄의 경우에는 그 압수 · 수색의 결과를 유죄의 증거로 사용할 수 있다. 압수 · 수색영장의 범죄 혐의사실과 관계있는 범죄라는 것은 압수 · 수색영장에 기재한 혐의사실과 객관적 관련성이 있고 압수 · 수색영장 대상자와 피의자 사이에 인적 관련성이 있는 범죄를 의미한다. 그중 혐의사실과의 객관적 관련성은 압수 · 수색영장에 기재된 혐의사실 자체 또는 그와 기본적 사실관계가 동일한 범행과 직접 관련되어 있는 경우는 물론 범행 동기와 경위, 범행 수단과 방법, 범행 시간과 장소 등을 증명하기 위한 간접증거나 정황증거 등으로 사용될 수 있는 경우에도 인정될 수 있다. 이러한 객관적 관련성은 압수 · 수색영장에 기재된 혐의사실의 내용과 수사의 대상, 수사 경위 등을 종합하여 구체적 · 개별적 연관관계가 있는 경우에만 인정된다고 보아야 하고, 혐의

사실과 단순히 동종 또는 유사 범행이라는 사유만으로 객관적 관련성이 있다고 할 것은 아니다(대법원 2017.1.25, 2016도13489; 2017.12.5, 2017도13458; 2020.2.13, 2019도14341,2019전도130 등). 필로폰 교부의 혐의사실로 발부된 압수 · 수색영장에 따라 피고인의 소변, 모발을 압수하였고 그에 대한 감정 결과 필로폰 투약 사실이 밝혀져 필로폰 투약에 대한 공소가 제기된 사안에서, ⓐ 법원이 압수할 물건으로 피고인의 소변뿐만 아니라 모발을 함께 기재하여 압수영장을 발부한 것은 영장 집행일 무렵의 필로폰 투약 범행뿐만 아니라 그 이전의 투약 여부까지 확인하기 위한 것으로 볼 수 있고, 피고인이 혐의사실인 필로폰 교부 일시 무렵 내지 그 이후 반복적으로 필로폰을 투약한 사실이 증명되면 필로폰 교부 당시에도 필로폰을 소지하고 있었거나 적어도 필로폰을 구할 수 있었다는 사실의 증명에 도움이 된다고 볼 수 있으므로, 압수한 피고인의 소변 및 모발은 압수영장의 혐의사실 증명을 위한 간접증거 내지 정황증거로 사용될 수 있는 경우에 해당하고, ⓑ 법원이 영장의 '압수 · 수색 · 검증을 필요로 하는 사유'로 "필로폰 사범의 특성상 피고인이 이전 소지하고 있던 필로폰을 투약하였을 가능성 또한 배제할 수 없어 필로폰 투약 여부를 확인 가능한 소변과 모발을 확보하고자 한다."라고 기재하고 있는 점 등에 비추어 볼 때 이 부분 공소사실이 이 사건 압수영장 발부 이후의 범행이라고 하더라도 영장 발부 당시 전혀 예상할 수 없었던 범행이라고 볼 수도 없다는 이유로, 압수 · 수색영장에 따라 압수한 피고인의 소변 및 모발과 그에 대한 감정 결과 등은 위 압수 · 수색영장의 혐의사실과 객관적 · 인적 관련성을 모두 갖추어 투약의 공소사실의 증거로 사용할 수 있다(대법원 2021.7.29, 2021도3756).

02   정답 ①

① ㉠㉡㉢㉣

㉠ (○) 수사기관에 의한 압수 · 수색의 경우 헌법과 형사소송법이 정한 적법절차와 영장주의 원칙은 법률에 따라 허용된 예외사유에 해당하지 않는 한 관철되어야 한다. 세관공무원이 수출입 물품을 검사하는 과정에서 마약류가 감추어져 있다고 밝혀지거나 그러한 의심이 드는 경우, 검사는 마약류의 분산을 방지하기 위하여 충분한 감시체제를 확보하고 있어 수사를 위하여 이를 외국으로 반출하거나 대한민국으로 반입할 필요가 있다는 요청을 세관장에게 할 수 있고, 세관장은 그 요청에 응하기 위하여 필요한 조치를 할 수 있다(마약류 불법거래 방지에 관한 특례법 제4조 제1항). 그러나 이러한 조치가 수사기관에 의한 압수 · 수

색에 해당하는 경우에는 영장주의 원칙이 적용된다(대법원 2017. 7.18, 2014도8719).

ⓒ (×) ⓐ 물론 수출입물품 통관검사절차에서 이루어지는 물품의 개봉, 시료채취, 성분분석 등의 검사는 수출입물품에 대한 적정한 통관 등을 목적으로 조사를 하는 것으로서 이를 수사기관의 강제처분이라고 할 수 없으므로, 세관공무원은 압수·수색영장 없이 이러한 검사를 진행할 수 있다. 세관공무원이 통관검사를 위하여 직무상 소지하거나 보관하는 물품을 수사기관에 임의로 제출한 경우에는 비록 소유자의 동의를 받지 않았더라도 수사기관이 강제로 점유를 취득하지 않은 이상 해당 물품을 압수하였다고 할 수 없다. ⓑ 그러나 마약류 불법거래 방지에 관한 특례법 제4조 제1항에 따른 조치의 일환으로 특정한 수출입물품을 개봉하여 검사하고 그 내용물의 점유를 취득한 행위는 위에서 본 수출입물품에 대한 적정한 통관 등을 목적으로 조사를 하는 경우와는 달리, 범죄수사인 압수 또는 수색에 해당하여 사전 또는 사후에 영장을 받아야 한다(대법원 2017.7.18, 2014도8719).

ⓒ (○) 통신제한조치허가서에는 통신제한조치의 종류·목적·대상·범위·기간 및 집행장소와 방법을 특정하여 기재하여야 하고(통신비밀보호법 제6조 제6항), 수사기관은 허가서에 기재된 허가의 내용과 범위 및 집행방법 등을 준수하여 통신제한조치를 집행하여야 한다. 이때 수사기관은 통신기관 등에 통신제한조치허가서의 사본을 교부하고 집행을 위탁할 수 있으나(동법 제9조 제1항, 제2항), 그 경우에도 집행의 위탁을 받은 통신기관 등은 수사기관이 직접 집행할 경우와 마찬가지로 허가서에 기재된 집행방법 등을 준수하여야 함은 당연하다. 따라서 허가된 통신제한조치의 종류가 전기통신의 '감청'인 경우, 수사기관 또는 수사기관으로부터 통신제한조치의 집행을 위탁받은 통신기관 등은 통신비밀보호법이 정한 감청의 방식으로 집행하여야 하고 그와 다른 방식으로 집행하여서는 아니 된다. 한편 수사기관이 통신기관 등에 통신제한조치의 집행을 위탁하는 경우에는 집행에 필요한 설비를 제공하여야 한다(통신비밀보호법 시행령 제21조 제3항). 그러므로 수사기관으로부터 통신제한조치의 집행을 위탁받은 통신기관 등이 집행에 필요한 설비가 없을 때에는 수사기관에 설비의 제공을 요청하여야 하고, 그러한 요청 없이 통신제한조치허가서에 기재된 사항을 준수하지 아니한 채 통신제한조치를 집행하였다면, 그러한 집행으로 취득한 전기통신의 내용 등은 헌법과 통신비밀보호법이 국민의 기본권인 통신의 비밀을 보장하기 위해 마련한 적법한 절차를 따르지 아니하고 수집한 증거에 해당하므로(제308조의2), 이는 유죄 인정의 증거로 할 수 없다(대법원 2016.10.13, 2016도8137).

ⓒ (○) 통신비밀보호법은 통신제한조치의 집행으로 인하여 취득된 전기통신의 내용은 통신제한조치의 목적이 된 범죄나 이와 관련되는 범죄를 수사·소추하거나 그 범죄를 예방하기 위한 경우 등에 한정하여 사용할 수 있도록 규정하고(제12조 제1호), 통신사실확인자료의 사용제한에 관하여 이 규정을 준용하도록 하고 있다(제13조의5). 따라서 통신사실확인자료 제공요청에 의하여 취득한 통화내역 등 통신사실확인자료를 범죄의 수사·소추를 위하여 사용하는 경우 그 대상범죄는 통신사실확인자료 제공요청의 목적이 된 범죄 및 이와 관련된 범죄에 한정되어야 한다(대법원 2014.10.27, 2014도2121 참조)(대법원 2017.1. 25, 2016도13489).

[보충] 여기서 통신사실확인자료제공 요청의 목적이 된 범죄와 관련된 범죄라 함은 통신사실확인자료제공 요청허가서에 기재

한 혐의사실과 객관적 관련성이 있고 자료제공 요청대상자와 피의자 사이에 인적 관련성이 있는 범죄를 의미한다고 할 것이다. 그중 혐의사실과의 객관적 관련성은, 통신사실확인자료제공 요청허가서에 기재된 혐의사실 자체 또는 그와 기본적 사실관계가 동일한 범행과 직접 관련되어 있는 경우는 물론 범행동기와 경위, 범행 수단 및 방법, 범행 시간과 장소 등을 증명하기 위한 간접증거나 정황증거 등으로 사용될 수 있는 경우에도 인정될 수 있다. 다만 통신비밀보호법이 위와 같이 통신사실확인자료의 사용 범위를 제한하고 있는 것은 특정한 혐의사실을 전제로 제공된 통신사실확인자료가 별건의 범죄사실을 수사하거나 소추하는 데 이용되는 것을 방지함으로써 통신의 비밀과 자유에 대한 제한을 최소화하는 데 입법 취지가 있다고 할 것이다. 따라서 그 관련성은 통신사실확인자료제공 요청허가서에 기재된 혐의사실의 내용과 당해 수사의 대상 및 수사 경위 등을 종합하여 구체적·개별적 연관관계가 있는 경우에만 인정된다고 보아야 하고, 혐의사실과 단순히 동종 또는 유사 범행이라는 사유만으로 관련성이 있다고 할 것은 아니다. 그리고 피의자와 사이의 인적 관련성은 통신사실 확인자료제공요청 허가서에 기재된 대상자의 공동정범이나 교사범 등 공범이나 간접정범은 물론 필요적 공범 등에 대한 피고사건에 대해서도 인정될 수 있다(위 판례).

ⓒ (×) 필로폰 투약의 혐의사실로 발부된 압수·수색영장에 따라 피고인의 소변, 모발을 압수하였고, 그에 대한 감정 결과 혐의사실과 다른 필로폰 투약 사실이 밝혀져 압수물에 의하여 밝혀진 필로폰 투약 사실로 공소가 제기된 경우, 법원이 압수·수색영장을 발부하면서 '압수·수색을 필요로 하는 사유'로 "필로폰 사범의 특성상 피고인이 이전 소지하고 있던 필로폰을 투약하였을 가능성 또한 배제할 수 없어 피고인의 필로폰 투약 여부를 확인 가능한 소변과 모발을 확보하고자 한다."라고 기재하고, '압수할 물건'으로 피고인의 소변뿐만 아니라 모발을 함께 기재한 것은 영장 집행일 무렵의 필로폰 투약 범행뿐만 아니라 그 이전의 투약 여부까지 확인하기 위한 것으로 볼 수 있는 점 등을 고려하면, 압수·수색영장에 의하여 압수한 피고인의 소변 및 모발과 그에 대한 감정 결과 등은 압수·수색영장 기재 혐의사실의 정황증거 내지 간접증거로 사용될 수 있는 경우에 해당하여 객관적 관련성이 인정된다. … 이 사건 각 압수·수색영장의 기재 내용, 마약류 범죄의 특성과 피고인에게 다수의 동종 범죄전력이 있는 점(피고인은 총 3회 동종 범행전력이 있고, 그중 2회는 징역형을, 1회는 징역형의 집행유예를 선고받았다)을 고려하면, 이 사건 각 압수·수색영장에 따라 압수된 피고인의 소변 및 모발에 대한 감정 결과에 의하여 피고인이 위 각 압수·수색영장 집행일 무렵뿐만 아니라 그 이전에도 반복적·계속적으로 필로폰을 투약해온 사실이 증명되면 이 사건 각 압수·수색영장 기재 혐의사실 일시 무렵에도 유사한 방법으로 필로폰을 투약하였을 개연성이 매우 높다고 할 것이므로, 비록 소변에서 각 압수·수색영장 기재 필로폰 투약과 관련된 필로폰이 검출될 수 있는 기간이 경과된 이후에 영장이 집행되어 압수된 소변으로 혐의사실을 직접 증명할 수는 없다고 하더라도, 유효기간 내에 집행된 위 각 압수·수색영장에 따라 압수된 피고인의 소변 및 모발 등은 적어도 위 각 압수·수색영장 기재 혐의사실을 증명하는 유력한 정황증거 내지 간접증거로 사용될 수 있는 경우에 해당한다고 보아야 한다. 나아가 이 사건 각 압수·수색영장 기재 혐의사실에 대한 공소가 제기되지 않았다거

나 이 사건 공소사실이 위 각 압수·수색영장 발부 이후의 범행이라는 사정만으로 객관적 관련성을 부정할 것은 아니다(원심이 원용하고 있는 대법원 2019.10.17, 2019도6775 판결은 압수·수색영장의 '압수·수색을 필요로 하는 사유'의 기재 내용, 압수·수색영장의 집행 결과 등 수사의 경위에서 이 사건과 사실관계를 달리하므로 이 사건에 그대로 적용하기에는 적절하지 않다)(대법원 2021.8.26, 2021도2205).

03

정답 ④

④ ㉠㉡㉢㉤㉥

㉠ (○) 검사 또는 사법경찰관은 범죄수사에 필요한 때에는 피의자가 죄를 범하였다고 의심할 만한 정황이 있는 경우에 판사로부터 발부받은 영장에 의하여 압수·수색을 할 수 있으나, 압수·수색은 영장 발부의 사유로 된 범죄 혐의사실과 관련된 증거에 한하여 할 수 있으므로, 영장 발부의 사유로 된 범죄 혐의사실과 무관한 별개의 증거를 압수하였을 경우 이는 원칙적으로 유죄 인정의 증거로 사용할 수 없다. 다만 수사기관이 별개의 증거를 피압수자 등에게 환부하고 후에 임의제출받아 다시 압수하였다면 증거를 압수한 최초의 절차 위반행위와 최종적인 증거 수집 사이의 인과관계가 단절되었다고 평가할 수 있으나, 환부 후 다시 제출하는 과정에서 수사기관의 우월적 지위에 의하여 임의제출 명목으로 실질적으로 강제적인 압수가 행하여질 수 있으므로, 제출에 임의성이 있다는 점에 관하여는 검사가 합리적 의심을 배제할 수 있을 정도로 증명하여야 하고, 임의로 제출된 것이라고 볼 수 없는 경우에는 증거능력을 인정할 수 없다(대법원 2016.3.10, 2013도11233).

㉡ (○) 세관이 시계행상이 소지한 외국산 시계를 관세장물 혐의로 압수했으나 검사가 관세포탈품인지를 확인할 수 없어 그 사건에 대해 기소중지한 경우에는 압수를 계속할 필요가 없다(대법원 1988.12.14, 88모55).

㉢ (○) 형사소송법 제219조가 준용하는 제118조는 "압수·수색영장은 처분을 받는 자에게 반드시 제시하여야 한다."고 규정하고 있으나, 이는 영장제시가 현실적으로 가능한 상황을 전제로 한 규정으로 보아야 하고, 피처분자가 현장에 없거나 현장에서 그를 발견할 수 없는 경우 등 영장제시가 현실적으로 불가능한 경우에는 영장을 제시하지 아니한 채 압수·수색을 하더라도 위법하다고 볼 수 없다(대법원 2015.1.22, 2014도10978 전원합의체).

㉣ (×) 컴퓨터디스크 등에 기억된 문자정보를 증거로 하는 경우에 증거조사를 신청한 당사자는 법원이 명하거나 상대방이 요구한 때에는 컴퓨터디스크 등에 입력한 사람과 입력한 일시, 출력한 사람과 출력한 일시를 밝혀야 한다(규칙 제134조의7 제2항).

㉤ (○) 압수·수색영장은 처분을 받는 자에게 반드시 제시하여야 한다(제118조, 제219조). 압수·수색영장은 처분을 받는 자에게 반드시 사전 제시하여야 하고, 구속영장의 집행(제85조, 제209조)과는 달리 사후제시의 방법에 의한 긴급집행은 허용되지 않는다.

㉥ (○) 형사소송법은 제121조, 제219조에서 압수·수색절차에서 피고인과 피의자의 참여권 일반을 정하는 한편, 제123조, 제219조에서 압수·수색이 이루어지는 장소의 특수성을 고려하여 특정 장소에서 압수·수색영장을 집행할 때는 그 장소의 책임자가 참여하게 함으로써, 압수·수색영장의 집행과정에서 절차적

권리로서의 참여권이 적법절차와 영장주의의 이념을 실질적으로 구현하는 장치로 기능하도록 하였다. … 제123조는 '영장의 집행과 책임자의 참여'라는 표제 아래, 공무소, 군사용 항공기 또는 선박·차량 안에서 압수·수색영장을 집행하려면 그 책임자에게 참여할 것을 통지하여야 하고(제1항), 제1항에서 규정한 장소 외에 타인의 주거, 간수자 있는 가옥, 건조물, 항공기 또는 선박·차량 안(이하 '주거지 등'이라고 한다)에서 압수·수색영장을 집행할 때에는 주거주, 간수자 또는 이에 준하는 사람(이하 '주거주 등'이라고 한다)을 참여하게 하여야 하며(제2항), 주거주 등을 참여하게 하지 못할 때에는 이웃 사람 또는 지방공공단체의 직원(이하 '이웃 등'이라고 한다)을 참여하게 하여야 한다(제3항)고 규정하고 있다. 이는 형사소송법 제219조에 의해 수사기관의 압수·수색영장 집행에서도 준용된다. 형사소송법 제123조 제2항, 제3항, 제219조가 주거지 등에서 압수·수색영장을 집행할 때 주거주 등이나 이웃 등을 참여하도록 한 것은 주거의 자유나 사생활의 비밀과 자유와 같은 기본권 보호의 필요성이 특히 요구되는 장소에 관하여 밀접한 이해관계를 갖는 사람을 참여시켜 영장집행절차의 적정성을 담보함으로써 수사기관이나 법원의 강제처분을 받는 당사자를 보호하고 궁극적으로 국민의 기본권을 보호하려는 데 그 취지가 있다. 이러한 점에 비추어 보면 형사소송법 제123조 제2항, 제3항, 제219조에서 정한 바에 따라 압수·수색영장의 집행에 참여하는 주거주 등 또는 이웃 등은 최소한 압수·수색절차의 의미를 이해할 수 있는 정도의 능력(이하 '참여능력')을 갖추고 있어야 한다. 압수·수색영장의 집행에 참여하는 주거주 등 또는 이웃 등이 참여능력을 갖추지 못한 경우에는 영장의 집행 과정에서 발생할 수 있는 위법·부당한 처분이나 행위로부터 당사자를 보호하고 영장집행절차의 적정성을 담보하려는 형사소송법의 입법 취지나 기본권 보호·적법절차·영장주의 등 헌법적 요청을 실효적으로 달성하기 어렵기 때문이다. … 이러한 법리는, 주거지 등에 대한 압수·수색에서 피의자가 동시에 주거주 등인 경우에도 동일하게 적용된다(대법원 2024.10.8, 2020도11223).

[보충] 형사소송법 제123조 제2항과 제3항은 주거주 등이나 이웃 등의 참여에 관하여 그 참여 없이 압수·수색영장을 집행할 수 있는 예외를 인정하지 않고 있다. 이는 형사소송법 제121조, 제122조에서 압수·수색영장의 집행에 대한 검사, 피의자, 변호인의 참여에 대하여 급속을 요하는 등의 경우 집행의 일시와 장소의 통지 없이 압수·수색영장을 집행할 수 있다고 한 것과 다른 점이다. 따라서 형사소송법 제123조 제2항에서 정한 주거지 등에 대한 압수·수색영장의 집행이 주거주 등이나 이웃 등의 참여 없이 이루어진 경우 특별한 사정이 없는 한 그러한 압수·수색영장의 집행은 위법하다고 보아야 한다. 나아가 주거주 등 또는 이웃 등이 참여하였다고 하더라도 그 참여자에게 참여능력이 없거나 부족한 경우에는, 주거주 등이나 이웃 등의 참여 없이 이루어진 것과 마찬가지로 형사소송법 제123조 제2항, 제3항에서 정한 압수수색절차의 적법요건이 갖추어졌다고 볼 수 없으므로 그러한 압수·수색영장의 집행도 위법하다. … 형사소송법 제123조 제2항, 제3항, 제219조에 따라 압수수색절차에 참여한 참여자와 관련하여 해당 절차의 적법요건이 갖추어졌는지는, 수사기관이 인식하였거나 인식할 수 있었던 사정 등을 포함하여 압수·수색 당시를 기준으로 외형적으로 인식 가능한 사실상의 상태를 살펴 판단하여야 한다. 압수·수색 당시 수사기관이 인식할 수 없었던 참여자의 내부적·주관적 사

정이나 참여자의 객관적 능력에 관한 법률적·사후적인 판단은 고려대상이 아니다(위 판례).

04

④ ㉡㉢㉣

㉠ (○) 수사기관이 피의자 甲의 공직선거법 위반 범행을 영장 범죄사실로 하여 발부받은 압수·수색영장의 집행 과정에서 乙, 丙 사이의 대화가 녹음된 녹음파일(이하 '녹음파일'이라 한다)을 압수하여 乙, 丙의 공직선거법 위반 혐의사실을 발견한 사안에서, 압수·수색영장에 기재된 '피의자'인 甲이 녹음파일에 의하여 의심되는 혐의사실과 무관한 이상, 수사기관이 별도의 압수·수색영장을 발부받지 아니한 채 압수한 녹음파일은 형사소송법 제219조에 의하여 수사기관의 압수에 준용되는 형사소송법 제106조 제1항이 규정하는 '피고사건' 내지 같은 법 제215조 제1항이 규정하는 '해당 사건'과 '관계가 있다고 인정할 수 있는 것'에 해당하지 않으며, 이와 같은 압수에는 헌법 제12조 제1항 후문, 제3항 본문이 규정하는 영장주의를 위반한 절차적 위법이 있으므로, 녹음파일은 형사소송법 제308조의2에서 정한 '적법한 절차에 따르지 아니하고 수집한 증거'로서 증거로 쓸 수 없고, 그 절차적 위법은 헌법상 영장주의 내지 적법절차의 실질적 내용을 침해하는 중대한 위법에 해당하여 예외적으로 증거능력을 인정할 수도 없다(대법원 2014.1.16, 2013도7101).

㉡ (×), ㉢ (×) 수사기관의 전자정보에 대한 압수·수색은 원칙적으로 영장 발부의 사유로 된 범죄 혐의사실과 관련된 부분만을 문서 출력물로 수집하거나 수사기관이 휴대한 저장매체에 해당 파일을 복제하는 방식으로 이루어져야 한다. 수사기관이 저장매체 자체를 직접 반출하거나 그 저장매체에 들어 있는 전자파일 전부를 하드카피나 이미징 등 형태(이하 '복제본'로) 수사기관 사무실 등 외부에 반출하는 방식으로 압수·수색하는 것은 현장의 사정이나 전자정보의 대량성으로 인하여 관련 정보 획득에 긴 시간이 소요되거나 전문 인력에 의한 기술적 조치가 필요한 경우 등 범위를 정하여 출력 또는 복제하는 방법이 불가능하거나 압수의 목적을 달성하기에 현저히 곤란하다고 인정되는 때에 한하여 예외적으로 허용될 수 있을 뿐이다(대법원 2015.7.16, 2011모1839 전원합의체 등). 수사기관은 복제본에 담긴 전자정보를 탐색하여 혐의사실과 관련된 정보(이하 '유관정보')를 선별하여 출력하거나 다른 저장매체에 저장하는 등으로 압수를 완료하면 혐의사실과 관련 없는 전자정보(이하 '무관정보')를 삭제·폐기하여야 한다. 수사기관이 새로운 범죄 혐의의 수사를 위하여 무관정보가 남아있는 복제본을 열람하는 것은 압수·수색영장으로 압수되지 않은 전자정보를 영장 없이 수색하는 것과 다르지 않다. 따라서 복제본은 더 이상 수사기관의 탐색, 복제 또는 출력 대상이 될 수 없으며, 수사기관은 새로운 범죄 혐의의 수사를 위하여 필요한 경우에도 유관정보만을 출력하거나 복제한 기존 압수·수색의 결과물을 열람할 수 있을 뿐이다. 원심은 수사기관이 피고인에 대한 수사를 위하여 유죄 판결이 이미 확정된 A(누설 상대방)에 대한 수사 당시 전자정보 압수·수색 과정에서 생성한 이미징 사본을 탐색, 출력한 행위가 위법하며, 이를 바탕으로 수집한 전자정보 등 2차적 증거는 위법수집증거에 해당하여 유죄의 증거로 사용할 수 없고, 위법수집증거 배제법칙의 예외에 해당한다고 보기도 어렵다는 이유로 피고인에게 무죄를 선고하였는데, 이러한 원심의 판단은 정당하다(대법원 2023.6.1, 2018도19782).

㉣ (×) 형사소송법 제215조 제2항은 "사법경찰관이 범죄수사에 필요한 때에는 검사에게 신청하여 검사의 청구로 지방법원 판사가 발부한 영장에 의하여 압수, 수색 또는 검증을 할 수 있다."고 규정하고 있는바, 사법경찰관이 위 규정을 위반하여 영장 없이 물건을 압수한 경우 그 압수물은 물론 이를 기초로 하여 획득한 2차적 증거 역시 유죄 인정의 증거로 사용할 수 없는 것이고, 이와 같은 법리는 헌법과 형사소송법이 선언한 영장주의의 중요성에 비추어 볼 때 위법한 압수가 있은 직후에 피고인으로부터 작성받은 그 압수물에 대한 임의제출동의서도 특별한 사정이 없는 한 마찬가지라고 할 것이다(대법원 2010.7.22, 2009도14376).

㉤ (○) 경찰은 재항고인에 대하여 「기부금품의 모집 및 사용에 관한 법률」 위반 혐의로 수사하던 중 법원으로부터 '압수할 물건'을 '정보처리장치(컴퓨터, 노트북, 태블릿 등) 및 정보저장매체(USB, 외장하드 등)에 저장되어 있는 전자정보'로 기재한 압수·수색영장을 발부받은 뒤, 그 압수·수색영장에 의하여 재항고인 소유의 이 사건 휴대전화를 압수하였는데, 재항고인의 변호인은 이 사건 휴대전화 압수·수색의 취소를 구하는 준항고를 제기하였다. 헌법과 형사소송법이 구현하고자 하는 적법절차와 영장주의의 정신에 비추어 볼 때, 법관이 압수·수색영장을 발부하면서 '압수할 물건'을 특정하기 위하여 기재한 문언은 엄격하게 해석해야 하고, 함부로 피압수자 등에게 불리한 내용으로 확장해석 또는 유추해석을 하는 것은 허용될 수 없다(대법원 2009.3.12, 2008도763). 휴대전화는 정보처리장치나 정보저장매체의 특성을 가지고 있기는 하나, 기본적으로 통신매체의 특성을 가지고 있어 컴퓨터, 노트북 등 정보처리장치나 USB, 외장하드 등 정보저장매체와는 명확히 구별되는 특성을 가지고 있다. 휴대전화, 특히 스마트폰에는 전화·문자메시지·SNS 등 통신, 개인 일정, 인터넷 검색기록, 전화번호, 위치정보 등 통신의 비밀이나 사생활에 관한 방대하고 광범위한 정보가 집적되어 있다. 이와 같이 휴대전화에 저장된 전자정보는 컴퓨터나 USB 등에 저장된 전자정보와는 그 분량이나 내용, 성격 면에서 현저한 차이가 있으므로, 휴대전화에 대한 압수·수색으로 얻을 수 있는 전자정보의 범위와 그로 인한 기본권 침해의 정도도 크게 다르다. 따라서 압수·수색영장에 기재된 '압수할 물건'에 휴대전화에 저장된 전자정보가 포함되어 있지 않다면, 특별한 사정이 없는 한 그 영장으로 휴대전화에 저장된 전자정보를 압수할 수는 없다고 보아야 한다(대법원 2024.9.25, 2024모2020).

05

② ㉠㉢㉣

㉠ (○) 대법원 1999.12.1, 99모161

㉡ (×) 수사기관이 인터넷서비스이용자인 피의자를 상대로 피의자의 컴퓨터 등 정보처리장치 내에 저장되어 있는 이메일 등 전자정보를 압수·수색하는 것은 전자정보의 소유자 내지 소지자를 상대로 해당 전자정보를 압수·수색하는 대물적 강제처분으로 형사소송법의 해석상 허용된다. 나아가 압수·수색할 전자정보가 압수·수색영장에 기재된 수색장소에 있는 컴퓨터 등 정보처리장치 내에 있지 아니하고 그 정보처리장치와 정보통신망으로 연결되어 제3자가 관리하는 원격지의 서버 등 저장매체에 저장되어 있는 경우에도, 수사기관이 '피의자의 이메일 계정에 대한 접근권한에 갈음하여 발부받은 영장'에 따라 영장 기재

백광훈 진도별 모의고사 형사소송법

수색장소에 있는 컴퓨터 등 정보처리장치를 이용하여 적법하게 취득한 피의자의 이메일 계정 아이디와 비밀번호를 입력하는 등 피의자가 접근하는 통상적인 방법에 따라 원격지의 저장매체에 접속하고 그곳에 저장되어 있는 피의자의 이메일 관련 전자정보를 수색장소의 정보처리장치로 내려받거나 그 화면에 현출시키는 것 역시 피의자의 소유에 속하거나 소지하는 전자정보를 대상으로 이루어지는 것이므로 그 전자정보에 대한 압수·수색을 위와 달리 볼 필요가 없다(대법원 2017.11.29, 2017도9747).
[보충] 법원이 발부한 압수·수색영장에 압수·수색·검증할 물건으로 '피고인이 북한 대남공작조직 225국과 간첩 통신수단으로 사용한 중국 인터넷서비스제공자인 공소외 1 회사와 공소외 2 회사가 제공하는 이메일서비스의 총 10개 계정 중 국가보안법 위반 혐의와 관련해 개설시점부터 2015.11.24.까지 사이의 이메일 계정, 받은 편지함 등 각종 편지함, 임시 보관함 등 각종 보관함(스팸·휴지통, 주소록 등 기타 내용 포함), 이메일과 연결된 드라이브 내 각종 문서함(휴지통·캘린더 등 기타 내용 포함)에 송·수신이 완료되어 저장되어 있는 내용과 동 내용을 출력한 출력물, 동 내용을 저장한 저장매체(메일 헤더가 기록된 원본내용 포함)'가 기재되어 있으므로, 위 압수·수색은 영장주의 위반이 아니다(위 판례).

[비교] 법원이 발부한 압수·수색영장에는 '압수할 물건'이 '여성의 신체를 몰래 촬영한 것으로 판단되는 사진, 동영상 파일이 저장된 컴퓨터 하드디스크 및 외부 저장매체'로 되어 있는데, 사법경찰관 P는 위 압수·수색영장으로 압수한 휴대전화가 구글계정에 로그인되어 있는 상태를 이용하여 구글클라우드에서 불법촬영물을 다운로드 받는 방식으로 압수하였다. P의 압수는 영장주의 위반인가?
[보충] 압수할 전자정보가 저장된 저장매체로서 압수·수색영장에 기재된 수색장소에 있는 컴퓨터, 하드디스크, 휴대전화와 같은 컴퓨터 등 정보처리장치와 수색장소에 있지는 않으나 컴퓨터 등 정보처리장치와 정보통신망으로 연결된 원격지의 서버 등 저장매체(이하 '원격지 서버'라 한다)는 소재지, 관리자, 저장 공간의 용량 측면에서 서로 구별된다. 원격지 서버에 저장된 전자정보를 압수·수색하기 위해서는 컴퓨터 등 정보처리장치를 이용하여 정보통신망을 통해 원격지 서버에 접속하고 그곳에 저장되어 있는 전자정보를 컴퓨터 등 정보처리장치로 내려 받거나 화면에 현출시키는 절차가 필요하므로, 컴퓨터 등 정보처리장치 자체에 저장된 전자정보와 비교하여 압수·수색의 방식에 차이가 있다. 원격지 서버에 저장되어 있는 전자정보와 컴퓨터 등 정보처리장치에 저장되어 있는 전자정보는 그 내용이나 질이 다르므로 압수·수색으로 얻을 수 있는 전자정보의 범위와 그로 인한 기본권 침해 정도도 다르다. 따라서 수사기관이 압수·수색영장에 적힌 '수색할 장소'에 있는 컴퓨터 등 정보처리장치에 저장된 전자정보 외에 원격지 서버에 저장된 전자정보를 압수·수색하기 위해서는 압수·수색영장에 적힌 '압수할 물건'에 별도로 원격지 서버 저장 전자정보가 특정되어 있어야 한다. 압수·수색영장에 적힌 '압수할 물건'에 컴퓨터 등 정보처리장치 저장 전자정보만 기재되어 있다면 컴퓨터 등 정보처리장치를 이용하여 원격지 서버 저장 전자정보를 압수할 수는 없다. 압수·수색영장에 적힌 '압수할 물건'에 원격지 서버 저장 전자정보가 기재되어 있지 않은 이상 '압수할 물건'은 컴퓨터 하드디스크 및 한 불법촬영물은 위법외부 저장매체에 저장된 전자정보에 한정되므로 경찰이 압수수집증거에 해당하고, 이를 이용하여

수집한 다른 증거도 위법수집증거에 기한 2차적 증거에 해당하여 증거능력이 없다(대법원 2022.6.30, 2022도1452).
ⓒ (○) 대법원 2017.12.5, 2017도13458
ⓔ (○) 대법원 2015.1.22, 2014도10978 전원합의체
ⓜ (×) 제215조는 검사가 압수·수색영장을 청구할 수 있는 시기를 공소제기 전으로 한정하고 있지 않다(따라서 전단이 틀린 내용임. 아래 조문 참조). 나머지는 맞다(아래 판례 참조).

> 제215조(압수, 수색, 검증) ① 검사는 범죄수사에 필요한 때에는 피의자가 죄를 범하였다고 의심할 만한 정황이 있고 해당 사건과 관계가 있다고 인정할 수 있는 것에 한정하여 지방법원판사에게 청구하여 발부받은 영장에 의하여 압수, 수색 또는 검증을 할 수 있다.
> ② 사법경찰관이 범죄수사에 필요한 때에는 피의자가 죄를 범하였다고 의심할 만한 정황이 있고 해당 사건과 관계가 있다고 인정할 수 있는 것에 한정하여 검사에게 신청하여 검사의 청구로 지방법원판사가 발부한 영장에 의하여 압수, 수색 또는 검증을 할 수 있다.

> 형사소송법은 제215조에서 검사가 압수·수색 영장을 청구할 수 있는 시기를 공소제기 전으로 명시적으로 한정하고 있지는 아니하나, 헌법상 보장된 적법절차의 원칙과 재판받을 권리, 공판중심주의·당사자주의·직접주의를 지향하는 현행 형사소송법의 소송구조, 관련 법규의 체계, 문언 형식, 내용 등을 종합하여 보면, 일단 공소가 제기된 후에는 피고사건에 관하여 검사로서는 형사소송법 제215조에 의하여 압수·수색을 할 수 없다고 보아야 하며, 그럼에도 검사가 공소제기 후 형사소송법 제215조에 따라 수소법원 이외의 지방법원 판사에게 청구하여 발부받은 영장에 의하여 압수·수색을 하였다면, 그와 같이 수집된 증거는 기본적 인권 보장을 위해 마련된 적법한 절차에 따르지 않은 것으로서 원칙적으로 유죄의 증거로 삼을 수 없다(대법원 2011.4.28, 2009도10412).

06
정답 ③

③ ㉠ⓛⓔⓜ
㉠ (○) 수사기관의 전자정보에 대한 압수·수색은 원칙적으로 영장 발부의 사유로 된 범죄 혐의사실과 관련된 부분만을 문서 출력물로 수집하거나 수사기관이 휴대한 저장매체에 해당 파일을 복제하는 방식으로 이루어져야 한다(대법원 2017.11.14, 2017도3449).
ⓛ (○) 대법원 2021.11.25, 2016도82
ⓒ (×) 피의자가 휴대전화를 임의제출하면서 휴대전화에 저장된 전자정보가 아닌 클라우드 등 제3자가 관리하는 원격지에 저장되어 있는 전자정보를 수사기관에 제출한다는 의사로 수사기관에게 클라우드 등에 접속하기 위한 아이디와 비밀번호를 임의로 제공하였다면 위 클라우드 등에 저장된 전자정보를 임의제출하는 것으로 볼 수 있다(대법원 2021.7.29, 2020도14654).
ⓔ (○) 압수·수색영장의 원본을 제시하지 않은 위법, 수사기관이 카카오로부터 입수한 전자정보에서 범죄 혐의사실과 관련된 부분의 선별 없이 그 일체를 출력하여 증거로 압수한 위법, 그 과정에서 서비스이용자로서 실질적 피압수자이자 피의자인 준항고인에게 참여권을 보장하지 않은 위법과 압수한 전자정보 목록을 교부하지 않은 위법을 종합하면, 이 사건 압수·수색에

서 나타난 위법이 압수·수색 절차 전체를 위법하게 할 정도로 중대하다(대법원 2022.5.31, 2016모587).

> 수사기관이 준항고인을 피의자로 하여 발부받은 압수·수색영장에 기하여 인터넷서비스업체인 甲 주식회사를 상대로 甲회사의 본사 서버에 저장되어 있는 준항고인의 전자정보인 카카오톡 대화내용 등에 대하여 압수·수색을 실시하였는데, 준항고인은 수사기관이 압수·수색 과정에서 참여권을 보장하지 않는 등의 위법이 있다는 이유로 압수·수색의 취소를 청구한 경우, 수사기관이 압수·수색영장을 집행할 때 처분의 상대방인 甲 회사에 영장을 팩스로 송부하였을 뿐 영장 원본을 제시하지 않은 점, 甲 회사는 서버에서 일정 기간의 준항고인의 카카오톡 대화내용을 모두 추출한 다음 그중에서 압수·수색영장의 범죄사실과 관련된 정보만을 분리하여 추출할 수 없어 그 기간의 모든 대화내용을 수사기관에 이메일로 전달하였는데, 여기에는 준항고인이 자신의 부모, 친구 등과 나눈 일상적 대화 등 혐의사실과 관련 없는 내용이 포함되어 있는 점, 수사기관은 압수·수색 과정에서 준항고인에게 미리 집행의 일시와 장소를 통지하지 않았고, 甲 회사로부터 준항고인의 카카오톡 대화내용을 취득한 뒤 전자정보를 탐색·출력하는 과정에서도 준항고인에게 참여 기회를 부여하지 않았으며, 혐의사실과 관련된 부분을 선별하지 않고 그 일체를 출력하여 증거물로 압수하였고, 압수·수색영장 집행 이후 甲 회사와 준항고인에게 압수한 전자정보 목록을 교부하지 않은 점 등 제반 사정에 비추어 볼 때, … 그 과정에서 압수·수색영장의 원본을 제시하지 않은 위법, 수사기관이 甲 회사로부터 입수한 전자정보에서 범죄 혐의사실과 관련된 부분의 선별 없이 그 일체를 출력하여 증거물로 압수한 위법, 그 과정에서 서비스이용자로서 실질적 피압수자이자 피의자인 준항고인에게 참여권을 보장하지 않은 위법과 압수한 전자정보 목록을 교부하지 않은 위법을 종합하면, 압수·수색에서 나타난 위법이 압수·수색절차 전체를 위법하게 할 정도로 중대하다고 보아 압수·수색을 취소한 원심의 결론을 수긍할 수 있다(대법원 2022.5.31, 2016모587).

◎ (○), ⊕ (×) 형사소송법 제215조에 의한 압수·수색영장은 수사기관의 압수·수색에 대한 허가장으로서 거기에 기재되는 유효기간은 집행에 착수할 수 있는 종기를 의미하는 것일 뿐이므로, 수사기관이 압수·수색영장을 제시하고 집행에 착수하여 압수·수색을 실시하고 그 집행을 종료하였다면 이미 그 영장은 목적을 달성하여 효력이 상실되는 것이고, 동일한 장소 또는 목적물에 대하여 다시 압수·수색할 필요가 있는 경우라면 그 필요성을 소명하여 법원으로부터 새로운 압수·수색영장을 발부 받아야 하는 것이지, 앞서 발부 받은 압수·수색영장의 유효기간이 남아있다고 하여 이를 제시하고 다시 압수·수색을 할 수는 없다(대법원 1999.12.1, 99모161). 피고인이 이 사건 메시지를 보낸 시점까지 경찰이 이 사건 영장 집행을 계속하고 있었다고 볼 만한 자료가 없으므로 경찰의 이 사건 메시지 등의 정보 취득은 영장 집행 종료 후의 위법한 재집행이고(이상 ◎번에 대한 해설), 그 외에 경찰이 甲의 휴대전화 메신저 계정을 이용할 정당한 접근권한도 없으므로, 이 사건 메시지 등을 기초로 피고인을 현행범으로 체포하면서 수집한 증거는 위법수집증거로서 증거능력이 없다(이상 ⊕번에 대한 해설)「마약류 불법거래 방지에 관한 특례법」 위반 부분)에 대해 무죄, 대법원 2023.3.16, 2020도5336].

④ ㉠㉢㉣㉫

㉠ (×) 전자정보 또는 전자정보저장매체에 대한 압수수색에서 혐의사실과 관련된 전자정보인지 여부를 판단할 때는 혐의사실의 내용과 성격, 압수수색의 과정 등을 토대로 구체적·개별적 연관관계를 살펴볼 필요가 있다. 특히 카메라의 기능과 전자정보저장매체의 기능을 함께 갖춘 휴대전화인 스마트폰을 이용한 불법촬영 등 범죄와 같이 범죄의 속성상 해당 범행의 상습성이 의심되거나 성적 기호 내지 경향성의 발현에 따른 일련의 범행의 일환으로 이루어진 것으로 의심되고, 범행의 직접 증거가 스마트폰 안에 이미지 파일이나 동영상 파일의 형태로 남아 있을 개연성이 있는 경우에는 그 안에 저장되어 있는 같은 유형의 전자정보에서 그와 관련한 유력한 간접증거나 정황증거가 발견될 가능성이 높다는 점에서 이러한 간접증거나 정황증거는 혐의사실과 구체적·개별적 연관관계를 인정할 수 있다. 이처럼 범죄의 대상이 된 피해자의 인격권을 현저히 침해하는 성격의 전자정보를 담고 있는 촬영물은 범죄행위로 인해 생성된 것으로서 몰수의 대상이기도 하므로, 휴대전화에서 해당 전자정보를 신속히 압수수색하여 촬영물의 유통가능성을 적시에 차단함으로써 피해자를 보호할 필요성이 크다. 나아가 이와 같은 경우에는 간접증거나 정황증거이면서 몰수의 대상이자 압수수색의 대상인 전자정보의 유형이 이미지 파일 내지 동영상 파일 등으로 비교적 명확하게 특정되어 그와 무관한 사적 전자정보 전반의 압수수색으로 이어질 가능성이 적어 상대적으로 폭넓게 관련성을 인정할 여지가 많다는 점에서도 그렇다(대법원 2021.11.18, 2016도348 전원합의체). … 수사기관은 피해자 A에 대한 강제추행과 카메라 이용 촬영을 범죄사실로 하여 피고인의 휴대전화 등에 대한 압수수색영장을 발부받았고, 그 집행과정에서 피해자 A에 대한 범죄사실 외에도 다른 피해자들에 대한 범죄사실과 관련한 전자정보를 압수하여, 피고인은 피해자 A에 대한 음란물 제작과 성적 학대행위를 포함하여 다른 피해자들에 대한 여러 범죄사실로 공소제기되었는데, 위 압수수색영장은 피해자 A에 대한 범죄사실과 관련한 직접증거뿐 아니라 그 증명에 도움이 되는 간접증거 또는 정황증거를 확보하기 위한 것이라고 볼 수 있고, 그 압수수색영장에 따라 압수된 전자정보 및 그 분석결과 등은 혐의사실의 간접증거 또는 정황증거로 사용될 수 있는 경우에 해당하여 압수수색영장 기재 혐의사실과의 객관적 관련성이 인정된다(대법원 2021.11.25, 2021도10034).

㉡ (○), ㉢ (×) [1] 구 도로교통법(2014.12.30. 법률 제12917호로 개정되기 전의 것, 이하 같다) 제44조 제2항, 제3항, 제148조의2 제1항 제2호의 입법연혁과 내용 등에 비추어 보면, 구 도로교통법 제44조 제2항, 제3항은 음주운전 혐의가 있는 운전자에게 수사를 위한 호흡측정에도 응할 것을 간접적으로 강제하는 한편 혈액 채취 등의 방법에 의한 재측정을 통하여 호흡측정의 오류로 인한 불이익을 구제받을 수 있는 기회를 보장하는 데 취지가 있으므로, 이 규정들이 음주운전에 대한 수사방법으로서의 혈액 채취에 의한 측정의 방법을 운전자가 호흡측정 결과에 불복하는 경우에만 한정하여 허용하려는 취지의 규정이라고 해석할 수는 없다.

[2] 음주운전에 대한 수사 과정에서 음주운전 혐의가 있는 운전자에 대하여 구 도로교통법(2014.12.30. 법률 제12917호로 개정되기 전의 것) 제44조 제2항에 따른 호흡측정이 이루어진 경우

에는 그에 따라 과학적이고 중립적인 호흡측정 수치가 도출된 이상 다시 음주측정을 할 필요성은 사라졌으므로 운전자의 불복이 없는 한 다시 음주측정을 하는 것은 원칙적으로 허용되지 아니한다. 그러나 운전자의 태도와 외관, 운전 행태 등에서 드러나는 주취 정도, 운전자가 마신 술의 종류와 양, 운전자가 사고를 야기하였다면 경위와 피해 정도, 목격자들의 진술 등 호흡측정 당시의 구체적 상황에 비추어 호흡측정기의 오작동 등으로 인하여 호흡측정 결과에 오류가 있다고 인정할 만한 객관적이고 합리적인 사정이 있는 경우라면 그러한 호흡측정 수치를 얻은 것만으로는 수사의 목적을 달성하였다고 할 수 없어 추가로 음주측정을 할 필요성이 있으므로, 경찰관이 음주운전 혐의를 제대로 밝히기 위하여 운전자의 자발적인 동의를 얻어 혈액 채취에 의한 측정의 방법으로 다시 음주측정을 하는 것을 위법하다고 볼 수는 없다. 이 경우 운전자가 일단 호흡측정에 응한 이상 재차 음주측정에 응할 의무까지 당연히 있다고 할 수는 없으므로, 운전자의 혈액 채취에 대한 동의의 임의성을 담보하기 위하여는 경찰관이 미리 운전자에게 혈액 채취를 거부할 수 있음을 알려주었거나 운전자가 언제든지 자유로이 혈액 채취에 응하지 아니할 수 있었음이 인정되는 등 운전자의 자발적인 의사에 의하여 혈액 채취가 이루어졌다는 것이 객관적인 사정에 의하여 명백한 경우에 한하여 혈액 채취에 의한 측정의 적법성이 인정된다(대법원 2015.7.9, 2014도16051).

ⓔ (×) 압수·수색영장은 처분을 받는 자에게 반드시 제시하여야 하는바, 현장에서 압수·수색을 당하는 사람이 여러 명일 경우에는 그 사람들 모두에게 개별적으로 영장을 제시해야 하는 것이 원칙이다. 수사기관이 압수·수색에 착수하면서 그 장소의 관리책임자에게 영장을 제시하였다고 하더라도, 물건을 소지하고 있는 다른 사람으로부터 이를 압수하고자 하는 때에는 그 사람에게 따로 영장을 제시하여야 한다(대법원 2009.3.12, 2008도763).

ⓜ (○) 수사기관의 압수물의 환부에 관한 처분의 취소를 구하는 준항고는 일종의 항고소송이므로, 통상의 항고소송에서와 마찬가지로 그 이익이 있어야 하고, 소송 계속 중 준항고로써 달성하고자 하는 목적이 이미 이루어졌거나 시일의 경과 또는 그 밖의 사정으로 인하여 그 이익이 상실된 경우에는 준항고는 그 이익이 없어 부적법하게 된다(대법원 2015.10.15, 2013모1970).

ⓑ (×) 전자정보에 대한 압수·수색이 종료되기 전에 유관정보를 적법하게 탐색하는 과정에서 무관정보를 우연히 발견한 경우라면, 수사기관으로서는 더 이상의 추가 탐색을 중단하고 법원으로부터 별도의 범죄혐의에 대한 압수·수색영장을 발부받은 경우에 한하여 그러한 정보에 대하여도 적법하게 압수·수색을 할 수 있다. 수사기관이 유관정보를 선별하여 압수한 후에도 무관정보를 삭제·폐기·반환하지 않은 채 그대로 보관하고 있다면 무관정보 부분에 대하여는 압수의 대상이 되는 전자정보의 범위를 넘어서는 전자정보를 영장 없이 압수·수색하여 취득한 것이어서 위법하고, 사후에 법원으로부터 압수·수색영장이 발부되었다거나 피고인이나 변호인이 이를 증거로 함에 동의하였다고 하여 그 위법성이 치유된다고 볼 수 없다. 수사기관이 새로운 범죄혐의의 수사를 위하여 무관정보가 남아 있는 복제본을 열람하는 것은 압수·수색영장으로 압수되지 않은 전자정보를 영장 없이 수색하는 것과 다르지 않다. 따라서 복제본은 더 이상 수사기관의 탐색, 복제 또는 출력 대상이 될 수 없으며, 수사기관은 새로운 범죄혐의의 수사를 위하여 필요한 경우에도

기존 압수·수색 과정에서 출력하거나 복제한 유관정보의 결과물을 열람할 수 있을 뿐이다. 사후에 법원으로부터 복제본을 대상으로 압수·수색영장을 발부받아 집행하였다고 하더라도, 이는 압수·수색절차가 종료됨에 따라 당연히 삭제·폐기되었어야 할 전자정보를 대상으로 한 것으로 위법하다(대법원 2024.4.16, 2020도3050).

08 정답 ②

② ㉠㉢㉣

㉠ (○) 관련 규정과 영장 제시 제도의 입법 취지 등을 종합하여 보면, 압수·수색영장을 집행하는 수사기관은 피압수자로 하여금 법관이 발부한 영장에 의한 압수·수색이라는 사실을 확인함과 동시에 형사소송법이 압수·수색영장에 필요적으로 기재하도록 정한 사항이나 그와 일체를 이루는 사항을 충분히 알 수 있도록 압수·수색영장을 제시하여야 한다(대법원 2017.9.21, 2015도12400).

㉡ (×) 공소외 1 주식회사에 팩스로 영장 사본을 송신한 사실은 있으나 영장 원본을 제시하지 않았고 또한 압수조서와 압수물 목록을 작성하여 이를 피압수·수색 당사자에게 교부하였다고 볼 수도 없다고 전제한 다음, 위와 같은 방법으로 압수된 위 각 이메일은 헌법과 형사소송법 제219조, 제118조, 제129조가 정한 절차를 위반하여 수집한 위법수집증거로 원칙적으로 유죄의 증거로 삼을 수 없다(대법원 2017.9.7, 2015도10648).

㉢ (○) 피의자의 이메일 계정에 대한 접근권한에 갈음하여 발부받은 압수·수색영장에 따라 원격지의 저장매체에 적법하게 접속하여 내려받거나 현출된 전자정보를 대상으로 하여 범죄 혐의사실과 관련된 부분에 대하여 압수·수색하는 것은, 압수·수색영장의 집행을 원활하고 적정하게 행하기 위하여 필요한 최소한도의 범위 내에서 이루어지며 그 수단과 목적에 비추어 사회통념상 타당하다고 인정되는 대물적 강제처분 행위로서 허용된다(대법원 2017.11.29, 2017도9747).

㉣ (○) 전자정보에 대한 압수·수색이 종료되기 전에 혐의사실과 관련된 전자정보를 적법하게 탐색하는 과정에서 별도의 범죄혐의와 관련된 전자정보를 우연히 발견한 경우라면, 수사기관은 더 이상의 추가 탐색을 중단하고 법원에서 별도의 범죄혐의에 대한 압수·수색영장을 발부받은 경우에 한하여 그러한 정보에 대하여도 적법하게 압수·수색을 할 수 있다(대법원 2015.7.16, 2011모1839 전원합의체).

㉤ (×) 수사기관이 휴대전화를 임의제출받은 후 피의자신문과정에서 피의자와 함께 휴대전화를 탐색하던 중 그 이전의 동일한 범행에 관한 영상을 발견하고 그 영상을 피의자에게 제시하였으며 피의자가 해당 영상을 언제, 어디에서 촬영한 것인지 쉽게 알아보고 그에 관해 구체적으로 진술하였던 경우에는 피의자가 위 휴대전화의 압수 과정에 참여하였다고 볼 수 있으므로, 피의자에게 전자정보의 파일 명세가 특정된 압수목록이 작성·교부되지 않았더라도 피의자의 절차상 권리가 실질적으로 침해되었다고 보기도 어렵다.

[판례 1] 다른 범행에 관한 영상은 임의제출에 따른 압수의 동기가 된 범행의 동기와 경위, 범행 수단과 방법 등을 증명하기 위한 간접증거나 정황증거 등으로 사용될 수 있으므로 구체적·개별적 연관관계가 인정되어 관련성이 있는 증거에 해당하고, 경찰이 1회 피의자신문 당시 휴대전화를 피고인과

함께 탐색하는 과정에서 다른 범행에 관한 영상을 발견하였으므로 피고인이 휴대전화의 탐색 과정에 참여하였다고 볼 수 있으며, 경찰은 같은 날 곧바로 진행된 2회 피의자신문에서 이 사건 사진을 피고인에게 제시하였고, 5장에 불과한 이 사건 사진은 모두 동일한 일시, 장소에서 촬영된 다른 범행에 관한 영상을 출력한 것임을 육안으로 쉽게 알 수 있으므로, 비록 피고인에게 전자정보의 파일 명세가 특정된 압수목록이 작성·교부되지 않았더라도 절차 위반행위가 이루어진 과정의 성질과 내용 등에 비추어 피고인의 절차상 권리가 실질적으로 침해되었다고 보기도 어렵다(대법원 2022.1.13, 2016도9596).

[판례 2] 피고인이 휴대전화로 성명 불상 피해자들의 신체를 그 의사에 반하여 촬영하거나(이하 '1~7번 범행'이라고 한다), 짧은 치마를 입고 횡단보도 앞에서 신호를 기다리던 피해자의 다리를 몰래 촬영하여(이하 '8번 범행'이라고 한다) 성폭력범죄의 처벌 등에 관한 특례법 위반(카메라등이용촬영)으로 기소되었는데, 8번 범행 피해자의 신고를 받고 출동한 경찰관이 현장에서 피고인으로부터 임의제출 받아 압수한 휴대전화를 사무실에서 탐색하는 과정에서 1~7번 범행의 영상을 발견한 경우, 1~7번 범행에 관한 동영상은 촬영 기간이 8번 범행 일시와 가깝고, 8번 범행과 마찬가지로 버스정류장 등 공공장소에서 촬영되어 임의제출의 동기가 된 8번 범죄혐의사실과 관련성 있는 증거인 점, 경찰관은 임의제출 받은 휴대전화를 피고인이 있는 자리에서 살펴보고 8번 범행이 아닌 영상을 발견하였으므로 피고인이 탐색에 참여하였다고 볼 수 있는 점, 경찰관이 피의자신문 시 1~7번 범행 영상을 제시하자 피고인은 그 영상이 언제 어디에서 찍은 것인지 쉽게 알아보고 그에 관해 구체적으로 진술하였으므로, 비록 피고인에게 압수된 전자정보가 특정된 목록이 교부되지 않았더라도 절차 위반행위가 이루어진 과정의 성질과 내용 등에 비추어 절차상 권리가 실질적으로 침해되었다고 보기 어려운 점 등을 종합하면, 1~7번 범행으로 촬영한 영상의 출력물과 파일 복사본을 담은 시디(CD)는 임의제출에 의해 적법하게 압수된 전자정보에서 생성된 것으로서 증거능력이 인정된다(대법원 2022.2.17, 2019도4938).

09 정답 ③

③ ㉠㉡㉢㉤

㉠ (O) 범행 중 또는 범행 직후의 범죄 장소에서 긴급을 요하여 법원 판사의 영장을 받을 수 없는 때에는 영장 없이 압수·수색 또는 검증을 할 수 있으나, 사후에 지체 없이 영장을 받아야 한다(형사소송법 제216조 제3항). 형사소송법 제216조 제3항의 요건 중 어느 하나라도 갖추지 못한 경우에 그러한 압수·수색 또는 검증은 위법하며, 이에 대하여 사후에 법원으로부터 영장을 발부받았다고 하여 그 위법성이 치유되지 아니한다(대법원 2012.2.9, 2009도14884; 2017.11.29, 2014도16080).
[보충] 형사소송법 제216조 제3항이 정한 '긴급을 요하여 법원 판사의 영장을 받을 수 없는 때'의 요건을 갖추지 못하였다면 적법한 직무집행으로 볼 수 없다고 한 사례이다(위 판례).

㉡ (O) 형사소송법 제218조의2 제1항은 '검사는 사본을 확보한 경우 등 압수를 계속할 필요가 없다고 인정되는 압수물 및 증거에 사용할 압수물에 대하여 공소제기 전이라도 소유자, 소지자, 보관자 또는 제출인의 청구가 있는 때에는 환부 또는 가환부하여야 한다'고 규정하고 있다. 따라서 검사는 증거에 사용할 압수물에 대하여 가환부의 청구가 있는 경우 가환부를 거부할 수

있는 특별한 사정이 없는 한 가환부에 응하여야 한다(대법원 2017.9.29, 2017모236).

㉢ (O), ㉣ (×) 수사기관이 범죄 증거를 수집할 목적으로 피의자의 동의 없이 피의자의 소변을 채취하는 것은 법원으로부터 감정허가장을 받아 형사소송법 제221조의4 제1항, 제173조 제1항에서 정한 '감정에 필요한 처분'으로 할 수 있지만(피의자를 병원 등에 유치할 필요가 있는 경우에는 형사소송법 제221조의3에 따라 법원으로부터 감정유치장을 받아야 한다), 형사소송법 제219조, 제106조 제1항, 제109조에 따른 압수·수색의 방법으로도 할 수 있다. 이러한 압수·수색의 경우에도 수사기관은 원칙적으로 형사소송법 제215조에 따라 판사로부터 압수·수색영장을 적법하게 발부받아 집행해야 한다(이상 ㉢의 해설). 압수·수색의 방법으로 소변을 채취하는 경우 압수대상물인 피의자의 소변을 확보하기 위한 수사기관의 노력에도 불구하고, 피의자가 인근 병원 응급실 등 소변 채취에 적합한 장소로 이동하는 것에 동의하지 않거나 저항하는 등 임의동행을 기대할 수 없는 사정이 있는 때에는 수사기관으로서는 소변 채취에 적합한 장소로 피의자를 데려가기 위해서 필요 최소한의 유형력을 행사하는 것이 허용된다. 이는 형사소송법 제219조, 제120조 제1항에서 정한 '압수·수색영장의 집행에 필요한 처분'에 해당한다고 보아야 한다(따라서 ㉣은 틀림). 그렇지 않으면 피의자의 신체와 건강을 해칠 위험이 적고 피의자의 굴욕감을 최소화하기 위하여 마련된 절차에 따른 강제 채뇨가 불가능하여 압수영장의 목적을 달성할 방법이 없기 때문이다(이상 ㉣의 해설)(대법원 2018.7.12, 2018도6219).

㉤ (O) 피해자가 임의제출한 이 사건 휴대전화 내 전자정보의 탐색 등 과정에서 실질적 피압수자인 피고인의 참여권이 보장되지 않았고, 전자정보 압수목록이 교부되지 않은 위법이 있다. 또한 임의제출된 정보저장매체에서 압수의 대상이 되는 전자정보의 범위를 초과하여 수사기관 임의로 전자정보를 탐색·복제·출력하는 것은 원칙적으로 위법한 압수·수색에 해당하므로 허용될 수 없다. 만약 전자정보에 대한 압수·수색이 종료되기 전에 범죄혐의사실과 관련된 전자정보를 적법하게 탐색하는 과정에서 별도의 범죄혐의와 관련된 전자정보를 우연히 발견한 경우라면, 수사기관은 더 이상의 추가 탐색을 중단하고 법원으로부터 별도의 범죄혐의에 대한 압수·수색영장을 발부받은 경우에 한하여 그러한 정보에 대하여도 적법하게 압수·수색을 할 수 있다(위 대법원 2016도348 전원합의체 판결 참조). … 피고인이 지하철, 학원 등지에서 성명불상의 여고생들을 몰래 촬영한 사진은 임의제출에 따른 압수의 동기가 된 범죄혐의사실인 음화제조교사 부분과 구체적·개별적 연관관계 있는 전자정보로 보기 어렵다. 그런데 사법경찰관은 별도의 범죄혐의와 관련된 전자정보를 우연히 발견하였음에도 더 이상의 추가 탐색을 중단하거나 법원으로부터 압수·수색영장을 발부받지 않았으므로, 그러한 정보에 대한 압수·수색은 위법하다(불법촬영사진의 증거능력 부정, 대법원 2023.12.14, 2020도1669).

㉥ (×) (선행 절차위법과 사이에 인과관계가 희석 내지 단절되는지의 문제) 사법경찰관은 피고인의 참여권 등 절차적인 권리를 전혀 보장하지 않은 채 이 사건 휴대전화에 저장된 성폭력처벌법 위반(카메라등이용촬영) 관련 전자정보를 탐색·복원하였고, 별도의 압수·수색영장을 발부받지 않고 여고생들에 대한 불법촬영 부분을 포함하여 피고인에 대하여 두 차례 피의자신문을 실시하는 등 수사를 진행하였다. 이후 사건이 군검사에게 송치

되었는데 군검사는 이 사건 휴대전화를 피해자 측에 환부한 후 다시 제출받아 이 사건 영장에 따라 불법촬영사진을 탐색하기는 하였으나, 이는 군검사가 피해자에게 위 휴대전화를 환부하기 이전에 미리 이 사건 영장을 발부받은 다음 위 휴대전화를 피해자에게 환부하고, 휴대전화가 피해자 측을 거쳐 피고인이 소속된 군부대에 도착하자 이 사건 영장을 집행하여 다시 위 불법촬영사진을 탐색·복원·출력한 것에 불과하다. 따라서 군검사의 증거수집과 사법경찰관의 선행 절차위법 사이에는 여전히 직접적 인과관계가 있다고 볼 수 있고 그 인과관계가 희석되거나 단절되었다고 보기는 어려우며, 결국 위 불법촬영사진 출력물, 시디(CD) 역시 위법하게 수집된 증거로서 증거능력이 없다(2차적 증거의 증거능력도 부정, 대법원 2023.12.14, 2020도1669).

10
정답 ①

① ㄱ(O), ㄴ(O), ㄷ(O), ㄹ(O), ㅁ(O)

ㄱ (O) 제200조의4 제3항
ㄴ (O) 제208조 제1항
ㄷ (O) 제214조의3 제1항
ㄹ (O) 제329조
ㅁ (O) 제262조 제4항

11
정답 ④

④ ㄴㄷㄹ

ㄱ (×) 제200조의4 제3항 참조.

> **제200조의4(긴급체포와 영장청구기간)** ③ 제2항의 규정에 의하여 석방된 자는 영장 없이는 동일한 범죄사실에 관하여 체포하지 못한다.

ㄴ (O) 제208조 제1항 참조.

> **제208조(재구속의 제한)** ① 검사 또는 사법경찰관에 의하여 구속되었다가 석방된 자는 다른 중요한 증거를 발견한 경우를 제외하고는 동일한 범죄사실에 관하여 재차 구속하지 못한다.

ㄷ (O) 제329조 참조.

> **제329조(공소취소와 재기소)** 공소취소에 의한 공소기각의 결정이 확정된 때에는 공소취소 후 그 범죄사실에 대한 다른 중요한 증거를 발견한 경우에 한하여 다시 공소를 제기할 수 있다.

ㄹ (O) 제262조 제4항 참조.

> **제262조(심리와 결정)** ④ 제2항 제1호의 결정에 대하여는 제415조에 따른 즉시항고를 할 수 있고, 제2항 제2호의 결정에 대하여는 불복할 수 없다. 제2항 제1호의 결정이 확정된 사건에 대하여는 다른 중요한 증거를 발견한 경우를 제외하고는 소추할 수 없다.

12
정답 ②

② ㄱㄴㅁ

ㄱ (O) 수사기관의 전자정보에 대한 압수·수색은 원칙적으로 영장 발부의 사유로 된 범죄 혐의사실과 관련된 부분만을 문서 출력물로 수집하거나 수사기관이 휴대한 저장매체에 해당 파일을 복제하는 방식으로 이루어져야 하고, 저장매체 자체를 직접 반출하거나 저장매체에 들어 있는 전자파일 전부를 하드카피나 이미징 등 형태(이하 '복제본'이라 한다)로 수사기관 사무실 등 외부로 반출하는 방식으로 압수·수색하는 것은 현장의 사정이나 전자정보의 대량성으로 관련 정보 획득에 긴 시간이 소요되거나 전문 인력에 의한 기술적 조치가 필요한 경우 등 범위를 정하여 출력 또는 복제하는 방법이 불가능하거나 압수의 목적을 달성하기에 현저히 곤란하다고 인정되는 때에 한하여 예외적으로 허용될 수 있을 뿐이다(대법원 2015.7.16, 2011모1839 전원합의체).

ㄴ (O) 이처럼 저장매체 자체 또는 적법하게 획득한 복제본을 탐색하여 혐의사실과 관련된 전자정보를 문서로 출력하거나 파일로 복제하는 일련의 과정 역시 전체적으로 하나의 영장에 기한 압수·수색의 일환에 해당하므로, 그러한 경우의 문서출력 또는 파일복제의 대상 역시 저장매체 소재지에서의 압수·수색과 마찬가지로 혐의사실과 관련된 부분으로 한정되어야 함은 헌법 제12조 제1항, 제3항과 형사소송법 제114조, 제215조의 적법절차 및 영장주의 원칙이나 비례의 원칙에 비추어 당연하다. 따라서 수사기관 사무실 등으로 반출된 저장매체 또는 복제본에서 혐의사실 관련성에 대한 구분 없이 임의로 저장된 전자정보를 문서로 출력하거나 파일로 복제하는 행위는 원칙적으로 영장주의 원칙에 반하는 위법한 압수가 된다(대법원 2015.7.16, 2011모1839 전원합의체).

ㄷ (×) 저장매체에 대한 압수·수색 과정에서 범위를 정하여 출력 또는 복제하는 방법이 불가능하거나 압수의 목적을 달성하기에 현저히 곤란한 예외적인 사정이 인정되어 전자정보가 담긴 저장매체 또는 하드카피나 이미징 등 형태(이하 '복제본'이라 한다)를 수사기관 사무실 등으로 옮겨 복제·탐색·출력하는 경우에도, 그와 같은 일련의 과정에서 형사소송법 제219조, 제121조에서 규정하는 피압수·수색 당사자(이하 '피압수자'라 한다)나 변호인에게 참여의 기회를 보장하고 혐의사실과 무관한 전자정보의 임의적인 복제 등을 막기 위한 적절한 조치를 취하는 등 영장주의 원칙과 적법절차를 준수하여야 한다. 만약 그러한 조치가 취해지지 않았다면 피압수자 측이 참여하지 아니한다는 의사를 명시적으로 표시하였거나 절차 위반행위가 이루어진 과정의 성질과 내용 등에 비추어 피압수자 측에 절차 참여를 보장한 취지가 실질적으로 침해되었다고 볼 수 없는 정도에 해당한다는 등의 특별한 사정이 없는 이상 압수·수색이 적법하다고 평가할 수 없고, 비록 수사기관이 저장매체 또는 복제본에서 혐의사실과 관련된 전자정보만을 복제·출력하였다 하더라도 달리 볼 것은 아니다(대법원 2015.7.16, 2011모1839 전원합의체).

ㄹ (×) 전자정보에 대한 압수·수색에 있어 저장매체 자체를 외부로 반출하거나 하드카피·이미징 등의 형태로 복제본을 만들어 외부에서 저장매체나 복제본에 대하여 압수·수색이 허용되는 예외적인 경우에도 혐의사실과 관련된 전자정보 이외에 이와 무관한 전자정보를 탐색·복제·출력하는 것은 원칙적으로 위법한 압수·수색에 해당하므로 허용될 수 없다. 그러나 전자정보에 대한 압수·수색이 종료되기 전에 혐의사실과 관련된 전자정보를 적법하게 탐색하는 과정에서 별도의 범죄혐의와 관련된 전자정보를 우연히 발견한 경우라면, 수사기관은 더 이상의 추가 탐색을 중단하고 법원에서 별도의 범죄혐의에 대한 압수·수색영장을 발부받은 경우에 한하여 그러한 정보에 대하여도

적법하게 압수·수색을 할 수 있다. 나아가 이러한 경우에도 별도의 압수·수색 절차는 최초의 압수·수색 절차와 구별되는 별개의 절차이고, 별도 범죄혐의와 관련된 전자정보는 최초의 압수·수색영장에 의한 압수·수색의 대상이 아니어서 저장매체의 원래 소재지에서 별도의 압수·수색영장에 기해 압수·수색을 진행하는 경우와 마찬가지로 피압수·수색 당사자(이하 '피압수자'라 한다)는 최초의 압수·수색 이전부터 해당 전자정보를 관리하고 있던 자라 할 것이므로, 특별한 사정이 없는 한 피압수자에게 형사소송법 제219조, 제121조, 제129조에 따라 참여권을 보장하고 압수한 전자정보 목록을 교부하는 등 피압수자의 이익을 보호하기 위한 적절한 조치가 이루어져야 한다(대법원 2015.7.16, 2011모1839 전원합의체).

ⓜ (○) [다수의견] 전자정보에 대한 압수·수색 과정에서 이루어진 현장에서의 저장매체 압수·이미징·탐색·복제 및 출력행위 등 수사기관의 처분은 하나의 영장에 의한 압수·수색 과정에서 이루어진다. 그러한 일련의 행위가 모두 진행되어 압수·수색이 종료된 이후에는 특정단계의 처분만을 취소하더라도 그 이후의 압수·수색을 저지한다는 것을 상정할 수 없고 수사기관에게 압수·수색의 결과물을 보유하도록 할 것인지가 문제 될 뿐이다. 그러므로 이 경우에는 준항고인이 전체 압수·수색 과정을 단계적·개별적으로 구분하여 각 단계의 개별 처분의 취소를 구하더라도 준항고법원은 특별한 사정이 없는 한 구분된 개별 처분의 위법이나 취소 여부를 판단할 것이 아니라 당해 압수·수색 과정 전체를 하나의 절차로 파악하여 그 과정에서 나타난 위법이 압수·수색 절차 전체를 위법하게 할 정도로 중대한지 여부에 따라 전체적으로 압수·수색 처분을 취소할 것인지를 가려야 한다. 여기서 위법의 중대성은 위반한 절차조항의 취지, 전체과정 중에서 위반행위가 발생한 과정의 중요도, 위반사항에 의한 법익침해 가능성의 경중 등을 종합하여 판단하여야 한다(대법원 2015.7.16, 2011모1839 전원합의체; 2015. 10.15, 2013모1969).

13
정답 ③

③ (×) 어떤 진술이 기재된 서류가 그 진술의 진실성과 관계없는 간접사실에 대한 정황증거로 사용될 경우 반드시 전문증거가 되는 것은 아니다(대법원 2013.6.13, 2012도16001).

① (○), ② (○), ④ (○) 압수물인 디지털 저장매체로부터 출력한 문건을 증거로 사용하기 위해서는 디지털 저장매체 원본에 저장된 내용과 출력한 문건의 동일성이 인정되어야 하고, 이를 위해서는 디지털 저장매체 원본이 압수 시부터 문건 출력 시까지 변경되지 않았음이 담보되어야 한다. 그리고 압수된 디지털 저장매체로부터 출력한 문건을 진술증거로 사용하는 경우, 그 기재 내용의 진실성에 관하여는 전문법칙이 적용되므로 형사소송법 제313조 제1항에 따라 공판준비나 공판기일에서의 그 작성자 또는 진술자의 진술에 의하여 그 성립의 진정함이 증명된 때에 한하여 이를 증거로 사용할 수 있다(대법원 2013.6.13, 2012도16001).

14
정답 ③

③ ㉠ㄴㄹㅁ

㉠ (×) 압수·수색영장에 기재한 혐의사실과 객관적 관련성이 '있고' 압수·수색영장 대상자와 피의자 사이에 인적 관련성이 있

는 범죄를 의미한다(지문에서 '있거나' 부분이 틀린 것임). 그중 혐의사실과의 객관적 관련성은 압수·수색영장에 기재된 혐의사실 자체 또는 그와 기본적 사실관계가 동일한 범행과 직접 관련되어 있는 경우는 물론 범행 동기와 경위, 범행 수단과 방법, 범행 시간과 장소 등을 증명하기 위한 간접증거나 정황증거 등으로 사용될 수 있는 경우에도 인정될 수 있다. 그 관련성은 압수·수색영장에 기재된 혐의사실의 내용과 수사의 대상, 수사 경위 등을 종합하여 구체적·개별적 연관관계가 있는 경우에만 인정되고, 혐의사실과 단순히 동종 또는 유사 범행이라는 사유만으로 관련성이 있다고 할 것은 아니다. 그리고 피의자와 사이의 인적 관련성은 압수·수색영장에 기재된 대상자의 공동정범이나 교사범 등 공범이나 간접정범은 물론 필요적 공범 등에 대한 피고사건에 대해서도 인정될 수 있다(대법원 2017.12. 5, 2017도13458).

ㄴ (×) 수사기관은 압수의 목적물이 전자정보가 저장된 저장매체인 경우에는 압수·수색영장 발부의 사유로 된 범죄 혐의사실과 관련 있는 정보의 범위를 정하여 출력하거나 복제하여 이를 제출받아야 하고, 이러한 과정에서 혐의사실과 무관한 전자정보의 임의적인 복제 등을 막기 위한 적절한 조치를 취하는 등 영장주의 원칙과 적법절차를 준수하여야 한다. 따라서 저장매체의 소재지에서 압수·수색이 이루어지는 경우는 물론 예외적으로 저장매체에 들어 있는 전자파일 전부를 하드카피나 이미징(imaging) 등의 형태(이하 '복제본'이라 한다)로 수사기관 사무실 등으로 반출한 경우에도 반출한 저장매체 또는 복제본에서 혐의사실 관련성에 대한 구분 없이 임의로 저장된 전자정보를 문서로 출력하거나 파일로 복제하는 행위는 원칙적으로 영장주의 원칙에 반하는 위법한 압수가 된다(대법원 2017.11.14, 2017도3449; 2017.9.21, 2015도12400 등). … 법원은 압수·수색영장의 집행에 관하여 범죄 혐의사실과 관련 있는 전자정보의 탐색·복제·출력이 완료된 때에는 지체 없이 영장 기재 범죄 혐의사실과 관련이 없는 나머지 전자정보에 대해 삭제·폐기 또는 피압수자 등에게 반환할 것을 정할 수 있다. 수사기관이 범죄 혐의사실과 관련 있는 정보를 선별하여 압수한 후에도 그와 관련이 없는 나머지 정보를 삭제·폐기·반환하지 아니한 채 그대로 보관하고 있다면 범죄 혐의사실과 관련이 없는 부분에 대하여는 압수의 대상이 되는 전자정보의 범위를 넘어서는 전자정보를 영장 없이 압수·수색하여 취득한 것이어서 위법하고, 사후에 법원으로부터 압수·수색영장이 발부되었다거나 피고인이나 변호인이 이를 증거로 함에 동의하였다고 하여 그 위법성이 치유된다고 볼 수 없다(대법원 2022.1.14, 2021모1586).

ㄷ (○) 형사소송법 제219조, 제121조에 의하면, 수사기관이 압수·수색영장을 집행할 때 피의자 또는 변호인은 그 집행에 참여할 수 있다. 압수의 목적물이 컴퓨터용디스크 그 밖에 이와 비슷한 정보저장매체인 경우에는 영장 발부의 사유로 된 범죄 혐의사실과 관련 있는 정보의 범위를 정하여 출력하거나 복제하여 이를 제출받아야 하고, 피의자나 변호인에게 참여의 기회를 보장하여야 한다. 만약 그러한 조치를 취하지 않았다면 이는 형사소송법에 정한 영장주의 원칙과 적법절차를 준수하지 않은 것이다. 수사기관이 정보저장매체에 기억된 정보 중에서 키워드 또는 확장자 검색 등을 통해 범죄 혐의사실과 관련 있는 정보를 선별한 다음 정보저장매체와 동일하게 비트열 방식으로 복제하여 생성한 파일(이하 '이미지 파일'이라 한다)을 제출받아 압수하였다면 이로써 압수의 목적물에 대한 압수·수색 절차는 종

료된 것이므로, 수사기관이 수사기관 사무실에서 위와 같이 압수된 이미지 파일을 탐색·복제·출력하는 과정에서도 피의자 등에게 참여의 기회를 보장하여야 하는 것은 아니다(대법원 2018. 2.8, 2017도13263).

ⓔ (×) 형사소송법 제219조, 제129조에 의하면, 압수한 경우에는 목록을 작성하여 소유자, 소지자, 보관자 기타 이에 준할 자에게 교부하여야 한다. 그리고 법원은 압수·수색영장의 집행에 관하여 범죄 혐의사실과 관련 있는 정보의 탐색·복제·출력이 완료된 때에는 지체 없이 압수된 정보의 상세목록을 피의자 등에게 교부할 것을 정할 수 있다. 압수물 목록은 피압수자 등이 압수처분에 대한 준항고를 하는 등 권리행사절차를 밟는 가장 기초적인 자료가 되므로, 수사기관은 이러한 권리행사에 지장이 없도록 압수 직후 현장에서 압수물 목록을 바로 작성하여 교부해야 하는 것이 원칙이다. 이러한 압수물 목록 교부 취지에 비추어 볼 때, 압수된 정보의 상세목록에는 정보의 파일 명세가 특정되어 있어야 하고, 수사기관은 이를 출력한 서면을 교부하거나 전자파일 형태로 복사해 주거나 이메일을 전송하는 등의 방식으로도 할 수 있다(대법원 2018.2.8, 2017도13263).

ⓜ (×) 범죄 혐의사실과의 관련성에 대한 구분 없이 임의로 전체의 전자정보를 복제·출력하여 이를 하나의 압축파일로 보관하여 두고, 그와 같이 선별되지 않은 전자정보에 대해 구체적인 개별 파일 명세를 특정하여 상세목록을 작성하지 않고 그 압축파일 이름만을 기재하여 이를 상세목록이라고 하면서 피압수자에게 교부한 경우 그 압축파일 전체에 대한 압수는 위법하다(하나의 압축파일 사건, 대법원 2022.1.14, 2021모1586).
[보충] 법원은 압수·수색영장의 집행에 관하여 범죄 혐의사실과 관련 있는 정보의 탐색·복제·출력이 완료된 때에는 지체 없이 압수된 정보의 상세목록을 피의자 등에게 교부할 것을 정할 수 있다. 압수물 목록은 피압수자 등이 압수처분에 대한 준항고를 하는 등 권리행사절차를 밟는 가장 기초적인 자료가 되므로, 수사기관은 이러한 권리행사에 지장이 없도록 압수 직후 현장에서 압수물 목록을 바로 작성하여 교부해야 하는 것이 원칙이다. 이러한 압수물 목록 교부 취지에 비추어 볼 때, 압수된 정보의 상세목록에는 정보의 파일 명세가 특정되어 있어야 한다(대법원 2018.2.8, 2017도13263 등). … 수사기관이 압수·수색영장에 기재된 범죄 혐의사실과의 관련성에 대한 구분 없이 임의로 전체의 전자정보를 복제·출력하여 이를 보관하여 두고, 그와 같이 선별되지 않은 전자정보에 대해 구체적인 개별 파일 명세를 특정하여 상세목록을 작성하지 않고 '….zip'과 같이 그 내용을 파악할 수 없도록 되어 있는 포괄적인 압축파일만을 기재한 후 이를 전자정보 상세목록이라고 하면서 피압수자 등에게 교부함으로써 범죄 혐의사실과 관련성 없는 정보에 대한 삭제·폐기·반환 등의 조치도 취하지 아니하였다면, 이는 결국 수사기관이 압수·수색영장에 기재된 범죄혐의 사실과 관련된 정보 외에 범죄혐의 사실과 관련이 없어 압수의 대상이 아닌 정보까지 영장 없이 취득하는 것일 뿐만 아니라, 범죄혐의와 관련 있는 압수 정보에 대한 상세목록 작성·교부 의무와 범죄혐의와 관련 없는 정보에 대한 삭제·폐기·반환 의무를 사실상 형해화하는 결과가 되는 것이어서 영장주의와 적법절차의 원칙을 중대하게 위반한 것으로 봄이 상당하다(만약 수사기관이 혐의사실과 관련 있는 정보만을 선별하였으나 기술적인 문제로 정보 전체를 1개의 파일 등으로 복제하여 저장할 수밖에 없다고 하더라도 적어도 압수목록이나 전자정보 상세목록에 압수의 대상이 되

는 전자정보 부분을 구체적으로 특정하고, 위와 같이 파일 전체를 보관할 수밖에 없는 사정을 부기하는 등의 방법을 취할 수 있을 것으로 보인다). 따라서 이와 같은 경우에는 영장 기재 범죄혐의 사실과의 관련성 유무와 상관없이 수사기관이 임의로 전자정보를 복제·출력하여 취득한 정보 전체에 대해 그 압수는 위법한 것으로 취소되어야 한다고 봄이 상당하고, 사후에 법원으로부터 그와 같이 수사기관이 취득하여 보관하고 있는 전자정보 자체에 대해 다시 압수·수색영장이 발부되었다고 하여 달리 볼 수 없다(대법원 2022.1.14, 2021모1586).
[보충] 'A의 특정 혐의사실과 관련성 있는 정보만을 압수·수색하고, 관련성 없는 정보는 삭제 등을 할 것' 등으로 압수수색의 대상과 방법을 제한한 압수수색영장(1영장)에 기하여, 수사기관이 甲의 휴대전화를 압수·수색하면서 휴대전화에 저장된 정보를 하나의 압축파일로 수사기관의 저장매체에 보관하여 두고, 그 압축파일명을 그대로 기재한 상세목록을 작성하여 甲에게 교부하였는데, 이후 A의 특정 혐의사실과는 관련이 없는 甲의 별개 혐의사실에 대한 수사가 개시되자, 수사기관이 위 저장매체에 보관하여 둔 압축파일(甲의 휴대전화 전자정보)에 대해 다시 압수수색영장(2영장, 3영장)을 발부받아 이를 집행하자, 이에 대한 압수의 취소를 구하는 사안으로서, 대법원은 1영장에 기한 압수수색은 결국 혐의사실과 관련성 있는 부분만을 선별하려는 조치를 취하지도 않았고, 이후 관련 없는 부분에 대해 삭제 등의 조치를 취하지도 않았으며 유관·무관정보를 가리지 않은 채 1개의 파일로 압축하여 이를 보관하여 두고 그 파일 이름을 적은 서면을 상세목록이라고 하여 교부한 이상, 1영장에 기한 압수 전부가 위법하고, 이후 2영장, 3영장이 발부되었다고 하더라도 그 위법성이 치유되지 않는다고 보아, 이와 달리 판단한 원심결정을 파기환송한 사례이다.

15
정답 ③

③ ㉠ㄴㄹ
㉠ (○) 의료인이 진료 목적으로 채혈한 환자의 혈액을 수사기관에 임의로 제출하였다면 그 혈액의 증거사용에 대하여도 환자의 사생활의 비밀 기타 인격적 법익이 침해되는 등의 특별한 사정이 없는 한 반드시 그 환자의 동의를 받아야 하는 것이 아니고, 따라서 경찰관이 간호사로부터 진료 목적으로 이미 채혈되어 있던 피고인의 혈액 중 일부를 주취운전 여부에 대한 감정을 목적으로 임의로 제출 받아 이를 압수한 경우, 당시 간호사가 위 혈액의 소지자 겸 보관자인 병원 또는 담당의사를 대리하여 혈액을 경찰관에게 임의로 제출할 수 있는 권한이 없었다고 볼 특별한 사정이 없는 이상, 그 압수절차가 피고인 또는 피고인의 가족의 동의 및 영장 없이 행하여졌다고 하더라도 이에 적법절차를 위반한 위법이 있다고 할 수 없다(대법원 1999.9.3, 98도968).
㉡ (○) 헌법 제12조 제1항 후문, 제3항 본문이 규정하는 영장주의를 위반한 절차적 위법이 있으므로, 녹음파일은 형사소송법 제308조의2에서 정한 '적법한 절차에 따르지 아니하고 수집한 증거'로서 증거로 쓸 수 없고, 그 절차적 위법은 헌법상 영장주의 내지 적법절차의 실질적 내용을 침해하는 중대한 위법에 해당하여 예외적으로 증거능력을 인정할 수도 없다(대법원 2014.1.16, 2013도7101).
㉢ (×) 범죄수사를 위하여 압수, 수색 또는 검증을 하려면 미리 영장을 발부받아야 한다는 이른바 사전영장주의(형사소송법 제

215조 제2항)가 원칙이지만, 형사소송법 제217조는 그 예외를 인정한다. 즉, 검사 또는 사법경찰관은 긴급체포된 자가 소유·소지 또는 보관하는 물건에 대하여 긴급히 압수할 필요가 있는 경우에는 체포한 때부터 24시간 이내에 한하여 영장 없이 압수·수색 또는 검증을 할 수 있고(형사소송법 제217조 제1항), 압수한 물건을 계속 압수할 필요가 있는 경우에는 지체 없이 압수수색영장을 청구하여야 한다. 이 경우 압수수색영장의 청구는 체포한 때부터 48시간 이내에 하여야 한다(같은 조 제2항). … 이 규정에 따른 압수·수색 또는 검증은 체포현장에서의 압수·수색 또는 검증을 규정하고 있는 형사소송법 제216조 제1항 제2호와 달리, 체포현장이 아닌 장소에서도 긴급체포된 자가 소유·소지 또는 보관하는 물건을 대상으로 할 수 있다(대법원 2017.9.12, 2017도10309).

ㄹ (O) 주취운전이라는 범죄행위로 당해 음주운전자를 구속·체포하지 아니한 경우에도 필요하다면 그 차량열쇠는 범행 중 또는 범행 직후의 범죄장소에서의 압수로서 형사소송법 제216조 제3항에 의하여 영장 없이 이를 압수할 수 있다(대법원 1998. 5.8, 97도54482).

ㅁ (X) 수사기관이 압수·수색영장에 적힌 '수색할 장소'에 있는 컴퓨터 등 정보처리장치에 저장된 전자정보 외에 원격지 서버에 저장된 전자정보를 압수·수색하기 위해서는 압수·수색영장에 적힌 '압수할 물건'에 별도로 원격지 서버 저장 전자정보가 특정되어 있어야 한다. 압수·수색영장에 적힌 '압수할 물건'에 컴퓨터 등 정보처리장치 저장 전자정보만 기재되어 있다면 컴퓨터 등 정보처리장치를 이용하여 원격지 서버 저장 전자정보를 압수할 수는 없다(대법원 2022.6.30, 2022도1452).

16 　　　　　　　　　　　　　　 정답 ①

① (X) 2019.12.31. 개정법에 의하여 피의자 수색에 적용되는 영장주의의 예외는 긴급성 요건이 구비된 경우에 한정되게 되었다. 구체적으로 "영장에 의한 체포와 구속을 하는 경우의 피의자 수색은 미리 수색영장을 발부받기 어려운 긴급한 사정이 있는 때에 한정한다." 위 지문에서는 "긴급체포와 현행범인체포"가 포함되어 있어 틀린 것이다. 긴급체포와 현행범인체포는 그 자체가 이미 긴급성 요건이 충족된 경우이어서 피의자 수색에 있어 별도의 긴급성이 필요치 않은 것이다. 2019.12.31. 개정 제216조 제1항 제1호의 내용이다.

> 제216조(영장에 의하지 아니한 강제처분) ① 검사 또는 사법경찰관은 제200조의2·제200조의3·제201조 또는 제212조의 규정에 의하여 피의자를 체포 또는 구속하는 경우에 필요한 때에는 영장 없이 다음 처분을 할 수 있다.
> 1. 타인의 주거나 타인이 간수하는 가옥, 건조물, 항공기, 선차 내에서의 피의자 수색. 다만, 제200조의2 또는 제201조에 따라 피의자를 체포 또는 구속하는 경우의 피의자 수색은 미리 수색영장을 발부받기 어려운 긴급한 사정이 있는 때에 한정한다. <개정 2019.12.31.>

② (O) 압수의 대상이 되는 전자정보와 그렇지 않은 전자정보가 혼재된 정보저장매체나 그 복제본을 임의제출받은 수사기관이 그 정보저장매체 등을 수사기관 사무실 등으로 옮겨 이를 탐색·복제·출력하는 경우, 그와 같은 일련의 과정에서 형사소송법 제219조, 제121조에서 규정하는 피압수·수색 당사자(이하 '피압수자')나 그 변호인에게 참여의 기회를 보장하고 압수된 전자정

보의 파일 명세가 특정된 압수목록을 작성·교부하여야 하며 범죄혐의사실과 무관한 전자정보의 임의적인 복제 등을 막기 위한 적절한 조치를 취하는 등 영장주의 원칙과 적법절차를 준수하여야 한다. 만약 그러한 조치가 취해지지 않았다면 피압수자 측이 참여하지 아니한다는 의사를 명시적으로 표시하였거나 임의제출의 취지와 경과 또는 그 절차 위반행위가 이루어진 과정의 성질과 내용 등에 비추어 피압수자 측에 절차 참여를 보장한 취지가 실질적으로 침해되었다고 볼 수 없을 정도에 해당한다는 등의 특별한 사정이 없는 이상 압수·수색이 적법하다고 평가할 수 없다(대법원 2021.11.18, 2016도348 전원합의체).

③ (O) 헌법재판소가 구법 조항의 위헌성을 확인하였음에도 불구하고 일정 시한까지 계속 적용을 명한 것은 구법 조항에 근거하여 수색영장 없이 타인의 주거 등을 수색하여 피의자를 체포할 긴급한 필요가 있는 경우에는 이를 허용할 필요성이 있었기 때문이다. 따라서 구법 조항 가운데 그 해석상 '수색영장 없이 타인의 주거 등을 수색하여 피의자를 체포할 긴급한 필요가 없는 경우' 부분은 영장주의에 위반되는 것으로서 개선입법 시행 전까지 적용중지 상태에 있었다고 보아야 한다(대법원 2021.5. 27, 2018도13458).

④ (O) 형사소송법 제219조, 제121조는 '수사기관이 압수·수색영장을 집행할 때에는 피압수자 또는 변호인은 그 집행에 참여할 수 있다.'고 정하고 있다. 저장매체에 대한 압수·수색 과정에서 범위를 정하여 출력·복제하는 방법이 불가능하거나 압수의 목적을 달성하기에 현저히 곤란한 예외적인 사정이 인정되어 전자정보가 담긴 저장매체, 하드카피나 이미징(imaging) 등 형태(이하 '복제본'이라 한다)를 수사기관 사무실 등으로 옮겨 복제·탐색·출력하는 경우에도, 피압수자나 변호인에게 참여 기회를 보장하고 혐의사실과 무관한 전자정보의 임의적인 복제 등을 막기 위한 적절한 조치를 취하는 등 영장주의 원칙과 적법절차를 준수하여야 한다. 만일 그러한 조치를 취하지 않았다면 압수·수색이 적법하다고 평가할 수 없다. 다만 피압수자 측이 위와 같은 절차나 과정에 참여하지 않는다는 의사를 명시적으로 표시하였거나 절차 위반행위가 이루어진 과정의 성질과 내용 등에 비추어 피압수자에게 절차 참여를 보장한 취지가 실질적으로 침해되었다고 볼 수 없는 경우에는 압수·수색의 적법성을 부정할 수 없다. 이는 수사기관이 저장매체 또는 복제본에서 혐의사실과 관련된 전자정보만을 복제·출력한 경우에도 마찬가지이다(대법원 2019.7.11., 2018도20504).

17 　　　　　　　　　　　　　　 정답 ④

④ (X) 2018.4.26 헌법재판소는 수색에 앞서 영장을 발부받기 어려운 긴급한 사정이 있는지에 대한 여부를 구별하지 아니하고 피의자가 소재할 개연성이 있으면 영장 없이 곧바로 타인의 주거 등을 수색할 수 있도록 하는 것은 헌법 제16조에 따른 영장주의에 위반된다는 이유로 헌법불합치 결정을 내렸다. 이에 2019.12.31. 개정 형사소송법 제137조 중 "때에는"을 "때에는 미리 수색영장을 발부받기 어려운 긴급한 사정이 있는 경우에 한정하여"로 하고, 제216조 제1항 제1호 중 "수사"를 "수색"으로 하고, 같은 호에 단서를 "다만, 제200조의2 또는 제201조에 따라 피의자를 체포 또는 구속하는 경우의 피의자 수색은 미리 수색영장을 발부받기 어려운 긴급한 사정이 있는 때에 한정한다."의 내용으로 신설하였다. 여기서 사전 수색영장 발부가 곤란한 긴급성 요건은 영장에 의한 체포와 구속을 위한 피의자

수색 시에만 적용되는 것이다.

> **제137조(구속영장집행과 수색)** 검사, 사법경찰관리 또는 제81조 제2항의 규정에 의한 법원사무관등이 구속영장을 집행할 경우에 필요한 때에는 미리 수색영장을 발부받기 어려운 긴급한 사정이 있는 경우에 한정하여 타인의 주거, 간수자 있는 가옥, 건조물, 항공기, 선차 내에 들어가 피고인을 수색할 수 있다. <개정 2007.6.1, 2019.12.31.>
>
> **제216조(영장에 의하지 아니한 강제처분)** ① 검사 또는 사법경찰관은 제200조의2·제200조의3·제201조 또는 제212조의 규정에 의하여 피의자를 체포 또는 구속하는 경우에 필요한 때에는 영장 없이 다음 처분을 할 수 있다. <개정 1995.12.29, 2019.12.31.>
> 1. 타인의 주거나 타인이 간수하는 가옥, 건조물, 항공기, 선차 내에서의 피의자 수색. 다만, 제200조의2 또는 제201조에 따라 피의자를 체포 또는 구속하는 경우의 피의자 수색은 미리 수색영장을 발부받기 어려운 긴급한 사정이 있는 때에 한정한다.
> 2. 체포현장에서의 압수, 수색, 검증

① (O) 형사소송법 제217조 제1항 규정에 따른 압수·수색 또는 검증은 체포현장에서의 압수·수색 또는 검증을 규정하고 있는 형사소송법 제216조 제1항 제2호와 달리, 체포현장이 아닌 장소에서도 긴급체포된 자가 소유·소지 또는 보관하는 물건을 대상으로 할 수 있다(대법원 2017.9.12, 2017도10309).

② (O) 구법 조항이 헌법재판소법 제47조의 소급효가 인정되는 형벌조항은 아니지만, 기존의 법리에 따라, 이 사건 헌법불합치결정을 하게 된 당해 사건인 이 사건 및 이 사건 헌법불합치결정 당시 구법 조항의 위헌 여부가 쟁점이 되어 법원에 계속 중인 사건에 대하여는 위헌성이 제거된 현행 형사소송법의 규정이 적용되어야 한다. 따라서 이 사건 건조물을 수색하기에 앞서 수색영장을 발부받기 어려운 긴급한 사정이 있었다고 볼 수 없음에도 수색영장 없이 경찰이 이 사건 건조물을 수색한 행위는 적법한 공무집행에 해당하지 아니한다(대법원 2021.5.27, 2018도13458).

③ (O) 형사소송법 제218조에 의하면 검사 또는 사법경찰관은 피의자 등이 유류한 물건이나 소유자·소지자 또는 보관자가 임의로 제출한 물건은 영장 없이 압수할 수 있으므로, 현행범 체포 현장이나 범죄 장소에서도 소지자 등이 임의로 제출하는 물건은 위 조항에 의하여 영장 없이 압수할 수 있고, 이 경우에는 검사나 사법경찰관이 사후에 영장을 받을 필요가 없다(대법원 2016.2.18, 2015도13726).

18
정답 ②

② ㉠㉡㉢㉤

㉠ (×) 압수·수색영장의 집행 시 영장의 제시 및 사본의 교부는 처분을 받는 자가 현장에 없는 등 제시·교부가 현실적으로 불가능하거나 처분을 받는 자가 제시·교부를 거부한 때에는 제시·교부를 요하지 않는다. 제118조, 제219조 참조.

> **제118조(영장의 제시와 사본교부)** 압수·수색영장은 처분을 받는 자에게 반드시 제시하여야 하고, 처분을 받는 자가 피고인인 경우에는 그 사본을 교부하여야 한다. 다만, 처분을 받는 자가 현장에 없는 등 영장의 제시나 그 사본의 교부가 현실적으로 불가능한 경우 또는 처분을 받는 자가 영장의 제시나 사본의 교부를 거부한 때에는 예외로 한다.
>
> **제219조(준용규정)** 제106조, 제107조, 제109조 내지 제112조, 제114조, 제115조 제1항 본문, 제2항, 제118조부터 제132조까지, 제134조, 제135조, 제140조, 제141조, 제333조 제2항, 제486조의 규정은 검사 또는 사법경찰관의 본장의 규정에 의한 압수, 수색 또는 검증에 준용한다. 단, 사법경찰관이 제130조, 제132조 및 제134조에 따른 처분을 함에는 검사의 지휘를 받아야 한다.

㉡ (×) 범인으로부터 압수한 물품에 대하여 몰수의 선고가 없어 그 압수가 해제된 것으로 간주된다고 하더라도 공범자에 대한 범죄수사를 위하여 여전히 그 물품의 압수가 필요하다거나 공범자에 대한 재판에서 그 물품이 몰수될 가능성이 있다면 검사는 그 압수해제된 물품을 다시 압수할 수도 있다(대법원 1997.1.9, 96모34).

㉢ (×) 제125조, 제126조 참조.

> **제125조(야간집행의 제한)** 일출 전, 일몰 후에는 압수·수색영장에 야간집행을 할 수 있는 기재가 없으면 그 영장을 집행하기 위하여 타인의 주거, 간수자 있는 가옥, 건조물, 항공기 또는 선차 내에 들어가지 못한다.
>
> **제126조(야간집행제한의 예외)** 다음 장소에서 압수·수색영장을 집행함에는 전조의 제한을 받지 아니한다.
> 1. 도박 기타 풍속을 해하는 행위에 상용된다고 인정하는 장소
> 2. 여관, 음식점 기타 야간에 공중이 출입할 수 있는 장소. 단, 공개한 시간 내에 한한다.

㉣ (O) 압수의 대상이 되는 전자정보와 그렇지 않은 전자정보가 혼재된 정보저장매체나 그 복제본을 압수·수색한 수사기관이 정보저장매체 등을 수사기관 사무실 등으로 옮겨 이를 탐색·복제·출력하는 경우, 그와 같은 일련의 과정에서 형사소송법 제219조, 제121조에서 규정하는 피압수·수색 당사자(이하 '피압수자'라 한다)나 변호인에게 참여의 기회를 보장하고 압수된 전자정보의 파일 명세가 특정된 압수목록을 작성·교부하여야 하며 범죄혐의사실과 무관한 전자정보의 임의적인 복제 등을 막기 위한 적절한 조치를 취하는 등 영장주의 원칙과 적법절차를 준수하여야 한다(대법원 2022.7.28, 2022도2960).

㉤ (×) 수사기관이 압수·수색영장에 적힌 '수색할 장소'에 있는 컴퓨터 등 정보처리장치에 저장된 전자정보 외에 원격지 서버에 저장된 전자정보를 압수·수색하기 위해서는 압수·수색영장에 적힌 '압수할 물건'에 별도로 원격지 서버 저장 전자정보가 특정되어 있어야 한다. 압수·수색영장에 적힌 '압수할 물건'에 컴퓨터 등 정보처리장치 저장 전자정보만 기재되어 있다면 컴퓨터 등 정보처리장치를 이용하여 원격지 서버 저장 전자정보를 압수할 수는 없다(대법원 2022.6.30, 2022도1452).

㉥ (O) 전자정보에 대한 압수·수색이 종료되기 전에 혐의사실과 관련된 전자정보를 적법하게 탐색하는 과정에서 별도의 범죄혐의와 관련된 전자정보를 우연히 발견한 경우라면, 수사기관은 더 이상의 추가 탐색을 중단하고 법원에서 별도의 범죄혐의에 대한 압수·수색영장을 발부받은 경우에 한하여 그러한 정보에 대하여도 적법하게 압수·수색을 할 수 있다. 나아가 이러한 경우에도 별도의 압수·수색 절차는 최초의 압수·수색 절차와 구별되는 별개의 절차이고, 별도 범죄혐의와 관련된 전자정보는 최초의 압수·수색영장에 의한 압수·수색의 대상이 아니어서 저장매체의 원래 소재지에서 별도의 압수·수색영장에 기해 압수·수색을 진행하는 경우와 마찬가지로 피압수·수색 당사

자(이하 '피압수자'라 한다)는 최초의 압수·수색 이전부터 해당 전자정보를 관리하고 있던 자라 할 것이므로, 특별한 사정이 없는 한 피압수자에게 형사소송법 제219조, 제121조, 제129조에 따라 참여권을 보장하고 압수한 전자정보 목록을 교부하는 등 피압수자의 이익을 보호하기 위한 적절한 조치가 이루어져야 한다(대법원 2015.7.16, 2011모1839 전원합의체).

19 정답 ③

③ ㉠㉡㉢㉤

㉠ (×) 甲은 경찰에 피고인의 휴대전화를 증거물로 제출할 당시 그 안에 수록된 전자정보의 제출 범위를 명확히 밝히지 않았고, 담당 경찰관들도 제출자로부터 그에 관한 확인절차를 거치지 않은 이상 휴대전화에 담긴 전자정보의 제출 범위에 관한 제출자의 의사가 명확하지 않거나 이를 알 수 없는 경우에 해당하므로, 휴대전화에 담긴 전자정보 중 임의제출을 통해 적법하게 압수된 범위는 임의제출 및 압수의 동기가 된 피고인의 2014년 범행 자체와 구체적·개별적 연관관계가 있는 전자정보로 제한적으로 해석하는 것이 타당하고, 이에 비추어 볼 때 범죄발생 시점 사이에 상당한 간격이 있고 피해자 및 범행에 이용한 휴대전화도 전혀 다른 피고인의 2013년 범행에 관한 동영상은 임의제출에 따른 압수의 동기가 된 범죄혐의사실(2014년 범행)과 구체적·개별적 연관관계 있는 전자정보로 보기 어려워 수사기관이 사전영장 없이 이를 취득한 이상 증거능력이 없고, 사후에 압수·수색영장을 받아 압수절차가 진행되었더라도 달리 볼 수 없다(피고인의 2013년 범행은 무죄)(대법원 2021.11.18, 2016도348 전원합의체).

㉡ (×) 압수·수색영장의 범죄 혐의사실과 관계있는 범죄라는 것은 압수·수색영장에 기재한 혐의사실과 객관적 관련성이 있고 압수·수색영장 대상자와 피의자 사이에 인적 관련성이 있는 범죄를 의미한다. 그중 혐의사실과의 객관적 관련성은 압수·수색영장에 기재된 혐의사실 자체 또는 그와 기본적 사실관계가 동일한 범행과 직접 관련되어 있는 경우는 물론 범행 동기와 경위, 범행 수단과 방법, 범행 시간과 장소 등을 증명하기 위한 간접증거나 정황증거 등으로 사용될 수 있는 경우에도 인정될 수 있다. 이러한 객관적 관련성은 압수·수색영장에 기재된 혐의사실의 내용과 수사의 대상, 수사 경위 등을 종합하여 구체적·개별적 연관관계가 있는 경우에만 인정된다고 보아야 하고, 혐의사실과 단순히 동종 또는 유사 범행이라는 사유만으로 객관적 관련성이 있다고 할 것은 아니다(대법원 2020.2.13, 2019도14341, 2019전도130).

㉢ (×) 위 휴대전화는 피고인이 긴급체포되는 현장에서 적법하게 압수되었고, 형사소송법 제217조 제2항에 의해 발부된 법원의 사후 압수·수색·검증영장(이하 '압수·수색영장')에 기하여 압수 상태가 계속 유지되었으며, 압수·수색영장에는 범죄사실란에 甲에 대한 간음유인미수 및 통신매체이용음란의 점만이 명시되었으나, 법원은 계속 압수·수색·검증이 필요한 사유로서 영장 범죄사실에 관한 혐의 상당성 외에도 추가 여죄수사의 필요성을 포함시킨 점, 압수·수색영장에 기재된 혐의사실은 미성년자인 甲에 대하여 간음행위를 하기 위한 중간 과정 내지 그 수단으로 평가되는 행위에 관한 것이고 나아가 피고인은 형법 제305조의2 등에 따라 상습범으로 처벌될 가능성이 완전히 배제되지 아니한 상태였으므로, 추가 자료들로 밝혀지게 된 乙,

丙, 丁에 대한 범행은 '압수·수색영장에 기재된 혐의사실과 기본적 사실관계가 동일한 범행에 직접 관련되어 있는 경우'라고 볼 수 있으며, 실제로 2017.12.경부터 2018.4.경까지 사이에 저질러진 추가 범행들은, 압수·수색영장에 기재된 혐의사실의 일시인 2018.5.7.과 시간적으로 근접할 뿐만 아니라, 피고인이 자신의 성적 욕망을 해소하기 위하여 미성년자인 피해자들을 대상으로 저지른 일련의 성범죄로서 범행 동기, 범행 대상, 범행의 수단과 방법이 공통되는 점, 추가 자료들은 압수·수색영장의 범죄사실 중 간음유인죄의 '간음할 목적'이나 성폭력처벌법 위반(통신매체이용음란)죄의 '자기 또는 다른 사람의 성적 욕망을 유발하거나 만족시킬 목적'을 뒷받침하는 간접증거로 사용될 수 있었고, 피고인이 영장 범죄사실과 같은 범행을 저지른 수법 및 준비과정, 계획 등에 관한 정황증거에 해당할 뿐 아니라, 영장 범죄사실 자체에 대한 피고인진술의 신빙성을 판단할 수 있는 자료로도 사용될 수 있었던 점 등을 종합하면, 추가 자료들로 인하여 밝혀진 피고인의 乙, 丙, 丁에 대한 범행은 압수·수색영장의 범죄사실과 단순히 동종 또는 유사 범행인 것을 넘어서서 이와 구체적·개별적 연관관계가 있는 경우로서 객관적·인적 관련성을 모두 갖추었다. 같은 취지에서 추가 자료들은 위법하게 수집된 증거에 해당하지 않으므로 압수·수색영장의 범죄사실뿐 아니라 추가 범행들에 관한 증거로 사용할 수 있다고 본 원심판단은 정당하다(대법원 2020.2.13, 2019도14341, 2019전도130).

㉣ (○) 그와 같은 일련의 과정에서 형사소송법 제219조, 제121조에서 규정하는 피압수·수색 당사자(이하 '피압수자')나 그 변호인에게 참여의 기회를 보장하고 압수된 전자정보의 파일 명세가 특정된 압수목록을 작성·교부하여야 하며 범죄혐의사실과 무관한 전자정보의 임의적인 복제 등을 막기 위한 적절한 조치를 취하는 등 영장주의 원칙과 적법절차를 준수하여야 한다. 만약 그러한 조치가 취해지지 않았다면 피압수자 측이 참여하지 아니한다는 의사를 명시적으로 표시하였거나 임의제출의 취지와 경과 또는 그 절차 위반행위가 이루어진 과정의 성질과 내용 등에 비추어 피압수자 측에 절차 참여를 보장한 취지가 실질적으로 침해되었다고 볼 수 없을 정도에 해당한다는 등의 특별한 사정이 없는 이상 압수·수색이 적법하다고 평가할 수 없고, 비록 수사기관이 정보저장매체 또는 복제본에서 범죄혐의사실과 관련된 전자정보만을 복제·출력하였다 하더라도 달리 볼 것은 아니다(대법원 2021.11.18, 2016도348 전원합의체).
[보충] 나아가 피해자 등 제3자가 피의자의 소유·관리에 속하는 정보저장매체를 영장에 의하지 않고 임의제출한 경우에는 실질적 피압수자인 피의자가 수사기관으로 하여금 그 전자정보 전부를 무제한 탐색하는 데 동의한 것으로 보기 어려울 뿐만 아니라 피의자 스스로 임의제출한 경우 피의자의 참여권 등이 보장되어야 하는 것과 견주어 보더라도 특별한 사정이 없는 한 형사소송법 제219조, 제121조, 제129조에 따라 피의자에게 참여권을 보장하고 압수한 전자정보 목록을 교부하는 등 피의자의 절차적 권리를 보장하기 위한 적절한 조치가 이루어져야 한다(위 판례).

㉤ (×) 정보저장매체를 임의제출한 피압수자에 더하여 임의제출자 아닌 피의자에게도 참여권이 보장되어야 하는 '피의자의 소유·관리에 속하는 정보저장매체'라 함은, 피의자가 압수·수색 당시 또는 이와 시간적으로 근접한 시기까지 해당 정보저장매체를 현실적으로 지배·관리하면서 그 정보저장매체 내 전자정보 전반에 관한 전속적인 관리처분권을 보유·행사하고, 달

리 이를 자신의 의사에 따라 제3자에게 양도하거나 포기하지 아니한 경우로서, 피의자를 그 정보저장매체에 저장된 전자정보 전반에 대한 실질적인 압수·수색 당사자로 평가할 수 있는 경우를 말하는 것이다. 이에 해당하는지 여부는 민사법상 권리의 귀속에 따른 법률적·사적 판단이 아니라 압수·수색 당시 외형적·객관적으로 인식 가능한 사실상의 상태를 기준으로 판단하여야 한다. 이러한 정보저장매체의 외형적·객관적 지배·관리 등 상태와 별도로 단지 피의자나 그 밖의 제3자가 과거 그 정보저장매체의 이용 내지 개별 전자정보의 생성·이용 등에 관여한 사실이 있다거나 그 과정에서 생성된 전자정보에 의해 식별되는 정보주체에 해당한다는 사정만으로 그들을 실질적으로 압수·수색을 받는 당사자로 취급하여야 하는 것은 아니다(대법원 2022.1.27, 2021도11170 판결 등 참조). 피고인이 허위의 인턴활동 확인서를 작성한 후 A의 아들 대학원 입시에 첨부자료로 제출하도록 함으로써 A 등과 공모하여 대학원 입학담당자들의 입학사정 업무를 방해한 공소사실로 기소된 사안에서, 이 사건 하드디스크의 임의제출 과정에서 B에게만 참여의 기회를 부여하고 A 등에게 참여의 기회를 부여하지 않은 것이 위법하다고 볼 수 없다(대법원 2023.9.18, 2022도7453 전원합의체).

ⓑ (○) ⓐ (원칙) 수사기관은 압수를 한 경우 압수경위를 기재한 압수조서와 압수물의 특징을 구체적으로 기재한 압수목록을 작성하고, 압수목록은 압수물의 소유자·소지자·보관자 기타 이에 준하는 사람에게 교부하여야 한다(형사소송법 제219조, 제129조, 「검사의 사법경찰관리에 대한 수사지휘 및 사법경찰관리의 수사준칙에 관한 규정」 제44조). 압수조서에는 작성연월일과 함께 품종, 외형상의 특징과 수량을 기재하여야 하고(형사소송법 제49조 제3항, 제57조 제1항), 그 내용은 객관적 사실에 부합하여야 하므로(대법원 2009.3.12, 2008도763 참조), 압수목록 역시 압수물의 특징을 객관적 사실에 맞게 구체적으로 기재하여야 하는데, 압수방법·장소·대상자별로 명확히 구분한 후 압수물의 품종·종류·명칭·수량·외형상 특징 등을 최대한 구체적이고 정확하게 특정하여 기재하여야 한다. 이는 수사기관의 압수 처분에 대한 사후적 통제수단임과 동시에 피압수자 등이 압수물에 대한 환부·가환부 청구를 하거나 부당한 압수 처분에 대한 준항고를 하는 등 권리행사절차를 밟는 데 가장 기초적인 자료가 되므로, 이러한 권리행사에 지장이 없도록 압수 직후 현장에서 바로 작성하여 교부하는 것이 원칙이다(대법원 2009.3.12, 2008도763 등). 한편, 임의제출에 따른 압수(형사소송법 제218조)의 경우에도 압수물에 대한 수사기관의 점유 취득이 제출자의 의사에 따라 이루어진다는 점에서만 차이가 있을 뿐 범죄혐의를 전제로 한 수사 목적이나 압수의 효력은 영장에 의한 압수의 경우와 동일하므로(대법원 2021.11.18, 2016도348 전원합의체), 헌법상 기본권에 관한 수사기관의 부당한 침해로부터 신속하게 권리를 구제받을 수 있도록 수사기관은 영장에 의한 압수와 마찬가지로 객관적·구체적인 압수목록을 신속하게 작성·교부할 의무를 부담한다. ⓑ (예외) 다만, 적법하게 발부된 영장의 기재는 그 집행의 적법성 판단의 우선적인 기준이 되어야 하므로, 예외적으로 압수물의 수량·종류·특성 기타의 사정상 압수 직후 현장에서 압수목록을 작성·교부하지 않을 수 있다는 취지가 영장에 명시되어 있고, 이와 같은 특수한 사정이 실제로 존재하는 경우에는 압수영장을 집행한 후 일정한 기간이 경과하고서 압수목록을 작성·교부할 수도 있으나, 압수목록 작성·교부 시기의 예외에 관한 영장의 기

재는 피의자·피압수자 등의 압수 처분에 대한 권리구제절차 또는 불복절차가 형해화되지 않도록 그 취지에 맞게 엄격히 해석되어야 하고, 나아가 예외적 적용의 전제가 되는 특수한 사정의 존재 여부는 수사기관이 이를 증명하여야 하며, 그 기간 역시 필요 최소한에 그쳐야 한다. 또한 영장에 의한 압수 및 그 대상물에 대한 확인조치가 끝나면 그것으로 압수절차는 종료되고, 압수물과 혐의사실과의 관련성 여부에 관한 평가 및 그에 필요한 추가 수사는 압수절차 종료 이후의 사정에 불과하므로 이를 이유로 압수 직후 이루어져야 하는 압수목록 작성·교부 의무를 해태·거부할 수는 없다(대법원 2024.1.5, 2021모385).
[보충] 서울본부세관은 2020.7.17.경에는 압수물의 품명, 수량, 제조번호 등을 모두 확인하였으므로 이때 압수방법 및 시기별로 명확히 구분하여 위 각 사항을 구체적으로 특정하여 기재한 상세 압수목록을 작성·교부하였어야 함에도, 그 시점으로부터 50여 일이 경과한 후에야 상세 압수목록을 교부하였을 뿐만 아니라 내용상 압수방법 및 시기별로 구분이 되어 있지 않았기에 압수처분에 대한 법률상 권리구체절차 또는 불복절차가 사실상 불가능하였거나 상당한 지장이 초래되었다고 판단된다(위 판례).

20 정답 ③

③ ㉠㉡㉢㉣

㉠ (×) 임의제출된 정보저장매체에서 압수의 대상이 되는 전자정보의 범위를 초과하여 수사기관이 임의로 전자정보를 탐색·복제·출력하는 것은 원칙적으로 위법한 압수·수색에 해당하므로 허용될 수 없다. 만약 전자정보에 대한 압수·수색이 종료되기 전에 범죄혐의사실과 관련된 전자정보를 적법하게 탐색하는 과정에서 별도의 범죄혐의와 관련된 전자정보를 우연히 발견한 경우라면, 수사기관은 더 이상의 추가 탐색을 중단하고 법원으로부터 별도의 범죄혐의에 대한 압수·수색영장을 발부받은 경우에 한하여 그러한 정보에 대하여도 적법하게 압수·수색을 할 수 있다. 따라서 임의제출된 정보저장매체에서 압수의 대상이 되는 전자정보의 범위를 넘어서는 전자정보에 대해 수사기관이 영장 없이 압수·수색하여 취득한 증거는 위법수집증거에 해당하고, 사후에 법원으로부터 영장이 발부되었다거나 피고인이나 변호인이 이를 증거로 함에 동의하였다고 하여 그 위법성이 치유되는 것도 아니다(대법원 2021.11.18, 2016도348 전원합의체).
㉡ (×) 수사기관의 전자정보에 대한 압수·수색은 원칙적으로 영장 발부의 사유로 된 범죄혐의사실과 관련된 부분만을 문서 출력물로 수집하거나 수사기관이 휴대한 정보저장매체에 해당 파일을 복제하는 방식으로 이루어져야 하고, 정보저장매체 자체를 직접 반출하거나 저장매체에 들어 있는 전자파일 전부를 하드카피나 이미징 등 형태(이하 '복제본')로 수사기관 사무실 등 외부로 반출하는 방식으로 압수·수색하는 것은 현장의 사정이나 전자정보의 대량성으로 인하여 관련 정보 획득에 긴 시간이 소요되거나 전문 인력에 의한 기술적 조치가 필요한 경우 등 범위를 정하여 출력 또는 복제하는 방법이 불가능하거나 압수의 목적을 달성하기에 현저히 곤란하다고 인정되는 때에 한하여 예외적으로 허용될 수 있을 뿐이다. 위와 같은 법리는 정보저장매체에 해당하는 임의제출물의 압수(형사소송법 제218조)에도 마찬가지로 적용된다. 임의제출물의 압수는 압수물에 대한 수사기관의 점유 취득이 제출자의 의사에 따라 이루어진다는 점에서 차이가 있을 뿐 범죄혐의를 전제로 한 수사 목적이

나 압수의 효력은 영장에 의한 경우와 동일하기 때문이다. 따라서 수사기관은 특정 범죄혐의와 관련하여 전자정보가 수록된 정보저장매체를 임의제출받아 그 안에 저장된 전자정보를 압수하는 경우 그 동기가 된 범죄혐의사실과 관련된 전자정보의 출력물 등을 임의제출받아 압수하는 것이 원칙이다. 다만 현장의 사정이나 전자정보의 대량성과 탐색의 어려움 등의 이유로 범위를 정하여 출력 또는 복제하는 방법이 불가능하거나 압수의 목적을 달성하기에 현저히 곤란하다고 인정되는 때에 한하여 예외적으로 정보저장매체 자체나 복제본을 임의제출받아 압수할 수 있다(대법원 2021.11.18, 2016도348 전원합의체).

ⓒ (○) 대법원 2021.11.18, 2016도348 전원합의체

ⓔ (○) 대법원 2021.11.18, 2016도348 전원합의체

[보충] 이때 범죄혐의사실과 관련된 전자정보에는 범죄혐의사실 그 자체 또는 그와 기본적 사실관계가 동일한 범행과 직접 관련되어 있는 것은 물론 범행 동기와 경위, 범행 수단과 방법, 범행 시간과 장소 등을 증명하기 위한 간접증거나 정황증거 등으로 사용될 수 있는 것도 포함될 수 있다. 다만 그 관련성은 임의제출에 따른 압수의 동기가 된 범죄혐의사실의 내용과 수사의 대상, 수사의 경위, 임의제출의 과정 등을 종합하여 구체적·개별적 연관관계가 있는 경우에만 인정되고, 범죄혐의사실과 단순히 동종 또는 유사 범행이라는 사유만으로 관련성이 있다고 할 것은 아니다(위 판례).

ⓜ (×) 카메라의 기능과 정보저장매체의 기능을 함께 갖춘 휴대전화인 스마트폰을 이용한 불법촬영 범죄와 같이 범죄의 속성상 해당 범행의 상습성이 의심되거나 성적 기호 내지 경향성의 발현에 따른 일련의 범행의 일환으로 이루어진 것으로 의심되고, 범행의 직접증거가 스마트폰 안에 이미지 파일이나 동영상 파일의 형태로 남아 있을 개연성이 있는 경우에는 그 안에 저장되어 있는 같은 유형의 전자정보에서 그와 관련한 유력한 간접증거나 정황증거가 발견될 가능성이 높다는 점에서 이러한 간접증거나 정황증거는 범죄혐의사실과 구체적·개별적 연관관계를 인정할 수 있다(대법원 2021.11.18, 2016도348 전원합의체).

[보충] 이처럼 범죄의 대상이 된 피해자의 인격권을 현저히 침해하는 성격의 전자정보를 담고 있는 불법촬영물은 범죄행위로 인해 생성된 것으로서 몰수의 대상이기도 하므로 임의제출된 휴대전화에서 해당 전자정보를 신속히 압수·수색하여 불법촬영물의 유통 가능성을 적시에 차단함으로써 피해자를 보호할 필요성이 크다. 나아가 이와 같은 경우에는 간접증거나 정황증거이면서 몰수의 대상이자 압수·수색의 대상인 전자정보의 유형이 이미지 파일 내지 동영상 파일 등으로 비교적 명확하게 특정되어 그와 무관한 사적 전자정보 전반의 압수·수색으로 이어질 가능성이 적어 상대적으로 폭넓게 관련성을 인정할 여지가 많다는 점에서도 그러하다(위 판례).

ⓗ (×) 피의자가 소유·관리하는 정보저장매체를 피의자 아닌 피해자 등 제3자가 임의제출하는 경우에는, 그 임의제출 및 그에 따른 수사기관의 압수가 적법하더라도 임의제출의 동기가 된 범죄혐의사실과 구체적·개별적 연관관계가 있는 전자정보에 한하여 압수의 대상이 되는 것으로 더욱 제한적으로 해석하여야 한다. 피의자 개인이 소유·관리하는 정보저장매체에는 그의 사생활의 비밀과 자유, 정보에 대한 자기결정권 등 인격적 법익에 관한 모든 것이 저장되어 있어 제한 없이 압수·수색이 허용될 경우 피의자의 인격적 법익이 현저히 침해될 우려가 있기 때문이다(대법원 2021.11.18, 2016도348 전원합의체).

▶ **제3편 수사와 공소: 제2장 강제처분과 강제수사** [압수·수색·검증·감정 3] ─ **제3장 수사의 종결** [사법경찰관과 검사의 수사종결 1]

01	②	02	④	03	②	04	③	05	④
06	②	07	①	08	④	09	②	10	③
11	③	12	④	13	④	14	④	15	③
16	④	17	④	18	③	19	③	20	③

01

정답 ②

② ㉠㉢㉤

㉠ (○) 법관이 압수·수색영장을 발부하면서 '압수할 물건'을 특정하기 위하여 기재한 문언은 엄격하게 해석하여야 하고, 함부로 피압수자 등에게 불리한 내용으로 확장 또는 유추 해석하여서는 안 된다(대법원 2009.3.12, 2008도763 등). 따라서 피고인이 아닌 사람을 피의자로 하여 발부된 이 사건 영장을 집행하면서 피고인 소유의 이 사건 휴대전화 등을 압수한 것은 위법하다(대법원 2021.7.29, 2020도14654).

㉡ (×) 수사기관이 범죄 증거를 수집할 목적으로 피의자의 동의 없이 피의자의 소변을 채취하는 것은 법원으로부터 감정허가장을 받아 형사소송법 제221조의4 제1항, 제173조 제1항에서 정한 '감정에 필요한 처분'으로 할 수 있지만(피의자를 병원 등에 유치할 필요가 있는 경우에는 형사소송법 제221조의3에 따라 법원으로부터 감정유치장을 받아야 한다), 형사소송법 제219조, 제106조 제1항, 제109조에 따른 압수·수색의 방법으로도 할 수 있다. 이러한 압수·수색의 경우에도 수사기관은 원칙적으로 형사소송법 제215조에 따라 판사로부터 압수·수색영장을 적법하게 발부받아 집행해야 한다(대법원 2018.7.12, 2018도6219).

㉢ (×) '전기통신의 감청'은 위 '감청'의 개념 규정에 비추어 전기통신이 이루어지고 있는 상황에서 실시간으로 그 전기통신의 내용을 지득·채록하는 경우와 통신의 송·수신을 직접적으로 방해하는 경우를 의미하는 것이지 이미 수신이 완료된 전기통신에 관하여 남아 있는 기록이나 내용을 열어보는 등의 행위는 포함하지 않는다 할 것이다(대법원 2016.10.13, 2016도8137).

㉣ (○) 특별한 사정이 없는 한 '적법한 절차와 방식'에 따라 수사과정에서 진술서가 작성되었다 할 수 없으므로 그 증거능력을 인정할 수 없다(대법원 2015.4.23, 2013도3790).

㉤ (○) 공중밀집장소인 지하철 내에서 여성을 촬영한 행위와 다세대 주택에서 몰래 당시 교제 중이던 여성의 나체와 음부를 촬영한 행위는 범행 시간과 장소뿐만 아니라 범행 동기와 경위, 범행 수단과 방법 등을 달리하므로, 간접증거와 정황증거를 포함하는 구체적·개별적 연관관계 있는 관련 증거의 법리에 의하더라도, 여성의 나체와 음부가 촬영된 사진은 임의제출에 따른 압수의 동기가 된 범죄혐의사실과 구체적·개별적 연관관계 있는 전자정보로 보기 어렵고, 위 사진 및 이 사건 휴대전화에서 삭제된 전자정보를 복원하여 이를 복제한 시디는 경찰이 피압수자인 피고인에게 참여의 기회를 부여하지 않은 상태에서 임의로 탐색·복제·출력한 전자정보로서, 피고인에게 압수한 전자정보 목록을 교부하거나 피고인이 그 과정에 참여하지 아니할 의사를 가지고 있는지 여부를 확인한 바가 없으므로, 수사기관이 영장 없이 이를 취득한 이상 증거능력이 없다(대법원 2021.11.25, 2016도82).

02

정답 ④

④ (○) 형사소송법 제218조의 보관자가 임의로 제출한 물건에 해당하는 경우이다. "의료인이 진료 목적으로 채혈한 환자의 혈액을 수사기관에 임의로 제출하였다면 그 혈액의 증거사용에 대하여도 환자의 사생활의 비밀 기타 인격적 법익이 침해되는 등의 특별한 사정이 없는 한 반드시 그 환자의 동의를 받아야 하는 것이 아니고, 따라서 경찰관이 간호사로부터 진료 목적으로 이미 채혈되어 있던 피고인의 혈액 중 일부를 주취운전 여부에 대한 감정을 목적으로 임의로 제출 받아 이를 압수한 경우, 당시 간호사가 위 혈액의 소지자 겸 보관자인 병원 또는 담당의사를 대리하여 혈액을 경찰관에게 임의로 제출할 수 있는 권한이 없었다고 볼 특별한 사정이 없는 이상, 그 압수절차가 피고인 또는 피고인의 가족의 동의 및 영장 없이 행하여졌다고 하더라도 이에 적법절차를 위반한 위법이 있다고 할 수 없다(대법원 1999. 9.3, 98도968)."

① (×) 강제채혈·강제채뇨에 필요한 영장에 관하여 판례는 택일설의 입장이다. "수사기관이 범죄 증거를 수집할 목적으로 피의자의 동의 없이 피의자의 혈액을 취득·보관하는 행위는 법원으로부터 감정처분허가장을 받아 형사소송법 제221조의4 제1항, 제173조 제1항에 의한 '감정에 필요한 처분'으로도 할 수 있지만, 형사소송법 제219조, 제106조 제1항에 정한 압수의 방법으로도 할 수 있고, 압수의 방법에 의하는 경우 혈액의 취득을 위하여 피의자의 신체로부터 혈액을 채취하는 행위는 혈액의 압수를 위한 것으로서 형사소송법 제219조, 제120조 제1항에 정한 '압수영장의 집행에 있어 필요한 처분'에 해당한다(대법원 2012.11.15, 2011도15258)."

② (×) 음주운전과 관련한 도로교통법 위반죄의 범죄수사를 위하여 미성년자인 피의자의 혈액채취가 필요한 경우에도 피의자에게 의사능력이 있다면 피의자 본인만이 혈액채취에 관한 유효한 동의를 할 수 있고, 피의자에게 의사능력이 없는 경우에도 명문의 규정이 없는 이상 법정대리인이 피의자를 대리하여 동의할 수는 없다(대법원 2014.11.13, 2013도1228).

③ (×) 위 응급실은 「형사소송법」 제216조 제3항의 범죄 장소에 준한다고 볼 수 있으므로 형사소송법 제213조의 방법에 따라 영장 없이 혈액을 취득할 수 있다. 이 경우 당연히 사후에 지체 없이 압수영장을 받아야 한다. "음주운전 중 교통사고를 야기한 후 피의자가 의식불명 상태에 빠져 있는 등으로 도로교통법이 음주운전의 제1차적 수사방법으로 규정한 호흡조사에 의한 음주측정이 불가능하고 혈액 채취에 대한 동의를 받을 수도 없을뿐만 아니라 법원으로부터 혈액 채취에 대한 감정처분허가장이나 사전 압수영장을 발부받을 시간적 여유도 없는 긴급한 상황이 생길 수 있다. 이러한 경우 피의자의 신체 내지 의복류에 주취로 인한 냄새가 강하게 나는 등 형사소송법 제211조 제2항 제3호가 정하는 범죄의 증적이 현저한 준현행범인의 요건이 갖추어져 있고 교통사고 발생 시각으로부터 사회통념상 범행 직후라고 볼 수 있는 시간 내라면, 피의자의 생명·신체를 구조하기 위하여 사고현장으로부터 곧바로 후송된 병원 응급실 등의 장소는 형사소송법 제216조 제3항의 범죄 장소에 준한다 할 것이므로, 검사 또는 사법경찰관은 피의자의 혈중알코올농도 등 증거의 수집을 위하여 의료법상 의료인의 자격이 있는 자로 하여금 의료용 기구로 의학적인 방법에 따라 필요최소한의 한도 내에서 피의자의 혈액을 채취하게 한 후 그 혈액을 영장 없이 압수할 수 있다. 다만 이 경우에도 형사소송법 제216조 제3항 단서, 형사소송규칙 제58조, 제107조 제1항 제3호에 따라 사후에 지체 없이 강제채혈에 의한 압수의 사유 등을 기재한 영장청구서에 의하여 법원으로부터 압수영장을 받아야 한다(대법원 2012.11.15, 2011도15258)."

03

정답 ②

② ㉡㉢㉣㉤

㉠ (○) 전자정보를 압수하고자 하는 수사기관이 정보저장매체와 거기에 저장된 전자정보를 임의제출의 방식으로 압수할 때, 제출자의 구체적인 제출 범위에 관한 의사를 제대로 확인하지 않는 등의 사유로 인해 임의제출자의 의사에 따른 전자정보 압수의 대상과 범위가 명확하지 않거나 이를 알 수 없는 경우에는 임의제출에 따른 압수의 동기가 된 범죄혐의사실과 관련되고 이를 증명할 수 있는 최소한의 가치가 있는 전자정보에 한하여 압수의 대상이 된다(대법원 2021.11.18, 2016도348 전원합의체).

㉡ (×) 임의제출된 정보저장매체에서 압수의 대상이 되는 전자정보의 범위를 초과하여 수사기관이 임의로 전자정보를 탐색·복제·출력하는 것은 원칙적으로 위법한 압수·수색에 해당하므로 허용될 수 없다. 만약 전자정보에 대한 압수·수색이 종료되기 전에 범죄혐의사실과 관련된 전자정보를 적법하게 탐색하는 과정에서 별도의 범죄혐의와 관련된 전자정보를 우연히 발견한 경우라면, 수사기관은 더 이상의 추가 탐색을 중단하고 법원으로부터 별도의 범죄혐의에 대한 압수·수색영장을 발부받은 경우에 한하여 그러한 정보에 대하여도 적법하게 압수·수색을 할 수 있다. 따라서 임의제출된 정보저장매체에서 압수의 대상이 되는 전자정보의 범위를 넘어서는 전자정보에 대해 수사기관이 영장 없이 압수·수색하여 취득한 증거는 위법수집증거에 해당하고, 사후에 법원으로부터 영장이 발부되었다거나 피고인이나 변호인이 이를 증거로 함에 동의하였다고 하여 그 위법성이 치유되는 것도 아니다(대법원 2021.11.18, 2016도348 전원합의체).

㉢ (×) 피해자 등 제3자가 피의자의 소유·관리에 속하는 정보저장매체를 영장에 의하지 않고 임의제출한 경우에는 실질적 피

압수·수색 당사자(이하 '피압수자'라 한다)인 피의자가 수사기관으로 하여금 그 전자정보 전부를 무제한 탐색하는 데 동의한 것으로 보기 어려울 뿐만 아니라 피의자 스스로 임의제출한 경우 피의자의 참여권 등이 보장되어야 하는 것과 견주어 보더라도 특별한 사정이 없는 한 형사소송법 제219조, 제121조, 제129조에 따라 피의자에게 참여권을 보장하고 압수한 전자정보 목록을 교부하는 등 피의자의 절차적 권리를 보장하기 위한 적절한 조치가 이루어져야 한다. 이와 같이 정보저장매체를 임의제출한 피압수자에 더하여 임의제출자 아닌 피의자에게도 참여권이 보장되어야 하는 '피의자의 소유·관리에 속하는 정보저장매체'란, 피의자가 압수·수색 당시 또는 이와 시간적으로 근접한 시기까지 해당 정보저장매체를 현실적으로 지배·관리하면서 그 정보저장매체 내 전자정보 전반에 관한 전속적인 관리처분권을 보유·행사하고, 달리 이를 자신의 의사에 따라 제3자에게 양도하거나 포기하지 아니한 경우로써, 피의자를 그 정보저장매체에 저장된 전자정보에 대하여 실질적인 피압수자로 평가할 수 있는 경우를 말하는 것이다. 이에 해당하는지 여부는 민사법상 권리의 귀속에 따른 법률적·사후적 판단이 아니라 압수·수색 당시 외형적·객관적으로 인식 가능한 사실상의 상태를 기준으로 판단하여야 한다. 이러한 정보저장매체의 외형적·객관적 지배·관리 등 상태와 별도로 단지 피의자나 그 밖의 제3자가 과거 그 정보저장매체의 이용 내지 개별 전자정보의 생성·이용 등에 관여한 사실이 있다거나 그 과정에서 생성된 전자정보에 의해 식별되는 정보주체에 해당한다는 사정만으로 그들을 실질적으로 압수·수색을 받는 당사자로 취급하여야 하는 것은 아니다(대법원 2022.1.27, 2021도11170).

㉣ (×) 임의제출된 정보저장매체에서 압수의 대상이 되는 전자정보의 범위를 초과하여 수사기관이 임의로 전자정보를 탐색·복제·출력하는 것은 원칙적으로 위법한 압수·수색에 해당하므로 허용될 수 없다. 만약 전자정보에 대한 압수·수색이 종료되기 전에 범죄혐의사실과 관련된 전자정보를 적법하게 탐색하는 과정에서 별도의 범죄혐의와 관련된 전자정보를 우연히 발견한 경우라면, 수사기관은 더 이상의 추가 탐색을 중단하고 법원으로부터 별도의 범죄혐의에 대한 압수·수색영장을 발부받은 경우에 한하여 그러한 정보에 대하여도 적법하게 압수·수색을 할 수 있다. 따라서 임의제출된 정보저장매체에서 압수의 대상이 되는 전자정보의 범위를 넘어서는 전자정보에 대해 수사기관이 영장 없이 압수·수색하여 취득한 증거는 위법수집증거에 해당하고, 사후에 법원으로부터 영장이 발부되었다거나 피고인이나 변호인이 이를 증거로 함에 동의하였다고 하여 그 위법성이 치유되는 것도 아니다(대법원 2021.11.18, 2016도348 전원합의체).

㉤ (×) 정보저장매체를 임의제출한 피압수자에 더하여 임의제출자 아닌 피의자에게도 참여권이 보장되어야 하는 '피의자의 소유·관리에 속하는 정보저장매체'란, 피의자가 압수·수색 당시 또는 이와 시간적으로 근접한 시기까지 해당 정보저장매체를 현실적으로 지배·관리하면서 그 정보저장매체 내 전자정보 전반에 관한 전속적인 관리처분권을 보유·행사하고, 달리 이를 자신의 의사에 따라 제3자에게 양도하거나 포기하지 아니한 경우로써, 피의자를 그 정보저장매체에 저장된 전자정보에 대하여 실질적인 피압수자로 평가할 수 있는 경우를 말하는 것이다. 이에 해당하는지 여부는 민사법상 권리의 귀속에 따른 법률적·사후적 판단이 아니라 압수·수색 당시 외형적·객관적으로

인식 가능한 사실상의 상태를 기준으로 판단하여야 한다. 이러한 정보저장매체의 외형적·객관적 지배·관리 등 상태와 별도로 단지 피의자나 그 밖의 제3자가 과거 그 정보저장매체의 이용 내지 개별 전자정보의 생성·이용 등에 관여한 사실이 있다거나 그 과정에서 생성된 전자정보에 의해 식별되는 정보주체에 해당한다는 사정만으로 그들을 실질적으로 압수·수색을 받는 당사자로 취급하여야 하는 것은 아니다(대법원 2022.1.27, 2021 도11170).

04
정답 ③

③ ㉠㉡㉢

㉠ (○) 다른 범행에 관한 동영상은 임의제출에 따른 압수의 동기가 된 범행의 동기와 경위, 범행 수단과 방법 등을 증명하기 위한 간접증거나 정황증거 등으로 사용될 수 있으므로 구체적·개별적 연관관계가 인정되어 관련성이 있는 증거에 해당하고, 경찰관이 피의자 신문 당시 휴대전화를 피고인과 함께 탐색하는 과정에서 발견된 다른 범행에 관한 동영상을 추출·복사하였고, 피고인이 직접 다른 범행에 관한 동영상을 토대로 '범죄일람표' 목록을 작성·제출하였으므로, 실질적으로 피고인에게 참여권이 보장되고, 전자정보 상세목록이 교부된 것과 다름이 없다(증거능력 인정, 대법원 2021.11.25, 2019도6730).

㉡ (○) 이 사건 각 위장형 카메라에 저장된 모텔 내 3개 호실에서 촬영된 영상은 임의제출에 따른 압수의 동기가 된 다른 호실에서 촬영한 범행과 범행의 동기와 경위, 범행 수단과 방법 등을 증명하기 위한 간접증거나 정황증거 등으로 사용될 수 있으므로 구체적·개별적 연관관계가 인정되어 관련성이 있는 증거에 해당하고, 임의제출된 이 사건 각 위장형 카메라 및 그 메모리카드에 저장된 전자정보처럼 오직 불법촬영을 목적으로 방실 내 나체나 성행위 모습을 촬영할 수 있는 벽 등에 은밀히 설치되고, 촬영대상 목표물의 동작이 감지될 때에만 카메라가 작동하여 촬영이 이루어지는 등, 그 설치 목적과 장소, 방법, 기능, 작동원리상 소유자의 사생활의 비밀 기타 인격적 법익의 관점에서 그 소지·보관자의 임의제출에 따른 적법한 압수의 대상이 되는 전자정보와 구별되는 별도의 보호 가치 있는 전자정보의 혼재 가능성을 상정하기 어려운 경우에는 위 소지·보관자의 임의제출에 따른 통상의 압수절차 외에 별도의 조치가 따로 요구된다고 보기는 어렵다. 즉, 위장형 카메라 등 특수한 정보저장매체의 경우(대법원 2021.11.18, 2016도348 전원합의체 판결의 경우와 달리) 수사기관이 임의제출받은 정보저장매체가 그 기능과 속성상 임의제출에 따른 적법한 압수의 대상이 되는 전자정보와 그렇지 않은 전자정보가 혼재될 여지가 거의 없어 '사실상 대부분 압수의 대상이 되는 전자정보만이 저장되어 있는 경우'에는 소지·보관자의 임의제출에 따른 통상의 압수절차 외에 피압수자에게 참여의 기회를 보장하지 않고 전자정보 압수목록을 작성·교부하지 않았다는 점만으로 곧바로 증거능력을 부정할 것은 아니다(대법원 2021.11.25, 2019도7342).

㉢ (×) 정보저장매체를 임의제출한 피압수자에 더하여 임의제출자 아닌 피의자에게도 참여권이 보장되어야 하는 '피의자의 소유·관리에 속하는 정보저장매체'라 함은, 피의자가 압수·수색 당시 또는 이와 시간적으로 근접한 시기까지 해당 정보저장매체를 현실적으로 지배·관리하면서 그 정보저장매체 내 전자정보 전반에 관한 전속적인 관리처분권을 보유·행사하고, 달

리 이를 자신의 의사에 따라 제3자에게 양도하거나 포기하지 아니한 경우로써, 피의자를 그 정보저장매체에 저장된 전자정보에 대하여 실질적인 압수·수색 당사자로 평가할 수 있는 경우를 말하는 것이다. 이에 해당하는지 여부는 민사법상 권리의 귀속에 따른 법률적·사후적 판단이 아니라 압수·수색 당시 외형적·객관적으로 인식 가능한 사실상의 상태를 기준으로 판단하여야 한다. 이러한 정보저장매체의 외형적·객관적 지배·관리 등 상태와 별도로 단지 피의자나 그 밖의 제3자가 과거 그 정보저장매체의 이용 내지 개별 전자정보의 생성·이용 등에 관여한 사실이 있다거나 그 과정에서 생성된 전자정보에 의해 식별되는 정보주체에 해당한다는 사정만으로 그들을 실질적으로 압수·수색을 받는 당사자로 취급하여야 하는 것은 아니다(대법원 2022.1.27, 2021도11170).

[보충] 이 사건 각 PC의 임의제출에 따른 압수·수색 당시 외형적·객관적으로 인식 가능한 사실상의 상태를 기준으로 볼 때, 이 사건 각 PC나 거기에 저장된 전자정보가 피고인의 소유·관리에 속한 경우에 해당하지 않고, 오히려 이 사건 각 PC에 저장된 전자정보 전반에 관하여 당시 대학교 측이 포괄적인 관리처분권을 사실상 보유·행사하고 있는 상태에 있었다고 인정된다고 보아, 이 사건 각 PC에 저장된 전자정보의 압수·수색은 대법원 2021.11.18, 2016도348 전원합의체 판결이 설시한 법리에 따르더라도 피의자에게 참여권을 보장하여야 하는 경우에 해당하지 아니한다. 이러한 정보저장매체에 대한 지배·관리 등의 상태와 무관하게 개별 전자정보의 생성·이용 등에 관여한 자들 혹은 그 과정에서 생성된 전자정보에 의해 식별되는 사람으로서 그 정보의 주체가 되는 사람들에게까지 모두 참여권을 인정하여야 한다는 취지의 피고인의 주장을 받아들일 수 없다(위 판례).

㉣ (○) 수사기관의 압수·수색은 법관이 발부한 압수·수색영장에 의하여야 하는 것이 원칙이고, 영장의 원본은 처분을 받는 자에게 반드시 제시되어야 하므로(대법원 2017.9.7, 2015도10648; 2019.3.14, 2018도2841 등), 금융계좌추적용 압수·수색영장의 집행에 있어서도 수사기관이 금융기관으로부터 금융거래자료를 수신하기에 앞서 금융기관에 영장 원본을 사전에 제시하지 않았다면 원칙적으로 적법한 집행 방법이라고 볼 수는 없다. 다만, 수사기관이 금융기관에 「금융실명거래 및 비밀보장에 관한 법률」(이하 '금융실명법'이라 한다) 제4조 제2항에 따라서 금융거래정보에 대하여 영장 사본을 첨부하여 그 제공을 요구한 결과 금융기관으로부터 회신받은 금융거래자료가 해당 영장의 집행 대상과 범위에 포함되어 있고, 이러한 모사전송 내지 전자적 송수신 방식의 금융거래정보 제공요구 및 자료 회신의 전 과정이 해당 금융기관의 자발적 협조의사에 따른 것이며, 그 자료 중 범죄혐의사실과 관련된 금융거래를 선별하는 절차를 거친 후 최종적으로 영장 원본을 제시하고 위와 같이 선별된 금융거래자료에 대한 압수절차가 집행된 경우로서, 그 과정이 금융실명법에서 정한 방식에 따라 이루어지고 달리 적법절차와 영장주의 원칙을 잠탈하기 위한 의도에서 이루어진 것이라고 볼만한 사정이 없어, 이러한 일련의 과정을 전체적으로 '하나의 영장에 기하여 적시에 원본을 제시하고 이를 토대로 압수·수색하는 것'으로 평가할 수 있는 경우에 한하여, 예외적으로 영장의 적법한 집행 방법에 해당한다고 볼 수 있다(대법원 2022.1.27, 2021도11170).

[보충] 이 사건 각 금융계좌추적용 압수·수색영장의 집행 과

정을 살펴보면, 수사기관이 금융기관으로부터 금융거래자료를 수신하기에 앞서 영장 원본을 사전에 제시하지 않았다고 하더라도 그 후 범죄혐의사실과 관련된 자료의 선별 절차를 거친 후 최종적으로 영장 원본을 제시하고 그 선별된 자료를 직접 압수하는 일련의 과정이 전체적으로 하나의 영장에 기하여 적시에 원본을 제시하고 이를 토대로 영장의 당초 집행 대상과 범위 내에서 이를 압수·수색한 것으로 평가할 수 있는 경우에 해당하고, 수사기관이 적법절차와 영장주의 원칙을 잠탈하려는 의도에서 위와 같은 방법으로 집행하였다고 인정할 만한 사정도 보이지 아니한다(위 판례).

ⓤ (×) 모텔에 설치된 위장형 카메라 등 특수한 정보저장매체의 경우에 관한 판례의 법리로서 위 ⓒ 해설 참조(대법원 2021.11. 25, 2019도7342).

05 정답 ④

④ ㉠ㄴㅁ

㉠ (○) 제211조 제2항 제2호, 제212조 참조.

> **제211조(현행범인과 준현행범인)** ② 다음 각 호의 어느 하나에 해당하는 사람은 현행범인으로 본다.
> 2. 장물이나 범죄에 사용되었다고 인정하기에 충분한 흉기나 그 밖의 물건을 소지하고 있을 때
> **제212조(현행범인의 체포)** 현행범인은 누구든지 영장없이 체포할 수 있다.

ㄴ (○) 제213조의2, 제200조의5, 대법원 2008.10.9, 2008도3640 참조.

> **제213조의2(준용규정)** 제87조, 제89조, 제90조, 제200조의2 제5항 및 제200조의5의 규정은 검사 또는 사법경찰관리가 현행범인을 체포하거나 현행범인을 인도받은 경우에 이를 준용한다.
> **제200조의5(체포와 피의사실 등의 고지)** 검사 또는 사법경찰관은 피의자를 체포하는 경우에는 피의사실의 요지, 체포의 이유와 변호인을 선임할 수 있음을 말하고 변명할 기회를 주어야 한다.

ㄷ (×) 현행범 체포에 있어서 필요성(도망 또는 증거인멸의 염려)의 요건은 형사소송법이 명문으로 정하고 있지 않다(제212조 참조, 따라서 전단이 틀린 내용임). 다만 판례는 현행범체포에 있어서 필요성 요건에 관한 적극설을 취한다(참고로, 다수설은 소극설).

> 범죄를 실행 중이거나 실행 직후의 현행범인은 누구든지 영장 없이 체포할 수 있다(제212조). 현행범인으로 체포하기 위하여는 행위의 가벌성, 범죄의 현행성·시간적 접착성, 범인·범죄의 명백성 외에 체포의 필요성, 즉 도망 또는 증거인멸의 염려가 있어야 한다(대법원 1999.1.26, 98도3029; 2016.2.18, 2015도13726).

ㄹ (×) 현행범 체포의 사유로 된 범죄 혐의사실과 무관한 별건 범죄의 수사를 위해 압수의 필요가 있는 때에는 별도로 압수·수색영장을 받아야 한다. "영장 발부의 사유로 된 범죄 혐의사실과 무관한 별개의 증거를 압수하였을 경우 이는 원칙적으로 유죄 인정의 증거로 사용할 수 없다(대법원 2017.12.5, 2017도13458)."

[보충] 위 지문의 끝 부분은 긴급체포 후 24시간 내의 긴급압

수·수색·검증에 관한 것이다(제217조 제1항). 다만 이 경우에도 긴급체포의 사유가 범죄와 관계가 있다고 인정할 수 있는 것에 한한다.

ㅁ (○) 제216조 제1항 제2호, 제217조 제2항 참조.

> **제216조(영장에 의하지 아니한 강제처분)** ① 검사 또는 사법경찰관은 제200조의2·제200조의3·제201조 또는 제212조의 규정에 의하여 피의자를 체포 또는 구속하는 경우에 필요한 때에는 영장없이 다음 처분을 할 수 있다.
> 2. 체포현장에서의 압수, 수색, 검증
> **제217조(영장에 의하지 아니하는 강제처분)** ② 검사 또는 사법경찰관은 제1항 또는 제216조 제1항 제2호에 따라 압수한 물건을 계속 압수할 필요가 있는 경우에는 지체 없이 압수수색영장을 청구하여야 한다. 이 경우 압수수색영장의 청구는 체포한 때부터 48시간 이내에 하여야 한다.

06 정답 ②

② ㉠ㄷㄹ

㉠ (○) 대법원 2023.6.1, 2020도2550, 수사준칙 제40조 참조.

> **수사준칙 제40조(압수조서와 압수목록)** 검사 또는 사법경찰관은 증거물 또는 몰수할 물건을 압수했을 때에는 압수의 일시·장소, 압수 경위 등을 적은 압수조서와 압수물건의 품종·수량 등을 적은 압수목록을 작성해야 한다. 다만, 피의자신문조서, 진술조서, 검증조서에 압수의 취지를 적은 경우에는 그렇지 않다.

ㄴ (×) 피의자신문조서 등에 압수의 취지를 기재하여 압수조서에 갈음하는 것은 위법이 아니다.

> 형사소송법 제106조, 제218조, 제219조, 형사소송규칙 제62조, 제109조, 구 (경찰) 범죄수사규칙(2021.1.8. 경찰청 훈령 제1001호로 개정되기 전의 것, 이하 '구 범죄수사규칙'이라 한다) 제119조 등 관련 규정들에 의하면, 사법경찰관이 임의제출된 증거물을 압수한 경우 압수경위 등을 구체적으로 기재한 압수조서를 작성하도록 하고 있다. 이는 사법경찰관으로 하여금 압수절차의 경위를 기록하도록 함으로써 사후적으로 압수절차의 적법성을 심사·통제하기 위한 것이다. 구 범죄수사규칙 제119조 제3항에 따라 피의자신문조서 등에 압수의 취지를 기재하여 압수조서를 갈음할 수 있도록 하더라도, 압수절차의 적법성 심사·통제 기능에 차이가 없다(대법원 2023. 6.1, 2020도2550).

[보충] 또한 수사준칙 제40조 단서(위 ㉠ 해설의 조문)에서도 동일한 취지를 규정하고 있다.

ㄷ (○) 카메라의 기능과 정보저장매체의 기능을 함께 갖춘 휴대전화기인 스마트폰을 이용한 불법촬영 범죄와 같이 범죄의 속성상 해당 범행의 상습성이 의심되거나 성적 기호 내지 경향성의 발현에 따른 일련의 범행의 일환으로 이루어진 것으로 의심되고, 범행의 직접증거가 스마트폰 안에 이미지 파일이나 동영상 파일의 형태로 남아 있을 개연성이 있는 경우에는 그 안에 저장되어 있는 같은 유형의 전자정보에서 그와 관련한 유력한 간접증거나 정황증거가 발견될 가능성이 높다는 점에서 이러한 간접증거나 정황증거는 범죄혐의사실과 구체적·개별적 연관관계를 인정할 수 있다(대법원 2023.6.1, 2020도2550).

ㄹ (○) 사법경찰관은 피의자신문 시 이 사건 동영상을 재생하여

피고인에게 제시하였고, 피고인은 이 사건 동영상의 촬영 일시, 피해 여성들의 인적사항, 몰래 촬영하였는지 여부, 촬영 동기 등을 구체적으로 진술하였으며 별다른 이의를 제기하지 않았다. 따라서 이 사건 동영상의 압수 당시 실질적으로 피고인에게 해당 전자정보 압수목록이 교부된 것과 다름이 없다고 볼 수 있다. 비록 피고인에게 압수된 전자정보가 특정된 목록이 교부되지 않았더라도, 절차 위반행위가 이루어진 과정의 성질과 내용 등에 비추어 피고인의 절차상 권리가 실질적으로 침해되었다고 보기 어려우므로 이 사건 동영상에 관한 압수는 적법하다고 평가할 수 있다(대법원 2021.11.25, 2019도9100; 2022.2.17, 2019도4938)(대법원 2023.6.1, 2020도2550).

⑩ (×) 정보저장매체를 임의제출한 피압수자에 더하여 임의제출자 아닌 피의자에게도 참여권이 보장되어야 하는 '피의자의 소유·관리에 속하는 정보저장매체'라 함은, 피의자가 압수·수색 당시 또는 이와 시간적으로 근접한 시기까지 해당 정보저장매체를 현실적으로 지배·관리하면서 그 정보저장매체 내 전자정보 전반에 관한 전속적인 관리처분권을 보유·행사하고, 달리 이를 자신의 의사에 따라 제3자에게 양도하거나 포기하지 아니한 경우로서, 피의자를 그 정보저장매체에 저장된 전자정보 전반에 대한 실질적인 압수·수색 당사자로 평가할 수 있는 경우를 말하는 것이다. 이에 해당하는지 여부는 민사법상 권리의 귀속에 따른 법률적·사후적 판단이 아니라 압수·수색 당시 외형적·객관적으로 인식 가능한 사실상의 상태를 기준으로 판단하여야 한다. 이러한 정보저장매체의 외형적·객관적 지배·관리 등 상태와 별도로 단지 피의자나 그 밖의 제3자가 과거 그 정보저장매체의 이용 내지 개별 전자정보의 생성·이용 등에 관여한 사실이 있다거나 그 과정에서 생성된 전자정보에 의해 식별되는 정보주체에 해당한다는 사정만으로 그들을 실질적으로 압수·수색을 받는 당사자로 취급하여야 하는 것은 아니다(대법원 2022.1.27, 2021도11170 판결 등 참조). 피고인이 허위의 인턴활동 확인서를 작성한 후 A의 아들 대학원 입시에 첨부자료로 제출하도록 함으로써 A 등과 공모하여 대학원 입학담당자들의 입학사정 업무를 방해한 공소사실로 기소된 사안에서, 이 사건 하드디스크의 임의제출 과정에서 B에게만 참여의 기회를 부여하고 A 등에게 참여의 기회를 부여하지 않은 것이 위법하다고 볼 수 없다(대법원 2023.9.18, 2022도7453 전원합의체).

ⓑ (×) 정보저장매체에 대한 압수·수색에 있어, 압수·수색 당시 또는 이와 시간적으로 근접한 시기까지 정보저장매체를 현실적으로 지배·관리하면서 그 정보저장매체 내 전자정보 전반에 관한 전속적인 관리처분권을 보유·행사하고, 달리 이를 자신의 의사에 따라 제3자에게 양도하거나 포기하지 아니한 경우에는, 그 지배·관리자인 피의자를 정보저장매체에 저장된 전자정보 전반에 대한 실질적인 압수·수색 당사자로 평가할 수 있다(대법원 2022.1.27, 2021도11170). 그러나 유류물 압수는 수사기관이 소유권이나 관리처분권이 처음부터 존재하지 않거나, 존재하였지만 적법하게 포기된 물건, 또는 그와 같은 외관을 가진 물건 등의 점유를 수사상 필요에 따라 취득하는 수사방법을 말한다. 따라서 유류물 압수에 있어서는 정보저장매체의 현실적 지배·관리 혹은 이에 담겨있는 전자정보 전반에 관한 전속적인 관리처분권을 인정하기 어렵다. 정보저장매체를 소지하고 있던 사람이 이를 분실한 경우와 같이 그 권리를 포기하였다고 단정하기 어려운 경우에도, 수사기관이 그러한 사정을 알거나 충분히 알 수 있었음에도 이를 유류물로서 영장 없이 압수하였

다는 등의 특별한 사정이 없는 한, 영장에 의한 압수나 임의제출물 압수와 같이 수사기관의 압수 당시 참여권 행사의 주체가 되는 피압수자가 존재한다고 평가할 수는 없다(대법원 2024.7.25, 2021도1181).

[정리] 범죄수사를 위해 정보저장매체의 압수가 필요하고, 정보저장매체를 소지하던 사람이 그에 관한 권리를 포기하였거나 포기한 것으로 인식할 수 있는 경우에는, 수사기관이 형사소송법 제218조에 따라 피의자 기타 사람이 유류한 정보저장매체를 영장 없이 압수할 때 해당 사건과 관계가 있다고 인정할 수 있는 것에 압수의 대상이나 범위가 한정된다거나, 참여권자의 참여가 필수적이라고 볼 수는 없다.

07 정답 ①

① 없음

㉠ (×) 특별사법경찰관은 휴대전화의 압수 과정에서 압수조서 및 전자정보 상세목록을 작성·교부하지는 않았지만, 그에 갈음하여 압수의 취지가 상세히 기재된 수사보고의 일종인 조사보고를 작성하였는바, 이는 적법절차의 실질적인 내용을 침해하였다고 보기 어렵다(대법원 2023.6.1, 2020도12157).

㉡ (×) 구 「특별사법경찰관리 직무규칙(2021.1.1. 법무부령 제995호로 폐지되기 전의 것)」 제4조는 내부적 보고의무 규정에 불과하므로, 특별사법경찰관리가 위 보고의무를 이행하지 않았다고 하여 적법절차의 실질적인 내용을 침해하는 경우에 해당하지 않는다(대법원 2023.6.1, 2020도12157).

㉢ (×), ㉣ (×) 피고인은 유체물인 이 사건 메모리카드 압수 당시 메모리카드를 소지하고 있지 않았고, 당초 자신은 아무런 관련이 없다고 진술한 점, 특별사법경찰관은 메모리카드 보관자인 세관측에 이 사건 영장을 제시하면서 메모리카드를 압수하였고, 압수조서를 작성하였으며, 세관측에 압수목록을 교부한 점을 감안하면 피고인은 압수 집행과정에서 절차 참여를 보장받아야 하는 사람에 해당한다고 단정할 수 없거나, 압수 집행과정에서 피고인에 대한 절차 참여를 보장한 취지가 실질적으로 침해되었다고 보기 어렵다. … 위 ㉠㉡에서 압수된 휴대전화에서 출력한 카카오톡 및 문자메시지과 위 ㉢에서 압수한 메모리카드의 증거능력은 모두 인정된다(대법원 2023.6.1, 2020도12157).

08 정답 ④

④ ㉠㉡㉢㉣

㉠ (○) 제125조, 제126조 참조.

> **제125조(야간집행의 제한)** 일출 전, 일몰 후에는 압수·수색 영장에 야간집행을 할 수 있는 기재가 없으면 그 영장을 집행하기 위하여 타인의 주거, 간수자 있는 가옥, 건조물, 항공기 또는 선차 내에 들어가지 못한다.
> **제126조(야간집행제한의 예외)** 다음 장소에서 압수·수색영장을 집행함에는 전조의 제한을 받지 아니한다.
> 1. 도박 기타 풍속을 해하는 행위에 상용된다고 인정하는 장소
> 2. 여관, 음식점 기타 야간에 공중이 출입할 수 있는 장소. 단, 공개한 시간 내에 한한다.

㉡ (○) 제333조 제3항 참조.

> **제333조(압수장물의 환부)** ③ 가환부한 장물에 대하여 별단의 선고가 없는 때에는 환부의 선고가 있는 것으로 간주한다.

ⓒ (O) 제128조, 제129조, 제130조 참조.

> **제128조(증명서의 교부)** 수색한 경우에 증거물 또는 몰취할 물건이 없는 때에는 그 취지의 증명서를 교부하여야 한다.
> **제129조(압수목록의 교부)** 압수한 경우에는 목록을 작성하여 소유자, 소지자, 보관자 기타 이에 준할 자에게 교부하여야 한다.
> **제130조(압수물의 보관과 폐기)** ① 운반 또는 보관에 불편한 압수물에 관하여는 간수자를 두거나 소유자 또는 적당한 자의 승낙을 얻어 보관하게 할 수 있다.
> ② 위험발생의 염려가 있는 압수물은 폐기할 수 있다.

ⓔ (×) 제출명령은 수사기관에게는 인정되지 않는다. 법원의 제출명령에 관해서는 제106조 제2항 참조.

ⓜ (O) 형사소송법은 수사기관의 압수·수색영장 집행에 대한 사후적 통제수단 및 피압수자의 신속한 구제절차로 준항고 절차를 마련하여 검사 또는 사법경찰관의 압수 등에 관한 처분에 대하여 불복이 있으면 처분의 취소 또는 변경을 구할 수 있도록 규정하고 있다(제417조). 피압수자는 준항고인의 지위에서 불복의 대상이 되는 압수 등에 관한 처분을 특정하고 준항고취지를 명확히 하여 청구의 내용을 서면으로 기재한 다음 관할법원에 제출하여야 한다(제418조)(대법원 2023.1.12, 2022모1566).

09
정답 ②

② ⓛⓒⓔ

㉠ (×) 결정으로 환부하여야 한다. 제133조 제1항.

> **제133조(압수물의 환부, 가환부)** ① 압수를 계속할 필요가 없다고 인정되는 압수물은 피고사건 종결 전이라도 결정으로 환부하여야 하고 증거에 공할 압수물은 소유자, 소지자, 보관자 또는 제출인의 청구에 의하여 가환부할 수 있다.

ⓛ (O) 제133조 제2항

> **제133조(압수물의 환부, 가환부)** ② 증거에만 공할 목적으로 압수한 물건으로서 그 소유자 또는 소지자가 계속 사용하여야 할 물건은 사진촬영 기타 원형보존의 조치를 취하고 신속히 가환부하여야 한다.

ⓒ (O) 피압수자 등 환부를 받을 자가 압수 후 그 소유권을 포기하는 등에 의하여 실체법상의 권리를 상실하더라도 그 때문에 압수물을 환부하여야 하는 수사기관의 의무에 어떠한 영향을 미칠 수 없고, 또한 수사기관에 대하여 형사소송법상의 환부청구권을 포기한다는 의사표시를 하더라도 그 효력이 없어 그에 의하여 수사기관의 필요적 환부의무가 면제된다고 볼 수는 없으므로, 압수물의 소유권이나 그 환부청구권을 포기하는 의사표시로 인하여 위 환부의무에 대응하는 압수물에 대한 환부청구권이 소멸하는 것은 아니다(대법원 1996.8.16, 94모51 전원합의체).

ⓔ (O) 피고인에게 의견을 진술할 기회를 주지 아니한 채 한 가환부결정은 형사소송법 제135조에 위배하여 위법하고 이 위법은 재판의 결과에 영향을 미쳤다 할 것이다(대법원 1980.2.5, 80모3).

ⓜ (×) 형사소송법은 수사기관의 압수·수색영장 집행에 대한 사후적 통제수단 및 피압수자의 신속한 구제절차로 준항고 절차를 마련하여 검사 또는 사법경찰관의 압수 등에 관한 처분에 대하여 불복이 있으면 처분의 취소 또는 변경을 구할 수 있도록 규정하고 있다(제417조). 피압수자는 준항고인의 지위에서 불복의 대상이 되는 압수 등에 관한 처분을 특정하고 준항고취

지를 명확히 하여 청구의 내용을 서면으로 기재한 다음 관할법원에 제출하여야 한다(제418조). 다만 준항고인이 불복의 대상이 되는 압수 등에 관한 처분을 구체적으로 특정하기 어려운 사정이 있는 경우에는 법원은 석명권 행사 등을 통해 준항고인에게 불복하는 압수 등에 관한 처분을 특정할 수 있는 기회를 부여하여야 한다. … (또한) 형사소송법 제417조에 따른 준항고 절차는 항고소송의 일종으로 당사자주의에 의한 소송절차와는 달리 대립되는 양 당사자의 관여를 필요로 하지 않는다. 따라서 준항고인이 불복의 대상이 되는 압수 등에 관한 처분을 한 수사기관을 제대로 특정하지 못하거나 준항고인이 특정한 수사기관이 해당 처분을 한 사실을 인정하기 어렵다는 이유만으로 준항고를 쉽사리 배척할 것은 아니다. … 준항고인이 압수·수색 처분의 주체로 지정한 수사처 검사가 압수·수색 처분을 한 사실이 없다거나 준항고인을 압수·수색영장 대상자로 하여 어떠한 물건에 대한 압수·수색 처분을 하였다고 인정할 자료가 없거나 부족하다는 이유만으로 준항고인의 이 부분 청구를 기각한 원심의 판단에는 준항고 대상 특정에 관한 법리를 오해하고 필요한 심리를 다하지 않아 재판에 영향을 미친 잘못이 있다(대법원 2023.1.12, 2022모1566).

> **제417조(동전)** 검사 또는 사법경찰관의 구금, 압수 또는 압수물의 환부에 관한 처분과 제243조의2에 따른 변호인의 참여 등에 관한 처분에 대하여 불복이 있으면 그 직무집행지의 관할법원 또는 검사의 소속검찰청에 대응한 법원에 그 처분의 취소 또는 변경을 청구할 수 있다.
> **제418조(준항고의 방식)** 전2조의 청구는 서면으로 관할법원에 제출하여야 한다.

10
정답 ③

③ (×) 피고인·피의자 아닌 자에 대해서도 인정된다. 다만 증적의 존재를 확인할 수 있는 현저한 사유가 있는 경우에 한한다. [비교] 감정유치는 피고인이나 피의자 아닌 자에 대해서는 인정되지 않는다.

> **제141조(신체검사에 관한 주의)** ② 피고인 아닌 사람의 신체검사는 증거가 될 만한 흔적을 확인할 수 있는 현저한 사유가 있는 경우에만 할 수 있다.

① (O) 사법경찰관 사무취급이 작성한 실황조서가 사고발생 직후 사고장소에서 긴급을 요하여 판사의 영장 없이 시행된 것으로서 형사소송법 제216조 제3항에 의한 검증에 따라 작성된 것이라면 사후영장을 받지 않는 한 유죄의 증거로 삼을 수 없다(대법원 1989.3.14, 88도1399).

② (O) 제219조, 제140조 참조.

> **제219조(준용규정)** 제106조, 제107조, 제109조 내지 제112조, 제114조, 제115조 제1항 본문, 제2항, 제118조부터 제132조까지, 제134조, 제135조, 제140조, 제141조, 제333조 제2항, 제486조의 규정은 검사 또는 사법경찰관의 본장의 규정에 의한 압수, 수색 또는 검증에 준용한다.
> **제140조(검증과 필요한 처분)** 검증을 함에는 신체의 검사, 사체의 해부, 분묘의 발굴, 물건의 파괴 기타 필요한 처분을 할 수 있다.

④ (O) 수사기관이 범죄 증거를 수집할 목적으로 피의자의 동의 없이 피의자의 혈액을 취득·보관하는 행위는 법원으로부터 감

정처분허가장을 받아 형사소송법 제221조의4 제1항, 제173조 제1항에 의한 '감정에 필요한 처분'으로도 할 수 있지만, 형사소송법 제219조, 제106조 제1항에 정한 압수의 방법으로도 할 수 있고, 압수의 방법에 의하는 경우 혈액의 취득을 위하여 피의자의 신체로부터 혈액을 채취하는 행위는 혈액의 압수를 위한 것으로서 형사소송법 제219조, 제120조 제1항에 정한 '압수영장의 집행에 있어 필요한 처분'에 해당한다(대법원 2012.11. 15, 2011도15258).

11
정답 ③

③ ㉠㉡㉢㉣

㉠ (×) 해당 증거에 대한 증거조사가 곤란한 경우 뿐만 아니라 증명력의 변화가 예상되는 경우도 포함된다.

㉡ (×) 형사소송법 제184조에 의한 증거보전은 피고인 또는 피의자가 형사입건도 되기 전에는 청구할 수 없고, 또 피의자신문에 해당하는 사항을 증거보전의 방법으로 청구할 수 없다(대법원 1979.6.12, 79도792). 피고인에 신문도 허용되지 않는다. 다만, 공동피고인과 피고인이 뇌물을 주고받은 사이로 필요적 공범관계에 있다고 하더라도 검사는 수사단계에서 피고인에 대한 증거를 미리 보전하기 위하여 필요한 경우에는 판사에게 공동피고인을 증인으로 신문할 것을 청구할 수 있다(대법원 1988.11. 8, 86도1646).

㉢ (×) 제1회 공판기일 전이라면, 공소제기 후라도 가능하다.

> **제184조(증거보전의 청구와 그 절차)** ① 검사, 피고인, 피의자 또는 변호인은 미리 증거를 보전하지 아니하면 그 증거를 사용하기 곤란한 사정이 있는 때에는 제1회 공판기일 전이라도 판사에게 압수, 수색, 검증, 증인신문 또는 감정을 청구할 수 있다.

㉣ (×) 증거보전청구를 함에는 '서면'으로 그 사유를 소명하여야 한다

> **제184조(증거보전의 청구와 그 절차)** ① 검사, 피고인, 피의자 또는 변호인은 미리 증거를 보전하지 아니하면 그 증거를 사용하기 곤란한 사정이 있는 때에는 제1회 공판기일 전이라도 판사에게 압수, 수색, 검증, 증인신문 또는 감정을 청구할 수 있다.
> ③ 제1항의 청구를 함에는 서면으로 그 사유를 소명하여야 한다.

㉤ (○) 증인신문조서가 증거보전절차에서 피고인이 증인으로서 증언한 내용을 기재한 것이 아니라 증인(甲)의 증언내용을 기재한 것이고 다만 피의자였던 피고인이 당사자로 참여하여 자신의 범행사실을 시인하는 전제하에 위 증인에게 반대신문한 내용이 기재되어 있을 뿐이라면, 위 조서는 공판준비 또는 공판기일에 피고인 등의 진술을 기재한 조서도 아니고, 반대신문과정에서 피의자가 한 진술에 관한 한 형사소송법 제184조에 의한 증인신문조서도 아니므로 위 조서 중 피의자의 진술기재부분에 대하여는 형사소송법 제311조에 의한 증거능력을 인정할 수 없다(대법원 1984.5.15, 84도508).

㉥ (○) 제1회 공판기일 전에 형사소송법 제184조에 의한 증거보전절차에서 증인신문을 하면서, 위 증인신문의 일시와 장소를 피의자 및 변호인에게 미리 통지하지 아니하여 증인신문에 참여할 수 있는 기회를 주지 아니하였고, 또 변호인이 제1심 공판기일에

위 증인신문조서의 증거조사에 관하여 이의신청을 하였다면, 위 증인신문조서는 증거능력이 없다 할 것이고, 그 증인이 후에 법정에서 그 조서의 진정성립을 인정한다 하여 다시 그 증거능력을 취득한다고 볼 수도 없다(대법원 1992.2.28, 91도2337). 또한 위 지문 후단의 내용은 제185조 참조.

> **제185조(서류의 열람등)** 검사, 피고인, 피의자 또는 변호인은 판사의 허가를 얻어 전조의 처분에 관한 서류와 증거물을 열람 또는 등사할 수 있다.

12
정답 ④

④ ㉠㉡㉢㉤

㉠ (○) 수사상 증인신문은 참고인의 출석과 진술을 강제함으로써 진술증거의 수집과 보전을 기하는 것이 제도적 취지이다.

㉡ (○) 제221조의2 제1항 참조.

> **제221조의2(증인신문의 청구)** ① 범죄의 수사에 없어서는 아니 될 사실을 안다고 명백히 인정되는 자가 전조의 규정에 의한 출석 또는 진술을 거부한 경우에는 검사는 제1회 공판기일 전에 한하여 판사에게 그에 대한 증인신문을 청구할 수 있다.

㉢ (○) 판사가 형사소송법 제184조에 의한 증거보전절차로 증인신문을 하는 경우에는 동법 제221조의2에 의한 증인신문의 경우와는 달라 동법 제163조에 따라 검사, 피의자 또는 변호인에게 증인신문의 시일과 장소를 미리 통지하여 증인신문에 참여할 수 있는 기회를 주어야 하나 참여의 기회를 주지 아니한 경우라도 피고인과 변호인이 증인신문조서를 증거로 할 수 있음에 동의하여 별다른 이의없이 적법하게 증거조사를 거친 경우에는 위 증인신문조서는 증인신문절차가 위법하였는지의 여부에 관계없이 증거능력이 부여된다(대법원 1988.11.8, 86도1646).

㉣ (×) 형사소송법 제221조의2 제2항에 의한 검사의 증인신문청구는 수사단계에서의 피의자 이외의 자의 진술이 범죄의 증명에 없어서는 안될 것으로 인정되는 경우에 공소유지를 위하여 이를 보전하려는 데 그 목적이 있으므로 이 증인신문청구를 하려면 증인의 진술로서 증명할 대상인 피의사실이 존재하여야 하고, 피의사실은 수사기관이 어떤 자에 대하여 내심으로 혐의를 품고 있는 정도의 상태만으로는 존재한다고 할 수 없고 고소, 고발 또는 자수를 받거나 또는 수사기관 스스로 범죄의 혐의가 있다고 보아 수사를 개시하는 범죄의 인지 등 수사의 대상으로 삼고 있음을 외부적으로 표현한 때에 비로소 그 존재를 인정할 수 있다(대법원 1989.6.20, 89도648).

㉤ (○) 제184조 제1항·제4항 참조.

> **제184조(증거보전의 청구와 그 절차)** ① 검사, 피고인, 피의자 또는 변호인은 미리 증거를 보전하지 아니하면 그 증거를 사용하기 곤란한 사정이 있는 때에는 제1회 공판기일 전이라도 판사에게 압수, 수색, 검증, 증인신문 또는 감정을 청구할 수 있다.
> ④ 제1항의 청구를 기각하는 결정에 대하여는 3일 이내에 항고할 수 있다.

13
정답 ④

④ (○) 제184조 제1항·제4항 참조.

> **제184조(증거보전의 청구와 그 절차)** ① 검사, 피고인, 피의자

또는 변호인은 미리 증거를 보전하지 아니하면 그 증거를 사용하기 곤란한 사정이 있는 때에는 제1회 공판기일 전이라도 판사에게 압수, 수색, 검증, 증인신문 또는 감정을 청구할 수 있다.

④ 제1항의 청구를 기각하는 결정에 대하여는 3일 이내에 항고할 수 있다.

① (×) 즉시항고를 허용하는 규정이 없고, 수임판사의 결정이므로 불복할 수 없다.

② (×) 제221조의2 제5항 참조.

> **제221조의2(증인신문의 청구)** ⑤ 판사는 제1항의 청구에 따라 증인신문기일을 정한 때에는 피고인·피의자 또는 변호인에게 이를 통지하여 증인신문에 참여할 수 있도록 하여야 한다.

③ (×) 공동피고인과 피고인이 뇌물을 주고받은 사이로 필요적 공범관계에 있다고 하더라도 검사는 수사단계에서 피고인에 대한 증거를 미리 보전하기 위하여 필요한 경우에는 판사에게 공동피고인을 증인으로 신문할 것을 청구할 수 있다(대법원 1988. 11.8, 86도1646).

14
정답 ④

④ (×) 사법경찰관이 범죄를 수사한 후 범죄의 혐의가 인정되지 않아 불송치 결정을 하는 경우, 사법경찰관은 그 이유를 명시한 서면과 함께 관계 서류와 증거물을 지체 없이 검사에게 송부해야 하며, 검사는 송부받은 날로부터 90일 이내에 사법경찰관에게 그 서류 등을 반환하여야 한다(제245조의5 제2호).

① (○) 수사준칙 제53조 제1항

> **수사준칙 제53조(수사 결과의 통지)** ① 검사 또는 사법경찰관은 제51조 또는 제52조에 따른 결정을 한 경우에는 그 내용을 고소인·고발인·피해자 또는 그 법정대리인(피해자가 사망한 경우에는 그 배우자·직계친족·형제자매를 포함한다. 이하 "고소인등"이라 한다)과 피의자에게 통지해야 한다.

[보충] 사건불송치결정에 대해서는 고소인 등이 이의신청권을 행사할 수 있다(고발인은 제외, 2022.5.9. 개정). 제245조의6, 제245조의7 참조.

> **제245조의6(고소인 등에 대한 송부통지)** 사법경찰관은 제245조의5 제2호의 경우에는 그 송부한 날부터 7일 이내에 서면으로 고소인·고발인·피해자 또는 그 법정대리인(피해자가 사망한 경우에는 그 배우자·직계친족·형제자매를 포함한다)에게 사건을 검사에게 송치하지 아니하는 취지와 그 이유를 통지하여야 한다.
>
> **제245조의7(고소인 등의 이의신청)** ① 제245조의6의 통지를 받은 사람(고발인을 제외한다)은 해당 사법경찰관의 소속 관서의 장에게 이의를 신청할 수 있다. <개정 2022.5.9.>
> ② 사법경찰관은 제1항의 신청이 있는 때에는 지체 없이 검사에게 사건을 송치하고 관계 서류와 증거물을 송부하여야 하며, 처리결과와 그 이유를 제1항의 신청인에게 통지하여야 한다.

② (○) 수사준칙 제59조 제1항 본문 참조.

> **수사준칙 제59조(보완수사요구의 대상과 범위)** ① 검사는 사법경찰관으로부터 송치받은 사건에 대해 보완수사가 필요하다고 인정하는 경우에는 직접 보완수사를 하거나 법 제197조의2 제1항 제1호에 따라 사법경찰관에게 보완수사를 요구할

수 있다. 다만, 송치사건의 공소제기 여부 결정에 필요한 경우로서 다음 각 호의 어느 하나에 해당하는 경우에는 특별히 사법경찰관에게 보완수사를 요구할 필요가 있다고 인정되는 경우를 제외하고는 검사가 직접 보완수사를 하는 것을 원칙으로 한다. <개정 2023.10.17.>
> 1. 사건을 수리한 날(이미 보완수사요구가 있었던 사건의 경우 보완수사 이행 결과를 통보받은 날을 말한다)부터 1개월이 경과한 경우
> 2. 사건이 송치된 이후 검사가 해당 피의자 및 피의사실에 대해 상당한 정도의 보완수사를 한 경우
> 3. 법 제197조의3 제5항, 제197조의4 제1항 또는 제198조의2 제2항에 따라 사법경찰관으로부터 사건을 송치받은 경우
> 4. 제7조 또는 제8조에 따라 검사와 사법경찰관이 사건 송치 전에 수사할 사항, 증거수집의 대상 및 법령의 적용 등에 대해 협의를 마치고 송치한 경우

③ (○) 제197조의3 제3항·제5항

15
정답 ③

③ ㉡㉢㉤

㉠ (○) 사법경찰관의 위법·부당 수사에 대한 검사의 통제장치인 시정조치요구권의 내용이다.

> **제197조의3(시정조치요구 등)** ① 검사는 사법경찰관리의 수사과정에서 법령위반, 인권침해 또는 현저한 수사권 남용이 의심되는 사실의 신고가 있거나 그러한 사실을 인식하게 된 경우에는 사법경찰관에게 사건기록 등본의 송부를 요구할 수 있다.
> ② 제1항의 송부 요구를 받은 사법경찰관은 지체 없이 검사에게 사건기록 등본을 송부하여야 한다.
> ③ 제2항의 송부를 받은 검사는 필요하다고 인정되는 경우에는 사법경찰관에게 시정조치를 요구할 수 있다.
> ④ 사법경찰관은 제3항의 시정조치 요구가 있는 때에는 정당한 이유가 없으면 지체 없이 이를 이행하고, 그 결과를 검사에게 통보하여야 한다.
> ⑤ 제4항의 통보를 받은 검사는 제3항에 따른 시정조치 요구가 정당한 이유 없이 이행되지 않았다고 인정되는 경우에는 사법경찰관에게 사건을 송치할 것을 요구할 수 있다.
> ⑥ 제5항의 송치 요구를 받은 사법경찰관은 검사에게 사건을 송치하여야 한다.
> ⑦ 검찰총장 또는 각급 검찰청 검사장은 사법경찰관리의 수사과정에서 법령위반, 인권침해 또는 현저한 수사권 남용이 있었던 때에는 권한 있는 사람에게 해당 사법경찰관리의 징계를 요구할 수 있고, 그 징계 절차는 「공무원 징계령」 또는 「경찰공무원 징계령」에 따른다.
> ⑧ 사법경찰관은 피의자를 신문하기 전에 수사과정에서 법령위반, 인권침해 또는 현저한 수사권 남용이 있는 경우 검사에게 구제를 신청할 수 있음을 피의자에게 알려 주어야 한다.

㉡ (×) 검사가 시정조치요구권을 행사할 수 있는 기간은 원칙적으로 '30일 이내'이다(수사준칙 제45조 제3항 참조).

[보충] 검사의 재수사요청권 행사 기간인 90일(제245조의5 제2호 제2문)과 혼동하지 않도록 한다.

> **수사준칙 제45조(시정조치 요구의 방법 및 절차 등)** ① 검사는 법 제197조의3 제1항에 따라 사법경찰관에게 사건기록 등

본의 송부를 요구할 때에는 그 내용과 이유를 구체적으로 적은 서면으로 해야 한다.

② 사법경찰관은 제1항에 따른 요구를 받은 날부터 7일 이내에 사건기록 등본을 검사에게 송부해야 한다.

③ 검사는 제2항에 따라 사건기록 등본을 송부받은 날부터 30일(사안의 경중 등을 고려하여 10일의 범위에서 한 차례 연장할 수 있다) 이내에 법 제197조의3 제3항에 따른 시정조치 요구 여부를 결정하여 사법경찰관에게 통보해야 한다. 이 경우 시정조치 요구의 통보는 그 내용과 이유를 구체적으로 적은 서면으로 해야 한다.

④ 사법경찰관은 제3항에 따라 시정조치 요구를 통보받은 경우 정당한 이유가 있는 경우를 제외하고는 지체 없이 시정조치를 이행하고, 그 이행 결과를 서면에 구체적으로 적어 검사에게 통보해야 한다.

⑤ 검사는 법 제197조의3 제5항에 따라 사법경찰관에게 사건송치를 요구하는 경우에는 그 내용과 이유를 구체적으로 적은 서면으로 해야 한다.

⑥ 사법경찰관은 제5항에 따라 서면으로 사건송치를 요구받은 날부터 7일 이내에 사건을 검사에게 송치해야 한다. 이 경우 관계 서류와 증거물을 함께 송부해야 한다.

⑦ 제5항 및 제6항에도 불구하고 검사는 공소시효 만료일의 임박 등 특별한 사유가 있을 때에는 제5항에 따른 서면에 그 사유를 명시하고 별도의 송치기한을 정하여 사법경찰관에게 통지할 수 있다. 이 경우 사법경찰관은 정당한 이유가 있는 경우를 제외하고는 통지받은 송치기한까지 사건을 검사에게 송치해야 한다.

[정리] 사건기록등본 송부는 지체 없이(7일) → 시정조치요구는 30일(+10일) → 시정조치 이행은 (정당한 이유 없는 한) 지체 없이 → 사건송치는 7일

[보충] 검사의 재수사요청권 행사기간은 90일이다.

제245조의5(사법경찰관의 사건송치 등) 사법경찰관은 고소·고발 사건을 포함하여 범죄를 수사한 때에는 다음 각 호의 구분에 따른다.
1. 범죄의 혐의가 있다고 인정되는 경우에는 지체 없이 검사에게 사건을 송치하고, 관계 서류와 증거물을 검사에게 송부하여야 한다.
2. 그 밖의 경우에는 그 이유를 명시한 서면과 함께 관계 서류와 증거물을 지체 없이 검사에게 송부하여야 한다. 이 경우 검사는 송부받은 날부터 90일 이내에 사법경찰관에게 반환하여야 한다.

제245조의8(재수사요청 등) ① 검사는 제245조의5 제2호의 경우에 사법경찰관이 사건을 송치하지 아니한 것이 위법 또는 부당한 때에는 그 이유를 문서로 명시하여 사법경찰관에게 재수사를 요청할 수 있다.
② 사법경찰관은 제1항의 요청이 있는 때에는 사건을 재수사하여야 한다.

ⓒ (×) 사법경찰관은 범죄를 수사한 때에는 범죄의 혐의가 인정되면 검사에게 사건을 송치하고, 그 밖의 경우에는 그 이유를 명시한 서면과 함께 관계 서류와 증거물을 검사에게 송부하도록 하고(제245조의5 신설), 사건을 검사에게 송치하지 아니한 경우에는 서면으로 고소인·고발인·피해자 또는 그 법정대리인에게 사건을 검사에게 송치하지 아니하는 취지와 그 이유를 통지하도록 한다(제245조의6 신설). 이때 사법경찰관으로부터 사건

을 검사에게 송치하지 아니하는 취지와 그 이유를 통지받은 사람은 해당 사법경찰관의 소속 관서의 장에게 이의를 신청할 수 있고, 사법경찰관은 이의신청이 있는 때에는 지체 없이 검사에게 사건을 송치하도록 한다(제245조의7 신설).

제245조의5(사법경찰관의 사건송치 등) 사법경찰관은 고소·고발 사건을 포함하여 범죄를 수사한 때에는 다음 각 호의 구분에 따른다.
1. 범죄의 혐의가 있다고 인정되는 경우에는 지체 없이 검사에게 사건을 송치하고, 관계 서류와 증거물을 검사에게 송부하여야 한다.
2. 그 밖의 경우에는 그 이유를 명시한 서면과 함께 관계 서류와 증거물을 지체 없이 검사에게 송부하여야 한다. 이 경우 검사는 송부받은 날부터 90일 이내에 사법경찰관에게 반환하여야 한다.

제245조의6(고소인 등에 대한 송부통지) 사법경찰관은 제245조의5 제2호의 경우에는 그 송부한 날부터 7일 이내에 서면으로 고소인·고발인·피해자 또는 그 법정대리인(피해자가 사망한 경우에는 그 배우자·직계친족·형제자매를 포함한다)에게 사건을 검사에게 송치하지 아니하는 취지와 그 이유를 통지하여야 한다.

제245조의7(고소인 등의 이의신청) ① 제245조의6의 통지를 받은 사람(고발인을 제외한다)은 해당 사법경찰관의 소속 관서의 장에게 이의를 신청할 수 있다. <개정 2022.5.9.>
② 사법경찰관은 제1항의 신청이 있는 때에는 지체 없이 검사에게 사건을 송치하고 관계 서류와 증거물을 송부하여야 하며, 처리결과와 그 이유를 제1항의 신청인에게 통지하여야 한다.

ⓔ (○) 사법경찰관의 사건불송치결정이 위법·부당한 경우 검사에게 부여된 재수사요청권의 내용이다.

제245조의8(재수사요청 등) ① 검사는 제245조의5 제2호의 경우에 사법경찰관이 사건을 송치하지 아니한 것이 위법 또는 부당한 때에는 그 이유를 문서로 명시하여 사법경찰관에게 재수사를 요청할 수 있다.
② 사법경찰관은 제1항의 요청이 있는 때에는 사건을 재수사하여야 한다.

ⓜ (×) 2021.1.1. 시행된 개정 형사소송법 제312조 제2항(영상녹화물이나 그밖의 객관적 방법에 의한 대체증명)이 삭제되어 검사 작성 피의자신문조서의 실질적 진정성립의 인정은 피고인의 진술만이 유일한 증명방법이 되었다.

[보충] 2022.1.1. 시행된 개정 제312조 제1항에 의하여 검사 작성 피의자신문조서의 증거능력 인정요건은 '내용의 인정'이다.

16

④ (×) 형사소송법 제197조의2 제1항에 따른 보완수사의 요구를 받은 사법경찰관과 검사 사이에 형사소송법 제197조의2 제2항의 '정당한 이유의 유무'에 대하여 이견의 조정이 필요한 경우에는 특별한 사정이 없으면 상대방의 협의요청에 응해야 하며(수사준칙 제8조 제1항 제2문), 이때 해당 검사와 사법경찰관의 협의에도 불구하고 이견이 해소되지 않는 경우에는 해당 검사가 소속된 검찰청의 장과 해당 사법경찰관이 소속된 경찰관서의 장의 협의에 따른다(수사준칙 제8조 제2항 제2호).

수사준칙 제8조(검사와 사법경찰관의 협의) ① 검사와 사법경찰관은 수사와 사건의 송치, 송부 등에 관한 이견의 조정이나 협력 등이 필요한 경우 서로 협의를 요청할 수 있다. 이 경우 특별한 사정이 없으면 상대방의 협의 요청에 응해야 한다. <개정 2023.10.17.>
② 제1항에 따른 협의에도 불구하고 이견이 해소되지 않는 경우로서 다음 각 호의 어느 하나에 해당하는 경우에는 해당 검사가 소속된 검찰청의 장과 해당 사법경찰관이 소속된 경찰관서(지방해양경찰관서를 포함한다. 이하 같다)의 장의 협의에 따른다. <개정 2023.10.17.>
1. 중요사건에 관하여 상호 의견을 제시·교환하는 것에 대해 이견이 있거나 제시·교환한 의견의 내용에 대해 이견이 있는 경우
2. 「형사소송법」(이하 "법"이라 한다) 제197조의2 제2항 및 제3항에 따른 정당한 이유의 유무에 대해 이견이 있는 경우
3. 법 제197조의4 제2항 단서에 따라 사법경찰관이 계속 수사할 수 있는지 여부나 사법경찰관이 계속 수사할 수 있는 경우 수사를 계속할 주체 또는 사건의 이송 여부 등에 대해 이견이 있는 경우
4. 법 제245조의8 제2항에 따른 재수사의 결과에 대해 이견이 있는 경우
    (→ 중요/정당/경합/재수사는 장끼리 협의해)

①② (○) 제197조의2 제1항, 제2항

제197조의2(보완수사요구) ① 검사는 다음 각 호의 어느 하나에 해당하는 경우에 사법경찰관에게 보완수사를 요구할 수 있다.
1. 송치사건의 공소제기 여부 결정 또는 공소의 유지에 관하여 필요한 경우
2. 사법경찰관이 신청한 영장의 청구 여부 결정에 관하여 필요한 경우
    (→ 기소/영장은 보완수사 해주세요)
② 사법경찰관은 제1항의 요구가 있는 때에는 정당한 이유가 없는 한 지체 없이 이를 이행하고, 그 결과를 검사에게 통보하여야 한다.
③ 검찰총장 또는 각급 검찰청 검사장은 사법경찰관이 정당한 이유 없이 제1항의 요구에 따르지 아니하는 때에는 권한 있는 사람에게 해당 사법경찰관의 직무배제 또는 징계를 요구할 수 있고, 그 징계 절차는 「공무원 징계령」 또는 「경찰공무원 징계령」에 따른다.

③ (○) 수사를 함에 있어서 검·경 간에 이견 조정이나 협력 등이 필요한 경우 상호 협의를 요청할 수 있다(수사준칙 제8조 제1항 본문).

17
정답 ④

④ (○) 검찰사건사무규칙(이하 이 문제에서 같은 법무부령임) 제115조 제3항 제2호 참조.

제115조(불기소결정) ③ 불기소결정의 주문은 다음과 같이 한다.
2. 혐의없음
    가. 혐의없음(범죄인정안됨): 피의사실이 범죄를 구성하지 않거나 피의사실이 인정되지 않는 경우
    나. 혐의없음(증거불충분): 피의사실을 인정할 만한 충분한 증거가 없는 경우

① (×) 피의사실이 범죄구성요건에 해당하나 책임조각사유가 있는 경우는 '죄가안됨'에 해당한다.

제115조(불기소결정) ③ 불기소결정의 주문은 다음과 같이 한다.
3. 죄가안됨: 피의사실이 범죄구성요건에는 해당하지만 법률상 범죄의 성립을 조각하는 사유가 있어 범죄를 구성하지 않는 경우

② (×) 피의사실이 범죄구성요건에 해당하나 위법성조각사유가 있는 경우는 '죄가안됨'에 해당한다.

제115조(불기소결정) ③ 불기소결정의 주문은 다음과 같이 한다.
3. 죄가안됨: 피의사실이 범죄구성요건에는 해당하지만 법률상 범죄의 성립을 조각하는 사유가 있어 범죄를 구성하지 않는 경우

③ (×) 피의자가 사망한 경우는 '공소권없음'에 해당한다.

제115조(불기소결정) ③ 불기소결정의 주문은 다음과 같이 한다.
4. 공소권없음: 다음 각 목의 어느 해당에 해당하는 경우
    가. 확정판결이 있는 경우
    나. 통고처분이 이행된 경우
    다. 소년법·가정폭력처벌법·성매매처벌법 또는 아동학대처벌법에 따른 보호처분이 확정된 경우(보호처분이 취소되어 검찰에 송치된 경우는 제외한다)
    라. 사면이 있는 경우
    마. 공소의 시효가 완성된 경우
    바. 범죄 후 법령의 개정이나 폐지로 형이 폐지된 경우
    사. 법률에 따라 형이 면제된 경우
    아. 피의자에 관하여 재판권이 없는 경우
    자. 같은 사건에 관하여 이미 공소가 제기된 경우(공소를 취소한 경우를 포함한다. 다만, 공소를 취소한 후에 다른 중요한 증거를 발견한 경우는 포함되지 않는다)
    차. 친고죄 및 공무원의 고발이 있어야 논할 수 있는 죄의 경우에 고소 또는 고발이 없거나 그 고소 또는 고발이 무효 또는 취소된 경우
    카. 반의사불벌죄의 경우 처벌을 희망하지 않는 의사표시가 있거나 처벌을 희망하는 의사표시가 철회된 경우
    타. 피의자가 사망하거나 피의자인 법인이 존속하지 않게 된 경우

18
정답 ③

③ (○) 검사의 불기소처분 당시에 공소시효가 완성되어 공소권이 없는 경우에는 위 불기소처분에 대한 재정신청은 허용되지 않는다(대법원 1990.7.16, 90모34).

① (×) 검사의 불기소처분에는 확정재판에 있어서의 확정력과 같은 효력이 없어 일단 불기소처분을 한 후에도 공소시효가 완성되기 전이면 언제라도 공소를 제기할 수 있으므로, 세무공무원 등의 고발이 있어야 공소를 제기할 수 있는 조세범처벌법 위반죄에 관하여 일단 불기소처분이 있었더라도 세무공무원 등이 종전에 한 고발은 여전히 유효하다. 따라서 나중에 공소를 제기함에 있어 세무공무원 등의 새로운 고발이 있어야 하는 것은 아니다(대법원 2009.10.29, 2009도6614).

② (×) 제260조 제2항 제3호

> **제260조(재정신청)** ② 제1항에 따른 재정신청을 하려면 「검찰청법」 제10조에 따른 항고를 거쳐야 한다. 다만, 다음 각 호의 어느 하나에 해당하는 경우에는 그러하지 아니한다.
> 1. 항고 이후 재기수사가 이루어진 다음에 다시 공소를 제기하지 아니한다는 통지를 받은 경우
> 2. 항고 신청 후 항고에 대한 처분이 행하여지지 아니하고 3개월이 경과한 경우
> 3. 검사가 공소시효 만료일 30일 전까지 공소를 제기하지 아니하는 경우

④ (×) 재정신청기각결정에 대해서 재정신청인은 즉시항고 할 수 있다.

> **제262조(심리와 결정)** ④ 제2항 제1호(기각결정)의 결정에 대하여는 제415조에 따른 즉시항고를 할 수 있고, 제2항 제2호(공소제기결정)의 결정에 대하여는 불복할 수 없다. 제2항 제1호의 결정이 확정된 사건에 대하여는 다른 중요한 증거를 발견한 경우를 제외하고는 소추할 수 없다.

19
정답 ③

③ ㉠㉡㉣

㉠ (×) 사법경찰관의 사건불송치결정에 대한 이의신청권자에 고발인은 포함되지 아니한다. 2022.5.9. 개정 제245조의7 제1항 참조.

> **제245조의7(고소인 등의 이의신청)** ① 제245조의6의 통지를 받은 사람(고발인을 제외한다)은 해당 사법경찰관의 소속 관서의 장에게 이의를 신청할 수 있다.

㉡ (○) 제245조의5 제2호, 수사준칙 제62조

> **제245조의5(사법경찰관의 사건송치 등)** 사법경찰관은 고소·고발 사건을 포함하여 범죄를 수사한 때에는 다음 각 호의 구분에 따른다.
> 1. 범죄의 혐의가 있다고 인정되는 경우에는 지체 없이 검사에게 사건을 송치하고, 관계 서류와 증거물을 검사에게 송부하여야 한다.
> 2. 그 밖의 경우에는 그 이유를 명시한 서면과 함께 관계 서류와 증거물을 지체 없이 검사에게 송부하여야 한다. 이 경우 검사는 송부받은 날부터 90일 이내에 사법경찰관에게 반환하여야 한다.
>
> **수사준칙 제62조(사법경찰관의 사건불송치)** ① 사법경찰관은 법 제245조의5 제2호 및 이 영 제51조 제1항 제3호에 따라 불송치 결정을 하는 경우 불송치의 이유를 적은 불송치 결정서와 함께 압수물 총목록, 기록목록 등 관계 서류와 증거물을 검사에게 송부해야 한다.

㉢ (○) 검사의 불기소처분에 대하여 고소하지 않은 피해자(헌법재판소 2008.11.27, 2008헌마399·400)와 기소유예처분을 받은 피의자(헌법재판소 1989.10.27, 89헌마56)는 헌법소원심판을 청구할 수 있다. 다만 고소인은 재정신청이 가능하다는 점에서, 고발인은 자기관련성이 인정되지 않는다는 점에서 헌법소원을 제기할 수 없다.

㉣ (×) 검사의 불기소처분에 대한 헌법소원심판청구 후에 그 불기소처분의 대상이 된 피의사실에 대하여 공소시효가 완성된 경우에는 그 불기소처분에 대한 헌법소원심판청구는 권리보호의 이익이 없어 부적법하다(헌법재판소 1992.7.23, 92헌마103).

㉤ (×) 검사는 사법경찰관으로부터 송치받은 사건에 대해 보완수사가 필요하다고 인정하는 경우에는 직접 보완수사를 하거나 법 제197조의2 제1항 제1호에 따라 사법경찰관에게 보완수사를 요구할 수 있다.
[보충] 다만 예외적인 경우(수사준칙 제59조 제1항 단서 및 동항 제1호 내지 제4호)에는 검사가 직접 보완수사 하는 것을 원칙으로 한다.

> **수사준칙 제59조(보완수사요구의 대상과 범위)** ① 검사는 사법경찰관으로부터 송치받은 사건에 대해 보완수사가 필요하다고 인정하는 경우에는 직접 보완수사를 하거나 법 제197조의2 제1항 제1호에 따라 사법경찰관에게 보완수사를 요구할 수 있다. 다만, 송치사건의 공소제기 여부 결정에 필요한 경우로서 다음 각 호의 어느 하나에 해당하는 경우에는 특별히 사법경찰관에게 보완수사를 요구할 필요가 있다고 인정되는 경우를 제외하고는 검사가 직접 보완수사를 하는 것을 원칙으로 한다. <개정 2023.10.17.>
> 1. 사건을 수리한 날(이미 보완수사요구가 있었던 사건의 경우 보완수사 이행 결과를 통보받은 날을 말한다)부터 1개월이 경과한 경우
> 2. 사건이 송치된 이후 검사가 해당 피의자 및 피의사실에 대해 상당한 정도의 보완수사를 한 경우
> 3. 법 제197조의3 제5항, 제197조의4 제1항 또는 제198조의2 제2항에 따라 사법경찰관으로부터 사건을 송치받은 경우
> 4. 제7조 또는 제8조에 따라 검사와 사법경찰관이 사건 송치 전에 수사할 사항, 증거수집의 대상 및 법령의 적용 등에 대해 협의를 마치고 송치한 경우
> ② 검사는 법 제197조의2 제1항에 따른 보완수사요구 여부를 판단하는 경우 필요한 보완수사의 정도, 수사 진행 기간, 구체적 사건의 성격에 따른 수사 주체의 적합성 및 검사와 사법경찰관의 상호 존중과 협력의 취지 등을 종합적으로 고려한다. <신설 2023.10.17.>
> (이하 생략)

20
정답 ③

③ (×) 검사작성의 피고인에 대한 진술조서가 공소제기 후에 작성된 것이라는 이유만으로는 곧 그 증거능력이 없다고 할 수 없다(대법원 1984.9.25, 84도1646).

① (○) 공소제기된 후에는 법원의 독자적 판단에 의하여 구속한다(제73조).

② (○) 제216조 제2항

④ (○) 대법원 2000.6.15, 99도1108; 2012.6.14, 2012도534

▶ **제3편 수사와 공소: 제3장 수사의 종결** [사법경찰관과 검사의 수사종결 2] — **제4장 공소의 제기** [공소시효]

01	③	02	②	03	③	04	②	05	②
06	④	07	④	08	②	09	④	10	③
11	②	12	②	13	④	14	②	15	③
16	①	17	③	18	②	19	③	20	②

01

정답 ③

③ ㉠㉡㉣

㉠ (×) 검사는 범죄의 구성요건에 해당하여 형사적 제재를 함이 상당하다고 판단되는 경우에는 공소를 제기할 수 있고 또 형법 제51조의 사항을 참작하여 공소를 제기하지 아니할 수 있는 재량이 있다(형사소송법 제246조, 제247조). 위와 같은 검사의 소추재량은 공익의 대표자인 검사로 하여금 객관적 입장에서 공소의 제기 및 유지 활동을 하게 하는 것이 형사소추의 적정성 및 합리성을 기할 수 있다고 보기 때문이므로 스스로 내재적인 한계를 가지는 것이고, 따라서 검사가 자의적으로 공소권을 행사하여 피고인에게 실질적인 불이익을 가함으로써 소추재량을 현저히 일탈하였다고 판단되는 경우에는 이를 공소권의 남용으로 보아 공소제기의 효력을 부인할 수 있다(대법원 2017.8.23, 2016도5423).

㉡ (×) 형사소송법이 공소제기에 관하여 서면주의와 엄격한 요식행위를 채용한 것은 앞으로 진행될 심판의 대상을 서면에 명확하게 기재하여 둠으로써 법원의 심판 대상을 명백하게 하고 피고인의 방어권을 충분히 보장하기 위한 것이므로, 서면인 공소장의 제출은 공소제기라는 소송행위가 성립하기 위한 본질적 요소라고 보아야 한다. 또한 이와 같은 절차법이 정한 절차에 따라 재판을 받을 권리는 헌법 제27조 제1항이 규정하는 '법률에 의한 재판을 받을 권리'에 해당한다. 따라서 서면인 공소장의 제출 없이 공소를 제기한 경우에는 이를 허용하는 특별한 규정이 없는 한 공소제기에 요구되는 소송법상의 정형을 갖추었다고 할 수 없어 소송행위로서의 공소제기가 성립되었다고 볼 수 없다(대법원 2016.12.15, 2015도3682). 따라서 이러한 행위에 대해서는 법원은 아무런 조치를 취할 필요가 없다.

㉢ (○) 검사가 공소사실의 일부가 되는 범죄일람표를 컴퓨터 프로그램을 통하여 열어보거나 출력할 수 있는 전자적 형태의 문서로 작성한 후, 종이문서로 출력하여 제출하지 아니하고 전자적 형태의 문서가 저장된 저장매체 자체를 서면인 공소장에 첨부하여 제출한 경우에는, 서면인 공소장에 기재된 부분에 한하여 공소가 제기된 것으로 볼 수 있을 뿐이고, 저장매체에 저장된 전자적 형태의 문서 부분까지 공소가 제기된 것이라고 할 수는 없다. 이러한 형태의 공소제기를 허용하는 별도의 규정이 없을 뿐만 아니라, 저장매체나 전자적 형태의 문서를 공소장의 일부로서의 '서면'으로 볼 수도 없기 때문이다. 이는 전자적 형태의 문서의 양이 방대하여 그와 같은 방식의 공소제기를 허용해야 할 현실적인 필요가 있다거나 피고인과 변호인이 이의를 제기

하지 않고 변론에 응하였다고 하여 달리 볼 것도 아니다. 그리고 형사소송규칙 제142조에 따르면 검사가 공소장을 변경하고자 하는 때에는 그 취지를 기재한 서면인 공소장변경허가신청서를 법원에 제출함이 원칙이고, 피고인이 재정하는 공판정에서 피고인에게 이익이 되거나 피고인이 동의하는 예외적인 경우에 구술에 의한 신청이 허용될 뿐이므로, 앞서 본 법리는 검사가 공소장변경허가신청서에 의한 공소장변경허가를 구하면서 변경하려는 공소사실을 전자적 형태의 문서로 작성하여 그 문서가 저장된 저장매체를 첨부한 경우에도 마찬가지로 적용된다(대법원 2016.12.15, 2015도3682).

㉣ (×) 검사가 위와 같은 방식으로 공소를 제기하거나 공소장변경허가신청서를 제출한 경우, 법원은 저장매체에 저장된 전자적 형태의 문서 부분을 고려함이 없이 서면인 공소장이나 공소장변경신청서에 기재된 부분만을 가지고 공소사실 특정 여부를 판단하여야 한다. 만일 공소사실이 특정되지 아니한 부분이 있다면, 검사에게 석명을 구하여 특정을 요구하여야 하고, 그럼에도 검사가 이를 특정하지 않는다면 그 부분에 대해서는 공소를 기각할 수밖에 없다(대법원 2016.12.15, 2015도3682).

㉤ (○) 피고인이 중국에 거주하는 甲과 공모하여, 탈북자들의 북한 거주 가족에 대한 송금의뢰 등 중국으로 송금을 원하는 사람들로부터 피고인 등 명의의 계좌로 입금받은 돈을 甲이 지정·관리·사용하는 계좌로 재송금하는 방법으로 무등록 외국환업무를 영위하여 외국환거래법 위반으로 기소된 경우, 검사는 종전에 기소유예 처분을 하였다가 4년여가 지난 시점에 다시 기소하였고, 종전 피의사실과 공소사실 사이에 이를 번복할 만한 사정변경이 없는 점 등 여러 사정을 종합하면, 위 공소제기는 검사가 공소권을 자의적으로 행사한 것으로서 소추재량권을 현저히 일탈하였다고 보아 공소를 기각한 원심판결은 정당하다(대법원 2021.10.14, 2016도14772).

[보충] 서울시 공무원 간첩 사건 피해자인 유우성씨 재판에서, 검찰은 유씨를 간첩 혐의로 기소했지만 무죄가 선고되자 이미 4년 전 기소유예 처분했던 불법 외환거래 혐의를 들춰내 추가 기소했다가 법원의 제지를 받게 됐다. 대법원 형사1부(주심 노태악 대법관)는 지난 10월 유씨의 외국환거래법 위반 혐의에 대해 (검찰의 공소권 남용을 인정해) 공소기각 판결하고, 위계공무집행방해 혐의는 유죄로 판단해 벌금 700만 원을 선고한 원심을 확정했다(2016도14772)(법률신문, 2021.12.13.).

02

① (O), ② (X) 검사의 불기소처분에는 확정재판에 있어서의 확정력과 같은 효력이 없어 일단 불기소처분을 한 후에도 공소시효가 완성되기 전이면 언제라도 공소를 제기할 수 있으므로, 세무공무원 등의 고발이 있어야 공소를 제기할 수 있는 조세범처벌법 위반죄에 관하여 일단 불기소처분이 있었더라도 세무공무원 등이 종전에 한 고발은 여전히 유효하다. 따라서 나중에 공소를 제기함에 있어 세무공무원 등의 새로운 고발이 있어야 하는 것은 아니다(대법원 2009.10.29, 2009도6614).

③ (O) 헌법과 형사소송법 및 검찰청법 등의 규정을 종합해 보면, 고소인 또는 고발인, 그 밖의 일반국민이 검사에 대하여 영장청구 등의 강제처분을 위한 조치를 취하도록 요구하거나 신청할 수 있는 권리를 가진다고 할 수 없고, 검사가 수사과정에서 영장의 청구 등 강제처분을 위한 조치를 취하지 아니함으로 말미암아 고소인 또는 고발인, 그 밖의 일반국민의 법률상의 지위가 직접적으로 어떤 영향을 받는다고도 할 수 없다. 따라서 검사가 수사과정에서 증거수집을 위한 압수·수색영장의 청구 등 강제처분을 위한 조치를 취하지 아니하고 그로 인하여 증거를 확보하지 못하고 불기소처분에 이르렀다면, 그 불기소처분에 대하여 형사소송법상의 재정신청이나 검찰청법상의 항고·재항고 등으로써 불복하는 것은 별론으로 하고, 검사가 압수·수색영장의 청구 등 강제처분을 위한 조치를 취하지 아니한 것 그 자체를 형사소송법 제417조 소정의 '압수에 관한 처분'으로 보아 이에 대해 준항고로써 불복할 수는 없다(대법원 2007.5.25, 2007모82).

④ (O) 공소의 기초가 된 수사에 관여한 사법경찰관이 불법감금죄 등으로 고소되었으나 검사에 의하여 무혐의 불기소결정이 되어 그 당부에 관한 재정신청이 있자, 재정신청을 받은 고등법원이 29시간 동안의 불법감금 사실은 인정하면서 여러 사정을 참작하여 검사로서는 기소유예의 불기소처분을 할 수 있었다는 이유로 재정신청기각결정을 하여 그대로 확정된 경우, 이는 형사소송법 제422조에서 정한 "확정판결로써 범죄가 증명됨을 재심청구의 이유로 할 경우에 그 확정판결을 얻을 수 없는 때로서 그 사실을 증명한 경우"에 해당하므로, 형사소송법 제420조 제7호의 재심사유인 "공소의 기초된 수사에 관여한 사법경찰관이 그 직무에 관한 죄를 범한 것이 확정판결에 대신하는 증명으로써 증명된 때"에 해당한다(대법원 1997.2.26, 96모123).

03

③ ⓛⓒⓜ

㉠ (X) 공소는 제1심판결의 선고 전까지 취소할 수 있다(제255조 제1항).

㉡ (O) 제264조의2 참조.

> 제264조의2(공소취소의 제한) 검사는 제262조 제2항 제2호의 결정에 따라 공소를 제기한 때에는 이를 취소할 수 없다.

㉢ (O) 공소장변경의 방식에 의한 공소사실의 철회는 공소사실의 동일성이 인정되는 범위 내의 일부 공소사실에 한하여 가능한 것이므로, 공소장에 기재된 수개의 공소사실이 서로 동일성이 없고 실체적 경합관계에 있는 경우에 그 일부를 소추대상에서 철회하려면 공소장변경의 방식에 의할 것이 아니라 공소의 일부취소절차에 의하여야 한다(대법원 1992.4.24, 91도1438).

㉣ (X) 형사소송법 제255조 제1항에 의하면 공소는 제1심 판결의 선고 전까지 취소할 수 있다고 규정되어 있는바 이건 공소사실에 대하여는 이미 오래전에 제1심 판결이 선고되고 동 판결이 확정되어 이에 대한 재심소송절차가 진행중에 있으므로 이 재심절차 중에 있어서의 공소취소는 이를 할 수 없다(대법원 1976.12.28, 76도3203).

㉤ (O) 형사소송법 제329조는 "공소취소에 의한 공소기각의 결정이 확정된 때에는 공소취소 후 그 범죄사실에 대한 다른 중요한 증거를 발견한 경우에 한하여 다시 공소를 제기할 수 있다."라고 규정하고 있다. 공소취소 후 재기소는 헌법 제13조 제1항 후문 '거듭처벌금지의 원칙'의 정신에 따라 불안정한 지위에 놓이게 될 수 있는 피고인의 인권과 법적 안정성을 보장한다는 관점에서 엄격하게 해석해야 한다. 따라서 '다른 중요한 증거를 발견한 경우'란 공소취소 전에 가지고 있던 증거 이외의 증거로서 공소취소 전의 증거만으로서는 증거불충분으로 무죄가 선고될 가능성이 있으나 새로 발견된 증거를 추가하면 충분히 유죄의 확신을 가지게 될 정도의 증거가 있는 경우를 말하고(대법원 1977.12.27, 77도1308; 2004.12.24, 2004도4957), 공소취소 전에 충분히 수집 또는 조사하여 제출할 수 있었던 증거들은 새로 발견된 증거에 해당한다고 보기 어렵다(대법원 2024.8.29, 2020도16827).

04

② (O) 검찰항고전치주의의 두 번째 예외의 내용이다.

> 제260조(재정신청) ① 고소권자로서 고소를 한 자(「형법」 제123조부터 제126조까지의 죄에 대하여는 고발을 한 자를 포함한다. 이하 이 조에서 같다)는 검사로부터 공소를 제기하지 아니한다는 통지를 받은 때에는 그 검사 소속의 지방검찰청 소재지를 관할하는 고등법원(이하 "관할 고등법원"이라 한다)에 그 당부에 관한 재정을 신청할 수 있다. 다만, 「형법」 제126조의 죄에 대하여는 피공표자의 명시한 의사에 반하여 재정을 신청할 수 없다.
> ② 제1항에 따른 재정신청을 하려면 「검찰청법」 제10조에 따른 항고를 거쳐야 한다. 다만, 다음 각 호의 어느 하나에 해당하는 경우에는 그러하지 아니하다.
> 2. 항고 신청 후 항고에 대한 처분이 행하여지지 아니하고 3개월이 경과한 경우

① (X) 비용부담결정에 대해서는 즉시항고가 가능하다. 이 부분은 틀렸다. 나머지는 맞는 내용이다.

> 제262조(심리와 결정) ② 법원은 재정신청서를 송부받은 날부터 3개월 이내에 항고의 절차에 준하여 다음 각 호의 구분에 따라 결정한다. 이 경우 필요한 때에는 증거를 조사할 수 있다.
> 1. 신청이 법률상의 방식에 위배되거나 이유 없는 때에는 신청을 기각한다.
> 2. 신청이 이유 있는 때에는 사건에 대한 공소제기를 결정한다.
> 제262조의3(비용부담 등) ① 법원은 제262조 제2항 제1호의 결정 또는 제264조 제2항의 취소가 있는 경우에는 결정으로 재정신청인에게 신청절차에 의하여 생긴 비용의 전부 또는 일부를 부담하게 할 수 있다.
> ② 법원은 직권 또는 피의자의 신청에 따라 재정신청인에게 피의자가 재정신청절차에서 부담하였거나 부담할 변호인선

임료 등 비용의 전부 또는 일부의 지급을 명할 수 있다.

③ 제1항 및 제2항의 결정에 대하여는 즉시항고를 할 수 있다.

③ (×) 재정신청은 대리가 허용된다. 따라서 제1문은 맞다. 다만, 이후부터는 틀렸다.

> **제264조(대리인에 의한 신청과 1인의 신청의 효력, 취소)** ① 재정신청은 대리인에 의하여 할 수 있으며 공동신청권자 중 1인의 신청은 그 전원을 위하여 효력을 발생한다.
> ② 재정신청은 제262조 제2항의 결정(재정신청에 대한 결정)이 있을 때까지 취소할 수 있다. 취소한 자는 다시 재정신청을 할 수 없다.
> ③ 전항의 취소는 다른 공동신청권자에게 효력을 미치지 아니한다.

④ (×) 10일이 아니라 7일이다.

> **제261조(지방검찰청검사장 등의 처리)** 제260조 제3항에 따라 재정신청서를 제출받은 지방검찰청검사장 또는 지청장은 재정신청서를 제출받은 날부터 7일 이내에 재정신청서·의견서·수사 관계 서류 및 증거물을 관할 고등검찰청을 경유하여 관할 고등법원에 송부하여야 한다. 다만, 제260조 제2항 각 호의 어느 하나에 해당하는 경우에는 지방검찰청검사장 또는 지청장은 다음의 구분에 따른다.
> 1. 신청이 이유 있는 것으로 인정하는 때에는 즉시 공소를 제기하고 그 취지를 관할 고등법원과 재정신청인에게 통지한다.
> 2. 신청이 이유 없는 것으로 인정하는 때에는 30일 이내에 관할 고등법원에 송부한다.

05 　정답 ②

② (×) 전단은 맞는 내용이다(제262조 제6항). 다만, 공소장변경은 가능하므로 후단은 틀렸다. "형사소송법 제262조 제1항 제2호의 심판에 부하는 결정(현재는 공소제기결정)이 있는 때에는 그 사건에 대하여 공소의 제기가 있는 것으로 간주되므로 그 후에는 통상의 공판절차에서와 마찬가지로 기본적인 사실관계가 동일한 한 공소사실 및 적용법조의 변경이 가능하고, 이와 같은 법리는 형사소송법 제260조가 형법 제123조 내지 제125조의 죄에 대해서만 재정신청을 할 수 있는 길을 열어 놓았다 하여 그 결론을 달리하는 것이 아니다(대법원 1989.3.14, 88도2428)."

① (○) 대법원 2015.7.16, 2013모2347 전원합의체

③ (○) 대법원 1967.7.25, 66도1222

④ (○) 대법원 2010.11.11, 2009도224

06 　정답 ④

④ ⓛⓔ

㉠ (×) 개정 전 형사소송법 제262조 제4항은 재정신청에 대한 법원의 결정에 대하여는 불복할 수 없다고 규정하고 있었다. 그런데 헌법재판소는 재정신청에 대한 법원의 결정에 "불복할 수 없다."는 부분은, 재정신청 기각결정에 대한 '불복'에 법 제415조의 '재항고'가 포함되는 것으로 해석하는 한 합리적인 입법재량의 범위를 벗어나 청구인들의 재판청구권을 침해하는 것으로서 헌법에 위반된다고 판시하였고(헌법재판소 2011.11.24, 2008헌마578, 한정위헌), 이에 따라 2016.1.6. 개정된 제262조 제4항은 재정신청 기각결정에 대하여는 제415조에 따른 즉시항고를

할 수 있고, 공소제기의 결정에 대하여는 불복할 수 없다고 규정하고 있다.

㉡ (○) 제262조 제4항 제2문 참조.

> **제262조(심리와 결정)** ② 법원은 재정신청서를 송부받은 날부터 3개월 이내에 항고의 절차에 준하여 다음 각 호의 구분에 따라 결정한다. 이 경우 필요한 때에는 증거를 조사할 수 있다.
> 1. 신청이 법률상의 방식에 위배되거나 이유 없는 때에는 신청을 기각한다.
> 2. 신청이 이유 있는 때에는 사건에 대한 공소제기를 결정한다.
> ④ 제2항 제1호의 결정에 대하여는 제415조에 따른 즉시항고를 할 수 있고, 제2항 제2호의 결정에 대하여는 불복할 수 없다. 제2항 제1호의 결정이 확정된 사건에 대하여는 다른 중요한 증거를 발견한 경우를 제외하고는 소추할 수 없다. <개정 2016.1.6>

㉢ (○) [1] 형사소송법 제262조 제4항 후문에서 재정신청 기각결정이 확정된 사건에 대하여 다른 중요한 증거를 발견한 경우를 제외하고는 소추할 수 없도록 규정하고 있는 것은, 한편으로 법원의 판단에 의하여 재정신청 기각결정이 확정되었음에도 불구하고 검사의 공소제기를 제한 없이 허용할 경우 피의자를 지나치게 장기간 불안정한 상태에 두게 되고 유죄판결이 선고될 가능성이 낮은 사건에 사법인력과 예산을 낭비하게 되는 결과로 이어질 수 있음을 감안하여 재정신청 기각결정이 확정된 사건에 대한 검사의 공소제기를 제한하면서, 다른 한편으로 재정신청사건에 대한 법원의 결정에는 일사부재리의 효력이 인정되지 않는 만큼 피의사실을 유죄로 인정할 명백한 증거가 발견된 경우에도 재정신청 기각결정이 확정되었다는 이유만으로 검사의 공소제기를 전적으로 금지하는 것은 사법정의에 반하는 결과가 된다는 점을 고려한 것이다.

[2] 형사소송법 제262조 제2항, 제4항과 형사소송법 제262조 제4항 후문의 입법 취지 등에 비추어 보면, 형사소송법 제262조 제4항 후문에서 말하는 '제2항 제1호의 결정이 확정된 사건'은 재정신청사건을 담당하는 법원에서 공소제기의 가능성과 필요성 등에 관한 심리와 판단이 현실적으로 이루어져 재정신청 기각결정의 대상이 된 사건만을 의미한다. 따라서 재정신청 기각결정의 대상이 되지 않은 사건은 형사소송법 제262조 제4항 후문에서 말하는 '제2항 제1호의 결정이 확정된 사건'이라고 할 수 없고, 재정신청 기각결정의 대상이 되지 않은 사건이 고소인의 고소내용에 포함되어 있었다 하더라도 이와 달리 볼 수 없다(대법원 2015.9.10, 2012도14755).

㉣ (×) 형사소송법 제262조 제4항 후문은 재정신청 기각결정이 확정된 사건에 대하여는 다른 중요한 증거를 발견한 경우를 제외하고는 소추할 수 없다고 규정하고 있다. 여기에서 '다른 중요한 증거를 발견한 경우'란 재정신청 기각결정 당시에 제출된 증거에 새로 발견된 증거를 추가하면 충분히 유죄의 확신을 가지게 될 정도의 증거가 있는 경우를 말하고, 단순히 재정신청 기각결정의 정당성에 의문이 제기되거나 범죄피해자의 권리를 보호하기 위하여 형사재판절차를 진행할 필요가 있는 정도의 증거가 있는 경우는 여기에 해당하지 않는다. 그리고 관련 민사판결에서의 사실인정 및 판단은, 그러한 사실인정 및 판단의 근거가 된 증거자료가 새로 발견된 증거에 해당할 수 있음은 별론으로 하고, 그 자체가 새로 발견된 증거라고 할 수는 없다(대법원 2018.12.28, 2014도17182).

ⓤ (×) 재정신청에는 재소자특칙이 적용되지 아니한다.

> 재정신청서에 대하여는 형사소송법에 제344조 제1항과 같은 특례규정이 없으므로 재정신청서는 같은 법 제260조 제2항이 정하는 기간 안에 불기소 처분을 한 검사가 소속한 지방검찰청의 검사장 또는 지청장에게 도달하여야 하고, 설령 구금 중인 고소인이 재정신청서를 그 기간 안에 교도소장 또는 그 직무를 대리하는 사람에게 제출하였다 하더라도 재정신청서가 위의 기간 안에 불기소 처분을 한 검사가 소속한 지방검찰청의 검사장 또는 지청장에게 도달하지 아니한 이상 이를 적법한 재정신청서의 제출이라고 할 수 없다(대법원 1998.12.14, 98모127).

07 　　　　　정답 ④

④ (×) 재정신청에 의한 재정결정까지의 기간은 훈시기간에 불과하다. "형사소송법 제262조 제1항이 20일 이내에 재정결정을 하도록 규정한 것은 훈시적 규정에 불과하므로 원심이 그 기간이 지난 후에 이 사건 재정결정을 하였다 하여 재정결정 자체가 위법한 것이라고 할 수는 없다(대법원 1971.3.30, 71모6)." 후단도 재재정신청이 금지되므로 역시 틀린 내용이다.

> 제264조(대리인에 의한 신청과 1인의 신청의 효력, 취소) ② 재정신청은 제262조 제2항의 결정이 있을 때까지 취소할 수 있다. 취소한 자는 다시 재정신청을 할 수 없다.

① (○) 규칙 제120조 참조.

> 규칙 제120조(재정신청인에 대한 통지) 법원은 재정신청서를 송부받은 때에는 송부받은 날로부터 10일 이내에 피의자 이외에 재정신청인에게도 그 사유를 통지하여야 한다.

② (○) 제262조의3 제2항 참조.

> 제262조의3(비용부담 등) ② 법원은 직권 또는 피의자의 신청에 따라 재정신청인에게 피의자가 재정신청절차에서 부담하였거나 부담할 변호인선임료 등 비용의 전부 또는 일부의 지급을 명할 수 있다.

③ (○) 대법원 2015.9.10, 2012도14755

08 　　　　　정답 ②

② ⓛⓔⓤ
㉠ (×) '죄가안됨' 불기소처분을 한다(검찰사건사무규칙 제115조 제3항 제3호).
㉡ (○) 제247조 참조.

> 제247조(기소편의주의) 검사는 「형법」 제51조의 사항을 참작하여 공소를 제기하지 아니할 수 있다.

㉢ (×) 검찰항고전치주의는 그 예외사유가 있으므로 '반드시'라는 부분이 옳지 않다(제260조 제2항). 또한 재정신청은 관할 고등법원에 하는 것이나(동 제1항 본문), 재정신청서를 제출하는 곳은 고등법원이 아니라 '지방검찰청검사장 또는 지청장'이다(동 제3항 본문).
㉣ (○) 대법원 2015.9.10, 2012도14755
㉤ (○) 제262조 제6항, 제264조의2 참조.

> 제262조(심리와 결정) ⑥ 제2항 제2호의 결정에 따른 재정결정서를 송부받은 관할 지방검찰청 검사장 또는 지청장은 지

체 없이 담당 검사를 지정하고 지정받은 검사는 공소를 제기하여야 한다.
> 제264조의2(공소취소의 제한) 검사는 제262조 제2항 제2호의 결정에 따라 공소를 제기한 때에는 이를 취소할 수 없다.

09 　　　　　정답 ④

④ ㉠ⓛⓔ
㉠ (○) 형사소송법 제297조에 따라 변호인이 없는 피고인을 일시 퇴정하게 하고 증인신문을 한 다음 피고인에게 실질적인 반대신문의 기회를 부여하지 아니한 채 이루어진 증인의 법정진술은 위법한 증거로서 증거능력이 없다고 볼 여지가 있으나, 그 다음 공판기일에서 재판장이 증인신문 결과 등을 공판조서(증인신문조서)에 의하여 고지하였는데 피고인이 '변경할 점과 이의할 점이 없다'고 진술하여 책문권 포기 의사를 명시함으로써 실질적인 반대신문의 기회를 부여받지 못한 하자가 치유되었다고 하여야 한다(대법원 2010.1.14, 2009도9344).
㉡ (○) 항소이유서 부본을 상대방에게 송달하지 아니하였어도 상대방으로부터 그 방어의 기회를 박탈했다고 볼 수 없는 특별사정이 있으면 그 하자는 치유되는바, 검사의 항소 이유서 부본(요지는 양형부당임)을 피고인에게 송달하지 아니하였으나 피고인도 사실오인과 양형과중을 이유로 항소하였고, 항소심은 변론 없이 기록에 의하여 양형조건이 되는 제반사항을 참작하여 한 제1심의 형의 양정이 적절하다 하여 쌍방 항소를 기각하고 있으니, 검사의 항소에 대한 피고인의 방어권을 충분히 참작하였다고 보이고, 피고인에게 양형에 있어 불이익하게 변경된 바 없으므로 위 하자는 치유되었다 할 것이다(대법원 1981.9.8, 81도2040).
㉢ (○) 검사가 제1심 증인신문 과정에서 증인 甲 등에게 주신문을 하면서 형사소송규칙상 허용되지 않는 유도신문을 하였다고 볼 여지가 있었는데, 그 다음 공판기일에 재판장이 증인신문 결과 등을 각 공판조서(증인신문조서)에 의하여 고지하였음에도 피고인과 변호인이 '변경할 점과 이의할 점이 없다'고 진술한 경우, 피고인이 책문권 포기 의사를 명시함으로써 유도신문에 의하여 이루어진 주신문의 하자가 치유되었다고 하여야 한다(대법원 2012.7.26, 2012도2937).
㉣ (×) 형사소송법이 공소의 제기에 관하여 서면주의와 엄격한 요식행위를 채용한 것은 공소의 제기에 의해서 법원의 심판이 개시되므로 심판을 구하는 대상을 명확하게 하고 피고인의 방어권을 보장하기 위한 것이다. 따라서 위와 같은 엄격한 형식과 절차에 따른 공소장의 제출은 공소제기라는 소송행위가 성립하기 위한 본질적 요소라고 할 것이므로, 공소의 제기에 현저한 방식 위반이 있는 경우에는 공소제기의 절차가 법률의 규정에 위반하여 무효인 경우에 해당하고, 위와 같은 절차위배의 공소제기에 대하여 피고인과 변호인이 이의를 제기하지 아니하고 변론에 응하였다고 하여 그 하자가 치유되지는 않는다(대법원 2009.2.26, 2008도11813).
㉤ (×) 검사가 공판기일에서 피고인 등이 특정되어 있지 않은 공소장변경허가신청서를 공소장에 갈음하는 것으로 구두진술하고 피고인과 변호인이 이의를 세기하지 않은 경우, 이를 적법한 공소제기로 볼 수 없다(대법원 2009.2.26, 2008도11813).

10

③ ㉡㉢㉣㉤

㉠ (×) "마약류 취급자가 아님에도, 2008년 1월경부터 같은 해 2월 일자불상 15:00경까지 사이에 메스암페타민 약 0.7g을 매수한 외에, 그때부터 2009년 2월 내지 3월 일자불상 07:00경까지 총 21회에 걸쳐 매수·투약하였다."는 공소사실의 경우, 메스암페타민의 매수 및 투약시기에 관한 위와 같은 개괄적인 기재만으로는 피고인의 방어권 행사에 지장을 초래할 위험성이 크고, 단기간 내에 반복되는 공소 범죄사실의 특성에 비추어 위 매수 및 투약시기로 기재된 기간 내에 복수의 범행가능성이 농후하여 심판대상이 한정되었다고 보기 어려워, 이러한 공소사실의 기재는 특정한 구체적 사실의 기재에 해당한다고 볼 수 없음에도, 위 공소사실이 특정되었다는 전제 아래 유죄를 선고한 원심판결에 법리오해의 위법이 있다(대법원 2010.10.14, 2010도9835).

㉡ (○) 검사는 향정신성의약품인 메스암페타민의 양성반응이 나온 소변의 채취일시, 메스암페타민의 투약 후 소변으로 배출되는 기간에 관한 자료와 피고인이 체포될 당시까지 거주 또는 왕래한 장소에 대한 피고인의 진술 등 기소 당시의 증거들에 의하여 범죄일시를 '2009.8.10.부터 2009.8.19.까지 사이'로 열흘의 기간 내로 표시하고, 장소를 '서울 또는 부산 이하 불상'으로 표시하여 가능한 한 이를 구체적으로 특정하였으며, 나아가 피고인이 자신의 체내에 메스암페타민이 투약된 사실을 인정하면서도 위 투약은 이 사건 제보자가 위 범죄일시로 기재된 기간에 해당하는 2009.8.19. 피고인 몰래 피고인의 음료에 메스암페타민을 넣어서 생긴 것이므로 위 투약에 관한 정을 몰랐다는 취지로 변소하자 이에 대응하여 위 제보자에 대한 수사기관의 수사와 제1심의 증거조사까지 이루어졌음을 알 수 있다. 위와 같은 이 부분 공소사실 기재의 경위 및 피고인의 변소와 그에 대한 증거조사 내용에다가 향정신성의약품투약 범죄의 특성 등에 비추어 볼 때 이 부분 공소사실은 피고인의 방어권을 침해하지 않는 범위 내에서 범죄의 특성을 고려하여 합리적인 정도로 특정된 것으로 볼 수 있다(대법원 2010.8.26, 2010도4671).

㉢ (○) 문서위조죄는 피고인들이 그 범행을 자백하지 아니한 이상 언제 어디에서 문서를 위조한 것인지 알기가 어려우며 그 범죄 일시를 일정한 시점으로 특정하기 곤란하여 부득이하게 개괄적으로 표시할 수밖에 없다고 보아 유가증권위조의 점에 관한 공소사실의 범죄의 일시를 '2000. 초경부터 2003.3.경 사이에'로 비교적 장기간으로 기재하였으나 공소사실이 불특정된 것으로 볼 수 없다(대법원 2006.6.2, 2006도48).

㉣ (○) 뇌물수수의 점에 관하여 2억 원 상당으로 기재하였다고 하더라도 이 부분 공소사실에 기재된 다른 사항들에 의하여 공소사실을 특정할 수 있고, 피고인의 방어권 행사에 지장이 있다고 볼 수 없으므로, 공소제기의 효력에 영향이 없다고 할 것이다(대법원 2010.4.29, 2010도2556).

㉤ (○) 법인의 대표자나 법인 또는 개인의 대리인, 종업원 등이 그 법인 또는 개인의 업무에 관하여 위반행위를 함에 따라 그 행위자를 벌하는 외에 그 법인 또는 개인에게도 해당 조문의 형을 과(科)하도록 하는 한편 그 법인 또는 개인이 그 위반행위를 방지하기 위하여 해당 업무에 관하여 상당한 주의와 감독을 게을리하지 아니한 때에는 그러하지 아니하다는 내용의 양벌규정을 적용하여 그 법인 또는 개인에 대하여 공소를 제기하는 경우에, 그 공소사실에 법인 또는 개인의 업무에 관하여 종업원의 법률위

반행위를 방지하지 못한 귀책사유가 있는지를 판단할 수 있는 내용을 반드시 구체적으로 특정하여 기재하여야 하는 것은 아니다(대법원 2012.9.13, 2010도16001; 2017.4.13, 2016도12551).

11

② ㉡㉢㉣

㉠ (○) 제3자뇌물수수죄는 공무원 또는 중재인이 직무에 관하여 부정한 청탁을 받고 제3자에게 뇌물을 공여하게 하는 행위를 구성요건으로 하고 있고, 그중 부정한 청탁은 명시적인 의사표시뿐만 아니라 묵시적인 의사표시로도 가능하며 청탁의 대상인 직무행위의 내용도 구체적일 필요가 없다. 이러한 점에 비추어 살펴보면, 제3자뇌물수수죄의 공소사실은 범죄의 일시, 장소를 비롯하여 구성요건사실이 다른 사실과 구별되어 공소사실의 동일성의 범위를 구분할 수 있고, 피고인의 방어권 행사에 지장이 없는 정도로 기재되면 특정이 되었다고 보아야 하고, 그중 부정한 청탁의 내용은 구체적으로 기재되어 있지 않더라도 공무원 또는 중재인의 직무와 제3자에게 제공되는 이익 사이의 대가관계를 인정할 수 있을 정도로 특정되면 충분하다(대법원 2017.3.15, 2016도19659).

㉡ (×) 공소사실의 취지가 명료하면 법원이 이에 대하여 석명권을 행사할 필요가 없으나, 공소사실의 기재가 오해를 불러일으키거나 명료하지 못한 경우에는 형사소송규칙 제141조에 의하여 검사에 대하여 석명권을 행사하여 그 취지를 명확하게 하여야 할 것이다(대법원 2015.12.23, 2014도2727).

㉢ (×) 구 저작권법 제136조 제1항은 '저작재산권을 복제·공연·공중송신·전시·배포·대여·2차적 저작물 작성의 방법으로 침해'한 행위를 처벌대상으로 규정하고 있다. 그런데 저작재산권은 특허권 등과 달리 권리의 발생에 반드시 등록을 필요로 하지 않기 때문에 등록번호 등으로 특정할 수 없는 경우가 많고, 저작재산권자가 같더라도 저작물별로 각 별개의 죄가 성립하는 점, 그리고 2006.12.28. 법률 제8101호로 전부 개정된 구 저작권법이 영리를 위하여 상습적으로 한 저작재산권 침해행위를 비친고죄로 개정한 점 등을 고려해 보면, 저작재산권 침해행위에 관한 공소사실의 특정은 침해 대상인 저작물 및 침해 방법의 종류, 형태 등 침해행위의 내용이 명확하게 기재되어 있어 피고인의 방어권 행사에 지장이 없는 정도이면 되고, 각 저작물의 저작재산권자가 누구인지 특정되어 있지 않다고 하여 공소사실이 특정되지 않았다고 볼 것은 아니다(대법원 2016.12.15, 2014도1196).

㉣ (×) 피고인이 마약류취급자가 아니면서 2010년 1월에서 3월 사이 일자불상 03:00경 서산시 소재 상호불상의 모텔에서, 甲과 공모하여 여자 청소년 乙에게 메스암페타민(일명 필로폰)을 투약하였다고 하여 구 마약류 관리에 관한 법률(2011.6.7. 법률 제10786호로 개정되기 전의 것) 위반(향정)으로 기소된 경우, 위 공소사실은 투약 대상인 乙의 진술에 기초한 것이라는 점에서 피고인에 대한 모발 등의 감정결과에만 기초하여 공소사실을 기재한 경우와는 달리 볼 필요가 있는 점 등 제반 사정에 비추어 볼 때, 위 공소사실에서 일시나 장소가 다소 개괄적으로 기재되었더라도 그 기재가 다른 사실과 식별이 곤란하다거나 피고인의 방어권 행사에 지장을 초래할 정도라고 보기 어렵다(이와 달리 위 공소사실이 특정되어 있지 않다고 본 원심판결은 공소사실의 특정에 관한 법리를 오해하여 판단을 그르친 것임)

(대법원 2014.10.30, 2014도6107).

ⓜ (○) 포괄일죄에 관해서는 일죄의 일부를 구성하는 개개의 행위에 대하여 구체적으로 특정되지 아니하더라도 전체 범행의 시기와 종기, 범행방법, 피해자나 상대방, 범행횟수나 피해액의 합계 등을 명시하면 이로써 그 범죄사실은 특정되는 것이다. 그리고 공소장에 범죄의 일시·장소·방법 등의 일부가 다소 불명확하더라도 그와 함께 적시된 다른 사항들에 의하여 공소사실을 특정할 수 있고, 그리하여 피고인의 방어권 행사에 지장이 없다면, 공소제기의 효력에는 영향이 없다. 이 사건 공소사실 기재 범행은 피고인이 2017.10.10.부터 2017.10.12.까지 자신이 운영하던 성매매업소에서 성매매 광고를 보고 방문한 손님들에게 대금 10만 원을 받고 종업원인 태국 국적 여성 6명과의 성매매를 알선하였다는 것으로서 모두 동일한 죄명과 법조에 해당하는 것으로 단일하고 계속된 범의하에 시간적으로 근접하여 동일한 장소에서 동일한 방법으로 이루어졌고 피해법익 역시 동일하여 포괄하여 일죄에 해당할 뿐, 실체적 경합 관계에 있다고 보기 어렵다(대법원 2023.6.29, 2020도3626).

ⓗ (○) 대법원 2006.10.26, 2006도5147

12
정답 ②

② ⓝⓒⓔⓜⓗ

ⓝ (×) 피고인이 필로폰을 투약하였다고 하여 마약류 관리에 관한 법률 위반(향정)으로 기소되었는데, 공소장에 범행일시를 모발감정 결과에 기초하여 투약가능기간을 역으로 추정한 '2010. 11.경'으로, 투약장소를 '부산 사하구 이하 불상지'로 기재한 경우, 마약류 투약범죄의 특성 등에 비추어 공소사실이 특정되었다고 보기 어렵다(대법원 2012.4.26, 2011도11817).

[보충] 이 사건 공소사실은 그 범행을 부인하는 피고인에 대한 모발감정 결과 등을 바탕으로 그 범행일시와 장소 및 투약방법을 단순히 추정한 것에 불과하고, 특히 범행시기로 기재된 '2010.11.경'에는 1개월 이상의 기간이 포함될 수 있어 위에서 본 마약류 투약범죄의 특성 등에 비추어 그 공소내용이 특정되었다고 보기는 어렵다.

[보충] 마약류 투약사실을 밝히기 위한 모발감정은 검사 조건 등 외부적 요인에 의한 변수가 작용할 수 있고, 그 결과에 터잡아 투약가능기간을 추정하는 방법은 모발의 성장속도가 일정하다는 것을 전제로 하고 있으나 실제로는 개인에 따라 적지 않은 차이가 있고, 동일인이라도 모발의 채취 부위, 건강상태 등에 따라 편차가 있으며, 채취된 모발에도 성장기, 휴지기, 퇴행기 단계의 모발이 혼재함으로 인해 정확성을 신뢰하기 어려운 문제가 있다. 또한 모발감정결과에 기초한 투약가능기간의 추정은 수십 일에서 수개월에 걸쳐 있는 경우가 많은데, 마약류 투약범죄의 특성상 그 기간 동안 여러 번의 투약가능성을 부정하기 어려운 점에 비추어 볼 때, 그와 같은 방법으로 추정한 투약가능기간을 공소제기된 범죄의 범행시기로 인정하는 것은, 피고인의 방어권 행사에 현저한 지장을 초래할 수 있고, 매 투약 시마다 별개의 범죄를 구성하는 마약류 투약범죄의 성격상 이중기소 여부나 일사부재리의 효력이 미치는 범위를 판단하는 데에도 곤란한 문제가 생길 수 있다. 그러므로 모발감정결과만을 토대로 마약류 투약기간을 추정하고 유죄로 판단하는 것은 신중하여야 한다(대법원 2017.3.15, 2017도44).

ⓒ (○) 이 사건은 피고인이 수회에 걸쳐 돈을 받은 행위를 포괄일죄로 하여 공소제기된 것임이 명백하고, 포괄일죄에 있어서는 그 일죄를 구성하는 개개의 행위에 대하여 구체적으로 특정하지 아니하더라도 그 전체 범행의 시기와 종기, 범행방법과 장소, 상대방, 범행횟수나 피해액의 합계 등을 명시하면 이로써 그 범죄사실은 특정되었다고 할 것이므로(대법원 1999.11.12, 99도2934), 이 사건 공소장에 피고인이 위 각 일시에 받은 구체적 금액을 특정하지 않았다는 사유를 들어 공소사실이 특정되지 아니하였다는 상고이유의 주장은 받아들일 수 없다(대법원 2008.12.24, 2008도9414).

ⓒ (×), ⓔ (×) 각 죄가 성립하는 경우이므로 각 죄에 대하여 특정이 이루어져야 한다(대법원 2007.6.29, 2007도2076; 1996.2.13, 95도2121).

ⓜ (×) 범죄의 일시·장소 등을 특정 일시나 상당한 범위 내로 특정할 수 없는 부득이한 사정이 존재하지 아니함에도 공소의 제기 혹은 유지의 편의를 위하여 범죄의 일시·장소 등을 지나치게 개괄적으로 표시함으로써 사실상 피고인의 방어권 행사에 지장을 가져오는 경우에는 형사소송법 제254조 제4항에서 정하고 있는 구체적인 범죄사실의 기재가 있는 공소장이라고 할 수 없다(대법원 2009.5.14, 2008도10885; 2019.12.24, 2019도10086; 2021.11.11, 2021도11454). 전자금융거래법은 획일적으로 '접근매체의 교부'를 처벌대상으로 규정하는 것이 아니라 교부의 태양 등에 따라 접근매체의 '양도', '대여', '전달', '질권 설정'을 구분하는 등 구성요건을 세분화하고 있고(제6조 제3항, 제49조 제4항), 접근매체의 '양도', '대여', '전달'의 의미와 요건 등은 구별되는 것이어서 그 판단기준이 다르다고 해석되므로, 범행 방법에 있어서도 가능한 한 위 각 구성요건을 구별할 수 있는 사정이 적시되어야 한다. 그런데 이 사건 공소사실에 기재된 피고인의 행위는 '체크카드와 비밀번호를 성명불상자에게 건네주었다'는 것으로서, 대여·전달 등과 구별되는, 양도를 구성하는 고유한 사실이 적시되지 않았는바, 피고인이 자신의 의사로 체크카드 등을 건네준 것이 아니라고 주장하면서 공소사실을 부인하는 이 사건에서 위 공소사실 기재는 피고인에게 방어의 범위를 특정하기 어렵게 함으로써 방어권을 행사하는 데 지장을 초래할 수 있다(대법원 2022.12.29, 2020도14662).

ⓗ (×) 공소사실의 기재는 범죄의 일시, 장소와 방법을 명시하여 사실을 특정할 수 있도록 하여야 하고(형사소송법 제254조 제4항), 이와 같이 공소사실의 특정을 요구하는 법의 취지는 법원에 대하여 심판의 대상을 한정하고 피고인에게 방어의 범위를 특정하여 그 방어권 행사를 쉽게 해 주기 위한 데에 있는 것이므로, 범죄의 '일시'는 이중기소나 시효에 저촉되는지 식별할 수 있을 정도로 기재하여야 한다(대법원 2022.11.17, 2022도8257). 검사는 가능한 한 공소제기 당시의 증거에 의하여 이를 특정함으로써 피고인의 정당한 방어권 행사에 지장을 초래하지 않도록 하여야 할 것이다. 범죄의 일시·장소 등을 특정 일시나 상당한 범위 내로 특정할 수 없는 부득이한 사정이 존재하지 아니함에도 공소의 제기 혹은 유지의 편의를 위하여 범죄의 일시·장소 등을 지나치게 개괄적으로 표시함으로써 사실상 피고인의 방어권 행사에 지장을 가져오는 경우에는 형사소송법 제254조 제4항에서 정하고 있는 구체적인 범죄사실의 기재가 있는 공소장이라고 할 수 없다(대법원 2021.11.11, 2021도11454). 공소사실이 특정되지 아니한 부분이 있다면, 법원은 검사에게 석명을 구하여 특정을 요구하여야 하고, 그럼에도 검사가 이를 특정하지 않는다면 그 부분에 대해서는 공소를 기각할 수밖에

없다(대법원 2019.12.24, 2019도10086). … 선행판결의 범죄사실과 이 사건 공소사실의 범행 장소와 방법이 동일하고 범행 일시가 겹칠 가능성을 배제할 수 없다. 그 경우 선행판결의 범죄사실과 이 사건 공소사실 중 1회 투약 부분은 사실관계가 동일하다고 평가되어 선행판결의 효력이 이 사건 공소사실에도 미친다고 볼 수 있다. 그런데 이 사건 공소사실의 '일시' 기재만으로는 이 사건 공소사실이 선행판결의 범죄사실과 동일한지 판단할 수 없어 심판의 대상이나 방어의 범위가 특정되었다고 볼 수 없다. 피고인에 대한 검찰 피의자신문조서의 진술 기재대로 범죄 일시를 특정할 수 없는 부득이한 사정이 보이지도 않는다. 그렇다면 원심으로서는 검사에게 석명을 구하여 범행 일시에 관하여 공소사실을 특정하도록 요구하여야 하고 그럼에도 특정하지 않는다면 공소를 기각하였어야 하는데 원심은 유죄의 실체판단을 하였다. 이러한 원심의 조치에는 공소사실 특정에 관한 법리를 오해하여 판결에 영향을 미친 잘못이 있다(대법원 2023.4.27, 2023도2102).

13

④ ㉠㉡㉢

㉠ (✕) 사기죄에 있어서 수인의 피해자에 대하여 각별로 기망행위를 하여 각각 재물을 편취한 경우에 그 범의가 단일하고 범행방법이 동일하다고 하더라도 포괄1죄가 되는 것이 아니라 피해자별로 1개씩의 죄가 성립하는 것으로 보아야 할 것이고, 이러한 경우 그 공소사실은 각 피해자와 피해자별 피해액을 특정할 수 있도록 기재하여야 할 것인바, '일정한 기간 사이에 성명불상의 고객들에게 1일 평균 매상액 상당을 판매하여 그 대금 상당액을 편취하였다'는 내용은 피해자나 피해액이 특정되었다고 할 수 없다(대법원 1996.2.13, 95도2121).

㉡ (✕) 대법원 1990.3.13, 89도1688

㉢ (✕) 투약량은 물론 투약방법을 불상으로 기재하면서 그 투약의 일시와 장소마저 위와 같이 기재한 것만으로는 형사소송법 제254조 제4항의 요건에 맞는 구체적 사실의 기재라고 볼 수 없으므로, 이 부분 공소는 그 공소사실이 특정되었다고 할 수 없다(대법원 2002.9.27, 2002도3194).

㉣ (○) 검사는 구체적으로 그것이 어느 부위에서 검출된 것인지, 실험의 경과는 어떠하였으며, 검출된 양은 어느 정도인지에 관한 아무런 구체적인 내용 없이 단지 길이 4~7cm인 피고인의 모발을 대상으로 가스크로마토그라피/질량분석법에 의한 실험을 한 결과 메스암페타민 양성반응이 나왔다는 국립과학수사연구소의 감정 결과만에 기초하여 위 정도 길이의 모발에서 메스암페타민이 검출된 경우 그 사용 가능한 기간을 체포 시로부터 역으로 추산한 다음 그 전 기간을 범행일시로 하고, 위 기간 중의 피고인의 행적에 대하여도 별다른 조사를 하지 아니한 채 피고인의 주거지인 의왕시를 범행장소로 하여 이 사건 향정신성의약품관리법위반의 점에 대한 공소를 제기하였음을 알 수 있는바, 위와 같은 공소장의 기재는 앞서 본 법리에 비추어 공소사실이 특정된 것이라고 할 수 없다(대법원 2000.11.24, 2000도2119).

㉤ (○) 공소사실의 기재는 범죄의 일시, 장소와 방법을 명시하여 사실을 특정할 수 있도록 하여야 하고(형사소송법 제254조 제4항), 이와 같이 공소사실의 특정을 요구하는 법의 취지는 법원에 대하여 심판의 대상을 한정하고 피고인에게 방어의 범위를 특정하여 그 방어권 행사를 쉽게 해 주기 위한 데에 있는 것이므로, 범죄의 '일시'는 이중기소나 시효에 저촉되는지 식별할

수 있을 정도로 기재하여야 한다. 따라서 범죄의 '일시'가 공소시효 완성 여부를 판별할 수 없을 정도로 개괄적으로 기재되었다면 공소사실이 특정되었다고 볼 수 없다. 공소사실이 특정되지 아니한 부분이 있다면, 법원은 검사에게 석명을 구하여 특정을 요구하여야 하고, 그럼에도 검사가 이를 특정하지 않는다면 그 부분에 대해서는 공소를 기각할 수밖에 없다(대법원 2022.11.17, 2022도8257).

[보충] 원심이 유죄로 인정한 위 업무방해죄의 법정형은 형법 제314조 제1항에 따라 5년 이하의 징역 또는 1,500만 원 이하의 벌금이므로 형사소송법 제249조 제1항 제4호에 의하면 공소시효가 7년인데, 이 부분 공소는 2020.12.30. 제기되었다. 위 공소사실은 반복적 행위, 수일에 걸쳐 발생한 행위가 아니라 특정일에 발생한 행위이므로, 범행일이 2013.12.31. 이후인지 여부에 따라 공소시효의 완성 여부가 달라지는데, 이 부분 공소사실의 일시는 '2013.12.경부터 2014.1.경 사이'이므로, 공소시효 완성 여부를 판별할 수 없다. 따라서 이 부분 공소사실은 구체적으로 특정되었다고 할 수 없다(위 판례).

㉥ (○) 2015.1.20. 개정된 전자금융거래법은 '대가를 수수·요구 또는 약속하면서 보관·전달·유통하는 행위'를 금지행위에 추가하고(제6조 제3항 제2호), '범죄에 이용할 목적으로 또는 범죄에 이용될 것을 알면서 접근매체를 대여받거나 대여하는 행위 또는 보관·전달·유통하는 행위'를 금지행위로 신설하여(제6조 제3항 제3호) 이를 위반한 경우 처벌하도록 규정하였다(제49조 제4항). … '범죄에 이용될 것을 알면서'에서 말하는 '범죄'는 형사처벌의 대상이 되는 행위로서 형법 등 형벌법규에 규정된 구성요건에 해당하는 행위를 의미한다. 따라서 접근매체가 형사처벌의 대상이 되는 행위에 이용될 것을 인식하였다면 위 조항의 '범죄에 이용될 것을 알았다.'고 볼 수 있고, 접근매체를 이용하여 저질러지는 범죄의 내용이나 저촉되는 형벌법규, 죄명을 구체적으로 알아야 하는 것은 아니다. 이러한 인식은 미필적 인식으로 충분하다. 범죄에 이용될 것을 알았는지는 접근매체를 대여하는 등의 행위를 할 당시 피고인이 가지고 있던 주관적 인식을 기준으로 판단하면 되고, 거래 상대방이 접근매체를 범죄에 이용할 의사가 있었는지 또는 피고인이 인식한 것과 같은 범죄를 저질렀는지를 고려할 필요는 없다. … 전자금융거래법 제6조 제3항 제3호에서 정한 '범죄'는 피고인이 목적으로 하거나 인식한 내용에 해당하므로 피고인의 방어권 보장 등을 위하여 공소사실에 특정될 필요가 있다. 위 조항의 신설 취지 등에 비추어 공소사실에 '범죄'에 관하여 범죄 유형이나 종류가 개괄적으로라도 특정되어야 하나, 실행하려는 범죄의 내용이 구체적으로 특정되지 않았다고 하여 공소사실이 특정되지 않았다고 볼 것은 아니다(대법원 2023.8.31, 2021도17151).

14

② ㉠㉡㉢

㉠ (○) 공소사실의 기재에 있어서 범죄의 일시·장소·방법을 명시하여 공소사실을 특정하도록 한 법의 취지는 법원에 대하여 심판의 대상을 한정하고 피고인에게 방어의 범위를 특정하여 그 방어권 행사를 쉽게 해 주기 위한 데에 있는 것이므로, 공소사실은 이러한 요소를 종합하여 구성요건 해당사실을 다른 사실과 구별할 수 있을 정도로 기재하면 족하고, 공소장에 범죄의 일시·장소·방법 등이 구체적으로 적시되지 않더라도 위와 같이 공소사실을 특정하도록 한 법의 취지에 반하지 아니하고

공소범죄의 성격에 비추어 그 개괄적 표시가 부득이한 경우에는, 그 공소내용이 특정되지 않아 공소제기가 위법하다고 할 수 없으며, 특히 포괄일죄에 있어서는 그 일죄의 일부를 구성하는 개개의 행위에 대하여 구체적으로 특정되지 아니하더라도 그 전체 범행의 시기와 종기, 범행방법, 피해자나 상대방, 범행횟수나 피해액의 합계 등을 명시하면 이로써 그 범죄사실은 특정되는 것이라고 할 것이다(대법원 1999.11.12, 99도2934 등). … 피고인에 대한 이 사건 보건범죄단속에관한특별조치법위반죄의 공소사실은 일정기간 계속된 피고인의 각 의료행위를 포괄하여 일죄를 구성하는 것으로 공소를 제기하면서 전체 범행의 시기와 종기, 범행방법, 공소외 1 외 성명 불상 다수의 환자들을 상대한 범행내용 등을 명시함으로써 공소사실을 특정하였다고 할 것이고, 이 부분 공소사실 중 일죄의 일부를 구성하는 개개의 행위에 관하여 그 범행대상이 되는 다수의 환자들을 구체적으로 특정하지 않았다고 하더라도 심판의 대상이 불분명해진다거나 피고인에게 방어의 어려움을 초래한다고 볼 수 없다고 할 것이다(대법원 2002.6.20, 2002도807).

ⓒ (○) 문서의 위조 여부가 문제되는 사건에서 그 위조된 문서가 압수되어 현존하고 있는 이상, 그 범죄 일시와 장소, 방법 등은 범죄의 동일성 인정과 이중기소의 방지, 시효저촉 여부 등을 가능할 수 있는 범위에서 사문서의 위조사실을 뒷받침할 수 있는 정도로만 기재되어 있으면 충분하다(대법원 2008.3.27, 2007도11000). … 이 사건 공소사실 중 박사학위기위조 부분은 피고인이 위조하였다는 문서의 내용 및 그 명의자가 특정되었을 뿐 아니라 위조 일시, 방법이 개괄적으로 기재되어 있으며, 각 위조박사학위기행사 부분은 위조문서의 내용, 행사 일시, 장소, 행사 방법 등이 특정되어 기재되어 있고, 기록상 위조되었다는 예일대학교 박사학위기와 동일하다고 하는 박사학위기 사본이 현출되어 있으므로 이로써 공소사실은 특정되었다고 볼 것이다(대법원 2009.1.30, 2008도6950).

ⓒ (○) 범죄의 성격에 비추어 그 시일에 관한 개괄적 표시가 부득이하며 또한 그에 대한 피고인의 방어권 행사에 지장이 없다고 보이는 경우에는 그 공소내용이 특정되지 않았다고 볼 수 없다. 피해자가 공소제기 당시 0세 9개월에 불과한 아동으로 피해를 당한 정확한 일자를 표현ㆍ진술하지 못하고 있고, 피고인은 범행을 부인하고 있어, 검사는 피해자의 일부 진술과 다른 증거들을 기초로 범행의 일자는 1996년 초경부터 피해사실이 드러난 1996.7.15. 사이의 날로, 범행시각은 11:30경으로 가능한 한 특정하여 공소를 제기하였음을 알 수 있는 한편, 공소장에 범행의 장소와 방법 등이 구체적으로 기재되어 있는 점과 이 사건 범죄의 성격을 고려하면, 범죄의 시일을 위와 같이 기재하였다고 하더라도 그 공소사실은 특정되어 있다고 볼 수 있다(대법원 1997.8.22, 97도1211).

ⓔ (✕) 공모의 시간ㆍ장소ㆍ내용 등을 구체적으로 명시하지 아니하였다거나 그 일부가 다소 불명확하더라도 그와 함께 적시된 다른 사항들에 의하여 공소사실을 특정할 수 있고 피고인의 방어권 행사에 지장이 없다면, 공소사실이 특정되지 아니하였다고 할 수 없다(대법원 2009.6.11, 2009도2337). 그러나 공모가 공모공동정범에 있어서의 '범죄될 사실'인 이상, 범죄에 공동가공하여 범죄를 실현하려는 의사결합이 있었다는 것은, 실행행위에 직접 관여하지 아니한 자에게 다른 공범자의 행위에 대하여 공동정범으로서의 형사책임을 질 수 있을 정도로 특정되어야 한다(대법원 1988.9.13, 88도1114). … 피고인 2가 피고인

1의 부인이고 피고인 3 주식회사의 경리 담당 직원이라는 사정만으로 피고인 1과 공모하여 위 회사를 운영하면서 관세법위반의 범행을 저질렀다는 사실이 특정되었다고 본 원심판단은 수긍할 수 없다. 피고인 2가 공소장 기재와 같이 피고인 1과 공모하였다고 판단할 수 있으려면, 피고인 2에 대한 공소사실에 피고인 1과 범죄를 실현하려는 의사의 합치가 있었던 시간ㆍ장소ㆍ내용 등이 구체적으로 명시되어 있거나, 공소사실에 적시된 다른 사항들에 의하여 피고인 2가 범죄에 공동가공하였다는 점이 특정되어야 하고, 그와 같이 특정된 공소사실만이 법원의 심판대상과 피고인 2의 방어범위가 된다. 그런데 피고인 2에 대한 공소사실에 피고인 1과 범죄를 실현하려는 의사의 합치가 있었다는 사실이 시간ㆍ장소ㆍ내용 등으로 구체적으로 명시되어 있지 않다. 또한, 피고인 1에 대한 공소사실이 실제 대표이사로서 피고인 3 주식회사를 운영하면서 관세법위반행위를 하였다는 취지로 특정된 것과 달리, 피고인 2에 대한 공소사실은 피고인 1의 부인으로서 또는 경리 담당 직원으로서 피고인 3 주식회사를 실제 대표이사와 같이 독자적인 권한을 가지고 운영하였다는 취지로 보이지 않고, 피고인 2가 범죄에 공동가담한 내용이 개별적으로 특정되어 있지도 아니하다. 결국 검사가 공소장에 피고인 2의 공동피고인들과의 관계, 피고인 2가 피고인 1과 '공모'하였다는 법률적 평가를 기재한 것을 두고, 피고인 2가 실행행위에 직접 관여하지 아니하고도 피고인 1의 행위에 대하여 공동정범으로서의 형사책임을 지게 되는 공모를 하였음이 다른 사실과 구별할 수 있을 정도로 특정되었고, 법원의 심판대상과 피고인의 방어범위가 명확하게 한정되었다고 볼 수 없다(대법원 2016.4.29, 2016도2696).

15 　　정답 ③

③ (✕) '공소사실의 동일성이 인정된다면'(제298조 제1항 단서) 예비적ㆍ택일적으로 변경할 수 있다.
　[보충] 다만, 공소제기 시 예비적ㆍ택일적 기재에는 이러한 공소사실의 동일성 요구가 명문으로 규정되어 있지 않다.
① (○) 대법원 2006.12.22, 2004도7232
② (○) 대법원 1975.6.24, 70도2660
④ (○) 「우리 형사소송법은 공소장에 기재할 공소사실과 적용법조에 관하여는 수개의 범죄사실과 적용법조를 예비적 또는 택일적으로 기재할 수 있도록 허용하고 있지만(제254조 제5항), 유죄판결의 이유에 명시하여야 할 범죄될 사실과 법령의 적용에 관하여는 택일적으로 기재하는 것을 허용하고 있지 아니하므로(제323조 제1항), 특별한 사정이 없는 한 유죄판결의 이유에 명시하여야 할 범죄될 사실을 택일적으로 기재할 수 없을 것」임에도 불구하고, 원심은 유죄판결을 선고하면서 이유에 범죄될 사실을 택일적으로 기재하였으니, 원심판결에는 유죄판결의 이유에 명시하여야 할 범죄될 사실에 관한 법리를 오해한 위법도 있다고 하지 않을 수 없다(대법원 1993.5.25, 93도558).

16 　　정답 ①

① (○) 공소장일본주의는 검사가 공소를 제기할 때에는 원칙적으로 공소장 하나만을 제출하여야 하고 그 밖에 사건에 관하여 법원에 예단을 생기게 할 수 있는 서류 기타 물건을 첨부하거나 그 내용을 인용하여서는 아니 된다는 원칙이다(형사소송규칙 제118조 제2항). 공소장에 법령이 요구하는 사항 외의 사실

로서 법원에 예단이 생기게 할 수 있는 사유를 나열하는 것이 허용되지 않는다는 것도 이른바 '기타 사실의 기재 금지'로서 공소장일본주의의 내용에 포함된다(대법원 2015.1.29, 2012도2957; 1994.3.11, 93도3145).

② (×) 공소장일본주의의 위배 여부는 공소사실로 기재된 범죄의 유형과 내용 등에 비추어 볼 때에 공소장에 첨부 또는 인용된 서류 기타 물건의 내용, 그리고 법령이 요구하는 사항 외에 공소장에 기재된 사실이 법관 또는 배심원에게 예단을 생기게 하여 법관 또는 배심원이 범죄사실의 실체를 파악하는 데 장애가 될 수 있는지 여부를 기준으로 당해 사건에서 구체적으로 판단하여야 한다(대법원 2015.1.29, 2012도2957; 2009.10.22, 2009도7436 전원합의체).

③ (×) 공소장일본주의에 위배된 공소제기라고 인정되는 때에는, 그 절차가 법률의 규정에 위반하여 무효인 때에 해당하는 것으로 보아 공소기각의 판결을 선고하는 것이 원칙이다(형사소송법 제327조 제2호). 다만 공소장 기재의 방식에 관하여 피고인 측으로부터 아무런 이의가 제기되지 아니하였고 법원 역시 범죄사실의 실체를 파악하는 데 지장이 없다고 판단하여 그대로 공판절차를 진행한 결과 증거조사절차가 마무리되어 법관의 심증형성이 이루어진 단계에 이른 경우에는 소송절차의 동적 안정성 및 소송경제의 이념 등에 비추어 볼 때 더 이상 공소장일본주의 위배를 주장하여 이미 진행된 소송절차의 효력을 다툴 수 없다고 보아야 하나(대법원 2009.10.22, 2009도7436 전원합의체), 피고인 측으로부터 이의가 유효하게 제기되어 있는 이상 공판절차가 진행되어 법관의 심증형성의 단계에 이르렀다고 하여 공소장일본주의 위배의 하자가 치유된다고 볼 수 없다(대법원 2015.1.29, 2012도2957).

④ (×) 피고인이 대한민국에서 범행 후 중국으로 출국한 경우, 피고인의 출국 경위에 비추어 피고인이 중국에 체류하는 것이 국내에서의 형사처분을 면하기 위한 방편이었던 것으로 보이고, 이는 중국이 피고인의 본국이라 해도 마찬가지이며, 형사처분을 면할 목적이 국외 체류의 유일한 목적일 필요는 없으므로, 설령 피고인의 중국 체류 목적 중에 딸을 돌보기 위함이 있었다고 하더라도 형사처분을 면할 목적을 인정하는 데 방해가 되지 않는다(중국 체류기간 동안 공소시효 정지, 대법원 2022.3.31, 2022도857).

17 　　　　　　　　　　　　정답 ③

③ ㉠㉡㉣

㉠ (○) 불고불리의 원칙상 검사의 공소제기가 없으면 법원이 심판할 수 없는 것이고, 법원은 검사가 공소제기한 사건에 한하여 심판을 하여야 하므로(대법원 2001.12.27, 2001도5304 등), 검사는 공소장의 공소사실과 적용법조 등을 명백히 함으로써 공소제기의 취지를 명확히 하여야 하는데, 검사가 어떠한 행위를 기소한 것인지는 기본적으로 공소장의 기재 자체를 기준으로 하되, 심리의 경과 및 검사의 주장내용 등도 고려하여 판단하여야 한다. 공소제기의 취지가 명료할 경우 법원이 이에 대하여 석명권을 행사할 필요는 없으나, 공소제기의 취지가 오해를 불러일으키거나 명료하지 못한 경우라면 법원은 형사소송규칙 제141조에 의하여 검사에 대하여 석명권을 행사하여 그 취지를 명확하게 하여야 한다(대법원 2011.11.10, 2011도10468; 2015.12.23, 2014도2727 등)(대법원 2017.6.15, 2017도3448).

[보충] 아동복지법의 입법목적과 기본이념, '아동에게 음란한 행위를 시키는 행위'와 '성적 학대행위'를 금지하는 규정의 개정 경과 등을 종합하면, 아동복지법상 금지되는 '성적 학대행위'는 아동에게 성적 수치심을 주는 성희롱 등의 행위로서 아동의 건강·복지를 해치거나 정상적 발달을 저해할 수 있는 성적 폭력 또는 가혹행위를 의미하고, 이는 '음란한 행위를 시키는 행위'와는 별개의 행위로서, 성폭행의 정도에 이르지 아니한 성적 행위도 그것이 성적 도의관념에 어긋나고 아동의 건전한 성적 가치관의 형성 등 완전하고 조화로운 인격발달을 현저하게 저해할 우려가 있는 행위이면 이에 포함된다. 원심은 검사가 '아동에게 음란한 행위를 시키는 행위'로만 기소한 것이고 '아동에게 성적 수치심을 주는 성희롱 등 성적 학대행위'로는 기소하지 않았다고 단정한 나머지 필요한 석명을 다하지 아니한 채 '아동에게 음란한 행위를 시키는 행위'에 대하여만 심리·판단하였으니, 이러한 원심판결에는 필요한 석명권 행사나 심리를 다하지 아니하여 판결에 영향을 미친 위법이 있다. 이를 지적하는 취지의 상고이유 주장은 이유 있다(위 판례).

㉡ (○) 마약류 투약사실을 밝히기 위한 모발감정은 검사 조건 등 외부적 요인에 의한 변수가 작용할 수 있고, 그 결과에 터 잡아 투약가능기간을 추정하는 방법은 모발의 성장속도가 일정하다는 것을 전제로 하고 있으나 실제로는 개인에 따라 적지 않은 차이가 있고, 동일인이라도 모발의 채취 부위, 건강상태 등에 따라 편차가 있으며, 채취된 모발에도 성장기, 휴지기, 퇴행기 단계의 모발이 혼재함으로 인해 정확성을 신뢰하기 어려운 문제가 있다. 또한 모발감정결과에 기초한 투약가능기간의 추정은 수십 일에서 수개월에 걸쳐 있는 경우가 많은데, 마약류 투약범죄의 특성상 그 기간 동안 여러 번의 투약가능성을 부정하기 어려운 점에 비추어 볼 때, 그와 같은 방법으로 추정한 투약가능기간을 공소제기된 범죄의 범행시기로 인정하는 것은, 피고인의 방어권 행사에 현저한 지장을 초래할 수 있고, 매 투약 시마다 별개의 범죄를 구성하는 마약류 투약범죄의 성격상 이중기소 여부나 일사부재리의 효력이 미치는 범위를 판단하는 데에도 곤란한 문제가 생길 수 있다. 그러므로 모발감정결과만을 토대로 마약류 투약기간을 추정하고 유죄로 판단하는 것은 신중하여야 한다(대법원 2017.3.15, 2017도44).

㉢ (×) 구 저작권법 제136조 제1항은 '저작재산권을 복제·공연·공중송신·전시·배포·대여·2차적 저작물 작성의 방법으로 침해'한 행위를 처벌대상으로 규정하고 있다. 그런데 저작재산권은 특허권 등과 달리 권리의 발생에 반드시 등록을 필요로 하지 않기 때문에 등록번호 등으로 특정할 수 없는 경우가 많고, 저작재산권자가 같더라도 저작물별로 각 별개의 죄가 성립하는 점, 그리고 2006.12.28. 법률 제8101호로 전부 개정된 구 저작권법이 영리를 위하여 상습적으로 한 저작재산권 침해행위를 비친고죄로 개정한 점 등을 고려해 보면, 저작재산권 침해행위에 관한 공소사실의 특정은 침해 대상인 저작물 및 침해 방법의 종류, 형태 등 침해행위의 내용이 명확하게 기재되어 있어 피고인의 방어권 행사에 지장이 없는 정도이면 되고, 각 저작물의 저작재산권자가 누구인지 특정되어 있지 않다고 하여 공소사실이 특정되지 않았다고 볼 것은 아니다(대법원 2016.12.15, 2014도1196).

㉣ (○) 제3자뇌물수수죄는 공무원 또는 중재인이 직무에 관하여 부정한 청탁을 받고 제3자에게 뇌물을 공여하게 하는 행위를 구성요건으로 하고 있고, 그중 부정한 청탁은 명시적인 의사표

시뿐만 아니라 묵시적인 의사표시로도 가능하며 청탁의 대상인 직무행위의 내용도 구체적일 필요가 없다. 이러한 점에 비추어 살펴보면, 제3자뇌물수수죄의 공소사실은 범죄의 일시, 장소를 비롯하여 구성요건사실이 다른 사실과 구별되어 공소사실의 동일성의 범위를 구분할 수 있고, 피고인의 방어권 행사에 지장이 없는 정도로 기재되면 특정이 되었다고 보아야 하고, 그중 부정한 청탁의 내용은 구체적으로 기재되어 있지 않더라도 공무원 또는 중재인의 직무와 제3자에게 제공되는 이익 사이의 대가관계를 인정할 수 있을 정도로 특정되면 충분하다(대법원 2017.3. 15, 2016도19659).

ⓜ (×) 횡령으로 인한 특정범죄가중법 위반(국고등손실)죄는 회계관계직원의 지위라는 점에서 보면 형법상 횡령죄 내지 업무상 횡령죄에 대한 가중규정으로서 신분관계로 인한 형의 경중이 있는 것이고, 피고인에게는 회계관계직원 내지 H 자금의 업무상 보관자라는 신분이 없으므로 피고인이 H 자금을 횡령한 특정범죄가중법 위반(국고등손실) 범행에 공범으로 가담하였다면 공소시효기간의 기준이 되는 법정형은 단순 횡령방조죄의 법정형에 의해야 한다(대법원 2020.11.5, 2019도12284).

18 　　　정답 ②

② ㉠ㄴㄹ

㉠ (×) 상습범으로 유죄의 확정판결(이하 앞서 저질러 재심의 대상이 된 범죄를 '선행범죄'라 한다)을 받은 사람이 그 후 동일한 습벽에 의해 범행을 저질렀는데(이하 뒤에 저지른 범죄를 '후행범죄'라 한다) 유죄의 확정판결에 대하여 재심이 개시된 경우, 동일한 습벽에 의한 후행범죄가 재심대상판결에 대한 재심판결 선고 전에 저질러진 범죄라 하더라도 재심판결의 기판력이 후행범죄에 미치지 않는다. 재심심판절차에서 선행범죄, 즉 재심대상판결의 공소사실에 후행범죄를 추가하는 내용으로 공소장을 변경하거나 추가로 공소를 제기한 후 이를 재심대상사건에 병합하여 심리하는 것이 허용되지 않으므로 재심심판절차에서는 후행범죄에 대하여 사실심리를 할 가능성이 없다. 또한 재심심판절차에서 재심개시결정의 확정만으로는 재심대상판결의 효력이 상실되지 않으므로 재심대상판결은 확정판결로서 유효하게 존재하고 있고, 따라서 재심대상판결을 전후하여 범한 선행범죄와 후행범죄의 일죄성은 재심대상판결에 의하여 분단되어 동일성이 없는 별개의 상습범이 된다. 그러므로 선행범죄에 대한 공소제기의 효력은 후행범죄에 미치지 않고 선행범죄에 대한 재심판결의 기판력은 후행범죄에 미치지 않는다. 만약 재심판결의 기판력이 재심판결의 선고 전에 선행범죄와 동일한 습벽에 의해 저질러진 모든 범죄에 미친다고 하면, 선행범죄에 대한 재심대상판결의 선고 이후 재심판결 선고 시까지 저지른 범죄는 동시에 심리할 가능성이 없었음에도 모두 처벌할 수 없다는 결론에 이르게 되는데, 이는 처벌의 공백을 초래하고 형평에 반한다(대법원 2019.6.20, 2018도20698 전원합의체).

ㄴ (×) 상습범에 있어서 공소제기의 효력은 공소가 제기된 범죄사실과 동일성이 인정되는 범죄사실 전체에 미치는 것이며, 또한 공소제기의 효력이 미치는 시적 범위는 사실심리의 가능성이 있는 최후의 시점인 판결선고 시를 기준으로 삼아야 할 것이므로, 검사가 일단 상습사기죄로 공소제기한 후 그 공소의 효력이 미치는 위 기준시까지의 사기행위 일부를 별개의 독립된 상습사기죄로 공소제기를 함은 비록 그 공소사실이 먼저 공소제기를 한 상습사기의 범행 이후에 이루어진 사기 범행을 내용으로 한 것일지라도 공소가 제기된 동일사건에 대한 이중기소에 해당되어 허용될 수 없다(대법원 1999.11.26, 99도3929).

ⓒ (○) 형사소송법 제327조 제3호에서 규정하고 있는 "공소가 제기된 사건에 대하여 다시 공소가 제기 되었을 때"라 함은 이미 공소가 제기된 사건에 대하여 다시 별개의 공소장에 의하여 이중으로 공소가 제기된 경우를 뜻하는 것이지 하나의 공소장에 범죄사실이 이중으로 기재되어 있는 경우까지 포함하는 것이라고는 해석되지 않는다. 왜냐하면, 하나의 공소장에 수개의 범죄사실이 기재되어 있는 경우 공소제기의 전후를 구별할 수 없을 뿐만 아니라, 이중기소에 대하여 공소기각 판결을 하도록 되어 있는 법의 취지는 하나의 사건에 대하여 이중판결의 위험을 막자는 데 있는 것이고, 이중판결의 위험은 별개의 공소장에 의하여 공소가 제기된 경우에 생길 수 있기 때문이다. 따라서 하나의 공소장에 동일한 사건이 중복되어 기재되어 있는 경우 이는 기소의 문제가 아니라 단순한 공소장 기재의 착오라 할 것이므로 법원으로서는 석명권을 행사하여 검사로 하여금 이를 정정케 하든가 그렇지 않은 경우에도 스스로 판결이유에 그 착오사실을 정정 표시하여 줌으로써 족하고 주문에 별도로 공소기각의 판결을 할 필요는 없다 할 것이다(대법원 1983.5.24, 82도1199).

ㄹ (×) 검사가 수개의 협박 범행을 먼저 기소하고 다시 별개의 협박 범행을 추가로 기소하였는데 이를 병합하여 심리하는 과정에서 전후에 기소된 각각의 범행이 모두 포괄하여 하나의 협박죄를 구성하는 것으로 밝혀진 경우, 이중기소에 대하여 공소기각판결을 하도록 한 형사소송법 제327조 제3호의 취지는 동일사건에 대하여 피고인으로 하여금 이중처벌의 위험을 받지 아니하게 하고 법원이 2개의 실체판결을 하지 아니하도록 함에 있으므로, 위와 같은 경우 법원이 각각의 범행을 포괄하여 하나의 협박죄를 인정한다고 하여 이중기소를 금하는 위 법의 취지에 반하는 것이 아닌 점과 법원이 실체적 경합범으로 기소된 범죄사실에 대하여 그 범죄사실을 그대로 인정하면서 다만 죄수에 관한 법률적인 평가만을 달리하여 포괄일죄로 처단하는 것이 피고인의 방어에 불이익을 주는 것이 아니어서 공소장변경 없이도 포괄일죄로 처벌할 수 있는 점에 비추어 보면, 비록 협박죄의 포괄일죄로 공소장을 변경하는 절차가 없었다거나 추가로 공소장을 제출한 것이 포괄일죄를 구성하는 행위로서 기존의 공소장에 누락된 것을 추가·보충하는 취지의 것이라는 석명절차를 거치지 아니하였다 하더라도, 법원은 전후에 기소된 범죄사실 전부에 대하여 실체판단을 할 수 있고, 추가기소된 부분에 대하여 공소기각판결을 할 필요는 없다(대법원 2007.8. 23, 2007도2595).

ⓜ (○) 변호사법은 제31조 제1항 제3호에서 '변호사는 공무원으로서 직무상 취급하거나 취급하게 된 사건에 관하여는 그 직무를 수행할 수 없다.'고 규정하면서 제113조 제5호에서 변호사법 제31조 제1항 제3호에 따른 사건을 수임한 변호사를 1년 이하의 징역 또는 1천만 원 이하의 벌금에 처하도록 규정하고 있는바, 금지규정인 변호사법 제31조 제1항 제3호가 '공무원으로서 직무상 취급하거나 취급하게 된 사건'에 관한 '직무수행'을 금지하고 있는 반면 처벌규정인 변호사법 제113조 제5호는 '공무원으로서 직무상 취급하거나 취급하게 된 사건'을 '수임'한 행위를 처벌하고 있다. 위 금지규정에 관하여는 당초 처벌규정이 없다가 변호사법이 2000.1.28. 법률 제6207호로 전부개정되면서 변호사법 제31조의 수임제한에 해당하는 행위 유형 가운데 제

31조 제1항 제3호에 따른 사건을 '수임'한 경우에만 처벌하는 처벌규정을 신설하였고, 다른 행위 유형은 징계 대상으로만 규정하였다(변호사법 제91조 제2항 제1호). 이러한 금지규정 및 처벌규정의 문언과 변호사법 제90조, 제91조에 따라 형사처벌이 되지 않는 변호사법 위반 행위에 대해서는 징계의 제재가 가능한 점 등을 종합적으로 고려하면, 변호사법 제113조 제5호, 제31조 제1항 제3호 위반죄의 공소시효는 그 범죄행위인 '수임' 행위가 종료한 때로부터 진행된다고 봄이 타당하고, 수임에 따른 '수임사무의 수행'이 종료될 때까지 공소시효가 진행되지 않는다고 해석할 수는 없다(대법원 2022.1.14, 2017도18693).

19
정답 ③

③ ㉠㉡㉣

㉠ (○) 공익법인이 주무관청의 승인을 받지 않은 채 수익사업을 하는 행위는 시간적 계속성이 구성요건적 행위의 요소로 되어 있다는 점에서 계속범에 해당한다고 보아야 할 것인 만큼 승인을 받지 않은 수익사업이 계속되고 있는 동안에는 아직 공소시효가 진행하지 않는 것이다(대법원 1981.10.13, 81도1244).

㉡ (○) 제66조 제1항·제3항 참조.

> **제66조(기간의 계산)** ① 기간의 계산에 관하여는 시(時)로 계산하는 것은 즉시(即時)부터 기산하고 일(日), 월(月) 또는 연(年)으로 계산하는 것은 초일을 산입하지 아니한다. 다만, 시효(時效)와 구속기간의 초일은 시간을 계산하지 아니하고 1일로 산정한다.
> ② 연 또는 월로 정한 기간은 연 또는 월 단위로 계산한다.
> ③ 기간의 말일이 공휴일이거나 토요일이면 그날은 기간에 산입하지 아니한다. 다만, 시효와 구속기간에 관하여는 예외로 한다.

㉢ (×) 상상적 경합(과형상 일죄)의 경우, 공소시효의 완성 여부는 각각 따져야 한다. "1개의 행위가 여러 개의 죄에 해당하는 경우 형법 제40조는 이를 과형상 일죄로 처벌한다는 것에 지나지 아니하고, 공소시효를 적용함에 있어서는 각 죄마다 따로 따져야 할 것인바, 공무원이 취급하는 사건에 관하여 청탁 또는 알선을 할 의사와 능력이 없음에도 청탁 또는 알선을 한다고 기망하여 금품을 교부받은 경우에 성립하는 사기죄와 변호사법위반죄는 상상적 경합의 관계에 있으므로(대법원 2006.1.27, 2005도8704), 변호사법 위반죄의 공소시효가 완성되었다고 하여 그 죄와 상상적 경합관계에 있는 사기죄의 공소시효까지 완성되는 것은 아니다(대법원 2006.12.8, 2006도6356).

㉣ (○) 직권남용권리행사방해죄는 국가기능의 공정한 행사라는 국가적 법익을 보호하는 데 주된 목적이 있으므로, 공무원이 동일한 사안에 관한 일련의 직무집행 과정에서 단일하고 계속된 범의로 일정 기간 계속하여 저지른 직권남용행위에 대하여는 설령 그 상대방이 여러 명이더라도 포괄일죄가 성립할 수 있다. 다만 개별 사안에서 포괄일죄의 성립 여부는 직무집행 대상의 동일 여부, 범행의 태양과 동기, 각 범행 사이의 시간적 간격, 범의의 단절이나 갱신 여부 등을 세밀하게 살펴 판단하여야 한다(직권남용으로 인한 국가정보원법 위반죄에 관한 대법원 2021.3.11, 2020도12583). 피고인의 관련 행위(온라인 여론조작 활동 지시 또는 불법 신원조회 활동 지시)는 동일한 사안에 관한 일련의 직무집행 과정에서 단일하고 계속된 범의로 일정 기간 계속하여 저지른 직권남용행위에 해당하므로 그 전체 범행에 대하여

포괄하여 하나의 직권남용죄가 성립한다. 따라서 직권남용행위의 상대방별로 별개의 죄가 성립함을 전제로 일부 상대방에 대한 범행에 대하여 별도로 공소시효가 완성되었다고 판단한 원심판결에는 직권남용죄의 죄수에 관한 법리를 오해한 잘못이 있다(대법원 2021.9.9, 2021도2030).

㉤ (×) 1999년경 저질러져 2000.6.26. 기소된 이 사건 공소사실 범죄에 대하여 판결의 확정 없이 공소가 제기된 때로부터 15년이 경과하였다. 2007.12. 개정 전 구 형사소송법 제249조는 '공소시효의 기간'이라는 표제 아래 제1항 본문 및 각 호에서 공소시효는 법정형에 따라 정해진 일정 기간의 경과로 완성한다고 규정하고, 제2항에서 "공소가 제기된 범죄는 판결의 확정이 없이 공소를 제기한 때로부터 15년을 경과하면 공소시효가 완성한 것으로 간주한다."라고 규정하였다. 2007.12.21. 법률 제8730호로 형사소송법이 개정되면서 제249조 제1항 각 호에서 정한 시효의 기간이 연장되고, 제249조 제2항에서 정한 시효의 기간도 '15년'에서 '25년'으로 연장되었는데, 위와 같이 개정된 형사소송법 부칙 제3조는 '공소시효에 관한 경과조치'라는 표제 아래 "이 법 시행 전에 범한 죄에 대하여는 종전의 규정을 적용한다."라고 규정하고 있다. … 이 사건 부칙조항은, 시효의 기간을 연장하는 형사소송법 개정이 피의자 또는 피고인에게 불리한 조치인 점 등을 고려하여 개정 형사소송법 시행 전에 이미 저지른 범죄에 대하여는 개정 전 규정을 그대로 적용하고자 함에 그 취지가 있다. 이 사건 부칙조항에서 말하는 '종전의 규정'에는 '구 형사소송법 제249조 제1항'뿐만 아니라 '같은 조 제2항'도 포함된다고 봄이 타당하다. 따라서 개정 형사소송법 시행 전에 범한 죄에 대해서는 이 사건 부칙조항에 따라 구 형사소송법 제249조 제2항이 적용되어 판결의 확정 없이 공소를 제기한 때로부터 15년이 경과하면 공소시효가 완성한 것으로 간주된다(대법원 2022.8.19, 2020도1153).

20
정답 ②

② ㉠㉢㉤

㉠ (×) 뇌물공여죄와 뇌물수수죄 사이와 같은 이른바 대향범 관계에 있는 자는 강학상으로는 필요적 공범이라고 불리고 있으나, 서로 대향된 행위의 존재를 필요로 할 뿐 각자 자신의 구성요건을 실현하고 별도의 형벌규정에 따라 처벌되는 것이어서, 2인 이상이 가공하여 공동의 구성요건을 실현하는 공범관계에 있는 자와는 본질적으로 다르며, 대향범 관계에 있는 자 사이에서는 각자 상대방의 범행에 대하여 형법 총칙의 공범규정이 적용되지 아니한다. 이러한 점들에 비추어 보면 형사소송법 제253조 제2항에서 말하는 '공범'에는 뇌물공여죄와 뇌물수수죄 사이와 같은 대향범 관계에 있는 자는 포함되지 않는다고 해석할 것이다(대법원 2015.2.12, 2012도4842).

㉡ (○) 형사소송법 제253조 제2항은 공범 사이의 처벌에 형평을 기하기 위하여 공범 중 1인에 대한 공소의 제기로 다른 공범자에 대하여도 공소시효가 정지되도록 규정하고 있는데, 위 공범의 개념이나 유형에 관하여는 아무런 규정을 두고 있지 아니하다. 따라서 형사소송법 제253조 제2항의 공범을 해석함에 있어서는 공범 사이의 처벌의 형평이라는 위 조항의 입법 취지, 국가형벌권의 적정한 실현이라는 형사소송법의 기본이념, 국가형벌권 행사의 대상을 규정한 형법 등 실체법과의 체계적 조화 등의 관점을 종합적으로 고려하여야 할 것이고, 특히 위 조항이

공소제기 효력의 인적 범위를 확장하는 예외를 마련하여 놓은 것이므로 원칙적으로 엄격하게 해석하여야 하고 피고인에게 불리한 방향으로 확장하여 해석해서는 아니 된다(대법원 2015.2. 12, 2012도4842; 2012.3.29, 2011도15137).

ⓒ (×) 형사소송법 제253조 제3항은 "범인이 형사처분을 면할 목적으로 국외에 있는 경우 그 기간 동안 공소시효는 정지된다." 라고 규정하고 있다. 위 규정의 입법 취지는 범인이 우리나라의 사법권이 실질적으로 미치지 못하는 국외에 체류한 것이 도피의 수단으로 이용된 경우에 체류기간 동안은 공소시효가 진행되는 것을 저지하여 범인을 처벌할 수 있도록 하여 형벌권을 적정하게 실현하고자 하는 데 있다. 따라서 위 규정이 정한 '범인이 형사처분을 면할 목적으로 국외에 있는 경우'는 범인이 국내에서 범죄를 저지르고 형사처분을 면할 목적으로 국외로 도피한 경우에 한정되지 아니하고, 범인이 국외에서 범죄를 저지르고 형사처분을 면할 목적으로 국외에서 체류를 계속하는 경우도 포함된다(대법원 2015.6.24, 2015도5916).

ⓓ (○) 형사소송법 제253조 제3항은 "범인이 형사처분을 면할 목적으로 국외에 있는 경우 그 기간 동안 공소시효는 정지된다." 고 규정하여 공소시효의 정지를 위해서는 '형사처분을 면할 목적'이 있을 것을 요구한다. 형사소송법 제253조 제3항이 정한 '형사처분을 면할 목적'은 국외 체류의 유일한 목적으로 되는 것에 한정되지 않고 범인이 가지는 여러 국외 체류 목적 중에 포함되어 있으면 족하고, 범인이 국외에 있는 것이 형사처분을 면하기 위한 방편이었다면 '형사처분을 면할 목적'이 있었다고 볼 수 있으며, '형사처분을 면할 목적'과 양립할 수 없는 범인의 주관적 의사가 명백히 드러나는 객관적 사정이 존재하지 않는 한 국외 체류기간 동안 '형사처분을 면할 목적'은 계속 유지된다(대법원 2008.12.11, 2008도4101 등 참조). (다만) 피고인이 당해 사건으로 처벌받을 가능성이 있음을 인지하였다고 보기 어려운 경우라면 피고인이 다른 고소사건과 관련하여 형사처분을 면할 목적으로 국외에 있은 경우라고 하더라도 당해 사건의 형사처분을 면할 목적으로 국외에 있었다고 볼 수 없다(대법원 2014.4.24, 2013도9162).

ⓔ (×) 법원이 어떠한 법률조항을 해석·적용함에 있어서 한 가지 해석방법에 의하면 헌법에 위배되는 결과가 되고 다른 해석방법에 의하면 헌법에 합치하는 것으로 볼 수 있을 때에는 위헌적인 해석을 피하고 헌법에 합치하는 해석방법을 택하여야 한다. 이는 입법방식에 다소 부족한 점이 있어 어느 법률조항의 적용 범위 등에 관하여 불명확한 부분이 있는 경우에도 마찬가지이다. 이러한 관점에서 보면, 공소시효를 정지·연장·배제하는 내용의 특례조항을 신설하면서 소급적용에 관한 명시적인 경과규정을 두지 아니한 경우에 그 조항을 소급하여 적용할 수 있다고 볼 것인지에 관하여는 이를 해결할 보편타당한 일반원칙이 존재할 수 없는 터이므로 적법절차원칙과 소급금지원칙을 천명한 헌법 제12조 제1항과 제13조 제1항의 정신을 바탕으로 하여 법적 안정성과 신뢰보호원칙을 포함한 법치주의 이념을 훼손하지 아니하도록 신중히 판단하여야 한다(대법원 2015.5. 28, 2015도1362).

ⓕ (○) 과거 판례에서는 제253조 제3항에서 국외도피기간 정지의 대상으로 규정한 '공소시효'에 제249조 제2항에서 말하는 '공소시효'는 포함되지 않는다고 판시한 바 있으나(대법원 2022.9.29, 2020도13547), 2024.2.13. 개정 제253조 제4항에 의하여 제249조 제2항의 소위 의제공소시효의 경우에도 국외도피기간에 그

진행이 정지되는 것으로 명시되었다.

[보충] 위 개정규정은 부진정소급효가 인정된다(동 부칙 제2조).

> **제253조(시효의 정지와 효력)** ④ 피고인이 형사처분을 면할 목적으로 국외에 있는 경우 그 기간 동안 제249조 제2항에 따른 기간의 진행은 정지된다. <신설 2024.2.13.>

▶ **제4편 공판: 제1장 공판절차** [공판절차의 기본원칙] — [공판기일의 절차 1]

01	①	02	①	03	③	04	③	05	④
06	①	07	③	08	②	09	②	10	④
11	②	12	②	13	①	14	③	15	②
16	②	17	②	18	①	19	①	20	②

01

정답 ①

① (○) 헌법 제109조는 재판공개의 원칙을 규정하고 있는 것으로서 검사의 공소제기절차에는 적용될 여지가 없다. 따라서 공소가 제기되기 전까지 피고인이 그 내용이나 공소제기 여부를 알수 없었다거나 피고인의 소송기록 열람·등사권이 제한되어 있었다고 하더라도 그 공소제기절차가 위 헌법 규정을 위반하였다고는 할 수 없다(대법원 2008.12.24, 2006도1427).

② (×) 공개주의는 모든 국민의 참관이 허용되어야 한다는 의미가 아니다. 따라서 방청인의 수를 제한할 수 있음은 법정 방청 및 촬영 등에 관한 규칙 제2조에, 특정인에 대해 퇴정을 명할 수 있음은 법원조직법 제58조 제2항에 규정되어 있다.

③ (×) 헌법 제27조 제3항 후문, 제109조와 법원조직법 제57조 제1항, 제2항의 취지에 비추어 보면, 헌법 제109조, 법원조직법 제57조 제1항에서 정한 공개금지사유가 없음에도 불구하고 재판의 심리에 관한 공개를 금지하기로 결정하였다면 그러한 공개금지결정은 피고인의 공개재판을 받을 권리를 침해한 것으로서 그 절차에 의하여 이루어진 증인의 증언은 증거능력이 없고, 변호인의 반대신문권이 보장되었더라도 달리 볼 수 없으며, 이러한 법리는 공개금지결정의 선고가 없는 등으로 공개금지결정의 사유를 알 수 없는 경우에도 마찬가지이다(대법원 2013.7.26, 2013도2511).

④ (×) 공공의 이익을 위하여 상당하다고 인정된다면 피고인의 동의를 요하지 아니한다.

> **법정 방청 및 촬영 등에 관한 규칙 제4조(촬영등의 제한)** ②
> 재판장은 피고인(또는 법정에 출석하는 원, 피고)의 동의가 있는 때에 한하여 전항의 신청에 대한 허가를 할 수 있다. 다만, 피고인(또는 법정에 출석하는 원, 피고)의 동의 여부에 불구하고 촬영등 행위를 허가함이 공공의 이익을 위하여 상당하다고 인정되는 경우에는 그러하지 아니하다.

02

정답 ①

① ⓛ ⓒ ⓔ ⓜ

㉠ (×) 공소장변경이 적법하게 이루어진 경우, 법원은 불고불리의 원칙상 변경된 공소사실에 대해서만 실체적 심판을 해야 하고, 당초의 공소사실에 대해서는 실체적 판단을 해서는 안 된다고할 것이다.

㉡ (○) 대법원 2006.6.15, 2006도1667; 2001.2.9, 2000도5358; 2007.12.27, 2007도4749 등

㉢ (○) 대법원 2006.3.23, 2005도9678

㉣ (○) 대법원 1975.6.24, 70도2660; 2006.5.25, 2006도1146

㉤ (○) 판결 전의 소송절차에 관한 결정에 대하여는 특히 즉시항고를 할 수 있는 경우 외에는 항고를 하지 못하는데(형사소송법 제403조 제1항), 공소사실 또는 적용법조의 추가·철회 또는 변경의 허가에 관한 결정은 판결 전의 소송절차에 관한 결정으로서, 그 결정에 관한 위법이 판결에 영향을 미친 경우에는 그 판결에 대하여 상소를 하는 방법으로만 불복할 수 있다(대법원 1987.3.28, 87모17; 2001.7.13, 2001도1660; 2023.6.15, 2023도3038).

03

정답 ③

③ ㉠㉡㉣㉤

㉠ (×) 피고인들에 대하여 공소가 제기된 당초의 배임 범죄사실과 검사가 공소장변경신청을 하여 예비적으로 추가한 사기 범죄사실은 그 범행 일시와 장소, 수단, 방법 등 범죄사실의 내용이나 행위 태양이 다르고 범죄의 결과도 다르며 죄질에도 현저히 차이가 있으므로 그 기본적 사실관계가 동일하다고 할 수없다. 그렇다면 이 사건 공소장변경은 이를 허가할 것이 아니다(대법원 2012.4.13, 2011도3469).

㉡ (×) 당초의 공소사실(사기)과 예비적 공소사실(뇌물수수)은 그시기와 수단·방법 등의 범죄사실의 내용이나 행위 태양 및 피해법익이 다르고 죄질에도 현저한 차이가 있어 그 기본적인 사실관계가 동일하다고 보기 어려우므로, 이 사건 공소장변경허가신청은 공소사실의 동일성 범위 내의 것이라고 할 수 없다(대법원 2017.8.29, 2015도1968).

㉢ (○) 피고인이 의사면허증을 대여해 준 행위와 비의료인의 의료기관 개설행위에 가담한 행위는 모두 피고인이 단일한 범의아래 저지른 일련의 행위로서 밀접한 관계에 있고 죄질 및 피해법익도 유사하므로, 상고이유로 지적하는 사정들을 고려한다고 하더라도 양 사실은 그 기본적 사실관계가 동일한 것이라고하지 않을 수 없다(대법원 2012.9.13, 2010도11338).

㉣ (×) 당초의 공소사실인 마약류관리에 관한 법률 위반(향정)의 범죄사실과 검사의 공소장변경에 의해 예비적으로 추가된 사기의 범죄사실은 그 수단·방법 등 범죄사실의 내용이나 행위의 태양 및 피해법익이 다르고 죄질에도 현저한 차이가 있어, 그기본적인 사실관계가 동일하다고 볼 수 없다(대법원 2012.4.13, 2010도16659).

㉤ (×)「아동·청소년의 성보호에 관한 법률」은 제11조 제1항에서

아동·청소년성착취물을 제작하는 행위를 처벌하는 규정을 두고 있다. 이 법은 2020.6.2. 법률 제17338호로 일부 개정되면서 상습으로 아동·청소년성착취물을 제작하는 행위를 처벌하는 조항인 제11조 제7항을 신설하였는데, 그 부칙에서 개정 법률은 공포한 날부터 시행한다고 정하였다. 당초 검사는 공소사실 중 청소년성보호법 위반(상습성착취물제작·배포등) 부분에 대해 '피고인은 2020.11.3.부터 2021.2.10.까지 상습으로 아동·청소년성착취물(총 19개)을 제작하였다'고 공소를 제기하였다가, 원심에서 같은 부분에 대해 '피고인은 2015.2.28.부터 2021.1.21.까지 상습으로 아동·청소년성착취물(총 1,910개)을 제작하였다'는 공소사실을 추가하는 공소장변경허가신청을 하였다. 그런데 위 개정 규정이 시행되기 전인 2015.2.28.부터 2020.5.31.까지 아동·청소년성착취물 제작으로 인한 청소년성보호법 위반 부분에 대하여는 위 개정 규정을 적용하여 청소년성보호법 위반(상습성착취물제작·배포등)죄로 처벌할 수 없고 행위시법에 기초하여 청소년성보호법 위반(성착취물제작·배포등)죄로 처벌할 수 있을 뿐이며, 또한 청소년성보호법위반(상습성착취물제작·배포등)죄로 처벌되는 그 이후의 부분과 포괄일죄의 관계에 있지 않고 실체적 경합관계에 있다. 이에 따라 종전 공소사실과 기본적 사실관계가 동일하지 않은 2015.2.28.부터 2020.5.31.까지 부분을 추가하는 공소장변경은 허가될 수 없고 이는 추가기소의 방법으로 해결할 수밖에 없다(아청법상 상습성착취물제작과 행위시법상 없었던 성착취물제작의 동일성이 없다는 사례, 대법원 2022.12.29. 2022도10660).

04

정답 ③

③ ㉡㉢㉤㉥

㉠ (○) 판결 전의 소송절차에 관한 결정에 대하여는 특히 즉시항고를 할 수 있는 경우 외에는 항고를 하지 못하는 것인바, 소송사실 또는 적용법조의 추가, 철회 또는 변경의 허가에 관한 결정은 판결 전의 소송절차에 관한 결정이라 할 것이므로, 그 결정을 함에 있어서 저지른 위법이 판결에 영향을 미친 경우에 한하여 그 판결에 대하여 상소를 하여 다툼으로써 불복하는 외에는 당사자가 이에 대하여 독립하여 상소할 수 없다(대법원 1987.3.28, 87모17).

㉡ (×) 법원이 동일한 범죄사실을 가지고 포괄일죄로 보지 아니하고 실체적 경합관계에 있는 수죄로 인정하였다고 하여도 이는 다만 죄수에 관한 법률적 평가를 달리한 것에 불과할 뿐이지 소추대상인 공소사실과 다른 사실을 인정한 것도 아니고 또 피고인의 방어권행사에 실질적으로 불이익을 초래할 우려도 없어서 불고불리의 원칙에 위반되는 것이 아니다(대법원 2005.10.28, 2005도5996).

㉢ (○) 현행법상 형사항소심의 구조가 사후심으로서의 성격만을 가지는 것은 아니므로, 피고인의 상고에 의하여 상고심에서 원심판결을 파기하고 사건을 항소심에 환송한 경우에도 공소사실의 동일성이 인정되면 공소장변경을 허용하여 이를 심판대상으로 삼을 수 있는바, 환송 후 원심이 검사의 공소장변경신청을 허가하고 공소장변경을 이유로 직권으로 제1심판결을 파기한 후 다시 판결한 조치는 옳다(대법원 2004.7.22, 2003도8153).

㉣ (×) 피고인이 이적표현물을 제작·반포한 사실은 부인하면서 이를 취득·소지한 것에 대하여는 자백하는 취지로 진술한다고 하여도 법원이 검사에게 공소장의 변경을 요구할 것인지 여부

는 법원의 재량에 속하는 것이므로, 법원이 검사에게 그 표현물을 취득·소지한 것으로 공소장변경을 요구하지 아니하였다 하여 위법하다고 할 수 없다(대법원 1997.8.22, 97도1516).

㉤ (×) 항소심에서 공소장변경에 의하여 단독판사의 관할사건이 합의부 관할사건으로 된 경우에도 법원은 사건을 관할권이 있는 법원에 이송하여야 하고, 항소심에서 변경된 위 합의부 관할사건에 대한 관할권이 있는 법원은 고등법원이라고 봄이 상당하다(대법원 1997.12.12, 97도2463).

㉥ (×) 법원은 검사의 공소장변경허가신청에 대해 결정의 형식으로 이를 허가 또는 불허가 하고, 법원의 허가 여부 결정은 공판정 외에서 별도의 결정서를 작성하여 고지하거나 공판정에서 구술로 하고 공판조서에 기재할 수도 있다. 만일 공소장변경허가 여부 결정을 공판정에서 고지하였다면 그 사실은 공판조서의 필요적 기재사항이다(형사소송법 제51조 제2항 제14호). 공소장변경허가신청이 있음에도 공소장변경 허가 여부 결정을 명시적으로 하지 않은 채 공판절차를 진행하면 현실적 심판대상이 된 공소사실이 무엇인지 불명확하여 피고인의 방어권 행사에 영향을 줄 수 있으므로 공소장변경 허가 여부 결정은 위와 같은 형식으로 명시적인 결정을 하는 것이 바람직하다(대법원 2023.6.15, 2023도3038).

> **제51조(공판조서의 기재요건)** ① 공판기일의 소송절차에 관하여는 참여한 법원사무관등이 공판조서를 작성하여야 한다.
> ② 공판조서에는 다음 사항 기타 모든 소송절차를 기재하여야 한다.
> 1. 공판을 행한 일시와 법원
> 2. 법관, 검사, 법원사무관등의 관직, 성명
> 3. 피고인, 대리인, 대표자, 변호인, 보조인과 통역인의 성명
> 4. 피고인의 출석 여부
> 5. 공개의 여부와 공개를 금한 때에는 그 이유
> 6. 공소사실의 진술 또는 그를 변경하는 서면의 낭독
> 7. 피고인에게 그 권리를 보호함에 필요한 진술의 기회를 준 사실과 그 진술한 사실
> 8. 제48조 제2항에 기재한 사항
> 9. 증거조사를 한 때에는 증거될 서류, 증거물과 증거조사의 방법
> 10. 공판정에서 행한 검증 또는 압수
> 11. 변론의 요지
> 12. 재판장이 기재를 명한 사항 또는 소송관계인의 청구에 의하여 기재를 허가한 사항
> 13. 피고인 또는 변호인에게 최종 진술할 기회를 준 사실과 그 진술한 사실
> 14. 판결 기타의 재판을 선고 또는 고지한 사실

05

정답 ④

④ ㉠㉡㉢

㉠ (×) 공갈죄의 수단으로서 한 협박은 공갈죄에 흡수될 뿐 별도로 협박죄를 구성하지 않으므로, 그 범죄사실에 대한 피해자의 고소는 결국 공갈죄에 대한 것이라 할 것이어서 그 후 고소가 취소되었다 하여 공갈죄로 처벌하는 데에 아무런 장애가 되지 아니하며, 검사가 공소를 제기할 당시에는 그 범죄사실을 협박죄로 구성하여 기소하였다 하더라도, 그 후 공판 중에 기본적 사실관계가 동일하여 공소사실을 공갈미수로 공소장 변경이 허용된 이상 그 공소제기의 하자는 치유된다(대법원 1996.9.24,

96도2151).

ⓛ (×) 강간치상죄는 강간죄의 결과적 가중범으로서 강간치상의 공소사실 중에는 강간죄의 공소사실도 포함되어 있는 것이어서 강간치상죄로 공소가 제기된 사건에 있어서 그 치상의 점에 관하여 증명이 없더라도 법원으로서는 공소장 변경절차 없이 강간의 점에 대하여 심리판단할 수 있다(대법원 2002.7.12, 2001도6777).

ⓒ (×) 단독범으로 기소된 것을 다른 사람과 공모하여 동일한 내용의 범행을 한 것으로 인정하는 경우에는 이 때문에 피고인에게 불의의 타격을 주어 그 방어권의 행사에 실질적 불이익을 줄 우려가 있지 아니하는 경우에는 반드시 공소장 변경을 필요로 한다고 할 수 없고, 이 사건의 경우 기록을 살펴보면 피고인과 변호인은 원심에 이르기까지 피고인은 위 호적계장이나 시민봉사실장과 의논이 되어 판시와 같은 호적정정허가신청서를 작성하여 행사한 것이고 위 시민봉사실장은 위 신청서의 정정사유가 허위임을 알면서도 결재한 것이라고 주장하여 온 바 있음을 알 수 있으므로, 원심이 공소장변경절차 없이 피고인 단독범으로 기소된 이 사건 공소사실을 그 범행사실의 내용의 동일한 공동정범으로 인정하였다고 하여 피고인의 방어권 행사에 불이익을 줄 우려가 있는 경우라고 할 수 없다(대법원 1991.5.28, 90도2977).

ⓔ (○) 기수의 공소사실을 미수로 인정하는 경우와는 달리 미수의 공소사실을 예비로 인정하려면 공소장변경이 필요하다(대법원 1983.4.12, 82도2939).

ⓜ (○) 피고인이 2014.2.14. 인천지방법원 부천지원에서 "피고인이 2013.5.12.경 부천시 원미구 (주소 생략) 소재 새마을금고 앞에서 동네 후배인 이○○로부터 그 명의의 새마을금고 통장(계좌번호: 생략)과 현금카드를 양수하였다."가 포함되어 있는 사실에 대한 전자금융거래법위반죄 등으로 징역 8월, 집행유예 3년의 형을 선고받고 그 판결이 2014.5.27. 확정되었는데, 검사는 "피고인과 성명불상자가 공동하여 통장을 만들어주지 아니하면 위해를 가할 것처럼 행동하며 위협적인 말투로 통장을 만들어 달라고 겁을 주어 2013.5.12.경 부천시 원미구 (주소 생략) 소재 새마을금고에서 피해자 이○○로 하여금 자신들이 원하는 비밀번호를 설정하고 피해자 명의의 새마을금고 통장을 개설하게 하여 위 통장 및 접근매체를 갈취하였다."는 공소사실로 피고인에 대하여 공소를 제기하였다. … 원래 공소사실이나 범죄사실의 동일성 여부는 사실의 동일성이 갖는 법률적 기능을 염두에 두고 피고인의 행위와 그 사회적인 사실관계를 기본으로 하되 그 규범적 요소도 고려하여 판단하여야 할 것이지만(대법원 1998.8.21, 98도749), 위 공소사실과 위 확정판결의 범죄사실은 그 범행일시, 장소, 상대방 및 범행대상인 접근매체가 동일하고, 피고인이 피해자에게 겁을 주어 접근매체를 갈취한 행위는 접근매체 양수를 위한 단일한 범의 아래 진행된 일련의 행위로서 위 양수의 원인이 되어서 위 양수행위와 불가분의 밀접한 관계에 있다고 할 것이므로, 위 공소사실과 위 확정판결의 범죄사실은 그 기본적 사실관계가 동일한 것이라고 하지 않을 수 없다(대법원 2015.9.10, 2015도7081).

06   정답 ①

① ⓒⓔⓜⓑ
ⓐ (×) 피고인의 방어권 행사에 실질적인 불이익을 초래할 염려가

없는 경우에는 공소사실과 기본적 사실이 동일한 범위 내에서 법원이 공소장변경절차를 거치지 아니하고 다르게 사실을 인정하였다고 할지라도 불고불리의 원칙에 위배되지 않고, 단독범으로 기소된 것을 다른 사람과 공모하여 동일한 내용의 범행을 한 것으로 인정하는 경우에는 이 때문에 피고인에게 불의의 타격을 주어 그 방어권의 행사에 실질적 불이익을 줄 우려가 있지 아니하는 경우에는 반드시 공소장변경을 필요로 한다고 할 수 없다(대법원 2013.10.24, 2013도5752; 2007.4.26, 2007도309).

ⓛ (×) 폭력행위 등 처벌에 관한 법률 제3조 제1항은 "단체나 다중의 위력으로써 또는 단체나 집단을 가장하여 위력을 보임으로써 제2조 제1항에 열거된 죄를 범한 자 또는 흉기 기타 위험한 물건을 휴대하여 그 죄를 범한 자는 제2조 제1항 각 호의 예에 따라 처벌한다."고 규정하고 있다. 여기서 "단체나 다중의 위력으로써 또는 단체나 집단을 가장하여 위력을 보임으로써" 범행하는 경우와 "흉기 기타 위험한 물건을 휴대하여" 범행하는 경우는 비록 같은 조항에서 함께 규정되어 있기는 하지만, 그 행위태양이 전혀 다르고 그에 대응할 피고인의 방어행위 역시 달라질 수밖에 없으므로, 흉기 등 휴대의 방법으로 타인의 재물을 갈취하였다는 공소사실을 법원이 다중의 위력 등의 방법으로 타인의 재물을 갈취하였다는 것으로 인정하려면 공소장변경의 절차를 거쳐야 할 것이다(대법원 2013.6.27, 2013도3983).

ⓒ (○) 공소장에는 공소사실의 법률적 평가를 명확히 하여 공소의 범위를 확정하는 데 보조기능을 하기 위하여 적용법조를 기재하여야 하는데(형사소송법 제254조 제3항), 적용법조의 기재에 오기·누락이 있거나 또는 적용법조에 해당하는 구성요건이 충족되지 않을 때에는 공소사실의 동일성이 인정되는 범위 내로서 피고인의 방어에 실질적인 불이익을 주지 않는 한도에서 법원이 공소장 변경의 절차를 거침이 없이 직권으로 공소장 기재와 다른 법조를 적용할 수 있지만, 공소장에 기재된 적용법조를 단순한 오기나 누락으로 볼 수 없고 구성요건이 충족됨에도 법원이 공소장 변경의 절차를 거치지 아니하고 임의적으로 다른 법조를 적용하여 처단할 수는 없다(대법원 2015.11.12, 2015도12372).

ⓔ (○) 검사는 법원의 허가를 받아 공소장에 기재된 공소사실 또는 적용법조의 추가, 철회 또는 변경을 할 수 있고, 이 경우에 법원은 공소사실의 동일성을 해하지 아니하는 한도에서 이를 허가하도록 되어 있다(형사소송법 제298조). 따라서 일죄의 관계에 있는 여러 범죄사실 중 일부에 대한 기판력은 현실적으로 심판대상이 되지 아니한 다른 부분에도 미치므로, 그 일부의 범죄사실에 대하여 공소가 제기된 뒤에 항소심에서 나머지 부분을 추가하였다고 하여 공소사실의 동일성을 해하는 것이라고 볼 수 없으므로 법원은 이를 허가하여야 한다(대법원 2016.1.14, 2013도8118; 1992.12.22, 92도2047).

ⓜ (○) 실체적 경합범 관계에 있는 이 사건 공소사실과 범죄단체 공소사실은 범행일시, 행위태양, 공모관계 등 범죄사실의 내용이 다르고, 그 죄질에도 현저한 차이가 있다. 따라서 위 두 공소사실은 동일성이 없으므로, 공소장변경절차에 의하여 이 사건 공소사실에 위 범죄단체 공소사실을 추가하는 취지의 공소장변경은 허가될 수 없다(판결에 영향을 미친 소송절차의 법령위반으로 상고이유에 해당하므로 원심판결 파기, 대법원 2020.12.24, 2020도10814).

ⓑ (○) 변제할 의사와 능력 없이 피해자로부터 금원을 편취하였다고 기소된 사실을 공소장변경 절차 없이 피해자에게 제3자를

소개케 하여 동액의 금원을 차용하고 피해자에게 그에 대한 보증채무를 부담케 하여 재산상의 이익을 취득하였다고 인정하였다 할지라도 위 양 범죄사실을 비교하여 보면 차용액, 기망의 태양, 피해의 내용이 실질에 있어 동일한 것이어서 피해자를 기망하여 금원을 편취하였다는 기본적 사실에 아무런 차이도 없으므로 원심의 인정사실이 공소사실의 동일성을 벗어난 것도 아닐 뿐더러 피고인이 스스로 이를 시인하고 있는 이상 피고인의 방어에 하등의 불이익을 주었다고 볼 수도 없으므로 거기에 위법이 있다 할 수 없다(대법원 1984.9.25, 84도312).

07

정답 ③

③ ㉠㉡㉢㉣

㉠ (○) 강간치상으로 공소가 제기되었다고 하더라도 준강제추행죄는 강간치상죄의 공소사실과 동일성이 인정되고 공소제기된 범죄사실에 포함되어 충분히 심리되었으므로 별도의 공소장변경절차 없이 준강제추행죄를 인정할 수 있다(대법원 2008.5.29, 2007도7260).

㉡ (○) 공소사실의 동일성의 여부는 그 사실의 기초가 되는 사회적 사실관계가 기본적인 점에서 동일한가의 여부를 구체적 사실에 관하여 개별적으로 판단하여 결정하여야 할 것인바, 최초의 공소사실과 변경된 공소사실 간에 그 일시만 달리하는 경우 사안의 성질상 두개의 공소사실이 양립할 수 있다고 볼 사정이 있는 경우에는 그 기본인 사회적 사실을 달리할 위험이 있다 할 것이므로 기본적 사실은 동일하다고 볼 수 없다 할 것이지만, 일방의 범죄가 성립되는 때에는 타방의 범죄의 성립은 인정할 수 없다고 볼 정도로 양자가 밀접한 관계에 있는 경우에는 양자의 기본적 사실관계는 동일한 것이다(대법원 2007.5.10, 2007도1048).

㉢ (×) 이 사건 확정판결의 범죄사실 중 업무방해죄와 이 사건 공소사실 중 명예훼손죄(이하 '이 사건 공소사실 2'라 한다)는 모두 피고인이 같은 일시, 장소에서 피해자의 기념전시회에 참석한 손님들에게 피해자가 공사대금을 주지 않는다는 취지로 소리를 치며 소란을 피웠다는 1개의 행위에 의하여 실현된 경우로서 상상적 경합 관계에 있다고 보아, 이 사건 확정판결의 기판력이 이 사건 공소사실 2에 대해서도 미친다고 할 것이어서, 이 사건 공소사실 2에 대하여 이미 확정판결이 있다는 이유로 면소의 판결을 선고한 제1심판결은 정당하다(대법원 2007.2.23, 2005도10233).

㉣ (○) 법원이 공판의 심리를 종결하기 전에 한 공소장의 변경에 대하여는 공소사실의 동일성을 해하지 않는 한도에서 허가하여야 할 것이나, 적법하게 공판의 심리를 종결하고 판결선고 기일까지 고지한 후에 이르러서 한 검사의 공소장변경에 대하여는 그것이 변론재개신청과 함께 된 것이라 하더라도 법원이 종결한 공판의 심리를 재개하여 공소장변경을 허가할 의무는 없다(대법원 2003.12.26, 2001도6484).

㉤ (○) 같은 날 무면허운전 행위를 여러 차례 반복한 경우라도 그 범의의 단일성 내지 계속성이 인정되지 않거나 범행 방법 등이 동일하지 않은 경우 각 무면허운전 범행은 실체적 경합 관계에 있다고 볼 수 있으나, 그와 같은 특별한 사정이 없다면 각 무면허운전 행위는 동일 죄명에 해당하는 수 개의 동종 행위가 동일한 의사에 의하여 반복되거나 접속·연속하여 행하여진 것으로 봄이 상당하고 그로 인한 피해법익도 동일한 이상, 각 무면

허운전 행위를 통틀어 포괄일죄로 처단하여야 한다. 포괄일죄에서는 공소장변경을 통한 종전 공소사실의 철회 및 새로운 공소사실의 추가가 가능한 점에 비추어 공소장변경허가 여부를 결정할 때는 포괄일죄를 구성하는 개개 공소사실별로 종전 것과의 동일성 여부를 따지기보다는 변경된 공소사실이 전체적으로 포괄일죄의 범주 내에 있는지 여부, 즉 단일하고 계속된 범의하에 동종의 범행을 반복하여 행하고 피해법익도 동일한 경우에 해당한다고 볼 수 있는지에 초점을 맞추어야 한다(대법원 2006.4.27, 2006도514; 2018.10.25, 2018도9810). 검사가 공소장변경으로 철회하려는 공소사실(제2 무면허운전 혐의)과 추가하려는 공소사실(제1 무면허운전 혐의)은 시간 및 장소에 있어 일부 차이가 있으나, 같은 날 동일 차량을 무면허로 운전하려는 단일하고 계속된 범의 아래 동종 범행을 같은 방법으로 반복한 것으로 포괄하여 일죄에 해당하고 그 기초가 되는 사회적 사실관계도 기본적인 점에서 동일하여 그 공소사실이 동일하다고 보아, 공소장변경신청은 허가됨이 타당하다(대법원 2022.10.27, 2022도8806).

[해결] 허가하여야 한다.

08

정답 ②

② ㉡㉣㉤

㉠ (○) 대법원 1980.7.8, 80도1227; 1999.11.9, 99도2530 등

㉡ (×) 원심은 피고인에 대해 향정신의약품(히로뽕)제조의 공동정범의 공소사실에 대하여 공소장 변경절차 없이 그 판시와 같이 방조사실을 인정하고 방조범으로 처단하였음은 소론과 같으나, 기록에 의하면 피고인과 변호인은 원심에 이르기까지 피고인이 공소외 1의 히로뽕 제조의 방조에 해당하는 행위마저도 부인하는 한편, 피고인의 범죄사실이 인정된다면 이는 공동정범이 아닌 방조범에 해당된다고 주장하여 왔음을 알 수 있으니, 이와 같은 심리의 경과에 비추어 보면 원심의 위 조처가 본건 공소사실의 범위 내에 속한다고 인정되는 그 제조 방조에 대한 방어에 실질적인 불이익을 주는 것이라고는 볼 수 없으므로 원심판결에 공소장 변경절차에 관한 법리를 오해하여 그 심판범위를 일탈한 위법이 있다고 할 수 없다(대법원 1982.6.8, 82도884).

㉢ (○) 과실로 교통사고를 발생시켰다는 각 '교통사고처리 특례법 위반죄'와 고의로 교통사고를 낸 뒤 보험금을 청구하여 수령하거나 미수에 그쳤다는 '사기 및 사기미수죄'는 서로 행위 태양이 전혀 다르고, 각 교통사고처리 특례법 위반죄의 피해자는 교통사고로 사망한 사람들이나, 사기 및 사기미수죄의 피해자는 피고인과 운전자보험계약을 체결한 보험회사들로서 역시 서로 다르며, 따라서 위 각 교통사고처리 특례법 위반죄와 사기 및 사기미수죄는 그 기본적 사실관계가 동일하다고 볼 수 없으므로, 위 전자에 관한 확정판결의 기판력이 후자에 미친다고 할 수 없다(대법원 2010.2.25, 2009도14263).

㉣ (×) 공소사실의 동일성은 기본적 사실관계가 동일하면 된다 할 것이므로 참고인에 대하여 허위진술을 하여 달라고 요구하면서 이에 불응하면 어떠한 위해를 가할 듯한 태세를 보여 외포케 하여 참고인을 협박하였다는 공소사실과 위와 같이 협박하여 겁을 먹은 참고인으로 하여금 허위로 진술케 함으로써 2시경 수사기관에 검거되어 신병이 확보된 채 조사를 받고 있던 자를 증거불충분으로 풀려나게 하여 도피케 하였다는 공소사실은 허위진술을 하도록 참고인을 강요, 협박하였다는 기본적 사실관

계가 동일하여 공소사실의 동일성이 있다고 할 것이다(대법원 1987.2.10, 85도897).

ⓜ (×) 범죄집단의 조직원의 범죄집단활동죄와 그 범죄집단에서 활동하면서 저지르는 개별적 범행들은 범행 목적이나 행위 등이 일부 중첩되는 부분이 있더라도 범행의 상대방, 범행 수단·방법, 결과, 보호법익, 실체적 경합 관계 등을 고려할 경우 각 공소사실이 동일하다고 볼 수 없어 공소장변경을 허가할 수 없고 그 죄수관계는 실체적 경합관계에 있다. 공소장변경은 공소사실의 동일성이 인정되는 범위 내에서만 허용되고, 공소사실의 동일성이 인정되지 않는 범죄사실을 공소사실로 추가하는 취지의 공소장변경신청이 있는 경우 법원은 그 변경신청을 기각하여야 한다(형사소송법 제298조 제1항). 공소사실의 동일성은 그 사실의 기초가 되는 사회적 사실관계가 기본적인 점에서 동일하면 그대로 유지된다고 할 것이고, 이러한 기본적 사실관계의 동일성을 판단함에 있어서는 그 사실의 동일성이 갖는 법률적 기능을 염두에 두고 피고인의 행위와 그 사회적인 사실관계를 기본으로 하되 규범적 요소도 아울러 고려하여야 한다(대법원 1994.3.22, 93도2080 전원합의체; 2002.3.29, 2002도587; 2020.12.24, 2020도10814)(대법원 2022.9.7, 2022도6993).

09

정답 ②

② ⓒⓔⓜ

㉠ (○) 원심은 검사가 서면으로 제출한 공소장변경허가신청에 대하여 허가 여부를 결정해야 하고, 나아가 상상적 경합관계에 있는 수죄 가운데 당초 공소를 제기하지 아니한 공소사실을 추가하는 내용의 공소장변경을 (기본적 사실관계가 동일하므로) 허가하여 추가된 공소사실에 대하여 심리·판단했어야 하므로, 이러한 조치 없이 검사의 항소를 기각한 원심판결에 법리오해 등의 잘못이 있다(대법원 2023.6.15, 2023도3038).

㉡ (○) 정신장애로 인하여 항거불능 상태에 있는 피해자를 간음 또는 추행하는 행위와 원심에서 인정한 심신미약자에 대하여 위력으로 간음 또는 추행하는 행위는 그 행위의 객체, 상대방의 상태, 행위의 내용과 방법 등에서 서로 달라서 그에 대응하는 피고인들의 소송상 방어의 내용이나 수단 등 역시 달라질 수밖에 없다. 비록 그 범죄사실에 대하여 공판절차에서 어느 정도 심리가 되어 있다고 하더라도 이는 공소장의 변경을 요하는 사항이어서 피고인으로서는 법원이 공소장 변경 없이 다른 사실을 인정하지는 아니할 것이라고 예상하게 된다는 점, 그리고 원심이 인정한 '위력에 의한 심신미약자 간음 및 추행' 사실에 대응하는 변소와 증거자료 등을 제출할 기회를 상실할 가능성이 있다는 점 등을 종합하면, 그 부분에 관련하여 충분한 심리가 되었다고 할 수 없을 뿐만 아니라, 이로 인하여 피고인의 방어권 행사에 실질적인 불이익이 초래되었다고 보아야 할 것이다. 따라서 원심으로서는 마땅히 위 인정사실 부분의 심판대상에 관하여 공소장 변경의 절차를 거쳤어야 한다(대법원 2014.3.27, 2013도13567).

㉢ (×) 원심이, 피고인이 피해자를 추행한 사실 자체는 부인하지 않고 있고, 이 사건 공소사실인 강제추행에는 '위력에 의한' 추행이 포함되어 있다고 볼 수 있으므로, 공소장변경 없이 위력에 의한 추행을 유죄로 인정하더라도 피고인의 방어권행사에 불이익이 없다는 이유로, 공소장변경 없이 피고인이 위력으로 피해자를 추행한 사실을 유죄로 인정한 것은 정당하다(대법원 2013.

12.12, 2013도12803).

> [유사] 피고인이 성폭력범죄의 처벌 등에 관한 특례법 위반(장애인강간) 및 성폭력범죄의 처벌 등에 관한 특례법 위반(장애인강제추행)으로 기소된 경우, 공소장변경절차 없이 각각 성폭력범죄의 처벌 등에 관한 특례법 위반(장애인위계등간음)죄와 성폭력범죄의 처벌 등에 관한 특례법 위반(장애인위계등추행)죄로 인정한 원심의 조치는 정당하다(대법원 2014.10.15, 2014도9315).

㉣ (×) 법원은 공소사실의 동일성이 인정되는 범위 내에서 공소가 제기된 범죄사실에 포함된 보다 가벼운 범죄사실이 인정되는 경우에 심리의 경과에 비추어 피고인의 방어권행사에 실질적 불이익을 초래할 염려가 없다고 인정되는 때에는 공소장이 변경되지 않았더라도 직권으로 공소장에 기재된 공소사실과 다른 범죄사실을 인정할 수 있지만, 이와 같은 경우라고 하더라도 공소가 제기된 범죄사실과 대비하여 볼 때 실제로 인정되는 범죄사실의 사안이 중대하여 공소장이 변경되지 않았다는 이유로 이를 처벌하지 않는다면 적정절차에 의한 신속한 실체적 진실의 발견이라는 형사소송의 목적에 비추어 현저히 정의와 형평에 반하는 것으로 인정되는 경우가 아닌 한 법원이 직권으로 그 범죄사실을 인정하지 아니하였다고 하여 위법한 것이라고까지 볼 수는 없다(대법원 2014.4.24, 2013도9162; 2001.12.11, 2001도4013).

㉤ (×) 법원이 공소장의 변경 없이 직권으로 공소장에 기재된 공소사실과 다른 범죄사실을 인정하기 위해서는 공소사실의 동일성이 인정되는 범위 내이어야 할 뿐더러 피고인의 방어권 행사에 실질적인 불이익을 초래할 염려가 없어야 한다. 원심이 직권으로 인정한 위 '본등기를 경료할 수 없는 토지를 처분하여 현금화하는 재산상 이익을 취득하여 뇌물로 수수하였다'는 부분의 범죄사실은 공소사실에 포함된 내용이 아니고, 공소제기된 '차액 155,150,000원의 수수'와 원심이 인정한 '본등기를 경료할 수 없는 토지를 처분하여 현금화하는 재산상 이익의 취득'은 그 범죄행위의 내용 내지 태양이 서로 달라서 그에 대응할 피고인의 방어행위 역시 달라질 수밖에 없으므로, 원심의 조치는 피고인의 방어권 행사에 실질적인 불이익을 초래한 것으로 위법하다(대법원 2021.6.24, 2021도3791).

10

정답 ④

④ ㉠ⓛⓒ

㉠ (×) ⓐ 포괄일죄인 영업범에서 공소제기의 효력은 공소가 제기된 범죄사실과 동일성이 인정되는 범죄사실의 전체에 미치므로, 공판심리 중에 그 범죄사실과 동일성이 인정되는 범죄사실이 추가로 발견된 경우에 검사는 공소장변경절차에 의하여 그 범죄사실을 공소사실로 추가할 수 있다. ⓑ 그러나 공소제기된 범죄사실과 추가로 발견된 범죄사실 사이에 그 범죄사실들과 동일성이 인정되는 또 다른 범죄사실에 대한 유죄의 확정판결이 있는 때에는, 추가로 발견된 확정판결 후의 범죄사실은 공소제기된 범죄사실과 분단되어 동일성이 없는 별개의 범죄가 된다(대법원 2000.3.10, 99도2744; 2000.6.9, 2000도1411 등)(대법원 2017.4.28, 2016도21342).

ⓛ (×) (따라서) 검사는 공소장변경절차에 의하여 확정판결 후의 범죄사실을 공소사실로 추가할 수는 없고 별개의 독립된 범죄로 공소를 제기하여야 한다(대법원 2017.4.28, 2016도21342).

ⓒ (×) 상습특수협박죄는 특수협박죄보다 가중하여 처벌하도록 규정되어 있으므로, 특별한 사정이 없는 한 불고불리의 원칙상 법원이 특수협박죄로 공소가 제기된 범죄사실을 공소장변경 없이 상습특수협박죄로 처벌할 수 없다(대법원 2006.11.24, 2006도6451; 2016.10.27, 2016도11880).

ⓔ (○) 공소사실과 동일성이 인정되고 피고인의 방어권 행사에 불이익을 주지 않는 이상 피해자가 공소장에 기재된 甲이 아니라고 하여 곧바로 피고인에게 무죄를 선고할 것이 아니라 진정한 피해자를 가려내어 그 피해자에 대한 사기죄로 처벌하여야 하고, 공소사실에 따른 실제 피해자는 부동산 매수인 乙이므로 乙에 대한 관계에서 사기죄가 성립함에도, 이와 달리 진정한 피해자가 누구인지를 가려내지 않은 채 공소사실을 무죄로 판단한 원심판결에는 사기죄의 처분행위, 공소사실의 동일성과 심판범위에 관한 법리오해의 잘못이 있다(대법원 2017.6.19, 2013도564).

[보충] 기소된 공소사실의 재산상 피해자와 공소장에 기재된 피해자가 다른 것이 판명된 경우에는 공소사실의 동일성을 해하지 않고 피고인의 방어권 행사에 실질적 불이익을 주지 않는 한 공소장변경절차 없이 직권으로 공소장 기재의 피해자와 다른 실제의 피해자를 적시하여 이를 유죄로 인정하여야 한다(대법원 1987.12.22, 87도2168; 2002.8.23, 2001도6876 등 참조, 소위 축소사실 인정의무 인정).

ⓜ (○) 법원은 공소사실의 동일성이 인정되는 범위 내에서 심리의 경과에 비추어 피고인의 방어권 행사에 실질적인 불이익을 초래할 염려가 없다고 인정되는 때에는, 공소장이 변경되지 않았더라도 직권으로 공소장에 기재된 공소사실과 다른 범죄사실을 인정할 수 있고(대법원 2007.9.6, 2006도3583), 이와 같은 경우 공소가 제기된 범죄사실과 대비하여 볼 때 실제로 인정되는 범죄사실의 사안이 가볍지 아니하여 공소장이 변경되지 않았다는 이유로 이를 처벌하지 않는다면 적정절차에 의한 신속한 실체적 진실의 발견이라는 형사소송의 목적에 비추어 현저히 정의와 형평에 반하는 것으로 인정되는 경우라면 법원으로서는 직권으로 그 범죄사실을 인정하여야 한다(축소사실의 인정은 예외적으로는 의무에 해당함, 대법원 2005.1.27, 2004도7537; 2006.4.13, 2005도9268; 2022.4.28, 2021도9041).

[보충] 피고인이 연예기획사 매니저와 사진작가의 1인 2역을 하면서 청소년인 피해자에게 거짓말을 하여 피해자로 하여금 모델이 되기 위한 연기 연습 등의 일환으로 성관계를 한다는 착각에 빠지게 하여 위계로써 피해자를 간음하였다는 공소사실에 대하여, (원심은 피해자가 간음행위 자체에 대한 착오에 빠져 성관계를 하였다는 점의 증명이 부족하다고 보아 무죄로 판단하였으나) 피고인이 '간음행위에 이르게 된 동기' 내지 '간음행위와 결부된 비금전적 대가'에 관한 위계로 피해자를 간음한 것으로 볼 수 있는데, 이는 공소사실에 적시된 위계의 내용과 정확히 일치하지는 않으나, 공소사실의 동일성의 범위 내에 있고, 피고인의 방어권 행사에 실질적인 불이익을 초래할 염려도 없을 뿐더러, 원심이 대법원 2020.8.27, 2015도9436 전원합의체 판결의 결과를 장기간 기다려 왔고 위 2015도9436 판결의 법리에 따르면 피고인의 행위는 위계에 의한 간음죄를 구성하는 것이므로 원심의 결론은 법원의 직권심판의무에 반한다(대법원 2022.4.28, 2021도9041).

ⓗ (○) ⓐ 공소장변경의 필요성 부정: 공소장변경 없이 직권으로 (준강간죄의 장애미수의 공소사실에서) 준강간죄 불능미수의 범죄사실을 인정하더라도 피고인의 방어권 행사에 실질적인 불이익을 초래할 염려가 있다고 볼 수 없다. … 이 사건 공판 과정에서 준강간죄의 불능미수 성립 여부와 관련된 심리 및 공방이 이미 충실히 이루어졌다고 평가할 수 있으므로, … 직권으로 준강간죄의 불능미수 범죄사실을 인정하는 것이 피고인의 방어권 행사에 실질적인 불이익을 초래한다고 보기 어렵다. ⓑ 법원의 직권심판의무 긍정: 이와 같은 상황에서 공소장이 변경되지 않았다는 이유로 이를 처벌하지 않는다면 적정절차에 의한 신속한 실체적 진실의 발견이라는 형사소송의 목적에 비추어 현저히 정의와 형평에 반한다. … 원심의 결론(준강간의 장애미수가 인정되지 않으니 불능미수에 대해서는 판단할 필요 없어 무죄)대로라면 준강간의 고의로 실행에 착수하여 결과 발생의 위험성이 있는 범행을 저지른 피고인에 대하여 단지 실행의 착수 당시 피해자가 항거불능 상태에 있었다는 점이 합리적인 의심을 할 여지가 없을 정도로 증명되지 않았다는 이유만으로 아무런 처벌을 할 수 없게 되고, 원심판결이 그대로 확정되면 기판력이 발생하여 준강간죄의 불능미수로 다시 기소할 수도 없다. 따라서 원심으로서는 준강간의 불능미수 범죄사실을 직권으로 인정하였어야 한다(대법원 2024.4.12, 2021도9043).

11

② ⓛⓒⓔ

ⓖ (×) 검사는 공소장변경 시 공판절차 정지 청구권자가 아니다. 제298조 제4항 참조.

> 제298조(공소장의 변경) ④ 법원은 전3항의 규정에 의한 공소사실 또는 적용법조의 추가, 철회 또는 변경이 피고인의 불이익을 증가할 염려가 있다고 인정한 때에는 직권 또는 피고인이나 변호인의 청구에 의하여 피고인으로 하여금 필요한 방어의 준비를 하게 하기 위하여 결정으로 필요한 기간 공판절차를 정지할 수 있다.

ⓛ (○) 일반적으로 범죄의 일시는 공소사실의 특정을 위한 것이지 범죄사실의 기본적 요소는 아니므로 그 일시가 다소 다르다 하여 공소장변경의 절차를 요하는 것은 아니나, 범죄의 시일이 그 간격이 길고 범죄의 인정 여부에 중대한 관계가 있는 경우에는 피고인의 방어에 실질적 불이익을 가져다 줄 염려가 있으므로 이러한 경우에는 공소장변경절차를 밟아야 한다(성폭력 범행 일시의 공소장변경에 관한 대법원 2017.1.25, 2016도17679 등 참조)(대법원 2019.1.31, 2018도17656).

ⓒ (○) 검사가 도로교통법 제148조의2 제1항 제1호를 적용하지 않고 형이 가벼운 '도로교통법 제148조의2 제2항 제2호, 제44조 제1항'을 적용하여 공소를 제기하였으므로 법원이 공소장변경 없이 직권으로 그보다 형이 무거운 '도로교통법 제148조의2 제1항 제1호, 제44조 제1항'을 적용하여 처벌하는 것은 불고불리의 원칙에 반하여 피고인의 방어권 행사에 실질적인 불이익을 초래한다(대법원 2019.6.13, 2019도4608).

ⓔ (○) 검사가 제출한 공소장변경허가신청서는 즉시 그 부본을 피고인에게 송달하여야 하므로, 이를 송달하지 않은 채 공판절차를 진행한 원심의 조치에는 절차상의 법령위반이 있다. 그러나 그러한 경우에도 피고인의 방어권이나 변호인의 변호권 등이 본질적으로 침해되었다고 볼 정도에 이르지 않는 한 그것만으로 판결에 영향을 미친 위법이라고 할 수 없다(대법원 2009.6.11, 2009도1830; 2018.12.13, 2018도16117).

ⓜ (✕) 검사는 법원의 허가를 얻어 공소장에 기재한 공소사실 또는 적용법조의 추가·철회 또는 변경을 할 수 있다. 이 경우에 법원은 공소사실의 동일성을 해하지 아니하는 한도에서 허가하여야 한다(형사소송법 제298조 제1항). 검사가 형사소송법 제298조 제1항에 따라 공소장에 기재한 공소사실 또는 적용법조의 추가·철회 또는 변경을 하고자 하는 때에는 그 취지를 기재한 공소장변경허가신청서를 법원에 제출하여야 하고, 다만 피고인이 재정하는 공판정에서는 피고인에게 이익이 되거나 피고인이 동의하는 경우 구술에 의한 공소장변경을 허가할 수 있다(형사소송규칙 제142조 제1항, 제5항). 따라서 검사가 공소장변경허가신청서를 제출하지 않고 공소사실에 대한 검사의 의견을 기재한 서면을 제출하였다고 하더라도 이를 곧바로 공소장변경허가신청서를 제출한 것이라고 볼 수는 없다. … 재판장은 소송관계를 명료하게 하기 위하여 검사, 피고인 또는 변호인에게 사실상과 법률상의 사항에 관하여 석명을 구하거나 입증을 촉구할 수 있다(형사소송규칙 제141조 제1항). 공소장의 기재가 불분명한 경우에는 법원은 형사소송규칙 제141조에 따라 검사에게 석명을 한 다음, 그래도 검사가 이를 명확하게 하지 않은 때에야 공소사실의 불특정을 이유로 공소를 기각해야 한다(대법원 1983.6.14, 82도293; 2021.2.25, 2020도3694; 2022.1.13, 2021도13108).

12

정답 ②

② (✕) 피고인은 법원의 소환이 없는 때에도 출석할 수 있다. 따라서 앞 부분이 틀린 것이다.

> **제266조의8(검사 및 변호인 등의 출석)** ① 공판준비기일에는 검사 및 변호인이 출석하여야 한다.
> ④ 법원은 공판준비기일이 지정된 사건에 관하여 변호인이 없는 때에는 직권으로 변호인을 선정하여야 한다.
> ⑤ 법원은 필요하다고 인정하는 때에는 피고인을 소환할 수 있으며, 피고인은 법원의 소환이 없는 때에도 공판준비기일에 출석할 수 있다.
> ⑥ 재판장은 출석한 피고인에게 진술을 거부할 수 있음을 알려 주어야 한다.

① (○) 제266조의2 제1항 참조.

> **제266조의2(의견서의 제출)** ① 피고인 또는 변호인은 공소장 부본을 송달받은 날부터 7일 이내에 공소사실에 대한 인정 여부, 공판준비절차에 관한 의견 등을 기재한 의견서를 법원에 제출하여야 한다. 다만, 피고인이 진술을 거부하는 경우에는 그 취지를 기재한 의견서를 제출할 수 있다.

③ (○) 제273조 제1항 참조.

> **제273조(공판기일 전의 증거조사)** ① 법원은 검사, 피고인 또는 변호인의 신청에 의하여 공판준비에 필요하다고 인정한 때에는 공판기일 전에 피고인 또는 증인을 신문할 수 있고 검증, 감정 또는 번역을 명할 수 있다.

④ (○) 제266조의6 제1항 참조.

> **제266조의6(공판준비를 위한 서면의 제출)** ① 검사, 피고인 또는 변호인은 법률상·사실상 주장의 요지 및 입증취지 등이 기재된 서면을 법원에 제출할 수 있다.

13

정답 ①

① (○) 제266조의12 참조.

> **제266조의12(공판준비절차의 종결사유)** 법원은 다음 각 호의 어느 하나에 해당하는 사유가 있는 때에는 공판준비절차를 종결하여야 한다. 다만, 제2호 또는 제3호에 해당하는 경우로서 공판의 준비를 계속하여야 할 상당한 이유가 있는 때에는 그러하지 아니하다.
> 1. 쟁점 및 증거의 정리가 완료된 때
> 2. 사건을 공판준비절차에 부친 뒤 3개월이 지난 때
> 3. 검사·변호인 또는 소환받은 피고인이 출석하지 아니한 때

② (✕) 개인에 대하여는 할 수 없다(제272조). 따라서 이해관계인 부분이 틀린 것이다.

> **제272조(공무소등에 대한 조회)** ① 법원은 직권 또는 검사, 피고인이나 변호인의 신청에 의하여 공무소 또는 공사단체에 조회하여 필요한 사항의 보고 또는 그 보관서류의 송부를 요구할 수 있다.
> ② 전항의 신청을 기각함에는 결정으로 하여야 한다.

③ (✕) 형사소송법 제272조 제1항, 형사소송규칙 제132조의4 제2항, 제3항에서 규정한 바와 같이, 법원이 송부요구한 서류에 대하여 변호인 등이 열람·지정할 수 있도록 한 것은 피고인의 방어권과 변호인의 변론권 행사를 위한 것으로서 실질적인 당사자 대등을 확보하고 피고인의 신속·공정한 재판을 받을 권리를 실현하기 위한 것이므로, 서류의 열람·지정을 거절할 수 있는 '정당한 이유'는 엄격하게 제한하여 해석하여야 한다. 특히 서류가 관련 형사재판확정기록이나 불기소처분기록 등으로서 피고인 또는 변호인이 행한 법률상·사실상 주장과 관련된 것인 때에는, "국가안보, 증인보호의 필요성, 증거인멸의 염려, 관련 사건의 수사에 장애를 가져올 것으로 예상되는 구체적인 사유"에 준하는 사유가 있어야만 그에 대한 열람·지정을 거절할 수 있는 정당한 이유가 인정될 수 있다(대법원 2012.5.24, 2012도1284).

④ (✕) 기일 간 공판준비절차도 열 수 있다.

> **제266조의15(기일 간 공판준비절차)** 법원은 쟁점 및 증거의 정리를 위하여 필요한 경우에는 제1회 공판기일 후에도 사건을 공판준비절차에 부칠 수 있다. 이 경우 기일 전 공판준비절차에 관한 규정을 준용한다.

14

정답 ③

③ (✕) 법원의 직권에 의한 증거채택 및 증거조사는 얼마든지 가능하다. 즉, 공판준비기일에 신청하지 못한 증거에 대해서는, 당사자의 증거신청은 소송을 현저히 지연시키지 않거나 중대한 과실 없이 공판준비기일에 제출하지 못하는 등 부득이한 사유를 소명한 경우에만 가능하고(제266조의13 제1항), 법원이 직권으로 증거조사할 수 있는 것에는 제한이 없다(동조 제2항).

> **제266조의13(공판준비기일 종결의 효과)** ① 공판준비기일에서 신청하지 못한 증거는 다음 각 호의 어느 하나에 해당하는 경우에 한하여 공판기일에 신청할 수 있다.
> 1. 그 신청으로 인하여 소송을 현저히 지연시키지 아니하는 때
> 2. 중대한 과실 없이 공판준비기일에 제출하지 못하는 등 부득이한 사유를 소명한 때

② 제1항에도 불구하고 법원은 직권으로 증거를 조사할 수 있다.

① (○) 일반적인 공판준비절차는 임의적인데(제266조의5 제1항), 주장 및 입증계획 등을 서면으로 준비하게 하는 방법(제266조의6)과 공판준비기일을 여는 방법(제266조의7)으로 진행한다. 이에 비해, 국민참여재판은 필수적이고(국참법 제36조 제1항) 기일을 여는 방법(국참법 제37조 제1항)으로 진행한다.

> 제266조의5(공판준비절차) ① 재판장은 효율적이고 집중적인 심리를 위하여 사건을 공판준비절차에 부칠 수 있다.
> 제266조의6(공판준비를 위한 서면의 제출) ① 검사, 피고인 또는 변호인은 법률상·사실상 주장의 요지 및 입증취지 등이 기재된 서면을 법원에 제출할 수 있다.
> 제266조의7(공판준비기일) ① 법원은 검사, 피고인 또는 변호인의 의견을 들어 공판준비기일을 지정할 수 있다.
> ② 검사, 피고인 또는 변호인은 법원에 대하여 공판준비기일의 지정을 신청할 수 있다. 이 경우 당해 신청에 관한 법원의 결정에 대하여는 불복할 수 없다.
> ④ 공판준비기일은 공개한다. 다만, 공개하면 절차의 진행이 방해될 우려가 있는 때에는 공개하지 아니할 수 있다.
> 국참법 제36조(공판준비절차) ① 재판장은 제8조에 따라 피고인이 국민참여재판을 원하는 의사를 표시한 경우에 사건을 공판준비절차에 부쳐야 한다. 다만, 공판준비절차에 부치기 전에 제9조 제1항의 배제결정이 있는 때에는 그러하지 아니하다.
> 제37조(공판준비기일) ① 법원은 주장과 증거를 정리하고 심리계획을 수립하기 위하여 공판준비기일을 지정하여야 한다.
> ④ 공판준비기일에는 배심원이 참여하지 아니한다.

② (○) 제266조의7 제2항

④ (○) 제266조의8 제5항 참조.

> 제266조의8(검사 및 변호인 등의 출석) ⑤ 법원은 필요하다고 인정하는 때에는 피고인을 소환할 수 있으며, 피고인은 법원의 소환이 없는 때에도 공판준비기일에 출석할 수 있다.

15 〔정답 ②〕

② (○) 형사소송법 제266조의4 제5항은 검사가 수사서류의 열람·등사에 관한 법원의 허용 결정을 지체 없이 이행하지 아니하는 때에는 해당 증인 및 서류 등에 대한 증거신청을 할 수 없도록 규정하고 있다. 그런데 이는 검사가 그와 같은 불이익을 감수하기만 하면 법원의 열람·등사 결정을 따르지 않을 수도 있다는 의미가 아니라, 피고인의 열람·등사권을 보장하기 위하여 검사로 하여금 법원의 열람·등사에 관한 결정을 신속히 이행하도록 강제하는 한편, 이를 이행하지 아니하는 경우에는 증거신청상의 불이익도 감수하여야 한다는 의미로 해석하여야 할 것이므로, 법원이 검사의 열람·등사 거부처분에 정당한 사유가 없다고 판단하고 그러한 거부처분이 피고인의 헌법상 기본권을 침해한다는 취지에서 수사서류의 열람·등사를 허용하도록 명한 이상, 법치국가와 권력분립의 원칙상 검사로서는 당연히 법원의 그러한 결정에 지체 없이 따라야 할 것이다(헌법재판소 2010.6.24, 2009헌마257).

① (×) 공소제기 전에는 열람·등사가 원칙적으로 허용되지 아니한다.

> 제266조의3(공소제기 후 검사가 보관하고 있는 서류 등의 열람·등사) ① 피고인 또는 변호인은 검사에게 공소제기된 사건에 관한 서류 또는 물건(이하 "서류등"이라 한다)의 목록과 공소사실의 인정 또는 양형에 영향을 미칠 수 있는 다음 서류 등의 열람·등사 또는 서면의 교부를 신청할 수 있다. 다만, 피고인에게 변호인이 있는 경우에는 피고인은 열람만을 신청할 수 있다.
> 1. 검사가 증거로 신청할 서류등
> 2. 검사가 증인으로 신청할 사람의 성명·사건과의 관계 등을 기재한 서면 또는 그 사람이 공판기일 전에 행한 진술을 기재한 서류등
> 3. 제1호 또는 제2호의 서면 또는 서류등의 증명력과 관련된 서류등
> 4. 피고인 또는 변호인이 행한 법률상·사실상 주장과 관련된 서류등(관련 형사재판확정기록, 불기소처분기록 등을 포함한다)

③ (×) 24시간이 아니라 지체 없이 이행하여야 한다.

> 제266조의3(공소제기 후 검사가 보관하고 있는 서류 등의 열람·등사) ① 피고인 또는 변호인은 검사에게 공소제기된 사건에 관한 서류 또는 물건(이하 "서류등"이라 한다)의 목록과 공소사실의 인정 또는 양형에 영향을 미칠 수 있는 다음 서류 등의 열람·등사 또는 서면의 교부를 신청할 수 있다. (생략)
> ② 검사는 국가안보, 증인보호의 필요성, 증거인멸의 염려, 관련 사건의 수사에 장애를 가져올 것으로 예상되는 구체적인 사유 등 열람·등사 또는 서면의 교부를 허용하지 아니할 상당한 이유가 있다고 인정하는 때에는 열람·등사 또는 서면의 교부를 거부하거나 그 범위를 제한할 수 있다.
> ③ 검사는 열람·등사 또는 서면의 교부를 거부하거나 그 범위를 제한하는 때에는 지체 없이 그 이유를 서면으로 통지하여야 한다.
> ④ 피고인 또는 변호인은 검사가 제1항의 신청을 받은 때부터 48시간 이내에 제3항의 통지를 하지 아니하는 때에는 제266조의4 제1항의 신청을 할 수 있다. (생략)
> 제266조의4(법원의 열람·등사에 관한 결정) ① 피고인 또는 변호인은 검사가 서류등의 열람·등사 또는 서면의 교부를 거부하거나 그 범위를 제한한 때에는 법원에 그 서류등의 열람·등사 또는 서면의 교부를 허용하도록 할 것을 신청할 수 있다.
> ② 법원은 제1항의 신청이 있는 때에는 열람·등사 또는 서면의 교부를 허용하는 경우에 생길 폐해의 유형·정도, 피고인의 방어 또는 재판의 신속한 진행을 위한 필요성 및 해당 서류등의 중요성 등을 고려하여 검사에게 열람·등사 또는 서면의 교부를 허용할 것을 명할 수 있다. 이 경우 열람 또는 등사의 시기·방법을 지정하거나 조건·의무를 부과할 수 있다.
> ③ 법원은 제2항의 결정을 하는 때에는 검사에게 의견을 제시할 수 있는 기회를 부여하여야 한다. (생략)
> ⑤ 검사는 제2항의 열람·등사 또는 서면의 교부에 관한 법원의 결정을 지체 없이 이행하지 아니하는 때에는 해당 증인 및 서류등에 대한 증거신청을 할 수 없다.

④ (×) 피고인에게 변호인이 있는 경우에는 열람만 신청할 수 있고, 등사 및 서면교부는 신청할 수 없다(제266조의3 제1항 단서).

16 〔정답 ②〕

② ㉡㉣㉤㉥

㉠ (○) 제266조의3 제5항

ⓛ (×) 검사는 열람·등사 또는 서면의 교부를 거부하거나 그 범위를 제한하는 때에는 지체 없이 그 이유를 서면으로 통지하여야 한다(제266조의3 제3항).

ⓒ (○) 제266조의11 제1항 제1호

ⓔ (×) 제266조의4에 따라 법원이 검사에게 수사서류 등의 열람·등사 또는 서면의 교부를 허용할 것을 명한 결정은 피고사건 소송절차에서의 증거개시(開示)와 관련된 것으로서 제403조에서 말하는 '판결 전의 소송절차에 관한 결정'에 해당한다 할 것인데, 위 결정에 대하여는 형사소송법에서 별도로 즉시항고에 관한 규정을 두고 있지 않으므로 제402조에 의한 항고의 방법으로 불복할 수 없다고 보아야 한다(대법원 2013. 1.24, 2012모1393).

ⓜ (×) 공소제기 후에도 허용된다.

ⓗ (×) 후단이 틀렸다. 수사상 증거보전처분에 관한 서류와 증거물에 대해서는 판사의 허가하에 피의자, 변호인뿐만 아니라 검사와 피고인도 열람·등사할 수 있다.

> **제266조의3(공소제기 후 검사가 보관하고 있는 서류 등의 열람·등사)** ① 피고인 또는 변호인은 검사에게 공소제기된 사건에 관한 서류 또는 물건(이하 "서류등"이라 한다)의 목록과 공소사실의 인정 또는 양형에 영향을 미칠 수 있는 다음 서류등의 열람·등사 또는 서면의 교부를 신청할 수 있다. 다만, 피고인에게 변호인이 있는 경우에는 피고인은 열람만을 신청할 수 있다.
> 1. 검사가 증거로 신청할 서류등
> 2. 검사가 증인으로 신청할 사람의 성명·사건과의 관계 등을 기재한 서면 또는 그 사람이 공판기일 전에 행한 진술을 기재한 서류등
> 3. 제1호 또는 제2호의 서면 또는 서류등의 증명력과 관련된 서류등
> 4. 피고인 또는 변호인이 행한 법률상·사실상 주장과 관련된 서류등(관련 형사재판확정기록, 불기소처분기록 등을 포함한다)
> **제185조(서류의 열람등)** 검사, 피고인, 피의자 또는 변호인은 판사의 허가를 얻어 전조의 처분에 관한 서류와 증거물을 열람 또는 등사할 수 있다.

17

② ㉠㉢㉣㉤

㉠ (×) 소송계속 중인 사건의 피해자 측은 소송기록 열람·등사 신청권을 가진다. 다만, 이는 재판장의 임의적 허가에 따른다(제294조의4 제3항).

> **제294조의4(피해자 등의 공판기록 열람·등사)** ① 소송계속 중인 사건의 피해자(피해자가 사망하거나 그 심신에 중대한 장애가 있는 경우에는 그 배우자·직계친족 및 형제자매를 포함한다), 피해자 본인의 법정대리인 또는 이들로부터 위임을 받은 피해자 본인의 배우자·직계친족·형제자매·변호사는 소송기록의 열람 또는 등사를 재판장에게 신청할 수 있다.
> ③ 재판장은 피해자 등의 권리구제를 위하여 필요하다고 인정하거나 그 밖의 정당한 사유가 있는 경우 범죄의 성질, 심리의 상황, 그 밖의 사정을 고려하여 상당하다고 인정하는 때에는 열람 또는 등사를 허가할 수 있다.
> ④ 재판장이 제3항에 따라 등사를 허가하는 경우에는 등사한 소송기록의 사용목적을 제한하거나 적당하다고 인정하는 조

건을 붙일 수 있다.
⑥ 제3항 및 제4항에 관한 재판에 대하여는 불복할 수 없다.

ⓛ (○) 형사소송법 제55조 제1항이 피고인에게 공판조서의 열람 또는 등사청구권을 부여한 이유는 공판조서의 열람 또는 등사를 통하여 피고인으로 하여금 진술자의 진술내용과 그 기재된 조서의 기재 내용의 일치 여부를 확인할 수 있도록 기회를 줌으로써 그 조서의 정확성을 담보함과 아울러 피고인의 방어권을 충실하게 보장하려는 데 있으므로, 비록 피고인이 차회 공판기일 전 등 원하는 시기에 공판조서를 열람·등사하지 못하였다 하더라도 그 변론종결 이전에 이를 열람·등사한 경우에는 그 열람·등사가 늦어짐으로 인하여 피고인의 방어권 행사에 지장이 있었다는 등의 특별한 사정이 없는 한 형사소송법 제55조 제1항 소정의 피고인의 공판조서의 열람·등사청구권이 침해되었다고 볼 수 없어, 그 공판조서를 유죄의 증거로 할 수 있다고 보아야 한다(대법원 2007.07.26, 2007도3906).

ⓒ (×) 2011년 개정 제198조 제3항 참조.

> **제198조(준수사항)** ① 피의자에 대한 수사는 불구속 상태에서 함을 원칙으로 한다.
> ② 검사·사법경찰관리와 그 밖에 직무상 수사에 관계있는 자는 피의자 또는 다른 사람의 인권을 존중하고 수사과정에서 취득한 비밀을 엄수하며 수사에 방해되는 일이 없도록 하여야 한다.
> ③ 검사·사법경찰관리와 그 밖에 직무상 수사에 관계있는 자는 수사과정에서 수사와 관련하여 작성하거나 취득한 서류 또는 물건에 대한 목록을 빠짐없이 작성하여야 한다. <신설 2011.7.18.>

ⓔ (×) 후단이 틀렸다. 검사는 피고인 또는 변호인이 증거개시 요구를 거부한 때에는 법원에 그 서류등의 열람·등사 또는 서면의 교부를 허용하도록 할 것을 신청할 수 있는데(제266조의11 제3항), 이후의 절차는 피고인·변호인의 증거개시신청 및 법원의 허용결정을 이행하지 않은 검사에 대한 절차를 준용한다(동조 제4항). 따라서 제266조의4 제5항이 준용되므로, 피고인·변호인에게도 실권효가 적용된다.

> **제266조의11(피고인 또는 변호인이 보관하고 있는 서류등의 열람·등사)** ② 피고인 또는 변호인은 검사가 제266조의3 제1항에 따른 서류등의 열람·등사 또는 서면의 교부를 거부한 때에는 제1항에 따른 서류등의 열람·등사 또는 서면의 교부를 거부할 수 있다. 다만, 법원이 제266조의4 제1항에 따른 신청을 기각하는 결정을 한 때에는 그러하지 아니하다.
> ③ 검사는 피고인 또는 변호인이 제1항에 따른 요구를 거부한 때에는 법원에 그 서류등의 열람·등사 또는 서면의 교부를 허용하도록 할 것을 신청할 수 있다.
> ④ 제266조의4 제2항부터 제5항까지의 규정은 제3항의 신청이 있는 경우에 준용한다.
> **제266조의4(법원의 열람·등사에 관한 결정)** ② 법원은 제1항의 신청이 있는 때에는 열람·등사 또는 서면의 교부를 허용하는 경우에 생길 폐해의 유형·정도, 피고인의 방어 또는 재판의 신속한 진행을 위한 필요성 및 해당 서류등의 중요성 등을 고려하여 검사에게 열람·등사 또는 서면의 교부를 허용할 것을 명할 수 있다. 이 경우 열람 또는 등사의 시기·방법을 지정하거나 조건·의무를 부과할 수 있다.
> ③ 법원은 제2항의 결정을 하는 때에는 검사에게 의견을 제

시할 수 있는 기회를 부여하여야 한다.

④ 법원은 필요하다고 인정하는 때에는 검사에게 해당 서류 등의 제시를 요구할 수 있고, 피고인이나 그 밖의 이해관계인을 심문할 수 있다.

⑤ 검사는 제2항의 열람·등사 또는 서면의 교부에 관한 법원의 결정을 지체 없이 이행하지 아니하는 때에는 해당 증인 및 서류등에 대한 증거신청을 할 수 없다.

ⓓ (×) 피고인 또는 변호인이 공판기일뿐만 아니라 공판준비절차에서 현장부재 등의 주장을 한 경우에도 검사는 증거개시를 요구할 수 있다. 제266조의11 제1항 참조.

> **제266조의11(피고인 또는 변호인이 보관하고 있는 서류등의 열람·등사)** ① 검사는 피고인 또는 변호인이 공판기일 또는 공판준비절차에서 현장부재·심신상실 또는 심신미약 등 법률상·사실상의 주장을 한 때에는 피고인 또는 변호인에게 다음 서류등의 열람·등사 또는 서면의 교부를 요구할 수 있다.
> 1. 피고인 또는 변호인이 증거로 신청할 서류등
> 2. 피고인 또는 변호인이 증인으로 신청할 사람의 성명, 사건과의 관계 등을 기재한 서면
> 3. 제1호의 서류등 또는 제2호의 서면의 증명력과 관련된 서류등
> 4. 피고인 또는 변호인이 행한 법률상·사실상의 주장과 관련된 서류등

18

정답 ①

① (×) 제284조에 의한 인정신문절차나 판결을 선고하는 공판기일에는 출석하여야 한다.

> **제277조(경미사건 등과 피고인의 불출석)** 다음 각 호의 어느 하나에 해당하는 사건에 관하여는 피고인의 출석을 요하지 아니한다. 이 경우 피고인은 대리인을 출석하게 할 수 있다.
> 3. 장기 3년 이하의 징역 또는 금고, 다액 500만 원을 초과하는 벌금 또는 구류에 해당하는 사건에서 피고인의 불출석 허가신청이 있고 법원이 피고인의 불출석이 그의 권리를 보호함에 지장이 없다고 인정하여 이를 허가한 사건. 다만, 제284조에 따른 절차를 진행하거나 판결을 선고하는 공판기일에는 출석하여야 한다.

② (○) 제277조의2 참조.

> **제277조의2(피고인의 출석거부와 공판절차)** ① 피고인이 출석하지 아니하면 개정하지 못하는 경우에 구속된 피고인이 정당한 사유 없이 출석을 거부하고, 교도관에 의한 인치가 불가능하거나 현저히 곤란하다고 인정되는 때에는 피고인의 출석 없이 공판절차를 진행할 수 있다.
> ② 제1항의 규정에 의하여 공판절차를 진행할 경우에는 출석한 검사 및 변호인의 의견을 들어야 한다.

③ (○) 제268조 참조.

> **제268조(소환장송달의 의제)** 법원의 구내에 있는 피고인에 대하여 공판기일을 통지한 때에는 소환장송달의 효력이 있다.

④ (○) 제27조 제1항, 제28조 제1항, 제276조 참조.

> **제27조(법인과 소송행위의 대표)** ① 피고인 또는 피의자가 법인인 때에는 그 대표자가 소송행위를 대표한다.

> **제28조(소송행위의 특별대리인)** ① 전2조의 규정에 의하여 피고인을 대리 또는 대표할 자가 없는 때에는 법원은 직권 또는 검사의 청구에 의하여 특별대리인을 선임하여야 하며 피의자를 대리 또는 대표할 자가 없는 때에는 법원은 검사 또는 이해관계인의 청구에 의하여 특별대리인을 선임하여야 한다.
> **제276조(피고인의 출석권)** 피고인이 공판기일에 출석하지 아니한 때에는 특별한 규정이 없으면 개정하지 못한다. 단, 피고인이 법인인 경우에는 대리인을 출석하게 할 수 있다.

19

정답 ①

① ⓛⓒⓔⓜ

ⓐ (×) 항소심에서도 피고인의 출석 없이는 원칙적으로 개정하지 못한다(형사소송법 제370조, 제276조 본문). 다만 피고인이 항소심 공판기일에 출정하지 아니한 때에는 다시 기일을 정하고 피고인이 '정당한 사유 없이' 다시 정한 기일에도 출정하지 아니한 때에는 피고인의 진술 없이 판결할 수 있다(형사소송법 제365조). 위 규정에 따라 항소심 공판기일에 2회 불출석한 책임을 피고인에게 귀속시키려면 그가 2회에 걸쳐 적법한 소환을 받고도 정당한 사유 없이 공판기일에 출정하지 아니하였어야 한다(대법원 1988.12.27, 88도419; 2008.6.26, 2008도2876 등). 피고인은 제1심에서 사기죄로 징역 2년을 선고받았으나, 법정 구속되지 않은 상태에서 항소하였고, 선고를 위한 원심 제2회 공판기일 전날에 피해자와 합의를 위하여 기일연기신청을 하였으나 받아들여지지 않았다. 피고인은 제2회 공판기일인 2020. 5.19. 코로나바이러스감염증-19 검사를 받을 예정으로 출석하지 못한다는 취지의 불출석 사유서를 제출한 채 출석하지 아니하였는데, 5주 후에 진행된 제3회 공판기일까지 코로나바이러스감염증-19 검사결과 및 후속조치에 관한 자료를 제출하지 않았고, 제3회 공판기일에 출석하지도 아니하였다. 상고이유서에 첨부하여 제출한 자료에 의하면, 위 검사는 피고인이 스스로 비용을 부담하여 한 것으로 보이고, 그 검사결과 음성으로 판명되었다. 이러한 사실관계에 비추어 보면, 코로나바이러스감염증-19 우려를 내세우며 선고가 예정된 원심 제2회 공판기일에 출석하지 아니한 것은 선고를 늦추기 위한 구실에 불과한 것으로 보일 뿐 정당한 사유를 인정하기 어려워, 2회에 걸쳐 정당한 사유 없이 공판기일에 출정하지 아니하였다고 보아, 피고인의 출석 없이 판결을 선고한 원심 소송절차에 법령위반의 위법이 없다(대법원 2020.10.29, 2020도9475).

> **제365조(피고인의 출정)** ① 피고인이 공판기일에 출정하지 아니한 때에는 다시 기일을 정하여야 한다.
> ② 피고인이 정당한 사유 없이 다시 정한 기일에 출정하지 아니한 때에는 피고인의 진술 없이 판결을 할 수 있다.

ⓑ (○) 제277조의2 제1항 참조.

> **제277조의2(피고인의 출석거부와 공판절차)** ① 피고인이 출석하지 아니하면 개정하지 못하는 경우에 구속된 피고인이 정당한 사유 없이 출석을 거부하고, 교도관에 의한 인치가 불가능하거나 현저히 곤란하다고 인정되는 때에는 피고인의 출석 없이 공판절차를 진행할 수 있다.

ⓒ (○) 형사소송법 제370조, 제296조의2 제1항 본문은 "검사 또는 변호인은 증거조사 종료 후에 순차로 피고인에게 공소사실 및 정상에 관하여 필요한 사항을 신문할 수 있다."라고 규정하고

있으므로, 변호인의 피고인신문권은 변호인의 소송법상 권리이다. 한편 재판장은 검사 또는 변호인이 항소심에서 피고인신문을 실시하는 경우 제1심의 피고인신문과 중복되거나 항소이유의 당부를 판단하는 데 필요 없다고 인정하는 때에는 그 신문의 전부 또는 일부를 제한할 수 있으나(형사소송규칙 제156조의6 제2항) 변호인의 본질적 권리를 해할 수는 없다(형사소송법 제370조, 제299조 참조). 따라서 재판장은 변호인이 피고인을 신문하겠다는 의사를 표시한 때에는 피고인을 신문할 수 있도록 조치하여야 하고, 변호인이 피고인을 신문하겠다는 의사를 표시하였음에도 변호인에게 일체의 피고인신문을 허용하지 않는 것은 변호인의 피고인신문권에 관한 본질적 권리를 해하는 것으로서 소송절차의 법령위반에 해당하므로 원심판결을 파기함, 대법원 2020.12.24, 2020도10778).

ⓔ (○) 항소심에서도 피고인의 출석 없이는 개정하지 못하는 것이 원칙이다(형사소송법 제370조, 제276조). 다만 피고인이 항소심 공판기일에 출정하지 않아 다시 기일을 정하였는데도 정당한 사유 없이 그 기일에도 출정하지 않은 때에는 피고인의 진술 없이 판결할 수 있다(형사소송법 제365조). 이와 같이 피고인이 불출석한 상태에서 그 진술 없이 판결할 수 있기 위해서는 피고인이 적법한 공판기일 통지를 받고서도 2회 연속으로 정당한 이유 없이 출정하지 않은 경우에 해당하여야 한다. … 피고인이 고지된 선고기일인 제5회 공판기일에 출석하지 않았더라도 제4회 공판기일에 출석한 이상 2회 연속으로 정당한 이유 없이 출정하지 않은 경우에 해당하지 않아 형사소송법 제365조 제2항에 따라 제5회 공판기일을 개정할 수 없다. 그런데도 피고인의 출석 없이 제5회 공판기일을 개정하여 판결을 선고한 원심의 조치에는 소송절차에 관한 형사소송법 제365조에 반하여 판결에 영향을 미친 잘못이 있다(대법원 2019.10.31, 2019도5426).

ⓜ (○) 항소심에서도 피고인의 출석 없이 개정하지 못하는 것이 원칙이지만(형사소송법 제370조, 제276조), 피고인이 항소심 공판기일에 출정하지 않아 다시 기일을 정하였는데도 정당한 사유 없이 그 기일에도 출정하지 않은 때에는 피고인의 진술 없이 판결할 수 있다(형사소송법 제365조). 이와 같이 피고인이 불출석한 상태에서 그 진술 없이 판결하기 위해서는 피고인이 적법한 공판기일 통지를 받고서도 2회 연속으로 정당한 이유 없이 출정하지 않은 경우에 해당하여야 한다. 이때 '적법한 공판기일 통지'란 소환장의 송달(형사소송법 제76조) 및 소환장 송달의 의제(형사소송법 제268조)의 경우에 한정되는 것이 아니라 적어도 피고인의 이름·죄명·출석일시·출석장소가 명시된 공판기일 변경명령을 송달받은 경우(형사소송법 제270조)도 포함된다(대법원 2022.11.10, 2022도7940).

> **제270조(공판기일의 변경)** ① 재판장은 직권 또는 검사, 피고인이나 변호인의 신청에 의하여 공판기일을 변경할 수 있다.
> ② 공판기일 변경신청을 기각한 명령은 송달하지 아니한다.

20
정답 ②

② ㉠㉡㉢㉣

㉠ (○) 제277조 참조.

> **제277조(경미사건 등과 피고인의 불출석)** 다음 각 호의 어느 하나에 해당하는 사건에 관하여는 피고인의 출석을 요하지

아니한다. 이 경우 피고인은 대리인을 출석하게 할 수 있다.
> 1. 다액 500만 원 이하의 벌금 또는 과료에 해당하는 사건

㉡ (○), ㉢ (○) 제458조 제2항, 제365조 참조.

> **제458조(준용규정)** ② 제365조의 규정은 정식재판절차의 공판기일에 정식재판을 청구한 피고인이 출석하지 아니한 경우에 이를 준용한다.
> **제365조(피고인의 출정)** ① 피고인이 공판기일에 출정하지 아니한 때에는 다시 기일을 정하여야 한다.
> ② 피고인이 정당한 사유 없이 다시 정한 기일에 출정하지 아니한 때에는 피고인의 진술 없이 판결을 할 수 있다.

㉣ (○) 제458조 제2항 참조.

> **제458조(준용규정)** ② 제365조의 규정은 정식재판절차의 공판기일에 정식재판을 청구한 피고인이 출석하지 아니한 경우에 이를 준용한다.

㉤ (×) 재심피고인이 재심의 판결 전에 회복할 수 없는 심신장애인으로 된 경우, 변호인이 출정해 있다면 피고인의 출정 없이도 개정하여 심판을 할 수 있으나, 변호인이 출정해 있지 않다면 피고인의 출정 없이 개정하여 심판을 할 수는 없다.

> **제438조(재심의 심판)** ② 다음 경우에는 제306조 제1항, 제328조 제1항 제2호의 규정은 전항의 심판에 적용하지 아니한다.
> 2. 유죄의 선고를 받은 자가 재심의 판결 전에 사망하거나 회복할 수 없는 심신장애인으로 된 때
> ③ 전항의 경우에는 피고인이 출정하지 아니하여도 심판을 할 수 있다. 단, 변호인이 출정하지 아니하면 개정하지 못한다.

㉥ (×) 항소심에서도 피고인의 출석 없이는 원칙적으로 개정하지 못한다(형사소송법 제370조, 제276조 본문). 피고인이 항소심 공판기일에 출정하지 않은 때에는 다시 기일을 정하여야 하고 피고인이 정당한 사유 없이 다시 정한 기일에도 출정하지 않은 때에는 피고인의 진술 없이 판결할 수 있다(형사소송법 제365조). 다만 법정형이 '다액 500만 원 이하의 벌금 또는 과료'에 해당하여 중형선고의 가능성이 없는 사건에서는 항소심에서도 피고인의 출석 없이 개정할 수 있다(형사소송법 제370조, 제277조 제1호). 이 사건 공소사실에 대하여 적용되는 형법 제329조의 법정형은 '6년 이하의 징역 또는 1천만 원 이하의 벌금'이므로 이 사건은 형사소송법 제370조, 제277조 제1호에 따라 항소심에서 불출석 재판이 허용되는 사건에 해당하지 않으므로 이와 달리 피고인의 출석 없이 공판기일을 진행하여 판결을 선고한 원심의 조치에는 소송절차가 형사소송법을 위반하여 판결에 영향을 미친 잘못이 있다(대법원 2024.9.13, 2024도8185).

[정리] 절도피고사건에서는 제277조 제1호의 경미사건 불출석 규정이 적용되지 않는다. 항소심으로서는 다시 기일을 정하여야 하고, 피고인이 정당한 사유 없이 다시 정한 기일에도 출정하지 않은 경우이어야 피고인의 진술 없이 판결할 수 있다.

▶ **제4편 공판: 제1장 공판절차** [공판기일의 절차 2] ― [증인신문·감정과 검증]

01	②	02	②	03	①	04	③	05	②
06	②	07	②	08	①	09	④	10	②
11	①	12	②	13	②	14	②	15	②
16	②	17	③	18	③	19	④	20	②

01

정답 ②

② ㉠ㄴㄷㅁ

㉠ (×) 모든 국민은 법정에 출석하여 증언할 의무를 부담한다. 법원은 소환장을 송달받은 증인이 정당한 사유 없이 출석하지 아니한 경우에 당해 불출석으로 인한 소송비용을 증인이 부담하도록 명하고, 500만 원 이하의 과태료를 부과할 수 있으며(형사소송법 제151조 제1항 전문), 정당한 사유 없이 소환에 응하지 아니하는 경우에는 구인할 수 있다(형사소송법 제152조). 또한 법원은 증인 소환장이 송달되지 아니한 경우에는 공무소 등에 대한 조회의 방법으로 직권 또는 검사, 피고인, 변호인의 신청에 따라 소재탐지를 할 수도 있다(형사소송법 제272조 제1항 참조). 이는 범죄신고자법이 직접 적용되거나 준용되는 사건에 대해서도 마찬가지이다. 형사소송법이 증인의 법정 출석을 강제할 수 있는 권한을 법원에 부여한 취지는, 다른 증거나 증인의 진술에 비추어 굳이 추가 증인신문을 할 필요가 없다는 등 특별한 사정이 없는 한 사건의 실체를 규명하는 데 가장 직접적이고 핵심적인 증인으로 하여금 공개된 법정에 출석하여 선서 후 증언하도록 하고, 법원은 출석한 증인의 진술을 토대로 형성된 유죄·무죄의 심증에 따라 사건의 실체를 규명하도록 하기 위함이다. 따라서 다른 증거나 증인의 진술에 비추어 굳이 추가 증거조사를 할 필요가 없다는 등 특별한 사정이 없고, 소재탐지나 구인장 발부가 불가능한 것이 아님에도 불구하고, 불출석한 핵심 증인에 대하여 소재탐지나 구인장 발부 없이 증인채택 결정을 취소하는 것은 법원의 재량을 벗어나는 것으로서 위법하다(대법원 2020.12.10, 2020도2623).

㉡ (×) 재판장은 소송관계를 명료하게 하기 위하여 검사, 피고인 또는 변호인에게 사실상과 '**법률상**'의 사항에 관하여 석명을 구하거나 입증을 촉구할 수 있다(규칙 제141조).

㉢ (×) 재판장은 피고인이 어떤 재정인의 면전에서 충분한 진술을 할 수 없다고 인정한 때에는 그 재정인을 퇴정하게 하고 진술하게 할 수 있다(규칙 제140조의3).

㉣ (○) 제270조

㉤ (×) 무죄판결이나 형면제판결은 모두 실체재판에 속하므로 공소기각·면소의 재판을 할 것이 명백한 사건(제277조 제2호, 이 경우 피고인의 출석 불요)과는 달리 원칙적으로 피고인의 출석을 요한다.

[보충] 다만, 피고인이 사물변별 또는 의사결정능력이 없는 상태에 있거나 질병으로 인하여 출정할 수 없는 경우(원칙적으로 이 경우에는 공판절차 정리 要, 제306조 제1항), 피고사건에 대하여 무죄, 면소, 형의 면제 또는 공소기각의 재판을 할 것이 명백한 때에는 피고인의 출정 없이 재판할 수 있다(제306조 제4항, 의/질－무/면/공/면). 또한 공소기각·면소의 재판을 할 것이 명백한 경우와는 달리, 무죄와 형면제사유에 의하여 불출석 개정하는 경우에는 대리인 출석은 허용되지 아니한다.

02

정답 ②

② ㄴㄷ

㉡ (○) 제295조, 규칙 제135조 참조.

> **제295조(증거신청에 대한 결정)** 법원은 제294조 및 제294조의2의 증거신청에 대하여 결정을 하여야 하며 직권으로 증거조사를 할 수 있다.
> **규칙 제135조의2(증거조사에 관한 이의신청의 사유)** 법 제296조 제1항의 규정에 의한 이의신청은 법령의 위반이 있거나 상당하지 아니함을 이유로 하여 이를 할 수 있다. 다만, 법 제295조의 규정에 의한 결정에 대한 이의신청은 법령의 위반이 있음을 이유로 하여서만 이를 할 수 있다.

㉢ (○) 규칙 제137조 참조.

> **규칙 제137조(이의신청의 방식과 시기)** 제135조 및 제136조에 규정한 이의신청(이하 이 절에서는 "이의신청"이라 한다)은 개개의 행위, 처분 또는 결정시마다 그 이유를 간결하게 명시하여 즉시 이를 하여야 한다.

㉠ (×) 국참법에는 이와 관련된 특별한 규정이 없으므로 형사소송법의 규정을 적용하고, 형사소송법에는 법원의 직권에 의한 증거조사가 규정되어 있다.

> **제4조(다른 법령과의 관계)** 국민참여재판에 관하여 이 법에 특별한 규정이 없는 때에는 「법원조직법」·「형사소송법」 등 다른 법령을 적용한다.
> **제295조(증거신청에 대한 결정)** 법원은 제294조 및 제294조의2의 증거신청에 대하여 결정을 하여야 하며 직권으로 증거조사를 할 수 있다.

㉣ (×) 제403조 참조.

> **제403조(판결 전의 결정에 대한 항고)** ① 법원의 관할 또는 판결 전의 소송절차에 관한 결정에 대하여는 특히 즉시항고를 할 수 있는 경우 외에는 항고하지 못한다.
> ② 전항의 규정은 구금, 보석, 압수나 압수물의 환부에 관한

결정 또는 감정하기 위한 피고인의 유치에 관한 결정에 적용하지 아니한다.

⑪ (×) 제294조의2 제1항·제2항 참조.

> **제294조의2(피해자등의 진술권)** ① 법원은 범죄로 인한 피해자 또는 그 법정대리인(피해자가 사망한 경우에는 배우자·직계친족·형제자매를 포함한다. 이하 이 조에서 "피해자등"이라 한다)의 신청이 있는 때에는 그 피해자등을 증인으로 신문하여야 한다. 다만, 다음 각 호의 어느 하나에 해당하는 경우에는 그러하지 아니하다.
> 1. 삭제 <2007.6.1.>
> 2. 피해자등 이미 당해 사건에 관하여 공판절차에서 충분히 진술하여 다시 진술할 필요가 없다고 인정되는 경우
> 3. 피해자등의 진술로 인하여 공판절차가 현저하게 지연될 우려가 있는 경우
> ② 법원은 제1항에 따라 피해자등을 신문하는 경우 피해의 정도 및 결과, 피고인의 처벌에 관한 의견, 그 밖에 당해 사건에 관한 의견을 진술할 기회를 주어야 한다.

03

정답 ①

① (○) 규칙 제132조, 제132조의2 제3항 참조.

> **규칙 제132조(증거의 신청)** 검사·피고인 또는 변호인은 특별한 사정이 없는 한 필요한 증거를 일괄하여 신청하여야 한다.
> **제132조의2(증거신청의 방식)** ③ 서류나 물건의 일부에 대한 증거신청을 함에 있어서는 증거로 할 부분을 특정하여 명시하여야 한다.

② (×) 당사자의 신청에 의해 증거서류를 조사하는 때에는 신청인이, 법원이 직권으로 조사하는 때에는 소지인 또는 재판장이 낭독하여야 한다(제292조 제1항·제2항).

③ (×) 당사자의 신청에 의한 증인신문은 주신문, 반대신문, 재 주신문의 순서로 이루어지나 피해자의 신청에 의해 행하는 증인신문은 재판장이 정한 방식에 의한다(제161조의2 제4항).

④ (×) 자백내용증거는 나중에 조사하여야 한다.

> **규칙 제135조(자백의 조사 시기)** 법 제312조 및 법 제313조에 따라 증거로 할 수 있는 피고인 또는 피고인 아닌 자의 진술을 기재한 조서 또는 서류가 피고인의 자백진술을 내용으로 하는 경우에는 범죄사실에 관한 다른 증거를 조사한 후에 이를 조사하여야 한다.

04

정답 ③

③ (×) 당사자의 증거신청에 대한 법원의 채택 여부의 결정은 판결 전의 소송절차에 관한 결정으로서 이의신청을 하는 외에는 달리 불복할 수 있는 방법이 없고, 다만 그로 말미암아 사실을 오인하여 판결에 영향을 미치기에 이른 경우에만 이를 상소의 이유로 삼을 수 있을 뿐이다(대법원 1990.6.8, 90도646). 따라서 전단은 틀리고, 후단은 맞다.

① (○) 실기한 신청에 대하여 각하가 가능하다.

> **제294조(당사자의 증거신청)** ② 법원은 검사, 피고인 또는 변호인이 고의로 증거를 뒤늦게 신청함으로써 공판의 완결을 지연하는 것으로 인정할 때에는 직권 또는 상대방의 신청에 따라 결정으로 이를 각하할 수 있다.

② (○) 증거조사의 순서에 관해서는 직권에 의한 변경이 가능하다.

> **제291조의2(증거조사의 순서)** ① 법원은 검사가 신청한 증거를 조사한 후 피고인 또는 변호인이 신청한 증거를 조사한다.
> ② 법원은 제1항에 따른 조사가 끝난 후 직권으로 결정한 증거를 조사한다.
> ③ 법원은 직권 또는 검사, 피고인·변호인의 신청에 따라 제1항 및 제2항의 순서를 변경할 수 있다.

④ (○) 규칙 제134조 제4항 참조.

> **규칙 제134조(증거결정의 절차)** ④ 법원은 증거신청을 기각·각하거나, 증거신청에 대한 결정을 보류하는 경우, 증거신청인으로부터 당해 증거서류 또는 증거물을 제출받아서는 아니 된다.

05

정답 ②

② (○) 증거조사에 대한 이의신청은 이렇듯 위법 또는 부당함을 이유로 할 수 있다.
[보충] 다만, 증거결정에 대한 이의신청은 위법을 이유로 하여서만 할 수 있다.

> **규칙 제135조의2(증거조사에 관한 이의신청의 사유)** 법 제296조 제1항의 규정에 의한 이의신청은 법령의 위반이 있거나 상당하지 아니함을 이유로 하여 이를 할 수 있다. 다만, 법 제295조의 규정에 의한 결정에 대한 이의신청은 법령의 위반이 있음을 이유로 하여서만 이를 할 수 있다.

① (×) 증거신청의 채택 여부는 법원의 재량으로서 법원이 필요하지 아니하다고 인정할 때에는 이를 조사하지 아니할 수 있는 것이고, 법원이 적법하게 공판의 심리를 종결한 뒤에 피고인이 증인신청을 하였다 하여 반드시 공판의 심리를 재개하여 증인신문을 하여야 하는 것은 아니다(대법원 2014.2.27, 2013도12155).

③ (×) 당해 의견진술은 범죄사실의 인정에 해당하지 않는 사항에 한한다.

> **규칙 제134조의10(피해자등의 의견진술)** ① 법원은 필요하다고 인정하는 경우에는 직권으로 또는 법 제294조의2 제1항에 정한 피해자등(이하 이 조 및 제134조의11에서 '피해자등'이라 한다)의 신청에 따라 피해자등을 공판기일에 출석하게 하여 법 제294조의2 제2항에 정한 사항으로서 범죄사실의 인정에 해당하지 않는 사항에 관하여 증인신문에 의하지 아니하고 의견을 진술하게 할 수 있다.

④ (×) 양형의 조건에 관하여 규정한 형법 제51조의 사항은 널리 형의 양정에 관한 법원의 재량사항에 속한다고 해석되므로(대법원 2008.5.29, 2008도1816 등 참조), 법원은 범죄의 구성요건이나 법률상 규정된 형의 가중·감면의 사유가 되는 경우를 제외하고는(이는 엄격한 증명의 대상임), 법률이 규정한 증거로서의 자격이나 증거조사방식에 구애됨이 없이 상당한 방법으로 조사하여(자유로운 증명에 의하여) 양형의 조건이 되는 사항을 인정할 수 있다. 나아가 형의 양정에 관한 절차는 범죄사실을 인정하는 단계와 달리 취급하여야 하므로, 당사자가 직접 수집하여 제출하기 곤란하거나 필요하다고 인정되는 경우 등에는 직권으로 양형조건에 관한 형법 제51조의 사항을 수집·조사할 수 있다(대법원 2010.4.29, 2010도750).

06

② ㉠㉢㉣㉤

㉠ (O) 증거신청의 채택 여부는 법원의 재량으로서 법원이 필요하지 않다고 인정할 때에는 이를 조사하지 않을 수 있는 것이고, 법원이 적법하게 공판의 심리를 종결한 뒤에 피고인이 증인신청을 하였다 하여 반드시 공판의 심리를 재개하여 증인신문을 하여야 하는 것은 아니다(대법원 2007.6.29, 2007도984; 2009. 2.26, 2009도395 등).

㉡ (×) 상대방의 동의가 있거나 전문법칙의 예외에 해당하면 증거능력이 인정된다. "피고인이나 변호인이 무죄에 관한 자료로 제출한 서증 가운데 도리어 유죄임을 뒷받침하는 내용이 있다고 하여도, 법원은 상대방의 원용(동의)이 없는 한 그 서류의 진정성립 여부 등을 조사하고 아울러 그 서류에 대한 피고인이나 변호인의 의견과 변명의 기회를 주지 않았다면 그 서증을 유죄 인정의 증거로 쓸 수 없다. 그러나 해당 서류를 제출한 당사자는 그것을 증거로 함에 동의하고 있음이 명백한 것이므로 상대방인 검사의 원용이 있으면 그 서증을 유죄의 증거로 사용할 수 있다(대법원 2014.2.27, 2013도12155)."

㉢ (O) 규칙 제132조의2 제2항 참조.

> **규칙 제132조의2(증거신청의 방식)** ① 검사, 피고인 또는 변호인이 증거신청을 함에 있어서는 그 증거와 증명하고자 하는 사실과의 관계를 구체적으로 명시하여야 한다.
> ② 피고인의 자백을 보강하는 증거나 정상에 관한 증거는 보강증거 또는 정상에 관한 증거라는 취지를 특히 명시하여 그 조사를 신청하여야 한다.

㉣ (O) 대법원 1977.5.10, 74도3293 참조.

[보충] 또한, 검사의 구형은 양형에 관한 의견진술에 불과하여 법원이 그 의견에 구속된다고 할 수도 없다(대법원 2001.11.30, 2001도5225).

㉤ (O) 형사소송법은 공판기일의 지정 및 변경 절차에 관하여 다음과 같이 규정한다. 판결의 선고는 변론을 종결한 기일에 하여야 하나, 특별한 사정이 있는 때에는 따로 선고기일을 지정할 수 있다(제318조의4 제1항). 재판장은 공판기일을 정하거나 변경할 수 있는데(제267조, 제270조), 공판기일에는 피고인을 소환하여야 하고, 검사, 변호인에게 공판기일을 통지하여야 한다(제267조 제2항, 제3항). 다만 이와 같은 규정이 준수되지 않은 채로 공판기일의 진행이 이루어진 경우에도 그로 인하여 피고인의 방어권, 변호인의 변호권이 본질적으로 침해되지 않았다고 볼 만한 특별한 사정이 있다면 판결에 영향을 미친 법령 위반이라고 할 수 없다(예외적 적법, 대법원 2009.6.11, 2009도1830). 원심이 제1회 공판기일인 2023.3.8. 변론을 종결하면서 피해자와의 합의서 등 피고인에게 유리한 양형자료 제출을 위한 기간을 고려하여 제2회 공판기일인 선고기일을 2023.4.7.로 지정하여 고지하였는데, 지정·고지된 바와 달리 2023.3.24. 피고인에 대한 선고기일이 진행되어 교도소에 재감 중이던 피고인이 교도관의 지시에 따라 법정에 출석하였고, 원심이 피고인의 항소를 기각하는 판결을 선고하였다. 판결선고기일로 지정되지 않았던 일자에 판결선고절차를 진행하는 것은 공판기일의 지정에 관한 법령을 위반하여 판결에 영향을 미친 잘못이 있다고 할 것이고, 설령 재판장이 피고인이 재정한 상태에서 선고를 하겠다고 고지함으로써 선고기일이 변경된 것으로 보더라도, 양형자료 제출 기회는 방어권 행사의 일환으로 보호될 필요가

있고, 형사소송법 제383조에 의하면 10년 미만의 형이 선고된 사건에서는 양형이 부당하다는 주장은 적법한 상고이유가 될 수 없으므로 피고인에게는 원심판결의 선고기일이 양형에 관한 방어권을 행사할 수 있는 마지막 시점으로서 의미가 있는데, 원심법원이 변론종결 시 고지되었던 선고기일을 피고인과 변호인에게 사전에 통지하는 절차를 거치지 않은 채 급박하게 변경하여 판결을 선고함으로써 피고인의 방어권과 이에 관한 변호인의 변호권을 침해하여 판결에 영향을 미친 잘못이 있다(대법원 2023.7.13, 2023도4371).

07

② ㉠㉡㉢

㉠ (O) 형사소송법 제17조 제4호는 '법관이 사건에 관하여 증인, 감정인, 피해자의 대리인으로 된 때에는 직무집행에서 제척된다'고 규정하고 있고, 위 규정은 같은 법 제25조 제1항에 의하여 통역인에게 준용되므로, 통역인이 사건에 관하여 증인으로 증언한 때에는 직무집행에서 제척되고, 제척사유가 있는 통역인이 통역한 증인의 증인신문조서는 유죄 인정의 증거로 사용할 수 없다(대법원 2011.4.14, 2010도13583).

㉡ (O) 제179조

㉢ (O) 사고 당시 10세 남짓한 국민학교 5학년생으로서 비록 선서무능력자라 하여도 그 증언 내지 진술의 전후 사정으로 보아 의사판단능력이 있다고 인정된다면 증언능력이 있다고 할 것이다(대법원 1984.9.25, 84도619).

㉢ (×) 공동피고인과 피고인이 뇌물을 주고 받은 사이로 필요적 공범관계에 있다고 하더라도 검사는 수사단계에서 피고인에 대한 증거를 미리 보전하기 위하여 필요한 경우에는 판사에게 공동피고인을 증인으로 신문할 것을 청구할 수 있다(대법원 1988. 11.8, 86도1646).

㉣ (×) 피고인과 별개의 범죄사실로 기소되어 병합심리 중인 공동피고인은 피고인의 범죄사실에 관하여는 증인의 지위에 있다 할 것이므로 선서 없이 한 공동피고인의 법정진술이나 피고인이 증거로 함에 동의한 바 없는 공동피고인에 대한 피의자 신문조서는 피고인의 공소 범죄사실을 인정하는 증거로 할 수 없다(대법원 1982.9.14, 82도1000).

08

① (×) 주신문에서도 탄핵신문은 가능하다.

> **제77조(증언의 증명력을 다투기 위하여 필요한 사항의 신문)** ① 주신문 또는 반대신문의 경우에는 증언의 증명력을 다투기 위하여 필요한 사항에 관한 신문을 할 수 있다.

② (O) 재판장의 허가를 요하며, 재판장의 허가를 득하면 그때부터 주신문이 된다.

> **규칙 제78조(재 주신문)** ③ 제76조 제4항, 제5항의 규정은 재 주신문의 경우에 이를 준용한다.

③ (O) 증언거부권을 고지받았더라도 허위진술을 하였을 것이라고 볼 만한 정황이 있는지 등을 전체적·종합적으로 고려하여 증인이 침묵하지 아니하고 진술한 것이 자신의 진정한 의사에 의한 것인지 여부를 기준으로 위증죄의 성립 여부를 판단하여야 한다. 그러므로 헌법 제12조 제2항에 정한 불이익 진술의 강요금지 원칙을 구체화한 자기부죄거부특권에 관한 것이거나 기

타 증언거부사유가 있음에도 증인이 증언거부권을 고지받지 못함으로 인하여 그 증언거부권을 행사하는 데 사실상 장애가 초래되었다고 볼 수 있는 경우에는 위증죄의 성립을 부정하여야 할 것이다(대법원 2010.1.21, 2008도942 전원합의체)

④ (○) 규칙 제75조 제2항 제3호

09
정답 ④

④ (○) 피고인의 지위에 있는 공동피고인은 다른 공동피고인에 대한 공소사실에 관하여 증인이 될 수 없으나, 소송절차가 분리되어 피고인의 지위에서 벗어나게 되면 다른 공동피고인에 대한 공소사실에 관하여 증인이 될 수 있고, 이는 대향범인 공동피고인의 경우에도 다르지 않다(대법원 2012.3.29, 2009도11249).

① (×) 정당하든 정당하지 않은 증언거부권 행사는 제314조의 진술할 수 없는 때에 해당하지 아니한다. "수사기관에서 진술한 참고인이 법정에서 증언을 거부하여 피고인이 반대신문을 하지 못한 경우에는 정당하게 증언거부권을 행사한 것이 아니라도, 피고인이 증인의 증언거부 상황을 초래하였다는 등의 특별한 사정이 없는 한 형사소송법 제314조의 '그 밖에 이에 준하는 사유로 인하여 진술할 수 없는 때'에 해당하지 않는다고 보아야 한다. 따라서 증인이 정당하게 증언거부권을 행사하여 증언을 거부한 경우와 마찬가지로 수사기관에서 그 증인의 진술을 기재한 서류는 증거능력이 없다. 다만 피고인이 증인의 증언거부 상황을 초래하였다는 등의 특별한 사정이 있는 경우에는 형사소송법 제314조의 적용을 배제할 이유가 없다. 이러한 경우까지 형사소송법 제314조의 '그 밖에 이에 준하는 사유로 인하여 진술할 수 없는 때'에 해당하지 않는다고 보면 사건의 실체에 대한 심증 형성은 법관의 면전에서 본래증거에 대한 반대신문이 보장된 증거조사를 통하여 이루어져야 한다는 실질적 직접심리주의와 전문법칙에 대하여 예외를 정한 형사소송법 제314조의 취지에 반하고 정의의 관념에도 맞지 않기 때문이다(대법원 2019.11.21, 2018도13945 전원합의체)."

② (×) 피고인의 자백에 대한 보강증거는 피고인의 자백과는 다른 증거능력 있는 증거이어야 한다. 丙에 대한 진술조서의 내용은 피고인 乙의 자백을 내용으로 하는 피고인 아닌 자의 진술에 해당하므로, 피고인의 자백과 다른 독립성을 갖추고 있지 못한다. [보충] 또한 丙에 대한 진술조서는 乙의 진술을 원진술로 하는 丙의 전문진술을 내용으로 하는 재전문서류로서 제316조 제1항 및 제312조 제4항의 요건을 갖추어야 그 증거능력이 인정되는데, 丙은 일체의 증언을 거부하고 있으므로 그 증거능력이 인정될 수 없다(제314조를 검토해도 원진술자가 출석하였으므로 역시 증거능력이 인정되지 않음, 증거능력이 없는 전문증거는 보강증거가 될 수 없다는 판례는 대법원 2017.9.21, 2015도12400 참조). 결국 丙에 대한 참고인진술조서는 乙의 자백과의 독립성 및 그 증거능력이 없으므로, 乙의 자백에 대한 보강증거가 될 수 없다.

③ (×) 형사소송법 제310조의 피고인의 자백에는 공범인 공동피고인의 진술이 포함되지 아니하므로 공범인 공동피고인의 진술은 다른 공동피고인에 대한 범죄사실을 인정하는 데 있어서 증거로 쓸 수 있고 그에 대한 보강증거의 여부는 법관의 자유심증에 맡긴다(대법원 1985.3.9, 85도951). 또한 공동피고인의 자백은 이에 대한 피고인의 반대신문권이 보장되어 있어 증인으로 신문한 경우와 다를 바 없으므로 독립한 증거능력이 있다(대

법원 1987.7.7, 87도973).

10
정답 ②

② (×) 헌법 제27조 제3항 후문, 제109조와 법원조직법 제57조 제1항, 제2항의 취지에 비추어 보면, 헌법 제109조, 법원조직법 제57조 제1항에서 정한 공개금지사유가 없음에도 불구하고 재판의 심리에 관한 공개를 금지하기로 결정하였다면 그러한 공개금지결정은 피고인의 공개재판을 받을 권리를 침해한 것으로서 그 절차에 의하여 이루어진 증인의 증언은 증거능력이 없고, 변호인의 반대신문권이 보장되었더라도 달리 볼 수 없으며, 이러한 법리는 공개금지결정의 선고가 없는 등으로 공개금지결정의 사유를 알 수 없는 경우에도 마찬가지이다(대법원 2013.7.26, 2013도2511).

① (○) 피해자 증인신문의 비공개결정은 이유를 붙여 고지하여야 한다.

> **특정범죄 신고자등 보호법 제11조(증인 소환 및 신문의 특례 등)** ⑥ 재판장 또는 판사는 직권으로 또는 제5항에 따른 신청이 상당한 이유가 있다고 인정할 때에는 피고인이나 방청인을 퇴정시키거나 공개법정 외의 장소에서 증인신문 등을 할 수 있다. 이 경우 변호인이 없을 때에는 국선변호인을 선임하여야 한다.
> ⑦ 제6항의 경우에는 「법원조직법」 제57조(재판의 공개) 제2항·제3항 및 「형사소송법」 제297조(피고인등의 퇴정) 제2항을 준용한다.
> **법원조직법 제57조(재판의 공개)** ① 재판의 심리와 판결은 공개한다. 다만, 심리는 국가의 안전보장, 안녕질서 또는 선량한 풍속을 해칠 우려가 있는 경우에는 결정으로 공개하지 아니할 수 있다.
> ② 제1항 단서의 결정은 이유를 밝혀 선고한다.

③ (○) 검사가 제1심 증인신문 과정에서 증인 甲 등에게 주신문을 하면서 형사소송규칙상 허용되지 않는 유도신문을 하였다고 볼 여지가 있었는데, 그 다음 공판기일에 재판장이 증인신문 결과 등을 각 공판조서(증인신문조서)에 의하여 고지하였음에도 피고인과 변호인이 '변경할 점과 이의할 점이 없다'고 진술한 사안에서, 주신문의 하자가 치유되었다(대법원 2012.7.26, 2012도2937).

④ (○) 피고인이 마약류관리에 관한 법률 위반(향정)죄로 이미 유죄판결을 받아 확정된 후 별건으로 기소된 공범 甲에 대한 공판절차의 증인으로 출석하여 허위의 진술을 한 사안에서, 피고인에게 증언을 거부할 권리가 없으므로 증언에 앞서 증언거부권을 고지받지 못하였더라도 증인신문절차상 잘못이 없다(대법원 2011.11.24, 2011도11994).

11
정답 ①

① (○) 공소장일본주의에 위배된 공소제기라고 인정되는 때에는 그 절차가 법률의 규정을 위반하여 무효인 때에 해당하는 것으로 보아 공소기각의 판결을 선고하는 것이 원칙이다. 그러나 공소장 기재의 방식에 관하여 피고인 측으로부터 아무런 이의가 제기되지 아니하였고 법원 역시 범죄사실의 실체를 파악하는 데 지장이 없다고 판단하여 그대로 공판절차를 진행한 결과 증거조사절차가 마무리되어 법관의 심증형성이 이루어진 단계에서는 소송절차의 동적 안정성 및 소송경제의 이념 등에 비추어

볼 때 이제는 더 이상 공소장일본주의 위배를 주장하여 이미 진행된 소송절차의 효력을 다툴 수는 없다고 보아야 한다(대법원 2009.10.22, 2009도7436 전원합의체).

② (×) 형사소송법 제297조에 따라 변호인이 없는 피고인을 일시 퇴정하게 하고 증인신문을 한 다음 피고인에게 실질적인 반대신문의 기회를 부여하지 아니한 채 이루어진 증인의 법정진술은 위법한 증거로서 증거능력이 없다고 볼 여지가 있으나, 그 다음 공판기일에서 재판장이 증인신문 결과 등을 공판조서(증인신문조서)에 의하여 고지하였는데 피고인이 '변경할 점과 이의할 점이 없다'고 진술하여 책문권 포기 의사를 명시하였다면 이로써 실질적인 반대신문의 기회를 부여받지 못한 하자는 치유되었다고 해야 한다(대법원 2010.1.14, 2009도9344).

③ (×) 항소한 피고인이 거주지 변경신고를 하지 아니한 상태에서, 기록에 나타난 피고인의 휴대전화번호로 연락하여 송달받을 장소를 확인해 보는 등의 조치를 취하지 아니한 채 곧바로 공시송달을 명하고 피고인의 진술 없이 판결을 한 원심의 조치는 형사소송법 제63조 제1항, 제365조에 위배된다(대법원 2010.1.28, 2009도12430).

④ (×) 이른바 반의사불벌죄에 있어서 처벌불원의 의사표시의 부존재는 소위 소극적 소송조건으로서 직권조사사항이라 할 것이므로 당사자가 항소이유로 주장하지 아니하였다고 하더라도 법원은 이를 직권으로 조사 · 판단하여야 한다(대법원 2001.4.24, 2000도3172).

12

정답 ②

③ ㉡㉢㉣

㉠ (×), ㉡ (○), ㉢ (○), ㉣ (○) 제151조 참조.

> **제151조(증인이 출석하지 아니한 경우의 과태료 등)** ① 법원은 소환장을 송달받은 증인이 정당한 사유 없이 출석하지 아니한 때에는 결정으로 당해 불출석으로 인한 소송비용을 증인이 부담하도록 명하고, 500만 원 이하의 과태료를 부과할 수 있다. 제153조에 따라 준용되는 제76조 제2항·제5항에 따라 소환장의 송달과 동일한 효력이 있는 경우에도 또한 같다.
> ② 법원은 증인이 제1항에 따른 과태료 재판을 받고도 정당한 사유 없이 다시 출석하지 아니한 때에는 결정으로 증인을 7일 이내의 감치에 처한다.
> ④ 감치는 그 재판을 한 법원의 재판장의 명령에 따라 사법경찰관리·교도관·법원경위 또는 법원사무관등이 교도소·구치소 또는 경찰서유치장에 유치하여 집행한다.
> ⑦ 법원은 감치의 재판을 받은 증인이 감치의 집행 중에 증언을 한 때에는 즉시 감치결정을 취소하고 그 증인을 석방하도록 명하여야 한다.

㉤ (×) ⓐ 증인은 법정에 출석하여 선서하고 자신이 경험한 사실을 진술하여야 하는 의무를 부담한다(대법원 2010.1.21, 2008도942 전원합의체). 법원은 소환장을 송달받은 증인이 정당한 사유 없이 출석하지 아니한 경우에 당해 불출석으로 인한 소송비용을 증인이 부담하도록 명하고, 500만 원 이하의 과태료를 부과할 수 있으며(형사소송법 제151조 제1항 전문), 정당한 사유 없이 소환에 응하지 아니하는 경우에는 구인할 수 있다(형사소송법 제152조). 형사소송법이 증인의 법정 출석을 강제할 수 있는 권한을 법원에 부여한 취지는, 다른 증거나 증인의 진술에 비추어 굳이 추가 증인신문을 할 필요가 없다는 등 특별한 사

정이 없는 한 사건의 실체를 규명하는 데 가장 직접적·핵심적인 증인으로 하여금 공개된 법정에 출석하여 선서 후 증언하도록 하고, 법원은 출석한 증인의 진술을 토대로 형성된 유죄·무죄의 심증에 따라 사건의 실체를 규명하도록 하기 위함이다(대법원 2020.12.10, 2020도2623). ⓑ 한편, 감정인은 특정한 분야에 특별한 학식과 경험을 가진 사람으로, 그 학식과 경험에 의하여 알고 있거나 그 전문적 학식과 경험에 의하여 얻은 일정한 원리 또는 판단을 법원에 진술·보고한다(대법원 1983.12.13, 83도2266). 감정에 관하여는 형사소송법의 증인에 관한 규정이 준용되나, 감정인이 소환에 응하지 않더라도 구인할 수는 없다(형사소송법 제177조). 감정인이라 하더라도 특별한 지식에 의하여 알게 된 과거의 사실에 관하여 진술하여야 하는 경우에는 증인의 지위에 해당하는 감정증인으로서 증인신문절차에 따라 신문하여야 하나(형사소송법 제179조), 감정인이 감정을 하여 감정서(형사소송법 제171조 제1항)를 제출한 경우에 그 기재된 의견에 관한 설명을 추가로 듣는 절차(형사소송법 제171조 제4항) 등은 감정인이 과거의 사실을 진술하는 지위에 있지 않은 이상 증인신문이 아니라 형사소송법 제1편 제13장의 감정에 관한 규정에 따라 소환하여 진행하는 감정인신문으로 하여야 한다. 따라서 경험한 과거의 사실을 진술할 지위에 있지 않음이 명백한 감정인을 법원이 증인 또는 감정증인으로 소환한 경우, 감정인이 소환장을 송달받고 출석하지 않았더라도 그 불출석에 대한 제재로서 형사소송법 제151조 제1항에 따른 과태료를 부과할 수는 없다(대법원 2024.10.31, 2023모358).

[보충] 이러한 법리는 법원으로부터 감정의 명을 받아 형사소송법 제169조 내지 제177조에서 정한 선서 등 절차를 거쳐 감정을 행한 감정인에게 적용됨은 물론, 형사소송법 제221조 제2항에 따라 수사기관에 의하여 감정을 위촉받은 사람이 감정의 결과로 감정서를 제출한 경우 그에 관한 법정에서의 진술이 그가 경험한 과거의 사실에 관한 것이 아니라 오로지 감정인으로서의 학식과 경험에 의하여 얻은 일정한 원리 또는 판단을 진술하는 것임이 명백한 때에도 마찬가지로, 이때에는 필요한 범위 내에서 형사소송법 제1편 제13장의 관련 절차를 거쳐 감정인신문으로 하여야 할 것이다. 따라서 형사소송법 제221조 제2항에 근거한 검사 또는 사법경찰관의 위촉에 응하여 감정을 수행한 사람이 공판절차에서 전문적 학식과 경험에 의하여 얻은 자신의 의견이나 판단을 진술하게 되는 것으로 명백히 볼 수 있는 경우 그러한 진술은 다른 감정인을 통해서도 이루어질 수 있는 성질의 것인바, 그럼에도 이와 다른 전제에서 그를 증인 또는 감정증인으로 소환하여 신문한다면, 사안의 실체 규명을 위해 대체가능성이 없는 증인에게 인정되는 구인 등 조치를 비롯한 법정 출석 의무를 감정인신문을 하여야 할 지위에 있는 자에게 부과하는 부당한 결과가 되어 관련 형사소송법의 취지에 부합하지 않는다(위 판례).

[정리] 감정인 불출석 제재로 구인은 불가하나 과태료 부과 등은 가능하다는 것이 통설이었으나, 2024년 10월 대법원 판례는 구인이 불가하니 과태료 부과 등도 불가하다는 입장을 명시하였다.

> **제146조(증인의자격)** 법원은 법률에 다른 규정이 없으면 누구든지 증인으로 신문할 수 있다.
> **제151조(증인이 출석하지 아니한 경우의 과태료 등)** ① 법원은 소환장을 송달받은 증인이 정당한 사유 없이 출석하지 아

니한 때에는 결정으로 당해 불출석으로 인한 소송비용을 증인이 부담하도록 명하고, 500만 원 이하의 과태료를 부과할 수 있다. 제153조에 따라 준용되는 제76조 제2항·제5항에 따라 소환장의 송달과 동일한 효력이 있는 경우에도 또한 같다.

제152조(소환불응과 구인) 정당한 사유 없이 소환에 응하지 아니하는 증인은 구인할 수 있다.

제169조(감정) 법원은 학식 경험 있는 자에게 감정을 명할 수 있다.

제171조(감정보고) ① 감정의 경과와 결과는 감정인으로 하여금 서면으로 제출하게 하여야 한다.

④ 필요한 때에는 감정인에게 설명하게 할 수 있다.

제177조(준용규정) 감정에 관하여는 제12장(구인에 관한 규정은 제외한다)을 준용한다.

제179조(감정증인) 특별한 지식에 의하여 알게 된 과거의 사실을 신문하는 경우에는 본장의 규정에 의하지 아니하고 전장의 규정에 의한다.

제221조(제3자의 출석요구 등) ② 검사 또는 사법경찰관은 수사에 필요한 때에는 감정·통역 또는 번역을 위촉할 수 있다.

13
정답 ②

② (O) 증인의 보호를 위한 제도인 비디오 등 중계장치에 의한 중계시설 또는 차폐시설을 통한 증인신문의 경우, 비공개결정이 가능하다.

> **규칙 제84조의6(심리의 비공개)** ① 법원은 비디오 등 중계장치에 의한 중계시설 또는 차폐시설을 통하여 증인을 신문하는 경우, 증인의 보호를 위하여 필요하다고 인정하는 경우에는 결정으로 이를 공개하지 아니할 수 있다.

① (×) 피해자 증인신문의 비공개결정은 이유를 붙여 고지하여야 한다.

> **특정범죄 신고자등 보호법 제11조(증인 소환 및 신문의 특례 등)** ⑥ 재판장 또는 판사는 직권으로 또는 제5항에 따른 신청이 상당한 이유가 있다고 인정할 때에는 피고인이나 방청인을 퇴정시키거나 공개법정 외의 장소에서 증인신문 등을 할 수 있다. 이 경우 변호인이 없을 때에는 국선변호인을 선임하여야 한다.
> ⑦ 제6항의 경우에는 「법원조직법」 제57조(재판의 공개) 제2항·제3항 및 「형사소송법」 제297조(피고인등의 퇴정) 제2항을 준용한다.
> **법원조직법 제57조(재판의 공개)** ① 재판의 심리와 판결은 공개한다. 다만, 심리는 국가의 안전보장, 안녕질서 또는 선량한 풍속을 해칠 우려가 있는 경우에는 결정으로 공개하지 아니할 수 있다.
> ② 제1항 단서의 결정은 이유를 밝혀 선고한다.

③ (×) 공무원은 증인거부권자이지만, 변호사는 증언거부권자이므로, 변호사의 경우 출석의무는 있다.

④ (×) 형사소송법은 민사소송법과 같은 '선서면제제도'(제323조), '선서거부권제도'(제324조)가 없다. 따라서 제159조의 선서무능력자 이외에는 선서 자체를 거부할 수는 없다.

14
정답 ②

② (O) (항소심의 증인으로 소환된 사람을 미리 수사기관에서 조

사한 진술조서의 증거능력과 법정 증언의 증명력이 문제된 사건) 제1심에서 피고인에 대하여 무죄판결이 선고되어 검사가 항소한 후, 수사기관이 항소심 공판기일에 증인으로 신청하여 신문할 수 있는 사람을 특별한 사정 없이 미리 수사기관에 소환하여 작성한 진술조서는 피고인이 증거로 할 수 있음에 동의하지 않는 한 증거능력이 없다. 검사가 공소를 제기한 후 참고인을 소환하여 피고인에게 불리한 진술을 기재한 진술조서를 작성하여 이를 공판절차에 증거로 제출할 수 있게 한다면, 피고인과 대등한 당사자의 지위에 있는 검사가 수사기관으로서의 권한을 이용하여 일방적으로 법정 밖에서 유리한 증거를 만들 수 있게 하는 것이므로 당사자주의·공판중심주의·직접심리주의에 반하고 피고인의 공정한 재판을 받을 권리를 침해하기 때문이다. 위 참고인이 나중에 법정에 증인으로 출석하여 위 진술조서의 성립의 진정을 인정하고 피고인 측에 반대신문의 기회가 부여된다 하더라도 위 진술조서의 증거능력을 인정할 수 없음은 마찬가지이다(대법원 2019.11.28, 2013도6825).

[보충] 위 참고인이 법정에서 위와 같이 증거능력이 없는 진술조서와 같은 취지로 피고인에게 불리한 내용의 진술을 한 경우, 그 진술에 신빙성을 인정하여 유죄의 증거로 삼을 것인지는 증인신문 전 수사기관에서 진술조서가 작성된 경위와 그것이 법정진술에 영향을 미쳤을 가능성 등을 종합적으로 고려하여 신중하게 판단하여야 한다(위 판례).

① (×) 업무상 비밀에 대하여 증언거부권이 있으나, 본인의 승낙이 있거나 중대한 공익상 필요 있는 때에는 증언을 거부할 수 없다(제149조).

> **제149조(업무상비밀과 증언거부)** 변호사, 변리사, 공증인, 공인회계사, 세무사, 대서업자, 의사, 한의사, 치과의사, 약사, 약종상, 조산사, 간호사, 종교의 직에 있는 자 또는 이러한 직에 있던 자가 그 업무상 위탁을 받은 관계로 알게 된 사실로서 타인의 비밀에 관한 것은 증언을 거부할 수 있다. 단, 본인의 승낙이 있거나 중대한 공익상 필요 있는 때에는 예외로 한다.

③ (×) 소속공무소 또는 감독관공서의 승낙이 없으면 증인으로 신문할 수 없으므로(증인거부권자, 제147조 제1항), 소속공무소 또는 감독관공서의 승낙이 있다면 증인으로 신문할 수 있다.

> **제147조(공무상 비밀과 증인자격)** ① 공무원 또는 공무원이었던 자가 그 직무에 관하여 알게 된 사실에 관하여 본인 또는 당해 공무소가 직무상 비밀에 속한 사항임을 신고한 때에는 그 소속공무소 또는 감독관공서의 승낙 없이는 증인으로 신문하지 못한다.

④ (×) 서류·물건의 제시에 관하여, 그 성립·동일성에 관한 신문을 할 때에는 재판장의 허가를 요하지 아니한다(규칙 제82조 제1항).

[보충] 성립·동일성에 관한 신문 시에는 재판장의 허가를 요하지 아니하나, 기억환기용 신문 시에는 재판장의 허가를 요한다.

> **규칙 제82조(서류 또는 물건에 관한 신문)** ① 증인에 대하여 서류 또는 물건의 성립, 동일성 기타 이에 준하는 사항에 관한 신문을 할 때에는 그 서류 또는 물건을 제시할 수 있다.
> ② 제1항의 서류 또는 물건이 증거조사를 마치지 않은 것일 때에는 먼저 상대방에게 이를 열람할 기회를 주어야 한다. 다만, 상대방이 이의하지 아니할 때에는 그러하지 아니하다.
> **제83조(기억의 환기가 필요한 경우)** ① 증인의 기억이 명백치 아니한 사항에 관하여 기억을 환기시켜야 할 필요가 있을 때

에는 재판장의 허가를 얻어 서류 또는 물건을 제시하면서 신문할 수 있다.

② 제1항의 경우에는 제시하는 서류의 내용이 증인의 진술에 부당한 영향을 미치지 아니하도록 하여야 한다.

③ 제82조 제2항의 규정은 제1항의 경우에 이를 준용한다.

15 정답 ②

② (×) 동 증인은 위 사고 당시 10세 남짓한 국민학교 5학년생이기는 하나 그 증언 내지 진술의 전후사정으로 보아 의사판단능력이 있다고 인정되므로 비록 선서무능력자라 하여도 증언능력이 있다고 할 것이다(대법원 1984.9.25, 84도619).

① (○) 제159조 참조.

> **제159조(선서 무능력)** 증인이 다음 각 호의 1에 해당한 때에는 선서하게 하지 아니하고 신문하여야 한다.
> 1. 16세 미만의 자
> 2. 선서의 취지를 이해하지 못하는 자

③ (○) 제163조의2 제1항 참조.

> **제163조의2(신뢰관계에 있는 자의 동석)** ① 법원은 범죄로 인한 피해자를 증인으로 신문하는 경우 증인의 연령, 심신의 상태, 그 밖의 사정을 고려하여 증인이 현저하게 불안 또는 긴장을 느낄 우려가 있다고 인정하는 때에는 직권 또는 피해자·법정대리인·검사의 신청에 따라 피해자와 신뢰관계에 있는 자를 동석하게 할 수 있다.

④ (○) 제157조 제3항 참조.

> **제157조(선서의 방식)** ③ 재판장은 증인에게 선서서를 낭독하고 기명날인하거나 서명하게 하여야 한다. 단, 증인이 선서서를 낭독하지 못하거나 서명을 하지 못하는 경우에는 참여한 법원사무관등이 대행한다.

16 정답 ②

② ㉠㉢

㉠ (○) 선서무능력자에 대하야 선서케 하고 신문한 경우라 할지라도 그 선서만이 무효가 되고 그 증언의 효력에 관하여는 영향이 없고 유효하다(대법원 1957.3.8, 4290형상23).

㉡ (×) 자신에 대한 유죄판결이 확정된 증인이 재심을 청구한다 하더라도, 이미 유죄의 확정판결이 있는 사실에 대해서는 일사부재리의 원칙에 의하여 거듭 처벌받지 않는다는 점에 변함이 없고, 형사소송법상 피고인의 불이익을 위한 재심청구는 허용되지 아니하며(형사소송법 제420조), 재심사건에는 불이익변경금지 원칙이 적용되어 원판결의 형보다 중한 형을 선고하지 못하므로(형사소송법 제439조), 자신의 유죄 확정판결에 대하여 재심을 청구한 증인에게 증언의무를 부과하는 것이 형사소추 또는 공소제기를 당하거나 유죄판결을 받을 사실이 발로(發露)될 염려 있는 증언을 강제하는 것이라고 볼 수는 없다. 따라서 자신에 대한 유죄판결이 확정된 증인이 공범에 대한 피고사건에서 증언할 당시 앞으로 재심을 청구할 예정이라고 하여도, 이를 이유로 증인에게 형사소송법 제148조에 의한 증언거부권이 인정되지는 않는다(대법원 2011.11.24, 2011도11994).

㉢ (×) 검사가 제1심 증인신문 과정에서 증인 甲 등에게 주신문을 하면서 형사소송규칙상 허용되지 않는 유도신문을 하였다고 볼

여지가 있었는데, 그 다음 공판기일에 재판장이 증인신문 결과 등을 각 공판조서(증인신문조서)에 의하여 고지하였음에도 피고인과 변호인이 '변경할 점과 이의할 점이 없다'고 진술한 경우, 피고인이 책문권 포기의사를 명시함으로써 유도신문에 의하여 이루어진 주신문의 하자가 치유되었다고 할 수 있다(대법원 2012.7.26, 2012도2937).

㉣ (○) 대법원 2000.10.13, 2000도3265

17 정답 ③

③ (×) 2012.5.29. 개정 규칙 제84조의3 제1항에 따라 변호사도 포함되었다.

> **규칙 제84조의3(신뢰관계에 있는 사람의 동석)** ① 법 제163조의2에 따라 피해자와 동석할 수 있는 신뢰관계에 있는 사람은 피해자의 배우자, 직계친족, 형제자매, 가족, 동거인, 고용주, 변호사, 그 밖에 피해자의 심리적 안정과 원활한 의사소통에 도움을 줄 수 있는 사람을 말한다. <개정 2012.5.29.>
> ② 법 제163조의2 제1항에 따른 동석 신청에는 동석하고자 하는 자와 피해자 사이의 관계, 동석이 필요한 사유 등을 명시하여야 한다.
> ③ 재판장은 법 제163조의2 제1항 또는 제2항에 따라 동석한 자가 부당하게 재판의 진행을 방해하는 때에는 동석을 중지시킬 수 있다.

① (○) 제162조 제1항·제2항 참조.

> **제162조(개별신문과 대질)** ① 증인신문은 각 증인에 대하여 신문하여야 한다.
> ② 신문하지 아니한 증인이 재정한 때에는 퇴정을 명하여야 한다.
> ③ 필요한 때에는 증인과 다른 증인 또는 피고인과 대질하게 할 수 있다.

② (○) 제163조의2 제1항 참조.

> **제163조의2(신뢰관계에 있는 자의 동석)** ① 법원은 범죄로 인한 피해자를 증인으로 신문하는 경우 증인의 연령, 심신의 상태, 그 밖의 사정을 고려하여 증인이 현저하게 불안 또는 긴장을 느낄 우려가 있다고 인정하는 때에는 직권 또는 피해자·법정대리인·검사의 신청에 따라 피해자와 신뢰관계에 있는 자를 동석하게 할 수 있다.

④ (○) 제157조 제3항 참조.

> **제157조(선서의 방식)** ③ 재판장은 증인에게 선서서를 낭독하고 기명날인하거나 서명하게 하여야 한다. 단, 증인이 선서서를 낭독하지 못하거나 서명을 하지 못하는 경우에는 참여한 법원사무관등이 대행한다.

18 정답 ③

③ ㉠㉡㉢㉣

㉠ (×) 피해자 등에 대한 수사종결처분의 부수처분으로서의 통지에 해당한다(제259조의2). 따라서 법원이 아니라 검사가 통지의무를 부담한다(제259조의2).

> **제259조의2(피해자 등에 대한 통지)** 검사는 범죄로 인한 피해자 또는 그 법정대리인(피해자가 사망한 경우에는 그 배우자·직

계친족·형제자매를 포함한다)의 신청이 있는 때에는 당해 사건의 공소제기 여부, 공판의 일시·장소, 재판결과, 피의자·피고인의 구속·석방 등 구금에 관한 사실 등을 신속하게 통지하여야 한다.

ⓛ (×) 동일한 범죄사실에 대한 증인신문 신청 피해자가 여러 명인 경우, 진술할 자의 수를 제한할 수 있다(제294조의2).

> **제294조의2(피해자등의 진술권)** ③ 법원은 동일한 범죄사실에서 제1항의 규정에 의한 신청인이 여러 명인 경우에는 진술할 자의 수를 제한할 수 있다

ⓒ (○) 피해자 진술권의 신청권자는 범죄 피해자 또는 그 법정대리인이며, 피해자가 사망한 경우에는 배우자·직계친족·형제자매가 포함된다.

> **제294조의2(피해자등의 진술권)** ① 법원은 범죄로 인한 피해자 또는 그 법정대리인(피해자가 사망한 경우에는 배우자·직계친족·형제자매를 포함한다. 이하 이 조에서 "피해자등"이라 한다)의 신청이 있는 때에는 그 피해자등을 증인으로 신문하여야 한다. 다만, 다음 각 호의 어느 하나에 해당하는 경우에는 그러하지 아니하다.
> 1. 삭제 <2007.6.1.>
> 2. 피해자등 이미 당해 사건에 관하여 공판절차에서 충분히 진술하여 다시 진술할 필요가 없다고 인정되는 경우
> 3. 피해자등의 진술로 인하여 공판절차가 현저하게 지연될 우려가 있는 경우

ⓔ (×) 제294조의2 제2항 참조.

> **제294조의2(피해자등의 진술권)** ② 법원은 제1항에 따라 피해자등을 신문하는 경우 피해의 정도 및 결과, 피고인의 처벌에 관한 의견, 그 밖에 당해 사건에 관한 의견을 진술할 기회를 주어야 한다.

ⓜ (×) 피고인이 판결선고가 임박한 시점에 공탁하였을 때 피해자의 의사와 무관하게 피고인의 감경사유로 양형에 반영되는 것을 방지하기 위하여, 2024.10.16. 형사소송법이 개정됨에 따라 현행법에 도입된 '피고인의 금전공탁 시 피해자 등의 의견청취제도'의 내용이다(형사소송법 제294조의5, 시행 2025.1.17.).

> **제294조의5(금전 공탁과 피해자 등의 의견 청취)** ① 법원은 피고인이 피해자의 권리 회복에 필요한 금전을 공탁한 경우에는 판결을 선고하기 전에 피해자 또는 그 법정대리인(피해자가 사망한 경우에는 배우자·직계친족·형제자매를 포함한다)의 의견을 들어야 한다. 다만, 그 의견을 청취하기 곤란한 경우로서 대법원규칙으로 정하는 특별한 사정이 있는 경우에는 그러하지 아니하다.
> ② 제1항에 따른 의견 청취의 방법·절차 및 그 밖에 필요한 사항은 대법원규칙으로 정한다.
> [본조신설 2024.10.16.]

19 정답 ④

④ ⓛⓒⓔⓜ

ⓐ (×) (증인신문도 원칙적으로 하여야 하고) 이 경우 의견진술권을 부여할 수 있는 것이 아니라 주어야 한다.

> **제294조의2(피해자등의 진술권)** ① 법원은 범죄로 인한 피해

자 또는 그 법정대리인(피해자가 사망한 경우에는 배우자·직계친족·형제자매를 포함한다. 이하 이 조에서 "피해자등"이라 한다)의 신청이 있는 때에는 그 피해자등을 증인으로 신문하여야 한다. 다만, 다음 각 호의 어느 하나에 해당하는 경우에는 그러하지 아니하다. <개정 2007.6.1.>
1. 삭제 <2007.6.1.>
2. 피해자등 이미 당해 사건에 관하여 공판절차에서 충분히 진술하여 다시 진술할 필요가 없다고 인정되는 경우
3. 피해자등의 진술로 인하여 공판절차가 현저하게 지연될 우려가 있는 경우
② 법원은 제1항에 따라 피해자등을 신문하는 경우 피해의 정도 및 결과, 피고인의 처벌에 관한 의견, 그 밖에 당해 사건에 관한 의견을 진술할 기회를 주어야 한다. <개정 2007.6.1.>
③ 법원은 동일한 범죄사실에서 제1항의 규정에 의한 신청인이 여러 명인 경우에는 진술할 자의 수를 제한할 수 있다. <개정 2007.6.1.>
④ 제1항의 규정에 의한 신청인이 출석통지를 받고도 정당한 이유 없이 출석하지 아니한 때에는 그 신청을 철회한 것으로 본다. <개정 2007.6.1.>

ⓛ (○) 제294조의2 제4항

ⓒ (○) 제294조의4 제6항 참조.

> **제294조의4(피해자 등의 공판기록 열람·등사)** ③ 재판장은 피해자 등의 권리구제를 위하여 필요하다고 인정하거나 그 밖의 정당한 사유가 있는 경우 범죄의 성질, 심리의 상황, 그 밖의 사정을 고려하여 상당하다고 인정하는 때에는 열람 또는 등사를 허가할 수 있다.
> ④ 재판장이 제3항에 따라 등사를 허가하는 경우에는 등사한 소송기록의 사용목적을 제한하거나 적당하다고 인정하는 조건을 붙일 수 있다.
> ⑥ 제3항 및 제4항에 관한 재판에 대하여는 불복할 수 없다.

ⓔ (○) 제70조 제2항 참조.

> **제70조(구속의 사유)** ② 법원은 제1항의 구속사유를 심사함에 있어서 범죄의 중대성, 재범의 위험성, 피해자 및 중요 참고인 등에 대한 위해우려 등을 고려하여야 한다.

ⓜ (○) 법원은 피해자 등의 신청이 있는 때에 그 피해자 등을 증인으로 신문하여야 하고(형사소송법 제294조의2 제1항), 피해자 등을 신문하는 경우 피해의 정도 및 결과, 피고인의 처벌에 관한 의견, 그 밖에 당해 사건에 관한 의견을 진술할 기회를 주어야 한다(형사소송법 제294조의2 제2항). 나아가 법원은 필요하다고 인정하는 경우 직권으로 또는 피해자 등의 신청에 따라 피해자 등을 공판기일에 출석하게 하여 형사소송법 제294조의2 제2항에 정한 사항으로서 범죄사실의 인정에 해당하지 않는 사항에 관하여 증인신문에 의하지 아니하고 의견을 진술하거나 의견진술에 갈음하여 의견을 기재한 서면을 제출하게 할 수 있다(형사소송규칙 제134조의10 제1항 및 제134조의11 제1항). 다만 위 각 조항에 따른 진술과 서면은 범죄사실의 인정을 위한 증거로 할 수 없다(형사소송규칙 제134조의12)(대법원 2024.3.12. 2023도11371).

[보충] 피고인이 피해자를 강간하려다가 피해자에게 약 2주간의 치료가 필요한 상해를 가하였다는 강간상해의 공소사실이 제1심 및 원심에서 유죄로 인정되었고, 피해자는 제1심 및 원심에서의 재판 절차 진행 중 수회에 걸쳐 탄원서 등 피해자의 의

견을 기재한 서류를 제출하였는데, 원심이 피고인의 사실오인 내지 법리오해 주장에 관하여 판단하면서, 피해자가 한 진술의 신빙성이 인정되는 사정의 하나로 피해자가 제출한 탄원서의 일부 기재 내용을 적시하여 공소사실을 유죄로 판단한 경우, 위 탄원서 등은 결국 피해자가 형사소송규칙 제134조의10 제1항에 규정된 의견진술에 갈음하여 제출한 서면에 해당하여 범죄사실의 인정을 위한 증거로 할 수 없다(위 판례).

> **제294조의2(피해자등의 진술권)** ① 법원은 범죄로 인한 피해자 또는 그 법정대리인(피해자가 사망한 경우에는 배우자·직계친족·형제자매를 포함한다. 이하 이 조에서 "피해자등"이라 한다)의 신청이 있는 때에는 그 피해자등을 증인으로 신문하여야 한다. 다만, 다음 각 호의 어느 하나에 해당하는 경우에는 그러하지 아니하다.
> 1. 삭제
> 2. 피해자등 이미 당해 사건에 관하여 공판절차에서 충분히 진술하여 다시 진술할 필요가 없다고 인정되는 경우
> 3. 피해자등의 진술로 인하여 공판절차가 현저하게 지연될 우려가 있는 경우
> ② 법원은 제1항에 따라 피해자등을 신문하는 경우 피해의 정도 및 결과, 피고인의 처벌에 관한 의견, 그 밖에 당해 사건에 관한 의견을 진술할 기회를 주어야 한다.
> **규칙 제134조의10(피해자등의 의견진술)** ① 법원은 필요하다고 인정하는 경우에는 직권으로 또는 법 제294조의2 제1항에 정한 피해자등(이하 이 조 및 제134조의11에서 '피해자등'이라 한다)의 신청에 따라 피해자등을 공판기일에 출석하게 하여 법 제294조의2 제2항에 정한 사항으로서 범죄사실의 인정에 해당하지 않는 사항에 관하여 증인신문에 의하지 아니하고 의견을 진술하게 할 수 있다.
> **제134조의11(의견진술에 갈음한 서면의 제출)** ① 재판장은 재판의 진행상황, 그 밖의 사정을 고려하여 피해자등에게 제134조의10 제1항의 의견진술에 갈음하여 의견을 기재한 서면을 제출하게 할 수 있다.
> **제134조의12(의견진술·의견진술에 갈음한 서면)** 제134조의10 제1항에 따른 진술과 제134조의11 제1항에 따른 서면은 범죄사실의 인정을 위한 증거로 할 수 없다.

20 정답 ②

② ㉡㉤

㉠ (×) 피고인들이 제1회 공판기일에 불출석하였으나 제2회 공판기일에는 출석하였으므로 원심으로서는 피고인들이 제3회 공판기일에 불출석하였다고 하여 바로 개정할 수 없고 제4회 공판기일을 다시 정하여 제4회 공판기일에도 불출석한 때 비로소 피고인들의 출석 없이 개정할 수 있다고 할 것이다. 그럼에도 원심은 피고인들이 2회 이상 계속하여 불출석한 것으로 보고 피고인들의 출석 없이 제3회 공판기일을 개정하였으니, 거기에는 형사소송법 제365조 등 소송절차에 관한 법령을 위반하여 판결에 영향을 미친 위법이 있다(대법원 2016.4.29, 2016도2210).

㉡ (○) 소송촉진 등에 관한 특례법 제23조 참조.

> **소송촉진 등에 관한 특례법 제23조(제1심 공판의 특례)** 제1심 공판절차에서 피고인에 대한 송달불능보고서(送達不能報告書)가 접수된 때부터 6개월이 지나도록 피고인의 소재(所在)를 확인할 수 없는 경우에는 대법원규칙으로 정하는 바에 따라

피고인의 진술 없이 재판할 수 있다. 다만, 사형, 무기 또는 장기(長期) 10년이 넘는 징역이나 금고에 해당하는 사건의 경우에는 그러하지 아니하다.

㉢ (×) 형사소송법 제303조는 "재판장은 검사의 의견을 들은 후 피고인과 변호인에게 최종의 의견을 진술할 기회를 주어야 한다."라고 정하고 있으므로, 최종의견 진술의 기회는 피고인과 변호인 모두에게 주어져야 한다. 이러한 최종의견 진술의 기회는 피고인과 변호인의 소송법상 권리로서 피고인과 변호인이 사실관계의 다툼이나 유리한 양형사유를 주장할 수 있는 마지막 기회이므로, 피고인이나 변호인에게 최종의견 진술의 기회를 주지 아니한 채 변론을 종결하고 판결을 선고하는 것은 소송절차의 법령위반에 해당한다(대법원 2018.3.29, 2018도327).

㉣ (×) 종결한 변론을 재개하느냐의 여부는 법원의 재량에 속하는 사항으로서 원심이 변론종결 후 선임된 변호인의 변론재개신청을 들어주지 아니하였다 하여 심리미진의 위법이 있는 것은 아니다(대법원 1986.6.10, 86도769).

㉤ (○) 당사자의 증거신청에 대한 법원의 채택 여부의 결정은 판결 전의 소송절차에 관한 결정으로서 이의신청(증거결정이 법령에 위반된 경우에 한하여 이의신청 허용, 규칙 제135조의2)을 하는 외에는 달리 증거결정에 관해서만 독립하여 불복할 수 있는 방법이 없고(제403조), 다만 채증법칙 오인으로 말미암아 사실을 오인하여 판결에 영향을 미치기에 이른 경우에만 이를 상소의 이유로 삼아 상급심 법원의 통제를 받을 수 있을 뿐이다(대법원 1990.6.8, 90도646). 즉, 법원의 증거결정에 대해서는 항고할 수 없다.

▶ **제4편 공판: 제1장 공판절차** [공판절차의 특칙] ─ **제2장 증거** [증명의 기본원칙 1]

01	③	02	③	03	①	04	①	05	②
06	③	07	④	08	①	09	④	10	④
11	③	12	②	13	④	14	②	15	③
16	②	17	②	18	③	19	②	20	④

01　　　　　　　　　　　　　　　정답 ③

③ ㉡㉣

㉠ (×) 제1심 관할사건이라면 사건의 경중을 가리지 아니하므로, 단독판사의 관할사건은 물론 합의부 관할 사건에 대해서도 간이공판절차를 할 수 있다.

㉡ (○) 간이공판절차에서는 간이한 방식으로 증거조사를 진행할 수 있으므로, 증거조사는 재판장의 쟁점정리 및 검사·변호인의 증거관계등에 대한 진술절차가 끝난 후에 실시한다는 제290조의 적용이 배제되어, 상당하다고 인정하는 방법으로 증거조사를 할 수 있다(제297조의2에 의한 제290조의 배제).

> **제297조의2(간이공판절차에서의 증거조사)** 제286조의2의 결정이 있는 사건에 대하여는 제161조의2, 제290조 내지 제293조, 제297조의 규정을 적용하지 아니하며 법원이 상당하다고 인정하는 방법으로 증거조사를 할 수 있다.
>
> **제290조(증거조사)** 증거조사는 제287조에 따른 절차가 끝난 후에 실시한다.
>
> **제287조(재판장의 쟁점정리 및 검사·변호인의 증거관계 등에 대한 진술)** ① 재판장은 피고인의 모두진술이 끝난 다음에 피고인 또는 변호인에게 쟁점의 정리를 위하여 필요한 질문을 할 수 있다.
> ② 재판장은 증거조사를 하기에 앞서 검사 및 변호인으로 하여금 공소사실 등의 증명과 관련된 주장 및 입증계획 등을 진술하게 할 수 있다. 다만, 증거로 할 수 없거나 증거로 신청할 의사가 없는 자료에 기초하여 법원에 사건에 대한 예단 또는 편견을 발생하게 할 염려가 있는 사항은 진술할 수 없다.

㉢ (×) 피고인이 공소사실에 대하여 검사가 신문을 할 때에는 공소사실을 모두 사실과 다름없다고 진술하였으나 변호인이 신문을 할 때에는 범의나 공소사실을 부인하였다면 그 공소사실은 간이공판절차에 의하여 심판할 대상이 아니고, 따라서 피고인의 법정에서의 진술을 제외한 나머지 증거들은 간이공판절차가 아닌 일반절차에 의한 적법한 증거조사를 거쳐 그에 관한 증거능력이 부여되지 아니하는 한 그 공소사실에 대한 유죄의 증거로 삼을 수 없다(대법원 1981.6.9, 81도775; 1995.12.12, 95도2297; 1996.3.12, 95도1883 등).

㉣ (○) 대법원 1981.11.24, 81도2422.

02　　　　　　　　　　　　　　　정답 ③

③ (○) 피고인이 제1심법원에서 공소사실에 대하여 자백하여 제1심법원이 이에 대하여 간이공판절차에 의하여 심판할 것을 결정하고, 이에 따라 제1심법원이 제1심판결 명시의 증거들을 증거로 함에 피고인 또는 변호인의 이의가 없어 형사소송법 제318조의3의 규정에 따라 증거능력이 있다고 보고, 상당하다고 인정하는 방법으로 증거조사를 한 이상, 가사 항소심에 이르러 범행을 부인하였다고 하더라도 제1심법원에서 증거로 할 수 있었던 증거는 항소법원에서도 증거로 할 수 있는 것이므로 제1심법원에서 이미 증거능력이 있었던 증거는 항소심에서도 증거능력이 그대로 유지되어 심판의 기초가 될 수 있고 다시 증거조사를 할 필요가 없다(대법원 1998.2.27, 97도3421).

① (×) 간이공판절차가 개시되면 증거조사가 간이화되므로, 법원은 상당하다고 인정하는 방법으로 증거조사를 할 수 있다(제297조의2).

② (×) 간이공판절차 개시결정은 법원의 재량이다.

> **제286조의2(간이공판절차의 결정)** 피고인이 공판정에서 공소사실에 대하여 자백한 때에는 법원은 그 공소사실에 한하여 간이공판절차에 의하여 심판할 것을 결정할 수 있다.

④ (×) 간이공판절차에서는 교호신문에 의할 필요가 없고, 증거조사 시기도 재판장 쟁점정리 등의 절차 이후일 필요가 없으며, 서류·물건 증거조사도 개별적으로 할 필요가 없고, 서류·물건의 증거조사방법도 반드시 제시, 낭독, 내용고지, 열람 등에 의할 필요가 없으며, 증거조사 종료 시 피고인의 의견청취 및 증거신청권 고지도 요하지 아니하고, 증인 등을 신문할 때 피고인 퇴정도 필요 없게 된다.

> **제297조의2(간이공판절차에서의 증거조사)** 제286조의2의 결정이 있는 사건에 대하여는 제161조의2, 제290조 내지 제293조, 제297조의 규정을 적용하지 아니하며 법원이 상당하다고 인정하는 방법으로 증거조사를 할 수 있다.
> **제161조의2(증인신문의 방식)** ① 증인은 신청한 검사, 변호인 또는 피고인이 먼저 이를 신문하고 다음에 다른 검사, 변호인 또는 피고인이 신문한다. (이하 생략)

03　　　　　　　　　　　　　　　정답 ①

① (×) 간이공판절차는 지방법원 또는 지방법원지원의 제1심 관할사건에 대하여만 인정된다. 제1심 관할사건인 때에는 단독사건은 물론 합의부 관할사건, 즉 사형·무기 또는 단기 1년 이상의 징역이나 금고에 해당하는 사건과 이와 동시에 심판할 공범사건 또는 합의부에서 심판할 것을 스스로 결정한 사건에 대하여도 간이공판절차를 할 수 있다. 따라서 전단은 맞는 내용이

다. 그러나 증거조사방식(제297조의2), 증거능력(318조의3)에 대한 예외가 있는 외에는 공판절차에 대한 일반규정이 그대로 적용되므로, 간이공판절차에서도 공소장변경은 가능하다. 따라서 후단은 틀린 내용이다.

② (O) 검사, 피고인 또는 변호인이 이의를 제기하지 않는 한 전문증거에 대한 증거동의가 의제되므로, 전문법칙은 배제된다(제318조의3). 다만, 간이공판절차라 하여 증명력의 제한이 완화되는 것은 아니므로, 자백의 보강법칙(제310조)은 그대로 적용된다.

③ (O) 경합범의 경우는 수개의 행위로 수개의 죄를 범하는 경우로서, 자백도 각각의 행위에 달리할 수 있어 일부만 자백해 그에 한하여 간이공판절차로 진행하는 것이 가능하다. 그러나 포괄일죄는 물론 과형상 일죄는 1개의 행위에 의한 것이므로 이를 쪼개서 자백과 부인을 할 수는 없으므로, 자백부분만 특정하여 간이공판절차로 하는 것은 불가능하다(통설).

④ (O) 한편 이의 없다는 의사표시는 중대한 효과가 있으므로 적극적이며 명시적인 형태로 이루어져야 한다.

> **제301조의2(간이공판절차결정의 취소와 공판절차의 갱신)** 제286조의2의 결정이 취소된 때에는 공판절차를 갱신하여야 한다. 단, 검사, 피고인 또는 변호인이 이의가 없는 때에는 그러하지 아니하다.

04
정답 ①

① (×) 간이공판절차에서는 증거동의가 의제되므로 전문법칙이 배제된다.

> **제318조의3(간이공판절차에서의 증거능력에 관한 특례)** 제286조의2의 결정이 있는 사건의 증거에 관하여는 제310조의2, 제312조 내지 제314조 및 제316조의 규정에 의한 증거에 대하여 제318조 제1항의 동의가 있는 것으로 간주한다. 단, 검사, 피고인 또는 변호인이 증거로 함에 이의가 있는 때에는 그러하지 아니하다.

② (O) 간이공판절차일지라도 자백보강법칙은 그대로 적용된다.

> **제310조(불이익한 자백의 증거능력)** 피고인의 자백이 그 피고인에게 불이익한 유일의 증거인 때에는 이를 유죄의 증거로 하지 못한다.

③ (O), ④ (O) 간이공판절차에서는 법원이 상당하다고 인정하는 방법으로 증거조사를 할 수 있다. 따라서 증인신문은 교호신문의 방식(제161조의2)에 의할 필요가 없고, 증거조사 결과에 대한 피고인의 의견(제297조)을 물을 필요도 없다. 제297조의2 참조.

> **제297조의2(간이공판절차에서의 증거조사)** 제286조의2의 결정이 있는 사건에 대하여는 제161조의2, 제290조 내지 제293조, 제297조의 규정을 적용하지 아니하며 법원이 상당하다고 인정하는 방법으로 증거조사를 할 수 있다.

05
정답 ②

② (×) 공소장변경 시 공판절차 정지는 임의적이다(제298조 제4항). 또한 위 지문의 경우에는 공판절차를 정지할 필요가 없다는 것이 판례이기도 하다. "공소장변경허가신청의 요지가 경합범으로 기소되었던 수개의 범죄사실을 상습범으로 변경한 정도

라면 이는 공판절차를 정지할 정도로 피고인들의 방어권행사에 불이익을 초래하는 것이라 할 수 없어 공소장변경허가를 한 후 공판기일을 상당 기간 연기하지 않은 것이라든지 사선변호인의 출정 없이 공판한 것이 위법이라고 할 수 없다(대법원 1985.8.13, 85도1193)."

> **제298조(공소장의 변경)** ④ 법원은 전3항의 규정에 의한 공소사실 또는 적용법조의 추가, 철회 또는 변경이 피고인의 불이익을 증가할 염려가 있다고 인정한 때에는 직권 또는 피고인이나 변호인의 청구에 의하여 피고인으로 하여금 필요한 방어의 준비를 하게 하기 위하여 결정으로 필요한 기간 공판절차를 정지할 수 있다.

① (O) 제306조 제2항 참조.

> **제306조(공판절차의 정지)** ② 피고인이 질병으로 인하여 출정할 수 없는 때에는 법원은 검사와 변호인의 의견을 들어서 결정으로 출정할 수 있을 때까지 공판절차를 정지하여야 한다.
> ③ 전2항의 규정에 의하여 공판절차를 정지함에는 의사의 의견을 들어야 한다.

③ (O) 제306조 제1항 참조.

> **제306조(공판절차의 정지)** ① 피고인이 사물의 변별 또는 의사의 결정을 할 능력이 없는 상태에 있는 때에는 법원은 검사와 변호인의 의견을 들어서 결정으로 그 상태가 계속하는 기간 공판절차를 정지하여야 한다.

④ (O) 제92조 제1항·제3항 참조.

> **제92조(구속기간과 갱신)** ① 구속기간은 2개월로 한다.
> ③ 제22조, 제298조 제4항, 제306조 제1항 및 제2항의 규정에 의하여 공판절차가 정지된 기간 및 공소제기 전의 체포·구인·구금기간은 제1항 및 제2항의 기간에 산입하지 아니한다.

06
정답 ③

③ (×) 판사의 경질이 있는 경우, 실체형성행위는 다시 할 것을 요하나 절차형성행위는 효력이 유지되므로, 지문과 같은 경우에는 절차형성행위만 행하여진 경우로서 공판절차를 갱신할 필요가 없다.

① (O) 법관이 변경되었다는 점에서 판사의 경질과 같으므로, 공판절차를 갱신함이 타당하다.

② (O) 규칙 제144조 제1항

④ (O) 제361조의5 제7호 참조.

> **제361조의5(항소이유)** 다음 사유가 있을 경우에는 원심판결에 대한 항소이유로 할 수 있다.
> 7. 법률상 그 재판에 관여하지 못할 판사가 그 사건의 심판에 관여한 때

07
정답 ④

④ (×) 형사소송법 제6조는 토지관할을 달리하는 수개의 관련사건이 각각 다른 법원에 계속된 때에는 공통되는 직근 상급법원은 검사 또는 피고인의 신청에 의하여 결정으로 1개 법원으로 하여금 병합심리하게 할 수 있다고 규정하고 있는데 여기서 말하는 "각각 다른 법원"이란 사물관할은 같으나 토지관할을 달리하는 동종·동등의 법원을 말하는 것이므로 사건이 각각 계

속된 마산지방법원 항소부와 부산고등법원은 심급은 같을지언 정 사물관할을 같이하지 아니하여 여기에 해당하지 아니한다 (대법원 1990.5.23, 90초56).

① (○) 대법원 1986.10.14, 86도1691

② (○) 변론병합의 신청이 있는 경우에 변론을 병합하느냐의 여부 는 법원의 재량에 속한다(대법원 1987.6.23, 87도706).

③ (○) 종결한 변론을 재개하느냐의 여부는 법원의 전권에 속한다 (대법원 1983.12.13, 83도2279).

08 　　　　　　　　　　정답 ①

① (○) 국참법 제17조 제4호의 내용이다.

> **국참법 제17조(결격사유)** 다음 각 호의 어느 하나에 해당하는 사 람은 배심원으로 선정될 수 없다.
> 1. 피성년후견인 또는 피한정후견인
> 2. 파산선고를 받고 복권되지 아니한 사람
> 3. 금고 이상의 실형을 선고받고 그 집행이 종료(종료된 것으 로 보는 경우를 포함한다)되거나 집행이 면제된 후 5년을 경과하지 아니한 사람
> 4. 금고 이상의 형의 집행유예를 선고받고 그 기간이 완료된 날부터 2년을 경과하지 아니한 사람
> 5. 금고 이상의 형의 선고유예를 받고 그 선고유예기간 중에 있는 사람
> 6. 법원의 판결에 의하여 자격이 상실 또는 정지된 사람

② (×) 예외 없이 선정할 수 없다.

> **국참법 제30조(무이유부기피신청)** ② 무이유부기피신청이 있 는 때에는 법원은 당해 배심원후보자를 배심원으로 선정할 수 없다.

③ (×) 배심원 선정기일에 피고인의 출석의무는 없다. 또한 피고 인은 법원의 허가를 받으면 출석할 수 있다.

> **국참법 제27조(선정기일의 참여자)** ② 검사와 변호인은 선정 기일에 출석하여야 하며, 피고인은 법원의 허가를 받아 출석 할 수 있다.

④ (×)

> **국참법 제9조(배제결정)** ① 법원은 공소제기 후부터 공판준 비기일이 종결된 '다음날까지' 다음 각 호의 어느 하나에 해 당하는 경우 국민참여재판을 하지 아니하기로 하는 결정을 할 수 있다.

09 　　　　　　　　　　정답 ④

④ (○) 국참법 제20조 제2호의 내용이다.

> **국참법 제20조(면제사유)** 법원은 직권 또는 신청에 따라 다음 각 호의 어느 하나에 해당하는 사람에 대하여 배심원 직무의 수행을 면제할 수 있다.
> 1. 만 70세 이상인 사람
> 2. 과거 5년 이내에 배심원후보자로서 선정기일에 출석한 사람
> 3. 금고 이상의 형에 해당하는 죄로 기소되어 사건이 종결되 지 아니한 사람
> 4. 법령에 따라 체포 또는 구금되어 있는 사람
> 5. 배심원 직무의 수행이 자신이나 제3자에게 위해를 초래하거 나 직업상 회복할 수 없는 손해를 입게 될 우려가 있는 사람

> 6. 중병·상해 또는 장애로 인하여 법원에 출석하기 곤란한 사람
> 7. 그 밖의 부득이한 사유로 배심원 직무를 수행하기 어려운 사람

① (×) 19세가 아니라 20세 이상이다(전단이 틀림). 다만, 파산선 고를 받고 복권되지 아니한 사람은 배심원으로 선정될 수 없다 (후단은 맞음).

> **국참법 제16조(배심원의 자격)** 배심원은 만 20세 이상의 대한 민국 국민 중에서 이 법으로 정하는 바에 따라 선정된다.
> **제17조(결격사유)** 다음 각 호의 어느 하나에 해당하는 사람은 배심원으로 선정될 수 없다.
> 2. 파산선고를 받고 복권되지 아니한 사람

② (×) 참여재판 의사확인서를 제출하지 아니한 때에는 참여재판 을 원하지 않는 것으로 본다(국참법 제8조 제3항).

> **국참법 제8조(피고인 의사의 확인)** ② 피고인은 공소장 부본 을 송달받은 날부터 7일 이내에 국민참여재판을 원하는지 여 부에 관한 의사가 기재된 서면을 제출하여야 한다. 이 경우 피고인이 서면을 우편으로 발송한 때, 교도소 또는 구치소에 있는 피고인이 서면을 교도소장·구치소장 또는 그 직무를 대 리하는 자에게 제출한 때에 법원에 제출한 것으로 본다.
> ③ 피고인이 제2항의 서면을 제출하지 아니한 때에는 국민참 여재판을 원하지 아니하는 것으로 본다.

③ (×) 불복할 수 없다.

> **국참법 제32조(배심원의 해임)** ① 법원은 배심원 또는 예비배 심원이 다음 각 호의 어느 하나에 해당하는 때에는 직권 또는 검사·피고인·변호인의 신청에 따라 배심원 또는 예비배심원 을 해임하는 결정을 할 수 있다.
> ③ 제1항의 결정에 대하여는 불복할 수 없다.

10 　　　　　　　　　　정답 ④

④ ㉠ (○), ㉢ (○), ㉣ (○) 국참법 제17조 제6호·제3호·제1호 참조.

> **국참법 제17조(결격사유)** 다음 각 호의 어느 하나에 해당하는 사람은 배심원으로 선정될 수 없다.
> 1. 피성년후견인 또는 피한정후견인
> 2. 파산선고를 받고 복권되지 아니한 사람
> 3. 금고 이상의 실형을 선고받고 그 집행이 종료(종료된 것으 로 보는 경우를 포함한다)되거나 집행이 면제된 후 5년을 경과하지 아니한 사람
> 4. 금고 이상의 형의 집행유예를 선고받고 그 기간이 완료된 날부터 2년을 경과하지 아니한 사람
> 5. 금고 이상의 형의 선고유예를 받고 그 선고유예기간 중에 있는 사람
> 6. 법원의 판결에 의하여 자격이 상실 또는 정지된 사람

㉡㉤㉥은 배심원 결격사유가 아니라 배심원 면제사유에 해당한 대국참법 제20조 제6호(장애)·제1호·제4호 참조].

11 　　　　　　　　　　정답 ③

③ (○) 배심원은 국민참여재판을 하는 사건에 관하여 사실의 인 정, 법령의 적용 및 형의 양정에 관한 의견을 제시할 권한이 있

다(국참법 제12조 제1항). 배심원 또는 예비배심원은 법원의 증거능력에 관한 심리에 관여할 수 없다(동법 제44조).

① (×) 절차도 위법하고 그 절차에서 행해진 소송행위도 무효이다. "피고인이 국민참여재판을 원하는지에 관한 의사의 확인절차를 거치지 아니한 채 통상의 공판절차로 재판을 진행하였다면, 이는 피고인의 국민참여재판을 받을 권리에 대한 중대한 침해로서 그 절차는 위법하고 이러한 위법한 공판절차에서 이루어진 소송행위도 무효라고 보아야 한다(대법원 2013.1.31, 2012도13896).

② (×) 국민의 형사재판 참여에 관한 법률에 의하면 제1심 법원이 국민참여재판 대상사건을 피고인의 의사에 따라 국민참여재판으로 진행함에 있어 별도의 국민참여재판 개시결정을 할 필요는 없고, 그에 관한 이의가 있어 제1심 법원이 국민참여재판으로 진행하기로 하는 결정에 이른 경우 이는 판결 전의 소송절차에 관한 결정에 해당하며, 그에 대하여 특별히 즉시항고를 허용하는 규정이 없으므로 위 결정에 대하여는 항고할 수 없다(대법원 2009.10.23, 2009모1032).

④ (×) 제1심법원이 국민참여재판 대상사건의 피고인에게 국민참여재판을 원하는지 확인하지 아니한 채 통상의 공판절차에 따라 재판을 진행하였는데, 원심법원이 제1회 공판기일에 피고인과 변호인이 이에 대하여 이의가 없다고 진술하자 같은 날 변론을 종결한 후 제2회 공판기일에 피고인의 항소를 기각하는 판결을 선고한 경우, 원심이 피고인에게 국민의 형사재판 참여에 관한 법률 제8조 제1항, 국민의 형사재판 참여에 관한 규칙 제3조 제1항에 준하여 사전에 국민참여재판절차 등에 관한 충분한 안내와 그 희망 여부에 관하여 숙고할 수 있는 상당한 시간을 부여함이 없이 단지 피고인과 변호인이 제1심에서 통상의 공판절차에 따라 재판을 받은 것에 대하여 이의가 없다고 진술한 사실만으로 제1심의 공판절차상 하자가 모두 치유되어 그에 따른 판결이 적법하게 된다고 볼 수 없다(대법원 2012.04.26, 2012도1225).

12 　　　　　정답 ②

② (×) 전단이 틀렸다. 즉, 제1회 공판기일이 열린 이후에는 종전의 의사를 바꿀 수 없다(국참법 제8조 제4항). 따라서 후단은 맞는 내용이다(대법원 2009.10.23., 2009모1032).

> 국참법 제8조(피고인 의사의 확인) ① 법원은 대상사건의 피고인에 대하여 국민참여재판을 원하는지 여부에 관한 의사를 서면 등의 방법으로 반드시 확인하여야 한다. 이 경우 피고인 의사의 구체적인 확인 방법은 대법원규칙으로 정하되, 피고인의 국민참여재판을 받을 권리가 최대한 보장되도록 하여야 한다.
> ② 피고인은 공소장 부본을 송달받은 날부터 7일 이내에 국민참여재판을 원하는지 여부에 관한 의사가 기재된 서면을 제출하여야 한다. 이 경우 피고인이 서면을 우편으로 발송한 때, 교도소 또는 구치소에 있는 피고인이 서면을 교도소장·구치소장 또는 그 직무를 대리하는 자에게 제출한 때에 법원에 제출한 것으로 본다.
> ③ 피고인이 제2항의 서면을 제출하지 아니한 때에는 국민참여재판을 원하지 아니하는 것으로 본다.
> ④ 피고인은 제9조 제1항의 배제결정 또는 제10조 제1항의 회부결정이 있거나 공판준비기일이 종결되거나 제1회 공판기일이 열린 이후에는 종전의 의사를 바꿀 수 없다.

① (○) 국민의 형사재판 참여에 관한 법률(이하 '법'이라 한다)과 그 규칙에서 국민참여재판의 대상으로 정하는 사건은 국민참여재판의 절차에 따라 진행하는 것이 원칙이다(제5조 제1항). 다만, 피고인이 국민참여재판을 원하지 아니하거나 법 제9조 제1항 각 호의 사유가 있어 법원이 배제결정을 하는 경우에는 예외적으로 국민참여재판을 하지 아니한다(제5조 제2항). … 피고인이 국민참여재판을 원하는 사건에서 법 제9조 제1항 제3호를 근거로 국민참여재판 배제결정을 하기 위해서는 당해 성폭력범죄 피해자나 법정대리인이 국민참여재판을 원하지 아니하는 구체적인 이유가 무엇인지, 피고인과 피해자의 관계, 피해자의 나이나 정신상태, 국민참여재판을 할 경우 형사소송법과 성폭력범죄의 처벌 등에 관한 특례법 및 아동·청소년의 성보호에 관한 법률 등에서 피해자 보호를 위해 마련한 제도를 활용하더라도 피해자에 대한 추가적인 피해를 방지하기에 부족한지 등 여러 사정을 고려하여 신중하게 판단하여야 할 것이다. 따라서 이러한 사정을 고려함이 없이 성폭력범죄 피해자나 법정대리인이 국민참여재판을 원하지 아니한다는 이유만으로 국민참여재판 배제결정을 하는 것은 바람직하다고 할 수 없다(대법원 2016.3.16, 2015모2898).

③ (○) 공소장변경에 의하여 단독판사사건에 해당한다 하더라도 참여재판을 계속 진행하는 것이 원칙이고, 경우에 따라 통상의 합의부 재판으로 진행할 수 있을 뿐이다(국참법 제6조).

> 국참법 제6조(공소사실의 변경 등) ① 법원은 공소사실의 일부 철회 또는 변경으로 인하여 대상사건에 해당하지 아니하게 된 경우에도 이 법에 따른 재판을 계속 진행한다. 다만, 법원은 심리의 상황이나 그 밖의 사정을 고려하여 국민참여재판으로 진행하는 것이 적당하지 아니하다고 인정하는 때에는 결정으로 당해 사건을 지방법원 본원 합의부가 국민참여재판에 의하지 아니하고 심판하게 할 수 있다.
> ② 제1항 단서의 결정에 대하여는 불복할 수 없다.
> ③ 제1항 단서의 결정이 있는 경우에는 당해 재판에 참여한 배심원과 예비배심원은 해임된 것으로 본다.
> ④ 제1항 단서의 결정 전에 행한 소송행위는 그 결정 이후에도 그 효력에 영향이 없다.

④ (○) 국참법 제9조 제1항 제4호·제3항 참조.

> 국참법 제9조(배제결정) ① 법원은 공소제기 후부터 공판준비기일이 종결된 다음날까지 다음 각 호의 어느 하나에 해당하는 경우 국민참여재판을 하지 아니하기로 하는 결정을 할 수 있다.
> 4. 그 밖에 국민참여재판으로 진행하는 것이 적절하지 아니하다고 인정되는 경우
> ③ 제1항의 결정에 대하여는 즉시항고를 할 수 있다.

13 　　　　　정답 ④

④ (○) 성폭력범죄의 처벌 등에 관한 특례법 제2조의 범죄로 인한 피해자(이하 '성폭력범죄 피해자'라 한다) 또는 법정대리인이 국민참여재판을 원하지 아니하는 경우 법원은 공소제기 후부터 공판준비기일이 종결된 다음 날까지 국민참여재판을 하지 아니하기로 하는 결정을 할 수 있다(국참법 제9조 제1항 제3호)(따라서 ④는 맞는 내용임).

[보충] 이는 성폭력범죄에 대하여 국민참여재판을 하는 과정에서 성폭력범죄 피해자에게 인격이나 명예 손상, 사생활에 관한

비밀의 침해, 성적 수치심, 공포감 유발 등과 같은 추가적인 피해가 발생할 수 있음을 고려하여 성폭력범죄 피해자나 법정대리인이 국민참여재판을 원하지 아니하는 경우 이를 반영하여 법원이 재량으로 국민참여재판을 하지 아니하기로 하는 결정을 할 수 있도록 한 것이다. 그런데 국민참여재판을 도입한 취지나 국민참여재판을 받을 피고인의 권리 등에 비추어 볼 때, 피고인이 국민참여재판을 원하는 사건에서 국민의 형사재판 참여에 관한 법률 제9조 제1항 제3호를 근거로 국민참여재판 배제결정을 하기 위해서는 성폭력범죄 피해자나 법정대리인이 국민참여재판을 원하지 아니하는 구체적인 이유가 무엇인지, 피고인과 피해자의 관계, 피해자의 나이나 정신상태, 국민참여재판을 할 경우 형사소송법과 성폭력범죄의 처벌 등에 관한 특례법 및 아동·청소년의 성보호에 관한 법률 등에서 피해자 보호를 위해 마련한 제도를 활용하더라도 피해자에 대한 추가적인 피해를 방지하기에 부족한지 등 여러 사정을 고려하여 신중하게 판단하여야 한다. 따라서 이러한 사정을 고려함이 없이 성폭력범죄 피해자나 법정대리인이 국민참여재판을 원하지 아니한다는 이유만으로 국민참여재판 배제결정을 하는 것은 바람직하다고 할 수 없다(대법원 2016.3.16, 2015모2898).

① (×) 국민의 형사재판 참여에 관한 법률은 제42조 제2항에서 "재판장은 배심원과 예비배심원에 대하여 배심원과 예비배심원의 권한·의무·재판절차, 그 밖에 직무수행을 원활히 하는 데 필요한 사항을 설명하여야 한다."라고 하여 재판장의 공판기일에서의 최초 설명의무를 규정하고 있는데, 이러한 재판장의 최초 설명은 재판절차에 익숙하지 아니한 배심원과 예비배심원을 배려하는 차원에서 국민의 형사재판 참여에 관한 규칙 제35조 제1항에 따라 피고인에게 진술거부권을 고지하기 전에 이루어지는 것으로, 원칙적으로 설명의 대상에 검사가 아직 공소장에 의하여 낭독하지 아니한 공소사실 등이 포함된다고 볼 수 없다(대법원 2014.11.13, 2014도8377).

② (×) 국민의 형사재판 참여에 관한 법률 제46조 제1항은 "재판장은 변론이 종결된 후 법정에서 배심원에게 공소사실의 요지와 적용법조, 피고인과 변호인 주장의 요지, 증거능력, 그 밖에 유의할 사항에 관하여 설명하여야 한다. 이 경우 필요한 때에는 증거의 요지에 관하여 설명할 수 있다."라고 규정하고 있고, 나아가 국민의 형사재판 참여에 관한 규칙 제37조 제1항은 '그 밖에 유의할 사항'에 관한 설명에 피고인의 무죄추정, 증거재판주의, 자유심증주의의 각 원칙 등이 포함된다고 규정하고 있는데, 이러한 재판장의 최종 설명은 배심원이 올바른 평결에 이를 수 있도록 지도하고 조력하는 기능을 담당하는 것으로서 배심원의 평결에 미치는 영향이 크므로, 재판장이 국민의 형사재판 참여에 관한 법률 제46조 제1항, 국민의 형사재판 참여에 관한 규칙 제37조 제1항에 따라 설명의무가 있는 사항을 설명하지 않는 것은 원칙적으로 위법한 조치이다(대법원 2014.11.13, 2014도8377).

③ (×) 그러나 위 최종 설명의 대상이 되는 사항 대부분은 공판 진행과정을 통해 배심원이 참여한 법정에 자연스럽게 현출되는 것임에도 법률이 재판장에게 최종 설명의무를 부과하는 것은 사건에 따라 배심원이 이해하기 어려운 사항이 있을 수 있으므로 이를 쉽고 간략하게 정리하여 재확인하도록 하는 취지인 점, 재판장의 최종 설명이 미흡하다고 하더라도 평의 과정에서 재판장이 배심원들에게 의견을 제시하면서 최종 설명을 보완하거나 보충할 수 있는 점 등을 종합하여 보면, 재판장이 최종 설명

때 공소사실에 관한 설명을 일부 빠뜨렸거나 미흡하게 한 잘못이 있다고 하더라도, 이를 두고 그 전까지 절차상 아무런 하자가 없던 소송행위 전부를 무효로 할 정도로 판결에 영향을 미친 위법이라고 쉽게 단정할 것은 아니고, 설명이 빠졌거나 미흡한 부분이 공판 진행과정에서 이미 드러났던 것인지, 공판 진행과정에서 이미 드러났던 것이라면 그 시점과 재판장의 최종 설명 때까지 시간적 간격은 어떠한지, 재판장의 설명 없이는 배심원이 이해할 수 없거나 이해하기 어려운 사항에 해당하는지, 재판장의 최종 설명에 대한 피고인 또는 변호인의 이의가 있었는지, 평의 과정에서 배심원들의 의견이 일치하지 않아 재판장이 법률 제46조 제3항에 따라 의견을 진술하면서 최종 설명을 보충할 수 있었던 사안인지 및 최종 설명에서 누락된 부분과 최종 평결과의 관련성 등을 종합적으로 고려하여, 위와 같은 잘못이 배심원의 평결에 직접적인 영향을 미쳐 피고인의 국민참여재판을 받을 권리 등을 본질적으로 침해하고 판결의 정당성마저 인정받기 어려운 정도에 이른 것인지를 신중하게 판단하여야 한다(대법원 2014.11.13, 2014도8377).

14 　　　　　　　　　　　　　　　　　　정답 ②

② ㉡㉢㉤
㉠ (○) 국참법 제8조 제2항 참조.

> **국참법 제8조(피고인 의사의 확인)** ② 피고인은 공소장 부본을 송달받은 날부터 7일 이내에 국민참여재판을 원하는지 여부에 관한 의사가 기재된 서면을 제출하여야 한다. 이 경우 피고인이 서면을 우편으로 발송한 때, 교도소 또는 구치소에 있는 피고인이 서면을 교도소장·구치소장 또는 그 직무를 대리하는 자에게 제출한 때에 법원에 제출한 것으로 본다.

㉡ (×) 국민참여재판 배제결정에 대해서는 즉시항고가 가능하다(국참법 제9조 제3항).

> **국참법 제9조(배제결정)** ① 법원은 공소제기 후부터 공판준비기일이 종결된 다음 날까지 다음 각 호의 어느 하나에 해당하는 경우 국민참여재판을 하지 아니하기로 하는 결정을 할 수 있다. <개정 2012.1.17.>
> 1. 배심원·예비배심원·배심원후보자 또는 그 친족의 생명·신체·재산에 대한 침해 또는 침해의 우려가 있어서 출석의 어려움이 있거나 이 법에 따른 직무를 공정하게 수행하지 못할 염려가 있다고 인정되는 경우
> 2. 공범 관계에 있는 피고인들 중 일부가 국민참여재판을 원하지 아니하여 국민참여재판의 진행에 어려움이 있다고 인정되는 경우
> 3. 「성폭력범죄의 처벌 등에 관한 특례법」 제2조의 범죄로 인한 피해자(이하 "성폭력범죄 피해자"라 한다) 또는 법정대리인이 국민참여재판을 원하지 아니하는 경우
> 4. 그 밖에 국민참여재판으로 진행하는 것이 적절하지 아니하다고 인정되는 경우
> ② 법원은 제1항의 결정을 하기 전에 검사·피고인 또는 변호인의 의견을 들어야 한다.
> ③ 제1항의 결정에 대하여는 즉시항고를 할 수 있다.

㉢ (×) 배심원은 공판준비기일에 참여할 수 없다(국참법 제37조 제4항).

> **국참법 제37조(공판준비기일)** ① 법원은 주장과 증거를 정리하고 심리계획을 수립하기 위하여 공판준비기일을 지정하여

야 한다.

④ 공판준비기일에는 배심원이 참여하지 아니한다.

ㄹ (O) 국민참여재판에는 간이공판절차를 적용할 수 없다(국참법 제43조). 따라서 피고인이 1심 공판정에서 공소사실을 자백하여도 국민참여재판에서는 간이공판절차를 진행하지 않는다.

> **국참법 제43조(간이공판절차 규정의 배제)** 국민참여재판에는 「형사소송법」 제286조의2를 적용하지 아니한다.

ㅁ (X) 피고인에게 고지하고(국참법 제48조 제4항 후단), 판결서에도 기재하여야 한다(동법 제49조 제2항).

> **국참법 제48조(판결선고기일)** ④ 재판장은 판결선고 시 피고인에게 배심원의 평결결과를 고지하여야 하며, 배심원의 평결결과와 다른 판결을 선고하는 때에는 피고인에게 그 이유를 설명하여야 한다.
> **제49조(판결서의 기재사항)** ① 판결서에는 배심원이 재판에 참여하였다는 취지를 기재하여야 하고, 배심원의 의견을 기재할 수 있다.
> ② 배심원의 평결결과와 다른 판결을 선고하는 때에는 판결서에 그 이유를 기재하여야 한다.

ㅂ (O) 국민참여재판절차는 필요적 변호사건에 해당한다(국참법 제7조).

> **국참법 제7조(필요적 국선변호)** 이 법에 따른 국민참여재판에 관하여 변호인이 없는 때에는 법원은 직권으로 변호인을 선정하여야 한다.

15   정답 ③

③ ㄱㄴㄹ

ㄱ (X) 자유심증주의하에서는 직접증거와 간접증거의 구분은 큰 의미가 없다. 증거의 증명력은 그 증거의 종류에 따르는 것이 아니라, 법관의 자유판단에 따르기 때문이다.

ㄴ (X) 이 사건 범행이 피고인의 소행이었다고 보기에 합리적인 의심이 없을 정도에 이르러야 할 것임에도 불구하고 그러한 조치에 나아감이 없이 위 간접증거만에 의하여 바로 피고인을 유죄로 인정한 원심판결에는 결국, 채증법칙 위반이나 심리미진으로 인하여 판결 결과에 영향을 미친 위법이 있다(대법원 2006. 3.9, 2005도8675).

ㄷ (O), ㄹ (X) 유죄의 심증이 반드시 직접증거에 의하여 형성되어야만 하는 것은 아니고 경험과 논리의 법칙에 위반되지 아니하는 한 간접증거에 의하여 형성되어도 되는 것이며, 간접증거가 개별적으로는 범죄사실에 대한 완전한 증명력을 가지지 못하더라도 전체 증거를 상호 관련하에 종합적으로 고찰할 경우 그 단독으로는 가지지 못하는 종합적 증명력이 있는 것으로 판단되면 그에 의하여도 범죄사실을 인정할 수가 있다(대법원 2015.5.14, 2015도119).

ㅁ (O) (공소사실의 요지는 '피고인이 2020.3.30. 01:00경 자신의 집에서 필로폰 약 0.05g을 1회용 주사기에 넣어 공소외인의 오른팔 부위에 주사하여 필로폰을 사용하였다.'는 것이다.) 유죄의 인정은 범행동기, 범행수단의 선택, 범행에 이르는 과정, 범행 전후 피고인의 태도 등 여러 간접사실로 보아 피고인이 범행한 것으로 보기에 충분할 만큼 압도적으로 우월한 증명이 있어야 하고, 피고인이 범행한 것이라고 보기에 의심스러운 사정

이 병존하고 증거관계 및 경험법칙상 위와 같이 의심스러운 정황을 확실하게 배제할 수 없다면 유죄로 인정할 수 없다. 피고인은 무죄로 추정된다는 것이 헌법상의 원칙이고, 그 추정의 번복은 직접증거가 존재할 경우에 버금가는 정도가 되어야 한다(대법원 2023.1.12, 2022도14645).

16   정답 ②

ㄱ (O) 범죄구성요건사실의 존부를 알아내기 위해 과학공식 등의 경험칙을 이용하는 경우에는 그 법칙 적용의 전제가 되는 개별적이고 구체적인 사실에 대하여는 엄격한 증명을 요한다(대법원 2000.11.10, 99도5541 등).

ㄴ (O) 형법 제6조 본문에 의하여 외국인이 대한민국 영역 외에서 대한민국 국민에 대하여 범죄를 저지른 경우 우리 형법이 적용되지만, 같은 조 단서에 의하여 행위지의 법률에 의하여 범죄를 구성하지 아니하거나 소추 또는 형의 집행을 면제할 경우에는 우리 형법을 적용하여 처벌할 수 없고, 이 경우 행위지의 법률에 의하여 범죄를 구성하는지 여부에 대해서는 엄격한 증명에 의하여 검사가 증명하여야 한다(대법원 2011.8.25, 2011도6507 등).

ㄷ (X) 형사소송법 제312조 제4항의 '특히 신빙할 수 있는 상태'는 증거능력의 요건에 해당하므로 검사가 그 존재에 대하여 구체적으로 주장·입증하여야 하는 것이지만, 이는 소송상의 사실에 관한 것이므로 엄격한 증명을 요하지 아니하고 자유로운 증명으로 족하다(대법원 2001.9.4, 2000도1743).

ㄹ (X) 몰수, 추징의 대상이 되는지 여부나 추징액의 인정은 엄격한 증명을 필요로 하지 아니한다(대법원 1993.6.22, 91도3346).

17   정답 ②

② ㄴㄹㅁ

ㄱ (X) 목적과 용도를 정하여 위탁한 금전을 수탁자가 임의로 소비하면 횡령죄를 구성할 수 있으나, 이 경우 피해자 등이 목적과 용도를 정하여 금전을 위탁한 사실 및 그 목적과 용도가 무엇인지는 엄격한 증명의 대상이라고 보아야 한다(대법원 2013. 11.14, 2013도8121).

ㄷ (X) 형사재판에서 공소가 제기된 범죄의 구성요건을 이루는 사실에 대한 증명책임은 검사에게 있으므로 특정범죄 가중처벌 등에 관한 법률 제5조의9 제1항 위반의 죄의 행위자에게 보복의 목적이 있었다는 점 또한 검사가 증명하여야 하고 그러한 증명은 법관으로 하여금 합리적인 의심을 할 여지가 없을 정도의 확신을 생기게 하는 엄격한 증명에 의하여야 하며 이와 같은 증명이 없다면 피고인의 이익으로 판단할 수밖에 없다(대법원 2014.9.26, 2014도9030).

ㄴ (O) 형사재판에서 범죄사실의 인정은 법관으로 하여금 합리적인 의심을 할 여지가 없을 정도의 확신을 가지게 하는 증명력을 가진 엄격한 증거에 의하여야 하는 것이므로, 검사의 입증이 위와 같은 확신을 가지게 하는 정도에 충분히 이르지 못한 경우에는 비록 피고인의 주장이나 변명이 모순되거나 석연치 않은 면이 있는 등 유죄의 의심이 간다고 하더라도 피고인의 이익으로 판단하여야 한다. 이와 같이 엄격한 증명이 요구되는 대상에는 검사가 공소장에 기재한 구체적 범죄사실 모두가 포함되고, 특히 공소사실에 특정된 범죄의 일시는 피고인의 방어권행사의 주된 대상이 되므로, 범죄의 성격상 특수한 사정이 있는 경우가 아닌 한 엄격한 증명을 통하여 공소사실에 특정한 대로

범죄사실이 인정되어야 한다(대법원 2013.9.26, 2012도3722; 2011.4.28, 2010도14487).

ⓔ (○) 형사재판에서 공소가 제기된 범죄사실에 대한 증명책임은 검사에게 있고, 유죄의 인정은 법관으로 하여금 합리적인 의심을 할 여지가 없을 정도로 공소사실이 진실한 것이라는 확신을 가지게 하는 증명력을 가진 엄격한 증거에 의하여야 하며, 이러한 법리는 선행차량에 이어 피고인 운전 차량이 피해자를 연속하여 역과하는 과정에서 피해자가 사망한 경우에도 마찬가지로 적용되므로, 피고인이 일으킨 후행 교통사고 당시에 피해자가 생존해 있었다는 증거가 없다면 설령 피고인에게 유죄의 의심이 있다고 하더라도 피고인의 이익으로 판단할 수밖에 없다(대법원 2014.6.12, 2014도3163).

ⓜ (○) 대법원 2001.2.9, 2000도1216; 2021.10.28, 2021도404

18

정답 ③

③ ㉠㉡㉢㉤㉥

㉠ (×) 증거능력이 아니라 증명력이다.
　[보충] 증거능력은 법률의 규정에 따라 형식적으로 판단·결정하는 것이고, 여기에는 법관의 자유판단이 허용되지 아니한다. 이에 비하여 증거의 실질적 가치인 증명력은 법관의 주관적인 판단의 대상으로서 법관의 자유판단에 의한다(제308조).

㉡ (×) 합리적 의심이란 요증사실과 양립할 수 없는 사실의 개연성에 대한 논리법칙과 경험법칙에 기하여 가질 수 있는 합리성 있는 의문을 말한다(대법원 2011.1.27, 2010도12728). 즉, 합리적 의심이란 사실의 인정과 관련하여 피고인에게 유리한 정황이 나타나는 이성적 추론에 근거한 의심을 말하는 것이다. 반면, 만일 공소사실과 양립할 수 있는 사실의 개연성이 있다면, 피고인에게 불리한 정황이 나타나는 것이므로 여기서 말하는 합리적 의심이 아니다.

㉢ (×) 형사재판에서 이와 관련된 다른 형사사건의 확정판결에서 인정된 사실은 특별한 사정이 없는 한 유력한 증거자료가 되는 것이나, 당해 형사재판에서 제출된 다른 증거 내용에 비추어 관련 형사사건 확정판결의 사실판단을 그대로 채택하기 어렵다고 인정될 경우에는 이를 배척할 수 있다(대법원 2012.6.14, 2011도15653).

ⓔ (○) 대법원 2016.10.13, 2015도17869

ⓜ (×) 법정형이 무거운 범죄의 경우에도 직접증거 없이 간접증거만으로 유죄를 인정할 수 있으나, 그러한 유죄 인정에는 공소사실에 대한 관련성이 깊은 간접증거들에 의하여 신중한 판단이 요구되므로, 간접증거에 의하여 주요사실의 전제가 되는 간접사실을 인정할 때에는 증명이 합리적인 의심을 허용하지 않을 정도에 이르러야 하고, 하나하나의 간접사실 사이에 모순, 저촉이 없어야 하는 것은 물론 간접사실이 논리와 경험칙, 과학법칙에 의하여 뒷받침되어야 한다(대법원 2011.5.26, 2011도1902 참조). 그러므로 유죄의 인정은 범행동기, 범행수단의 선택, 범행에 이르는 과정, 범행 전후 피고인의 태도 등 여러 간접사실로 보아 피고인이 범행한 것으로 보기에 충분할 만큼 압도적으로 우월한 증명이 있어야 한다. 피고인은 무죄로 추정된다는 것이 헌법상의 원칙이고, 그 추정의 번복은 직접증거가 존재할 경우에 버금가는 정도가 되어야 한다(대법원 2017.5.30, 2017도1549 참조). 그리고 범행에 관한 간접증거만이 존재하고 더구나 그 간접증거의 증명력에 한계가 있는 경우, 범인으로 지목되고 있는 자에게 범행을 저지를 만한 동기가 발견되지 않는다면, 만연

히 무엇인가 동기가 분명히 있는데도 이를 범인이 숨기고 있다고 단정할 것이 아니라 반대로 간접증거의 증명력이 그만큼 떨어진다고 평가하는 것이 형사증거법의 이념에 부합하는 것이다(대법원 2006.3.9, 2005도8675 참조). 유전자검사나 혈액형검사 등 과학적 증거방법은 전제로 하는 사실이 모두 진실임이 증명되고 추론의 방법이 과학적으로 정당하여 오류의 가능성이 없거나 무시할 정도로 극소하다고 인정되는 경우에는 법관이 사실인정을 할 때 상당한 정도로 구속력을 가진다(대법원 2009.3.12, 2008도8486 등 참조). 그러나 이 경우 법관은 과학적 증거방법이 증명하는 대상이 무엇인지, 즉 증거방법과 쟁점이 어떠한 관련성을 갖는지를 면밀히 살펴 신중하게 사실인정을 하여야 한다(대법원 2022.6.16, 2022도2236).

[보충] S는 산부인과의원에서 자신의 딸인 K가 출산한 여아 B(피해자)를 다른 여아 C로 바꿔치기 하는 방법으로 C를 데리고 왔는데 K가 C를 방치하여 사망케 하였는데, 유전자 감정 결과 C는 K의 딸이 아니라 S 자신의 딸이라는 결과가 나와, 현재 생사 및 행방이 불명인 피해자 B(K의 딸)에 대한 미성년자약취죄로 기소되었다. … 유전자 감정 결과가 증명하는 대상은 이 사건 여아(C)를 피고인의 친자로 볼 수 있다는 사실에 불과하고, 피고인이 쟁점 공소사실 기재 일시 및 장소에서 피해자(B)를 이 사건 여아(C)와 바꾸는 방법으로 약취하였다는 사실이 아니며, 피고인이 유전자 감정 결과에도 불구하고 자신이 범행을 저지르지 않았다는 점에 대하여 개연성 있는 설명을 하고 있지는 못하지만, 공소사실에 관한 목격자의 진술이나 CCTV 영상 등 직접적인 증거가 없고, 공소사실을 유죄로 확신하는 것을 주저하게 하는 의문점들이 남아 있으며, 그에 대하여 추가적인 심리가 가능하다고 보이는 이상, 유전자 감정 결과만으로 쟁점 공소사실이 증명되었다고 보기에는 어렵다(위 판례).

ⓑ (×) 형사소송법 제307조 제2항이 "범죄사실의 인정은 합리적인 의심이 없는 정도의 증명에 이르러야 한다."라고 정한 것의 의미는, 법관은 검사가 제출하여 공판절차에서 적법하게 채택·조사한 증거만으로 유죄를 인정하여야 하고, 법관이 합리적인 의심을 할 여지가 없을 만큼 확신을 가지는 정도의 증명력을 가진 엄격한 증거에 의하여 공소사실을 증명할 책임은 검사에게 있다는 것이다. 결국 검사가 법관으로 하여금 그만한 확신을 가지게 하는 정도로 증명하지 못한 경우에는 설령 피고인의 주장이나 변명이 모순되거나 석연치 않은 면이 있는 등 유죄의 의심이 가는 사정이 있다고 하더라도 피고인의 이익으로 판단하여야 한다(대법원 2012.6.28, 2012도231). 따라서 피고인이 유리한 증거를 제출하면서 범행을 부인하는 경우에도 공소사실에 대한 증명책임은 여전히 검사에게 있고, 피고인이 공소사실과 배치되는 자신의 주장 사실에 관하여 증명할 책임까지 부담하는 것은 아니므로, 검사가 제출한 증거와 피고인이 제출한 증거를 종합하여 볼 때 공소사실에 관하여 조금이라도 합리적인 의심이 있는 경우에는 무죄를 선고하여야 할 것이지, 피고인이 제출한 증거만으로 피고인의 주장 사실을 인정하기에 부족하다는 이유를 들어 공소사실에 관하여 유죄 판결을 선고하는 것은 헌법상 무죄추정의 원칙은 물론 형사소송법상 증거재판주의 및 검사의 증명책임에 반하는 것이어서 허용될 수 없다(대법원 2024.1.4, 2023도13081).

19

정답 ②

② ㉡㉤㉥ⓑ

⊙ (○) 공소사실을 뒷받침하는 과학적 증거방법은 전제로 하는 사실이 모두 진실임이 입증되고 추론의 방법이 과학적으로 정당하여 오류의 가능성이 전혀 없거나 무시할 정도로 극소한 것으로 인정되는 경우라야 법관이 사실인정을 하는 데 상당한 정도로 구속력을 가진다. 이를 위하여는 그 증거방법이 전문적인 지식·기술·경험을 가진 감정인에 의하여 공인된 표준 검사기법으로 분석을 거쳐 법원에 제출된 것이어야 할 뿐만 아니라 채취·보관·분석 등 모든 과정에서 자료의 동일성이 인정되고 인위적인 조작·훼손·첨가가 없었음이 담보되어야 한다(대법원 2014.2.13, 2013도9605; 2011.5.26, 2011도1902).

⊙ (×) 어떠한 과학적 분석기법을 사용하여 제출된 것으로서 공소사실을 뒷받침하는 1차적 증거방법 자체에 오류가 발생할 가능성이 내포되어 있고, 그와 동일한 분석기법에 의하여 제출된 2차적 증거방법이 공소사실과 배치되는 소극적 사실을 뒷받침하고 있는 경우, 법원은 각 증거방법에 따른 분석 대상물과 분석 주체, 분석 절차와 방법 등의 동일 여부, 내포된 오류가능성의 정도, 달라진 분석결과가 일정한 방향성을 가지는지 여부, 상반된 분석결과가 나타난 이유의 합리성 유무 등에 관하여 면밀한 심리를 거쳐 각 증거방법의 증명력을 판단하여야 한다. 이때 각 분석결과 사이의 차이점이 합리적인 의심 없이 해명될 수 있고 1차적 증거방법에 따른 결과의 오류가능성이 무시할 정도로 극소하다는 점이 검증된다면 공소사실을 뒷받침하는 1차적 증거방법만을 취신하더라도 그것이 자유심증주의의 한계를 벗어났다고 할 수는 없을 것이나, 그에 이르지 못한 경우라면 그중 공소사실을 뒷받침하는 증거방법만을 섣불리 취신하거나 이와 상반되는 증거방법의 증명력을 가볍게 배척하여서는 아니 된다(대법원 2014.2.13, 2013도9605).

⊙ (○) 마약류 매매 여부가 쟁점이 된 사건에서 매도인으로 지목된 피고인이 수수사실을 부인하고 있고 이를 뒷받침할 금융자료 등 객관적 물증이 없는 경우, 마약류를 매수하였다는 사람의 진술만으로 유죄를 인정하기 위해서는 그 사람의 진술이 증거능력이 있어야 함은 물론 합리적인 의심을 배제할 만한 신빙성이 있어야 한다. 신빙성 유무를 판단할 때에는 진술 내용 자체의 합리성, 객관적 상당성, 전후의 일관성뿐만 아니라 그의 인간됨, 진술로 얻게 되는 이해관계 유무 등을 아울러 살펴보아야 한다. 특히, 그에게 어떤 범죄의 혐의가 있고 그 혐의에 대하여 수사가 개시될 가능성이 있거나 수사가 진행 중인 경우에는, 이를 이용한 협박이나 회유 등의 의심이 있어 그 진술의 증거능력이 부정되는 정도에까지 이르지 않는 경우에도, 그로 인한 궁박한 처지에서 벗어나려는 노력이 진술에 영향을 미칠 수 있는지 여부 등을 살펴보아야 한다(대법원 2014.4.10, 2014도1779).

⊙ (×) 금품 수수 여부가 쟁점이 된 사건에서 금품을 제공하였다는 사람의 진술에 대하여 제1심이 증인신문 절차 등을 거친 후에 합리적인 의심을 배제할 만한 신빙성이 없다고 보아 공소사실을 무죄로 판단한 경우에, 항소심이 제1심 증인 등을 다시 신문하는 등의 추가 증거조사를 거쳐 신빙성을 심사하여 본 결과 제1심이 들고 있는 의심과 일부 어긋날 수 있는 사실의 개연성이 드러남으로써 제1심의 판단에 의문이 생기더라도, 제1심이 제기한 의심이 금품 제공과 양립할 수 없거나 진술의 신빙성 인정에 장애가 되는 사실의 개연성에 대한 합리성 있는 근거에 기초하고 있고 제1심의 증거조사 결과와 항소심의 추가 증거조사 결과에 의하여도 제1심이 일으킨 합리적인 의심을 충분히 해소할 수 있을 정도에까지 이르지 아니한다면, 일부 반대되는

사실에 관한 개연성 또는 의문만으로 진술의 신빙성 및 범죄의 증명이 부족하다는 제1심의 판단에 사실오인의 위법이 있다고 단정하여 공소사실을 유죄로 인정하여서는 아니 된다. 특히 항소심에서도 진술 중의 일부에 대하여 신빙성을 부정함으로써 그에 관한 제1심의 판단을 수긍하는 경우라면, 나머지 진술 부분에 대하여 신빙성을 부정한 제1심의 판단이 위법하다고 인정하기 위해서는 그 부분 진술만은 신뢰할 수 있는 확실한 근거가 제시되는 등의 특별한 사정이 있는지에 관하여 더욱 신중히 판단하여야 한다(대법원 2016.2.18, 2015도11428).

⊙ (×), ⊙ (×) 범죄구성요건사실을 인정하기 위하여 과학공식 등의 경험칙을 이용하는 경우에 그 법칙 적용의 전제가 되는 개별적·구체적 사실에 대하여는 엄격한 증명을 요한다. 위드마크 공식은 알코올을 섭취하면 최고 혈중알코올농도가 높아지고, 흡수된 알코올은 시간의 경과에 따라 일정하게 분해된다는 과학적 사실에 근거한 수학적인 방법에 따른 계산결과를 통해 운전 당시 혈중알코올농도를 추정하는 경험칙의 하나이므로, 그 적용을 위한 자료로 섭취한 알코올의 양·음주시각·체중 등이 필요하고 이에 관하여는 엄격한 증명이 필요하다. 나아가 위드마크 공식에 따른 혈중알코올농도의 추정방식에는 알코올의 흡수분배로 인한 최고 혈중알코올농도에 관한 부분과 시간 경과에 따른 분해소멸에 관한 부분이 있고, 그중 최고 혈중알코올농도의 계산에 관하여는 섭취한 알코올의 체내흡수율과 성별·비만도·나이·신장·체중 등이 결과에 영향을 미칠 수 있으며, 개인의 체질, 술의 종류, 음주속도, 음주 시 위장에 있는 음식의 정도 등에 따라 최고 혈중알코올농도에 이르는 시간이 달라질 수 있고, 알코올의 분해소멸에 관하여도 평소의 음주 정도, 체질, 음주속도, 음주 후 신체활동의 정도 등이 시간당 알코올 분해량에 영향을 미칠 수 있는 등 음주 후 특정 시점의 혈중알코올농도에 영향을 줄 수 있는 다양한 요소가 존재한다. 한편, 형사재판에서 유죄의 인정은 법관으로 하여금 합리적인 의심을 할 여지가 없을 정도로 공소사실이 진실한 것이라는 확신을 가지게 할 수 있는 증명이 필요하므로, 위 영향요소를 적용할 때 피고인이 평균인이라고 쉽게 단정하여서는 아니 되고, 필요하다면 전문적인 학식이나 경험이 있는 자의 도움을 받아 객관적이고 합리적으로 혈중알코올농도에 영향을 줄 수 있는 요소를 확정하여야 한다. 만일 위드마크 공식의 적용에 관해서 불확실한 점이 남아 있고 그것이 피고인에게 불이익하게 작용한다면, 그 계산결과는 합리적인 의심을 품게 하지 않을 정도의 증명력이 있다고 할 수 없다(대법원 2000.11.24, 2000도2900 등). 혈중알코올농도 측정 없이 위드마크 공식을 사용해 피고인이 마신 술의 양을 기초로 피고인의 운전 당시 혈중알코올농도를 추산하는 경우로서 알코올의 분해소멸에 따른 혈중알코올농도의 감소기(위드마크 제2공식, 하강기)에 운전이 이루어진 것으로 인정되는 경우에는 피고인에게 가장 유리한 음주 시작 시점부터 곧바로 생리작용에 의하여 분해소멸이 시작되는 것으로 보아야 한다. 이와 다르게 음주 개시 후 특정 시점부터 알코올의 분해소멸이 시작된다고 인정하려면 알코올의 분해소멸이 시작되는 시점이 다르다는 점에 관한 과학적 증명 또는 객관적인 반대 증거가 있거나, 음주 시작 시점부터 알코올의 분해소멸이 시작된다고 보는 것이 그렇지 않은 경우보다 피고인에게 불이익하게 작용되는 특별한 사정이 있어야 한다. … 섭취한 알코올의 양, 음주시간, 체중 등 위드마크 공식의 적용을 위한 자료에 관한 엄격한 증명도 없는 상태로, 혈중알코올농도의 측정 없이

위드마크 공식을 적용하여 혈중알코올농도의 감소기에 운전이 이루어진 것으로 인정함에 있어 음주 시작 시점부터 곧바로 분해소멸이 시작되는 것으로 보지 않았음에도 운전 당시 혈중알코올농도가 0.03% 이상임을 전제로 유죄 판결을 한 것은 위법하다(대법원 2022.5.12, 2021도14074).

20

정답 ④

④ ㉠㉡㉢㉤

㉠ (○) 부검은 사망 이전의 질병 경과나 사망을 초래한 직접 혹은 간접적 요인들을 자세한 관찰 및 검사를 통하여 규명하는 것으로서, 사망원인의 인정 내지 추정을 위하여는 단편적인 개별 소견을 종합하여 최종 사인에 관한 판단에 이르는 추론의 과정을 거쳐야 한다. 따라서 부검의가 사체에 대한 부검을 실시한 후 어떤 것을 유력한 사망원인으로 지시한다고 하여 그 밖의 다른 사인이 존재할 가능성을 가볍게 배제하여서는 아니 되고, 특히 형사재판에서 부검의의 소견에 주로 의지하여 유죄의 인정을 하기 위해서는 다른 가능한 사망원인을 모두 배제하기 위한 치밀한 논증의 과정을 거치지 않으면 아니 된다. 더구나 사체에 대한 부검이 사망으로부터 상당한 시간이 경과한 후에 실시되고 그 과정에서 사체의 이동·보관에 따른 훼손·변화 가능성이 있는 경우에는 그 판단에 오류가 포함될 가능성을 전적으로 배제할 수 없다(대법원 2012.6.28, 2012도231).

㉡ (○) 대법원 2010.11.11, 2010도9633

㉢ (○) 대법원 2008.1.17, 2007도5201

㉣ (×) 비가 오는 야간에 우연히 지나다가 20~30여명이 몰려 있던 싸움현장을 목격하였음에 불과한 사람이 그로부터 1개월여가 지난 뒤에 단순한 당시의 기억만으로 피해자를 때리려고 한 사람이 바로 피고인이었다고 지목하는 것은 경험칙상 그 확실성 여부가 의심스러운 것이다(대법원 1984.12.11, 84도2058).

㉤ (×) 사실인정의 전제로 이루어지는 증거의 취사선택과 증명력에 대한 판단은 자유심증주의의 한계를 벗어나지 않는 한 사실심 법원의 재량에 속한다(형사소송법 제308조). 인접한 시기에 같은 피해자를 상대로 저질러진 동종 범죄라도 각각의 범죄에 따라 범행의 구체적인 경위, 피해자와 피고인 사이의 관계, 피해자를 비롯한 관련 당사자의 진술 등이 다를 수 있다. 따라서 사실심 법원은 인접한 시기에 같은 피해자를 상대로 저질러진 동종 범죄에 대해서도 각각의 범죄에 따라 피해자 진술의 신빙성이나 그 신빙성 유무를 기초로 한 범죄 성립 여부를 달리 판단할 수 있고, 이것이 실체적 진실발견과 인권보장이라는 형사소송의 이념에 부합한다(대법원 2022.3.31, 2018도19472,2018전도126).

[보충] 한편 대법원은 다른 상관(함장)에 대해서는 무죄로 판단한 원심을 파기환송하였다(대법원 2022.3.31, 2018도19037),

㉥ (○) 성폭력처벌법 제11조에 의하면 대중교통수단, 공연·집회 장소, 그 밖에 공중(公衆)이 밀집하는 장소에서 사람을 추행한 사람은 3년 이하의 징역 또는 3천만 원 이하의 벌금에 처한다. 이러한 공중밀집장소추행죄가 성립하기 위해서는 주관적 구성요건으로서 추행을 한다는 인식을 전제로 적어도 미필적으로나마 이를 용인하는 내심의 의사가 있어야 하므로, 피고인이 추행의 고의를 부인하는 경우에는 고의와 상당한 관련성이 있는 간접사실을 증명하는 방법에 따를 수밖에 없다. 이 경우 피고인의 나이·지능·지적능력 및 판단능력, 직업 및 경력, 피고인이 공소사실 기재 행위에 이르게 된 경위와 동기, 피고인과 피해자의 관계, 구체적 행위 태양 및 행위 전후의 정황, 피고인의 평소 행동양태·습관 등 객관적 사정을 종합하여 판단해야 하고, 피고인이 고의로 추행을 하였다고 볼 만한 징표와 어긋나는 사실의 의문점이 해소되어야 한다. 이는 피고인이 자폐성 장애인이거나 지적장애인에 해당하는 경우에도 마찬가지로서, 외관상 드러난 피고인의 언행이 비장애인의 관점에서 이례적이라거나 합리적이지 않다는 이유만으로 함부로 고의를 추단하거나 이를 뒷받침하는 간접사실로 평가하여서는 아니 되고, 전문가의 진단이나 감정 등을 통해 피고인의 장애 정도, 지적·판단능력 및 행동양식 등을 구체적으로 심리한 후 피고인이 공소사실 기재 행위 당시 특정 범행의 구성요건 해당 여부에 관한 인식을 전제로 이를 용인하는 내심의 의사까지 있었다는 점에 관하여 합리적인 의심을 할 여지가 없을 정도의 확신에 이르러야 한다(대법원 2024.1.4, 2023도13081).

▶ 제4편 공판: 제2장 증거 [증명의 기본원칙 2] ― [전문법칙 1]

01	④	02	②	03	②	04	③	05	②
06	②	07	③	08	④	09	①	10	③
11	①	12	②	13	②	14	②	15	③
16	③	17	③	18	④	19	④	20	②

01

정답 ④

④ ㉠㉡㉢㉤㉥

㉠ (○) 성폭행 피해자의 대처 양상은 피해자의 성정이나 가해자와의 관계 및 구체적인 상황에 따라 다르게 나타날 수밖에 없다. 따라서 개별적, 구체적인 사건에서 성폭행 등의 피해자가 처하여 있는 특별한 사정을 충분히 고려하지 않은 채 피해자 진술의 증명력을 가볍게 배척하는 것은 정의와 형평의 이념에 입각하여 논리와 경험의 법칙에 따른 증거판단이라고 볼 수 없다(대법원 2018.10.25, 2018도7709). 범행 후 피해자의 태도 중 '마땅히 그러한 반응을 보여야만 하는 피해자'로 보이지 않는 사정이 존재한다는 이유만으로 피해자 진술의 신빙성을 함부로 배척할 수 없다(대법원 2020.8.20, 2020도6965; 2020.9.3, 2020도8533; 2020.10.29, 2019도4047).

[보충] 편의점 브랜드 개발팀 직원인 피고인이 편의점주인 피해자를 편의점 안에서 강제추행하였다고 기소된 사안에서, 제1심은 피해자에 대한 증인신문을 거친 후 피해자의 피해 경위에 관한 진술이 구체적이고 일관되어 신빙성이 인정되고, CCTV 영상 촬영사진과도 부합한다는 등의 이유로 유죄로 판단하였는데, 원심은 추가 증거조사 없이 주로 제1심에서 증거조사를 마친 증거들에 기초한 사정들을 들어 피해자 진술 신빙성 등을 배척하고 무죄로 판단하였으나, 대법원은, 원심이 든 사정 중 일부는 피해자에게 '피해자다움'이 나타나지 않음을 지적하는 것으로 위와 같은 법리에 비추어 타당하지 않고, 원심이 지적한 사정만으로는 피해자 진술의 신빙성 유무 및 이에 부합하는 CCTV 영상의 증명력에 관한 제1심의 판단이 명백하게 잘못되었다거나 그대로 유지하는 것이 현저히 부당하다고 인정되는 예외적인 경우에 해당한다고 단정하기 어렵다(대법원 2020.10.29, 2019도4047).

㉡ (○) 형사소송법은 증거재판주의와 자유심증주의를 기본원칙으로 하면서, 범죄사실의 인정은 증거에 의하되 증거의 증명력은 법관의 자유판단에 의하도록 하고 있다. 그러나 이는 그것이 실체적 진실발견에 적합하기 때문이지 법관의 자의적인 판단을 인용한다는 것은 아니므로, 비록 사실의 인정이 사실심의 전권이더라도 범죄사실이 인정되는지는 논리와 경험법칙에 따라야 하고, 충분한 증명력이 있는 증거를 합리적 이유 없이 배척하거나 반대로 객관적인 사실에 명백히 반하는 증거를 근거 없이 채택·사용하는 것은 자유심증주의의 한계를 벗어나는 것으로서 법률 위반에 해당한다(대법원 2016.10.13, 2015도17869).

㉢ (○) 아동·청소년의 성보호에 관한 법률이 특별히 아동·청소년을 보호하고자 하는 이유는, 아동·청소년은 사회적·문화적 제약 등으로 아직 온전한 자기결정권을 행사하기 어려울 뿐만 아니라, 인지적·심리적·관계적 자원의 부족으로 타인의 성적 침해 또는 착취행위로부터 자신을 방어하기 어려운 처지에 있기 때문이다(대법원 2020.8.27, 2015도9436 전원합의체). 피해자가 피고인으로부터 강간을 당한 후 다음 날 혼자서 다시 피고인의 집을 찾아간 것이 일반적인 평균인의 경험칙이나 통념에 비추어 범죄 피해자로서는 취하지 않았을 특이하고 이례적인 행태로 보인다고 하더라도, 그로 인하여 곧바로 피해자의 진술에 신빙성이 없다고 단정할 수는 없다. 범죄를 경험한 후 피해자가 보이는 반응과 피해자가 선택하는 대응 방법은 천차만별인바, 강간을 당한 피해자가 반드시 가해나 가해현장을 무서워하며 피하는 것이 마땅하다고는 볼 수 없고, 경우에 따라서는 가해자를 별로 무서워하지 않거나 피하지 않고 나아가 가해자를 먼저 찾아가는 것도 불가능하다고 볼 수는 없다. 피해자와 피고인의 나이 차이, 범행 이전의 우호적인 관계 등에 비추어 보면, 피해자로서는 사귀는 사이인 것으로 알았던 피고인이 자신을 상대로 느닷없이 강간 범행을 한 것에 대해서 의구심을 가지고 그 해명을 듣고 싶어하는 마음을 가졌던 것으로 보이고, 피해자의 그러한 심리가 성폭력을 당한 여성으로서는 전혀 보일 수 없을 정도로 이례적이고 납득 불가능한 것이라고 할 수는 없다. 따라서 피해자가 2018.1.26.자 강간을 당한 후 그 다음 날 스스로 피고인의 집에 찾아갔다고 하더라도, 그러한 피해자의 행위가 피해자 진술의 신빙성을 배척할 사정이 되지는 못한다는 것이다. 원심이 위와 같이 판단하여, 범행 후 피해자의 일부 언행을 문제 삼아 피해자다움이 결여되었다는 등의 이유로 피해자 진술 전체의 신빙성을 다투는 피고인의 주장을 배척하고 이 부분 공소사실을 유죄로 판단한 제1심판결을 그대로 유지한 것은 정당하고, 거기에 논리와 경험의 법칙을 위반하여 자유심증주의의 한계를 벗어난 잘못이 없다(대법원 2020.9.7, 2020도8016).

㉣ (×) 자백의 신빙성 유무를 판단할 때에는 자백 진술의 내용 자체가 객관적으로 합리성이 있는지, 자백의 동기나 이유는 무엇이며, 자백에 이르게 된 경위는 어떠한지, 그리고 자백 외의 정황증거 중 자백과 저촉되거나 모순되는 것은 없는지 등 제반 사정을 고려하여 판단하여야 한다. 나아가 피고인이 수사기관에서부터 공판기일에 이르기까지 일관되게 범행을 자백하다가 어느 공판기일부터 갑자기 자백을 번복한 경우에는, 자백 진술의 신빙성 유무를 살피는 외에도 자백을 번복하게 된 동기나 이유

및 경위 등과 함께 수사기관 이래의 진술 경과와 진술의 내용 등에 비추어 번복 진술이 납득할 만한 것이고 이를 뒷받침할 증거가 있는지 등을 살펴보아야 한다(대법원 2016.10.13, 2015도17869).

ⓜ (O) 형사처벌을 모면하기 위해 의도적인 추가음주를 하는 행위가 드물지 않게 발생하고 있다. 죄증을 인멸하기 위한 의도적인 추가음주행위를 통해 음주운전자가 정당한 형사처벌을 회피하게 되는 결과를 그대로 용인하는 것은 정의의 관념이나 음주운전에 대한 강력한 처벌을 통해 안전사회를 염원하는 국민적 공감대 및 시대적 흐름에 비추어 바람직하지 않다. 국민의 건강과 사회의 안전을 보호하고 의도적인 법질서교란행위에 대한 정당한 처벌이 이루어질 수 있는 방향으로 추가음주 사안의 현황과 문제점을 체계적으로 파악하여 이를 해결하기 위한 입법적 조치 등이 이루어질 필요가 있지만, 이러한 조치가 없는 현재의 상황에서는 죄형법정주의와 검사의 엄격한 증명책임이라는 형사법의 대원칙을 존중하여 판단할 수밖에 없다(대법원 2023.12.28, 2020도6417).

ⓑ (O) 수사기관이 작성한 진술조서는 수사기관이 피조사자에 대하여 상당한 시간에 걸쳐 이루어진 문답 과정을 그대로 옮긴 '녹취록'과는 달리 수사기관의 관점에서 조사결과를 요약·정리하여 기재한 것에 불과할 뿐만 아니라 진술의 신빙성 유무를 판단할 때 가장 중요한 요소 중 하나인 진술 경위는 물론 피조사자의 진술 당시 모습·표정·태도, 진술의 뉘앙스, 지적능력·판단능력 등과 같은 피조사자의 상태 등을 정확히 반영할 수 없는 본질적 한계가 있다. 따라서 피고인이 수사과정에서 공소사실을 부인하였고 그 내용이 기재된 피의자신문조서 등에 관하여 증거동의를 한 경우에는, 형사소송법에 따라 증거능력 자체가 부인되는 것은 아니지만, 전체적 내용이나 진술의 맥락·취지를 고려하지 않은 채 그중 일부만을 발췌하여 유죄의 증거로 사용하는 것은 함부로 허용할 수 없다(대법원 2024.1.4, 2023도13081).

02 【정답】②

② ㉠ⓒ㉣

㉠ (X) 검사가 공판기일에 증인으로 신청하여 신문할 사람을 특별한 사정 없이 미리 수사기관에 소환하여 면담하는 절차를 거친 후 증인이 법정에서 피고인에게 불리한 내용의 진술을 한 경우, 검사가 증인신문 전 면담 과정에서 증인에 대한 회유나 압박, 답변 유도나 암시 등으로 증인의 법정진술에 영향을 미치지 않았다는 점이 담보되어야 증인의 법정진술을 신빙할 수 있다고 할 것이다. 검사가 증인신문 준비 등 필요에 따라 증인을 사전면담할 수 있다고 하더라도 법원이나 피고인의 관여 없이 일방적으로 사전 면담하는 과정에서 증인이 훈련되거나 유도되어 법정에서 왜곡된 진술을 할 가능성도 배제할 수 없기 때문이다. 증인에 대한 회유나 압박 등이 없었다는 사정은 검사가 증인의 법정진술이나 면담과정을 기록한 자료 등으로 사전면담 시점, 이유와 방법, 구체적 내용 등을 밝힘으로써 증명하여야 한다(대법원 2021.6.10, 2020도15891).

ⓛ (O) 형사소송법 제307조 제1항, 제308조는 증거에 의하여 사실을 인정하되 증거의 증명력은 법관의 자유판단에 의하도록 규정하고 있는데, 이는 법관이 증거능력 있는 증거 중 필요한 증거를 채택·사용하고 증거의 실질적인 가치를 평가하여 사실을 인정하는 것은 법관의 자유심증에 속한다는 것을 의미한다. 따라서 충분한 증명력이 있는 증거를 합리적인 근거 없이 배척하거나 반대로 객관적인 사실에 명백히 반하는 증거를 아무런 합리적인 근거 없이 채택·사용하는 등으로 논리와 경험의 법칙에 어긋나는 것이 아닌 이상, 법관은 자유심증으로 증거를 채택하여 사실을 인정할 수 있다. … 국회의원인 피고인이 甲 주식회사 대표이사 乙에게서 3차례에 걸쳐 약 9억 원의 불법정치자금을 수수하였다는 내용으로 기소되었는데, 乙이 검찰의 소환 조사에서는 자금을 조성하여 피고인에게 정치자금으로 제공하였다고 진술하였다가, 제1심 법정에서는 이를 번복하여 자금 조성 사실은 시인하면서도 피고인에게 정치자금으로 제공한 사실을 부인하고 자금의 사용처를 달리 진술한 경우, 공판중심주의와 실질적 직접심리주의 등 형사소송의 기본원칙상 검찰진술보다 법정진술에 더 무게를 두어야 한다는 점을 감안하더라도, 乙의 법정진술을 믿을 수 없는 사정 아래에서 乙이 법정에서 검찰진술을 번복하였다는 이유만으로 조성 자금을 피고인에게 정치자금으로 공여하였다는 검찰진술의 신빙성이 부정될 수는 없고, 진술 내용 자체의 합리성, 객관적 상당성, 전후의 일관성, 이해관계 유무 등과 함께 다른 객관적인 증거나 정황사실에 의하여 진술의 신빙성이 보강될 수 있는지, 반대로 공소사실과 배치되는 사정이 존재하는지 두루 살펴 판단할 때 자금 사용처에 관한 乙의 검찰진술의 신빙성이 인정되므로, 乙의 검찰진술 등을 종합하여 공소사실을 모두 유죄로 인정한 원심판단에는 자유심증주의의 한계를 벗어나는 등의 잘못이 없다(다수의견, 대법원 2015.8.20, 2013도11650 전원합의체).

ⓒ (X) 대법원 2015.8.20 2013도11650 전원합의체 판결에서 소수의견의 내용이다.

㉣ (X) 성폭행이나 성희롱 사건의 피해자가 피해사실을 알리고 문제를 삼는 과정에서 오히려 피해자가 부정적인 여론이나 불이익한 처우 및 신분 노출의 피해 등을 입기도 하여 온 점 등에 비추어 보면, 성폭행 피해자의 대처 양상은 피해자의 성정이나 가해자와의 관계 및 구체적인 상황에 따라 다르게 나타날 수밖에 없다. 따라서 개별적, 구체적인 사건에서 성폭행 등의 피해자가 처하여 있는 특별한 사정을 충분히 고려하지 않은 채 피해자 진술의 증명력을 가볍게 배척하는 것은 정의와 형평의 이념에 입각하여 논리와 경험의 법칙에 따른 증거판단이라고 볼 수 없다(대법원 2021.3.11, 2020도15259).

ⓜ (O) 제1심 법원에서 증거로 할 수 있었던 증거는 항소법원에서도 증거로 할 수 있다(형사소송법 제364조 제3항). 즉 제1심 법원에서 증거능력이 있었던 증거는 항소심에서도 증거능력이 그대로 유지되어 재판의 기초가 될 수 있고 다시 증거조사를 할 필요가 없으며(대법원 2005.3.11, 2004도8313), 항소심 재판장이 증거조사절차에 들어가기에 앞서 제1심의 증거관계와 증거조사결과의 요지를 고지하면 된다(형사소송규칙 제156조의5 제1항). 한편 형사소송규칙 제156조의5 제2항에 의하면 항소심의 증거조사 중 증인신문의 경우, 항소심 법원은 '제1심에서 조사되지 아니한 데에 대하여 고의나 중대한 과실이 없고, 그 신청으로 인하여 소송을 현저하게 지연시키지 아니하는 경우(제1호)', '제1심에서 증인으로 신문하였으나 새로운 중요한 증거의 발견 등으로 항소심에서 다시 신문하는 것이 부득이하다고 인정되는 경우(제2호)', '그 밖에 항소의 당부에 관한 판단을 위하여 반드시 필요하다고 인정되는 경우(제3호)'에 한하여 증인을 신문할 수 있다. 위 규정은 형사재판의 사실인정에 있어서 제1

심 법원과 항소심 법원의 역할 및 관계 등에 관한 입법 취지 등에 비추어 항소심에서의 증거조사는 필요 최소한에 그쳐야 한다는 점을 반영한 것이다. 이를 고려하면, 형사소송규칙 제156조의5 제2항 제3호는 비록 포괄적 사유이기는 하지만 항소심 법원에 증인신문에 관한 폭넓은 재량을 부여한 것으로 볼 것이 아니라 제1, 2호가 규정한 사유에 준하는 '예외적 사유'로 보아야 한다. … 배심원이 참여하는 형사재판 즉 국민참여재판을 거쳐 제1심 법원이 배심원의 만장일치 무죄평결을 받아들여 피고인에 대하여 무죄판결을 선고한 경우, 국민참여재판을 도입한 입법 취지, 실질적 직접심리주의의 의미와 정신 등에 비추어 '증거의 취사 및 사실의 인정'에 관한 제1심 법원의 판단은 한층 더 존중될 필요가 있고 그런 면에서 제1심 법원의 무죄판결에 대한 항소심에서의 추가적이거나 새로운 증거조사는 형사소송법과 형사소송규칙 등에서 정한 바에 따라 신중하게 이루어져야 한다(무죄판결에 대한 항소심에서의 추가적이거나 새로운 증거조사는, 형사소송법과 형사소송규칙 등에서 정한 바에 따라 증거조사의 필요성이 분명하게 인정되는 예외적인 경우에 한하여 실시하는 것이 바람직함)(대법원 2024.7.25, 2020도7802).

03 　　　　　정답 ②

② (×) 항소심이 제1심 증인 등을 다시 신문하는 등의 추가 증거조사를 거쳐 그 신빙성을 심사하여 본 결과 제1심이 들고 있는 의심과 일부 어긋날 수 있는 사실의 개연성이 드러남으로써 제1심의 판단에 의문이 생긴다 하더라도, 제1심이 제기한 의심이 금품 제공과 양립할 수 없거나 그 진술의 신빙성 인정에 장애가 되는 사실의 개연성에 대한 합리성 있는 근거에 기초하고 있고 제1심의 증거조사 결과와 항소심의 추가 증거조사 결과에 의하여도 제1심이 일으킨 이러한 합리적인 의심을 충분히 해소할 수 있을 정도에까지 이르지 아니한다면, 그와 같은 일부 반대되는 사실에 관한 개연성 또는 의문만으로 그 진술의 신빙성 및 범죄의 증명이 부족하다는 제1심의 판단에 사실오인의 위법이 있다고 단정하여 공소사실을 유죄로 인정하여서는 아니 된다(대법원 2016.6.23, 2016도2889).
① (○) 대법원 2016.6.23, 2016도2889
③ (○) 대법원 1988.6.28, 88도740; 2015.8.20, 2013도11650 전원합의체(한명숙 전 총리 사건)
④ (○) 대법원 2015.5.28, 2014도18006

04 　　　　　정답 ③

③ (○) 대법원 1983.9.13, 83도712
① (×) 대법원 2011.2.24, 2010도14720
② (×) 이러한 진술조서는 자백자 본인의 진술 자체를 기재한 것은 아니므로 같은 법 제310조의 자백에는 포함되지 않는다 할 것이지만, 피고인의 자백을 내용으로 하고 있는 이와 같은 진술기재 내용을 피고인의 자백의 보강증거로 삼는다면 결국 피고인의 자백을 피고인의 자백으로서 보강하는 결과가 되어 아무런 보강도 하는 바 없는 것이니 보강증거가 되지 못하고, 오히려 보강증거를 필요로 하는 피고인의 자백과 동일하게 보아야 할 성질의 것이라고 할 것이므로 피고인의 자백의 보강증거로 될 수 없다(대법원 2008.2.14, 2007도10937).
④ (×) 임의성이 없다고 의심할 만한 이유가 있는 때에 해당함에도 불구하고 임의성이 없다고 의심하게 된 사유들과 피고인들

의 자백과의 사이에는 인과관계가 존재하지 않는 것이 명백하여 그 자백의 임의성이 있는 것임이 인정된다고 할 것이다(대법원 1984.11.27, 84도2252).

05 　　　　　정답 ②

② (×) 상업장부나 항해일지, 진료일지 또는 이와 유사한 금전출납부 등과 같이 범죄사실의 인정 여부와는 관계없이 자기에게 맡겨진 사무를 처리한 사무 내역을 그때그때 계속적, 기계적으로 기재한 문서 등의 경우는 사무처리 내역을 증명하기 위하여 존재하는 문서로서 그 존재 자체 및 기재가 그러한 내용의 사무가 처리되었음의 여부를 판단할 수 있는 별개의 독립된 증거자료이고, 설사 그 문서가 우연히 피고인이 작성하였고 그 문서의 내용 중 피고인의 범죄사실의 존재를 추론해 낼 수 있는, 즉 공소사실에 일부 부합되는 사실의 기재가 있다고 하더라도, 이를 일컬어 피고인이 범죄사실을 자백하는 문서라고 볼 수는 없다(대법원 1996.10.17, 94도2865 전원합의체).
① (○) 검사가 피고인에게 공소장기재를 낭독하다시피 공소사실 그대로의 사실유무를 묻자 "예, 있읍니다", "예, 그렇습니다"라고 대답한 것으로 되어 있어 피고인이 상피고인과 공모하여 이 사건 사기범죄사실을 저지른 것으로 자백한 것처럼 보이나 계속되는 검사와 변호인의 물음에서나 그 이후의 공판정에서는 피고인이 상피고인의 부동산전매업을 도와 주는 모집책이 아니고 단순한 고객일 뿐이라고 진술하고 있다면 위 상피고인이 피고인들과 공모하여 기망 내지 편취한 점까지 자백한 것이라고는 볼 수 없다(대법원 1984.4.10, 84도141).
③ (○) 피고인은 검찰에서 피의자신문을 받아 본건 방화사실을 자백하고 이어서 진술서를 작성제출하고 그 다음 날부터 연 3일간 자기의 잘못을 반성하고 자백하는 내용의 양심서, 반성문, 사실서를 작성 제출하고 경찰의 검증조서에도 피고인이 자백하는 기재가 있으나, 검찰에 송치되자마자 검찰에서의 자백은 강요에 의한 것이라고 주장하면서 범행을 부인할 뿐더러 연 4일을 계속하여 매일 한장씩 진술서등을 작성한다는 것은 부자연하다는 느낌이 드는 등 사정에 비추어 보면 위의 자백은 신빙성이 희박하다(대법원 1980.12.9, 80도2656).
④ (○) 대법원 1985.2.26, 82도2413

06 　　　　　정답 ②

① (○), ② (×) 임의성 없는 진술의 증거능력을 부정하는 취지는, 허위진술을 유발 또는 강요할 위험성이 있는 상태하에서 행하여진 진술은 그 자체가 실체적 진실에 부합하지 아니하여 오판을 일으킬 소지가 있을 뿐만 아니라 그 진위를 떠나서 진술자의 기본적 인권을 침해하는 위법·부당한 압박이 가하여지는 것을 사전에 막기 위한 것이므로, 그 임의성에 다툼이 있을 때에는 그 임의성을 의심할 만한 합리적이고 구체적인 사실을 피고인이 증명할 것이 아니고 검사가 그 임의성의 의문점을 없애는 증명을 하여야 하며, 검사가 그 임의성의 의문점을 없애는 증명을 하지 못한 경우에는 그 진술증거는 증거능력이 부정된다(대법원 2015.9.10, 2012도9879; 2006.1.26, 2004도517).
③ (○) 피고인이 피의자신문조서에 기재된 피고인의 진술 및 공판기일에서의 피고인의 진술의 임의성을 다투면서 그것이 허위자백이라고 다투는 경우, 법원은 구체적인 사건에 따라 피고인의 학력, 경력, 직업, 사회적 지위, 지능 정도, 진술의 내용, 피의자신

문조서의 경우 그 조서의 형식 등 제반 사정을 참작하여 자유로운 심증으로 위 진술이 임의로 된 것인지의 여부를 판단하면 된다(대법원 2012.11.29, 2010도3029; 2003.5.30, 2003도705).

④ (○) 피고인이 경찰에서 가혹행위 등으로 인하여 임의성 없는 자백을 하고 그 후 검찰이나 법정에서도 임의성 없는 심리상태가 계속되어 동일한 내용의 자백을 하였다면 각 자백도 임의성 없는 자백이라고 보아야 한다(대법원 2015.9.10, 2012도9879).

07 ③

③ ㉠㉡㉣

㉠ (○) 대법원 2008.3.27, 2007도11400

㉡ (○) 진술거부권을 고지하지 않은 것이 단지 수사기관의 실수일 뿐 피의자의 자백을 이끌어내기 위한 의도적이고 기술적인 증거확보의 방법으로 이용되지 않았고, 그 이후 이루어진 신문에서는 진술거부권을 고지하여 잘못이 시정되는 등 수사 절차가 적법하게 진행되었다는 사정, 최초 자백 이후 구금되었던 피고인이 석방되었다거나 변호인으로부터 충분한 조력을 받은 가운데 상당한 시간이 경과하였음에도 다시 자발적으로 계속하여 동일한 내용의 자백을 하였다는 사정, 최초 자백 외에도 다른 독립된 제3자의 행위나 자료 등도 물적 증거나 증인의 증언 등 2차적 증거 수집의 기초가 되었다는 사정, 증인이 그의 독립적인 판단에 의해 형사소송법이 정한 절차에 따라 소환을 받고 임의로 출석하여 증언하였다는 사정 등은 통상 2차적 증거의 증거능력을 인정할 만한 정황에 속한다(대법원 2009.3.12, 2008도11437).

㉢ (×) 수사기관의 강제처분인 압수수색은 그 과정에서 관련자들의 권리나 법익을 침해할 가능성이 적지 않으므로 엄격히 헌법과 형사소송법이 정한 절차를 준수하여 이루어져야 한다. 절차 조항에 따르지 않는 수사기관의 압수수색을 억제하고 재발을 방지하는 가장 효과적이고 확실한 대응책은 이를 통하여 수집한 증거는 물론 이를 기초로 하여 획득한 2차적 증거를 유죄 인정의 증거로 삼을 수 없도록 하는 것이다. 이와 달리, 압수물은 그 압수절차가 위법이라 하더라도 물건 자체의 성질, 형상에 변경을 가져오는 것은 아니므로 그 형상 등에 관한 증거가치에는 변함이 없다 할 것이므로 증거능력이 있다는 취지로 판시한 대법원 1968.9.17, 68도932; 1987.6.23, 87도705; 1994.2.8, 93도3318; 1996.5.14, 96초88; 2002.11.26, 2000도1513; 2006.7.27, 2006도3194 판결 등은 이 판결의 견해에 배치되는 범위 안에서 이를 변경하기로 한다(대법원 2007.11.15, 2007도3061 전원합의체).

㉣ (○) 대법원 2011.7.14, 2011도3809

㉤ (×), ㉥ (×) 압수의 대상이 되는 전자정보와 그렇지 않은 전자정보가 혼재된 정보저장매체나 그 복제본을 압수·수색한 수사기관이 정보저장매체 등을 수사기관 사무실 등으로 옮겨 이를 탐색·복제·출력하는 경우, 그와 같은 일련의 과정에서 형사소송법 제219조, 제121조에서 규정하는 피압수·수색 당사자나 변호인에게 참여의 기회를 보장하고 압수된 전자정보의 파일 명세가 특정된 압수목록을 작성·교부하여야 하며 범죄혐의사실과 무관한 전자정보의 임의적인 복제 등을 막기 위한 적절한 조치를 취하는 등 영장주의 원칙과 적법절차를 준수하여야 한다. 만약 그러한 조치가 취해지지 않았다면 피압수자 측이 참여하지 아니한다는 의사를 명시적으로 표시하였거나 절차 위반행위가 이루어진 과정의 성질과 내용 등에 비추어 피압수자 측

에 절차 참여를 보장한 취지가 실질적으로 침해되었다고 볼 수 없을 정도에 해당한다는 등의 특별한 사정이 없는 이상 압수·수색이 적법하다고 평가할 수 없고, 비록 수사기관이 정보저장매체 또는 복제본에서 범죄혐의사실과 관련된 전자정보만을 복제·출력하였다 하더라도 달리 볼 것은 아니다(대법원 2015.7.16, 2011모1839 전원합의체; 2021.11.18, 2016도348 전원합의체). 따라서 수사기관이 피압수자 측에게 참여의 기회를 보장하거나 압수한 전자정보 목록을 교부하지 않는 등 영장주의 원칙과 적법절차를 준수하지 않은 위법한 압수·수색 과정을 통하여 취득한 증거는 위법수집증거에 해당하고, 사후에 법원으로부터 영장이 발부되었다거나 피고인이나 변호인이 이를 증거로 함에 동의하였다고 하여 위법성이 치유되는 것도 아니다(위 대법원 2016도348 전원합의체). 사법경찰관은 피고인을 유치장에 입감시킨 상태에서 휴대전화 내 전자정보를 탐색·복제·출력함으로써 참여의 기회를 배제한 상태에서 이 사건 엑셀파일을 탐색·복제·출력하였고, 압수한 전자정보 상세목록을 교부한 것으로 평가할 수 없어, 위 엑셀파일은 위법하게 수집된 증거로서 증거능력이 없고, 사후에 압수·수색영장을 발부받아 압수절차가 진행되었더라도 위법성이 치유되지 않는다(대법원 2022.7.28, 2022도2960).

08 ④

④ ㉠㉡㉢

㉠ (○) 수사기관이 피의자 甲의 공직선거법 위반 범행을 영장 범죄사실로 하여 발부받은 압수·수색영장의 집행 과정에서 乙, 丙 사이의 대화가 녹음된 녹음파일(이하 '녹음파일'이라 한다)을 압수하여 乙, 丙의 공직선거법 위반 혐의사실을 발견한 사안에서, 압수·수색영장에 기재된 '피의자'인 甲이 녹음파일에 의하여 의심되는 혐의사실과 무관한 이상, 수사기관이 별도의 압수·수색영장을 발부받지 아니한 채 압수한 녹음파일은 형사소송법 제219조에 의하여 수사기관의 압수에 준용되는 형사소송법 제106조 제1항이 규정하는 '피고사건' 내지 같은 법 제215조 제1항이 규정하는 '해당 사건'과 '관계가 있다고 인정할 수 있는 것'에 해당하지 않으며, 이와 같은 압수에는 헌법 제12조 제1항 후문, 제3항 본문이 규정하는 영장주의를 위반한 절차적 위법이 있으므로, 녹음파일은 형사소송법 제308조의2에서 정한 '적법한 절차에 따르지 아니하고 수집한 증거'로서 증거로 쓸 수 없고, 그 절차적 위법은 헌법상 영장주의 내지 적법절차의 실질적 내용을 침해하는 중대한 위법에 해당하여 예외적으로 증거능력을 인정할 수도 없다(대법원 2014.1.16, 2013도7101).

㉡ (○) 임의성 없는 진술의 증거능력을 부정하는 취지는, 허위진술을 유발 또는 강요할 위험성이 있는 상태하에서 행하여진 진술은 그 자체가 실체적 진실에 부합하지 아니하여 오판을 일으킬 소지가 있을 뿐만 아니라 그 진위를 떠나서 진술자의 기본적 인권을 침해하는 위법 부당한 압박이 가하여지는 것을 사전에 막기 위한 것이므로, 그 임의성에 다툼이 있을 때에는 그 임의성을 의심할 만한 합리적이고 구체적인 사실을 피고인이 증명할 것이 아니고 검사가 그 임의성의 의문점을 없애는 증명을 하여야 할 것이고, 검사가 그 임의성의 의문점을 없애는 증명을 하지 못한 경우에는 그 진술증거는 증거능력이 부정된다(대법원 2006.11.23, 2004도7900).

㉢ (○) 대법원 2012.11.15, 2011도15258

378 백광훈 진도별 모의고사 형사소송법

ⓔ (×) 국민의 인간으로서의 존엄과 가치를 보장하는 것은 국가기관의 기본적인 의무에 속하는 것이고, 이는 형사절차에서도 당연히 구현되어야 하는 것이기는 하나 그렇다고 하여 국민의 사생활 영역에 관계된 모든 증거의 제출이 곧바로 금지되는 것으로 볼 수는 없고, 법원으로서는 효과적인 형사소추 및 형사소송에서의 진실발견이라는 공익과 개인의 사생활의 보호이익을 비교형량하여 그 허용 여부를 결정하고, 적절한 증거조사의 방법을 선택함으로써 국민의 인간으로서의 존엄성에 대한 침해를 피할 수 있다고 보아야 할 것이므로, 피고인의 동의하에 촬영된 나체사진의 존재만으로 피고인의 인격권과 초상권을 침해하는 것으로 볼 수 없고, 가사 사진을 촬영한 제3자가 그 사진을 이용하여 피고인을 공갈할 의도였다고 하더라도 사진의 촬영이 임의성이 배제된 상태에서 이루어진 것이라고 할 수는 없으며, 그 사진은 범죄현장의 사진으로서 피고인에 대한 형사소추를 위하여 반드시 필요한 증거로 보이므로, 공익의 실현을 위하여는 그 사진을 범죄의 증거로 제출하는 것이 허용되어야 하고, 이로 말미암아 피고인의 사생활의 비밀을 침해하는 결과를 초래한다 하더라도 이는 피고인이 수인하여야 할 기본권의 제한에 해당된다(대법원 1997.9.30, 97도1230).

ⓜ (×) 증거수집 절차가 개인의 사생활 내지 인격적 이익을 중대하게 침해하여 사회통념상 허용되는 한도를 벗어난 것이라면, 단지 형사소추에 필요한 증거라는 사정만을 들어 곧바로 형사소송에서 진실발견이라는 공익이 개인의 인격적 이익 등 보호이익보다 우월한 것으로 섣불리 단정해서는 아니 된다. 그러나 그러한 한도를 벗어난 것이 아니라면 형사절차에서 증거로 사용할 수 있다(대법원 2013.11.28, 2010도12244; 2017.3.15, 2016도19843 등). 피고인의 배우자가 피고인의 동의 없이 피고인의 휴대전화를 조작하여 통화내용을 녹음하였으므로 피고인의 사생활 내지 인격적 이익을 침해하였다고 볼 여지는 있으나, ⓐ 피고인의 배우자가 전화통화의 일방 당사자로서 피고인과 직접 대화를 나누면서 피고인의 발언 내용을 직접 청취하였으므로 전화통화 내용을 몰래 녹음하였다고 하여 피고인의 사생활의 비밀, 통신의 비밀, 대화의 비밀 등이 침해되었다고 평가하기는 어렵고, 피고인의 배우자가 녹음파일 등을 제3자에게 유출한 바 없으므로 음성권 등 인격적 이익의 침해 정도도 비교적 경미하다고 보아야 하는 점, ⓑ 피고인의 배우자가 범행에 관한 증거로 사용하겠다는 의도나 계획 아래 전화통화를 녹음한 것이 아니고, 수사기관 역시 위 전화통화의 녹음에 어떠한 관여도 하지 않은 채 적법하게 압수한 휴대전화를 분석하던 중 우연히 이를 발견하였을 뿐인 점, ⓒ 반면 이 사건 형사소추의 대상이 된 행위는 수산업협동조합장 선거에서 금품을 살포하여 선거인을 매수하는 등 이른바 '돈 선거'를 조장하였다는 것이고, 선거범죄는 대체로 계획적·조직적인 공모 아래 은밀하게 이루어지므로, 구체적 범행 내용 등을 밝혀 줄 수 있는 객관적 증거인 전화통화 녹음파일을 증거로 사용해야 할 필요성이 높은 점 등을 종합하면, 전화통화 녹음파일을 증거로 사용할 수 있다(대법원 2023.12.14, 2021도2299).

ⓗ (×) 형사소송법은 증인 등 인증(人證), 증거서류와 증거물 및 그 밖의 증거를 구분한 다음 각각의 증거방법에 대한 증거조사 방식을 개별적·구체적으로 규정하여 위와 같은 헌법적 형사소송의 이념을 구체화하고 있다. 특히 형사소송법 제1편 제12장 및 형사소송규칙 제1편 제12장에서 증인에 대한 증거조사를 '신문'의 방식으로 하면서 소환방법과 법정에 불출석할 경우의 제재와 조치, 출석한 증인에 대한 선서와 위증의 벌의 경고, 증언거부권 고지 및 신문의 구체적인 방식 등에 대하여 엄격한 절차 규정을 두는 한편, 법정 외 신문(제165조), 비디오 등 중계장치 등에 의한 증인신문(제165조의2) 규정에서 정한 사유 등이 있는 때에만 예외적으로 증인이 직접 법정에 출석하지 않고 증언할 수 있도록 정하였다. 이는 사건의 실체를 규명하는 데 가장 직접적이고 핵심적인 증인으로 하여금 원칙적으로 공개된 법정에 출석하여 법관 앞에서 선서한 후 정해진 절차에 따른 신문의 방식으로 증언하도록 하여 재판의 공정성과 증언의 확실성·진실성을 담보하고, 법관은 그러한 증인의 진술을 토대로 형성된 유·무죄의 심증에 따라 사건의 실체를 규명하도록 하기 위함이다. 그러므로 범죄사실의 인정을 위한 증거조사는 특별한 사정이 없는 한 공개된 법정에서 법률이 그 증거방법에 따라 정한 방식으로 하여야 하고, 이를 토대로 형성된 심증에 따라 공소가 제기된 범죄사실이 합리적인 의심이 없는 정도로 증명되었는지 여부를 판단하여야 한다(대법원 2011.11.10, 2011도11115). 형사소송법에서 정한 절차와 방식에 따른 증인신문 절차를 거치지 아니한 채 증인에 대하여 선서 없이 법관이 임의의 방법으로 청취한 진술과 그 진술의 형식적 변형에 불과한 증거(녹음파일 등)는 적법한 증거조사 절차를 거치지 않은 증거로서 증거능력이 없다. 따라서 사실인정의 자료로 삼을 수도 없고, 피고인이나 변호인이 그러한 절차 진행에 동의하였다거나 사후에 그와 같은 증거조사 결과에 대하여 이의를 제기하지 아니하고 그 녹음파일 등을 증거로 함에 동의하였더라도 그 위법성이 치유되지 않는다(대법원 2024.9.12, 2020도14843).

09 　　　　　　　　　정답 ①

① ㄱㄹㅂ

ㄱ (○) 원심이 적법한 절차에 따르지 아니하고 수집된 피고인의 혈액을 이용한 혈중알콜농도에 관한 국립과학수사연구소 감정서 및 이에 기초한 주취운전자적발보고서의 증거능력을 부정한 것은 정당하고, 음주운전자에 대한 채혈에 관하여 영장주의를 요구할 경우 증거가치가 없게 될 위험성이 있다거나 음주운전 중 교통사고를 야기하고 의식불명 상태에 빠져 병원에 후송된 자에 대해 수사기관이 수사의 목적으로 의료진에게 요청하여 혈액을 채취한 사정이 있다고 하더라도 이러한 증거의 증거능력을 배제하는 것이 형사사법 정의를 실현하려고 한 취지에 반하는 결과를 초래하는 예외적인 경우에 해당한다고 볼 수 없다(대법원 2011.4.28, 2009도2109).

ㄴ (×) 검사가 국가보안법 위반죄로 구속영장을 발부받아 피의자신문을 한 다음, 구속 기소한 후 다시 피의자를 소환하여 공범들과의 조직구성 및 활동 등에 관한 신문을 하면서 피의자신문조서가 아닌 일반적인 진술조서의 형식으로 조서를 작성한 경우, 진술조서의 내용이 피의자신문조서와 실질적으로 같고, 진술의 임의성이 인정되는 경우라도 미리 피의자에게 진술거부권을 고지하지 않았다면 위법수집증거에 해당하므로, 유죄인정의 증거로 사용할 수 없다(대법원 2009.8.20. 2008도8213).

ㄷ (×) 피의자 지위에 있지 아니한 자에 대하여는 진술거부권이 고지되지 아니하였더라도 진술의 증거능력을 부정할 것은 아니다(대법원 2011.11.10, 2011도8125).

ㄹ (○) 수사기관이 피고인 아닌 자를 상대로 적법한 절차에 따르지 아니하고 수집한 증거는 원칙적으로 피고인에 대한 유죄 인

정의 증거로 삼을 수 없다(대법원 2011.6.30, 2009도6717).

ⓛ (×) (항소심의 증인으로 소환된 사람을 미리 수사기관에서 조사한 진술조서의 증거능력과 법정 증언의 증명력이 문제된 사건) 형사소송법의 기본원칙에 따라 살펴보면, 제1심에서 피고인에 대하여 무죄판결이 선고되어 검사가 항소한 후, 수사기관이 항소심 공판기일에 증인으로 신청하여 신문할 수 있는 사람을 특별한 사정 없이 미리 수사기관에 소환하여 작성한 진술조서는 피고인이 증거로 할 수 있음에 동의하지 않는 한 증거능력이 없다. 검사가 공소를 제기한 후 참고인을 소환하여 피고인에게 불리한 진술을 기재한 진술조서를 작성하여 이를 공판절차에 증거로 제출할 수 있게 한다면, 피고인과 대등한 당사자의 지위에 있는 검사가 수사기관으로서의 권한을 이용하여 일방적으로 법정 밖에서 유리한 증거를 만들 수 있게 하는 것이므로 당사자주의·공판중심주의·직접심리주의에 반하고 피고인의 공정한 재판을 받을 권리를 침해하기 때문이다. 위 참고인이 나중에 법정에 증인으로 출석하여 위 진술조서의 성립의 진정을 인정하고 피고인 측에 반대신문의 기회가 부여된다 하더라도 위 진술조서의 증거능력을 인정할 수 없음은 마찬가지이다. 위 참고인이 법정에서 위와 같이 증거능력이 없는 진술조서와 같은 취지로 피고인에게 불리한 내용의 진술을 한 경우, 그 진술에 신빙성을 인정하여 유죄의 증거로 삼을 것인지는 증인신문 전 수사기관에서 진술조서가 작성된 경위와 그것이 법정진술에 영향을 미쳤을 가능성 등을 종합적으로 고려하여 신중하게 판단하여야 한다(대법원 2019.11.28, 2013도6825).

ⓑ (○) 증거조사는 공판중심주의, 직접심리주의 및 증거재판주의 원칙에 입각하여 법률이 정한 요건과 절차에 따라 엄격하게 이루어져야 하고, 헌법상 보장되는 적법절차의 원칙에 따라 공정한 재판을 받을 피고인의 권리는 경제적 효율성이나 사법적 편의를 증진시킨다는 이유로 간과되어서는 아니 된다. 원심은 공소외 1이 해외 체류 중이어서 법정 출석에 따른 증인신문이 어렵다는 이유로, 형사소송법이 규정한 증인에 대한 증거조사 방식인 '신문'에 의하지 아니하고 공소외 1에게 증인으로서 부담해야 할 각종 의무를 부과하지 아니한 채 별다른 법적 근거 없이 공소외 1이 증인으로서 출석하지 않았음을 전제로 하면서도 인터넷 화상장치를 통해서 검사의 주신문, 변호인의 반대신문 등의 방식을 통해 공소외 1의 진술을 청취하는 방법으로 증거조사를 한 다음 진술의 형식적 변형(녹취파일과 녹취서 등본)에 해당하는 이 사건 각 증거를 검사로부터 제출받는 우회적인 방식을 취하였다. 이와 같은 원심의 조치는 형사소송법이 정한 증거방법(증인)에 대한 적법한 증거조사로 볼 수 없다. 따라서 그러한 진술청취의 결과물인 이 사건 각 증거는 증거능력이 없어 사실인정의 자료로 삼을 수 없고, 이는 피고인과 변호인이 그와 같은 절차 진행에 동의하였거나 사후에 그 증거조사 결과에 대하여 이의를 제기하지 아니하고 증거로 함에 동의하였더라도 마찬가지이다(대법원 2024.9.12, 2020도14843).

10

정답 ③

③ ⓛⓒⓔⓓ

ⓐ (○) 대법원 2008.6.26, 2008도1584

ⓑ (×) 위법한 강제연행 상태에서 호흡측정 방법에 의한 음주측정을 한 다음 강제연행 상태로부터 시간적·장소적으로 단절되었다고 볼 수도 없고 피의자의 심적 상태 또한 강제연행 상태로부터 완전히 벗어났다고 볼 수 없는 상황에서 피의자가 호흡측정 결과에 대한 탄핵을 하기 위하여 스스로 혈액채취 방법에 의한 측정을 할 것을 요구하여 혈액채취가 이루어졌다고 하더라도 그 사이에 위법한 체포 상태에 의한 영향이 완전하게 배제되고 피의자의 의사결정의 자유가 확실하게 보장되었다고 볼 만한 다른 사정이 개입되지 않은 이상 불법체포와 증거수집 사이의 인과관계가 단절된 것으로 볼 수는 없다. 따라서 그러한 혈액채취에 의한 측정 결과 역시 유죄 인정의 증거로 쓸 수 없다고 보아야 한다(대법원 2013.3.14, 2010도2094).

ⓒ (×) 대통령비서실장인 피고인이 대통령의 뜻에 따라 정무수석비서관실과 교육문화수석비서관실 등 수석비서관실과 문화체육관광부에 문화예술진흥기금 등 정부의 지원을 신청한 개인·단체의 이념적 성향이나 정치적 견해 등을 이유로 한국문화예술위원회·영화진흥위원회·한국출판문화산업진흥원이 수행한 각종 사업에서 이른바 좌파 등에 대한 지원배제를 지시하였다는 직권남용권리행사방해의 공소사실로 기소된 경우, 특별검사가 검찰을 통하여 또는 직접 청와대로부터 넘겨받아 원심에 제출한 '청와대 문건'은 '대통령기록물 관리에 관한 법률'을 위반하거나 공무상 비밀을 누설하여 수집된 것으로 볼 수 없어 위법수집증거가 아니므로 증거능력이 있다(대법원 2020.1.30, 2018도2236 전원합의체).

ⓔ (×) 수사기관의 압수·수색은 법관이 발부한 압수·수색영장에 의하여야 하는 것이 원칙이고, 영장의 원본은 처분을 받는 자에게 반드시 제시되어야 하므로(대법원 2017.9.7, 2015도10648; 2019.3.14, 2018도2841 등), 금융계좌추적용 압수·수색영장의 집행에 있어서도 수사기관이 금융기관으로부터 금융거래자료를 수신하기에 앞서 금융기관에 영장 원본을 사전에 제시하지 않았다면 원칙적으로 적법한 집행 방법이라고 볼 수는 없다. 다만, 수사기관이 금융기관에 「금융실명거래 및 비밀보장에 관한 법률」(이하 '금융실명법'이라 한다) 제4조 제2항에 따라서 금융거래정보에 대하여 영장 사본을 첨부하여 그 제공을 요구한 결과 금융기관으로부터 회신받은 금융거래자료가 해당 영장의 집행 대상과 범위에 포함되어 있고, 이러한 모사전송 내지 전자적 송수신 방식의 금융거래정보 제공요구 및 자료 회신의 전 과정이 해당 금융기관의 자발적 협조의사에 따른 것이며, 그 자료 중 범죄혐의사실과 관련된 금융거래를 선별하는 절차를 거친 후 최종적으로 영장 원본을 제시하고 위와 같이 선별된 금융거래자료에 대한 압수절차가 집행된 경우로서, 그 과정이 금융실명법에서 정한 방식에 따라 이루어지고 달리 적법절차와 영장주의 원칙을 잠탈하기 위한 의도에서 이루어진 것이라고 볼 만한 사정이 없어, 이러한 일련의 과정을 전체적으로 '하나의 영장에 기하여 적시에 원본을 제시하고 이를 토대로 압수·수색하는 것'으로 평가할 수 있는 경우에 한하여, 예외적으로 영장의 적법한 집행 방법에 해당한다고 볼 수 있다(대법원 2022.1.27, 2021도11170).

ⓓ (×) 형사소송법 제216조 제3항은 "범행 중 또는 범행 직후의 범죄 장소에서 긴급을 요하여 법원판사의 영장을 받을 수 없는 때에는 영장 없이 압수, 수색 또는 검증을 할 수 있다. 이 경우에는 사후에 지체 없이 영장을 받아야 한다."라고 규정하고 있다. 이 규정에 따라 압수수색영장을 청구하였다가 영장을 발부받지 못한 때에는 수사기관은 압수한 물건을 즉시 반환하여야 하고, 즉시 반환하지 아니한 압수물은 유죄의 증거로 사용할 수 없으며, 헌법과 형사소송법이 선언한 영장주의의 중요성에 비

추어 볼 때 피고인이나 변호인이 이를 증거로 함에 동의하였다고 하더라도 달리 볼 것은 아니다. 여기서 압수한 물건을 즉시 반환한다는 것은 수사기관이 압수한 물건을 곧바로 반환하는 것이 현저히 곤란하다는 등의 특별한 사정이 없는 한 영장을 청구하였다가 기각되는 바로 그때에 압수물을 돌려주기 위한 절차에 착수하여 그 절차를 지연하거나 불필요하게 수사기관의 점유를 계속하는 등으로 지체함이 없이 적극적으로 압수 이전의 상태로 회복시켜 주는 것을 의미한다. … 사후 압수영장이 기각되었음에도 즉시 반환하지 아니하다가 그 사이에 압수영장을 발부받아 휴대전화를 형식적으로 반환한 외관을 만든 후 다시 압수하는 것은 적법절차의 원칙이나 영장주의를 잠탈하는 것으로 허용할 수 없으므로 휴대전화 압수의 위법성이 압수영장 집행으로 희석·단절되었다고 할 수 없다(휴대전화 및 위 증거들은 위법하게 수집된 증거이거나 이를 기초로 획득한 2차 증거로서 증거능력 부정, 대법원 2024.10.8, 2024도10062).

11 　　　정답 ①

① ㉠㉡㉢

㉠ (사용가능), ㉡ (사용가능) 통신비밀보호법 제3조 제1항이 "공개되지 아니한 타인 간의 대화를 녹음 또는 청취하지 못한다"라고 정한 것은, 대화에 원래부터 참여하지 않는 제3자가 그 대화를 하는 타인들 간의 발언을 녹음해서는 아니 된다는 취지이다. 3인 간의 대화에 있어서 그중 한 사람이 그 대화를 녹음하는 경우에 다른 두 사람의 발언은 그 녹음자에 대한 관계에서 '타인 간의 대화'라고 할 수 없으므로, 이와 같은 녹음행위가 통신비밀보호법 제3조 제1항에 위배된다고 볼 수는 없다(대법원 2006.10.12, 2006도4981). 두 지문 모두 대화에 이미 참여한 당사자가 녹음한 것으로 '타인 간의 대화'에 해당한다고 볼 수 없어 통신비밀보호법 위반이 아니고, 따라서 위법수집증거도 아니다.

㉢ (사용가능) 피고인이 범행 후 피해자에게 전화를 걸어오자 피해자가 증거를 수집하려고 그 전화내용을 녹음한 경우, 그 녹음테이프가 피고인 모르게 녹음된 것이라 하여 이를 위법하게 수집된 증거라고 할 수 없다(대법원 1997.3.28, 97도240).

㉣ (사용불가), ㉤ (사용불가) 전기통신의 감청은 제3자가 전기통신의 당사자인 송신인과 수신인의 동의를 받지 아니하고 전기통신 내용을 녹음하는 등의 행위를 하는 것만을 말한다고 풀이함이 상당하다고 할 것이므로, 전기통신에 해당하는 전화통화 당사자의 일방이 상대방 모르게 통화 내용을 녹음하는 것은 여기의 감청에 해당하지 아니하지만, 제3자의 경우는 설령 전화통화 당사자 일방의 동의를 받고 그 통화 내용을 녹음하였다 하더라도 그 상대방의 동의가 없었던 이상, 이는 여기의 감청에 해당하여 법 제3조 제1항 위반이 되고, 이와 같이 법 제3조 제1항에 위반한 불법감청에 의하여 녹음된 전화통화의 내용은 법 제4조에 의하여 증거능력이 없다(대법원 2010.10.14, 2010도9016).

12 　　　정답 ②

② ㉠㉢㉣

㉠ (○) 공판준비 또는 공판기일에서 이미 증언을 마친 증인을 검사가 소환한 후 피고인에게 유리한 그 증언 내용을 추궁하여 이를 일방적으로 번복시키는 방식으로 작성한 진술조서를 유죄의 증거로 삼는 것은 당사자주의·공판중심주의·직접주의를

지향하는 현행 형사소송법의 소송구조에 어긋나는 것일 뿐만 아니라, 헌법 제27조가 보장하는 기본권, 즉 법관의 면전에서 모든 증거자료가 조사·진술되고 이에 대하여 피고인이 공격·방어할 수 있는 기회가 실질적으로 부여되는 재판을 받을 권리를 침해하는 것이므로, 이러한 진술조서는 피고인이 증거로 할 수 있음에 동의하지 아니하는 한 증거능력이 없다고 할 것이고, 그 후 원진술자인 종전 증인이 다시 법정에 출석하여 증언을 하면서 그 진술조서의 성립의 진정함을 인정하고 피고인 측에 반대신문의 기회가 부여되었다고 하더라도 그 증언 자체를 유죄의 증거로 할 수 있음은 별론으로 하고 위와 같은 진술조서의 증거능력이 없다는 결론은 달리할 것이 아니다(대법원 2013.8.14, 2012도13665).

㉡ (×) 헌법상 보장된 변호인과의 접견교통권이 위법하게 제한된 상태에서 얻어진 피의자의 자백은 그 증거능력을 부인하는 유죄의 증거에서 실질적이고 완전하게 배제하여야 하는 것인바, 피고인이 구속되어 국가안전기획부에서 조사를 받다가 변호인의 접견신청이 불허되어 이에 대한 준항고를 제기 중에 검찰로 송치되어 검사가 피고인을 신문하여 제1회 피의자신문조서를 작성한 후 준항고절차에서 위 접견불허처분이 취소되어 접견이 허용된 경우에는 검사의 피고인에 대한 위 제1회 피의자신문은 변호인의 접견교통을 금지한 위법상태가 계속된 상황에서 시행된 것으로 보아야 할 것이므로 그 피의자신문조서는 증거능력이 없다(대법원 1990.9.25, 90도1586).

㉢ (○) 사전에 구속영장을 제시하지 아니한 채 구속영장을 집행하고, 그 구속 중 수집한 피고인의 진술증거 중 피고인의 제1심 법정진술은, 피고인이 구속집행절차의 위법성을 주장하면서 청구한 구속적부심사의 심문 당시 구속영장을 제시받은 바 있어 그 이후에는 구속영장에 기재된 범죄사실에 대하여 숙지하고 있었던 것으로 보이고, 구속 이후 원심에 이르기까지 구속적부심사와 보석의 청구를 통하여 구속집행절차의 위법성만을 다투었을 뿐, 그 구속 중 이루어진 진술증거의 임의성이나 신빙성에 대하여는 전혀 다투지 않았을 뿐만 아니라, 변호인과의 충분한 상의를 거친 후 공소사실 전부에 대하여 자백한 것이라면, 유죄 인정의 증거로 삼을 수 있는 예외적인 경우에 해당한다(대법원 2009.4.23, 2009도526).

㉣ (○) 통신비밀보호법 제3조 제1항이 "공개되지 아니한 타인 간의 대화를 녹음 또는 청취하지 못한다"라고 정한 것은, 대화에 원래부터 참여하지 않는 제3자가 그 대화를 하는 타인들 간의 발언을 녹음해서는 아니 된다는 취지이다. 3인 간의 대화에 있어서 그중 한 사람이 그 대화를 녹음하는 경우에 다른 두 사람의 발언은 그 녹음자에 대한 관계에서 '타인 간의 대화'라고 할 수 없으므로, 이와 같은 녹음행위가 통신비밀보호법 제3조 제1항에 위배된다고 볼 수는 없다(대법원 2006.10.12, 2006도4981). 즉, 대화에 이미 참여한 당사자가 녹음한 것으로 '타인 간의 대화'에 해당한다고 볼 수 없어 통신비밀보호법 위반이 아니고, 따라서 위법수집증거도 아니다.

㉤ (×) 수사기관이 별개의 증거를 피압수자 등에게 환부하고 후에 임의제출받아 다시 압수하였다면 증거를 압수한 최초의 절차 위반행위와 최종적인 증거수집 사이의 인과관계가 단절되었다고 평가할 수 있으나, 환부 후 다시 제출하는 과정에서 수사기관의 우월적 지위에 의하여 임의제출 명목으로 실질적으로 강제적인 압수가 행하여질 수 있으므로, 제출에 임의성이 있다는 점에 관하여는 검사가 합리적 의심을 배제할 수 있을 정도로

증명하여야 하고, 임의로 제출된 것이라고 볼 수 없는 경우에는 증거능력을 인정할 수 없다(대법원 2016.3.10, 2013도11233).

13

②

② ㉠㉢㉣㉤

㉠ (×) 압수의 대상이 되는 전자정보와 그렇지 않은 전자정보가 혼재된 정보저장매체나 그 복제본을 임의제출받은 수사기관이 그 정보저장매체 등을 수사기관 사무실 등으로 옮겨 이를 탐색·복제·출력하는 경우, 그와 같은 일련의 과정에서 형사소송법 제219조, 제121조에서 규정하는 피압수·수색 당사자(이하 '피압수자'라 한다)나 그 변호인에게 참여의 기회를 보장하고 압수된 전자정보의 파일 명세가 특정된 압수목록을 작성·교부하여야 하며 범죄혐의사실과 무관한 전자정보의 임의적인 복제 등을 막기 위한 적절한 조치를 취하는 등 영장주의 원칙과 적법절차를 준수하여야 한다. 만약 그러한 조치가 취해지지 않았다면 피압수자 측이 참여하지 아니한다는 의사를 명시적으로 표시하였거나 임의제출의 취지와 경과 또는 그 절차 위반행위가 이루어진 과정의 성질과 내용 등에 비추어 피압수자 측에 절차 참여를 보장한 취지가 실질적으로 침해되었다고 볼 수 없을 정도에 해당한다는 등의 특별한 사정이 없는 이상 압수·수색이 적법하다고 평가할 수 없고, 비록 수사기관이 정보저장매체 또는 복제본에서 범죄혐의사실과 관련된 전자정보만을 복제·출력하였다 하더라도 달리 볼 것은 아니다. 나아가 피해자 등 제3자가 피의자의 소유·관리에 속하는 정보저장매체를 영장에 의하지 않고 임의제출한 경우에는 실질적 피압수자인 피의자가 수사기관으로 히여금 그 전지정보 전부를 무제한 탐색히는 데 동의한 것으로 보기 어려울 뿐만 아니라 피의자 스스로 임의제출한 경우 피의자의 참여권 등이 보장되어야 하는 것과 견주어 보더라도 특별한 사정이 없는 한 형사소송법 제219조, 제121조, 제129조에 따라 피의자에게 참여권을 보장하고 압수한 전자정보 목록을 교부하는 등 피의자의 절차적 권리를 보장하기 위한 적절한 조치가 이루어져야 한다(대법원 2021.11.18, 2016도348 전원합의체 등). 이와 같이 정보저장매체를 임의제출한 피압수자에 더하여 임의제출자 아닌 피의자에게도 참여권이 보장되어야 하는 '피의자의 소유·관리에 속하는 정보저장매체'라 함은, 피의자가 압수·수색 당시 또는 이와 시간적으로 근접한 시기까지 해당 정보저장매체를 현실적으로 지배·관리하면서 그 정보저장매체 내 전자정보 전반에 관한 전속적인 관리처분권을 보유·행사하고, 달리 이를 자신의 의사에 따라 제3자에게 양도하거나 포기하지 아니한 경우로서, 피의자를 그 정보저장매체에 저장된 전자정보에 대하여 실질적인 압수·수색 당사자로 평가할 수 있는 경우를 말하는 것이다. 이에 해당하는지 여부는 민사법상 권리의 귀속에 따른 법률적·사후적 판단이 아니라 압수·수색 당시 외형적·객관적으로 인식 가능한 사실상의 상태를 기준으로 판단하여야 한다. 이러한 정보저장매체의 외형적·객관적 지배·관리 등 상태와 별도로 단지 피의자나 그 밖의 제3자가 과거 그 정보저장매체의 이용 내지 개별 전자정보의 생성·이용 등에 관여한 사실이 있다거나 그 과정에서 생성된 전자정보에 의해 식별되는 정보주체에 해당한다는 사정만으로 그들을 실질적으로 압수·수색을 받는 당사자로 취급하여야 하는 것은 아니다(대법원 2022.1.27, 2021도11170).

㉡ (○) 법원이 증인신문절차의 공개금지사유로 삼은 사정이 '국가의 안녕질서를 방해할 우려가 있는 때'에 해당하지 아니하고,

달리 헌법 제109조, 법원조직법 제57조 제1항이 정한 공개금지사유를 찾아볼 수도 없다면, 법원의 공개금지결정은 피고인의 공개재판을 받을 권리를 침해한 것으로서 그 절차에 의하여 이루어진 증인의 증언은 증거능력이 없다(대법원 2005.10.28, 2005도5854).

㉢ (×) 피고인을 강제로 연행한 조치는 위법한 체포에 해당하고, 위법한 체포상태에서 이루어진 채뇨 요구 또한 위법하므로 그에 의하여 수집된 '소변검사시인서'는 유죄 인정의 증거로 삼을 수 없으나, 한편 연행 당시 피고인이 마약을 투약한 것이거나 자살할지도 모른다는 취지의 구체적 제보가 있었던 데다가, 피고인이 경찰관 앞에서 바지와 팬티를 내리는 등 비상식적인 행동을 하였던 사정 등에 비추어 피고인에 대한 긴급한 구호의 필요성이 전혀 없었다고 볼 수 없는 점, 경찰관들은 임의동행시점으로부터 얼마 지나지 아니하여 체포의 이유와 변호인 선임권 등을 고지하면서 피고인에 대한 긴급체포의 절차를 밟는 등 절차의 잘못을 시정하려고 한 바 있어, 경찰관들의 위와 같은 임의동행조치는 단지 수사의 순서를 잘못 선택한 것이라고 할 수 있지만 관련 법규정으로부터의 실질적 일탈 정도가 헌법에 규정된 영장주의 원칙을 현저히 침해할 정도에 이르렀다고 보기 어려운 점 등에 비추어 볼 때, 위와 같은 2차적 증거 수집이 위법한 체포·구금절차에 의하여 형성된 상태를 직접 이용하여 행하여진 것으로는 쉽사리 평가할 수 없으므로, 이와 같은 사정은 체포과정에서의 절차적 위법과 2차적 증거 수집 사이의 인과관계를 희석하게 할 만한 정황에 속하고, 메스암페타민 투약 범행의 중대성도 아울러 참작될 필요가 있는 점 등 제반 사정을 고려할 때 2차적 증거인 소변 감정서 등은 증거능력이 인정된다(대법원 2013.3.14, 2012도13611).

㉣ (×) 검사 또는 사법경찰관은 범죄수사에 필요한 때에는 피의자가 죄를 범하였다고 의심할 만한 정황이 있는 경우에 판사로부터 발부받은 영장에 의하여 압수·수색을 할 수 있으나, 압수·수색은 영장 발부의 사유로 된 범죄 혐의사실과 관련된 증거에 한하여 할 수 있으므로, 영장 발부의 사유로 된 범죄 혐의사실과 무관한 별개의 증거를 압수하였을 경우 이는 원칙적으로 유죄 인정의 증거로 사용할 수 없다. 다만 수사기관이 별개의 증거를 피압수자 등에게 환부하고 후에 임의제출받아 다시 압수하였다면 증거를 압수한 최초의 절차 위반행위와 최종적인 증거수집 사이의 인과관계가 단절되었다고 평가할 수 있으나(따라서 위 ㉣은 틀림), 환부 후 다시 제출하는 과정에서 수사기관의 우월적 지위에 의하여 임의제출 명목으로 실질적으로 강제적인 압수가 행하여질 수 있으므로, 제출에 임의성이 있다는 점에 관하여는 검사가 합리적 의심을 배제할 수 있을 정도로 증명하여야 하고, 임의로 제출된 것이라고 볼 수 없는 경우에는 증거능력을 인정할 수 없다(대법원 2016.3.10, 2013도11233).

㉤ (×) 수사기관은 범죄수사의 필요성이 있고 피의자가 죄를 범하였다고 의심할 만한 정황이 있는 경우에도 해당 사건과 관계가 있다고 인정할 수 있는 것에 한하여 영장을 발부받아 압수·수색을 할 수 있다. 영장 발부의 사유로 된 범죄 혐의사실과 관련된 증거가 아니라면 적법한 압수·수색이 아니다. 따라서 영장 발부의 사유로 된 범죄 혐의사실과 무관한 별개의 증거를 압수하였을 경우 이는 원칙적으로 유죄 인정의 증거로 사용할 수 없다(대법원 2016.3.10, 2013도11233; 2017.11.14, 2017도3449 등). 피고인의 진술은 위법수집증거인 이 사건 전자정보 출력물을 직접 제시받고 한 것과 같거나, 적어도 피고인의 진술은 이

사건 전자정보 출력물의 내용을 전제로 한 신문에 답변한 것이라면(피고인은 당시 이 사건 전자정보 출력물이 위법수집증거에 해당할 수 있다는 점을 고지받거나 그러한 내용의 법적 조언을 받지 못하였음), 이 사건 전자정보의 증거능력이 인정되지 아니하므로, 그에 터 잡아 수집한 2차적 증거인 피고인의 검찰 진술과 법정 진술도 위법수집증거의 2차적 증거로서 인과관계가 희석 또는 단절되지 아니하였으므로 그 증거능력이 인정되지 않는다(대법원 2018.4.26, 2018도2624).

14 정답 ②

② ㉠㉢㉣

㉠ (O) 압수·수색영장에는 피의자의 성명, 죄명, 압수할 물건, 수색할 장소, 신체, 물건, 발부 연월일, 유효기간과 그 기간을 경과하면 집행에 착수하지 못하며 영장을 반환하여야 한다는 취지, 그 밖에 대법원규칙으로 정한 사항을 기재하고 영장을 발부하는 법관이 서명날인하여야 한다(형사소송법 제219조, 제114조 제1항 본문). 이 사건 영장은 법관의 서명날인란에 서명만 있고 날인이 없으므로, 형사소송법이 정한 요건을 갖추지 못하여 적법하게 발부되었다고 볼 수 없다. 그러나 이 사건 영장이 형사소송법이 정한 요건을 갖추지 못하여 적법하게 발부되지 못하였다고 하더라도, 그 영장에 따라 수집한 이 사건 파일 출력물의 증거능력을 인정할 수 있다. 이에 기초하여 획득한 2차적 증거인 위 각 증거 역시 증거능력을 인정할 수 있다(대법원 2019.7.11, 2018도20504).

㉡ (×) 형사소송법 제219조, 제121조에 의하면, 수사기관이 압수·수색영장을 집행할 때 피의자 또는 변호인은 그 집행에 참여할 수 있다. 압수의 목적물이 컴퓨터용디스크 그 밖에 이와 비슷한 정보저장매체인 경우에는 영장 발부의 사유로 된 범죄 혐의사실과 관련 있는 정보의 범위를 정하여 출력하거나 복제하여 이를 제출받아야 하고, 피의자나 변호인에게 참여의 기회를 보장하여야 한다. 만약 그러한 조치를 취하지 않았다면 이는 형사소송법에 정한 영장주의 원칙과 적법절차를 준수하지 않은 것이다. 수사기관이 정보저장매체에 기억된 정보 중에서 키워드 또는 확장자 검색 등을 통해 범죄 혐의사실과 관련 있는 정보를 선별한 다음 정보저장매체와 동일하게 비트열 방식으로 복제하여 생성한 파일(이하 '이미지 파일')을 제출받아 압수하였다면 이로써 압수의 목적물에 대한 압수·수색 절차는 종료된 것이므로, 수사기관이 수사기관 사무실에서 위와 같이 압수된 이미지 파일을 탐색·복제·출력하는 과정에서도 피의자 등에게 참여의 기회를 보장하여야 하는 것은 아니다(대법원 2018.2.8, 2017도13263).

㉢ (O) 압수물인 컴퓨터용 디스크 그 밖에 이와 비슷한 정보저장매체(이하 '정보저장매체')에 입력하여 기억된 문자정보 또는 그 출력물(이하 '출력 문건')을 증거로 사용하기 위해서는 정보저장매체 원본에 저장된 내용과 출력 문건의 동일성이 인정되어야 하고, 이를 위해서는 정보저장매체 원본이 압수 시부터 문건 출력 시까지 변경되지 않았다는 사정, 즉 무결성이 담보되어야 한다. 특히 정보저장매체 원본을 대신하여 저장매체에 저장된 자료를 '하드카피' 또는 '이미징'한 매체로부터 출력한 문건의 경우에는 정보저장매체 원본과 '하드카피' 또는 '이미징'한 매체 사이에 자료의 동일성도 인정되어야 할 뿐만 아니라, 이를 확인하는 과정에서 이용한 컴퓨터의 기계적 정확성, 프로그램

의 신뢰성, 입력·처리·출력의 각 단계에서 조작자의 전문적인 기술능력과 정확성이 담보되어야 한다. 이 경우 출력 문건과 정보저장매체에 저장된 자료가 동일하고 정보저장매체 원본이 문건 출력 시까지 변경되지 않았다는 점은, 피압수·수색 당사자가 정보저장매체 원본과 '하드카피' 또는 '이미징'한 매체의 해쉬(Hash) 값이 동일하다는 취지로 서명한 확인서면을 교부받아 법원에 제출하는 방법에 의하여 증명하는 것이 원칙이나, 그와 같은 방법에 의한 증명이 불가능하거나 현저히 곤란한 경우에는, 정보저장매체 원본에 대한 압수, 봉인, 봉인해제, '하드카피' 또는 '이미징' 등 일련의 절차에 참여한 수사관이나 전문가 등의 증언에 의해 정보저장매체 원본과 '하드카피' 또는 '이미징'한 매체 사이의 해쉬 값이 동일하다거나 정보저장매체 원본이 최초 압수 시부터 밀봉되어 증거 제출 시까지 전혀 변경되지 않았다는 등의 사정을 증명하는 방법 또는 법원이 그 원본에 저장된 자료와 증거로 제출된 출력 문건을 대조하는 방법 등으로도 그와 같은 무결성·동일성을 인정할 수 있으며, 반드시 압수·수색 과정을 촬영한 영상녹화물 재생 등의 방법으로만 증명하여야 한다고 볼 것은 아니다(대법원 2013.7.26, 2013도2511).

㉣ (O) 구 도로교통법 제44조 제2항, 제3항은 음주운전 혐의가 있는 운전자에게 수사를 위한 호흡측정에도 응할 것을 간접적으로 강제하는 한편 혈액 채취 등의 방법에 의한 재측정을 통하여 호흡측정의 오류로 인한 불이익을 구제받을 수 있는 기회를 보장하는 데 취지가 있으므로, 이 규정들이 음주운전에 대한 수사방법으로서의 혈액 채취에 의한 측정의 방법을 운전자가 호흡측정 결과에 불복하는 경우에만 한정하여 허용하려는 취지의 규정이라고 해석할 수는 없다. … 음주운전에 대한 수사 과정에서 음주운전 혐의가 있는 운전자에 대하여 구 도로교통법 제44조 제2항에 따른 호흡측정이 이루어진 경우에는 그에 따라 과학적이고 중립적인 호흡측정 수치가 도출된 이상 다시 음주측정을 할 필요성은 사라졌으므로 운전자의 불복이 없는 한 다시 음주측정을 하는 것은 원칙적으로 허용되지 아니한다. 그러나 운전자의 태도와 외관, 운전 행태 등에서 드러나는 주취 정도, 운전자가 마신 술의 종류와 양, 운전자가 사고를 야기하였다면 경위와 피해 정도, 목격자들의 진술 등 호흡측정 당시의 구체적 상황에 비추어 호흡측정기의 오작동 등으로 인하여 호흡측정 결과에 오류가 있다고 인정할 만한 객관적이고 합리적인 사정이 있는 경우라면 그러한 호흡측정 수치를 얻은 것만으로는 수사의 목적을 달성하였다고 할 수 없어 추가로 음주측정을 할 필요성이 있으므로, 경찰관이 음주운전 혐의를 제대로 밝히기 위하여 운전자의 자발적인 동의를 얻어 혈액 채취에 의한 측정의 방법으로 다시 음주측정을 하는 것을 위법하다고 볼 수는 없다. 이 경우 운전자가 일단 호흡측정에 응한 이상 재차 음주측정에 응할 의무까지 당연히 있다고 할 수는 없으므로, 운전자의 혈액 채취에 대한 동의의 임의성을 담보하기 위하여는 경찰관이 미리 운전자에게 혈액 채취를 거부할 수 있음을 알려주었거나 운전자가 언제든지 자유로이 혈액 채취에 응하지 아니할 수 있었음이 인정되는 등 운전자의 자발적인 의사에 의하여 혈액 채취가 이루어졌다는 것이 객관적인 사정에 의하여 명백한 경우에 한하여 혈액 채취에 의한 측정의 적법성이 인정된다(대법원 2015.7.9, 2014도16051).

㉤ (×) 피의자는 2009.11.2. 22:00경 긴급체포되어 조사를 받고 구속영장이 청구되지 아니하여 2009.11.4. 20:10경 석방되었음에도 검사가 그로부터 30일 이내에 법 제200조의4에 따른 석방통

지를 법원에 하지 아니한 경우, 피의자에 대한 긴급체포 당시의 상황과 경위, 긴급체포 후 조사 과정 등에 특별한 위법이 있다고 볼 수 없는 이상, 단지 사후에 석방통지가 법에 따라 이루어지지 않았다는 사정만으로 그 긴급체포에 의한 유치 중에 작성된 피의자신문조서들의 작성이 소급하여 위법하게 된다고 볼 수는 없다(대법원 2014.8.26, 2011도6035).

15

정답 ③

③ ㉠㉡㉢㉤㉥

㉠ (○) (수사기관이 외국인을 체포하거나 구속하면서 지체 없이 영사통보권 등이 있음을 고지하지 않았다면 수사절차는 위법함) 영사관계에 관한 비엔나협약(Vienna Convention on Consular Relations, 1977.4.6. 대한민국에 대하여 발효된 조약 제594호, 이하 '협약'이라 한다) 제36조 제1항 (b)호, 경찰수사규칙 제91조 제2항, 제3항이 외국인을 체포·구속하는 경우 지체 없이 외국인에게 영사통보권 등이 있음을 고지하고, 외국인의 요청이 있는 경우 영사기관에 체포·구금 사실을 통보하도록 정한 것은 외국인의 본국이 자국민의 보호를 위한 조치를 취할 수 있도록 협조하기 위한 것이다. 따라서 수사기관이 외국인을 체포하거나 구속하면서 지체 없이 영사통보권 등이 있음을 고지하지 않았다면 체포나 구속 절차는 국내법과 같은 효력을 가지는 협약 제36조 제1항 (b)호를 위반한 것으로 위법하다(대법원 2022.4.28, 2021도17103).

㉡ (○) 적법한 절차에 따르지 아니하고 수집한 증거는 증거로 할 수 없다(형사소송법 제308조의2). 다만 수사기관의 절차 위반행위가 적법절차의 실질적인 내용을 침해하는 경우에 해당하지 않고, 오히려 그 증거의 증거능력을 배제하는 것이 헌법과 형사소송법이 형사소송에 관한 절차 조항을 마련하여 적법절차의 원칙과 실체적 진실 규명의 조화를 도모하고 이를 통하여 형사사법 정의를 실현하려고 한 취지에 반하는 결과를 초래하는 것으로 평가되는 예외적인 경우라면 법원은 그 증거를 유죄 인정의 증거로 사용할 수 있다. 이 사건에서 사법경찰관이 피고인을 현행범인으로 체포할 당시 피고인이 인도네시아 국적의 외국인이라는 사실이 명백했는데도 피고인에게 영사통보권 등을 고지하지 않았으므로 이 사건 체포나 구속 절차는 협약 제36조 제1항 (b)호를 위반하여 위법하다. 다만, 이 사건에서 피고인이 영사통보권 등을 고지받았더라도 영사의 조력을 구하였으리라고 보기 어려운 점, 수사기관이 피고인에게 영사통보권 등을 고지하지 않았더라도 그로 인해 피고인에게 실질적인 불이익이 초래되었다고 볼 수 없는 점 등에 비추어보면 이 사건 체포나 구속 절차에 협약 제36조 제1항 (b)호를 위반한 위법이 있더라도 절차 위반의 내용과 정도가 중대하거나 절차 조항이 보호하고자 하는 외국인 피고인의 권리나 법익을 본질적으로 침해하였다고 볼 수 없으므로 이 사건 체포나 구속 이후 수집된 증거와 이에 기초한 증거들은 위법수집 배제 원칙의 예외에 해당하여 유죄 인정의 증거로 사용할 수 있다(대법원 2022.4.28, 2021도17103).

㉢ (×), ㉣ (○) 피고인에게 불리한 증거인 증인이 주신문의 경우와 달리 반대신문에 대하여는 답변을 하지 아니하는 등 진술내용의 모순이나 불합리를 그 증인신문 과정에서 드러내어 이를 탄핵하는 것이 사실상 곤란하였고, 그것이 피고인 또는 변호인에게 책임있는 사유에 기인한 것이 아닌 경우라면, 관계 법령의

규정 혹은 증인의 특성 기타 공판절차의 특수성에 비추어 이를 정당화할 수 있는 특별한 사정이 존재하지 아니하는 이상, 이와 같이 실질적 반대신문권의 기회가 부여되지 아니한 채 이루어진 증인의 법정진술은 위법한 증거로서 증거능력을 인정하기 어렵다. 이 경우 피고인의 책문권 포기로 그 하자가 치유될 수 있으나, 책문권 포기의 의사는 명시적인 것이어야 한다(대법원 2010.1.14, 2009도9344)(대법원 2022.3.17, 2016도17054).

[보충] 채무자 특수상해 혐의를 받은 폭력조직 두목에 대하여 증거부족을 이유로 무죄판결을 내린 판례이다.

㉤ (○) 제141조 제3항 참조.

> **제141조(신체검사에 관한 주의)** ① 신체의 검사에 관하여는 검사를 받는 사람의 성별, 나이, 건강상태, 그 밖의 사정을 고려하여 그 사람의 건강과 명예를 해하지 아니하도록 주의하여야 한다.
> ② 피고인 아닌 사람의 신체검사는 증거가 될 만한 흔적을 확인할 수 있는 현저한 사유가 있는 경우에만 할 수 있다.
> ③ 여자의 신체를 검사하는 경우에는 의사나 성년 여자를 참여하게 하여야 한다.
> ④ 시체의 해부 또는 분묘의 발굴을 하는 때에는 예(禮)에 어긋나지 아니하도록 주의하고 미리 유족에게 통지하여야 한다.
> 제219조(준용규정) 제106조, 제107조, 제109조 내지 제112조, 제114조, 제115조 제1항 본문, 제2항, 제118조부터 제132조까지, 제134조, 제135조, 제140조, 제141조, 제333조 제2항, 제486조의 규정은 검사 또는 사법경찰관의 본장의 규정에 의한 압수, 수색 또는 검증에 준용한다. 단, 사법경찰관이 제130조, 제132조 및 제134조에 따른 처분을 함에는 검사의 지휘를 받아야 한다.

㉥ (○) 전자정보에 대한 압수·수색이 종료되기 전에 유관정보를 적법하게 탐색하는 과정에서 무관정보를 우연히 발견한 경우라면, 수사기관으로서는 더 이상의 추가 탐색을 중단하고 법원으로부터 별도의 범죄혐의에 대한 압수·수색영장을 발부받은 경우에 한하여 그러한 정보에 대하여도 적법하게 압수·수색을 할 수 있다. 수사기관이 유관정보를 선별하여 압수한 후에도 무관정보를 삭제·폐기·반환하지 않은 채 그대로 보관하고 있다면 무관정보 부분에 대하여는 압수의 대상이 되는 전자정보의 범위를 넘어서는 전자정보를 영장 없이 압수·수색하여 취득한 것이어서 위법하고, 사후에 법원으로부터 압수·수색영장이 발부되었다거나 피고인이나 변호인이 이를 증거로 함에 동의하였다고 하여 그 위법성이 치유된다고 볼 수 없다. 수사기관이 새로운 범죄혐의의 수사를 위하여 무관정보가 남아 있는 복제본을 열람하는 것은 압수·수색영장으로 압수되지 않은 전자정보를 영장 없이 수색하는 것과 다르지 않다. 따라서 복제본은 더 이상 수사기관의 탐색, 복제 또는 출력 대상이 될 수 없으며, 수사기관은 새로운 범죄혐의의 수사를 위하여 필요한 경우에도 기존 압수·수색 과정에서 출력하거나 복제한 유관정보의 결과물을 열람할 수 있을 뿐이다. 사후에 법원으로부터 복제본을 대상으로 압수·수색영장을 발부받아 집행하였다고 하더라도, 이는 압수·수색절차가 종료됨에 따라 당연히 삭제·폐기되었어야 할 전자정보를 대상으로 한 것으로 위법하다(대법원 2024.4.16, 2020도3050).

16

정답 ③

③ ㉢㉥

⑦ (×) 타인의 진술을 내용으로 하는 진술이 전문증거인지 여부는 요증사실과의 관계에서 정하여지는바, 원진술의 내용인 사실이 요증사실인 경우에는 전문증거이나, 원진술의 존재 자체가 요증사실인 경우에는 본래증거이지 전문증거가 아니다. 피고인의 위와 같은 원진술의 존재 자체가 이 사건 알선수재죄에 있어서의 요증사실이므로, 이를 직접 경험한 공소외 2가 피고인으로부터 위와 같은 말들을 들었다고 하는 진술들은 전문증거가 아니라 본래증거에 해당된다(대법원 2008.9.25, 2008도5347).

⑥ (×) 정보통신망을 통하여 공포심이나 불안감을 유발하는 글을 반복적으로 상대방에게 도달하게 하는 행위를 하였다는 공소사실에 대하여 휴대전화기에 저장된 문자정보가 그 증거가 되는 경우, 그 문자정보는 범행의 직접적인 수단이고 경험자의 진술에 갈음하는 대체물에 해당하지 않으므로, 형사소송법 제310조의2에서 정한 전문법칙이 적용되지 않는다(대법원 2008.11.13, 2006도2556).

ⓒ (○) 법률의견서는 압수된 디지털 저장매체로부터 출력한 문건으로서 실질에 있어서 형사소송법 제313조 제1항에 규정된 '피고인 아닌 자가 작성한 진술서나 그 진술을 기재한 서류'에 해당한다(대법원 2012.5.17, 2009도6788).

ⓔ (×) 정보저장매체에 기억된 문자정보의 내용의 진실성이 아닌 그와 같은 내용의 문자정보가 존재하는 것 자체가 증거가 되는 경우에는 전문법칙이 적용되지 아니한다(대법원 1999.9.3, 99도2317).

ⓜ (○) 타인의 진술을 내용으로 하는 진술이 전문증거인지 여부는 요증사실과의 관계에서 정하여지는바, 원진술의 내용인 사실이 요증사실인 경우에는 전문증거이나, 원진술의 존재 자체가 요증사실인 경우에는 본래증거이지 전문증거가 아니다(대법원 2008. 9.25, 2008도5347).

17 정답 ③

③ ⑦ⓒⓔⓜ

⑦ (○) 대법원 2008.11.13, 2006도2556

ⓒ (○) 甲의 진술은 요증사실의 일부를 이루는 진술이므로 원본증거가 되어 전문법칙이 적용되지 않는다.

ⓒ (×) 피고인을 검거하고 경찰에서 피고인에 대하여 피의자 신문을 한 경찰관의 피고인이 경찰조사에서 범행사실을 순순히 자백하였다는 증언은 피고인이 경찰에서의 진술을 부인하는 이상 형사소송법 제312조 제2항(현 형사소송법 제312조 제3항)의 취지에 비추어 증거능력이 없다(대법원 2002.8.23, 2002도2112).

ⓔ (○) A의 증언은 간접사실로 적용될 뿐 전문증거가 아니다.

ⓜ (○) 형사소송법 제312조 제3항에 의하면, 검사 이외의 수사기관이 작성한 피의자신문조서는 그 피의자였던 피고인 또는 변호인이 그 내용을 인정할 때에 한하여 증거로 할 수 있다. 피의자의 진술을 기재한 서류 내지 문서가 수사기관의 수사과정에서 작성된 것이라면 그 서류나 문서의 형식과 관계없이 피의자신문조서와 달리 볼 이유가 없으므로, 이 사건 압수조서는 수사기관이 수사과정에서 작성한 서류로서 거기에 기재된 피고인의 진술 부분은 피고인 또는 변호인이 그 내용을 인정하는 경우에 한하여 증거로 할 수 있다. 따라서 수사기관이 작성한 압수조서에 기재된 피의자였던 피고인의 자백 진술 부분은 피고인 또는 변호인이 내용을 부인하는 이상 증거능력이 없다(대법원 1983.7.26, 82도385; 2006.1.13, 2003도6548; 2024.5.30, 2020도16796).

18 정답 ④

④ ⓒⓒⓜ

⑦ (○) 2020.2.4. 법률 제16924호로 개정되어 2022.1.1.부터 시행된 형사소송법 제312조 제1항은 검사가 작성한 피의자신문조서는 공판준비, 공판기일에 그 피의자였던 피고인 또는 변호인이 그 내용을 인정할 때에 한정하여 증거로 할 수 있다고 규정하고 있다. 여기서 '그 내용을 인정할 때'라 함은 피의자신문조서의 기재 내용이 진술 내용대로 기재되어 있다는 의미가 아니고 그와 같이 진술한 내용이 실제 사실과 부합한다는 것을 의미한다(대법원 2022.7.28, 2020도15669; 2010.6.24, 2010도5040 등). 따라서 피고인이 공소사실을 부인하는 경우 검사가 작성한 피의자신문조서 중 공소사실을 인정하는 취지의 진술 부분은 그 내용을 인정하지 않았다고 보아야 한다(대법원 2023.4.27, 2023도2102).

[보충] 피고인은 제1심에서 공소사실을 부인하였으므로 증거목록에 피고인이 제1심에서 검찰 피의자신문조서에 동의한 것으로 기재되어 있어도 그중 공소사실을 인정하는 취지의 진술 내용을 인정하지 않았다고 보아야 하고 증거목록에 위와 같이 기재되어 있는 것은 착오 기재이거나 조서를 잘못 정리한 것으로 이해될 뿐 이로써 위 검찰 피의자신문조서가 증거능력을 가지게 되는 것은 아니다(위 판례).

ⓒ (×) 피고인에 대한 검사 작성의 피의자신문조서가 그 내용 중 일부를 가린 채 복사를 한 다음 원본과 상위 없다는 인증을 하여 초본의 형식으로 제출된 경우에, 위와 같은 피의자신문조서 초본은 피의자신문조서원본 중 가려진 부분의 내용이 가려지지 않은 부분과 분리 가능하고 당해 공소사실과 관련성이 없는 경우에만, 그 피의자신문조서의 원본이 존재하거나 존재하였을 것, 피의자신문조서의 원본 제출이 불능 또는 곤란한 사정이 있을 것, 원본을 정확하게 전사하였을 것 등 3가지 요건을 전제로 피고인에 대한 검사 작성의 피의자신문조서원본과 동일하게 취급할 수 있다(대법원 2002.10.22, 2000도5461).

ⓒ (×), ⓔ (○) 형사소송법 제312조 제1항에서 정한 '검사가 작성한 피의자신문조서'란 당해 피고인에 대한 피의자신문조서만이 아니라 당해 피고인과 공범관계에 있는 다른 피고인이나 피의자에 대하여 검사가 작성한 피의자신문조서도 포함되고, 여기서 말하는 '공범'에는 형법 총칙의 공범 이외에도 서로 대향된 행위의 존재를 필요로 할 뿐 각자의 구성요건을 실현하고 별도의 형벌 규정에 따라 처벌되는 강학상 필요적 공범 또는 대향범까지 포함한다. 따라서 피고인이 자신과 공범관계에 있는 다른 피고인이나 피의자에 대하여 검사가 작성한 피의자신문조서의 내용을 부인하는 경우에는 형사소송법 제312조 제1항에 따라 유죄의 증거로 쓸 수 없다(대법원 2023.6.1, 2023도3741).

ⓜ (×) 공범자 아닌 공동피고인에 대한 사법경찰관 작성 피의자신문조서는 피고인에 대해서는 법 제312조 제4항의 참고인진술조서와 같은 증거능력 인정요건이 적용된다. 즉, 공범자 아닌 공동피고인에 대한 피의자신문조서에 관해서는 검사 작성이든 사법경찰관 작성이든 법 제312조 제4항이 적용된다는 점에서 동일하다(대법원 2006.1.12, 2005도7601). 위 지문은 제312조 제3항이 적용된다는 내용이므로 틀렸다.

19 정답 ④

④ ⑦ⓒⓜ

㉠ (×) 외관상 검사가 작성한 것으로 되어 있는 피고인에 대한 피의자신문조서가 검찰주사와 검찰주사보가 담당 검사가 임석하지 아니한 상태에서 피의자였던 피고인을 번갈아가며 신문한 끝에 작성된 것으로, 담당 검사는 검찰주사 등이 피고인에 대한 조사를 끝마치고 자백하는 취지의 진술을 기재한 피의자신문조서를 작성하여 가져오자 이를 살펴본 후 비로소 피고인이 조사를 받고 있던 방으로 와서 피의자신문조서를 손에 든 채 그에게 "이것이 모두 사실이냐"는 취지로 개괄적으로 질문한 사실이 있을 뿐, 피의사실에 관하여 위 피고인을 직접·개별적으로 신문한 바 없는 경우, 위 피의자신문조서를 (구)형사소송법 제312조 제1항 소정의 '검사가 피의자나 피의자 아닌 자의 진술을 기재한 조서'로 볼 수 없으므로 그 증거능력 유무는 검사 이외의 수사기관이 작성한 피의자신문조서와 마찬가지 기준에 의하여 결정되어야 할 것이어서, 결국 위 피의자신문조서는 피고인이 그 내용을 부인하는 이상 유죄의 증거로 삼을 수 없다고 한 원심의 판단은 정당하다(대법원 2003.10.9, 2002도4372).

㉡ (×) 형사소송법 제312조 제3항은 검사 이외의 수사기관이 작성한 당해 피고인에 대한 피의자신문조서를 유죄의 증거로 하는 경우뿐만 아니라, 검사 이외의 수사기관이 작성한 당해 피고인과 공범관계에 있는 다른 피고인이나 피의자에 대한 피의자신문조서를 당해 피고인에 대한 유죄의 증거로 채택할 경우에도 적용된다. 따라서 당해 피고인과 공범관계에 있는 공동피고인에 대하여 검사 이외의 수사기관이 작성한 피의자신문조서는 그 공동피고인의 법정진술에 의하여 성립의 진정이 인정되더라도 당해 피고인이 공판기일에서 그 조서의 내용을 부인하면 증거능력이 부정된다(대법원 2010.1.28, 2009도10139).

㉢ (○) 원진술자가 조서의 성립의 진정함을 인정하는 진술을 하였다 하더라도, 그 조서에 대하여 증거조사가 완료되기 전에는 최초의 진술을 번복함으로써 그 조서를 유죄 인정의 자료로 사용할 수 없도록 할 수 있으나, 그 조서에 대하여 위의 증거조사가 완료된 뒤에는 그와 같은 번복의 의사표시에 의하여 이미 인정된 조서의 증거능력이 당연히 상실되는 것은 아니다(구법상 검사 작성 피의자신문조서에 관한 판례로는 대법원 2008.7.10, 2007도7760).

[보충] 다만, 적법절차 보장의 정신에 비추어 성립의 진정함을 인정한 최초의 진술에 그 효력을 그대로 유지하기 어려운 중대한 하자가 있고 그에 관하여 진술인에게 귀책사유가 없는 경우에 한하여 예외적으로 증거조사 절차가 완료된 뒤에도 그 진술을 취소할 수 있고, 그 취소 주장이 이유 있는 것으로 받아들여지게 되면 법원은 구 형사소송규칙 제139조 제4항의 증거배제결정을 통하여 그 조서를 유죄 인정의 자료에서 제외하여야 한다(위 판례).

㉣ (○) 공동피고인인 절도범과 그 장물범은 서로 다른 공동피고인의 범죄사실에 관하여는 증인의 지위에 있다 할 것이므로(공범자 아닌 공동피고인에 해당한다는 의미임), 피고인이 증거로 함에 동의한 바 없는 공동피고인에 대한 피의자신문조서는 공동피고인의 증언에 의하여 그 성립의 진정이 인정되지 아니하는 한 피고인의 공소 범죄사실을 인정하는 증거로 할 수 없다(대법원 1982.6.22, 82도898; 1982.9.14, 82도1000 등). 원심은, 원심 공동피고인에 대한 경찰 및 검찰 피의자신문조서 중 원심 공동피고인이 원심 판시 별지 '범죄일람표 3' 순번 1 내지 5 기재와 같이 그가 절취한 각 수표를 피고인 2를 통하여 교환한 사실이 있다는 진술기재 부분은 원심 공동피고인의 제1심법정에서의 증언에 의하여 실질적 진정성립이 인정되지 아니하여 증거능력이 없고, 달리 '범죄일람표 3' 순번 1 내지 5의 공소사실을 인정할 증거가 없다고 판단하여, 이 부분 공소사실에 대하여 무죄를 선고한 제1심판결을 그대로 유지하였던바, 위와 같은 원심의 조치는 옳은 것으로 수긍이 가고, 거기에 공동피고인에 대한 피의자신문조서의 증거능력에 관한 법리오해 또는 채증법칙 위배로 인한 사실오인 등의 위법이 있다고 할 수 없다(대법원 2006.1.12, 2005도7601).

㉤ (×) 수사기관에 제출된 변호인의견서 즉, 변호인이 피의사건의 실체나 절차에 관하여 자신의 의견 등을 기재한 서면에 피의자가 당해사건 수사기관에 한 진술이 인용되어 있는 경우가 있다. 변호인의견서에 기재된 이러한 내용의 진술은 수사기관의 수사과정에서 작성된 '피의자의 진술이 기재된 신문조서나 진술서 등'으로부터 독립하여 증거능력을 가질 수 없는 성격의 것이고, '피의자의 진술이 기재된 신문조서나 진술서 등'의 증거능력을 인정하지 않는 경우에 변호인의견서에 기재된 동일한 내용의 피의자 진술 부분을 유죄의 증거로 사용할 수 있다면 피의자였던 피고인에게 불의의 타격이 될 뿐만 아니라 피의자 등의 보호를 목적으로 하는 변호인의 지위나 변호인 제도의 취지에도 반하게 된다. 따라서 피고인이 피의자였을 때 수사기관에 한 진술이 기재된 조서나 수사과정에서 작성된 진술서 등의 증거능력을 인정할 수 없다면 수사기관에 제출된 변호인의견서에 기재된 같은 취지의 피의자 진술 부분도 유죄의 증거로 사용할 수 없다(대법원 2024.5.30, 2020도16796).

20

정답 ②

② ㉡㉣

㉠ (○) 피의자의 진술을 녹취 내지 기재한 서류 또는 문서가 수사기관에서의 조사 과정에서 작성된 것이라면, 그것이 '진술조서, 진술서, 자술서'라는 형식을 취하였다고 하더라도 피의자신문조서와 달리 볼 수 없다(대법원 2014.4.10, 2014도1779).

㉡ (×) 검사가 작성한 진술조서는 그 작성절차와 방식의 적법성과 도로 그 내용이 검사 앞에서 진술한 것과 동일하게 기재되어 있다는 점, 즉 실질적 진정성립이 인정되어야 증거로 사용할 수 있다. 여기서 기재 내용이 동일하다는 것은 적극적으로 진술한 내용이 그 진술대로 기재되어 있어야 한다는 것뿐 아니라 진술하지 아니한 내용이 진술한 것처럼 기재되어 있지 아니할 것을 포함하는 의미이다. 그리고 형사소송법이 조서 작성절차와 방식의 적법성과 실질적 진정성립을 분명하게 구분하여 규정하고 있고, 또 원진술자가 조서의 실질적 진정성립을 부인하는 경우에는 영상녹화물 등 객관적인 방법에 의하여 원진술자가 진술한 내용과 동일하게 기재되어 있음을 증명할 수 있는 방법을 마련해 두고 있는 이상, 원진술자 본인의 진술에 의한 실질적 진정성립의 인정은 공판준비 또는 공판기일에서 한 명시적인 진술에 의하여야 하고, 단지 원진술자가 실질적 진정성립에 대하여 이의하지 않았다거나 조서 작성절차와 방식의 적법성을 인정하였다는 것만으로 실질적 진정성립까지 인정한 것으로 보아서는 아니 된다. 또한 특별한 사정이 없는 한 이른바 '입증취지 부인'이라고 진술한 것만으로 이를 조서의 진정성립을 인정하는 전제에서 그 증명력만을 다투는 것이라고 가볍게 단정해서도 안 된다(구법상 검사작성 피의자신문조서에 관한 판례로는 대법원 2013.3.14, 2011도8325).

ⓒ (○) 형사소송법 제312조 제1항에서 정한 '검사가 작성한 피의자신문조서'란 당해 피고인에 대한 피의자신문조서만이 아니라 당해 피고인과 공범관계에 있는 다른 피고인이나 피의자에 대하여 검사가 작성한 피의자신문조서도 포함되고, 여기서 말하는 '공범'에는 형법 총칙의 공범 이외에도 서로 대향된 행위의 존재를 필요로 할 뿐 각자의 구성요건을 실현하고 별도의 형벌규정에 따라 처벌되는 강학상 필요적 공범 또는 대향범까지 포함한다. 따라서 피고인이 자신과 공범관계에 있는 다른 피고인이나 피의자에 대하여 검사가 작성한 피의자신문조서의 내용을 부인하는 경우에는 형사소송법 제312조 제1항에 따라 유죄의 증거로 쓸 수 없다(대법원 2023.6.1, 2023도3741; 2024.8.29, 2024도8200).

ⓔ (×) 원진술자가 공판준비 또는 공판기일에서 실질적 진정성립을 인정하는 경우에는 법원은 당해 조서 중 어느 부분이 원진술자가 진술한 대로 기재되어 있고 어느 부분이 달리 기재되어 있는지 여부를 구체적으로 심리한 다음 진술한 대로 기재되어 있다고 하는 부분에 한하여 증거능력을 인정하여야 하고, 그 밖에 실질적 진정성립이 부정되는 부분에 대해서는 증거능력을 부정하여야 한다(대법원 2013.5.23, 2010도15499; 2005.6.10, 2005도1849).

ⓜ (○) 형사소송법 및 형사소송규칙은 피의자진술의 영상녹화에 관하여 그 영상녹화의 과정, 방식 및 절차 등을 엄격하게 규정하고 있으므로(형사소송법 제244조의2, 형사소송규칙 제134조의2 제3항, 제4항, 제5항, 제134조의4), 진술조서의 실질적 진정성립을 증명할 수 있는 방법으로서 예시된 영상녹화물은 위와 같은 형사소송법 등에 규정된 방식과 절차에 따라 제작되어 조사 신청된 영상녹화물을 의미한다고 보아야 한다. … 형사소송법은 제244조의2 제2항에서 "영상녹화가 완료된 때에는 피의자 또는 변호인 앞에서 지체 없이 그 원본을 봉인하고 피의자로 하여금 기명날인 또는 서명하게 하여야 한다."라고 규정한다. 형사소송규칙은 제134조의4에서 "법원은 검사가 영상녹화물의 조사를 신청한 경우 이에 관한 결정을 함에 있어 피고인 또는 변호인으로 하여금 그 영상녹화물이 적법한 절차와 방식에 따라 작성되어 봉인된 것인지에 관한 의견을 진술하게 하여야 하고(제1항)", "공판준비 또는 공판기일에서 봉인을 해체하고 영상녹화물의 전부 또는 일부를 재생하는 방법으로 조사하여야 하며(제3항 전문)", "재판장은 조사를 마친 후 지체 없이 법원사무관 등으로 하여금 다시 원본을 봉인하도록 하고, 원진술자와 함께 피고인 또는 변호인에게 기명날인 또는 서명하도록 하여 검사에게 반환한다(제4항 본문)."라고 규정한다. 형사소송법 및 형사소송규칙에서 영상녹화물에 대한 봉인절차를 둔 취지는 영상녹화물의 조작가능성을 원천적으로 봉쇄하여 영상녹화물 원본과의 동일성과 무결성을 담보하기 위한 것이다. 이러한 형사소송법 등의 규정 내용과 취지에 비추어 보면, 검사가 작성한 피고인이 된 피의자의 진술을 기재한 ⓐ 조서의 실질적 진정성립을 증명하려면 원칙적으로 봉인되어 원진술자가 기명날인 또는 서명한 영상녹화물을 조사하는 방법으로 하여야 하고 특별한 사정이 없는 한 봉인절차를 위반한 영상녹화물로는 이를 증명할 수 없다. ⓑ 다만 형사소송법 등이 정한 봉인절차를 제대로 지키지 못했더라도 영상녹화물 자체에 원본으로서 동일성과 무결성을 담보할 수 있는 수단이나 장치가 있어 조작가능성에 대한 합리적 의심을 배제할 수 있는 경우에는 그 영상녹화물을 법정 등에서 재생·시청하는 방법으로 조사하여 영상녹화물의

조작 여부를 확인함과 동시에 위 조서에 대한 실질적 진정성립의 인정 여부를 판단할 수 있다고 보아야 한다. 그와 같은 예외적인 경우라면 형사소송법 등이 봉인절차를 마련하여 둔 취지와 구 형사소송법(2020.2.4. 법률 제16924호로 개정되기 전의 것) 제312조 제2항에서 '영상녹화물이나 그 밖의 객관적인 방법'에 의하여 실질적 진정성립을 증명할 수 있도록 한 취지에 부합하기 때문이다(대법원 2022.7.14, 2020도13957).

▶ 제4편 공판: 제2장 증거 [전문법칙 2] ─ [당사자의 동의와 증거능력 1]

01	②	02	③	03	④	04	②	05	①
06	③	07	②	08	①	09	②	10	④
11	①	12	③	13	①	14	④	15	④
16	③	17	②	18	②	19	①	20	②

01

정답 ②

② ㉡㉢㉣

㉠ (○) 2007.6.1. 법률 제8496호로 개정되기 전의 형사소송법에는 없던 수사기관에 의한 피의자 아닌 자(이하 '참고인'이라 한다) 진술의 영상녹화를 새로 정하면서 그 용도를 참고인에 대한 진술조서의 실질적 진정성립을 증명하거나 참고인의 기억을 환기시키기 위한 것으로 한정하고 있는 현행 형사소송법의 규정 내용을 영상물에 수록된 성범죄 피해자의 진술에 대하여 독립적인 증거능력을 인정하고 있는 성폭력범죄의 처벌 등에 관한 특례법 제30조 제6항 또는 아동·청소년의 성보호에 관한 법률 제26조 제6항의 규정과 대비하여 보면, 수사기관이 참고인을 조사하는 과정에서 형사소송법 제221조 제1항에 따라 작성한 영상녹화물은, 다른 법률에서 달리 규정하고 있는 등의 특별한 사정이 없는 한, 공소사실을 직접 증명할 수 있는 독립적인 증거로 사용될 수는 없다고 해석함이 타당하다(대법원2014.7.10, 2012도5041).

㉡ (×) 제312조 제1항이 개정되어 위 전단의 내용으로 바뀌었다. 따라서 동법 제2항의 영상녹화물 그밖의 객관적 방법에 의한 대체증명 규정은 삭제되었다.

> **제312조(검사 또는 사법경찰관의 조서 등)** ① 검사가 작성한 피의자신문조서는 적법한 절차와 방식에 따라 작성된 것으로서 공판준비, 공판기일에 그 피의자였던 피고인 또는 변호인이 그 내용을 인정할 때에 한정하여 증거로 할 수 있다. <개정 2020.2.4.>
> ② 삭제 <2020.2.4.>

㉢ (×) 형사소송법은 제244조의2 제1항에서 피의자의 진술을 영상녹화하는 경우 조사의 개시부터 종료까지의 전 과정 및 객관적 정황을 영상녹화하여야 한다고 규정하고 있고, 형사소송규칙은 제134조의2 제3항에서 영상녹화물은 조사가 개시된 시점부터 조사가 종료되어 피의자가 조서에 기명날인 또는 서명을 마치는 시점까지 전 과정이 영상녹화된 것으로서 피의자의 신문이 영상녹화되고 있다는 취지의 고지, 영상녹화를 시작하고 마친 시각 및 장소의 고지, 신문하는 검사와 참여한 자의 성명과 직급의 고지, 진술거부권·변호인의 참여를 요청할 수 있다는 점 등의 고지, 조사를 중단·재개하는 경우 중단 이유와 중단 시각, 중단 후 재개하는 시각, 조사를 종료하는 시각의 내용을 포함하는 것이어야 한다고 규정한다. 형사소송법 등에서 조사가 개시된 시점부터 조사가 종료되어 조서에 기명날인 또는

서명을 마치는 시점까지 조사 전 과정이 영상녹화되는 것을 요구하는 취지는 진술 과정에서 연출이나 조작을 방지하고자 하는 데 있다. 여기서 조사가 개시된 시점부터 조사가 종료되어 조서에 기명날인 또는 서명을 마치는 시점까지라 함은 기명날인 또는 서명의 대상인 조서가 작성된 개별 조사에서의 시점을 의미하므로 수회의 조사가 이루어진 경우에도 최초의 조사부터 모든 조사 과정을 빠짐없이 영상녹화하여야 한다고 볼 수 없고, 같은 날 이루어진 수회의 조사라 하더라도 특별한 사정이 없는 한 조사 과정 전부를 영상녹화하여야 하는 것도 아니다(대법원 2022.7.14, 2020도13957).

㉣ (×) 형사소송법은 영상녹화물의 용도를 참고인에 대한 진술조서의 실질적 진정성립을 증명하거나 참고인의 기억을 환기시키기 위한 것으로 한정하고 있다(대법원 2014.7.10, 2012도5041). 따라서 영상녹화물은 피고인의 진술의 증명력을 다투기 위한 탄핵증거로도 사용할 수 없다.

> **제318조의2(증명력을 다투기 위한 증거)** ① 제312조부터 제316조까지의 규정에 따라 증거로 할 수 없는 서류나 진술이라도 공판준비 또는 공판기일에서의 피고인 또는 피고인이 아닌 자(공소제기 전에 피고인을 피의자로 조사하였거나 그 조사에 참여하였던 자를 포함한다. 이하 이 조에서 같다)의 진술의 증명력을 다투기 위하여 증거로 할 수 있다.
> ② 제1항에도 불구하고 피고인 또는 피고인이 아닌 자의 진술을 내용으로 하는 영상녹화물은 공판준비 또는 공판기일에 피고인 또는 피고인이 아닌 자가 진술함에 있어서 기억이 명백하지 아니한 사항에 관하여 기억을 환기시켜야 할 필요가 있다고 인정되는 때에 한하여 피고인 또는 피고인이 아닌 자에게 재생하여 시청하게 할 수 있다.

㉤ (○) 성폭력범죄의 처벌 등에 관한 특례법 제30조(영상물의 촬영·보존 등) 제6항에서는 "제1항에 따라 촬영한 영상물에 수록된 피해자의 진술은 공판준비기일 또는 공판기일에 피해자나 조사 과정에 동석하였던 신뢰관계에 있는 사람 또는 진술조력인의 진술에 의하여 그 성립의 진정함이 인정된 경우에 증거로 할 수 있다."고 규정하고 있는데, 이 중 '제1항에 따라 촬영한 영상물에 수록된 피해자의 진술은 공판준비기일 또는 공판기일에 조사 과정에 동석하였던 신뢰관계에 있는 사람 또는 진술조력인의 진술에 의하여 그 성립의 진정함이 인정된 경우에 증거로 할 수 있다' 부분 가운데 19세 미만 성폭력범죄 피해자에 관한 부분은 헌법에 위반된다(헌법재판소 2021.12.23, 2018헌바524).

02

정답 ③

③ ㄴㄷㄹㅁ

㉠ (○) 형사소송법 제312조 제4항이 실질적 진정성립을 증명할 수 있는 방법으로 규정하는 영상녹화물에 대하여는 형사소송법 및 형사소송규칙에서 영상녹화의 과정, 방식 및 절차 등을 엄격하게 규정하고 있으므로(형사소송법 제221조 제1항 후문, 형사소송규칙 제134조의2, 제134조의3) 수사기관이 작성한 피고인 아닌 자의 진술을 기재한 조서에 대한 실질적 진정성립을 증명할 수 있는 수단으로서 형사소송법 제312조 제4항에 규정된 '영상녹화물'이라 함은 형사소송법 및 형사소송규칙에 규정된 방식과 절차에 따라 제작되어 조사 신청된 영상녹화물을 의미한다고 봄이 타당하다(대법원 2016.2.18, 2015도16586).

㉡ (×) 형사소송법과 형사소송규칙의 규정 내용과 취지에 비추어 보면, 수사기관이 작성한 피고인이 아닌 자의 진술을 기재한 조서에 대하여 실질적 진정성립을 증명하기 위해 영상녹화물의 조사를 신청하려면 영상녹화를 시작하기 전에 피고인 아닌 자의 동의를 받고 그에 관해서 피고인 아닌 자가 기명날인 또는 서명한 영상녹화 동의서를 첨부하여야 하고, 조사가 개시된 시점부터 조사가 종료되어 참고인이 조서에 기명날인 또는 서명을 마치는 시점까지 조사 전 과정이 영상녹화되어야 하므로 이를 위반한 영상녹화물에 의하여는 특별한 사정이 없는 한 피고인 아닌 자의 진술을 기재한 조서의 실질적 진정성립을 증명할 수 없다. … 증거능력이 인정되지 않는 전문증거에 대하여 예외적으로 증거능력을 부여하기 위한 요건을 정한 법조항은 엄격하게 해석·적용되어야 한다는 전제에서, 형사소송법 제312조 제4항에서 조서의 실질적 진정성립을 증명하기 위한 수단으로 규정하는 영상녹화물도 형사소송법과 형사소송규칙에서 정한 방식과 절차에 따라 제작·조사 신청되어야 하고, 만일 이를 위반하였다면 특별한 사정이 없는 한 그러한 영상녹화물에 의하여는 조서의 실질적 진정성립이 증명되지 않는다고 보아야 하므로, 사전에 피해자들로부터 서면동의를 받지 않고 조사 전 과정이 녹화되지 않은 영상녹화물에 의하여 피해자들에 대한 진술조서의 실질적 진정성립을 인정할 수 없다(대법원 2022.6.16, 2022도364).

㉢ (×) 이 사건 속기록은 이 사건 영상물의 진술 내용을 그대로 녹취한 것으로서 이 사건 영상물 속의 발언자를 특정하고 내용을 명확하게 함으로써 증거조사절차가 효율적으로 이루어질 수 있도록 하기 위하여 작성된 것에 불과하다. 이 사건 위헌 결정으로 인하여 이 사건 영상물의 증거능력이 인정될 수 없는 경우라면, 비록 피고인이 이 사건 속기록에 대해서는 증거로 함에 동의하였다고 하더라도 그 동의의 경위와 사유 등에 비추어 이 사건 영상물과 속기록 사이에 증거능력의 차이를 둘 수 있는 합리적 이유가 존재한다는 등의 특별한 사정이 없는 한, 이 사건 속기록을 진정한 것으로 인정하기는 어렵다(대법원 2022.4.14, 2021도14616).

[보충] 헌법재판소는 2021.12.23. 선고 2018헌바524 사건에서 "성폭력처벌법(2012.12.18. 법률 제11556호로 전부개정된 것) 제30조 제6항 중 '제1항에 따라 촬영한 영상물에 수록된 피해자의 진술은 공판준비기일 또는 공판기일에 조사 과정에 동석하였던 신뢰관계에 있는 사람 또는 진술조력인의 진술에 의하여 그 성립의 진정함이 인정된 경우에 증거로 할 수 있다' 부분 가운데 19세 미만 성폭력범죄 피해자에 관한 부분은 헌법에 위

반된다."는 결정을 선고하였다. 이 사건 위헌 결정 이유는, 자기에게 불리하게 진술한 증인에 대하여 반대신문의 기회를 부여해야 한다는 절차적 권리의 보장은 피고인의 '공정한 재판을 받을 권리'의 핵심적인 내용을 이루는데, 피고인의 반대신문권을 보장하면서도 미성년 피해자를 보호할 수 있는 조화로운 방법을 상정할 수 있음에도, 피고인의 반대신문권을 실질적으로 배제하여 피고인의 방어권을 과도하게 제한하는 이 사건 위헌 법률 조항은 피해의 최소성, 법익의 균형성 요건을 충족하지 못하여 과잉금지 원칙을 위반하고 피고인의 공정한 재판을 받을 권리를 침해한다는 것이다(위 판례).

㉣ (×) 영상녹화 동의서면을 첨부해야 하는 것은 피고인 아닌 피의자의 진술에 대한 영상녹화물이 아니라 피의자 아닌 자의 진술에 대한 영상녹화물에 대한 조사를 신청하는 경우이다(규칙 제134조의3 제2항).

[정리] ⓐ 피고인 아닌 피의자의 진술에 대한 영상녹화물: 영상녹화 사전고지 내용이 영상녹화물에 포함되어 있으면 충분하고 별도 서면 첨부는 필요 없음, ⓑ 피의자 아닌 자의 진술에 대한 영상녹화물: 영상녹화 동의 서면 별도 첨부 필요.

> **규칙 제134조의2(영상녹화물의 조사 신청)** ① 검사는 피고인이 아닌 피의자의 진술을 영상녹화한 사건에서 피고인이 아닌 피의자가 그 조서에 기재된 내용이 자신이 진술한 내용과 동일하게 기재되어 있음을 인정하지 아니하는 경우 그 부분의 성립의 진정을 증명하기 위하여 영상녹화물의 조사를 신청할 수 있다. <개정 2020.12.28.>
> ③ 제1항의 영상녹화물은 조사가 개시된 시점부터 조사가 종료되어 피의자가 조서에 기명날인 또는 서명을 마치는 시점까지 전과정이 영상녹화된 것으로, 다음 각 호의 내용을 포함하는 것이어야 한다.
> 1. 피의자의 신문이 영상녹화되고 있다는 취지의 고지(피의자신문 시 영상녹화 사전고지는 영상녹화물 내에 포함되어 있어야 함, 별도 서면 첨부 不要)
> 2. 영상녹화를 시작하고 마친 시각 및 장소의 고지
> 3. 신문하는 검사와 참여한 자의 성명과 직급의 고지
> 4. 진술거부권·변호인의 참여를 요청할 수 있다는 점 등의 고지
> 5. 조사를 중단·재개하는 경우 중단 이유와 중단 시각, 중단 후 재개하는 시각
> 6. 조사를 종료하는 시각
> ④ 제1항의 영상녹화물은 조사가 행해지는 동안 조사실 전체를 확인할 수 있도록 녹화된 것으로 진술자의 얼굴을 식별할 수 있는 것이어야 한다.
> ⑤ 제1항의 영상녹화물의 재생 화면에는 녹화 당시의 날짜와 시간이 실시간으로 표시되어야 한다.
> **제134조의3(제3자의 진술과 영상녹화물)** ① 검사는 피의자가 아닌 자가 공판준비 또는 공판기일에서 조서가 자신이 검사 또는 사법경찰관 앞에서 진술한 내용과 동일하게 기재되어 있음을 인정하지 아니하는 경우 그 부분의 성립의 진정을 증명하기 위하여 영상녹화물의 조사를 신청할 수 있다.
> ② 검사는 제1항에 따라 영상녹화물의 조사를 신청하는 때에는 피의자가 아닌 자가 영상녹화에 동의하였다는 취지로 기재하고 기명날인 또는 서명한 서면을 첨부하여야 한다(참고인 조사 시 영상녹화 사전동의 부분은 별도 서면 첨부 必要).
> ③ 제134조의2 제3항 제1호부터 제3호, 제5호, 제6호, 제4항, 제5항은 검사가 피의자가 아닌 자에 대한 영상녹화물의 조사를

신청하는 경우에 준용한다(참고인 조사이므로 진술거부권·변호인조력권 등 고지 不要).

⑩ (×) 형사소송법은 제244조의2 제1항에서 피의자의 진술을 영상녹화하는 경우 조사의 개시부터 종료까지의 전 과정 및 객관적 정황을 영상녹화하여야 한다고 규정하고 있고, 형사소송규칙은 제134조의2 제3항에서 영상녹화물은 조사가 개시된 시점부터 조사가 종료되어 피의자가 조서에 기명날인 또는 서명을 마치는 시점까지 전 과정이 영상녹화된 것으로서 피의자의 신문이 영상녹화되고 있다는 취지의 고지, 영상녹화를 시작하고 마친 시각 및 장소의 고지, 신문하는 검사와 참여한 자의 성명과 직급의 고지, 진술거부권·변호인의 참여를 요청할 수 있다는 점 등의 고지, 조사를 중단·재개하는 경우 중단 이유와 중단 시각, 중단 후 재개하는 시각, 조사를 종료하는 시각의 내용을 포함하는 것이어야 한다고 규정한다. 형사소송법 등에서 조사가 개시된 시점부터 조사가 종료되어 조서에 기명날인 또는 서명을 마치는 시점까지 조사 전 과정이 영상녹화되는 것을 요구하는 취지는 진술 과정에서 연출이나 조작을 방지하고자 하는 데 있다. 여기서 조사가 개시된 시점부터 조사가 종료되어 조서에 기명날인 또는 서명을 마치는 시점까지라 함은 기명날인 또는 서명의 대상인 조서가 작성된 개별 조사에서의 시점을 의미하므로 수회의 조사가 이루어진 경우에도 최초의 조사부터 모든 조사 과정을 빠짐없이 영상녹화하여야 한다고 볼 수 없고, 같은 날 이루어진 수회의 조사라 하더라도 특별한 사정이 없는 한 조사 과정 전부를 영상녹화하여야 하는 것도 아니다(대법원 2022.7.14, 2020도13957).

03

정답 ④

④ ㉠㉡㉢㉺

㉠ (×) 다른 사람의 진술을 내용으로 하는 진술이 전문증거인지는 요증사실이 무엇인지에 따라 정해진다. 다른 사람의 진술, 즉 원진술의 내용인 사실이 요증사실인 경우에는 전문증거이지만, 원진술의 존재 자체가 요증사실인 경우에는 본래증거이지 전문증거가 아니다. 어떤 진술 내용의 진실성이 범죄사실에 대한 직접증거로 사용될 때는 전문증거가 되지만, 그와 같은 진술을 하였다는 것 자체 또는 진술의 진실성과 관계없는 간접사실에 대한 정황증거로 사용될 때는 반드시 전문증거가 되는 것이 아니다. 그러나 어떠한 내용의 진술을 하였다는 사실 자체에 대한 정황증거로 사용될 것이라는 이유로 진술의 증거능력을 인정한 다음 '그 사실을 다시 진술 내용이나 그 진실성을 증명하는 간접사실로 사용하는 경우'에 그 진술은 전문증거에 해당한다. 그 진술에 포함된 원진술의 내용인 사실을 증명하는 데 사용되어 원진술의 내용인 사실이 요증사실이 되기 때문이다. 이러한 경우 형사소송법 제311조부터 제316조까지 정한 요건을 충족하지 못한다면 증거능력이 없다(대법원 2019.8.29, 2018도13792 전원합의체; 2021.2.25, 2020도17109).
[보충] 증인 양○○의 제1심 법정진술 중 "피해자로부터 '피고인이 추행했다'는 취지의 말을 들었다."는 진술이 피해자의 진술에 부합한다고 보아 양○○의 위 진술을 피해자의 진술 내용의 진실성을 증명하는 간접사실로 사용할 경우 양○○의 진술은 전문증거에 해당한다. 그런데 형사소송법 제310조의2, 제316조 제2항의 요건을 갖추지 못하므로 증거능력이 없다(대법

원 2021.2.25, 2020도17109).

㉡ (×) 어떤 행위를 설명하기 위한 경우와 원진술자의 심리적·정신적 상황을 증명하기 위한 정황증거로 사용한 경우, 전문법칙은 적용되지 않는다.

㉢ (○) 수사기관이 작성한 조서의 내용이 원진술자가 진술한 대로 기재된 것이라 함은 조서 작성 당시 원진술자의 진술대로 기재되었는지의 여부만을 의미하는 것으로, 그와 같이 진술하게 된 연유나 그 진술의 신빙성 여부는 고려할 것이 아니며, 한편 검사가 피의자나 피의자 아닌 자의 진술을 기재한 조서 중 일부에 관하여만 원진술자가 공판준비 또는 공판기일에서 실질적 진정성립을 인정하는 경우에는 법원은 당해 조서 중 어느 부분이 원진술자가 진술한 대로 기재되어 있고 어느 부분이 달리 기재되어 있는지 여부를 구체적으로 심리한 다음 진술한 대로 기재되어 있다고 하는 부분에 한하여 증거능력을 인정하여야 하고, 그밖에 실질적 진정성립이 부정되는 부분에 대해서는 증거능력을 부정하여야 한다(대법원 2005.6.10, 2005도1849).

㉣ (○) 형사소송법 제312조 제5항은 피고인 또는 피고인이 아닌 자가 수사과정에서 작성한 진술서의 증거능력에 관하여 형사소송법 제312조 제1항부터 제4항까지 준용하도록 규정하고 있으므로, 검사 또는 사법경찰관이 피고인이 아닌 자의 진술을 기재한 조서의 증거능력이 인정되려면 '적법한 절차와 방식에 따라 작성된 것'이어야 한다는 법리가 피고인이 아닌 자가 수사과정에서 작성한 진술서의 증거능력에 관하여도 적용된다. 이러한 형사소송법 규정 및 문언과 그 입법 목적 등에 비추어 보면, 형사소송법 제312조 제5항의 적용대상인 '수사과정에서 작성한 진술서'란 수사가 시작된 이후에 수사기관의 관여 아래 작성된 것이거나, 개시된 수사와 관련하여 수사과정에 제출할 목적으로 작성한 것으로, 작성 시기와 경위 등 여러 사정에 비추어 그 실질이 이에 해당하는 이상 명칭이나 작성된 장소 여부를 불문한다(대법원 2022.10.27, 2022도9510).

㉤ (×) 수사기관이 수사에 필요하여 피의자가 아닌 자로부터 진술서를 작성·제출받는 경우에도 그 절차는 준수되어야 하므로, 피고인이 아닌 자가 수사과정에서 진술서를 작성하였지만 수사기관이 조사과정의 진행경과를 확인하기 위하여 필요한 사항을 그 진술서에 기록하거나 별도의 서면에 기록한 후 수사기록에 편철하는 등 적절한 조치를 취하지 아니하여 형사소송법 제244조의4 제1·3항에서 정한 절차를 위반한 경우에는, 그 진술증거 취득과정의 절차적 적법성의 제도적 보장이 침해되지 않았다고 볼 만한 특별한 사정이 없는 한 '적법한 절차와 방식'에 따라 수사과정에서 진술서가 작성되었다고 할 수 없어 증거능력을 인정할 수 없다(대법원 2015.4.23, 2013도3790)(대법원 2022.10.27, 2022도9510).

㉥ (×) 형사소송법 제313조 제1항은 '전2조의 규정 이외에 피고인 또는 피고인이 아닌 자가 작성한 진술서나 그 진술을 기재한 서류'로서 그 작성자 또는 진술자의 자필이거나 그 서명 또는 날인이 있는 것에 대하여 그 진정성립이 증명되면 증거능력을 인정한다. 수사과정에서 작성된 서류의 증거능력에 관하여 형사소송법 제313조 제1항보다 더욱 엄격한 요건을 규정한 형사소송법 제312조의 취지에 비추어 보면, 형사소송법 제313조 제1항이 규정하는 서류는 수사과정 외에서 작성된 서류를 의미한다. 피고인이 아닌 자의 진술을 기재한 서류가 비록 수사기관이 아닌 자에 의하여 작성되었다고 하더라도, 수사가 시작된 이후

수사기관의 관여나 영향 아래 작성된 경우로서 서류를 작성한 자의 신분이나 지위, 서류를 작성한 경위와 목적, 작성 시기와 장소 및 진술을 받는 방식 등에 비추어 실질적으로 고찰할 때 그 서류가 수사과정 외에서 작성된 것이라고 보기 어렵다면, 이를 형사소송법 제313조 제1항의 '전2조의 규정 이외에 피고인이 아닌 자의 진술을 기재한 서류'에 해당한다고 할 수 없다(대법원 2022.10.27, 2022도9510; 2024.3.28, 2023도15133, 2023전도163,2023전도164).

04

② ㉠㉢㉤

㉠ (○) 형사소송법 제219조, 제121조에 의하면, 수사기관이 압수·수색영장을 집행할 때 피의자 또는 변호인은 그 집행에 참여할 수 있다. 압수의 목적물이 컴퓨터용디스크 그 밖에 이와 비슷한 정보저장매체인 경우에는 영장 발부의 사유로 된 범죄 혐의사실과 관련 있는 정보의 범위를 정하여 출력하거나 복제하여 이를 제출받아야 하고, 피의자나 변호인에게 참여의 기회를 보장하여야 한다. 만약 그러한 조치를 취하지 않았다면 이는 형사소송법에 정한 영장주의 원칙과 적법절차를 준수하지 않은 것이다. (그러나) 수사기관이 정보저장매체에 기억된 정보 중에서 키워드 또는 확장자 검색 등을 통해 범죄 혐의사실과 관련 있는 정보를 선별한 다음 정보저장매체와 동일하게 비트열 방식으로 복제하여 생성한 파일(이하 '이미지 파일')을 제출받아 압수하였다면 이로써 압수의 목적물에 대한 압수·수색 절차는 종료된 것이므로, 수사기관이 수사기관 사무실에서 위와 같이 압수된 이미지 파일을 탐색·복제·출력하는 과정에서도 피의자 등에게 참여의 기회를 보장하여야 하는 것은 아니다(대법원 2018.2.8, 2017도13263).

㉡ (×) 수사기관이 범죄 증거를 수집할 목적으로 피의자의 동의 없이 피의자의 소변을 채취하는 것은 법원으로부터 감정허가장을 받아 형사소송법 제221조의4 제1항, 제173조 제1항에서 정한 '감정에 필요한 처분'으로 할 수 있지만(피의자를 병원 등에 유치할 필요가 있는 경우에는 형사소송법 제221조의3에 따라 법원으로부터 감정유치장을 받아야 한다), 형사소송법 제219조, 제106조 제1항, 제109조에 따른 압수·수색의 방법으로도 할 수 있다. 이러한 압수·수색의 경우에도 수사기관은 원칙적으로 형사소송법 제215조에 따라 판사로부터 압수·수색영장을 적법하게 발부받아 집행해야 한다(대법원 2018.7.12, 2018도6219).

㉢ (×) '전기통신의 감청'은 위 '감청'의 개념 규정에 비추어 전기통신이 이루어지고 있는 상황에서 실시간으로 그 전기통신의 내용을 지득·채록하는 경우와 통신의 송·수신을 직접적으로 방해하는 경우를 의미하는 것이지 이미 수신이 완료된 전기통신에 관하여 남아 있는 기록이나 내용을 열어보는 등의 행위는 포함하지 않는다 할 것이다(대법원 2016.10.13, 2016도8137).

㉣ (○) 피고인 또는 피고인 아닌 사람이 컴퓨터용디스크 그 밖에 이와 비슷한 정보저장매체에 입력하여 기억된 문자정보 또는 그 출력물을 증거로 사용하는 경우, 이는 실질에 있어서 피고인 또는 피고인 아닌 사람이 작성한 진술서나 그 진술을 기재한 서류와 크게 다를 바 없고, 압수 후의 보관 및 출력과정에 조작의 가능성이 있으며, 기본적으로 반대신문의 기회가 보장되지 않는 점 등에 비추어 그 내용의 진실성에 관하여는 전문법칙이 적용되고, 따라서 원칙적으로 형사소송법 제313조 제1항에 의

하여 작성자 또는 진술자의 진술에 의하여 성립의 진정함이 증명된 때에 한하여 이를 증거로 사용할 수 있다. 다만 정보저장매체에 기억된 문자정보의 내용의 진실성이 아닌 그와 같은 내용의 문자정보의 존재 자체가 직접 증거로 되는 경우에는 전문법칙이 적용되지 아니한다(대법원 2013.2.15, 2010도3504).

㉤ (×) 성폭력처벌법에 따라 19세 미만 성폭력피해자의 진술을 수사기관이 영상녹화한 경우(성폭력처벌법에서 정한 절차와 방식에 따라 적법하게 영상녹화된 것), 그 영상녹화물에 대해서 증거보전기일, 공판준비기일 또는 공판기일에 그 내용에 대하여 피의자, 피고인 또는 변호인이 19세 미만 피해자 등을 신문할 수 있었던 때(피고인 측의 피해자에 대한 반대신문권의 보장)에는 증거로 할 수 있다(2023.7.11. 개정 성폭력처벌법 제30조의2 제1항 제1호). 즉, 영상녹화된 진술 및 영상녹화가 신빙할 수 있는 상태에서 이루어졌음이 증명된 경우라는 요건이 추가적으로 필요하지 않다.

[보충] 특신상태의 증명은 19세미만피해자등이 사망, 질병 등 사유로 출석하여 진술할 수 없는 경우(반대신문권이 보장되지 못하였으나 위 영상녹화물을 증거조사해야 할 필요성 있음, 성폭력처벌법 제30조의2 제1항 제2호 본문)이다(동호 단서).

> **성폭력범죄의 처벌 등에 관한 특례법 제30조의2(영상녹화물의 증거능력 특례)** ① 제30조 제1항에 따라 19세 미만 피해자 등의 진술이 영상녹화된 영상녹화물은 같은 조 제4항부터 제6항까지에서 정한 절차와 방식에 따라 영상녹화된 것으로서 다음 각 호의 어느 하나의 경우에 증거로 할 수 있다.
> 1. 증거보전기일, 공판준비기일 또는 공판기일에 그 내용에 대하여 피의자, 피고인 또는 변호인이 피해자를 신문할 수 있었던 경우. 다만, 증거보전기일에서의 신문의 경우 법원이 피의자나 피고인의 방어권이 보장된 상태에서 피해자에 대한 반대신문이 충분히 이루어졌다고 인정하는 경우로 한정한다.
> 2. 19세미만피해자등이 다음 각 목의 어느 하나에 해당하는 사유로 공판준비기일 또는 공판기일에 출석하여 진술할 수 없는 경우. 다만, 영상녹화된 진술 및 영상녹화가 특별히 신빙(信憑)할 수 있는 상태에서 이루어졌음이 증명된 경우로 한정한다.
>   가. 사망
>   나. 외국거주
>   다. 신체적, 정신적 질병·장애
>   라. 소재불명
>   마. 그 밖에 이에 준하는 경우
> ② 법원은 제1항 제2호에 따라 증거능력이 있는 영상녹화물을 유죄의 증거로 할지를 결정할 때에는 피고인과의 관계, 범행의 내용, 피해자의 나이, 심신의 상태, 피해자가 증언으로 인하여 겪을 수 있는 심리적 외상, 영상녹화물에 수록된 19세미만피해자등의 진술 내용 및 진술 태도 등을 고려하여야 한다. 이 경우 법원은 전문심리위원 또는 제33조에 따른 전문가의 의견을 들어야 한다.
> [본조신설 2023.7.11.]

㉥ (○) 전문증거의 증거능력은 이를 인정하는 법적 근거가 있는 때에만 예외적으로 인정된다는 원칙 및 수사기관이 제작한 영상녹화물의 증거능력 내지 증거로서의 사용 범위를 다른 전문증거보다 더욱 엄격하게 제한하는 관련 판례의 취지에 비추어 보면, 수사기관이 아닌 자가 수사과정에서 피고인이 아닌 자의

진술을 녹화한 영상녹화물의 증거능력도 엄격하게 제한할 필요가 있다. 검사가 피고인들의 성폭력범죄의 처벌 등에 관한 특례법 위반(친족관계에의한강간) 등 혐의를 수사하면서 아동인 피해자의 진술 내용에 대하여 대검찰청 과학수사부 소속 진술분석관에게 분석을 의뢰하였고, 이에 따라 진술분석관이 피해자를 면담하고 그 내용을 녹화한 '피해자 진술분석 과정 영상녹화CD'가 제작되어 증거로 제출됨으로써 그 증거능력이 문제된 경우, 검사는 성폭력범죄의 처벌 등에 관한 특례법 제33조 제4항, 제1항에 의하여 진술분석관에게 피해자 진술의 신빙성 여부에 대한 분석을 의뢰한 점, 진술분석관은 사건 기록을 받아 검찰청 여성·아동조사실에서 피해자를 면담하였는데, 면담은 당시까지 수사기관이 사건에 대하여 조사한 내용에 관해 피해자에게 문답을 하는 방식으로 진행되었고, 면담 과정은 녹화되어 영상녹화물로 제작된 점 등 진술분석관의 소속 및 지위, 진술분석관이 피해자와 면담을 하고 영상녹화물을 제작한 경위와 목적, 진술분석관이 면담과 관련하여 수사기관으로부터 확보한 자료의 내용과 성격, 면담 방식과 내용, 면담 장소 등에 비추어 영상녹화물은 수사과정 외에서 작성된 것이라고 볼 수 없으므로 형사소송법 제313조 제1항에 따라 증거능력을 인정할 수 없고, 나아가 수사기관이 작성한 피의자신문조서나 피고인이 아닌 자의 진술을 기재한 조서가 아니고, 피고인 또는 피고인이 아닌 자가 작성한 진술서도 아니므로 형사소송법 제312조에 의하여 증거능력을 인정할 수도 없다(대법원 2024.3.28, 2023도15133, 2023전도163, 2023전도164).

05

정답 ①

① ㉠㉡㉢㉣

㉠ (○) 공범인 공동피고인은 당해 소송절차에서는 피고인의 지위에 있어 다른 공동피고인에 대한 공소사실에 관하여 증인이 될 수 없으나, 소송절차가 분리되어 피고인의 지위에서 벗어나게 되면 다른 공동피고인에 대한 공소사실에 관하여 증인이 될 수 있다(대법원 2012.12.13, 2010도10028).

㉡ (○) 피고인의 지위에 있는 공동피고인은 다른 공동피고인에 대한 공소사실에 관하여 증인이 될 수 없으나, 소송절차가 분리되어 피고인의 지위에서 벗어나게 되면 다른 공동피고인에 대한 공소사실에 관하여 증인이 될 수 있고, 이는 대향범인 공동피고인의 경우에도 다르지 않다(대법원 2012.3.29, 2009도11249).

㉢ (○) 공동피고인인 절도범과 그 장물범은 서로 다른 공동피고인의 범죄사실에 관하여는 증인의 지위에 있다 할 것이므로, 피고인이 증거로 함에 동의한 바 없는 공동피고인에 대한 피의자신문조서는 공동피고인의 증언에 의하여 그 성립의 진정이 인정되지 아니하는 한 피고인의 공소 범죄사실을 인정하는 증거로 할 수 없다(대법원 2006.1.12, 2005도7601).

㉣ (×) 성폭력처벌법에 따라 19세 미만 성폭력피해자등의 진술을 수사기관이 영상녹화한 경우(성폭력처벌법에서 정한 절차와 방식에 따라 적법하게 영상녹화된 것), 원진술자인 19세 미만 성폭력피해자등이 사망, 외국거주, 신체적·정신적 질병·장애, 소재불명, 그밖에 이에 준하는 경우에 해당하는 사유로 공판준비기일 또는 공판기일에 출석하여 진술할 수 없고(반대신문권이 보장되지 못했음에도 증거로 해야 할 필요성이 있는 경우), 영상녹화된 진술 및 영상녹화가 특별히 신빙할 수 있는 상태에서 이루어졌음이 증명된 때(특신상태)에는 증거로 할 수 있다

(2023.7.11. 개정 성폭력처벌법 제30조의2 제1항 제2호).

㉤ (×) 형사소송법 제314조에서 '그 진술 또는 작성이 특히 신빙할 수 있는 상태하에서 행하여졌음'이란 그 진술 내용이나 조서 또는 서류의 작성에 허위가 개입할 여지가 거의 없고, 그 진술 내지 작성 내용의 신빙성이나 임의성을 담보할 구체적이고 외부적인 정황이 있는 경우를 가리킨다. 형사소송법 제312조, 제313조는 진술조서 등에 대하여 피고인 또는 변호인의 반대신문권이 보장되는 등 엄격한 요건이 충족될 경우에 한하여 증거능력을 인정할 수 있도록 함으로써 직접심리주의 등 기본원칙에 대한 예외를 정하고 있는데, 형사소송법 제314조는 원진술자 또는 작성자가 사망·질병·외국거주·소재불명 등의 사유로 공판준비 또는 공판기일에 출석하여 진술할 수 없는 경우에 그 진술이 특히 신빙할 수 있는 상태하에서 행하여졌다는 점이 증명되면 원진술자 등에 대한 반대신문의 기회조차도 없이 증거능력을 부여할 수 있도록 함으로써 보다 중대한 예외를 인정한 것이므로, 그 요건을 더욱 엄격하게 해석·적용하여야 한다. 따라서 형사소송법 제314조에서 '특히 신빙할 수 있는 상태하에서 행하여졌음에 대한 증명'은 단지 그러할 개연성이 있다는 정도로는 부족하고, 합리적 의심의 여지를 배제할 정도, 즉 법정에서의 반대신문 등을 통한 검증을 굳이 거치지 않더라도 진술의 신빙성을 충분히 담보할 수 있어 실질적 직접심리주의와 전문법칙에 대한 예외로 평가할 수 있는 정도에 이르러야 한다(대법원 2024.4.12, 2023도13406).

㉥ (○) 수사기관이 작성한 수사보고서는 전문증거로서 형사소송법 제311조·제312조·제315조·제316조의 적용 대상이 아님이 분명하므로, 형사소송법 제313조의 서류에 해당하여야만 증거능력이 인정될 수 있는바, 형사소송법 제313조가 적용되기 위해서는 그 서류에 진술자의 서명 또는 날인이 있어야 한다(대법원 1999.2.26, 98도2742; 2007.9.20, 2007도4105 등). 결국 '의견서 사본(증거목록 순번 25번)' 중 공소사실에 부합하는 내용은 공소외인이 수사과정에서 이 사건 공소사실과 동일한 혐의사실을 자백하였다는 부분인데, 이는 수사의 경위 및 결과를 내부적으로 보고하면서 피고인 아닌 자에 해당하는 공소외인의 진술을 기재한 것에 불과하여 형사소송법 제313조의 서류에 해당하는바, 앞서 본 법리에 비추어 보면 형사소송법 제313조에서 정한 진술자인 공소외인의 서명·날인이 없는 이상 전문증거로서 증거능력을 인정할 수 없다(대법원 2023.1.12, 2022도14645).

06

정답 ③

③ ㉠㉡㉣

㉠ (○) 형사소송법 제314조에 의하여 증거능력이 인정되려면, 진술자가 사망·질병·외국거주·소재불명, 그 밖에 이에 준하는 사유로 인하여 공판정에 출석하여 진술할 수 없는 때에 해당하고, 또 서류의 작성이 특히 신빙할 수 있는 상태에서 행하여졌음이 증명되어야 한다. 여기서 '외국거주'란 진술을 요하는 자가 외국에 있다는 것만으로는 부족하고, 수사 과정에서 수사기관이 진술을 청취하면서 진술자의 외국거주 여부와 장래 출국 가능성을 확인하고, 만일 진술자의 거주지가 외국이거나 그가 가까운 장래에 출국하여 장기간 외국에 체류하는 등의 사정으로 향후 공판정에 출석하여 진술을 할 수 없는 경우가 발생할 개연성이 있다면 진술자의 외국 연락처를, 일시 귀국할 예정이 있다면 귀국 시기와 귀국 시 체류 장소와 연락 방법 등을 사전에 미리 확인하고, 진술자에게 공판정 진술을 하기 전에는 출국

을 미루거나, 출국한 후라도 공판 진행 상황에 따라 일시 귀국하여 공판정에 출석하여 진술하게끔 하는 방안을 확보하여 진술자가 공판정에 출석하여 진술할 기회를 충분히 제공하며, 그 밖에 그를 공판정에 출석시켜 진술하게 할 모든 수단을 강구하는 등 가능하고 상당한 수단을 다하더라도 진술을 요할 자를 법정에 출석하게 할 수 없는 사정이 있어야 예외적으로 적용이 있다. 나아가 진술을 요하는 자가 외국에 거주하고 있어 공판정 출석을 거부하면서 공판정에 출석할 수 없는 사정을 밝히고 있더라도 증언 자체를 거부하는 의사가 분명한 경우가 아닌 한 거주하는 외국의 주소나 연락처 등이 파악되고, 해당 국가와 대한민국 간에 국제형사사법공조조약이 체결된 상태라면 우선 사법공조의 절차에 의하여 증인을 소환할 수 있는지를 검토해 보아야 하고, 소환을 할 수 없는 경우라도 외국의 법원에 사법공조로 증인신문을 실시하도록 요청하는 등의 절차를 거쳐야 하고, 이러한 절차를 전혀 시도해 보지도 아니한 것은 가능하고 상당한 수단을 다하더라도 진술을 요하는 자를 법정에 출석하게 할 수 없는 사정이 있는 때에 해당한다고 보기 어렵다(대법원 2016.2.18, 2015도17115).

ⓛ (○) 형사소송법 제221조 제1항에서 검사 또는 사법경찰관은 수사에 필요한 때에는 피의자가 아닌 자의 출석을 요구하여 진술을 들을 수 있다고 규정하고, 제244조의4 제3항, 제1항에서 검사 또는 사법경찰관이 피의자가 아닌 자를 조사하는 경우에는 피의자를 조사하는 경우와 마찬가지로 조사장소에 도착한 시각, 조사를 시작하고 마친 시각, 그 밖에 조사과정의 진행경과를 확인하기 위하여 필요한 사항을 조서에 기록하거나 별도의 서면에 기록한 후 수사기록에 편철하여야 한다고 규정하고 있다. 이와 같이 수사기관으로 하여금 피의자가 아닌 자를 조사할 수 있도록 하면서도 그 조사과정을 기록하도록 한 취지는 수사기관이 조사과정에서 피조사자로부터 진술증거를 취득하는 과정을 투명하게 함으로써 그 과정에서의 절차적 적법성을 제도적으로 보장하려는 데 있다. 따라서 수사기관이 수사에 필요하여 피의자가 아닌 자를 조사하는 과정에서 그 진술을 청취하여 증거로 남기는 방법으로 진술조서가 아닌 진술서를 작성·제출받는 경우에도 그 절차는 준수되어야 할 것이다. 이러한 형사소송법의 규정 및 그 입법 목적 등을 종합하여 보면, 피고인이 아닌 자가 수사과정에서 진술서를 작성하였지만 수사기관이 그에 대한 조사과정을 기록하지 아니하여 형사소송법 제244조의4 제3항, 제1항에서 정한 절차를 위반한 경우에는, 특별한 사정이 없는 한 '적법한 절차와 방식'에 따라 수사과정에서 진술서가 작성되었다 할 수 없으므로 그 증거능력을 인정할 수 없다(대법원 2015.4.23, 2013도3790).

ⓒ (×) 형사소송법은 조서에 진술자의 실명 등 인적 사항을 확인하여 이를 그대로 밝혀 기재할 것을 요구하는 규정을 따로 두고 있지는 아니하다. 따라서 「특정범죄신고자 등 보호법」 등에서처럼 명시적으로 진술자의 인적 사항의 전부 또는 일부의 기재를 생략할 수 있도록 한 경우가 아니라 하더라도, 진술자와 피고인의 관계, 범죄의 종류, 진술자 보호의 필요성 등 여러 사정으로 볼 때 상당한 이유가 있는 경우에는 수사기관이 진술자의 성명을 가명(假名)으로 기재하여 조서를 작성하였다고 해서 그 이유만으로 그 조서가 '적법한 절차와 방식'에 따라 작성되지 않았다고 할 것은 아니다. 그러한 조서라도 공판기일 등에 원진술자가 출석하여 자신의 진술을 기재한 조서임을 확인함과 아울러 그 조서의 실질적 진정성립을 인정하고 나아가 그에 대

한 반대신문이 이루어지는 등 형사소송법 제312조 제4항에서 규정한 조서의 증거능력 인정에 관한 다른 요건이 모두 갖추어진 이상 그 증거능력을 부정할 것은 아니라고 할 것이다(대법원 2012.5.24, 2011도7757).

ⓔ (○) 형사소송법 제312조 제4항은 "검사 또는 사법경찰관이 피고인이 아닌 자의 진술을 기재한 조서는 적법한 절차와 방식에 따라 작성된 것으로서 그 조서가 검사 또는 사법경찰관 앞에서 진술한 내용과 동일하게 기재되어 있음이 원진술자의 공판준비 또는 공판기일에서의 진술이나 영상녹화물 또는 그 밖의 객관적인 방법에 의하여 증명되고, 피고인 또는 변호인이 공판준비 또는 공판기일에 그 기재 내용에 관하여 원진술자를 신문할 수 있었던 때에는 증거로 할 수 있다. 다만 그 조서에 기재된 진술이 특히 신빙할 수 있는 상태하에서 행하여졌음이 증명된 때에 한한다."고 규정하고 있는바, 여기서의 '특히 신빙할 수 있는 상태'라 함은 진술 내용이나 조서의 작성에 허위개입의 여지가 거의 없고, 진술 내용의 신빙성이나 임의성을 담보할 구체적이고 외부적인 정황이 있는 것을 말한다(대법원 2006.9.28, 2006도3922 등 참조). 이러한 '특히 신빙할 수 있는 상태'는 증거능력의 요건에 해당하므로 검사가 그 존재에 대하여 구체적으로 주장·입증하여야 하는 것이지만, 이는 소송상의 사실에 관한 것이므로 엄격한 증명을 요하지 아니하고 자유로운 증명으로 족하다(대법원 2012.7.26, 2012도2937; 2001.9.4, 2000도1743).

ⓜ (×) 수사과정 외에서 작성된 피고인의 진술을 기재한 서류는 작성자의 진술에 의한 성립의 진정과 특신상태의 증명이 있으면 그 증거능력이 인정되고, 여기에 진술자인 피고인의 실질적 진정성립의 인정까지 필요한 것은 아니라는 것(완화요건설)이 판례의 입장이다. "형사소송법 제313조 제1항 단서는 "단, 피고인의 진술을 기재한 서류는 공판준비 또는 공판기일에서의 그 작성자의 진술에 의하여 그 성립의 진정함이 증명되고 그 진술이 특히 신빙할 수 있는 상태하에서 행하여진 때에 한하여 피고인의 공판준비 또는 공판기일에서의 진술에 불구하고 증거로 할 수 있다."라고 규정하고 있다. 피고인이 피고인의 진술을 기재한 서류를 증거로 할 수 있음에 동의하지 않은 이상 그 서류에 기재된 피고인의 진술 내용을 증거로 사용하려면 형사소송법 제313조 제1항 단서에 따라 공판준비 또는 공판기일에서 작성자의 진술에 의하여 그 서류에 기재된 피고인의 진술 내용이 피고인이 진술한 대로 기재된 것임이 증명되고 나아가 진술이 특히 신빙할 수 있는 상태하에서 행하여진 것임이 인정되어야 한다(대법원 2012.9.13, 2012도7461 등)(대법원 2022.4.28, 2018도3914)."

[정리] 피고인의 진술을 기재한 서류의 증거능력 인정요건＝작성자의 진술에 의한 성립의 진정의 증명＋특신상태(피고인의 실질적 진정성립의 인정은 필요치 않음, 완화요건설)

07

정답 ②

② ㉠ⓛㄹ

㉠ (○) 대법원 1982.9.14, 82도1000

ⓛ (○) 대법원 2015.10.29, 2014도5939

ⓒ (×) 피의자의 진술을 기재한 서류 또는 문서가 수사기관에서의 조사과정에서 작성된 것이라면 그것이 '진술조서, 진술서, 자술서'라는 형식을 취하였다고 하더라도 피의자신문조서와 달리 볼 수 없다(대법원 2015.10.29, 2014도5939). 당해 피고인과

공범관계가 있는 다른 피의자에 대한 검사 이외의 수사기관 작성의 피의자신문조서는 그 피의자의 법정진술에 의하여 그 성립의 진정이 인정되더라도 당해 피고인이 공판기일에서 그 조서의 내용을 부인하면 증거능력이 부정되므로 그 당연한 결과로 그 피의자신문조서에 대하여는 사망 등 사유로 인하여 법정에서 진술할 수 없는 때에 예외적으로 증거능력을 인정하는 규정인 형사소송법 제314조가 적용되지 아니한다(대법원 2009.11.26, 2009도6602). 따라서 피고인이 당해 공소사실에 대하여 법정에서 부인한 경우에는 사법경찰리 작성의 피의자신문조서의 내용을 인정하지 아니한다(대법원 1997.10.28, 97도2211).

ⓔ (○) 대법원 2007.10.11, 2007도5577

ⓜ (×) 공동피고인 중의 한 사람이 자백하였고 피고인 역시 자백했다면 다른 공동피고인 중의 한 사람이 부인한다 하여도 공동피고인 중의 한 사람이 자백은 피고인의 자백에 대한 보강증거가 된다(대법원 1968.3.19, 68도43).

08 　　　　　　　　　　　　　　　　　　정답 ①

① (×), ② (○) [1] 수사기관 아닌 사인(私人)이 피고인 아닌 사람과의 대화내용을 녹음한 녹음테이프는 형사소송법 제311조, 제312조 규정 이외의 피고인 아닌 자의 진술을 기재한 서류와 다를 바 없으므로, 피고인이 녹음테이프를 증거로 할 수 있음에 동의하지 아니하는 이상 그 증거능력을 부여하기 위해서는, 첫째 녹음테이프가 원본이거나 원본으로부터 복사한 사본일 경우 복사과정에서 편집되는 등의 인위적 개작 없이 원본 내용 그대로 복사된 사본일 것, 둘째 형사소송법 제313조 제1항에 따라 공판준비나 공판기일에서 원진술자의 진술에 의하여 녹음테이프에 녹음된 각자의 진술내용이 자신이 진술한 대로 녹음된 것이라는 점이 인정되어야 한다.

[2] 피고인이 자신의 아들 등에게 폭행을 당하여 입원한 피해자의 병실로 찾아가 그의 모(母) 甲과 대화하던 중 허위사실을 적시하여 피해자의 명예를 훼손하였다는 내용으로 기소된 사안에서, 원심이 유죄의 증거로 채용한 녹취록은 甲이 甲의 이웃 乙과 나눈 대화내용을 녹음한 녹음테이프 등을 기초로 작성된 것으로서, 형사소송법 제313조의 진술서에 준하여 피고인의 동의가 있거나 원진술자의 공판준비나 공판기일에서의 진술에 의하여 성립의 진정함이 증명되어야 증거능력을 인정할 수 있는데, 피고인이 녹취록을 증거로 함에 동의하지 않았고, 甲이 원심 법정에서 "乙이 사건 당시 피고인의 말을 다 들었다. 그래서 지금 녹취도 해왔다."고 진술하였을 뿐, 검사가 녹취록 작성의 토대가 된 대화내용을 녹음한 원본 녹음테이프 등을 증거로 제출하지 아니하고, 원진술자인 甲과 乙의 공판준비나 공판기일에서의 진술에 의하여 자신들이 진술한 대로 기재된 것이라는 점이 인정되지도 아니하는 등 형사소송법 제313조 제1항에 따라 녹취록의 진정성립을 인정할 수 있는 요건이 전혀 갖추어지지 않았으므로, 위 녹취록은 증거능력이 없어 이를 유죄의 증거로 사용할 수 없다(대법원 2011.9.8, 2010도7497).

③ (○) 대법원 2008.7.10, 2007도10755

④ (○) 대법원 1997.3.28, 97도240

09 　　　　　　　　　　　　　　　　　　정답 ②

② ㄱㄷㄹ

ㄱ (○) 대법원 1997.7.25, 97도1351

ㄴ (×) 형사소송법 제314조에 의하면 '기타 사유'는 사망 또는 질병에 준하여 증인으로 소환될 당시부터 기억력이나 분별력의 상실 상태에 있다거나, 법정에 출석하여 증언거부권을 행사한다거나, 증인소환장을 송달받고 출석하지 아니하여 구인을 명하였으나 끝내 구인의 집행이 되지 아니하는 등으로 진술을 요할 자가 공판준비 또는 공판기일에 진술할 수 없는 예외적인 사유가 있어야 한다(대법원 2006.5.25, 2004도3619 등). 그러나 해당 판례에서 밑줄 부분은 2012년 전원합의체 판결에 의해 폐기되었으므로 틀린 지문이다. 법정에 출석한 증인이 형사소송법 제148조, 제149조 등에서 정한 바에 따라 정당하게 증언거부권을 행사하여 증언을 거부한 경우는 형사소송법 제314조의 '그 밖에 이에 준하는 사유로 인하여 진술할 수 없는 때'에 해당하지 아니한다(대법원 2012.5.17, 2009도6788 전원합의체).

ㄷ (○) 형사소송법 제314조에 따라 같은 법 제312조 소정의 조서나 같은 법 제313조 소정의 서류 등을 증거로 하기 위하여는 진술을 요할 자가 사망, 질병 기타 사유로 인하여 공판정에 출정하여 진술을 할 수 없는 경우이어야 한다는 요건 이외에 그 진술 또는 서류의 작성이 특히 신빙할 수 있는 상태하에서 행하여진 것이라야 한다는 두 가지 요건이 갖추어져야 할 것이고, 여기서 특히 신빙할 수 있는 상태하에서 행하여진 때라 함은 그 진술 내용이나 조서 또는 서류의 작성에 허위 개입의 여지가 거의 없고, 그 진술내용의 신빙성이나 임의성을 담보할 구체적이고 외부적인 정황이 있는 경우를 가리키는 것이라고 할 것이다(대법원 1995.12.26, 95도2340).

ㄹ (○) 구 형사소송법(2007.6.1. 법률 제8461호로 개정되기 전의 것) 제314조에 따라 같은 법 제312조의 조서나 같은 법 제313조의 진술서, 서류 등을 증거로 하기 위하여는 '진술을 요할 자가 사망·질병·외국거주 기타 사유로 인하여 공판정에 출석하여 진술을 할 수 없는 경우'이어야 하고, '그 진술 또는 서류의 작성이 특히 신빙할 수 있는 상태하에서 행하여진 것'이라야 한다는 두 가지 요건이 갖추어져야 할 것인바, 첫째 요건과 관련하여 '외국거주'라 함은 진술을 요할 자가 외국에 있다는 것만으로는 부족하고, 수사 과정에서 수사기관이 그 진술을 청취하면서 그 진술자의 외국거주 여부와 장래 출국 가능성을 확인하고 만일 그 진술자의 거주지가 외국이거나 그가 가까운 장래에 출국하여 장기간 외국에 체류하는 등의 사정으로 향후 공판정에 출석하여 진술을 할 수 없는 경우가 발생할 개연성이 있다면 그 진술자의 외국 연락처를, 일시 귀국할 예정이 있다면 그 귀국 시기와 귀국 시 체류 장소와 연락 방법 등을 사전에 미리 확인하고 그 진술자에게 공판정 진술을 하기 전에는 출국을 미루거나, 출국한 후라도 공판 진행 상황에 따라 일시 귀국하여 공판정에 출석하여 진술하게끔 하는 방안을 확보하여 그 진술자로 하여금 공판정에 출석하여 진술할 기회를 충분히 제공하며, 그 밖에 그를 공판정에 출석시켜 진술하게 할 모든 수단을 강구하는 등 가능하고 상당한 수단을 다하더라도 그 진술을 요할 자를 법정에 출석하게 할 수 없는 사정이 있어야 예외적으로 그 요건이 충족된다(대법원 2008.2.28, 2007도10004).

ㅁ (×) 유서에서 甲이 피고인들을 무고할 만한 뚜렷한 동기나 이유가 발견되지 않았고, 피고인들 스스로도 당시 甲 및 乙과 함께 술을 마셨던 사실은 인정하고 있는 점, 乙은 수사기관에서 당시 만취 상태에서 귀가하였는데 속옷에 피가 묻어 있었고 사타구니 부근이 아팠으며 산부인과에서 진료를 받고 사후피임약 등을 처방받았다고 진술한 점 등에 비추어 유서가 신빙할 수

있는 상태에서 작성되었을 개연성이 있다고 평가할 여지는 있으나, 유서는 작성 동기가 명확하지 아니하고, 수사기관에서 작성 경위, 구체적 의미 등이 상세하게 밝혀진 바가 없으며, 사건 발생일로부터 무려 14년 이상 경과된 후 작성된 점, 유서의 주요 내용이 구체적이거나 세부적이지 않고, 다른 증거에 의하여 충분히 뒷받침되지도 아니하며, 오히려 일부 내용은 乙의 진술 등과 명백히 배치되기도 하는 점, 甲에 대한 반대신문이 가능하였다면 그 과정에서 구체적, 세부적 진술이 현출됨으로써 기억의 오류, 과장, 왜곡, 거짓 진술 등이 드러났을 가능성을 배제하기 어려운 점 등 제반 사정을 종합하면, 유서의 내용이 법정에서의 반대신문 등을 통한 검증을 굳이 거치지 않아도 될 정도로 신빙성이 충분히 담보된다고 평가할 수 없어 유서의 증거능력을 인정할 수 없다(대법원 2024.4.12, 2023도13406).

10   정답 ④

④ (×) 다른 피고사건의 공판조서는 형사소송법 제315조 제3호의 문서로서 당연히 증거능력이 있다(대법원 2005.1.14, 2004도6646).

① (○) 대법원 1987.7.7, 87도973

② (○) 피고인이 아닌 자(공소제기 전에 피고인을 피의자로 조사하였거나 그 조사에 참여하였던 자를 포함한다)의 공판준비 또는 공판기일에서의 진술이 피고인의 진술을 그 내용으로 하는 것인 때에는 그 진술이 특히 신빙할 수 있는 상태하에서 행하여졌음이 증명된 때에 한하여 이를 증거로 할 수 있다(제316조 제1항).

③ (○) 피고인 아닌 자의 공판준비 또는 공판기일에서의 진술이 피고인 아닌 타인의 진술을 그 내용으로 하는 것인 때에는 원진술자가 사망, 질병, 외국거주, 소재불명 그 밖에 이에 준하는 사유로 인하여 진술할 수 없고, 그 진술이 특히 신빙할 수 있는 상태하에서 행하여졌음이 증명된 때에 한하여 이를 증거로 할 수 있다(제316조 제2항). 위 문제에서 원진술자 丙이 공판정에 출석하여 진술하고 있으므로, 전문진술자 B의 진술은 甲·乙에 대해서는 증거능력을 가지지 못한다.

11   정답 ①

① ㉠㉡

㉠ (×) 피고인이 아닌 자가 수사과정에서 진술서를 작성하였지만 수사기관이 그에 대한 조사과정을 기록하지 아니하여 형사소송법 제244조의4 제3항, 제1항에서 정한 절차를 위반한 경우에는, 특별한 사정이 없는 한 '적법한 절차와 방식'에 따라 수사과정에서 진술서가 작성되었다 할 수 없으므로 그 증거능력을 인정할 수 없다(대법원 2015.4.23, 2013도3790).

㉡ (×) 형사소송법 제314조에 의하여 같은 법 제312조의 조서나 같은 법 제313조의 진술서, 서류 등을 증거로 하기 위하여는 공판기일에 진술을 요하는 자가 사망·질병·외국거주·소재불명 그 밖에 이에 준하는 사유로 인하여 공판정에 출석하여 진술을 할 수 없는 경우이어야 하고, 그 진술 또는 서류의 작성이 특히 신빙할 수 있는 상태에서 행하여진 것이어야 한다는 두 가지 요건을 갖추어야 한다. 그리고 직접주의와 전문법칙의 예외를 정한 형사소송법 제314조의 요건 충족 여부는 엄격히 심사하여야 하고, 전문증거의 증거능력을 갖추기 위한 요건에 관한 증명책임은 검사에게 있으므로, 법원이 증인이 소재불명이거나

그밖에 이에 준하는 사유로 인하여 진술할 수 없는 때에 해당한다고 인정할 수 있으려면, 증인의 법정 출석을 위한 가능하고도 충분한 노력을 다하였음에도 불구하고 부득이 증인의 법정 출석이 불가능하게 되었다는 사정을 검사가 증명한 경우여야 한다(대법원 2013.4.11, 2013도1435; 2013.10.17, 2013도5001).

㉢ (○) 수사기관 작성 검증조서에 기재된 현장지시와 현장진술을 구별하여 전자는 제312조 제6항, 후자는 제312조 제3항이 적용된다. "사법경찰관 작성의 검증조서에 대하여 피고인이 증거로 함에 동의만 하였을 뿐 공판정에서 검증조서에 기재된 진술내용 및 범행을 재연한 부분에 대하여 그 성립의 진정 및 내용을 인정한 흔적을 찾아 볼 수 없고 오히려 이를 부인하고 있는 경우에는 그 증거능력을 인정할 수 없다(대법원 1998.3.13, 98도159)."

12   정답 ③

③ (×) 수사보고서에 검증의 결과에 해당하는 기재가 있는 경우, 그 기재 부분은 검찰사건사무규칙 제17조에 의하여 검사가 범죄의 현장 기타 장소에서 실황조사를 한 후 작성하는 실황조서 또는 사법경찰관리집무규칙(참고로 2012년 폐지됨) 제49조 제1항, 제2항에 의하여 사법경찰관이 수사상 필요하다고 인정하여 범죄현장 또는 기타 장소에 임하여 실황을 조사할 때 작성하는 실황조사서에 해당하지 아니하며, 단지 수사의 경위 및 결과를 내부적으로 보고하기 위하여 작성된 서류에 불과하므로 그 안에 검증의 결과에 해당하는 기재가 있다고 하여 이를 형사소송법 제312조 제1항의 '검사 또는 사법경찰관이 검증의 결과를 기재한 조서'라고 할 수 없을 뿐만 아니라 이를 같은 법 제313조 제1항의 '피고인 또는 피고인이 아닌 자가 작성한 진술서나 그 진술을 기재한 서류'라고 할 수도 없고, 같은 법 제311조, 제315조, 제316조의 적용대상이 되지 아니함이 분명하므로 그 기재 부분은 증거로 할 수 없다(대법원 2001.5.29, 2000도2933).

① (○) 사법경찰관이 작성한 검증조서에 피의자이던 피고인이 검사 이외의 수사기관 앞에서 자백한 범행내용을 현장에 따라 진술·재연한 내용이 기재되고 그 재연 과정을 촬영한 사진이 첨부되어 있다면, 그러한 기재나 사진은 피고인이 공판정에서 그 진술내용 및 범행재연의 상황을 모두 부인하는 이상 증거능력이 없다(대법원 2006.1.13, 2003도6548).

② (○) 실황조서의 기재가 사고현장을 설명하면서 경찰이나 검사의 의견을 기재한 것에 불과하다면 피고인이 이 사건 사고를 일으켰다고 인정할 자료가 될 수 없다(대법원 1983.6.28, 83도948).

④ (○) 실황조사는 범행 중 또는 범행 직후의 사고현장에서 행해지는 영장주의의 예외인 긴급검증에 해당하므로 사후영장검증을 받아야 한다(대법원 1989.3.14, 88도1399).

13   정답 ①

① ㉠㉡

㉠ (○), ㉡ (○) 상업장부나 항해일지, 진료일지 또는 이와 유사한 금전출납부 등과 같이 범죄사실의 인정 여부와는 관계없이 자기에게 맡겨진 사무를 처리한 내역을 그때그때 계속적, 기계적으로 기재한 문서는 사무처리 내역을 증명하기 위하여 존재하는 문서로서 형사소송법 제315조 제2호에 의하여 당연히 증거능력이 인정된다. 그리고 이러한 문서는 업무의 기계적 반복성으로 인하여 허위가 개입될 여지가 적고, 또 문서의 성질에 비추어 고도의 신용성이 인정되어 반대신문의 필요가 없거나

작성자를 소환해도 서면제출 이상의 의미가 없는 것들에 해당하기 때문에 당연히 증거능력이 인정된다는 것이 형사소송법 제315조의 입법 취지인 점과 아울러, 전문법칙과 관련된 형사소송법 규정들의 체계 및 규정 취지에 더하여 '기타'라는 문언에 의하여 형사소송법 제315조 제1호와 제2호의 문서들을 '특히 신용할 만한 정황에 의하여 작성된 문서'의 예시로 삼고 있는 형사소송법 제315조 제3호의 규정형식을 종합하여 보면, 형사소송법 제315조 제3호에서 규정한 '기타 특히 신용할 만한 정황에 의하여 작성된 문서'는 형사소송법 제315조 제1호와 제2호에서 열거된 공권적 증명문서 및 업무상 통상문서에 준하여 '굳이 반대신문의 기회 부여 여부가 문제 되지 않을 정도로 고도의 신용성의 정황적 보장이 있는 문서'를 의미한다.

나아가 어떠한 문서가 형사소송법 제315조 제2호가 정하는 업무상 통상문서에 해당하는지를 구체적으로 판단함에 있어서는, 형사소송법 제315조 제2호 및 제3호의 입법 취지를 참작하여 당해 문서가 정규적·규칙적으로 이루어지는 업무활동으로부터 나온 것인지 여부, 당해 문서를 작성하는 것이 일상적인 업무 관행 또는 직무상 강제되는 것인지 여부, 당해 문서에 기재된 정보가 취득된 즉시 또는 그 직후에 이루어져 정확성이 보장될 수 있는 것인지 여부, 당해 문서의 기록이 비교적 기계적으로 행하여지는 것이어서 기록 과정에 기록자의 주관적 개입의 여지가 거의 없다고 볼 수 있는지 여부, 당해 문서가 공시성이 있는 등으로 사후적으로 내용의 정확성을 확인·검증할 기회가 있어 신용성이 담보되어 있는지 여부 등을 종합적으로 고려하여야 한다(대법원 2015.7.16, 2015도2625 전원합의체).

ⓒ (×) 구속적부심은 구속된 피의자 또는 그 변호인 등의 청구로 수사기관과는 별개 독립의 기관인 법원에 의하여 행하여지는 것으로 구속된 피의자에 대하여 피의사실과 구속사유 등을 알려 그에 대한 자유로운 변명의 기회를 주어 구속의 적부를 심사함으로써 피의자의 권리보호에 이바지하는 제도인바, 법원 또는 합의부원, 검사, 변호인, 청구인이 구속된 피의자를 심문하고 그에 대한 피의자의 진술 등을 기재한 구속적부심문조서는 형사소송법 제311조가 규정한 문서에는 해당하지 않는다 할 것이나, 특히 신용할 만한 정황에 의하여 작성된 문서라고 할 것이므로 특별한 사정이 없는 한, 피고인이 증거로 함에 부동의하더라도 형사소송법 제315조 제3호에 의하여 당연히 그 증거능력이 인정된다(대법원2004.1.16, 2003도5693).

ⓔ (×) 체포·구속인접견부는 유치된 피의자가 죄증을 인멸하거나 도주를 기도하는 등 유치장의 안전과 질서를 위태롭게 하는 것을 방지하기 위한 목적으로 작성되는 서류로 보일 뿐이어서 형사소송법 제315조 제2, 3호에 규정된 당연히 증거능력이 있는 서류로 볼 수는 없다(대법원 2012.10.25, 2011도5459).

14

정답 ④

④ ㉠㉡㉣㉤

㉠ (○) 대법원 2007.7.26, 2007도3219

㉡ (○) 대법원 1982.9.14, 82도1504

㉢ (×) 주민들의 진정서 사본은 피고인이 증거로 함에 동의하지 않고 기록상 원본의 존재나 그 진정성립을 인정할 아무런 자료도 없을 뿐 아니라 형사소송법 제315조 제3호의 규정사유도 없으므로 이를 증거로 할 수 없다(대법원 1983.12.13, 83도2613).

㉣ (○) 대법원 1984.2.28, 83도3145

㉤ (○) 대법원 2005.4.28, 2004도4428

15

정답 ④

④ ㉠㉡㉢

㉠ (○) 원진술인 甲의 진술의 존재 자체가 알선수재죄의 알선행위를 증명하고 있는 경우로서 이는 요증사실의 일부를 이루는 진술이므로, 이를 들은 乙의 진술은 전문증거가 아니라 원본증거가 되는 것이다. 따라서 乙의 진술에 대해서는 전문법칙이 적용되지 않는다.

㉡ (○) 전문의 진술을 증거로 함에 있어서는 전문진술자가 원진술자로부터 진술을 들을 당시 원진술자가 증언능력에 준하는 능력을 갖춘 상태에 있어야 할 것인데, 증인의 증언능력은 증인 자신이 과거에 경험한 사실을 그 기억에 따라 공술할 수 있는 정신적인 능력이라 할 것이므로, 유아의 증언능력에 관해서도 그 유무는 단지 공술자의 연령만에 의할 것이 아니라 그의 지적 수준에 따라 개별적이고 구체적으로 결정되어야 함은 물론 공술의 태도 및 내용 등을 구체적으로 검토하고, 경험한 과거의 사실이 공술자의 이해력, 판단력 등에 의하여 변식될 수 있는 범위 내에 속하는가의 여부도 충분히 고려하여 판단하여야 한다(대법원 2006.4.14, 2005도956).

㉢ (○) ⓐ 甲이 법정에 출석하여 위 피의자신문조서 및 진술조서(이 진술조서도 피의자신문을 내용으로 함)의 성립의 진정을 인정하였더라도 피고인이 공판기일에서 그 조서의 내용을 모두 부인한 이상 이는 증거능력이 없고, ⓑ 한편 제1심 및 원심 공동피고인인 甲은 원심에 이르기까지 일관되게 피고인으로부터 50만 원을 받았다는 취지의 공소사실을 부인한 사실에 비추어 원진술자 甲이 사망, 질병, 외국거주, 소재불명 그 밖에 이에 준하는 사유로 인하여 진술할 수 없는 때에 해당하지 아니하여 甲의 진술을 내용으로 하는 乙의 법정증언은 전문증거로서 증거능력이 없다(대법원 2019.11.14, 2019도11552).

[보충] 나아가 피고인은 일관되게 甲에게 50만 원 자체를 교부한 적이 없다고 주장하면서 적극적으로 다툰 점, 이에 따라 사법경찰관 작성의 甲에 대한 피의자신문조서 및 진술조서의 내용을 모두 부인한 점, 乙의 법정증언이 전문증거로서 증거능력이 없다는 사정에 대하여 피고인 또는 변호인에게 의견을 묻는 등의 적절한 방법으로 고지가 이루어지지 않은 채 증인신문이 진행된 다음 증거조사 결과에 대한 의견진술이 이루어진 점, 乙이 위와 같이 증언하기에 앞서 원진술자 甲이 피고인으로부터 50만 원을 제공받은 적이 없다고 이미 진술한 점 등을 종합하면 피고인이 乙의 법정증언을 증거로 삼는 데에 동의하였다고 볼 여지는 없고, 乙의 증언에 따른 증거조사 결과에 대하여 별 의견이 없다고 진술하였더라도 달리 볼 수 없으므로, 결국 사법경찰관 작성의 甲에 대한 피의자신문조서 및 진술조서와 乙의 전문진술은 증거능력이 없다(위 판례).

㉣ (×) 형사소송법 제312조 제3항은 검사 이외의 수사기관이 작성한 해당 피고인에 대한 피의자신문조서를 유죄의 증거로 하는 경우뿐만 아니라 검사 이외의 수사기관이 작성한 해당 피고인과 공범관계에 있는 다른 피고인이나 피의자에 대한 피의자신문조서를 해당 피고인에 대한 유죄의 증거로 채택할 경우에도 적용된다. 따라서 해당 피고인과 공범관계가 있는 다른 피의자에 대하여 검사 이외의 수사기관이 작성한 피의자신문조서는 그 피의자의 법정진술에 의하여 그 성립의 진정이 인정되는 등 형사소송법 제312조 제4항의 요건을 갖춘 경우라고 하더라도 해당 피고인이 공판기일에서 그 조서의 내용을 부인한 이상 이

를 유죄 인정의 증거로 사용할 수 없고, 그 당연한 결과로 위 피의자신문조서에 대하여는 사망 등 사유로 인하여 법정에서 진술할 수 없는 때에 예외적으로 증거능력을 인정하는 규정인 형사소송법 제314조가 적용되지 아니한다(대법원 2004.7.15, 2003도7185 전원합의체 판결 등 참조). 그리고 이러한 법리는 공동정범이나 교사범, 방조범 등 공범관계에 있는 자들 사이에서뿐만 아니라, 법인의 대표자나 법인 또는 개인의 대리인, 사용인, 그 밖의 종업원 등 행위자의 위반행위에 대하여 행위자가 아닌 법인 또는 개인이 양벌규정에 따라 기소된 경우, 이러한 법인 또는 개인과 행위자 사이의 관계에서도 마찬가지로 적용된다고 보아야 한다(대법원 2020.6.11, 2016도9367).

[보충] 양벌규정에 따라 처벌되는 행위자와 행위자가 아닌 법인 또는 개인 간의 관계는, 행위자가 저지른 법규위반행위가 사업주의 법규위반행위와 사실관계가 동일하거나 적어도 중요부분을 공유한다는 점에서 내용상 불가분적 관련성을 지닌다고 보아야 하고, 따라서 형법총칙의 공범관계 등과 마찬가지로 인권보장적인 요청에 따라 형사소송법 제312조 제3항이 이들 사이에서도 적용된다고 보는 것이 타당하다(위 판례).

ⓜ (×) 형사소송법은 검사, 사법경찰관 등 수사기관이 작성한 피의자신문조서는 그 피의자였던 피고인 또는 변호인이 공판준비 또는 공판기일에 내용을 인정하지 아니하면 증거능력을 부정하면서도(제312조 제1항, 제3항), 검사, 사법경찰관 등 공소제기 전에 피고인을 피의자로 조사하였거나 그 조사에 참여하였던 자, 즉 조사자의 공판준비 또는 공판기일에서의 진술이 피고인의 수사기관 진술을 내용으로 하는 것인 때에는 그 진술이 '특히 신빙할 수 있는 상태하에서 행하여졌음이 증명된 때'에 한하여 이를 증거로 할 수 있다고 규정하고 있다(제316조 제1항). 법 제316조 제1항에서 규정하는 '그 진술이 특히 신빙할 수 있는 상태하에서 행하여졌음'이란 그 진술을 하였다는 것에 허위 개입의 여지가 거의 없고, 그 진술내용의 신빙성이나 임의성을 담보할 구체적이고 외부적인 정황이 있음을 의미한다(대법원 2015.12.10, 2015도16105). 이러한 특신상태는 증거능력의 요건에 해당하므로 검사가 그 존재에 대하여 구체적으로 주장·증명하여야 하는데(대법원 2001.9.4, 2000도1743), 피고인의 수사기관 진술이 '특히 신빙할 수 있는 상태하에서 행하여졌음에 대한 증명'은 단지 그러할 개연성이 있다는 정도로는 부족하고 합리적인 의심의 여지를 배제할 정도에 이르러야 한다. 피고인이나 변호인이 그 내용을 인정하지 않더라도 검사, 사법경찰관 등 조사자의 법정증언을 통하여 피고인의 수사기관 진술내용이 법정에 현출되는 것을 허용하는 것은, 형사소송법 제312조 제1항, 제3항이 피고인의 수사기관 진술은 신용성의 정황적 보장이 부족하다고 보아 피고인이나 변호인이 그 내용을 인정하지 않는 이상 피의자신문조서의 증거능력을 인정하지 않음으로써 그 진술내용이 법정에 현출되지 않도록 규정하고 있는 것에 대하여 중대한 예외를 인정하는 것이어서, 이를 폭넓게 허용하는 경우 형사소송법 제312조 제1항, 제3항의 입법취지와 기능이 크게 손상될 수 있기 때문이다. 피고인이 경찰 조사 당시 변호인의 동석 없이 진술한 점, 피고인의 진술 중 범인만이 알 수 있는 내용에 관한 자발적, 구체적 진술로 평가될 수 있는 부분이 존재하지 않는 점, 오히려 피고인은 임의동행 직후 경찰관이 소변의 임의제출을 종용하자 필로폰 투약 사실을 인정하고, 이후 경찰관이 발신 기지국 위치를 통하여 확인된 사실을 기초로 진술번복을 유도하자 그에 따라 공소사실 기재와 같은 필로폰 투약 범

행을 인정한 것으로 보이는 등 피고인이 조사 당시 그 진술내용을 신빙하기 어려운 상태에 있었다고 의심되는 정황이 존재하는 점 등에 비추어 보면, 피고인을 경찰에서 조사하였던 경찰관의 제1심 증언은 증거능력이 인정된다고 보기 어렵다(대법원 2023.10.26, 2023도7301).

16 　　　　정답 ③

③ ⓛⓔ

ⓐ (×) 사법경찰관리 또는 특별사법경찰관리에 대하여는 헌법과 형사소송법 등 법령에 따라 국민의 생명·신체·재산 등을 보호하기 위하여 광범위한 기본권 제한조치를 할 수 있는 권한이 부여되어 있으므로, 소관 업무의 성질이 수사업무와 유사하거나 이에 준하는 경우에도 명문의 규정이 없는 한 함부로 그 업무를 담당하는 공무원을 사법경찰관리 또는 특별사법경찰관리에 해당한다고 해석할 수 없다. … 뿐만 아니라 현행 법령상 조세범칙조사의 법적 성질은 기본적으로 행정절차에 해당하므로, 조세범 처벌절차법 등 관련 법령에 조세범칙조사를 담당하는 세무공무원에게 압수·수색 및 혐의자 또는 참고인에 대한 심문권한이 부여되어 있어 그 업무의 내용과 실질이 수사절차와 유사한 점이 있고, 이를 기초로 수사기관에 고발하는 경우에는 형사절차로 이행되는 측면이 있다 하여도, 달리 특별한 사정이 없는 한 이를 형사절차의 일환으로 볼 수는 없다. (따라서) 조세범칙조사를 담당하는 세무공무원이 피고인이 된 혐의자 또는 참고인에 대하여 심문한 내용을 기재한 조서는 검사·사법경찰관 등 수사기관이 작성한 조서와 동일하게 볼 수 없으므로 형사소송법 제312조에 따라 증거능력의 존부를 판단할 수는 없고, 피고인 또는 피고인이 아닌 자가 작성한 진술서나 그 진술을 기재한 서류에 해당하므로 형사소송법 제313조에 따라 공판준비 또는 공판기일에서 작성자·진술자의 진술에 따라 성립의 진정함이 증명되고 나아가 그 진술이 특히 신빙할 수 있는 상태 아래에서 행하여진 때에 한하여 증거능력이 인정된다. 이때 '특히 신빙할 수 있는 상태'란 조서 작성 당시 그 진술내용이나 조서 또는 서류의 작성에 허위 개입의 여지가 거의 없고, 그 진술 내용의 신빙성과 임의성을 담보할 구체적이고 외부적인 정황이 있는 경우를 의미하는데, 조세범 처벌절차법 및 이에 근거한 시행령·시행규칙·훈령(조사사무처리규정) 등의 조세범칙조사 관련 법령에서 구체적으로 명시한 진술거부권 등 고지, 변호사 등의 조력을 받을 권리 보장, 열람·이의제기 및 의견진술권 등 심문조서의 작성에 관한 절차규정의 본질적인 내용의 침해·위반 등도 '특히 신빙할 수 있는 상태' 여부의 판단에 있어 고려되어야 한다(대법원 2022.12.15, 2022도8824).

ⓛ (○) 어떤 진술이 기재된 서류가 그 내용의 진실성이 범죄사실에 대한 직접증거로 사용될 때는 전문증거가 되지만, 그와 같은 진술을 하였다는 것 자체 또는 진술의 진실성과 관계없는 간접사실에 대한 정황증거로 사용될 때는 반드시 전문증거가 되는 것이 아니다. 그러나 어떠한 내용의 진술을 하였다는 사실 자체에 대한 정황증거로 사용될 것이라는 이유로 서류의 증거능력을 인정한 다음 그 사실을 다시 진술 내용이나 그 진실성을 증명하는 간접사실로 사용하는 경우에 그 서류는 전문증거에 해당한다. 서류가 그곳에 기재된 원진술의 내용인 사실을 증명하는 데 사용되어 원진술의 내용인 사실이 요증사실이 되기 때문이다. 이러한 경우 형사소송법 제311조부터 제316조까지 정한

요건을 충족하지 못한다면 증거능력이 없다(대법원 2019.8.29, 2018도14303 전원합의체).

ⓒ (×) 이 경우 증거동의의 주체는 피고인이다. "형사소송법은 전문진술에 대하여 제316조에서 실질상 단순한 전문의 형태를 취하는 경우에 한하여 예외적으로 그 증거능력을 인정하는 규정을 두고 있을 뿐, 재전문진술이나 재전문진술을 기재한 조서에 대하여는 달리 그 증거능력을 인정하는 규정을 두고 있지 아니하고 있으므로, 피고인이 증거로 하는 데 동의하지 아니하는 한 형사소송법 제310조의2의 규정에 의하여 이를 증거로 할 수 없다(대법원 2004.3.11, 2003도171)."

ⓔ (○) 제318조의2

ⓜ (×) 구 형사소송법(2007.6.1. 법률 제8496호로 개정되기 전의 것) 제292조에서 정한 증거조사가 완료되기 전에는 최초의 진술을 번복함으로써 그 피의자신문조서를 유죄 인정의 자료로 사용할 수 없도록 할 수 있으나, 그 피의자신문조서에 대하여 위의 증거조사가 완료된 뒤에는 그와 같은 번복의 의사표시에 의하여 이미 인정된 조서의 증거능력이 당연히 상실되는 것은 아니다. 다만, 적법절차 보장의 정신에 비추어 성립의 진정함을 인정한 최초의 진술에 그 효력을 그대로 유지하기 어려운 중대한 하자가 있고 그에 관하여 진술인에게 귀책사유가 없는 경우에 한하여 예외적으로 증거조사 절차가 완료된 뒤에도 그 진술을 취소할 수 있고, 그 취소 주장이 이유 있는 것으로 받아들여지게 되면 법원은 구 형사소송규칙(2007.10.29. 대법원규칙 제2106호로 개정되기 전의 것) 제139조 제4항의 증거배제결정을 통하여 그 조서를 유죄 인정의 자료에서 제외하여야 한다(대법원 2008.7.10, 2007도7760).

17

② ㉠ⓒ

㉠ (×) 제313조 제2항 참조.

> **제313조(진술서등)** ② 제1항 본문에도 불구하고 진술서의 작성자가 공판준비나 공판기일에서 그 성립의 진정을 부인하는 경우에는 과학적 분석결과에 기초한 디지털포렌식 자료, 감정 등 객관적 방법으로 성립의 진정함이 증명되는 때에는 증거로 할 수 있다. 다만, 피고인 아닌 자가 작성한 진술서는 피고인 또는 변호인이 공판준비 또는 공판기일에 그 기재 내용에 관하여 작성자를 신문할 수 있었을 것을 요한다.

ⓒ (○) 피고인과 상대방 사이의 대화 내용에 관한 녹취서가 공소사실의 증거로 제출되어 녹취서의 기재 내용과 녹음테이프의 녹음 내용이 동일한지에 대하여 법원이 검증을 실시한 경우에, 증거자료가 되는 것은 녹음테이프에 녹음된 대화 내용 자체이고, 그중 피고인의 진술 내용은 실질적으로 형사소송법 제311조, 제312조의 규정 이외에 피고인의 진술을 기재한 서류와 다름없어, 피고인이 녹음테이프를 증거로 할 수 있음에 동의하지 않은 이상 녹음테이프에 녹음된 피고인의 진술 내용을 증거로 사용하기 위해서는 형사소송법 제313조 제1항 단서에 따라 공판준비 또는 공판기일에서 작성자인 상대방의 진술에 의하여 녹음테이프에 녹음된 피고인의 진술 내용이 피고인이 진술한 대로 녹음된 것임이 증명되고 나아가 그 진술이 특히 신빙할 수 있는 상태하에서 행하여진 것임이 인정되어야 한다. 또한 대화 내용을 녹음한 파일 등 전자매체는 성질상 작성자나 진술자의 서명 또는 날인이 없을 뿐만 아니라, 녹음자의 의도나 특정

한 기술에 의하여 내용이 편집·조작될 위험성이 있음을 고려하여, 대화 내용을 녹음한 원본이거나 원본으로부터 복사한 사본일 경우에는 복사과정에서 편집되는 등의 인위적 개작 없이 원본의 내용 그대로 복사된 사본임이 증명되어야 한다(대법원 2012.9.13, 2012도7461).

ⓒ (×) 판례는 재전문진술이나 재전문진술을 기재한 조서(재재전문서류)에 대하여는 피고인 측의 증거동의가 없는 이상 원칙적으로 증거능력을 부정한다(대법원 2000.3.10, 2000도159).

ⓔ (○) 문자메시지의 내용을 촬영한 사진은 피해자의 진술서에 준하는 것으로 취급함이 상당할 것인바, 진술서에 관한 형사소송법 제313조에 따라 문자메시지의 작성자인 A가 법정에 출석하여 자신이 문자메시지를 작성하여 동생에게 보낸 것과 같음을 확인하고, 동생인 B도 법정에 출석하여 A가 보낸 문자메시지를 촬영한 사진이 맞다고 확인한 이상, 문자메시지를 촬영한 사진은 그 성립의 진정함이 증명되었다고 볼 수 있으므로 이를 증거로 할 수 있다(대법원 2010.11.25, 2010도8735).

18

② (○) 丙에 대한 참고인진술조서는 피고인의 진술을 그 내용으로 하는 전문진술이 기재된 전문서류로서(재전문서류), 형사소송법 제312조 내지 제314조의 규정에 의하여 그 증거능력이 인정될 수 있는 경우에 해당하여야 함은 물론, 나아가 형사소송법 제316조 제2항의 규정에 따른 위와 같은 조건을 갖춘 때에 예외적으로 증거능력을 인정하여야 할 것이다(대법원 2012.5.24, 2010도5948). 사안의 경우, 우선 丙의 실질적 진정성립 인정이 없으므로 제312조 제4항에 의하여 그 증거능력이 인정되지 않는다(제312조 제4항에 의할 때 영상녹화물 등 객관적 방법에 의한 대체증명이 가능하나, 문제에 적시되지 않은 것으로 보아 이는 배제함). 또한 피고인 甲의 혐의에 대한 증거능력이 문제되므로 원진술자인 乙은 피고인 아닌 자이다. 따라서 전문진술의 증거능력 인정의 예외를 정한 제316조 제2항의 요건을 갖추어야 하는데, 사안에서 원진술자 乙의 법정출석 및 진술이 있는 경우이므로(소재불명 등 요건충족 안 됨) 역시 그 증거능력이 인정되지 않는다.

① (×) 형사소송법 제314조의 문언과 개정 취지, 증언거부권 관련 규정의 내용 등에 비추어 보면, 법정에 출석한 증인이 형사소송법 제148조, 제149조 등에서 정한 바에 따라 정당하게 증언거부권을 행사하여 증언을 거부한 경우는 형사소송법 제314조의 '그 밖에 이에 준하는 사유로 인하여 진술할 수 없는 때'에 해당하지 아니한다고 할 것이다(대법원 2012.5.17, 2009도6788 전원합의체).

③ (×) 자백의 보강증거는 자백과는 다른 증거능력 있는 증거이어야 한다. 丙에 대한 진술조서는 乙의 자백을 내용으로 하는 것이므로 乙의 자백을 보강하는 증거가 될 수 없다. 또한 전문법칙의 예외에 해당하지 않아 증거능력이 없는 전문증거는 보강증거가 될 수 없으므로(대법원 2017.9.21, 2015도12400), 丙에 대한 참고인진술조서가 부정되는 이상 乙의 자백에 대한 보강증거가 될 수 없다.

④ (×) 형사소송법 제310조의 피고인의 자백에는 공범인 공동피고인의 진술이 포함되지 아니하므로 공범인 공동피고인의 진술은 다른 공동피고인에 대한 범죄사실을 인정하는 데 있어서 증거로 쓸 수 있고 그에 대한 보강증거의 여부는 법관의 자유심

증에 맡긴다(대법원 1985.3.9, 85도951). 또한 공동피고인의 자백은 이에 대한 피고인의 반대신문권이 보장되어 있어 증인으로 신문한 경우와 다를 바 없으므로 독립한 증거능력이 있다(대법원 1987.7.7, 87도973).

19

정답 ①

① ㉠㉡

㉠ (○), ㉡ (○) [1] 형사소송법 제318조 제1항은 "검사와 피고인이 증거로 할 수 있음을 동의한 서류 또는 물건은 진정한 것으로 인정한 때에는 증거로 할 수 있다."고 규정하고 있을 뿐 진정한 것으로 인정하는 방법을 제한하고 있지 아니하므로, 증거동의가 있는 서류 또는 물건은 법원이 제반 사정을 참작하여 진정한 것으로 인정하면 증거로 할 수 있다. 그리고 증거동의의 의사표시는 증거조사가 완료되기 전까지 취소 또는 철회할 수 있으나, 일단 증거조사가 완료된 뒤에는 취소 또는 철회가 인정되지 아니하므로 취소 또는 철회 전에 이미 취득한 증거능력은 상실되지 아니한다(대법원2015.8.27, 2015도3467).

㉢ (×) 형사소송법 제318조에 규정된 증거동의의 주체는 소송 주체인 검사와 피고인이고, 변호인은 피고인을 대리하여 증거동의에 관한 의견을 낼 수 있을 뿐이므로 피고인의 명시한 의사에 반하여 증거로 함에 동의할 수는 없다. 따라서 피고인이 출석한 공판기일에서 증거로 함에 부동의한다는 의견이 진술된 경우에는 그 후 피고인이 출석하지 아니한 공판기일에 변호인만이 출석하여 종전 의견을 번복하여 증거로 함에 동의하였다 하더라도 이는 특별한 사정이 없는 한 효력이 없다고 보아야 한다(대법원2013.3.28, 2013도3).

㉣ (×) 전단은 맞지만, 후단이 틀렸다. 법원이 직권으로 채택한 증거에 대해서는 양 당사자의 동의가 필요하다. 대법원 1989.10.10, 87도966 참조.

20

정답 ②

② (×) 피고인이나 변호인이 무죄에 관한 자료로 제출한 서증 가운데 도리어 유죄임을 뒷받침하는 내용이 있다 하여도, 법원은 상대방의 원용(동의)이 없는 한 그 서류의 진정성립 여부 등을 조사하고 아울러 그 서류에 대한 피고인이나 변호인의 의견과 변명의 기회를 준 다음이 아니면 그 서증을 유죄인정의 증거로 쓸 수 없다. 그러나 당해 서류를 제출한 당사자는 그것을 증거로 함에 동의하고 있음이 명백한 것이므로 상대인 검사의 원용이 있으면 그 서증을 유죄의 증거로 사용할 수 있다(대법원 2014.2.27, 2013도12155).

① (○) 타인의 진술을 내용으로 하는 진술이 전문증거인지 여부는 요증사실과의 관계에서 정하여지는 것이므로, 원진술의 내용인 사실이 요증사실인 경우에는 전문증거이나, 원진술의 존재 자체가 요증사실인 경우에는 본래증거이지 전문증거가 아니다(대법원 2014.2.27, 2013도12155).

③ (○) 제3자의 진술을 담고 있는 서류 등의 증거가 제3자의 진술 내용의 진실성이 범죄사실에 대한 직접증거로 사용될 때는 전문증거가 된다고 하더라도, 그와 같은 진술을 하였다는 것 자체로 사용되거나 그 진술의 진실성과 관계없는 간접사실에 대한 정황증거로 사용될 때에는 반드시 전문증거가 되는 것은 아니다(대법원 2014.12.24, 2014도10199; 2013.6.13, 2012도16001).

④ (○) 피고인이 수표를 발행하였으나 예금부족 또는 거래정지처분으로 지급되지 아니하게 하였다는 부정수표단속법위반의 공소사실을 증명하기 위하여 제출되는 수표는 그 서류의 존재 또는 상태 자체가 증거가 되는 것이어서 증거물인 서면에 해당하고 어떠한 사실을 직접 경험한 사람의 진술에 갈음하는 대체물이 아니므로, 증거능력은 증거물의 예에 의하여 판단하여야 하고, 이에 대하여는 형사소송법 제310조의2에서 정한 전문법칙이 적용될 여지가 없다. 이때 수표 원본이 아니라 전자복사기를 사용하여 복사한 사본이 증거로 제출되었고 피고인이 이를 증거로 하는 데 부동의한 경우 위 수표 사본을 증거로 사용하기 위해서는 수표 원본을 법정에 제출할 수 없거나 제출이 곤란한 사정이 있고 수표 원본이 존재하거나 존재하였으며 증거로 제출된 수표 사본이 이를 정확하게 전사한 것이라는 사실이 증명되어야 한다(대법원 2015.4.23, 2015도2275).

▶ 제4편 공판: 제2장 증거 [당사자의 동의와 증거능력 2] ― **제3장 재판** [종국재판]

01	③	02	④	03	①	04	③	05	③
06	②	07	②	08	④	09	①	10	④
11	①	12	④	13	②	14	②	15	②
16	③	17	④	18	③	19	①	20	④

01

정답 ③

③ (○) (2020년 국가직 7급에 출제된 지문으로서 출제의도를 고려하여 해설함) 피고인이 제1심법원에서 공소사실에 대하여 자백하여 제1심법원이 이에 대하여 간이공판절차에 의하여 심판할 것을 결정하고, 이에 따라 제1심법원이 제1심판결 명시의 증거들을 증거로 함에 피고인 또는 변호인의 이의가 없어 형사소송법 제318조의3의 규정에 따라 증거능력이 있다고 보고, 상당하다고 인정하는 방법으로 증거조사를 한 이상, 가사 항소심에 이르러 범행을 부인하였다고 하더라도 제1심법원에서 증거로 할 수 있었던 증거는 항소법원에서도 증거로 할 수 있는 것이므로 제1심법원에서 이미 증거능력이 있었던 증거는 항소심에서도 증거능력이 그대로 유지되어 심판의 기초가 될 수 있고 다시 증거조사를 할 필요가 없다(대법원 1998.2.27, 97도3421).

> **제318조(당사자의 동의와 증거능력)** ② 피고인의 출정 없이 증거조사를 할 수 있는 경우에 피고인이 출정하지 아니한 때에는 전항의 동의가 있는 것으로 간주한다. 단, 대리인 또는 변호인이 출정한 때에는 예외로 한다.

① (×) 유죄의 자료가 되는 것으로 제출된 증거의 반대증거 서류에 대하여는 그것이 유죄사실을 인정하는 증거가 되는 것이 아닌 이상 반드시 그 진정성립이 증명되지 아니하거나 이를 증거로 함에 있어서의 상대방의 동의가 없다고 하더라도 증거판단의 자료로 할 수 있다(대법원 1981.12.22, 80도1547).

② (×) 제318조의3 참조.

> **제318조의3(간이공판절차에서의 증거능력에 관한 특례)** 제286조의2의 결정이 있는 사건의 증거에 관하여는 제310조의2, 제312조 내지 제314조 및 제316조의 규정에 의한 증거에 대하여 제318조 제1항의 동의가 있는 것으로 간주한다. 단, 검사, 피고인 또는 변호인이 증거로 함에 이의가 있는 때에는 그러하지 아니하다.

④ (×) 소송촉진 등에 관한 특례법(이하 '소촉법'이라 한다) 제23조는 "제1심 공판절차에서 피고인에 대한 송달불능보고서가 접수된 때부터 6개월이 지나도록 피고인의 소재를 확인할 수 없는 경우에는 대법원규칙으로 정하는 바에 따라 피고인의 진술 없이 재판할 수 있다. 다만, 사형, 무기 또는 장기 10년이 넘는 징역이나 금고에 해당하는 사건의 경우에는 그러하지 아니하다."라고 규정하고 있고, 형사소송법 제318조 제2항은 "피고인의 출정 없이 증거조사를 할 수 있는 경우에 피고인이 출정하지 아니한 때에는 피고인의 동의가 있는 것으로 간주한다. 단, 대리인 또는 변호인이 출정한 때에는 예외로 한다."고 규정하고 있는바, 소촉법 제23조의 경우 피고인의 출정 없이도 심리·판결할 수 있고 공판심리의 일환으로 증거조사가 행해지게 마련이어서 피고인이 출석하지 아니한 상태에서 증거조사를 할 수밖에 없는 경우에는 형사소송법 제318조 제2항의 규정상 피고인의 진의와는 관계없이 형사소송법 제318조 제1항의 동의가 있는 것으로 간주하게 되어 있는 점, 형사소송법 제318조 제2항의 입법 취지가 재판의 필요성 및 신속성, 즉 피고인의 불출정으로 인한 소송행위의 지연 방지 내지 피고인 불출정의 경우 전문증거의 증거능력을 결정하지 못함에 따른 소송지연 방지에 있는 점 등에 비추어, 피고인이 공시송달의 방법에 의한 공판기일의 소환을 2회 이상 받고도 출석하지 아니하여 법원이 피고인의 출정 없이 증거조사를 하는 경우에는 형사소송법 제318조 제2항에 따른 피고인의 증거동의가 있는 것으로 간주된다고 할 것이다(대법원 2011.3.10, 2010도15977).

02

정답 ④

④ ㉠㉡㉢

㉠ (○) 대법원 2012.10.25, 2011도5459

㉡ (○) 대법원 2005.8.19, 2005도2617

㉢ (○) 법 제312조부터 제316조까지의 규정에 따라 증거로 할 수 없는 서류나 진술이라도 공판준비 또는 공판기일에서의 피고인 또는 피고인이 아닌 자(조사자를 포함한다)의 진술의 증명력을 다투기 위하여 증거로 할 수 있다(제318조의2 제1항).

㉣ (×) 사법경찰리 작성의 피고인에 대한 피의자신문조서는 피고인이 그 내용을 부인하는 이상 증거능력이 없으나, 그것이 임의로 작성된 것이 아니라고 의심할 만한 사정이 없는 한 피고인의 법정에서의 진술을 탄핵하기 위한 반대증거로 사용할 수 있다(대법원 2014.3.13, 2013도12507).

㉤ (×) 자백배제법칙에 위반한 자백은 사용을 철저히 제한할 필요가 있으므로, 탄핵증거로도 사용할 수 없다는 것이 통설의 입장이다.

03

정답 ①

① (×) 상대방에게도 공격·방어의 기회를 부여하기 위해서 사전에 상대방에게 알려야 하는 것이다. 대법원 2005.8.19, 2005도2617 참조.

② (○) 형사소송법 제318조에 규정된 증거 동의는 소송주체인 검

사와 피고인이 하는 것이고, 변호인은 피고인을 대리하여 증거 동의에 관한 의견을 낼 수 있을 뿐이므로, 피고인이 변호인과 함께 출석한 공판기일의 공판조서에 검사가 제출한 증거에 대하여 동의한다는 기재가 되어 있다면 이는 피고인이 증거 동의를 한 것으로 보아야 하고, 그 기재는 절대적인 증명력을 가진다(대법원 2016.3.10, 2015도19139).

③ (○) 임의성 없는 진술의 증거능력을 부정하는 취지는, 허위진술을 유발 또는 강요할 위험성이 있는 상태하에서 행하여진 진술은 그 자체가 실체적 진실에 부합하지 아니하여 오판을 일으킬 소지가 있을 뿐만 아니라 그 진위를 떠나서 진술자의 기본적 인권을 침해하는 위법·부당한 압박이 가하여지는 것을 사전에 막기 위한 것이므로, 그 임의성에 다툼이 있을 때에는 그 임의성을 의심할 만한 합리적이고 구체적인 사실을 피고인이 증명할 것이 아니고 검사가 그 임의성의 의문점을 없애는 증명을 하여야 하고, 검사가 그 임의성의 의문점을 없애는 증명을 하지 못한 경우에는 그 진술증거는 증거능력이 부정된다. 나아가 피고인이 경찰에서 가혹행위 등으로 인하여 임의성 없는 자백을 하고 그 후 검찰이나 법정에서도 임의성 없는 심리상태가 계속되어 동일한 내용의 자백을 하였다면 각 자백도 임의성 없는 자백이라고 보아야 한다(대법원 2015.9.10, 2012도9879).

④ (○) 대법원 2005.8.19, 2005도2617

04
정답 ③

③ ㉠㉢㉣

㉠ (○) 유죄의 자료가 되는 것으로 제출된 증거의 반대 증거서류에 대하여는 그것이 유죄사실을 인정하는 증거가 되는 것이 아닌 이상 반드시 그 진정성립이 증명되지 아니하거나 이를 증거로 함에 있어서의 상대방의 동의가 없다고 하더라도 증거판단의 자료로 할 수 있는 것이다(대법원 1972.1.31, 71도2060).

㉡ (×) 탄핵증거는 진술의 증명력을 감쇄하기 위하여 인정되는 것이고 범죄사실 또는 그 간접사실의 인정의 증거로서는 허용되지 않는다(대법원 2012.10.25, 2011도5459).

㉢ (○) 범죄사실의 인정은 합리적인 의심이 없는 정도의 증명에 이르러야 하나(형사소송법 제307조 제2항), 사실인정의 전제로 행하여지는 증거의 취사선택 및 증명력에 대한 판단은 자유심증주의의 한계를 벗어나지 않는 한 사실심 법원의 재량에 속한다(형사소송법 제308조). 그리고 탄핵증거는 진술의 증명력을 감쇄하기 위하여 인정되는 것이고 범죄사실 또는 그 간접사실의 인정의 증거로서는 허용되지 않는다. 따라서 검사가 탄핵증거로 신청한 체포·구속인접견부 사본은 피고인의 부인진술을 탄핵한다는 것이므로 결국 검사에게 입증책임이 있는 공소사실 자체를 입증하기 위한 것에 불과하므로 형사소송법 제318조의2 제1항 소정의 피고인의 진술의 증명력을 다투기 위한 탄핵증거로 볼 수 없다(대법원 2012.10.25, 2011도5459).

㉣ (○) 사법경찰리 작성의 피고인에 대한 피의자신문조서와 피고인이 작성한 자술서들은 모두 검사가 유죄의 자료로 제출한 증거들로서 피고인이 각 그 내용을 부인하는 이상 증거능력이 없으나 그러한 증거라 하더라도 그것이 임의로 작성된 것이 아니라고 의심할 만한 사정이 없는 한 피고인의 법정에서의 진술을 탄핵하기 위한 반대증거로 사용할 수 있다(대법원 1998.2.27, 97도1770).

㉤ (×) 피고인이 내용을 부인하여 증거능력이 없는 사법경찰리 작

성의 피의자신문조서에 대하여 비록 당초 증거제출 당시 탄핵증거라는 입증취지를 명시하지 아니하였지만 피고인의 법정 진술에 대한 탄핵증거로서의 증거조사절차가 대부분 이루어졌다고 볼 수 있는 점 등의 사정에 비추어 위 피의자신문조서를 피고인의 법정 진술에 대한 탄핵증거로 사용할 수 있다(대법원 2005.8.19, 2005도2617).

㉥ (×) 피고인 또는 피고인이 아닌 자가 공판준비 또는 공판기일에 진술함에 있어 기억환기용으로만 활용할 수 있다(제318조의2 제2항의 동조 제1항과의 관계).

[보충] 이외에는 진술조서의 실질적 진정성립 인정의 대체증명수단으로서의 용도가 있다(제312조 제4항).

> **제318조의2(증명력을 다투기 위한 증거)** ① 제312조부터 제316조까지의 규정에 따라 증거로 할 수 없는 서류나 진술이라도 공판준비 또는 공판기일에서의 피고인 또는 피고인이 아닌 자(공소제기 전에 피고인을 피의자로 조사하였거나 그 조사에 참여하였던 자를 포함한다. 이하 이 조에서 같다)의 진술의 증명력을 다투기 위하여 증거로 할 수 있다.
> ② 제1항에도 불구하고 피고인 또는 피고인이 아닌 자의 진술을 내용으로 하는 영상녹화물은 공판준비 또는 공판기일에 피고인 또는 피고인이 아닌 자가 진술함에 있어서 기억이 명백하지 아니한 사항에 관하여 기억을 환기시켜야 할 필요가 있다고 인정되는 때에 한하여 피고인 또는 피고인이 아닌 자에게 재생하여 시청하게 할 수 있다.

05
정답 ③

③ (×) 포괄일죄 중 상습범에 대해서는 각 행위에 대한 보강증거가 필요하므로, 자백 외에 보강증거가 없는 부분에 대해서 전부 유죄판결할 수는 없다(제310조, 대법원 1996.2.13, 95도1794).

① (○) 국가보안법상 회합죄를 피고인이 자백하는 경우 회합 당시 상대방으로부터 받았다는 명함의 현존은 보강증거로 될 수 있다(대법원 1990.6.22, 90도741).

② (○) (피고인이 휴대전화기의 카메라로 피해자를 몰래 촬영한 현장에서 현행범으로 체포되면서 위 휴대전화기를 수사기관에 임의제출한 사안에서, 피고인의 자백을 보강할 증거가 있는지 여부가 쟁점이 된 사건이다) 피고인은 공소사실에 대해 자백하고 검사가 제출한 모든 서류에 대하여 증거로 함에 동의하였는데, 그 서류들 중 체포 당시 임의제출 방식으로 압수된 피고인 소유 휴대전화기(이하 '휴대전화기')에 대한 압수조서의 '압수경위'란에 '지하철역 승강장 및 게이트 앞에서 경찰관이 지하철범죄 예방·검거를 위한 비노출 잠복근무 중 검정 재킷, 검정 바지, 흰색 운동화를 착용한 20대가량 남성이 짧은 치마를 입고 에스컬레이터를 올라가는 여성을 쫓아가 뒤에 밀착하여 치마 속으로 휴대폰을 집어넣는 등 해당 여성의 신체를 몰래 촬영하는 행동을 하였다'는 내용이 포함되어 있고, 그 하단에 피고인의 범행을 직접 목격하면서 위 압수조서를 작성한 사법경찰관 및 사법경찰리의 각 기명날인이 들어가 있으므로, 위 압수조서 중 '압수경위'란에 기재된 내용은 피고인이 범행을 저지르는 현장을 직접 목격한 사람의 진술이 담긴 것으로서 형사소송법 제312조 제5항에서 정한 '피고인이 아닌 자가 수사과정에서 작성한 진술서'에 준하는 것으로 볼 수 있고, 이에 따라 휴대전화기에 대한 임의제출절차가 적법하였는지에 영향을 받지 않는 별개의 독립적인 증거에 해당하여, 피고인이 증거로 함에 동의한

이상 유죄를 인정하기 위한 증거로 사용할 수 있을 뿐 아니라 피고인의 자백을 보강하는 증거가 된다고 볼 여지가 많다(대법원 2019.11.14, 2019도13290).

④ (○) 2010.2.18. 01:35경 자동차를 타고 온 피고인으로부터 필로폰을 건네받은 후 피고인이 위 차량을 운전해 갔다고 한 갑의 진술과 2010.2.20. 피고인으로부터 채취한 소변에서 나온 필로폰 양성 반응은, 피고인이 2010.2.18. 02:00경의 필로폰 투약으로 정상적으로 운전하지 못할 우려가 있는 상태에 있었다는 공소사실 부분에 대한 자백을 보강하는 증거가 되기에 충분하다(대법원 2010.12.23, 2010도11272).

06 　　정답 ②

② ㄴㄷㅁ

㉠ (○) 피고인이 범행을 자인하는 것을 들었다는 피고인 아닌 자의 진술내용은 형사소송법 제310조의 피고인의 자백에는 포함되지 아니하나 이는 피고인의 자백의 보강증거로 될 수 없다(대법원 2008.2.14, 2007도10937).

㉡ (×) 자백에 대한 보강증거는 범죄사실의 전부 또는 중요 부분을 인정할 수 있는 정도가 되지 아니하더라도 피고인의 자백이 가공적인 것이 아닌 진실한 것임을 인정할 수 있는 정도만 되면 족한 것으로서, 자백과 서로 어울려서 전체로서 범죄사실을 인정할 수 있으면 유죄의 증거로 충분하다(대법원 2011.9.29, 2011도8015).

㉢ (×) 일정한 증거가 발견되면 피의자가 자백하겠다고 한 약속이 검사의 강요나 위계에 의하여 이루어졌다던가 또는 불기소나 경한 죄의 소추등 이익과 교환조건으로 된 것으로 인정되지 않는다면 위와 같은 자백의 약속하에 된 자백이라 하여 곧 임의성 없는 자백이라고 단정할 수는 없다(대법원 1983.9.13, 83도712).

㉣ (○) 피고인을 현행범으로 체포한 피해자 공소외 2의 수사기관에서의 진술과 앞서 본 현장사진이 첨부된 수사보고서는 피고인의 자백의 진실성을 담보하기에 충분한 보강증거가 된다(대법원 2011.9.29, 2011도8015).

㉤ (×) 휴대전화에 대한 임의제출서, 압수조서, 압수목록, 압수품 사진, 압수물 소유권 포기 여부 확인서는 경찰이 피고인의 이 부분 범행 직후 범행 현장에서 피고인으로부터 위 휴대전화를 임의제출받아 압수하였다는 내용으로서 이 사건 휴대전화에 저장된 전자정보의 증거능력 여부에 영향을 받지 않는 별개의 독립적인 증거에 해당하므로, 피고인이 증거로 함에 동의한 이상 유죄를 인정하기 위한 증거로 사용할 수 있고, 이 부분 공소사실에 대한 피고인의 자백을 보강하는 증거가 된다고 볼 여지가 많다(대법원 2022.11.17, 2019도11967).

07 　　정답 ②

② ㉠ㄴㄷㅂ

㉠ (×) 전자는 보강증거가 될 수 있다. "자백에 대한 보강증거는 피고인의 임의적인 자백사실이 가공적인 것이 아니고 진실하다고 인정될 정도의 증거이면 직접증거이거나 간접증거이거나 보강증거능력이 있다 할 것이고, 반드시 그 증거만으로 객관적 구성요건에 해당하는 사실을 인정할 수 있는 정도의 것임을 요하는 것이 아니라 할 것이므로, 피고인이 위조신분증을 제시·행사한 사실을 자백하고 있고, 위 제시·행사한 신분증이 현존한다면 그 자백이 임의성이 없는 것이 아닌 한 위 신분증은 피고

인의 위 자백사실의 진실성을 인정할 간접증거가 된다고 보아야 한다(대법원 1983.2.22, 82도3107)." 그러나 후자는 보강증거가 될 수 없다. "검사가 보강증거로서 제출한 증거의 내용이 피고인과 공소외 甲이 현대자동차 춘천영업소를 점거했다가 甲이 처벌받았다는 것이고, 피고인의 자백내용은 현대자동차 점거로 甲이 처벌받은 것은 학교 측의 제보 때문이라 하여 피고인이 그 보복으로 학교총장실을 침입점거했다는 것이라면, 위 증거는 공소사실의 객관적 부분인 주거침입, 점거사실과는 관련이 없는 범행의 침입동기에 관한 정황증거에 지나지 않으므로 위 증거와 피고인의 자백을 합쳐 보아도 자백사실이 가공적인 것이 아니고 진실한 것이라 인정하기에 족하다고 볼 수 없으므로 검사 제출의 위 증거는 자백에 대한 보강증거가 될 수 없다(대법원 1990.12.7, 90도2010)."

㉡ (×) 전과에 관한 사실은 엄격한 의미에서의 범죄사실과는 구별되는 것으로서 피고인의 자백만으로서도 이를 인정할 수 있다 할 것이다(대법원 1981.6.9, 81도1353; 1973.3.20, 73도280). 즉, 보강증거를 필요로 하지 않으므로 상소이유에 해당하지 않는다.

㉢ (×) 피고인이 자신이 거주하던 다세대주택의 여러 세대에서 7건의 절도행위를 한 것으로 기소되었는데 그중 4건은 범행장소인 구체적 호수가 특정되지 않은 경우, 위 4건에 관한 피고인의 범행 관련 진술이 매우 사실적·구체적·합리적이고 진술의 신빙성을 의심할 만한 사유도 없어 자백의 진실성이 인정되므로, 피고인의 집에서 해당 피해품을 압수한 압수조서와 압수물 사진은 위 자백에 대한 보강증거가 된다(대법원 2008.5.29, 2008도2343).

㉣ (○) 전자의 판례는 다음과 같다. "피고인이 간통사실을 자인하는 것을 들었고 공소사실 기재의 간통범행 일시경에 피고인의 가출과 외박이 잦아 의심을 하게 되었다는 취지의 피고인의 남편에 대한 진술조서 기재는 피고인의 간통사실 자백에 대한 보강증거가 될 수 있다(대법원 1983.5.10, 83도686)." 후자의 판례는 다음과 같다. "검사의 피고인에 대한 피의자신문조서기재에 피고인이 성명불상자로부터 반지 1개를 편취한 후 이 반지를 1984.4.20경 소송외 甲에게 매도하였다는 취지로 진술하고 있고 한편 검사의 甲에 대한 진술조서 기재에 위 일시경 피고인으로부터 금반지 1개를 매입하였다고 진술하고 있다면 위 甲의 진술은 피고인이 자백하고 있는 편취물품의 소재 내지 행방에 부합하는 진술로서 형식적으로 피고인의 자백의 진실성을 보강하는 증거가 될 수 있다(대법원 1985.11.12, 85도1838)."

㉤ (○) 자백에 대한 보강증거가 필요한 부분은 객관적 구성요건에 해당하는 부분에 한한다(대법원 1983.8.23, 83도820).

㉥ (×) 형사소송절차가 아닌 소년보호사건에 있어서는 비행사실의 일부에 관하여 자백 이외의 다른 증거가 없다 하더라도 법령적용의 착오나 소송절차의 법령위반이 있다고 할 수 없다(대법원 1982.10.15, 82모36).

08 　　정답 ④

④ (○) 제1심판결이 적법하게 채용한 자동차등록증의 기재에 의하면 이 사건 차량이 피고인의 소유로 등록되어 있으므로 이는 피고인이 그 소유 이 사건 차량을 운전하였다는 사실의 자백 부분에 대한 보강증거가 될 수 있고, 결과적으로 피고인이 운전면허 없이 운전하였다는 전체 범죄사실의 보강증거로 충분하다 할 것이다(대법원 2000.9.26, 2000도2365).

① (×) 즉결심판에는 자백보강법칙이 적용되지 아니한다(즉결심판에 관한 절차법 제10조).

[보충] 소년보호사건에도 적용되지 아니한다.

> **즉결심판에 관한 절차법 제10조(증거능력)** 즉결심판절차에 있어서는 형사소송법 제310조, 제312조 제3항 및 제313조의 규정은 적용하지 아니한다.
> **형사소송법 제310조(불이익한 자백의 증거능력)** 피고인의 자백이 그 피고인에게 불이익한 유일의 증거인 때에는 이를 유죄의 증거로 하지 못한다.

② (×) 피고인의 습벽을 범죄구성요건으로 하며 포괄1죄인 상습범에 있어서도 이를 구성하는 각 행위에 관하여는 개별적으로 보강증거가 요구된다(대법원 1983.7.26, 83도1448, 83감도266).

[보충] 포괄일죄에 대한 보강증거는 전체적으로 있으면 되나, 상습범만큼은 각 행위에 관한 개별적인 보강증거가 필요하다.

③ (×) 공소외 1에 대한 검찰 진술조서의 진술기재는 피고인이 이 사건 범행을 자인하는 것을 들었다는 진술로서 전문증거이기는 하나 간이공판절차에 의하여 심판할 것을 결정한 이 사건에 있어서는 같은 법 제318조의3의 규정에 의하여 피고인의 동의가 있는 것으로 간주되어 증거능력이 인정되고, 또한 이러한 진술조서는 자백자 본인의 진술 자체를 기재한 것은 아니므로 같은 법 제310조의 자백에는 포함되지 않는다 할 것이지만, 피고인의 자백을 내용으로 하고 있는 이와 같은 진술기재 내용을 피고인의 자백의 보강증거로 삼는다면 결국 피고인의 자백을 피고인의 자백으로서 보강하는 결과가 되어 아무런 보강도 하는 바 없는 것이니 보강증거가 되지 못하고, 오히려 보강증거를 필요로 하는 피고인의 자백과 동일하게 보아야 할 성질의 것이라고 할 것이므로 피고인의 자백의 보강증거로 될 수 없다(대법원 1981.7.7, 81도1314).

09 정답 ①

① ㉠㉡

㉠ (○) 피고인이 뇌물공여 혐의를 받기 전에 이와는 관계없이 준설공사에 필요한 각종 인·허가 등의 업무를 위임받아 이를 추진하는 과정에서 그 업무수행에 필요한 자금을 지출하면서, 스스로 그 지출한 자금내역을 자료로 남겨두기 위하여 뇌물자금과 기타 자금을 구별하지 아니하고 그 지출 일시, 금액, 상대방 등 내역을 그때그때 계속적, 기계적으로 기입한 수첩의 기재 내용은, 피고인이 자신의 범죄사실을 시인하는 자백이라고 볼 수 없으므로, 증거능력이 있는 한 피고인의 금전출납을 증명할 수 있는 별개의 증거라고 할 것인즉, 피고인의 검찰에서의 자백에 대한 보강증거가 될 수 있다(대법원 1996.10.17, 94도2865 전원합의체).

㉡ (○) 형사소송법 제310조 소정의 "피고인의 자백"에 공범인 공동피고인의 진술은 포함되지 아니하므로 공범인 공동피고인의 진술은 다른 공동피고인에 대한 범죄사실을 인정하는 증거로 할 수 있는 것일 뿐만 아니라 공범인 공동피고인들의 각 진술은 상호 간에 서로 보강증거가 될 수 있다(대법원 1990.10.30, 90도1939).

㉢ (×) [1] 피고인이 범행을 자인하는 것을 들었다는 피고인 아닌 자의 진술내용은 형사소송법 제310조의 피고인의 자백에는 포함되지 아니하나 이는 피고인의 자백의 보강증거로 될 수 없다.

[2] 실체적 경합범은 실질적으로 수죄이므로 각 범죄사실에 관

하여 자백에 대한 보강증거가 있어야 한다.

[3] 필로폰 매수 대금을 송금한 사실에 대한 증거가 필로폰 매수죄와 실체적 경합범 관계에 있는 필로폰 투약행위에 대한 보강증거가 될 수 없다(대법원 2008.2.14, 2007도10937).

㉣ (×) 자백에 대한 보강증거는 범죄사실의 전부 또는 중요 부분을 인정할 수 있는 정도가 되지 아니하더라도 피고인의 자백이 가공적인 것이 아닌 진실한 것임을 인정할 수 있는 정도만 되면 족할 뿐만 아니라 직접증거가 아닌 간접증거나 정황증거도 보강증거가 될 수 있으며, 또한 자백과 보강증거가 서로 어울려서 전체로서 범죄사실을 인정할 수 있으면 유죄의 증거로 충분하다고 할 것이다(대법원 2007.5.31, 2007도1419).

10 정답 ④

④ ㉠(×), ㉡(×), ㉢(×), ㉣(○), ㉤(×)

㉠ (×) 공동피고인의 자백은 이에 대한 피고인의 반대신문권이 보장되어 있어 증인으로 신문한 경우와 다를 바 없으므로 독립한 증거능력이 있다(대법원 1987.7.7, 87도973).

㉡ (×) 상업장부나 항해일지, 진료일지 또는 이와 유사한 금전출납부 등과 같이 범죄사실의 인정 여부와는 관계없이 자기에게 맡겨진 사무를 처리한 사무 내역을 그때그때 계속적, 기계적으로 기재한 문서 등의 경우는 사무처리 내역을 증명하기 위하여 존재하는 문서로서 그 존재 자체 및 기재가 그러한 내용의 사무가 처리되었음의 여부를 판단할 수 있는 별개의 독립된 증거자료이고, 설사 그 문서가 우연히 피고인이 작성하였고 공소사실에 일부 부합되는 사실의 기재가 있다고 하더라도, 이를 일컬어 피고인이 범죄사실을 자백하는 문서라고 볼 수는 없다(대법원 1996.10.17, 94도2865 전원합의체).

㉢ (×) 피고인이 뇌물공여 혐의를 받기 전에 이와는 관계없이 준설공사에 필요한 각종 인·허가 등의 업무를 위임받아 이를 추진하는 과정에서 그 업무수행에 필요한 자금을 지출하면서, 스스로 그 지출한 자금내역을 자료로 남겨두기 위하여 뇌물자금과 기타 자금을 구별하지 아니하고 그 지출 일시, 금액, 상대방 등 내역을 그때그때 계속적, 기계적으로 기입한 수첩의 기재 내용은, 피고인이 자신의 범죄사실을 시인하는 자백이라고 볼 수 없으므로, 증거능력이 있는 한 피고인의 금전출납을 증명할 수 있는 별개의 증거라고 할 것인즉, 피고인의 검찰에서의 자백에 대한 보강증거가 될 수 있다(대법원 1996.10.17, 94도2865 전원합의체).

㉣ (○) 피고인이 제출한 항소이유서에 '피고인은 돈이 급해 지어서는 안 될 죄를 지었습니다.', '진심으로 뉘우치고 있습니다.'라고 기재되어 있고 피고인은 원심 제2회 공판기일에 위 항소이유서를 진술하였으나, 곧 이어서 있는 검사와 재판장 및 변호인의 각 심문에 대하여 피고인은 범죄사실을 부인하였고, 수사단계에서도 일관되게 그와 같이 범죄사실을 부인하여 온 점에 비추어 볼 때, 위와 같이 추상적인 항소이유서의 기재만을 가지고 이 사건 범죄사실을 자백한 것으로 볼 수 없다(대법원 1999.11.12, 99도3341).

㉤ (×) 자백에 대한 보강증거는 범죄사실의 전부 또는 중요 부분을 인정할 수 있는 정도가 되지 않더라도, 피고인의 자백이 가공적인 것이 아닌 진실한 것임을 인정할 수 있는 정도만 되면 충분하다. 또한 직접증거가 아닌 간접증거나 정황증거도 보강증거가 될 수 있고, 자백과 보강증거가 서로 어울려서 전체로서

범죄사실을 인정할 수 있으면 유죄의 증거로 충분하다(대법원 2007.7.12, 2007도3041; 2008.11.27, 2008도7883; 2018.3.15, 2017도20247).

11

① ㉡㉢㉣

㉠ (×) 동일한 사항에 관하여 두개의 서로 다른 내용이 기재된 공판조서가 병존하는 경우 양자는 동일한 증명력을 가지는 것으로서 그 증명력에 우열이 있을 수 없다고 보아야 할 것이므로 그중 어느 쪽이 진실한 것으로 볼 것인지는 공판조서의 증명력을 판단하는 문제로서 법관의 자유로운 심증에 따를 수 밖에 없다(대법원 1988.11.8, 86도1646).

㉡ (○) 형사소송법 제55조 제1항은 공판조서의 정확성을 담보함과 아울러 피고인의 방어권을 충실하게 보장하려는 취지에서 피고인에게 공판조서의 열람 또는 등사청구권을 인정하고, 제3항은 피고인의 위와 같은 청구에 응하지 아니하는 때에는 공판조서를 유죄의 증거로 할 수 없다고 규정하고 있다. 따라서 피고인이 공판조서의 열람 또는 등사를 청구하였음에도 법원이 불응하여 피고인의 열람 또는 등사청구권이 침해된 경우에는 공판조서를 유죄의 증거로 할 수 없을 뿐만 아니라 공판조서에 기재된 당해 피고인이나 증인의 진술도 증거로 할 수 없다고 보아야 한다. 다만 그러한 증거들 이외에 적법하게 채택하여 조사한 다른 증거들만에 의하더라도 범죄사실을 인정하기에 충분하고, 또한 당해 공판조서의 내용 등에 비추어 보아 공판조서의 열람 또는 등사에 응하지 아니한 것이 피고인의 방어권이나 변호인의 변호권을 본질적으로 침해한 정도에 이르지는 않은 경우에는, 판결에서 공판조서 등을 증거로 사용하였다고 하더라도 그러한 잘못이 판결에 영향을 미친 위법이라고 할 수는 없다(대법원 2012.12.27, 2011도15869).

㉢ (○) 공판조서에 서명날인할 재판장은 당해 공판기일에 열석한 재판장이어야 하므로 당해 공판기일에 열석하지 아니한 판사가 재판장으로서 서명날인한 공판조서는 적식의 공판조서라고 할 수 없어 이와 같은 공판조서는 소송법상 무효라 할 것이므로 공판기일에 있어서의 소송절차를 증명할 공판조서로서의 증명력이 없다(대법원 1983.2.8, 82도2940).

㉣ (○) 공판조서에 재판장이 판결서에 의하여 판결을 선고하였음이 기재되어 있다면 동 판결선고 절차는 적법하게 이루어졌음이 증명되었다고 할 것이며 여기에는 다른 자료에 의한 반증을 허용하지 못하는 바이니 검찰서기의 판결서 없이 판결선고되었다는 내용의 보고서로써 공판조서의 기재내용이 허위라고 판정할 수 없다(대법원 1983.10.25, 82도571).

㉤ (×) 공판기일의 소송절차로서 판결 기타의 재판을 선고 또는 고지한 사실은 공판조서에 기재되어야 하는데(형사소송법 제51조 제1항, 제2항 제14호), 공판조서의 기재가 명백한 오기인 경우를 제외하고는, 공판기일의 소송절차로서 공판조서에 기재된 것은 조서만으로써 증명하여야 하고 그 증명력은 공판조서 이외의 자료에 의한 반증이 허용되지 않는 절대적인 것이다(대법원 2005.12.22, 2005도6557). 반면에 어떤 소송절차가 진행된 내용이 공판조서에 기재되지 않았다고 하여 당연히 그 소송절차가 당해 공판기일에 행하여지지 않은 것으로 추정되는 것은 아니고 공판조서에 기재되지 않은 소송절차의 존재가 공판조서에 기재된 다른 내용이나 공판조서 이외의 자료로 증명될 수 있고, 이는 소송법적 사실이므로 자유로운 증명의 대상이 된다(대법원 2023.6.15, 2023도3038).

12

④ ㉠㉡㉢㉤

㉠ (×) 군사법원법 제72조에 의하면 재판은 재판관인 군판사가 작성한 재판서로 하여야 하고, 제75조에 의하면 재판서에는 재판한 재판관이 서명날인하여야 하며(제1항), 재판장 외의 재판관이 서명날인할 수 없을 때에는 재판장이 그 사유를 부기하고 서명날인하여야 하므로(제2항), 이러한 재판관의 서명날인이 없는 재판서에 의한 판결은 군사법원법 제442조 제1호가 정한 '판결에 영향을 미친 법률의 위반이 있는 때'에 해당하여 파기되어야 한다(대법원 2020.11.26, 2020도12358). 이는 서명한 재판관의 인영이 아닌 다른 재판관의 인영이 날인되어 있는 경우에도 마찬가지이다(대법원 2021.4.29, 2021도2650).

㉡ (×) 형사소송법 제328조(공소기각의 결정) 제1항 제4호에 규정된 '공소장에 기재된 사실이 진실하다 하더라도 범죄가 될 만한 사실이 포함되지 아니한 때'란 공소장 기재사실 자체에 대한 판단으로 그 사실 자체가 죄가 되지 아니함이 명백한 경우를 말한다(대법원 2014.5.16, 2012도12867).

㉢ (×) 공정증서원본불실기재죄 및 그 행사죄로 공소가 제기된 경우 피고인이 당해 등기가 실체적 권리관계에 부합하는 유효한 등기라고 주장하는 것은 공소사실에 대한 적극부인에 해당할 뿐, 범죄의 성립을 조각하는 사유에 관한 주장이라고는 볼 수 없으므로 그 주장이 받아들여지지 아니한다면 그대로 유죄의 선고를 함으로써 족하고 반드시 그에 대한 판단을 판결이유에 명시하여야만 하는 것은 아니다(대법원 1997.7.11, 97도1180).

㉣ (○) 법원은 '재판서에 잘못된 계산이나 기재, 그 밖에 이와 비슷한 잘못이 있음이 분명한 때'에는 경정결정을 통하여 위와 같은 재판서의 잘못을 바로잡을 수 있다(형사소송규칙 제25조 제1항). 그러나 이미 선고된 판결의 내용을 실질적으로 변경하는 것은 위 규정에서 예정하고 있는 경정의 범위를 벗어나는 것으로서 허용되지 않는다(대법원 2017.4.26, 2016도21439). 그리고 경정결정은 이를 주문에 기재하여야 하고, 판결 이유에만 기재한 경우 경정결정이 이루어졌다고 할 수 없다(대법원 2015.6.11, 2015도2435; 2021.1.28, 2017도18536). 원심이 이 사건 범행 중 제1심 판시 제1죄 및 제2의 가.죄, 나.죄만이 누범에 해당하는 것으로 판단하였음에도 제1심판결의 이유 중 법령의 적용 부분을 정정하여 누범에 해당하는 범행의 범위를 변경하는 것으로 경정하는 것은 이미 선고된 제1심판결의 내용을 실질적으로 변경하는 것으로서 경정의 범위를 벗어날 뿐더러 판결 이유에서 직권으로 경정결정을 하였다고 하더라도 주문에 이를 기재하지 아니한 이상 경정결정으로서 효력도 생기지 않는다. 원심이 제1심판결의 잘못된 판단을 적법하게 바로잡는 조치를 취하지 않고 피고인의 항소를 기각한 것에는 경정의 허용범위와 방식에 관한 법리를 오해하는 등 잘못을 저질렀고 이는 판결결과에도 영향을 미쳤다고 보이므로, 이를 지적하는 피고인의 상고이유 주장은 이유 있다(원심이 결론적으로 동일한 양형에 이르더라도 위의 판단과정은 거쳐야 할 것이다. 대법원 2021.4.29, 2021도26).

㉤ (×) (선고절차에서 피고인의 태도를 문제 삼아 선고형을 징역 1년에서 징역 3년으로 변경하여 선고한 사건: 선고의 종료시점과 변경선고가 가능한 한계) 형사소송법은 재판장이 판결을 선고함에는 주문을 낭독하고 이유의 요지를 설명하여야 하고(제43조 후문), 형을 선고하는 경우에는 피고인에게 상소할 기간과

상소할 법원을 고지하여야 한다고 정한다(제324조). 형사소송규칙은 재판장은 판결을 선고할 때 피고인에게 이유의 요지를 말이나 판결서 등본 또는 판결서 초본의 교부 등 적절한 방법으로 설명하고, 판결을 선고하면서 피고인에게 적절한 훈계를 할 수 있으며(제147조), 재판장은 판결을 선고하면서 피고인에게 형법 제59조의2, 형법 제62조의2의 규정에 의하여 보호관찰, 사회봉사 또는 수강을 명하는 경우에는 그 취지 및 필요하다고 인정하는 사항이 적힌 서면을 교부하여야 한다고 정한다(제147조의2 제1항). 이러한 규정 내용에 비추어 보면 판결 선고는 전체적으로 하나의 절차로서 재판장이 판결의 주문을 낭독하고 이유의 요지를 설명한 다음 피고인에게 상소기간 등을 고지하고, 필요한 경우 훈계, 보호관찰 등 관련 서면의 교부까지 마치는 등 선고절차를 마쳤을 때에 비로소 종료된다. 재판장이 주문을 낭독한 이후라도 선고가 종료되기 전까지는 일단 낭독한 주문의 내용을 정정하여 다시 선고할 수 있다. 그러나 판결 선고절차가 종료되기 전이라도 변경 선고가 무제한 허용된다고 할 수는 없다. 재판장이 일단 주문을 낭독하여 선고 내용이 외부적으로 표시된 이상 재판서에 기재된 주문과 이유를 잘못 낭독하거나 설명하는 등 실수가 있거나 판결 내용에 잘못이 있음이 발견된 경우와 같이 특별한 사정이 있는 경우에 변경 선고가 허용된다(대법원 2022.5.13, 2017도3884).

[보충] 제1심 재판장이 선고기일에 법정에서 '피고인을 징역 1년에 처한다'는 주문을 낭독한 뒤, 상소기간 등에 관한 고지를 하던 중 피고인이 '재판이 개판이야, 재판이 뭐 이 따위야' 등의 말과 욕설을 하면서 난동을 부려 당시 그곳에 있던 교도관이 피고인을 제압하여 구치감으로 이동시키는 등 소란이 발생하였는데, 제1심 재판장이 법정질서가 회복되자 피고인에게 '선고가 아직 끝난 것이 아니고 선고가 최종적으로 마무리되기까지 이 법정에서 나타난 사정 등을 종합하여 선고형을 정정한다'는 취지로 말하고, 피고인에게 '징역 3년'을 선고한 경우, (항소심은 제1심의 변경 선고가 적법하다 하였으나) 대법원은 변경 선고가 정당하다고 볼 만한 특별한 사정이 발견되지 않으므로 위법하다고 보아 원심을 파기한 사건이다(위 판례).

13 정답 ②

② (×) 형사소송법 제323조 제1항은 형의 선고를 하는 때에는 판결이유에 범죄될 사실, 증거의 요지와 법령의 적용을 명시하여야 한다고 규정하고 있는바, 여기에서 '증거의 요지'는 어느 증거의 어느 부분에 의하여 범죄사실을 인정하였냐 하는 이유 설명까지 할 필요는 없지만 적어도 어떤 증거에 의하여 어떤 범죄사실을 인정하였는가를 알아볼 정도로 증거의 중요부분을 표시하여야 한다(대법원 2000.3.10, 99도5312).

① (○) 형사소송법 제323조 제1항에 따르면, 유죄판결의 판결이유에는 범죄사실, 증거의 요지와 법령의 적용을 명시하여야 하는바, 유죄판결을 선고하면서 판결이유에 이 중 어느 하나를 전부 누락한 경우에는 형사소송법 제383조 제1호에 정한 판결에 영향을 미친 법률위반으로서 파기사유가 된다(대법원 2012.6.28, 2012도4701).

③ (○) 사실인정에 배치되는 증거에 대한 판단을 반드시 판결이유에 기재하여야 하는 것은 아니므로 피고인이 알리바이를 내세우는 증인들의 증언에 관한 판단을 하지 아니하였다 하여 위법이라 할 수 없다(대법원 1982.9.28, 82도1798).

④ (○) 양형의 조건을 참작하면 제1심의 형량이 적절하다고 판단된다고 하여 항소기각의 판결을 선고하였는바, 양형의 조건이 되는 사유에 관하여는 이를 판결에 일일이 명시하지 아니하여도 위법이 아니다(대법원 1994.12.13, 94도2584).

14 정답 ②

② ㉠㉡

㉠ (○) 형법 제59조에 의하여 형의 선고를 유예하는 판결을 할 경우에도 선고가 유예된 형에 대한 판단을 하여야 하므로, 선고유예 판결에서도 그 판결 이유에서는 선고형을 정해 놓아야 하고 그 형이 벌금형일 경우에는 벌금액뿐만 아니라 환형유치처분까지 해 두어야 한다(대법원 2015.1.29, 2014도15120).

㉡ (○) 형사소송법 제457조의2는 "피고인이 정식재판을 청구한 사건에 대해서는 약식명령의 형보다 중한 형을 선고하지 못한다."고 규정하고 있고, 한편 형사소송법 제323조 제1항에 따르면, 유죄판결의 판결이유에는 범죄사실, 증거의 요지와 법령의 적용을 명시하여야 하는 것인바, 유죄판결을 선고하면서 판결이유에 이 중 어느 하나를 전부 누락한 경우에는 형사소송법 제383조 제1호에 정한 판결에 영향을 미친 법률위반으로서 파기사유가 된다(대법원 2010.10.14, 2010도9151).

㉢ (×) 사실인정에 배치되는 증거에 대한 판단을 반드시 판결이유에 기재하여야 하는 것은 아니므로 피고인이 알리바이를 내세우는 증인들의 증언에 관한 판단을 하지 아니하였다 하여 위법이라 할 수 없다(대법원 1982.9.28, 82도1798,82감도368)

㉣ (×) 형사소송법 제323조 제2항에 규정된 법률상 형의 가중감면의 이유가 되는 사실이라 함은 법률상 형의 필요적 가중감면의 이유가 되는 사실을 말하는 것으로서 법원의 임의적 감면사유에 해당하는 형법 제52조 제1항 소정의 자수에 관한 주장은 여기에 해당하지 않는다(대법원 1985.3.12, 84도3042).

15 정답 ②

② (○) 이는 범죄구성요건으로 판결이유에 명시해야 할 사항이다(제323조 제1항).

① (×) 형법 제52조 제1항에서 말하는 '자수'란 범인이 스스로 수사책임이 있는 관서에 자기의 범행을 자발적으로 신고하고 그 처분을 구하는 의사표시이므로, 수사기관의 직무상의 질문 또는 조사에 응하여 범죄사실을 진술하는 것은 자백일 뿐 자수로는 되지 아니하고, 나아가 자수는 범인이 수사기관에 의사표시를 함으로써 성립하는 것이므로 내심적 의사만으로는 부족하고 외부로 표시되어야 이를 인정할 수 있는 것이다. 또한 피고인이 자수하였다 하더라도 자수한 이에 대하여는 법원이 임의로 형을 감경할 수 있음에 불과한 것으로서 원심이 자수감경을 하지 아니하였다거나 자수감경 주장에 대하여 판단을 하지 아니하였다 하여 위법하다고 할 수 없다(대법원 2011.12.22, 2011도12041).

③ (×) 범죄사실의 부인은 형사소송법 제323조 제2항에서 말하는 범죄의 성립을 조각하는 사실의 주장에 해당되지 아니한다(대법원 1987.12.8, 87도2068).

④ (×) 사실인정에 배치되는 증거에 대한 판단을 반드시 판결이유에 기재하여야 하는 것은 아니므로 피고인이 알리바이를 내세우는 증인들의 증언에 관한 판단을 하지 아니하였다 하여 위법이라 할 수 없다(대법원 1982.9.28, 82도1798).

16 정답 ③

③ ⓛⓒⓜ

㉠ (O) 사법경찰리 작성의 피고인에 대한 피의자신문조서와 피고인이 작성한 자술서들은 모두 검사가 유죄의 자료로 제출한 증거들로서 피고인이 각 그 내용을 부인하는 이상 증거능력이 없으나 그러한 증거라 하더라도 그것이 임의로 작성된 것이 아니라고 의심할 만한 사정이 없는 한 피고인의 법정에서의 진술을 탄핵하기 위한 반대증거로 사용할 수 있다(대법원 1998.2.27, 97도1770).

㉡ (×) 피고인의 진술을 원진술로 하는 전문진술에 해당하여 제316조 제1항이 적용되므로, 전문진술자가 진술한 피고인의 원진술이 특히 신빙할 수 있는 상태하에서 행하여졌음이 증명된 때에는 그 증거능력을 인정할 수 있다.

[보충] 위 지문은 제316조 제2항의 요건인 원진술자의 진술불능을 표현한 것으로서 틀린 것이다.

㉢ (×) 甲과 乙이 모두 공소사실을 자백하고 있다면 공범인 공동피고인의 진술은 상호 간에 서로 보강증거로 인정되므로, 甲과 乙 모두에게 유죄를 선고할 수 있다.

> 형사소송법 제310조 소정의 "피고인의 자백"에 공범인 공동피고인의 진술은 포함되지 아니하므로 공범인 공동피고인의 진술은 다른 공동피고인에 대한 범죄사실을 인정하는 증거로 할 수 있는 것일 뿐만 아니라 공범인 공동피고인들의 각 진술은 상호 간에 서로 보강증거가 될 수 있다(대법원 1990.10.30, 90도1939).

㉣ (O) 형사소송법 제310조의 피고인의 자백에는 공범인 공동피고인의 진술이 포함되지 아니하므로 공범인 공동피고인의 진술은 다른 공동피고인에 대한 범죄사실을 인정하는 데 있어서 증거로 쓸 수 있다(대법원 1986.10.28, 86도1773).

㉤ (×) 제323조 제1항에 의하면, 형의 선고를 하는 때에는 판결이유에 범죄될 사실, 증거의 요지와 법령의 적용을 명시하여야 한다. 교사범·종범은 정범의 범죄사실도 명시하여야 한다.

> 대저, 정범의 성립은 교사범, 방조범의 구성요건의 일부를 형성하고 교사범, 방조범이 성립함에는 먼저 정범의 범죄행위가 인정되는 것이 그 전제요건이 되는 것은 공범의 종속성에 연유하는 당연한 귀결이며, 따라서 교사범, 방조범의 사실 적시에 있어서도 정범의 범죄 구성요건이 되는 사실 전부를 적시하여야 하고, 이 기재가 없는 교사범, 방조범의 사실 적시는 죄가 되는 사실의 적시라고 할 수 없다(대법원 1981.11.24, 81도2422).

17 정답 ④

④ ㉠ⓛⓒⓜ

㉠ (O) 범의를 가진 자에 대하여 단순히 범행의 기회를 제공하거나 범행을 용이하게 하는 것에 불과한 수사방법이 경우에 따라 허용될 수 있음은 별론으로 하고, 본래 범의를 가지지 아니한 자에 대하여 수사기관이 사술이나 계략 등을 써서 범의를 유발케 하여 범죄인을 검거하는 함정수사는 위법함을 면할 수 없고, 이러한 함정수사에 기한 공소제기는 그 절차가 법률의 규정에 위반하여 무효인 때에 해당한다고 볼 것이다(대법원 2008.10.23, 2008도7362; 2005.10.28, 2005도1247 등).

㉡ (O) 공소취소 시 재기소제한 위반의 경우이므로 제327조 제4호의 공소기각판결사유에 해당한다.

> **제327조(공소기각의 판결)** 다음 각 호의 경우에는 판결로써 공소기각의 선고를 하여야 한다.
> 4. 제329조를 위반하여 공소가 제기되었을 때
> **제329조(공소취소와 재기소)** 공소취소에 의한 공소기각의 결정이 확정된 때에는 공소취소 후 그 범죄사실에 대한 다른 중요한 증거를 발견한 경우에 한하여 다시 공소를 제기할 수 있다.

㉢ (O) 부정수표단속법 제2조 제4항에서 부정수표가 회수된 경우 공소를 제기할 수 없도록 하는 취지는 부정수표가 회수된 경우에는 수표소지인이 부정수표 발행자 또는 작성자의 처벌을 희망하지 아니하는 것과 마찬가지로 보아 같은 조 제2항 및 제3항의 죄를 이른바 반의사불벌죄로 규정한 취지로서 부도수표 회수나 수표소지인의 처벌을 희망하지 아니하는 의사의 표시가 제1심판결 선고 이전까지 이루어지는 경우에는 공소기각의 판결을 선고하여야 할 것이고, 이는 부정수표가 공범에 의하여 회수된 경우에도 마찬가지이다(대법원 2009.12.10, 2009도9939).

㉣ (×) 공소사실 중 명예훼손죄가, 확정판결의 범죄사실 중 업무방해죄와 상상적 경합관계에 있으므로 이미 확정된 위 확정판결의 기판력이 위 공소사실 중 명예훼손죄에 대하여도 미친다(면소판결, 대법원 2007.2.23, 2005도10233).

㉤ (O) ⓐ (범칙금납부 통고처분의 효력)「경범죄 처벌법」상 범칙금제도는 범칙행위에 대하여 형사절차에 앞서 경찰서장의 통고처분에 따라 범칙금을 납부할 경우 이를 납부하는 사람에 대하여는 기소를 하지 않는 처벌의 특례를 마련해 둔 것으로 법원의 재판절차와는 제도적 취지와 법적 성질에서 차이가 있다(대법원 2012.9.13, 2012도6612). 또한 범칙자가 통고처분을 불이행하였더라도 기소독점주의의 예외를 인정하여 경찰서장의 즉결심판청구를 통하여 공판절차를 거치지 않고 사건을 간이하고 신속·적정하게 처리함으로써 소송경제를 도모하되, 즉결심판 선고 전까지 범칙금을 납부하면 형사처벌을 면할 수 있도록 함으로써 범칙자에 대하여 형사소추와 형사처벌을 면제받을 기회를 부여하고 있다. 따라서 경찰서장이 범칙행위에 대하여 통고처분을 한 이상, 범칙자의 위와 같은 절차적 지위를 보장하기 위하여 통고처분에서 정한 범칙금 납부기간까지는 원칙적으로 경찰서장은 즉결심판을 청구할 수 없고, 범칙행위에 대한 형사소추를 위하여 이미 한 통고처분을 임의로 취소할 수 없으며, 검사도 동일한 범칙행위에 대하여 공소를 제기할 수 없다고 보아야 한다(대법원 2020.4.29, 2017도13409; 2021.4.1, 2020도15194). 이때 공소를 제기할 수 없는 범칙행위는 통고처분 시까지의 행위 중 범칙금 통고의 이유에 기재된 당해 범칙행위 자체 및 그 범칙행위와 동일성이 인정되는 범칙행위에 한정된다(대법원 2011.4.28, 2009도12249). ⓑ (성명모용에 있어서 공소제기의 효력) 그리고 형사소송법 제248조에 따라 공소는 검사가 피고인으로 지정한 이외의 다른 사람에게 그 효력이 미치지 아니하는 것이므로 공소제기의 효력은 검사가 피고인으로 지정한 자에 대하여만 미치는 것이고, 따라서 피의자가 다른 사람의 성명을 모용한 탓으로 공소장에 피모용자가 피고인으로 표시되었더라도 이는 당사자의 표시상의 착오일 뿐이고, 검사는 모용자에 대하여 공소를 제기한 것이므로 모용자가 피고인이 되고 피모용자에게 공소의 효력이 미친다고는 할 수 없다(대법원 1997.11.28, 97도2215). 이와 같은 법리는 「경범죄 처벌법」에 따른 경찰서장의 통고처분의 효력에도 마찬가지로 적용된다고 보아야 한다. … 이미 발령된 통고처분의 효력이 기소된 사기의

공소사실에도 미쳐 이 부분 공소제기의 절차가 법률의 규정을 위반하여 무효인 때에 해당한다고 보아 공소기각 판결을 하여야 한다(대법원 2023.3.16, 2023도751).

18

③ (○) 피고인이 간통죄로 유죄의 확정판결을 받은 후 헌법재판소가 구 형법(2016.1.6. 법률 제13719호로 개정되기 전의 것, 이하 같다) 제241조에 대하여 2008.10.30. 합헌결정(이하 '종전 합헌결정')을 하였다가 2015.2.26. 위헌결정을 하게 되자 재심을 청구하였는데, 제1심이 재심개시결정을 한 후 심급에 따라 다시 심리하여 면소판결을 선고하고, 원심이 피고인의 항소를 기각하자, 구 형법 제241조에 대한 위 위헌결정의 효력이 공소사실에 미쳐 무죄가 선고되어야 한다는 취지로 상고한 경우, 구 헌법재판소법(2014.5.20. 법률 제12597호로 개정되기 전의 것) 제47조 제2항 단서는 위헌으로 결정된 형벌에 관한 법률 또는 법률의 조항은 소급하여 그 효력을 상실한다고 정하면서 소급효를 제한하지 않았으나, 위와 같이 개정된 헌법재판소법 제47조 제3항 단서는 형벌에 관한 해당 법률 또는 법률의 조항에 대하여 종전에 합헌으로 결정한 사건이 있는 경우에는 그 결정이 있는 날의 다음 날로 소급하여 효력을 상실한다고 정하여 소급효를 제한하고 있고, 한편 형사소송법 제326조 제4호는 '범죄 후의 법령개폐로 형이 폐지되었을 때'를 면소판결을 선고하여야 하는 경우로 정하고 있으므로, 종전 합헌결정일 이전의 범죄행위에 대하여 재심개시결정이 확정되었는데 그 범죄행위에 적용될 법률 또는 법률의 조항이 위헌결정으로 헌법재판소법 제47조 제3항 단서에 의하여 종전 합헌결정일의 다음 날로 소급하여 효력을 상실하였다면 범죄행위 당시 유효한 법률 또는 법률의 조항이 그 이후 폐지된 경우와 마찬가지이므로 법원은 형사소송법 제326조 제4호에 해당하는 것으로 보아 면소판결을 선고하여야 하는 점에 비추어 보면, 공소사실 기재 범행일이 종전 합헌결정일 이전이고, 구 형법 제241조가 위 위헌결정으로 인하여 종전 합헌결정일의 다음 날인 2008.10.31.로 소급하여 효력을 상실하므로 공소사실을 심판하는 제1심은 형사소송법 제326조 제4호에 따라 면소판결을 선고하여야 한다(대법원 2019.12.24, 2019도15167).

① (×) 위헌결정으로 인하여 형벌에 관한 법률 또는 법률조항이 소급하여 효력을 상실한 경우에 당해 법조를 적용하여 기소한 피고사건은 범죄로 되지 아니하는 때에 해당한다(대법원 2015.11.12, 2015도12372). 따라서 무죄판결을 선고해야 한다.

② (×) 헌법재판소는 "집회 및 시위에 관한 법률(2007.5.11. 법률 제8424호로 전부개정된 것, 이하 '집시법') 제11조 제1호 중 '국회의사당'에 관한 부분 및 제23조 중 제11조 제1호 가운데 '국회의사당'에 관한 부분은 모두 헌법에 합치되지 아니한다.", "위 법률조항은 2019.12.31.을 시한으로 개정될 때까지 계속 적용한다."라는 헌법불합치결정을 선고하였고[헌법재판소 2018.5.31, 2013헌바322,2016헌바354,2017헌바360,398,471,2018가3,4,9(병합) 결정, 이하 '이 사건 헌법불합치결정'이라고 하고, 위 법률조항을 '이 사건 법률조항'이라고 한다], 국회는 2019.12.31.까지 이 사건 법률조항을 개정하지 않았다. 헌법재판소의 헌법불합치결정은 헌법과 헌법재판소법이 규정하고 있지 않은 변형된 형태이지만 법률조항에 대한 위헌결정에 해당한다(대법원 2009.1.15, 2004도7111; 헌법재판소 2004.5.27, 2003헌가1,2004헌가4 등).

집시법 제23조 제1호는 집시법 제11조를 위반할 것을 구성요건으로 규정하고 있고, 집시법 제24조 제5호는 집시법 제20조 제2항, 제1항과 결합하여 집시법 제11조를 구성요건으로 삼고 있다(헌법재판소 2018.6.28, 2015헌가28,2016헌기5). 결국 집시법 제11조 제1호는 집시법 제23조 제1호 또는 집시법 제24조 제5호와 결합하여 형벌에 관한 법률조항을 이루게 되므로, 이 사건 헌법불합치결정은 형벌에 관한 법률조항에 대한 위헌결정이라 할 것이다. 그리고 헌법재판소법 제47조 제3항 본문에 따라 형벌에 관한 법률조항에 대하여 위헌결정이 선고된 경우 그 조항은 소급하여 효력을 상실하므로, 법원은 당해 조항이 적용되어 공소가 제기된 피고사건에 대하여 형사소송법 제325조 전단에 따라 무죄를 선고하여야 한다(대법원 2011.6.23, 2008도7562 전원합의체; 2020.6.4, 2018도17454).

④ (×) 면소판결사유로서 사면이란 일반사면을 말한다(대법원 2015.5.21, 2011도1932 전원합의체).

[보충] 사면에는 일반사면과 특별사면이 있는바, 일반사면은 죄의 종류를 정하여 행하는 사면으로 형선고를 받은 자에 대해서는 형선고의 효력을 상실시키고 형선고를 받지 않은 자에 대해서는 공소권을 상실시키는 것이 원칙이며, 특별사면은 형선고를 받아 확정된 특정한 자를 상대로 하는 사면으로 형집행만 면제시키는 것이 원칙이고 예외적으로 이후 형선고효력을 상실시킬 수 있는 것이다. 면소판결의 '사면'의 사유는, 아직 형선고가 없는 자에 대한 사면인 '일반사면'이 내려져 공소권이 상실되었음에도 검사가 공소를 제기한 경우 '소송추행이익의 결여'를 이유로 법원이 면소판결을 내리는 경우를 그 내용으로 한다. 따라서 이미 형선고가 확정된 자에 대하여 특별사면이 내려졌음에도 검사가 공소를 제기한 경우에는 확정판결이 있는 때에 해당하여 면소판결사유가 되는 것은 별론으로 하고 여기의 '사면'에는 해당하지 않는 것이다(위 판례).

19

① (×) 위헌결정으로 인하여 형벌에 관한 법률 또는 법률조항이 소급하여 효력을 상실한 경우에 당해 법조를 적용하여 기소한 피고사건은 범죄로 되지 아니하는 때에 해당한다(대법원 2015.11.12, 2015도12372). 따라서 무죄판결을 선고해야 한다.

② (○) 대법원 2004.9.24, 2004도3532

③ (○) 제277조 제2호 참조.

> **제277조(경미사건 등과 피고인의 불출석)** 다음 각 호의 어느 하나에 해당하는 사건에 관하여는 피고인의 출석을 요하지 아니한다. 이 경우 피고인은 대리인을 출석하게 할 수 있다.
> 2. 공소기각 또는 면소의 재판을 할 것이 명백한 사건

④ (○) 대법원 2015.5.21, 2011도1932 전원합의체

20

④ ㉠(×), ㉡(×), ㉢(×), ㉣(○), ㉤(×)

㉠ (×) 위헌결정으로 인하여 형벌에 관한 법률 또는 법률조항이 소급하여 그 효력을 상실한 경우에는 당해 조항을 적용하여 공소가 제기된 피고사건은 범죄로 되지 아니한 때에 해당한다고 할 것이어서 법원은 그 피고사건에 대하여 형사소송법 제325조 전단에 따라 무죄를 선고하여야 한다(대법원 2011.9.29, 2009도12515).

ⓛ (×) 소년법 제30조의 보호처분을 받은 사건과 동일한 사건에 대하여 다시 공소제기가 되었다면 동조의 보호처분은 확정판결이 아니고 따라서 기판력도 없으므로 이에 대하여 면소판결을 할 것이 아니라 공소제기절차가 동법 제47조의 규정에 위배하여 무효인 때에 해당한 경우이므로 공소기각의 판결을 하여야 한다(대법원 1985.5.28, 85도21).

ⓒ (×) 상습범으로서 포괄적 일죄의 관계에 있는 여러 개의 범죄사실 중 일부에 대하여 유죄판결이 확정된 경우에, 그 확정판결의 사실심판결 선고 전에 저질러진 나머지 범죄에 대하여 새로이 공소가 제기되었다면 그 새로운 공소는 확정판결이 있었던 사건과 동일한 사건에 대하여 다시 제기된 데 해당하므로 이에 대하여는 판결로써 면소의 선고를 하여야 하는 것인바(형사소송법 제326조 제1호), 다만 이러한 법리가 적용되기 위해서는 전의 확정판결에서 당해 피고인이 상습범으로 기소되어 처단되었을 것을 필요로 하는 것이고, 상습범 아닌 기본 구성요건의 범죄로 처단되는 데 그친 경우에는, 가사 뒤에 기소된 사건에서 비로소 드러났거나 새로 저질러진 범죄사실과 전의 판결에서 이미 유죄로 확정된 범죄사실 등을 종합하여 비로소 그 모두가 상습범으로서의 포괄적 일죄에 해당하는 것으로 판단된다 하더라도 뒤늦게 앞서의 확정판결을 상습범의 일부에 대한 확정판결이라고 보아 그 기판력이 그 사실심판결 선고 전의 나머지 범죄에 미친다고 보아서는 아니 된다(대법원 2004.9.16, 2001도3206 전원합의체). 즉, 법원은 실체재판을 하여야 한다.

ⓔ (○) 약식명령이 확정된 피고인의 도로교통법 제74조 위반죄와 이 사건으로 공소제기된 죄는 모두 피고인의 동일한 업무상과실로 발생한 수개의 결과로서 형법 제40조 소정의 상상적 경합관계에 있다 할 것이고, 이미 확정된 약식명령의 효력은 이 사건 공소사실에 미친다 할 것이므로 원심이 같은 이유로 이 사건 공소사실은 확정판결이 있는 때에 해당한다고 판단하여 면소의 판결을 하였음은 정당하다(대법원 1986.2.11, 85도2658).

ⓜ (×) 포괄일죄의 관계에 있는 범행의 일부에 대하여 약식명령이 확정된 경우에는 그 약식명령의 발령 시를 기준으로 하여 그 이전에 이루어진 범행에 대하여는 면소의 판결을 선고하여야 한다(대법원 2013.6.13, 2013도4737). 즉, 법원은 실체재판을 하여야 한다.

▶ 제4편 공판: 제3장 재판 [재판의 확정과 효력] ─ 제5편 상소·비상구제절차·특별절차: 제1장 상소 [상소 1]

01	③	02	②	03	③	04	④	05	②
06	②	07	①	08	③	09	④	10	②
11	②	12	③	13	③	14	②	15	③
16	④	17	②	18	③	19	②	20	②

01
정답 ③

③ (×) 형사소송법 제326조 제2호 소정의 면소판결의 사유인 사면이 있을 때란 일반사면이 있을 때를 말하는 것인데, 기록에 의하면, 피고인은 1998.3.13. 사면법 제5조, 제7조의 규정에 의하여 1997.12.29. 수원지방법원에서 부정수표단속법위반죄로 징역 6월, 집행유예 2년의 선고를 받은 형의 언도의 효력을 상실케 하는 특별사면을 받았음을 알 수 있으므로, 위 특별사면 이전에 저지른 것으로 공소제기된 부정수표단속법위반의 점에 대한 주위적 공소사실은 면소판결의 대상에 해당하지 아니한다(대법원 2000.2.11, 99도2983).

① (○) 피고인이 1988.5.20. 17:00경부터 23:00경까지 사이에 술에 취해 주점에 찾아와 그곳 손님들에게 시비를 걸고 주먹과 드라이버로 술탁상을 마구치는 등 약 6시간 동안 악의적으로 영업을 방해하였다는 사실로 경범죄처벌법 제1조 제12호, 제24호, 제25호 위반으로 구류 5일의 즉결심판을 받아 확정된 사실이 있다면, 피고인이 같은 날 17:00경 같은 주점에서 그곳의 손님인 피해자와 시비를 벌여 주먹으로 피해자의 얼굴을 1회 때리고 멱살잡이를 하다가 위 주점 밖으로 끌고 나와 주먹과 발로 피해자의 복부 등을 수회 때리고 차서 피해자로 하여금 그 이튿날 19:30경 외상성 장간막 파열로 인한 출혈로 사망케 한 것이라는 이 사건 공소사실과 위 즉결심판의 범죄사실은 동일한 피고인이 동일한 일시, 장소에서 술에 취하여 그 주점의 손님들에게 시비를 걸고 행패를 부린 사실에 관한 것으로 양 사실의 기초가 되는 사회적 사실관계가 기본적인 점에서 동일하기 때문에 이 사건 공소사실에 대하여는 이미 확정판결이 있었다고 보아야 한다(대법원 1990.3.9, 89도1046).

② (○) 무면허의료행위는 그 범죄의 구성요건의 성질상 동종행위의 반복이 예상되는 것이므로 반복된 수개의 행위는 포괄적으로 1개의 범죄를 구성하므로 4개월여(1982.1.30~동년 6.17)에 걸친 무면허의료행위 중 그 일부에 대하여 약식명령이 확정된 바 있다면 동 약식명령의 효력은 그 고지(1982.7.7) 이전의 이 사건 무면허의료행위전부에 미친다 할 것이니, 이미 확정판결이 있는 때에 해당하여 면소판결을 선고할 것이다(대법원 1983. 6.14, 83도939).

④ (○) 유죄판결이 확정된 서울중앙지방법원 2004.11.10. 2004고정1416 판결(이하 '이 사건 확정판결'이라 한다)의 범죄사실 중 폭행죄와 이 사건 공소사실 중 '공동공갈미수 및 공동감금에 의한 각 폭력행위 등 처벌에 관한 법률 위반죄 및 2003.5.23.자 업무방해죄'(이하 '이 사건 공소사실 1'이라 한다)는 그 범행 일시,

장소가 동일하고, 피고인이 피해자로부터 공사대금을 받아내려는 과정에서 이루어진 것으로서 그 범행동기와 상대방이 동일하며, 또한 이 사건 확정판결의 폭행행위가 이 사건 공소사실 1의 각 범행의 수단으로 쓰인 것으로 상호 수단과 결과의 관계에 있는 일련의 행위로서 밀접한 인과관계가 있으므로, 유죄가 확정된 위 폭행죄와 이 사건 공소사실 1의 각 죄는 그 기본적 사실관계가 동일하고, 따라서 이 사건 확정판결의 기판력이 이 사건 공소사실 1에도 미친다고 할 것이어서, 이 사건 공소사실 1에 대하여 이미 확정판결이 있다는 이유로 면소의 판결을 선고하여야 한다(대법원 2007.2.23, 2005도10233).

02
정답 ②

② ㉠㉢㉣

㉠ (×) 피고인이 경범죄처벌법상 '음주소란' 범칙행위로 범칙금 통고처분을 받아 이를 납부하였는데, 이와 근접한 일시·장소에서 위험한 물건인 과도를 들고 피해자를 쫓아가며 "죽여 버린다."고 소리쳐 협박하였다는 내용의 폭력행위 등 처벌에 관한 법률 위반으로 기소된 경우, 피고인에게 적용된 경범죄처벌법 제1조 제25호(음주소란등)의 범칙행위와 폭력행위 등 처벌에 관한 법률 위반 공소사실인 흉기휴대협박행위는, 범행 장소와 일시가 근접하고 모두 피고인과 피해자의 시비에서 발단이 된 것으로 보이는 점에서 일부 중복되는 면이 있으나, 범죄사실의 내용이나 행위의 수단 및 태양, 각 행위에 따른 피해법익이 다르고, 죄질에도 현저한 차이가 있으며, 범칙행위의 내용이나 수단 및 태양 등에 비추어 그 행위과정에서나 이로 인한 결과에 통상적으로 흉기휴대협박행위까지 포함된다거나 이를 예상할 수 있다고 볼 수 없으므로 기본적 사실관계가 동일한 것으로 평가할 수 없으므로, 범칙행위에 대한 범칙금 납부의 효력은 공소사실에 미치지 않는다(대법원 2012.9.13, 2012도6612).

㉡ (○) 운전자가 차량을 운전함에 있어서 도로교통법 제43조 소정의 안전운전의 의무를 위반하는 행위와 차량운전 중 과실로 사람을 충격하여 인체에 상해를 입히는 소위 업무상 과실치상행위는 별개의 것이라 할 것이므로 피고인이 위 전단의 안전운전의무 위반으로 통고처분에 따른 범칙금을 납부하였다 하여도 이는 별개의 행위인 본건 교통사고처리특례법위반(업무상과실치상)의 점에 무슨 영향을 미칠바 아니므로 본건을 이중처벌이라 할 수 없다 할 것이니 이와 같은 견해 아래 피고인의 항소를 기각한 원심의 판단은 정당하고 반대의 의견으로 일사부재리의 원칙을 내세워 면소하여야 한다고 되풀이 주장하는 소론은 이

유 없다(대법원 1983.7.12, 83도1296).

ⓒ (×) 피고인이 공소사실의 내용이 된 사기의 범행과 관련하여 유사수신행위의 규제에 관한 법률 제3조에서 금지하고 있는 유사수신행위를 하였다는 범죄사실로 이미 유죄판결을 받아 확정되었으나, 위 법률 위반죄와 사기죄는 그 기본적 사실관계에 있어서 동일하다고 볼 수 없어, 확정판결의 효력이 사기 공소사실에 미치지 아니한다(대법원 2006.3.23, 2005도9678).

ⓔ (○) 자동차손해배상보장법 제46조 제2항 제2호에 의한 의무보험에 가입하지 아니한 자동차를 운행한 자동차보유자에 대한 형사처벌과 자동차손해배상보장법 제48조 제3항 제1호에 의한 의무보험에 가입하지 아니한 자동차보유자에 대한 과태료의 부과는 그 처벌 내지 제재대상이 되는 기본적 사실관계로서의 행위를 달리하므로 헌법 제13조 제1항이 금지하는 이중처벌에 해당한다고 할 수 없다(대법원 2015.4.23, 2015도3792).

ⓜ (×) 헌법은 제13조 제1항에서 "모든 국민은 … 동일한 범죄에 대하여 거듭 처벌받지 아니한다."라고 규정하여 이른바 이중처벌금지의 원칙 내지 일사부재리의 원칙을 선언하고 있다. 이는 한 번 판결이 확정되면 그 후 동일한 사건에 대해서는 다시 심판하는 것이 허용되지 않는다는 원칙을 말한다. 여기에서 '처벌'이란 원칙적으로 범죄에 대한 국가의 형벌권 실행으로서의 과벌을 의미하고, 국가가 행하는 일체의 제재나 불이익처분이 모두 여기에 포함되는 것은 아니다(대법원 2017.8.23, 2016도5423).

03

정답 ③

③ (○) 공소사실이나 범죄사실의 동일성은 형사소송법상의 개념이므로 이것이 형사소송절차에서 가지는 의의나 소송법적 기능을 고려하여야 할 것이고, 따라서 두 죄의 기본적 사실관계가 동일한가의 여부는 그 규범적 요소를 전적으로 배제한 채 순수하게 사회적, 전법률적인 관점에서만 파악할 수는 없고, 그 자연적, 사회적 사실관계나 피고인의 행위가 동일한 것인가 외에 그 규범적 요소도 기본적 사실관계 동일성의 실질적 내용의 일부를 이루는 것이라고 보는 것이 상당하다(대법원 1994.3.22, 93도2080 전원합의체).

① (×) 포괄일죄의 관계에 있는 범행 일부에 대하여 판결이 확정된 경우에는 사실심 판결선고 시를 기준으로 그 이전에 이루어진 범행에 대하여는 확정판결의 기판력이 미쳐 면소의 판결을 선고하여야 하고, 이러한 법리는 영리를 목적으로 무면허 의료행위를 업으로 하는 자의 여러 개의 무면허 의료행위가 포괄일죄의 관계에 있고 그중 일부에 대하여 판결이 확정된 경우에도 마찬가지로 적용되며, 그 확정판결의 범죄사실이 '보건범죄 단속에 관한 특별조치법' 제5조 제1호 위반죄가 아니라 단순히 의료법 제27조 제1호 위반죄로 공소제기된 경우라고 하여 달리 볼 것이 아니다(대법원2014.1.16, 2013도11649).

② (×) 기판력의 시간적 범위는 사실심리가 가능한 최후시점인 판결선고 시를 기준으로 기판력의 범위를 결정해야 하므로, 4.1. 이후의 범행인 4.15, 4.30.의 범행에는 기판력이 미치지 않는다.

④ (×) 상습범으로 포괄적 일죄의 관계에 있는 여러 개의 범죄사실 중 일부에 대하여 유죄판결이 확정된 경우에, 그 확정판결의 사실심판결 선고 전에 저질러진 나머지 범죄에 대하여 새로이 공소가 제기되었다면 그 새로운 공소는 확정판결이 있었던 사건과 동일한 사건에 대하여 다시 제기된 데 해당하므로 이에 대하여는 판결로써 면소의 선고를 하여야 하는 것인바(형사소송법 제326조 제1호), 다만 이러한 법리가 적용되기 위해서는 전

의 확정판결에서 당해 피고인이 상습범으로 기소되어 처단되었을 것을 필요로 하는 것이고, 상습범 아닌 기본 구성요건의 범죄로 처단되는 데 그친 경우에는, 가사 뒤에 기소된 사건에서 비로소 드러났거나 새로 저질러진 범죄사실과 전의 판결에서 이미 유죄로 확정된 범죄사실 등을 종합하여 비로소 그 모두가 상습범으로서의 포괄적 일죄에 해당하는 것으로 판단된다 하더라도 뒤늦게 앞서의 확정판결을 상습범의 일부에 대한 확정판결이라고 보아 그 기판력이 그 사실심판결 선고 전의 나머지 범죄에 미친다고 보아서는 아니 된다(대법원 2004.9.16, 2001도3206).

04

정답 ④

④ ㉠ㄴㄷ

㉠ (○) 포괄일죄의 관계에 있는 범행 일부에 관하여 약식명령이 확정된 경우, 약식명령의 발령시를 기준으로 하여 그 전의 범행에 대하여는 면소의 판결을 하여야 하고, 그 이후의 범행에 대하여서만 일개의 범죄로 처벌하여야 한다(대법원 1994.8.9, 94도1318).

ⓛ (○) 판결의 확정력은 사실심리의 가능성이 있는 최후의 시점인 판결선고 시를 기준으로 하여 그때까지 행하여진 행위에 대하여만 미치는 것으로서, 제1심 판결에 대하여 항소가 된 경우 판결의 확정력이 미치는 시간적 한계는 현행 형사항소심의 구조와 운용실태에 비추어 볼 때 항소심 판결선고 시라고 보는 것이 상당한데 항소이유서를 제출하지 아니하여 결정으로 항소가 기각된 경우에도 형사소송법 제361조의4 제1항에 의하면 피고인이 항소한 때에는 법정기간 내에 항소이유서를 제출하지 아니하였다 하더라도 판결에 영향을 미친 사실오인이 있는 등 직권조사사유가 있으면 항소법원이 직권으로 심판하여 제1심 판결을 파기하고 다시 판결할 수도 있으므로 사실심리의 가능성이 있는 최후시점은 항소기각 결정 시라고 보는 것이 옳다(대법원 1993.5.25, 93도836).

ⓒ (○) 동일인 한도초과 대출로 상호저축은행에 손해를 가하여 상호저축은행법 위반죄와 업무상배임죄가 모두 성립한 경우, 두 죄는 형법 제40조에서 정한 상상적 경합관계에 있고, 형법 제40조의 상상적 경합관계의 경우에는 그중 1죄에 대한 확정판결의 기판력은 다른 죄에 대하여도 미친다(대법원 2011.2.24, 2010도13801).

ⓔ (×) 회사의 대표이사가 업무상 보관하던 회사 자금을 빼돌려 횡령한 다음 그중 일부를 더 많은 장비 납품 등의 계약을 체결할 수 있도록 해달라는 취지의 묵시적 청탁과 함께 배임증재에 공여한 경우, 위 횡령의 범행과 배임증재의 범행은 서로 범의 및 행위의 태양과 보호법익을 달리하는 별개의 행위이므로, 위 횡령의 점에 대하여 약식명령이 확정되었다고 하더라도 그 기판력은 배임증재의 점에 미치지 아니한다(대법원 2010.5.13, 2009도13463).

ⓜ (×) ⓐ (범칙금납부 통고처분의 효력) 「경범죄 처벌법」상 범칙금제도는 범칙행위에 대하여 형사절차에 앞서 경찰서장의 통고처분에 따라 범칙금을 납부할 경우 이를 납부하는 사람에 대하여는 기소를 하지 않는 처벌의 특례를 마련해 둔 것으로 법원의 재판절차와는 제도적 취지와 법적 성질에서 차이가 있다(대법원 2012.9.13, 2012도6612). 또한 범칙자가 통고처분을 불이행하였더라도 기소독점주의의 예외를 인정하여 경찰서장의 즉결심판청구를 통하여 공판절차를 거치지 않고 사건을 간이하고

신속·적정하게 처리함으로써 소송경제를 도모하되, 즉결심판 선고 전까지 범칙금을 납부하면 형사처벌을 면할 수 있도록 함으로써 범칙자에 대하여 형사소추와 형사처벌을 면제받을 기회를 부여하고 있다. 따라서 경찰서장이 범칙행위에 대하여 통고처분을 한 이상, 범칙자의 위와 같은 절차적 지위를 보장하기 위하여 통고처분에서 정한 범칙금 납부기간까지는 원칙적으로 경찰서장은 즉결심판을 청구할 수 없고, 범칙행위에 대한 형사소추를 위하여 이미 한 통고처분을 임의로 취소할 수 없으며, 검사도 동일한 범칙행위에 대하여 공소를 제기할 수 없다고 보아야 한다(대법원 2020.4.29, 2017도13409; 2021.4.1, 2020도15194). 이때 공소를 제기할 수 없는 범칙행위는 통고처분 시까지의 행위 중 범칙금 통고의 이유에 기재된 당해 범칙행위 자체 및 그 범칙행위와 동일성이 인정되는 범칙행위에 한정된다(대법원 2011.4.28, 2009도12249). ⓑ (성명모용에 있어서 공소제기의 효력) 그리고 형사소송법 제248조에 따라 공소는 검사가 피고인으로 지정한 이외의 다른 사람에게 그 효력이 미치지 아니하는 것이므로 공소제기의 효력은 검사가 피고인으로 지정한 자에 대하여만 미치는 것이고, 따라서 피의자가 다른 사람의 성명을 모용한 탓으로 공소장에 피모용자가 피고인으로 표시되었더라도 이는 당사자의 표시상의 착오일 뿐이고, 검사는 모용자에 대하여 공소를 제기한 것이므로 모용자가 피고인이 되고 피모용자에게 공소의 효력이 미친다고는 할 수 없다(대법원 1997.11.28, 97도2215). 이와 같은 법리는 「경범죄 처벌법」에 따른 경찰서장의 통고처분의 효력에도 마찬가지로 적용된다고 보아야 한다. … 이미 발령된 통고처분의 효력이 기소된 사기의 공소사실에도 미쳐 이 부분 공소제기의 절차가 법률의 규정을 위반하여 무효인 때에 해당한다고 보아 공소기각 판결을 하여야 한다(대법원 2023.3.16, 2023도751).

05 정답 ②

② (×) 경범죄처벌법위반죄로 범칙금 통고처분을 받아 범칙금을 납부한 범칙행위인 소란행위와 상해죄의 공소사실은 범행장소가 동일하고 범행일시도 거의 같으며, 모두 피고인과 피해자의 시비에서 발단한 일련의 행위임이 분명하므로, 양 사실은 그 기본적 사실관계가 동일한 것이라고 할 것이어서 위 경범죄처벌법위반죄에 대한 범칙금 납부로 인한 확정재판에 준하는 효력이 상해의 공소사실에도 미친다고 보아 면소의 판결을 선고한 원심판결을 수긍한 사례이다(대법원 2003.7.11, 2002도2642).

① (○) 과실로 교통사고를 발생시켰다는 각 '교통사고처리 특례법 위반죄'와 고의로 교통사고를 낸 뒤 보험금을 청구하여 수령하거나 미수에 그쳤다는 '사기 및 사기미수죄'는 서로 행위 태양이 전혀 다르고, 각 교통사고처리 특례법 위반죄의 피해자는 교통사고로 사망한 사람들이나, 사기 및 사기미수죄의 피해자는 피고인과 운전자보험계약을 체결한 보험회사들로서 역시 서로 다르며, 따라서 위 각 교통사고처리 특례법 위반죄와 사기 및 사기미수죄는 그 기본적 사실관계가 동일하다고 볼 수 없으므로, 위 전자에 관한 확정판결의 기판력이 후자에 미친다고 할 수 없다(대법원 2010.2.25, 2009도14263).

③ (○) 대법원 2009.2.26, 2009도39

④ (○) 대법원 2006.9.8, 2006도3172

06 정답 ②

② (×) 헌법은 제13조 제1항에서 "모든 국민은 … 동일한 범죄에 대하여 거듭 처벌받지 아니한다."라고 규정하여 이른바 이중처벌금지의 원칙 내지 일사부재리의 원칙을 선언하고 있다. 이는 한 번 판결이 확정되면 그 후 동일한 사건에 대해서는 다시 심판하는 것이 허용되지 않는다는 원칙을 말한다. 여기에서 '처벌'이란 원칙적으로 범죄에 대한 국가의 형벌권 실행으로서의 과벌을 의미하고, 국가가 행하는 일체의 제재나 불이익처분이 모두 여기에 포함되는 것은 아니다. 그런데 가정폭력범죄의 처벌 등에 관한 특례법(이하 '가정폭력처벌법')에 규정된 가정보호사건의 조사·심리는 검사의 관여 없이 가정법원이 직권으로 진행하는 형사처벌의 특례에 따른 절차로서, 검사는 친고죄에서의 고소 등 공소제기의 요건이 갖추어지지 아니한 경우에도 가정보호사건으로 처리할 수 있고(가정폭력처벌법 제9조), 법원은 보호처분을 받은 가정폭력행위자가 보호처분을 이행하지 아니하거나 집행에 따르지 아니하면 직권으로 또는 청구에 의하여 보호처분을 취소할 수 있는 등(가정폭력처벌법 제46조) 당사자주의와 대심적 구조를 전제로 하는 형사소송절차와는 내용과 성질을 달리하여 형사소송절차와 동일하다고 보기 어려우므로, 가정폭력처벌법에 따른 보호처분의 결정 또는 불처분결정에 확정된 형사판결에 준하는 효력을 인정할 수 없다. 가정폭력처벌법에 따른 보호처분의 결정이 확정된 경우에는 원칙적으로 가정폭력행위자에 대하여 같은 범죄사실로 다시 공소를 제기할 수 없으나(가정폭력처벌법 제16조), 보호처분은 확정판결이 아니고 따라서 기판력도 없으므로, 보호처분을 받은 사건과 동일한 사건에 대하여 다시 공소제기가 되었다면 이에 대해서는 면소판결을 할 것이 아니라 공소제기의 절차가 법률의 규정에 위배하여 무효인 때에 해당한 경우이므로 형사소송법 제327조 제2호의 규정에 의하여 공소기각의 판결을 하여야 한다. 그러나 가정폭력처벌법은 불처분결정에 대해서는 그와 같은 규정을 두고 있지 않을 뿐만 아니라, 가정폭력범죄에 대한 공소시효에 관하여 불처분결정이 확정된 때에는 그때부터 공소시효가 진행된다고 규정하고 있으므로(가정폭력처벌법 제17조 제1항), 가정폭력처벌법은 불처분결정이 확정된 가정폭력범죄라 하더라도 일정한 경우 공소가 제기될 수 있음을 전제로 하고 있다. 따라서 가정폭력처벌법 제37조 제1항 제1호의 불처분결정이 확정된 후에 검사가 동일한 범죄사실에 대하여 다시 공소를 제기하였다거나 법원이 이에 대하여 유죄판결을 선고하였더라도 이중처벌금지의 원칙 내지 일사부재리의 원칙에 위배된다고 할 수 없다(대법원 2017.8.23, 2016도5423).

① (○) 소송비용부담의 재판은 본안의 재판에 종속한다. 따라서 소송비용부담의 재판에 대하여는 본안의 재판에 관하여 상소하는 경우에 한하여 불복할 수 있고(형사소송법 제191조 제2항), 소송비용부담의 재판에 대한 불복은 본안의 재판에 대한 상소의 전부 또는 일부가 이유 있는 경우에 한하여 받아들여질 수 있다(대법원 2008.7.24, 2008도4759; 2016.11.10, 2016도12437).

③ (○) 피고인이 공공의 안녕질서에 직접적인 위협을 끼칠 것이 명백하다는 등의 이유로 금지통고된 집회를 주최하였다는 집회 및 시위에 관한 법률(이하 '집시법') 위반 공소사실로 기소되었는데, 선행 사건에서 위 집회와 그 이후 계속된 폭력적인 시위에 참가하였다는 이른바 질서위협 집회 및 시위 참가로 인한 집시법 위반죄 등으로 유죄 확정판결(이하 '선행 확정판결')을 받은 경우, 위 공소사실과 선행 확정판결의 공소사실은 집회의

제18회

'주최'와 '참가'라는 점에서 차이가 있으나, 같은 일시, 장소에서 있었던 위 집회를 대상으로 하는 점에서 범행일시와 장소가 동일한 점, 집회 또는 시위의 주최자는 '자기 이름으로 자기 책임 아래 집회나 시위를 여는 사람이나 단체'를 말하므로(집시법 제2조 제3호), 이와 같은 집회나 시위에 뜻을 같이하여 단순히 참가하였음에 불과한 참가자는 주최자와는 구별되고, 집회 또는 시위의 주최자가 동일한 집회 또는 시위의 참가자도 되는 경우란 개념적으로 상정하기 어려워 동일한 집회를 주최하고 참가하는 행위는 서로 양립할 수 없는 관계에 있는 점, 금지통고된 집회 주최로 인한 집시법 위반죄(위 공소사실)와 질서위협 집회 참가로 인한 집시법 위반죄(선행 확정판결의 공소사실)는 모두 공공의 안녕질서 등을 보호법익으로 하는 점에서 각 행위에 따른 피해법익 역시 본질적으로 다르지 않은 점 등 사회적인 사실관계와 규범적 요소를 아울러 고려하면, 위 공소사실과 선행 확정판결의 공소사실은 기본적 사실관계가 동일한 것으로 평가할 수 있는데도, 이와 달리 보아 위 공소사실을 유죄로 인정한 원심판단에는 공소사실이나 범죄사실의 동일성 여부, 일사부재리의 효력에 관한 법리오해의 잘못이 있다(대법원 2017.8.23, 2015도11679).

④ (O) 제1심판결에 대하여 피고인 또는 검사가 항소하여 항소법원이 판결을 선고한 후에는 상고법원으로부터 사건이 환송 또는 이송되는 경우 등을 제외하고는 항소법원이 다시 항소심 소송절차를 진행하여 판결을 선고할 수 없다. 따라서 항소심판결이 선고되면 제1심판결에 대한 항소권이 소멸되어 제1심판결에 대한 항소권 회복청구와 항소는 적법하다고 볼 수 없다. 이는 제1심 재판 또는 항소심 재판이 소송촉진 등에 관한 특례법이나 형사소송법 등에 따라 피고인이 출석하지 않은 가운데 불출석 재판으로 진행된 경우에도 마찬가지이다. 따라서 제1심판결에 대하여 검사의 항소에 의한 항소심판결이 선고된 후 피고인이 동일한 제1심판결에 대하여 항소권 회복청구를 하는 경우 이는 적법하다고 볼 수 없어 형사소송법 제347조 제1항에 따라 결정으로 이를 기각하여야 한다(대법원 2017.3.30, 2016모2874).

07 정답 ①

① (×) 피고인이 소송이 계속 중인 사실을 알면서도 법원에 거주지 변경 신고를 하지 않았다 하더라도, 잘못된 공시송달에 터잡아 피고인의 진술 없이 공판이 진행되고 피고인이 출석하지 않은 기일에 판결이 선고된 이상, 피고인은 자기 또는 대리인이 책임질 수 없는 사유로 상소제기기간 내에 상소를 하지 못한 것으로 봄이 타당하다(대법원 2014.10.16, 2014모1557).
② (O), ③ (O) 변호인은 피고인의 동의를 얻어 상소를 취하할 수 있으므로(형사소송법 제351조, 제341조), 변호인의 상소취하에 피고인의 동의가 없다면 상소취하의 효력은 발생하지 아니한다. 한편 변호인이 상소취하를 할 때 원칙적으로 피고인은 이에 동의하는 취지의 서면을 제출하여야 하나(형사소송규칙 제153조 제2항), 피고인은 공판정에서 구술로써 상소취하를 할 수 있으므로(형사소송법 제352조 제1항 단서), 변호인의 상소취하에 대한 피고인의 동의도 공판정에서 구술로써 할 수 있다. 다만 상소를 취하하거나 상소의 취하에 동의한 자는 다시 상소를 하지 못하는 제한을 받게 되므로(형사소송법 제354조), 상소취하에 대한 피고인의 구술 동의는 명시적으로 이루어져야만 한다(대법원2015.9.10, 2015도7821).
④ (O) 형법 제37조 전단 경합범 관계에 있는 공소사실 중 일부에 대하여 유죄, 나머지 부분에 대하여 무죄를 선고한 제1심판결에 대하여 검사만이 항소하면서 무죄 부분에 관하여는 항소이유를 기재하고 유죄 부분에 관하여는 이를 기재하지 않았으나 항소범위는 '전부'로 표시하였다면, 이러한 경우 제1심판결 전부가 이심되어 원심의 심판대상이 되므로, 원심이 제1심판결 무죄 부분을 유죄로 인정하는 때에는 제1심판결 전부를 파기하고 경합범 관계에 있는 공소사실 전부에 대하여 하나의 형을 선고하여야 한다(대법원2015.9.10, 2015도7821; 2014.3.27, 2014도342).

08 정답 ③

③ ㉠ㄴㄷㄹ
㉠ (O) 대법원 2002.9.27, 2002모6
㉡ (O) 상소권회복은 자기 또는 대리인이 책임질 수 없는 사유로 인하여 상소제기기간 내에 상소를 하지 못한 사람이 이를 청구하는 것이므로, ⓐ 상소권을 포기한 후 상소제기기간이 도과하기 전에 상소포기의 효력을 다투면서 상소를 제기한 자는 원심 또는 상소심에서 그 상소의 적법 여부에 대한 판단을 받으면 되고, 별도로 상소권회복청구를 할 여지는 없다고 할 것이나, ⓑ 상소권을 포기한 후 상소제기기간이 도과한 다음에 상소포기의 효력을 다투는 한편, 자기 또는 대리인이 책임질 수 없는 사유로 인하여 상소제기기간 내에 상소를 하지 못하였다고 주장하는 사람은 상소를 제기함과 동시에 상소권회복청구를 할 수 있고, 그 경우 상소포기가 부존재 또는 무효라고 인정되지 아니하거나 자기 또는 대리인이 책임질 수 없는 사유로 인하여 상소제기기간을 준수하지 못하였다고 인정되지 아니한다면 상소권회복청구를 받은 원심으로서는 상소권회복청구를 기각함과 동시에 상소기각결정을 하여야 한다(대법원 2004.1.13, 2003모451).
㉢ (×) 이 경우에는 상소심절차속행신청을 할 수 있는 것이지, 상소권회복청구를 할 수 있는 것은 아니다.

> 제154조(상소의 포기 또는 취하의 효력을 다투는 절차) ① 상소의 포기 또는 취하가 부존재 또는 무효임을 주장하는 자는 그 포기 또는 취하 당시 소송기록이 있었던 법원에 절차속행의 신청을 할 수 있다.

㉣ (O) 대법원2007.1.12, 2006모691
㉤ (×) 피고인이 재판이 계속 중인 사실을 알면서도 새로운 주소지 등을 법원에 신고하는 등 조치를 하지 않아 소환장이 송달 불능되었더라도, 법원은 기록에 주민등록지 이외의 주소가 나타나 있고 피고인의 집 전화번호 또는 휴대전화번호 등이 나타나 있는 경우에는 위 주소지 및 전화번호로 연락하여 송달받을 장소를 확인하여 보는 등의 시도를 해 보아야 하고, 그러한 조치 없이 곧바로 공시송달 방법으로 송달하는 것은 형사소송법 제63조 제1항, 소송촉진 등에 관한 특례법 제23조에 위배되어 허용되지 아니한다(대법원 2011.7.28, 2011도6762; 2014.5.29, 2014도3141; 2022.5.26, 2022모439).

09 정답 ④

④ (×) 형사소송법 제452조에서 약식명령의 고지는 검사와 피고인에 대한 재판서의 송달에 의하도록 규정하고 있으므로, 약식명령은 그 재판서를 피고인에게 송달함으로써 효력이 발생하고, 변호인이 있는 경우라도 반드시 변호인에게 약식명령 등본

을 송달해야 하는 것은 아니다. 따라서 정식재판 청구기간은 피고인에 대한 약식명령 고지일을 기준으로 하여 기산하여야 한다(대법원 2016.12.2, 2016모2711). 또한 변호인이 정식재판청구서를 제출할 것으로 믿고 피고인이 스스로 적법한 정식재판의 청구기간 내에 정식재판청구서를 제출하지 못하였더라도 그것이 피고인 또는 대리인이 책임질 수 없는 사유로 인하여 정식재판의 청구기간 내에 정식재판을 청구하지 못한 때에 해당하지 않는다(대법원 2007.1.12, 2006모658; 2017.7.27, 2017모1557).

① (○) 형법 제51조의 사항과 개전의 정상이 현저한지에 관한 사항은 형의 양정에 관한 법원의 재량사항에 속하므로, 상고심으로서는 형사소송법 제383조 제4호에 의하여 사형·무기 또는 10년 이상의 징역·금고가 선고된 사건에서 형의 양정의 당부에 관한 상고이유를 심판하는 경우가 아닌 이상, 선고유예에 관하여 형법 제51조의 사항과 개전의 정상이 현저한지에 대한 원심판단의 당부를 심판할 수 없다(대법원 2016.12.27, 2015도14375).

② (○) 상고법원은 판결에 영향을 미친 법률의 위반이 있는 경우에는 상고이유서에 포함되지 아니한 때에도 직권으로 심판할 수 있는바(형사소송법 제384조, 제383조 제1호), 이는 법률의 해석·적용을 그르친 나머지 피고인을 유죄로 잘못 인정한 원심판결에 대하여 피고인은 상고를 제기하지 아니하고 검사만이 다른 사유를 들어 상고를 제기하였고, 검사의 상고가 피고인의 이익을 위하여 제기된 것이 아님이 명백한 경우라 하더라도 마찬가지이다(대법원 2002.3.15, 2001도6730; 2008.10.9, 2008도2588; 2016.10.27, 2015도16764).

③ (○) 소촉법 제23조에 따라 피고인이 불출석한 채로 진행된 제1심의 재판에 대하여 검사만 항소하고 항소심도 피고인 불출석 재판으로 진행한 후에 검사의 항소를 기각하여 제1심의 유죄판결이 확정된 경우, 피고인이 귀책사유 없이 제1심과 항소심의 공판절차에 출석할 수 없었고 상고권회복에 의한 상고를 제기하였다면, 이는 형사소송법 제383조 제3호에서 상고이유로 정한 '재심청구의 사유가 있는 때'에 해당한다(대법원 2015.8.27, 2015도1054 등). 제1심이 소촉법 제23조에 따라 공시송달의 방법으로 공소장 부본과 소환장 등을 송달하고 피고인이 불출석한 상태에서 심리를 진행하여 피고인에게 징역 6개월을 선고한 사실, 이에 대하여 검사가 양형부당으로 항소하자, 원심도 공시송달의 방법으로 소환장 등을 송달하고 형사소송법 제365조에 따라 피고인이 불출석한 상태에서 심리를 진행한 후 검사의 항소를 기각하여 제1심판결이 형식적으로 확정된 사실, 피고인은 공소장 부본 등을 송달받지 못해 공소가 제기된 사실조차 모르고 있다가 판결 선고 사실을 알게 되자 상소권회복청구를 하였고, 법원은 피고인이 상고기간 내에 상고하지 못한 것은 책임을 질 수 없는 사유로 인한 것이라고 판단하여 상고권회복결정을 한 사실을 알 수 있고, 이에 비추어 보면 피고인은 자신이 책임을 질 수 없는 사유로 제1심과 원심의 공판절차에 출석하지 못하였다고 하겠다. … (이 경우는) 피고인이 책임을 질 수 없는 사유로 불출석한 상태에서 소촉법 제23조에 의하여 제1심 재판이 진행되어 피고인에 대하여 유죄판결이 선고되고, 원심도 피고인이 책임질 수 없는 사유로 불출석한 채 재판을 진행하여 항소기각 판결을 선고하였으므로, 원심판결에는 재심청구의 사유가 있고, 이는 형사소송법 제383조 제3호에서 정한 상고이유에 해당한다(대법원 2016.10.27, 2016도11969).

10 정답 ②

② (○) 피고인은 항소를 포기하고 검사만이 제1심의 양형이 부당하게 가볍다는 이유로 항소하였다가 이유 없다고 기각된 항소심판결은 피고인에게 불이익한 판결이라고 할 수 없어 위 항소심판결에 대하여 피고인은 상고권이 없다(대법원 1986.9.5, 86도1919).

① (×) 누범가중을 하지 아니한 것은 피고인에게 유리한 것이므로 불이익하지 않은 재판에 대해 상소권을 가질 수 없다. 피고인의 상소는 불이익한 원재판을 시정하여 이익된 재판을 청구함을 그 본질로 하는 것이어서 재판이 자기에게 불이익하지 아니하면 이에 대한 상소권을 가질 수 없다(대법원 2012.12.27, 2012도11200).

③ (×) 피고인에게는 실체판결청구권이 없는 것이므로 면소판결에 대하여 무죄의 실체판결을 구하여 상소를 할 수 없는 것이다(대법원 1984.11.27, 84도2106).

④ (×) 대법원 1993.3.4, 92모21

11 정답 ②

② (×) 선고유예는 그 기간이 경과되어야만 면소된 것으로 간주되는 것이고, 선고유예도 엄연히 유죄판결의 일종이므로 무죄를 주장하는 경우 상소의 이익이 인정된다.

① (○) 몰수도 피고인에 대한 부가형이고, 피고인에게도 점유상실로 인한 불이익이 발생한다.

③ (○) 변호인은 피고인의 이익을 위하여만 상소이유를 개진할 직책이 있다 할 것이므로 원판결이 적용처단한 경합가중형보다 무거운 경합가중형으로써 처단하여야 한다는 피고인에게 불이익한 사유는 피고인을 위한 적법한 상고이유가 될 수 없을 뿐더러 위와 같은 단순한 법령위반은 구 군법회의법(65.4.3. 법률 제1693호로 개정 전) 제432조 소정의 적법한 상고이유가 될 수 없다(대법원1963.6.20, 63도123).

④ (○) 수개의 범죄행위를 포괄일죄로 본 항소심의 판단을 탓하는 상고이유는 피고인에게 죄수를 증가하는 불이익을 초래하는 것이 되어 적법한 상고이유가 될 수 없다(대법원 2004.7.9, 2004도810).

12 정답 ③

③ (○) 제353조 참조.

> **제353조(상소포기 등의 관할)** 상소의 포기는 원심법원에, 상소의 취하는 상소법원에 하여야 한다. 단, 소송기록이 상소법원에 송부되지 아니한 때에는 상소의 취하를 원심법원에 제출할 수 있다.

① (×) 전단은 규칙 제154조 제1항의 내용으로서 맞다. 다만, 상소를 포기·취하한 자는 상소권이 소멸하므로 다시 상소를 제기할 수 없다(제354조). 따라서 후단은 틀렸다.
[보충] 이 경우, 상소제기기간 내라면 상소의 포기·취하의 부존재·무효를 주장하면서 상소를 제기할 수 있을 뿐이다. 그러므로, 이 지문의 후단이 맞는 내용이 되려면, 상소의 포기·취하의 부존재·무효를 주장한다는 것이 선행되어야 한다.

> **제354조(상소포기 후의 재상소의 금지)** 상소를 취하한 자 또는 상소의 포기나 취하에 동의한 자는 그 사건에 대하여 다시 상소를 하지 못한다.

② (×) 피고인의 동의가 없이는 상소를 취하할 수 없다.

> **제351조(상소의 취하와 피고인의 동의)** 피고인의 법정대리인 또는 제341조에 규정한 자는 피고인의 동의를 얻어 상소를 취하할 수 있다.

④ (×) 법정대리인의 사망 기타 사유로 인하여 그 동의를 얻을 수 없는 때에는 예외로 한다. 즉, 이 경우에는 법정대리인의 동의를 요하지 아니한다.

> **제350조(상소의 포기등과 법정대리인의 동의)** 법정대리인이 있는 피고인이 상소의 포기 또는 취하를 함에는 법정대리인의 동의를 얻어야 한다. 단, 법정대리인의 사망 기타 사유로 인하여 그 동의를 얻을 수 없는 때에는 예외로 한다.

13
정답 ③

③ ㉠㉡㉢㉤

㉠ (×) 경합범으로 동시에 기소된 사건에 대하여 일부 유죄, 일부 무죄를 선고하는 등 판결주문이 수개일 때에는 그 1개의 주문에 포함된 부분을 다른 부분과 분리하여 일부상소를 할 수 있고 당사자 쌍방이 상소하지 아니한 부분은 분리 확정되므로, 경합범 중 일부에 대하여 무죄, 일부에 대하여 유죄를 선고한 제1심판결에 대하여 검사만이 무죄 부분에 대하여 항소를 한 경우, 피고인과 검사가 항소하지 아니한 유죄판결 부분은 항소기간이 지남으로써 확정되어 항소심에 계속된 사건은 무죄판결 부분에 대한 공소뿐이며, 그에 따라 항소심에서 이를 파기할 때에는 무죄 부분만을 파기하여야 한다. (따라서) 수개의 마약류관리에 관한 법률 위반(향정)으로 기소된 피고인에 대한 제1심판결의 유죄 부분에 대해서 피고인은 항소하지 아니하고 무죄 부분에 대한 검사의 항소만 있는 경우, 위 유죄 부분은 확정되고 무죄 부분만이 원심에 계속되게 되었으므로 위 무죄 부분만을 심리·판단하여야 함에도, 이미 유죄로 확정된 부분까지 다시 심리하여 위 무죄 부분과 함께 형을 선고한 원심판결에는 심리의 범위에 관한 법리오해의 위법이 있다(대법원 2010.11.25, 2010도10985).

㉡ (×) 수개의 범죄사실에 대하여 항소심이 일부는 유죄, 일부는 무죄의 판결을 하고, 그 판결에 대하여 피고인 및 검사 쌍방이 상고를 제기하였으나, 유죄 부분에 대한 피고인의 상고는 이유 없고 무죄 부분에 대한 검사의 상고만 이유 있는 경우, 항소심이 유죄로 인정한 죄와 무죄로 인정한 죄가 「형법」 제37조 전단의 경합범 관계에 있다면 항소심판결의 유죄 부분도 무죄 부분과 함께 파기되어야 한다(대법원 2011.2.24, 2010도15989).

㉢ (○) 형법 제37조 전단의 경합범으로 동시에 기소된 수개의 공소사실에 대하여 일부 유죄, 일부 무죄를 선고하거나 수개의 공소사실이 금고 이상의 형에 처한 확정판결 전후의 것이어서 형법 제37조 후단, 제39조 제1항에 의하여 각기 따로 유·무죄를 선고하거나 형을 정하는 등으로 판결주문이 수개일 때에는 그 1개의 주문에 포함된 부분을 다른 부분과 분리하여 일부 상소를 할 수 있고, 이때 당사자 쌍방이 상소하지 아니한 부분은 분리 확정된다. 그러므로 확정판결 전의 공소사실과 확정판결 후의 공소사실에 대하여 따로 유죄를 선고하여 두 개의 형을 정한 제1심판결에 대하여 피고인만이 확정판결 전의 유죄판결 부분에 대하여 항소한 경우, 피고인과 검사가 항소하지 아니한 확정판결 후의 유죄판결 부분은 항소기간이 지남으로써 확정되어 항소심에 계속된 사건은 확정판결 전의 유죄판결 부분뿐이고, 그

에 따라 항소심이 심리·판단하여야 할 범위는 확정판결 전의 유죄판결 부분에 한정된다(대법원 2018.3.29, 2016도18553).

㉣ (×) 배상명령만에 대한 즉시항고가 가능하다.

> **소송촉진 등에 관한 특례법 제33조(불복)** ⑤ 피고인은 유죄판결에 대하여 상소를 제기하지 아니하고 배상명령에 대하여만 상소 제기기간에 「형사소송법」에 따른 즉시항고(即時抗告)를 할 수 있다. 다만, 즉시항고 제기 후 상소권자의 적법한 상소가 있는 경우에는 즉시항고는 취하된 것으로 본다.

㉤ (×) 검사가 일부 유죄, 일부 무죄가 선고된 제1심판결에 대하여 항소하면서 항소장의 '항소의 범위'란에 '전부(양형부당 및 무죄 부분, 사실오인, 법리오해)'라고 기재하였으나 적법한 기간 내에 제출된 항소이유서에는 제1심판결 중 무죄 부분에 대한 항소이유만 기재한 경우 항소장에 '양형부당'이라는 문구를 적법한 항소이유의 기재라고 볼 수 없고 유죄 부분에 대하여는 법정기간 내에 항소이유서를 제출하지 아니한 경우에 해당한다. … 일부 유죄, 일부 무죄가 선고된 제1심판결 전부에 대하여 검사가 항소하였더라도 검사가 유죄 부분에 대하여는 아무런 항소이유도 주장하지 아니하였다면 유죄 부분에 대하여는 법정기간 내에 항소이유서를 제출하지 아니한 경우에 해당하므로, 가사 제1심의 양형에 잘못이 있더라도 그러한 사유는 형사소송법 제361조의4 제1항 단서의 직권조사사유나 같은 법 제364조 제2항의 직권심판사항에 해당한다고 볼 수 없다(대법원 2008.1.31, 2007도8117).

14
정답 ②

② ㉡㉢㉣

㉠ (×) 경합범으로 동시에 기소된 사건에 대하여 일부 유죄, 일부 무죄를 선고하는 등 판결주문이 수개일 때에는 그 1개의 주문에 포함된 부분을 다른 부분과 분리하여 일부 상소를 할 수 있고 당사자 쌍방이 상소하지 아니한 부분은 분리 확정되므로, 경합범 중 일부에 대하여 무죄, 일부에 대하여 유죄를 선고한 제1심판결에 대하여 검사만이 무죄 부분에 대하여 항소를 한 경우, 피고인과 검사가 항소하지 아니한 유죄판결 부분은 항소기간이 지남으로써 확정되어 항소심에 계속된 사건은 무죄판결 부분에 대한 공소뿐이며, 그에 따라 항소심에서 이를 파기할 때에는 무죄 부분만을 파기하여야 한다(대법원 2010.11.25, 2010도10985).

㉡ (○) 수개의 범죄사실에 대하여 항소심이 일부는 유죄, 일부는 무죄의 판결을 하고, 그 판결에 대하여 피고인 및 검사 쌍방이 상고를 제기하였으나, 유죄 부분에 대한 피고인의 상고는 이유 없고, 무죄 부분에 대한 검사의 상고만 이유 있는 경우, 항소심이 유죄로 인정한 죄와 무죄로 인정한 죄가 형법 제37조 전단의 경합범 관계에 있다면 항소심판결의 유죄 부분도 무죄 부분과 함께 파기되어야 한다(대법원 2002.7.26, 2001도4947).

㉢ (○) 제1심이 단순일죄의 관계에 있는 공소사실의 일부에 대하여만 유죄로 인정한 경우에 피고인만이 항소하여도 그 항소는 그 일죄의 전부에 미쳐서 항소심은 무죄부분에 대하여도 심판할 수 있다 할 것이고, 그 경우 항소심이 위 무죄부분을 유죄로 판단하였다 하여 그로써 항소심판결에 불이익변경금지원칙에 위반하거나 심판범위에 대한 법리를 오해한 위법이 있다고 할 수 없다(대법원 2001.2.9, 2000도5000).

㉣ (○) 형법 제37조 전단의 경합범 관계에 있는 죄에 대하여 일부는 유죄, 일부는 무죄를 선고한 원심판결에 대하여 피고인은 상

소하지 아니하고, 검사만이 무죄부분에 한정하지 아니하고 전체에 대하여 상소한 경우에 무죄부분에 대한 검사의 상소만 이유 있는 때에도 원심판결의 유죄부분은 무죄부분과 함께 파기되어야 하므로 상소심으로서는 원심판결 전부를 파기하여야 한다(대법원 2004.10.15, 2004도5035).

ⓒ (×) 실체적 경합범으로 기소되어 전부 무죄가 선고된 제1심판결에 대하여 검사가 전부 항소한 경우 적법한 항소이유의 주장이 있었는지는 항소장 및 항소이유서의 기재를 해석하여 판단하여야 할 것이다(대법원 2022.10.14, 2022도1229).
[보충] 일부상소인가 전부상소인가를 판단함에 있어서는 상소장만 고려해야 한다는 입장은 다수설이고, 상소장뿐만 아니라 상소이유서도 고려할 수 있다는 입장은 소수설·판례이다.

15
정답 ③

③ ㉠㉡㉢㉣
㉠ (×) 이는 주형과 일체인 부수처분에 해당되므로, 주형과 분리하여 상소할 수 없다. 여기에는 미결구금일수 산입이나 압수물 환부, 소송비용 부담의 재판도 마찬가지로 해당된다. 다만, 배상명령에 대해서는 독립된 즉시항고가 허용된다
㉡ (×) [1] 형사소송법 제342조는 제1항에서 일부 상소를 원칙적으로 허용하면서, 제2항에서 이른바 상소불가분의 원칙을 선언하고 있다. 따라서 불가분의 관계에 있는 재판의 일부만을 불복대상으로 삼은 경우 그 상소의 효력은 상소불가분의 원칙상 피고사건 전부에 미쳐 그 전부가 상소심에 이심되고, 이러한 경우로는 일부 상소가 피고사건의 주위적 주문과 불가분적 관계에 있는 주문에 대한 것, 일죄의 일부에 대한 것, 경합범에 대하여 1개의 형이 선고된 경우 경합범의 일부 죄에 대한 것 등에 해당하는 경우를 들 수 있다.
[2] 마약류관리에 관한 법률 제67조는 이른바 필수적 몰수 또는 추징 조항으로서 그 요건에 해당하는 한 법원은 반드시 몰수를 선고하거나 추징을 명하여야 한다. 위와 같은 몰수 또는 추징은 범죄행위로 인한 이득의 박탈을 목적으로 하는 것이 아니라 징벌적인 성질을 가지는 처분으로 부가형으로서의 성격을 띠고 있다. 이는 피고사건 본안에 관한 판단에 따른 주형 등에 부가하여 한 번에 선고되고 이와 일체를 이루어 동시에 확정되어야 하고 본안에 관한 주형 등과 분리되어 이심되어서는 아니 되는 것이 원칙이므로, 피고사건의 주위적 주문과 몰수 또는 추징에 관한 주문은 상호 불가분적 관계에 있어 상소불가분의 원칙이 적용되는 경우에 해당한다. 따라서 피고사건의 재판 가운데 몰수 또는 추징에 관한 부분만을 불복대상으로 삼아 상소가 제기되었다 하더라도, 상소심으로서는 이를 적법한 상소제기로 다루어야 하고, 그 부분에 대한 상소의 효력은 그 부분과 불가분의 관계에 있는 본안에 관한 판단 부분에까지 미쳐 그 전부가 상소심으로 이심된다(대법원 2008.11.20, 2008도5596 전원합의체).
㉢ (○) 대법원 2010.11.25, 2010도10985
㉣ (×) 원래 주위적·예비적 공소사실의 일부에 대한 상소제기의 효력은 나머지 공소사실부분에 대하여도 미치는 것이고, 동일한 사실관계에 대하여 서로 양립할 수 없는 적용법조의 적용을 주위적·예비적으로 구하는 경우에는 예비적 공소사실만 유죄로 인정되고 그 부분에 대하여 피고인만 상소하였다고 하더라도 주위적 공소사실까지 함께 상소심의 심판대상에 포함된다고 볼 것이다(대법원 2006.5.25, 2006도1146).

ⓐ (×) 판례는 상소의 범위의 판단에 있어서(일부상소, 전부상소) 상소장뿐만 아니라 상소이유서도 고려하는 입장이다(상소장·상소이유서 기준설, 소수설·판례). "항소장에 경합범으로서 2개의 형이 선고된 죄 중 일죄에 대한 형만을 기재하고 나머지 일죄에 대한 형을 기재하지 아니하였다 하더라도 항소이유서에서 그 나머지 일죄에 대하여도 항소이유를 개진한 경우에는 판결 전부에 대한 항소로 봄이 상당하다(대법원 2004.12.10, 2004도3515)."

16
정답 ④

④ (×) 환송 전 원심에서 상상적 경합 관계에 있는 수죄에 대하여 모두 무죄가 선고되었고, 이에 검사가 무죄 부분 전부에 대하여 상고하였으나 그중 일부 무죄 부분(A)에 대하여는 이를 상고이유로 삼지 않은 경우, 비록 상고이유로 삼지 아니한 무죄 부분(A)도 상고심에 이심되지만 그 부분은 이미 당사자 간의 공격방어의 대상으로부터 벗어나 사실상 심판대상에서 이탈하게 되므로, 상고심으로서도 그 무죄 부분에까지 나아가 판단할 수 없다. 따라서 상고심으로부터 다른 무죄 부분(B)에 대한 원심판결이 잘못되었다는 이유로 사건을 파기환송받은 원심은 그 무죄 부분(A)에 대하여 다시 심리·판단하여 유죄를 선고할 수 없다(대법원 2008.12.11, 2008도8922).
① (○) 하나의 행위가 부작위범인 직무유기죄와 작위범인 허위공문서작성·행사죄의 구성요건을 동시에 충족하는 경우, 공소제기권자는 재량에 의하여 작위범인 허위공문서작성·행사죄로 공소를 제기하지 않고 부작위범인 직무유기죄로만 공소를 제기할 수 있다(대법원 2008.2.14, 2005도4202).
② (○) 형법 제40조의 상상적 경합관계의 경우에 그중 1죄에 대한 확정판결의 기판력은 다른 죄에 대하여도 미치는 것이다(대법원 2009.4.9, 2008도5634).
③ (○) 원심이 두개의 죄를 경합범으로 보고 한 죄는 유죄, 다른 한 죄는 무죄를 각 선고하자 검사가 무죄부분만에 대하여 불복 상고하였다고 하더라도 위 두죄가 상상적 경합관계에 있다면 유죄부분도 상고심의 심판대상이 된다(대법원 1980.12.9, 80도384 전원합의체).

17
정답 ②

② (○) 원심이 두개의 죄를 경합범으로 보고 한 죄는 유죄, 다른 한 죄는 무죄를 각 선고하자 검사가 무죄부분만에 대하여 불복 상고하였다고 하더라도 위 두죄가 상상적 경합관계에 있다면 유죄부분도 상고심의 심판대상이 된다(대법원 1980.12.9, 80도384 전원합의체).

18
정답 ③

③ (×) 불이익변경금지원칙은 피고인이 안심하고 상소권을 행사하도록 하려는 정책적 고려에서 나온 제도로서 피고인만이 상소한 사건의 상소심에서 원심보다 피고인에게 불리하게 미결구금일수의 산입을 감축하는 등의 경우에는 불이익변경금지원칙의 적용 여부를 살펴보아야 하나, 위와 같이 판결을 선고한 법원에서 당해 판결서의 명백한 오류에 대하여 판결서의 경정을 통하여 그 오류를 시정하는 것은 피고인에게 유리 또는 불리한 결과를 발생시키거나 피고인의 상소권 행사에 영향을 미치는 것이 아니므로, 여기에 불이익변경금지원칙이 적용될 여지는 없다(대법원 2007.7.13, 2007도3448).

① (○) 불이익변경금지의 원칙은 피고인의 또는 피고인을 위한 상소사건에 있어서 원심의 형, 즉 판결주문의 형보다 중한 형을 선고할 수 없다는 것에 불과하므로, 제1심판결에 대하여 피고인들만이 항소한 이 사건에 있어서, 원심이 검사의 공소장변경신청을 허가하고 그 변경된 적용법률에 의하여 판결을 선고하였다 하더라도, 선고된 원심의 형이 제1심의 그것보다 가벼운 이상 불이익변경금지의 원칙에 위배된다고 할 수 없다(대법원 1999.10.8, 99도3225).

② (○) 아동·청소년 대상 성폭력범죄의 피고인에게 '징역 15년 및 5년 동안의 위치추적 전자장치 부착명령'을 선고한 제1심판결을 파기한 후 '징역 9년, 5년 동안의 공개명령 및 6년 동안의 위치추적 전자장치 부착명령'을 선고한 원심의 조치가 불이익변경금지원칙에 위배되지 않는다(대법원 2011.4.14, 2010도16939).

④ (○) 벌금형의 약식명령을 고지받아 정식재판을 청구한 사건과 공소가 제기된 사건을 병합·심리한 후 경합범으로 처단하면서 징역형을 선고한 것이 불이익한 변경에 해당한다(대법원 2004.11.11, 2004도6784).

19 정답 ②

② (○) 형사소송법 제457조의2 제1항은 "피고인이 정식재판을 청구한 사건에 대하여는 약식명령의 형보다 중한 종류의 형을 선고하지 못한다."라고 규정하여, 정식재판청구 사건에서의 형종 상향 금지의 원칙을 정하고 있다. 위 형종 상향 금지의 원칙은 피고인이 정식재판을 청구한 사건과 다른 사건이 병합·심리된 후 경합범으로 처단되는 경우에도 정식재판을 청구한 사건에 대하여 그대로 적용된다(대법원 2020.1.9, 2019도15700; 2020.3.26, 2020도355).

① (×) 형사소송법 제457조의2 제1항은 "피고인이 정식재판을 청구한 사건에 대하여는 약식명령의 형보다 중한 종류의 형을 선고하지 못한다."라고 규정하여 정식재판청구 사건에서의 형종 상향 금지의 원칙을 정하고 있는데, 제1심판결 중 위 정식재판청구 사건 부분은 피고인만이 정식재판을 청구한 사건인데도 약식명령의 벌금형보다 중한 종류의 형인 징역형을 선택하여 형을 선고하였으므로 여기에 형사소송법 제457조의2 제1항에서 정한 형종 상향 금지의 원칙을 위반한 잘못이 있고, 제1심판결에 대한 피고인과 검사의 항소를 모두 기각함으로써 이를 그대로 유지한 원심판결에도 형사소송법 제457조의2 제1항을 위반한 잘못이 있다(대법원 2020.1.9, 2019도15700).

③ (×) 부정기형은 장기와 단기라는 폭의 형태를 가지는 양형인 반면 정기형은 점의 형태를 가지는 양형이므로 불이익변경금지 원칙의 적용과 관련하여 양자 사이의 형의 경중을 단순히 비교할 수 없는 특수한 상황이 발생한다. 결국 피고인이 항소심 선고 이전에 19세에 도달하여 부정기형을 정기형으로 변경해야 할 경우 불이익변경금지 원칙에 반하지 않는 정기형을 정하는 것은 부정기형과 실질적으로 동등하다고 평가될 수 있는 정기형이 부정기형의 장기와 단기 사이의 어느 지점에 존재하는지를 특정하는 문제로 귀결된다. 형벌은 책임에 기초하고 그 책임에 비례하여야 한다는 책임주의 원칙과 상소심에서 실질적으로 불이익한 형을 선고받을 수 있다는 우려로 인하여 상소권의 행사가 위축되는 것을 방지하기 위해 채택된 불이익변경금지 원칙은 형사법의 대원칙이다. 이 사건 쟁점은 부정기형의 단기부터 장기에 이르는 수많은 형 중 어느 정도의 형이 책임주의 원

칙과 불이익변경금지 원칙의 제도적 취지 사이에서 조화를 이룰 수 있는 적절한 기준이 될 수 있는지, 즉 항소심법원이 더 이상 소년법을 적용받을 수 없게 된 피고인에 대하여 책임주의 원칙에 따라 적절한 양형재량권을 행사하는 것을 과도하게 제한함으로써 피고인에게 부당한 이익을 부여하게 되는 결과를 방지하면서도, 피고인만이 항소한 사건에서 제1심법원이 선고한 부정기형보다 중한 형이 선고될 위험으로 인해 상소권의 행사가 위축되는 것을 방지할 수 있는 기준이 될 수 있는지를 정하는 '정도'의 문제이지, 부정기형의 장기와 단기 중 어느 하나를 택일적으로 선택하여 이를 정기형의 상한으로 정하는 문제가 아니다. 부정기형을 정기형으로 변경할 때 불이익변경금지 원칙의 위반 여부는 부정기형의 장기와 단기의 중간형을 기준으로 삼는 것이 부정기형의 장기 또는 단기를 기준으로 삼는 것보다 상대적으로 우월한 기준으로 평가될 수 있음은 분명하다고 볼 수 있다(대법원 2020.10.22, 2020도4140 전원합의체).
[보충] 살인죄 및 사체유기죄를 범한 피고인이 제1심판결 시 소년에 해당하여 징역 장기 15년, 단기 7년의 부정기형을 선고받았고, 피고인만이 항소를 하였는데 피고인이 항소심에 이르러 성년에 이르러 항소심(원심)이 부정기형을 선고한 제1심판결을 파기하고 정기형을 선고한 사안으로서, 원심은 부정기형의 단기를 정기형과 비교하여 불이익변경금지 원칙 위반 여부를 판단해야 한다는 종전 대법원 판례에 따라 피고인에 대하여 7년을 초과하는 형을 선고할 수 없다는 이유로 피고인에 대하여 징역 7년을 선고하였으나, 대법원은 판례를 변경하여 이러한 경우 부정기형과 실질적으로 동등하다고 평가될 수 있는 정기형으로서 항소심이 선고할 수 있는 정기형의 상한은 부정기형의 장기와 단기의 정중앙에 해당하는 중간형이므로 중간형을 기준으로 삼아 불이익변경금지 원칙 위반 여부를 판단해야 하고, 그렇다면 원심은 징역 11년(=장기 15년+단기 7년 / 2)까지를 선고할 수 있었다는 이유로 원심에 불이익변경금지 원칙에 대한 법리를 오해하여 판결에 영향을 미친 잘못이 있다고 판단하여 원심판결 중 피고인에 대한 부분을 파기하였다(위 판례).

④ (×) 2018.12.11. 법률 제15904호로 개정되어 2019.6.12. 시행된 장애인복지법(이하 '개정법')의 시행 전에 아동·청소년 대상 성범죄를 범한 피고인에 대하여, 제1심이 개정법 시행일 이전에 유죄를 인정하여 징역 7년과 80시간의 성폭력 치료프로그램 이수명령, 아동·청소년 관련기관 등에 10년간의 취업제한명령을 선고하였고, 이에 대하여 피고인만이 양형부당으로 항소하였는데, 개정법 시행일 이후에 판결을 선고한 원심이 제1심판결을 직권으로 파기하고 유죄를 인정하면서 제1심보다 가벼운 징역 6년과 80시간의 성폭력 치료프로그램 이수명령, 아동·청소년 관련기관 등에 10년간의 취업제한명령과 함께 개정법 부칙 제2조와 개정법 제59조의3 제1항 본문에 따라 장애인복지시설에 10년간의 취업제한명령을 선고한 사안에서, 제1심판결이 항소제기 없이 그대로 확정되었다면 개정법 부칙 제3조 제1항 제1호의 특례 규정에 따라 피고인은 5년간 장애인복지시설에 대한 취업이 제한되었을 것인데, 원심은 제1심이 선고한 징역형을 1년 단축하면서 제1심판결이 그대로 확정되었을 경우보다 더 긴 기간 동안 장애인복지시설에 대한 취업제한을 명한 것이므로 원심판결이 제1심판결보다 전체적·실질적으로 피고인에게 더 불이익한 판결이라고 할 수 없다(대법원 2019.10.17, 2019도11609).

20

② (×) 형사소송법 제368조에 의하여 불이익변경이 금지되는 것은 형의 선고에 한하므로, 살인죄에 대하여 원심이 유기징역형을 선택한 1심보다 중하게 무기징역형을 선택하였다 하더라도 결과적으로 선고한 형이 중하게 변경되지 아니한 이상 위 조문에서 말하는 중한 형을 선고하였다고 할 수 없다(대법원 1999. 2.5, 98도4534).

① (○) 불이익변경금지의 원칙은, 피고인의 상소권을 보장하기 위하여 피고인이 상소한 사건과 피고인을 위하여 상소한 사건에 있어서는 원심판결의 형보다 중한 형을 선고하지 못한다는 것이므로, 피고인과 검사 쌍방이 상소한 결과 검사의 상소가 받아들여져 원심판결 전부가 파기됨으로써 피고인에 대한 형량 전체를 다시 정해야 하는 경우에는 적용되지 아니하는 것이다(대법원 2008.11.13, 2008도7647).

③ (○) 항소심이 제1심에서 별개의 사건으로 따로 두 개의 형을 선고받고 항소한 피고인에 대하여 사건을 병합 심리한 후 경합범으로 처단하면서 제1심의 각 형량보다 중한 형을 선고한 것은 불이익변경금지의 원칙에 어긋나지 아니한다(대법원 2001. 9.18, 2001도3448).

④ (○) 피고인의 상고에 의하여 상고심에서 원심판결을 파기하고 사건을 항소심에 환송한 경우에 그 항소심에서는 그 파기된 항소심판결의 형보다 더 중한 형을 선고할 수 없으며 환송 후에 공소장 변경이 있어 이에 따라 항소심이 새로운 범죄사실을 유죄로 인정하는 경우에도 그 법리를 같이 한다(대법원 1980.3. 25, 79도2105).

▶ **제5편 상소 · 비상구제절차 · 특별절차: 제1장 상소** [상소 2] ― [항고]

01	②	02	④	03	③	04	③	05	②
06	③	07	③	08	②	09	④	10	①
11	②	12	①	13	②	14	④	15	④
16	③	17	②	18	④	19	③	20	②

01   정답 ②

② (×) 불이익변경금지원칙은 피고인의 상소권 행사를 보장하기 위하여 마련된 장치이므로 상소사건에 한하여 적용된다. 그러나 형사소송법은 상소가 아닌 재심사건(제439조)과 약식명령에 대한 정식재판 청구사건(제453조, 제457조의2)에도 불이익변경금지원칙을 규정하고 있다. 다만, 2017년 12월 형사소송법이 개정되어 약식명령에 대한 정식재판 청구사건에 있어서는 '중한 형'이 아니라 '중한 종류의 형'을 선고하지 못하도록 바뀌게 되었다. 이는 불이익변경금지원칙의 내용이 '형종상향의 금지'로 다소 수정된 것이다.

> **제439조(불이익변경의 금지)** 재심에는 원판결의 형보다 무거운 형을 선고할 수 없다.
> **제457조의2(형종 상향의 금지 등)** ① 피고인이 정식재판을 청구한 사건에 대하여는 약식명령의 형보다 중한 종류의 형을 선고하지 못한다.
> ② 피고인이 정식재판을 청구한 사건에 대하여 약식명령의 형보다 중한 형을 선고하는 경우에는 판결서에 양형의 이유를 적어야 한다.
> [전문개정 2017.12.19.]

① (○) 대법원 2013.12.12, 2013도6608

③ (○) 제1심에서 징역 6월의 선고를 받고 피고인만이 항소한 사건에서 징역 8월에 집행유예 2년을 선고한 것은 제1심 형보다 중하고 따라서 불이익변경의 금지원칙에 위반된다(대법원 1996. 12.8, 66도1319). 집행유예가 붙는 경우에는 그 집행유예가 취소, 실효되는 경우를 예상하여 불이익변경의 금지원칙 위배 여부를 판단해야 하는데, 지문의 경우 집행유예가 취소되면 원심보다 더 중한 징역형을 집행받게 되므로, 불이익변경의 금지원칙에 위반된다고 본 것이다.

④ (○) 취업제한명령은 범죄인에 대한 사회 내 처우의 한 유형으로서 형벌 그 자체가 아니라 보안처분의 성격을 가지는 것이지만, 실질적으로 직업선택의 자유를 제한하는 것이다. 따라서 원심이 제1심판결에서 정한 형과 동일한 형을 선고하면서 제1심에서 정한 취업제한기간보다 더 긴 취업제한명령을 부가하는 것은 전체적 · 실질적으로 피고인에게 불리하게 변경한 것이므로, 피고인만이 항소한 경우에는 허용되지 않는다(대법원 2019. 10.17, 2019도11540).

02   정답 ④

④ (○) 항소심이 제1심에서 별개의 사건으로 따로 두 개의 형을 선고받고 항소한 피고인에 대하여 사건을 병합 심리한 후 경합범으로 처단하면서 제1심의 각 형량보다 중한 형을 선고한 것은 불이익변경금지의 원칙에 어긋나지 아니한다(대법원 2001. 9.18, 2001도3448).

① (×) 피고인의 상고에 의하여 상고심에서 원심판결을 파기하고, 사건을 항소심에 환송한 경우에는 환송 전 원심판결과의 관계에서도 불이익변경금지의 원칙이 적용되어 그 파기된 항소심판결보다 중한 형을 선고할 수 없다 할 것이다(대법원 1964.9.17, 64도298 전원합의체).

② (×) 징역 10월에 집행유예 2년을 선고한 제1심판결을 파기하고 벌금 10,000,000원을 선고한 항소심판결은 불이익변경금지원칙에 위반되지 아니한다(대법원 1990.9.25. 90도1534).

③ (×) 불이익변경금지원칙은 피고인이 안심하고 상소권을 행사하도록 하려는 정책적 고려에서 나온 제도로서 피고인만이 상소한 사건의 상소심에서 원심보다 피고인에게 불리하게 미결구금일수의 산입을 감축하는 등의 경우에는 불이익변경금지원칙의 적용 여부를 살펴보아야 하나, 위와 같이 판결을 선고한 법원에서 당해 판결서의 명백한 오류에 대하여 판결서의 경정을 통하여 그 오류를 시정하는 것은 피고인에게 유리 또는 불리한 결과를 발생시키거나 피고인의 상소권 행사에 영향을 미치는 것이 아니므로, 여기에 불이익변경금지원칙이 적용될 여지는 없다(대법원 2007.7.13, 2007도3448).

03   정답 ③

③ (×) '불이익변경의 금지'에 관한 형사소송법 제368조에서 피고인이 항소한 사건과 피고인을 위하여 항소한 사건에 대하여는 원심판결의 형보다 중한 형을 선고하지 못한다고 규정하고 있고, 위 법률조항은 형사소송법 제399조에 의하여 상고심에도 준용된다. 한편 피고인만의 상고에 의한 상고심에서 원심판결을 파기하고 사건을 항소심에 환송한 경우 불이익변경금지 원칙은 환송 전 원심판결과의 관계에서도 적용되어 환송 후 원심법원은 파기된 환송 전 원심판결보다 중한 형을 선고할 수 없다(대법원 1992.12.8, 92도2020 등). … 위 법률조항의 문언이 '원심판결의 형보다 중한 형'으로의 변경만을 금지하고 있을 뿐이고, 상소심은 원심법원이 형을 정함에 있어서 전제로 삼았던 사정이나 견해에 반드시 구속되는 것이 아닌 점 등에 비추어 보면, 피고인만이 상소한 사건에서 상소심이 원심법원이 인정한 범죄

사실의 일부를 무죄로 인정하면서도 피고인에 대하여 원심법원과 동일한 형을 선고하였다고 하여 그것이 불이익변경금지 원칙을 위반하였다고 볼 수 없다(대법원 2003.2.11, 2002도5679 등; 2021.5.6, 2021도1282).

① (○) 대법원 2010.12.9, 2008도1092

② (○) 대법원 2006.11.9, 2006도4888

④ (○) 피고인만이 항소한 사건에서 항소심법원이 제1심판결을 파기하고 새로운 형을 선고함에 있어 피고인에 대한 주형에서 그 형기를 감축하고 제1심판결이 선고하지 아니한 압수장물을 피해자에게 환부하는 선고를 추가하였더라도 그것만으로는 피고인에 대한 형이 제1심판결보다 불이익하게 변경되었다고 할 수 없다(대법원 1990.4.10, 90도16).

04 　　　　　　　　　　　　정답 ③

③ (○) 제1심의 징역형의 선고유예의 판결에 대하여 피고인만이 항소한 경우에 제2심이 벌금형을 선고한 것은 제1심판결의 형보다 중한 형을 선고한 것에 해당된다(대법원 1999.11.26, 99도3776).

① (×) 불이익변경금지의 원칙은 피고인의 또는 피고인을 위한 상소사건에 있어서 원심의 형, 즉 판결주문의 형보다 중한 형을 선고할 수 없다는 것에 불과하므로, 제1심판결에 대하여 피고인들만이 항소한 경우, 항소심이 검사의 공소장변경신청을 허가하고 그 변경된 적용법률에 의하여 판결을 선고하였다 하더라도, 선고된 항소심의 형이 제1심의 그것보다 가벼운 이상 불이익변경금지의 원칙에 위배된다고 할 수 없다(대법원 1999.10.8, 99도3225). 그러므로 무겁게 변경된 경우에는 동 원칙에 위배된다.

② (×) 원판결이 선고한 집행유예가 실효 또는 취소됨이 없이 유예기간이 지난 후에 새로운 형을 정한 재심판결이 선고되는 경우에도, 그 유예기간 경과로 인하여 원판결의 형 선고 효력이 상실되는 것은 원판결이 선고한 집행유예 자체의 법률적 효과로서 재심판결이 확정되면 당연히 실효될 원판결 본래의 효력일 뿐이므로, 이를 형의 집행과 같이 볼 수는 없고, 재심판결의 확정에 따라 원판결이 효력을 잃게 되는 결과 그 집행유예의 법률적 효과까지 없어진다 하더라도 재심판결의 형이 원판결의 형보다 중하지 않다면 불이익변경금지의 원칙이나 이익재심의 원칙에 반한다고 볼 수 없다(대법원 2018.2.28, 2015도15782).

④ (×) 불이익변경금지원칙은 피고인의 상소권 행사를 보장하기 위하여 마련된 장치이므로 상소사건에 한하여 적용된다. 그러나 형사소송법은 상소가 아닌 재심사건(제439조)과 약식명령에 대한 정식재판 청구사건(제453조, 제457조의2)에도 불이익변경금지원칙(내지 형종상향 금지)을 규정하고 있다.

> **제439조(불이익변경의 금지)** 재심에는 원판결의 형보다 무거운 형을 선고할 수 없다.
> **제457조의2(형종 상향의 금지 등)** ① 피고인이 정식재판을 청구한 사건에 대하여는 약식명령의 형보다 중한 종류의 형을 선고하지 못한다.

05 　　　　　　　　　　　　정답 ②

② (×) 형기의 변경 없이 금고형을 징역형으로 바꾸어 집행유예를 선고하는 것은 불이익변경금지의 원칙에 위반되지 아니한다(대

법원 2013.12.12, 2013도6608).

① (○) 대법원 2015.9.15, 2015도11362

③ (○) [1] 불이익변경금지의 원칙은 피고인의 상소권 또는 약식명령에 대한 정식재판청구권을 보장하려는 것으로서, 피고인만이 또는 피고인을 위하여 상소한 상급심 또는 정식재판청구사건에서 법원은 피고인이 같은 범죄사실에 대하여 이미 선고 또는 고지받은 형보다 중한 형을 선고하지 못한다는 원칙이다. 이러한 불이익변경금지의 원칙을 적용할 때에는 주문을 개별적·형식적으로 고찰할 것이 아니라 전체적·실질적으로 고찰하여 그 경중을 판단하여야 하는데, 선고된 형이 피고인에게 불이익하게 변경되었는지 여부는 일단 형법상 형의 경중을 기준으로 하되, 한 걸음 더 나아가 병과형이나 부가형, 집행유예, 노역장 유치기간 등 주문 전체를 고려하여 피고인에게 실질적으로 불이익한가에 의하여 판단하여야 한다(대법원 2013.12.12, 2012도7198; 2013.12.12, 2013도6608).

[2] 제1심이 뇌물수수죄를 인정하여 피고인에게 징역 1년 6월 및 추징 26,150,000원을 선고한 데 대해 피고인만이 항소하였는데, 원심이 제1심이 누락한 필요적 벌금형 병과규정인 특정범죄 가중처벌 등에 관한 법률(2008.12.26. 법률 제9169호로 개정된 것) 제2조 제2항을 적용하여 피고인에게 징역 1년 6월에 집행유예 3년, 추징 26,150,000원 및 벌금 50,000,000원을 선고한 사안에서, 집행유예의 실효나 취소가능성, 벌금 미납 시 노역장 유치 가능성과 그 기간 등을 전체적·실질적으로 고찰할 때 원심이 선고한 형은 제1심이 선고한 형보다 무거워 피고인에게 불이익하다(대법원 2013.12.12, 2012도7198).

④ (○) 피고인과 검사 쌍방이 항소하였으나 검사가 부착명령 청구사건에 대한 항소이유서를 제출하지 아니하여 부착명령 청구사건에 대한 검사의 항소를 기각하여야 하는 경우에는 실질적으로 부착명령 청구사건에 대해서는 피고인만이 항소한 경우와 같게 되므로 항소심은 불이익변경금지의 원칙에 따라 부착명령 청구사건에 관하여 제1심판결의 형보다 중한 형을 선고하지는 못한다고 할 것이다(대법원 2014.3.27, 2013도9666; 2013.2.28, 2012도15260).

06 　　　　　　　　　　　　정답 ③

③ (×) 법원조직법 제8조는 "상급법원의 재판에 있어서의 판단은 당해 사건에 관하여 하급심을 기속한다."고 규정하고, 민사소송법 제436조 제2항 후문도 상고법원이 파기의 이유로 삼은 사실상 및 법률상의 판단은 하급심을 기속한다는 취지를 규정하고 있으며, 형사소송법에서는 이에 상응하는 명문의 규정은 없지만, 법률심을 원칙으로 하는 상고심도 형사소송법 제383조 또는 제384조에 의하여 사실인정에 관한 원심판결의 당부에 관하여 제한적으로 개입할 수 있는 것이므로 조리상 상고심판결의 파기이유가 된 사실상의 판단도 기속력을 가지는 것이며, 이 경우에 파기판결의 기속력은 파기의 직접 이유가 된 원심판결에 대한 소극적인 부정 판단에 한하여 생긴다(대법원 2004.4.9, 2004도340).

① (○) 환송판결 전의 원심에 관여한 재판관이 환송 후의 원심재판관으로 관여하였다 하여 군법회의법 제48조나 형사소송법 제17조에 위배된다고 볼 수 없다(대법원 1979.2.27, 78도3204).

② (○) 출판물에 의한 명예훼손의 공소사실을 유죄로 인정한 환송 전 원심판결에 위법이 있다고 한 파기환송판결의 사실판단의

기속력은 파기의 직접 이유가 된 환송 전 원심에 이르기까지 조사한 증거들만에 의하여서는 출판물에 의한 명예훼손의 공소사실이 인정되지 아니한다는 소극적인 부정 판단에만 미치는 것이므로, 환송 후 원심에서 이 부분 공소사실이 형법 제307조 제2항의 명예훼손죄의 공소사실로 변경되었다면 환송 후 원심은 이에 대하여 새롭게 사실인정을 할 재량권을 가지게 되는 것이고 더 이상 파기환송판결이 한 사실판단에 기속될 필요는 없다(대법원 2004.4.9, 2004도340).

④ (○) 상고심으로부터 사건을 환송받은 법원은 그 사건을 재판함에 있어서 상고법원이 파기이유로 한 사실상 및 법률상의 판단에 기속되는 것이지만, 환송 뒤 심리과정에서 새로운 증거가 제출되어 기속적 판단의 기초가 된 증거관계에 변동이 생기는 경우에는 그러하지 아니하다(대법원 2003.2.26, 2001도1314).

07

정답 ③

③ ㉠㉡㉢㉤

㉠ (×) 징역형의 실형이 선고되었으나 피고인이 형의 집행유예를 선고받은 것으로 잘못 전해 듣고 또한 판결주문을 제대로 알아들을 수가 없어서 항소제기기간 내에 항소하지 못한 것이라면 그 사유만으로는 형사소송법 제345조가 규정한 '자기 또는 대리인이 책임질 수 없는 사유로 상소제기기간 내에 상소하지 못한 경우'에 해당된다고 볼 수 없다(상소권회복청구는 기각됨)(대법원 1987.4.8, 87모19; 2000.6.15, 2000모85).

㉡ (×) 법정대리인 있는 피고인의 상소포기·취하에 대한 법정대리인의 동의는 이에 동의하는 서면을 제출함으로써 하여야 한다(규칙 제153조 제1항).

[보충] 피고인의 법정대리인 또는 상소대리권자는 피고인의 동의를 얻어 상소를 취할 수 있는데, 상소취하에 대한 피고인의 동의는 원칙적으로 서면에 의하나(규칙 제153조 제2항), 공판정에서는 구술로 가능하며(제352조 제1항 단서), 구술에 의한 동의는 명시적으로 이루어져야 한다.

㉢ (○) 항소이유서를 제출한 자는 항소심의 공판기일에 항소이유서에 기재된 항소이유의 일부를 철회할 수 있으나 항소이유를 철회하면 이를 다시 상고이유로 삼을 수 없게 되는 제한을 받을 수도 있으므로, 항소이유의 철회는 명백히 이루어져야만 그 효력이 있다(대법원 2003.2.26, 2002도6834; 2013.3.28, 2013도1473).

㉣ (×) 상소권회복은 자기 또는 대리인이 책임질 수 없는 사유로 인하여 상소제기기간 내에 상소를 하지 못한 사람이 이를 청구하는 것이므로, ⓐ 상소권을 포기한 후 상소제기기간이 도과하기 전에 상소포기의 효력을 다투면서 상소를 제기한 자는 원심 또는 상소심에서 그 상소의 적법 여부에 대한 판단을 받으면 되고, 별도로 상소권회복청구를 할 여지는 없다고 할 것이나(대법원 1999.5.18, 99모40), ⓑ 상소권을 포기한 후 상소제기기간이 도과한 다음에 상소포기의 효력을 다투는 한편, 자기 또는 대리인이 책임질 수 없는 사유로 인하여 상소제기기간 내에 상소를 하지 못하였다고 주장하는 사람은 상소를 제기함과 동시에 상소권회복청구를 할 수 있고(대법원 1984.7.11, 84모40; 2002.7.23, 2002모180 등), 그 경우 상소포기가 부존재 또는 무효라고 인정되지 아니하거나 자기 또는 대리인이 책임질 수 없는 사유로 인하여 상소제기기간을 준수하지 못하였다고 인정되지 아니한다면 상소권회복청구를 받은 원심으로서는 상소권회

복청구를 기각함과 동시에 상소기각결정을 하여야 한다(대법원 2004.1.13, 2003모451).

㉤ (×) 처벌을 희망하지 않는 의사표시의 부존재는 소극적 소송조건으로서 직권조사사항에 해당하므로 당사자가 항소이유로 주장하지 않았더라도 원심은 이를 직권으로 조사·판단해야 한다. 피고인이 제1심 판결 선고 전에 제출한 제1심 법원에 제출한 '합의서'에 피해자가 처벌을 희망하지 않는다는 내용이 기재되어 있고, 원심 법원에 제출한 '합의서 및 처벌불원서'에는 피해자가 제1심에서 피고인을 용서하고 합의서를 작성하여 주었다는 내용이 기재되어 있는 사건에서, 피해자가 제1심 판결 선고 전에 처벌희망 의사표시를 철회하였다고 볼 여지가 있으므로 원심은 제1심 판결 선고 전에 피해자의 처벌희망 의사표시가 적법하게 철회되었는지를 직권으로 조사하여 반의사불벌죄의 소극적 소송조건을 명확히 심리·판단할 필요가 있다(대법원 2001.4.24, 2000도3172; 2002.3.15, 2002도158; 2021.10.28, 2021도10010).

08

정답 ②

② ㉠㉢

㉠ (×) [1] 법원은 피고인이 빈곤 그 밖의 사유로 변호인을 선임할 수 없는 경우에 피고인의 청구가 있는 때에는 변호인을 선정하여야 하고(형사소송법 제33조 제2항), 기록을 송부받은 항소법원은 항소이유서 제출기간이 도과하기 전에 이루어진 같은 법 제33조 제2항의 국선변호인 선정청구에 따라 변호인을 선정한 경우 그 변호인에게 소송기록 접수통지를 하여야 하며(형사소송규칙 제156조의2 제2항), 항소법원이 그와 같이 선정된 국선변호인에게 소송기록 접수통지를 하지 아니한 채 판결을 선고하는 것은 위법하다.

[2] 피고인이 제1심판결에 대하여 검사와 함께 항소를 제기하면서 항소이유서를 제출하지 않은 채 항소이유서 제출기간 내에 항소법원에 가정형편을 이유로 형사소송법 제33조 제2항의 국선변호인 선정을 청구하였는데, 항소법원이 그로부터 3개월여가 지나서야 국선변호인을 선정하면서 그에게 따로 소송기록 접수통지를 하지 아니한 채 변론을 종결한 다음 곧바로 항소이유서 미제출을 이유로 피고인의 항소를 기각하는 결정을 하고, 선고기일에는 검사의 항소이유를 받아들여 제1심판결을 파기하고 새로운 형을 선고한 것은 위법하다(대법원 2011.2.10, 2008도4558).

㉡ (○) [1] 항소법원은 항소이유에 포함된 사유에 관하여 심판하여야 하고, 다만 판결에 영향을 미친 사유에 관하여는 항소이유서에 포함되지 아니한 경우에도 직권으로 심판할 수 있다(형사소송법 제364조 제1항, 제2항). 한편 항소이유에는 '형의 양정이 부당하다고 인정할 사유가 있는 때'가 포함되고(같은 법 제361조의5 제15호), 위와 같이 판결에 영향을 미치는 사유는 항소이유서에 포함되지 아니한 것이라도 항소심의 심판의 대상이 될 뿐만 아니라, 검사만이 항소한 경우 항소심이 제1심의 양형보다 피고인에게 유리한 형량을 정할 수 없다는 제한이 있는 것도 아니다. 따라서 항소법원은 제1심의 형량이 너무 가벼워서 부당하다는 검사의 항소이유에 대한 판단에 앞서 직권으로 제1심판결에 양형이 부당하다고 인정할 사유가 있는지 여부를 심판할 수 있고, 그러한 사유가 있는 때에는 제1심판결을 파기하고 제1심의 양형보다 가벼운 형을 정하여 선고할 수 있다.

[2] 피고인에게 징역형의 집행유예를 선고한 제1심판결에 대하

여 검사만이 그 양형이 너무 가벼워 부당하다는 취지로 항소한 사안에서, 검사의 항소이유에 대한 판단을 생략한 채 직권으로 위 양형이 너무 무거워 부당하다고 인정한 다음 제1심판결을 파기하고 벌금형을 선고한 원심판결을 수긍한 사례이다(대법원 2010.12.9, 2008도1092).

ⓒ (×) 피고인이 상소를 제기하였다가 그 상소를 취하한 경우에는, 상소심의 판결선고가 없었다는 점에서 형사소송법 제482조 제1항 또는 형법 제57조가 적용될 수 없고, 상소제기 전의 상소제기기간 중의 구금일수가 아니라는 점에서 형사소송법 제482조 제2항이 적용될 수 없으며, 달리 이를 직접 규율하는 규정은 없다. 그러나 '상소제기 후 상소취하한 때까지의 구금' 또한 피고인의 신체의 자유를 박탈하고 있다는 점에서 실질적으로 자유형의 집행과 다를 바 없으므로 '상소제기기간 중의 판결확정 전 구금'과 구별하여 취급할 아무런 이유가 없고, 따라서 '상소제기 후 상소취하한 때까지의 구금일수'에 관하여는 형사소송법 제482조 제2항을 유추 적용하여 그 '전부'를 본형에 산입하여야 한다고 봄이 상당하다(대법원 2010.4.16, 2010모179).

ⓔ (○) 포괄일죄의 일부만이 유죄로 인정된 경우 그 유죄 부분에 대하여 피고인만이 항소하였을 뿐 공소기각으로 판단된 부분에 대하여 검사가 항소를 하지 않았다면, 상소불가분의 원칙에 의하여 유죄 이외의 부분도 항소심에 이심되기는 하나 그 부분은 이미 당사자 간의 공격·방어의 대상으로부터 벗어나 사실상 심판대상에서부터도 이탈하게 되므로 항소심으로서도 그 부분에까지 나아가 판단할 수 없다고 할 것인바 위 부분은 원심에 이심되기는 하나 사실상 심판대상에서부터 이탈되어 원심으로서는 위 부분에까지 나아가 판단할 수는 없다고 할 것이다(대법원 2010.1.14, 2009도12934).

ⓜ (○) 검사와 피고인 양쪽이 상소를 제기한 경우, 어느 일방의 상소는 이유 없으나 다른 일방의 상소가 이유 있어 원판결을 파기하고 다시 판결하는 때에는 이유 없는 상소에 대해서는 판결이유 중에서 그 이유가 없다는 점을 적으면 충분하고 주문에서 그 상소를 기각해야 하는 것은 아니다(대법원 1959.7.31, 4292형상327; 2020.6.25, 2019도17995).

[보충] 형사소송법 제364조 제6항에 따라 제1심 판결 중 피고인에 대한 부분을 파기하고 다시 판결을 하면서 주문에서 피고인의 항소를 기각한다는 표시를 하지 않았으나, 검사의 항소가 일부 이유 있다는 원심 판단 속에는 피고인의 항소를 받아들이지 않는다는 판단이 포함되어 있다고 봄이 타당하므로, 이러한 경우 판결 주문에서 피고인의 항소를 기각한다는 표시를 하지 않았다고 하더라도 형사소송법 제364조 제4항을 위반한 잘못이 없다(대법원 2020.6.25, 2019도17995).

09
정답 ④

④ ㉠ⓛⓒ

㉠ (○), ⓛ (○) 양형부당은 원심판결의 선고형이 구체적인 사안의 내용에 비추어 너무 무겁거나 너무 가벼운 경우를 말한다. 양형은 법정형을 기초로 하여 형법 제51조에서 정한 양형의 조건이 되는 사항을 두루 참작하여 합리적이고 적정한 범위 내에서 이루어지는 재량 판단으로서, 공판중심주의와 직접주의를 취하고 있는 우리 형사소송법에서는 양형판단에 관하여도 제1심의 고유한 영역이 존재한다. 이러한 사정들과 아울러 항소심의 사후심적 성격 등에 비추어 보면, 제1심과 비교하여 양형의

조건에 변화가 없고 제1심의 양형이 재량의 합리적인 범위를 벗어나지 아니하는 경우에는 이를 존중함이 타당하며, 제1심의 형량이 재량의 합리적인 범위 내에 속함에도 항소심의 견해와 다소 다르다는 이유만으로 제1심판결을 파기하여 제1심과 별로 차이 없는 형을 선고하는 것은 자제함이 바람직하다. 그렇지만 제1심의 양형심리 과정에서 나타난 양형의 조건이 되는 사항과 양형기준 등을 종합하여 볼 때에 제1심의 양형판단이 재량의 합리적인 한계를 벗어났다고 평가되거나, 항소심의 양형심리 과정에서 새로이 현출된 자료를 종합하면 제1심의 양형판단을 그대로 유지하는 것이 부당하다고 인정되는 등의 사정이 있는 경우에는, 항소심은 형의 양정이 부당한 제1심판결을 파기하여야 한다(대법원 2015.7.23, 2015도3260 전원합의체).

ⓒ (○) [다수의견] 항소심은 제1심에 대한 사후심적 성격이 가미된 속심으로서 제1심과 구분되는 고유의 양형재량을 가지고 있으므로, 항소심이 자신의 양형판단과 일치하지 아니한다고 하여 양형부당을 이유로 제1심판결을 파기하는 것이 바람직하지 아니한 점이 있다고 하더라도 이를 두고 양형심리 및 양형판단 방법이 위법하다고까지 할 수는 없다(대법원 2015.7.23, 2015도3260 전원합의체).

ⓔ (×) 원심(항소심)의 판단에 근거가 된 양형자료와 그에 관한 판단 내용이 모순 없이 설시되어 있는 경우에는 양형의 조건이 되는 사유에 관하여 일일이 명시하지 아니하여도 위법하다고 할 수 없다(대법원 2015.7.23, 2015도3260 전원합의체).

[보충] 위 ⓔ은 위 전원합의체 판결의 반대의견이다. 항소심이 제1심의 양형판단을 뒤집을 만한 특별한 사정이 인정되는 객관적이고 합리적인 근거를 파기이유로 설시하지 않았다면 이 또한 법령위반으로 평가할 수 있다. 요컨대, 제1심의 양형판단이 항소심에서 그대로 유지되는 경우와 제1심의 양형판단이 항소심에서 파기되는 경우에 항소심 이유 기재의 정도는 달라질 수밖에 없다. 이는 사실오인의 항소이유를 배척할 때에는 간단히 '사실오인의 항소이유는 이유 없다'고만 하여도 무방하지만, 항소이유를 받아들일 경우에는 구체적으로 어떤 점에서 제1심의 사실인정이 잘못되었는지를 밝혀야 하는 것과 마찬가지이다(위 판례의 대법관 박보영, 대법관 김신, 대법관 권순일의 반대의견).

ⓜ (×) 형사소송법 제361조의2와 제361조의3 제1항에 의하면, 항소법원이 기록의 송부를 받은 때에는 즉시 항소인과 그 상대방에게 통지하여야 하고, 이 통지 전에 변호인의 선임이 있는 때에는 변호인에게도 통지를 하여야 하며, 항소인 또는 변호인은 이 통지를 받은 날로부터 20일 이내에 항소이유서를 제출하도록 되어 있다. 그리고 같은 법 제66조 제3항에 의하면, 시효와 구속의 기간을 제외하고는 기간의 말일이 공휴일 또는 토요일에 해당하는 날은 항소이유서 제출기간에 산입하지 아니하도록 되어 있다. 이때 기간의 말일이 공휴일인지 여부는 '공휴일'에 관하여 규정하고 있는 '관공서의 공휴일에 관한 규정' 제2조 각 호에 해당하는지에 따라 결정되고, 같은 조 제11호가 정한 '기타 정부에서 수시 지정하는 날'인 임시공휴일 역시 공휴일에 해당한다(대법원 2021.1.14, 2020모3694).

[보충] 피고인이 제1심판결에 대해 항소를 제기하여 2020.7.27. 원심으로부터 소송기록접수통지서를 송달받고 2020.8.18. 항소이유서를 제출하였는데, 원심이 국선변호인을 선정하거나 피고인이 사선변호인을 선임한 바는 없으며, 정부는 2020.7.경 국무회의의 심의·의결, 대통령의 재가 및 관보 게재를 통해 2020.8.17.을 임시공휴일로 지정한 경우, 피고인이 소송기록접

수통지를 받은 2020.7.27.부터 계산한 항소이유서 제출기간의 말일인 2020.8.16.은 일요일이고, 다음 날인 2020.8.17. 역시 임시공휴일로서 위 기간에 산입되지 아니하여 그 다음 날인 2020.8.18.이 위 기간의 말일이 되므로, 2020.8.18. 제출된 피고인의 항소이유서는 제출기간 내에 적법하게 제출된 것이다. 이와 달리 보아 피고인의 항소를 기각한 원심결정에는 항소이유서 제출기간에 관한 법리오해의 잘못이 있다(위 판례).

10

① ㉠㉡㉢

㉠ (O) 공판중심주의를 실현하고 이를 통하여 피고인의 방어권을 실질적으로 보장하기 위하여 마련된 형사소송법 제37조 제1항, 제275조의3, 제285조, 제286조 제1항, 제287조, 제370조, 형사소송규칙 제156조의3 제1항, 제2항, 제156조의4, 제156조의7에 비추어 볼 때, 검사가 공판정에서 구두변론을 통해 항소이유를 주장하지 않았고 피고인도 그에 대한 적절한 방어권을 행사하지 못하는 등 검사의 항소이유가 실질적으로 구두변론을 거쳐 심리되지 않았다고 평가될 경우, 항소심법원이 검사의 항소이유 주장을 받아들여 피고인에게 불리하게 제1심판결을 변경하는 것은 허용되지 않는다(대법원2015.12.10, 2015도11696).

㉡ (O), ㉢ (×) 검사가 일부 유죄, 일부 무죄가 선고된 제1심판결 전부에 대하여 항소하면서 유죄 부분에 대하여는 아무런 항소이유도 주장하지 않은 경우에는, 유죄 부분에 대하여 법정기간 내에 항소이유서를 제출하지 않은 것이 되고, 그 경우 설령 제1심의 양형이 가벼워 부당하다 하더라도 그와 같은 사유는 형사소송법 제361조의4 제1항 단서의 직권조사사유나 같은 법 제364조 제2항의 직권심판사항에 해당하지 않으므로, 항소심이 제1심판결의 형보다 중한 형을 선고하는 것은 허용되지 않는데, 이러한 법리는 검사가 유죄 부분에 대하여 아무런 항소이유를 주장하지 않은 경우뿐만 아니라 검사가 항소장이나 법정기간 내에 제출된 항소이유서에서 유죄 부분에 대하여 양형부당 주장을 하였으나, 항소이유 주장이 실질적으로 구두변론을 거쳐 심리되지 아니한 경우에도 마찬가지로 적용된다(대법원 2015.12.10, 2015도11696).

㉣ (×) 금품 수수 여부가 쟁점이 된 사건에서 금품을 제공하였다는 사람의 진술에 대하여 제1심이 증인신문 절차 등을 거친 후에 합리적인 의심을 배제할 만한 신빙성이 없다고 보아 공소사실을 무죄로 판단한 경우에, 항소심이 제1심 증인 등을 다시 신문하는 등의 추가 증거조사를 거쳐 신빙성을 심사하여 본 결과 제1심이 들고 있는 의심과 일부 어긋날 수 있는 사실의 개연성이 드러남으로써 제1심의 판단에 의문이 생기더라도, 제1심이 제기한 의심이 금품 제공과 양립할 수 없거나 진술의 신빙성 인정에 장애가 되는 사실의 개연성에 대한 합리성 있는 근거에 기초하고 있고 제1심의 증거조사 결과와 항소심의 추가 증거조사 결과에 의하여도 제1심이 일으킨 합리적인 의심을 충분히 해소할 수 있을 정도에까지 이르지 아니한다면, 일부 반대되는 사실에 관한 개연성 또는 의문만으로 진술의 신빙성 및 범죄의 증명이 부족하다는 제1심의 판단에 사실오인의 위법이 있다고 단정하여 공소사실을 유죄로 인정하여서는 아니 된다. 특히 항소심에서도 진술 중의 일부에 대하여 신빙성을 부정함으로써 그에 관한 제1심의 판단을 수긍하는 경우라면, 나머지 진술 부분에 대하여 신빙성을 부정한 제1심의 판단이 위법하다고 인정

하기 위해서는 그 부분 진술만은 신뢰할 수 있는 확실한 근거가 제시되는 등의 특별한 사정이 있는지에 관하여 더욱 신중히 판단하여야 한다(대법원 2016.2.18, 2015도11428; 2016.4.15, 2015도8610; 2016.6.23, 2016도2889).

㉤ (O) (공소가 제기되지 않은 사실이 양형의 이유에 기재되어 있는 경우의 위법성 판단) 양형의 조건에 관한 형법 제51조는 형을 정하는 데 참작할 사항을 정하고 있다. 형을 정하는 것은 법원의 재량사항이므로, 형사소송법 제383조 제4호에 따라 사형·무기 또는 10년 이상의 징역·금고가 선고된 사건에서 양형의 당부에 관한 상고이유를 심판하는 경우가 아닌 이상, 사실심법원이 양형의 기초 사실에 관하여 사실을 오인하였다거나 양형의 조건이 되는 정상에 관하여 심리를 제대로 하지 않았다는 주장은 적법한 상고이유가 아니다(대법원 1988.1.19, 87도1410; 1990.10.26, 90도1940). 그러나 사실심법원의 양형에 관한 재량도, 범죄와 형벌 사이에 적정한 균형이 이루어져야 한다는 죄형균형 원칙이나 형벌은 책임에 기초하고 그 책임에 비례하여야 한다는 책임주의 원칙에 비추어(대법원 2007.4.19, 2005도7288 전원합의체) 피고인의 공소사실에 나타난 범행의 죄책에 관한 양형판단의 범위에서 인정되는 내재적 한계를 가진다. 사실심법원이 피고인에게 공소가 제기된 범행을 기준으로 범행의 동기나 결과, 범행 후의 정황 등 형법 제51조가 정한 양형조건으로 포섭되지 않는 별도의 범죄사실에 해당하는 사정에 관하여 합리적인 의심을 배제할 정도의 증명력을 갖춘 증거에 따라 증명되지 않았는데도 핵심적인 형벌가중적 양형조건으로 삼아 형의 양정을 함으로써 피고인에 대하여 사실상 공소가 제기되지 않은 범행을 추가로 처벌한 것과 같은 실질에 이른 경우에는 단순한 양형판단의 부당성을 넘어 죄형균형 원칙이나 책임주의 원칙의 본질적 내용을 침해하였다고 볼 수 있다. 따라서 그 부당성을 다투는 피고인의 주장은 이러한 사실심법원의 양형심리와 양형판단 방법의 위법성을 지적하는 것으로 보아 적법한 상고이유라고 할 수 있다(대법원 2008.5.29, 2008도1816; 2020.9.3, 2020도8358).

[보충] 원심판결 이유 중 '양형의 이유'란에 피고인에게 공소가 제기되지 않았고 따로 양형조건도 될 수 없는 사실인 메스암페타민(이하 '필로폰') '판매'가 양형 사유처럼 기재된 부분이 있는 경우, 원심이 제1심과 비교하여 양형의 조건에 실질적인 변화가 없는 상태에서 필로폰 '판매'를 양형 사유로 기재하지 않은 제1심과 같은 형을 정하여 선고한 점 등에 비추어 위 필로폰 판매 사실을 핵심적인 형벌가중적 양형조건으로 삼아 양형에 반영하였다고 보기 어려우므로, 원심이 피고인에 대하여 사실상 공소가 제기되지 않은 필로폰 판매 범행을 추가로 처벌한 것과 같은 실질에 이르렀다고 볼 수 없어 원심의 양형판단에 죄형균형 원칙이나 책임주의 원칙의 본질적 내용을 침해하여 판결에 영향을 미친 잘못이 없다(대법원 2020.9.3, 2020도8358).

11

② ㉡㉢㉣㉥

㉠ (O) 형사소송법은 항소법원이 항소인인 피고인에게 소송기록접수통지를 하기 전에 변호인의 선임이 있는 때에는 변호인에게도 소송기록접수통지를 하도록 정하고 있으므로(제361조의2 제2항), 피고인에게 소송기록접수통지를 한 다음에 변호인이 선임된 경우에는 변호인에게 다시 같은 통지를 할 필요가 없다. 이는 필요적 변호사건에서 항소법원이 국선변호인을 선정하고

피고인과 그 변호인에게 소송기록접수통지를 한 다음 피고인이 사선변호인을 선임함에 따라 항소법원이 국선변호인의 선정을 취소한 경우에도 마찬가지이다. 이러한 경우 항소이유서 제출기간은 국선변호인 또는 피고인이 소송기록접수통지를 받은 날부터 계산하여야 한다(대법원 2018.11.22, 2015도10651 전원합의체).

ⓛ (×) 형사소송법 제361조의4, 제361조의3, 제361조의2에 따르면, 항소인이나 변호인이 항소법원으로부터 소송기록접수통지를 받은 날로부터 20일 이내에 항소이유서를 제출하지 않고 항소장에도 항소이유의 기재가 없는 경우에는 결정으로 항소를 기각할 수 있도록 정하고 있다. 그러나 항소이유서 부제출을 이유로 항소기각의 결정을 하기 위해서는 항소인이 적법한 소송기록접수통지서를 받고서도 정당한 이유 없이 20일 이내에 항소이유서를 제출하지 않았어야 한다(대법원 2017.11.7, 2017모2162 등). 피고인의 항소대리권자인 배우자가 피고인을 위하여 항소한 경우(형사소송법 제341조)에도 소송기록접수통지는 항소인인 피고인에게 하여야 하는데(형사소송법 제361조의2), 피고인이 적법하게 소송기록접수통지서를 받지 못하였다면 항소이유서 제출기간이 지났다는 이유로 항소기각결정을 하는 것은 위법하다(대법원 2018.3.29, 2018모642).

ⓒ (×) 형사소송법 제361조의4, 제361조의3, 제361조의2에 의하면, 항소인이나 변호인이 항소법원으로부터 소송기록접수통지를 받은 날로부터 20일 이내에 항소이유서를 제출하지 아니하고 항소장에도 항소이유의 기재가 없는 경우에는 결정으로 항소를 기각할 수 있도록 규정되어 있으나, 이처럼 항소이유서 부제출을 이유로 항소기각의 결정을 하기 위해서는 항소인이 적법한 소송기록접수통지서를 받고서도 정당한 이유 없이 20일 이내에 항소이유서를 제출하지 아니하였어야 한다. 한편 형사소송법 제65조, 민사소송법 제182조에 의하면 교도소·구치소 또는 국가경찰관서의 유치장에 수감된 사람에게 할 송달을 교도소·구치소 또는 국가경찰관서의 장에게 하지 아니하고 수감되기 전의 종전 주·거소에 하였다면 부적법하여 무효이고, 법원이 피고인의 수감 사실을 모른 채 종전 주·거소에 송달하였다고 하여도 마찬가지로 송달의 효력은 발생하지 않는다. 그리고 송달명의인이 체포 또는 구속된 날 소송기록접수통지서 등의 송달서류가 송달명의인의 종전 주·거소에 송달되었다면 송달의 효력 발생 여부는 체포 또는 구속된 시각과 송달된 시각의 선후에 의하여 결정하되, 선후관계가 명백하지 않다면 송달의 효력은 발생하지 않는 것으로 보아야 한다(대법원 2017.11.7, 2017모2162).

ⓔ (×) 피고인과 국선변호인이 모두 법정기간 내에 항소이유서를 제출하지 아니하였더라도, 국선변호인이 항소이유서를 제출하지 아니한 데 대하여 피고인에게 귀책사유가 있음이 특별히 밝혀지지 않는 한, 항소법원은 종전 국선변호인의 선정을 취소하고 새로운 국선변호인을 선정하여 다시 소송기록접수통지를 함으로써 새로운 변호인으로 하여금 그 통지를 받은 때로부터 형사소송법 제361조의3 제1항의 기간 내에 피고인을 위하여 항소이유서를 제출하도록 하여야 한다. 그리고 이러한 법리는 항소법원이 종전 국선변호인의 선정을 취소하고 새로운 국선변호인을 선정하여 소송기록접수통지를 하기 이전에 피고인 스스로 변호인을 선임한 경우 그 사선변호인에 대하여도 마찬가지로 적용되어야 한다(대법원 2019.7.10, 2019도4221).

ⓜ (○) 형사소송법 제361조의4 제1항은 항소인이나 변호인이 같

은 법 제361조의3 제1항의 기간 내에 항소이유서를 제출하지 아니한 때에는 직권조사사유가 있거나 항소장에 항소이유의 기재가 있는 경우를 제외하고 결정으로 항소를 기각하여야 한다고 규정하고 있으므로, 항소인이나 변호인이 항소이유서에 항소이유를 특정하여 구체적으로 명시하지 아니하였다고 하더라도 항소이유서가 법정의 기간 내에 적법하게 제출된 경우에는 이를 항소이유서가 법정의 기간 내에 제출되지 아니한 것과 같이 보아 형사소송법 제361조의4 제1항에 의하여 결정으로 항소를 기각할 수는 없다(대법원 2002.12.3, 2002모265; 2006.3.30, 2005모564). 이는 검사의 항소이유서 제출에도 마찬가지로 적용된다.

[보충] 비록 검사가 제출한 항소이유서에는 적법한 항소이유가 기재되어 있지 않다고 하더라도 위 항소이유서가 법정의 기간 내에 적법하게 제출된 이상, 이를 항소이유서가 법정의 기간 내에 제출되지 아니한 것과 같게 보아 형사소송법 제361조의4 제1항에 의하여 결정으로 항소를 기각할 수는 없다고 할 것이다(대법원 2006.3.30, 2005모564).

> 제361조의4(항소기각의 결정) ① 항소인이나 변호인이 전조 제1항의 기간 내에 항소이유서를 제출하지 아니한 때에는 결정으로 항소를 기각하여야 한다. 단, 직권조사사유가 있거나 항소장에 항소이유의 기재가 있는 때에는 예외로 한다.
> ② 전항의 결정에 대하여는 즉시항고를 할 수 있다

> [보충] 위 2005모564 판례에서 검사가 제출한 항소장과 항소이유서를 모두 살펴보아도 적법한 항소이유의 기재가 없다고 본 부분
> 제1심 무죄판결에 대한 검사의 이 사건 항소장에는 '항소의 이유'란에 '사실오인 및 법리오해'라는 문구만 기재되어 있을 뿐 다른 구체적인 항소이유가 명시되어 있지 않음을 알 수 있는바, 위와 같은 항소장의 기재는 적법한 항소이유의 기재에 해당하지 않는다고 봄이 상당하고(대법원 2003.12.12, 2003도2219), 또한 검사가 항소이유서 제출기간 내 제출한 항소이유서에는 제1심판결에 대하여 불복하는 사유로서 형사소송법 제361조의5 소정의 항소이유를 구체적으로 명시한 바가 전혀 없고 단지 항소심에서 공소장변경을 한다는 취지와 변경된 공소사실에 대하여 유죄의 증명이 충분하다는 취지의 주장만 하고 있을 뿐이므로, 이를 적법한 항소이유의 기재라고 볼 수 없다(대법원 2006.3.30, 2005모564).
> cf. 그럼에도 불구하고, 항소이유서가 제출된 이상 항소기각 결정은 해서는 안 됨

[정리] ⓐ 검사의 '사실오인 및 법리오해'라는 항소이유: 적법한 항소이유의 기재 ×, ⓑ 검사가 제출한 항소이유서에 적법한 항소이유가 기재되어 있지 않은 경우: 항소이유서는 제출된 것이므로 항소기각결정 불가

ⓗ (×) 피고인 1에 대한 적법한 소송기록접수통지가 이루어지지 않은 상태에서 사선변호인이 선임되고 국선변호인 선정이 취소되었으므로 원심으로서는 피고인 1과는 별도로 원심에서 선임된 변호인에게도 소송기록접수통지를 하여야 하는데, 그럼에도 원심은 피고인 1에 대한 적법한 소송기록접수통지가 이루어지지 않은 상태에서 원심에서 선임된 변호인에게도 소송기록접수통지를 하지 아니한 채 판결을 선고하였으므로, 소송절차의 법령위반으로 인하여 판결에 영향을 미친 위법이 있다(대법원 2024.5.9, 2024도3298).

12 정답 ①

① ㉠㉡㉢㉥

㉠ (○) 형사소송법 제361조의3, 제364조 등의 규정에 의하면 항소심은 피고인 또는 변호인이 법정기간 내에 제출한 항소이유서에 의하여 심판하는 것이므로 항소이유서 제출기간의 경과를 기다리지 아니하고는 항소사건을 심판할 수 없다고 할 것이다 (대법원 2015.12.24, 2015도17051; 2004.6.25, 2004도2611).

㉡ (○) 형사소송법 제361조의3, 제364조 등의 규정에 의하면 항소심의 구조는 피고인 또는 변호인이 법정기간 내에 제출한 항소이유서에 의하여 심판되는 것이고, 이미 항소이유서를 제출하였더라도 항소이유를 추가·변경·철회할 수 있으므로, 항소이유서 제출기간의 경과를 기다리지 않고는 항소사건을 심판할 수 없다. 따라서 항소이유서 제출기간 내에 변론이 종결되었는데 그 후 위 제출기간 내에 항소이유서가 제출되었다면, 특별한 사정이 없는 한 항소심법원으로서는 변론을 재개하여 항소이유의 주장에 대해서도 심리를 해 보아야 한다(대법원 2015.4.9, 2015도1466).

㉢ (×) 형사소송법 제370조, 제276조에 의하면 항소심에서도 공판기일에 피고인의 출석 없이는 개정하지 못하나, 같은 법 제365조가 피고인이 항소심 공판기일에 출석하지 아니한 때에는 다시 기일을 정하고, 피고인이 정당한 사유 없이 다시 정한 기일에도 출석하지 아니한 때에는 피고인의 진술 없이 판결할 수 있도록 정하고 있으므로 피고인의 출석 없이 개정하려면 불출석이 2회 이상 계속된 바가 있어야 한다(대법원2016.4.2, 2016도2210).

㉣ (×) 형사소송법 제366조는 "공소기각 또는 관할위반의 재판이 법률에 위반됨을 이유로 원심판결을 파기하는 때에는 판결로써 사건을 원심법원에 환송하여야 한다."고 규정하고 있으므로, 원심(항소심)으로서는 위와 같이 제1심의 공소기각 판결이 법률에 위배된다고 판단한 이상 본안에 들어가 심리할 것이 아니라 제1심판결을 파기하고 사건을 제1심법원에 환송하여야 하는바, 원심(항소심)이 제1심의 공소기각 판결이 잘못이라고 하여 파기하면서도 사건을 제1심법원에 환송하지 아니하고 본안에 들어가 심리한 후 피고인에게 유죄판결을 선고한 것은 형사소송법 제366조를 위반한 것이다(대법원 2013.10.11, 2013도2198).

㉤ (○) ⓐ 양형의 조건에 관한 형법 제51조는 형을 정하는 데 참작할 사항을 정하고 있다. 형을 정하는 것은 법원의 재량사항이므로, 형사소송법 제383조 제4호에 따라 사형·무기 또는 10년 이상의 징역·금고가 선고된 사건에서 양형의 당부에 관한 상고이유를 심판하는 경우가 아닌 이상, 사실심법원이 양형의 기초 사실에 관하여 사실을 오인하였다거나 양형의 조건이 되는 정상에 관하여 심리를 제대로 하지 않았다는 주장은 적법한 상고이유가 아니다. 그러나 ⓑ 사실심법원의 양형에 관한 재량도, 범죄와 형벌 사이에 적정한 균형이 이루어져야 한다는 죄형 균형 원칙이나 형벌은 책임에 기초하고 그 책임에 비례하여야 한다는 책임주의 원칙에 비추어 피고인의 공소사실에 나타난 범행의 죄책에 관한 양형판단의 범위에서 인정되는 내재적 한계를 가진다(대법원 2008.5.29, 2008도1816 등). … 피고인이 자신에게 유리한 증거조사결과는 이익으로 원용하고 자신에게 불리한 조사결과에 대하여는 반박할 수 있는 기회를 주기 위해 피고인에게 증거조사의 결과에 대한 의견진술의 기회와 증거신청권을 절차적으로 보장하고 있다(형사소송법 제293조 참조). 한

편 피해자의 의견진술에 갈음하는 서면은 피고인에게 취지를 통지하여야 하고 공판정에서 서면의 취지를 명확하게 하여야 한다(형사소송규칙 제134조의11 제2항, 제3항). 위와 같은 형사재판의 기본이념과 관련 규정들을 종합하여 볼 때, 사실심 변론종결 후 검사나 피해자 등에 의해 피고인에게 불리한 새로운 양형조건에 관한 자료가 법원에 제출되었다면, 사실심 법원으로서는 변론을 재개하여 그 양형자료에 대하여 피고인에게 의견진술 기회를 주는 등 필요한 양형심리절차를 거침으로써 피고인의 방어권을 실질적으로 보장해야 한다(대법원 2021.9.30, 2021도5777).

[보충] 원심판결에 사실심 변론종결 후 피고인에게 불리한 양형자료(피해자의 사망)가 제출된 경우 사실심법원이 취해야 할 양형심리절차에 관한 법리를 오해하여 필요한 심리를 다하지 아니한 잘못이 있고, 이러한 잘못이 판결에 영향을 미쳤다는 이유로, 제1심(징역 4년)과 달리 징역 9년을 선고한 원심판결을 파기환송한 사례이다(위 판례).

㉥ (○) 형사소송법 제65조에 의하여 준용되는 민사소송법 제183조 제1항, 제184조에 의하면, 송달은 송달받을 사람의 주소·거소·영업소 또는 사무소 등의 송달장소에서 하여야 하고, 당사자·법정대리인 또는 변호인은 주소 등 외의 장소를 송달받을 장소로 정하여 법원에 신고할 수 있으며, 이 경우에는 송달영수인을 정하여 신고할 수 있다. 송달영수인의 신고가 있으면 송달은 신고된 장소와 영수인에게 하여야 하고, 송달영수인이 송달받은 때에 송달의 효력이 발생하나, 송달영수인 신고의 효력은 그 심급에만 미치므로, 상소 또는 이송을 받은 법원의 소송절차에서는 그 신고의 효력이 없다(대법원 2018.4.12, 2017다52064). 또한 항소법원이 기록의 송부를 받은 때에는 즉시 항소인과 상대방에게 그 사유를 통지하여야 하고, 그 통지 전에 변호인의 선임이 있는 때에는 변호인에게도 소송기록접수통지를 하여야 하며(형사소송법 제361조의2 제1항, 제2항), 항소인 또는 변호인은 그 통지를 받은 날부터 20일 이내에 항소이유서를 항소법원에 제출하여야 한다(제361조의3 제1항). 항소심의 구조는 피고인 또는 변호인이 법정기간 내에 제출한 항소이유서에 의하여 심판하는 것이므로 항소이유서 제출기간의 경과를 기다리지 않고는 항소사건을 심판할 수 없다(대법원 1964.5.19, 64도71; 1968.5.21, 68도457; 2004.6.25, 2004도2611; 2024.1.25, 2023도12199). 제1심 변호인의 사무소는 피고인의 주소·거소·영업소 또는 사무소 등의 송달장소가 아니고, 제1심에서 한 송달영수인 신고의 효력은 원심법원에 미치지 않으므로, 피고인 1에게 소송기록접수통지서가 적법하게 송달되었다고 볼 수 없으며, 이와 같이 피고인 1에 대한 적법한 소송기록접수통지가 이루어지지 않은 상태에서 사선변호인이 선임되고 국선변호인 선정이 취소되었으므로 원심으로서는 피고인 1과는 별도로 원심에서 선임된 변호인에게도 소송기록접수통지를 하여야 하는데, 그럼에도 원심은 피고인 1에 대한 적법한 소송기록접수통지가 이루어지지 않은 상태에서 원심에서 선임된 변호인에게도 소송기록접수통지를 하지 아니한 채 판결을 선고하였으므로, 소송절차의 법령위반으로 인하여 판결에 영향을 미친 위법이 있다(대법원 2024.5.9, 2024도3298).

[비교] 형사소송법은 항소법원이 항소인인 피고인에게 소송기록접수통지를 하기 전에 변호인의 선임이 있는 때에는 변호인에게도 소송기록접수통지를 하도록 정하고 있으므로(제

361조의2 제2항), 피고인에게 소송기록접수통지를 한 다음에 변호인이 선임된 경우에는 변호인에게 다시 같은 통지를 할 필요가 없다. 이는 필요적 변호사건에서 항소법원이 국선변호인을 선정하고 피고인과 그 변호인에게 소송기록접수통지를 한 다음 피고인이 사선변호인을 선임함에 따라 항소법원이 국선변호인의 선정을 취소한 경우에도 마찬가지이다. 이러한 경우 항소이유서 제출기간은 국선변호인 또는 피고인이 소송기록접수통지를 받은 날부터 계산하여야 한다. 한편 형사소송규칙 제156조의2 제3항은 항소이유서 제출기간 내에 피고인이 책임질 수 없는 사유로 국선변호인이 변경되면 그 국선변호인에게도 소송기록접수통지를 하여야 한다고 정하고 있는데, 이 규정을 새로 선임된 사선변호인의 경우까지 확대해서 적용하거나 유추적용할 수는 없다. 결국, 형사소송법이나 그 규칙을 개정하여 명시적인 근거규정을 두지 않는 이상 현행 법규의 해석론으로는 필요적 변호사건에서 항소법원이 국선변호인을 선정하고 피고인과 국선변호인에게 소송기록접수통지를 한 다음 피고인이 사선변호인을 선임함에 따라 국선변호인의 선정을 취소한 경우 항소법원은 사선변호인에게 다시 소송기록접수통지를 할 의무가 없다고 보아야 한다(대법원 2018.11.22, 2015도10651 전원합의체).

[관련] 피고인이 원심 공판기일에 불출석하자, 검사가 피고인과 통화하여 피고인이 변호인으로 선임한 甲 변호사의 사무소로 송달을 원하고 있음을 확인하고 피고인의 주소를 甲 변호사 사무소로 기재한 주소보정서를 원심에 제출하였는데, 그 후 甲 변호사가 사임하고 새로이 乙 변호사가 변호인으로 선임된 경우, 검사가 피고인의 주소로서 보정한 甲 변호사 사무소는 피고인의 주소, 거소, 영업소 또는 사무소 등의 송달장소가 아니고, 피고인이 형사소송법 제60조에 따라 송달영수인과 연명하여 서면으로 신고한 송달영수인의 주소에도 해당하지 아니하며, 달리 그곳이 피고인에 대한 적법한 송달장소에 해당한다고 볼 자료가 없으므로, 원심이 피고인에 대한 공판기일소환장 등을 甲 변호사 사무소로 발송하여 그 사무소 직원이 수령하였더라도 형사소송법이 정한 적법한 방법으로 피고인의 소환이 이루어졌다고 볼 수 없다(대법원 2018.11.29, 2018도13377).

13 정답 ②

② ㉠(○), ㉡(×), ㉢(○)

㉠ (○) 항소의 제기기간은 7일로 한다(제358조). 기간의 계산에 관하여는 시(時)로 계산하는 것은 즉시(卽時)부터 기산하고 일(日), 월(月) 또는 연(年)으로 계산하는 것은 초일을 산입하지 아니한다. 다만, 시효(時效)와 구속기간의 초일은 시간을 계산하지 아니하고 1일로 산정한다. 기간의 말일이 공휴일이거나 토요일이면 그날은 기간에 산입하지 아니한다(제66조 제1항·제3항).

㉡ (×) 항소인 또는 변호인은 소송기록접수통지를 받은 날로부터 20일 이내에 항소이유서를 항소법원에 제출하여야 한다(제361조의3). 즉, 소송기록이 항소심인 ○○고등법원에 송부된 날로부터가 아니라 ○○고등법원으로부터 소송기록접수통지를 받은 날로부터 20일 이내에 항소이유서를 제출하여야 한다.

㉢ (○) 항소인이나 변호인이 기간 내에 항소이유서를 제출하지 아니한 때에는 결정으로 항소를 기각하여야 한다. 단, 직권조사사유가 있거나 항소장에 항소이유의 기재가 있는 때에는 예외로 한다(제361조의4 제1항).

14 정답 ④

④ ㉠㉡㉢

㉠ (○) 제379조 참조.

[보충] 참고로 아래 조문에서 법 제344조는 재소자특칙을 말한다.

> **제379조(상고이유서와 답변서)** ① 상고인 또는 변호인이 전조의 통지를 받은 날로부터 20일 이내에 상고이유서를 상고법원에 제출하여야 한다. 이 경우 제344조를 준용한다.

㉡ (○) 상고심에서의 심판대상은 항소심판결 당시를 기준으로 하여 그 당부를 심사하는 데에 있는 것이므로 항소심판결 선고 당시 미성년이었던 피고인이 상고 이후에 성년이 되었다고 하여 항소심의 부정기형의 선고가 위법이 되는 것은 아니다(대법원 1998.2.27, 97도3421).

㉢ (○) 상고심은 항소법원 판결에 대한 사후심이므로 항소심에서 심판대상이 되지 않은 사항은 상고심의 심판범위에 들지 않는 것이어서 피고인이 항소심에서 항소이유로 주장하지 아니하거나 항소심이 직권으로 심판대상으로 삼은 사항 이외의 사유에 대하여는 이를 상고이유로 삼을 수 없다(대법원 2006.6.30, 2006도2104).

㉣ (×) 상고이유서에 포함되지 아니한 때에도 직권으로 심판할 수 있는 것은 판결에 영향을 미친 법령위반, 판결 후 형의 폐지 등, 재심청구의 사유가 있는 때의 3가지뿐이다(제384조 단서 참조).

[보충] 이에 비하여 항소법원은 판결에 영향을 미친 사유에 관해서는 사실오인, 양형부당의 경우라 하더라도 직권으로 심판할 수 있다(제364조 제2항).

> **제364조(항소법원의 심판)** ① 항소법원은 항소이유에 포함된 사유에 관하여 심판하여야 한다.
> ② 항소법원은 판결에 영향을 미친 사유에 관하여는 항소이유서에 포함되지 아니한 경우에도 직권으로 심판할 수 있다.
> ③ 제1심법원에서 증거로 할 수 있었던 증거는 항소법원에서도 증거로 할 수 있다.
> **제383조(상고이유)** 다음 사유가 있을 경우에는 원심판결에 대한 상고이유로 할 수 있다.
> 1. 판결에 영향을 미친 헌법·법률·명령 또는 규칙의 위반이 있을 때
> 2. 판결 후 형의 폐지나 변경 또는 사면이 있는 때
> 3. 재심청구의 사유가 있는 때
> 4. 사형, 무기 또는 10년 이상의 징역이나 금고가 선고된 사건에 있어서 중대한 사실의 오인이 있어 판결에 영향을 미친 때 또는 형의 양정이 심히 부당하다고 인정할 현저한 사유가 있는 때
> **제384조(심판범위)** 상고법원은 상고이유서에 포함된 사유에 관하여 심판하여야 한다. 그러나, 전조 제1호 내지 제3호의 경우에는 상고이유서에 포함되지 아니한 때에도 직권으로 심판할 수 있다

㉤ (×) 형사소송법 제383조 제4호 후단은 '사형, 무기 또는 10년 이상의 징역이나 금고가 선고된 사건에서 형의 양정이 심히 부당하다고 인정할 현저한 사유가 있는 때'를 원심판결에 대한 상고이유로 할 수 있다고 정한다. 상고심의 본래 기능은 하급심의 법령위반을 사후에 심사하여 잘못을 바로잡음으로써 법령 해석·적용의 통일을 도모하는 것이고 형사소송법은 상고심을 원칙적으로 법률심이자 사후심으로 정하고 있다. 그런데도 형사소송법이 양형부당을 상고이유로 삼을 수 있도록 한 이유는 무거운

형이라고 할 수 있는 사형, 무기 또는 10년 이상의 징역이나 금고를 선고받은 피고인의 이익을 한층 두텁게 보호하고 양형문제에 관한 권리구제를 최종적으로 보장하려는 데 있다(헌법재판소 2012.5.31, 2010헌바90,2011헌바389; 2015.9.24, 2012헌마798). 원심의 양형이 가볍다는 이유로 상고를 허용할 필요성은 10년 이상의 징역이나 금고 등의 형이 선고된 사건보다 10년 미만의 징역이나 금고 등의 형이 선고된 사건이 더 클 수 있다. 형사소송법 제383조 제4호 후단에 따르더라도 10년 미만의 징역이나 금고 등의 형이 선고된 사건에서 검사는 원심의 양형이 가볍다는 이유로 상고할 수 없다. 그런데도 그보다 중한 형인 10년 이상의 징역이나 금고 등이 선고된 사건에서는 검사가 위와 같은 이유로 상고할 수 있다고 보는 것은 균형이 맞지 않는다. 이러한 사정에 비추어 형사소송법 제383조 제4호 후단이 정한 양형부당의 상고이유는 10년 이상의 징역이나 금고 등의 형을 선고받은 피고인의 이익을 위한 것으로 볼 수 있다. 따라서 검사는 피고인에게 불리하게 원심의 양형이 가볍다거나 원심이 양형의 전제사실을 인정하는 데 자유심증주의의 한계를 벗어난 잘못이 있다는 사유를 상고이유로 주장할 수 없다(대법원 1994.8.12, 94도1705; 2001.12.27, 2001도5304; 2005.9.15, 2005도1952 등)(대법원 2022.4.28, 2021도16719).

[보충] 피고인 1에 대하여 징역 35년을 선고한 원심판결에 대하여 검사가 원심이 선고한 형은 너무 가볍다는 이유로 상고를 제기하면서 10년 이상의 징역형 등이 선고된 사건에서는 검사가 양형부당을 이유로 상고를 제기할 수 없다는 종래 대법원 판결은 변경되어야 한다고 주장하였으나, 대법원은 형사소송법 제383조 제4호 후단이 정한 양형부당의 상고이유의 취지에 대하여 종래 대법원 판결을 유지하면서 검사의 피고인 1에 대한 양형부당의 상고이유 주장을 배척한 것이다(위 판례).

15 정답 ④

④ ㉠ㄴㄷㅁ

㉠ (○), ㉢ (○) ⓐ 상고심에서 상고이유의 주장이 이유 없다고 판단되어 배척된 부분은 그 판결 선고와 동시에 확정력이 발생하여 그 부분에 대하여는 피고인은 더 이상 다툴 수 없고, 또한 환송받은 법원으로서도 그와 배치되는 판단을 할 수 없으므로, 피고인으로서는 더 이상 그 부분에 대한 주장을 상고이유로 삼을 수 없다(대법원 2005.10.28, 2005도1247; 2006.5.11, 2006도920 등). ⓑ 환송 전 원심판결 중 일부분에 대하여 상고하지 않은 경우, 상고심에서 상고이유로 삼지 않은 부분은 그 부분에 대한 상고가 제기되지 아니하여 확정된 것과 마찬가지의 효력이 있으므로 피고인으로서는 더 이상 이 부분에 대한 주장을 상고이유로 삼을 수 없다(대법원 2001.4.10, 2001도265)(대법원 2020.6.11, 2020도2883).

㉡ (○) 원래 주위적·예비적 공소사실의 일부에 대한 상고제기의 효력은 나머지 공소사실 부분에 대하여도 미치는 것이고, 동일한 사실관계에 대하여 서로 양립할 수 없는 적용법조의 적용을 주위적·예비적으로 구하는 경우에는 예비적 공소사실만 유죄로 인정되고 그 부분에 대하여 피고인만 상고하였다고 하더라도 주위적 공소사실까지 함께 상고심의 심판대상에 포함된다(대법원 2006.5.25, 2006도1146). 이때 상고심이 예비적 공소사실에 대한 원심판결이 잘못되었다는 이유로 원심판결을 전부 파기환송한다면, 환송 후 원심은 예비적 공소사실은 물론 이와

동일체 관계에 있는 주위적 공소사실에 대하여도 이를 심리·판단하여야 한다(대법원 2023.12.28, 2023도10718).

㉣ (×) 항소제기 시 비약적 상고는 실효된다. 단, 항소취하 또는 항소기각결정 시에는 비약적 상고가 부활한다. 즉, 위 지문에서 항소취하 시에만 비약적 상고가 부활한다고 나온 부분이 틀린 것이다.

> 제373조(항소와 비약적 상고) 제1심판결에 대한 상고는 그 사건에 대한 항소가 제기된 때에는 그 효력을 잃는다. 단, 항소의 취하 또는 항소기각의 결정이 있는 때에는 예외로 한다.

㉤ (×) 형사소송법 제372조, 제373조(제1심판결에 대한 상고는 그 사건에 대한 항소가 제기된 때에는 그 효력을 잃는다. 단, 항소의 취하 또는 항소기각의 결정이 있는 때에는 예외로 한다) 및 관련 규정의 내용과 취지, 비약적 상고와 항소가 제1심판결에 대한 상소권 행사로서 갖는 공통성, 이와 관련된 피고인의 불복의사, 피고인의 상소권 보장의 취지 및 그에 대한 제한의 범위와 정도, 피고인의 재판청구권을 보장하는 헌법합치적 해석의 필요성 등을 종합하여 보면, 제1심판결에 대하여 피고인은 비약적 상고를, 검사는 항소를 각각 제기하여 이들이 경합한 경우 피고인의 비약적 상고에 상고의 효력이 인정되지는 않더라도, 피고인의 비약적 상고가 항소기간 준수 등 항소로서의 적법요건을 모두 갖추었고, 피고인이 자신의 비약적 상고에 상고의 효력이 인정되지 않는 때에도 항소심에서는 제1심판결을 다툴 의사가 없었다고 볼 만한 특별한 사정이 없다면, 피고인의 비약적 상고에 항소로서의 효력이 인정된다고 보아야 한다(대법원 2022.5.19, 2021도17131 전원합의체).

[보충] 이와 달리 피고인의 비약적 상고와 검사의 항소가 경합한 경우 피고인의 비약적 상고에 항소로서의 효력을 인정할 수 없다고 판시한 대법원 2005.7.8, 2005도2967; 2015.9.11, 2015도10826; 2016.9.30, 2016도11358; 2017.7.6, 2017도6216 판례를 비롯한 같은 취지의 대법원 판결 및 결정들은 이 판결의 견해에 배치되는 범위 내에서 모두 변경하기로 한다(위 판례).

㉥ (○) 검사가 상고한 경우에는 상고법원에 대응하는 검찰청 소속 검사가 소송기록접수통지를 받은 날로부터 20일 이내에 그 이름으로 상고이유서를 제출하여야 한다. 다만, 상고를 제기한 검찰청 소속 검사가 그 이름으로 상고이유서를 제출하여도 유효한 것으로 취급되지만, 이 경우 상고를 제기한 검찰청이 있는 곳을 기준으로 법정기간인 상고이유서 제출기간이 형사소송법 제67조에 따라 연장될 수 없다(대법원 2003.6.26, 2003도2008). 이러한 법리는 군검사가 상고한 경우에도 마찬가지로 적용된다(상고장에도 구체적인 불복이유를 기재하지 않았으므로 상고기각결정, 대법원 2023.4.21, 2022도16568).

[보충] 원심법원에 대응하는 해군검찰단 고등검찰부 소속 군검사가 상고를 제기하였고, 대법원이 대검찰청 소속 검사에게 소송기록접수통지를 하여 2022.12.27. 송달되었는데, 상고를 제기한 해군검찰단 고등검찰부 소속 군검사가 상고이유서 제출기간 만료일로부터 하루가 지난 2023.1.17. 상고이유서를 제출한 사례이다(위 판례).

16 정답 ③

③ (○) 제417조의 준항고의 대상이다. 구금장소의 임의적 변경에 대해서는 다음과 같은 판례도 있다. "구속영장에는 청구인을 구금할 수 있는 장소로 특정 경찰서 유치장으로 기재되어 있었는

데, 청구인에 대하여 위 구속영장에 의하여 1995.11.30. 07:50 경 위 경찰서 유치장에 구속이 집행되었다가 같은 날 08:00에 그 신병이 조사차 국가안전기획부 직원에게 인도된 후 위 경찰서 유치장에 인도된 바 없이 계속하여 국가안전기획부 청사에 사실상 구금되어 있다면, 청구인에 대한 이러한 사실상의 구금장소의 임의적 변경은 청구인의 방어권이나 접견교통권의 행사에 중대한 장애를 초래하는 것이므로 위법하다(대법원 1996.5. 15, 95모94)."

① (×) 피고인 아닌 자에 대한 소송비용부담결정에 대해서는 즉시항고를 할 수 있다.

> **제192조(제삼자부담의 재판)** ① 재판으로 소송절차가 종료되는 경우에 피고인 아닌 자에게 소송비용을 부담하게 하는 때에는 직권으로 결정을 하여야 한다.
> ② 전항의 결정에 대하여는 즉시항고를 할 수 있다.
> **제193조(재판에 의하지 아니한 절차종료)** ① 재판에 의하지 아니하고 소송절차가 종료되는 경우에 소송비용을 부담하게 하는 때에는 사건의 최종계속법원이 직권으로 결정을 하여야 한다.
> ② 전항의 결정에 대하여는 즉시항고를 할 수 있다.

② (×) 공소장변경이나 국선변호인선임신청 기각결정은 판결 전의 결정이므로 항고의 대상이 아니고, 즉시항고의 대상이 된다고 한 규정도 없으므로, 항고할 수 없다.

> **제403조(판결 전의 결정에 대한 항고)** ① 법원의 관할 또는 판결 전의 소송절차에 관한 결정에 대하여는 특히 즉시항고를 할 수 있는 경우 외에는 항고하지 못한다.

④ (×) 상소기각결정에 대해서는 즉시항고가 가능하고(제360조, 제361조의4, 제362조, 제407조), 법원의 구속집행정지결정에 대해서는 보통항고가 가능하다(제403조 제2항).

17 정답 ②

② (×) 형사피고사건에 대한 법원의 소년부송치결정은 형사소송법 제403조가 규정하는 판결 전의 소송절차에 관한 결정에 해당하는 것이 아니므로, 이 결정에 대하여 불복이 있을 때에는 같은 법 제402조에 의한 항고를 할 수 있다(대법원 1986.2.12, 86트1).

① (○) 법원의 관할 또는 판결 전의 소송절차에 관한 결정에 대하여는 특히 즉시항고를 할 수 있는 경우 외에는 항고를 하지 못한다(형사소송법 제403조 제1항). 그런데 관할이전의 신청을 기각한 결정에 대하여 즉시항고를 할 수 있다는 규정이 없으므로, 원심결정에 대하여 재항고인이 불복할 수 없다(대법원 2021.4. 2, 2020모2561).

③ (○) 불기소처분에 대하여 형사소송법상의 재정신청이나 검찰청법상의 항고·재항고 등으로써 불복하는 것은 별론으로 하고, 검사가 압수·수색영장의 청구 등 강제처분을 위한 조치를 취하지 아니한 것 그 자체를 형사소송법 제417조 소정의 '압수에 관한 처분'으로 보아 이에 대해 준항고로써 불복할 수는 없다고 할 것이다(대법원 2007.5.25, 2007모82).

④ (○) 국선변호인선임청구를 기각한 결정은 판결 전의 소송절차이므로, 그 결정에 대하여 즉시항고를 할 수 있는 근거가 없는 이상 그 결정에 대하여는 재항고도 할 수 없는 것이다(대법원 1986.9.5, 86모40).

18 정답 ④

④ ㉢㉣

㉢ (○) 제324조 참조.

> **제324조(상소에 대한 고지)** 형을 선고하는 경우에는 재판장은 피고인에게 상소할 기간과 상소할 법원을 고지하여야 한다.

㉣ (○) 제410조, 제23조 제2항 참조.

> **제409조(보통항고와 집행정지)** 항고는 즉시항고 외에는 재판의 집행을 정지하는 효력이 없다. 단, 원심법원 또는 항고법원은 결정으로 항고에 대한 결정이 있을 때까지 집행을 정지할 수 있다.
> **제410조(즉시항고와 집행정지의 효력)** 즉시항고의 제기기간 내와 그 제기가 있는 때에는 재판의 집행은 정지된다.
> **제23조(기피신청기각과 즉시항고)** ② 제20조 제1항의 기각결정(간이기각결정)에 대한 즉시항고는 재판의 집행을 정지하는 효력이 없다.

㉠ (×) 피의자는 제214조의2 제1항에 의해 체포·구속적부심을 청구할 수 있을 뿐이고, 피의자에 대한 보증금납입조건부석방결정은 법원이 직권으로 행하는 것이다. 이에 반해, 피고인보석은 피고인의 청구에 의한다.

> **제214조의2(체포와 구속의 적부심사)** ① 체포되거나 구속된 피의자 또는 그 변호인, 법정대리인, 배우자, 직계친족, 형제자매나 가족, 동거인 또는 고용주는 관할법원에 체포 또는 구속의 적부심사(適否審査)를 청구할 수 있다.
> ⑤ 법원은 구속된 피의자(심사청구 후 공소제기된 자를 포함한다)에 대하여 피의자의 출석을 보증할 만한 보증금의 납입을 조건으로 하여 결정으로 제4항의 석방을 명할 수 있다(이에 반해, 피고인보석은 피고인의 청구에 의한다).
> **제94조(보석의 청구)** 피고인, 피고인의 변호인·법정대리인·배우자·직계친족·형제자매·가족·동거인 또는 고용주는 법원에 구속된 피고인의 보석을 청구할 수 있다.

㉡ (×) 검사의 모두진술은 필수적 절차이므로 생략할 수 없다. 다만, 재판장의 판단으로 공소의 요지를 진술하게 할 수 있을 뿐이다.

> **제285조(검사의 모두진술)** 검사는 공소장에 의하여 공소사실·죄명 및 적용법조를 낭독하여야 한다. 다만, 재판장은 필요하다고 인정하는 때에는 검사에게 공소의 요지를 진술하게 할 수 있다.

19 정답 ③

③ (×) 고등법원이 한 보석취소결정에 대하여는 집행정지의 효력을 인정할 수 없다(따라서 이에 대한 재항고도 집행정지효 없음)(대법원 2020.10.29, 2020모633).
[판결이유] 제1심 법원이 한 보석취소결정에 대하여 불복이 있으면 보통항고를 할 수 있고(형사소송법 제102조 제2항, 제402조, 제403조 제2항), 보통항고에는 재판의 집행을 정지하는 효력이 없다(형사소송법 제409조). 이는 결정과 동시에 집행력을 인정함으로써 석방되었던 피고인의 신병을 신속히 확보하려는 것으로, 당해 보석취소결정이 제1심 절차에서 이루어졌는지 항소심 절차에서 이루어졌는지 여부에 따라 그 취지가 달라진다고 볼 수 없다. 즉시항고는 법률관계나 재판절차의 조속한 안정을 위해 일정한 기간 내에서만 제기할 수 있는 항고로서, 즉시

항고의 제기기간 내와 그 제기가 있는 때에 재판의 집행을 정지하는 효력이 있다(형사소송법 제410조). 그러나 보통항고의 경우에도 법원의 결정으로 집행정지가 가능한 점(형사소송법 제409조)을 고려하면, 집행정지의 효력이 즉시항고의 본질적인 속성에서 비롯된 것이라고 볼 수는 없다. 형사소송법 제415조는 "고등법원의 결정에 대하여는 재판에 영향을 미친 헌법·법률·명령 또는 규칙의 위반이 있음을 이유로 하는 때에 한하여 대법원에 즉시항고를 할 수 있다."라고 규정하고 있다. 이는 재항고이유를 제한함과 동시에 재항고 제기기간을 즉시항고 제기기간 내로 정함으로써 재항고심의 심리부담을 경감하고 항소심 재판절차의 조속한 안정을 위한 것으로, 형사소송법 제415조가 고등법원의 결정에 대한 재항고를 즉시항고로 규정하고 있다고 하여 당연히 즉시항고가 가지는 집행정지의 효력이 인정된다고 볼 수는 없다. 만약 고등법원의 결정에 대하여 일률적으로 집행정지의 효력을 인정하면, 보석허가, 구속집행정지 등 제1심 법원이 결정하였다면 신속한 집행이 이루어질 사안에서 고등법원이 결정하였다는 이유만으로 피고인을 신속히 석방하지 못하게 되는 등 부당한 결과가 발생하게 되고, 나아가 항소심 재판절차의 조속한 안정을 보장하고자 한 형사소송법 제415조의 입법목적을 달성할 수 없게 된다.

① (○) 형사소송법 제411조에 의하면, 항고법원은 제1심법원으로부터 소송기록과 증거물을 받은 날부터 5일 이내에 당사자에게 그 사유를 통지하여야 한다. 그 취지는 당사자에게 항고에 관하여 이유서를 제출하거나 의견을 진술하고 유리한 증거를 제출할 기회를 부여하려는 데 있다. … (따라서) 원심은 재항고인에게 항고에 관하여 이유서를 제출하거나 의견을 진술하고 유리한 증거를 제출할 기회를 부여하였다고 할 수 없으므로, 원심결정에는 형사소송법 제411조에 관한 법리를 오해한 잘못이 있다(대법원 2018.6.22, 2018모1698).

[보충] 항고심 절차를 요약해 보면 다음과 같다. ① 항고의 제기(항고장 제출, 즉시항고는 원칙적 3일, 보통항고는 언제든지), ② 항고기각결정, 이유 있으면 경정결정, 이유 없으면 3일 내 의견서 첨부하여 항고법원에 송부, ③ 소송기록·증거물 송부는 임의적, 송부를 받은 항고법원은 5일 내 당사자에게 사유 통지, 소송기록 접수통지 없이 항고기각결정을 한 것은 위법, ④ 항고인의 항고이유서 제출의무는 없음

② (○) 제415조

④ (○) 검사가 제1심결정에 대해 항고하면서 항고이유서를 첨부하였는데 항고심인 원심법원이 검사에게 소송기록접수통지서를 송달한 다음 날 항고를 기각한 사안에서, 검사가 항고장에 상세한 항고이유서를 첨부하여 제출함으로써 의견진술을 하였으므로 형사소송법 제412조에 따라 별도로 의견을 진술하지 아니한 상태에서 원심이 항고를 기각하였더라도 그 결정에 위법이 없다(대법원 2012.04.20, 2012모459).

20

정답 ②

② 6+5+10+3+7+7=38

㉠ (6) 제230조 제1항 참조.

> **제230조(고소기간)** ① 친고죄에 대하여는 범인을 알게 된 날로부터 6월을 경과하면 고소하지 못한다. 단, 고소할 수 없는 불가항력의 사유가 있는 때에는 그 사유가 없어진 날로부터 기산한다.

㉡ (5) 제194조의3 제2항 참조.

> **제194조의3(비용보상의 절차 등)** ② 제1항에 따른 청구는 무죄판결이 확정된 사실을 안 날부터 3년, 무죄판결이 확정된 때부터 5년 이내에 하여야 한다. <개정 2014.12.30.>

㉢ (10) 제262조 제1항 참조.

> **제262조(심리와 결정)** ① 법원은 재정신청서를 송부받은 때에는 송부받은 날부터 10일 이내에 피의자에게 그 사실을 통지하여야 한다.

㉣ (3) 제262조 제2항 참조.

> **제262조(심리와 결정)** ② 법원은 재정신청서를 송부받은 날부터 3개월 이내에 항고의 절차에 준하여 다음 각 호의 구분에 따라 결정한다. 이 경우 필요한 때에는 증거를 조사할 수 있다.
> 1. 신청이 법률상의 방식에 위배되거나 이유 없는 때에는 신청을 기각한다.
> 2. 신청이 이유 있는 때에는 사건에 대한 공소제기를 결정한다.

㉤ (7) 제249조 제1항 제4호 참조.

> **제249조(공소시효의 기간)** ① 공소시효는 다음 기간의 경과로 완성한다.
> 4. 장기 10년 미만의 징역 또는 금고에 해당하는 범죄에는 7년

㉥ (7) 제104조 참조.

> **제104조(보증금 등의 환부)** 구속 또는 보석을 취소하거나 구속영장의 효력이 소멸된 때에는 몰취하지 아니한 보증금 또는 담보를 청구한 날로부터 7일 이내에 환부하여야 한다.

▶ 제5편 상소 · 비상구제절차 · 특별절차: 제2장 비상구제절차 ― 제4장 특별절차

01	③	02	②	03	②	04	②	05	③
06	②	07	②	08	③	09	②	10	③
11	②	12	④	13	④	14	③	15	②
16	④	17	③	18	④	19	②	20	①

01
정답 ③

③ ⓒⓓ

ⓐ (×) 형사소송법 제420조 제5호에 정한 재심사유인 무죄 등을 인정할 '증거가 새로 발견된 때'란 재심대상이 되는 확정판결의 소송절차에서 발견되지 못하였거나 또는 발견되었다 하더라도 제출할 수 없었던 증거로서 이를 새로 발견하였거나 비로소 제출할 수 있게 된 때를 말한다. 조세의 부과처분을 취소하는 행정판결이 확정된 경우 부과처분의 효력은 처분 시에 소급하여 효력을 잃게 되어 그에 따른 납세의무가 없으므로 확정된 행정판결은 조세포탈에 대한 무죄 내지 원심판결이 인정한 죄보다 경한 죄를 인정할 명백한 증거에 해당한다. 조세심판원이 재조사결정을 하고 그에 따라 과세관청이 후속처분으로 당초 부과처분을 취소하였다면 부과처분은 처분 시에 소급하여 효력을 잃게 되어 원칙적으로 그에 따른 납세의무도 없어지므로, 형사소송법 제420조 제5호에 정한 재심사유에 해당한다(대법원 2015.10.29, 2013도14716).

ⓑ (×) [다수의견] 소송촉진 등에 관한 특례법(이하 '소송촉진법'이라 한다) 제23조(이하 '특례 규정'이라 한다)와 소송촉진법 제23조의2 제1항(이하 '재심 규정'이라 한다)의 내용 및 입법 취지, 헌법 및 형사소송법에서 정한 피고인의 공정한 재판을 받을 권리 및 방어권의 내용, 적법절차를 선언한 헌법 정신, 귀책사유 없이 불출석한 상태에서 제1심과 항소심에서 유죄판결을 받은 피고인의 공정한 재판을 받을 권리를 실질적으로 보호할 필요성 등의 여러 사정들을 종합하여 보면, 특례 규정에 따라 진행된 제1심의 불출석 재판에 대하여 검사만 항소하고 항소심도 불출석 재판으로 진행한 후에 제1심판결을 파기하고 새로 또는 다시 유죄판결을 선고하여 유죄판결이 확정된 경우에도, 재심 규정을 유추 적용하여 귀책사유 없이 제1심과 항소심의 공판절차에 출석할 수 없었던 피고인은 재심 규정이 정한 기간 내에 항소심 법원에 유죄판결에 대한 재심을 청구할 수 있다(대법원 2015.6.25, 2014도17252 전원합의체).

ⓒ (○), ⓓ (○) 피고인이 재심을 청구하지 않고 상고권회복에 의한 상고를 제기하여 위 사유를 상고이유로 주장한다면, 이는 형사소송법 제383조 제3호에서 상고이유로 정한 원심판결에 '재심청구의 사유가 있는 때'에 해당한다고 볼 수 있으므로 원심판결에 대한 파기사유가 될 수 있다. 나아가 위 사유로 파기되는 사건을 환송받아 다시 항소심 절차를 진행하는 원심으로서는 피고인의 귀책사유 없이 특례 규정에 의하여 제1심이 진행되었다는 파기환송 판결 취지에 따라, 제1심판결에 형사소송법 제

361조의5 제13호의 항소이유에 해당하는 재심 규정에 의한 재심청구의 사유가 있어 직권 파기 사유에 해당한다고 보고, 다시 공소장 부본 등을 송달하는 등 새로 소송절차를 진행한 다음 새로운 심리 결과에 따라 다시 판결을 하여야 한다(대법원 2015. 6.25, 2014도17252 전원합의체).

ⓔ (×) 형사재판에서 재심은 형사소송법 제420조, 제421조 제1항의 규정에 의하여 유죄 확정판결 및 유죄판결에 대한 항소 또는 상고를 기각한 확정판결에 대하여만 허용된다. 면소판결은 유죄 확정판결이라 할 수 없으므로 면소판결을 대상으로 한 재심청구는 부적법하다(대법원 2014.4.25, 2013재도29; 2018.5. 2, 2015모3243; 2021.4.2, 2020모2071).

02
정답 ②

② ⓐⓒⓔ

ⓐ (○), ⓑ (×) [다수의견] 재심심판절차는 물론 재심사유의 존부를 심사하여 다시 심판할 것인지를 결정하는 재심개시절차 역시 재판권 없이는 심리와 재판을 할 수 없는 것이므로, 재심청구를 받은 군사법원으로서는 먼저 재판권 유무를 심사하여 군사법원에 재판권이 없다고 판단되면 재심개시절차로 나아가지 말고 곧바로 사건을 군사법원법 제2조 제3항에 따라 같은 심급의 일반법원으로 이송하여야 한다. 이와 달리 군사법원이 재판권이 없음에도 재심개시결정을 한 후에 비로소 사건을 일반법원으로 이송한다면 이는 위법한 재판권의 행사이다. 다만 군사법원법 제2조 제3항 후문이 "이 경우 이송 전에 한 소송행위는 이송 후에도 그 효력에 영향이 없다."고 규정하고 있으므로, 사건을 이송받은 일반법원으로서는 다시 처음부터 재심개시절차를 진행할 필요는 없고 군사법원의 재심개시결정을 유효한 것으로 보아 후속 절차를 진행할 수 있다(대법원 2015.5.21, 2011도1932 전원합의체).

ⓒ (×) 유죄판결 확정 후에 형 선고의 효력을 상실케 하는 특별사면이 있었다고 하더라도, 형 선고의 법률적 효과만 장래를 향하여 소멸될 뿐이고 확정된 유죄판결에서 이루어진 사실인정과 그에 따른 유죄 판단까지 없어지는 것은 아니므로, 유죄판결은 형 선고의 효력만 상실된 채로 여전히 존재하는 것으로 보아야 하고, 한편 형사소송법 제420조 각 호의 재심사유가 있는 피고인으로서는 재심을 통하여 특별사면에도 불구하고 여전히 남아 있는 불이익, 즉 유죄의 선고는 물론 형 선고가 있었다는 기왕의 경력 자체 등을 제거할 필요가 있다. 그리고 형사소송법 제420조가 유죄의 확정판결에 대하여 선고를 받은 자의 이익을

위하여 재심을 청구할 수 있다고 규정하고 있는 것은 유죄의 확정판결에 중대한 사실인정의 오류가 있는 경우 이를 바로잡아 무고하고 죄 없는 피고인의 인권침해를 구제하기 위한 것인데, 만일 특별사면으로 형 선고의 효력이 상실된 유죄판결이 재심구의 대상이 될 수 없다고 한다면, 이는 특별사면이 있었다는 사정만으로 재심청구권을 박탈하여 명예를 회복하고 형사보상을 받을 기회 등을 원천적으로 봉쇄하는 것과 다를 바 없어서 재심제도의 취지에 반하게 된다. 따라서 특별사면으로 형 선고의 효력이 상실된 유죄의 확정판결도 형사소송법 제420조의 '유죄의 확정판결'에 해당하여 재심청구의 대상이 될 수 있다(대법원 2015.5.21, 2011도1932 전원합의체).

ㄹ (O) 면소판결 사유인 형사소송법 제326조 제2호의 '사면이 있는 때'에서 말하는 '사면'이란 일반사면을 의미할 뿐, 형을 선고받아 확정된 자를 상대로 이루어지는 특별사면은 여기에 해당하지 않으므로, 재심대상판결 확정 후에 형 선고의 효력을 상실케 하는 특별사면이 있었다고 하더라도, 재심개시결정이 확정되어 재심심판절차를 진행하는 법원은 그 심급에 따라 다시 심판하여 실체에 관한 유·무죄 등의 판단을 해야지, 특별사면이 있음을 들어 면소판결을 하여서는 아니 된다(대법원 2015.5.21, 2011도1932 전원합의체).

ㅁ (O) 재심의 청구를 받은 법원은 필요하다고 인정한 때에는 형사소송법 제431조에 의하여 직권으로 재심청구의 이유에 대한 사실조사를 할 수 있으나, 소송당사자에게 사실조사신청권이 있는 것이 아니다. 그러므로 당사자가 재심청구의 이유에 관한 사실조사신청을 한 경우에도 이는 단지 법원의 직권발동을 촉구하는 의미밖에 없는 것이므로, 법원은 이 신청에 대하여는 재판을 할 필요가 없고 설령 법원이 이 신청을 배척하였다고 하여도 당사자에게 이를 고지할 필요가 없다(대법원 2021.3.12, 2019모3554).

[보충] 재항고인들이 원심에서 문서송부촉탁신청을 하였는데 원심은 이에 대한 기각결정을 한 후 재항고인들에게 별도의 통지 없이 재항고인들의 즉시항고를 기각한 사안에서, 재심청구에 대한 재판에서는 형사본안절차와는 달리 소송당사자에게 사실조사신청권이 없으므로 위 기각결정을 통지하지 않더라도 위법하지 않으므로, 재항고인들의 주장을 배척한 원심결정을 수긍하고 재항고인들의 재항고를 기각한 판례이다(위 판례).

> 제431조(사실조사) ① 재심의 청구를 받은 법원은 필요하다고 인정한 때에는 합의부원에게 재심청구의 이유에 대한 사실조사를 명하거나 다른 법원판사에게 이를 촉탁할 수 있다.
> ② 전항의 경우에는 수명법관 또는 수탁판사는 법원 또는 재판장과 동일한 권한이 있다.

03
정답 ②

② ㄱㄴㄹ

ㄱ (O) 경합범 관계에 있는 수개의 범죄사실을 유죄로 인정하여 1개의 형을 선고한 불가분의 확정판결에서 그중 일부의 범죄사실에 대하여만 재심청구의 이유가 있는 것으로 인정되었으나 형식적으로는 1개의 형이 선고된 판결에 대한 것이어서 판결 전부에 대하여 재심개시의 결정을 한 경우, 재심법원은 재심사유가 없는 범죄에 대하여는 새로이 양형을 하여야 하는 것이므로 이를 헌법상 이중처벌금지의 원칙을 위반한 것이라고 할 수 없고, 다만 재심사건에는 불이익변경의 금지 원칙이 적용되어

원판결의 형보다 중한 형을 선고하지 못하는 것이다(형사소송법 제439조)(대법원 2014.11.13, 2014도10193).

ㄴ (×) 형사소송법 제438조 제1항은 "재심개시의 결정이 확정한 사건에 대하여는 제436조의 경우 외에는 법원은 그 심급에 따라 다시 심판을 하여야 한다."고 규정하고 있다. 여기서 '다시' 심판한다는 것은 재심대상판결의 당부를 심사하는 것이 아니라 피고 사건 자체를 처음부터 새로 심판하는 것을 의미하므로, 재심대상판결이 상소심을 거쳐 확정되었더라도 재심사건에서는 재심대상판결의 기초가 된 증거와 재심사건의 심리과정에서 제출된 증거를 모두 종합하여 공소사실이 인정되는지를 새로이 판단하여야 한다. 그리고 재심사건의 공소사실에 관한 증거취사와 이에 근거한 사실인정도 다른 사건과 마찬가지로 그것이 논리와 경험의 법칙을 위반하거나 자유심증주의의 한계를 벗어나지 아니하는 한 사실심으로서 재심사건을 심리하는 법원의 전권에 속한다(피고인이 甲 명의의 유서(遺書)를 대필하여 주는 방법으로 甲의 자살을 방조하였다는 공소사실로 유죄판결을 받아 확정되었는데, 그 후 재심이 개시된 사안에서, 국립과학수사연구소 감정인 乙이 유서와 피고인의 필적이 동일하다고 판단하는 근거로 내세우는 특징들 중 일부는 항상성 있는 특징으로 볼 수 없는 점 등 제반 사정을 종합하면 乙이 작성한 감정서 중 유서와 피고인의 필적이 동일하다는 부분은 그대로 믿기 어렵고, 나머지 증거만으로는 공소사실이 합리적 의심의 여지가 없을 정도로 충분히 증명되었다고 볼 수 없다는 이유로 무죄를 선고한 원심판단을 정당하다고 한 사례)(대법원 2015.5.14, 2014도2946).

ㄷ (O) 형사소송법은 유죄의 확정판결과 항소 또는 상고의 기각판결에 대하여 각 선고를 받은 자의 이익을 위하여 재심을 청구할 수 있다고 규정함으로써 피고인에게 이익이 되는 이른바 이익재심만을 허용하고 있으며(제420조, 제421조 제1항), 그러한 이익재심의 원칙을 반영하여 제439조에서 "재심에는 원판결의 형보다 중한 형을 선고하지 못한다."라고 규정하고 있는데, 이는 실체적 정의를 실현하기 위하여 재심을 허용하지만 피고인의 법적 안정성을 해치지 않는 범위 내에서 재심이 이루어져야 한다는 취지로서, 단순히 재심절차에서 전의 판결보다 무거운 형을 선고할 수 없다는 원칙만을 의미하고 있는 것이 아니라, 피고인이 원판결 이후에 형 선고의 효력을 상실하게 하는 특별사면을 받아 형사처벌의 위험에서 벗어나 있는 경우라면, 재심절차에서 형을 다시 선고함으로써 특별사면에 따라 발생한 피고인의 법적 지위를 상실하게 하여서는 안 된다는 의미도 포함되어 있다. 따라서 특별사면으로 형 선고의 효력이 상실된 유죄의 확정판결에 대하여 재심개시결정이 이루어져 재심심판법원이 심급에 따라 다시 심판한 결과 무죄로 인정되는 경우라면 무죄를 선고하여야 하겠지만, 그와 달리 유죄로 인정되는 경우에는, 피고인에 대하여 다시 형을 선고하거나 피고인의 항소를 기각하여 제1심판결을 유지시키는 것은 이미 형 선고의 효력을 상실하게 하는 특별사면을 받은 피고인의 법적 지위를 해치는 결과가 되어 이익재심과 불이익변경금지의 원칙에 반하게 되므로, 재심심판법원으로서는 '피고인에 대하여 형을 선고하지 아니한다'는 주문을 선고할 수밖에 없다(대법원 2015.10.29, 2012도2938).

ㄹ (O) 경합범 관계에 있는 수개의 범죄사실을 유죄로 인정하여 한 개의 형을 선고한 불가분의 확정판결에서 그중 일부의 범죄사실에 대하여만 재심청구의 이유가 있는 것으로 인정된 경우

에는 형식적으로는 1개의 형이 선고된 판결에 대한 것이어서 그 판결 전부에 대하여 재심개시의 결정을 할 수밖에 없지만, 비상구제수단인 재심제도의 본질상 재심사유가 없는 범죄사실에 대하여는 재심개시결정의 효력이 그 부분을 형식적으로 심판의 대상에 포함시키는 데 그치므로 재심법원은 그 부분에 대하여는 이를 다시 심리하여 유죄인정을 파기할 수 없고, 다만 그 부분에 관하여 새로이 양형을 하여야 하므로 양형을 위하여 필요한 범위에 한하여만 심리를 할 수 있을 뿐이다(대법원 2021. 7.8, 2021도2738).

ⓜ (×) 형벌조항에 대하여 헌법재판소의 위헌결정이 있는 경우 헌법재판소법 제47조에 의한 재심은 원칙적인 재심대상판결인 제1심 유죄판결 또는 파기자판한 상급심판결에 대하여 청구하여야 한다. 제1심이 유죄판결을 선고하고, 그에 대하여 불복하였으나, 항소 또는 상고기각판결이 있었던 경우에 헌법재판소법 제47조를 이유로 재심을 청구하려면 재심대상판결은 제1심판결이 되어야 하고, 항소 또는 상고기각판결을 재심대상으로 삼은 재심청구는 법률상의 방식을 위반한 것으로 부적법하다(대법원 2022.6.16, 2022모509).

[보충] 다만, 유죄의 선고를 받은 자는 이후 재심의 대상을 제1심판결로 보정할 수는 있다.

> **헌법재판소법 제47조(위헌결정의 효력)** ③ 제2항에도 불구하고 형벌에 관한 법률 또는 법률의 조항은 소급하여 그 효력을 상실한다. 다만, 해당 법률 또는 법률의 조항에 대하여 종전에 합헌으로 결정한 사건이 있는 경우에는 그 결정이 있는 날의 다음 날로 소급하여 효력을 상실한다.
> ④ 제3항의 경우에 위헌으로 결정된 법률 또는 법률의 조항을 근거한 유죄의 확정판결에 대하여는 재심을 청구할 수 있다.

04
정답 ②

② ⓛⓒⓔⓜ

㉠ (×) 형사소송법은 유죄의 확정판결과 항소 또는 상고의 기각판결에 대하여 각 그 선고를 받은 자의 이익을 위하여 재심을 청구할 수 있다고 규정함으로써 피고인에게 이익이 되는 이른바 이익재심만을 허용하고 있으며(제420조, 제421조 제1항), 그러한 이익재심의 원칙을 반영하여 제439조에서 "재심에는 원판결의 형보다 중한 형을 선고하지 못한다."라고 규정하고 있는데, 이는 단순히 원판결보다 무거운 형을 선고할 수 없다는 원칙만을 의미하는 것이 아니라 실체적 정의를 실현하기 위하여 재심을 허용하지만 피고인의 법적 안정성을 해치지 않는 범위 내에서 재심이 이루어져야 한다는 취지이다. 다만 재심심판절차는 원판결의 당부를 심사하는 종전 소송절차의 후속절차가 아니라 사건 자체를 처음부터 다시 심판하는 완전히 새로운 소송절차로서 재심판결이 확정되면 원판결은 당연히 효력을 잃는다. 이는 확정된 판결에 중대한 하자가 있는 경우 구체적 정의를 실현하기 위하여 그 판결의 확정력으로 유지되는 법적 안정성을 후퇴시키고 사건 자체를 다시 심판하는 재심의 본질에서 비롯된 것이다. 그러므로 재심판결이 확정됨에 따라 원판결이나 그 부수처분의 법률적 효과가 상실되고 형 선고가 있었다는 기왕의 사실 자체의 효과가 소멸하는 것은 재심의 본질상 당연한 것으로서, 원판결의 효력 상실 그 자체로 인하여 피고인이 어떠한 불이익을 입는다 하더라도 이를 두고 재심에서 보호되어야 할 피고인의 법적 지위를 해치는 것이라고 볼 것은 아니다. 따

라서 원판결이 선고한 집행유예가 실효 또는 취소됨이 없이 유예기간이 지난 후에 새로운 형을 정한 재심판결이 선고되는 경우에도, 그 유예기간 경과로 인하여 원판결의 형 선고 효력이 상실되는 것은 원판결이 선고한 집행유예 자체의 법률적 효과로서 재심판결이 확정되면 당연히 실효될 원판결 본래의 효력일 뿐이므로, 이를 형의 집행과 같이 볼 수는 없고, 재심판결의 확정에 따라 원판결이 효력을 잃게 되는 결과 그 집행유예의 법률적 효과까지 없어진다 하더라도 재심판결의 형이 원판결의 형보다 중하지 않다면 불이익변경금지의 원칙이나 이익재심의 원칙에 반한다고 볼 수 없다(대법원 2018.2.28, 2015도15782).
[보충] 재심대상판결에서는 피고인이 2005.1.13.경부터 2006.5. 7.경까지 총 8회 간통하였다는 범죄사실과 2003.11.10. 및 2006. 11. 배우자에게 상해를 가하였다는 범죄사실에 대하여 형법 제241조 제1항 등을 적용하여 2009.1.15. 피고인에게 징역 1년에 집행유예 2년을 선고하였고, 위 판결은 2009.1.23. 확정되었다. 이후 헌법재판소는 2015.2.26. 형법 제241조가 헌법에 위반된다고 결정하였다(2011헌가31 등). 이후 피고인이 2015.3.17. 헌법재판소법 제47조 제3항, 제4항에 따라 재심을 청구함에 따라, 원심은 2015.4.16. 재심개시결정을 하였다. 원심은 2015.5.29. 피고인에 대하여 판결을 선고하면서, 간통의 공소사실에 대하여는 위헌결정으로 형벌법규가 효력을 상실하였다는 이유로 무죄를 선고하고, 상해의 공소사실에 대하여는 양형을 위한 심리를 한 후 벌금 400만 원을 선고하였다(위 판례).

㉡ (○) 제420조 제7호 참조.

> **제420조(재심이유)** 재심은 다음 각 호의 어느 하나에 해당하는 이유가 있는 경우에 유죄의 확정판결에 대하여 그 선고를 받은 자의 이익을 위하여 청구할 수 있다.
> 7. 원판결, 전심판결 또는 그 판결의 기초가 된 조사에 관여한 법관, 공소의 제기 또는 그 공소의 기초가 된 수사에 관여한 검사나 사법경찰관이 그 직무에 관한 죄를 지은 것이 확정판결에 의하여 증명된 때. 다만, 원판결의 선고 전에 법관, 검사 또는 사법경찰관에 대하여 공소가 제기되었을 경우에는 원판결의 법원이 그 사유를 알지 못한 때로 한정한다.

㉢ (○) 제425조 참조.

> **제425조(검사만이 청구할 수 있는 재심)** 제420조 제7호의 사유에 의한 재심의 청구는 유죄의 선고를 받은 자가 그 죄를 범하게 한 경우에는 검사가 아니면 하지 못한다.

㉣ (○) 유죄의 확정판결에 대하여 재심개시결정이 확정되어 법원이 그 사건에 대하여 다시 심판을 한 후 재심의 판결을 선고하고 그 재심판결이 확정된 때에는 종전의 확정판결은 당연히 효력을 상실한다(대법원 2005.9.28, 2004모453 등 참조). 피고인이 폭력행위등처벌에관한법률위반(집단·흉기등재물손괴등)죄 등으로 징역 8월을 선고받아 판결이 확정되었는데(이하 '확정판결'이라고 한다), 그 집행을 종료한 후 3년 내에 상해죄 등을 범하였다는 이유로 제1심 및 원심에서 누범으로 가중처벌된 경우, 피고인이 누범전과인 확정판결에 대해 재심을 청구하여, 재심개시절차에서 재심대상판결 중 헌법재판소가 위헌결정을 선고하여 효력을 상실한 구 폭력행위 등 처벌에 관한 법률(2014. 12.30. 법률 제12896호로 개정된 것) 제3조 제1항, 제2조 제1항 제1호, 형법 제366조를 적용한 부분에 헌법재판소법 제47조 제4항의 재심사유가 있다는 이유로 재심대상판결 전부에 대하여

재심개시결정이 이루어졌고, 상해죄 등 범행 이후 진행된 재심심판절차에서 징역 8월을 선고한 재심판결이 확정됨으로써 확정판결은 당연히 효력을 상실하였으므로, 더 이상 상해죄 등 범행이 확정판결에 의한 형의 집행이 끝난 후 3년 내에 이루어진 것이 아니라고 하여야 한다(대법원 2017.9.21, 2017도4019).

ⓜ (○) 「제주4 · 3사건 진상규명 및 희생자 명예회복에 관한 특별법」(이하 '4 · 3사건법') 제2조 제2호에서 '희생자'는 제주4 · 3사건으로 인하여 사망하거나 행방불명된 사람, 후유장애가 남은 사람 또는 수형인으로서 제5조 제2항 제2호에 따라 제주4 · 3사건진상규명및희생자명예회복위원회의 심사를 통하여 제주4 · 3사건의 희생자로 결정된 사람을 말한다고 규정하고 있고, 같은 법 제14조는 '특별재심'이라는 제목 아래 제1항에서 희생자로서 제주4 · 3사건으로 인하여 유죄의 확정판결을 선고받은 사람, 수형인 명부 등 관련 자료로서 위와 같은 사람으로 인정되는 사람은 형사소송법과 군사법원법의 재심이유, 재심청구권자에 관한 규정에도 불구하고 재심을 청구할 수 있다고 규정하여, 희생자에게 형사소송법 등의 재심절차와 별도로 특별재심을 청구할 수 있는 권리를 부여하고 있으며, 같은 조 제3항은 형사소송법과 군사법원법의 재심의 관할에 관한 규정에도 불구하고 재심의 청구는 제주지방법원이 관할한다고 규정하여 재심사건에 관하여 원판결 법원이 어디인지에 관계없이 제주지방법원에 전속관할을 인정하고 있다. 위와 같이 4 · 3사건법 제14조는 제1조의 목적 달성을 위하여 형사소송법과 군사법원법상 재심의 예외적 제도로서 특별재심절차에 관하여 정하고 있는 조항이라는 점과 4 · 3사건법 제2조 제2호, 제14조 등 관련 규정의 문언 및 체계적 해석에 비추어 보면, 제14조 제3항에서 제주지방법원에 전속관할권을 인정한 사건은 제5조 제2항 제2호에 따라 위원회로부터 제주4 · 3사건의 희생자로 결정된 경우에 청구하는 제14조 제1항의 특별재심사건에 한정된다고 보아야 한다. 따라서 위원회로부터 희생자 결정을 받지 않은 상태에서 형사소송법에 따른 재심을 청구하는 사건에는 형사소송법 제423조가 적용되어 원판결의 법원이 관할권을 가진다(대법원 2023.7.14, 2023모1121).

> **제423조(재심의 관할)** 재심의 청구는 원판결의 법원이 관할한다.

05

정답 ③

③ ㉠㉡㉢㉣

㉠ (○) 형사소송법 제420조 제2호의 재심사유에 해당하기 위해서는 원판결의 증거된 증언이 확정판결에 의하여 허위인 것이 증명되어야 하는데, 여기에서 말하는 '원판결의 증거된 증언'이란 원판결의 이유 중에서 증거로 채택되어 죄로 되는 사실(범죄사실)을 인정하는 데 인용된 증언을 뜻하므로, 원판결의 이유에서 증거로 인용된 증언이 '죄로 되는 사실'과 직접 혹은 간접적으로 관련된 내용이라면 위 법조에서 정한 '원판결의 증거된 증언'에 해당하고, 그 증언이 나중에 확정판결에 의하여 허위인 것이 증명된 이상 허위증언 부분을 제외하고도 다른 증거에 의하여 '죄로 되는 사실'이 유죄로 인정될 것인지에 관계없이 형사소송법 제420조 제2호의 재심사유가 있다고 보아야 한다(대법원 2012.4.13, 2011도8529).

㉡ (○) 제429조 참조.

> **제429조(재심청구의 취하)** ① 재심의 청구는 취하할 수 있다.
> ② 재심의 청구를 취하한 자는 동일한 이유로써 다시 재심을 청구하지 못한다.

㉢ (×) 법정대리인 청구 시에는 유죄의 선고를 받은 자의 의견을 들어야 한다.

> **제432조(재심에 대한 결정과 당사자의 의견)** 재심의 청구에 대하여 결정을 함에는 청구한 자와 상대방의 의견을 들어야 한다. 단, 유죄의 선고를 받은 자의 법정대리인이 청구한 경우에는 유죄의 선고를 받은 자의 의견을 들어야 한다.

㉣ (○) 제428조 참조.

> **제428조(재심과 집행정지의 효력)** 재심의 청구는 형의 집행을 정지하는 효력이 없다. 단, 관할법원에 대응한 검찰청검사는 재심청구에 대한 재판이 있을 때까지 형의 집행을 정지할 수 있다.

㉤ (○) 대법원 2016.11.25, 2016도9470

06

정답 ②

② ㉡㉢㉤

㉠ (×) 형사소송법 제441조는 "검찰총장은 판결이 확정한 후 그 사건의 심판이 법령에 위반한 것을 발견한 때에는 대법원에 비상상고를 할 수 있다."라고 규정하고 있다. 상급심의 파기판결에 의해 효력을 상실한 재판의 법령위반 여부를 다시 심사하는 것은 무익할 뿐만 아니라, 법령의 해석 · 적용의 통일을 도모하려는 비상상고 제도의 주된 목적과도 부합하지 않는다. 따라서 상급심의 파기판결에 의해 효력을 상실한 재판은 위 조항에 따른 비상상고의 대상이 될 수 없다(대법원 2021.3.11, 2019오1).

㉡ (○) 재심 개시 여부를 심리하는 절차의 성질과 판단 범위, 재심개시결정의 효력 등에 비추어 보면, 유죄의 확정판결 등에 대해 재심개시결정이 확정된 후 재심심판절차가 진행 중이라는 것만으로는 확정판결의 존재 내지 효력을 부정할 수 없고, 재심개시결정이 확정되어 법원이 그 사건에 대해 다시 심리를 한 후 재심의 판결을 선고하고 그 재심판결이 확정된 때에 종전의 확정판결이 효력을 상실한다. 재심의 취지와 특성, 형사소송법의 이익재심 원칙과 재심심판절차에 관한 특칙 등에 비추어 보면, 재심심판절차에서는 특별한 사정이 없는 한 검사가 재심대상사건과 별개의 공소사실을 추가하는 내용으로 공소장을 변경하는 것은 허용되지 않고, 재심대상사건에 일반 절차로 진행 중인 별개의 형사사건을 병합하여 심리하는 것도 허용되지 않는다(대법원 2019.6.20, 2018도20698 전원합의체).

㉢ (○) 수사기관이 영장주의를 배제하는 위헌적 법령에 따라 영장 없는 체포 · 구금을 한 경우에도 불법체포 · 감금의 직무범죄가 인정되는 경우에 준하는 것으로 보아 형사소송법 제420조 제7호의 재심사유가 있다고 보아야 한다. 위와 같이 유추적용을 통하여 영장주의를 배제하는 위헌적 법령에 따라 영장 없는 체포 · 구금을 당한 국민에게 사법적 구제수단 중의 하나인 재심의 문을 열어 놓는 것이 헌법상 재판받을 권리를 보장하는 헌법합치적 해석이다(대법원 2018.5.2, 2015모3243).

㉣ (×) 직권남용권리행사방해죄(형법 제123조)는 공무원이 일반적 직무권한에 속하는 사항에 관하여 직권을 행사하는 모습으로 실질적 · 구체적으로 위법 · 부당한 행위를 한 경우에 성립한

다. 이때 '직권의 남용'에 해당하는지 여부는, 구체적인 공무원의 직무행위가 본래 법령에서 그 직권을 부여한 목적에 따라 이루어졌는지, 직무행위가 행해진 상황에서 볼 때 필요성·상당성이 있는 행위인지, 직권행사가 허용되는 법령상의 요건을 충족했는지 등을 종합하여 판단하여야 한다(대법원 2020.1.30, 2018도2236 전원합의체). 그 판단의 대상이 검사의 수사권 행사라면, 수사는 수사의 목적을 달성할 필요가 있는 경우에 한하여 상당하다고 인정되는 방법에 의하여 이루어져야 한다는 수사원칙(대법원 2007.11.30, 2005다40907)과 공익의 대표자로서 실체적 진실에 입각한 국가 형벌권의 실현을 위하여 공소를 제기하고 그 과정에서 피고인의 정당한 이익을 옹호하여야 한다는 검사의 의무(대법원 2022.9.16, 2022다236781)도 함께 고려되어야 한다. 원심은 검사가 피고인 1에 대한 3회 피의자신문 과정에서 자신의 의도대로 진술을 이끌어내기 위하여 피고인 1에게 검사의 생각을 주입하며 유도신문을 하는 등 진술의 임의성을 보장하지 못하고 사회통념상 현저히 합리성을 잃은 신문 방법을 사용함으로써 위법하게 수사권을 남용하였다고 판단하였다. 기록에 비추어 살펴보면, 원심의 판단은 위에서 본 법리를 따른 것으로 정당하고 거기에 재판에 영향을 미친 헌법·법률·명령 또는 규칙 위반의 잘못이 없다(대법원 2024.9.19, 2024모179).

㉤ (O) 형사소송법이 정한 비상상고이유인 '그 사건의 심판이 법령에 위반한 때'란 확정판결에서 인정한 사실을 변경하지 아니하고 이를 전제로 한 '실체법의 적용에 관한 위법 또는 그 사건에서의 절차법상의 위배'가 있는 경우를 뜻한다. 단순히 그 법령을 적용하는 과정에서 '전제가 되는 사실을 오인함'에 따라 법령위반의 결과를 초래한 것과 같은 경우에는 이를 이유로 비상상고를 허용하는 것이 법령의 해석·적용의 통일을 도모한다는 비상상고 제도의 목적에 유용하지 않으므로 '그 사건의 심판이 법령에 위반한 때'에 해당하지 않는다고 해석하여야 한다(대법원 1962.9.27, 62오1; 2005.3.11, 2004오2 등)(대법원 2021.3.11, 2018오2).

[보충] 검찰총장은 원판결 법원(2차 환송심)이 위헌·무효인 이 사건 훈령(내무부 훈령)을 근거로 삼아 피고인에 대한 공소사실 중 특수감금 부분에 대해 형법 제20조를 적용하여 무죄로 판단한 것이 법령위반에 해당한다고 비상상고를 하였으나, 대법원은 … 이 사건 훈령의 존재는 형법 제20조를 적용하기로 하면서 그 적용의 전제로 삼은 여러 사실 중 하나일 뿐이므로, 비상상고 신청인이 비상상고이유로 들고 있는 사정은 형법 제20조의 적용에 관한 전제사실을 오인하였다는 것에 해당하고, 그로 말미암아 피고인의 특수감금 행위에 형법 제20조를 적용한 잘못이 있더라도 이는 형법 제20조의 적용에 관한 전제사실을 오인함에 따라 법령위반의 결과를 초래한 경우에 불과하다고 보아, 형사소송법이 정한 비상상고이유가 인정되지 않는다고 판단한 것이다(위 판례).

07

② (×) 사법경찰관리가 벌금형을 받은 사람을 그에 따르는 노역장 유치의 집행을 위하여 구인하려면 검사로부터 발부받은 형집행장을 그 상대방에게 제시하여야 하지만(형사소송법 제85조 제1항 참조), 형집행장을 소지하지 아니한 경우에 급속을 요하는 때에는 그 상대방에 대하여 형집행사유와 형집행장이 발부되었음을 고하고 집행할 수 있다(형사소송법 제85조 제3항 참조). 그리고 형집행장의 제시 없이 구인할 수 있는 '급속을 요하는

때'란 애초 사법경찰관리가 적법하게 발부된 형집행장을 소지할 여유가 없이 형집행의 상대방을 조우한 경우 등을 가리킨다(대법원 2013.9.12, 2012도2349).

[보충] 또한, 2022.2.3. 개정 제85조는 "구속영장을 집행함에는 피고인에게 반드시 이를 제시하고 그 사본을 교부하여야 하며 신속히 지정된 법원 기타 장소에 인치하여야 한다(제1항).", "전항의 집행을 완료한 후에는 신속히 구속영장을 제시하고 그 사본을 교부하여야 한다(제4항)."라는 내용으로 변경되었다. 제475는 형집행장의 집행에 있어서 형사소송법 제1편 제9장을 준용하므로, 위 지문의 경우 형집행장을 제시할 때에는 그 사본도 교부하여야 한다.

① (O) 형법 제57조 제1항 중 "또는 일부" 부분은 헌법재판소 2009.6.25. 2007헌바25 사건의 위헌결정으로 효력이 상실되었다. 그리하여 판결선고 전 미결구금일수는 그 전부가 법률상 당연히 본형에 산입하게 되었으므로, 판결에서 별도로 미결구금일수 산입에 관한 사항을 판단할 필요가 없다고 할 것이다(대법원 2009.12.10, 2009도11448).

③ (O) 피고인의 차명재산이라는 이유만으로 제3자 명의로 등기되어 있는 부동산에 관하여 피고인에 대한 추징판결을 곧바로 집행하는 것은 허용되지 아니한다. 따라서 신청인들 명의의 원심결정 별지 목록 기재 부동산은 피고인의 차명재산이므로 피고인에 대한 추징판결을 곧바로 집행할 수 있다는 검사의 재항고이유는 받아들이기 어렵다. … 피고인이 범죄행위를 통하여 취득한 불법수익 등을 철저히 환수할 필요성이 크더라도 추징의 집행 역시 형의 집행이므로 법률에서 정한 절차에 따라야 하고, 피고인이 제3자 명의로 부동산을 은닉하고 있다면 적법한 절차를 통하여 피고인 명의로 그 등기를 회복한 후 추징판결을 집행하여야 한다(대법원 2021.4.9, 2020모4058).

④ (O) 미결구금기간이 확정된 징역 또는 금고의 본형기간을 초과한 결과가 생겼다 하여 위법하다고 할 수 없다(대법원 1989.10.10, 89도1711).

08

③ ㉠㉡㉢㉣

㉠ (O) 형사보상법 제8조 참조.

> **형사보상법 제8조(보상청구의 기간)** 보상청구는 무죄재판이 확정된 사실을 안 날부터 3년, 무죄재판이 확정된 때부터 5년 이내에 하여야 한다.

㉡ (O) 형사보상법 제20조 제1항 참조.

> **형사보상법 제20조(불복신청)** ① 제17조 제1항에 따른 보상결정에 대하여는 1주일 이내에 즉시항고(卽時抗告)를 할 수 있다.

㉢ (O) 형사보상법 제23조 참조.

> **형사보상법 제23조(보상청구권의 양도 및 압류의 금지)** 보상청구권은 양도하거나 압류할 수 없다. 보상금 지급청구권도 또한 같다.

㉣ (×) 형사보상은 피고인보상뿐 아니라 피의자보상도 가능하다(형사보상법 제28조 제1항).

> **형사보상법 제28조(피의자보상의 청구 등)** ① 피의자보상을

청구하려는 자는 불기소처분을 한 검사가 소속된 지방검찰청(지방검찰청 지청의 검사가 불기소처분을 한 경우에는 그 지청이 소속하는 지방검찰청을 말한다) 또는 불송치결정을 한 사법경찰관이 소속된 경찰관서에 대응하는 지방검찰청의 심의회에 보상을 청구하여야 한다.

⑩ (○) 형사보상법 제26조 제1항 제1호는 국가에 대하여 구금에 대한 보상을 청구할 수 있는 경우로 '형사소송법에 따라 면소 또는 공소기각의 재판을 받아 확정된 피고인이 면소 또는 공소기각의 재판을 할 만한 사유가 없었더라면 무죄재판을 받을 만한 현저한 사유가 있었을 경우'를 규정하고, 같은 조 제2항은 '제1항에 따른 보상에 대하여는 무죄재판을 받아 확정된 사건의 피고인에 대한 보상에 관한 규정을 준용한다.'고 규정한다. 형사보상법 제8조는 '보상청구는 무죄재판이 확정된 사실을 안 날부터 3년, 무죄재판이 확정된 때부터 5년 이내에 하여야 한다.'고 규정한다. 따라서 면소 또는 공소기각의 재판을 받아 확정되었으나, 그 면소 또는 공소기각의 사유가 없었더라면 무죄재판을 받을 만한 현저한 사유가 있음을 이유로 구금에 대한 보상을 청구하는 경우, 보상청구는 면소 또는 공소기각의 재판이 확정된 사실을 안 날부터 3년, 면소 또는 공소기각의 재판이 확정된 때부터 5년 이내에 하는 것이 원칙이다. 다만 면소 또는 공소기각의 재판이 확정된 이후에 비로소 해당 형벌법령에 대하여 위헌·무효 판단이 있는 경우 등과 같이 면소 또는 공소기각의 재판이 확정된 이후에 무죄재판을 받을 만한 현저한 사유가 생겼다고 볼 수 있는 경우에는 해당 사유가 발생한 사실을 안 날부터 3년, 해당 사유가 발생한 때부터 5년 이내에 보상청구를 할 수 있다(대법원 2022.12.20, 2020모627).

> **형사보상법 제26조(면소 등의 경우)** ① 다음 각 호의 어느 하나에 해당하는 경우에도 국가에 대하여 구금에 대한 보상을 청구할 수 있다.
> 1. 「형사소송법」에 따라 면소(免訴) 또는 공소기각(公訴棄却)의 재판을 받아 확정된 피고인이 면소 또는 공소기각의 재판을 할 만한 사유가 없었더라면 무죄재판을 받을 만한 현저한 사유가 있었을 경우
> ② 제1항에 따른 보상에 대하여는 무죄재판을 받아 확정된 사건의 피고인에 대한 보상에 관한 규정을 준용한다. 보상결정의 공시에 대하여도 또한 같다.
> **제8조(보상청구의 기간)** 보상청구는 무죄재판이 확정된 사실을 안 날부터 3년, 무죄재판이 확정된 때부터 5년 이내에 하여야 한다.

09

정답 ②

② ㉠ⓒⓒ⑩

㉠ (○) 형사보상 및 명예회복에 관한 법률 제2조 제1항은 무죄재판을 받아 확정된 사건의 피고인이 미결구금을 당하였을 때에는 국가에 대하여 그 구금에 대한 보상을 청구할 수 있다고 규정하고 있다. 이에 따라 판결 주문에서 경합범의 일부에 대하여 유죄가 선고되더라도 다른 부분에 대하여 무죄가 선고되었다면 형사보상을 청구할 수 있다. 그러나 그 경우라도 미결구금 일수의 전부 또는 일부가 유죄에 대한 본형에 산입되는 것으로 확정되었다면, 그 본형이 실형이든 집행유예가 부가된 형이든 불문하고 그 산입된 미결구금 일수는 형사보상의 대상이 되지 않

는다. 그 미결구금은 유죄에 대한 본형에 산입되는 것으로 확정된 이상 형의 집행과 동일시되므로, 형사보상할 미결구금 자체가 아닌 셈이기 때문이다. 한편 판결 주문에서 무죄가 선고되지 아니하고 판결 이유에서만 무죄로 판단된 경우에도 미결구금 가운데 무죄로 판단된 부분의 수사와 심리에 필요하였다고 인정된 부분에 관하여는 판결 주문에서 무죄가 선고된 경우와 마찬가지로 보상을 청구할 수 있다. 그러나 앞서 본 법리 역시 그대로 적용되어 미결구금 일수의 전부 또는 일부가 선고된 형에 산입되는 것으로 확정되었다면, 그 산입된 미결구금 일수는 형사보상의 대상이 되지 않는다(대법원 2017.11.28, 2017모1990).

ⓒ (○) 형사보상법 제3조 제2호(현 제4조 제2호)에 의하여 법원이 보상청구의 전부 또는 일부를 기각하기 위해서는 본인이 단순히 허위의 자백을 하거나 또는 다른 유죄의 증거를 만드는 것만으로는 부족하고 본인에게 '수사 또는 심판을 그르칠 목적'이 있어야 한다. 여기서 '수사 또는 심판을 그르칠 목적'은 헌법 제28조가 보장하는 형사보상청구권을 제한하는 예외적인 사유임을 감안할 때 신중하게 인정하여야 하고, 형사보상청구권을 제한하고자 하는 측에서 입증하여야 한다. 수사기관의 추궁과 수사 상황 등에 비추어 볼 때 본인이 범행을 부인하여도 형사처벌을 면하기 어려울 것이라는 생각으로 부득이 자백에 이르게 된 것이라면 '수사 또는 심판을 그르칠 목적'이 있었다고 섣불리 단정할 수 없다(대법원 2008.10.28, 2008모577).

ⓒ (○) 헌법 제28조는 "형사피의자 또는 형사피고인으로서 구금되었던 자가 법률이 정하는 불기소처분을 받거나 무죄판결을 받은 때에는 법률이 정하는 바에 의하여 국가에 정당한 보상을 청구할 수 있다."고 규정하고, 형사보상 및 명예회복에 관한 법률(이하 '형사보상법'이라 한다) 제2조 제1항은 "형사소송법에 따른 일반 절차 또는 재심이나 비상상고 절차에서 무죄재판을 받아 확정된 사건의 피고인이 미결구금을 당하였을 때에는 이 법에 따라 국가에 대하여 그 구금에 대한 보상을 청구할 수 있다."고 규정하고 있다.

ⓔ (×) 형사보상 및 명예회복에 관한 법률 제2조 제1항은 무죄재판을 받아 확정된 사건의 피고인이 미결구금을 당하였을 때에는 국가에 대하여 그 구금에 대한 보상을 청구할 수 있다고 규정하고 있다. 이에 따라 판결 주문에서 경합범의 일부에 대하여 유죄가 선고되더라도 다른 부분에 대하여 무죄가 선고되었다면 형사보상을 청구할 수 있다. 그러나 그 경우라도 미결구금 일수의 전부 또는 일부가 유죄에 대한 본형에 산입되는 것으로 확정되었다면, 그 본형이 실형이든 집행유예가 부가된 형이든 불문하고 그 산입된 미결구금 일수는 형사보상의 대상이 되지 않는다. 그 미결구금은 유죄에 대한 본형에 산입되는 것으로 확정된 이상 형의 집행과 동일시되므로, 형사보상할 미결구금 자체가 아닌 셈이기 때문이다. … 판결 주문에서 무죄가 선고되지 아니하고 판결 이유에서만 무죄로 판단된 경우에도 미결구금 가운데 무죄로 판단된 부분의 수사와 심리에 필요하였다고 인정된 부분에 관하여는 판결 주문에서 무죄가 선고된 경우와 마찬가지로 보상을 청구할 수 있다. 그러나 앞서 본 법리 역시 그대로 적용되어 미결구금 일수의 전부 또는 일부가 선고된 형에 산입되는 것으로 확정되었다면, 그 산입된 미결구금 일수는 형사보상의 대상이 되지 않는다(대법원 2017.11.28, 2017모1990).

⑩ (○) 형사소송법 제194조의2 제2항 제1호는 피고인이었던 사람이 수사 또는 심판을 그르칠 목적으로 거짓 자백을 하거나 다른 유죄의 증거를 만들어 기소된 것으로 인정된 경우에는 그

재판에 소요된 비용의 전부 또는 일부를 보상하지 아니할 수 있다고 규정하고 있고, 형사소송법 제194조의5에 의하여 준용되는 「형사보상 및 명예회복에 관한 법률」 제14조 제2항은 보상청구에 대하여 법원은 검사와 청구인의 의견을 들은 후 결정을 하여야 한다고 규정하고 있다. 그런데 형사소송법 제194조의2 제2항 제1호에 따라 법원이 비용보상청구의 전부 또는 일부를 기각하기 위해서는 피고인이었던 사람이 단순히 거짓 자백을 하거나 다른 유죄의 증거를 만드는 것만으로는 부족하고 그에게 '수사 또는 심판을 그르칠 목적'이 있어야 한다. 여기서 '수사 또는 심판을 그르칠 목적'은 헌법 제28조가 보장하는 형사보상청구권을 제한하는 예외적인 사유임을 감안할 때 신중하게 인정하여야 하고, 형사보상청구권을 제한하고자 하는 측에서 이를 입증하여야 한다(대법원 2008.10.28, 2008모577; 2010.9.30, 2010모1021). 따라서 원심으로서는 청구인의 이 사건 비용보상청구 사실을 검사에게 알려주고 그 의견을 듣는 등으로 이 사건 청구가 형사소송법 제194조의2 제2항 제1호에 해당하는지 및 이 사건 청구의 전부 또는 일부를 기각할 것인지를 심리·판단하였어야 한다. 그럼에도 원심은 이 사건 청구에 대하여 검사의 의견을 듣는 절차를 거치지 아니한 채 청구를 일부 인용하는 결정을 하였다. 이러한 원심결정에는 형사보상법 제14조 제2항의 절차규정을 위반하고 형사소송법 제194조의2 제2항 제1호에 관한 법리를 오해하여 필요한 심리를 다하지 아니함으로써 재판에 영향을 미친 잘못이 있다. 이를 지적하는 재항고이유 주장은 이유 있다(대법원 2024.9.10, 2023모1766).

> **형사소송법 제194조의2(무죄판결과 비용보상)** ① 국가는 무죄판결이 확정된 경우에는 당해 사건의 피고인이었던 자에 대하여 그 재판에 소요된 비용을 보상하여야 한다.
> ② 다음 각 호의 어느 하나에 해당하는 경우에는 제1항에 따른 비용의 전부 또는 일부를 보상하지 아니할 수 있다.
> 1. 피고인이었던 자가 수사 또는 재판을 그르칠 목적으로 거짓 자백을 하거나 다른 유죄의 증거를 만들어 기소된 것으로 인정된 경우
> **제194조의5(준용규정)** 비용보상청구, 비용보상절차, 비용보상과 다른 법률에 따른 손해배상과의 관계, 보상을 받을 권리의 양도·압류 또는 피고인이었던 자의 상속인에 대한 비용보상에 관하여 이 법에 규정한 것을 제외하고는 「형사보상법」에 따른 보상의 예에 따른다.
> **형사보상법 제14조(보상청구에 대한 재판)** ② 보상청구에 대하여는 법원은 검사와 청구인의 의견을 들은 후 결정을 하여야 한다.

10
정답 ③

㉠ (×) 제450조 참조.

> **제450조(보통의 심판)** 약식명령의 청구가 있는 경우에 그 사건이 약식명령으로 할 수 없거나 약식명령으로 하는 것이 적당하지 아니하다고 인정한 때에는 공판절차에 의하여 심판하여야 한다.

㉡ (○) 규칙 제170조, 제171조
㉢ (×) 제453조 제1항 참조.

> **제453조(정식재판의 청구)** ① 검사 또는 피고인은 약식명령의 고지를 받은 날로부터 7일 이내에 정식재판의 청구를 할 수 있다. 단, 피고인은 정식재판의 청구를 포기할 수 없다.

㉣ (×) (약식명령에 대하여 피고인만이 정식재판을 청구하였는데, 검사가 당초 사문서위조 및 위조사문서행사의 공소사실로 공소제기하였다가 제1심에서 사서명위조 및 위조사서명행사의 공소사실을 예비적으로 추가하는 내용의 공소장변경을 신청한 사안) 두 공소사실은 기초가 되는 사회적 사실관계가 범행의 일시와 장소, 상대방, 행위 태양, 수단과 방법 등 기본적인 점에서 동일할 뿐만 아니라, 주위적 공소사실이 유죄로 되면 예비적 공소사실은 주위적 공소사실에 흡수되고 주위적 공소사실이 무죄로 될 경우에만 예비적 공소사실의 범죄가 성립할 수 있는 관계에 있어 규범적으로 보아 공소사실의 동일성이 있다고 보이고, 나아가 피고인에 대하여 사서명위조와 위조사서명행사의 범죄사실이 인정되는 경우에는 비록 사서명위조죄와 위조사서명행사죄의 법정형에 유기징역형만 있다 하더라도 형사소송법 제457조의2에서 규정한 불이익변경금지원칙(현행은 형종상향금지원칙)이 적용되어 벌금형을 선고할 수 있으므로, 위와 같은 불이익변경금지원칙 등을 이유로 공소장변경을 불허할 것은 아닌데도, 이를 불허한 채 원래의 공소사실에 대하여 무죄를 선고한 제1심판결을 그대로 유지한 원심의 조치에는 공소사실의 동일성이나 공소장변경에 관한 법리오해의 위법이 있다(대법원 2013.2.28, 2011도14986).

11
정답 ②

② ㉠㉢㉣

㉠ (○) 제449조 참조.

> **제449조(약식명령의 청구)** 약식명령의 청구는 공소의 제기와 동시에 서면으로 하여야 한다.

㉡ (×) 약식명령에 유죄판결(제323조)에서와 같은 증거요지를 명시하여야 하는 것은 아니다.

> **제451조(약식명령의 방식)** 약식명령에는 범죄사실, 적용법령, 주형, 부수처분과 약식명령의 고지를 받은 날로부터 7일 이내에 정식재판의 청구를 할 수 있음을 명시하여야 한다.

㉢ (○) 제457조 참조.

> **제457조(약식명령의 효력)** 약식명령은 정식재판의 청구기간이 경과하거나 그 청구의 취하 또는 청구기각의 결정이 확정한 때에는 확정판결과 동일한 효력이 있다.

㉣ (○) 제455조 제1항 참조.

> **제455조(기각의 결정)** ① 정식재판의 청구가 법령상의 방식에 위반하거나 청구권의 소멸 후인 것이 명백한 때에는 결정으로 기각하여야 한다.

㉤ (×) 약식명령에 대한 정식재판의 청구는 서면으로 제출하여야 하고(형사소송법 제453조 제2항), 공무원 아닌 사람이 작성하는 서류에는 연월일을 기재하고 기명날인 또는 서명하여야 하며, 인장이 없으면 지장으로 한다(형사소송법 제59조). 따라서 정식재판청구서에 청구인의 기명날인 또는 서명이 없다면 법령상의 방식을 위반한 것으로서 그 청구를 결정으로 기각하여야 한다. 이는 정식재판의 청구를 접수하는 법원공무원이 청구인의 기명날인이나 서명이 없음에도 불구하고 이에 대한 보정을 구하지 아니하고 적법한 청구가 있는 것으로 오인하여 청구서를 접수한 경우에도 마찬가지이다(정식재판청구기각결정, 대법원 2023.2.13, 2022모1872).

[보충] (그러나) 법원공무원의 위와 같은 잘못으로 인하여 적법한 정식재판청구가 제기된 것으로 신뢰한 피고인이 그 정식재판청구기간을 넘기게 되었다면, 이때 피고인은 자기가 '책임질 수 없는 사유'로 청구기간 내에 정식재판을 청구하지 못한 때에 해당하여 정식재판청구권의 회복을 구할 수 있다(정식재판청구권회복청구는 가능, 대법원 2008.7.11, 2008모605; 2023.2.13, 2022모1872).

12
정답 ④

④ (×) 지방법원은 그 관할에 속한 사건에 대하여 검사의 청구가 있는 때에는 공판절차 없이 약식명령으로 피고인을 벌금, 과료 또는 몰수에 처할 수 있을 뿐(제448조), 공판절차를 중단하고 약식명령으로 벌금, 과료 또는 몰수에 처할 수는 없다.

① (○) 제452조, 제453조 참조.

> **제452조(약식명령의 고지)** 약식명령의 고지는 검사와 피고인에 대한 재판서의 송달에 의하여 한다.
> **제453조(정식재판의 청구)** ① 검사 또는 피고인은 약식명령의 고지를 받은 날로부터 7일 이내에 정식재판의 청구를 할 수 있다. 단, 피고인은 정식재판의 청구를 포기할 수 없다.

② (○) 대법원 2005.1.17, 2004모351

③ (○) 제458조, 제350조 참조.

> **제458조(준용규정)** ① 제340조 내지 제342조, 제345조 내지 제352조, 제354조의 규정은 정식재판의 청구 또는 그 취하에 준용한다.
> **제350조(상소의 포기등과 법정대리인의 동의)** 법정대리인이 있는 피고인이 상소의 포기 또는 취하를 함에는 법정대리인의 동의를 얻어야 한다. 단, 법정대리인의 사망 기타 사유로 인하여 그 동의를 얻을 수 없는 때에는 예외로 한다.

13
정답 ④

④ (×) [1] 약식명령에 대하여 피고인이 정식재판을 청구한 사건에 대하여는 약식명령의 형보다 중한 형을 선고하지 못한다(구 형사소송법 제457조의2, 현행 동조 제1항에 의하면 "중한 종류의 형을 선고하지 못한다."). 이때 그 형이 피고인에게 불이익하게 변경되었는지 여부에 관한 판단은 형법상 형의 경중을 기준으로 하되 이를 개별적·형식적으로 고찰할 것이 아니라 주문 전체를 고려하여 피고인에게 실질적으로 불이익한지 아닌지를 보아 판단하여야 한다.
[2] 성폭력범죄의 처벌 등에 관한 특례법 제16조 제2항에 의한 이수명령은 이른바 범죄인에 대한 사회내 처우의 한 유형으로서 형벌 그 자체가 아니라 보안처분의 성격을 가지는 것이지만, 성폭력 치료프로그램의 의무적 이수를 받도록 함으로써 실질적으로는 신체적 자유를 제한하는 것이 된다.
[3] 피고인이 준강제추행 범행으로 벌금형의 약식명령을 발령받고 정식재판을 청구하였는데, 제1심이 약식명령에서 정한 벌금형과 동일한 벌금형을 선고하면서 성폭력 치료프로그램 24시간의 이수명령을 병과하였고 원심이 이를 유지한 사안에서, 이는 전체적·실질적으로 볼 때 피고인에게 불이익하게 변경한 것이므로 허용되지 않는다(대법원 2015.9.15, 2015도11362).

① (○) 피고인뿐만 아니라 검사가 피고인에 대한 약식명령에 불복하여 정식재판을 청구한 사건에 있어서는 형사소송법 제457조

의2에서 정한 '약식명령의 형보다 중한 종류의 형을 선고하지 못한다'는 형종 상향의 금지 원칙이 적용되지 않는다. 따라서 원심이 검사가 정식재판을 청구한 이 사건에서 형종 상향의 금지 원칙을 적용하지 않고 징역형을 선택한 제1심판결을 그대로 유지한 데에 어떠한 잘못이 있다고 할 수 없다(대법원 2020. 12.10, 2020도13700).
[보충] 형사소송법 개정 전 정식재판 청구사건에 관한 불이익변경금지의 원칙에 관한 "검사가 정식재판을 청구한 사건에서는 불이익변경금지의 원칙이 적용되지 않는다."는 법리(대법원 2011.4.14, 2010도17636)가, 형사소송법 개정 이후 정식재판 청구사건에 관한 형종상향의 금지원칙에서도 동일하게 적용됨을 최초로 확인한 사례이다.

② (○) 약식명령에 대한 정식재판청구사건에 관하여는 형사소송법 제458조 제2항이 항소심에서의 피고인 불출석 재판에 관한 같은 법 제365조를 준용하고 있는데, 위 제365조는 피고인이 적법한 소환을 받고도 정당한 사유 없이 2회 이상 불출석하면 피고인의 진술 없이 판결을 할 수 있다고 정한다. … '소송촉진 등에 관한 특례법' 제23조 및 그 시행규칙 제19조는 피고인에 대한 송달불능보고서가 접수된 때부터 6개월이 지나도록 피고인의 소재를 확인할 수 없는 경우에 비로소 공시송달의 방법에 의하여 피고인의 진술 없이 재판할 수 있다고 정하고 있다. 이는 제1심 공판절차에서의 피고인 불출석 재판에 관한 특례규정으로서, 위와 같이 형사소송법 제458조, 제365조가 적용되는 약식명령에 대한 정식재판청구사건에서 제1심은 '소송촉진 등에 관한 특례법' 제23조 및 그 시행규칙 제19조가 정하는 "피고인에 대한 송달불능보고서가 접수된 때로부터 6개월이 지나도록 피고인의 소재를 확인할 수 없는 경우"에까지 이르지 아니하더라도 공시송달의 방법에 의하여 피고인의 진술 없이 재판을 할 수 있다고 할 것이다(대법원 2013.3.28, 2012도12843).

③ (○) 형사소송법 제457조의2에서 규정한 불이익변경금지의 원칙은 피고인이 약식명령에 불복하여 정식재판을 청구한 사건에서 약식명령의 주문에서 정한 형보다 중한 형을 선고할 수 없다는 것이므로, 그 죄명이나 적용법조가 약식명령의 경우보다 불이익하게 변경되었다고 하더라도 선고한 형이 약식명령과 같거나 약식명령보다 가벼운 경우에는 불이익변경금지의 원칙에 위배된 조치라고 할 수 없다(대법원 2013.2.28, 2011도14986).

14
정답 ③

③ (×) 검사가 사기죄에 대하여 약식명령의 청구를 한 다음, 피고인이 약식명령의 고지를 받고 정식재판의 청구를 하여 그 사건이 제1심법원에 계속 중일 때, 사기죄의 수단의 일부로 범한 사문서위조 및 동행사죄에 대하여 추가로 공소를 제기하였더라도, 일사부재리의 원칙에 위반되거나, 공소권을 남용한 것으로서 공소제기의 절차가 법률의 규정에 위반하여 무효인 때에 해당한다고 볼 수 없다(대법원 1990.2.23, 89도2102).

① (○) 형사소송법 제452조에서 약식명령의 고지는 검사와 피고인에 대한 재판서의 송달에 의하도록 규정하고 있으므로, 약식명령은 그 재판서를 피고인에게 송달함으로써 효력이 발생하고, 변호인이 있는 경우라도 반드시 변호인에게 약식명령 등본을 송달해야 하는 것은 아니다. 따라서 정식재판 청구기간은 피고인에 대한 약식명령 고지일을 기준으로 하여 기산하여야 한다(대법원 2016.12.2, 2016모2711).

② (O) 변호인이 정식재판청구서를 제출할 것으로 믿고 피고인이 스스로 적법한 정식재판의 청구기간 내에 정식재판청구서를 제출하지 못하였더라도 그것이 피고인 또는 대리인이 책임질 수 없는 사유로 인하여 정식재판의 청구기간 내에 정식재판을 청구하지 못한 때에 해당하지 않는다(대법원 2007.1.12, 2006모658).

④ (O) 검사가 약식명령을 청구하는 때에는 약식명령의 청구와 동시에 약식명령을 하는 데 필요한 증거서류 및 증거물을 법원에 제출하여야 하는바(형사소송규칙 제170조), 이는 약식절차가 서면심리에 의한 재판이어서 공소장일본주의의 예외를 인정한 것이므로 약식명령의 청구와 동시에 증거서류 및 증거물이 법원에 제출되었다 하여 공소장일본주의를 위반하였다 할 수 없고, 그 후 약식명령에 대한 정식재판청구가 제기되었음에도 법원이 증거서류 및 증거물을 검사에게 반환하지 않고 보관하고 있다고 하여 그 이전에 이미 적법하게 제기된 공소제기의 절차가 위법하게 된다고 할 수도 없다(대법원 2007.7.26, 2007도3906).

15
정답 ②

② ⓛⓒ

㉠ (×) 이 경우 약식절차와 달리 판사는 즉결심판청구를 기각한다. 즉결심판에 관한 절차법 제5조 참조.

> **즉심법 제5조(청구의 기각등)** ① 판사는 사건이 즉결심판을 할 수 없거나 즉결심판절차에 의하여 심판함이 적당하지 아니하다고 인정할 때에는 결정으로 즉결심판의 청구를 기각하여야 한다.

㉡ (O) 경범죄 처벌법은 제3장에서 '경범죄 처벌의 특례'로서 범칙행위에 대한 통고처분(제7조), 범칙금의 납부(제8조, 제8조의2)와 통고처분 불이행자 등의 처리(제9조)를 정하고 있다. 경찰서장으로부터 범칙금 통고처분을 받은 사람은 통고처분서를 받은 날부터 10일 이내에 범칙금을 납부하여야 하고, 위 기간에 범칙금을 납부하지 않은 사람은 위 기간의 마지막 날의 다음날부터 20일 이내에 통고받은 범칙금에 20/100을 더한 금액을 납부하여야 한다(제8조 제1항, 제2항). 경범죄 처벌법 제8조 제2항에 따른 납부기간에 범칙금을 납부하지 않은 사람에 대하여 경찰서장은 지체 없이 즉결심판을 청구하여야 하고(제9조 제1항 제2호), 즉결심판이 청구되더라도 그 선고 전까지 피고인이 통고받은 범칙금에 50/100을 더한 금액을 납부하고 그 증명서류를 제출하였을 경우에는 경찰서장은 즉결심판 청구를 취소하여야 한다(제9조 제2항). 이와 같이 통고받은 범칙금을 납부한 사람은 그 범칙행위에 대하여 다시 처벌받지 않는다(제8조 제3항, 제9조 제3항). 위와 같은 규정 내용과 통고처분의 입법 취지를 고려하면, 경범죄 처벌법상 범칙금제도는 범칙행위에 대하여 형사절차에 앞서 경찰서장의 통고처분에 따라 범칙금을 납부할 경우 이를 납부하는 사람에 대하여는 기소를 하지 않는 처벌의 특례를 마련해 둔 것으로 법원의 재판절차와는 제도적 취지와 법적 성질에서 차이가 있다. 또한 범칙자가 통고처분을 불이행하였더라도 기소독점주의의 예외를 인정하여 경찰서장의 즉결심판 청구를 통하여 공판절차를 거치지 않고 사건을 간이하고 신속·적정하게 처리함으로써 소송경제를 도모하되, 즉결심판 선고 전까지 범칙금을 납부하면 형사처벌을 면할 수 있도록 함으로써 범칙자에 대하여 형사소추와 형사처벌을 면제받을 기회를 부여하고 있다. 따라서 경찰서장이 범칙행위에 대하여 통고처분을 한 이상, 범칙자의 위와 같은 절차적 지위를 보

장하기 위하여 통고처분에서 정한 범칙금 납부기간까지는 원칙적으로 경찰서장은 즉결심판을 청구할 수 없고, 검사도 동일한 범칙행위에 대하여 공소를 제기할 수 없다고 보아야 한다(대법원 2020.4.29, 2017도13409).

㉢ (O) 즉결심판에 관한 절차법 제10조 참조.

> **즉심법 제10조(증거능력)** 즉결심판절차에 있어서는 형사소송법 제310조, 제312조 제3항 및 제313조의 규정은 적용하지 아니한다.

㉣ (O) 즉결심판에 관한 절차법 제14조 제1항, 제3항, 제4항 및 형사소송법 제455조 제3항에 의하면, 경찰서장의 청구에 의해 즉결심판을 받은 피고인으로부터 적법한 정식재판의 청구가 있는 경우 경찰서장의 즉결심판청구는 공소제기와 동일한 소송행위이므로 공판절차에 의하여 심판하여야 한다(대법원 2012.3.29, 2011도8503).

㉤ (×) (납부한 범칙금을 회수한 경우 공소제기가 허용된다는 사례) 도로교통법 제162조 제2항에서 범칙금 통고처분의 대상자인 '범칙자'를 같은 조 제1항이 정한 '범칙행위'를 한 사람으로 정의하면서 각 호에서 예외를 정하고 있는데, 범칙행위로 교통사고를 일으킨 사람은 범칙자에서 제외되나(제2호 본문), 다만 「교통사고처리 특례법」 제3조 제2항 및 제4조에 따라 업무상과실치상죄·중과실치상죄 또는 도로교통법 제151조의 죄에 대한 벌을 받지 아니하게 된 사람은 범칙자에 해당하는 것으로 정하고 있다(제2호 단서). 한편 범칙금 통고처분을 불이행한 사람에 대해서는 경찰서장 등은 지체 없이 즉결심판을 청구하여야 하고(동법 제165조 제1항), 즉결심판에서 판사가 결정으로 즉결심판의 청구를 기각한 경우 경찰서장은 지체 없이 관할 지방검찰청 또는 지청의 장에게 송치하여야 한다(「즉결심판에 관한 절차법」 제5조 제2항). … 피고인은 진로변경방법 위반의 범칙행위로 교통사고를 일으켰으나 종합보험 가입으로 벌을 받지 아니하게 되었으므로 도로교통법 제162조 제2항 제2호 단서에 따라 통고처분의 대상인 '범칙자'에 해당하고, 통고처분에 따라 범칙금을 납부하면 범칙행위에 대하여 다시 처벌받지 않게 되는데(도로교통법 제164조 제3항), 피고인이 면허벌점 부과가 부당하다는 이유로 이미 납부한 범칙금을 회수한 후 범칙금을 납부하지 아니한 결과 도로교통법과 「즉결심판에 관한 절차법」에 따라 후속절차가 진행되어 이 사건 공소제기에 이르렀으므로, 이 사건 공소제기 절차는 관련 법령이 정한 요건과 절차에 따라 이루어진 것으로서 거기에 「교통사고처리 특례법」의 취지에 반하는 위법이 있다고 보기 어렵다(대법원 2024.10.31, 2024도8903).

16
정답 ④

④ (×) 즉결심판에 관한 절차법 제14조 제1항, 제3항, 제4항 및 형사소송법 제455조 제3항에 의하면, 경찰서장의 청구에 의해 즉결심판을 받은 피고인으로부터 적법한 정식재판의 청구가 있는 경우 경찰서장의 즉결심판청구는 공소제기와 동일한 소송행위이므로 공판절차에 의하여 심판하여야 한다(대법원 2012.3.29, 2011도8503). … 즉결심판에 대하여 피고인의 정식재판 청구가 있는 경우 경찰서는 검찰청으로, 검찰청은 법원으로 정식재판청구서를 첨부한 사건기록과 증거물을 그대로 송부하여야 하고 검사의 별도의 공소제기는 필요하지 아니한데도, 검사가 정식재판을 청구한 즉결심판 사건에 대하여 법원에 사건기록과 증

거물을 그대로 송부하지 아니하고 즉결심판이 청구된 위반 내용과 동일성 있는 범죄사실에 대하여 약식명령을 청구하였다면, 이 사건 공소제기 절차는 법률의 규정에 위반하여 무효인 때에 해당하거나 공소가 제기된 사건에 대하여 다시 공소가 제기되었을 때에 해당한다(공소기각판결, 대법원 2017.10.12, 2017도10368).

① (○) 즉결심판에 관한 절차법 제10조 참조.

> **즉심법 제10조(증거능력)** 즉결심판절차에 있어서는 형사소송법 제310조, 제312조 제3항 및 제313조의 규정은 적용하지 아니한다.

② (○) 즉결심판에 관한 절차법 제7조 참조.

> **즉심법 제7조(개정)** ① 즉결심판절차에 의한 심리와 재판의 선고는 공개된 법정에서 행하되, 그 법정은 경찰관서(해양경비안전관서를 포함한다) 외의 장소에 설치되어야 한다.

③ (○) 경찰서장으로부터 범칙금 통고처분을 받은 사람은 통고처분서를 받은 날부터 10일 이내에 범칙금을 납부하여야 하고, 위 기간에 범칙금을 납부하지 않은 사람은 위 기간의 마지막 날의 다음 날부터 20일 이내에 통고받은 범칙금에 20/100을 더한 금액을 납부하여야 한다(경범죄처벌법 제8조 제1항, 제2항). 동 제8조 제2항에 따른 납부기간에 범칙금을 납부하지 않은 사람에 대하여 경찰서장은 지체 없이 즉결심판을 청구하여야 하고(동 제9조 제1항 제2호), 즉결심판이 청구되더라도 그 선고 전까지 피고인이 통고받은 범칙금에 50/100을 더한 금액을 납부하고 그 증명서류를 제출하였을 경우에는 경찰서장은 즉결심판 청구를 취소하여야 한다(동 제9조 제2항). 이와 같이 통고받은 범칙금을 납부한 사람은 그 범칙행위에 대하여 다시 처벌받지 않는다(동 제8조 제3항, 제9조 제3항). 위와 같은 규정 내용과 통고처분제도의 입법 취지를 고려하면, 「경범죄 처벌법」상 범칙금제도는 범칙행위에 대하여 형사절차에 앞서 경찰서장의 통고처분에 따라 범칙금을 납부할 경우 이를 납부하는 사람에 대하여는 기소를 하지 않는 처벌의 특례를 마련해 둔 것으로 법원의 재판절차와는 제도적 취지와 법적 성질에서 차이가 있다(대법원 2012.9.13, 2012도6612 등). 또한 범칙자가 통고처분을 불이행하였더라도 기소독점주의의 예외를 인정하여 경찰서장의 즉결심판청구를 통하여 공판절차를 거치지 않고 사건을 간이하고 신속·적정하게 처리함으로써 소송경제를 도모하되, 즉결심판 선고 전까지 범칙금을 납부하면 형사처벌을 면할 수 있도록 함으로써 범칙자에 대하여 형사소추와 형사처벌을 면제받을 기회를 부여하고 있다. 따라서 경찰서장이 범칙행위에 대하여 통고처분을 한 이상, 범칙자의 위와 같은 절차적 지위를 보장하기 위하여 통고처분에서 정한 범칙금 납부기간까지는 원칙적으로 경찰서장은 즉결심판을 청구할 수 없고, 검사도 동일한 범칙행위에 대하여 공소를 제기할 수 없다. 또한 범칙자가 범칙금 납부기간이 지나도록 범칙금을 납부하지 아니하였다면 경찰서장이 즉결심판을 청구하여야 하고, 검사는 동일한 범칙행위에 대하여 공소를 제기할 수 없다(대법원 2020.4.29, 2017도13409; 2020.7.29, 2020도4738). 나아가 특별한 사정이 없는 이상 경찰서장은 범칙행위에 대한 형사소추를 위하여 이미 한 통고처분을 임의로 취소할 수 없다(대법원 2021.4.1, 2020도15194)

17 　　　　　　　　　　　　　　정답 ③

③ ㉠㉡㉢㉤

㉠ (○) 소년법 제53조

㉡ (○) 소년법 제64조

㉢ (✕) 부정기형의 경우, 단기의 3분의 1의 기간을 경과하는 것이 가석방의 요건이다.

> **소년법 제65조(가석방)** 징역 또는 금고를 선고받은 소년에 대하여는 다음 각 호의 기간이 지나면 가석방(假釋放)을 허가할 수 있다.
> 1. 무기형의 경우에는 5년
> 2. 15년 유기형의 경우에는 3년
> 3. 부정기형의 경우에는 단기의 3분의 1

㉣ (○) 소년법 제49조

㉤ (○) 법원은 소년에 대한 피고사건을 심리한 결과 '보호처분에 해당할 사유'가 있다고 인정하면 결정으로써 사건을 관할 소년부에 송치하여야 한다(소년법 제50조). 소년에 대한 피고사건을 심리한 법원이 그 결과에 따라 보호처분에 해당할 사유가 있는지 여부를 인정하는 것은 법관의 자유재량에 의하여 판정될 사항이다(대법원 2003.4.25, 2003도529; 2009.11.26, 2009도9416; 2021.5.28, 2021모978). … 법원은 소년에 대한 형사사건을 심리할 때 소년이 건전하게 성장하도록 돕는다는 지도이념에 초점을 맞추어 소년의 심신상태, 품행, 경력, 가정상황, 그 밖의 환경 등에 대하여 정확한 사실을 밝힐 수 있도록 특별히 유의하여(소년법 제58조 제2항), 소년의 나이, 성행, 지능, 부모의 보호의지 및 보호능력 등의 주변 환경, 피해자와의 관계 및 학교생활, 교우관계, 비행·보호 처분경력, 범죄 정상의 경중, 범행 후의 정상, 과형에 의한 폐해·영향, 공범자의 처우와의 균형, 피해감정, 사회의 불안·처벌감정·정의관념 등을 종합하여 보호처분에 해당할 사유를 판단하여야 하고, 그러한 판단은 소년 한 사람 한 사람에게 개별적으로 이루어져야 한다(대법원 2024.3.13, 2024모398).

18 　　　　　　　　　　　　　　정답 ④

④ (○) 소촉법 제25조의2 참조.

> **소촉법 제25조의2(배상신청의 통지)** 검사는 제25조 제1항에 규정된 죄로 공소를 제기한 경우에는 지체 없이 피해자 또는 그 법정대리인(피해자가 사망한 경우에는 그 배우자·직계친족·형제자매를 포함한다)에게 제26조 제1항에 따라 배상신청을 할 수 있음을 통지하여야 한다.

① (✕) 면소판결을 하는 경우에는 배상명령을 할 수 없다.

> **소촉법 제25조(배상명령)** ① 제1심 또는 제2심의 형사공판 절차에서 다음 각 호의 죄 중 어느 하나에 관하여 유죄판결을 선고할 경우, 법원은 직권에 의하여 또는 피해자나 그 상속인(이하 "피해자"라 한다)의 신청에 의하여 피고사건의 범죄행위로 인하여 발생한 직접적인 물적(物的) 피해, 치료비 손해 및 위자료의 배상을 명할 수 있다.

② (✕) 소촉법 제30조 제2항 참조.

> **소촉법 제30조(기록의 열람과 증거조사)** ①신청인 및 그 대리인은 공판절차를 현저히 지연시키지 아니하는 범위에서 재판장의 허가를 받아 소송기록을 열람할 수 있고, 공판기일에 피

고인이나 증인을 신문(訊問)할 수 있으며, 그 밖에 필요한 증거를 제출할 수 있다.

② 제1항의 허가를 하지 아니한 재판에 대하여는 불복(不服)을 신청하지 못한다.

③ (×) 유죄판결을 선고할 경우에 배상명령을 발령할 수 있는 것이고, 유죄판결 선고 전에는 배상명령을 신청할 수 있을 뿐이다. 물론 가집행선고도 가능하다.

> **소촉법 제26조(배상신청)** ① 피해자는 제1심 또는 제2심 공판의 변론이 종결될 때까지 사건이 계속된 법원에 제25조에 따른 피해배상을 신청할 수 있다. 이 경우 신청서에 인지를 붙이지 아니한다.
>
> **소촉법 제31조(배상명령의 선고 등)** ① 배상명령은 유죄판결의 선고와 동시에 하여야 한다.
> ③ 배상명령은 가집행할 수 있음을 선고할 수 있다.

19 정답 ②

② ㉠㉢㉣

㉠ (○) 소촉법 제33조 제2항 참조.

> **소촉법 제33조(불복)** ② 상소심에서 원심(原審)의 유죄판결을 파기하고 피고사건에 대하여 무죄, 면소(免訴) 또는 공소기각(公訴棄却)의 재판을 할 때에는 원심의 배상명령을 취소하여야 한다. 이 경우 상소심에서 원심의 배상명령을 취소하지 아니한 경우에는 그 배상명령을 취소한 것으로 본다.

㉡ (×) 이 경우 법원이 직권으로 피해금액을 특정할 수 없고, 배상명령 자체를 할 수 없다(소촉법 제25조 제3항 제2호). 배상명령은 피해금액, 피해자의 인적사항 등이 명확히 특정된 상황에서 간이 · 신속하게 형사피해자에 대한 배상명령을 할 수 있도록 하는 것에 특징이 있는 절차이기 때문이다.

> **소촉법 제25조(배상명령)** ③ 법원은 다음 각 호의 어느 하나에 해당하는 경우에는 배상명령을 하여서는 아니 된다.
> 2. 피해금액이 특정되지 아니한 경우

㉢ (○) 전단은 소촉법 제32조 제1항의 내용이다.

> **소촉법 제32조(배상신청의 각하)** ① 법원은 다음 각 호의 어느 하나에 해당하는 경우에는 결정으로 배상신청을 각하(却下)하여야 한다.
> 1. 배상신청이 적법하지 아니한 경우
> 2. 배상신청이 이유 없다고 인정되는 경우
> 3. 배상명령을 하는 것이 타당하지 아니하다고 인정되는 경우
> ④ 배상신청을 각하하거나 그 일부를 인용한 재판에 대하여 신청인은 불복을 신청하지 못하며, 다시 동일한 배상신청을 할 수 없다.

후단은 소촉법 제33조 본문, 형사소송법 제358조의 내용이다. 소촉법상 배상명령에 대한 즉시항고는 상소 제기기간 내에 할 수 있도록 했고, 항소의 제기기간이 7일이므로, 이때 즉시항고의 제기기간도 7일 이내이다.

> **소촉법 제33조(불복)** ⑤ 피고인은 유죄판결에 대하여 상소를 제기하지 아니하고 배상명령에 대하여만 상소 제기기간에 「형사소송법」에 따른 즉시항고(卽時抗告)를 할 수 있다. 다만, 즉시항고 제기 후 상소권자의 적법한 상소가 있는 경우에는

즉시항고는 취하된 것으로 본다.

> **형사소송법 제358조(항소제기기간)** 항소의 제기기간은 7일로 한다.

[정리] 배상명령에 대해서 피고인은 즉시항고가 가능하나, 배상신청을 각하하거나 그 일부를 인용한 재판에 대하여 신청인은 불복이 불가하다.

㉣ (○) 제1심 또는 제2심의 형사공판 절차에서 사기죄 등에 관하여 유죄판결을 선고할 경우, 법원은 직권 또는 피해자 등의 신청에 의하여 피고사건의 범죄행위로 인하여 발생한 직접적인 물적 피해, 치료비 손해 및 위자료의 배상을 명할 수 있고, 피고인과 피해자 사이에 합의된 손해배상액에 관하여도 배상을 명할 수 있다(「소송촉진 등에 관한 특례법」 제25조 제1항, 제2항 참조). … 원심이 피고인에게 합의된 손해배상액 27,500,000원에 대한 배상명령을 선고한 것은 정당하다(대법원 2021.7.8, 2021도4944).

㉤ (×) 소송촉진 등에 관한 특례법(이하 '소송촉진법') 제32조 제1항은 배상신청이 적법하지 아니한 경우는 물론, 신청이 이유 없거나 배상명령을 하는 것이 타당하지 않은 경우에도 모두 배상신청을 각하하도록 규정하고 있고, 같은 조 제4항은 배상신청이 각하된 경우 신청인은 불복하거나 다시 동일한 배상신청을 할 수 없도록 규정하고 있다. 제1심에서 변론이 종결된 후 배상신청인이 배상신청을 한 경우 소송촉진법 제26조 제1항, 제32조 제1항 제1호에 따라 이를 각하하여야 하고, 제32조 제4항에 따라 배상신청인은 그 판단에 대하여 불복하지 못할 뿐더러, 피고인 등의 불복으로 항소가 제기된 경우에도 항소심에서 다시 동일한 배상신청을 할 수도 없다(대법원 2016.8.24, 2016도7968; 2022.1.14, 2021도13768).

[보충] 따라서 제1심 법원으로서는 공판절차의 진행이나 배상신청에 대한 결정을 함에 있어 피해자의 배상신청이 소송촉진법이 정한 나머지 요건을 갖추었으나 변론종결 후에 접수되었다는 이유로 이를 각하하는 경우 피해자가 더 이상 배상명령 제도를 통해서는 구제받을 수 없다는 점을 유념할 필요가 있다(위 판례).

20 정답 ①

① (×) 생명 · 신체 침해 범죄로 사망, 장해, 중상해를 당한 경우이어야 하며, 정신적 피해에 대한 구조는 포함되지 않는다(위자료 배상이 인정되는 배상명령과의 차이). 범죄피해자 보호법 제1조, 제3조 제1항 제4호 참조.

② (○) 범죄피해자 보호법 제25조 제1항 · 제2항 참조.

> **범죄피해자 보호법 제25조(구조금의 지급신청)** ① 구조금을 받으려는 사람은 법무부령으로 정하는 바에 따라 그 주소지, 거주지 또는 범죄 발생지를 관할하는 지구심의회에 신청하여야 한다.
> ② 제1항에 따른 신청은 해당 구조대상 범죄피해의 발생을 안 날부터 3년이 지나거나 해당 구조대상 범죄피해가 발생한 날부터 10년이 지나면 할 수 없다.

③ (○) 범죄피해자 보호법 제17조

④ (○) 범죄피해자 보호법 제20조

MEMO

판례색인

판례색인

| 대법원 |

대법원 1956.4.27, 4288형재항10   252
대법원 1957.3.8, 4290형상23   363
대법원 1959.7.31, 4292형상327   224, 421
대법원 1962.9.27, 62오1   433
대법원 1963.6.20, 63도123   413
대법원 1964.5.19, 64도71   424
대법원 1964.9.17, 64도298 전원합의체   418
대법원 1966.1.31, 65도1089   269, 270
대법원 1967.7.25, 66도1222   336
대법원 1968.3.19, 68도43   394
대법원 1968.5.21, 68도457   424
대법원 1968.9.17, 68도932   378
대법원 1971.3.30, 71모6   337
대법원 1971.7.6, 71도974   232
대법원 1972.1.31, 71도2060   401
대법원 1972.5.23, 72도840   227
대법원 1973.3.20, 73도280   402
대법원 1974.1.15, 73도1819   245
대법원 1975.6.24, 70도2660   341, 346
대법원 1976.12.21, 75마551   268
대법원 1976.12.28, 76도3203   335
대법원 1977.5.10, 74도3293   359
대법원 1977.12.27, 77도1308   335
대법원 1979.2.27, 78도3204   419
대법원 1979.6.12, 79도792   329
대법원 1980.2.5, 80모3   328
대법원 1980.3.25, 79도2105   417
대법원 1980.7.8, 80도1227   349
대법원 1980.12.9, 80도2656   377
대법원 1980.12.9, 80도384 전원합의체   415
대법원 1981.6.9, 81도1353   402
대법원 1981.6.9, 81도775   366
대법원 1981.7.7, 81도1314   403
대법원 1981.9.8, 81도2040   259, 337
대법원 1981.10.13, 81도1244   344
대법원 1981.11.10, 81도1171   270
대법원 1981.11.24, 81도2422   223, 366, 406
대법원 1981.12.22, 80도1547   222, 400
대법원 1982.6.8, 82도884   349
대법원 1982.6.22, 82도898   386
대법원 1982.9.14, 82도1000   359, 386, 393

대법원 1982.9.14, 82도1504   257, 259, 396
대법원 1982.9.28, 82도1798,82감도368   405
대법원 1982.10.15, 82모36   402
대법원 1982.11.15, 82모11   230
대법원 1983.2.8, 82도2940   404
대법원 1983.2.22, 82도3107   402
대법원 1983.4.12, 82도2939   348
대법원 1983.5.10, 83도686   402
대법원 1983.5.24, 82도1199   343
대법원 1983.6.14, 82도293   352
대법원 1983.6.14, 83도939   409
대법원 1983.6.28, 83도948   395
대법원 1983.7.12, 83도1296   410
대법원 1983.7.26, 82도385   385
대법원 1983.7.26, 83도1448,83감도266   403
대법원 1983.8.23, 83도820   402
대법원 1983.9.13, 83도712   377, 402
대법원 1983.10.25, 82도571   404
대법원 1983.12.13, 83도2266   361
대법원 1983.12.13, 83도2279   368
대법원 1983.12.13, 83도2613   396
대법원 1984.2.14, 83도3146   272
대법원 1984.2.28, 83도3145   396
대법원 1984.2.28, 83도3333   229
대법원 1984.4.10, 84도141   377
대법원 1984.5.15, 84도508   329
대법원 1984.7.10, 84도846   301
대법원 1984.7.11, 84모40   420
대법원 1984.9.25, 84도1646   333
대법원 1984.9.25, 84도312   349
대법원 1984.9.25, 84도619   359, 363
대법원 1984.10.23, 84도1704   269
대법원 1984.11.27, 84도2106   413
대법원 1984.11.27, 84도2252   377
대법원 1984.12.11, 84도2058   374
대법원 1985.2.26, 82도2413   377
대법원 1985.3.9, 85도951   360, 399
대법원 1985.3.12, 84도3042   405
대법원 1985.3.12, 85도190   269, 270, 271
대법원 1985.5.28, 85도21   223, 260, 408
대법원 1985.7.23, 85도1003   300
대법원 1985.7.23, 85도1213   268
대법원 1985.7.23, 85모12   298, 300

대법원 1985.8.13, 85도1193   367
대법원 1985.9.10, 85도1273   270
대법원 1985.11.12, 85도1838   402
대법원 1985.11.12, 85도1940   268, 270
대법원 1986.2.11, 85도2658   223, 408
대법원 1986.2.12, 86트1   427
대법원 1986.6.10, 85누407   240
대법원 1986.6.10, 86도769   221, 365
대법원 1986.7.12, 86모24   257
대법원 1986.9.5, 86도1919   413
대법원 1986.9.5, 86모40   427
대법원 1986.9.24, 86모48   231
대법원 1986.10.14, 86도1691   368
대법원 1986.10.28, 84도693   245
대법원 1986.10.28, 86도1773   223, 406
대법원 1987.2.10, 85도897   350
대법원 1987.3.28, 87모17   346, 347
대법원 1987.4.8, 87모19   420
대법원 1987.5.28, 87모10   218, 231
대법원 1987.6.23, 87도705   378
대법원 1987.6.23, 87도706   368
대법원 1987.7.7, 87도973   360, 395, 399, 403
대법원 1987.9.22, 87도1707   269
대법원 1987.12.8, 87도2068   405
대법원 1987.12.22, 87도2168   351
대법원 1988.1.19, 87도1410   422
대법원 1988.3.8, 85도2518   268
대법원 1988.6.28, 88도740   377
대법원 1988.9.13, 88도1114   341
대법원 1988.11.8, 86도1646   329, 330, 359, 404
대법원 1988.11.16, 88초60   227
대법원 1988.12.14, 88모55   309
대법원 1988.12.27, 88도419   355
대법원 1989.3.14, 88도1399   328, 395
대법원 1989.3.14, 88도2428   336
대법원 1989.6.20, 89도648   329
대법원 1989.9.12, 89도612   230, 231
대법원 1989.10.10, 87도966   399
대법원 1989.10.10, 89도1711   433
대법원 1990.2.13, 89모37   299
대법원 1990.2.23, 89도2102   436
대법원 1990.3.9, 89도1046   409
대법원 1990.3.13, 89도1688   340

대법원 1990.4.10, 90도16 419
대법원 1990.5.23, 90초56 229, 368
대법원 1990.6.8, 90도646 222, 358, 365
대법원 1990.6.22, 90도741 401
대법원 1990.7.16, 90모34 332
대법원 1990.9.25, 90도1534 418
대법원 1990.9.25, 90도1586 221, 381
대법원 1990.10.16, 90도1813 240
대법원 1990.10.26, 90도1940 422
대법원 1990.10.30, 90도1939 223, 403, 406
대법원 1990.12.7, 90도2010 402
대법원 1991.2.26, 91모1 307
대법원 1991.5.28, 90도2977 348
대법원 1991.6.28, 91도865 222
대법원 1991.12.30, 91모76 306
대법원 1992.2.28, 91도2337 329
대법원 1992.4.14, 92도10 257
대법원 1992.4.24, 91도1438 335
대법원 1992.8.7, 92두30 299
대법원 1992.12.8, 92도2020 418
대법원 1992.12.22, 92도2047 348
대법원 1993.1.19, 92도2554 258
대법원 1993.3.4, 92모21 413
대법원 1993.5.25, 93도558 341
대법원 1993.5.25, 93도836 410
대법원 1993.6.22, 91도3346 371
대법원 1994.2.8, 93도3318 378
대법원 1994.2.8, 93도3335 229
대법원 1994.3.8, 94도142 232
대법원 1994.3.11, 93도3145 342
대법원 1994.3.11, 93도958 280
대법원 1994.3.22, 93도2080 전원합의체 350, 410
대법원 1994.4.26, 93도1689 268, 269
대법원 1994.5.13, 94도458 271
대법원 1994.8.9, 94도1318 410
대법원 1994.8.12, 94도1705 426
대법원 1994.10.14, 94도1818 257
대법원 1994.10.25, 94도2283 292
대법원 1994.10.28, 94모25 247
대법원 1994.11.4, 94도129 300
대법원 1994.12.13, 94도2584 405
대법원 1995.1.9, 94모77 218, 231, 232
대법원 1995.1.12, 94도2687 252
대법원 1995.4.3, 95모10 231, 260
대법원 1995.4.25, 94도2347 258
대법원 1995.8.17, 95모49 252
대법원 1995.12.12, 95도2297 366
대법원 1995.12.26, 95도2340 394
대법원 1996.2.13, 95도1794 401
대법원 1996.2.13, 95도2121 339, 340

대법원 1996.3.12, 94도2423 270
대법원 1996.3.12, 95도1883 366
대법원 1996.5.14, 96초88 378
대법원 1996.5.15, 95모94 293, 427
대법원 1996.6.3, 96모18 299
대법원 1996.8.12, 96모46 300
대법원 1996.8.16, 94모51 전원합의체 328
대법원 1996.9.24, 96도2151 269, 347
대법원 1996.10.17, 94도2865 전원합의체 377, 403
대법원 1996.12.8, 66도1319 418
대법원 1997.1.9, 96모34 319
대법원 1997.2.14, 96도3059 249
대법원 1997.2.26, 96모123 335
대법원 1997.3.28, 97도240 381, 394
대법원 1997.7.11, 97도1180 404
대법원 1997.7.25, 97도1351 394
대법원 1997.8.22, 97도1211 341
대법원 1997.8.22, 97도1516 347
대법원 1997.8.27, 97모21 290, 302
대법원 1997.9.30, 97도1230 379
대법원 1997.11.27, 97모88 303
대법원 1997.11.28, 97도2215 406, 411
대법원 1997.12.12, 97도2463 260, 347
대법원 1998.2.27, 97도1770 222, 401, 406
대법원 1998.2.27, 97도3421 366, 400, 425
대법원 1998.3.13, 98도159 395
대법원 1998.5.8, 97다54482 318
대법원 1998.8.21, 98도749 348
대법원 1998.12.14, 98모127 337
대법원 1999.1.26, 98도3029 294, 326
대법원 1999.2.5, 98도4534 417
대법원 1999.2.9, 98도2074 259
대법원 1999.2.26, 98도2742 392
대법원 1999.4.23, 99도915 249
대법원 1999.5.18, 99모40 420
대법원 1999.6.14, 98모121 300
대법원 1999.9.3, 98도968 317, 323
대법원 1999.9.3, 99도2317 281, 385
대법원 1999.10.8, 99도3225 416, 419
대법원 1999.10.22, 99도3534 230, 231
대법원 1999.11.9, 99도2530 349
대법원 1999.11.12, 99도2934 339, 341
대법원 1999.11.12, 99도3341 403
대법원 1999.11.26, 99도3776 419
대법원 1999.11.26, 99도3929 343
대법원 1999.11.26, 99도4398 230
대법원 1999.12.1, 99모161 221, 310, 312
대법원 1999.12.7, 98도3329 282
대법원 2000.2.11, 99도2983 409
대법원 2000.3.10, 2000도159 398

대법원 2000.3.10, 99도2744 350
대법원 2000.3.10, 99도5312 405
대법원 2000.6.9, 2000도1411 350
대법원 2000.6.15, 2000모85 420
대법원 2000.6.15, 99도1108 333
대법원 2000.7.4, 99도4341 291, 293
대법원 2000.9.26, 2000도2365 402
대법원 2000.10.13, 2000도3265 363
대법원 2000.11.10, 2000모134 296, 297
대법원 2000.11.10, 99도5541 371
대법원 2000.11.24, 2000도2119 340
대법원 2000.11.24, 2000도2900 373
대법원 2001.2.9, 2000도1216 372
대법원 2001.2.9, 2000도5000 414
대법원 2001.2.9, 2000도5358 346
대법원 2001.3.9, 2001도192 240, 242
대법원 2001.4.10, 2001도265 426
대법원 2001.4.24, 2000도3172 361, 420
대법원 2001.4.24, 2001도1052 251
대법원 2001.5.29, 2000도2933 395
대법원 2001.7.13, 2001도1660 346
대법원 2001.9.4, 2000도1743 371, 393, 397
대법원 2001.9.7, 2001도3026 233
대법원 2001.9.18, 2001도3448 417, 418
대법원 2001.9.28, 2001도4291 290
대법원 2001.10.9, 2001도3106 269
대법원 2001.10.26, 2000도2968 264, 280
대법원 2001.11.30, 2001도5225 240, 297, 359
대법원 2001.12.11, 2001도4013 350
대법원 2001.12.14, 2001도4283 288
대법원 2001.12.27, 2001도5304 342, 426
대법원 2002.2.22, 2001다23447 234
대법원 2002.3.15, 2001도6730 413
대법원 2002.3.15, 2002도158 420
대법원 2002.3.29, 2002도587 350
대법원 2002.4.12, 2002도944 230
대법원 2002.5.6, 2000모112 299
대법원 2002.5.10, 2001도300 293
대법원 2002.5.17, 2001모53 228
대법원 2002.6.11, 2000도5701 273, 290, 292
대법원 2002.6.14, 2002도1639 258
대법원 2002.6.20, 2002도807 341
대법원 2002.7.12, 2001도6777 268, 348
대법원 2002.7.12, 2002도2134 252
대법원 2002.7.23, 2002모180 420
대법원 2002.7.26, 2001도4947 414
대법원 2002.8.23, 2001도6876 351
대법원 2002.8.23, 2002도2112 385
대법원 2002.9.24, 2002도2544 258

대법원 2002.9.27, 2002도3194　　340
대법원 2002.9.27, 2002모6　　412
대법원 2002.10.8, 2001도3931　　228
대법원 2002.10.11, 2002도2939　　259
대법원 2002.10.22, 2000도5461　　385
대법원 2002.11.13, 2002도4893　218, 231
대법원 2002.11.26, 2000도1513　　378
대법원 2002.12.3, 2002모265　　423
대법원 2002.12.10, 2002도4227　　292
대법원 2003.2.11, 2002도5679　　419
대법원 2003.2.26, 2001도1314　　420
대법원 2003.2.26, 2002도6834　　420
대법원 2003.4.25, 2003도29　　438
대법원 2003.5.30, 2003도705　　378
대법원 2003.6.26, 2003도2008　　426
대법원 2003.7.11, 2002도2642　　411
대법원 2003.10.9, 2002도4372　　386
대법원 2003.10.23, 2002도446　　269
대법원 2003.11.11, 2003모402　　282
대법원 2003.11.13, 2001도6213　　279
대법원 2003.11.14, 2003도2735　257, 258
대법원 2003.12.12, 2003도2219　　423
대법원 2003.12.26, 2001도6484　　349
대법원 2004.1.13, 2003모451　　412, 420
대법원 2004.1.16, 2003도5693　　301
대법원 2004.1.16, 2003도5693　　396
대법원 2004.2.27, 2002도5800　　255
대법원 2004.3.11, 2003도171　　398
대법원 2004.3.25, 2003도8136　　269
대법원 2004.4.9, 2004도340　　419, 420
대법원 2004.6.25, 2004도2611　　424
대법원 2004.7.9, 2004도810　　413
대법원 2004.7.15, 2003도7185 전원합의체
　　　　397
대법원 2004.7.22, 2003도8153　　347
대법원 2004.9.16, 2001도3206 전원합의체
　　　223, 408, 410
대법원 2004.9.24, 2004도3532　　407
대법원 2004.9.24, 2004도4066　　270
대법원 2004.10.15, 2004도5035　　415
대법원 2004.10.28, 2004도5014　　272
대법원 2004.11.11, 2004도6784　　416
대법원 2004.12.10, 2004도3515　　415
대법원 2004.12.24, 2004도4957　　335
대법원 2005.1.14, 2004도6646　　395
대법원 2005.1.17, 2004모351　　436
대법원 2005.1.20, 2003모429　246, 251
대법원 2005.1.27, 2004도7537　　351
대법원 2005.3.11, 2004도8313　　376
대법원 2005.3.11, 2004오2　　433
대법원 2005.4.28, 2004도4428
　　218, 231, 258, 286, 396

대법원 2005.6.10, 2005도1849　387, 290
대법원 2005.7.8, 2005도2967　　426
대법원 2005.8.19, 2005도2617　400, 401
대법원 2005.9.15, 2005도1952　　426
대법원 2005.9.28, 2004모453　　431
대법원 2005.10.28, 2005도1247
　　　260, 406, 426
대법원 2005.10.28, 2005도5854　221, 382
대법원 2005.10.28, 2005도5996　　347
대법원 2005.12.22, 2005도6557　　404
대법원 2006.1.12, 2005도7601
　　　385, 386, 392
대법원 2006.1.13, 2003도6548　385, 395
대법원 2006.1.26, 2004도517　　377
대법원 2006.1.27, 2005도8704　　344
대법원 2006.2.23, 2005도9291　　256
대법원 2006.3.9, 2005도8675　　371
대법원 2006.3.23, 2005도9678　346, 410
대법원 2006.3.30, 2005모564　　423
대법원 2006.4.13, 2005도9268　　351
대법원 2006.4.14, 2005도956　　396
대법원 2006.4.27, 2006도514　　349
대법원 2006.5.11, 2006도920　　426
대법원 2006.5.25, 2004도3619　　394
대법원 2006.5.25, 2006도1146
　　　346, 415, 426
대법원 2006.6.2, 2006도48　　338
대법원 2006.6.15, 2006도1667　　346
대법원 2006.6.30, 2006도2104　　425
대법원 2006.7.6, 2005도6810　273, 283
대법원 2006.7.27, 2006도3194　　378
대법원 2006.9.8, 2006도148　　291
대법원 2006.9.8, 2006도3172　　411
대법원 2006.9.28, 2006도3922　　393
대법원 2006.10.12, 2006도4981　274, 381
대법원 2006.10.26, 2006도5147　　339
대법원 2006.11.9, 2004도8404　　272
대법원 2006.11.9, 2006도4888　　419
대법원 2006.11.23, 2004도7900　222, 378
대법원 2006.11.24, 2006도6451　　351
대법원 2006.12.5, 2006초기335 전원합의체
　　　228, 229
대법원 2006.12.8, 2006도6356　　344
대법원 2006.12.18, 2006모646
　　　226, 295, 306
대법원 2006.12.22, 2004도7232　　341
대법원 2007.1.12, 2006모658　413, 437
대법원 2007.1.12, 2006모691　　412
대법원 2007.1.31, 2006모656　242, 299
대법원 2007.2.23, 2005도10233
　　　349, 406, 409
대법원 2007.3.15, 2007도210　　269

대법원 2007.4.19, 2005도7288 전원합의체
　　　422
대법원 2007.4.26, 2007도309　　348
대법원 2007.5.10, 2007도1048　　349
대법원 2007.5.25, 2007모82　335, 427
대법원 2007.5.31, 2007도1419　　403
대법원 2007.6.29, 2007도2076　　339
대법원 2007.6.29, 2007도984　　359
대법원 2007.7.12, 2007도3041　　404
대법원 2007.7.13, 2007도3448　415, 418
대법원 2007.7.26, 2007도3219　　396
대법원 2007.7.26, 2007도3906
　　　251, 354, 437
대법원 2007.8.23, 2007도2595　　343
대법원 2007.9.6, 2006도3583　　351
대법원 2007.9.20, 2007도4105　　392
대법원 2007.10.25, 2007도4961　　259
대법원 2007.11.15, 2007도3061 전원합의체
　　　378
대법원 2007.11.29, 2007도7680　　260
대법원 2007.11.30, 2005다40907　　433
대법원 2007.12.27, 2007도4749　　346
대법원 2008.1.17, 2007도5201　　374
대법원 2008.1.31, 2007도8117　　414
대법원 2008.2.14, 2005도4202　　415
대법원 2008.2.14, 2007도10937
　　　377, 402, 403
대법원 2008.2.28, 2007도10004　　394
대법원 2008.2.29, 2007도11339　　288
대법원 2008.3.13, 2007도10804　　260
대법원 2008.3.27, 2007도11000　　341
대법원 2008.3.27, 2007도11400　273, 378
대법원 2008.4.10, 2007도6325　　269
대법원 2008.5.29, 2007도7260　　349
대법원 2008.5.29, 2007헌마712　　300
대법원 2008.5.29, 2008도1816
　　　358, 422, 424
대법원 2008.5.29, 2008도2343　　402
대법원 2008.6.12, 2006도8568　　229
대법원 2008.6.12, 2008도2621
　　　218, 231, 258
대법원 2008.6.26, 2008도1584　　380
대법원 2008.6.26, 2008도2876　　355
대법원 2008.7.10, 2007도10755　　394
대법원 2008.7.10, 2007도7760　386, 398
대법원 2008.7.11, 2008모605　257, 422
대법원 2008.7.24, 2008도4759　　411
대법원 2008.9.12, 2008모793
　　　282, 284, 285
대법원 2008.9.25, 2008도5347　　385
대법원 2008.10.9, 2008도2588　　413
대법원 2008.10.9, 2008도3640　　326

대법원 2008.10.23, 2008도7362
　　　　260, 264, 267, 280, 283, 406
대법원 2008.10.23, 2008도7471　　　281
대법원 2008.10.28, 2008모577　434, 435
대법원 2008.11.13, 2006도2556　　　385
대법원 2008.11.13, 2008도7647　　　417
대법원 2008.11.20, 2008도5596 전원합의체
　　　　　　　415
대법원 2008.11.27, 2007도4977　　　272
대법원 2008.11.27, 2008도7883　　　404
대법원 2008.12.11, 2008도4101　　　345
대법원 2008.12.11, 2008도8922　　　415
대법원 2008.12.24, 2006도1427　　　346
대법원 2008.12.24, 2008도9414　　　339
대법원 2009.1.15, 2004도7111　　　407
대법원 2009.1.30, 2008도6950　　　341
대법원 2009.2.26, 2008도11813　259, 337
대법원 2009.2.26, 2008도9812　　　258
대법원 2009.2.26, 2009도39　　　411
대법원 2009.2.26, 2009도395　　　359
대법원 2009.3.12, 2008도11437
　　　　　241, 244, 287, 378
대법원 2009.3.12, 2008도763
　　　　　306, 310, 313, 321
대법원 2009.3.12, 2008도763　　321, 323
대법원 2009.3.12, 2008도8486　　　372
대법원 2009.4.9, 2008도5634　　　415
대법원 2009.4.23, 2009도526　　　381
대법원 2009.5.14, 2008도10885　　　339
대법원 2009.5.14, 2008도10914　　　307
대법원 2009.6.11, 2009도1830　　　351
대법원 2009.6.11, 2009도1830　　　359
대법원 2009.6.11, 2009도2337　　　341
대법원 2009.6.23, 2009도1322
　　　　　　267, 283, 288
대법원 2009.8.20, 2008도8213　242, 282
대법원 2009.8.20, 2008도8213　　　379
대법원 2009.8.20, 2008모630　　　255
대법원 2009.10.22, 2009도7436 전원합의체
　　　　258, 342, 361
대법원 2009.10.23, 2009모1032　　　369
대법원 2009.10.29, 2009도6614　332, 335
대법원 2009.11.12, 2009도6946,2009감도24
　　　　　217, 230
대법원 2009.11.19, 2009도6058 전원합의체
　　　　243, 257, 269, 272
대법원 2009.11.26, 2009도6602　　　394
대법원 2009.11.26, 2009도9416　　　438
대법원 2009.12.10, 2009도11448　　　433
대법원 2009.12.10, 2009도9939　　　406
대법원 2010.1.14, 2009도12934　224, 421
대법원 2010.1.14, 2009도9344
　　　　259, 337, 361, 384

대법원 2010.1.21, 2008도942 전원합의체
　　　　　360, 361
대법원 2010.1.28, 2009도10139　　　386
대법원 2010.1.28, 2009도12430　　　361
대법원 2010.2.25, 2009도14263　349, 411
대법원 2010.4.16, 2010모179　224, 421
대법원 2010.4.29, 2010도2556　　　338
대법원 2010.4.29, 2010도750　　　358
대법원 2010.4.29, 2010도881　　　247
대법원 2010.4.29, 2010도88　　　248
대법원 2010.5.13, 2009도13463　　　410
대법원 2010.5.27, 2010도3377　　　248
대법원 2010.6.10, 2010도4629　　　247
대법원 2010.6.24, 2010도5040　　　385
대법원 2010.7.15, 2010도4680　219, 270
대법원 2010.7.22, 2009도14376　　　310
대법원 2010.8.26, 2010도4671　　　338
대법원 2010.9.30, 2010모1021　　　435
대법원 2010.10.14, 2010도9016
　　　　278, 279, 381
대법원 2010.10.14, 2010도9151　　　405
대법원 2010.10.14, 2010도9835　　　338
대법원 2010.11.11, 2009도224　　　336
대법원 2010.11.11, 2010도9633　　　374
대법원 2010.11.25, 2010도10985　414, 415
대법원 2010.11.25, 2010도8735　　　398
대법원 2010.12.9, 2007도10121　　　231
대법원 2010.12.9, 2008도1092
　　　　224, 419, 421
대법원 2010.12.23, 2010도11272　　　402
대법원 2011.1.27, 2010도12728　　　372
대법원 2011.2.10, 2008도4558　224, 420
대법원 2011.2.24, 2010도13801　　　410
대법원 2011.2.24, 2010도14720　　　377
대법원 2011.2.24, 2010도15989　　　414
대법원 2011.3.10, 2010도15977　　　400
대법원 2011.4.14, 2010도13583　　　359
대법원 2011.4.14, 2010도16939　　　416
대법원 2011.4.14, 2010도17636　　　436
대법원 2011.4.28, 2009도10412　　　311
대법원 2011.4.28, 2009도12249　406, 411
대법원 2011.4.28, 2009도2109　　　379
대법원 2011.4.28, 2010도14487　　　372
대법원 2011.4.28, 2011도2279　　　247
대법원 2011.5.13, 2011도2233　　　269
대법원 2011.5.26, 2011도1902　372, 373
대법원 2011.5.26, 2011도3682　292, 293
대법원 2011.6.23, 2008도7562 전원합의체
　　　　　　　407
대법원 2011.6.24, 2011도4451
　　　　259, 269, 270
대법원 2011.6.30, 2009도6717　　　380

대법원 2011.7.14, 2011도3809　　　378
대법원 2011.7.28, 2011도6762　　　412
대법원 2011.8.25, 2009도9112　　　269
대법원 2011.8.25, 2011도6507　　　371
대법원 2011.9.8, 2010도7497　　　394
대법원 2011.9.29, 2009도12515　223, 407
대법원 2011.9.29, 2011도8015　　　402
대법원 2011.11.10, 2011도10468　　　342
대법원 2011.11.10, 2011도11115　　　379
대법원 2011.11.10, 2011도8125
　　　　241, 242, 244, 287, 379
대법원 2011.11.24, 2009도7166　　　268
대법원 2011.11.24, 2011도11994　360, 363
대법원 2011.12.22, 2011도12041　　　405
대법원 2011.12.22, 2011도1292　　　306
대법원 2011.12.22, 2011도12927
　　　　　228, 292, 293
대법원 2012.2.9, 2009도14884
　　　　　220, 277, 314
대법원 2012.2.9, 2011도7193　　　293
대법원 2012.2.16, 2009모1044 전원합의체
　　　　　247, 248
대법원 2012.2.23, 2010도9524　　　283
대법원 2012.2.23, 2011도17264　　　271
대법원 2012.3.29, 2009도11249　360, 392
대법원 2012.3.29, 2011도15137　　　345
대법원 2012.3.29, 2011도8503　　　437
대법원 2012.3.30, 2008모481　　　254
대법원 2012.4.13, 2010도16659　　　346
대법원 2012.4.13, 2011도3469　　　346
대법원 2012.4.13, 2011도8529　　　432
대법원 2012.4.20, 2012모459　258, 428
대법원 2012.4.26, 2011도11817　　　339
대법원 2012.4.26, 2012도1225　　　369
대법원 2012.4.26, 2012도986　　　255
대법원 2012.5.17, 2009도6788 전원합의체
　　　　244, 287, 385, 394, 398
대법원 2012.5.24, 2010도5948　　　398
대법원 2012.5.24, 2011도7757　　　393
대법원 2012.5.24, 2012도1284　227, 352
대법원 2012.6.14, 2011도15653　　　372
대법원 2012.6.14, 2012도534　　　333
대법원 2012.6.28, 2012도231　372, 374
대법원 2012.6.28, 2012도4701　　　405
대법원 2012.7.26, 2012도29372
　　　　59, 337, 360, 363, 393
대법원 2012.8.30, 2012도6027　　　250
대법원 2012.9.13, 2010도11338　　　346
대법원 2012.9.13, 2010도16001　　　338
대법원 2012.9.13, 2012도6612
　　　　406, 409, 410, 438
대법원 2012.9.13, 2012도7461　393, 398

대법원 2012.9.27, 2010도17052　259
대법원 2012.10.11, 2012도8544　257
대법원 2012.10.25, 2011도5459
　　　　　　　　　396, 400, 401
대법원 2012.11.15, 2011도15258
　　　　　245, 323, 324, 329, 378
대법원 2012.11.29, 2010도3029　378
대법원 2012.12.13, 2010도10028　392
대법원 2012.12.13, 2012도11162　272
대법원 2012.12.27, 2011도15869　404
대법원 2012.12.27, 2012도11200　413
대법원 2013.1.24, 2012모1393　354
대법원 2013.1.31, 2012도13896
　　　　218, 231, 257, 258, 369
대법원 2013.2.13, 2013모281　248
대법원 2013.2.15, 2010도3504　391
대법원 2013.2.28, 2011도14986　435, 436
대법원 2013.2.28, 2012도15260　419
대법원 2013.3.14, 2010도2094　380
대법원 2013.3.14, 2011도8325　386
대법원 2013.3.14, 2012도13611
　　　　　　　220, 221, 382
대법원 2013.3.28, 2010도3359
　　　　242, 244, 284, 287, 288
대법원 2013.3.28, 2012도12843　436
대법원 2013.3.28, 2013도1473　420
대법원 2013.3.28, 2013도3　399
대법원 2013.4.11, 2013도1435　395
대법원 2013.4.25, 2013도1658
　　　　　　　217, 229, 230
대법원 2013.5.9, 2013도1886　248, 251
대법원 2013.5.23, 2010도15499　387
대법원 2013.6.13, 2012도16001　316, 399
대법원 2013.6.13, 2013도4737　223, 408
대법원 2013.6.27, 2013도3983　348
대법원 2013.7.1, 2013모160　241
대법원 2013.7.11, 2013도351　247
대법원 2013.7.12, 2013도5165　251
대법원 2013.7.26, 2013도2511
　　　　　228, 346, 360, 383
대법원 2013.8.14, 2012도13665　381
대법원 2013.9.12, 2011도12918　234
대법원 2013.9.12, 2012도2349　433
대법원 2013.9.26, 2012도3722　372
대법원 2013.9.26, 2012도568　242, 272
대법원 2013.9.26, 2013도7718　272, 306
대법원 2013.10.11, 2013도2198　424
대법원 2013.10.17, 2013도5001　395
대법원 2013.10.24, 2013도5752　348
대법원 2013.11.14, 2013도8121　371
대법원 2013.11.28, 2010도12244　279, 379
대법원 2013.12.12, 2012도7198　419

대법원 2013.12.12, 2013도12803　350
대법원 2013.12.12, 2013도6608　418, 419
대법원 2014.1.16, 2013도10316　230
대법원 2014.1.16, 2013도11649　410
대법원 2014.1.16, 2013도5441　217, 242
대법원 2014.1.16, 2013도7101
　　　　　　　310, 317, 378
대법원 2014.2.13, 2013도9605　373
대법원 2014.2.27, 2011도13999　267
대법원 2014.2.27, 2013도12155
　　　　　　　358, 359, 399
대법원 2014.3.13, 2013도12507　400
대법원 2014.3.27, 2013도13567　350
대법원 2014.3.27, 2013도9666　419
대법원 2014.3.27, 2014도342　412
대법원 2014.4.10, 2014도1779　373, 386
대법원 2014.4.15, 2014모686　300
대법원 2014.4.24, 2013도9162　345, 350
대법원 2014.4.24, 2013도9498　258
대법원 2014.4.25, 2013재도29　429
대법원 2014.5.16, 2012도12867　404
대법원 2014.5.16, 2013도16404　274
대법원 2014.5.29, 2014도3141　412
대법원 2014.6.12, 2014도3163　372
대법원 2014.7.10, 2012도5041　388
대법원 2014.8.26, 2011도6035　384
대법원 2014.8.28, 2014도4496　248
대법원 2014.9.26, 2014도9030　371
대법원 2014.10.15, 2013도5650　271
대법원 2014.10.15, 2014도9315　350
대법원 2014.10.16, 2014모1557　412
대법원 2014.10.27, 2014도2121　308
대법원 2014.10.30, 2014도6107　339
대법원 2014.11.13, 2013도1228
　　　　　　　243, 245, 323
대법원 2014.11.13, 2014도10193　224, 430
대법원 2014.11.13, 2014도8377　370
대법원 2014.12.11, 2014도7976　267
대법원 2014.12.24, 2014도10199　399
대법원 2014.12.24, 2014도13797　248
대법원 2015.1.22, 2014도10978 전원합의체
　　　　　　　306, 309, 311
대법원 2015.1.29, 2012도2957　342
대법원 2015.1.29, 2014도15120　405
대법원 2015.2.12, 2012도4842　344, 345
대법원 2015.4.9, 2015도1466　424
대법원 2015.4.23, 2013도3790
　　　　　　323, 390, 393, 395
대법원 2015.4.23, 2015도2275　399
대법원 2015.4.23, 2015도3792　410
대법원 2015.5.14, 2014도2946　224, 430
대법원 2015.5.14, 2015도119　371

대법원 2015.5.21, 2011도1932 전원합의체
　　　　　　　407, 429, 430
대법원 2015.5.28, 2014도18006　377
대법원 2015.5.28, 2015도1362　345
대법원 2015.5.28, 2015도3136　245, 287
대법원 2015.6.11, 2015도2435　404
대법원 2015.6.24, 2015도5916　345
대법원 2015.6.25, 2014도17252 전원합의체
　　　　　　　　　　429
대법원 2015.7.9, 2014도16051
　　　　　　　273, 313, 383
대법원 2015.7.16, 2011모1839 전원합의체
　　　310, 313, 315, 316, 320, 378
대법원 2015.7.16, 2013모2347 전원합의체
　　　　　　　　　　336
대법원 2015.7.16, 2015도2625 전원합의체
　　　　　　　　　　396
대법원 2015.7.23, 2015도3260 전원합의체
　　　　　　　　　　421
대법원 2015.8.20, 2013도11650 전원합의체
　　　　　　　　376, 377
대법원 2015.8.27, 2015도1054　413
대법원 2015.8.27, 2015도3467　222, 399
대법원 2015.9.10, 2012도14755　336, 337
대법원 2015.9.10, 2012도9879
　　　　　　　377, 378, 401
대법원 2015.9.10, 2015도7081　348
대법원 2015.9.10, 2015도7821　251, 412
대법원 2015.9.11, 2015도10826　426
대법원 2015.9.15, 2015도11362　419, 436
대법원 2015.9.24, 2012헌마798　426
대법원 2015.10.15, 2013모1969　307, 316
대법원 2015.10.15, 2013모1970　313
대법원 2015.10.15, 2015도1803　217, 230
대법원 2015.10.29, 2012도2938　225, 430
대법원 2015.10.29, 2013도14716　429
대법원 2015.10.29, 2014도5939　287, 393
대법원 2015.11.12, 2015도12372　348, 407
대법원 2015.11.17, 2013도7987　218, 270
대법원 2015.12.10, 2015도11696　422
대법원 2015.12.10, 2015도11696　422
대법원 2015.12.10, 2015도16105　397
대법원 2015.12.23, 2014도2727　338, 342
대법원 2015.12.23, 2015도9951　248
대법원 2015.12.24, 2015도17051　424
대법원 2016.1.14, 2013도8118　348
대법원 2016.1.28, 2015도15669　219, 270
대법원 2016.2.18, 2015도11428　373, 422
대법원 2016.2.18, 2015도13726
　　　　　292, 293, 319, 326
대법원 2016.2.18, 2015도16586　298, 389
대법원 2016.2.18, 2015도17115　393

대법원 2016.3.10, 2013도11233　309, 382
대법원 2016.3.10, 2015도19139　401
대법원 2016.3.16, 2015모2898　369, 370
대법원 2016.4.2, 2016도2210　424
대법원 2016.4.15, 2015도8610　422
대법원 2016.4.29, 2016도2210　221, 365
대법원 2016.4.29, 2016도2696　341
대법원 2016.5.12, 2013도15616　274
대법원 2016.6.14, 2015모1032　296
대법원 2016.6.23, 2016도2889　377, 422
대법원 2016.7.12, 2015모2747　254
대법원 2016.8.24, 2016도7968　439
대법원 2016.8.30, 2016도7672　246
대법원 2016.9.28, 2015도2798　271
대법원 2016.9.30, 2016도11358　426
대법원 2016.10.13, 2015도17869
　　　　　　　　　　　372, 375, 376
대법원 2016.10.13, 2016도5814　271, 290
대법원 2016.10.13, 2016도8137
　　　　　　　　274, 308, 323, 391
대법원 2016.10.27, 2015도16764　413
대법원 2016.10.27, 2016도11880　351
대법원 2016.10.27, 2016도11969　413
대법원 2016.11.10, 2016도12437　411
대법원 2016.11.10, 2016도7622
　　　　　　　　　　247, 248, 260
대법원 2016.11.25, 2016도9470　271, 432
대법원 2016.12.2, 2016모2711
　　　　　　　　　　256, 413, 436
대법원 2016.12.15, 2013두20882　249, 254
대법원 2016.12.15, 2014도1196　338, 342
대법원 2016.12.15, 2015도3682　334
대법원 2016.12.27, 2015도14375　413
대법원 2016.12.29, 2016도16661　246
대법원 2017.1.25, 2016도13489　307, 308
대법원 2017.1.25, 2016도17679　351
대법원 2017.3.9, 2013도16162
　　　　　　　　　　294, 300, 301
대법원 2017.3.15, 2014두7305　249, 254
대법원 2017.3.15, 2016도19659　338, 343
대법원 2017.3.15, 2016도19843　279
대법원 2017.3.15, 2016도19843　379
대법원 2017.3.15, 2017도44　339, 342
대법원 2017.3.30, 2016모2874　412
대법원 2017.4.7, 2016도19907　294
대법원 2017.4.13, 2016도12551　338
대법원 2017.4.26, 2016도21439　404
대법원 2017.4.28, 2016도21342　350
대법원 2017.5.30, 2017도1549　372
대법원 2017.5.31, 2016도21034　271
대법원 2017.6.15, 2017도3448　342
대법원 2017.6.19, 2013도564　351

대법원 2017.6.29, 2016도18194　245
대법원 2017.7.6, 2017도6216　426
대법원 2017.7.18, 2014도8719　308
대법원 2017.7.18, 2015도12981,2015전도218
　　　　　　　　　　　　　　222
대법원 2017.7.27, 2017모1377　246
대법원 2017.7.27, 2017모1557　413
대법원 2017.8.23, 2015도11679　412
대법원 2017.8.23, 2016도5423
　　　　　　　260, 334, 410, 411
대법원 2017.9.7, 2015도10648
　　　　　　　　　313, 325, 380
대법원 2017.9.7, 2017도8989　288
대법원 2017.9.12, 2017도10309　318, 319
대법원 2017.9.21, 2015도12400
　　　　　　　313, 316, 360, 398
대법원 2017.9.21, 2017도10866　288
대법원 2017.9.21, 2017도4019　432
대법원 2017.9.21, 2017도661　272, 273
대법원 2017.9.29, 2017모236
　　　　　　　　　220, 306, 314
대법원 2017.10.12, 2017도10368　438
대법원 2017.11.7, 2017모2162　423
대법원 2017.11.14, 2017도3449
　　　　　　　　　311, 316, 382
대법원 2017.11.28, 2017도1990　434
대법원 2017.11.29, 2014도16080
　　　　　　　　　220, 277, 314
대법원 2017.11.29, 2017도9747　311, 313
대법원 2017.12.5, 2017도13458
　　　　　　　307, 311, 316, 326
대법원 2018.2.8, 2017도13263
　　　　　　　　　317, 383, 391
대법원 2018.2.28, 2015도15782　419, 431
대법원 2018.3.15, 2017도20247　404
대법원 2018.3.29, 2016도18553　414
대법원 2018.3.29, 2017도21537　293
대법원 2018.3.29, 2018도327
　　　　　　　　　221, 251, 365
대법원 2018.3.29, 2018모642　423
대법원 2018.4.12, 2017다52064　424
대법원 2018.4.26, 2018도2624　383
대법원 2018.5.2, 2015모3243　429, 432
대법원 2018.5.17, 2017도14749 전원합의체
　　　　　　　　　　　　　　288
대법원 2018.6.22, 2018모1698　428
대법원 2018.7.12, 2018도6219
　　　　220, 275, 277, 314, 323, 391
대법원 2018.10.25, 2018도7709　375
대법원 2018.10.25, 2018도9810　349
대법원 2018.11.22, 2015도10651 전원합의체
　　　　　　　　　　　423, 425
대법원 2018.11.29, 2018도13377　425

대법원 2018.12.13, 2018도16117　351
대법원 2018.12.28, 2014도17182　336
대법원 2019.1.4, 2018모3621　248
대법원 2019.1.31, 2018도17656　351
대법원 2019.2.28, 2018도19034　300
대법원 2019.3.14, 2018도2841　325, 380
대법원 2019.3.21, 2017도16593-1 전원합의체
　　　　　　　　　　　　　　223
대법원 2019.6.13, 2019도4608　351
대법원 2019.6.20, 2018도20698 전원합의체
　　　　　　　　　　　343, 432
대법원 2019.7.10, 2019도4221　423
대법원 2019.7.11, 2018도20504
　　　　　　　　　221, 318, 383
대법원 2019.8.29, 2018도13792 전원합의체
　　　　　　　　　　　　　　390
대법원 2019.8.29, 2018도14303 전원합의체
　　　　　　　　　　　　　　398
대법원 2019.9.26, 2019도8531　247
대법원 2019.10.17, 2019도11540　418
대법원 2019.10.17, 2019도11609　416
대법원 2019.10.17, 2019도6775　306, 309
대법원 2019.10.31, 2019도5426　356
대법원 2019.11.14, 2019도11552　396
대법원 2019.11.14, 2019도13290　402
대법원 2019.11.21, 2018도13945 전원합의체
　　　　　　　　　　　222, 360
대법원 2019.11.28, 2013도6825　362, 380
대법원 2019.11.29, 2017모3458　258
대법원 2019.12.13, 2019도10678　250, 286
대법원 2019.12.24, 2019도10086　339, 340
대법원 2019.12.24, 2019도15167　407
대법원 2020.1.9, 2019도15700　416
대법원 2020.1.30, 2018도2236 전원합의체
　　　　　　　　　　　380, 433
대법원 2020.2.13, 2019도14341,2019전도130
　　　　　　　　　　　307, 320
대법원 2020.3.17, 2015모2357
　　　　　　　264, 280, 287, 288
대법원 2020.3.26, 2020도355　416
대법원 2020.4.29, 2017도13409
　　　　　　　406, 411, 437, 438
대법원 2020.5.14, 2020도398
　　　　　　　　　263, 273, 280
대법원 2020.6.4, 2018도17454　407
대법원 2020.6.11, 2016도9367　397
대법원 2020.6.11, 2020도2883　426
대법원 2020.6.25, 2019도17995　224, 421
대법원 2020.7.29, 2020도4738　438
대법원 2020.8.20, 2020도6965　375
대법원 2020.8.27, 2015도9436 전원합의체
　　　　　　　　　　　351, 375
대법원 2020.9.3, 2020도8358　422

대법원 2020.9.3, 2020도8533 375
대법원 2020.9.7, 2020도8016 375
대법원 2020.10.22, 2020도4140 전원합의체 416
대법원 2020.10.29, 2019도4047 375
대법원 2020.10.29, 2020도9475 355
대법원 2020.10.29, 2020모633 427
대법원 2020.11.5, 2019도12284 343
대법원 2020.11.26, 2020도10729 306
대법원 2020.11.26, 2020도12358 404
대법원 2020.12.10, 2020도13700 436
대법원 2020.12.10, 2020도2623 357, 361
대법원 2020.12.24, 2020도10778 223, 356
대법원 2020.12.24, 2020도10814 348, 350
대법원 2021.1.14, 2020모3694 421
대법원 2021.1.28, 2017도18536 404
대법원 2021.2.25, 2020도17109 390
대법원 2021.2.25, 2020도3694 352
대법원 2021.3.11, 2018오2 433
대법원 2021.3.11, 2019오1 432
대법원 2021.3.11, 2020도12583 344
대법원 2021.3.11, 2020도15259 376
대법원 2021.3.12, 2019모3554 430
대법원 2021.4.1, 2020도15194 406, 411, 438
대법원 2021.4.2, 2020모2071 429
대법원 2021.4.2, 2020모2561 427
대법원 2021.4.9, 2020모4058 433
대법원 2021.4.29, 2020도16438 295
대법원 2021.4.29, 2021도26 404
대법원 2021.4.29, 2021도2650 404
대법원 2021.5.6, 2021도1282 223, 419
대법원 2021.5.27, 2018도13458 318, 319
대법원 2021.5.28, 2021모978 438
대법원 2021.6.10, 2020도15891 376
대법원 2021.6.24, 2021도3791 350
대법원 2021.6.24, 2021도4648 292, 305
대법원 2021.6.30, 2018도14261 243
대법원 2021.7.8, 2021도2738 225, 431
대법원 2021.7.8, 2021도4944 439
대법원 2021.7.29, 2017도16810 260
대법원 2021.7.29, 2020도14654 311, 323
대법원 2021.7.29, 2021도3756 307
대법원 2021.8.26, 2021도2205 309
대법원 2021.9.9, 2021도2030 344
대법원 2021.9.30, 2021도5777 424
대법원 2021.10.14, 2016도14772 334
대법원 2021.10.28, 2021도10010 420
대법원 2021.10.28, 2021도404 372
대법원 2021.11.11, 2021도11454 339
대법원 2021.11.18, 2016도348 전원합의체 220, 312, 314, 318, 320, 321, 322, 324, 325, 378, 382

대법원 2021.11.25, 2016도82 311, 323
대법원 2021.11.25, 2019도6730 325
대법원 2021.11.25, 2019도7342 325, 326
대법원 2021.11.25, 2019도9100 327
대법원 2021.11.25, 2021도10034 312
대법원 2021.12.16, 2019도17150 259
대법원 2021.12.30, 2019도16259 259
대법원 2022.1.13, 2016도9596 314
대법원 2022.1.13, 2021도13108 352
대법원 2022.1.14, 2017도18693 344
대법원 2022.1.14, 2021도13768 439
대법원 2022.1.14, 2021모1586 316, 317
대법원 2022.1.27, 2021도11170 321, 324, 325, 327, 380, 382
대법원 2022.2.11, 2021모3175 249, 254
대법원 2022.2.17, 2019도4938 314, 327
대법원 2022.3.17, 2016도17054 384
대법원 2022.3.31, 2018도19037 374
대법원 2022.3.31, 2018도19472,2018전도126 374
대법원 2022.3.31, 2022도857 342
대법원 2022.4.14, 2021도14616 389
대법원 2022.4.28, 2018도3914 393
대법원 2022.4.28, 2021도16719 426
대법원 2022.4.28, 2021도17103 384
대법원 2022.4.28, 2021도9041 351
대법원 2022.5.12, 2021도14074 374
대법원 2022.5.13, 2017도3884 405
대법원 2022.5.19, 2021도17131,2021전도 170 전원합의체 223, 426
대법원 2022.5.26, 2021도2488 268
대법원 2022.5.26, 2022모439 412
대법원 2022.5.31, 2016모587 312
대법원 2022.6.16, 2022도2236 372
대법원 2022.6.16, 2022도364 389
대법원 2022.6.16, 2022모509 225, 431
대법원 2022.6.30, 2018도10973 268
대법원 2022.6.30, 2022도1452 311, 318, 319
대법원 2022.7.14, 2020도13957 387, 388, 390
대법원 2022.7.28, 2020도15669 385
대법원 2022.7.28, 2022도2960 319, 378
대법원 2022.8.19, 2020도1153 344
대법원 2022.8.31, 2020도1007 280
대법원 2022.9.7, 2022도6993 350
대법원 2022.9.16, 2022다236781 433
대법원 2022.9.29, 2020도13547 345
대법원 2022.10.14, 2022도1229 415
대법원 2022.10.27, 2022도8806 349
대법원 2022.10.27, 2022도9510 390, 391
대법원 2022.10.27, 2022도9877 274, 278

대법원 2022.11.10, 2022도7940 356
대법원 2022.11.17, 2019도11967 402
대법원 2022.11.17, 2022도8257 339, 340
대법원 2022.11.22, 2022모1799 305
대법원 2022.12.15, 2022도8824 222, 397
대법원 2022.12.20, 2020모627 434
대법원 2022.12.29, 2020도14662 339
대법원 2022.12.29, 2022도10660 347
대법원 2023.1.12, 2022도14645 371, 392
대법원 2023.1.12, 2022모1566 328
대법원 2023.2.13, 2022모1872 435, 436
대법원 2023.3.16, 2020도5336 312
대법원 2023.3.16, 2023도751 407, 411
대법원 2023.4.21, 2022도16568 426
대법원 2023.4.27, 2018도8161 281
대법원 2023.4.27, 2023도2102 340, 385
대법원 2023.6.1, 2018도18866 306
대법원 2023.6.1, 2018도19782 310
대법원 2023.6.1, 2020도12157 327
대법원 2023.6.1, 2020도2550 326, 327
대법원 2023.6.1, 2023도3741 222, 385, 387
대법원 2023.6.15, 2023도3038 346, 347, 350, 404
대법원 2023.6.29, 2020도3626 339
대법원 2023.7.13, 2019도7891 281
대법원 2023.7.13, 2021도10763 281
대법원 2023.7.13, 2023도4371 359
대법원 2023.7.14, 2023모1121 432
대법원 2023.7.17, 2018스34 전원합의체 280
대법원 2023.7.17, 2021도11126 전원합의체 270
대법원 2023.8.31, 2021도17151 340
대법원 2023.9.18, 2022도7453 전원합의체 321, 327
대법원 2023.10.26, 2023도3720 256
대법원 2023.10.26, 2023도7301 397
대법원 2023.12.14, 2020도1669 314, 315
대법원 2023.12.14, 2021도2299 379
대법원 2023.12.28, 2020도6417 376
대법원 2023.12.28, 2023도10718 426
대법원 2024.1.4, 2023도13081 372, 374, 376
대법원 2024.1.5, 2021모385 321
대법원 2024.1.11, 2020도1538 280
대법원 2024.1.25, 2023도12199 424
대법원 2024.2.29, 2023도8603 274
대법원 2024.3.12, 2023도11371 364
대법원 2024.3.13, 2024모398 438
대법원 2024.3.28, 2023도15133,2023전도 163,2023전도164 391

대법원 2024.4.12, 2021도9043 351
대법원 2024.4.12, 2023도13406 392, 395
대법원 2024.4.16, 2020도3050 313, 384
대법원 2024.5.9, 2024도3298 423, 424
대법원 2024.5.23, 2021도6357 전원합의체
246, 248
대법원 2024.5.30, 2020도16796 385, 386
대법원 2024.5.30, 2020도9370 276
대법원 2024.7.11, 2024도4202 248
대법원 2024.7.25, 2020도7802 377
대법원 2024.7.25, 2021도1181 327
대법원 2024.8.29, 2020도16827 335
대법원 2024.8.29, 2024도8200 387
대법원 2024.9.10, 2023모1766 435
대법원 2024.9.12, 2020도14843 379, 380
대법원 2024.9.13, 2024도8185 356
대법원 2024.9.19, 2024모179 433
대법원 2024.9.25, 2024모2020 310
대법원 2024.10.8, 2020도11223 309
대법원 2024.10.8, 2024도10062 381
대법원 2024.10.31, 2023모358 361
대법원 2024.10.31, 2024도8903 437

| 헌법재판소 |

헌법재판소 1989.9.4, 88헌마22 300
헌법재판소 1989.10.27, 89헌마56 333
헌법재판소 1990.8.27, 89헌가118 218, 241
헌법재판소 1991.1.28, 91헌마111 216
헌법재판소 1991.7.8, 89헌마181 301
헌법재판소 1991.7.8, 91헌마42 226
헌법재판소 1992.7.23, 92헌마103 333
헌법재판소 1995.7.21, 92헌마144 300

헌법재판소 1995.11.30, 92헌마44 228
헌법재판소 1997.3.27, 96헌가11
218, 241, 242
헌법재판소 1997.3.27, 96헌바28 296
헌법재판소 1997.5.29, 96헌가17 240
헌법재판소 1997.7.16, 95헌바2,97헌바27
241
헌법재판소 1998.12.24, 94헌바46 227
헌법재판소 2001.6.28, 99헌가14 300
헌법재판소 2001.11.29, 2001헌바41 227
헌법재판소 2003.3.27, 2000헌마474
284, 301
헌법재판소 2003.7.24, 2001헌가25 240
헌법재판소 2004.5.27, 2003헌가1,2004헌가4
407
헌법재판소 2004.9.23, 2000헌마138 300
헌법재판소 2004.9.23, 2002헌가17 240
헌법재판소 2005.2.3, 2003헌바1 227
헌법재판소 2005.5.26, 2001헌가728 240
헌법재판소 2005.5.26, 99헌마513 240
헌법재판소 2005.12.22, 2004헌바25 244
헌법재판소 2005.12.22, 2004헌바45 227
헌법재판소 2006.5.25, 2004헌바12 240
헌법재판소 2006.7.27, 2005헌마277 272
헌법재판소 2008.11.27, 2008헌마399·400
333
헌법재판소 2009.6.25, 2007헌바25 216
헌법재판소 2009.12.29, 2008헌가13 240
헌법재판소 2010.6.24, 2009헌마257 353
헌법재판소 2010.9.2, 2010헌마418
216, 240
헌법재판소 2010.12.28, 2009헌가30 278

헌법재판소 2011.2.24, 2008헌바56
218, 270
헌법재판소 2011.4.28, 2010헌마474 216
헌법재판소 2011.5.26, 2009헌마341 299
헌법재판소 2011.11.24, 2008헌마578 336
헌법재판소 2012.5.31, 2010헌바90,2011헌
바389 426
헌법재판소 2012.6.27, 2011헌가36 305
헌법재판소 2014.1.28, 12헌바298 228
헌법재판소 2014.4.24, 2012헌바45 240
헌법재판소 2015.11.26, 2012헌마858 216
헌법재판소 2015.12.23, 2014헌마768 216
헌법재판소 2016.3.31, 2013헌바190 273
헌법재판소 2016.4.28, 2015헌마243
273, 300
헌법재판소 2016.11.24, 2014헌바401 273
헌법재판소 2017.11.30, 2016헌마503
285, 289
헌법재판소 2018.4.26, 2015헌바370,2016헌
가7 291, 306
헌법재판소 2018.5.31, 2013헌바322,2016헌
바354,2017헌바360,398,471,2018가3,4,9
407
헌법재판소 2018.6.28, 2015헌가28,2016헌
가5 407
헌법재판소 2018.8.30, 2016헌마263
275, 277, 278
헌법재판소 2019.2.28, 2015헌마1204 300
헌법재판소 2019.9.26, 2016헌바381 263
헌법재판소 2021.12.23, 2018헌바524 388

MEMO

MEMO

MEMO

MEMO

MEMO

MEMO